1979-1992
中国西部地区开发年鉴

主　编
刘　江
副主编
李荣华　方　磊　于庆林　谢文侠

改 革 出 版 社

中国西部地区开发年鉴

（1979—1992）

加快西部地区经济发展

为中国西部地区开发年鉴题

邹家华

一九九二年十月二日

序 言

编辑出版《中国西部地区开发年鉴》的目的，是谋求通过年鉴向国内外介绍我国西部地区丰富的资源条件、改革开放以来的开发建设成就、对国内外经济技术协作的优惠政策、展示开发西部地区的美好前景，为促进引进国内外资金和技术，发展横向经济联合，加速西部地区的经济开发作出贡献。因此，《中国西部地区开发年鉴》既是一部全面介绍我国西部地区自建国以来，特别是中国共产党第十一届三中全会以来开发成就的资料书，也是一部向国内外宣传、介绍、提供开发我国西部地区经济技术信息的工具书。

一

建国以来的40多年，特别是党的十一届三中全会以后的十几年，我国人民在党的领导下，沿着建设有中国特色的社会主义道路阔步前进，坚持以经济建设为中心，坚持四项基本原则和改革开放，全面开创了现代化建设的新局面，先后胜利完成了第六个五年计划、第七个五年计划和第八个五年计划的第一年，提前实现了第一步战略目标，为90年代的国民经济和社会发展奠定了比较坚实的基础。

与此同时，我国区域经济的发展和布局也取得了巨大成就，生产力布局在全国范围内已基本展开，各地区经济都有了很大发展，地方经济实力有了显著增强。在开发西部地区丰富资源，发展当地经济，兴办能源、交通等基础设施，以及不少门类的工矿企业和其它事业方面，也有了很大进展，特别是建成了重庆、贵阳、西安、兰州等一系列新兴工业基地和工业中心，成为大规模开发西部地区的重要据点，这对改变西部地区面貌，促进90年代西部地区进一步发展将起很大作用。应该看到，90年代西部地区发展在全国发展的总格局中将占有重要地位，无论在加快能源和原材料发展、调整产业结构、合理布局生产力、协调地区经济发展方面，还是在增强民族团结等方面，西部地区都将肩负着重大的责任。

邓小平同志今年年初巡视南方发表重要谈话、中共中央二号和四号文件、江泽民同志在党校的重要讲话发表以后，我国改革开放进入了一个新的发展阶段。目前全国各地正抓紧有利时机，进一步解放思想，转变观念，加快改革开放步伐，力争经济更好更快地上一个新台阶。无疑，西部地区也必将出现一个新的转机。

二

我国幅员辽阔。由于沿海与内陆、东部与西部，沿边与腹地的条件不同，因此发展经济的路子也不可能完全相同。我国经济区域的划分是随着经济发展的变化，在不同的历史时期是有区别的。五、六十年代，我国主要根据行政区域，把全国划分为六大经济协作区，这就是东北（辽宁、吉林、黑龙江）、华北（北京、天津、河北、山西、内蒙）、华东（上海、山东、安徽、浙江、江苏、福建、江西）、中南（河南、湖北、湖南、广东、广西）、西南（四川、云南、贵州、西藏）、西北（陕西、甘肃、宁夏、青海、新疆）经济协作区。但那时的协作区，难以按照经济合理和发挥整体优势的原则来考虑生产力布局和联合协作。其间，根据经济发展区别对待的要求，以及国际环境的变化，又采取了沿海与内地，一线、二线、三线的划分。“七五”期间，根据技术经济发展水平与地理位置相结合，兼顾行政区划完整的原则，提出了东、中、西三大地带的划分，其中东部地带包括辽宁、河北、北京、天津、山东、江苏、上海、浙江、福建、广东（含海南）、广西等11个省、市、区；中部地带包括黑龙江、吉林、山西、内蒙古、安徽、江西、湖北、湖南、河南等九个省区；西部地带包括新疆、宁夏、甘肃、青海、陕西、四川、云南、贵州、西藏等九个省、区。并提出了加速东部沿海地带的发展战略。因此，80年代形成了经济特区、经济技术开发区、沿海开放城市、沿海开放地区这样一个开放体系，使沿海地区经济有了很大发展。在研究“八五”计划和十年规划时，一些同志认为，按东、中、西三大地带划分，地域跨度太大，不能充分反映各大地带内部一些地区在资源条件、产业结构和经济技术水平等方面所存在的重大差别，以及跨地带的地区经济联系和协作，这样在分类指导上具体操作性较差。近几年的实践也证明，经过十多年的改革开放，跨省区的区域经济已呈现初步发育的态势。根据发展经济、深化改革、扩大开放的需要，必须在东、中、西总体格局的基础上，在现有全国行政省、区、市之外，研究以经济联系、资源条件、经济技术基础、地理区位、优势互补为纽带，按照不同区域的特点，从比较大的范围来考虑地区经济布局以及省、区、市之间的联合发展，据此划分为七大区域经济带，这就是：以上海浦东为龙头的长江沿岸地区；珠江三角洲地区；环渤海地区；西南和华南部分省区；西北地区；中原地区；东北地区。这样就可以形成全国、区域和省区市三个层次有机联系的体系，把全国经济发展、地区经济发展、省区市经济发展很好地结合起来。东部沿海地区将继续贯彻沿海发展战略，大力发展外向型经济；内地包括中部、西部地区，按照经济联系，打通开放通道的思路，使中、西部省区市通过与沿海、沿江、沿边省区市的联系，使内陆腹地的资源优势与沿海的区位优势有机结合。90年代这七大区域带的维系和加强，将构筑起我国经济发展和对外开放的大框架。

三

经过十多年的改革开放，跨省区市的区域经济已呈现初步发育的态势，成为我国经济体系中的一个重要层次，研究和编制大的区域经济规划是全国生产力布局的一个重要问题，也是落实邓小平同志南巡时重要谈话精神，加大改革开放份量，加速经济发展的具体步骤。

从全国的情况看，目前我国区域经济发展和布局的主要问题，一是建设布点过于分散，存在着大量的重复建设，地区产业结构出现了不适当的趋同现象，没有反映出各地区产业发展的地区优势，彼此在低水平上重复生产、重复建设，造成资源的大量浪费，效益低下，没有形成符合社会化大生产的经济规模，地区经济缺乏专业化分工协作。二是地区封锁，市场分割，阻碍了全国大市场的建立，形成了不平等的竞争，保护了落后，阻碍了经济的横向联系，整个国民经济在空间上没有形成一个有机的整体。产生这些问题的主要原因是体制问题和价格机制问题，也有计划和政策方面的原因。江泽民同志今年8月中旬在甘肃考察工作时，就西部地区的发展问题指出："全国各地的经济发展是不平衡的，因而各地经济发展战略的具体内容、具体办法也应有所不同，但各个地区之间的关系是相互合作、相互支持、相互帮助的关系。"因此，编制区域经济规划一定要按照统筹规划，联合协作，优势互补，互惠互利，外引内联，有分有合，面向市场，共同发展的指导方针办。要从各地的实际情况出发，根据各自的优势和特点，加强横向联合与协作，在省区市之间形成合力，增强区域整体竞争能力。

今年以来，国务院领导同志已分片、多次召开了区域经济规划会议。其中属于西部地区的有今年4月19日至22日在广西北海市召开的"西南和华南部分省区区域规划会议"，明确了这个区域的范围包括：云南、贵州、四川、广西、海南等省区及广东西部的湛江、茂名、肇庆三市。这个区域的国土总面积为142.9万平方公里，人口2.43亿。其中云、贵、川三省是我国资源丰富的地区之一，煤炭、天然气、有色金属、铁、铬、磷等矿产资源储量多，品种齐全，木材蓄积量大，资源组合条件良好，尤其是水能资源十分丰富，全区可开发利用的水电装机容量占全国的54%。但是由于这一地区地处内陆，资源开发程度低，经济发展受到制约。而海南、广东西部、广西沿海地区则具有明显的区位优势，尤其是以北海市为代表的北部湾地区，是大西南面向东南亚的重要出海通道，它拥有12.9万平方公里海域和长达1595公里的海岸线，其中可建万吨至10万吨级码头的就有北海、防城、钦州、铁山、珍珠等五个港口，年吞吐能力可超过1亿吨，随着南昆铁路的修建和港口深水泊位的建设，这里将成为大西南最便捷的出海口。把西南和华南部分地区连在一起统筹规划，明确区域经济的发展方向和重点，确定能源、交通等重要基础设施的整体布局，提出区域间经济联合与协作的方案，实现优势互补，这一地区的整体优势必将得到进一步的发挥。因此，今年7月27日至29日召开的西南五省区七方（云南、贵州、四川、广西、西藏、重庆、成都）第九次经济协调会上，李鹏同志题词："希望西南各省区联合起来，加快改革，扩大开放，走向东南亚"。田纪云同志在会上讲话指出："大西南战略地位重要，资源丰富，是我国经济发展潜力最大的地区之一，加快其开发和建设的步伐，对全国的现代化建设具有极其重要的意义，关系到实现第二步战略目标的全局，必须有强烈的紧迫感和机遇意识，力争‘八五’期间有所突破，‘九五’以后有一个更大的发展”。并提出：“当前主要应抓好区域规划的制订；积极发展边境贸易，加快传统产业的技术改造，促进产业结构和产品结构的升级换代；大力加强区内的横向联合”。在这次会议上，五省七方商定，在扩大对外开放和联合协作中，今后要围绕共同开拓东南亚、南亚市场这个重点，抓好交通、口岸和通信设施的建设，力争南昆铁路提前完工。

西北地区包括陕西、甘肃、青海、宁夏、新疆、西藏六省区，这个区域的国土总面积为430万平方公里，人口0.82亿。西北地区水能、煤炭、石油、天然气、有色金属、盐类、土地、草场等资源丰富，品种齐全，特别是水能在全国占有重要地位，主要分布在雅鲁藏布江和黄河上游，在全国具有相当的优势。其中西藏、新疆位于东亚同中亚、南亚的结合部，有9300多公里的边境线，与12个国家接壤，现已有14个边境对外开放口岸。亚欧大陆桥经过西北地区的长度达3000多公里，这对发展西北经济具有重要意义。今年6月6日召开的西北地区经济发展问题座谈会上，李鹏同志说：“西北地区有它的特殊优势。尽管目前经济还不太发达，但有辽阔的土地和丰富的资源，是我国的战略大后方。改革开放以来，经济发展加快了步伐，为今后进一步发展打下了一定的基础。这里又是多民族聚居的地方，各民族人民勤劳勇敢，和睦相处。从发展看，前景是很广阔的”。1992年8月23日，邹家华同志在西北地区经济规划座谈会上也指出：全国的经济必须是全方位、全门类的经济，而各省区的经济不可能也不必要做到全方位、全门类，只能形成具有区域优势和特色的经济，成为全国经济的重要组成部分。我们把各省区的优势、特色组合起来，就能充分发挥整体优势，提高宏观经济效益。西北地区要进一步扩大对外开放，走外向型经济的路子，首先要研究国际国内两个市场，特别是中亚及独联体市场。要以市场为联合的纽带，以外贸为突破口，联合起来“走西口”。西北地区经济规划的原则是：“统筹规则，优势互补，互惠互利，有分有合，西出东联，面向中亚，扩大开放，发展市场，联合协作，共同发展”。9月14日在西安举行的西北地区国际经济技术合作洽谈会上，李鹏同志为大会题词：“解放思想，实事求是，加快西北改革开放的步伐”。田纪云同志题词：“发挥西北地区优势，扩大对外经济技术合作”。并指出：西北地区要充分利用沿边开放的大好机遇，加快自身的发展；要充分发挥地缘优势，加速发展同独联体、东欧国家的经济贸易合作；充分利用亚欧大陆桥，“借桥出洋”，搞好向西开放；西北地区的开放开发要把利用外资放在十分重要的地位。与此同时，国务院已确定，西北的伊宁、塔城、博乐等一些边境城市，将进一步对外开放，西北六省区的省会和首府也将在发展对外经济贸易方面得到国家的进一步支持，对符合国家产业政策经国家批准的重大投资项目和高新技术项目，不分地区都可以享受经济技术开发区的优惠政策。为了更快地突破西北经济的薄弱环节，国家当前主要是集中力量搞好宝（鸡）中（卫）铁路的建设和兰新、陇海、包兰铁路的改造，搞好西北的公路和机场，龙羊峡、李家峡等大型水电和火电建设，搞好对内对外交流，扩大与周边邻国，特别是中亚国家的贸易和经济技术合

※
※※※
※

目　　录

综　　合

西 南 地 区

西 北 地 区

政 策 法 规

附 录

作，搞好经济，带动大西北的发展。

四

《中国西部地区开发年鉴》第一次出版，篇幅、份量较大，约100万字，主要是为了把建国以来一直到1991年的情况都能概括进来，以便今后每年编一次，每次介绍上一年度的情况，这样就比较整齐划一。同时考虑国外过去对中国东部地区的情况知道的较多，对西部地区知道较少，第一次出版这部年鉴多介绍些西部地区的情况也有必要。

本来想对西部地区在今后开发指导方面增加一些内容，但考虑到：一、今年区域经济规划工作刚刚起步，尚需进一步细化；二、今年即将召开党的第十四次代表大会和明年的全国人大的换届，对经济建设方面还会有新的精神；三、根据经济建设的新精神，“八五”计划将会做出必要的调整，同时将着手研究制订“九五”计划。因此今年编的年鉴，指导性内容写的不多，只是把今年召开的西部地区规划会议的精神在“序言”中有些阐述，准备在明年的年鉴中多增加些指导性的内容。

对区域经济的划分，目前国内外人士虽然还存在不同意见，但基本构思和出发点大体相同。我们在本年鉴中暂时趋向于按上述七大区域经济带进行划分和阐述。

内蒙古究竟应划入哪个区域，目前尚未定论，我们暂以西部地区看待，将其内容编入本书。

海南和广东西部三市目前已明确划入西南和华南部分省区，但因组稿时尚未明确，故未编入《年鉴》，待明年补编。

由于时间仓促，力争要在今年出版这部年鉴，否则明年出版第二部年鉴将接续不上。同时由于我们水平所限，编纂中难免有不妥之处，恳请读者指正。

刘 江

1992年9月

※
※※※
※

综　　合

西部地区自然资源和经济社会发展综述

西部地区，包括四川、贵州、云南、西藏、陕西、甘肃、宁夏、青海、新疆、广西、内蒙古等11个省、自治区。土地面积684.02万平方公里，占全国土地总面积的71.8%。1990年人口3.25亿人，占全国总人口的28.4%。从历史上看，西部地区也是我国经济社会的发祥地，只是在近代，由于环境的变迁和海洋经济的发展，西部地区才相对落后了。随着科学技术的发展，西部地区的开发将再度提到议事日程。因此，西部地区在我国经济发展战略中具有重要的地位，特别是改革开放以来，西部地区的发展状况和对西部地区的研究愈来愈引起人们的广泛关注。

一、西部地区地理条件复杂多样，生态环境比较脆弱

(一)西部地区地理条件具有丰富多样的特点。

1. 地势较高，山地较多。西部地区除了四川盆地、陕西渭河盆地、新疆准噶尔盆地、吐鲁番盆地以外，大部分地区都属于高海拔地区，其中黄土高原和云贵高原海拔1000—2000米，新疆塔里木盆地海拔2700—3000米，青藏高原海拔4000—5000米，堪称“世界屋脊”。西部地区平原、盆地面积不足10%，其余均为高原、山地，有许多高山大壑，地形复杂。因此，尽管土地面积和活动空间大，但复杂的地形及其他自然条件给经济发展造成了极大的困难。

2. 气候条件较差，水热资源分布不均。西部多数地区年平均气温偏低，除四川、贵州、云南及陕南地区在12—14℃，其余各省区多在10℃以下，青藏高原大部分地区在0℃以下，属高寒地区。西部地区特别是西北地区普遍缺水，有近一半面积的地区年降水量在200mm以下，极不利于农作物的生长。由于地形和气候条件的限制，西部地区的土地资源中约一半左右的面积是沙质荒漠、戈壁、石山和海拔3000米以上的高寒地区。在目前的经济技术条件下，这些土地大部分是难以利用或无法利用的。

3. 西部地区能源、矿产资源十分丰富。其开发利用存在着自然条件恶劣、交通运输不便以及经济技术落后等限制因素，制约着西部地区优势资源的开发和利用。但从长远发展看，西部地区蕴藏的丰富资源是我国经济长期发展的重要物质基础，国家紧缺的水电、石油、钾盐、镍、铜等有色金属资源，具有良好的开发前景。

4. 西部地区人口密度不高，且分布极不均匀，仅为全国的40.04%。四川、广西、贵州、陕西四省区人口密度较高，而西藏、新疆、青海等地人口密度比较低，每平方公里不到10人。从地区角度看，与人口分布的差异相对应，西部地区的劳动力资源总量亦主要集中在四川、广

西、云南、贵州、陕西等省区，而地域辽阔的内蒙古、西藏、青海、新疆等地劳动力资源相对较少。从人口的整体文化素质来看，西部地区也偏低，每10万人拥有大学、高初中、小学文化程度的人口比重均低于全国平均水平，如大学生全国平均为1422人，而西部地区平均为1191人。

5.西部地区是我国少数民族聚居的地区。我国共有55个少数民族，大部分分布在西部地区。据1982年的人口统计，西部地区约有少数民族人口5240万人，占西部地区总人口的78%，全国5个少数民族自治区均位于西部地区。除5个少数民族自治区外，云南、四川、贵州、青海等省的少数民族及少数民族人口也比较多。西部地区少数民族聚居区多数位于高原、高山、边远地区，地广人稀，经济基础薄弱，资源情况较好，大多处于待开发状态。

6.西部地区是我国经济文化比较落后，贫困地区集中分布的地区。其中集中连片的有：川陕鄂豫的秦岭大巴山地区、川鄂湘黔的武陵山地区、川滇黔的乌蒙山地区、滇东南地区、云南的横断山地区、黔桂的九万大山地区、甘肃中部地区、宁夏的西海固地区、西藏地区以及一部分牧区。其中西北黄土高原、青藏高原、云贵高原地区的贫困人口最为集中，占全国贫困人口的一半以上。

7.西部地区地处我国东北、西北和西南边陲。内蒙古、新疆、西藏、云南、广西等省区都是边境省区，与俄罗斯、蒙古、哈萨克斯坦、巴基斯坦、印度、尼泊尔、不丹、缅甸、老挝、越南等国接壤，边境线长达2万公里。边境地区有20多个少数民族跨境而居，并拥有众多具有长期相互关系和经济往来的边境口岸，以及铁路、公路、水路、航空等重要的国际通道，具有开展边境贸易和经济技术合作与交流的有利条件。近年来边境贸易发展迅猛，这些地区已成为我国对外开放的重要枢纽。

（二）西部地区生态环境十分脆弱。北部干旱少雨，水源贫乏，森林稀少，沙漠戈壁面积大，黄土高原水土流失严重；南部山地多，坡度大，土层薄，土地的适宜性单一；占土地面积很大的高寒区，土地利用难度大；西部地区地质构造复杂，断裂发育，地震、滑坡、泥石流等地质灾害频繁发生。相对东、中部而言，西部地区的土地和生态环境的承载量是比较低的。而且，随着西部地区人口不断增加，特别是贫困农牧地区的人口增长率居高不下，为了生存，人们被迫向原已脆弱的环境榨取微薄的生产资料，过度垦殖，过度放牧，加剧了水土流失、草原沙化；工业规模的不断扩大，特别是矿产资源的大规模开发，也带来了严重的环境问题。在今后的经济开发过程中，西部地区将始终面临着水土流失、土地沙化和地质灾害三大环境问题。

西部地区水土流失主要分布在西北的黄土高原，南方的长江上游和珠江上游石灰质山区和泥石流山区。（１）西北黄土高原主要分布在黄河上中游，水土流失面积约４３万平方公里，约占黄河上中游流域总面积的２／３。水土流失最严重的地区是黄土丘陵沟壑区和黄土高原沟壑区，面积约２５万平方公里，一般侵蚀模数为每年每平方公里５０００—１００００吨，少数地区高达2—3万吨。黄土高原水土流失与当地广种薄收，土地利用不当有直接关系，形成了水土流失与低产贫困的恶性循环。(2)石灰岩山区主要分布在长江和珠江上游，贵州省总面积的73%，广西区总面积的52%均为石灰岩山区，在云南、四川、陇南和陕南也占相当多的面积。石灰岩山区特点是山高、坡陡、谷深、河沟比降大，地表土层薄，遇大暴雨，往往造成严重的水土流失，一般平均每年流失土壤厚度约0.5—1.0厘米，有的地区高达2—5厘米。该地区土壤一旦流失殆尽，则变成裸石山，很难恢复。(3)泥石流山区主要分布在长江上游的9条支流，仅四川境内金沙江上游攀枝花至宜宾段，就有泥石流沟258条，占沟谷总数的70%。

我国是世界上沙漠及沙漠化土地分布较多的国家之一，沙漠、戈壁、沙漠化土地相互交错在一起，总面积估计仍达150万平方公里，占全国土地面积的15.5%。西部地区是全国沙漠化土地重要分布区，在内蒙古、宁夏、陕西、甘肃、青海、新疆等6个省区范围内，集中分布着我国90%以上的沙漠化土地，其中已经沙漠化的土地面积约16万平方公里，潜在沙漠化土地面积约14.65万平方公里。西部的沙漠化土地主要有两种类型，一是半干旱地带沙漠化土地，主要分布在内蒙古东部和中部、陕北及宁夏的东南部的干旱草原和荒漠草原地区，约占我国沙漠化土地总面积的65%以上；二是干旱荒漠地带的沙漠化土地，主要分布在狼山——贺兰山——乌鞘岭以西的广大干旱荒漠地带。

西部地区地域辽阔，环境问题的空间差异比较大，不同地区各有特点。黄土高原地区，重点是水土流失、风沙危害的治理和入黄泥沙量的控制；长江上游重点是水源涵养林的恢复扩大，控制大渡河、岷江、嘉陵江、乌江等源头森林的采伐，提高森林覆盖率；广大牧区应着重解决草原沙化、退化问题，恢复和改善草原生态系统。为此，国家实施了"三北"防护林和长江上游防护林体系建设，进行了水土流失地区的小流域治理，取得了明显的效果。

二、土地辽阔，资源丰富，综合开发的潜力较大

总体上讲，西部地区是我国的资源富集地区，特别是能源、矿产、林草等资源在全国占有重要的地位，是今后西部地区开发的物质基础，也是全国经济建设的重要后备基地。

(一)西部地区的水能资源十分丰富，发源于青藏高原地区的长江、黄河、澜沧江、怒江、雅鲁藏布江以及发源于云贵高原的珠江，水能蕴藏量巨大。据统计，西部地区水能理论蕴藏量达5.57亿千瓦，其中可开发利用的水电资源2.74亿千瓦，分别占全国总量的82.3%和72.3%。水能资源集中分布于黄河上游、红水河以及雅砻江、大渡河、乌江、金沙江等支流，开发条件十分有利，其中黄河上游可兴建15座梯级电站，装机容量1400万千瓦，年发电量100亿千瓦小时；红水河从天生桥到大藤峡段，可兴建10座大中型梯级电站，总装机1000万千瓦以上，金沙江、雅砻江和大渡河，可以建设100万千瓦以上电站12座；乌江干流可建11座梯级电站，装机879.5万千瓦，年发电量436.7亿千瓦小时。水电可以成为开发西部的先导产业和支柱产业。丰富廉价的水电，可为西部地区优势资源的开发和国民经济各行业的发展创造良好的条件。

西部地区多年平均水资源总量约为1.55万亿立方米，占全国的55%左右，按现有人口和耕地计算，人均水量和亩均水量分别为4771立方米/人和2357立方米/亩，均高于全国平均值(人均2400立方米，亩均1463立方米)。西部地区的气候、降水条件具有明显的地域差别，从而使水资源在地区分布上有显著的不均衡性。西南地区地处中、低纬度地带，属热带、亚热带气候，每年平均降水16366.2亿立方米，平均降水深1193.3毫米，是我国平均降水深的1.8倍，水资源总量约为12752亿立方米，分别占西部地区和全国总量的82.3%和45.3%。若不计地广人稀、耕地很少的西藏自治区，川、滇、黔、桂四省区的人均水量和耕地亩均水量大都在全国平均值的1.5—2倍以上，是全国水资源最富裕的地区；西北地区，除陕西的大部分、甘肃和青海的东南部和新疆北部、西部山地是年降水量400—800毫米的半湿润区外，大部分地区处于年降水量400毫米等值以西以北的半干旱和干旱地区，其中新疆的塔里木盆地，青海的柴达木盆地，年降水量不足25毫米，是我国降水量最少的地区，本区水资源总量2742.2亿立方米，分别占西部地区和全国总量的17.7%和9.7%，不计新疆自治区，其他四省区的人均

水量和耕地亩均水量低于全国平均值，是全国少水地区。因此，西部地区的富水主要是西南地区，缺水主要是西北地区。此外，由于受降水、气候、下垫面条件等因素的影响，西部地区水资源在时程分配上也很不均匀。西南地区河川径流量的年际变化相对较小，年径流最大值与最小值之比一般不超过2.0—4.0，但年内降雨量和径流量的70—80%集中于汛期的5—6个月内，旱季与雨季的变化十分分明。西北内陆河地区年内最大四个月(一般为6—9月或7—10月)降水量可占全年的60—80%，虽然年际之间径流分配比较均匀，但是时有连续枯水年出现；黄河、西辽河等水系则是典型的降雨补给型河流，年内水量分配十分集中，年际间变化很大；最大四个月水量可占全年的70—85%，年径流变差系数多在0.3—0.5以上。时程分布的这些特点，使西部地区，包括富水的西南地区和缺水的西北地区，水资源利用的难度加大。

(二)西部地区矿产资源品种齐全，储量大，分布集中且与水资源(西北部分地区除外)、水能资源配套条件比较好，便于规模开采，形成大型的能源、原材料工业基地。据统计，45种主要矿产中，西部地区探明储量占全国50%左右，具有优势的矿产有22种，其中主要以能源矿产、大宗有色金属矿产和重化工非金属矿产为主；45种主要矿产工业储量的潜在价值量，西部接近中、东部之和。一次能源资源的探明储量，西部比中、东部之和还大13个百分点。(1)煤炭。西部地区煤炭保有储量5306.3亿吨(截止1989年，下同)，占全国的58.9%，特别是动力煤资源极为丰富。西部煤炭储量主要集中在内蒙古和西北的陕、宁、新四省区，约占西部地区总储量的80%左右，且煤种齐全、煤质好，埋藏条件好，便于大规模开采，可以形成具有全国意义的大型或特大型煤炭基地。西南地区除贵州和川南、滇东部分地区外，普遍缺煤，而且煤质比较差，规模比较小，难以满足本地区需要。西北地区煤炭资源开发最大的问题是水资源不足，西南地区最大的问题是交通不便。(2)石油和天然气。西部地区的石油资源储量主要集中在新疆的塔里木、准噶尔、吐鲁番——哈密三大储油盆地和长庆、青海油田，资源前景比较广阔的是新疆三大油盆，这一地区有可能成为我国石油开发的主战场；天然气资源集中在西南的四川和西北的陕甘宁交界区两处。(3)有色金属。西部的有色金属矿产种类多，储量大，开发前景十分广阔。主要优势矿种有：铝(西部铝土矿探明储量占全国的35.6%)，铅(占全国的56.9%)，锌(占全国的69.9%)、锰等大宗主体矿产以及锡、镍、钒、钛、钴、稀土等稀有战略性矿产和金、银、铂族金属等贵金属矿产。有色金属资源主要分布在黄河上游沿黄地区，新疆阿尔泰地区、内蒙古狼山地区，红水河中游地区和川滇藏三江流域地区。(4)非金属矿产。西部主要优势非金属矿资源有磷矿、盐岩、钾盐和非金属建材矿产，其中磷矿探明储量占全国的53.6%，主要集中在云、贵、川三省(占西部地区储量的82.23%)；钾盐储量占全国的99.4%，几乎全部产于青海省；盐岩储量大，分布广泛，尤以西北各省更具优势。

(三)西部地区土地总面积占全国陆地总面积的2/3以上，但耕地面积按统计只有4.54亿亩，仅占全国的31.6%，且质量差，中低产田约占3/4，占西部地区土地总面积95.6%的非耕地资源有相当大的开发潜力。西部地区土地资源有以下几个特点：(1)区域差异明显。新疆、内蒙古高原、柴达木盆地和河西走廊等地区，大部分属温带干旱、半干旱气候，光照充足，但雨水少，耕地基本依赖于灌溉，土地开发利用程度低；黄土高原地区，热量条件好，但气候干旱少雨，大部分属干旱和半干旱地区。该区土质疏松，坡陡沟深，地形破碎，耕地以坡旱地为主，质量较差，农作物产量低；青藏高原地区，地势高峻，平均海拔3500米以上，属高寒气候，无霜期在150天以下，热量不足，土地生产力低，只能种植耐寒的农作物和发展畜牧业；四川盆地、云贵高原和广西的大部分地区，属于亚热带湿润、半湿润季风气候，南部边缘部分地区属热带气候。这一地区光热、水、土资源配合较好，土地利用程度高，农作物产量高，是我国水稻和甘蔗的重要产区。(2)难以开发利用的土地比重较大。全国有11亿亩左右的戈壁,9亿亩沙漠,8000万亩左右的草地被冰、永久积雪覆盖,还有20万亩的石山、裸地,上述这些难以利用的土地绝大部分分布的西部。(3)水土流失、土地沙化严重。全国现有水土流失面积的1/3,土地沙漠化面积的1/2分布在西部地区。(4)土地开发潜力大。据国家计委、国家土地局初步调查统计,西部地区待开发利用的土地面积约7.8亿亩,占全国的70%左右。

西部地区有林地面积约7亿亩,约占全国总量的37%,森林蓄积量6400万立方米,约占全国总量的60%,森林覆盖率6.9%。西部地区森林资源主要分布在内蒙古东北部、四川、云南、西藏、广西等省区。西部地区拥有占全国98%的可利用天然草场和1/2的草山草坡,我国草地放牧畜牧业几乎全部集中分布于此。据统计,西部地区可利用的草地面积约36亿亩左右,其中牧区天然草地32.9亿亩,农区草山草坡3.2亿亩。牧区天然草地主要分布在内蒙古(占全国草原总面积的1/4)、青海、新疆、西藏和川西地区,草山草坡主要分布在西南各省。从长远来看,西部地区以草地资源为基础的畜牧业,极有可能成为西部大农业中最重要的产业优势。

三、工业已形成了比较完整的体系,但结构不尽合理

(一)历史沿革。解放初期,我国空间经济格局严重失衡,西部地区的国民收入仅占全国的18%,工业总产值仅占全国的10.5%。为了改变生产力布局畸轻畸重的不合理状况,以及在"优先发展重工业"的工业化战略的指导下,从1952年至70年代初,我国建设重点大规模西移。在中央投资的带动下,国家在西部建立了一大批能源、原材料生产基地和重加工工业基地。"一五"期间的156项重点工程西部占1/5,其中陕西省的项目总数居全国之首;国内建设的694个限额以上项目,西部也占1/5。建设项目主要集中在军工、煤炭、石油、电力、有色金属、化学工业和机械工业。由于西部原有农业基础非常薄弱,加之轻工、纺织、食品等项目配置较少,使得西部工业化从开始就带有重化工主导型的特点,跨越了一般的工业化进程中以轻工业为中心的发展阶段。在"三五"时期,我国按一、二、三线进行战略整体布局,集中力量建设三线大后方。西部许多省区成为三线建设的重点,其中四川的建设规模最大,其投资量占全国的1/10,投资重点仍为军工、机械、电子、化工、交通、煤炭、电力、钢铁、有色金属等部门。

近10年来,国家生产力布局有所调整,由过去单纯追求均衡转为更加重视效率,国家对西部地区的投资份额减少,这在客观上促使西部经济转入存量调整为主、增量投入为辅,内涵改造为主、外延扩大为辅的发展时期。西部地区工业的骨干——能源、原材料生产企业经过扩建、改造,优势能矿资源的综合开发利用得到了加强,产量有较大幅度的提高。原有大中型机电企业,尤其是某些"三线"军工企业经过调整、改造后,其技术优势和庞大的存量资产得到了合理的利用,开发出一批国民经济各行各业所急需的重要装备和适销对路的产品。

据统计,1953—1990年西部地区固定资产投资共5953亿元,占全国同期固定资产投资的21.4%。40多年来,西部地区工业发展平均以两位数的高速度增长,其中前28年(1953—1980年)平均每年增长11.6%,近10年(1981—1990年)平均每年增长11.8%。工业总产值1990年达到3462.7亿元,占全国工业总产值的14.5%。

(二)西部地区已形成门类较齐全的工业体系。40多年来,西部地区建成了500多个大型企业,较快地形成了一批专门化程度高、外辐射能力强的行业,确立了西部地区在全国工业布局中的重要地位。在全国地域分工总格局中,西部地区突出的是电力,黑色金属采选、有色金

属采选以及有色金属冶炼压延加工，采盐，木竹采运等；在制造业中，以烟、糖为主的食品工业和层次较高的机械工业也占有相当大的优势。这些重点行业向全国提供了大量的各种有色金属产品（铜、铅、锌、锡、镍、铂族金属、钼精矿、稀土精矿及其制品、电解铝等），炭素制品，铁合金，电石，磷化工、石油化工、盐化工产品，木材，毛皮制品，烟、糖、酒等。此外，西部地区的某些地方还依托装备精良、人才荟萃的国营大中型骨干企业以及高水平的专业科研机构，发展了一批高新技术产业，如核工业、电子工业、航空航天工业、通讯设备制造、自动控制设备制造、激光技术、气流纺纱技术、新型复合材料制造等，它们在国内大多居领先地位，有些甚至还达到了世界先进水平。西部地区工业的主体部分和主要工业中心大致沿陇海——兰新、京包——包兰——兰青、成渝、成昆、川黔、黔桂、贵昆等铁路干线展开，它们是进一步开发西部地区的重要依托和阵地。分省区看，云南、甘肃、广西的有色金属，甘肃、新疆的油气，宁夏、内蒙古的煤炭，内蒙古、青海、新疆的采盐，内蒙古的木材采运，内蒙古、青海的毛皮，贵州、广西、云南的食品，四川、陕西的大型电站设备、超高压输变电设备、汽车等，各自构成所在省区的主导产业。

西部地区的工业经济效益是比较好的，按 1990 年全国独立核算工业企业主要经济效益指标分析，西部地区的资金利税率高于全国和中部地区，销售利税率高于东部和中部地区，固定资产利税率、全员劳动生产率也高于中部地区。工业产值占用流动资金因军品压库等原因，高于东部和中部地区。

（三）西部地区工业发展中存在的主要问题。西部地区工业发展很快，但也存在不少问题。主要是：改革开放以来，工业发展速度低于东部和中部地区，工业占全国比重 1990 年比 1980 年下降了 0.6 个百分点；工业发展优势不明显，工业行业结构与全国基本趋同，轻工业发展不足，1990 年轻重工业之比为 44.9：55.1，低于全国 49.4：50.6 的水平；工业经济效益在全国属中等水平，但自我发展能力弱，1990 年西部地区实现利润 45 亿元，还贷后企业名义留利仅 23.2 亿元；一、二、三产业发展不合理，第二产业明显滞后，工业化程度低；经济实力不强，人均水平很低，1990 年西部地区人均国内生产总值为 1086 元，比全国少 472 元。造成这些现象的主要原因是：地理环境和区位条件差；工业投资不足，生产能力不配套；工业布局不合理，对外部环境应变能力差；占很大比重的上游产品价格不合理，自我积累、资产增值的能力极低。西部地区靠财政补贴的赤字县占 60—70%，其中 1990 年云南、新疆靠财政补贴的县占 70—80%。要解决这些问题还要靠改革开放，扩大资源开发规模，充分利用现有工业基础和三线军工企业的优势，发展对外经济技术合作和边贸、经贸。总之，既要靠西部地区自身的努力，还要有国家的投入和更加优惠的政策。

（四）工业发展，提高了西部地区的城市化水平。截止 1990 年底，西部地区的城市已增加到 123 个。按人口规模分，该区非农业人口在 100 万以上的特大城市有 7 个，50—100 万人的大城市有 5 个，20—50 万人的中等城市有 25 个，20 万人以下的小城市有 86 个；按工业生产规模划分，乡及乡以上工业总产值在 10 亿元以上的城市共 43 个，它们的工业总产值占整个西部地区的 48.86%，是整个西部或所在省区国民经济的主要支撑点。目前，西部已基本上形成 8 个城市体系群：单核中心的城市群有昆明、贵州、西安、乌鲁木齐，双核中心的城市群有成都——重庆、包头——呼和浩特、兰州——西宁、柳州——南宁。各核心周围均分布有若干个中小城市，它们构成了西部地区以工业为主导，人口、经济、科技密集度或专门化程度高的增长极体系的雏形。它们以其先进的企业群体和主导产业产品强大的远、近辐射能力，在一定程度上突破了以分散、封闭、落后为主要特征的传统的自然经济格局，是西部地区已跨过工业化起点的主要标志，也是进一步推进西部地区工业化进程、带动区域经济发展的依托。

四、加快农业发展是关系西部地区全局的重要战略任务

(一)农村经济结构有所调整。由于自然条件较差、生态环境恶劣，西部地区的农业长期发展不足，一直是西部地区国民经济发展的薄弱环节。改革开放以来，商品经济的发展使得单一的以粮为核心、农牧业为主体的生存农业的农村经济格局有所突破。近10年来，西部地区以乡镇企业为主的乡村非农业得到较快的发展，1990年同1980年比较，农业与乡村非农业的产值之比由8∶2变为6.7∶3.3；种植业、畜牧业与乡村工业这三个重要产业的产值之比也由1.0∶0.3∶0.2变为1.0∶0.5∶0.4。各产业部门的内部结构也发生了一定的变化，如作物结构中粮食面积比重下降5.4个百分点，经济作物比重上升4.1个百分点。农区、牧区与半农牧区的农产品商品率分别提高了3个、4个和5个百分点。

(二)西部地区具有发展农业的潜在优势。

1.依托自然资源形成了两区夹一带的区域农业分工格局。内蒙古高原、甘新干旱区和青藏高原主要是放牧畜牧业集中分布的广大牧区；西南山区、黄土高原大部主要是种植业集中分布的农区；基本上位于上述两区之间的大兴安岭、内蒙古高原南缘山区、青藏高原东缘山区为天然林与农牧交错或农林牧交错分布的狭长过渡带。

2.传统的优势农产品种类多，地区优势明显。西部地区地域辽阔，跨越热带至寒温带，山地垂直带分异明显，它们构成了差异显著的局地环境，有些已成为诸多优势农产品集中分布的区域。例如川滇黔桂的烤烟、甘蔗、茶叶，“川路”与“云贵路”的山羊板皮，西双版纳的热带特种经济林木，四川的桑蚕茧与柑桔，蒙宁陕甘新的细羊毛与半细羊毛、多种裘皮、白山羊绒与骆驼绒、良种马，新疆的长绒棉、甜菜、葡萄、西瓜，青藏高原的牦牛绒与地毯毛，大兴安岭与横断山以云冷杉为主的木材等。

虽然西部地区农业从总体上看，经营粗放，产品低而不稳，但一些河谷平地和平原地区，如成都平原、关中平原、银川平原及新疆主要绿洲农区等，水土条件较好，农业开发历史较长，耕作较为精细，农业集约程度和生产水平相对较高，其中新疆、宁夏等省区的国营农垦场田还是我国农业集约程度和生产水平最高的地区。

(三)西部地区农业发展过程中存在的问题。首先，由于人口增长过快，粮食增长较慢，已由余粮区变为缺粮区，1968年以前年均净调出粮食13.5亿公斤，1969年以后年净调入粮食18.7亿公斤。其次，大部分地区农业投入太少，近于掠夺式的粗放经营，生产水平低而不稳，乡村经济落后。第三，农业自然资源开发利用不够合理，造成资源萎缩，生态环境恶化。

(四)西部地区农业发展的目标。为了加快西部地区农业发展步伐，帮助广大农民脱贫致富，必须大力改造传统农业，积极发展农业专业化商品生产，开展多种经营，促使乡村经济向产业多元化的商品经济方向发展。具体地说，各个地区应根据主要资源优势与社会经济条件，实行农业区域专业化，因地制宜地分别建成具有全国或区际意义和各具特色的商品农产品生产基地；充分利用当地次要资源发展有关农业生产，作为区域专业化生产的补充；及时引导剩余农业劳动力向乡村第二、第三产业转移，全面振兴与繁荣乡村经济。力争在本世纪内实现以下目标：种植业生产在优先保证区内人口与经济双增长对粮食的需要，力争在人均年产粮食350公斤以上的前提下，向区外提供更多的传统优势农产品；畜牧业生产在保证区内猪肉、禽、蛋自给有余的同时，向区外多提供毛类、绒类、裘皮与皮张、肉类等量大质优的畜产品；林

业生产在不断加强森林防护功能的基础上，多提供各种林产品；农业发展带动环境治理，基本上控制生态环境恶化并逐步向良性循环过渡；农业生产单一与经营粗放的状况有明显改进，在政策与资金上及时引导剩余劳动力不断向乡村二、三产业转移，农牧民年收入提高到800元左右，使贫困地区人民的温饱问题得到解决，并逐步走上富裕之路。

五、交通运输得到较快发展，但还不能适应西部地区经济社会发展的需要

(一)发展概况。解放前，我国西部地区的交通十分闭塞而落后。可通铁路的只有广西、云南、陕西和内蒙古四个省区，通车里程仅有3830公里，只占全国的17.2%，基本集中于内蒙古的东部和云南的南部。公路的数量少、质量差，绝大部分为土路或砂石路，能通公路的县城寥寥无几。内河均为江河上游，多处于自然状态。民用航空线路很少，没有管道运输。

解放后，国家大力发展西部地区的交通建设事业，各种方式的交通运输事业都得到了较快的发展。

——铁路。先后修建了成渝、宝成、川黔、贵昆、成昆、湘黔、襄渝、阳安、兰新、藏青、干武、青藏线西宁至格尔木、南疆线吐鲁番至库尔勒等铁路干线和一批铁路支线。除西藏外，西部地区各省区的主要城市和重点工矿区都已有铁路相通。到1990年末，西部地区的铁路营业里程为1.96万公里，已占全国的36.7%，比1950年增加4.1倍，大大高于全国平均增长1.2倍的速度。

——公路。西部地区的公路到1990年末，通车里程已达40.9万公里，占全国的39.8%，比1952年增长8.7倍。除西藏的墨脱县外，所有的县和绝大部分的乡、村都有公路相通，初步形成了公路运输网。公路已成为西部地区的重要交通通道，在不通铁路的地区已发挥了干线交通的作用。

——内河。西部地区为我国主要江河的发源地，如长江、黄河、珠江、雅鲁藏布江、澜沧江、怒江、雅砻江、额尔齐斯江等。但是，由于地处上游，险滩多、水流急，内河水运的发展受到很大限制。可通航的内河航道以长江和珠江两水系为主，澜沧江中下游也有部分河段可以通航。目前，长江水系可通航的大小河流有540条，共4万多公里，其中干流宜宾至重庆可通航500吨级驳船，重庆至宜昌段(川江)全年可通航1000吨级驳船，中洪水期可通航2000吨级驳船；珠江水系水量充沛，自然水深良好，南北盘江为红水河上游，深入贵州和广西腹地，贵州省正在开发通往广西出海的水运通路，广西正在整治和提高右江、红水河、融江的航道等级和建设南宁至广州出海的千吨级航道；澜沧江系国际河流，在我国境内长1900公里，自普洱县小橄榄坝至景洪县河口158公里，可通航50—100吨船舶，对开发滇西地区经济，发展与下游各国的经贸往来有重要作用。

——管道。随着西部地区原油和天然气的开发，管道建设从无到有，得到较快发展。到1990年末，四川、陕西分别有输气管道4553公里和85公里，新疆、青海、宁夏、内蒙古分别有原油管道1001公里、436公里、191公里和378公里。格尔木至拉萨有成品油管道1080公里，是全国唯一的成品油长距离输送管道。

——民用航空。1990年末，西部地区共有民用和军民合同机场48个，其中西南地区14个，西北地区23个，广西4个，内蒙古7个。共开辟国内航线160条，其中区内航线57条，沟通内外的航线103条；国际和地区航线8条；还有西安——香港、重庆——香港、成都——香

港等包机航线。

解放以来，我国西部地区的交通运输得到了很大的发展，为展开国民经济布局、促进少数民族地区的经济发展，加强中央和地方、省(区)之间的联系，以及巩固国防方面都起到了重要作用；另一方面，从总体上看，西部地区的交通运输还相当落后，还远远不能适应经济社会发展的需要。

(二)西部地区的交通运输，从全局来看主要有两方面的问题：

一是内部，特别是西部与中部、东部地区之间的运输能力严重不足。目前西部与东部的6条通路，包括湘桂线、湘黔线、襄渝线、陇海线，大包线和滨洲线，其向东方向的运输总能力仅8500万吨/年，1990年的实际货流密度已达7767万吨，能力利用率高达91.5%，已处于饱和状态，一些路段实际上已是超负荷运行。

二是通往边境口岸的交通通道，需要大力开通和建设，以适应对外经济往来的需要。从通往外贸口岸的交通条件看，目前有铁路相通的口岸为：内蒙古的满洲里和二连、新疆的霍尔多斯、广西的友谊关和云南的河口。其余口岸都由公路联系，如云南的畹町、西藏的樟木和亚东、新疆的红其拉甫和吐尔尕特等。由于公路路况差，通过能力低、运费高，增加了出口成本，直接影响外贸的发展。

海运的能力还相当低，仅有广西的防城港、钦州港和北海港，还待大力开发，以适应大西南借港出海，发展对外经济贸易的需要。

(徐国弟 撰稿)

关于我国西部地区经济发展战略的研究

我国西部地区，包括内蒙古、桂、川、贵、滇、藏、陕、甘、青、宁、新 11 个省区。土地面积 684.02 万平方公里，占全国 71.8%；人口 3.25 亿，占全国 28.4%。少数民族人口占全国少数民族总人口的 86.1%。按照加快改革和扩大开放的精神，我们就西部地区的社会经济发展问题，组织有关单位和专家，在全面汇总和综合分析各方面意见的基础上，对一些重要问题进行了深入研究，提出了如下几条总的意见：

一、西部地区经济发展，关系国家全局

我国西部地区在改革开放以来，经济有了很大发展，但由于种种原因，与东部地区相比，仍有较大差距，并有逐渐拉大的趋势。这种状况发展下去，不仅会延缓西部地区经济和社会发展的进程，而且将影响全国总体战略目标的实现，影响国民经济持续、稳定、协调发展。

(一)西部地区经济发展关系到全国产业结构调整和全方位的对外开放。

1.全国产业结构的调整，迫切需要西部地区的经济有一个较快地发展。90 年代，调整我国产业结构，提高宏观经济效益，关键是加速能源、原材料及交通、通信等基础工业和基础设施的发展，并重点扶植具有战略意义的产业，积蓄经济发展后劲，为下个世纪完成国民经济发展的第三个战略目标赢得主动。

由于能源、原材料工业的资源导向性，产业结构向这些工业倾斜，客观上要求它们的布局重点转向“两源”兼富的地区。西部地区能、矿资源富集，开发条件优越。煤炭保有储量占全国的 57%，可开发水能装机容量占全国的 76.9%；铬、钛、铂族金属、稀土、钾盐、石棉占全国 90%以上；镍、锡、汞、重晶石占全国 70%以上；锰、钒、铅、锌、钴、钨、锑、磷占全国 50%以上。加快西部地区优势能、矿资源开发的步伐，加大开发规模，对缓解我国能源、原材料紧张状况具有举足轻重的作用。

90 年代，我国还面临着扶植若干战略产业进一步增长(如机电工业中的大型发电、输电设备、矿山设备，航空航天工业、核工业、电子工业、汽车及零部件工业等)，并逐步实现产业结构高度化的任务。建国 40 年来，国家在西部地区密集投资，已形成了一个规模较大、体系相对完整的以基础民用工业、军工和重加工工业为主体的产业群落。加快对西部地区这些大中型骨干企业的技术改造，用少量增量调动庞大存量，在生产重大装备和成套设备、投资类产品、出口创汇和进口替代等方面将大有作为，为我国产业结构高度化作出贡献。

2.西部内陆地区对外开放和沿边开放,是我国全方位开放的重要组成部分。从区位条件看,西部地区除广西外,距海都较远,东向对外开放有较大限制,但我国长达2.1万公里的陆地边境线大部分在西部边境地带,向西开放,发展与俄罗斯、前苏联中亚各共和国、东欧、中西亚、南亚诸国的交往,则拥有有利条件。在新的形势下,西部地区由对外开放的"末梢"变为对外开放的前沿,具有开拓国际市场的有利机遇。值得注意的是,在我国周边地区国际环境日趋缓和、开放发展成为主流的背景下,争夺这些地区国际市场的竞争也在加剧,对我国能否有效实施沿边开放战略形成强有力的挑战。我国必须当机立断,以边境贸易为先导,沿边开放,促进西部地区边境与内陆开发,增强自身的经济实力,这样才能积极推进与毗邻国家的经济技术等方面的双边、多边合作,与沿海的开放开发相呼应、相补充。

(二)全国经济持续、稳定、协调发展离不开西部地区民族团结和共同发展,走社会主义道路就是要逐步共同富裕。

1.经济发展和共同繁荣是促进各民族共同进步的基础。世界上不少多民族国家在发展过程中面临着民族矛盾的困扰,甚至导致国家分裂(如前苏联、南斯拉夫)。这一问题必须引起我们的高度重视。西部地区是我国少数民族聚集地区,民族团结是国家安定的重要因素,而民族团结的基础是民族的共同繁荣,加快西部地区的开发、发展,在一定意义上就是加快民族地区社会的发展。这不仅是我国少数民族地区的迫切要求,也是我国社会主义民族政策的根本原则,是社会稳定、边疆巩固的必要条件。

2.先富后富,共同富裕是协调我国东西关系、从而保证国民经济协调发展的指导思想。东部地区经济技术条件较好,让他们发展得快一些,先富起来多交利税,较快地增强国家的经济实力,这是必要的。但同时,先富起来的东部地区,也应在平等互利,互惠互补的基础上,发挥自己的势能,带动、促进、支援不发达的西部地区,跟上东部地区前进的步伐,使东西部地区差距不继续扩大,或把差距控制在较低点上。为此,90年代,在保持东部地区经济增长活力的同时,也要重视西部地区的独特优势,加快其增长速度,使东西部地区增长之比,较80年代有所缩小。这有利于形成合理分工,优势互补,东西联动、协调发展的新的区域格局。

(三)西部地区经济发展有利于全国生态环境的改善。西部地区位于我国大江大河的上游,是全国重要的生态屏障。但西部地区本身,生态环境脆弱,而且趋向恶化。水土流失、风沙危害、入黄入江泥沙增加。由于西部地区工业结构以污染型工业为主,一些工业聚集区的三废污染也很严重,成为我国主要的酸雨区。环境破坏与经济落后形成了恶性循环。边治理,边破坏,有些地区,破坏大于治理,形成又一个恶性循环。这种状况不仅妨碍着西部地区的工业化,而且对各江、河的中、下游地区形成严重威胁。改变这种状况已经成为关系到中华民族生存条件的紧迫任务。整治西部地区的生态环境,从而改善全国的生态系统,必须以发展西部地区经济为基础,正确处理资源开发与环境保护的关系。以开发促进环境整治,以治理保证资源开发,形成良性循环。以上说明,加快西部地区经济发展,不仅利于西部,更利于全国。

二、加快西部地区经济发展,已有良好条件

(一)西部地区的矿产资源丰富,矿种齐全,配套程度较高,资源远景好,开发潜力大。按45种主要矿产工业储量潜在价值计算,西部地区占全国的49.3%,一次能源探明储量占全国56.4%,而西部地区地质勘探程度低于中、东部,因而现有矿区扩大储量和发现新矿区、新矿种的潜力还大于中、东部。

我国国民经济目前所面临的能源、原材料短缺的矛盾不是一个短期矛盾。从矿物原料需

求量与工业化程度的相关关系看，未来 50—60 年内，正是我国矿物原料消耗高增长率的时期。顺利渡过基础工业及相应的基础设施关，是在相当时期内保证整个国民经济持续、稳定、协调发展的重要前提。而西部地区的资源开发和全国资源节约是解决这个问题的关键所在。与中、东部相比，西部地区能、矿资源优势将随着时间的推移越来越突出，从发展趋势看，将是支持西部地区经济和工业化的重要物质基础。

(二)在中央投资为主动力的推动下，西部地区经济初步打下工业化的基础，积累了相当规模的工业生产能力和技术力量。1953—1990 年，仅国家在西部地区的基本建设投资已达 4140 多亿元，形成固定资产 3000 亿元；建成一批以大中型企业为骨干，专业化率高、远辐射能力强的工业行业，川、陕的国防科工系统的总规模，分别居全国第一、二位；形成了西安、兰州、重庆、成都、昆明等大型综合性经济中心城市和以关中、成渝、兰白(银)为主的经济核心区；乡以上独立核算企业的工程技术人员占职工总数的比重，比全国平均水平高 19.2%，拥有一定的科技人才优势。这些工业生产力具有输出大宗能源、原材料的能力、成套设备制造能力和产品开发能力，有利于发展规模经济和集约化生产。目前，由于产业组织结构差、市场发育程度低、配套程度低、运力不足等种种原因，这部分工业生产力存量的利用程度还远不充分，可挖掘的潜力还相当大。若增加适量资金带动，就可以把大量闲置的存量调动起来，发挥综合能力，支持西部地区的开发。

(三)西部地区的开发在某些产业具有良好的综合性经济效益。从总体看，西部地区经济效益比较差。但也应作具体分析：(1)按现有价格体系计算，西部地区的水电、有色采选和冶炼、黑色采选、竹木采运、建材与其他非金属资源采选、盐、烟草、交通运输设备制造等重要行业，与全国同行业相比，经济效益高于全国平均水平。(2)在价格扭曲下，西部地区的效益是被扭曲了的效益。如果计入因价格扭曲而流失的价值量，其工业产值量、利润率就会有明显的提高。现有经济效益评价指标，往往不能反映出其实际效益。(3)从动态上考察，80 年代以资金利税率为代表的工业经济效益，全国和东部地区大幅度下滑，而西部地区却是上升的。东西部地区经济效益的差距是缩小的趋势；(4)从长期综合性的区域经济角度看，西部地区开发具有良好的效益前景。我国每年有 20%以上的工业生产能力因缺电而闲置，减少工业产值 1000 亿元。加大西部地区煤炭、水电资源的开发规模，增加短缺物资的有效供给，就可大幅度减少全国生产能力闲置所造成的损失，增加社会财富，等于提高客观经济效益。因此，从效益角度考虑，加速西部地区开发也是可行的、必要的。

当然，西部地区也有其自身的弱点：(1)二元结构，双轨运行，不利于生产要素的优化组合，降低了要素运用率；(2)社会文化环境差，整体的人口文化素质低，交通不便，信息闭塞；(3)商品经济社会发育程度低，内部经济机制不健全，自我发展能力弱，而投资环境又不利于吸引外部的投入。有些是极其关键的制约因素，但是，这些弱点，只能在合理开发中逐渐消除，而不能消极地、静态地看成是开发中不可克服的障碍。同时，加快西部地区的开发，并不是通过人为地抑制东部、中部地区的发展速度来实现的；相反，东、中部地区较高速度发展，有利于西部地区的共同发展，而加快西部地区的开发，将对全国经济的发展具有促进作用。

三、扩大优势能矿资源开发，服务全国，振兴西部

(一)西部地区发展能矿工业的条件是十分优越的。西部地区具有丰富的以煤、水电为主的能源资源，以镍、稀土、钒、钛、锡、铅、锌为主的金属资源，以磷、硫、石棉、钾盐为主的化工及建材非金属资源，且组合状况好，配套程度高，开发潜力巨大，便于建设大型综合性原材料基

地。

西部地区的能源、原材料工业在全国区际分工中占有重要地位。随着全国统一市场的形成，西部地区的能源、原材料仍然具有极大的竞争优势。今后我国国民经济要上新台阶，能源紧缺、原材料不足的矛盾又将日趋严重。随着需求的增加，东、中部矿产资源的递减和耗竭，石油天然气和优质煤的接替，10 种有色金属要登上第三个台阶，磷硫化工、钾肥、煤化工、石油化工更大规模的发展，越来越需要依靠西部能矿优势资源的开发。当然，我们要抓住时机，充分利用国外资源来发展东部沿海地区的经济，并调整东西部资源的分配格局，以利于西部地区产业结构的优化调整。从全国来讲，我国能矿资源供应基地的战略西移是必然趋势，西部地区的能矿资源将成为我国经济发展的重要支柱。

目前西部地区能源、原材料工业已经形成了相当的资产规模和生产能力，构成了西部地区经济发展的基本产业。随着开发规模的不断扩大，资源加工转换能力的提高，将有力地带动西部地区经济的发展。

(二)西部地区能矿工业发展目标构想。2000 年以前，西部地区能源的发展目标是：在保证西部地区各省区煤、电供应比较充分的条件下，在建设输煤铁路通道和电力走廊的基础上，重点建设陕北、渭北、内蒙古、宁夏、黔西等面向全国的煤炭供应基地；加强南疆为重点的油气资源地质勘查工作，为国家建设大型接替油田作好前期工作，并择优投入开发，保证全国油、气的稳产和增产；西部地区水能资源的开发尤应加快，进入大规模梯级开发阶段，除在建的一批大中水电站以外，90 年代还将在长江上游的金沙江、雅砻江、大渡河、乌江，黄河上游的龙羊峡至青铜峡河段，红水河和澜沧江中段，布置一批 100 万千瓦以上的大型水电站，形成全国最大的水电基地。

与此同时，结合煤炭基地与水电基地的布局，以蒙东、渭北、宁东、黔西、滇东、川南为重点，新扩建一批大中型煤电厂，形成北部火主水从，南部水主火从，水火相济的电力基地。

依托煤电重点发展以下原材料工业.

1. 有色金属工业。铝工业发展重点在黔桂和黄河上游；铅锌工业发展重点在云、甘、内蒙古、川；镍工业发展重点应进一步扩建金川基地；锡工业的重点是加快云、桂老基地的改造；结合白云鄂博稀土磁铁矿、攀西钒钛磁铁矿、金川镍铜矿的开发，发展稀土工业、钒钛工业和铂族工业。

2. 钢铁工业。应立足现有企业改扩建，重点改扩建包钢、攀钢、重钢、酒钢、昆钢、水钢、柳钢等大中型钢铁企业，同时加快攀钢二基地的前期准备工作。

3. 化学工业。重点是磷化工和石油天然气化工。主要开发昆阳、安宁磷矿、贵州瓮福磷矿、四川马边磷矿及川南硫铁矿，新建云南安宁、贵州福泉、四川宜宾等黄磷、重钙、磷铵工程，扩大高浓度重钙磷肥和黄磷的生产，替代部分磷矿的输出；依托四川盆地、陕甘宁盆地、北部湾的天然气资源和新疆油田，新扩建一批乙烯和化肥为主的石油天然气化工企业，改善全国的石化工业布局和西部地区的化工结构。

(三)几点政策建议。90 年代，西部地区资源产业的开发，由于自身积累能力低，面临着资金严重不足的问题，也是西部地区发展的最大障碍和必须解决的问题。建议：

1. 国家应在西部地区选择一批前期工作充分的能源、原材料项目，实行招标入股，吸引沿海地区的资金。国家除参股外，还要充分保证按投入分红，向投资方返还利润和产品。

2. 国家要逐步减少和取消省际间的产品调拨和分配计划，使跨地区的产品调拨转为有计划的商品交换。

3.组建由国家和地方联合投资的流域水电梯级开发公司。国家将已建和在建的水电站划归公司经营管理。开发公司除多方筹资外,用自己管辖的水电站的收益,对整个流域地区进行综合开发。

四、充分发挥三线企业特别是军工企业在促进西部地区经济发展中的积极作用

(一)三线企业是西部地区的一股不可忽视的力量。三线建设是我国生产力布局的一次战略转移。从1964年至1980年,在西部地区(含中部地区的部分省)累计投资2000多亿元,初步形成了以能源交通为基础,国防科技工业为重点,原材料工业与加工工业相配套,科研与生产相结合,门类比较齐全的重加工工业体系和战略后方基地,初步改善了我国工业生产力偏重于沿海的布局态势,增强了经济和国防实力。

十一届三中全会以来,三线国防工业贯彻"军民结合、平战结合、军品优先、以民养军"的方针,积极开发市场需要、为国民经济建设服务的机电轻纺装备及家用电器产品等。其中电视机、电冰箱、照相机1990年产量均占全国的1/4,摩托车占全国的60%。民品产值的比重由1979年的10%增长到1990年的70%以上。"七五"、"八五"期间在重点调整企业布局的同时,有计划地进行技术改造,改善了企业的内外部环境,为调整产业结构和发展外向型经济创造了条件,带动了地方经济的发展,取得了明显的成效。通过军工企业的布局调整,不少城市建设以军工企业为主的工业小区和企业群体,如西安市西南郊形成了以高科技为主体的电子工业区,贵州省建立了遵义轻型汽车基地、贵阳小河镇机械产品加工区和新添高科技开发区。截止1990年底,已有800多个企业在沿海兴办了1200多个"窗口",成为直接参与国际交换的桥梁,又为后方生产科研基地积累了资金,传递了信息。

(二)发挥三线企业生产潜力的对策。目前三线地区的军工企业仍存在一些亟待解决的问题:(1)多数军工企业军转民的产品结构尚不能适应市场的需要;(2)军工企业发展民品进入民品归口部门的笼子很困难;(3)条块分割阻碍了军工企业与地方和乡镇企业的结合;(4)军品生产线"包袱"沉重,产品积压严重。

为了充分发挥三线企业,特别是军工企业在促进西部地区经济发展中的积极作用,需要采取如下措施:

1.打破条块分割、部门封锁,兼顾地方和部门的利益,适当下放一部分军工企业给地方,增强地方政府对军工企业支持的积极性。民品归口管理部门应积极支持军工企业发展民品。

2.鼓励军工企业到沿海、沿江开放城市、中心城市和经济特区开设"窗口",加快军转民、内转外,加快对外经济技术合作的步伐,外向型的技术改造项目应优先支持。

3.鼓励军工企业和科研院所与地方经济密切结合,充分发挥军工系统人才和科技优势,带动地方经济和乡镇企业的发展。在有条件的地方,可进行军民结合,科技兴市的试点,并享受高新技术开发区的优惠政策。

4.积极组建企业集团。西部大中型企业具有技术装备和人才的优势,已培养出一支政治业务素质较高的职工队伍,应成为向外扩展产品、技术的基地和辐射中心。为此需要进一步打破地方与部门,军品与民品的界线,以大企业为龙头,有选择地吸收地方企业,有计划地组建多种形式的企业集团,优化生产要素组合,提高规模经济效益。

五、提高粮食自给水平，发挥传统农产品优势，改善国土环境

(一)加速发展粮食生产。西部地区以往的粮食生产发展较慢，满足不了人口与经济双增长的需要，已由60年代末的余粮区变为缺粮区。“七五”期间年均调入粮食多达30亿公斤左右。预计本世纪末人口将增加到3.71亿人，实现粮食基本自给需求总量将达到1298.5—1484亿公斤。

西部地区粮食生产具有扩大面积和提高单产的双重潜力，2000年以前应以提高单产为主。因为西部地区虽有3亿多亩荒地，但开垦条件差，近中期不能大规模开垦；同时，每年非农业占地与退耕地多达350—450万亩，即使今后10年开垦4000万亩，2000年前耕地规模也不会有大的变化，扩大耕地面积的增产潜力有限。采取一定措施提高耕地单产潜力则很大。第一，现有水利工程配套与老化工程更新，提高中低产水田与水浇地的灌溉保证率，可以增产85.6亿公斤粮食；第二，部分大中型水利工程的修建与部分现有水利工程的改扩建，可扩大耕地灌溉面积8000万亩(包括开垦4000万亩水田)，增产粮食120亿公斤；第三，改造6000万亩中低产旱地，可增产粮食22.9亿公斤；第四，复种指数由1990年的143.8%提高到2000年的158.8%，可以增产粮食68.8亿公斤。以上4方面共可增产粮食297.3亿公斤，总产达到1414.13亿公斤，人均年产粮食381公斤，实现粮食基本自给。

这一粮食增产目标的实现，要抓好两个环节：一是扩大北部地区的水源。西部的北部地区，土地、能矿资源都很丰富，但水资源紧缺，农业与工业、城市用水的矛盾尖锐，已严重制约着这一地区整个国民经济的发展。这一地区自产水量很少，黄河水资源开发程度已很高，潜力有限，因此应加快南水北调西线工程的前期工作，尽快上马；二是粮食商品生产基地的建立重点在桂东南农业区、黔中与黔北农业区、四川盆地、西藏“一江两河”、渭河平原与渭北高原、陇西高原与河西走廊、湟黄谷地与共和盆地、新疆主要绿洲、甘宁蒙的黄河河套平原与盆地、西辽河平原等农区。并支持缺粮严重的贵州、青海、西藏等省区的粮食基地建设。

(二)逐步发挥传统经济作物与园林生产基地的优势。西部地区的长绒棉、油菜子、烤烟、甘蔗、甜菜、茶叶、热带特种经济林、中药材、柑橘与葡萄等瓜果，是有关省区在全国的传统优势产品。80年代中期以来，随着粮食生产形势的好转，发展很快，但存在着发展势头过猛、重视提高数量而忽视提高单产与质量等问题。2000年以前要基本稳定面积，提高单产，主攻质量，巩固与提高基地生产水平；在粮食分区平衡的基础上，逐步扩大主要基地的生产规模。基地的选建与扩大，主要在交通便利、基础好、最适宜与适宜区。棉、油、烟、糖基地范围在地区上应尽量避免重叠，在作物总播面中的比重，分别控制在30—40%、15%、20%和15—20%，以避免与粮食争地，影响粮食自给；其他经济作物与园林生产基地选建与扩大，要少占或不占耕地。当前急需加强建设的基地是：东疆与南疆部分地区的长绒棉基地，四川盆地与青藏高寒农区的油菜子基地，云贵的烤烟基地，桂、滇、川、与内蒙古、新糖料基地，桂南与滇南特别是西双版纳等地的咖啡、剑麻、橡胶、南药基地。此外，四川盆地的桑蚕茧与柑橘基地，西南四省的茶叶与热带水果基地，多数省区“地道”、名贵与稀缺的中药材基地，均应给予重视与重点发展，以不断强化西部地区农业生产的贡献与特色。

(三)发展放牧季节畜牧业，实行区域专业化与基地化生产。

1.发展放牧季节畜牧业。西部地区畜牧业，舍饲牧业占重要地位，但在全国居优势地位的乃是放牧畜牧业。区内占有全国98%的天然草场，放牧畜牧具有广泛发展的物质基础。目前区内放牧畜牧业其所以陷入畜牧生产性能与草场生产力双重衰退困境，主要是由于长期无限

制地追求增加牲畜增数量,同冷暖季节草场严重不平衡(其载畜能力之比约为2:3)。要摆脱困境有效地发展放牧畜牧业,应该变传统放牧畜牧业为现代放牧季节畜牧业。顺应与利用西部地区季节牧场不平衡的特点,提高放牧畜群中适龄母畜比重,繁殖大量幼畜。

2.利用各地不同的优势,实行区域专业化生产,建立各具特色的商品生产基地。主要是:内蒙古中东部细毛羊、半细毛羊、牛奶与牛羊肉生产基地;北疆细毛羊与牛羊肉生产基地;宁蒙甘新接壤的裘皮、白山羊绒、骆驼绒、羊肉生产基地;陕甘青接壤地区的半细毛羊、奶牛与牛羊肉生产基地;西南山地的牛肉、山羊板皮生产基地;青藏高原东南部的牦牛生产基地及高原西北部与塔里木盆地地毯毛生产基地;主要农区的猪(伊斯兰教农区除外)、禽、蛋、牛奶生产基地。

(四)发展保护性林业生产,合理开发利用农业自然资源,改善国土环境。西部大部分地区不是多山就是干旱或者高寒,广泛生态环境脆弱,恶化趋势明显。今后在进一步开发农业自然资源与发展农业生产中,都要把改善国土环境放在重要位置。

(五)积极发展乡镇企业,促进农村产业结构的调整与农村经济的振兴。重点是:小型、分散的能矿资源的开发利用;原料有保证、地方有需求的农林牧产品加工;有竞争能力的边贸产品;满足民族地区需要的特需产品的生产。

六、大力发展横向经济联合,加强对口支援工作

经济联合是我国经济体制改革的重要方面,对全国特别是各经济区的产业与产品经济调整,社会主义商品经济的发展,都起了很大推动作用,取得了明显成效。随着改革开放的深入,横向经济联合与对口支援工作将愈加显示其强大的生命力。

(一)开展东西部横向经济联合,促进东西部的优势互补。在过去的10年里,东部的上海、北京、天津、江苏、浙江、广东、辽宁、山东等省市与西部的新疆、甘肃、四川、青海、宁夏、西藏、陕西、云南、贵州等省区,物资协作金额已接近2000亿元,弥补了西部矿产资源开发资金不足,缓解了东部能源原材料紧缺的矛盾,东西部都从协作中得到了实惠。

(二)振兴西部地区经济,有赖于更广泛地开展地区协作。在加快改革扩大开放的形势下,西部与东部、西部与西部、西部与周边国家的跨地区、跨省、跨国的联合,是振兴西部地区的重要环节。经济进一步发展,能源和原材料的缺口正日益加大。西部地区作为我国目前1/3的能矿资源富集地,将逐步成为我国经济发展的资源主要供应基地。然而,西部地区经济的发展有赖于进一步解放思想,增强开放意识,打开山门,实行内联外引和东联西开的全方位开放政策。西部地区一方面要把其他地区作为产品市场来对待,与沿海开发开放接轨;一方面利用西部地区沿边开放口岸、出口基地,积极拓展边境贸易。西部省区可联合试办对外开放试验区、旅游开发区,共同建立高新技术开发区或科技工业园区,联合开发西部地区优势的能矿资源,修建运输通道。通过联合将局部的优势变成西部的整体优势,共同克服劣势,内外结合,创造西部地区发展的必要条件。

(三)以区域规划指导区域联合。从发展趋势看,以经济联系和资源、区位优势互补为纽带的7大区域带已成为我国经济体系中的一个重要层次,它将构筑起我国90年代经济发展和对外开放的大框架。目前国家计委正在抓紧制定若干跨省区的区域规划,其中包括西部地区的西南——华南部分地区和西北地区经济规划,目的在于强化区域分工,优势互补,这为东西联合、西西联合提供了新的契机。

地区间的横向经济联合,要按中长期规划确立发展目标,充分发挥各自的优势,以调整结

构、提高效益、协调区域关系为重点，在资源的基础上，按照“扬长避短，互惠互利，共同发展”的原则发展联合与协作。坚持企业与企业联合的基本形式。提倡以大中型企业为骨干，以优质名牌产品为龙头的紧密型或半紧密型、松散型或半松散型的组织形式联合。有条件的地方也可组建企业集团。通过“多领域、多层次和多形式”的联合，使东部地区充分发挥高梯度区的优势，西部地区发挥“两源兼富”的优势，打破所有制、地区、部门的界线，在诸多联合领域中取得经济发展和经济效益。特别应该强调的是东部地区或西部地区大中型企业与西部乡镇企业的联合，不仅可获得能源和原材料，建立自己的技术市场和销售市场，更重要的是可扶持带动西部地区的采掘业、矿业和农副产品加工业。有条件的西部地区企业也可同东部地区乡镇企业联合，建立信息窗口和自己的加工工业基地，同时享受东部地区沿海优势，借东部优势为西部服务，发展自己。

(四)搞好对口支援工作，东西部经济共同发展。有领导地推进东西部地区，特别是对少数民族地区的对口支援工作，是关系到国民经济协调发展，加强民族团结，巩固边疆，保障国家长治久安的大事。近年来对口支援工作有了长足的发展，到目前已扩大到工、农、商贸、科技、人才、文教、扶贫、劳务等各个领域，并逐步形成了相对固定的基本格局。今后要进一步鼓励东部地区到西部少数民族地区投资兴办少数民族开发区，利用国家给予民族区域的优惠政策，将扶贫资金与对口支援项目结合起来使用，进行大跨度的协作，联合开发有民族特色的、有较高精加工水平的产品，同周边国家进行商贸活动，从而带动民族经济的发展，提高人民的生活水平。西部受援地区应立足自力更生，奋发图强，增强自我发展能力和参与市场的竞争能力，形成东西部地区互补互济，共同发展，逐步缩小东西部地区的差距。

为了巩固和发展对口支援关系，保证横向经济技术协作和对口支援项目落到实处，建议国家组建全国性横向机构，负责联合协作的协调、指导、监督以及有关服务、信息工作。同时要加强经济联合的立法工作，制定和完善有关保护横向经济联合与对口支援的法律、法规，或暂行规定，以法律形式，确保横向联合和对口支援项目的有效实施。铁路和交通部门要对横向经济联合的补偿产品和协作物资放宽流向限制，给予优先运送，对大宗重要的协作物资要纳入运输计划；有步骤地增加西部地区沿边开放城市和内陆经济开放区，促进西部地区外向型经济的发展。

七、加快改革，扩大开放

西部地区地理位置偏僻，信息不灵，受自然经济和产品经济的束缚更为严重。因此，西部地区较之全国更需要解放思想，加快改革，扩大开放。

(一)加快改革。西部地区发展必须从加快改革和扩大开放中找出路。要把中央进一步加快改革、扩大开放的总体部署与西部地区具体情况结合起来，以转变企业经营机制为中心，重点加快企业、价格、投资体制方面的改革。

1. 企业改革。西部地区企业改革的重点在于搞好大中型企业和发展更灵活的多种所有制形式。首先，大中型企业是西部地区现代化经济的主体，其生产能力的解放，不仅是带动西部地区发展的“发动机”和“火车头”，而且有利于整个国民经济的发展。为了增强这些企业的活力，转变其机制，在完善企业承包制的基础上，要积极试点和推广股份制改革。西部地区社会经济发展低下，但公有制成分的比例高于东部地区。为了改变这种生产关系与生产力极不适应的状况，除了给予西部地区更为开放的政策外，还应鼓励发展与其生产力水平相适应的各种形式的所有制经济。

2.价格改革。基础产品价格偏低,使西部地区在与东部地区贸易中处于十分不利的地位。这既不利于西部地区,也不利于东部地区经济向外向型和集约化方向发展。从长远来看,必须取消双轨制,开放基础产品价格,实行市场调节。作为过渡措施,可以通过在资源产地建立专业和综合性生产资料市场,将计划内的资源产品纳入市场轨道,实现计划内资源产品市场化、贸易化。计划内外资源产品在同一市场上成交,不仅可以在现有基础上及时灵活作一些可能的调整,为发挥西部地区优势创造一个较为公平的贸易环境,而且可以增加整个物资流通的公开性和透明度,既便于国家统一管理,也便于计划内外的调节与串换。

3.投资体制改革。现阶段国家还不可能有大量资金投向西部地区。因此,西部经济必须立足自我发展。中央应对西部地区放松投资额度的控制,下放项目投资审批权、融资权。西部经济基础薄弱,投资环境较差,内外融资能力有限,这些权利的下放只会调动西部地区企业的积极性和创造性,即使有失误,也不会对整个国民经济运行造成很大的影响。

另外,在不影响全国经济效益或东西部地区区位条件相同的前提下,中央投资项目、特别是其中的能源、原材料项目,应优先考虑在西部地区布局。

(二)进一步扩大开放。西部地区对外开放要以沿海地区为跳板建立窗口。在积极引进资金的同时,充分发挥沿边地区位于东亚、北亚、中亚、西亚、南亚、东南亚结合部的地缘优势,利用与周边国家存在的同族、同胞关系以及经济上的互补性,采取特殊、灵活的机制和政策,外引内联,东引西征,大力发展对周边国家和地区以及欧洲和北非的经济技术合作,这不仅有利于扩大西部地区的对外开放,加速经济发展,而且有利于实现我国全方位多层次的全球战略。

1.向沿边地区下放权利,以利自主地进一步扩大经济技术合作。改革开放以来,特别是1985年以后,边境贸易迅速发展,取得了很大的成绩。目前,边贸正在发生一系列趋势性的变化,其中最主要的是:(1)边贸地区由过去边境线15—20公里以内扩大到沿边一线的市、县、镇,有的已扩大到地区和自治州,进出口商品遍行全省(区)和全国,出现了"边贸无边"的态势;(2)边贸突破了易货贸易的单一、初级形式,出现了合资经营、合作开发、来料加工、进料加工补偿贸易、劳务输出、技术合作、旅游合作等多种形式。为了适应这种变化,更好地发挥边贸在我国全方位开放中的作用,应向沿边地区下放边境贸易计划权、审批权;放松进出口商品限制。边境贸易进出口的范围、额度、数量以及成交价格,只要不是国家实行许可证控制的商品,均可由地方自行确定;在不冲击国贸任务的范围内,地方可以自行决定边贸的出口商品,在不冲击国民经济的范围内,开放边境贸易进出口商品不到内地销售、收购的规定;下放工程承包、劳务输出、资金引进、对外投资的权利;对边境贸易商品分类税收,属于国内积压的出口商品,给予减免关税或产品税、营业税的优惠待遇;赋予口岸所在地区一定幅度的税收浮动权;在工商银行建立边境贸易专项贷款基金,用于支持沿边地区对外开拓市场;提倡与鼓励内地与沿边地区的横向经济联合,到沿边地区设"窗口"、办工厂、办商号和公司,提高沿边地区在周边国家市场中的竞争能力。

2.大力发展国际旅游,加速对外开放。西部地区既有丰富的人文历史古迹,又有众多新奇怪特的自然景观,在世界旅游市场上具有很大的竞争能力。为了加速对外开放,促进西部地区经济发展,要有计划、有步聚地进一步开放西部地区国际旅游,简化外国人员进出境手续,扩大可进入区,加快西藏国际旅游全面开放的规划和建设。

3.健全口岸体系,发挥口岸门户作用。为了适应对外开放的需要,要积极加强口岸建设,重点加强新疆阿拉山口口岸,将云南芒市辟为国家一类空运口岸,将云南景洪、广西东兴等口岸升格为国家一类口岸。国家一类口岸要建设成双边、多边转口贸易中心,有条件的地方,应建立进料加工保税工厂、保税仓库、保税市场，条件更为优越的重庆、乌鲁木齐、呼和浩特、瑞丽、畹町、河口、凭祥、伊宁、塔城、博乐、喀什、二连等地，可以开辟自由贸易区或出口加工区。

4. 在建设现有12个开放城市(镇)的同时，进一步扩大开放广度深度，宁夏银川也应实行沿海开放城市的政策，北海连同钦州，以及云南德宏实行特区政策。

八、强化交通、通信基础设施的建设，为加快西部地区经济社会发展提供先行条件

建国以来，西部地区的交通和通信基础设施虽然得到较快发展，但目前仍处于相当落后的状态，成为严重制约西部地区经济社会发展最为突出的薄弱环节。

西部地区的铁路多为单线，路况复杂，通过能力低。沟通西部与东部和连通西北与西南之间的铁路干线，包括陇海、襄渝、湘黔、湘桂、大包、滨洲、宝成、川黔、成昆等。1990年重车方向的能力都处于饱和与紧张状态，严重限制了主要大宗物资的调运；绝大部分的公路建设标准低，路况差，不适应经济发展的需要。即使与铁路平行的川陕、川黔、滇黔、兰新等国道，也难以承担为铁路分流客货运输的任务；长江和珠江水系是联系西部与东部的水运通道。由于地处上游，通航条件差，工矿布局多远离江河，水陆运输互不衔接，上下水货源很不平衡，以及水运运价高于铁路等原因，大宗进出川物资也弃水走陆路，既导致水运能力的闲置，又加剧了铁路运输的紧张状态；由于原油特别是成品油管道建设的滞后，新疆、青海的原油需经铁路东运兰州，加工后的成品油又需经铁路外运(仅进藏油修建了格尔木至拉萨的小管径成品油管道)，其回空油槽车占用了大量的铁路运力，影响了其他重要物资的运输；西部地区地域辽阔，区际、省际乃至省区内各地区之间都相距甚远，又受地形条件所限，最适宜利用民航运输旅客。目前民航站场少、航线少、飞机数量少的状况，远远不能满足客运需要，经常出现中外游客进不去、出不来的状况。上述各种运输方式，既有运力不能适应经济增长的问题，也有合理组织运能的问题，从发展看，这个矛盾还将加剧。

西部地区能矿资源的大规模开发，原材料工业的发展，对周边国家的开放，以及国际旅游业的发展等，对交通、通信提出了巨大要求。特别是新疆、青海原油、成品油的东运，宁夏、陕西、内蒙古的煤炭和云贵的磷矿、煤矿的外运，陕煤入川和川云贵所需油料的调入迫切需要足够的运力。还有，三峡工程建设期间，对长江航运将会有一定的影响，为保证出入川运输，必须采取必要的措施(包括铁路、公路分担川江运量)加以防范。因此，加快西部地区交通、通信的建设是一项十分迫切的任务。必须从西部地区各省区复杂的自然地理条件出发，对上述各方面的需求统筹规划，使交通和通信与经济社会发展在空间布局建设时序上相互协调。"八五"、"九五"期间，应强化以下交通运输、邮电通信设施的建设：

1. 铁路。铁路是西部地区内外交通骨干。既要加快现有铁路的技术改造，以尽快提高运输能力，又要加快新线建设进程。

西南地区，应加快成昆线的电气化改造，以尽快使西南铁路干线基本实现电力牵引。应加快新线建设的有：

(1)南(宁)昆(明)线及通往防城、钦州、北海等出海口的线路，为西南各省和华南沿海省区的经济发展提供运输通道。

(2)内(江)昆(明)线安边至树舍段，为加强西南三省联系、贵煤入川及综合开发攀西——六盘水地区经济所需。

(3)成(都)达(县)线，为陕煤经(西)安(安)康线入川供应川北地区所需。

(4)滇缅铁路,经广通、楚雄、云县至中缅边境后与缅甸铁路接轨,对开发云南西南丰富资源和对东南亚开放有重要作用。

(5)昆(明)景(洪)线,为西双版纳地区的经济开发及其与内地的联系所需。

西北地区,应重点加强包兰线兰州——迎水桥段的电气化改造,兰新线乌鞘岭地段的电气化改造,武威——乌鲁木齐间的内燃牵引与复线建设,以及青藏线的技术改造等。

应重点加快建设的铁路新线有:

(1)宝(鸡)中(卫)线,为分流宝兰线运量,保证西北通道畅通,扩大华亭煤田开发、以及发展西海固贫困地区经济所需。

(2)集(宁)通(辽)线,为沟通内蒙古东西部,将内蒙古西部优质动力煤供应东北,减轻北京枢纽及京沈线的运输压力所需。

(3)神(木)朔(县)——朔石(家庄)——海港线及准(格尔)大(同)线,为开发神府、东胜及准格尔煤田所需。

(4)西(安)安(康)线,为陕煤入川,及加强西北与西南、中南地区的联系所需。

(5)西(安)包(头)线榆林——延安段,西包线北端的包(头)神(木)段和南端的西(安)延(安)段已铺通,修建此段和结合西(安)安(康)线与成(都)达(县)线的建设,可以形成包头——延安——西安——达县——重庆——贵州纵贯西北和西南的南北大通道,也有利于陕北大煤田的开发。

(6)南疆线,为开发塔里木油田,发展南疆经济,增强民族团结和巩固边防,南疆线应向西修至阿克苏和喀什。

2.公路。西部地区的铁路干线少,在不通铁路的广大地区公路起着重要作用。应根据交通运输需要,加强现有主要公路的技术改造,提高高等级公路的比例。技术改造的重点是通往重点工矿区与工业密集地带的干线公路,通往对外口岸的干线公路,通往重点旅游地的干线公路,以及大中城市的出入口公路。对还不通的山区乡寨,应通过以工代赈等方式尽快修建所需公路。

3.水运。以航道的整治开发,改善航行条件为主。其重点是:

(1)长江上游水系航道,主要是整治川江(宜宾——宜昌)和金沙江(大兴——宜宾)以及主要支流,为云、桂、川开辟通江达海的水运通道,为攀西——六盘水等综合开发区提供内河运输条件。

(2)珠江水系,主要是整治、开发西江干流及其主要支流,打通红水河航道,使其成为沟通云、贵、桂、粤4省区的水运大通道,促进流域经济的发展。

(3)澜沧江中下游,应结合水电梯级的开发,利用库区回水或某些条件较好的河段,发展地方性航运。

4.管道。应随着新疆、青海原油或成品油的东运需要,建设所需原油或成品油管道,同时尽早建设供应西南地区的成品油或原油管道,以减轻铁路运输压力。对已通过评审的彬县煤矿至咸阳电厂的煤浆管也应及早兴建,以积累经验。

5.航空。针对西部地区亟待发展航空运输的需要,在航线网上应逐步组成以成都、西安为主枢纽,以昆明、桂林、乌鲁木齐为副枢纽,与全国主要大中城市、经济特区及沿海开放城市相联结的航线网络;积极开辟与邻国边境城市的国际航线;有重点地新建、扩建航空网点;改善主要机场的起降标准与通讯导航设施。

6.在通信建设方面,应大力加强西部地区大中城市、边贸城市、重点资源开发区等的通信建设，重点推广利用光缆、数字、微波、卫星通信，以及程控交换机等先进技术，提高综合通信能力，加强国内外信息交流，改善投资环境，提供便捷的通信条件。

为减轻西部地区内外通路的运输负担，减少运输耗费，提高综合经济效益，在能源和原材料的开发中，应十分重视工矿业的地区布局和矿产资源的就地就近加工与综合利用；将高耗能的原材料工业向能矿资源丰富的地区转移；在能源产地发展电力工业，改输煤为输电；煤磷等大宗矿产应在矿区进行洗选，变运原煤原矿为运精煤精矿；在江河沿岸建厂、布镇、开矿，充分利用江河水资源发展内河水运。在交通运输体系中，更要注意各种运输方式的平衡配套，理顺其运价比，以提高综合运输能力与综合运输效益。

九、加强中心城市建设，实行重点区域开发战略，增强区域发展增长极

西部地区经济落后，城镇化水平低，城市体系不健全，中心城市少，加上不少资源富集区，远离区内经济发达区，即将开发的新区缺乏城市作为依托。现有城市基础设施严重滞后，扩散能力不足。这种状况不改变，势必延缓区域开发的进程。加强城市建设尤其发展中心城市，是加快发展，加速新区开发的一项重要任务。在本世纪末，西部地区除强化现有各省区的省会、首府城市及重庆等中心城市的集聚发展，以发挥其综合功能和区域一级增长极的作用外，还要结合重点区域开发的要求，利用现有城镇基础，有选择地开发与建设一批次中心城市，作为重点开发区的依托。

西部地区能矿资源丰富多样，分布范围广，各资源富集区的特点、开发的经济社会条件不同，因而投入开发的时间和开发的规模、结构也很不同。根据国力、区情，正确选择和确定西部地区重点开发区，是加快西部地区经济发展的关键，也是实现西部产业区域化的关键。在本世纪内及下世纪初，应选择综合开发条件较好，国家急需的资源对地方经济发展有特殊意义的地区，作为重点开发区，而向其倾斜，以带动区域经济的全面发展。

——川滇黔接壤地区。这是西部地区资源组合条件最好的地区之一，区内煤炭、水电、天然气、铁矿和有色金属矿以及磷矿、岩盐都非常丰富，有条件综合发展已初具规模的能源和多种原材料工业，近期首先必须解决前已提到的内昆线树舍至安边段的建设，使本区贯通起来，以利于取长补短，优势互补。同时，在本区要重点建设以水电为龙头，钢铁和钒钛为重点的攀西加工区；以硫、磷、盐化、天然气化工为主的川南工业区；以煤、电、铜综合发展的六盘水工业区和煤电有色综合发展的昭通工业区。

——黄河上游地区。这是西部地区又一资源组合较好的地区，不仅水电资源富集，相邻又有丰富的有色金属、盐类资源和兰州、白银较雄厚的经济基础。要充分利用上述有利条件加快龙青段水电梯级建设步伐，以水电为龙头，带动毗邻地区优势资源的开发，尤其尽快开发库容大、蓄水多的大柳树电站。大柳树电站可以增加调节库容，使上游电站多出力、多发电，同时还可增加数十亿立方米蓄水量，引至陕甘宁广大地区，这对解决西北地区干旱具有异常重大的意义。要加快以兰州为中心的铝镁铜、铁合金、碳素制品及石油化工、石油机械、机电与轻工毛纺为主的综合工业区建设；发展以镍、铜为主，综合回收稀有分散元素的金川工业区；发展以盐化工为主，综合发展铅锌等有色金属，石油开采炼制的柴达木工业区。

——陕甘宁蒙接壤地区。是西部地区煤炭资源最富集区域。煤炭开发是本区工业发展的基础，也是本区的首要优势。首先重点建设神木、东胜和准格尔三大矿区，抓紧贺兰山矿区扩改建，着手灵武大煤田开发，建设成为全国第二大动力煤基地。并在黄河引水方便的地段建设

沿黄火电站群，在适当时机发展以煤为原料的第二、三代煤化工产业，将本区建成煤—电—化一体的工业区。陕、甘、宁盆地的天然气资源近期取得了突破，是我国陆地最大的整装气田。利用这一资源优势，发展天然气化工产业，以带动地区经济发展。此外，黄河大柳树水电站的建设，对电力工业和农业的开发都会起到极大的推动作用。

——红水河流域。这一地区水电与有色金属矿结合较好，要以水电开发为先导，重点发展有色金属工业。加快红水河的梯级开发，相应发展火电，重点建设以锡为主，兼产铅、锑的来宾有色工业区；建设形成以采矿、冶炼到制材的苹果大型综合铝工业基地。

——滇西区。这一地区有色金属、磷矿资源和水电资源都非常丰富，资源的地域组合也较好，进行以电运先行，有色和磷化工为重点的开发。首先开发澜沧江中游梯级、下游航运，修建广通——大理铁路和南昆铁路，建设兰坪铅锌基地。开发滇池周边地区的昆阳、洛口、安宁等磷矿资源，建设黄磷、重钙及其磷化工产品基地。

（西部研究课题综合组　撰稿）

西南地区

广西壮族自治区

主　　编：刘广寅

副 主 编：苏西华　冯柳江

编写人员：冯柳江　张冬梅　黄　洲
周　业　农有群　王伟漳
蒲丽茵　芮鉴昌　杨华伟
黄蒙高　陈　贤　唐服荣
庞振琨　吴绍松　何邦强
汪从锋

工作人员：张冬梅　蒲丽茵

广西壮族自治区分目录

典型地区和典型企业

区 情 综 述

一、基本情况

广西壮族自治区地处我国南疆。东连广东省，北接湖南省、西北靠贵州省，西与云南省接壤，西南与越南毗邻，南邻北部湾。全境南北宽约610公里，东西长约750公里，陆地总面积23.67万平方公里，约为全国总面积的2.5%，居各省、市、自治区的第九位。海岸线长1595公里。

广西历史悠久，距今5万年左右的旧石器时代，就有"柳江人"、"白莲洞人"的活动。广西发现的原始人文化遗址中，属距今8千年至1万年的新石器时代早期的就有数百处。壮族是古代百越部族西瓯和氐骆越支系的后裔，是广西最早居住的民族。

广西简称"桂"。秦始皇33年(公元前214年)设"桂林郡"，以"桂树成林"而得名；宋朝设"广南西路"称"广西路"，是"广西"名称的由来；元朝末期设"广西行中书省"，是广西建制"省"的开始，以后一直设"广西省"。

1949年12月11日广西全境解放后仍设广西省。1958年3月5日，根据全国人民代表大会的决议，改为广西壮族自治区。1978年，自治区成立纪念日定为12月11日，广西全境解放、右江苏维埃和红七军成立的日子也是这一天。

1991年广西行政区划为5个自治区辖市—南宁、柳州、桂林、梧州、北海市；8个地区—南宁、柳州、桂林、梧州、钦州、玉林、百色、河池地区；1个港区—防城港区。共83个县，其中有13个民族自治县，7个县级市。自治区首府设在南宁市。1991年自治区总人口为4324万人。

广西地处亚热带湿润季风气候区域，跨南、中、北亚热带。气候温和，阳光充足，雨量充沛。年平均气温在16～23℃之间，大部分地区无霜期在300天以上。平均日照时数为1600～1800小时。降雨量在1100～2800毫米之间。

广西地貌属云贵高原向东南沿海过渡地带，统称广西丘陵。地势由西北高向东南低逐渐倾斜。四周多山，中部和南部多平地。山多平原少是地貌结构的显著特征。

(一) **区位的优势**。广西沿海、沿江、沿边的地理位置，客观上使其成为我国东南沿海与西南腹地的结合部，在区域经济中有着双向沟通的作用。

广西有着广阔的海域，1595公里海岸线享有"黄金海岸"之称，沿海800多个大小岛屿星罗棋布，是我国5个民族自治区唯一有港口、海湾的自治区，发展前景十分广阔。除北海(两个万吨级深水泊位)、防城(七个万吨级深水泊位)两个已建成的港口外，待开发的还有钦州港、铁山港和珍珠港等一批天然良港。特别是钦州港，水域深广，避风良好，航道宽深，可建成10万吨级泊位5个、5万吨级泊位8个，万吨级泊位5个，年吞吐能力可达1亿吨以上。这些港口是中国西南诸省到东南亚、非洲、欧洲的最便捷的出海口。南昆铁路建成后，云、贵、川的货物从这里出海，陆路可缩短380～680公里；钦州湾港口距香港约500海里，至越南海防约150海里，到胡志明市约800海里，海船从这里到印支、东南亚和西欧各大港口，比从上海出发，距离减少23%～65%。

广西与越南接壤，边境线长达1020公里，有11个口岸，其中凭祥、友谊关、东兴和水口是国家一类口岸，还有25个边境互市点。从友谊关至越南谅山18公里，到河内180公里，是中国西南部地区走向印支的重要陆路通道之一。

西江水系纵横广西，连通云贵，广西境内已建成的5个内河港口和4个口岸，是大西南通向广东和港澳的水上通道。

(二) **人文的优势**。广西是全国5个少数民族自治区之一，是个多民族的聚居区，共有壮、汉、瑶、苗、侗、仫佬、毛南、回、京、水、彝、仡佬12个主要民族，还有28个其他民族成分。少数民族约占总人口的40%，其中壮族约占30%。各民族团结互助，亲如一家。

广西侨居海外的儿女众多，素有“第三侨乡”之称。在海外的华侨有150万人，其中在港澳的同胞有50万人。近几年“世界广西同乡恳亲会”、“海外三胞联谊会”等组织在经济方面的活动不断加强。港澳同胞积极在广西投资兴办企业，其数量已占广西三资企业的89%。台商在广西投资办企业的势头也很好，仅1991年就有48家。

广西与越南山水相连，唇齿相依，边民语言相通，亲缘关系悠久，经济和文化等方面的交往源远流长。

（三）资源和物产的优势。在中国西南部，广西因其地势走向、海岸曲折、河多流长等因素所形成的北热带—南温带—亚热带生物气候和多样的生态环境，具有得天独厚的丰富资源条件，形成了一块有广阔开发前景的宝地。

广西已发现兽类130多种，禽类500多种，两栖爬行类120多种，其中属国家保护的珍稀动物有40多种。世界仅存的白头叶猴、大瑶山鳄晰即产于广西。

广西的海洋资源与东北、华北、华东等各海域的海洋资源不同，属热带海洋资源。北部湾海洋各种鱼类持续资源藏量达70多万吨，鱼类有500多种，比我国东海鱼类还多50多种。有重要经济价值的约50多种，世界珍贵的哺乳动物儒艮、驰名中外的“南珠”均产于这一海域。

广西已发现植物280多科，1670多属，8000多种，种类数量居全国第三。

广西是我国主要林区之一。乔木、灌木多达3000多种，森林面积551.1万公顷，其中用材林面积占87.8%。在广阔的林区里，有蚬木、楠木、柚木、铁力木、格木、金丝李等30余种珍贵树种。特别是世界植物学界许多专家认为远在冰河时期就已灭绝了的银杉活化石，在广西仍生长得郁郁葱葱。

广西约有800多种经济作物和农林土特产品。甘蔗和蔗糖产量均居全国第二位；亚热带水果柑桔、沙田柚、荔枝、龙眼、香蕉、菠萝等是广西的大宗产品，在全国占有重要地位，享誉国际市场。八角、罗汉果、茴油、玉桂是广西重要的土特产品，产量和销量均居全国第一，在世界市场上也独占鳌头。

广西是我国稻谷主要产区之一，以香粳、香糯、黑糯最有名。油粘米在港澳市场享有盛誉，优质米供香港数量约占全国1/3以上。

广西矿产资源特别是有色金属矿产资源种类多、储量大，产区比较集中，共生、伴生有用矿产多，素称“有色金属之乡”，是我国10个重点有色金属产区之一。在已探明储量的82种矿产中，53种储量居全国前10位。其中，第一位的有12种，第二位的有5种，第三位的有5种。锡矿保有储量占全国总储量的1/3，居全国首位。1991年，全自治区10种有色金属产量达9.79万吨。非金属矿资源也相当丰富，滑石、压电水晶等保有储量居全国第二位；水泥石灰岩已探明的储量达22亿吨，质量之好，分布之广，均居全国第1位。1991年全自治区水泥产量达938.5万吨。

广西河流水源丰富，落差大，是全国优先开发的三大水电建设基地之一。水能蕴藏量为1751.83万千瓦，可开发装机1609.2万千瓦，年发电量可达836.6亿千瓦小时。这些丰富的水力资源，主要分布在西江水系的红水河、柳江、桂江、郁江、贺江5大江河的干流上，其中70%集中于红水河。在红水河可建大中型梯级电站10个，总装机容量可达1090万千瓦。

广西的旅游资源也非常丰富。全区裸露的岩溶面积有9.7万平方公里，约占总面积的41%。在这些地方，山青、水秀、洞奇、石美，其典型代表桂林山水，享有“山水甲天下”的美誉。大海风光也是广西风光特点之一。北海银滩绵延10余公里，滩阔、沙白、风和、浪软，地势平坦，水质洁净，海水透明度大于200厘米，超过全国沿海海水透明度平均100厘米的一倍以上，常年水温在15℃～30℃之间，是国际旅游者向往和追求的旅游佳境。1991年，广西接待境外旅游人数49.47万人，旅游外汇券收入达4.15亿元。广西民族风情和亚热带动植物景观也多姿多彩，引人入胜。

二、经济和社会发展概况

经过40多年的建设，广西的经济和社会事业得到很大的发展。特别是1979年以来，在党的十一届三中全会确立的改革、开放方针的指引下，广西各族人民意气风发，坚持党的基本路线，以坚韧不拔、求实创新的精神，积极投身于改革和建设的实践，取得了令人瞩目的成就。

（一）经济运行机制发生了明显的变化。广西按照完善社会主义制度，发展有计划商品经济的要求，结合实际，对经济领域的各个方面进行了比较全面的改革。农村家庭联产承包责任制和双层经营责任制的普遍推行，对促进农村商品经济的发展起了十分重要的作用。城市改革以搞活企业为中心，逐步扩大了企业自主权，推行了多种形式的承包经营责任制，并在转换企业内部经营机制、破“三铁”等方面做了大胆的尝试和探索。围绕搞活企业这个中心环节，在计划、财政、金融、物资、商业、外贸、价格、劳动、人事、科技、教育、住房等方面都进行了不同程度的改革。指令性计划的范围逐步缩小，指导性计划和市场调节的作用逐步扩大；在坚持公有制为主体的前提下，发展了集体经济、个体经济和私营经济等多种经济成分，形成了以国营经济为主体的多种经济成分、多种经营方式、多条流通渠道并存的格局。在工业总产值中，集体所有制和其他经济类型的比重由1978年的18.29%，上升到1991年的29.6%；在流通领域中，集体、个体商品零售总额所占的比重由1978年的54.05%，上升到64.31%；投资主体多元化、多渠道筹集资金的局面已经形成；商品市场不断发展，资金、技术、劳务市场也开始建立。改革使整个经济运行机制发生了明显的变化，出现了由过分集中的、单一的计划经济转向计划经济与市场调节相结合的新格局，大大地调动了各个方面的积极性，使经济生活出现了生机和活力，促进了经济的发展。

（二）对外开放不断扩大，开放格局初见雏形。改革开放以来，广西充分利用优越的区位优势和良好的对外开放条件，努力开拓对外开放新局面，取得了可喜的成绩。(1)进出口贸易增长很快。1991年进出口总额达10.23亿美元，比1978年增长2.8倍，平均每年增长10.80%。其中，1991年出口总额为8.32亿美元，比1978年增长2.3倍，年均递增9.72%；1991年进口总额1.7亿美元，比1978年增长8.5倍，每年增长18.9%。(2)利用外资和对外经济技术交流与合作迈出了可喜的步伐。1979—1991年吸引外商直接投资合计4.31亿美元。1991年末全区有“三资”企业559家。对外承包工程、劳务输出、“三来一补”业务和旅游等非贸易创汇也得到了迅速发展。(3)对外开放的范围不断扩大。继1984年北海市(含防城港)作为全国14个沿海城市之一对外开放后，1988年3月国务院又批准了广西的梧州、玉林、钦州、合浦、苍梧、防城等6个市、县为全国沿海经济开放区。随着我国与越南关系的正常化，与越南交界的凭祥、东兴等边境县市的边境贸易非常活跃，沿海、沿边、沿江开放的新格局初见雏形。(4)区内外横向联合与协作有长足进展。广西已和全国20多个省、市、自治区建立了稳定的协作关系。广西与江苏对口支援历经12年，不断巩固和发展；先后加入了“中南六省(区)三市经济技术协作区”、“西南五省区七方经济协调会”；与五个少数民族自治区以及广东分别建立了联席会议制，发展了多边或双边的经济联系和交流。区内桂西南、柳河等协作小区活动频繁，中心城市对贫困县的对口支援更是持续不断。广西每年均实施联合协作项目1000多项。

（三）经济总量显著增加，经济实力逐步增强。40多年来，特别是改革开放10多年来的建设，使广西建立了一批大中型骨干企业和具有全国或区域性意义的优势产业及产品，形成了以南宁、柳州、桂林、梧州、北海等具有一定辐射能力和带动作用的中心城市。1991年，全区国民生产总值达453.04亿元，比1978年增长1.54倍，平均每年增长7.43%，其中，1981—1990年国民生产总值增长了1.05倍，实现了前10年翻一番的第一步战略目标；1991年，农业总产值278.15亿元，比1978年增长0.83倍，平均每年增长4.75%。主要农产品产量和体现广西优势的亚热带经济作物取得了前所未有的发展。1991年，粮食总产量1376.54万吨，甘蔗1990.74万吨，水果113.92万吨，甘蔗和水果的发展尤为迅速。乡镇企业蓬勃发展，1978—1991年全区乡镇企业总收入以平均每年增长25%的速度高速发展，1991年总收入达140.7亿元。工业生产突飞猛进，产品品种及产量大量增加。1991年全区工业总产值达421.5亿元，比1978年增长2.63倍，平均每年增长10.43%。机制糖、水泥、汽车、发电量、有色金属、钢材、卷烟等主要产品产量都有大幅度的增长。工农业生产的较快发展，相应地带动了地方财政收入的增长。1991年，广西地方财政收入55.92亿元，比1978年增长2.91倍，平均每年增长11.05%，1979—1991年累计完成地方财政收入331.12亿元，比前29年之和多出163.92亿元。1991年年末银行存款余额351.85亿元，贷款余额389.76亿元，分别比1978年增长17.77倍和7.44倍。

（四）基础产业和基础设施的建设不断加强，投资环境有了明显的改善。1950—1991年，广西全社会完成固定资产投资总额682.39亿元，平均每年增长17.51%；全民所有制单位固定资产投资474.73亿元，其中，基本建设投资314.25亿元，年平均增长速度分别为15.7%和15.12%。改革开放以来，投资速度加快，规模增加，1980—1991年，全社会固定资产投资为559.95亿元，为前30年的3倍多。在投资总量增加的同时，广西相对集中力量加强能源、交通、通讯和原材料等基础产业和基础设施的建设，先后建设了一批铁路、公路、港口、机场、电站、通讯等大中型骨干项目。红水河梯级电站的开发和一大批中、小型水、火电站的建设，使全区能源状况有了明显改善，发电设备装机容量已达 342.78 万千瓦，发电量达 135.55 亿度；交通方面的建设，改变了过去的闭塞状况，建成了铁路、公路、水运、航空等多种运输方式，联接区内各地和邻省，并形成了与国外通航的四通八达的立体交通网络。尤其是改革开放以来陆续建成南防铁路，南北二级公路，防城、北海两个深水良港共 9 个万吨级以上泊位，整治了西江航道，扩建北海等几个航空港，使广西的交通运输状况有了很大的改观。目前，全区铁路通车里程达 2291 公里，公路通车里程达 3.62 万公里，主要港口吞吐量 1101 万吨。邮电通讯设施大量增加，技术水平不断提高，程控电话、微波通讯等现代化通讯设施相继投入使用，使通讯能力大大增强。1991 年邮电业务总量达 3.3 亿元，比 1978 年增长 9.1 倍，平均每年增长 19.5%。能源、交通、通讯等基础设施的加速建设，使广西的投资环境有了很大改善。

（五）**城乡市场繁荣，人民生活水平不断提高**。改革开放以来，党和政府十分重视人民群众生活水平的提高，加强消费品的开发和生产，使城乡市场繁荣兴旺，人民得到更多实惠，生活水平显著改善。1991 年，全区社会商品零售总额达 236.31 亿元，比 1950 年增长 65.9 倍，平均每年增长 10.8%，其中，1978—1991 年增长 4.7 倍，年均增长 14.3%。城乡居民人均收入增长显著加快，1991 年，农民人均纯收入为 658 元，比 1978 年增加 538.5 元，平均每年增长 14%。1991 年城乡居民储蓄存款达 201.39 亿元，比 1978 年增长 50.6 倍。1991 年城镇居民人均生活费收入达 1614 元，比 1978 年增长 5.58 倍，年均增长 14.14%。城乡居民住房面积不断扩大，居住条件显著改善，电视机、电冰箱、摩托车、空调等高档耐用消费品已走进千家万户，人民生活水平和质量不断提高。

（六）**科技、教育、文化、卫生、体育等各项社会事业全面发展**。科技方面，全区拥有全民单位科研机构 163 个，各类专业技术人员 63.9 万人，平均每万人拥有自然科技人员 58.62 人，1950 年—1990 年全区共获得重大科研成果 6011 项，其中，改革开放以来取得的成果 4011 项。在这些成果中，获国家奖励的 244 项，自治区奖励的 2440 项，部分成果达到国际先进水平。同时，科技成果的推广应用也得到加强。近几年，全区通过组织实施“星火计划”和“火炬计划”，对经济发展起了很大的促进作用。社会科学研究事业取得了重大的成就，为政府决策提供了民主和科学的依据。教育方面，1979—1991 年，全区普通高等院校毕业生累计达 9.21 万人，比前 29 年之和还多 4.62 万人。1991 年末，全区普通高校在校生数达 3.68 万人，比 1978 年增长 76%。职业技术教育取得了很大的发展。九年制义务教育进一步普及，学龄儿童入学率已提高到 96%以上。1988 年以来，向社会筹集了近 7 亿元资金，改造中小学危房，大大改善了教学条件。成人教育初步形成了多形式、多层次、多规格的教育网络，提高了劳动者的素质。1990 年全区文盲和半文盲人口占总人口的比重为 10.61%，比 1982 年下降 6.33 个百分点。医疗卫生条件得到极大改善，人民群众的健康水平有了很大提高。文化、体育、广播、电视等各项社会事业也有较大发展。1990 年广播和电视覆盖率分别达到 63.2% 和 77.5%。

总之，建国 40 多年尤其是改革开放的 10 多年，全区取得的成就是巨大的。这些成就的取得，最根本的是始终贯彻执行了党的“一个中心，两个基本点”的基本路线的结果，是全区人民共同努力奋斗的结果。

经济社会发展规划及设想

1991 年 4 月广西壮族自治区七届人大四次会议审议通过了《广西壮族自治区国民经济和社会发展 10 年规划和第八个五年计划纲要》。《纲要》明确提出了今后发展的战略指导思想、奋斗目标、基本任务和措施。

按照发展社会主义商品经济和进一步扩大改革开放的要求，今后，广西经济发展总的指导思想是：充分发挥广西优越的区位优势，实施以开放为主导的经济社会发展战略，以开放促改革，以改革促发展。

10 年总的目标是：国民生产总值按 1990 年价格计算达到 803 亿元，平均年增长 7.4%；国民收入 670 亿元，平均年增长 7.1%；工农业总产值 1222 亿元，平均年增长 7.3%，其中农业总产值 382 亿元，平均年增长 4.2%，工业总产值 840 亿元，平均年增长 9%。城镇居民实际消费水平平均年增长 4.5%，农民人均纯收入 1000 元以上。产业结构外向、轻型、高效，综合经济实力显著增强，把广西建设成为大西南开放和开发的门户，桥梁和基地，为国家做出更大的贡献。

实现这一战略目标的途径和战略措施是：走联合促开放、开放促开发的道路，"三沿突破、中部拓展、海山协同、东引西联、竞相发展"。就是以广西沿海、沿江、沿边地区的扩大开放为突破口，充分发挥湘桂铁路沿线南宁、柳州、桂林三个中心城市的功能和辐射作用，拓展和深化对外开放的规模和层次。同时，加快山区建设，加强与广东、海南和大西南的经济联合。

为了实现这一战略目标，广西将扩大开放门户，加快建设和完善三大通道，建成八个基地，拓展对外经贸，繁荣第三产业。

一、扩大开放门户

就是要发挥"三沿"独特优势，扩大对外开放区域，提高开放层次，尽快形成服务大西南的经济开放新格局。具体的步骤是：

（一）**北海市和防城港区**。进一步提高北海市和防城港区的开放程度和水平，加快钦州港的建设，使北部湾沿海三点连成一片，建设成为出口加工、贸易、旅游、信息、房地产等发达的现代化港口城市，真正成为广西和大西南对外开放的门户。

（二）**桂东南地区**。要以梧州市、玉林市为龙头，充分利用沿江、邻近广东、港澳，易于吸收广东经验、技术及产业转移的有利条件，在有条件的地方建立侨资投资开发区、出口加工区等。

（三）**沿边地区**。要把凭祥市、东兴镇辟为边境经济开发区，实行类似特区或沿海开放城市的政策，通贸兴边，并建立面向越南、老挝、柬埔寨的出口加工区，以此推动整个边境地区经济的恢复和发展。

（四）**沿湘桂铁路的"三点一线"**。要发挥南宁、柳州、桂林三个中心城市的作用，拓展开放层次。南宁争取开辟为沿海经济开放区；柳州市要充分利用工业基础较好的条件，大力引进资金和技术，加快举办"嫁接型"企业的步伐；桂林市要发挥世界旅游名城优势，通过发展旅游业进一步扩大开放，办好高新技术开发区和建立旅游经济开发区。沿线其他县镇乡村，也要发挥交通优势，努力发展成为工农业商品生产基地。

（五）**桂西山区**。要打开山门，以开放促开发，加快脱贫致富步伐。要选择一些有条件的地方，开辟少数民族扶贫开发试验区，把老少边山的政策和沿海经济开放区的政策结合起来，使山区的对外开放有新的突破。

二、加快建设和完善三大通道

广西将通过新建、改造一批铁路、公路，整治并开通航运等措施，建设连结桂东南与粤西、珠江三角洲、海南、港澳的东西走向通道；北部湾沿海连结西南各省的西南走向通道；西南、粤西、湘西、广西的出边通道。同时，联合组建海洋运输船队和由西江通港澳的快速运输船队。加快建设桂林、南宁、柳州机场，使桂林、南宁、柳州、北海、梧州等航空港，构成广西服务大西南和全方位开放的基本交通格局。

在加快交通建设的同时，要搞好邮电通讯的建设，逐步形成广西主要城市和开放地区与大西南各省、广东、海南对内、对外通讯方便的网络。

三、建成八大基地

在向外向、轻型高效的产业结构转换的过程中，广西将重点抓好水电、有色、建材、汽车、亚热带资源加工、高新技术产业、劳动密集型出口加工、商品农业等八个基地的建设。

（一）以水电为主的能源基地。主要是加快以红水河梯级电站为主的水电基地的建设。

（二）以铝、锡为主的有色金属材料基地和以锰为主的黑色金属材料基地。主要是建立和完善平果铝业基地、大厂矿区、来宾冶炼厂锌铟工程，并加快高峰锡矿和北山铅锌矿的开发。

（三）建设以水泥及非金属矿产品为主的建材生产基地。"八五"期内新建、扩建黎塘等四个大型水泥厂，尔后，计划再建若干个大中型水泥厂，使年水泥产量达到2000～2500万吨。

（四）以中吨位汽车系列、微型汽车系列和微电子技术为重点的机械电子工业基地。要以国内外市场为导向，以高新技术的引进、改造、创新为主线，上品种、上水平、上批量、上效益，重点发展汽车工业、工程机械、农业机械、通讯工程和机电一体化工程。

（五）亚热带资源加工基地。发展制糖、造纸、林化、化纤工业和卷烟工业。制糖工业在按市场需求稳定发展的同时，要把重点放在开展综合利用和开发新产品上。造纸工业重点是新建南宁造纸厂和扩建雒容纸袋纸厂。林化工业重点发展松脂深加工和松节油系列产品。化纤工业主要利用速生桉树生产粘胶纤维和中空纤维，拟新建5万吨浆粕、2万吨纤维的化纤厂和年产1万吨的中空粘胶纤维厂。同时，利用广西的优质烟叶基地和丰富的栎木资源，新建5万吨的二醋酸纤维浆粕厂。

（六）高新技术产业基地。在桂林市建设以发展电子信息技术和新材料系列产品为主的国家级高科技产业开发区；在南宁市建设以生物技术开发、利用为主的新技术开发区；在柳州市主要用高新技术改造传统产业并发展激光加工等产业；在北海市要以发展海洋技术为主，带动海洋资源的综合开发与利用。逐步形成桂林—柳州—南宁—北海高新技术产业带。

（七）以外向型为主的劳动密集型出口加工基地。充分利用邻近广东、港澳，劳动力丰富价廉等优势，在桂东南，沿海地区大力发展制鞋、成衣、玩具等一批外向、高效、轻型的劳动密集型的出口加工产业，大胆地吸收大批劳动密集型企业，尤其是"三资"企业和"三来一补"业务。

（八）商品性、创汇型农业基地。充分利用丰富的热带亚热带农林资源和海洋资源，大力发展高效、优质的商品性农业、开发性农业和创汇型农业，着重建设和发展香米和优质米、糖料蔗、亚热带水果、烤烟、茶叶、蔬菜、林产，畜禽、海水养殖等生产基地，使农产品商品率在本世纪末达到80%。

四、拓展对外经济贸易

一是采取多种形式发展国际贸易、边境贸易、"三来一补"、技术劳务合作和大办三资出口企业、内联出口企业，使五个轮子一起转。二是多层次发展专业性外贸、地方性外贸、生产企业自营、工贸结合的企业集团等，形成千帆竞发、竞相发展的局面。三是全方位联合发展，开拓多元化市场。为此，广西将打开大门，提供服务，欢迎大西南借船出海、借边出境，在巩固和扩展港澳、欧美、日本等市场的同时，积极开拓东南亚市场。四是以贸带工，以工促贸，贸易与发展外向型经济结合，到境外去拓展工贸实业，大力开展国际经济技术合作。五是在搞活、扩大出口的同时，搞活进口贸易，在国家统一政策指导下，结合实际情况，放宽进出口。要积极引进先进适用技术和国外资金，还要采取以进带出的形式进口物资材料设备，发展创汇工业、创汇农业，发展加工转口贸易、过境贸易等。通过对外经济贸易的发展，带动整个国民经济的发展。

五、繁荣第三产业

广西将把发展第三产业提高到战略地位上来，在加强商业、物资、饮食、旅游、服务等行业的同时，大力拓展金融、保险、信息、咨询、房地产、技术、劳务等新兴行业，逐步形成区域性的各种专业市场、金融市场、技术市场、信息市场、劳务市场和房地产市场。

使第三产业的发展速度超过国民生产总值增长速度,为加快广西和大西南的开放开发提供良好的服务。今后,广西将着重加快发展北部湾沿海地区、玉林、梧州经济开放区、边境地区和南宁、桂林、柳州三市的第三产业。

六、广西重点开发的区域

（一）**北部湾沿海地区**。区域范围包括钦州地区、北海市、防城港区、南宁市。这一区域位于我国大陆沿海最西南端。从发展看,这一区域不仅要建成广西和大西南的进出门户,到海南的水上通道,而且要建设成为广西外向型出口加工和海洋渔业基地,以及引进新技术,发展新产业的窗口。该区域目前要进一步加强交通、能源、通讯等基础设施建设,加快开发建设钦州港,并抓好与港口相配套的工业区建设。

（二）**西江干流区**。 区域范围包括沿郁浔江—西江沿岸的玉林、梧州两地区以及梧州市。其突出的优势是大西南往广东、港澳的东向出口的通道和门户,是经济发达的珠江三角洲向大西南扩散的前沿地带,亦是广西农业最发达的地区,具有西江航运之利。要建设成为广西的创汇农业基地和轻加工出口基地,并应加强与港澳及海外联系,进一步加强东西联系。

（三）**红水河流域及右江河谷**。 区域范围包括南盘江—红水河—黔江沿岸、右江河谷县份及柳州市。其突出的优势是有色金属、水能资源丰富,且水能与有色金属匹配最佳,是国家19片国土开发的重点片之一。这一区域最终将建成为全国的有色金属工业基地,特别是铝、锡工业基地;华南的水能基地和水泥工业基地;广西的机械和林牧业基地。

（四）**边境地区**。区域范围包括沿广西边境的7个县(市)。本地区是我国从陆上通往印支各国的一条重要通道。将采取工贸结合,以贸带工,以工促贸的方法,发展加工企业。通过建立凭祥、东兴边境经济开发试验区,建设宁明的爱店、龙州的水口、大新的硕龙、靖西的龙帮、那坡的平孟等边境口岸,发展开发性农业与加工工业。

（五）**以桂林为中心的旅游经济技术开发区**。区域范围包括桂林市及桂林地区。主要优势在于具有得天独厚的旅游风景资源。桂林山水,是全国重点旅游城市和历史文化名城。同时也是广西利用旅游这一条件,了解世界经济信息、新技术,把旅游资源转化为经济技术资源的窗口。将进一步开发旅游资源,建成大桂林旅游经济圈,成为全世界旅游胜地和全国高新技术开发区。

七、进一步加强与国内外各方面的联合

（一）**基础设施建设**。 主要是以钦州港为主的港口开发建设;以南昆铁路为中心的铁路建设;以沟通省区市间的高等级公路为主的公路建设以及内河航道整治,同时,建立连接国内外的邮电通信网络。

（二）**开发能源、原材料工业**。主要是开发天生桥一级电站、龙滩水电站、长洲水利枢纽、贵州盘县火电厂、钦州和北海火电厂。

（三）**发展优势加工工业**。 主要是在机械、电子、化工、烟草、制糖、食品、林化、纺织等行业联合组建一批具有竞争力和影响力的加工工业企业集团。

（四）**发展对外经济贸易**。 各省区市可在广西联办或独办出口加工企业,连片开发土地,联合兴办出口加工基地;联合引进外资兴建“三资企业”和吸引“三来一补”业务;联合组建外贸联营公司,联合发展海洋船队,联合到国外办厂、办公司。

（五）**发展区域市场**。 在广西联合建立和发展消费资料、生产资料、资金、技术、信息、劳务等区域市场,加速商品流通和生产要素的合理配置。

（六）**发展区域旅游业**。组建旅游企业集团,大力发展国际旅游业。

附录一：

广西壮族自治区对外开放的优惠政策

改革开放以来，自治区人民政府从实际出发，制定并批准了一批外引内联，对外开放的政策，鼓励外商和港澳台侨胞投资。

一、对外商、港澳台侨胞投资的优惠政策

经自治区人民政府制定并颁发的政府规章主要有：《广西壮族自治区人民政府关于鼓励发展外向型经济的若干规定》、《广西壮族自治区鼓励台湾同胞投资若干规定》，以及开发经营成片土地、有偿出让部分国有企业产权、城镇国有土地使用权出让和转让等一批暂行办法和条例。对外商投资给予的优惠主要有：

（一）税收：

1.在广西举办的产品出口和先进技术企业；出口产品产值达到当年企业产品产值50%的企业；开发能源、交通、港口建设等基础设施的企业；在广西沿海港口城市、开放区和山区县举办的企业；在广西举办农、林、牧、渔业企业，在经营期间一律免征地方所得税。

2.在广西举办的外商投资企业，转让科研成果所得收入，免征地方所得税；总投资额在300万美元以上的企业，减免税期满后，当年利润不满100万元人民币的，经市、县税务机关批准、可免征地方所得税。

3.合营企业，合营期10年以上的，经批准从开始获利的年度起，前两年免征所得税，后三年减半征收；从事农业、林业等利润较低的或在经济不发达地区开办的合资企业，头5年免减税期满后，经批准，可以在以后10年内继续减征所得税15%至30%；合资企业的外方将分得的利润在国内再投资为期5年以上的，经批准可以退还再投资部分已纳所得税款的40%。

4.凡税率高于国内企业工商税税率的，可报经批准后按国内同一税负水平征收；合营企业生产的内销产品，在开办初期，纳税有困难的，经申请批准可在一定期限内减免产品税；属国内需进口的短线产品，在享受规定期限的减免税后仍有困难的，经申请批准可适当再减免工商统一税。

5.凡合营企业按合同规定作为投资以及追加投资进口国内不保证供应的机器设备和物资，一律免征工商统一税和进口关税；合营企业生产的出口产品，除国家限制出口者外，都免征工商统一税和出口关税；合营企业为生产出口产品，从国外进口原料、辅料、元器件、零部件和包装物料，一律免征工商统一税和进口关税。

6.在广西新办的产品出口和先进技术的外商投资企业，归还银行贷款有困难的，按现行财政体制，经市、县人民政府批准，可适当返还已交纳的税款。

7.在广西办产品出口和先进技术企业，报经税务机关批准，可以实行固定资产加速折旧。

（二）土地使用费和基础设施使用费。

1.外商在广西投资举办文教、科研、医疗卫生、体育及不以谋取利润为目的的项目，可免征土地使用费。从事农业、林业、畜牧业、养殖业，在经济不发达的地区开办的合资企业，产品出口企业和先进技术企业，经批准，土地使用费可给予特别优惠。如遇灾年，经批准，可减收或免收土地使用费。

2.免缴产品出口企业和先进技术企业基础设施配套费。其他外商投资企业的基础设施配套费，按国内同类企业的标准一次性计收，标准为：按建筑面积计算，设在县城和城市近郊的每平方米2—6元；设在南宁、桂林、柳州、梧州四市区内的每平方米7—9元。

（三）资金信贷。外商来广西合资或合作开发能源、交通、港口、矿产等，有关银行将采取多种灵活方式发放外汇和人民币贷款。对经济效益好，外商感兴趣的项目，银行可以直接参与投资。此外，也可以为一些项目（如补偿贸易）担保。

合营企业按照业务需要，经批准，可在国外或港澳地区的银行开立存款帐户。

（四）外汇管理。外商投资企业需向境内一家银行开立外汇存款帐户的，可直接向开户行申请办理而无需事先经外汇管理部门批准。外商投资企业的一切外汇收入可直接存入其外汇存款帐户，一切外汇支出，可从其外汇存款帐户中支付。外商投资企业收入的一切外汇，均可参加外汇调剂。外商从合资企业中获得的利润及其合法收入，可从其企业的外汇存款帐户中汇出。

（五）进出口商品检验。对外商投资企业进出口

商品检验鉴证工作实行优先接受检验,优先安排,优先办理鉴证。在商品检验手续和程序方面,可以根据要求派员上门办理检验;条件许可时,可在码头、仓库、船舱等货物现场检验和鉴证,尽量缩短检验、鉴证周期。对特殊紧迫业务还可以采取更方便灵活的做法。

对涉及卫生和安全的出口商品生产企业,需颁发卫生注册或质量许可证的,优先考核发证。

凡出口产品,只要合乎原产地规则,给予优先签发普惠制产地证书。

(六) **海关监管**。广西增辟口岸和起运点,推行保税工厂(车间)管理办法,支持在进料加工出口业务集中的市县设立保税仓库发展备料加工。

对进料加工出口所用的原材料、零部件等,按实际加工出口的数量免征进口关税和进口环节的产品税或增值税。加工的产品出口,免征出口关税。

(七) **保险业务**。外商投资企业在广西办理保险业务时,各种保险条款的费率均按有关规定优惠办理。

(八) **外资企业经营自主权**。按照中国法律以及合营企业协议、合同和章程的规定,合营企业在人、财、物的管理方面,享有中国法律允许范围内的自主权;合营企业在购买、销售、财务、外汇使用、劳动工资管理方面有权按照自己的特点,自主经营管理,有权决定本企业的生产计划、职工招聘、雇用、解雇,有权确定本企业的工资标准和形式、奖金和津贴制度以及职工奖励办法。

合营企业有权在批准的合同、章程规定范围内,自主经营进出口业务。

未经国家和自治区人民政府批准,任何单位不得对外商投资企业另立收费项目或提高收费标准。遇到有擅自摊派和乱收费的情况,企业有权拒交。对此而故意刁难企业的,当地政府将严肃处理。

(九) **"三来一补"**。来料加工装配所得工缴费外汇留成,除10%上缴国家外,其余90%原则上留给承接加工的生产出口企业,如企业所在地政府参与外汇留成,最多不超过10%,暂定3年不变。企业的留成外汇,可在中国银行单独列户,并可参与调剂。

外贸公司直接承办的来料加工装配业务,委托加工企业完成,工缴费外汇留成30%给外贸公司,60%给加工企业,加工费由外贸公司与加工企业协商确定。外贸公司代加工企业洽谈签订合同,并代办出运和结汇,可收取合理的手续费,一般以2%为宜。

承接来料加工装配所得收入,从所得第一笔收入之日起,3年内免征营业税和所得税。免税期满后,纳税有困难的,经申请批准,可继续实行减免税。

承接来料加工装配业务需进行的基本建设和技术改造,经批准后,由人民银行另外核定贷款额度,专款专用。其建筑税先按10%税率计征,计划外项目应缴的另10%的税额,可缓期在3年内缴纳。厂房或生活设施的建筑资金,如由外商提供,可免征建筑税。

加工企业年工缴费收入达40万美元的,由企业所在地政府核给奖金人民币1万元;超过40万美元的,按此比例类推,并免征奖金税,一定3年不变。

补偿贸易,原则上要用先进技术、设备所生产的产品返销对方进行直接补偿,在直接补偿有困难,或者以其他产品偿还对扩大出口更有利时,在不影响完成国家规定的调出任务的前提下,也可以使用该企业(包括企业联合体)所生产的其他产品进行间接补偿。

通过租赁方式引进技术和设备的项目,租金可列入成本。

凡使用银行外汇贷款的项目,用进口技术和设备生产产品出口,所得的外汇用于偿还外汇贷款,视同补偿贸易。在还贷困难时,可采取综合偿还办法。在偿还外汇贷款本息期间,先用新增利润归还,不足部分,经税务部门批准,可减免新增产品税、增值税。

二、对港澳台侨胞投资给予特殊优惠

对港澳台客商、侨商在广西投资兴办企业给予下列特殊优惠:

1. 免征地方所得税。
2. 经批准,可以对固定资产实行快速折旧。
3. 企业的土地使用费,参照合营企业办法给予更多的优惠。
4. 可聘请国内亲属或亲友充任其代表或代理人,也可优先聘请其家属亲友为企业的管理人员或工人。根据不同情况或投资金额多少,适当解决其代表或代理人以及受聘的侨眷的落户问题。
5. 对受聘的侨眷或华侨亲友,如属国家职工的允许他们停薪留职,在利用外资企业服务期满后允许再回原单位复职。

三、国内横向联合的优惠政策

经自治区人民政府制定并颁发的政府规章主要有:《广西壮族自治区贯彻执行〈国务院关于进一步推动横向经济联合若干问题的规定〉实施办法》、《关于搞活工业经济的若干规定》、《关于江苏省来我区支援人员待遇的暂行办法》、《自治区人民政府批转自治区经协办〈关于进一步加强我区经济技术协作工作意见〉的通知》等。自治区人民政府明确提出，《国务院关于进一步推动横向经济联合若干问题的规定》中有关老、少、边、穷地区的优惠政策，均适用于自治区全区范围，并制定了较国家更为优惠的政策。主要有：

(一) **投资规模和贷款**。联合兴办的基建和技改项目，计划部门予以优先安排。联合各方用厂房、设备和技术、专利、商标等折价投资，以及将其结余的专用基金用于联合组织内部投资，均不计入固定资产投资规模控制指标。优先安排联合项目贷款，垫底自有奖金比例放宽到10%。联合体为发展生产，向社会集资、发行债券或股票，利率可高于银行同类贷款利率的20%。

(二) **物资**。与区外联合开发原材料及其他短缺紧俏产品，可按协议确定的比例分享产品。客方把分成的产品运往区外，不受物资流向限制。如不需要该产品，可尽量照顾客方意愿，用其他物资进行综合补偿。

(三) **税收**。联合组织进行技术转让、承包所得的年净收入，在50万元以下的免征所得税，并可从中提5%—10%作奖励基金，免征奖金税。列入国家科委、(原)经委，列入国务院各部及自治区科委、经委、列入地市科委、经委试制计划并经鉴定合格的新产品，分别免征产品税、增值税3年、2年和1年。其中集体企业和在48个重点扶贫县的企业的新产品，免征产品税、增值税3年。

获国家金、银牌奖或获国务院各部及自治区优质产品奖的产品，分别免征调节税2年、1年。

在自治区内举办的联合项目新增利润，减半征收所得税5年；在48个重点扶贫县举办项目分得的利润，前3年免征所得税，以后再减半征收所得税2年。

(四) **奖励**。对在联合协作项目中牵线搭桥、引进资金有功单位和人员，受益单位可按到位资金、按1.5‰或0.5‰的比例提取奖金，进行一次性奖励。

(冯柳江　张冬梅　黄　洲　周　业
农有群　王伟漳　蒲丽茵　撰稿)

附录二：

广西壮族自治区国民经济主要指标情况

指标名称	计量单位	1950年	1978年	1985年	1991年	1978—1991平均增长(%)	1950—1991平均增长(%)
总人口	万人	1875	3402	3873	4324	1.86	2.06
耕地总面积	万亩	3690	3937	3858	3919	－0.04	0.15
国民生产总值	亿元	——	75.85	180.97	453.04	7.43	——
国民收入	亿元	8.79	63.79	151.29	383.79	7.47	6.22
社会总产值	亿元	12.87	145.94	315.69	842.9	7.87	7.45
工农业总产值	亿元	11.51	116.14	247.41	699.62	7.63	6.47
工业总产值	亿元	2.31	69.97	139.39	421.47	10.43	12.75
其中:轻工业	亿元	2.11	38.23	87.22	227.05	10.83	12.57
重工业	亿元	0.2	31.74	52.17	194.42	8.63	18.56
农业总产值	亿元	9.2	46.17	108.02	278.15	4.76	4.29
粮食总产量	万吨	432.45	1082.3	1117.1	1376.54	1.87	2.86
机制糖	万吨	0.02	25.1	62.21	139.65	14.11	124.1
货物周转量	亿吨公里	2.62	183.78	235.16	429.61	6.75	13.24
旅客周转量	亿人公里	0.39	41.21	127.77	183.7	12.18	16.2
邮电业务量	万元	2.32	3272	6991	33253.7	19.53	12.87
全社会固定资产投资	亿元	0.12	9.61	42.78	89.65	18.74	17.51
其中:生产性建设	亿元	0.11	8.0	23.54	52.27	15.53	16.22
社会商品零售总额	亿元	3.53	41.57	101.12	236.31	14.3	10.8
外贸进出口总额	亿美元	0.04	2.69	5.23	10.23	10.82	14.42
其中:出口总额	亿美元	0.04	2.49	3.72	8.32	9.72	13.90
地方财政收入	亿元	0.67	14.32	20.18	55.92	11.05	11.39
城镇居民人均年生活费收入	元	——	289.2	683.45	1613.64	14.14	——
农民人均年纯收入	元	——	119.5	302.96	658.0	14.0	——

注：本表绝对数按当年价格计算，增长速度按可比价格计算。

典型地区和典型企业

广西壮族自治区首府——南宁市

一、地理位置和优越的自然环境

南宁市是广西壮族自治区的首府，是自治区政治、经济、文化、教育、科技、金融中心。它位于广西西南部，东经107°45′～108°51′，北纬22°12′～23°32′，是一个沿海、沿江、沿边的中心城市，面对东南亚，背靠大西南，对外开放具有优越的区位优势。南宁市属亚热带季风气候，夏长冬短，气候温和，终年无雪，年平均气温21.7℃，气温最高的7月份平均28.2℃，最低的1月份平均12.8℃，无霜期长达260天，季节温差和昼夜温差都比较小。由于空气湿润，雨量较为充沛，年平均降雨量1300毫米，亚热带作物生长繁茂，整个城市林木葱郁，红花绿叶翠竹相映，是全国著名的绿化城市。南宁市现辖5个城区、1个郊区、2个县，总面积10029平方公里，其中市区面积70平方公里。1991年末总人口254万，其中市区人口108万。市内聚居着壮、汉、苗、瑶、回、侗、黎、仫佬、京、水、满等30多个民族，壮族人口约占63.6%，汉族约占35.6%。

南宁市座落在丘陵地带，市区位于南宁盆地中，海拔74～79米，境内山丘以土山为主，适合发展农业，亦分布有石山，岩溶地貌中的奇峰异洞秀水顽石，风光如画，景色秀丽。境内河流以邕江及上游左、右江和下游郁江干流为主，邕江横穿市区，江面宽300米，其他河川大多汇入左、右、邕、郁江。

南宁市区域内拥有丰富的自然资源。矿产主要有铁、铀、钛、金、煤、石英砂、水晶、重晶石、粘土等41种。生物资源品类繁多，野生动物有果子狸、穿山甲、蛤蚧、金丝猴、金钱龟等，植物有180多科600多属3000多种，粮食、水果、麻类、茶叶、烟叶、药材、花卉、蔬菜、竹木、香料等颇富亚热带特色，其中菠萝、香蕉、龙眼、荔枝、柑橙、甘蔗、木瓜、西瓜等远近闻名。南宁市境内分布的平原、山地、丘陵、水面都占一定比例，对发展现代农业十分有利。

二、改革开放，促进经济建设和社会事业的发展

解放以后，南宁市经过几十年的建设，特别是党的十一届三中全会以来，南宁市国民经济、城市建设和各项社会事业迅速发展。1991年全市国民生产总值达到53亿元，比1978年增长1.2倍；国民收入40.4亿元。比1978年增长1.1倍。1991年，全市社会商品零售总额达33.9亿元，为全区各市之冠；国合商业企业商品销售总额达34.9亿元；城乡集市贸易成交额达9.6亿元。昔日落后的消费性小城市已经变成工业初具规模、农业经济实力较强、商业繁荣兴旺、交通比较发达，文化教育科技卫生等社会事业全面发展的逐步走向现代化的城市。

（一）**工业建设阔步前进**。目前已发展成为拥有食品、纺织、机械、电子、冶金、化工、医药、建材等门类比较齐全的工业化城市。1991年底，全市工业企业777家，其中市区513家。全市独立核算工业企业固定资产原值33.8亿元，年工业总产值(含村及村以下，1990年不变价)66.2亿元，其中市区54.2亿元。在乡及乡以上工业总产值(按现行价格计算)中，轻工业为40.1亿元，占67%；重工业为19.9亿元，占33%。食品工业在南宁市工业中占有举足轻重的地位，多年来得到迅速发展。在企业结构方面，以大中型企业为龙头，组建集团企业，充分发挥产业优势，取得了较显著的效果。目前，全市拥有大型企业18家，中型企业33家；全民所有制企业308家，集体所有制企业440家，其他经济类型企业29家。1991年，有13家市属工业企业产值超过1亿元，其中南宁棉纺织印染总厂和南宁化学工业集团公司分别达到2.8和2.7亿元。全民所有制工业独立核算企业产品销售收入45.3亿元，盈利企业利润总额

2.69亿元。主要工业产品产量：手扶拖拉机3.9万台，柴油机9.5万台，平板玻璃133.6万重量箱，聚氯乙烯1.2万吨，罐头4万吨，卷烟33.9万箱，啤酒5万吨，机制糖21.7万吨，手表62.4万只，自行车22万辆，电风扇17.8万台，棉布3787万米等，全部工业产品多达3000多种，其中200多种曾获得国际、全国和全区各种名优产品称号，桂花牌手扶拖拉机、华锦牌麻涤布、象山牌果蔬罐头、中冠牌无苯毒稀释剂等产品名扬海内外。

（二）**农业经济为城市的繁荣发展作出了重要贡献**。南宁市农业经济发展的一个主要特点是，农业生产条件不断改善，生产总量逐年扩大，逐步向商品化过渡。1991年，全市实有耕地面积251万亩，农田有效灌溉面积超过125万亩，其中机电灌溉面积超过30万亩；年末农业机械总动力68.3万千瓦。机耕面积达79万亩，占耕地总面积的30%左右。全市农业总产值（1990年不变价）18.1亿元。主要产品产量：粮食54.8万吨，油料1.6万吨，蔬菜34.9万吨，水果14.1万吨，猪肉5.2万吨，禽肉2.1万吨，水产品1.6万吨，甘蔗256万吨。乡镇企业总产值6.8亿元，总收入7.7亿元。全市初步建成了一批蔬菜、鱼鸭套养、生猪饲养、牛乳、禽蛋、水果生产基地，涌现出一大批专业户，重点户和新经济联合体。

（三）**交通运输业、邮电业日趋现代化**。目前，全市已通公路160多条，总里程2000余公里，拥有客货汽车2万多辆，汽车密度超过10辆/公里。1001年公路客运量3173万人，货运量1716万吨。南宁水运历史悠久，目前已通航道1469公里，大小客货轮近千艘，港口码头5个。1991年内河港口货物吞吐量89万吨。铁路运输是南宁市交通的骨干，发挥着重大作用。湘桂、黔桂、黎湛、南防等数条铁路为南宁市通向全国各地和国外开辟了坦途，以南宁火车站为代表的大小火车站为客、货运输创造了良好的条件。1991年，南宁市铁路客运发送量286万人、货运发送量202万吨。民航则是南宁市交通的骄子。南宁机场经过多年的更新改造和扩建，飞行保障设施和营业、候机条件逐步现代化。1991年，民航客运总量7.5万人，货运量745吨。南宁市邮电业现在已形成通畅的网络。南宁市与区内外和全世界各地联通了直接或间接的航空、铁路、公路邮路，市内邮路总长度1万多公里，并设有国际特快专递、邮政快件等业务，集邮、报刊零售、邮政储蓄等业务也蓬勃发展。现代化的微电脑自动转报系统、长途程控自动交换系统、无线导呼系统等把南宁市的电信事业推上新的发展水平，现在南宁市已建成由有线和微波干线组成的国内国际通信网，成为广西最大的邮电通信中心。1991年底，全市已有邮电局（所）110处，邮电业务总量（1990年不变价）6675万元，电话机4.8万部，其中程控电话9801部。

（四）**基本建设投资逐年增加**。"七五"期间全市固定资产投资累计完成30.97亿元，比"六五"期间增长1.98倍，平均每年递增24.4%。投资的增加，加快了南宁市经济和社会事业的发展。

（五）**近几年来南宁市的外向型经济发展较快**。南宁市委、市政府积极采取优惠灵活政策，实施全方位开放，内联外引，外向型经济得到了迅速发展。正在集中力量建设的高新技术开发区、经济技术开发区、武鸣华侨投资区，为南宁市的经济进一步发展创造了良好的条件。到1991年底，批准成立外商投资企业共81家，合同投资总额18747.96万美元，利用外资8305万美元。随着近年来中越边境贸易的恢复和发展，南宁市生产的柴油机、手扶拖拉机、平板玻璃、油毛毡、暖水瓶，万力啤酒等一大批产品大量销往越南。1991年全市出口产品产值达到6.3亿元，出口品种200多种，远销100多个国家和地区。出口产品外贸收购总额3.76亿元，创汇4525万美元。

（六）**文化、教育、科技、卫生等事业得到较大的发展，为社会经济发展提供良好的基础**。具有一流水平的广西图书馆，主楼11层，藏书近200万册，民族影城设施富有现代化气息，是一个综合性的娱乐、餐厅、购物场所。广西最主要的高等学校和中等专业学校大多设在南宁市，如综合性的广西大学、培养少数民族干部的广西民族学院，还有广西农学院和广西医学院。广西社会科学和自然科学研究机构大多数也设在南宁市。南宁市的医疗卫生条件和医学方面的成果，整体上在全区处于领先的地位。1991年，全市范围内有高等学校12所，中等专业学校50所，影剧院27个，图书馆6个，藏书254万册，各类医院75个，病床9736张。

三、南宁市是广西及大西南重要的交通枢纽

广西的重要交通建设项目：防城港、北海港、钦州港、贵港市猫儿山港、南防铁路、钦北铁路、南昆铁路，南梧二级公路、南百二级公路，西江航道整治等，这些都加强了南宁市的通达条件，使它南通沿海三大港口；西通凭祥，直达越南；西北深入桂西，直通黔、滇两省；往北铁路直通全国各地；往东铁路直达广东茂名、湛江；往西江直通梧州、广州、香港、澳门。航空航线，目前已与北京、广州、昆明、成都、深圳、桂

林、北海、香港均有定期航班，南宁与越南河内航线将很快恢复。南宁市交通发展将成为背靠大西南、面向东南亚，沟通特区海南省和开放城市广州市，成为大西南的一个重要运输枢纽，是沟通沿海地区与内地联系的重要纽带。南宁市经济的发展结合交通的有利条件，还将成为国际经济交流地。

随着南昆铁路和南梧公路的建成，南宁国际航线不断扩大、伸展、南宁市将成为祖国南方重要的国际航空港。整个大西南地区物资出海流态将发生很大的变化。21世纪国际经济将向东转移，西南地区经济必然要接受世界先进技术的挑战，因此，西南地区的经济发展需要依托和利用南宁市为中转走向世界。据预测，到2000年西南地区进出口货运量将接近4000万吨。通过南宁中转出海比绕道贵阳经广东湛江出海缩短600多公里，比绕道湖南经广州出海缩短1100多公里。南宁市的战略位置，必然成为大西南丰富物产出口的咽喉和最便捷的出海通道。

四、长远规划和前景展望

南宁市作为南方近海的“三沿”中心城市、广袤大地，周边资源丰富，市内人才荟萃，有着良好的发展条件和基础。

根据党的“一个中心，两个基本点”的基本路线以及实现我国现代化分三个步骤，建设具有中国特色的社会主义的伟大决策，今后10年南宁市的发展基本方针是：进一步解放思想，实施全方位开放，内联外引，继续调整和优化产业结构，发展新兴产业，充分依靠科学技术，积极采取灵活的政策措施，加速社会经济的发展。在今后发展中，实施全方位开放，以开放促开发，以开发促发展，把南宁市建设成为工贸、科技、信息一体化，第三产业发达的综合性的国际化城市。主要指标是：

（一）国民生产总值：在1990年已翻一番多的基础上，到2000年争取提前再翻一番，达到114亿元（1990年不变价），比1980年翻两番以上。

（二）国民收入：（1990年不变价）达到90亿元。比1980年增长3.6倍，比1990年增长1.3倍。

（三）工业：到2000年全市工业总产值达到142亿元（1990年不变价），分别比1980年、1990年增长5.3倍和1.4倍。主要是进一步调整行业和产品结构，搞好大中型企业，提高经济效益。以高新技术产业开发区为导向，发展生物工程，光、电子技术，新材料以及机电一体化等新技术产业群，通过先进的科学技术装备和改造现有传统工业，使食品、机械、纺织、化医、电子、建材等支柱行业，在高新起点的基础上得到较快的发展。力争250万吨南宁炼油厂上马复建，利用区内林、蔗优势大力发展造纸工业，计划在“八五”期间建设年产10万吨纸浆的南宁造纸厂，使南宁市逐步成为广西主要造纸基地。同时，发展精细化工，兴建钛白粉项目和30万吨铝材加工项目，发展有色金属加工、电力等基础、原材料工业，适当提高重工业的比重。大力抓好产品更新换代，主要产品的技术水平要达到80年代末、90年代初国际水平，使一大批产品进入国际市场，外向型工业跃上一个新台阶，为国家多创外汇，支援社会主义四化建设。

（四）农业：2000年农业总产值（按1990年不变价）达到27.6亿元，分别比1980年、1990年增长1.7倍和47.9%。实施“科技兴农”，集中力量搞好“农业综合开发区”，以城市为依托，健全社会化服务体系，加快粮食、经济作物和蔬菜、水果等副食品生产，进一步丰富城市居民“菜篮子工程”，为城市轻工业和出口创汇提供更多的原料和农副产品，并且使乡镇企业有更大的发展。

（五）商业和对外贸易：2000年社会商品零售额达到78亿元；外贸出口商品收购额达到8亿元，创汇1.5亿美元。大力发展内外贸易，把南宁市建成大商业、大市场、大流通的格局，成为广西最大的、繁荣兴旺的商都。推动外向型的工农业发展，为广西和大西南经济发展服务。

（六）旅游业。市政府决定集中力量建立以南宁市为中心，辐射和形成桂西南、桂西北等周边地区旅游网络，并与大西南旅游胜地联成一片，共同开发国际旅游业。南宁市旅游三要素齐备，特别是南宁～香港航班开通后，以及随着国际航班不断扩大，南宁市成为桂西南地区通往各地的枢纽。市区内绿树成荫，一片花团锦簇，有“半城绿树半城楼”的美称。有东南亚最大的药物园，广西博物馆、民族文苑、青秀山风景区，中外闻名的武鸣伊岭岩溶洞和碧珠清澈的冬泳胜地灵水，著名的昆仑关古战场。市外有国家级风景名胜、世界罕见、神秘莫测，千古之谜的左江花山古壁画、中越边陲友谊关、少数民族村寨以及北部湾明珠，遐迩闻名的北海银滩浴场和渡假村，海水碧澈，海沙如银，素有“3S”（海水、阳光、沙滩）旅游胜地之称。还有被誉为立体诗画的钦州72泾风景区，内有享有盛名的“合浦南珠”的珍珠、贝雕等等美不胜数。南宁市在大力发展国际旅游业，促进世界各国人民的友好交往和建设自治区首府是大有作为的。

（芮鉴昌　杨华伟　撰稿）

南宁市企业名录

南宁制糖造纸厂

南宁糖纸厂日榨甘蔗能力为4千吨，年生产机制纸1万多吨、酒精3000多吨，固定资产原值7286万元。

除机糖、机制纸、酒精产品外还有汽水、二氧化碳、减水剂、饲料酵母等综合利用产品。象山牌优级白砂糖远销欧美、云鸥牌一级白砂糖以内销为主，荣获国家轻工业部和轻工博览会优质奖。

厂　长:邓启群
厂　址:南宁市亭洪路
邮政编码:530031
电　话:220733　220734　225693
电　挂:4000

南宁化学工业集团公司

南宁化学工业集团公司具有年产烧碱5万吨，聚氯乙烯2万吨，农药7500吨，液体固体山梨醇5500吨，三氯异氰尿酸1500吨等四个系列30多种产品的广西最大的综合性化工企业。

厂　长:曾代宏
厂　址:南宁布亭洪路80号
邮政编码:530031
电　话:229424
电　挂:4354

南宁绢麻纺织印染厂

南宁绢纺厂是以生产苎麻和绢纺织品为主的大型纺织印染联合企业，有自营进出口权。设备一流，拥有绢纺、毛麻长纺锭1.56万枚，短毛粗纺锭1920枚，棉纺绽5000枚，织布机460台，年产各种纱线2500吨，坯布900万米，印染能力1700万米。能够生产纯麻纱、系列5～80公支，麻化纤、绢麻混纺纱系列5～120公支，绢丝系列60～210公支，以及各种规格的纯麻、麻涤、麻棉、丝麻坯布、印染布等，竭诚为各界服务。

厂　长:钱启富
厂　址:南宁市亭洪路45号
邮政编码:530031
电　话:229525　229524

南宁合成纤维厂

南宁合纤厂是广西最大的合成纤维生产企业，拥有从德国、日本引进的先进设备。主要产品是合福牌棉型、毛型、绢型、异型涤纶短纤维、中长纤维和涤纶低弹丝、复丝、网络丝及丙纶丝，万翎牌化纤针刺地毯、衬里布、贴墙布、土工布，产品畅销全国。

厂　长:张明昌
厂　址:南宁市亭洪路59号
邮政编码:530031
电　话:221886　227099　220293
电　挂:4960
传　真:0771—22967

南宁手扶拖拉机厂

南宁手扶拖拉机厂年产手扶拖拉机5万多台，产销量连续6年居全国同行业第二位，是机械电子工业部的骨干企业。主要产品有桂花牌手扶拖拉机、农用运输车和由堆垛机、高架等组成的立体仓库。其中GN91型手扶拖拉机荣获国家银质奖，在国内一直是畅销产品，一部分还销往东南亚等地。

厂　长:雷尊巍
厂　址:南宁市北湖路
邮政编码:530001
电　话:332351　332617　333728

南宁重型机器厂

南宁重型机器厂是机电部骨干企业，具有年产1万吨机械产品和4万吨电炉钢的生产能力。能为国内外中小矿山、大型水泥厂、大中型糖厂提供成套设备。主要产品有冶金、矿山、水泥、制糖、起重等5大类150多种产品，颚式破碎机、机械立容，日榨千吨蔗糖厂设备分别获自治区和南宁市优质产品和新产品奖，球磨机系列被国家机电工业部推荐为替代进口产品，颚式破碎机远销南美、东欧、东南亚、香港等地。

厂　　长:陈　荆
厂　　址:南宁市秀安路 15 号
邮政编码:530000
电　　话:332741　333917
电　　挂:6639

南宁机械厂

南宁机械厂是广西大型二类企业,机电部重点企业,国家二级企业。主要产品有高峰牌 195S、S1100A、G180、185 型柴油机和金田牌 NJ100、100A 摩托车。具有年产 10 万台柴油机和 3 万辆摩托车能力。柴油机是国家优等产品,畅销全国并远销东南亚各国。摩托车荣获国家质量优等品称号。

厂　　长:陈伦元
厂　　址:南宁市中尧路 48 号
邮政编码:530003
电　　话:333651
电　　挂:6993

广西工业中心城市——柳州市

柳州市,位于广西中部,是中国南疆一座新兴工业城市。全市面积 5279 平方公里,人口近 160 万人。

解放前,柳州市工业基础十分薄弱。解放后,经过 40 余年的建设,尤其是党的十一届三中全会实行改革开放以来,全市工业有了很大的发展,已成为一个以机械、冶金、纺织、食品、化工为支柱行业,拥有电力、建材、家用电器、电子、塑料加工、皮革、森工、造纸等工业门类比较齐全、结构比较合理,配套能力较强的综合性工业城市,是广西的重要工业基础。1991 年,全市工业职工 21.37 万人,占全市职工总人数的 55.26%。工业拥有固定资产原值 48.68 亿元,工业总产值 86.47 亿元,工业实现税利 10.49 亿元。柳州市工业总产值和工业实现税利均占广西约 1/4。广西的钢铁基地在柳州,广西的汽车工业基地在柳州,广西机械工业的 1/4 在柳州,广西纺织工业的 1/3 也在柳州。

一、地理和自然环境优越

(一)地理位置优越。柳州位于桂中,处在柳河经济区的中部,是柳州、河池两地区矿产、农、副、土特产及工业品的集散地,历来是我国中南、西南两大地区和我国东、西两部地区各种物资、商品、技术、资金和信息交流的中心城市之一,历史上商贾云集,素有"桂中商埠"之称,给工业发展带来有利条件。

(二)交通运输条件好。是湘桂、黔桂和枝柳铁路的交会点,铁路线通达湛江港和防城港;有柳江航运沟通西江水系,达梧州、广州和港澳。公路四通八达。航空已有柳州至广州航线。目前已形成铁路、公路、水运、航空的陆水空立体交通网络。是广西和西南地区的重要交通枢纽,也是目前大西南从铁路出海最便捷通道的必经之地。

(三)市域周围有色金属矿产资源丰富。柳州市所处的柳河经济区已探明有色金属矿总保有储量占广西总储量的 70%,其中锡、锑、铅、锌、锰等有色金属在广西和全国均有重要地位,锡矿保有储量在全国居首位。这些有色金属具有储量丰富,品位高,多金属共生,有益矿物多,利于综合回收,矿产分布比较集中的特点。此外,石灰岩等藏量也较丰富,这些都为柳州工业发展提供了丰富的矿产原料。

(四)盛产农林牧副等农产品。市区周围,有着众多的农业商品生产基地,盛产糖蔗、花生、烟叶、苎麻、油茶、桐油、杉木、松木、篙竹、柑、橙、金桔等农作物和野生植物,为柳州市的制糠、造纸、木材、轻工、食品加工等工业,提供了丰富的原料资源。

二、改革开放促进工业的大发展

党的十一届三中全会以来,柳州市得到中央和自治区的批准,成为综合试点改革城市。在改革中,坚持以经济建设为中心,紧紧抓住搞活企业这一中心环节,狠抓产业结构和产品结构调整;把发展横向经济联合与调整产业、产品结构结合起来,提高产品竞争能力;依靠科技进步,大力推进企业的更新改造。积极进行新技术、新产品的开发;不断改善、强化企业管理,完善企业的经营机制,努力改善企业的内部和外部环境;积极扩大开放,大力发展外向型经济,努力开拓国内和国际市场。把经济、科技、金融、教育体制改革,结合起来,融为一体,相互促进,给柳州的工业注入了新的生机和强大活力,有效地加快了工业的发展。

（一）发展速度和经济效益同步增长。在改革开放中，柳州市工业取得了前所未有的发展，成为全市经济的主导力量。1991年全市工业总产值86.47亿元，占全市社会总产值的75.05%，经1978年增长6.17倍，平均每年递增16.37%，其中：重工业产值为50.01亿元，轻工业产值为36.41亿元，比1978年分别增长5.9倍和6.3倍。全市独立核算工业企业实现税利10.49亿元，比1978年增长3.37倍，平均每年递增12.02%。财政收入比1978年增长157.2%，年平均递增7.54%。工业企业全员劳动生产率达4.19万元，比1978年增长3.9倍，年平均递增13.02%。

（二）产品质量明显提高。经过十多年来的产业、产品结构调整，以及大力推进技术进步，产品质量不断提高。自1979年国家评颁名优产品奖以来，柳州市工业产品获国家金质奖2项，银质奖5项；获部优质产品58项；获广西名牌产品奖44项，优质奖424项、新产品百花奖269项。其中：1991年获国家金奖1项，获广西优质品奖65个、新产品百花奖32项。

（三）全民、集体、“三资”企业齐发展。柳州市1991年底有全民工业企业达881个，产值为69.85亿元，比1978年增长4.7倍，平均每年递增15.79%。集体工业企业303个，产值16.3亿元，比1978年增长6.3倍，平均每年递增16.59%。一批生产规模较大的集体企业，如：冷柜厂、电扇厂、钟厂等在全国同行业中均有一定地位。随着对外开放，“三资”企业从无到有，现在已发展到有48家，生产规模逐年有所发展。

（四）外向型工业不断发展。随着对外开放的不断扩大，柳州市外向型工业不断发展。除一些传统的出口原料和工业品外，外销工业品的花色品种不断增加，其中：五羊牌水泥、芭蕉牌立德粉、油锯、电扇以及一些纺织品，外销久负盛名。特别是机电产品的出口，逐年增多。随着国际市场的拓展及边境贸易的发展，装载机、微型汽车、注塑机、自行车、缝纫机、家电产品、化工原料、印染布、被单、搪瓷制品等，行销海外，尤其是东南亚周边国家。

（五）横向经济联系蓬勃发展。改革开放10多年来，柳州市加强了同上海、江苏为主的华东沿海地区联合，引进先进技术和管理经验，促进和提高了工业生产技术水平；发展了与广州、深圳特区、海南省为主的华南沿海联合，促进了外向型工业的发展；密切了和云、贵、川等西南省、市、区的经济技术协作，扩大了产品市场和物资交流；和华北、东北、西北的横向联系逐步有所发展，形成了经济技术协作网络，这些都有力地推进了柳州市工业向着更高的技术水平和更广阔的销售市场发展。据不完全统计，1985年以来和区内外签订的经济技术协作项目近千项，其中大部分均付诸实施，促进了生产发展，提高了经济效益。

三、柳州市的主要工业行业

（一）机械工业。柳州市的机械工业，历史比较悠久。解放后，经过几十年的改造、扩建、调整，以及工业发达城市向柳州市迁建、援建等，整个行业生产规模迅速扩大，生产能力不断发展，技术和管理水平不断提高，职工队伍素质不断增强，产品质量和经济效益不断提高。现已发展成为柳州的主导产业，其中尤以通用机械制造、汽车制造、工程机械制造及电气机械制造业最为发达。到1990年，柳州市机械工业企业已发展到123个，不仅产品品种大大增加，而且部分主要产品的产量，在全国机械系统中也占有一定的比重，不少产品品种达到全国同行业先进水平，有的产品达到国际80年代先进水平，具有较强的市场竞争力。主要产品的年产能力有：微型汽车发动机3万台；051伐木油锯1.5万台；装载机2000台；空压机3600台；6105Q系列柴油机5000台。1991年全市机械行业总产值为19.94亿元，实现税利为1.42亿元，分别占全市工业总产值和实现税利总额的23.06%和15.04%。

（二）冶金工业。柳州的冶金工业有钢铁和有色金属冶炼两类。其中钢铁冶炼工业企业7个，有色金属冶炼企业16个。1991年总产值为10.94亿元，实现税利为1.8亿元。分别占全市工业总产值和实现税利的12.66%和19.10%。主要生产能力：生铁60万吨，钢52万吨，钢材60万吨；电解锌2.02万吨，氧化锌1.9万吨，立德粉2.45万吨，精锡1500吨。

（三）汽车制造业。柳州市的汽车制造工业，是在改革开放以来，调整产业、产品结构中，根据市场变化和发展前景的预测，结合发挥柳州机械工业的优势，于80年代初以原柳州拖拉机厂、柳州机械厂和柳州农械厂、柳州市水轮机厂等为主转产而发展起来的。在全市内属于交通运输设备制造业的企业，以柳州汽车厂、柳州微型汽车厂为主共有51家，目前，汽车制造已成为柳州市的主导行业，在广西也占有重要的位置。1991年汽车产量共23752辆，占广西汽车产量的96.54%。成为广西的汽车工业基地。也是广西机械工业的支柱行业。

（四）纺织工业。纺织工业是柳州市第一个支柱产业。40多年来，通过填平补齐，从过去的小手工作坊发展到有纺纱、织布、染整一条龙生产，花色品种也较多。现拥有23万纱锭、3334台布机、印染布1.2亿米、合成纤维4000吨的生产能力。拥有棉纺织印染、针织、毛纺织、丝绸、化纤、麻纺织、纺织机械器材等纺织工业企业66家，职工3.4万余人，其中大中型企业10家，（广西纺织业大中型企业22家，柳州市占有45%）。1991年全行业产值10.59亿元，销售收入8.44亿元。产品在区内外拥有广阔的市场，近年来外贸出口的纺织品增长较快。

（五）电气机械及器材制造业。解放后，经过40多年的调整、巩固、改造、提高及填平补齐。现已形成发电、配电和变电成套设备制造能力较强的行业。骨干企业有电机总厂、仪表总厂和开关厂等，主要产品年生产能力有：交流电动机60万千瓦，电力变压器150万千伏安，电度表110万只，高低压开关板1万面，电位器700万只，以及大批电器主要部件和一般元件。水轮机的生产具有较悠久的历史，深为山区发电用户所喜爱。近10多年来，家用电器迅速发展。主要厂家柳州市冷柜厂，拥有冰柜（冰箱）20万台的生产能力。柳州市电扇厂拥有年产双马牌电扇100万台，洗衣机20万台的生产能力。这个行业共有生产厂家66个，其中开关厂、冷柜厂、电扇厂都是总产值超过亿元的企业。1990年整个行业总产值为6.42亿元，实现税利4016万元。1991年冰柜（冰箱），洗衣机、电风扇的产量，分别占广西总产量的100%、80.7%和99.2%。

（六）建材工业。1990年，柳州市有建材工业企业43个，其中全民所有制企业17个，集体企业26个。全民建材工业企业固定资产原值4.05亿元。全年完成工业总产值3.71亿元，实现税利7203.9万元。

（七）食品和烟草加工业。解放后，柳州市充分利用广西丰富的农副土特产品资源，发展食品工业，经过几十年的建设和推进技术进步，现已形成以制糖、糖果、酿酒以及饮料、味精等制造为主的工业部门。1990年拥有食品、饮料工业企业106个，工业总产值6.72亿元，实现税利8610万元，产值和实现税利分别占全市的8.63%和8.24%。全国现有10家万吨级生产能力的糖果厂中，柳州市占有两家，年产糖果能力为4.17万吨。

柳州卷烟厂拥有年产35万大箱的能力，1991年总产值为4.38亿元，实现税利2.17亿元，占全市税利总额的23.05%。是广西历史最长、规模最大的卷烟厂。

（八）轻工业。柳州市以生产机制纸为主，同时生产肥皂、牙膏、皮革、玻璃、搪瓷、灯泡、自行车、缝纫机、塑料制品、五金家电、美术工艺、家具杂品等轻工产品，产品种类繁多，质量不断提高，产品竞争能力也不断增强。主要生产能力：机制纸7.16万吨，牙膏2亿支，自行车30万辆，缝纫机27万架，注塑机1000台。

四、前景展望

根据邓小平同志南巡重要谈话和中央政治局会议精神，柳州市今年和今后几年的发展目标是：经济的发展速度，要做到："两高于、两力争"。"两高于"是：经济增长高于全国、高于全区平均水平；"两力争"是：力争提前一年完成"八五"计划，力争到2000年在"八五"计划的基础上国民生产总值再翻一番。同时，要在1992年实现工业总产值突破100亿元大关，并力求产品销售、利税与总产值同步增长。工业重点发展产业："八五"期间发展要以汽车为特色的机电工业，以出口为导向的纺织工业，以钢铁为主的冶金（黑色和有色）工业，以糖烟为主的食品工业，使这四大产业形成主导产业。"八五"期间和"九五"期间，主要目标有：汽车形成年生产能力，达到22.5万辆汽车和微型车；工程机械、气体压缩机、电工设备、注塑机、电子产品也要有一个大的发展。棉纱生产能力分别达到20万件和24万件；印染布生产能力分别达到1.4亿米和1.6亿米；各种针织服装生产能力分别达到5000万件到7000万件；合成纤维生产能力达到1.2万吨。钢的年综合生产能力分别达到80万吨和100万吨。电解锌年生产能力分别达到2.5万吨和3.5万吨；氧化锌分别达到5.9万吨和6.7万吨。机制糖生产能力，分别达到13万吨和16万吨；糖果生产能力分别达到4.5万吨和5万吨。卷烟生产能力，分别达到50万和80万大箱。合成氨形成生产能力分别达15万吨和30万吨。硅酸盐水泥年产量分别达200万吨和250万吨。此外，家用电器，牙膏、自行车、缝纫机、化工原料、高新技术产品等也要有相应的发展。

在继续壮大工业实力的同时，大力发展乡镇企业、外经外贸和第三产业，加快结构调整。乡镇企业总产值在"八五"和"九五"期间，分别各翻一番。进一步扩大对外开放，大力发展外向型经济，加快高新技术产业开发区和经济开发区的规划、建设，在积极改善投资环境的同时，迅速出台开发区的投资优惠政策，扩大利用外资，大力发展"三资"企业。外贸出口收购总额和出口创汇,"八五"期间年平均递增为27%左右。同时,抓住时机,大力发展边境贸易。积极支持多种经济形式和多种经营方式的第三产业。此外,树立"大柳州"的经济发展新观念,与柳州地区、河池地区等协商规划桂中经济区域方案,进行优势互补,逐步建成有相当实力的大柳州区域经济集团,推动柳州市及周围地区国民经济和社会事业的发展,力争柳州市的工业登上一个新的台阶。

(黄蒙高 撰稿)

柳州市企业名录

柳州钢铁厂

柳州钢铁厂始建于1958年,是广西最大的钢铁生产基地,现已具有年产50万吨钢的综合生产能力。

主要产品有:生铁、圆钢、螺纹钢、角钢、槽钢、轻轨、中厚板、薄板、无缝钢管、线材等24个系列300多个品种规格。其中有10个系列78个品种规格的钢材荣获"部优"、"区优"产品称号。此外,还生产焦炭和焦化副产品。该厂产品行销全国各省、市、自治区;部分产品还远销日本、菲律宾、新加坡、孟加拉、马来西亚和印度尼西亚等国及港澳地区。竭诚欢迎海内外客户到柳钢洽谈投资、联营、加工或销售业务。

厂　　长:诸朝元
厂　　址:广西柳州市北鹊路
邮政编码:545002
电　　话:227322　227532
电　　传:4857
电　　挂:5860
传　　真:222416

柳州工程机械厂

柳州工程机械厂是我国生产轮式装载机系列产品规模最大,产量最多、质量最好、设备最全的国家大型骨干企业。1989年该厂被命名为国家二级企业,国家一级计量单位,机电部安全级企业;1991年获自治区机械系统"振兴企业明星奖"。现在该厂拥有10条高效的由组合机床组成的生产作业线,产品采用国际标准,已获部颁"产品采用国际标准"证书。工厂生产的ZL50、ZL40装载机获得自治区优质产品;ZL50装载机还荣获机械工业部科技二等奖;ZL50、ZL90装载机获得国家科学大会奖。新开发的主导产品ZL40B、ZL50C均为空调装载机,已通过部级鉴定达到80年代国际先进水平,被评为机电部优质产品。1991年该厂完成工业总产值3.03亿元,实现税利4668万元,销售收入3.3亿元,各项经济指标在全国同行业中居领先地位,产品行销全国,远销美洲、澳洲、非洲和东南亚等20多个国家和地区。

厂　　长:张　沛
厂　　址:广西柳州市柳太路1号
邮政编码:545007
电　　话:335631
电　　挂:0022

柳州汽车厂

柳州汽车厂是东风汽车工业联营公司紧密联营厂,国家二级企业。全厂占地面积68万平方米,固定资产9000多万元,主要生产东风系列柴油载货汽车。1988—1990年,该厂连续三年蝉联全国500家最大工业企业,1991年汽车产量突破10000辆大关,工业总产值达5.2亿元,成为我国生产中型载货汽车的仅次于一汽、二汽的第三大厂家。该厂的主导产品从1988年以来,均获得全国汽车行检一等品。1991年获得首届国产汽车大赛第二名。

厂　　长:蒋纯基
厂　　址:广西柳州市屏山大道286号
邮政编码:545005
电　　话:331982
电　　挂:4767

柳州微型汽车厂

柳州微型汽车厂创建于1958年,是我国定点生产微型汽车厂家之一,拥有固定资产2.22亿元,形成年产25000辆的生产能力。该厂具有较强的开发能力,先后开发了13种不同档次水平的微型汽车,分别荣获国家经委新产品开发奖,自治区产品百花奖,自治区技术开发优秀成果奖和自治区优质产品奖。该厂引进日本三菱汽车公司汽车生产技术生产的五菱牌微型汽车,全新的外型设计,美观大方,轻便灵活已深得广大用户的欢迎。

厂　长:金振华
厂　址:广西柳州市河西路18号
邮政编码:545002
电　话:339230
电　挂:0520
传　真:331151
电　传:48578GLMFRCN

柳州水泥厂

柳州水泥厂1964年建成投产,该厂生产的鱼峰牌普通525和矿碴525水泥,均系广西优质名牌产品,深受国内用户欢迎;五羊牌水泥曾获国家金质奖,出口量占全国1/4,在国外享有较高的信誉。1982年该厂引进丹麦日产3200吨熟料的双系列窑外分解工艺的水泥设备,使其年生产设计能力达163万吨,成为我国现代化大型水泥厂之一,1991年生产水泥146万吨,工业总产值达2.51亿元,销售收入3.05亿元,税利7558万元。

厂　长:赵玉林
厂　址:广西柳州市太阳村
邮政编码:545000
电　话:337131
电　挂:3136
电　传:48571
传　真:23162

柳江造纸厂

柳江造纸厂是国家重点造纸企业之一,占地86.5万平方米,固定资产净值8300万元,1991年工业总产值1.19亿元,创税利1639万元。该厂引进美国、意大利、芬兰、德国、日本等国的先进制浆造纸技术、设备,纸机具有电子计算机控制纸张定量、水份,使产品质量大幅度提高。目前该厂主要产品有:52克/平方米胶印文化纸,52克/平方米胶印书刊纸。产品质量上乘,胶印书刊纸1989年荣获轻工业部优秀新产品奖,1990年获轻工厅优质产品奖。产品畅销全国21个省、市、自治区,深受用户好评。

厂　长:郑务新
厂　址:广西柳州市洛埠镇
邮政编码:545000
电　话:228231
电　挂:2455
电　传:48557
传　真:227177

柳州市牙膏厂

柳州市牙膏厂创建于1980年,是轻工业部定点生产牙膏的专业厂家,国家二级企业。

1991年年产牙膏2.12亿支,销售收入1.76亿元,实现税利6650万元。产品销量自1983年始,已连续九年居全国同类产品首位,属全国500家最佳经济效益企业之一。主要产品"仙葫牌"两面针牙膏是部优产品,并连续七年被《消费时报》评为全国最受消费者欢迎的轻工产品。该产品多年来一直畅销全国,供不应求。

厂　长:王多闻
厂　址:广西柳州市跃进路
邮政编码:545001
电　话:223750
电　挂:3660

柳州化肥厂

广西柳州化肥厂是中国大中型化肥生产骨干企业之一。合成氨现年生产能力9万吨,正在扩建为15万吨,1991年工业总产值达1.17亿元,销售收入1.45亿元,实现税利2427万元。该厂主要产品有尿素、粉状结晶硝酸铵、多孔粒状硝酸铵、硝酸钠、亚硝酸钠、甲醇、纯碱、氯化铵、碳化铵、碳酸氢铵以及三元复混肥、高效硝酸铵复合肥、叶面营养型微量元素肥料等"大力牌"系列产品。其中粉状结晶硝酸铵荣获化工部优质产品奖,液氨、尿素、多孔粒状硝酸铵不仅畅销国内还销往澳大利亚、泰国、新加坡、香港等国家和地区,打入国际市场,深受用户欢迎。

厂　长:李克林
厂　址:广西柳州市北鹊路67号
邮政编码:545002
电　话:220401
电　挂:5142
传　真:224313

柳州卷烟厂

柳州卷烟厂是全民所有制企业,拥有80年代国际先进水平的生产设备,控测手段完备,自动化作业程度高,计量及档案工作分别达到国家二级标准。该厂被列入全国500家最大工业企业;1990年荣获自治区级管理先进企业称号;1991年工业总产值达4.38亿元,销售收入4.42亿元,实现税利2.17亿元。主要产品甲天下、田七花、大金狮、丽都等四个牌号的卷烟分别在1987年、1988年被评为自治区优质产品;此外,甲天下牌香烟还荣获首届北京食品博览会银质奖。

厂　　长:邓文虎

厂　　址:广西柳州市屏山大道

邮政编码:545005

电　　话:336854

电　　挂:3352

图文传真:336856

柳州市印染厂

柳州市印染厂是大型印染企业,该厂拥有80年代国际先进水平的印染生产线八条,年生产能力一亿米。

该厂具有20多年生产历史,采用优质染化料及科学生产工艺,生产纯棉涤棉印花布、染色布、漂白布、装饰布,花色品种达一千多种,分别采用"时风""美的"注册商标。其中,"时风"牌18×18维棉印花布、13×13涤棉印花布、13×13涤棉漂白布荣获纺织工业部优质产品奖;13×13涤棉装饰布荣获广西优良产品奖;28×28纯棉哔叽花布荣获广西新产品百花奖;28×28纯棉印花布荣获广西纺织厅优质产品奖。

厂　　长:赵书成

厂　　址:广西柳州市水南路213号

邮政编码:545005

电　　话:338920

电　　挂:0603

柳州市糖果二厂

柳州市糖果二厂建于1956年,现在是一个年产20000吨溏果的国内最大的糖果食品综合生产企业。该厂引进意大利、西德、日本、法国等国的糖果生产线,技术力量雄厚,生产七大类386种糖果,一类品率达98.4%,产品销往全国29个省市,销量居全国第一。经济效益也居全国同行业之首。1989年该厂荣获自治区级先进企业,获轻工部推动企业技术进步金龙腾飞奖;1990年荣获全国轻工行业重点骨干企业称号。

厂　　长:江佩珍

厂　　址:广西柳州市跃进路28号

邮政编码:545001

电　　话:228391

电　　挂:0059

柳州市第二棉纺织厂

广西柳州市第二棉纺织厂是拥有60000纱锭(含800头气流纺),1400台布机,4800锭苎麻纺的国营工业企业,能生产纯棉、麻棉、化纤混纺、精梳涤棉等系列纱线和纯棉、纯化纤、化纤混纺、麻棉等系列坯布,有区、厅优质产品19个,出口产品10多个,产品在香港、美国有一定声誉,1987年以来每年出口创汇550万美元,企业年产值销售均超过亿元,欢迎海内外用户到厂洽谈业务,投资联营。

厂　　长:王铮贵

厂　　址:广西柳州市胜利路4号

邮政编码:545002

电　　话:220781

电　　挂:0524

柳州锌品厂

柳州锌品厂是中国有色金属工业总公司直属的有色、化工综合企业,拥有年产氧化锌2.5万吨,立德粉2.5万吨,电解锌1.5万吨、硫酸7万吨的生产能力。此外,该厂还生产硫酸锌、电瓶酸、电炉锌粉、电镉、铸造锌合金、硫酸铜及各种等级锌焙烧料等产品。

该厂的经济技术力量雄厚,管理水平较高,是获得总公司全面质量管理奖的企业。该厂生产的芭蕉牌氧化锌1958年开始出口,畅销世界20个国家和地区,并曾经荣获国家银质奖;芭蕉牌立德粉、三角牌电解锌、锌合金均荣获中国有色金属工业优质产品奖;三角牌电解镉荣获广西优质产品奖。

厂　　长:陈大伟

厂　　址:广西柳州市白沙路2号

邮政编码:545001

电　　话:224735

电　　挂:6884

柳州机械厂

柳州机械厂始建于1928年,系国家机械电子工业部骨干企业,是广西唯一生产微型汽车发动机和林业采伐配套产品的厂家,有"广西机械工业的摇篮"之称。建国以来,先后研制开发了47种各类型号的汽油机、柴油机,是一个具有综合机器制造能力,技术密集型的工厂,为我国中、小型内燃机行业填补了13项空白。现在该厂拥有固定资产1.1亿元,形成微型汽车发动机生产能力2.5万台,林机综合能力3万台;技术水平处于国内领先地位,部分产品达到国际先进水平。

厂　　长:黄任武

厂　　址:广西柳州市鸡喇

邮政编码:545005

电　　话:337761

电　　挂:2750

传　　真:337761-279

世界旅游名城——桂林

一、桂林旅游资源开发远景

桂林市位于广西东北部,东经 109°45′—110°40′,北纬 24°18′—24°41′。南靠广州、海南,临近香港、澳门。西北接四川、云南、贵州、湖南。是世界著名的风景游览城市和历史文化名城。全市总面积 4195 平方公里,城区面积 56 平方公里,总人口 121.79 万人,市区人口 52 万人,现辖四个城区,一个郊区和阳朔、临桂两县。

桂林市属亚热带季风气候,年平均降雨量 1970 毫米,年平均温度为 19℃,最冷的一月份平均温度 8℃,最热的八月份平均温度 28℃。无霜期为 307 天,全年日照时数 1667 小时。古人以"三冬少雪"、"四季常花"、"五岭皆炎热,宜人独桂林",盛赞桂林的气候。

桂林属世界上典型的喀斯特地貌,娇美秀丽的漓江、千姿百态的峰林、幽深瑰丽的溶洞,奇异嶙峋的石山构成桂林山水的特征,素有"山水甲天下"之美誉。1985 年,在全国 10 大风景名胜评比中,"桂林山水"名列第二。桂林历史悠久,公元前 214 年秦始皇开凿灵渠,沟通湘江和漓江后,在岭南设置桂林郡,此后成为郡、州、府、县所在地。历史在这块古老的土地上孕育了灿烂的文化和璀灿的古迹。1982 年 2 月,桂林被国务院公布为 24 个历史文化名城之一。

1973 年桂林正式对外开放,1979 年国务院明确规定桂林为社会主义风景游览城市,1986 年国家将桂林列为"七五"期间全国七个旅游重点建设城市之一。在改革开放总方针的指引下,桂林旅游业获得迅速发展。

(一) 旅游资源得天独厚。桂林自然风光秀丽、人文景观丰富,是中外游客向往的游览胜地。整个桂林风景区,具有诸多特色和优势。一是以岩溶峰林自然景观为主要特点,集"山秀、水清、洞奇、石美"四绝之胜,天然而和谐相组成了"群山倒影山浮水、无山无水不入神"、"水绕青山山绕水,山浮绿水水浮山"的自然风光美;二是具有"景中有城、城中有景、城景交融、相映成趣"的鲜明特色,被誉为"美都"。且城区景点距离近,游览老少皆宜,观赏率高;三是自然景观与人文景观协调,二者浑然一体,相互交辉。全市保存下来并经人民政府公布为重点保护的文物单位有 109 处,属自治区重点保护的 19 处,属市重点保护的 48 处,属县级重点保护的 42 处(阳朔县 25 处、临桂县 17 处)。文物古迹中,诸如新石器时代洞穴遗址甑皮岩、雁山的汉墓群、明靖江三墓群等古墓葬;唐代的木龙石塔、宋代的花桥、明代的王城、普贤塔等石建筑,唐至清代共 2000 余件石刻和壁书,以及唐宋 600 余尊摩崖造像等,都具有较高的历史、科学、艺术价值,历代文人留下的赞颂桂林的 5000 多首诗文,也有很高的文学、艺术欣赏价值。到桂林游览能给予人"观山如观画、游山如读书"之美好享受;四是景区广阔、辐射面广,容量巨大。整个风景游览区以桂林市景区为核心,向四周辐射。可划分为漓江、芦笛、尧山、桂海、奇峰、龙泉、南海、会仙、雁山、长流、葡萄、遇龙、古板、福利、青鸟和市区等 16 个景区。此外还有龙胜花坪原始森林、猫儿山高山、兴安秦堤灵渠、青狮潭——金陵水库、海洋——高尚银杏林等著名外围景区,共同形成了包括阳朔、临桂、龙胜、兴安、灵川等县在内的"大桂林"景区,方圆面积达 2000 多平方公里,其中,有开发价值的景区(点)200 多处,开发利用潜力巨大,且多数风景区(点)有城镇居民点做依托,能适宜开展多功能、多层次、多种形式的旅游活动。桂林以其独特的风光资源和丰富的人文资源,为发展旅游业提供了优越的条件,具备了强大的吸引力和竞争力。

(二) 旅游业迅速发展。桂林自 1973 年对外开放以来,经过近 20 年的艰苦奋斗,旅游业从无到有,从小到大,发展迅速,现已初具规模。

党的十一届三中全会以前，桂林旅游业发展缓慢，曾一度出现住宿难、乘车难、乘船难和吃饭难等问题。在正式对外开放的1973年，全市仅有一家旅游涉外饭店，248张床位，且档次低、设备陈旧；旅游车辆仅有10辆，漓江游览船只有几艘木船；直接从事旅游的人员不足20人，旅游环境差、景点建设落后、配套服务设施简陋，接待能力严重不足。从1973年至1977年，总共接待入境旅游者不到4万人。1978年党的十一届三中全会提出的"改革、开放、搞活"的总方针和总政策，给桂林旅游业的发展注入了活力，带来了生机，促进了旅游业的迅速发展，取得了引人注目的成绩。

1. 旅游接待人数和营业收入逐年增加。1991年全市接待入境旅游者约43万人，比1978年的4.51万人增长近9倍；旅游营业总收入达6.48亿元，比1978年的750万元，增长86.4倍。

2. 旅游"硬件"建设已形成规模，1978年以来，通过各种渠道先后引进外资2亿多美元。至1991年，全市共有旅游涉外饭店31家，已评上星级的25家，共有客房6606间，床位13275张。彻底改变了过去那种"来到桂林住地下"的状况。有一类旅行社1家、二类旅行社15家、三类旅行社21家；涉外车船企业15家、旅游车辆664辆、游船61艘，综合接待能力大大增强。

3. 旅游"软件"建设同步发展，建立了旅游人才培养基地——桂林旅游专科学校和一所职业中学。经旅专和职业高中培训的旅游专业人员达5000多人次；全市15000多名旅游从业人员中，旅游中高级管理人员上千人，英、日、德、法、俄、西班牙等语种的翻译导游人员800多人。经过坚持不懈地培训和锻炼，旅游业各级各类人员的服务意识、竞争意识和业务素质逐年提高，旅游服务质量已跻身全国先进行列。

4. 旅游基础设施逐步配套。1985年对桂林机场进行了扩建，增强了空运能力，现有18条航线直飞北京、上海、广州、西安以及香港地区，桂林机场每年吞吐量已居全国第四位。1987年引进日本12000门程控电话，可直拨世界主要国家和地区以及国内大中城市。此外，加快了旧城改造和城市道路、桥梁、隧道建设，旅游环境逐年改观。

5. 旅游资源逐步开发。经开发对外开放的风景区(点)22处，其中已建成或基本建成开放的公园10个，有效游览面积99.83公顷。整修明王城、靖江王墓群和甑皮岩洞遗址，扩大了旅游环境容量。加强了风景区的绿化和建设，市区绿化面积达1425公顷，绿化覆盖率达34%。整治保护漓江景区，修筑漓江补水工程，蓄疏结合，提高水位，扩大了通航能力。此外，兴建了多功能的体育馆和博物馆，建造民俗风情园，开发草坪景区，推出漓江民俗风情游、漓江夜游和漓江漂流等新项目，丰富了桂林游览内容。

6. 旅游业带动了相关产业的发展。"一业兴、百业旺"，旅游业的兴旺，刺激和带动了工业、农业、商业、交通、服务等相关行业的发展。扩大了劳动就业。加强了同世界各国在经济、文化、体育、卫生等领域的交流与合作。

（三）**旅游业前景广阔**。根据桂林城市性质、特点与优势，桂林旅游发展的战略目标是：有计划、有步骤、有重点的开发旅游资源，逐步建立起市内、市外结合，新区、老区协调，结构合理、范围广阔的大桂林旅游区域格局，促进旅游、经济协调稳步发展。经过长期艰苦努力，促使桂林成为广西旅游业发展的"龙头"，中国南部和西南部的旅游繁华区，全国旅游业发展重要基地和创汇重要来源城市，进而建设成为有桂林特色的现代化的国际旅游名城。

具体包括三个方面：(1)旅游经济上个新台阶。"八五"期间是桂林旅游业发展的关键时期，要抓住当前进一步扩大开放、深化改革的有利时机，开创旅游经济工作的新局面。力争到"八五"期末实现接待入境游客60.13万人次，年均增长7.3%；旅游收入11亿元，年均增长14%；旅游创汇7亿美元，年均增长15.5%；有组织的接待国内游客14万人次，年均增长10%的目标。到二〇〇〇年争取接待国际游客120万人次。要从发展桂林旅游业的战略着眼，胆子再大一点，步子更快一点。使旅游业成为桂林市国民经济的一个重要支柱；(2)实现旅游业的战略转移。在发展模式上，由速度型向效益型转化；在旅游方式上，由单纯的观光型向观光、娱乐、休养、工作(商务、会务、公务等)多方式、多功能综合型转化；在旅游资源利用上，由单纯利用型向开发、利用、治理、保护相统一的整地型转化。(3)建立起以桂林为核心的大桂林旅游地域格局，形成全方位开放的旅游网络结构和运行机制。应有以下四个层次：第一，要建立以桂林市为中心的，包括阳朔、临桂、灵川、兴安、龙胜、资源、永福等县在内的、功能各异、各具特色、互相补充、互相增彩的对国内外游客具有巨大吸引力的"大桂林"旅游区，从而带动区域经济的发展。第二，要通过"大桂林"旅游区旅游业的大发展所具有的辐射能力，带动和促进柳州、北海、南宁、梧州等旅游区的发展，使广西成为一个完整的旅游网络体系，为振兴广西经济服务。第三，要扩大桂林与全国各旅游区的横向联系，形成跨地区、跨省际的大范围旅游网络，以促进全国旅游业共同繁荣。第四，要依靠广州、海南口岸城市和香港具有多种国际中心的有利地位与亚太地区以至全世界著名旅游区组成国际旅游网络，参与世界旅游市场竞争，促使桂林旅游业跻身于世界先进行列。

通过资源开发，把资源优势转化为发展旅游业、旅游经济和区域经济的优势，进一步完善旅游配套设施，建立较完整的购物体系。

1. 加快国际机场建设，争取早日投入使用，以有效解决游客进不来、出不去的问题。此外，要争取把桂林火车站建成客运始发站，修复桂林至衡阳铁路复线，使航空、铁路紧密配合，增加运力，保证旅游交通适应和促进旅游业的发展，以满足大西南开发的物流、客流需要。

2. 建立桂林商品流通园地，形成旅游商品大流通中心，把桂林市建设成为旅游购物热点城市。

3. 近年来，随着旅游业的迅速发展，旅游商品的生产和销售发展也很快。目前，桂林生产的旅游商品主要有书法国画、金银首饰、美术陶瓷、抽纱刺绣、山水毛巾被、羽绒服装、香精香料、护肤化妆品、腐乳腐竹、辣椒酱、三花酒、罗汉果等270多个种类，1000多个品种。旅游商品销售网遍及全市。已形成工艺美术品、旅游食品、土特产品三大系列。共有企业54个，职工近万人，销售网点近百个。“八五”期间，旅游商品生产厂家增加到65家，商品种类增加到350种，使桂林地产商品在本地市场占有率达到40—50%，逐步把桂林建成全国旅游购物中心。

二、建设中的桂林高新技术产业开发区和西城工业开发区

桂林新技术产业开发区是经国务院批准的国家高新技术产业开发区。它位于桂林市的东部、漓江东侧的12.07平方公里区域内。

桂林高新技术开发区内智力密集，技术雄厚，有6所大专院校，13所科研院所，42家军工和民用国营企业，8所国家、省、部级检验测试中心以及大批配套齐全的科研仪器、生产设备和教学设施。开发区内科技人员近万人，大、中专以上文化程度者占开发区总人口的32.7%。近10年来，取得各项科技成果3000多项，其中，有300多项获得国家级、部、委、自治区级奖励。

开发区风景秀丽，环境优美，交通便利，通讯发达，有较完备的水、电供应设施和旅游设施。

目前，开发区已建立起科技、经济、金融、生产、销售配套的支撑服务体系，形成了以“火炬计划”为重点，以微电子技术、信息技术、新材料和机电一体化技术为支柱的产业群体。三年来，共组织实施国家火炬计划项目11项，自治区级火炬计划项目16项，自治区新技术产品28项，创办了51家企业。其中，中外合资企业9家。认定了8家新技术企业。三年来，累计实现技、工、贸总收入三亿六千多万元，完成了集中新建区——“火炬产业基地”首期工程中的基础设施工程，为进入开发区创办新技术企业的单位、个人提供了高新技术项目建设的可靠保证。

新技术开发区“八五”期间将重点开发，全面完善1平方公里火炬基地，工业总产值从1991年的8600万元上升到1995年的5亿元，2000年扩大到12.07平方公里，由火炬基地发展到连片开发，工业总产值力争达到20亿元。

西城工业开发区是国务院1985年批准的《桂林市城市建设总体规划》中确定的工业发展区，位于桂林市西郊，相距老城区5公里，是临桂县政府所在地。工业规划用地6.5平方公里，由鲁山、秧塘、小太平三个小区组成，区内气象、水文、地质、地貌以及交通等条件，不仅十分宜于工业的发展，而且避免了桂林发展工业与发展旅游业的矛盾。“八五”期间，从基础设施入手，重点开发鲁山工业小区，1995年工业产值将达到1亿元。

作为老城区工业的扩大、调整和补充，西城工业开发区以全市工业形成最佳结构为主要发展目标，遵循改革开放的方针，依托老城区工业，充分利用各种有利条件全方位内联外引，搬迁改造、新建相结合，有计划有步骤地将其建设成为新型的现代化工业生产基地、外贸创汇基地和吸引外资，引进技术和管理的窗口。同时，起到疏散老城区人口，调整城市功能布局，为更好更快地发展旅游事业服务的作用。该区以发展轻型工业为主，重点发展电子、仪器仪表、工艺美术产品、旅游纪念品和日用品等行业。“八五”期间重点开发鲁山小区，完成开发区通水、通电、通信、通路、通话等五通为主的基础设施建设以及相应的社会福利设施的建设。为加快西城工业区的开发与建设，创造一个良好的政策环境，增强引进项目，引进资金，引进技术的吸引力，凡是由西城工业开发区办公室举办或审核批准的西城开发区生产、经营企业享受乡镇企业的优惠政策。

三、良好的投资环境

桂林是广西对外开放的重要窗口，涉外服务机构比较健全，除设有中国银行、外汇管理局、商检局、

海关等部门外，还开办了桂林至世界各地的各种进出口货物的水陆空运输业务。现有各类进出口贸易公司9家，1991年对外贸易完成供货实绩1.12亿元，一批骨干出口商品和名牌商品在国际市场上有相当的销路和良好的声誉，主要有纺织品、土畜产品、化工产品、医药产品、轻工产品、工艺美术品、五金矿产品、粮食品共计8大类多达100多个品种。近年来，桂林对外经济技术合作不断扩大，截至1991年底止，批准利用外资项目144个，合同总金额35213万美元，合同外资额24300.04万美元，实际投入10880万美元。其中合资项目64项，合作项目40项，独资项目10家、补偿贸易17项，租赁项目12项，买方信贷1项。利用外资领域已从旅游业基础设施建设扩大到工农业生产。投资者多为美国、日本、新加坡、泰国、瑞典、香港、澳门、台湾等国家和地区的。并先后与美国奥阑多市、日本熊本市和新西兰黑斯庭斯市缔结友好城市。

今后要继续坚持对外开放的基本国策，以经济建设为中心，充分发挥风景游览城市和历史文化名城的优势，进一步扩大对外开放，大力发展对外经济贸易和科学技术交流，继续实施“两头在外”的发展战略，面向国际市场和国内市场需求，调整产业结构和产品结构，努力形成富有开放生机充满活力的经济体系，把桂林建设成为经济繁荣，科学文化发达的现代化风景游览城市。

四、重大政策措施

为了确保实现提前翻番的设想，桂林将采取如下措施：

（一）加快改革步伐。一是调整产业结构，发展优势产业，促进产品高级化，高附加值化。二是推进企业改革，转换和完善经营机制，实行“五放活”经营，同时要转换政府机关职能，把企业推向市场，使企业真正成为自主经营、自负盈亏、自我发展、自我约束的社会主义商品生产者和经营者。三是进行与企业改革相配套的物价和流通体制改革，财政金融和计划体制改革，以及住房和社会保障制度的改革等，通过这些改革，建立起充满生机和活力的经济体制，促进有计划商品经济的发展。

（二）扩大对外开放。要使桂林国民经济取得较快发展，必须在对外开放方面有大的突破。近期要着重抓好三个方面的工作：一是采取有效措施，扩大出口创汇。要尽快建立起有地方特色的出口生产体系，扩大产品在国际市场上的占有率。二是积极利用外资，要引导外资投向，要吸引外资直接投资兴办生产型、资源开发型、出口创汇型、替代进口型的“三资”企业和老企业的技术改造。要进一步改善投资环境，拓宽投资空间，关键是加快电力、交通、通讯和供水、供电、供气、排水等基础设施的建设。要增强开放意识，加强对利用外资工作的统一领导，提高办事效率，努力创造利用境外资金、技术和管理经验的最佳环境。三是进一步加强横向联合。要紧紧围绕桂林经济建设的中心任务，大力促进多层次、多形式，全方位的联合与协作，引进外省(区)，特别是对口支援地区的先进技术和资金，发展优势产业，促进老企业的技术改造。

（三）加快科学技术向生产的转化。要进一步抓好科技与经济的结合，使桂林的科技优势较好地转化为生产优势。要紧紧围绕工农业生产的技术难点和高新技术产业的重点，集中人力、财力、物力攻克科技难关，力争快出成果，多出成果，解决好科技与经济建设“两张皮”的问题。要继续大力促进科技与经济多种形式的结合，如建立技工贸结合体，提倡有条件的科研单位承包、领办生产企业，由市科协组织各种类型的科技推广服务体系，组织科技人员深入生产第一线，上门提供科技服务，及时推广新技术、新产品、新工艺，促进生产结构转化。要大力发展技术市场，加快科技成果商品化的步伐。

（四）多渠道筹集资金，保证重点建设。为了加快经济发展步伐，必须增加投入，为此，桂林市除认真执行中央、自治区已经和可能给予的各项扶持政策，从中筹集经济建设必需的大部分资金外，尚拟采取如下配套措施：

1. 积极扩大融资债券发行规模；

2. 鼓励企业内部有偿集资；

3. 通过宣传教育，提高人民的投资意识。通过发行建设债券等方法，最大限度地汇集社会闲散资金，增强自筹投资能力。以实力和政策引导境外资金的投入；

4. 筹建桂林市政府直属的建设投资公司，管好用好各种建设资金，实现固定资产投资有偿使用，回收再贷，保值增值，滚动发展，确保重点建设；

5. 切实加强项目前期工作和项目信息工作，为桂林市经济建设筛选和引入一批影响大、效益好的重点建设项目。

（五）加快郊县、城区集体经济的发展步伐。今后几年内，要下大气力，加快乡镇、城区集体经济的发展步伐，扩大乡镇、城区集体经济的比重，使其因地制宜地发展适合自己特点的加工工业；大力发展“种、养、加”一条龙企业；继续发展为城市大工业配套、服务的产业和产品,使大工业逐步向县区、乡镇工业延伸。

(六)**搞活流通**。近期要兴办"外币免税商业区",建设国际商品展销中心和旅游工艺品批发市场,结合中山北路和中山南路东侧改造,增设商业网点,把桂林办成购物热点城市。打破区域界限,与外地联办商品展销,积极参加边贸活动,扩大外贸出口。

(七)**加快旅游配套设施建设,以旅游促开放、以开放促建设**。要积极争取增开桂林至北京、上海、昆明的始发客运列车,修通湘桂铁路复线和桂林～柳州一级公路;早日建成两江民用机场,争取利用外国政府贷款实施程控电话三期扩容工程(从3.2万门扩到6.2万门),同时架设桂林～衡阳光缆和增加桂林～广州的国际国内直达高效电路。为发展桂林旅游,促进对外开放,促进经济建设创造基础条件。

(陈贤　唐服荣　撰稿)

桂林市企业名录

桂林制药厂

桂林制药厂建于1958年,1960年与内迁的上海唐拾义药厂合并转为国营企业。原上海唐拾义药厂建于1908年,至今已有80多年历史。现有职工近1200名,七个生产车间和一个动力机修车间,产品有化学合成原料药、抗生素、生物制剂、片剂、软硬胶囊剂、膜剂及医药中间体共160多种。近几年来品种不断更新换代,开发并投产的新品种20多个,其中有4个获国家新产品金龙奖和金鹿奖,4个获广西新产品百花奖,已成为广西规模最大的综合性制药优秀骨干企业。

建立完善的全面质量管理机构和制度,科学的检测手段相当完备,QC小组及产品创优质活动开展十分活跃,产品质量逐年提高,年年有新成果,其中两个骨干品种盐酸左旋咪唑和磷酸哌嗪多年来实现全优出厂,现已有11个品种荣获省级以上的名优奖称号。

努力开发出口产品,为国家多创汇,自1963年起先后外销乳酶生片、盐酸左旋咪唑等制剂、原料药品种,年创汇额达200多万美元。其中盐酸左旋咪唑历年保持优质,深受外商好评,享受出口免检信誉。是广西首开在澳大利亚办厂先例。1987年跨入广西区(省)级先进企业的行列,1989年获国家二级企业荣誉。1990年被中华全国总工会授予"五一"劳动奖状。

厂　　长:严啸华
地　　址:桂林市上海路
邮政编码:541002
电　　话:332783
电　　挂:0553

桂林棉纺厂

桂林棉纺厂创建于1958年,是广西第一家棉纺厂。现有生产规模8万纱锭,11000线锭和3200头气流纺,年生产能力超万吨,生产的产品品种有"腈、涤、粘、棉等纯纺及混纺、普梳及精梳、短纤及中长、毛麻纱、气流纺纱等质量优良的A纱、AB纱及高低档纱线。"漓江牌"商标已成为广西出口纱线在香港的注册商标。1987年来连续评为广西纺织系统全面质量管理先进企业,1988年以来,连续3年被授予自治区经济效益先进单位,1990年荣获纺织工业部全面质量管理奖。

厂　　长:沈培新
厂　　址:桂林市瓦窑路一巷
邮政编码:541003
电　　话:334813
电　　挂:2758

桂林轮胎厂

桂林轮胎厂系化工部重点轮胎企业,位于桂林市东郊,占地面积58万平方米,1969年9月建成投产。该厂引进国外先进技术装备,形成年产80万套轮胎生产能力,生产巨型、大中型工程机械轮胎、普通、轻型载重汽车轮胎,轿车轮胎、农业轮胎等系列产品达63种规格,门类齐全、品种繁多的轮胎,经济效益居全国同行业之首。

厂　　长:国新民
厂　　址:桂林市横塘路
邮政编码:541000

电　　话:444002

电　　挂:6544

桂林市金属工艺品总厂

该厂位于桂林市丽中路211号,具有15年金属工艺品生产历史的企业,是国家定点生产金属饰品和少数民族特殊银饰品的厂家。产品有金系列、K金镶嵌系列、少数民族首饰系列,包金首饰系列以及小五金工艺品、礼品和灯具。珠宝首饰远销欧洲、美国、日本等20多个国家和地区。金、银饰品,灯具产品质量达国家二级企业标准,共有35项产品分获部、自治区、市优质产品奖、百花奖和新产品奖。1986年以来连续4年评为全国轻工系统少数民族用品生产先进企业,1988年国务院授予全国民族团结进步先进集体,1989年评为自治区级先进企业,1985年至1990年五年评为桂林市双文明单位。

厂　　长:沈君元

厂　　址:桂林市丽中路211号

邮政编码:541000

电　　话:223543

电　　挂:0062

桂林味精食品总厂

桂林味精食品总厂位于风景秀丽的桂林市东郊漓江之畔。始建于1965年9月,是广西最大的以生产味精为主兼营其它食品的综合性企业。

该厂占地面积为11.2万平方米,固定资产原值为951万元,拥有生产设备177台和30多台精密、先进设备,已形成年产3000吨味精生产能力,具有雄厚的技术力量和完善的检测手段。曾多次获轻工部和广西优秀产品奖;多次荣获广西经济效益先进单位、广西优秀质量管理企业奖、轻工部推动企业技术进步金龙腾飞奖,国家二级企业和国家节能二级企业。

厂　　长:王学嘉

厂　　址:桂林市辰山路

邮政编码:541000

电　　话:442285

电　　挂:0724

桂林合成洗涤剂厂

该厂创建于1968年,是轻工业部定点生产合成洗涤剂的大型骨干企业,广西唯一生产洗衣粉的厂家,1988年评为国家二级企业。

现有固定资产原值2700余万元,国产及引进设备477台,有铁路专用线3.6公里,职工882人。从意大利引进具有80年代国际水平生产线,采用微电脑控制,年产5万吨洗衣粉及5000吨液体洗涤剂生产能力。产品有合成洗衣粉和液体洗涤剂两大类,工业用或家用洗涤剂及化妆品等30多个品种,所有产品指标均达到国内同行业先进水平,"桂花"牌羽绒洗涤剂,猪羊皮脱脂剂等产品获首届全国轻工业博览会银质奖。

厂　　长:杨莱明

厂　　址:桂林市大风山路

邮政编码:541000

电　　话:335613

电　　挂:3156

中国西南沿海开放城市——北海市

北海市位于我国西南沿海北部湾北部,三面环海,是我国对外开放的14个沿海城市之一,也是我国5个少数民族自治区中唯一的对外开放的港口城市。它背靠大西南,面向东南亚,与海南省隔海相望,与越南一衣带水,成为中国西南沿海重要的开放城市。北海市辖一县二区,总面积3337平方公里,市区面积275平方公里;总人口125万人,其中市区人口24万人。

北海地处亚热带,由于海南岛和雷州半岛作天然屏障,因此极少受台风正面袭击而又获得丰富降水。全年平均气温22℃,降雨量1659毫米,冬无严寒,夏无酷暑,树木常年皆绿,鲜花四季常开。在500.13公里的海岸线上,既有绵延数十里的银色沙滩,成为游人留恋忘返的旅游之地;又有优良的天然海港,历史上曾是"海上丝绸之路"的始发港之一,今天又成为大西南便捷的出海通道;还有4.86万公顷的滩涂可供海水养殖。北部湾面积达12.8万平方公里,渔产丰富,主要经济鱼类有500多种,持续可捕年产量约70万吨，北海是北部湾的主要渔业基地。近海大陆架及海岸带蕴藏有丰富的石油资源，目前刚开始勘探与开采。陆域盛产石英砂、石灰山、高岭土、石膏、钛铁等矿产和亚热带作物。土地平坦，地耐力高，淡水资源丰富，具有成片开发的优越条件。

一、经济与社会现状

由于多种历史原因，改革开放前的北海市经济发展缓慢，底子很薄。1984年4月，北海市被列为进一步对外开放城市以来，从实际出发，确立了"开发北海服务西南"的建设宗旨，以港口为中心，以工业为主导，外引内联，走资源开发型与外向型相结合的经济发展路子。经过八年的努力，投资环境大为改善，对外开放和经济建设取得了显著的成绩。1991年与1983年相比，社会总产值增长2.8倍，国民收入增长2.98倍，工农业总产值增长2.3倍，口岸进出口总额增长1.82倍，社会商品零售总额增长2.64倍，财政预算内收入增长7倍，城乡居民储蓄余额增长13.9倍。经济得到了较快发展，人民生活得到较快的提高。

(一) 工业方面。1991年末，全市有465家工业企业，分布在机电、冶金、化工、轻工、纺织、造纸、食品等行业。1991年全市工业总产值17.9亿元，比1990年增长22.7%，水产品、烟花炮竹、贝雕、珍珠首饰和角雕等工艺品饮誉中外。

(二) 农业方面。农业生产主要以生产粮食和甘蔗、花生、黄红麻、蚕桑等农业经济作物为主，同时发展林、牧、副、渔等多种经营。1991年遇长期干旱，粮食总产仍达36.76万吨，农业总产值为16亿元，比1990年增长13.7%。渔业以海洋捕捞为主，水产养殖、水产加工相应发展，1991年水产品总产量18.7万吨，占全区水产品总量的51%，乡镇企业收入达8.4亿元，比1990年增长28.24%。

(三) 对外经济贸易方面。1991年北海口岸进出口总值达1.7亿美元，比1990年增长18.4%；现有"三资"企业90家(其中合资35家、合作36家、独资19家)，合同投资额1.73亿美元，其中利用外资额7835万美元；企业产值比1990年增长54.1%。目前，各省(区)、地(市)、县在北海设立办事处，联络处共75家，与12个市(区)建立了友好关系，与美国塔尔萨市结为友好城市，现有内联企业155家，累计协进资金4.31亿元，旅游业出现前所未有的好势头，1991年接待外国人士、华侨和港澳台同胞比1990年增加10%，旅游外汇收入增长218.6%，到北海观光旅游的国内外客人约120万人，获得了显著的社会效益。

(四) 财政金融方面。1991年地方财政收入为1.95亿元，比1990年增长22.8%，北海现有银行等金融机构(包括信用社、营业所)274个，1991年全市各金融机构各项存款余额21.05亿元，增长23.7%，存款增长速度大于贷款速度。

(五) 市场物价和人民生活方面。1991年，全市社会商品零售总额9.9亿元，比1990年增长11.8%。市场商品供应日益丰富，物价平稳，全年零售物价指数比1990年上升4.4%。据抽样调查，1991年城市居民人均年生活费收入1910元，农渔民人均纯收入760元，扣除价格因素，分别比1990年增长13%和8.5%，均高于全区的平均水平。城乡人民居住条件有所改善，1991年末城镇居民人均居住面积7.2平方米，农渔民人均居住面积22平方米。城乡居民1991年末存款余额达9.5亿元，比1990年增长33%。

(六) 科技、教育方面。全市现有各类科技机构36家，学术团体近40个，共有各类专业人员16800人(高级职称320人，中级职称3417人，初级职称13063人)，其中工程技术人员2407人(高级职称85人，中级职称438人)。到1991年底止，全市通过市级以上鉴定的科技项目300多项，其中获国家部级奖励的4项，区(省)级奖励的18项，市级奖励58项，高新技术及其产业正在起步和发展，电子计算机已逐步推广应用。教育工作在改革中不断发展，全市拥有电大、成大、普通中学、职业学校84所，在校学生52180人；拥有小学394所，在校小学生146754人。1987年市区小学已按标准完成了实验室建设任务，全市中学、师范学校，职业学校已建立了电脑室、语言实验室。

二、地缘、资源优势和投资环境

进入90年代，我国在基本完成治理整顿的任务之后，又加快了经济建设步伐，北海市将凭借着独特的地缘优势，丰富的自然资源和优越的投资环境以较快的发展速度，向现代化迈进。

(一) 地缘优势。北海市位于大西南和东南亚的中枢地带，距海南省海口市124海里，洋浦113海里，越南海防市157海里，香港425海里，新加坡1295海里，是东南亚、西亚、非洲及欧洲各国与中国大陆商贸往来海运最近的港口，南宁～昆明、钦州～北海铁路修通后，西南物资经北海市外运，可比现走黔桂黎湛线缩短运程680公里以上，豫西、鄂西、湘西沿枝柳铁路南下，经北海出口也比较便捷，同时，若北海——广东河唇135公里铁路修通，北海市是大西南连接广东以至港澳陆路经济走廊的中间站，因此，北海市的地缘优势，在中国西南区域中占有十分重要的战略地位。

（二）自然资源丰富。

1.港口资源。这是北海对外开放和经济发展的主要条件，北海市海岸线长而曲折，港湾水道多，航道阔且直，转弯半径大；回淤甚微，水深近百余年基本保持不变，底质为泥沙质，锚着力好，无暗礁，风浪小；陆地宽阔，地势平坦，有良好的建港条件，经著名建港专家确认，北海市境内的北海港、铁山港和南湾带可建万吨级泊位200多个，尤其铁山港，可建10～15万吨级泊位24个，是一个少有的天然良港。

2.土地资源。北海市土地辽阔平坦，市区海滨平原土地占总面积的70%以上，平均海拔10～15米，地耐力强，达18～25吨/平方米，具有成片开发、建筑造价低、易于开发的优越条件，目前尚有大片土地可供开发利用。

3.淡水资源。北海的淡水资源为地表水、地下水、客水三大部分组成，总量达118.8万立方米，可供城市建设和生活用水年达43亿吨，相当于天津引滦工程年供水量9亿吨的4.5倍多，水质呈弱酸性软水，完全符合饮用标准和工业用水。

4.石油资源。石油、天然气主要蕴藏于距北海市大陆西南区60海里附近即涠洲岛周围的浅海海域。现已查明，有五个含油构造，经测试结果，单井日产原油450～1158吨，其中涠6－1－1构造有丰富的天然气，单井日产92万立方米。同时，合浦盆地亦发现有油气构造，已圈定的勘探范围2900平方公里，目前正在重点勘探中，储油前景很好。

5.矿产资源。主要有优质高岭土、石灰岩、石英砂、石膏、钛铁等矿产资源。其中高岭土已列入国家重点矿产勘探项目，矿体埋藏浅，适于露天开采；石灰岩储量在1亿吨以上，含二氧化钙43～54%，平均达50%，为水泥用料一级品；石英砂储量3000万吨以上，砂粒均匀，二氧化硅含量高，达98～98.5%，是玻璃工业的上等原料；石膏储量27129万吨，品位达70.85%，开采价值大；钛铁矿初估储量约350万吨，品位在55～58%之间，最高达62%，矿体中含有黄金、钻石、金红石、独居石等成份，是一种优质矿，矿床大部分裸露于地表，易于露天开采。

6.海洋水产资源。北部湾既盛产尤鱼、墨鱼、石斑、虾类等鱼类，又有凝重硬大、晶莹圆润，光泽持久的"合浦珍珠"，素居"南珠"之首，举世闻名。此外，海洋药用生物资源、海洋化工资源、海洋能资源也相当丰富，海水养殖潜力大，有滩涂4.86万公顷，0～10米水深浅海9.06万公顷，底质肥沃，海水营养盐和浮物丰富，是珍珠、大蚝、海参、文蛤、对虾、青蟹、鲍鱼等海产品的天然养殖场。

7.旅游资源。北海具有海洋气候、和亚热带气候以及广阔连片的林带，空气清新，每立方米空气中负离子含量高达2500～5000个，比内陆城市高出50～100倍。具备当代旅游"三S"要素，绵延10多公里的北海银滩，是天然的优良海滨浴场，以其"滩长平、沙白细、水温净、浪柔软、无鲨鱼"而获东方"夏威夷"美称，北海银滩已成为旅游开发热点。另有"南国蓬莱岛"（涠洲岛、斜阳岛）、冠头岭、"海上森林"、千岛湖、草花岭、大士阁、东坡亭、海阁亭、文昌塔、珍珠古城遗址，汉代古墓群等等，为北海旅游业发展提供了很好的条件。

8.亚热带综合资源。北海土地肥沃，阳光充足，雨量充沛，临海而少台风袭击，很适合亚热带农、林、经济作物种植。因此，北海自古就是富庶的鱼米之乡，盛产粮食、花生、黄红麻、甘蔗、蚕桑等，是广西油料、黄红麻、糖业和蚕桑基地。同时，还有丰富的林业资源，全市现有森林面积7.67万公顷，其中速生桉树面积3.5万公顷，是发展粘胶纤维工业的丰富材料，此外，北海还盛产水果，种类繁多，主要有柑桔、龙眼、荔枝、树菠萝、芒果、香蕉等。

（三）投资环境。改革开放以来，北海市为改变基础差、底子薄的落后面貌，大力进行基础设施建设，八年来，加强了交通、市政工程、能源、通讯等城市基础设施的建设，为北海大规模超常开发建设奠定了良好的基地，为大西南联合起来走向东南亚，走向世界，占领国际市场和吸引外资提供了基地和窗口，创造了一个优越的投资环境。

1.交通运输。目前北海交通运输已形成海运、陆运和空运配套发展，初具规模的新格局。海运方面，现有货物装卸码头13个，其中拥有万吨级泊位2个，与98个国家和地区的218个港口保持海运业务。1991年，全年港口货物吞吐量151万吨。陆运方面，可直达广州、珠海、深圳、湛江、南宁、柳州、梧州、玉林等地。所有乡镇都有标准车道通车，与建成的北海至南宁二级公路相连接，使北海成为广西、西南各省与广东和港澳地区进行经济交往的主要通道。钦州至北海铁路已于1991年11月动工兴建，计划1994年上半年建成通车。直接与南防铁路相连接。空运方面，北海机场是一个具备全天候条件的中型机场，现已开通北海至广州、深圳、贵阳等航线，正在筹备、增辟通往北京、成都、桂林、昆明等航线，并计划开通至越南胡志明市航线。

2.邮电通讯。目前已建成140线全电子用房电报交换机，开通了北海至南宁1860路微波和1.8万门程控电话交换机(其中市区1.2万门，合浦6000门)，可直拨全世界180多个国家和地区，开辟了无线寻呼业务和邮件特快专递业务。

3.城市建设。北海市被列入全国对外开放城市的八年中，采取中心城市和外围相结合的布局，以旧城为基础，先后辟建了城东、城西、港口、石化、加工工业区和八个生活小区，建成1.57平方公里的开发小区和北部湾大道、北海大道、四川路、贵州路、云南路、西藏路、政法路、解放路等市区干线。北海银滩一期工程于1991年6月投入使用，使北海旅游开发取得了实质性的进展。投资规模6亿元的第二期工程将于1992年12月破土动工，建设步子正在加快。全市新建各类住宅建筑面积13万多平方米。与此同时，改造和兴建了档次不同的宾馆、旅社200多家，增设床位11200张，其中富丽华大酒店、皇都大酒店、北海迎宾馆、泗海宾馆、华侨宾馆、北海宾馆为北海六大旅游宾馆。

三、发展规划与投资重点

本世纪最后10年，是北海实施沿海地区经济发展战略，充分发挥广西对外开放中心的作用，真正形成大西南对外开放的通道、窗口、桥梁和基地，实现社会主义现代化港口城市的关键时期。今后10年，北海市将实施以工业为主导，以港口为中心，贸工农并举，综合发展的方针，坚持外引内联双向启动，实行全方位开放和科技兴市战略。地区布局是：以市区为中心，廉州镇与铁山港为两翼的工业商贸经济链(其中铁山港为沿海重工业区)，南流江流域为农业综合开发区，沿海滩涂部分辟为海水养殖带，沿公路建设乡镇企业带。发展规划的大体构想是：大力发展具有资源优势，发展前景好的纺织、建材、水产与食品、烟花炮竹与工艺美术、旅游业等五个支柱产业；进一步加强基础设施建设；大力开展科技教育兴农，推动林、牧、副、渔及乡镇企业全面发展；发展高新技术产业、石油化工和转口贸易产业，加速组织结构、产业结构和产品结构的调整，以逐步形成支柱产业、基础产业、战略产业、服务产业相互联结，循序渐进的框架，从而使经济建设走上良性循环的轨道。

今后10年，北海市经济发展的侧重点分两个时期：“八五”期间，加快开放的步伐，大力发展外向型经济，特别是不失时机地开拓与印支和东南亚的经贸合作。进一步完善基础设施，继续搞好配套建设。加速旅游、金融、房地产业和商贸业的发展。发挥北海市优势，建设一批新项目，改造一批重点企业。“九五”期间，积极拓展国际市场，增强经济辐射能力，形成和发挥背靠大西南、面向东南亚的枢纽作用。集中优势，重点倾斜，组织大中型骨干项目上马，发展高新技术产业和外向型经济，积极参与国际市场的交换和竞争，形成以外向型和科技程度化高的现代化工业为骨干的经济格局。

北海市今后的10年中，实行全方位对外开放的目标是：以出口为导向，大力发展外向型经济，到本世纪末，争取把北海建设成外向型、多功能型的经济发达现代化工业港口城市和进出口贸易基地。为实现这一宏伟目标，北海将进一步实行国际上通行的外商直接投资、国外贷款、补偿贸易、租赁和“三来一补”等多种灵活有效的方式，在平等互利的基础上，大力开展对外经济技术合作，广泛地引进国外资金、人才、先进技术和管理经验，全面开发利用北海丰富的农产品资源和海洋资源、矿产资源和旅游资源，对现有的工业企业进行技术改造。

今后十年的投资方向和重点是：

1.纺织行业。计划利用本地丰富的速生林——桉树为原料，发展粘胶浆粕、化学纤维，并以此为龙头，带动棉、毛、麻、印染、服装加工等纺织业的发展；重视天然气开发，利用丙烯生产丙烯腈纺原料，并发展聚脂切片、化纤工业，生产各种款式的棉布、化纤布、绸缎、针织品和服装等。

2.建材行业。利用高岭土、石英砂、石灰石、火山灰、石膏等矿产资源，以及石油工业提供的高能燃料，发展中高档建筑材料，并相应发展地方建材。着重生产高岭土系列产品、平板玻璃、仿花岗岩墙地砖、水泥、石膏系列产品。鼓励规模开发薄型平板玻璃、仿花岗岩墙地砖、水泥、高岭土、石膏制品。

3.机械和电子行业。机械行业主要是通过引进先进技术，以蓄电池生产和渔船制造为龙头，配套发展运输机械、冷藏机械、家用机械、仪表等机电产品，对现有的机械产品从研制节能高效的品种入手，不断开发新产品，利用现有企业不断积蓄力量，从发展电子元器件入手，逐步发展整机的生产，并与机械工业结合，运用微型计算机、智能化仪表、传感器等先进技术，向机电一体化迈进。

4.食品行业。着重抓好水产品深度加工和新产品开发。利用小杂鱼和珍珠副产品等加工附加值高的儿童智能食品、美容食品、老年保健食品等小包装食品；利用优质海产品加工高档次独具一格的食品，并不断扩大出口量。粮油食品要加快发展专用面粉加工、蓖麻油和油脂业。制糖工业则重点发展白砂糖、方块糖，利用木薯大量加工淀粉、葡萄糖、果糖，并利用制糖蜜加工味精等。利用亚热带水果、蔬菜发展食品加工业，重点发展香蕉粉，其次利用海洋生物资源，尤其是珍珠，加工各种精美的保健食品，海洋营养品。

5.烟花炮竹和工艺美术行业。这是传统的产业，仍有较大市场，以生产烟花炮竹为主，发展贝雕、角雕、绢花、珍珠首饰产品，开发新产品、增加新品种，并积极引进国内外先进技术，利用本地的丰富资源，发展美术玻璃、美术陶瓷等具有特色的工艺美术品。

6.石油化工行业。进一步扩大炼油能力，发展液化气、合成氨、乙烯、丙烯及其深加工产品。化肥工业以发展磷肥及长效多用化肥为主，鼓励硫酸、烧碱、钛白粉、船用油漆工业发展。橡胶制品从炼制压延入手，进一步发展各种鞋、橡胶布、民用轮胎等橡胶系列产品，使石化工业综合发展，形成规模。

7.造纸及印刷包装行业。重点是利用外资，进口纸浆与废纸，生产涂料白板纸、文化纸、瓦楞纸、牛皮卡纸等。印刷包装行业则着重发展商标、广告、装潢印刷，进一步扩大纸箱生产规模，增加花色品种，提高包装技术档次。

8.医药行业。发展海洋药物资源优势，发展海洋医药制品，如溴化物、海藻药品，海蛇药品，鲎试制，珍菌宝等系列中西药品的生产，探索发展化学医药制剂原料药。

9.农业。在发展大农业、大水产上做文章，加快综合开发步伐，切实把农业生产推向新台阶。积极引进良种和农业综合开发新技术，努力提高粮、林、水果等业的产量及深加工能力，水产品则积极引进苗种培育、饲料加工、养殖、渔船装备；发展浅海、滩涂养殖业，建立远洋船队，扩大远洋捕捞能力，提高水产品保鲜及水产食品、水产化工、水产饲料等加工业的水平。

10.旅游业。着重引进先进的设计、设备和施工技术，改造现有旅游服务设施。整修名胜古迹，开发和建设新兴旅游区和景点。争取建立北海滨海旅游开发区（含涠洲岛广西国际旅游城）形成北海银滩旅游区为中心，各旅游网点有机结合的多功能的旅游新格局。

（庞振琨　吴绍松　撰稿）

北海市企业名录

北海市电子玩具厂

北海市电子玩具厂系一家技术力量宏厚、管理人员素质高，拥有玩具、制衣、塑胶生产的中外合资企业。引进80年代国际先进水平的玩具生产线，日本产先进高速缝衣车、港产电脑型全自动塑胶机，产品有各类遥控、绒毛等类电子玩具；生产高、中档服装，精美塑胶制品，产品远销欧美、中东，年出口量100多万美元。荣获自治区和全国创汇先进企业。

总 经 理：苏立邵
厂　　址：北海市工业新区西藏路
邮政编码：536000
电　　话：34984
电　　挂：8408

北海市水泵厂

北海市水泵厂是地方国营企业，技术力量雄厚，拥有生产水泵和摩托车生产能力。生产水泵有单级、单吸离心泵、BA型系列，农用CLS型IBA型、BPZ型喷灌泵、工业用的ZD－SY电动试压泵、ZJ型纸浆泵及管道泵、家用泵等，同时生产有100CBH－100大雁牌摩托车，实行三包，质量可靠，竭诚欢迎各界人士来信来函洽谈业务和光临指导。

厂　　长：满松奇
厂　　址：广西北海市北部湾东路34号
邮政编码：536000
电　　话：23572
电　　挂：6581

北海市制药厂

北海市制药厂是生产中西成药及海洋生物试剂的综合性国营企业。固定资产达1000万元。拥有先进的生产技术、设备和检测手段。主要生产品种有："牛黄解毒片、陈香露百露片、六味地黄丸、保济丸、海蛇药酒、消肿止痛精、珍珠末和鲎试剂等70多个品种，其中鲎试剂荣获国家经委优秀产品“金龙奖”和广西经委新工业产品“百花奖”；海蛇药酒荣获中国海洋湖沼学会、药物学会优秀生物一等奖。

厂　　长：王林根

厂　　址：广西北海市北部湾东路

邮政编码：536000

电　　话：23871　22804

电　　挂：5673

北海市饲料厂

北海市饲料厂是商业部、国家农业投资公司和广西投资公司在广西投资的第一家饲料生产企业，是广西目前最大的饲料生产厂家之一，拥有美国CPM畜禽颗粒饲料生产线一条和台湾宣大对虾饲料生产线一条，年产“南龙”牌猪、鸡、鸭、对虾等系列饲料6万吨。

该厂下属的国家星火计划项目饲料防霉剂250吨，与新加坡新兴栈集团合资的新海活性蛋白有限公司，引进目前世界最先进的鱼粉生产线，年产优质鱼粉5000吨及各种蛋白粉。

厂　　长：梁文达

厂　　址：广西北海市公园路

邮政编码：536000

电　　话：(0779)32636

电　　挂：8370

北海市海港铝业有限公司

北海市海港铝业有限公司是中外合资厂，是生产铝合金型材料及铝门窗装饰工程的专业厂，全套引进生产设备及工艺技术，主要产品为“海燕”牌铝型材及铝门窗，年产铝材3000吨，装饰工程30000平方米。铝材品种规格齐全，银白、古铜各色均有，除门窗、装饰用材外，还生产汽车、火车、船舶等用材，该公司是国家二级计量单位，技术力量雄厚，产品质量优良，曾荣获广西区优秀奖，装饰工程获三级证书。同时还供应铝合金门窗五金配件。

总 经 理：罗怀成

厂　　址：广西北海市北部湾东路

邮政编码：536000

电　　话：(0779)34794

电　　挂：8334

中国西南最便捷的出海通道——防城港

防城港位于中国沿海的最西南端，东经108°20′，北纬21°37′，南临北部湾畔，背靠大西南，面向东南亚，是广西最大的对外贸易港口，大西南最便捷的出海通道和重要的水津门户。作为港口的依托城市——防城港开发建设区(简称防城港区)，1984年被国务院列为进一步对外开放的全国14个沿海城市——北海市的一部分，其面积为15平方公里，人口1.8万。

一、港口现状

(一) 海运地位。目前，防城港拥有生产泊位13个。其中，3万吨级泊位1个，2.5万吨级泊位2个，1.5万吨级泊位3个，1万吨级泊位2个，5千吨级以下泊位5个。年吞吐能力595万吨，能够接纳干货船、散装船、混装船、集装箱等各种类型船舶，成为广西具有较高水平的装卸、储存、疏运货物等各种先进设施的最大贸易港。1989年被交通部列为全国18个枢纽港之一；被商业部列为全国10大接粮港口之一；被建材部列为全国4大散装水泥出口基地之一。

(二) 交通条件。防城港水陆交通方便，是我国大西南地区水陆联运的重要枢纽。防(城)港(口)公路与广西、全国公路网沟通，全长173公里，年通过能力为660万吨的南(宁)防(城港)铁路，1987年5月1日建成通车投入营运。该铁路与湘桂线相接，并与全国铁路联网。水路可通达我国及世界各主要港口。

(三) 港口的配套设施。作业区码头岸线长1.68公里，面积70万平方米；建有仓库7座，面积4.5万平方米；堆场34万平方米。有港口作业船16艘，其中，最大马力2600匹的拖轮是国内比较先进的多功能拖轮。拥有各类装卸和输送机械175台(套)。港口通讯设备先进，船舶进出港口有射程15公里、光功率30毫瓦的激光导航站导航；港内设有先进的甚高频无线电话台、海岸电台和程控电话，作业区铁路专用线长14公里,与南防铁路线相接。供水、供电设施完善,口岸涉外机构健全,具备了独立对外开放港口的基本条件。

(四)港口效益。防城港自1983年10月1日正式对外开放以来,共为国家提供关税、代征税1.9亿元,相当于港口建设投资的1.17倍。并以不压港、不压船、装卸快、质量好倍受赞誉。先后同60多个国家和地区的港口通航,接卸了来自苏联、英国、希腊、巴拿马、日本及香港等国及地区和国内万吨级以上的货轮700多艘,进港最大船舶为5.3万吨级,货物吞吐量直线上升:1986年为32万吨,1987年为85万吨,1988年为125万吨,1989年为137万吨,1990年220万吨,1991年268万吨,预计1992年将达到400万吨。

二、区位优势及自身条件

(一)优越的地理位置。防城港位于广西沿海的西南端,南临北部湾畔,与海南省隔海相望,背靠大西南,面向东南亚。水路距海口174海里,距新加坡1345海里,距越南海防151海里;陆路通过南防铁路与黔桂、湘桂、枝柳、黎湛铁路连成一片,公路通过广西公路网与云、贵、川、粤等省相接,形成了铁路、公路网络化的运输体系,是广西和大西南最便捷的出海门户。

(二)得天独厚的自然条件。港口的东南和西南面有企沙和白龙两个半岛环抱,形成屏障,使港湾宽阔、港池平静、天然避风、水深、不淤泥、航道短、可用岸线长等显著特点。沿着已建成的第七泊位尾端向外延伸可再建4—5个3—5万吨级深水泊位。在离现码头东南3海里处的暗埠江口水域,有一条8公里长水深16—17米的天然海湾深槽,可建10万吨级泊位,共可修建54个万吨级以上深水泊位。国际技术咨询界的权威——美国柏克德国际公司实地考察后认为:防城港具备发展为国际性贸易港口的天然条件。

(三)纵深辽阔的经济腹地。广西、云南、贵州、四川的攀西地区、湖南西部都是防城港合理的经济腹地。其人口之多,资源之丰富,影响地域之广,在全国仅次于上海、天津、广州、大连和连云港,而居第六位。

(四)参与世界经济竞争的窗口和桥头堡。正在修建的南(宁)昆(明)铁路于"九五"期间建成营运后,将大大缩短经济腹地与防城港出海口岸的距离。桂西北地区的物资经防城港进出比经湛江港缩短运距268公里;西南地区的货物经南昆线从防城港进出,比绕道贵昆线到广州、湛江港分别缩短运距1100公里、600公里左右。这将为货主节省时间和运费,有力地增强商品竞争能力。我国大西南与东南亚国家在产业结构、产品结构上存在互补性,有着长期合作共同发展的美好前景,防城港作为最便捷、最合理的海上通道的作用和潜力将会得到充分体现。同时,在世界经济走向区域集团化的今天,欧洲和东南亚这两大经济区的交往必然会大大增强,南昆铁路将是另一座欧亚大陆桥的组成部分,防城港则是这一座欧亚大陆桥的桥头堡。

(五)旅游资源开发前景广阔。港口东西两侧有"石龟炮台"、"企沙炮台"等古迹。唐代咸通年间开凿的"天威遥"——潭蓬运河,是省一级保护文物。港口对面正在开发的牛头岭风景区,沙滩细软软,黄橙橙,一片无垠,熠熠生辉,是度假旅游胜地,泛舟海湾,风光旖旎,登上屹立于海浪之中的钓鱼台,放眼远眺,秀丽景色目不暇给。

三、港口发展促进了港区建设

港口的迅速崛起,提高了防城港区的知名度,促进了投资环境的改善,推动了各项事业的发展,从而给港区经济带来了勃勃生机,1991年与1986年相比,国民生产总值增长3.8倍,工业总产值增长6.5倍,进出口贸易总额增长5.5倍,财政收入增长20.1倍。防城港区已发展成为北部湾畔一颗璀璨的明珠。

(一)现代化港口城市初具雏形。在搞好港口建设的同时,防城港区按照城市总体规划,将港区划分为港口、仓储加工、工业、商业行政居住四个功能区域进行开发建设。1984年至1991年,城市建设累计完成投资达3亿元,完成"五通一平"建设用地1600多亩;建成11万伏变电站和日产1万吨自来水厂各一座,铺设地下排水管道1.8万米,实现了城市污水排放管网化,修筑市区街道总长16.5公里,其中钢筋水泥铺筑的兴港大道、中心区大道共长5公里,宽50米,最大流量为每小时通行机动车300多辆;新建标准厂房、商业楼宇、住宅办公楼等43万平方米;0.42平方公里的港口区建设已经完成,商业行政中心区的建设正处于高潮中。引进日本富士通150C装机容量1000门长话56线程控自动电话交换系统已开通,国际长话可直拨65个国家和地区。港区的学校、医院等公共服务设施已基本配套,宾馆、俱乐部的建设起点较高,设施先进,功能完善。

(二)海洋运输业发展迅速。从零起步的海洋运输业,从无到有,已拥有1.32万吨位的总运力,年运输能力达35万吨。开通了防城港至香港、海南定期货运航班及经香港中转世界各地的广西第一条定期全集装箱航线。

（三）外贸事业发展引人注目。港口的发展推动着港区的外贸事业，目前防城港区已成为广西重要的贸易口岸，港区成立了进出口贸易公司，自治区经贸委八家公司在港区设立分公司，还建成了粮食、建材、水产、仓储等外贸中转和加工基地，显示出良好的经济效益和社会效益，初步形成具有地方特色的贸易实力。1988年底，由柳州水泥厂、香港华润集团五矿公司以补偿贸易2000万港元兴建的，我国目前沿海港口最大、装卸工艺最先进、年中转30万吨的散装水泥中转库落成，雄踞防城港码头。投产1年零3个月便偿清该项目全部贷款，经济效益显著。全自动化、年中转50万吨的粮食中转库也于1990年初建成投入使用，每年可为广西节约中转费3000多万元。此外，还建成了一个规模较大的外贸仓储基地以及水产综合加工基地。

（四）工业生产迈上新台阶。防城港区的开发建设是在一个荒岛渔村上进行的，工业基础极其薄弱，港区在抓住以港口为"龙头"建设的同时，积极创造条件，大力发展工业，先后建立起竹制品、塑料制品、花岗石板材加工、化工、电子产品等生产企业。许多工业品不仅具备一定的生产能力，而且质量达到了国内同行业的先进水平，有的企业产品已打入国际市场，远销美国、加拿大等国家。

（五）外引内联工作呈现良好势头。防城港区根据国务院给予的沿海开放城市的优惠政策。结合本地区实际，制定了多项鼓励外商投资、兴办内联企业的优惠办法，"借鸡生蛋、借船出海"。积极推进横向经济联合，以股份制的形式吸引西南以至内地省份的资金进行合作开发。到目前为止，已经建成投产发挥效益的"三资"企业7家，内联企业48家。

四、前景展望

随着大西南的全面开发，防城港的吞吐量将会剧增，经腹地货源调查，广西及西南地区2000年进出口货物量将达1760万吨以上，至2020年可达3000万吨。因此，防城港的开发速度必须与南昆铁路的建设同步发展，方能承担起年吞吐1000——1400万吨货物的进出海主干道的重任。

为促进西南资源开发和经济振兴，适应贵州的煤、云南的磷矿石、四川的铁矿石和钢材等大宗物资进出口的迫切需要，缓解西南地区石油紧张的矛盾。90年代，防城港将进行港口二期工程建设。"八五"期间进行的有：5万吨级煤码头；5万吨级磷矿石码头；10万立方米库容和2万吨级油码头的石油中转工程；总投资1亿元的含3万吨级粮食码头的粮食中转工程。"八五"期末吞吐能力达1000万吨。与港口建设相配套的大中型项目：防城港至南宁接通南北公路的二级公路工程；筑7公里大堤、造地6600亩的吹沙填海工程；总设计6万吨、第一期3万吨的自来水厂工程；中心区至生牛卜段8公里大道；开发仙人山、月牙湾和越南国际旅游航线的旅游工程。"九五"期间，将建成金属、非金属等专用码头3～5个，使港口形成2000万吨的吞吐能力；进行南防铁路电气化改造，使其年通过能力达1750万吨。尤其令人瞩目的是，当老港口扩建工程完成后，防城港二期工程中的后部分码头建设项目将移至暗埠江口水域，开辟新港口，该水域可修建54个万吨级以上深水泊位。全部建成后，港口吞吐能力可达5000万吨，发展前景十分壮观。

同时，为充分发挥港口优势，防城港区在"八五"、"九五"期间将着力搞好港区七大功能建设。即：码头港道、船舶修理、油料供应的船舶接纳功能；火车轮船货运的装卸功能；仓库堆场的仓储功能；进出口原料深加工的加工功能；进出口贸易的市场交换功能；通讯水电宾馆的服务功能；城市组织机构完善配套的管理功能。采取更开放、更灵活的措施，加快港区经济的全面发展。近期先将1.5平方公里的石板田工业区辟为以保税厂、保税仓为主体的外向型工业区。在区内实施保税区的各项政策措施，为企业提供良好的投资经营环境，为货物进出口提供方便。远期力争使防城港区成为保税区。鼓励外商与外地来港区进行成片开发，主动让利，在土地、税收等方面提供优惠，广泛吸纳资金，引鸟筑巢，加快港区经济发展步伐。拓展防城港区沿海沿边的地理优势，在渔洲坪辟出1141亩土地建设乡镇企业加工小区，利用广西的边贸政策，工贸结合，购进越南的原料和半成品进行深加工，将产品打进国内和国外（主要是越南）两个市场。

（何邦强　汪从锋　撰稿）

开发大事记

(1979年—1991年)

1979年

3月12日 自治区科委、科协在南宁召开全区科委、科协工作会议。会议围绕全党工作的重点转移到社会主义现代化建设上来的问题，认真讨论科技工作如何发展，并部署了今年的科技工作。

4月3日 自治区经委发出《关于开展今年“质量月”活动的通知》，要求全区工交战线把生产转到“质量第一”的轨道上来。

5月2日 我国9大有色金属基地之一的大厂矿务局新建的一个大型采选厂竣工。投产后，锡精矿的年产量将是日前年产量的3倍多。

9月中旬 自治区党委召开山区工作座谈会，号召在山区工作的同志和广大群众要靠山吃山，努力发展山区经济，使山区很快富裕起来。

9月27日 广西第一个大型现代化高效磷肥厂——柳城磷肥厂建成投产。它是我国自行设计、制造和施工安装的第一个采用热法生产流程的工厂，年产过磷酸钙5万吨。

10月21日 被列为国家重点建设项目之一的长坡锡矿第一期采选工程竣工投产。

10月23日 全区财贸工作会议决定，从今年旺季开始，对部分三类农副产品逐步实行议价议销。

10月30日 广西工交战线有86个国营企业进行扩大企业自主权试点。

广西玉林县红碎茶被评为全国同类茶的第一名。

11月2日 广西适当提高猪肉、牛肉、羊肉、家禽、鲜蛋和水产品等6种主要副食品的销售价。

自治区颁发《广西壮族自治区衡器计量管理实施办法(试行)》，要求从即日开始施行。

11月中旬 自治区经委和财政局联合召开扩大企业自主权试点工作座谈会，交流经验，研究落实具体做法。

1980年

1月4日 1979年列入计划的西津水电站4号发电机组、昌墩糖厂和南宁西郊水厂供水工程等15个重点建设项目，已如期竣工，交付使用。

1月6日 南宁到钦州22万伏高压输电线路和钦州降压站建成，并于去年底投入运行，一次送电成功。

1月26日 自治区科委举行1978—1979年全区科技成果颁奖大会，表彰取得优秀科技成果的先进集体和个人。获得一等奖的10项，二等奖的15项，三等奖的40项。

2月17日 自治区对外贸易中心主办的广西出口商品展销会在南宁开幕。

香港——南宁首次包机飞抵南宁。

2月19日 自治区党委和自治区人民政府在南宁召开商品粮基地工作会议，确定了100多个公社为商品粮基地。

2月27日 自治区人民政府决定从1980年到1985年，每年拨出500万元专款，扶持少数民族山区县兴建公路。

3月5日 自治区质量奖审定委员会审定批准45种产品为广西名牌产品。

3月16日—23日 自治区党委召开四届四次全体(扩大)会议，部署经济工作。要求把工作重点转移到四化建设上，落实农业政策，建立健全农业责任制，抓好各种生产基地建设；继续贯彻“调整、改革、整顿、提高”的方针，开展以优质、高产、多品种、低消耗为中心的增产节约运动；实行财政包干制；改善市场供应，安排好人民生活。

5月7日 自治区人民政府召开全区安全月电话会议，动员起来努力实现安全生产、文明生产。

5月19日—27日 全区工交会议在南宁召开。会议经过商定，经自治区人民政府批准，今年新增

83个企业扩大经营自主权。

5月27日 自治区人民政府召开甘蔗生产会议，着重研究如何尽快落实甘蔗超产超交售、以粮换蔗的政策和甘蔗生产实行生产责任制的问题。

6月10日—17日 自治区党委、人民政府召开全区农业现代化讨论会，就农业生产问题进行座谈。

6月18日 国家重点科研项目大板建筑技术鉴定会在南宁召开，历时6天，今天结束。经鉴定，广西大板建筑技术已达到国内先进水平。

6月25日 自治区党委、人民政府在南宁召开8个自治县工作会议。研究如何从实际出发，发挥各自治县的优势，加快经济建设步伐，使各族人民尽快富裕起来的问题。

7月7日 广西与江苏省初步商定，江苏对广西5个方面的支援项目共177项，并确定南宁、桂林、柳州、梧州、北海等市分别同南京、常州、无锡、苏州、南通、连云港等城市结成对口支援城市。

7月26日 广西又一大型企业——黎塘水泥厂正在加速建设。该厂可年产水泥50万吨。

8月6日 乔晓光同志在自治区直机关党员骨干学习班上讲话，谈发挥广西优势问题。他说，广西的优势是：(1)有发展蔗糖的潜力；(2)有丰富的林业和土特产品；(3)有十分丰富的水力资源发电；(4)有色金属锡、锑、锌、铝等储量大；(5)建筑材料特别是水泥原料非常丰富；(6)进出口贸易和以桂林为主的旅游业有很大的发展前途。

8月21日 自治区建委综合设计院在参加香港荃湾屠房有限公司组织的投标中，以先进的屠房工艺设计方案，使广西的设计、安装首次进入香港。

8月26日 自治区轻工业研究所利用甘蔗废糖蜜制成L－赖氨酸，经北京、上海、黑龙江、四川、广东等省市和广西技术人员参加的鉴定，其产酸率目前在国内领先，这是发挥广西蔗糖优势，开展综合利用的一条有效途径。

9月1日 全国最大的水电站——龙滩水电站将在广西兴建。地质勘测工作基本结束，已进入工程设计阶段。

9月2日 由自治区土畜产进出口公司主办的广西竹制品小型交易会在深圳市举行，应邀参加交易会的有港澳、澳大利亚、意大利、美国的客商共68家。

9月4日 自治区物资系统改进供应办法，将原属统一计划分配供应的205种物资，除保留38种继续统一分配外，其余160多种改为核实供应和敞开供应。

9月5日 自治区党委、人民政府召开全区劳动就业工作会议。会议明确今后实行劳动部门介绍就业、自愿组织起来就业和自谋职业相结合的劳动就业方针，计划今明两年安排20万人就业。

9月21日 为了提高和扩大我国有色金属的生产能力，国家在广西开始兴建一座大型的综合冶炼厂——广西大厂矿务局来宾冶炼厂。

9月22日 我国与新西兰签订合同，在广西来宾县建一个亚热带示范牧场。这个牧场是由新西兰专家主持建设的。

11月1日 自治区人民政府财贸办公室发出通知。决定从今日起，取消活鸡派购办法，家禽（鸡、鸭、鹅）全部实行议购议销。

11月3日 财政部在柳州市属74个国营工交企业试行“独立核算、国家征税、自负盈亏”的办法，即把过去对企业实行统收统支改为自负盈亏；改企业上交利润为上交税金；改国家拨款为贷款；改企业无偿使用资金为有偿使用资金，从而发挥税收的经济杠杆作用，扩大了企业的财权。

11月14日 自治区人民政府召开全区蔗糖生产会议，对全区蔗糖发展规划和糖厂建设、实行“糖粮挂钩”超产奖励、糖厂利润返还、推广甘蔗生产责任制、加强甘蔗科研和技术推广等问题，进行了讨论和决定。

12月5日 广西压缩基建规模，停建、缓建了投资在100万元以上的小型建设项目58个，占在建项目总数的1/4，压缩下来的投资金额共14,883万元，占全部投资额将近23%。

12月11日 自治区人民政府在南宁召开全区专员、市长、县长会议，传达国务院关于紧缩基本建设支出、严格控制物价、整顿议价和坚决制止乱砍滥伐森林的紧急通知，制订了贯彻执行的具体措施。

12月23日 全国各地的百名专家集会南宁，专题讨论红水河开发规划。

12月24日 南宁棉纺厂首期工程于最近移交生产单位，正式投入生产。该厂是广西自己设计、自己建设、自己安装的第一个较大的棉纺织企业，第一期工程的生产规模为5万纱锭，1120台织布机，职工定员3000多人。

12月30日 自治区科委举行颁奖大会，奖励1980年全区优秀科技成果142项。

1981年

1月3日 在轻工业部、纺织工业部分别举行的科技成果、评审、颁奖会上，广西有9项科研成果获得轻工业部的奖励,5项科研成果获得纺织工业部的奖励。

1月22日 自治区人民政府在南宁召开农村房屋建设工作会议,研究搞好农村房屋建设问题。

2月4日 自治区人民政府召开计划生育工作会议,要求按照不同类型地区做好工作。对人口稠密的重点县、社、队,提倡只生1胎,严格控制2胎,人少地多的山区严格控制第3胎。

2月25日 自治区人民政府主席覃应机在自治区五届人大三次会议上作《关于我区经济调整若干问题》的报告。

4月4日 自治区党委第一书记乔晓光等领导同志带领工作组到柳州市调查研究,总结经验,解决调整中出现的新问题。

4月25日 在红水河上建设的第一个水力发电站——恶滩水电站,今天并网发电。该电站装有6万千瓦的水轮发电机组1台,年平均发电量3.28亿度。

4月27日 红水河上8座大型梯级电站勘测规划已完成。

5月3日 柳州汽车制造厂试制成功"东风"LZ141型5吨柴油载重汽车,这是广西汽车制造工业的一个新发展。

香港——桂林首次直达旅游包机抵达桂林。桂林还新增了桂林——北京、桂林——上海、桂林——杭州直达航班。

6月15日 全区社队企业工作会议在南宁召开,要求认真贯彻国务院《关于社队企业贯彻国民经济调整方针的若干规定》,社队企业要因地制宜,发挥优势,在整顿中积极发展。

6月29日 全区财贸工作会议在南宁召开。会议对怎样进一步疏通商品流通渠道,安排好市场展开讨论,提出了有关措施。

7月28日 我国南方主要铁路枢纽之——柳州局编组站开始动工扩建。扩建完成后,该站的股道数量将增加50%,编组和解体车辆的作业能力提高70%,还将采用无线调车、机械化驼峰以及红外线检查车辆轴温等新技术。

8月3日 桂林电力电容器厂打破区域界限,搞联合经营与西安、北京、无锡、锦州等地的同行厂(所)联合成立了中国电力电容器总公司。

8月23日 广西超额完成食糖上调计划,上调给国家的食糖达到27.7万多吨,创历史最高水平。

9月1日 南宁市自今天起开放国际用户电报,桂林、柳州、梧州和北海等市可通过南宁开放国际用户电报。

10月6日 自治区农委召开全区农村经营管理会议,总结两年来实行各种责任制的经验,讨论制定联产责任制等的试行办法,全面落实和完善各种形式的责任制。

10月11日 自治区人民政府发出通知,对二轻集体所有制企业有关政策问题作出规定,要求按照集体经济特点管理集体企业。

11月12日 自治区党委和人民政府制定了《广西壮族自治区农村生产队统一经营联产承包责任制试行办法》和《广西壮族自治区农村生产队统一管理包干到户责任制试行办法》,要求各地参照这两个试行办法,因队制宜落实各种责任制。

11月28日 自治区供销社和工商行政管理局联合召开会议,决定从明年开始,广西农副产品收购全部实行合同制,以保统购、派购、议购任务的完成。

12月9日 国务院批准整治西江,重点先放在中下游南宁至广州段,整治疏浚西江的第一期工程,主要是建设桂平航运梯级,整治东平水道,建设贵县港和扩建广州港。

12月27日 自治区科委举行1981年全区优秀科研成果颁奖大会,向139项优秀成果的研究单位和科技工作者颁发荣誉证书和奖金。

1982年

1月20日 国务院批准用国轮恢复梧州至香港(包括澳门)的直达客运业务。

2月22日 国务院同意把开发红水河列入"六五"计划和长远计划。天生桥坝索水电站工程定于今年复工。

2月23日 自治区人民政府向各地、市、县发出通知,对二类农副产品实行定收购、定调拨基数的办法。

3月14日 广西目前最大的海港——防城港,已经基本建成,两个万吨级泊位最近投入试生产。

北海市目前最大的渔港建成使用。它是我国政府为安置印支难民而兴建的。

5月6日 南宁市改革用工制度,试行活的用工制度,工人可进可出,工资按贡献大小浮动。

5月20日 广西与日本国熊本县结为友好区、县的议定书在南宁签字。双方同意在工业、农业、林业、水产业、贸易、科学技术、文化教育、城市建设、环境保护、旅行游览等方面,进行交流与合作。

5月22日 广西经济贸易代表团应日本国际贸易促进会的邀请,前往日本进行访问。将同日本的金融、实业、贸易界人士商谈扩大通常贸易、经济合作和技术交流等问题。

5月26日 柳州水泥厂与丹麦合作扩建年产100万吨水泥项目达成协议。

5月30日 自治区党委和人民政府发出《关于印发〈广西壮族自治区稳定山权林权、完善林业生产责任制暂行条例〉的通知》。

6月4日 自治区党委和人民政府决定成立自治区对外贸易总公司,这是外贸管理体制的重大改革。

7月2日 国家计委已于上月起批准复工建设南宁至防城的铁路。

7月16日 广西利用外资进行建设的第一个大项目——柳州水泥厂扩建工程指挥部成立。

7月20日 广西与广州联合开办桂林——梧州——广州和桂平——梧州——广州两条往返旅游专线,今日正式开业。

10月12日 全区企业整顿工作座谈会提出要求和部署,要在今后两年内,把企业整顿的重点放在对国民经济有重大影响的大型国营企业和国营亏损企业上。

11月12日 梧州市被列为我国的对外开放城市。

1983年

3月10日 由中国农牧渔业部畜牧局和新西兰中新农业咨询公司签订合同兴建的畜牧工程——广西黔江示范牧场通过正式验收。这个牧场今后将由广西有关部门经营管理。

3月11日 自治区党委、人民政府印发《关于工交企业推行经营承包责任制的若干规定》,要求各地认真贯彻执行。

4月5日 广西从英国引进设计能力为年产12万吨整套重晶石粉加工设备在梧州重晶石粉厂正式移交。

4月15日 经广东、广西两省(区)际在南宁召开的水陆联运会议商定,从今天起开办广州——梧州——北海水陆旅客联运业务。

4月18日 自治区人民政府发出通知,放宽农副产品购销政策。一、二类农副产品(不含水产)由51种调减为30种。

4月27日 自治区党委决定,各级党委要广开才路,积极争取从区外引进广西急需的专业技术干部。

广西决定从今年6月起对国营企业实行利改税。

6月22日 中日两国经济合作项目——桂林滑石矿石笔厂正式投产。该厂设计能力年产石笔16.5万箩,将占世界滑石笔总产量的一半。

7月26日 广西大型糖厂——贵县糖厂正在进行扩建,完工后,日榨量将由上榨季的3千吨提高到4500吨,产糖量将由上榨季的17000多吨提高到约7万吨。

7月27日 自治区人民政府发出通知,要求各地抓紧做好国营企业利改税工作。

7月28日 国务院批准广西防城港对外开放。该港设计年吞吐量400万吨,现在7个万吨级深水泊位的主体工程已建成,其中有两个2万吨级泊位。

8月15日 经国务院对外经济贸易部批准,玉林地区被列为出口商品生产综合基地。这是广西目前第一个商品生产出口基地。

8月20日 党中央、国务院同意广西机构改革方案:区党委设立8个工作部门,区人民政府设立39个工作部门。

9月26日 经国务院批准,由中央和地方联合投资的南防铁路全线动工。

10月1日 防城港正式开港。全部建成7个万吨级以上深水泊位,其中一、二号泊位首先投产。

10月18日 全区农垦工作会议在南宁召开。会议决定:改革经济体制,试办家庭农场,提高劳动生产率和经济效益,以促使国营农场专业化、社会化发展。

1984年

1月5日 红水河上又一座大型水电站——岩滩水电站,经国务院批准,列入今年建设项目。

1月7日 国务院批准广西的昭平、灌阳、全州、贺县、恭城、岑溪、容县、大新八个县为实现农村电气化试点县。

2月28日 自治区人民政府发出通知,决定第一批重点扶持155个穷困公社发展生产。

广西最大的水泥生产厂——柳州水泥厂扩建工程动工。

4月22日 自治区党委召开关于建设北海市经济开发区讨论会,提出要以深圳速度建设北海市(含防城港)经济开发区。把它办成广西的"技术的窗口、管理的窗口、知识的窗口、对外开放的窗口"。

4月24日 韦纯束主席在自治区六届人大二次会议上宣布敞开广西大门,实行开放政策,欢迎兄弟省区前来投资,输入技术。

4月25日 防城港首次接待一艘自曼谷开来的日本亚比斯号商船。

5月18日 自治区石化厅向区人民政府提出实行经济承包，决定把该厅由单纯的行政管理机构改成与基层企业共同承担经济责任的工业管理机构。

5月24日 广西成立经济开发办公室，北海市（含防城港区）正式对外开放。

5月31日 柳州市改革现行管理体制，把行政职能局改为企业性质的经济实体，按行业组建10大专业公司。

6月25日 中共广西壮族自治区委员会、区人民政府颁布《关于贯彻中央一号文件搞活农村经济的若干规定》。

7月6日 为适应经济改革，自治区物价局制订新的价格管理办法。决定按统一领导，分级管理的原则，扩大地、市、县物价部门、业务部门和企业的订价权。

7月27日 自治区党委、区人民政府作出决定，将梧州市作为广西对外经济贸易改革综合试点城市，从8个方面给梧州市扩权。

7月31日 自治区人民政府召开全区第二步利改税工作会议。

8月4日 自治区人民政府制定改革教育10条规定。

8月29日 自治区人民政府发出通知，从9月1日起，粮食、食油等23种物资取消运输归口管理。

自治区党委决定成立利用外资工作领导小组，负责利用外资的协调工作和必要的综合平衡。

为了加强对经济改革的领导，自治区党委决定成立自治区体制改革委员会。

9月18日 全区利用外资工作会议在南宁召开。会议提出：清除“左”的影响，解放思想，改革管理体制，放宽政策，打开利用外资工作的新局面。

9月22日 柳州市人民政府重奖在发展生产、提高经济效益中取得显著成绩的企业及其主要领导人。计市电扇厂2万元，市开关厂、市牙膏厂各1.5万元，市制药厂1万元，四个厂主要领导人分别获得1千至2千元奖金。

9月24日 柳州工程机械厂试制成功我国第二代装载机——ZL50D装载机，它具有80年代的先进水平，作业效率比第一代产品提高15%至30%。

9月28日 全国重点工程南宁平板玻璃厂建成试产，这是我国第三座现代化大型玻璃生产企业，设计能力年产平板玻璃120万标箱。

10月14日 广西各地实行政社分开，开展建立乡政府工作。进展较快的玉林、梧州两地区已基本结束。

10月26日 广西第一所实行自费走读、不包分配的职业大学——南宁职业大学正式成立。

11月15日 上海缝纫机三厂和柳州缝纫机总厂在柳州正式签订协议，组织定牌生产《蜜蜂牌》缝纫机。

11月27日 经国务院批准，对于开发建设北海、防城港在政策上给予特别支持。

12月1日 自治区人民政府批准，梧州市可审批300万美元内的外资项目。偿还形式可以出口产品间接补偿或用本市自有外汇统筹还帐。

12月3日 广西农民进城开办的第一家大型企业——龙岗实业总公司在南宁市开业。

12月5日 全区经济技术协作和对口支援工作会议在南宁举行。与会代表一致认为要大力发展经济技术协作，促进横向经济联系，改变条块分割状况，推动经济改革和整个国民经济的发展。

12月8日 南宁市改革商业体制，90家国营商店（属于百货、五金、糖烟、饮食、服务五大公司的，年利润在15万元以下的小型企业）实行集体经营。

1985年

1月3日 经国务院批准，用库存粮、棉、布，采取“以工代赈”的方式，帮助广西贫困地区。自治区人民政府决定将这批物资的1/3用于水利，2/3用于交通，重点拨给10个民族自治县和3个革命老根据地以及最贫困的155个乡。

1月4日 自治区人民政府批准自治区科委、自治区经委、自治区司法厅联合组成区专利工作领导小组，并在自治区科委内设专利管理处。

2月1日 自治区人民政府于今年1月24日发出的《关于取消生猪派购，实行议购议销的通知》决定从今天实行。

2月5日 乔晓光同志在自治区农村工作会议上对党政机关干部利用职权经商办企业、乱涨物价、滥发钱物的歪风，提出四条意见：第一，干部已经从事经商、办企业的，都要立即停下来，所得利润冻结不许再分给个人；第二，中央有关文件下达后，干部还继续经商、办企业者要认真查处。乱涨价的要坚决纠正，各单位都不许滥发钱物。第三，要对一些重大案件，抓紧调查处理。第四，要认真坚持政企职责分开，官商分离的原则。

2月15日　国务院决定从今天起新增加67个开放市县。其中有广西的北海市、柳州市和梧州市。

3月1日　自治区党委和自治区人民政府发出《关于加速发展乡镇企业的通知》。

3月7日　自治区对外经济贸易委员会提出三条新措施：1.在出口留成比例上给予供应出口单位更多的实惠，以鼓励各地增加货源，扩大出口。2.提倡进出口结合，搞活经营。3.鼓励各地大力开展代理出口业务，除中央规定的20多种指令性计划商品需报批外，其余均可代理出口。

广西设在香港的经济贸易代理机构——桂江企业有限公司，正式在香港开业。

3月11日　自治区人民政府印发《取消集体林区木材统购试行办法》

桂林市市长在有28个省、市、自治区轻工业厅局负责同志参加的座谈会和记者招待会上，宣布对外地来桂林投资经营的优惠政策。

3月17日　自治区人民政府决定从今年度起，取消粮食统购，改为合同定购。定购部分实行优价收购，定购以外部分可以自由上市。

3月31日　广西个体劳动者第一次代表大会历时4天，今天胜利闭幕。

4月1日　自治区党委发出通知，要求认真学习贯彻《中共中央关于科学技术体制改革的决定》。

4月10日　北海飞机场破土动工。

4月16日　自治区人民政府发出通知，全自治区粮食定购从1985年7月1日起实行，对稻谷、玉米、小麦购价均作出具体规定。

4月21日　广西对外交往的一个新“窗口”——广西国际信托投资公司正式开业。

4月25日　广西国际经济技术合作洽谈会今天在桂林市开幕。自治区人民政府主席韦纯束说，为了振兴广西，加速广西的全面发展，我们将坚定不移地贯彻执行开放、搞活的方针，努力加强国际间经济技术合作，积极利用外资，引进先进技术和先进管理方法。

5月26日　自治区人民政府批转工商局《关于搞活城市集市贸易，引进副食品进城的报告》，为进一步搞活广西城市集市贸易，引进副食品进城开绿灯。

6月20日　中国共产党广西壮族自治区第五届委员会举行第一次会议。选举陈辉光为书记。韦纯束、金宝生、陶爱英为副书记。

7月11日　经自治区党委、自治区人民政府批准，最近将从区直机关抽调一批干部前往防城工作，支援防城港区的开发建设。对调到港区人员将给予优惠待遇。

7月23日　广西经济体制改革委员会在柳州召开会议。会议提出，要统一对经济体制改革的认识，把改革当作压倒一切的任务。

8月6日　自治区党委、自治区人民政府发出《关于贯彻〈中共中央关于科学技术体制改革的决定〉的若干规定》文件，就加强党和政府对科技工作的领导、增加科技经费、开拓技术市场、强化企业的技术吸收和开发能力、扩大研究机构的自主权、改革科技人员管理制度等重大问题作出具体规定。

8月31日　自治区试行劳动合同制工作会议在南宁召开。会议强调广西应积极试行劳动合同制，在用工制度的改革上有所突破。

9月14日　广西首届科学技术进步奖评审揭晓，84项重大科技成果获奖。其中一等奖2项，二等奖15项，三等奖67项。

9月15日　自治区农村扶贫工作经验交流会在横县召开。会议要求：力争在三、五年内基本解决贫困户温饱问题。据统计，目前全自治区农村还有贫困户133万户，还有698.3万多人尚未完全解决温饱问题。

10月11日　自治区教育工作会议在南宁市闭幕。会议要求扎扎实实地贯彻中央关于教育体制改革的决定，实行教育发展的宏伟纲领。

10月28日　自治区人民政府决定把自治区直属单位的29个汽车运输、航运、交通工业、汽车配件销售企业，按建制分期分批下放到各地区和自治区直辖市，这是广西为进一步搞活交通运输，增强企业活力所实行的一项重大改革。

12月10日　经国家对外经济贸易部批准，中国广西国际经济技术合作公司在南宁开业。

1986年

1月31日　公安部公布我国一批开放地区，包括广西的南宁市、桂林市、北海市、柳州市、梧州市，宾阳县、桂平县、容县、贵县、北流县、兴安县、陆川县。

2月19日　胡耀邦同志视察广西山区和北海市、防城港。

2月24日　经国务院批准，国家计委已将来宾火电厂列入国家计划的地方投资项目。该厂第一期工程装机容量25万千瓦，安装两台12.5万千瓦的超高压机组，年发电量12.5亿度，今年动工兴建。第一期工程投资为2亿元，全部资金和材料均由广西自筹解决。

3月1日　自治区人大常委会今天在19次会议上通过《关于扶持贫困地区脱贫致富的决议》。

4月19日　自治区六届人大常委会召开大会，自治区人民政府主席韦纯束传达全国人大会议精神，强调必须把改革放在首位。

经国家对外经济贸易部批准，广西将于1986年8月首次在新加坡举办《广西出口商品展览会》。先遣组已于今天起程赴新加坡。

4月21日　自治区党委五届二次全会原则通过了《广西壮族自治区国民经济和社会发展第七个五年计划纲要建议》。全会号召全自治区广大党员和各族人民更加紧密地团结起来，奋发图强，为胜利完成第七个五年计划，振兴广西而努力。

上海市经济技术贸易代表团到达南宁，探讨上海与广西发展横向经济联合的前景，洽谈开展经济技术协作和贸易大计。

4月25日　自治区六届人大四次会议开幕。韦纯束主席作关于自治区第七个五年计划纲要(草案)的报告。在报告中提出广西"七五"计划经济和社会发展的主要任务：1.大力加强农业基础。2.保持工业生产较高的、持续稳定的发展速度。3.合理调整固定资产投资结构，提高投资效益。4.繁荣城乡市场，加强流通服务。5.积极发展对外经济贸易和旅游事业。6.大力组织财政收入，充分发挥银行资金的融通作用。7.推进科技进步，加强智力开发。8.进一步做好扶贫工作。9.逐步提高人民物质文化生活水平。10.努力控制人口增长。

5月28日　自治区人民政府颁布修正后的《关于搞活工业经济的若干规定》(即"十二条")，主要内容如下：一、大力发展集体经济。二、大力推进技术进步。三、大力推行各种经济承包责任制。四、巩固、提高和完善企业内部经济责任制。五、减轻企业负担。六、大力推进和发展横向经济联系。七、积极利用外资和引进国外先进技术。八、搞好工贸结合，发展外贸出口。九、搞好工商协作，理顺流通渠道。十、认真落实中央规定的赋予企业的自主权。十一、搞好智力开发，广开才路。十二、划清政策界限。

6月3日　自治区人民政府发出通知，对出口生产企业和供货单位实行鼓励、优惠政策。

6月8日　历时5天的中南五省(区)二市经济技术协作联席会议第二次会议今天结束。广西、广东、河南、湖北、湖南五省(区)和武汉、广州两市代表团，就中南地区进一步发展横向经济联合的方向与目标等问题，经过认真讨论和协商，商定了616个协作项目，其中广西有95项。

6月10日　自治区经济工作会议在南宁召开。韦纯束主席在会上强调：要坚定地支持改革、保护改革、为改革者创造良好的社会环境，促进改革的顺利进行。

6月14日　自治区党委和自治区人民政府举行报告会：陈辉光书记在会上就学习广东省的经验作了重要讲话。强调：只要我们加强团结，既解放思想，又扎实工作，加强与广东、江苏等省的经济技术协作和横向联系，振兴广西经济是大有希望的。

6月18日　南宁、柳州、桂林、梧州、北海5市物资局负责人共同决定正式建立"广西5市物资部门横向经济协作联系网"。

6月21日　由云南、贵州、四川和广西3省1区的各地、市、县共52家劳动服务公司，68个股份自愿组合的一个经济联合体——北海劳联实业有限公司集资兴建的劳联大厦，在北海破土动工，共投资342万元。

7月1日　北海港万吨级码头一号泊位靠泊成功。

7月3日　红水河梯级开发第一座大型电站——大化水电站厂坝工程正式交付使用。

7月19日　广西开办常设经济技术市场。首届交易会成交和达成意向性协议的项目总金额约500万元。

8月1日　桂林至厦门航线今日开通。

8月2日　全国重点工程——南宁平板玻璃厂验收合格，正式移交生产。

8月12日　自治区人民政府副主席王蓉贞率领广西经济贸易代表团前往新加坡，与新加坡和其他东南亚国家以及世界各国客户，进行经济技术合作方面的洽谈。

8月19日　自治区人事工作会议在南宁结束，自治区将在干部任用制度和管理制度等方面进行改革。

8月27日　韦纯束主席主持召开软科学研究工作座谈会，研究如何实现决策民主化、科学化，以加快广西经济建设步伐的问题。

8月30日　自治区党委、自治区人民政府作出《关于发展乡镇企业若干问题的规定》。

9月6日　广西又一条新的交通大动脉，南宁至北海二级公路，破土动工。

10月3日　自治区农垦系统经济体制改革工作会议在南宁召开。农垦系统经过初步改革后，1979年起连续7年盈利，到1985年共上交利税1.46亿多元。1986年上半年产品销售收入已达1亿元,比去年同期增长22%。

10月8日　自1984年下半年至今,广西已有412家国营企业实行了厂长负责制。

10月9日　自治区人民政府为了更好地促进经济发展和技术进步,对利用外资、引进技术工作做了补充规定。

10月24日　广西、云南、贵州、四川和重庆市最近商定建立四省(区)五方工商银行横向联系协作网。

11月4日　农业银行广西、云南、贵州、四川和重庆分行在重庆市建立西南四省(区)五方横向联系协作网。以搞好资金融通,搞活农村金融,支持经济发展。

11月17日　广西保险公司积极为外贸出口承担风险,改变过去出口产品一般由买方保险的做法,为出口产品大力开办新的保险业务。现在,有80%出口产品办了保险,进口保险种类由1981年的10个发展到17个。

12月6日　南宁金融系统资金市场在南宁市开业,进行资金借贷交易的有中国人民银行南宁分行,南宁地、市农业银行和工商银行,中国银行南宁分行,以及南宁市保险公司等金融机构。当天共拆借资金6000万元。

12月8日　广西第一家金属材料交易市场在南宁物资贸易中心开业。

12月14日　防城港又有5个万吨级泊位投入使用,至此,防城港第一期工程的7个万吨级泊位全部建成。港口年吞吐能力近期为363万吨,成为华南沿海第三大港。

12月15日　南防铁路全线贯通,全长176公里,至此,广西内陆和大西南有了最便捷的出海通道。

12月18日　广西集体所有制性质的合作金融组织——城市信用合作社,经人民银行批准,先后在26个县市建立。

1987年

1月3日　自治区人民政府发布《国营企业实行劳动合同制实施细则(试行)》、《国营企业招用工人实施细则(试行)》、《国营企业辞退违纪职工实施细则(试行)》和《国营企业职工待业保险实施细则(试行)》,要求与国务院关于改革劳动制度的1个《暂行规定》同时实施。

1月10日　自治区人民政府发布《广西壮族自治区鼓励外商投资的优惠政策和措施》。

1月11日　广西港口普查工作结束,普查结果表明目前全自治区有各类港口127个,年货物吞吐量达1300万吨。

1月24日　自治区人民政府发布《批转自治区物价局修订的〈关于改革价格管理的试行办法〉的通知》,要求有关单位贯彻执行。

3月1日　自治区物价工作会议对今年物价工作作了部署,总的要求是坚持改革,稳步前进,价格改革"走小步",保持市场物价基本稳定。

自治区人民政府重点工程建设领导小组审定并下达1987年自治区第一批重点工程建设23个项目。其中,全部建成投产的6项:陆川县糖厂、南宁啤酒厂、桂林啤酒厂、广西图书馆二期工程、桂林漓江雉山桥、南宁市民族大道西段;单项投产项目3项:南防铁路、区广播电视中心、广西大学化工、轻工、科学实验楼;重点施工项目9项:岩滩水电站、天生桥水电站、来宾电厂、西江航运工程、南宁至北海公路改建工程、梧州西江大桥、来宾冶炼厂锡系统工程、南宁至柳州数字微波工程、南宁邕江二桥;技术改造重点项目5项:柳州钢铁厂扩建到50万吨钢配套工程、柳江造纸厂3940纸机改造工程、玉林市棉纺印染厂、南宁市毛纺厂4800锭精纺工程、柳州化肥厂联碱工程。

3月8日　广西建成世界第一座大型金花茶基因库并通过鉴定。

广西被国家列为一类的保护鸟类有:黑鹳、黄腹角雉;列为二类的有:红腹角雉、冠斑犀鸟、黑颈长尾雉、白颈长尾雉、小天鹅、鸳鸯、中华秋沙鸭;列为三类的有:斑嘴鹈鹕、原鸡、白腹锦鸡、红腹锦鸡、金雕、鸮。

3月13日　自治区人民政府发布《转发农委〈关于粮食合同定购与供应平价柴油挂钩具体实施办法〉的通知》。

3月14日　自治区党委、自治区人民政府下达《关于在全区广泛开展增产节约、增收节支运动的决定》。

3月22日　自治区人民政府办公厅发布《转发自治区物价局〈关于当前物价情况和稳定物价措施的报告〉的通知》,要求有关单位认真贯彻执行。

3月23日　自治区人民政府颁发《关于贯彻国务院深化企业改革增强企业活力的若干规定的决定》。

4月11日　自治区人民政府转发《国务院关于发布〈企业债券管理暂行条例〉的通知》,并作出补充规定，要求一并遵照执行。

4月15日 中国科学院西南考察队在广西经过半年多的综合考察，最近在南宁向自治区领导同志汇报考察结果。近20名专家、教授和研究人员，在会上作了关于"广西综合考察工作汇报"、"西南地区广西资源开发和发展战略总体设想"以及能源、矿产、重工、轻工、农业、林业、城市、社情、旅游、山地灾害、石山、数据库(国土资源)和系统分析等专题考察报告。

4月28日 自治区重点工程建设领导小组审定1987年广西第二批重点建设6个项目：全部建成投产的有大新雷平糖厂、扶绥东门糖厂两项；单项建成投产的有：南宁化工厂聚氯乙烯工程1项；重点施工项目有：防城各族自治县罐头厂、漓江旅游通航(近期)整治工程、区人民医院病房手术楼扩建工程等3项。

5月1日 南(宁)防(城)铁路全线通车营运，为我国铁路网增添了一条出海通道，对吸引国内外投资开发北部湾，加快广西和大西南的经济发展，有着重要的意义。

5月5日 广西在1987年春季广交会成交额达9000多万美元，完成计划指标的140%，比1986年春季广交会增长30%。

自治区人民政府颁布《关于下放自治区直属工交企业的通知》。

5月7日 自治区工商银行自本月上旬起，陆续向南宁、桂林、柳州、梧州、北海市和玉林地区发行金融债券2500万元。面额有50元、100元和500元3种，期限为1年，年息为9%。

5月17日 百色盆地石油勘探开发首战告捷。百4井获日产原油250吨，预示着我国南方陆上的油气勘探将会取得重大突破。

6月6日 自治区重点科研项目之一的医药商业企业微机网络管理系统已由广西计算中心和南宁医药批发站研制成功。

6月10日 由中国人民银行南宁分行牵头，自治区53家金融机构达成联网协议，组成广西资金市场联网。

6月12日 自治区人民政府最近决定，自治区经委口13个厅、局直属管理未下放的73个企业中，除13个企业因特殊情况经批准暂不下放外，其余60个全部下放到所在地、市、县管理。

6月15日 广西在深圳设立经济贸易"窗口"。赴美国纽约举办的广西出口商品展销会在深圳预展，驻深圳的广西桂兴贸易发展公司开业典礼，驻深圳的广西经贸大厦(南楼)落成仪式在深圳市举行。

7月3日 自治区人民政府发布《关于在全区工业企业中全面推行承包经营责任制的通知》。

7月9日 自治区人民政府在南宁召开全自治区企业承包经营责任制工作会议。会议明确提出：当前要以搞活企业为中心，加快推行承包经营责任制。

7月10日 自治区人民政府发布《关于加快金融体制改革的若干规定》。

7月19日 自治区深化改革、发展农村商品经济经验交流会在玉林市结束。会议要求农村干部群众要提高认识、统一思想，进一步深化改革，全面发展自治区农村商品经济。

8月17日 以自治区人民政府副主席王蓉贞为团长的广西政府代表团一行5人，到美国纽约参加广西出口商品展销会。这是广西首次在美国举办的出口商品展销会。

9月10日 自治区汽车工业贸易公司经营的自治区第一个汽车市场在南宁开张营业。来自全国16个汽车生产厂家的40多个汽车品种参加了首次交易。

9月12日 由自治区党委政策研究室、自治区体改委联合召开的广西城市工业研讨会在柳州结束。会议认为，柳州市在改革中已探索出一条城市工业发展的途径，在全自治区各城市推广，具有重要的现实意义。

9月17日 自治区人民政府发布《转发自治区教育厅、自治区财政厅〈关于教育管理体制改革若干问题的意见〉的通知》。

9月25日 自治区厂长(经理)工作研究会第二届代表大会在南宁结束。会上自治区党委书记陈辉光要求厂长(经理)们要敢用权，用好权，加快广西改革步伐。

国务院贫困地区经济开发领导小组召开的南方9省(区)贫困地区经济开发座谈会在南宁召开。参加会议的有桂、粤、川、黔、滇、湘、闽、赣、浙等9省(区)和国家经委、民委、农牧渔业部、水电部、地矿部、林业部等部委主管扶贫工作的负责同志。座谈会主要内容是，总结扶贫经验，研究当前扶贫工作中存在的问题，探讨今后贫困地区经济开发和扶贫工作的方式和做法，以加快发展的步伐。

自治区党委、自治区人民政府在南宁召开"全自治区贯彻全民所有制工业企业3个条例，全面推行厂长负责制工作会议"。会议作出部署：在1987年内，自治区大中型工业企业要普遍实行厂长负责制；1988年底以前，全民所有制工业企业全面实行厂长负责制。

10月18日 自治区人民政府在南丹召开全自治区人才智力交流扶贫会。会议提出引进人才和开发智力应贯彻“三结合三为主”的方针。即引进人才与引进智力相结合，以引进智力为主；挖掘本地人才与引进外地人才相结合，以挖掘本地人才为主；自己培养人才与外地培养人才相结合，以自己培养人才为主。

经自治区有关部门批准，自治区第一个集体水运企业——梧州市水运公司港澳船队组成，即将航行梧州至香港、澳门的航线。

10月21日 南宁至港澳直达航线正式开航。该航线全长1059公里。

自治区人民政府发布《关于糖业政策若干问题的通知》。

11月14日 全国少数民族地区对外开放学术研讨会在南宁召开。参加会议的有来自新疆、西藏、广西、宁夏、内蒙古、云南、贵州等16个省、自治区、市以及中央有关院校、部门的130多名各民族专家、学者和实际工作者。国家民委副主任赵延年、自治区党委书记陈辉光等到会讲话。会议认为：加快少数民族地区的对外开放，是尽快摆脱贫困、振兴民族经济的必由之路。

11月16日 广西第一家与香港合资联营的自行车产销企业——广西玉林双林自行车有限公司在玉林市成立开业。这个企业是由玉林市自行车二厂与香港中林公司联营的。

12月1日 广西对外经济技术合作暨出口商品展销洽谈会在南宁广西展览馆开幕。有20多个国家和地区的500多名客商参加开幕式。

12月3日 自治区经济贸易委员会、广西贸易促进分会和百色地区行政公署在南宁联合召开新闻发布会。自治区人民政府副主席赵维臣代表自治区人民政府在会上宣布自治区政府关于外商到百色地区投资的若干优惠政策。

12月8日 在南宁举行的广西经济技术合作暨出口商品展销洽谈会圆满结束。洽谈会出口成交额达5100多万美元，签订利用外资合同75项，金额9700多万美元，其中外资额3900多万美元，签订利用外资协议书31项，金额6200多万美元；还签订了63项意向书以及一批来料加工装配合同；签订了7个技术出口项目协议书、1项意向书和2项到国外办企业协议书。

12月29日 自治区财税工作会议在南宁召开。会议决定，自治区从1988年开始，实行定死基数，递增包干，超收全留，欠收自补的办法，进一步完善财政管理体制。

1988年

2月27日 桂林市邮电局于本月正式开通桂林至日本、香港等13个国家和地区的长途自动电话，成为自治区第一个开通国际长途自动电话的城市。

3月3日 广西建设信托投资有限公司经中国人民银行批准，在南宁正式成立。

3月14日 平果铝业公司三通一平工程破土动工，自治区人民政府于15日在平果铝业公司召开现场办公会。自治区人民政府副主席张春园在会上强调，平果铝业公司三通一平工程的建设对广西经济发展有着举足轻重的作用。

3月19日 国务院批准广西的梧州市及所辖的苍梧县、北海市所辖的合浦县、玉林市、钦州市和防城各族自治县为沿海经济开放区。连同已经列为沿海开放城市的北海市和防城港区，桂东南沿海经济开放区初步形成。

3月22日 自治区人民政府在北京召开记者招待会，介绍自治区改革开放，特别是实施沿海地区经济发展战略的情况和措施，宣布自治区同国外、区外在开展经济协作中给外来合作者的优惠政策。《广西巡礼》首都新闻采访团也于同日成立。

3月28日 经自治区人民政府重点工程建设领导小组审定，1988年广西重点工程建设项目共27个，其中全部建成投产的有5项：博白龙潭糖厂、象州罗秀糖厂、融水和睦糖厂、防城万吨罐头厂迁建工程、南宁邕江二桥；单项建成投产3项：来宾电厂1号机组，来宾冶炼厂锡系统工程、右江矿务局新洲煤矿4号井；重点施工项目15项：岩滩水电站、天生桥水电站、西江航运桂平枢纽工程、南宁——北海公路改建工程、梧州西江大桥、平果铝业公司工程、南宁电讯枢纽工程、柳江拉堡糖厂、南宁——柳州——桂林数字微波工程、柳州化肥厂合成氨扩建工程、田东炼油厂、北海炼油厂、自治区人民医院病房楼、桂林市东区污水处理系统工程；技改重点项目4项：柳州钢铁厂、玉林市棉纺印染厂、南宁毛纺厂4800锭精纺工程、南宁市万吨山梨醇工程。

4月1日 自治区党委召开常委扩大会议，传达贯彻党的十三届二中全会精神，研究贯彻实施中央关于沿海地区经济发展战略问题

4月3日 全自治区企业工资改革工作会议在柳州闭幕。自治区企业工资改革将逐级实行工资总

额同经济效益总体挂钩的工资管理体制。

4月12日—15日　由中国社会科学院财贸经济研究所、北京商学院、广西社科联、广西物价局联合组织的全国社会主义初级阶段价格理论讨论会在南宁举行。会议就社会主义初级阶段价格的特点、当前的物价形势、生产资料价格“双轨制”的利弊、以及农产品价格改革等问题,进行了探讨。

4月17日　自治区人民政府副主席赵维臣在会见“广西巡礼”首都新闻采访团时宣布自治区加强横向经济联合的优惠政策。

4月18日　五省(区)六方经济协调会第五次会议在南宁举行,重点研究如何贯彻实施沿海地区经济发展战略等问题,初步达成各类协作项目和行业协议390多个,联合修建南昆铁路等问题有新进展。

4月28日　自治区党委在南宁召开自治区各民主党派人士座谈会,听取他们对广西贯彻实施沿海地区经济发展战略的意见和建议。

中国农业银行广西信托投资公司正式开业。

5月12日　南宁至昆明铁路的初步设计,经过铁道部和两省一区(云南、贵州、广西)有关领导和专家的认真研究和讨论,已在南宁通过鉴定,设计全长863公里,电力牵引,“九五”计划初期完成。

6月7日　自治区人民政府成立“对外开放办公室”,韦纯束主席兼任对外开放领导小组组长。

广西第一家中外合作办的海产品加工企业——合浦县海产加工厂已经投产。

7月5日　自治区人民政府发出通知,对自治区一部分机构调整如下:撤销自治区教育厅,组建自治区教育委员会;自治区城乡建设委员会改为自治区建设委员会;自治区人事局改为自治区人事厅;自治区劳动局改为自治区劳动厅;自治区物资局改为自治区物资厅;自治区审计局改为自治区审计署;自治区编制办公室改为自治区编制局;自治区党委、自治区人民政府信访办公室改为自治区党委、自治区人民政府信访局;自治区对外经济领导小组办公室和自治区经济开发区办公室改为自治区经济开放办公室。

7月5日—10日　自治区专员、市长、县长会议在北海市召开。会议的重要内容:一是研究外贸工作,要抓紧时机,把外贸体制改革推向前进,大力发展外向型经济;二是研究贯彻执行《企业法》,以便进一步搞活企业,提高企业的经济效益。

7月13日　自治区对外开放市、县工作会议在北海市召开。会上提出,把北海市、防城港区作为“龙头”,梧州、玉林、钦州3市和苍梧、合浦、防城3县(自治县)为重点,桂东南沿海地区作为前沿地带,中心城市和桂西北作为腹地和后盾,逐步推进全区对外开放。

7月26日　国家计委最近批复平果铝业公司一期工程,同意利用法国、瑞典、荷兰、丹麦4国外资贷款共1亿元。

8月22日　国务院批准开放柳州港。

9月14日　自治区党委和自治区人民政府就如何做好当前的物价工作和稳定市场发出紧急通知。主要内容是:一、加强宣传教育,严格执行纪律;二、努力发展生产,增加供给。三、加强市场物价管理,严厉打击投机倒把活动。四、抓好粮食收购工作。五、大力组织货源,安排好市场供应。六、清理楼堂馆所在建项目,控制非生产性建设。七、紧缩财政支出,严格控制消费基金增长。八、控制货币、稳定金融。九、加强领导,实行首长负责制。

10月1日　自治区对部分粮食供应政策进行调整。主要内容是:1.经济作物区、林农(不含水源林区的林农)、菜农(不含区辖5市粮菜挂钩的菜农)、渔民(不含非农业人口和难侨新村的渔民)的口粮改为议价供应。2.食品、饮食行业用粮改为议价供应,收回铺底粮。3.取消定量口粮以外的各项补助粮,保留大、中院校师生实习补助粮。4.坚持口粮供应凭证限购当月定量。5.降低城镇定量人口的大米供应比例,配供部分面粉、玉米。

10月3日　自治区人民政府发出通知,从1988年起,自治区对各地、市实行地区性全民所有制企业工资总额同实现税利总挂钩。

10月8日　自治区评出1988年科技进步奖108项,其中4项达到国际先进水平,24项达到国内领先水平,54项达到国内先进水平,12项达到区内领先水平。

1989年

6月7日　广西工业管理部门确定对113个大中型企业和113种重点产品实行倾斜政策,从资金、原材料、能源和铁路运输等方面给予扶持。

6月14日　自治区人民政府副主席陈仁会见日本新闻记者赴广西访问团,并对他们说:“广西坚定不移地执行中央制定的对外开放政策、我们根据广西情况制定的各项有关对外开放的优惠政策不会改变。”

6月14日—16日　自治区人民政府召开地市清理整顿公司领导小组长、工商局局长会议。王蓉贞副主席在会上强调:认识清理整顿公司的重要性,领导要亲自抓,建立责任制;各地不得再擅自开口子,保留或设立承担行政管理职能的公司;所有党政机关办的公司都要撤销,特别是搞纯商业性的公司更要坚决撤掉;对从事重要生产资料、紧俏耐用消费品,专营商品的公司和从事收购、经营外贸产品进出口业务的公司要重点进行复查;重新对投机违法案进行一次复查;各级政府的领导要支持工商行政管理部门依法行使职权,查处经济违法案件,不要干预他们的工作。

7月14日 自治区党委、自治区人民政府决定成立广西经济与社会发展战略评审小组,广泛组织业务主管部门、研究机构和专家、学者对自治区经济与社会发展战略的若干重大问题进行研究、综合,为自治区党委、人民政府决策民主化、科学化提供依据。评审小组组长由自治区人民政府副主席赵维臣担任、副组长为自治区人民政府副主席李振潜、自治区党委副书记刘明祖。

9月11日 自治区经济工作会议在南宁召开。会议中心内容是认真贯彻党的十三届四中全会精神,研究"经济不能滑坡"的办法,努力把广西经济工作搞得更好。自治区党政领导人韦纯束等出席了会议。王蓉贞副主席在会上讲话。

1990年

6月17日 经国务院批准,我国西南地区经济运输大动脉,南宁——昆明铁路已列入国家基本建设计划(铁路全长592公里,总投资35亿多元),1990年先开工建设南宁——百色段。

7月4日 广西1989/1990年榨季,产原料蔗1186万多吨,产糖130.2万吨(其中机糖128.2万吨,土糖2万吨),工业产值达13.86亿多元,工业税利4.9亿多元,蔗农收入11.8亿多元,这几项均创历史最高水平。目前广西产糖量,居全国产糖省(区)的第二位,占全国产糖量的四分之一,上调国家食糖总量和上调率居全国第一位。

7月14日 广西对外经济贸易洽谈会闭幕。会上共签订项目协议25个,其中外资额占5.9亿美元,金额比1987年洽谈会上所签订的协议书金额翻了3番多。出口成交额达到1.59亿美元,比1987年洽谈会的成交额增长2倍,其中广西的粮油食品、五金矿产、土特产等三大出口公司共出口6700万美元,占出口成交额的42%,广西国际信托投资公司近年来投资和组织的116个企业在这次洽谈会上共出口成交540万美元。

7月20日 自治区第一条一级公路——桂林至灵川公路建成通车。

11月8日 第四次全国人口普查工作圆满完成,截至1990年7月1日零时,广西人口总数已达42245765人。

11月19日—25日 中共中央总书记、中央军委主席江泽民先后考察了桂林、百色、北海和南宁。

12月12日 自治区人民政府主席成克杰会见港府布政司霍德一行,这是香港政府首次对广西进行访问。

由外交部组织的外国驻京记者一行18人首次来广西采访。自治区人民政府主席成克杰在会见会上就广西经济建设、改革开放、民族团结、中越边境情况等问题向外国记者们通报了情况,并回答了记者们的提问。

12月21日 广西有8个海港被交通部列为商港和以商为主的综合性港口。这些港口是:北海港、防城港、合浦闸口港、公馆港、钦州沙井港、茅岭港、合浦沙田港和石头埠港等。

12月24日 国家"八五"重点建设工程南昆铁路开工典礼,在南宁市郊新屋坡零公里处隆重举行。

1991年

2月8日 中共广西壮族自治区第六届委员会在南宁召开第二次全体会议,会议中心议题是进一步学习党的十三届七中全会精神,讨论制定广西国民经济和社会发展"八五"计划和十年规划纲要的建议,部署1991年的工作。全会号召,全自治区共产党员、共青团员和各族人民为胜利实现"八五"计划和十年规划的宏伟目标,为建设团结、富裕、文明的广西而努力奋斗。

广西第一个华侨投资区——南宁华侨投资区在武鸣华侨农场正式成立。

3月22日 经自治区重点工程建设领导小组审定,1991年广西重点建设项目为22项。其中全部建成投产的有2项,即梧州木材厂刨花板车间和北海综合化工厂;单项建成投产的有2项,即南宁电讯枢纽工程和桂林地区天湖水电站。重点施工的有18项,即岩滩水电站、天生桥坝索(二级)水电站、天生桥一级水电站、梧州地区昭平水电站、天生桥至广州50万伏输电线路(广西段,含平果至南宁22万伏送变电工程)、广西电力调度通讯试验楼工程、西江航运桂平枢纽、贵港中转港、南宁至梧州二级公路、防城港第八泊位粮食中转码头、南昆铁路(南宁至平果段)、平果铝业公司(平果铝厂)、隆安县南圩糖厂、崇左县糖厂、柳州钢铁厂、荔浦造纸厂、柳州化肥厂、广西雒容林化厂。列入预备项目的有12项，即柳州地区浮石水电站、南宁地区左江水电站、梧州市京南水电站、贺县纸浆厂、柳州造纸厂二期工程、鹿寨24万吨磷铵工程、广西赖氨酸厂扩建工程、南宁国内卫星通讯地球站、柳城县凤山糖厂、防城各族自治县糖厂、宾阳县大桥糖厂、上林白圩糖厂。

3月23日 自治区对外开放工作会议胜利闭幕。《广西日报》发表社论：《增强开放意识，用好开放政策。

3月25日 自治区经济体制改革工作、企业工作暨劳动竞赛表彰大会等三个会议联合在南宁召开，共同研究讨论经济体制改革以及增强企业活力，特别是增强大中型企业活力的政策、办法和措施，部署落实开展"质量、品种、效益年"活动以及表彰劳动竞赛先进单位和个人。

3月31日 自治区人民政府发出《关于进一步搞活大中型企业的若干规定》，要求进一步贯彻落实国家颁发搞活企业的法律、法规和政策；坚持和完善企业承包经营责任制；坚持和完善厂长负责制，维护厂长合法权益；大力推进企业技术进步；解决好企业生产流动资金；落实企业生产经营自主权；加强劳动管理，制止"三乱"(乱收费、乱罚款、乱摊派)，减轻企业负担；完善和发展企业集团；强化企业管理，提高企业管理水平。

4月21日 南宁至香港新开航线首次通航。

5月7日 建国以来，广西最大的工程，国家"八五"重点建设项目——平果铝业公司一期工程建设正式动工。它是中国有色金属工业总公司与自治区人民政府合股，利用国内外两种资金进行建设的大型铝业联合企业。

6月1日 自治区人民政府发出《关于进一步推进对外开放工作若干措施》的通知。

7月18日 自治区第一家城市信用联社——南宁市城市信用联社正式成立。

8月2日 自治区人民政府印发《关于加快发展乡镇企业若干政策的规定》。

8月13日 自治区召开边境经济开发座谈会，广西边境7县(市)的近百名领导人参加了会议。共同商讨广西边境地区经济发展大计。

8月25日 自治区党委、自治区人民政府作出关于依靠科技振兴广西的决定。

10月7日 自治区人民政府印发《广西壮族自治区高新技术产业开发若干规定的实施办法的通知》、《广西壮族自治区高新技术产业开发区暂行管理办法的通知》、《广西壮族自治区高新技术产业开发区财政税收政策的规定》。

11月1日 广西沿海连结大西南的又一条动脉——钦州至北海铁路在钦州举行开工典礼。钦北铁路全长98.6公里、总投资2.5亿元，预计1994年7月竣工。

11月13日 中断了13年的中越国际铁路广西段全部修复。

(冯柳江　张冬梅 撰稿)

江总书记视察北海港

1990年11月19日至25日，中共中央总书记江泽民在广西视察，十分关怀和支持自治区的改革开放和经济建设。

广西糖业原料基地——蔗海

三江风雨桥

广西科技馆天象厅

第四届全国少数民族传统体育运动会在自治区首府南宁举行

世界四大斜塔之一——崇左“归龙塔”

岩滩水电站

南宁城市建设

南宁电信大楼

◀ 银河大厦座落在南宁火车站对面，是全国华联饭店集团成员单位，集宾馆、餐厅、商场、舞厅、美容厅等于一体。

南华大厦是现代化综合大厦，内设南宁市友谊商店，广西电子商场，中国房地产开发总公司南宁公司，港商投资的龙回头酒楼和大都会，以及极目邕城的天宫酒楼。▶

南宁市企业

①

④

2

③

①南宁合成纤维厂是广西最大的合成纤维生产厂家。主要产品为合福牌长短涤纶纤维和万翎牌针刺地毯。

②南宁手扶拖拉机厂年产量5万余台，部分产品销往东南亚。桂花牌手扶拖拉机荣获国家银质奖。

③南宁制糖造纸厂日榨甘蔗4000吨，年产机制糖6万吨、机制纸1万吨、酒精3000吨。象山牌白砂糖远销欧美。

④南宁第二化工厂（南宁食品添加剂厂）主要生产奔月牌系列食品添加剂，有山梨酸、山梨酸钾、食品醋等。

远眺三山（象鼻山、穿山、塔山）　　（金可林 摄）

桂林制药厂是广西规模最大的综合性制药优秀企业，主要生产合成原料药、抗生素、生物制剂、片剂、软硬胶囊剂、膜剂及医药中间体，共106 余种。产品质量在国内外享有盛誉。

桂林高新技术开发区办公大楼

桂林漓江航运公司主要经营桂林——阳朔水陆旅游客运。现有车、船近3000客位。豪华空调客轮全部采用最新豪华装饰，顶层设有豪华包厢，为旅游者提供理想的优质服务。

总经理：徐喜祥

副总经理兼旅游部经理：廖碧波

地　址：桂林市滨江路85号

邮政编码：541001

电　话：223295　222975

电　报：5300

理光
RICOH
FT4085

皇都大厦 （王宏武 摄）

北海市

北海市进出口贸易集团公司拥有皇都大酒店、太平洋水产冷冻加工厂、万兴隆肉类发展公司等企业。主要经营粮油食品、水产品、纺织品、土畜产品、五金矿产、轻工业品、工艺品，以及化工、医药保健、机械等商品，远销日本、美国、加拿大等10余国家和港澳地区。公司欢迎各国朋友、港澳台胞就来料加工、来样加工、补偿贸易、合资、合作经营光临洽谈。

红楼夕照 （杨华富 摄）

合浦南珠

总 经 理：陈功彰

副总经理：洪贤华

地　　址：广西北海市贵州路皇都大酒店2楼

电　　话：33367　33640

电　　报：8012　传　　真：34521

北海银滩 （王宏武 摄）

柳州市

柳州工程机械厂是我国生产轮式装载机的大型骨干企业。ZL50、ZL40装载机为自治区优质产品，ZL50装载机获前机械部科技二等奖，ZL50、ZL90装载机获科学大会奖；新开发的ZL40B、ZL50C空调装载机达到国际80年代先进水平，被评为机电部优质产品。

柳州水泥厂是我国现代化大型水泥生产企业，年生产能力163万吨。五羊牌水泥荣获国家金质奖，在国内外享有较高声誉。

柳州汽车厂是东风汽车工业联营公司联营厂，我国生产中型载货汽车的第三大厂家，国家二级企业。

中国西南最大的深水港口——防城港

拓展中的防城港街道

防城港五金矿产进出口支公司经营的大宗矿[illegible]源装运出口

金色的港湾

四　　川　　省

主　　编：何先聪
副 主 编：刘世兴
编写人员：刘世兴　雷开平
工作人员：刘世兴　雷开平

四 川 省 分 目 录

典型地区和典型企业

省 情 综 述

四川省地处中国西南的核心部位，长江上游，古称梁州（禹贡）。自宋代始，因分其疆域为益州、梓州、利州、夔州四路，简称川峡四路，四川故此得名。元代置“四川等处行中书省”，为建省之始。

四川是中国最大的省、区之一。位于东经97°21′～110°12′、北纬26°03′～34°19′之间，东连湖北、湖南，南接贵州、云南，西靠西藏，北邻青海、甘肃和陕西，东西长约1200余公里，南北宽达900多公里，幅员面积57万平方公里，约占全国总面积的5.9%，居全国第5位。1991年末人口为1.09亿人，占全国的9.4%，是中国人口最多的省份。少数民族人口居全国民族自治地方的第5位。政区辖11个地级市（包括成都、重庆2个计划单列市），7个地区，3个民族自治州，217个县（市、区），其中包括8个民族自治县。自古以来，四川以其独特的地理环境、丰富的自然资源以及开发较早、农耕繁荣而被称作“天府之国”。

一、悠久的开发历史，灿烂的巴蜀文化

四川的开发历史至少可以追溯到距今3000多年前的商周时期。远在此前的旧石器时代早期，四川盆地就有了原始新人类型“资阳人”的足迹，从事着种种原始生产活动。从新石器时代晚期到商周时期，巴国、蜀国的人民就在盆地辛勤垦殖，创造了灿烂的“巴蜀文化”。1986年，广汉三星堆和成都12桥大面积商周遗址的发现，证明了四川境内存在着这一与中原文化不同的、相当发达的文化体系。巴蜀文化是与仰韶、半坡、龙山、良渚、河姆渡等文化并列的中华民族文化的重要源头之一。

在商周以后的漫长岁月里，四川各族人民世代不辍地劳作，不断推动着经济、文化的繁荣和发展。

（一）开凿了举世闻名的都江堰水利工程，古代四川成为与江南齐名的重要农业区。四川农业开发是和治水的成功相连系的。战国初期，蜀相开明即在今都江堰市决山分江导流，岷江水患得以消除，这是四川先民变害为利的创举。秦昭王时，蜀郡守李冰在前人治水的基础上，基本完成了都江堰渠首工程，成都平原成了水旱从人、沃野千里的富庶之地。都江堰是2000多年前中国先民的伟大创造，其工程布局及治水原理在今天也是先进的，四川人民至今仍受其利。随着牛耕、铁制农具、筒车、翻车等生产和灌溉工具的大量采用，四川农业生产获得迅速发展，宋代就达到了当时最为富饶的江南地区的水平。明清时期，四川农业的规模和范围都超过了前代水平。自美洲引进的红苕、玉米已在丘陵地区普遍种植；自吕宋引进的烟叶在什邡、郫县、新都等地推广，四川成为全国著名的烟叶产区之一；甘蔗、蚕丝、棉花、柑桔等经济作物也都得到了很大的发展。

（二）以冶铁、制盐、蜀锦等为代表，古代四川工矿、手工业中的不少门类是西南或全国的中心之一。在以农为本的古代，四川工矿、手工业亦得到了迅速发展。青铜铸造在商周时代已达到相当高的水平，广汉三星堆出土的古蜀人雕像，举世罕见，堪称世界青铜时代的雕像之王。冶铁在秦汉时已是西南的中心，今邛崃的卓氏、程氏均以冶铁富比王侯。汲卤熬盐在东汉就遍及今富顺、乐山、双流、邛崃、三台、阆中、云阳、忠县、盐源等地；唐宋时井盐生产已扩展到全川60多县，盐税成为了唐宋王朝的重要收入，特别是在荣县、仁寿一带还打出了小口径深井——“卓筒井”，这种深井钻凿技术开创了世界钻井技术的新时代，被英国著名学者李约瑟称之为“现代石油钻井之父”；清代后期井盐生产达到高峰，出现“川盐济楚”，开创了食盐大规模运销外省的记录。源于冶铁、制盐的发达，古代四川即有“盐铁之富”之说。成都的织锦业两汉时就是全国的中

心之一，到明代，四川逐步形成了成都、乐山、南充3个丝织中心，蜀锦的生产水平一直处于全国的先进行列。唐宋新兴的造纸、印刷业也居全国之首，唐代四川以麻纸著称于世，成为全国有名的造纸中心之一；宋代眉山刻书仅次于汴京、杭州，名列全国第三，是全国的印刷中心之一。四川的漆器、陶瓷、酿酒、制糖、制茶等业，都在全国占有极其重要的地位。

（三）开辟了绵延的“南方丝绸之路”，古代四川与外界的联系得到加强，商贸出现繁荣活跃局面。四川由于开发较早，在农业、手工业发展的同时，商贸相应得到发展。早在公元前4世纪，当时的商人南通僰道，用铁器去交换奴隶；又经过夜郎（今贵州西北部），把蜀蒟酱运往南越（今广东等地）；还经过云南、身毒（今印度）把蜀布和邛竹杖运销到大夏（今阿富汗西部）。这条由成都，经西昌、攀枝花入云南境内，穿过丽江和大理之间的山路，到保山、腾冲，至德宏出国境入缅甸，转印度和孟加拉国的通道，即是著名的“南方丝绸之路”。它既是我国通往亚欧各国最早的国际通道，也是海运开通前我国西南的一条重要国际交通要道。唐宋时期，商行、牙行兴起，行会亦相应产生。川货经过长江水运远销下游各地。陆路则北上中原，西达各少数民族聚居区，海路经中国西南港口钦州，转销国外。公元11世纪初，适应经济发展和商品交换的需要，成都16户富商开始发行纸币——“交子”，四川成为世界上最早使用和发明纸币的地区。明清时期，四川丝绸已远销苏州、泉州、漳州等地；荣昌、隆昌一带的麻布远销华北一带；川东万县一带的桐油远销长江下游各地。处于水路交通便利地方的城镇，如宜宾、泸州、万县、乐山、内江、南充、遂宁等地都先后发展成为地区性商业贸易中心；重庆既是四川内地贸易的枢纽，又是与长江下游贸易的咽喉；松潘和康定已成为汉藏民族贸易的中心城镇。清嘉庆前后，四川境内大约已有3000个左右的农村集镇，构成了一个遍及全川的市场网络。

（四）首倡地方政府办学，古代四川人材辈出，卷帙浩繁，文化成就辉煌卓著。汉代蜀郡守文翁在成都创办石室讲堂，开地方政府办学的先河，时巴蜀学风之盛，赶上了文化发达的齐鲁地区，这对繁荣四川文化具有深远影响。其后，四川历代名家辈出，文化倡达。西汉司马相如、杨雄以辞赋驰名于世；落下闳首制浑天仪观测天象；石阙建筑、画像石、图像砖则是汉代四川留下的具有很高艺术价值和史料价值的珍贵文物。西晋陈寿著《三国志》，与《史记》、《汉书》齐名。东晋常璩著《华阳国志》，至今仍为研究四川以至西南历史地理的典籍。盛唐李白诗才横溢，为后代宗师。五代李珣、欧阳炯、赵崇祚，或著作或编纂，独树“花间”一派；当时的西蜀还是全国两大绘画中心之一。宋苏洵、苏轼、苏辙父子号称“三苏”，为诗文大家；秦九韶著《数书九章》，在中国科学史上占有重要地位；大足石刻则是我国石窟艺术的明珠。明杨慎以诗文和研究云南少数民族著称于世；川西古刹龙藏寺壁画、平武报恩寺、犍为罗城，都是明代四川雕塑和建筑艺术的珍品。清彭端淑、李调元、张问陶，著诗文词曲颇丰，号“蜀中三杰”；清代的书院发展很快，后在传授新学方面贡献较大。历史上还有唐朝杜甫、宋代黄庭坚、陆游等大家，都曾客居四川，创作了大量的传世名篇。偏处西南的四川，历代文化的发展与中原文化最为发达的地区并驾齐驱，为中华民族文化的繁荣作出了重要贡献。

（五）得地势险要、人口众多、经济发达之利，古代四川成为历代王朝统一全国、巩固疆域的战略要地。早在公元前316年，秦国司马错在建议并吞巴蜀时说：“得蜀则得楚，楚得则天下并”，依靠四川的人、财、物力，成为统一全国的重要手段。秦灭巴蜀后，就以关中和巴蜀两大农业区为依托，统一了中原。秦末刘邦又以巴蜀为战略后方，建立了强大的汉王朝。汉时，蜀粮源源运往中原和江南等地赈济灾荒，巩固着汉王朝的统治。三国时，四川在蜀国丞相诸葛亮治理下，以益州一州之地，与拥有12州的魏、吴两国鼎立抗衡近半个世纪。唐朝政府在四川沿边设州管理和帮助少数民族地区进行开发。南宋时期，四川担负川陕战场的军粮占全国军粮总数的1/3，有力地支援了抗金抗蒙战争。明代在四川少数民族地区推行土司制度，清代又实行改土官为流官，废除土司的世袭制度，进一步促进了这些地区政治、经济、文化的发展。四川以其经济发达、人口众多、地势险要的独特优势，既成为历代王朝财赋和兵力的重要来源地，又是中央政权经营西南边陲的基地和发展汉民族与西南少数民族经济文化融汇交流的重要通道，成为统一全国、巩固疆域的战略要地。

二、丰富多彩的资源，广阔巨大的市场

四川横跨中国大陆第一级阶梯东部和第二级阶梯，地势西高东低。境内既有雄伟挺拔的高山和连绵起伏的丘陵，又有一望无垠的平川和辽阔的草原。在全省总面积中，平原占2.5%，丘陵占18.7%，

山地占49.8%,高原占29%。以岷江为界,大体分为迥然有别的东、西两大部分。西部山地、高原隆起,是青藏高原的东延部分;东部相对低下,是著名的四川盆地。在不同的大气环流影响下,东部地区形成了温暖湿润的亚热带季风气候,年均气温达16~18℃,≥10℃积温达4500~6000℃(尤其是川西南山地攀枝花一带达到了6000~7500℃),降雨量900~1100毫米。西部地区则为寒冷的高原大陆性气候,但光照充足,年日照时数多在2000~2600小时,且多于长江中下游同纬度地区,气候随山体海拔不同,垂直变化十分明显。全省亚热带面积占总面积的60.1%,暖温带面积占28.5%,寒温带面积占11.4%。干流长江横贯东西,汇雅砻江、岷江、沱江、嘉陵江、乌江等支流而下,直泻江汉平原,是西南各省出海的唯一水道。

(一)举世瞩目的水能资源。四川江河密布,全省有大小河流1400多条,流域面积在500平方公里以上的343条,大于1000平方公里的173条,年径流量约3000亿立方米,占全国的15.15%,居全国之冠。可开发水能资源9167万千瓦,年发电量可达5153亿千瓦小时,分别占全国可开发量的24%和26.8%,居各省区之首。金沙江、雅砻江、大渡河3大河流在四川境内的水能可开发装机容量7675万千瓦,占全省可开发量的84%,可建大型水电站45座,其中可建100万千瓦以上特大型水电站25处,可建300万千瓦以上的水电站8处,是世界上罕见的水能资源最富集的河流。这些电站,均具有淹没少,造价低,动能指标优越的特点。据测算,开发四川水电,每亿千瓦小时发电量平均淹地130亩,迁移人口140人,分别为全国平均值的34%和35%。

(二)得天独厚的矿产资源。四川是我国矿产资源蕴藏量极为丰富的少数省份之一。截至1990年底,全省探明储量的矿产有90种,占全国的60.4%,名列各省区之首。储量居全国前5位的有46种,其中:居第1位的11种,居第2位的12种,居第3位的7种。发展钢铁、钒钛、有色金属和化学工业的矿产资源十分丰富。铁矿居全国第2位,储量占全国的13.26%。铁矿类型以钒钛磁铁矿为主,共生的二氧化钛和五氧化二钒分别占全国的92%和54%,均列全国第1位,分居世界第1位和第3位。铅、锌是四川有色金属的优势矿产,保有储量分别占全国的8.83%和8.23%,均居第4位。在钒钛磁铁矿、铅锌矿、铜矿中还伴生大量的稀有和贵重金属,如:锂、镉、锗、铂等的保有储量均居全国第2~5位,综合开发、综合利用的前景十分广阔。硫铁矿保有储量居全国第1位,占全国的15.56%;磷矿居第5位,占8.28%以上;盐矿居第2位,占5.65%;天然气(探明储量)居第1位,占41.87%;天青石(锶)居第2位,占23.27%;水泥用石灰岩居第2位,占6.85%。境内还有熔炼水晶、水泥配料用砂岩、陶瓷用砂岩、玻璃用脉石英、水泥配料用粘土等矿产,储量均名列全国第1位。四川矿产资源以其种类齐全、分布集中、组合配套条件好、综合利用价值高、区域特色鲜明,在全国占有极为重要的位置。西部的攀西古裂谷成矿区和三江多金属成矿带都是国内外闻名的矿产资源富集区,是祖国西南的一块宝地。

(三)辽阔广袤的土地资源。四川地域辽阔,土地类型齐全且丰富。在全省8.55亿亩总土地面积中,现有耕地9421.1万亩,占全国的6.59%,居第5位;林地3.04亿亩,占7.15%;草地2.46亿亩,占4.1%。耕地主要分布于平原、丘陵地区,是全省农作物主要产区。成都平原地势平坦、河渠密布、灌溉便利,水田占耕地的80~90%,是全国著名的稻、麦、油高产区。宜牧草场成片集中、类型多样,纯宜牧草地占总草地面积的69%。宜农荒地1395万亩,宜牧荒地900万亩,有着建设经济林、速生丰产林、中药材、人工草场等基地的巨大潜力。

(四)种类繁多的生物资源。四川已经利用和可供利用的生物资源上万种。裸子植物、被子植物分别居全国第1和第2位,历来就是我国著名的农、林、牧生产基地,粮食、油菜籽、生猪、蚕茧、柑桔产量居全国之冠,是全国5大林区和5大牧区之一。1991年底,全省森林覆盖率为19.2%,森林积蓄量约占全国的15.43%;川西北草甸草场是我国质地特别优良的草场。全省可资利用的植物品种4500种以上,是我国植物资源最丰富的省区之一。其中:药用植物3200多种,占全国的67%,药材产量占全国的1/3,出口药材60余种,虫草、川贝、天麻、杜仲等驰名海外;油脂植物300多种;芳香植物200多种;纤维和单宁植物500种以上。苏铁、蕨类、珙桐、银杉等76种名贵植物,对研究植物演化进程具有重要意义,被国家确定为第一批重点保护植物。脊椎动物1100多种,占全国的40%,其中鸟类571种,兽类185种,约为全国鸟兽数的一半。拥有大熊猫、金丝猴、中华鲟等珍稀保护动物59种,其中:属国家一类保护动物13种,二类保护动物28种,三类保护动物18种。加上鸮形目和隼形目全部猛禽在内,共有保护动物96种,占我国所列保护动物总数的46%。

（五）绚丽多姿的旅游资源。四川拥有众多千姿百态、闻名遐迩的自然景观。“蜀国多仙山”，除传世的峨眉天下秀、青城天下幽、剑门天下雄、夔门天下险外，还有贡嘎山、四姑娘山、雪宝顶等以雪景著称的高山。长江三峡、大宁河“小三峡”及嘉陵江等河流中多处峡谷，九寨沟湖泊群和大瀑布群，以及泸沽湖、邛海等高原湖泊和众多的温泉，构成了多姿多彩的水景景观。峨眉的云海、佛光和自古传颂的“巴山夜雨”，自贡的恐龙化石群、硅化木等大量珍稀动植物，使气景、生物景观在全国更有鲜明特色和突出优势。1991年末止，全省有全国重点文物保护单位33处，省级274处；国家级风景名胜区10处，省级19处；国家级自然保护区2处，省级12处；重庆、成都、自贡、宜宾、阆中是国务院确定的国家历史文化名城。长江三峡、九寨沟黄龙寺、峨眉山、蜀南竹海、大宁河小三峡、乐山大佛、自贡恐龙博物馆7处自然、人文景观被国家旅游总局编入“中国旅游胜地40佳”之列，名列各省区之首。

（六）充裕价廉的劳力资源。1991年末，全省劳动力资源总数7414.40万人，占全省总人口的68.1%，是一支数量庞大的劳务大军。社会劳动者人数6075.44万人，占劳动力资源总数的81.9%，其中：从事农、林、牧、渔、水利业的劳动者占71.68%，从事工业和建筑业的劳动者占14.24%，从事第三产业的劳动者占14.08%。剩余劳动力1300多万。劳工的工资水平和劳务价格仅相当于东部沿海平均水平的1/3到1/2，既可为各行各业提供充足的劳动力，又有利于降低投资成本和生产成本，取得较好的经济效益。

（七）容量巨大的市场。四川有1亿多人口，是一个广阔且潜力巨大的市场。1991年末，全省社会商品零售总额621.84亿元，居全国第3位。全省居民人均消费水平一般位居全国第23位左右，而消费总额位居全国第1～2位。目前，四川人民的收入正由低收入水平向中等收入水平过渡，生活消费正由温饱型向小康型过渡。随着消费水平的不断提高和消费结构的急剧变化，需求将日益增多，对生产和生活资料的选择性增强，市场容量会更加扩大，成为经济发展和企业兴旺发达的强大推动力之一。

三、坚实的物质基础，雄厚的科技实力

新中国成立43年的建设和发展，四川经济、社会发生了巨大变化，已由一个单一的农业省份，发展成为一个产业门类较为齐全，拥有一定现代技术装备的工农业并举的省份，在全国占有一定的地位。

（一）经济总量指标位居全国前列，在全国经济格局中起着承东启西的作用。1991年末，四川国民生产总值占全国的6.5%，国民收入占6.48%，工农业总产值占6.10%，均居第4位，其中，工业总产值居第7位，农业总产值居第2位。工农业主要产品产量占全国1/10左右的有近20种，是全国重要的农牧业生产基地和工业原材料供应基地之一。每年约有60%的机电产品销往全国各地，有几十万立方米木材调往西北和华东等地，化肥和纯碱调往西南各省，生猪、食用植物油、柑桔、药材、茶叶、食用盐、生丝、绸缎、皮革等产品大量调往各省区和有的供外贸出口。1991年末，四川国民生产总值占云、贵、川三省的63.65%，国民收入占63.18%，工农业总产值占66.23%，是开发建设西南和西部地区的重要依托力量。

（二）农业产品产量巨大，是全国重要的农产区。勤耕善营的四川农民，在仅占全国1/15的耕地上，生产了约占全国1/10的粮食，养活着约占全国1/10的人口，每年还有大量的农副土特产品调往全国各地。1991年，全省农业总产值达到680.13亿元，占全国的8.34%；粮食总产量4359.3万吨，占全国的10.01%，其中水稻2105.6万吨，占11.46%，居全国第1位；猪牛羊肉总产量433.4万吨，占全国的15.91%，其中猪肉产量421.2万吨，占17.78%，生猪存栏和出栏均居全国第1位。油菜籽146.46万吨，黄红麻9.04万吨，油桐9.30万吨，桑蚕茧16.50万吨，产量均居全国各省区首位；其中，油菜籽占全国的19.70%，油桐、桑蚕茧、约占全国的1/3。目前，全省已在100多个县、市、区建立了全国、全省性的各具特色的农牧业生产基地，促进了农产品产量的增长和商品农业的发展。四川农业不仅解决了1亿多人口的吃饭问题和城市工矿所需的主副食品供应，而且为工业生产提供了大量的原材料。全省轻工业产值中以农产品为原料的部分一直保持在75%左右，1991年以农产品为原料的轻工业为国家财政提供的税利，仅食品工业一项即达14亿元，占全省财政收入的9.43%，为支持经济建设积累了资金。

（三）工业门类齐全，是国家军事工业和电子工业的重要基地。

1.工业门类齐全。在全国40个工业门类中，四川拥有39个，其中，机械、电子、钢铁、建材、化工、食品、丝绸、皮革等行业基础雄厚，在全国占有重要地位。按分行业产值比较，名列全国前10位的行业

有32个，占82%；名列前6位的行业8个，占45%；名列前3位的行业3个，占7.5%。1991年末，全省拥有工业固定资产原值828.94亿元，居全国第2位。

2.军事工业集中。四川是全国军事工业最集中的省份，分布着航空、航天、船舶、电子、兵器、核工业等部门的一大批企业和研究单位，其中大中型骨干企业占全省现有大中型企业的50%以上。近年来在确保军品生产、研制计划完成的同时，已开发出摩托车、汽车、汽车发动机、卫星应用技术和设备、移动通信、船舶主机、核动力、照相机、电冰箱等一大批支柱民品，民品产值已占军工总产值的65%左右，其产值和所占比重均居全国第1位。

3.大中型骨干企业多。1991年末，全省有乡及乡以上工业企业4.56万个，其中：全民所有制企业7511个，大中型企业870个。有生产重型机械和大型铸锻件的第二重型机械厂；生产发电设备的东方锅炉厂、东方电机厂、东方汽轮机厂；生产工程机械的成都工程机械厂、长江起重机厂、长江挖掘机厂、长江液压元件厂；生产铁路运输设备的成都、资阳、眉山机车车辆厂；四川重型汽车制造厂；电子行业的长虹机器厂、红光电子管厂、锦江电机厂；冶金工业的重庆钢铁公司、攀枝花钢铁公司、重庆特殊钢厂、长城特殊钢公司、成都无缝钢管厂、西南铝加工厂、自贡硬质合金厂；化学工业的四川化工厂、泸州天然气化工厂、自贡鸿鹤化工厂、长寿化工厂、宜宾天原化工厂；建材行业的峨眉、江油、重庆、渠县、攀枝花5大水泥厂等，都是全国闻名的骨干企业。

4.产品产量大。1991年末，全省主要工业产品产量中：化肥（折纯）187.20万吨，占全国的9.46%；硫酸141.44万吨，占10.61%，均居全国之冠。丝1.55万吨，占25.8%，居第2位。发电设备229.68万吨，占19.75%；饮料酒122.39万吨，占7.95%，均居第3位。钢540万吨，生铁504.83万吨，水泥1669万吨，原盐217.44万吨，纯碱33.78万吨，成品钢材375.1万吨，木材430.81万立方米，电视机142.65万台，均居全国第4、5位。烧碱、纱、布、丝织品、化学纤维、糖、烟、机制纸及纸板等产品也位居全国前列。20万千瓦、30万千瓦大型火电机组，17万千瓦、32万千瓦水电机组，4200毫米特厚板轧机，4000吨模锻压力机，40～125吨大型汽车液压起重机，8～90吨级液压挖掘机，数控仿型铣床，工业化自控系统及仪表，2米精密滚齿机，100～630吨精密冲裁机，大马力内燃机车，通讯电缆，卫星地面站，程控交换机，微波通信设备，集成电路，电子专用设备，电视机，录像机、电子元器件等一大批优势拳头产品畅销全国。

5.拥有一批大型精密设备。以机械工业为例，其拥有的大型、精密、稀有设备上万台，1万平方米以上的大型车间近百个，装有100吨以上吊车的特大型车间数十个，拥有1.2万吨水压机、100吨1米无砧座锤、16吨模锻锤、33米卧式重型车床、30米深孔钻床、9米轧辊床和数控机床等全国少有的大型精密设备。机械行业拥有的高精度大型数控机床、金切机床、大型锻压设备总数，均居全国前4位，技术结构的综合评价位居全国第7位。

（四）基础设施和社会福利设施初具规模。

1.交通通信初成网络。1991年末，四川境内铁路有宝成、成渝、成昆、襄渝、川黔、内宜等6条干线和9条支线，营运里程2684公里，是四川与省外联系的重要通道。全省所有的县（市）、97%以上的乡通了公路，通车里程9.72万公里，居各省区首位。西南第一条全封闭、全立交的现代化成渝高等级公路已开工建设，将于1994年全线贯通。内河航运有100多条航道，内河航道里程7904公里，重庆、泸州、宜宾、万县等均是川江航道上的主要码头。民用航空有16条航线与全国10个省市通航，航线里程1752公里，开辟了成都至香港、重庆至香港的直达航班，架起了四川通往全国主要大城市和香港地区的"空中桥梁"。成都、重庆已成为西南地区的航空中心。四川数据通信网已经建立，部分大中城市程控电话已经开通，可直拨世界100多个国家的主要城市。同时，还开展了国际电话、电报、无线电话寻呼系统等业务，初步形成了以微波、光纤、卫星、程控电话、无线寻呼、图文传真等为标志的现代通信体系。

2.电力设施有一定基础。1991年末，全省一次能源生产总量（折标煤）6533.39万吨，其中：天然气生产能力73.10亿立方米，居全国第1位；电力装机容量750万千瓦，其中水电装机343万千瓦，火电装机407万千瓦，年发电量379.58亿千瓦小时，居全国第6位；原煤生产能力6903.98万吨，居全国第4位。拥有龚嘴电厂、映秀湾电厂、豆坝电厂、白马电厂、重庆发电厂、成都热电厂、华莹山煤矿、芙蓉煤矿等一批重要的能源生产基地。

3.社会福利设施基本配套。1991年，全省有各类本、专科高等学校60所，四川大学、重庆大学、成都科技大学、西南交通大学、华西医科大学、成都电子科技大学、成都地质学院、西南农业大学等均是享誉国内外的重点大学。卫生机构2.04万个，其中医院8389个，医院病床24.72万张，专业卫生技术人员31.52万人，拥有一批现代化检测、医疗仪器和设备。涉外宾馆(饭店)33家，其中星级宾馆(饭店)20家，锦江宾馆、岷山饭店、成都饭店等已达到四星级标准。博物馆、图书馆、广播电视及各类文化娱乐设施，均有较好的基础。

(五) 科技实力雄厚，是全国重要的科研基地。

1.科技队伍数量大。1991年，全省有县以上全民独立研究与开发机构288个，其中中央在川单位64个，省属科研单位73个，拥有科技人员4.2万人，科学家和工程师占62.87%，不少是肩负国家尖端技术研究重任的高级科学家。高等学校有专任教师2.47万人，中等专业学校有专任教师1.62万人，他们在完成教学任务的同时，从事着各个领域的科研活动，高校已建立研究机构113个，不少大中型企业拥有厂办科研所和较高水平的科研、工程技术人员，民间开发研究机构达571个。全省共有专业科技人员149.2万人，是现代化建设的一支重要力量。

2.重点科研院所多。从事综合性研究的中国科学院成都分院；从事基础和工程研究的西南物理研究所、西南技术物理研究所、中国空气动力研究与发展中心、重庆成型工艺研究所、重庆防护包装研究所；从事电子、通信、自动化研究的华西自动化研究所，西南自动化研究所，邮电部第5、6、9所，以及电子技术、电子设备、集成电路、压电与声光技术，通信技术、应用磁学研究所；从事核动力的西南反应堆工程研究设计院；从事航空航天的西昌卫星发射中心；从事化工研究的晨光化工研究院、西南化工研究院、炭黑工业设计研究所；从事医学研究的抗菌素工业研究所、中国医学科学院输血研究所、成都生物制品研究所；从事交通研究的交通部科学研究院重庆分院、铁道部科学研究院西南研究所和第二勘察设计院科研所；从事钒钛钢研究的攀枝花钢铁研究院；从事地质研究的地矿部成都地质矿产研究所、探矿工艺研究所、矿产综合利用研究所；从事农业研究的四川省农科院等，均是闻名全国的重要科研机构。

3.具有承担国家重大科研项目的能力。这些科研单位拥有现代化的仪器仪表和高级、精密的科研、试验装置以及成套系列的计量检测、理化分析手段，先后研制成功了我国第一块大规模集成电路、2048信线陆电荷耦合器件、国产银河亿次计算机、714型气象雷达、高通量工程试验核反应堆、“中国环流一号”、长征三号运载火箭等一批高技术、资源开发、医疗、农业、民用工业等方面的科研成果，为经济和国防建设作出了重要贡献。目前，天然气化工、钒钛磁铁矿冶炼、铁路设计研究、电子技术、航空技术、航天技术、船舶技术等处于全国前列。

四、蒸蒸日上的社会经济事业

党的十一届三中全会以后，四川各族人民坚持以经济建设为中心，努力促进生产力的发展，巴山蜀水的面貌发生了前所未有的深刻变化。

(一) 整体经济实力明显增强。1991年，全省国内生产总值达到1281.1亿元，国民收入达到1064.5亿元，按不变价格计算分别比1978年增长1.89倍和1.66倍，13年平均增长速度分别为8.5%和7.8%。工农业总产值达到2114.3亿元，增长2.23倍，年均增长9.44%，其中：农业总产值680.1亿元，年均增长5.82%；工业总产值1434.15亿元，年均增长11.4%。13年间累计完成全民固定资产投资1223亿元，是过去29年总和的2.52倍。建成了一批大中型基本建设和技术改造项目，生产门类更加齐全，产品品种更加多样，资源开发能力提高，经济发展后劲增强。

(二) 产业结构调整迈出步伐。13年来，四川经济在迅速发展的同时，工农业总产值中的农业份额已由1978年的36.04%下降到1991年的32.17%；工业份额由63.96%上升到67.83%，产业结构明显发生了朝工业化方向发展的可喜趋势。在调整中：农业基础地位继续巩固，农村经济全面发展，粮食先后登上4000万吨和4200万吨两个台阶，1991年达到4359.3万吨，比1978年增长36.38%，棉花、油料、生猪、水产、水果等主要经济作物和农副产品均有较大幅度增长。乡镇企业总产值达到660.18亿元，吸收农村劳动力已占农村富余劳动力的30%，非农产业占农村社会总产值的比重由1980年的19.93%提高到了43.6%。基础设施和基础产业得到加强，全民基建新增发电装机容量387.62万千瓦，煤炭开采能力877.88万吨，化肥24.71万吨，化学纤维5.75万吨。加工工业和消费品工业的品种、质量和档次明显提高，产品结构改变了过去品种单调和供应紧张的状况，开始由初级产品向深加工产品转变。商业、饮食服务业和旅游业等第三产业不断发展，产值比重迅速提高。全省国民经济一、二、三产业的产值结构已由1978年的42.9：38.3：18.8发展到1991年的35.3：38.5：26.2，轻、重工业的比重由41.3：58：7发展到46.5：53.5。

(三)地区经济布局有所改善。13年来,四川经济建设在稳定发展成、渝两大城市的同时,有目的和重点地大力加强了中小城市的发展。1991年底,全省中小城市数已发展到22个,城市人口规模(不包括市辖县、下同)达到1500.9万人,占全省城市的71.95%;其中非农业人口433万人,占51.79%。工业总产值达到393.64亿元,占全省城市经济的48.31%。自贡、德阳、绵阳等一批中小城市的快速发展,促进了全省经济布局的改善,各具特色的地区经济已初露端倪。全省初步形成了以重庆为中心的冶金、机械、化工综合性工业基地;以成都为中心的机械、电子工业基地;以攀枝花为中心的冶金工业基地;由自贡、泸州、内江、乐山、宜宾5个中小城市群构成的川南地区以天然气化工、盐化工、精细化工为主的化学工业基地;以南充、达县为中心的煤炭、丝绸工业基地;以及德阳重型机械工业基地和绵阳、广元电子工业基地。

(四)少数民族地区经济发展进程加快。1991年,全省民族自治地方工农业总产值达到87.64亿元(当年价),按可比价格比1978年增长1.38倍,年均增长7.49%。其中:农业总产值48.24亿元,年均增长4.87%;工业总产值39.4亿元,年均增长12.06%。粮食总产量306.76万吨,比1978年增长32.37%;猪羊牛肉产量28.51万吨,增长2.26倍。已初步建立起机械、冶金、电力、采矿、森工、建材、皮革、造纸、毛纺、乳品、制药、化工、印刷、酿造、卷烟、服装、食品等工业门类,年产煤184.08万吨,发电量23.34亿度,糖4.39万吨,棉布71万米,木材268万立方米(占全省的62.21%)。现能生产400多个品种上千个规格的民族特需商品。少数民族的教育、文化、医疗卫生保健水平都得到不同程度的提高。

(五)科技、教育及各项社会事业长足发展。1981—1991年,共取得省级科研成果9760项,其中获省级奖励的3369项,获国家科技进步奖294项,发明奖164项,自然科学奖15项,在一些科技领域达到或接近了全国乃至世界的先进水平。1985—1991年共授予专利4000项,"火炬计划"、"丰收计划"、"星火计划"的实施取得成效,一大批科技成果的推广应用,提高了产业的技术水平和经济效益。基础教育得到加强,适龄儿童入学率达到96.4%以上,九年制义务教育顺利实施。中等职业技术教育、普通高等教育、成人教育为社会主义现代化建设培养和输送了大批人才。文学艺术、新闻出版、广播影视、医药卫生等各项事业健康发展。计划生育取得很大成绩,人口自然增长率基本控制在12‰以内。四川体育健儿在第6届全国运动会上跻身全国6强,在第11届亚洲运动会上获金牌22枚、银牌8枚、铜牌2枚,全省竞技体育、群众体育水平都有了很大程度的提高。

(六)开创了对外开放的新局面。四川先后与美国、法国、日本等10个国家建立了24对友好城市关系,与120多个国家和地区建立了经济贸易和往来关系。1991年,全省外贸进出口总额达到17.14亿美元,比1978年增长41.15倍,其中出口总额13.2亿美元,增长68.31倍。农副产品出口比重已从10年前的40%下降到9.4%左右,工业制成品出口比重上升到65.1%左右,出口商品结构有了很大改善。1980—1991年,全省共吸收外资3.56亿美元,兴办"三资"企业461家。引进了一大批国外先进技术,促进了生产技术水平的提高。累计向国外派出施工和劳务人员3.9万多人次,签订各类承包和劳务合同513项,合同额达10.9亿美元,实现营业额6.51亿美元。1991年全省共接待来川访问和旅游的外国朋友及华侨、港澳台胞21.26万人次,比1980年增长了6.68倍。与此同时,加强了与各省、市、区的横向经济联系,在资金、技术、物资、流通等各个领域的合作交流规模逐年扩大。

(七)人民生活显著改善。1991年末,全省社会商品零售总额621.84亿元,比1978年增长4.79倍,年均增长14.46%;城镇居民人均生活费收入1536.63元,比1978年增长3.71倍,年均增长12.67%;农民人均纯收入590.2元,比1978年增长3.64倍,年均增长12.14%。居民储蓄存款余额472.9亿元,比1978年增长44.78倍,年均增长34.2%。全省城镇居民和农村居民生活消费支出中食的比重分别由1978年的59.2%和73.6%下降到51.91%和62.38%;用于穿、用、娱乐的比重上升,高中档耐用消费品逐步进入了城乡居民家庭。城乡居民的居住条件、健康状况、文化素质都有了很大改善和提高,文化和体育事业的发展,在全省范围内,大多数人民的生活在"温饱"的基础上已开始向"小康"的方向转变。

(雷开平 撰稿)

国民经济和社会发展规划及设想

一、"天府"未来，前程锦绣

《四川省国民经济和社会发展十年规划和第八个五年计划纲要》，把"兴科教，增效益，翻两番，达小康，添后劲"作为全省本世纪末的奋斗目标，即在提高经济效益和国民经济整体素质的前提下，实现现代化建设的第二步战略目标，并为下个世纪实现第三步战略目标打好基础，增添后劲。

（一）国民生产总值翻两番，经济总量继续位居全国前列。到2000年，全省国民生产总值(按1990年不变价格计算)将达到2510～2810亿元，按可比价格计算提前2～3年，比1980年翻两番，10年平均每年增长8.2%～9.4%。国民收入将达到1986～2198亿元，平均每年增长7.5%～8.6%以上。工农业总产值将达到4461～4916亿元，平均每年增长8.2%～9.2%，其中：农业总产值达到1050亿元，平均每年增长3.7%以上；工业总产值达到3409～3864亿元，平均每年增长10.2%～11.5%。粮食产量将在"八五"和"九五"期末先后登上4550万吨和5000万吨两个台阶，油料、生猪、蚕茧等农产品产量保持全国领先地位。原煤产量将达到7650～7750万吨，发电量达到700～800亿千瓦小时，钢、生铁、木材、水泥、化肥、纯碱、烧碱、有色金属、汽车、发电设备、化学纤维等主要工业产品的产量将大幅度增长。届时全省经济的整体实力将大大增强，国民经济总量指标继续处于全国的前列。

（二）人民生活从温饱达到小康，生活质量全面改善。到2000年：

1.人民收入将达到中等水平。全省城镇居民人均生活费收入由1990年的1354元增加到2100元，年均增长4.5%；农民人均纯收入由505元增加到925～1020元，年均增长6.24%～7.28%。

2.人民消费结构明显变化。城镇居民、农村居民用于食品的消费支出占生活费支出的比重分别比1990年下降6—8个百分点；耐用消费品消费、居住消费、劳务消费比重提高；文化消费将成为人民消费的重要内容。

3.人民居住条件有所改善。城镇居民人均居住面积由1990年的7.2平方米增加到8.2平方米左右，基本上实现每户家庭有一套经济、适用、配套的住房；农村居民住房的面积、质量和卫生条件明显改善。

4.人民的科学文化水平有所提高。在全省总人口中，文盲、半文盲将由"七五"末期的16.2%下降到8%左右，占全省人口60%的地区普及九年制义务教育；全省就业人口文化程度达到初中以上水平；科普工作取得明显进展；人民的文化生活更加丰富。

5.人民的健康水平明显提高。全省公共医疗事业得到较大发展，初步形成不同层次、布局合理的医疗卫生保健网，实现人人享有初级卫生保健服务；群众性体育活动广泛开展；居民的预期寿命进一步提高。

6.社会保障体系基本建立。职工退休费用社会统筹制度、职工医疗保险制度和待业保险制度，以及城镇个体劳动者社会保险制度基本确立；农村各种保险全面发展，大部分农民将获得不同程度的社会保障；城镇待业率力争控制在3%左右；各种社会化服务设施不断完善。

环境质量有所改善。工业污染得到控制，"三废"处理能力显著提高；省内主要江河水质达到国家1级标准，主要城市和重点区域大气质量分别达到国家1级或2级标准；全省森林覆盖率达到23%左右。

（三）经济效益明显提高，科技进步和技术改造取得重大进展。到2000年，全社会劳动生产率平均每年增长6.4%～7.6%。每万元国民生产总值能耗平均每年降低1.7%。工业企业资金利税率比1990年提高7—9个百分点，流动资金周转天数缩短40～50天。全民所有制单位基本建设固定资产交付使用率比“七五”时期提高4个百分点。

高新技术开发区初具规模，一些高新技术实现商品化、产业化。计算机、微电子技术、激光技术、生物技术和新材料等高新技术的应用开发继续保持国内领先地位，部分研究领域达到当时国内先进水平，部分达到国际先进水平。传统产业主干部分的技术面貌有明显改善，骨干企业的主要设备、工艺技术和企业管理基本达到当时国内先进水平和世界80年代的水平。科研成果运用于生产的周期明显缩短。科技成果的应用率由1990年的50%左右提高到70%以上，科技进步在国民经济增长中的贡献由1990年的35%左右提高到50%以上。企业自觉追求技术进步的动力机制基本形成。

（四）产业结构实现初步合理化后进一步向现代化方向转变，经济发展后劲大为增强。到2000年，全省国民经济一、二、三产业的产值结构将由1990年的37∶37∶26调整到22∶42∶36，就业结构将由72.5∶14∶13.5调整到60∶20∶20。形成或初步形成一批在全国有较强实力和竞争力的产业（产品）基地。主要是：以粮、油、猪、茧、烟、麻、柑桔等为代表的农副产品基地；以水电为代表的能源基地，以钢铁、化肥、发电设备、工程机械、汽车、通信及广播电视设备、基础电子元器件等为代表的重工业基地；以名优食品、皮革、丝麻纺织和部分家用电器为代表的轻工业基地；在微电子、机电一体化、核动力、同位素、新材料、生物技术、光纤、航空航天等领域初步形成一些高新技术产业基地。生产力布局进一步合理，初步形成川西、重庆、川南、攀西、川中、川东北等8个各具特色又统一于全省的经济区。

1.农业和农村经济的基础地位将更加牢固。10年内，陆续建成长江中下游防护林、长江上游水土保持、中低产田土改造以及升钟、大桥、紫坪铺水库、武都引水等大中型骨干水利工程和一批重要农副产品生产基地。乡镇企业迅速发展，成为农村经济的坚强支柱和农民实现小康目标的重要依托。

2.基础设施和基础工业得到切实加强。10年内将完成宝成铁路扩大能力改造和成昆铁路、襄渝铁路渝达段电气化改造，建成达成、隆泸、普乐等地方铁路和成渝高等级公路，长江黄金水道和川江水运作用得到充分发挥，进出川运输紧张状况将得到极大地改善。全省各城市将全部开通国际电话。县县实现市话自动化，基本形成全省现代通信网络。建成全国最大的二滩水电站和一批中小型水电站，水能资源优势得到充分发挥；全省电力电量平衡有余，将逐步实施“西电东送”的战略目标。完成攀钢二期工程等5大钢铁企业和中国最大的西南铝加工厂等的改造，建设6万吨聚脂切片、14万吨乙烯、两套30万吨合成氨装置、24万吨磷铵、第二钢铁基地等一批重要项目。原材料工业的薄弱环节得到弥补和加强，具有比较优势的行业和产品进一步发展壮大。

3.加工工业实现品种、质量、水平的全面提高。10年内将围绕发挥投资类机械、电子工业和以农副产品为原料的丝绸、烟草、皮革、麻纺、服装、食品等轻纺工业两个优势，重点在电子及通信设备、发电设备、重型机械、工程机械、汽车和新兴换代消费产品等方面完成一批重大技改项目，加工工业的质量、水平、档次和最终优势产品的比重将有较大提高，整体素质和经济效益将有较大改善。适应人民的住房需求，建筑业将日益成为国民经济的支柱产业。

4.第三产业将有较大发展。努力搞活消费品和生产资料流通，使城乡市场更加繁荣兴旺；积极发展多种金融业务，更加适应经济建设筹资等多方面的需要；大力开拓国际国内旅游的新领域，更加适应人民物质文化生活多层次的需要；高度重视信息咨询业的发展，初步形成全省经济信息网络。

5.资源综合开发取得明显进展，布局合理且具特色的地区经济逐步形成。到本世纪末，全省初步形成以农副产品基地、电子、航空、重型机械、轻型和越野汽车、特种钢材、高新技术产业和旅游业为特色的川西经济区。以汽车、摩托车、优质钢材、铝材、精细化工、合成材料、电子仪表、高新技术产业为特色的重庆经济区。以硫磷化工、天然气化工、精细化工、盐化工、容器机械、名优食品和旅游业为特色的川南经济区。以能源、钢铁、钒钛、有色冶金、甘蔗、烤烟、蚕茧、水果、早市蔬菜和林畜产品为特色的攀西经济区。以丝、棉纺织和农副产品深加工为特色的川中经济区。以军工、钢铁、轻纺、建材为特色的川东北经济区。以丝麻纺织、化肥、盐化工、水果、林畜产品为特色的川东南经济区。以畜牧、林果、旅游、有色金属及贵重稀有金属为特色的川西北经济区等8个不同水平和特色的经济区。

二、扩大开放、振兴四川

80年代，四川在经济社会发展取得重大成就的同时，经济发展尤其是人均指标与沿海省市的差距拉大了。对外开放不够，是造成这种差距的最重要原因。进一步扩大四川对外开放的领域、程度和规模，是四川坚定不移的方针,也是实现本世纪末的奋斗目标、振兴四川的关键。按照中央〔1992〕2号、4号文件精神,四川对进一步扩大对外开放作出了新的部署。

(一)坚持扬长避短、符合四川特点的对外开放路子

1.开放资源。充分利用和发挥四川资源丰富的条件,允许和鼓励外商以合资经营、合作经营和独资经营的方式,从事资源的勘探、开采和加工,允许和鼓励外商租赁开发,以加快把资源变成财富的进度。

2.开放企业。充分利用四川现有企业众多的条件,发挥资产存量的作用,拿出一些有吸引力的企业或车间,与外商合资、合作或转让、租赁,实行"一厂两制",加快企业技术改造。

3.开放市场。充分发挥四川人口众多,市场广阔的特点,对外商在川兴办企业生产的产品,不要求全部返销,允许在省内市场销售,公平竞争。

4.借船出海,借边出境。充分利用沿海、沿边省份的优越地理条件,把四川企业组织起来,在沿海、沿边地区开店设厂,发展和壮大窗口企事业,逐步形成四川——沿海——海外合资;四川原材料、半成品或成品——沿海窗口企业加工、深加工或组装——国际市场销售;海外技术设备——沿海合作办厂——向四川转移技术和管理经验等3个"三点一线"的格局,以弥补四川地处内陆、信息不灵之短。

5.改善出口产品结构,提高质量。巩固传统商品和劳动密集型商品出口,开发一批运输方便、高附加值的出口产品,重点抓好机电产品和深加工的丝绸、轻纺产品。充分发挥四川科技力量较强的优势,积极发展技术密集型产品出口或技术的直接输出。充分发挥四川劳动力资源丰富的优势,积极发展对外工程承包,放手输出劳务,把劳务输出与设备、产品和技术输出结合起来。

6.发展旅游业。充分发挥四川旅游资源丰富、巴蜀文化独具特色的有利条件,加强旅游设施建设,改善服务质量,采取"文化搭桥、经贸唱戏"等各种有效形式,大力发展国际旅游,逐步使之成为四川外汇收入的一大来源,提高四川在国际上的知名度。

(二)扩大对外开放的领域和重点区域。四川对外开放的领域十分宽广,投资、合作的项目众多。其方向和重点是:(1)基础产业和基础设施,重点是农业、电力、交通、通信、原材料工业;(2)开发矿产资源,重点是水能、煤炭、铁矿、铅锌矿、磷矿、硫铁矿、大理石等的开发;(3)引进先进技术和设备,改造传统产业,重点是食品、电子、机械、建筑和建材业、丝麻纺织等行业;(4)旅游业,重点是旅游景点开发和旅游服务设施的不断完善。

四川对外经济技术合作的形式多样,办法灵活。如:可采用合资经营,合作生产;独资经营,独立生产;"三来一补",国际贷款;技术转让,技术咨询;经济的、技术的、文化的合作与交流,以及双方商谈的其它合作形式均可。

外商来川投资合作,全省各个地方均可,尤其欢迎在下述3个重点区域:

1.盆地腹心地区的"一条线"。这个地区北起江油、南至峨眉山,以铁路和高等级公路贯穿的"一条线"上,联结着1个计划单列的大城市(成都)、3个地级市(绵阳、德阳、乐山)、及所辖的10个县(江油、什邡、广汉、德阳市中区、新都、都江堰、双流、新津、眉山、峨眉山)。这"一条线"自古就是"天府之国"的核心部位,具有商品经济比较发达,科技力量雄厚,交通方便,信息灵通,大中型企业比较集中,乡镇企业有较大规模和水平,增长势头都比较好的优势。为了发挥其良好的经济基础,四川省委、省政府决定给予这一地区以更大的自主权,使其发展成为四川盆地的一块"金三角"地带,成为四川"裕县富民",振兴经济的典范。

2.攀西地区。这个区域包括攀枝花市和凉山彝族自治州共22个县(市、区),以其丰富的钒钛磁铁矿、有色金属矿、水能资源和农业资源而著称于世,是四川经济发展的后劲所在。目前,省政府拟决定建立"攀西资源综合开发区",引进和实行特区体制,依托资源,放手引进外资和技术,加快开发步伐。逐步把它建成我国内地以资源开发为主的开放式经济特区,成为我国强大的钢铁、钒钛、水电基地、四川有色金属和稀土工业基地及四川独具特色的农牧业生产基地。

3.高新技术开发区。重庆高新技术开发区、成都高新技术开发区,是国务院早已批准的国家级高新技术开发区。几年来,在供电、供水、供气、供热、道路、通讯、第三产业等方面兴建了一批基础设施项目,各项优惠政策和有关法规已经制定,投资"软"、"硬"环境大为改善,一批高新技术项目正在实施,兴办保税仓库、保税工厂、保税区和外商投资小区的工作也正在加紧进行。四川省还依托绵阳科技城,批准成立了绵阳高新技术开发区,大力发展一批高新技术产业。上述各个高新技术开发区,正在按照高新技术的商品化、产业化、国际化的总目标,抓紧实施。

附录：

实行对外开放的优惠政策

早在1988年，四川省人民政府就颁布了《四川省鼓励外商投资的规定》，对合作和举办企业的程序、企业合法权益和正当利益的保护、各种税收优惠、生产条件的优先供应和保证、企业人财物和产供销的自主权等方面，都本着一切从优的原则作了明确规定。目前，正结合中央2号、4号文件的精神，本着更加优惠、更加灵活、更加便捷的原则，对《规定》进行修改和补充。并成立了“四川省外商投资企业服务中心”，以更加适应国际经济发展的要求。按照国际惯例和沿海地区的成功经验，盆地腹心地区“一条线”、攀西地区、三峡库区、高新技术开发区等重点区域已经采取和正在落实一系列优惠政策，主要有：

1. 投资经营政策

——投资经营以技术先进工业为主，亦相应发展第三产业。外商独资企业、中外合资企业、中外合作企业，国内独资企业、国内合资企业、国内合作企业均可举办。

——允许和鼓励从事矿产资源的勘探、开采和加工。

——允许和鼓励举办电站、机场、铁路、公路、通信等基础设施和城市供水、供电、供气、供热、环保等设施。

——允许和鼓励兴办农场、牧场、养殖场、果园和农副土特产品加工业。

——允许和鼓励开发旅游景点，开辟新的旅游线路和观光项目，兴办宾馆、饭店、文化娱乐等旅游服务设施。

——允许和鼓励对现有企业实行合资、合作生产或租赁、承包经营。

2. 土地开发政策

——推行土地有偿使用，国内外投资者可采取缴纳场地使用费和开发费获得使用权，也可通过国有土地使用权的出让、转让、出租、抵押等形式获得使用权。根据投资项目的性质和方向，还可给予不同程度的土地使用费优惠。

——外商投资企业可一次性取得土地使用权，期限最长为70年。允许和鼓励外商从事成片土地开发。

——土地在合同规定期限内，可继承、转让、抵押、赠与、出租和兴办企业。使用期满后可续签合同。

3. 税收政策

——外商投资企业从事生产、经营所得和其它所得，按15%的税率征收企业所得税。其中：经营期在10年以上的，从开始获利的年度起，第1年至第2年免征企业所得税，第3年至第5年减半征收企业所得税。

——外商投资企业系技术先进企业或产品出口企业，从开始获利年度起，第1年至第3年免征企业所得税，第4年至第6年减半征收企业所得税。

——从事农业、林业、能源、交通及其它重要生产性项目的外商投资企业将享受更长期的免征、减免企业所得税的优惠待遇。

——出口产品产值达到当年产值70%以上的，按10%的税率征收企业所得税。

——外商分得的利润再投资于本企业或举办新的外商投资企业，经营期不少于5年的，经申请批准，退还再投资部分已缴纳的企业所得税款的40%。如再投资兴办出口企业或先进技术企业，经营期不少于5年的，经申请批准，全部退还再投资部分已缴纳的企业所得税。

——外商投资企业免征地方所得税。

——外商投资企业从投产或经营年度起算，免征房产税和车船使用牌照税8年。

——外商投资企业的出口产品按国家规定免征工商统一税。

——生产性外商投资企业，开办初期纳税有困难的，可向税务机关申请，经批准后一定期限内减免工商统一税。

——外商投资企业按合同规定，外方出资或追加资本进口的机器设备、零部件、生产用车和合理数量的办公用品和日常生活用品，按国家规定免征关税和进口环节工商统一税。

——外商投资企业为加工外销产品，从国外进口的原材料、元器件、零部件、辅料和包装材料，按国家规定免征进口关税。

——外商投资企业外籍职工的工资、薪金所得，减半征收个人所得税。

——属产品出口型或技术先进型外商投资企业

的外商，将从企业分得利润汇出境外，免缴汇出额的所得税。

4.项目、资金、技术引进政策

——引进项目产生效益后，按其纳税3－5％连续奖励5年；或在固定资产设备安装就绪后，由项目承办单位按其净值0.5－1％给予一次性奖励。

——引进先进技术而使企业经济效益增加，以投产后第1年新增纯利润的5－10％给予一次性奖励。

——引进资金的利率等于或低于银行基准利率，使用期在3年以上的，资金到位后，由用资单位按用资额的1－3％给予一次性奖励；使用期在2年以内、1年以上的给予0.5－1％一次性奖励。引进资金利率高于银行基准利率，使用期在3年以上的给予1％一次性奖励；使用期在2年以内、1年以上的给予0.5％一次性奖励。

5.人才引进和流动政策

——科技人员的发明创造在生产中获得经济效益后，发明创造产品所得纯利润的10％奖给发明创造者或单位，奖励逐年兑现，直到产品在市场上丧失竞争力为止。

——对贡献卓著的人才，由政府给予重奖。年创利税50万元以上者，奖励3万元人民币；100万元以上者，奖励5万元人民币；500万元以上者，奖励15万元人民币。

——允许和鼓励机关兴办经济实体。党政机关干部可以停薪留职，可以经批准领办、帮办企业特别是乡镇企业。人才可以自由流动。

典型地区和典型企业

资源富集的宝地——攀西地区

一、罕见的资源富集区

位于四川省西南部、川滇交界处的攀西地区，是祖国大西南一块以资源富集闻名于世的宝地。这个区域包括攀枝花市和凉山彝族自治州，共辖22个县（市、区），幅员面积6.75万平方公里，现有人口456.1万。区内居住着汉、彝、藏、苗等36个民族，是全国最大的彝族聚居区。

攀西地区具有优越的地理环境和独特的地质演化史。该区位于东经100°15′～103°53′、北纬26°03′～29°27′的范围内，是青藏高原向云贵高原和四川盆地的过渡带。新第三纪以来，受喜马拉雅山运动的影响，地壳不均匀地大幅度抬升，河流强烈下切，形成了著名的攀西古裂谷地质构造及其特殊的地貌特征。这里气候垂直分布，光热资源非常丰富，生物资源种类繁多，水能、矿产资源高度集中，它是四川乃至全国少有的资源富集区。据国内一些著名专家估算，全区资源潜在价值达6.2万亿美元以上，存在着巨大的开发前景。

（一）矿产资源独具魅力。攀西古裂谷成矿带是一个矿产资源的“聚宝盆”。它以矿产资源丰富且配套，矿床规模大，储量分布集中，开采条件好，伴生有益成分多，综合利用价值高而独具魅力。

1.矿产资源丰富而配套。全区现已找到矿产54种，其中探明储量的44种，约占四川全省探明储量矿种的一半。铁矿保有储量61亿吨，占全国的13.26%，仅次于东北鞍山——本溪成矿区而名列全国第2位。尤以钒钛磁铁矿最为瞩目，探明储量57亿吨（加表外储量98亿吨，远景储量接近200亿吨）。探明有色金属12种，保有金属储量在四川占有很大份额，铜占71.0%，锡占83.1%，铅占34.3%，锌占49.2%，镓占73.0%，镉占73.2%，钛、锗、铟均占10%。其中钛、镉、铅锌分别居全国第1、第2及第4位。稀土矿床的探明储量占全省的90%以上，是省内目前唯一的大型产地，也是仅次于内蒙古包头的国内第2大稀土矿床。探明非金属矿20种，冶金用的优质炼焦煤、兰石棉、硅藻土、石灰岩、白云岩、硅石等齐全配套，大理石、晶体石墨矿、岩盐等矿产的储量均较丰富。

2.矿床规模大，储量分布集中。在占全川11.8%的土地上，集中了全省1/3的大中型矿产地。共有矿区358处，其中大中型矿区168处，分别占全省的24.69%和32.43%。矿产集中分布在攀枝花——西昌之间200公里的成昆铁路沿线。其中：90%的钒钛磁铁矿储量分布在攀枝花市，94%的铜矿和74%的锡矿储量分布在会理县，49.43%的铅锌矿储量分布在会东县。攀枝花、红格、白马、太和4大钒钛磁铁矿，会东大梁子、会理天宝山铅锌矿，会理拉拉落凼铜矿均是全国屈指可数的大型、特大型矿产地，是建设年产1000万吨钢铁和10万吨以上有色金属冶炼厂的理想矿山原料基地。

3.矿床开采条件好。多数矿产具有埋藏浅、剥采比低，水文地质条件好、易采易选的优点，有利于降低成本，提高经济效益。其中：钒钛磁铁矿的精矿品位可达到54%以上，剥采比平均为1.29～2.11，宜于建设大型露天矿。有色金属矿品位高，可选性良好。铜矿品位均为大于1%的富铜矿，高的达到1.6%左右；铅锌矿平均含锌多在10%以上，且锌、铅品位比值为6.71～17.54：1，远高于国内平均2.5：1和国外1：1的水平。稀土矿具有成分单一、晶粒粗大、易采易选分离冶炼等突出特点。

4.矿产伴生成分多，综合利用价值高。钒钛磁铁矿是以铁、钒、钛为主的多金属矿产，共生的二氧化钛和五氧化二钒分别占全国的92%和54%，名列世界前茅，素有“钒钛王国”之称，同时伴生的有铜、钴、铬、锰、钪、硫、镓、硒、碲、金、铂等20多种元素。铅锌矿中伴生有银、锗、镓、铟、镉等丰富的贵金属和分散元素，其中伴生的银已达到或接近大型矿床规模。铜矿伴生的钼、钴、金、银也均达到中型矿床规模。按各种有用元素回收价值比测算，钒钛磁铁矿中主金属铁的价值只占6.2%，而钒钛占48.8%，钪占41.7%，共生伴生成分价值大大高于主金属价值。资源综合利用的前景十分广阔。

（二）**水能资源富甲天下**。全区水能资源可开发量达3435万千瓦，分别占全省和全国可开发量的37.5%和8.6%。可开发的年电量为1928亿千瓦小时，相当于我国西北5省区年发电量的总和。平均每平方公里可产电量286万千瓦小时，分别为世界和全国平均水平的40倍和14倍。尤其是横贯本区的金沙江、雅砻江和邻近的大渡河，更是全国乃至世界上少有的水能资源富集河流，区内河段可开发水能资源达3324万千瓦，可建40～1000万千瓦的大型电站10个。金沙江的溪落渡（装机容量1010万千瓦）、白鹤滩（870万千瓦）、雅砻江的二滩（330万千瓦）、锦屏（600万千瓦），都是我国乃至世界上屈指可数的巨型水电站。这些电源点具有落差大、水量充沛稳定、淹没搬迁少、动能指标优越等突出优点。以正在建设的二滩电站为例，平均每万千瓦装机淹没土地75亩，迁移人口66人，按1986年匡算的单位千瓦投资1231元，单位电度投资0.228元，仅相当于80年代全国建设的几个装机100万千瓦以上电站的20%、10%、79%和65%左右。具备了把该地区建成我国最大水电基地的优越条件。特别是区域内的大型矿山、原材料基地与可形成的负荷中心同处一地，电站的开发建设不仅可满足钢铁、有色金属等高耗能工业发展的需要，还可实现“西电东送”，为全国经济的发展做贡献。

（三）**农业资源优势独特**。该区是同纬度唯一以热带气候为基带，亚热带气候为主体的区域，是四川土地资源最有潜力的地方，存在着农牧业全面发展的良好条件和广阔前景。

1.热量丰富，光照充足。攀西南部及金沙江河谷区的年均气温高达20℃，≥10℃的积温达到7500℃左右，光照2200小时以上，降雨量多在600～1400毫米之间，素有“天然温室”之称。气候随山体海拔不同，呈明显垂直变化，从谷底到山顶，亚热带和寒温带各类型气候逐次可睹，是发展立体农业得天独厚的场所。

2.土地辽阔，宜垦荒地资源多。这个地区人均土地面积达23.5亩，分别为全国和全省的1.7倍和2.9倍。耕地面积516万亩，人均1.13亩，比全省人均耕地多0.26亩。宜农荒地436万亩，占全省的31.25%，其中集中成片、土层深厚、地势平坦、开发投资少的荒地有200多万亩。能够基本做到开荒垦殖当年开发，当年见效，当年回收投资，因此，进一步发展农业生产的潜力巨大。

3.生物资源丰富，是我国和世界珍稀动、植物巨大的基因库。全区现有林地5792万亩，草地7200万亩，分别占全省的19.05%和29.31%，是四川的主要林区和草食畜牧业的重要基地。高等植物200余科5000多种，脊椎动物114科626种。拥有国家重点保护的动、植物107种，最为著名的大熊猫、牛羚、白唇鹿、金丝猴、金钱豹、桫椤、珙桐等，均是我国珍贵的一类保护动、植物。

4.农作物具有早、稀、高、优的地方特色和综合优势。农作物一年三熟，稻麦两熟，亩产达1030公斤；甘蔗平均亩产6－7吨，最高可达17.5吨，含糖量在13%以上，接近世界主要产糖国甘蔗平均亩产8吨、含糖份14%的水平；烤烟色泽好，纯度高，可与云、贵烟媲美；一年可养蚕四季，生丝质量颇佳；生产的早市蔬菜和亚热带水果，成熟期一般要比全国许多地区早1～2个月甚至一个季度左右。是建设重要商品粮基地和甘蔗、烟叶、蚕桑、亚热带水果和早市蔬菜基地的理想区域。

攀西地区以其丰富的资源和巨大的综合开发价值，享誉国内外。1965年11月，邓小平同志视察攀西时曾盛赞：“这里得天独厚”。近几年，国外一些专家、学者到攀西考察后，无不羡慕，有的惊叹说：“上帝太不公平，对你们太偏爱了，把这样一块宝地赐给了你们中国人！”

二、开发攀西资源的成功典范

攀西地区雄厚独特的资源和内陆纵深的地理位置，具备着建设大型工业基地和战略后方基地的优越条件。从50年代起，党和国家许多领导人就亲临视察，明确指示要把攀西地区的资源开发列入国家重点计划。1958年中央成都会议上，毛泽东同志就批准了建设攀枝花基地的设想。1964年5月，党中央、国务院正式决定开发攀枝花。从此，攀西资源拉开了大规模工业开发的序幕。

为了实现党中央的战略决策，从1964年末起，国务院10个部委和川、滇等省调动了5万多名职工，从全国各地汇集到攀枝花，展开了以建设攀枝花钢铁企业为主体的工业基地大会战。会战职工克服重重困难，于1966年完成施工准备，1970年高炉出铁，同年成昆铁路胜利通车，1971年转炉出钢，1972

年出坯，到1974年轧出钢材止，一期工程基本建成。1980年全面达到并超过了设计能力，形成了150万吨钢、160～170万吨铁、90～100万吨钢材的攀枝花钢铁厂及矿山、煤炭、电力、交通等设施配套的工业基地。

党的十一届三中全会以后，攀枝花资源成为全国3大矿产资源综合利用项目之一，攀钢二期工程于1986年开工建设，二滩电站主体工程于1991年破土动工，攀枝花工业基地的建设和发展又取得了新的成就。目前，攀枝花已经建成我国西南最大的钢铁工业基地，钒钛综合利用开始起步，形成了年产钢200万吨、生铁300万吨、钢材120万吨、铁矿石1350万吨、原煤550万吨、电力装机37.5万千瓦、钒渣10万吨、五氧化二钒0.2万吨、钛精矿10万吨、铅锌和锡冶炼3.12万吨的综合生产能力；商品农业的特色初露端倪，以农副土特产品加工为主的轻纺工业有了一定发展；对外通道已基本形成，城市功能逐渐完善。一个拥有40多万人口，以重工业为主体的，在川滇交界地区具有较强辐射作用的攀枝花市已初具规模。1991年，攀枝花市的工农业总产值达到43.67亿元(1990年不变价)，按可比价格比1978年增长了1.23倍，平均递增6.55%；人均现价国民生产总值3010元，名列全省前茅。在攀枝花工业基地的建设实践中，还形成了"艰苦创业、无私奉献、开拓进取、团结协作、科学求实"的攀枝花精神。攀枝花工业基地的建设者们正是用这种精神作动力，创造了中国工业建设史上的一个个奇迹。

(一) 建设速度快。从批准攀枝花上马到工业基地基本建成，前后不到10年时间，而且是在建设初期没有水、电、路，没有大型吊装设施，没有铁路运输的艰苦条件下建成的。攀枝花钢铁联合企业从开工到基本建成，经历工期只98个月。

(二) 投资少，质量好。攀枝花完全是依靠国内自己的力量，自行设计、自行施工、用自己制造的设备建设起来的，达到了一次联动试车成功。按钢铁厂计算的吨钢投资只有810元，低于国内一般2500元的水平。

(三) 投入产出效果明显。攀枝花开发以来总投资88亿元，形成固定资产70亿元，在90%以上产品按指令性计划平价调出的情况下，仍创造利税60多亿元，相当于回收投资的68%。投资与实现利税比例在资源型城市中比全国平均高1.5倍，攀钢比全国平均高3.5倍。一期工程投资1989年已全部返本，其中攀钢于1985年收回全部投资。一期工程钢和铁的生产能力分别超过设计能力的20%和25%。

(四) 对全国、全省贡献大。截止1991年，攀枝花钢铁工业基地累计生产铁3407万吨，钢2663万吨，钢材1448万吨，铁矿石1.34亿吨，原煤8084万吨，钒渣86.5万吨，水泥815万吨，木材522万立方米，电力326亿度。产品输往全国各地，有力地支援了全国、全省的经济建设。攀枝花的合金钢、重轨、钒渣、炭黑等产品远销海外，换回了外汇，使我国由钒的进口国一跃成为出口国。

(五) 打开了资源综合开发、综合利用的局面。攀枝花工业基地先后成功地攻克了普通高炉冶炼高钛型钒钛磁铁矿技术；解决了综合利用钛资源，生产高质量钛精矿的选矿生产技术；首创了雾化提钒新工艺；解决了钴、镍、镓、钪回收技术；钒钛应用技术及新产品开发也不断取得进展。这些都使攀枝花资源综合经济优势的发挥成为可能。

攀枝花工业基地的成功建设，改善了我国生产力布局，繁荣了内地经济，增强了国防实力，促使西部地区的钢产量占全国的比重由1952年的3.8%上升到了1991年的16.9%；促进了我国人口的合理分布，攀枝花市区每平方公里人口密度由基地建设初期的43人发展到现在的176人；在大山区建设工业基地，为国家节约了耕地，保护了良田沃土；为有效开发西部地区打下了一个可靠的基础，为建设具有中国特色的工业基地提供了宝贵的经验。

三、攀西将成为我国西南地区大型能源、原材料和农副产品生产基地

从攀西地区资源状况和现有基础出发，根据全国和全省经济发展的总体要求，在本世纪末或更长一段时间，攀西的发展方向和目标是：建成我国强大的钢铁、钒钛、能源基地和四川有色金属工业基地；建成四川以甘蔗、烤烟、蚕茧、水果、早市蔬菜和林畜产品等为特色的农牧业生产及其加工产品基地；建成四川通过南方丝绸之路走向东南亚的坚强阵地和川、滇交界处的商贸中心。

以攀钢二期工程和二滩电站建设为标志，攀西各项骨干项目正在启动，资源开发开始步入了一个新阶段。

(一) 钢铁。攀钢二期工程自1986年建设以来，已建成1350立方米四号高炉，即将建成1350板坯连铸机、1450热轧板厂及大宝鼎、太平矿山等工程，还将陆续建成1450冷轧板厂、万吨钢梁轧机、余热淬火等工程及配套辅助设施，到1996年全面建成投产后，攀枝花钢铁基地将形成年产270万吨钢、300万吨铁、255万吨钢材的综合生产能力。二期工程完

成后，还将依托攀钢建设年产300万吨钢的四川钢铁二基地，力争到下个世纪初，形成年产600万吨钢的综合配套能力，成为规格品种齐全、具有资源特色的我国钒钛钢生产基地。

（二）**能源**。装机330万千瓦、年发电量162亿千瓦小时的二滩电站，1987年开始做施工准备，1991年正式动工，1998年第一台机组投产，2000年将全部建成。装机40万千瓦的二滩反调节电站——桐子林电站将在"九五"初期开工。装机各为300万千瓦的锦屏一、二级电站、装机280万千瓦的观音岩电站，前期工作正在加紧进行。预计到本世纪末，全区电力装机容量将达到500万千瓦左右。

（三）**钒钛**。攀矿4000吨钛白粉试验厂将在1993年建成投产。已规划新建或扩建钛白粉厂、选钛厂、高汰渣厂、镁钛厂、硫钴厂、钒铁厂、粉末冶金厂、装饰材料厂等一批钒钛工业项目。到本世纪末，攀西钒钛工业将形成年产钒渣10万吨、五氧化二钒0.5万吨、钒铁1300吨、钛精矿40万吨、高钛渣15万吨、钛白粉4万吨、海绵钛0.5万吨的综合能力。

（四）**有色金属**。会理银铜矿已开工建设，规划近期改扩建拉拉铜矿、大同铜矿、会东铅锌矿、岔河锡矿、凉山锌冶炼厂，新建鹿厂银铜矿、西昌粗铜冶炼厂、凉山稀土金属公司等一批骨干项目。到本世纪末，攀西年产铜将达到1.5万吨，铅4万吨，锌10万吨，锡0.03万吨，稀土2万吨，有色金属的总生产规模将达到15万吨以上。

（五）**农业及轻纺**。总库容6.83亿立方米的大桥水库已正式通过国家的工程可行性评估，建成后可使安宁河流域灌区保灌程度提高到90%以上，将为攀西农业综合开发提供稳定的水源。一批甘蔗、烤烟、蚕茧、水果、早市蔬菜和林畜生产及加工项目也在陆续启动。到本世纪末，攀西将年产蔗糖10万吨，卷烟50万箱，蚕茧2万吨，皮革100万张，早市蔬菜30万吨以上，成为四川农副土特产品及其加工的重要生产基地。

（六）**基础设施**。横贯全区的成昆铁路电气化扩能工程已列入国家"八五"计划，运输能力将由800万吨增加到2000万吨。攀枝花机场及一批路桥工程正在积极筹建。成都经西昌至攀枝花的光缆大通路即将建成，程控电话扩容工程正在加紧实施。到本世纪末，攀西的交通、通讯基础设施将有极大的改善，基本适应资源重点开发的需要。

为了加速实现攀西开发的宏伟目标，在中央2号、4号文件和邓小平南巡重要谈话精神鼓舞下，攀西这块举世罕见的资源宝地正积极筹建资源综合开发区，按照国际惯例和优惠政策，大胆地把资源这个"宝贝"抛出去，放手扩大对外开放，加快资源开发，以利经济更快地发展，人民更快地富裕。攀西将实行一系列有利于资源综合开发的体制和政策。

第一，建立新的管理体制，享有充分的经济活动自主权。开发区将在中央和省的统一领导和监督下，自主确定经济建设模式、计划、体制等政策方面的问题；在固定资产投资项目审批、土地征用、利用外资、对外出口、物价管理、债券发行等方面享有省级经济管理权限；四川省将在财政、信贷、专项资金和审批权限等方面对开发区给予必要的支持。

第二，充分利用经济、法律和行政手段，建立宏观指导下的市场调节的经济运行机制。开发区将逐步减少指令性计划，扩大市场调节的范围；尽可能放开粮食和其它农副产品价格，调动农民发展商品经济的积极性；全面推行企业自主生产、自主定价、自主用工、自主分配、自主技改；加快企业股份制试点；建立资金、劳务、技术和生产资料市场体系，促进生产要素优化组合；理顺财政、信贷、税收相互之间和各自内部的关系，更好地发挥经济调控作用。

第三，大胆放手对外开放。开发区将允许和鼓励外商以合资经营、合作经营和独资经营的方式从事区域内矿产资源的勘探、开采、加工；允许和鼓励外商举办电站、机场、铁路、公路、通信等基础设施；推行土地有偿使用，允许和鼓励外商实行土地成片开发，兴办农场、牧场、果园及其加工工业；允许和鼓励外商对区内现有企业实行合资、合作生产或租赁、承包经营，加速其技术改造。

第四，积极推进国内横向经济联合。开发区将按照谁投资谁受益的原则，采取分税、分利、分产品等经济办法，通过资源吸引、政策吸引和资金引导，大力推进发达地区的资金、技术、人才向开发区流动。寻求一条区域优势互补、东西部共同繁荣的发展路子。

（雷开平　撰稿）

新兴的科学电子城——绵阳市

绵阳是中国西部古剑门蜀道上一座新兴的科学电子城。位于中国西南四川盆地西北部，北倚剑门天险，南连川西平原；距四川省省会成都117公里，素有“蜀道咽喉”、“川西北第一重镇”之称。绵阳市为四川省省辖市，辖市中区、江油、安县、三台、梓潼、盐亭、平武、北川6县(区)及省人民政府科学城办事处。总面积2万多平方公里，人口492万，其中非农业人口66万。

一、雄厚的科技实力

(一) 绵阳是国家重要的国防科研生产基地。“三线”军工企业多、科研单位相对集中，境内有各类科研院所90多个，大型骨干军工企业9家，科技人员7万多人，其中高级工程技术人员3000多人。

(二) 具有一批在国内外有影响的科研机构。有中国乃至亚洲最大的中国工程物理研究院，亚洲最大的空气动力研究与试验机构——中国空气动力研究与发展中心，中国航空发动机科研、生产、试验和使用单位的主要技术后方和试验研究基地——中国燃气涡轮研究所，我国目前唯一的磁性材料与器件综合性研究所——西南应用磁学研究所。有拥有国产和世界上较先进的大型计算机系统的西南计算中心，市农业科学研究所、林业科学研究所、农业机械研究所，机电部11研究设计院绵阳分院等等。并有一支理论基础扎实、实践经验丰富的科技队伍，其中不乏全国科技界的精英人物。

(三) 科学研究领域独具特色，专业覆盖面广。涉及到数学、力学、工程技术、材料科学、信息科学、化学与化学工程共5个部分、百余个专业。

(四) 拥有良好的试验和加工生产条件。有全国乃至世界一流的多种试验、分析手段，有各种高精度的设备和仪器、各种配套使用的门类齐全的实验室和实验场，有国内先进的电子计算机，有全国最大的强流脉冲电子加速器和大功率激光器，有各种力学和气候环境试验设备，有先进的机床等，具有较强的新技术和新产品的开发能力。

(五) 科研成果的应用成绩显著。独立建制的科研院所获部、省以上的科技成果奖2400项，国家级奖757项。其中科研成果的一些项目，代表着中国乃至世界的最高水平，获得部级国家级奖励的科研项目，接近全省的1/3，居全省之冠。这些科研成果，已广泛运用于国民经济和社会生活，在核技术应用、电子、冶金、机械、石油、地质、化工、材料、工程爆破、医疗、体育、公安侦破等方面，形成了多层次，多形式的技术开发结构，生产出了一批具有特色的支柱性产品。近几年，为其他单位承担技术改造、技术服务项目达500多项，开发项目190多项，研制生产产品100多种，经国家和省部鉴定的产品有10多项，金眉241火警源、热缩制品、核微孔膜、钨靶等产品及控制爆破技术在国内具有先进水平，有的产品已开始销往国外。

(六) 绵阳作为一座电子城，电子科技实力可在全省称雄。全市有6个专业研究院所和12个大型企业的研究设计所，还有一批科技型、科技先导型电子企业，担负着我国一些尖端科技产品的研究、试验和生产任务，全市电子工业骨干企业20多家，职工万余人，固定资产原值4.6亿元，产值占全省电子工业总产值的1/3以上。拥有年产彩色和黑白电视机80万部，音响声控设备5000台，电子元器件1150万只，共用天线90万户，碱性蓄电池150余万只，图文传真机1000台，程控交换机4000门以及雷达电讯设备、医疗电子仪器、微型电子计算机、电力载波、电力电缆等产品的能力。国家首批一级企业长虹机器厂，是拥有设计和制造军民用雷达、广播电视、仪器仪表、汽车电器、生产技术类等7大系列产品能力的大型电子企业。涪江有线电厂是国内生产海底电缆载波设备的唯一厂家，在光纤通讯设备等高技术产品开发上具有雄厚的实力。华丰无线电厂是全国电接插元件生产的龙头厂，有“中国西部电接插件中心”之称。涪江机器厂有4个研究所，科研实力较强。五州电源厂生产的碱性蓄电池已列为进口替代产品，目前，该厂的技术已与世界先进水平同步。

绵阳又是全国军转民科技兴市试点城市，最近又被四川省委、省政府列为四川省“一条线”上的重点发展地区，又特批了省级高新技术开发区，这将进一步发挥绵阳的科技、人才优势，促进绵阳经济的发展。

二、巨大的经济资源

（一）丰富的自然资源。绵阳市境内森林总面积62.7万公顷，森林覆盖率为31.34%，原始森林中栖息着大熊猫、金丝猴、牛羚等珍稀动物。河流总长3400公里，水能蕴藏量300万千瓦以上。水域总面积135万多亩，发展水产养殖业具有相当的潜力。绵阳地下资源丰富，已探明的金、铝、锰、铜、铁、钒、锌、钨、锡、煤、石灰石、大理石、重金石、石油、天然气、重碳酸型矿泉水、膨润土等20多种矿藏很有开发价值。

（二）四川重要的农业产区，盛产粮、棉、油、猪、蚕、丝、麻类农产品。绵阳市内农副土特产品繁多，药用植物具有传统优势，茶叶、核桃、木耳、柑桔、辣椒、生漆、麦冬、附片、杜仲、枣皮、桔梗等500多种土产、药材畅销国内外。市中区、江油、三台、安县、梓潼等县（市、区）列为全国、全省粮、棉、油、猪和蚕丝的重要生产基地。

（三）工业经济初具规模。以电子工业为先导，形成了以电子、机械、食品、纺织、建材、冶金、能源为支柱的门类较为齐全，配套能力强的工业体系。辖区内有工矿企业4万余家，拥有西南最大的火力发电厂江油发电厂，国家大型骨干冶金企业长城特殊钢公司，以及江油水泥厂、东方绝缘材料厂、四川矿山机械厂、绵阳市第一纺织厂、绵阳市第二纺织厂等一大批骨干生产企业。辖区工业产值仅次于成都、重庆、德阳三市，居全省第4位。独立核算工业企业固定资产原值达38亿元，拥有职工21.3万人，产品逾万种，被评为国优、部优、省优的产品数百种，许多产品在国际上享有盛誉。

（四）历史悠久的文化古城和著名的旅游胜地。绵阳自汉高祖六年（公元前201年）置涪县以来，已有2100多年历史，以后经历各朝代变迁，均为郡、州治地。境内山川秀丽，古迹众多，被国家、省、市定为重点文物保护单位和风景名胜区的达210多处。境内人文景观与自然风光交相辉映，三国胜迹星罗棋布，窦圌山、罗浮山、猿王洞、佛爷洞、白水湖等蔚为奇观。有传为大禹降生地的“禹里沟”、唐代大诗人李白的故里，著名的东汉平阳府君阙和西蜀子云亭以及以三国寻踪为主要内容的富乐山、西山风景区。历代的名士文人，如司马相如、刘备、诸葛亮、王勃、唐玄宗，杜甫、白居易、苏轼、陆游、杨升阉等，竞相在这里留下了胜迹华章。从成都出发，经绵阳往江油、平武去驰名中外的“九寨沟”，被誉为“千里黄金旅游线”。绵阳旅游服务设施配套，有临园、绵州、岭南等宾馆和餐馆数家，每年接待中外游客750万人次。还有以“食品一条街”为主的众多名特小吃，深受美食家的欢迎。

（五）川西北的交通枢纽。宝成铁路纵贯市境，公路通车里程5000公里，涪江水运可达重庆，中国西南航空公司和重庆长江航运公司均在绵阳设有营业处。绵阳火车站日发客货列车49对，市境内有火车站19个，年运送旅客830多万人次，吞吐货物240多万吨。绵阳市区内街道总长70多公里，有市内公共汽车12路，营运大小出租汽车1000多辆，与铁路、公路和航空运输联网配套；交通十分方便。

（六）邮电通信便捷。国际直拨电话的开通和34兆比（480路）数字微波系统，46路时分制载报机、全电子中英文电传机、三类高速传真机等的采用和数据网通信工程，长途光缆数字通信系统的建立，大大提高了通信能力，沟通了绵阳与国内主要城市和国际182个国家和地区的直拨电话和通信。

（七）电力、天然气、自来水等城市基础设施基本配套。年供电量可达20.9亿千瓦小时，供气量可达2.4亿立方米，日供水量可达30万吨。

（八）绵阳市是对外开放城市，拥有直接对外进出口经营权。与世界上许多国家和地区在科技、经济、贸易和文化等领域进行了广泛的合作和交流。与加拿大金斯顿市建立了友好城市关系，与日本庄原市建立了经济合作关系。同美国、独联体各国、法国、德国、加拿大、新加坡、南朝鲜、香港、台湾等27个国家和地区发展了经贸往来关系。出口产品有丝绸、粮油食品、纺织品、茶叶、工艺品、皮革制品、轻工产品、化工产品、医药、医疗器械、五金矿产、机械、机械设备、有色金属、电子产品等18个大类200余种。市内出口生产企业250余家。有电子、机械、轻工、纺织、丝绸、国防工业、化工、冶金、商业、粮食、养殖、医药等众多的对外合作项目，且政策十分优惠。

（九）文教、卫生、体育事业繁荣。绵阳市内现有报社、电台、电视台3家新闻单位，专业文艺表演团体8个、文化馆、图书馆、博物馆17个，综合性露天体育中心及室内体育馆、乒乓球馆各1处，具有承办国内和部分国际体育比赛活动能力。有全日制高等院校5所，中专、中技校42所，其他各类学校4500多所，教职工总数4.5万余人，在校学生近百万人。全市有卫生技术人员1.3万人，病床1.3万多张，医疗卫生网遍及城乡。

三、实施“科技兴绵”的发展战略

为了把雄厚的科技优势和巨大的经济资源转化

为经济优势,加快绵阳社会经济的发展。1988年,中共绵阳市委决定把"科技兴绵"作为绵阳经济社会发展的主体战略。核心是大力促进技术进步,向科学技术要速度、要质量、要效益;依靠科学技术,走出一条低投入、高产出、高效益的发展道路。

(一)主要内容

1. 军转民是科技兴绵战略的重要组成部分,也是科技兴绵的主攻方向。近年来,绵阳市采取项目起步、滚动发展的方针,一方面全力抓好军工企业的技术改造,增强其新产品开发能力。仅在1991年就完成技改1.64亿元,工业产品质量稳定提高率达92.25%,开发新产品130个,有56个产品荣获部省优质产品称号,成为绵阳的拳头产品,在国内外享有信誉;另一方面着力培育和发展高新技术产业。军工科研单位既要搞适销对路的一般技术产品,更要注意发挥自己的科研和技术优势,提高新技术水平,并尽快形成生产规模,占领市场,近年来,绵阳境内军工单位和科研院所先后开发了高速图文传真机、光纤通讯设备、控制爆破技术、辐射交联热可缩制品、高效节能灯、碳氧比中子发生器、威化饼干生产线、稀土永磁体、锅炉微机控制系统、液化天然气装置、体外激波碎石机、超细微粉碎机等,这些高科技项目投入生产后,具有明显的竞争优势和经济社会效益。

2. 把推广新技术作为"科技兴农"的重点。在不断增加农业投入,改善农业基础条件的同时,大力推广适用新技术。1991年,全市农业综合配套技术推广面累计达1100万亩,参加农业技术承包的人员达9000多名,共承包粮食和经济作物257万亩。加强了优质农副土特产品生产基地的建设。一批科技示范乡(镇)脱颖而出。全市粮食生产连续四年创历史最高水平。农村的稳定发展,为全面实施军转民科技兴市战略奠定了坚实的基础。

3. 把产品结构调整作为"科技兴企"的重点。把创建科技先导型企业作为推进技术进步的突破口,在各个行业选择有代表性的企业率先进行技术改造,加快新产品开发和老产品升级换代。1988年以来,全市工业企业共开发新产品2000多个,其中达到国际国内先进水平的有238个,新产品产值占全市工业总产值比重已由1988年的12.9%提高到31.5%。

(二)基本做法

1. 提高全民科技意识。采取宣传、培训等多种手段,使"科学技术是第一生产力"成为人所共识,为"科技兴绵"打下坚实的思想基础。

2. 建立并完善科技兴市的运行机制。通过深化改革,引导科研机构和科技人员面向市场,把科技推向经济发展的主战场;充分运用政府的行政调控手段,使企业的科技进步保持在较高的水平。

3. 制定一系列优惠政策。充分调动科研单位和企业联合、军民结合、采用新技术开发新产品的积极性;建立科技进步奖和科技人才保险基金,允许科研人员和国家干部停薪或留薪留职投入到生产第一线。

4. 抓好服务体系的建设。重点是抓好组织领导体系的完善,配备了科技市长、县长、区长、乡(镇)长;健全了技术开发体系、技术推广服务体系和技术交易市场,加快了科技与经济结合的进程。

5. 狠抓城市基础设施建设。近年来,绵阳市较好地改善了城市的交通、邮电、通讯、供水、天然气、住房、娱乐和体育设施,使绵阳初步成为一座功能较为齐全、经济技术辐射能力较强的中心城市。

(三) 初步成效。"科技兴绵"战略,通过几年的实践和探索,取得了较好的效果。

1. 促进了军转民工作健康发展。"七五"期间,境内军工企事业单位共完成民用科研成果4041项,其中1781项获部省级以上奖励。研制和生产出799个民用新产品,品种规格达7000多个。组织重大技术联合攻关项目4项,转让科技成果近百项,建立各类联办企业20多个,建成民品生产线14条。1991年,军工企事业单位民品产值达23.5亿元,占全市工业总产值的28%,在军工企业全部工业总产值中,民品产值所占比例达90%以上。

2. 科研机构的活力增强。1991年,境内的5家大型国防科研单位民品收入占总收入的比重达30%以上。

3. 技术市场得到发育。目前全市技术经营机构已发展到100多家。第三届中国西部商品交易会绵阳技术市场共签订各类技术和新产品项目合同401项,成交额达2130万元。在"1991年四川省技术交易会"上,成交额达3656.6万元。1991年,全市常规登记技术合同600多份,整理、搜集各种科技信息、成果转让项目2000余项,组织推广新成果、新技术及农村适用技术120余项,登记科技成果65项,代理专利申请61件,代办专利成果检索和国际联机检索106件,获专利权55件。

四、"科技兴绵"促进了国民经济和社会事业的健康发展

(一) 经济实力显著增强。1991年,全市国民生产总值达70亿元,国民收入达60亿元,工农业总产

值达 120.3 亿元，比 1985 年分别增长 64%、54%和 68%；地方财政收入实现 7.36 亿元，比 1985 年增长 1.9 倍；新产品产值占全市工业产值的比重已由 1985 年的 12.9%提高到 31.55%，投入产出之比由 1：1.5 提高到 1：2.8。

（二）**农村经济全面发展**。1991 年全市农业总产值达 40.66 亿元，比 1985 年增长 32.9%；粮食总产量达 242.8 万吨，增长 20.5%；乡镇企业总产值达 33.92 亿元，增长 7.2 倍。

（三）**工业生产稳定增长**。1991 年全市工业总产值达 79.68 亿元，比 1985 年增长 2.59 倍。发电量、丝织品、机制纸、罐头、电视机等主要工业产品产量逐年递增；啤酒、计算机、B 超仪、图文传真机、微波炉、程控交换机、碱性蓄电池、电子音响设备、汽车等产品从无到有，形成了一定的生产规模。

（四）**基础工业和基础设施建设加强**。"七五"期间，全社会固定资产投资完成 58 亿元，是"六五"的 1.97 倍，其中投入更新改造资金 12.75 亿元，完成技改项目 723 项，新建和在建电站 12 座，新增发电装机容量 10.6 万千瓦，新建扩建了市第二棉纺厂、江油棉纺厂、平武造纸厂、盐亭造纸厂、平武金矿、北川邓家金矿等重点项目，新建公路 531 公里，建成了火车客运站，铁路公路立交桥和 6 座大中型桥梁。

（五）**扩大了国内外市场**。1990 年，全市社会商品零售总额比 1985 年增长 115.8%，外贸商品收购总值达 21 亿元，增长 3.17 倍，出口创汇达 2558 万元。

（六）**科技、教育及各项社会事业长足发展**。"七五"期间，被省、市登记的科研成果 491 项，其中获国家奖励 1 项，获省、部奖励 23 项，国家授予专利的 66 项。基础教育、职业教育得到加强，1990 年全市儿童入学率达 99.7%。文艺繁荣，电视机转播覆盖率达 70%。体育事业有了新发展，1989 年绵阳市被命名为全国乒乓球重点城市。全市医疗卫生水平也得到了进一步提高。

（七）**城乡建设事业发展迅速，人民生活有了较大改善**。绵阳中心城市设施和市政公用设施明显改观，新建扩建了主要街道，拓宽改造了出口公路，供水能力增加 2.4 倍，城区居民用气率达 62%。1991 年，城市居民人均年生活费收入达 1797.7 元，农村人均纯收入达 605 元，城乡居民储蓄达 22.8 亿元。

实践证明，"科技兴绵"是一条振兴绵阳、造福于民的路，也是绵阳走向 2000 年，走向未来充满希望的路。科学技术同经济建设相结合，军工技术与开发民品相结合，前景十分广阔。到 2000 年，绵阳的经济实力将达到国内中等城市的先进水平。到"八五"期末，国民生产总值将达到 87 亿元，比"七五"期末增长 41.9%；国民收入达到 75 亿元，增长 40.2%；工农业总产值达到 170 亿元，增长 46.7%；财政收入达到 8.9 亿元，增长 33.8%，各项社会事业将得到更大的发展。绵阳这座新兴的科学电子城，以其优越的自然条件，巨大的经济实力，向人们展示了良好的开发前景。

（向炜明　王洪德　撰稿）

中国西部地区最大的冶金企业

——攀枝花钢铁公司

攀枝花钢铁公司是本世纪 60 年代末、70 年代初完全依靠我国自己的力量建设起来的，是中国西部生产规模最大的大型钢铁联合企业。公司以其独特的钒钛磁铁矿高炉冶炼技术、提钒炼钢工艺和含钒钢系列产品而驰名中外。

公司现有包括焦化、烧结、炼铁、炼钢、初轧、轨梁、线材等主体生产厂和氧气、动力、机械制造、铸造等辅助厂矿及供运销系统、研究开发系统、生活后勤教育系统在内的 48 个二级厂矿单位。拥有全民职工 6.4 万余人，固定资产原值 22.21 亿元，年销售额达 20 多亿元，年利税总额达 4.6 亿元，形成了年产粗钢 215 万吨的综合生产能力。"七五"期间，攀钢相继获国家二级企业、冶金部和四川省先进企业、国家"七五"科技进步先进企业、全国思想政治工作优秀企业等荣誉称号。

一、举世瞩目的建设成就

（一）**攀钢的建设是党中央为改变我国钢铁工业布局，开发攀西资源，建设大三线所作出的重大战略决策**。1965 年春破土动工，1970 年出铁，1971 年出钢，1972年出坯，1974年出钢材。至此，设计能力为年产160～170万吨铁、150万吨钢、90～100万吨钢材的一期工程基本建成。1980年，主要产品产量和技术经济指标全面达到或超过了设计水平。1981～1985年，产品和效益得到充分发挥，形成了能生产生铁、钢坯、重轨、大型型材、小型型材、线材、钒渣、五氧化二钒、焦炭、工业萘、酰油等的综合生产能力。

1986年，攀钢二期工程开始建设，标志着攀钢进入了一个新的建设与发展时期。新建项目包括1350立方米四号高炉、1350板坯连铸机、1450热轧板厂和冷轧板厂、自备电厂、炼钢改造以及配套辅助设施，工程总投资78.67亿元。二期工程设计产铁83万吨、连铸坯100万吨、热轧板100万吨、冷轧板50万吨，全部建成后，攀钢将形成年产250万吨钢的配套综合生产能力，产品品种单一和初级化的状况将有较大改观，对于加速攀西资源开发，缓解西南地区板材紧缺状况将产生重大影响。

（二）攀钢的建设与发展，具有以下鲜明特点：

1.工厂设计独具匠心。主厂区设计打破了传统的设计惯例，在南北高差80米的山坡上，创造了“阶梯式”厂区总体设计模式。主厂区面积为2.5平方公里，吨钢占地仅为1平方米，被冶金专家誉为“象牙微雕钢城”。

2.工艺技术独具特色。用普通大型高炉冶炼高钛型钒钛磁铁矿的技术取得了世界领先地位，获“国家重大科技发明一等奖”；独创了铁水雾化提钒工艺，获“国家科技进步一等奖”；并成功地采用了大型氧气顶吹转炉吹炼重轨、炮弹钢为代表的高碳钢以及合金钢、含钒低合金钢技术。

3.一期设备全套国产。在一期14万吨冶金设备中，97%是国内设计制造，其中120吨转炉、130平方米烧结机、36孔5.5米高大容积焦炉等是当时国内最大的、首次设计制造的设备。

4.创业艰苦卓绝。1965年中央18个部委组成联合指挥部，组织全国各地5万建设大军会战攀枝花，在不通铁路、无城市依托的荒山野岭，仅用5年时间就建成出铁，其建设速度在我国冶建史上少有。

5.管理特色突出。按照社会化、现代化大生产的客观要求，从攀钢的实际出发，建立了“集中指挥、统一经营、专业协作、分类放权”的管理模式。

（三）攀钢的建设与发展，为实现我国基础产业的纵深配置做出了贡献。1991年，攀钢生铁年产量达268万吨，钢216万吨，分别超过设计能力25万吨和66万吨，钢产量已占西南地区产钢总量的34%。在中国企协公布的1990年按销售收入排序的全国500家大型企业中，攀钢处在第42位。在国内钢铁企业中，攀钢的工业总产值居第10位，利润居第6位，生铁和钢产量均居第8位，初轧坯居第7位，钢材产量居第10位，钒渣产量居第1位。钒渣的市场占有率为84.5%，大型型材市场占有率为23.6%。我国西南和西北地区钢产量仅占全国钢产量由1965年的5.4%上升到16.9%，人均占有钢由2.3公斤上升到20多公斤。攀钢已跻身于全国10大钢厂之列，成为我国钢铁工业的一支重要力量。

（四）攀钢的建设与发展，为全面推进攀西资源开发奠定了雄厚的基础。攀西（攀枝花——西昌）地区蕴藏着丰富的钒钛磁铁矿，用普通高炉冶炼这种矿石是世界近百年来没有完全解决的难题。攀钢建成投产后，依靠科技攻关，在生产技术上取得了一系列重大突破，成功地开发了一系列具有资源特色的产品。目前，生轨生产能力达到35万吨，成为我国最富实力的重轨及铁路车辆用钢生产基地，首创的SQ工艺全长热处理钢轨技术，使钢轨使用寿命比普通轨高1～2倍。含钒低合金钢年产量达到国内生产总量的1/3左右，成为我国生产含钒钢最多的企业。钒渣产量占全国生产总量的80%以上，使我国由钒的进口国变为出口国，成为世界4大产钒国之一。

（五）攀钢的建设与发展，带动了四川特别是攀西地区的经济发展。据统计，攀钢每年共为全国1000多家企业提供产品，其中绝大多数集中在西南，四川省就有656家企业。攀钢每年为省内企业提供20～30万吨钢坯用于深加工。攀钢的建设与发展有力地带动了攀枝花地区的经济繁荣。以攀钢等大企业为骨干，逐步形成了以钢铁、电力、煤炭、冶金矿山为主，包括有色、建材、机电、化工、食品、森工在内的门类比较齐全的工业体系，攀枝花已由昔日的不毛之地发展成为今天拥有48万城市人口，以钢铁工业为主体的新兴工业城市，成为川滇边界经济技术贸易发展的重点城市和交通、流通枢纽之一。

二、坚持扬长避短的企业经营方针和国际竞争战略

“发挥资源优势，瞄准国际、国内两个市场，扬长避短，开发品种，以质取胜”是攀钢在实践中摸索出的路子，也是攀钢不断前进的秘诀所在。

（一）确立了“面向交通、能源、军工”的产品发展方向。1980年以来，攀钢着重开发了重轨、军工、管坯、异型钢和含钒钢等拳头产品，先后投资1亿多元对重轨加工线进行改造，形成了每米37公斤、43

公斤、50公斤、52公斤、60公斤、75公斤钢轨系列产品的配套生产能力。新开发的310乙字钢、耐大气腐蚀钢、19号槽帮钢、216履带钢等多种产品填补了国内冶金产品空白。“七五”期间攀钢集资3000万元新建了年产量为2000吨规模的五氧化二钒车间，向钒制品深加工方向迈出了重要的一步。

（二）提出了“用产品质量塑造攀钢形象”的质量工作方针。攀钢坚持开展全面质量管理，加强工序过程的质量控制，建立了完整的产品质量保证体系。目前已有17个产品按国际标准组织生产，其中有氧气瓶钢、车轴钢、50公斤和60公斤重轨、11号矿用工字钢、22号帽型钢、310乙字钢等7个产品；有18个部、省级以上优质产品，60公斤重轨和11号矿用工字钢分别获国优金牌和银牌。优质产品率达到41.1%，双标产量率稳定达到75%。

（三）始终坚持发挥科学技术的“第一生产力”作用，确立了“科技效益型”企业的发展道路。设立了1200余人的研究开发中心。1978～1989年的12年期间，攀钢科技进步的年平均速度为3.2%，科技进步对攀钢产值增长的贡献率平均达到42.8%，分别是全国钢铁企业同期同口径平均水平的2.8倍和2.4倍。“七五”期间，仅技术成果的推广应用和技术改进措施两项，平均每年就为公司新增直接经济效益达5000～6000万元。研究开发的各类资金投入平均每年在3000万元以上，占销售总额的1.5～2%左右。

（四）立足西南、面向全国，积极发展横向经济联合。攀钢的对外技术经济协作起步较早。1978～1980年，为解决钒钛磁铁矿配加普通块矿进行高炉冶炼的问题，攀钢与川滇边缘数县建立了相对稳定的供矿协作关系；为解决转炉炉龄低的技术难题，与北京科技大学建立了研究开发协作关系；为解决职工生活物资供应问题，先后在省内外建立了30多个生活物资供应点。“六五”以来，攀钢的对外技术经济协作的内容、范围、规模和协作方式都开始由低层次向高层次发展。公司投资了1000万元，在攀西地区建立了普通块矿、无烟煤、精煤、水泥、铁合金等原燃材料供应协作网。并与国内数十个科研单位和高等院校开展了130多个科技项目协作，与省内外30余所大专院校建立了人才培训协作关系。

（五）以经济技术协作为起点，加快集团化经营的步伐。1987年，攀钢先后与凉山州宁远工业公司、成都冶金实验厂、成都双流高频焊管厂建立了半紧密型经济联合体。1988年跨省承包了昆明市冶金工业公司、昆明市轧钢厂、昆明市焊管厂、昆明市无缝钢管厂等4家企业。1988年12月，经国家体改委批准，攀钢牵头组建了以攀钢公司、攀矿公司、十九冶建公司等大型企业为骨干的“攀西冶金企业（集团）公司”，旨在联合各方优势加速攀西资源开发。这个集团联合了川、滇、黔、粤、苏、京等九个省（市）的66家企事业单位，共有职工32万人，固定资产原值73亿元，年利税总额12亿元以上。1991年，决定在原攀西集团的基础上进一步完善提高、发育成型为“攀钢集团”，国家已批准将攀钢集团公司列入全国100家大型集团试点之一。

（六）冲出裂谷，走向世界，广泛开展国际经济技术交流与合作。“六五”以来，攀钢将对外开放纳入企业经营战略，通过大力开展进出口贸易和经济技术合作，逐步参予国际竞争，寻求发展契机。主要有三个方面的内容：

1.采取“请进来，走出去”的双向交流方针，开展多渠道多形式的国际学术交流。攀钢根据生产建设、科研、管理的需要，先后邀请了日本、德国、美国、独联体国家等20多个国家的企业、商社、大学的200多个代表团，共1000多人次到攀钢进行了广泛而有成效的交流。同时，主动走出去，相继派遣了60多个团组，共400多名工程技术人员和管理人员，到20多个国家和地区进行设备、技术、管理方面的学习考察和参加国际学术活动。

2.引进资金和技术设备，不断扩大国际合作领域。攀钢从1978年起，着手对一期工程部分原有生产工艺和设备进行技术改造，从国外引进了价值1000万美元的先进设备。1986年攀钢二期工程上马，为解决建设资金缺口，向国际银团的12个国家的24家银行商贷2.1亿美元，成为我国首家直接进入国际金融市场的企业。攀钢利用这笔外资，为二期工程引进了8000万美元的部分关键技术设备。

3.扩大出口创汇，用拳头产品在国际市场树立攀钢形象。1988年，攀钢设立了进出口公司——中国冶金进出口公司攀钢分公司。瞄准国际市场积极生产适销对路的产品，先后组织了重轨、方钢、圆钢、黄血盐、钒渣、五氧化二钒等多项产品出口，远销日本、美国、西欧、印度及东南亚等10多个国家和地区。1991年，攀钢出口创汇额已达4474万美元。52公斤重轨、37公斤轻轨、方钢等产品在国际市场上享有较高的声誉。

三、立足资源，加快发展

攀钢所处的攀西地区资源丰富，能源充足，被誉为“富甲天下的聚宝盆”。是我国仅次于鞍本地区的第2大铁矿区，钒、钛储量居全国首位，镍、铬、钴、镓、钪、金、银、铜、铅、锌、锡等多种金属元素以及煤、石灰石、白云石、粘土、石墨矿等储量丰富，水能和木材资源极为可观。具备发展钢铁冶金工业得天独厚的条件。

为加速攀西资源开发和综合利用，攀钢确立了“八五”及未来10年的发展战略。基本思路是：大力推进科技进步、综合优化生产工艺；在完成二期后部工程建设，发挥一、二期规模效益的基础上，增加产品组合深度和广度，努力开发具有竞争优势和攀西资源特色的、高附加值的钢、钒产品，形成板、带、型、重轨和钒制品拳头产品系列；积极参加国际竞争，扩大产品出口创汇；主要技术经济指标达到或超过国内同行业先进水平，部分指标进入世界先进行列。努力把攀钢建设成为我国现代化的钢铁钒钛基地。

到1995年，攀钢工业总产值(90年不变价)将达到126亿元；销售收入130亿元；主要产品产量：铁达到286万吨，钢250万吨，钢材200万吨，钒渣8.5万吨。到2000年，攀钢将形成年产300万吨钢的综合生产能力，年销售收入达到60亿元以上，年利税总额达到35亿元，年产品出口创汇达到1.5～2亿美元。

攀钢在开发攀西资源的宏伟大业中才刚刚迈出了万里长征的第一步，前景广阔，任重道远。自“七五”以来，冶金部和四川省规划再建一个产年钢300万吨规模的“四川钢铁二基地”，并明确将其筹建任务交给攀钢，前期工作正在积极进行。四川钢铁二基地建成后，攀西的生产规模将达到年产钢600万吨以上，成为举世瞩目的现代化的钢铁钒钛基地，攀钢必将为开发我国西部地区、振兴西南经济作出新的贡献。

(攀钢政策研究室 供稿)

全国三大发电设备制造基地之一

——东方电气集团

东方电气集团公司，是一个具有大、中、小型电站工程、电站设备和其它机电工程设备的成套开发、设计、制造、供应、服务和工程总承包，并拥有外贸经营权、金融经营权和电站勘察设计权，享受国家计划单列的跨地区、跨行业的大型企业集团。由东方锅炉厂、东方汽轮机厂、东方电机厂、东风电机厂、中州汽轮机厂5个直属核心企业以及由跨越19个省市包括第二重型机器厂、四川仪表总厂、西安交通大学、西北电力设计院等92个企业组成，现有职工总数达28万。是全国3大火电设备制造基地和2大水电设备制造基地之一，公司总部设在四川省成都市。

一、在联合中发展壮大

东方电气集团公司的5个核心厂中，东方电机厂始建于1958年，其余4个厂分别建于1965～1967年间。当时，成千上万的建设者响应建设大三线的号召，从哈尔滨、上海和祖国的四面八方，云集大西南，在荒山僻壤中，开拓着祖国的第3套发电设备制造基地。几十年来，东方人以“献了青春献终身，献了终身献子孙”的无畏精神，把东方基地建成了水、火电设备并举的重要制造基地，为国家电力建设事业的发展作出了重要贡献。

党的十一届三中全会以后，随着经济建设的发展，对电力不断增长的需求，对为电力建设提供装备的东方3大动力厂来说，既提供了发展的机遇，又面临着市场竞争的挑战。东方3大动力厂的领导审时度势，一致认为联合才能发展，联合才能增强竞争实力。1984年4月，经国家批准，正式成立了“东方电站成套设备公司”。

1987年4月，李鹏同志在四川视察期间，主持了理顺东方公司关系的会议，帮助解决集团公司发展存在的问题，决定从1987年1月1日起，国家对“东方”公司的生产计划、物资供应、技术改造和基本建设、劳动工资及进出口贸易等6项指标实行计划单列，使集团公司的发展走上了一个新的阶段。此后，集团成套承包公司、进出口公司、财务公司、物资供销公司等一批专业公司相继成立。1989年，经国家计委批准，组建了东方电站成套设计研究院；经国家教委批准，组建了东方动力职工大学，为成员单位和国内外用户培训了一批合格人才。东方公司成为国家国有资产授权管理的第1批试点单位。并经国家工商行政管理局批准，四川东方电站成套设备公司更名为"中国东方电站成套设备公司"。

为加强对用户和集团成员单位的服务,集团公司在全国有关省市设立了14个分公司和1个办事处。它们作为用户和集团成员单位联系的纽带和桥梁,为各行各业,特别是电力建设的用户及时传递信息并作好咨询服务、成套承包等多项工作。1991年12月14日,国务院正式批准集团公司成为国家首批55家大型企业集团试点单位之一。机电部和四川省政府进一步理顺了东方集团的管理体制,将原"中国东方电站成套设备公司"改组为"中国东方电气集团公司",实行"对上一个口,对内统一管理、协调服务;人财物相对集中,产供销除成套设备和指令性计划,各自自主经营"的体制,使中国东方电气集团公司的发展开始进入了一个新的阶段。

二、雄厚的设备制造和配套服务能力

中国东方电气集团公司中的3大动力制造厂均为部、省先进企业和质量管理先进企业,国家二级企业(其中东方锅炉厂为国家一级企业),国家计量一级企业,并获全国"五一"劳动奖状。

(一) 火电设备制造方面。60年代开发了5万千瓦等级的火电机组,70年代开发了20万千瓦火电机组,80年代开发了30万千瓦火电机组,目前正在研制开发60万千瓦火电机组。现有批量生产20万千瓦、30万千瓦机组的能力。其中20万千瓦的火电机组已生产50多台,30万千瓦火电机组订货已达18台。尤其是30万千瓦火电机组为引起型机组,采用了世界先进技术,具有良好的经济和技术性能,代表了我国的设备制造水平。例如,东方锅炉厂为山东邹县电厂提供的30万千瓦亚临界自然循环汽包炉,引进了美国CE等公司的先进技术"嫁接"到国产锅炉上,提高了安全可靠性和效率。投运后,年运行小时数在7000小时以上,1988年被评为我国大型发电设备的第1块金牌。为黄台电厂提供的7号30万千瓦火电机组从1987年11月24日正式投运至今,已正常运行4年多时间。东方汽轮机厂拥有生产多种型号30万千瓦汽轮机的能力,其中双缸排汽的汽轮机为高中压合缸,三胞胎叶片采用了西屋先进技术,汽轮机驱干采用了我国的成熟生产技术,低压缸采用了美国CE先进技术,低压缸的"851"叶片被称为无事故叶片。东方电机厂的汽轮发电机系"水氢氢"型发电机,截至1990年底,在电厂运行中的强迫停机率为0,具有较高的效率和安全可靠性。

(二) 水电设备制造方面。早在60年代中期,东方电机厂就为湖南双牌电站生产了第1台4.5万千瓦水电机组,现已跻身于世界80年代的先进行列。其中,最具代表性的有:70年代至80年代初为葛洲坝水电站提供的2×17万千瓦卡普兰型低水头水电机组,荣获了国家科技进步特等发明奖;80年代中后期为龙羊峡水电站提供的4×32万千瓦混流式水电机组,为我国目前单机容量最大的水电机组,并于1990年4月获得了我国大型发电设备的第2块金牌。目前,东方电机厂正在进行二滩水电站6×55万千瓦和三峡50万千瓦水电机组的研制工作。

(三) 中小水火电机组制造方面。东方集团公司正在进行从750千瓦到5万千瓦,从冷凝到抽汽、背压和抽背等系列汽轮机组产品的开发,以及冲击、斜击、混流、轴流、贯流式中小水电机组的多品种开发,并且在中小水电机"两高一低"上实现了"三最"。即:冲击式水电机组水头全国最高(广西桂林),达1022.4米;混流式水头全国最高(云南泸水河),近4000米;低水头灯泡贯流式容量最大(四川铜梁安居电站水头8米,转轮直径5.5米),达1.5万千瓦。

(四) 不断加强技术改造,使产品品种、质量、水平和制造能力跨上一个又一个新台阶。东方集团公司始终以高起点、高水平、高质量作为品种开发和产量扩大的前提。30多年来,3大动力厂为国家提供了大中小水火电设备2000多万千瓦。1990年,水火电设备产量达284万千瓦,其中火电230多万千瓦,创历史最好水平。电站成套工作得到很大发展,集团的整体服务功能和凝聚力得到增强,在国内承接了为数众多的大中小水火电的工程项目。已完工的有海口2×5万千瓦电厂、成都1×20万千瓦电厂扩建工程和正在建设的沙岭子2×30万千瓦电站工程、胜利油田2×20万千瓦电厂工程、坨城2×5万千瓦电厂工程等项目。

(五) 外贸工作有了长足进展。东方集团公司承接的国外工程项目和利用外资的国内工程项目主要有:拉克拉3×5万千瓦电站;孟加拉国吉大港1×21万千瓦电站;卡拉奇污水处理站;印尼5×3.5万千瓦设备和首阳山2×30万千瓦主机设备等。国外工程项目达113.5万千瓦。产品已出口到美国、巴基斯坦、土耳其、南斯拉夫等30多个国家和地区,1991年出口额达4000多万美元。另外,还与日本日立公司、伊藤忠商社签订了合作设计、合作生产60万千瓦汽轮发电机组合同,与美国FW公司签订了30万千瓦、60万千瓦、"W"火焰锅炉咨询合同。

(六) 财务公司在筹资上发挥了重要作用。东方集团财务公司自成立以来,累计融资20亿元,发放贷款16亿元,代理发行企业融资债券达1亿多元,融资租赁及其它资金1亿多元，支持了新产品的开发、新技术的引进和出口创汇。

（七）全心全意为用户服务的意识和服务工作大大加强。东方集团公司始终把用户现实需求和潜在需求作为组织生产的中心，树立质量第一、用户至上、为用户和产品终身服务的思想，完善了为用户服务的各种管理制度，建立了从集团公司的分支机构到各成员单位的经销服务机构构成的一个完整的服务体系。

为发展中国的电力事业，东方人将再接再励作出更大奉献。

（崔介英　郭凡　撰稿）

架起四川通向国际经济的桥梁

——长江企业(集团)公司

一、四川发展对外经济的重要窗口

长江企业(集团)公司，是四川省开展地方对外经济贸易和国际金融业务的综合性经济实体。1980年5月23日经四川省人民政府和原国家外国投资管理委员会批准成立。

公司在国家改革开放方针指引下，经过11年来的努力，已逐步发展成为一个跨地区、多功能、综合性的外贸企业集团。现有包括进口、出口、利用外资、合资合作、信托投资、国际国内租赁、对外广告、“三来一补”，对独联体、东欧贸易等在内的各项外贸业务；拥有包括国际信托公司、进口公司、出口公司、广告公司、深圳蜀鹏公司、海南长海贸易公司在内的6个公司、4个职能业务部门、1个商场、20多个分支机构和20多家合资企业的业务机构；已在加拿大、意大利、德国、美国、阿联酋、日本、香港等7个国家和地区设有独资、合资企业或派驻代表。公司成立以来，每年超额完成国家下达的和董事会确定的各项经营指标，经营额年均递增22.3%以上，而且既扩大了四川工农业产品的国际市场，又引进了大量的资金、技术和急需的原材料，在四川经济建设中发挥了重要的窗口作用。

二、四川通向国际经济的桥梁

（一）把扩大出口贸易放在首位，努力使更多的工农业产品挤进国际市场。公司坚持“以扩大出口创汇为中心”的方针，对内加强与货源单位的经济联合，努力挖掘出口货源；对外采取请进来、走出去的办法，努力开拓外销渠道，逐步在实践中掌握了一条地方外贸公司开拓出口的路子。1985年经贸部批准成立了长江出口公司，当年出口创汇即达550多万美元，实现了经贸部规定新成立公司3年内出口创汇达到500万美元的目标。几年来，出口商品结构已从粗加工、原料型的农副产品为主逐步向工业制成品、高附加值产品转化；出口市场已从港澳、日本、东南亚向北美、西欧、中东拓展；出口货源已从零散、无固定渠道向有一批较稳定的出口货源基地和有一定优势的骨干(拳头)产品方向发展。

（二）以促进工农业生产发展为目的，积极开展进口业务。公司坚持“为生产服务，为用户着想”的经营思想，努力为工农业生产引进先进适用的技术、关键设备及急需的生产资料。11年来，代理和自营进口5亿多美元，引进了轻工、纺织、食品加工、通讯、电子等生产线和成套设备百余项，其它各种设备3万多台件，进口了省内工农业生产急需的大批原材料，对企业技术改造、设备更新、产品升级换代及活跃国内市场等方面起到了积极作用。

（三）以支持外贸出口为重点，努力开拓国际信托投资等外资利用业务。1985年9月，经中国人民银行总行、四川省政府、国家外汇管理局批准，成立了非银行的地方国际金融机构——四川省长江国际信托投资公司，从事人民币和外汇存贷、证券交易、国际租赁等业务。公司为成都热电厂增加20万千瓦发电机组扩建引进外资31亿日元，保证了工程进度；将人民币信托贷款的70%以上用于支持外贸，20%以上用于支持能源、交通和基础产业建设；为省级各外贸公司代理发行了外贸融资券；同世界近百家银行、证券公司、租赁公司建立了业务往来；并使用国际债券引进成套设备和支持海外工程承包，促进了生产的发展。

（四）积极向生产等领域渗透，大力开展合资经营业务。11年来，公司通过投资、参股、吸收外商投资等方式，兴办了20多家中外合资企业和出口生产型国内合资企业。主要有：与成都无线电7厂合营的收录机磁头分厂；与什邡川西化工厂、什邡磷化工厂的联营企业；与日本马自达株式会社、伊藤忠商事株式会社合资兴办的“四川(中日)出租汽车有限公司”；与中信公司、四川省保险公司、四川省建设银行合资建立的“中国西南租赁有限公司”；与意大利国民劳动银行和洛卡菲特工业机械设备租赁有限公司合资建立的“西南国际租赁有限公司”。

(五) 充分发挥窗口作用，努力开展同独联体、东欧等国的经济技术合作与易货贸易，不断开拓海外市场。公司是经贸部确定的四川直接开展对独联体、东欧国家经济技术合作和易货贸易以及其他灵活方式贸易的窗口企业。先后与南斯拉夫、罗马尼亚、波兰以补偿贸易、易货贸易等方式，签订并履行了板式家具、皮革服装、啤酒生产设备等10多个经济技术合作项目；与香港国际棉业有限公司在香港合资创办了四川第1家贸易性合资企业——“嘉陵有限公司”；与意大利纳撒蒂集团在意大利米兰市合资兴办了“长利国际有限公司”；与四川省丝绸公司一道同加拿大MIC国际贸易有限公司在加拿大卡尔加里市合资兴办了“长美国际实业有限公司”；投资入股和派员参加了四川省在美国纽约、德国汉堡和日本的工作机构；并在阿联酋的阿布扎比建立了贸易机构，为公司拓展海外业务打下了一定的基础。

(六) 以“让世界了解四川，让四川走向世界”为宗旨，大力发展对外广告业务。11年来，公司已和世界20多个国家和地区的100多家广告媒介建立了密切的业务联系。共办理出口广告近万次，编辑、承印出口宣传画册和产品样本近百万册，扩大了四川经济、社会和名、优、新、特产品的对外宣传。开展了来华广告及远洋广告业务，承办国内广告和室内装饰等新业务，取得了较好的社会效益。

三、为四川经济振兴再展宏图

今后10年乃至更长一段时间，长江企业(集团)公司的总目标是：发展成为一个“以金融为后盾，以科技为先导，以产业为基础，以国际贸易为主体，集金融、实业、贸易为一体的国际化集团公司”。即：充分发挥长江国际信托投资公司的作用，加强与专业银行信托投资公司的业务合作；发展与科研和生产企业的合作，共同投资办实业，逐步建立以生产高科技产品为主的实业群体；贸易在现有基础上实现翻番，进出口在上规模的同时，提高效益；努力办好设在北美、欧洲、香港、中东和独联体等地的窗口，逐步增加海外网点，形成海外企业网络；建立集团信息中心，提高现代化科学管理水平；实行股份制试点，转换公司经营机制。工作重点是：

(一) 进一步强化集团功能，发挥公司多元化经营优势。一是强化信息功能，为公司集团化创造必要的前提条件；二是强化金融信托功能，把国际贸易与国际金融有机地结合起来；三是强化综合功能，发挥集团内各公司的业务经营手段，加强相互间的协调配合，不断提高整体功能和整体效益；四是进一步扩展对外交往，在发挥现有海外机构作用的基础上，视业务需要和条件可能，力求在更大的范围内发展海外企业网络，扩大国际市场领域。

(二) 全面开拓出口创汇业务，促进创汇额不断增长。一是从资金、人才等各个方面大力支持出口，为其创造一个较为宽松的经营条件；二是公司各部门工作切实围绕出口创汇展开，为出口业务服务；三是广开出口货源渠道，加强横向联系，逐步建立一批出口货源基地。

(三) 继续走工贸、农贸、科贸、技贸结合发展外贸之路。一是进一步向工业领域渗透，以投资、参股等形式扩大对工业企业的投资，建立若干生产性的出口导向型企业，以增强公司的发展后劲与经营实力；二是向技术领域渗透，充分利用四川雄厚的科技优势，密切与科技部门的联系，携手开拓国际市场，推动科技产品出口；三是继续做好支持农业生产的工作，扩大农副产品，特别是精加工农副产品的出口。

(四) 强化服务观念，提高外贸经营管理水平。一是不断改进经营作风，提高服务质量，实现高效、优质和全过程服务；二是继续实行承包经营责任制、目标经营责任制和岗位责任制，明确经济责任和奖惩办法，鼓励广开门路，开源节流，多做贡献；三是加强资金计划管理和财会管理，合理调配使用资金，最大限度地发挥资金使用效益；四是进一步健全企业内部各项工作制度，提高工作效率，以效率促效益。

(沈长江 撰稿)

开发大事记

(1979年—1991年)

1979年

1月6日—19日 四川省委召开常委扩大会议,贯彻党的十一届三中全会精神,把工作重点转移到经济建设上来。

2月12日 四川省委决定,把1978年秋开始的宁江机床厂等6户企业扩权试点扩大到100个企业。扩权主要内容包括:使企业拥有利润提留权、自筹资金扩大再生产权、销售部分产品权和计划外生产权、联合经营权、外汇分成权、灵活使用奖金权等。

3月 四川首批40个商业企业进行扩大自主权试点。扩权内容包括:择优进货权、灵活制订物价权、利润分成权、残次和滞销商品处理权、灵活使用奖金权、人事管理权、惩处权、择工招工权。

4月 重庆市郊26个国营农牧渔场联合成立了四川省第一个农工商联合企业——重庆市长江农工商联合公司,形成生产、加工、销售一条龙的体系。

7月—8月 四川内河航运部门开始组织长江出川物资直达运输,冲破了行政区划的限制。

9月14日 四川省委发布了《关于发展城镇集体所有制经济若干政策问题的规定》。强调发展城镇集体企业和农村社队企业是四化建设的一项战略措施。集体所有制企业在政治上、经济上应和全民所有制企业一视同仁。今后新办企业,一般是重点扶持、发展集体企业。

11月初 广汉县向阳乡成为全国第一个取消政社合一的人民公社,实行党政分工、政企分开体制的乡。原公社党委改为乡党委,建立乡(后改镇)人民政府,这一改革后来在全国推开,确立了我国农村基层政权新体制,并载入宪法。

11月28日—12月6日 四川化工厂、泸州天然气化工厂引进的大型化肥装置分别通过国家验收。

12月 全省农村实行"分组作业、以产定工、联产计酬"(简称包产到组)责任制的生产队已占全省生产队总数的57.6%,这是四川农业生产责任制上的一次重大突破。广汉县金鱼公社于1978年秋在全国率先推行包产到组,此后,推向全省、全国。

1980年

1月3日 四川省煤田地质勘探公司在川南地区探明一个大无烟煤田,储量达16.9亿吨。

2月 川棉一厂等5家企业实行在国家计划指导下独立核算、国家征税、自负盈亏的试点,全省99个国营商业企业也实行了这一改革,在全国率先实现了所有权和企业经营权的分离。

7月1日 重庆长江公路大桥主体工程建成通车。

8月28日 四川省外贸运输港口——重庆港正式开港通航。

10月10日 四川省国防工业军民结合工作会议在重庆召开,会议要求军工企业充分发挥军工优势,加快发展民品生产,把国防工业转移到军民结合的轨道上来。

12月 全省人口自然增长率由1970年的31.21%下降到5.12%,成为当年全国人口自然增长率最低的省。

12月 四川蚕茧产量达9.2万吨,超过了日本。

1981年

1月 四川省开始在广汉、新都、邛崃三县进行农村综合体制改革试点。1982年1月13～14日,省委召开农村经济改革座谈会,总结三县试点经验,决定把试点县扩大到28个。

2月10日 省委举行常委会议,提出农业应从实际出发,因地制宜地进行分类指导,大力推行和完善生产责任制。后进地区困难大的可以包产到户、包干到户。

2月27日 自贡市郊大山铺发现一处在世界恐龙发掘史上罕见的埋藏丰富的中侏罗纪恐龙化石群。

6月22日 成都市与法国蒙彼利埃市建立友好城市关系，这是四川省与国外建立的第一对友好城市。

6月下旬—9月初 四川先后遭受6次暴雨、洪水袭击，形成百年不遇的特大洪灾。受灾县(市、区)135个，造成直接经济损失达25亿元以上。全省军民奋起抗洪救灾，大灾之年粮食总产比上年增长29亿斤，农业总产值增长3%。

8月31日 四川省府通知强调整顿企业，实行经济责任制，采取不同形式实行盈亏包干，并对包干办法作了具体规定。

12月3日 自贡市至重庆市第三条西电东送输电线路工程建成并网发电。

1982年

2月1日 四川省政府作出关于发展城镇个体经济若干问题的规定。

2月12日 四川省委批转《关于完善、稳定我省农业生产责任制问题的座谈会纪要》，强调指出，目前实行包产到户、包干到户责任制的生产队，已占生产队总数的60%以上，完善、稳定的重点应放在这两种责任制上。

5月22日 四川省政府发出《关于加快我省工交企业联合、改组步伐若干政策性问题的规定》，对联合的原则和计划统计、物资供应、产品销售、资金安排、税收以及领导问题作出了规定。

6月29日 四川省委、省政府发出《关于加快我省农村经济发展若干问题的政策规定》，强调落实林业责任制，加快内地林业建设，扶持山区、穷队和少数民族社队发展生产，加快培养农村需要的专业技术人才。

7月9日 四川省委批转《关于进一步总结、完善、稳定农业生产责任制的意见》，强调稳定生产责任制，处理好统与分的关系，发展多种经营和工副业生产，大力扶持重点户、专业户和联营户，全面推行经济合同以及清理整顿社队财务，总结完善农业技术责任制。

10月1日 我国长江上最长的公路桥——泸州长江大桥建成通车。全桥长2525米，南北两岸引桥长7.46公里。

1983年

1月 四川在全国最早进行省地两级的机构改革，并按照"四化"标准选拔干部。领导班子的职数减少了2/3，省、地机关领导干部的平均年龄下降到49岁。

1月 四川省确定大邑、灌县等10个县为中国农村基本电气化试点县。

2月8日 经国务院批准，重庆市成为全国第一个综合体制改革试点的大城市，实行计划单列。3月3日，国务院批准永川地区的8个县并入重庆市，实行市管县的新体制。

3月18日 经国务院批准，四川省在"熊猫之乡"卧龙建立特别行政区——卧龙特区。这是我国105个自然保护区中的第一个特区。

4月6日 四川省委、省政府转发了《四川农村专业户(重点户)座谈会纪要》，要求大力扶持专业户(重点户)，充分发挥其在发展商品生产，繁荣农村经济中的作用。

4月19日—28日 四川省六届人大一次会议批准四川省国民经济和社会发展第六个五年计划。

5月19日 中国石油化工总公司四川维尼纶厂，经国家验收合格，正式投产。

9月26日—29日 四川省科技顾问团在成都正式成立，这是全国成立最早的省级决策咨询机构。

12月9日 四川省委发出通知，要求在全省范围内开展"四川农村经济社会发展战略研究"工作。

1984年

2月 四川省建筑总公司在省内首次从农村招收3000名合同制工人，突破了单一的固定工用工制度。

2月23日 四川、云南、贵州和重庆市三省四方经济协调会在贵阳举行，初步达成了协作协议。4月15—19日，三省四方再次莅临贵阳召开协调会，共同探讨搞活和开发后进地区的新路子。广西从这次会议开始参加协调会，三省四方扩大为四省(区)五方会议。

2月28日 四川省成立"三线建设调整改造规划领导小组"和"军民结合领导小组"。

3月2日 四川省六届人大常委会通过《关于支持、保护和发展农村专业户的决议》，有力地推动了四川省农村专业户的发展。

4月8日 西昌卫星发射中心首次成功地发射了一颗试验通信卫星。这也是我国第一颗地球静止轨道试验通信卫星。

7月8日 西南最大的升钟水库枢纽工程中的拦河大坝等，经技术鉴定验收合格，开始下闸蓄水。

7月21日 四川省委、省政府发出关于改进和加强知识分子工作的若干政策规定。

7月31日—8月3日 四川省委在秀山县召开川东山区经济座谈会，制定了搞活川东山区经济的一系列政策。11月，四川省委又召开全省扶持贫困山区会议，制定了全省扶持贫困山区，全面振兴山区经济的具体政策。

8月2日 四川省委、省政府发出关于加快科技体制改革的11条意见。

8月 重庆5家国营饮食店实行租赁经营。这是全省首批实行租赁经营的国营商业企业。

9月6日 四川省政府作出关于大力发展乡镇企业的决定。

9月 建国以来四川省首次哲学社会科学科研成果授奖大会在成都举行。党的十一届三中全会以来，四川省的758项哲学社会科学优秀科研成果获奖。

9月21日 “中国环流器一号”在乐山建成并顺利启动。这是我国最大的受控核聚变装置。

10月1日 我国第一家大型民办集体航运企业——民生轮船公司在重庆正式成立。

10月25日 我国自己研制的第一具非均匀等效辐照体模——中国模拟人，在成都通过鉴定，填补了我国仿真体模的空白。

11月 李先念同志视察四川，并就三线建设的战略意义和发挥三线军工优势作了重要讲话。

11月10日—14日 省委确定成都无缝钢管厂等20家企业试行厂长负责制。企业党组织把生产经营权交给厂长，由此拉开四川省企业领导体制改革的序幕，为确立厂长在企业的中心地位迈出了关键一步。

12月 四川省粮食总产量达810多亿斤，创历史最高水平，占同年全国粮食总产量1/10。

12月 四川省五粮液、泸州老窖特曲、郎酒、剑南春、全兴大曲同时荣获1984年度国家金质奖和第四届国家名酒称号。

1985年

1月1日 我国第一个由地方与铁路合资经营的企业——成都地方铁路公司正式运营。

1月23日 国家“七五”重点项目、装机容量60万千瓦的铜街子水电站主体工程开工。

2月5日 四川省首届技术市场交易会在成都举行。

4月2日—10日 四川首届国际经济技术合作和贸易洽谈会在成都举行。28个国家和地区的工商界人士参加，签订经济技术合同170项，出口贸易成交额达4500万美元。

4月23日—28日 四川、云南、贵州、广西和重庆四省(区)五方经济协调会第二次会议在重庆举行。全国政协副主席、香港光大实业公司董事长王光英出席了会议。

5月9日 世界野生生物丹麦基金会会长、丹麦女王丈夫亨立克亲王一行访川。

6月1日—7日 全国一、三线地区经济技术合作洽谈筹备会在成都举行。这是首次举行的促进东、西部经济技术合作的会议。

6月16日 成都市第三产业开发公司经批准，首次向社会公开发行股票5万股，合人民币1000万元。

6月18日 四川省和日本山梨县正式结为友好省县。

6月29日 绵阳农科所培育的高产优质小麦品种“绵阳11号”获国家发明一等奖。从1980年到1985年，种植该品种的四川省和其他一些省份共增加经济效益11亿元以上。

7月14日—18日 四川省委在南充召开丘陵地区经济工作会议，提出了加速发展丘陵地区经济的措施和解决具体问题的办法。

8月9日 联合国粮农组织副总干事爱德华·马克·威斯特一行来川了解工农业方面的基本情况。

9月16日 奥地利总统鲁道夫·基希施莱格一行来川参观访问。

9月26日 我国自行设计、制造的第一台容量最大的水氢氢型30万千瓦汽轮发电机，在德阳东方电机厂试车成功。

9月26日—10月5日 胡耀邦同志视察四川，并沿当年红军长征路线进行实地考察。

10月10日—15日 邓颖超同志视察四川。

10月15日 美国驻成都总领事馆举行开馆仪式。

10月18日 四川省和朝鲜平安南道正式结成友好省道。

12月9日 我国第一条全部用国产设备装配起来的黑白显像管装配生产线，在国营红光电子管厂建成。

12月　四川省乡镇企业总产值首次突破百亿元。

1986年

1月14日　攀钢二期工程正式破土动工。到1996年建成投产后，攀枝花钢铁基地将形成年产270万吨钢、300万吨铁、255万吨材的综合生产能力。

2月6日　自贡恐龙博物馆开放试展。这是亚洲最大的，陈列恐龙最多的恐龙博物馆。

3月6日　渡口市(今攀枝花市)举行新闻发布会，宣布7条优惠政策，欢迎全国、全省各地前来与之进行横向经济联合，开发攀枝花地区，建成我国钢铁、钒钛和能源的重要生产基地。

3月20日　由国家科委、冶金部、中国有色金属工业总公司、化工部和四川省联合召开的1986年攀枝花资源综合利用科技工作会议在渡口市召开。国务委员方毅参加了会议。

4月1日　方毅同志视察自贡。

4月2日　以农业、环境、土地规划部副部长本特鲁普为团长的原联邦德国北莱茵——威斯特法伦州友好代表团访川，商谈两省、州建立友好合作关系，并进行农牧业及其加工、环保等方面的考察。

4月19日　四川省府颁布了关于进一步推动横向经济联合的补充规定15条。

5月8日　四川省六届人大四次会议通过四川省国民经济和社会发展第七个五年计划。

5月22日　胡耀邦同志视察四川，并会见了党、政、军领导和老同志。

5月23日　美中交流协会主席艾弗莱特和该会高级顾问、前美驻华大使伍德科克及夫人访川。

5月31日　四川建筑机械厂成功地制造出我国目前起升最高、起重最大的超高大型塔式起重机，使我国塔机生产进入世界先进行列。

5月　广汉三星堆蜀文化遗址发掘获重大发现，使巴蜀早期历史推前了1000多年，即距今4500年至3000年左右。史学家称：巴蜀文化是中华民族文化的源头之一。

6月11日　德中友协主席托马斯·海贝勒博士访川，考察个体经济。

7月　美妙神奇的九寨沟、黄龙寺风景区正式对外开放。

7月21日—25日　西部电子工业基地讨论会在成都举行。电子工业部决定把四川、陕西、贵州、甘肃建成我国新型的西部电子工业基地。

7月—8月　杨汝岱、蒋民宽组织四川高层领导在成都召开了振兴四川经济的大讨论。会议明确指出：资金问题是振兴四川经济的核心。

8月25日　一条具有80年代先进水平、年产50万支的彩电调谐器的引进生产线在国营旭光仪器厂竣工投产。

8月31日　我国最大的彩电引进生产线，单班年产36万台的长虹机器厂彩电生产线投产，成为我国5大电视机生产基地之一。

9月10日　全国首家钢材专营市场在重庆开业。

9月29日　四川省东方电站成套设备公司和西安电力机械制造公司联合组成中国西部电力装备集团。

10月8日　成都发动机公司与美国联合技术公司正式达成联合开发大型工业和船用FF8燃气轮机协议。

10月14日　全国第一家民间银行——成都汇通城市合作银行开业。英国路透社10月16日电称："中国开办了第一家合作银行"。

11月15日　世界银行第三笔农村信贷项目预评估代表团访川。

11月23日　全国"星火计划"工作会议在成都召开。国务委员宋健出席会议并在川考察。

12月9日　兵工、航天、船舶、中汽四大系统的18个厂(所)组成重庆重型汽车联营公司。

12月12日　联合国粮农组织投资中心柑桔专家一行来川考察长江柑桔带利用世界银行贷款项目情况。

12月23日　四川省政府发布《四川省鼓励外商投资的若干规定》。

12月底　全省军工企业完成民品产值已占年总产值的一半以上，标志着四川省"军转民"已发展到一个新的阶段。

1987年

1月　地矿部在绵阳召开的四川泥炭资源远景调查报告评审会上透露：川西北若尔盖高原是我国最大、最集中的泥炭产地，蕴藏量居全国之首，也是世界上最大的高原型泥炭区。

1月12日　中国、加拿大合作举办的中国企业管理成都培训中心教学大楼举行落成典礼。

1月15日—2月28日　自贡市举行首届国际恐龙灯会。灯会期间，举办了106个经济技术贸易会、订货会和返销会，成交额达3亿多元。促进了四川省的对外交往和经贸协作，首开了“文体搭台、经贸唱戏”的先河。

1月16日 四川兵器、航天、船舶和核工业等国防科技系统的90多个科研、生产、技术经营单位联合，成立了四川国防工业科技网络系统。

3月10日—14日 全国糖酒三类商品交流会首次在四川省成都市举行。四川省糖酒销售总额列各省之首，其中酒类销售居全国酒类销售之冠。在近几年的全国糖酒三类商品交易会上，川酒成交量一直占全国总成交量的60%以上。

3月13日—26日 国务委员方毅视察四川，强调加快综合利用攀西资源，以造福子孙后代。并参加了16日在西昌召开的1987年攀枝花资源综合利用科技工作会议。

3月 自贡、攀枝花、德阳、乐山市被列为全国和四川省的综合改革试点城市。享有省级行政的税收减免权和扩大部分工业品物价审批权，并允许进行各种工资分配形式的改革试点和金融体制改革及建立生产资料市场的试点。

3月 经国家计委等有关部、委批准，由国家和省、地、市、县配套投资，在四川省开县、巫溪、云阳、丰都、武隆、酉阳、富顺、合江、巴中、南江10个县建设出口山羊板皮生产基地。

4月1日 三线企业庆光电工厂、新光电工厂、旭光电工厂举行迁建新都的开工典礼，以形成新的电子工业基地。逐步实施远离城市的三线企业的“下山”计划。

4月20日 李鹏总理视察四川。

5月13日 荷兰王国首相吕贝尔斯访川，探讨经济贸易合作的可能性。

5月18日 四川省首次在国外承包经营的企业——伊拉克莫萨那水泥厂自动生产线试生产一次点火运转成功。这座年产96万吨水泥的水泥厂，是目前世界一流水平的水泥厂。

5月25日 云南、贵州、广西、西藏、四川、重庆五省区六方经济协调会第四次会议在成都召开。共达成联合协作项目协议295项。

5月28日 攀枝花钢铁公司二期工程采用银团贷款，引进外资2.1亿美元。这项贷款是中国银行牵头为中国国营企业组织的第一个银团贷款，也是中国的钢铁企业首次采取银团贷款方式利用外资。

5月 濒临破产的锦江电瓷厂被成都电热器厂兼并，这是省内最早经新闻媒介报道的企业兼并事例。

6月20日 经四川省政府批准，由南光机器厂等省内外29家从事电子机械设备、仪器仪表、工模具和微电子技术研究、设计、制造、施工的大中型企事业单位联合，组成了中国西部电子机械装备集团。

7月6日 玻利维亚国会主席胡利奥·加雷特·艾利翁一行访川，探讨与四川省在农业等方面的合作事宜。

7月11日—13日 四川省政协在灌县组织召开“综合开发岷江上游专题研讨会”。

7月28日 四川省与原联邦德国北莱茵——威斯特法伦州正式结为友好省州。

7月 经国家计委批准，江油武都大型引水工程恢复建设。该工程可灌溉绵阳、遂宁、广元、南充4地市8个县的205万余亩耕地。被邓小平同志誉为“第二个都江堰”。

8月1日 中国工商银行四川省分行经国家外汇管理局批准，开办外汇业务。这是国内第一家经营外汇业务的内地非外汇专业银行。

8月26日 四川省开始开展退休费社会统筹工作。

9月23日 四川第一条高等级公路成(都)灌(县)路正式建成通车，全长48.5公里。

9月29日 德阳东方电机厂设计制造的目前国内单机容量最大的32万千瓦水轮发电机第一台机组在青海龙羊峡电站并网发电。

10月5日 农牧渔业部在井研县召开南方11省旱地改制多熟制会议，推动旱地栽培技术改革的全面实行。

11月17日 我国第一家股份制企业集团——中国嘉陵工业股份有限公司(集团)在重庆成立。

11月 四川省确定成都、重庆、绵阳、广元4市为电子工业发展重点城市。

12月1日 我国西部地区生产能力最大、技术最先进的造纸生产线在宜宾建成投产。这个日产100吨的生产线是从北欧造纸王国瑞典引进的。

12月14日 成都开发利用地下人防工程，建成全国最长的地下商业街。这条地下商业街长2.1公里，宽10米，可容纳1280个商店，每天可接待20多万顾客。

12月23日 我国30万千瓦核电站核燃料生产工艺通过部级鉴定，并在核工业部宜宾核燃料元件厂投产。

12月24日 西昌卫星发射中心的技术改造和扩建工程项目顺利完工，形成了一个更加完整的航天通信网络。

12月28日 成渝铁路电气化工程通过验收。

12月30日　成都华茂典当服务商行开业。这是国内解放后第一家为企业生产和群众生活提供服务的典当服务商行。

12月底　全省县以上预算内国营工业企业实行两年以上承包经营的企业占总数的65.4%，其中市、地、州属企业实行承包经营的占80%。四川省已在企业大面积推行多种形式的承包经营责任制。

12月底　四川省工业总产值(不含村及村以下工业)完成548亿元，提前3年实现翻一番。

1988年

1月7日　我国最大的仪器仪表集团——中国四联仪器仪表集团公司在重庆成立。

1月9日　国内目前容量最大、技术最先进的256路微机自动转扳系统，经邮电部验收合格在成都投入运行。

1月　四川省决定把竞争机制引入国营企业人事部门，实行招标承包和租赁经营的企业，原来的单位级别和干部行政职权自行消失，企业干部不再按国家行政干部管理。

3月4日　中国驻24个国家的大使和驻联合国代表组成的参观团访川。

3月8日　成都轻型汽车厂的CD122型轻型汽车，在联合国贷款淡水养鱼项目之一的轻型汽车国际招标中一举中标，这是我国轻型汽车在国际招标中首次中标。

4月13日　四川省建委主任会议上提出，城镇住房制度改革在5年内分期分批推开，1988年先在重庆、成都、自贡、德阳、广元、内江6个市和什邡、峨眉、富顺、荣县、温江5个县起步。

4月22日　我国石油系统首家中美合资企业——金钢石钻头公司在成都兴建，这是四川省石油局与美国伊斯特曼、克里斯坦森金钢石钻头有限公司合资兴建的。

5月3日　我国轻工业第一个企业集团——“中国天府可乐集团公司”经轻工部批准正式成立。

5月6日　四川第一条商品路——德什(德阳至什邡)公路建成通车。

5月18日　莫桑比克人民共和国总统若阿金·阿尔贝托·希萨诺及夫人一行访川。

5月23日　四川省政府决定，成都、德阳、绵阳、自贡、泸州、乐山、内江和南充、万县、达县10市(地)实行对外贸易指标切块承包(简称大承包)，直接参与国际市场竞争。

5月24日　我国西南最大的电子企业集团——红光电子企业集团成立。

5月26日　四川省有关部门为52名从科技干部中选派的科技副县长举行欢送会。他们到四川省52个贫困县，依靠科学技术帮助这些县改变面貌。

6月1日　四川省首批进行企业集团股份制试点单位之一的峨眉山盐化工业(集团)股份有限公司成立。

6月22日　四川省在北京人民大会堂举行对外经济合作新闻发布会。张皓若省长以“天府之国向世界敞开大门”为题，向300多名中外记者、驻华大使及使馆的商务官员和外国商社驻京代表介绍了四川的基本情况、投资环境、优惠政策，鼓励外商积极投资。

6月27日　四川省政府批准川棉一厂、成都量具刃具总厂、红光电子管厂、东新电碳公司、自贡铸钢厂、乐山造纸厂、川康毛纺织(集团)厂、宜宾天原化工厂、长江起重机厂、内江棉纺织厂等10个企业进行超前改革试点。改革的内容包括自主用工、自主分配、取消指令性计划、贸易自主等，使企业拥有更多的自主权和更为明确的利益关系，使企业逐步成为真正独立的商品生产实体。

6月30日　国务院批准成都市为第二批开放国库券转让市场的试点城市之一。

7月5日　西南地区首家以企业产权为商品的特殊市场——成都企业产权交易市场正式开业。

7月13日　凉山州锡冶炼厂在西昌建成投产，成为四川省第一家生产精锡的企业。

7月　四川省从社会上招收干部，第一次实行全省统一考试，贯彻公开、平等、竞争、择优原则选拔干部。

8月9日—18日　四川省首次在美国纽约市中国贸易中心展览部举行出口商品展览。

8月10日　成都城市信用社在高新技术开发区内开业。这是专为发展高新技术而筹集和融通资金的股份制“科技银行”。

8月19日　四川省目前最大的富铁矿——会东满银沟铁矿建成投产，矿石含铁量在50%以上，年产量可达25万吨。

8月22日　美国众议院议员、外委会亚太组主席索拉兹一行访川。

9月1日　经国防科工委和国家有关部门批准，西昌卫星发射中心正式向国内外游客开放。

9月16日　四川天然气化工厂从意大利引进合成氨、尿素装置的对外合同在北京正式签字。国务委员邹家华出席了签字仪式。

9月17日　新加坡总理李光耀携夫人一行访川。

9月　在香港举行的第六届国际食品展上，四川省6家名酒厂获国际金奖。宜宾五粮液酒厂获金龙奖；泸州曲酒厂获金粮奖；剑南春酒厂获金花奖；成都酒厂获金钟奖；文君酒厂获金杯奖；沱牌曲酒厂获金瓶奖。

9月　周培源率全国政协组织的210多位专家、学者、领导同志来川，考察三峡工程建设的问题。

10月6日　肯尼亚共和国总统丹尼尔·阿拉普·莫伊率团访川。

10月26日　四川省与英国莱斯特郡正式结为友好省郡。

12月4日　"四川与港澳"研讨会在深圳市举行。

12月9日　联合国开发计划署技术信息促进系统中国成都中心站在成都成立。

12月23日　以云南、贵州、四川和重庆市军工企业为主体的西南轻型汽车工业联营公司在成都成立。

12月21日　张皓若省长在全省经济工作会议结束时，发表了《切实搞好治理整顿，在调整经济结构上狠下功夫》的讲话，明确提出调整经济结构是治理通货膨胀，保证经济长期稳定增长的关键。

12月28日　我国目前跨径最大的、具有世界先进水平的单塔斜拉桥——重庆嘉陵江石门大桥通车。

1989年

1月17日　四川省标准最高的高等级公路——大件公路北段（德阳——成都天回镇）通车，全长51.67公里，均为一级公路。

4月1日　四川省目前规模最大、设备最先进的骨素明胶生产线在成都制胶厂正式投产，填补了四川工业没有感光材料的空白。

5月14日　四川省科技顾问团在温江召开《四川省"八五"发展目标及对策研究》论证会。

8月25日　由中国丝绸进出口总公司主办的中国丝绸制成品（港澳）小交会在成都结束。

8月　四川省卧龙自然保护区正式加入国际生物圈保护区网。

9月25日　国家"七五"重点项目，容积为1350立方米，设计能力为年产铁83万吨的攀钢4号高炉正式出铁投产。

9月　亚洲目前跨径最大（200米）的双箱对称同步转体拱侨——涪陵乌江大桥落成。

11月16日—20日　中共四川省委五届六次全委会议召开，传达贯彻党的十三届五中全会精神。会议通过了《中共四川省委关于贯彻执行中共中央关于进一步治理整顿和深化改革的决定的意见》。

12月7日　我国自行设计和制造的秦山30万千瓦核电站燃料组件和相关组件在宜宾核燃料元件厂通过国家验收。

12月12日　自贡东方锅炉厂成功地制造出国内第一台重型容器、大化肥关键设备——121－c换热器，把我国压力容器制造水平推上了一个新阶段。

1990年

1月8日—9日　四川省政府在重庆市召开科技兴农、科技扶贫工作会议，要求在全省打一场科技兴农的总体战。

1月20日　波兰副总理扬·雅诺夫斯基率政府代表团访川。

1月22日　重庆江北机场正式开航。

2月24日—28日　中央政治局常委宋平在川进行考察。

2月25日—3月1日　'90中国丝绸交易会在成都举行。

2月27日　四川省与意大利皮埃蒙特区正式结为友好省区。

3月1日　中国政府和原联邦德国政府双边合作项目，具有世界先进水平的成都电子模具中心一期工程在成都无线电一厂竣工投产。

3月9日　国家重大技术装备项目，年产20万吨合成氨卧式合成塔外壳，在德阳第二重型机器厂研制成功。

3月26日　铁道部眉山车辆厂自行设计制造出口缅甸的第一批36辆米轨木材车、甘蔗车、守车启运。这是我国铁路车辆首次以商品的形式整机进入国际市场。

4月3日　世界银行高级副行长库莱希一行访川。

4月7日　我国"长征三号"火箭在西昌卫星发射中心把美国制造的"亚洲一号"通信卫星成功送入太空。

4月10日　亚洲第一个公英两制涡轮发动机试车台在成都建成，标志着我国民用航空飞机的维修能力跨上了新的高度。

4月17日　斐济总理卡米塞塞·马拉一行访川。

4月20日 成都、自贡等17个城市利用西班牙政府混合贷款,引进程控电话工程总合同签字仪式在成都举行。

4月28日 国家科委在成都举行"863"计划新材料领域战略目标汇报会。国务委员、国家科委主任宋健出席了会议。

7月12日—18日 四川省工业制成品出口洽谈会在香港举行。

7月16日 我国新型运载火箭——"长征二号—E"捆绑式火箭,在西昌卫星发射中心发射成功,搭载的巴基斯坦试验卫星准确入轨。

7月26日 国内目前规模最大、经营额最高、品种最齐全的生产资料综合市场——"成都市生产资料一条街"正式命名挂牌。

8月29日 四川省委、省政府召开工交生产电话会议,提出了搞活经济的22条措施,对扭转工业滑坡起了重大作用。

8月30日 建国以来全国盐业投资最大的工程——川东盐厂30万吨真空制盐工程开工。

9月25日 西南第一条全封闭、全立交的成渝高速公路正式动工。

10月6日 我国第一座脉冲反应堆在西南反应堆工程研究设计院建成,并达到临界,使我国继美国之后成为世界上第二个掌握这种新堆型设计与制造技术的国家。

10月30日 国家"七五"重点项目,装机2×33万千瓦的江油电厂扩建工程一号机组并网发电。

11月2日 宜宾金沙江"南门大桥"正式通车。

12月21日 张皓若省长在全省计划经济工作会议结束时,发表了《坚持以经济建设为中心,把提高效益和调整结构放在首位》的讲话,论述了解放思想,实事求是,坚持以经济建设为中心的重大意义及其要解决的主要问题。

12月26日 国家"七五"重点技术改造项目、红光电子管厂年产315万只彩色显像管玻壳生产线正式建成。

12月28日 四川省"七五"重点工程、全长44.3公里,年运输能力400万吨的万南地方铁路正式通车。

1991年

1月5日 中国科学院成都计算机应用研究所建成我国最大的汉字信息库。

1月10日—14日 中共四川省委五届十一次全委(扩大)会议在成都召开,传达贯彻党的十三届七中全会精神。会议原则批准《四川省国民经济和社会发展10年规划和"八五"计划的基本思路》。2月21日,省委、省政府以川委发(1991)9号文件将《基本思路》批转全省,成为制定10年规划和"八五"计划纲要的依据。

3月8日 全国最大的井矿盐企业集团——四川久大盐业(集团)公司在自贡市成立。

4月1日 国务院正式批准建立成都高新技术产业开发区,定点在成都南郊神仙树地区,占地面积24.6平方公里。

4月19日 我国目前唯一的柱式锂电池生产线,在成都锂电池厂通过国家验收投产。

4月16日—23日 江泽民总书记视察四川,重申了四川作为国家战略后方的必要性和重要性,并就科技发展问题作了重要讲话。

4月25日 四川省省长张皓若和江苏省省长陈焕友分别代表双方在南京签订《关于四川省、江苏省两省结成友好对子,进一步加强经济技术合作的协议》。

5月24日—30日 邹家华副总理来川考察,强调指出,计划经济也要讲供需关系,并就如何加快四川经济发展步伐提出了意见和建议。

6月12日 四川省目前出川容量最大的通信工程——汉渝微波和我国第一个国产化卫星地球站——成都卫星地球站,经邮电部验收,正式投入使用。

6月21日 我国第一个成套引进规模最大、技术最全面的录像机生产基地在成都建成投产。

6月28日 国家重点能源项目、西南最大的火力发电厂——华能四川珞璜电厂1号机组首次并网发电成功。

7月3日 经四川省政府批准,四川又有彭县、米易等5县被列入对外国人开放地区。至此,全省已有110个市、县(区)对外国人开放。

7月25日 乌干达总理阿迪耶波一行出席了在四川省国际经济技术合作公司总部举行的中乌合营非洲建设有限公司签字仪式。

7月 经国务院批准,国家计委决定投资10亿元,将川藏公路改建和整治成为三级以上标准的公路。

8月12日—14日 省科技顾问团在成都讨论《四川省国民经济和社会发展10年规划和"八五"计划纲要》。

8月16日 由四川省石油管理局62名专业技术人员组成的中国灭火队,赴科威特参加海湾战争后的油井灭火工作。

8月31日 李鹏总理在北京人民大会堂出席了我国目前最大的水电工程项目——二滩水电站工程土建国际招标合同的签字仪式。

9月10日 全国三大市场之一——成都荷花池市场,实现闭路电视监控系统管理。

9月11日 国务委员、国家体改委主任陈锦华来川考察,先后考察了广汉综合改革试点工作和部分国营企业。

9月12日—17日 朱镕基副总理一行来川考察清理"三角债"工作情况。

9月14日 全国目前最大的,装机330万千瓦的二滩水电站主体工程正式动工。

9月24日—29日 为海外瞩目的"91中国四川国际电视节"在成都举行。有30个国家和地区的132家电视台和影视制作机构送来215部电视片,参加电视节举办的"金熊猫"奖评选。

10月6日 四川商检局为企业拓展门路,利用"普惠制"向发达国家出口川货。

10月14日 张皓若省长在金牛宾馆会见澳大利亚BHP公司董事长阿瑞·帕博爵士,并参加了该公司与四川省合资勘探开发铅锌矿意向书的签字仪式。

10月12日—18日 第三届中国西部商品交易会在绵阳市举行。

10月25日 四川省委、省政府确定建立四川省广汉工业开发区。

11月11日 国务院副总理田纪云来川考察,强调大力发展社会化服务体系和乡镇企业。

11月13日 陈慕华副委员长率全国人大常委会三峡工程考察团一行70多人到达重庆,考察三峡工程。

11月27日 四川省地方电力局发布,全省已实现县县有电,有96%的乡、87%的村和75%的农户用上电,年用电量从1981年的10.17亿千瓦小时增加到1990年的58.29亿千瓦小时,增加4.7倍。

11月 商业部和省政府决定联合开办的,我国第一个面向全国开放的肉类产品专业批发市场——成都肉类产品批发市场正式投入运行。

11月 国家先后批准在四川万县地区兴建大型烧碱工程,在川西平原兴建14万吨乙烯工程,总投资将超过50亿元。

12月3日 在北京举行的"七五"全国"星火计划"成果博览会上,四川省共有124个项目参展,其中有60个项目获金银奖。

12月上旬 经四川省委、省政府工作组检查验收,四川省盆周48个贫困县已全部越过温饱线,1113万建卡贫困农民已有1057万人(占95%)基本解决了温饱问题。

12月10日 经国务院批准,四川省190名作出了突出贡献的专家、学者荣获国家特殊津贴。

12月13日 成都飞机工业公司为美国麦道公司生产的首架机头交付仪式在成都举行。

(雷开平 整理)

蜀道不再难

“蜀道之难难于上青天”，已永远成为历史。

省内已初步形成由铁路、公路、水运、航空、通讯构成的交通通信网络。

宝成、成渝、成昆、襄渝、川黔、内宜6条铁路干线和9条支线，是四川主要的省外通道。

公路通车里程居全国之首，全封闭、全立交的高速公路已开始在巴蜀大地出现。

内河航运开通了100多条航道，建立起140多个大小港口码头（年吞吐量10万吨以上的近40个）。

民用航空有71条航线，架起了通往全国主要城市和香港地区的“空中桥梁”。

有136个县以上城市实现市话自动化，已开通10万门程控电话，可直拨世界100多个国家和地区的主要城市。

川西大件公路

亚洲第一座单拱钢筋水泥转体大桥——涪陵乌江大桥，沟通川黔两省 （康祖成 摄影）

成昆铁路为开发攀西地区和沟通川滇两省做出了重要贡献 （牛日河 摄影）

川江航道 （徐绍曾 摄影）

四川以资源大省而闻名全国

裸子植物和被子植物资源分别居全国第一和第二位。图为国家重点保护植物——苏铁　（景黎明 摄影）

四川是全国五大牧区之一。图为著名的阿坝草原。（桑正 摄影）

四川是全国五大林区之一，森林积蓄量约占全国的15.43 %。图为联合国粮农组 织援建的造林工程——珙县官帽山林场。

四川是全国珍稀动物最多的省份，国家一、二、三类保护动物达59种。大熊猫被誉为“国宝”。

全省已探明储量的矿产达40种。图为举世闻名的攀枝花钒钛磁铁矿。 （马玉文 摄影）

水能资源居全国第一。图为雅砻江下游。这里正在建设我国最大的二滩水电站，装机容量330 万千瓦。

游兴需向四川寻

四川是观光揽胜、谒古寻幽的理想去处，饮誉国内外的众多著名景观，足以使游人留连忘返……

游山：有传世的峨眉天下秀、青城天下幽、剑门天下雄、夔门天下险，也有以雪景著称的贡嘎山、四姑娘等高山。

玩水：有长江三陕、大宁河小三陕、嘉陵江峡谷、九寨沟湖泊群，以及泸沽湖、邛海等高原湖泊。

赏气景：有峨眉的云海、佛光和自古传颂的“巴山夜雨”。

观生物景：有自贡的恐龙化石群、硅化木和大熊猫、苏铁等珍稀动植物。

访古迹与民俗：有都江堰、武侯祠、自贡灯会、鬼城丰都、龙舟会和民族节庆等。

迷人的泸沽湖——寻觅母系社会风俗的

夔门天下险——长江三峡自此出川　（乔德炳　摄影）

康定跑马山转山会　（朱近雄　摄影）

国家级风景名胜区——九寨沟黄龙寺　（桑正　摄影）

螺吉山风貌——这里保留着第四纪冰川

（张宏才 摄影）

自贡灯会——在新加坡展出 （李君干 摄影）

闻名世界的自贡恐龙博物馆标本陈列厅 （余刚 摄影）

扬子江心水，蒙山顶上茶
——蒙顶山省级风景名胜区

（杨勇 摄影）

多姿多彩的少数民族风情 （李学智 摄影）

科技兴旺发达

四川是全国重要的科研基地之一，拥有中国科学院成都分院、中国工程物理研究院、西南物理研究所、西南技术物理研究所、中国空气动力研究与发展中心、西昌卫星发射中心、华西自动化研究所、晨光化工研究院、攀枝花钢铁研究院、四川省农科院等一批闻名全国的重要科研机构。具有承担国家重大科学试验和重大技术装备的研制、生产能力。在航空、航天、电子、船舶、兵器、核工业、天然气化工、钒钛磁铁矿冶炼、铁路设计等方面处于全国前列。

全省现有县以上独立研究与开发机构288个，其中中央在川单位64个，省属科研单位73个、高校研究机构113个；民间开发研究机构571个；专业科技人员149.2万人。

“亚洲一号”卫星从西昌发射中心发射升空　（冷登亿 摄影）

中国工程物理研究院核反应堆　（申荣 摄影）

低速风洞里的三台风扇　（袁昌杰 摄影）

攀枝花钢铁公司
有“象牙微雕钢城”之喻

①二期工程新建的6号焦炉
②二期工程新建的4号高炉
③攀纲信息中心电子计算机室

（本版照片均为攀纲摄影科张本宜摄）

①

2

3

中国东方电气集团公司

中国东方电气集团公司是一个国家计划单列的大型企业集团。公司总部设在四川省成都市。公司由东方锅炉厂、东方汽轮机厂、东方电机厂、东风电机厂、中州汽轮机厂5个直属核心企业，以及由跨越19个省市，包括第二重型机器厂、四川仪表总厂、西安交通大学、西北电力设计院等92个联营企业组成。公司拥有外贸经营权、金融经营权和电站勘察设计权。愿以精湛的技术和周到的服务，热忱为国内外用户广泛开展各种大中小型电站工程，电站设备和其它机电工程设备的成套开发，成套设计、成套制造、成套供应、成套服务和工程总承包的各项业务。

集团公司总部办公大楼

河北沙岭子电厂30万千瓦锅炉投入运行

荣获国家金牌的1000t/h电站锅炉在邹县电厂投入运行。

董事长: 丁一　　总经理: 张光纯

副总经理: 宋文才　于淙民　茅永康　潘纪盛

总工程师: 王树槐　　总会计师: 陈友宁

地　　址: 成都市一环路西一段115号

邮政信箱: 成都市617信箱

邮政编码: 610041

电　　话: 766655（总机）　电报: 2000（成都）

电　　传: 60152 DEC CN

传　　真: 028－769555

荣获国家金牌，目前国内单机容量最大的龙羊峡320MW水轮发电机组转子吊装

四川海天
新技术集团公司

本公司是以综合技术为基础，从事高新技术应用研制开发、生产、经营销售一体化的技术集团公司。主要经营项目为:微电子技术、无线电技术、核应用技术、精细化工、计算机软件开发、精密加工技术及技术转让、技术服务、技术培训、技术引进等综合性技术服务业务。

竭诚欢迎国内外各界人士前来协作与交流！

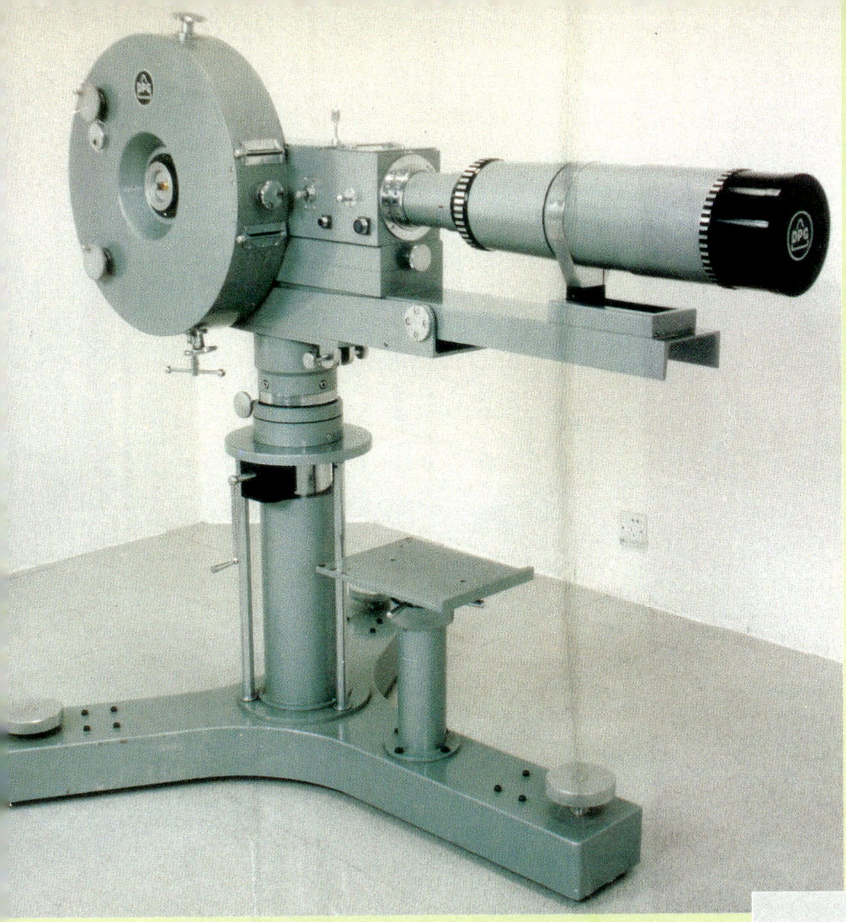

DPG等待式铍镜相机

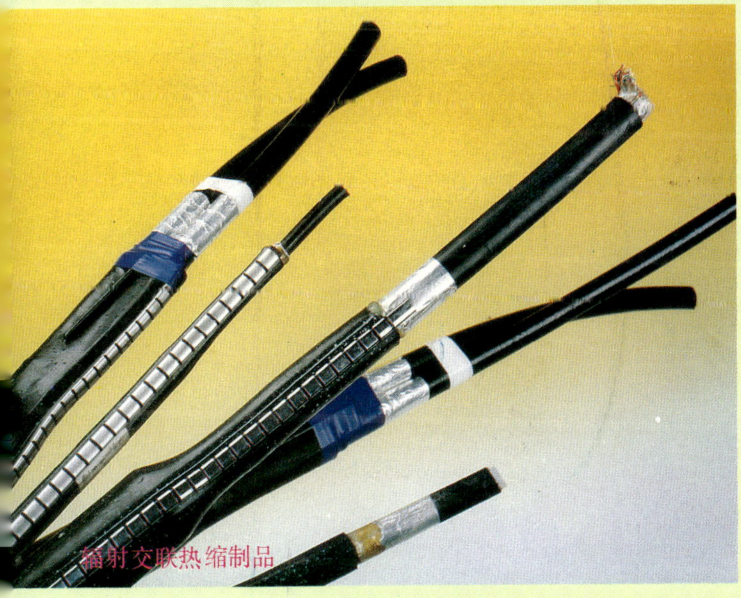

辐射交联热缩制品

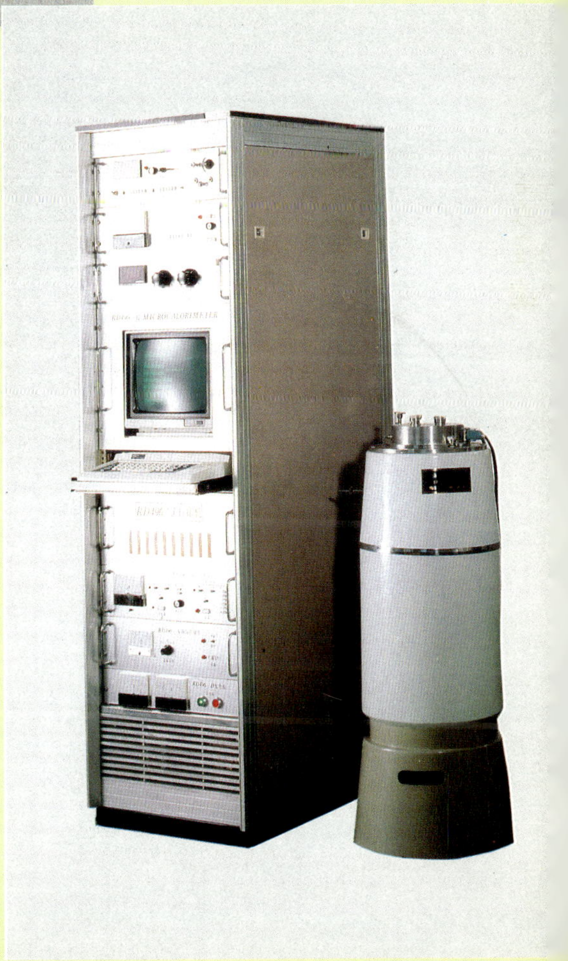

RD496 —Ⅱ型微热量热计

公司总部 地　　址：四川省绵阳市绵山路64号
联 系 人：张家林　廖汉滨
邮政编码：610003　电话：22277　22141—3290

成都联系处 地　　址：成都市八宝街90号
联 系 人：何文奎　张德伟
邮政编码：610031　电话：667333
电　　报：0736

广　告

西昌卷烟厂

西昌卷烟厂是中国烟草总公司四川省公司的直属企业。1990年获得四川100户最佳综合经济效益企业第2名。产品以凉山生产的云贵香型优质烟叶为原料，年产9个牌号18个品种卷烟10万箱。

按照“以质量求生存，以品种求发展，以管理促效益，以信誉广交天下朋友”的宗旨，西昌卷烟厂正不断改造烤烟型，发展混合型、疗效型等新产品。新建的3000kg/H制丝线于1992年10月投产后，生产规模可达到年产20万箱，规划到“八五”末期年产30万箱。

厂区雕塑

◁生产车间一角

地址：四川省凉山州西昌市火车站西侧

邮政编码：615042

电话：23576

广　告

成　　都　　市

主　　编：王远让
副 主 编：彭　军　喻正芳
编写人员：王远让　喻正芳　蔡亦如
雷　霖　徐惠芳　蒋稳之
陈绍充　杨国民　周莉蓉
工作人员：韩　戟　王　旭　冯　捷

成都市分目录

典型地区和典型企业

市情综述

一、发展历史

〔**二千多年历史的先秦古都**〕 成都是中国的历史文化名城。据有文字确切记载,成都已有2300多年历史。早在公元前四世纪,蜀国开明王朝迁蜀都城至成都,取周太王迁岐"一年成邑,二年成都",因名成都。成都之名也千古未改。公元前311年,秦人按咸阳建制兴筑成都的城垣。当时城周12里,高7丈。成都城市在这一年正式建立。1985年底,在成都西门十二桥发现一个古建筑群,经考证与检测,该建筑群系商代宫殿建筑,距今已有3600年。这一重大发现又将成都有据可考的历史推前了一千多年。公元前256年,蜀太郡太守李冰父子率岷江两岸人民兴建的都江堰水利工程,二千多年来一直浇灌着成都平原。因此,成都水旱从人,土地肥沃,气候温和,物产丰富,故成都世称"天府"。西汉时期,成都的织锦业驰名天下,故成都又有"锦城"之称。五代后蜀王孟昶时,在城中遍种芙蓉,故成都还有"芙蓉城"、"蓉城"之称。在历史上,成都又是一座江桥众多,水网密布,树木葱笼,繁花似锦的"花城"。因此,19世纪法国的旅行家古德尔孟曾赞叹成都是"东方的巴黎"。

二千多年来,成都一直是中华民族在西南地区的政治、经济、军事重镇,具有重要战略地位。秦、汉、晋、隋皆因得蜀而统一天下。西汉公孙述、三国刘备、西晋李雄、东晋李寿、五代前蜀王建、后蜀孟知祥等先后在四川建立封建王朝时,均以成都为都城。在此前后,成都又一直是各朝代的州、郡、县治所。清代,1645年改四川布政使司为四川省,下设道,成都为省、道、府治所。民国初年,成都是四川省省会。1949年12月,成都解放后为川西行政公署驻地。1952年恢复四川省建制,成都为四川省省会至今。

〔**开发历史悠久,工商繁荣的古城**〕 历史上成都是我国工商繁茂的大都会。秦汉时代,成都是我国有名的商业都市。汉代是全国五大都会之一。唐代有"扬(州)一益(成都)二"之称。北宋时期是汴京以外的第二大都会。唐宋时期成都的商业已突破了历史上传统的坊市制的束缚,兴起了临街设店和前店后坊(手工作坊)的格式,进而发展为城内有东市、南市、新南市、西市和北市,城外有草市。每年12个月,月月有各种专业性的市场:1月灯市、2月花市、3月蚕市、4月锦市、5月扇市、6月香市、7月七宝市、8月桂市、9月药市、10月酒市、11月梅市、12月桃符市。在城内还兴起了繁荣的夜市。现在中共四川省委所在地叫"商业街",成都市委所在地叫"羊市街"。这些街名也反映了成都历史上商业的繁荣。

纸币这个商品交换的方便媒介是中国发明的。而中国纸币的发源地是在北宋初期的成都。当时制造纸币(交子)的用纸和印刷纸币的作坊,即在成都外西的"净众寺"(即成都西门万佛寺)。成都所制交子,是世界货币史上使用纸币的最早发明地。它对贸易往来、金融业的发展和经济繁荣等起了重大作用。

成都是全世界最早开发利用天然气的地方。早在西汉时期,成都人就发现了天然气,并加以利用,当时主要用于制盐。这就是成都临邛地区有名的"火井"。

历史上成都还是一座口岸城市。李冰开二江,双过城下,使成都成为水陆交汇的口岸城市,又是祖国南方丝绸之路起点的外贸城市。

〔**对祖国和世界文化作出了重大贡献的文化名城**〕 成都的教育事业发达,历史悠久。早在公元前141年,蜀郡太守文翁在成都兴学,开学馆,设讲堂,建石室。"文翁倡其教,相如为之师",于是蜀之人才,辈出于两汉。这是全国地方办学的首创。一直到南宋,发展为规模近千人的地方高等学府。

我国造纸技术的发明是对世界文明的伟大贡献,而成都在隋、唐至宋的这段时间,造纸技术为全国的高峰。唐代成都造的"益用麻纸",是官方规定的诏书、册令和中央图书馆的标准用纸。

雕版印刷术的发明,是中国对人类文明的又一伟大贡献。而成都是中国雕版印刷术的发源地之一。伦敦博物馆所藏敦煌文书中孟蜀时期成都所木刻印刷的"历书",为世界最早的木刻历书。中国历史博物馆所藏唐代木刻印刷的"陀罗尼经咒",边款刻有"成都府成都县龙池坊刻"等字样。中国用木刻印刷五经、文选、诗文集,是始于唐代的成都。宋代的成都,是全国印刷业三大基地之一,有"宋时蜀刻甲天下"之称。

成都又是一座工艺名城。成都的漆器从战国到汉代即负盛名,远漂海外。马王堆出土的精美漆器就有成都制造的。成都又是蜀锦的故乡,它一直是中国丝绸文化重大的生产发源地。汉、晋时期,蜀锦风靡天下。六朝以后至隋唐,通往西域的丝绸之路所销蜀锦大都是成都生产的。蜀锦在1909年的南洋博览会上获"国际特奖",在1937年的美国纽约万国工业博览会上获"东方美人奖"。成都麻织的"蜀布",在汉代是名扬天下的高级织物,远销"大夏"(即阿富汗)。

唐宋时期,成都的音乐、歌舞、戏剧已非常繁盛,有"蜀戏冠天下"之称。成都的乐器制造,闻名全国,成都乐器世家雷氏所制的"雷琴",不仅使当时的文化界"叹为观止",而留存于世者,珍同"国宝"。成都大慈寺的壁画也被称颂为"天下第一"。

饮茶文化始于中国。中国饮茶,源于四川。而四川最早进行茶叶贸易的是成都新津。诗歌中最早饮茶记录亦在成都。唐宋时期,成都是全国茶叶生产的主要地区,也是茶叶贸易的集散中心。清代以来,成都的茶馆文化,别具一格,相沿至今。成都茶馆之多,世界第一。

〔**汇百流、善吸收、富创新的开放城市**〕 成都自古就是一座人才荟萃的名城。汉赋四大家成都有司马相如和杨雄两位。唐代大画家成都有黄筌、黄居采父子。宋代著名的史学家成都有范镇、范租禹。成都还是名流云集之地,大政治家诸葛亮、大诗人李白、杜甫、岑参、薛涛、韦庄、陆游、范成大等都曾寓居这里,有"天下诗人皆入蜀"之说。无产阶级革命家朱德、陈毅都曾就学成都。现代著名文学家郭沫若、巴金、李劼人、李一氓、科学家周太玄等,都曾在成都石室中学受教而成为全国、全世界名人。成都不仅人才荟萃,而且具有不排外、汇百流、善吸收、富创新、勇进取的开放性格。开明氏入蜀,带来了荆楚文化。秦定蜀,带来了关中文化,后又把六国工商迁徙入蜀,带来了先进的工商技术。文翁兴学,派蜀人子弟到京师学习中原文化。隋代杨秀作蜀王带来中原高僧,使成都成为佛学中心之一。唐玄宗、僖宗两次"幸蜀",随来了大批诗人、画家、歌手和百工技艺之才。清代"湖广填四川",促进了经济、文化、风俗的交流和融汇。川剧、曲艺、绘画、川菜、小吃等,都是集各地之精华所形成的成都特有文化。抗日战争时期,各种社会团体和名流志士移居成都,27所大专院校迁来成都,使成都成为大后方文化中心。解放战争时期,随大西南的解放,人民解放军又带来了晋、绥、秦、鲁、苏大批干部。建国后的三线建设时期,又调进了全国各地的各种人才。成都的经济、政治、文化持久繁荣的重要原因,就在于二千多年来一直不断地吸收引进全国各地的先进文化和人才。

二、自然环境

成都市位于四川省中部,四川盆地西部,介于东经102°54′~104°53′和北纬30°05′~31°26′之间。全市东西长192公里,南北宽166公里,总面积12390平方公里,其中城区建成区面积87平方公里。东北与德阳市、东南与内江市毗邻、南面与乐山市相连,西南与雅安地区、西北与阿坝藏族自治州接壤。现辖锦江、青羊、金牛、武侯、成华、龙泉驿、青白江7个区和金堂、双流、温江、郫县、新都、彭县、崇庆、大邑、邛崃、蒲江、新津11个县以及都江堰一个市。

成都市是全国计划单列市之一,四川省省会,全省政治、经济、文化、科学技术、教育的中心,也是我国西部地区最大的综合性工业基地之一,还是西南地区交通、邮电通信的枢纽,自然条件优越,自然资源和劳动力资源丰富。

〔**地形地貌**〕 成都市所处大地构造为新华夏系四川沉降带次级构造单元——川西褶皱带之雾中山褶断带、成都坳陷和龙泉山褶断带,地质历史悠久,地层出露较全。全市地势差异显著,西北高,东南低,西部属于四川盆地边缘地区,以深丘和山地为主,海拔大多在1000~3000米之间,最高处大邑县双河乡为海拔5364米,相对高度在1000米左右;东部属于四川盆地盆底平原,是成都平原的腹心地带,主要由第四系冲击平原、台地和部分低山丘陵组成,土层深厚,土质肥沃,开发历史悠久,垦殖指数高,地势平坦,海拔一般在750米上下,最低处金堂县云台乡仅海拔387米。成都市东、西两个部分之间高差悬殊达4977米。由于地表海拔高度差异显著,直接造成水、热等气候要素在空间分布上的不同,不仅西部山地气温、水温、地温大大低于东部平原,而且山地上下之间还呈现出明显的不同热量差异的垂直气候带,因而在成都市域范围内生物资源种类繁多，门类齐全，而且分布又相对集中，这为成都市发展农业和旅游业带来了极为有利的条件。

〔**土地资源**〕 成都市土地总面积12390平方公里，折合1858.50万亩，占四川省土地面积的2.2%。成都市土地资源有以下特点：一是土地类型多样。按地貌类型可分为平原、丘陵和山地；按土壤类型可分为水稻土、潮土、紫色土、黄壤、黄棕壤等11类；按土地利用现状类型可分为耕地、园、林土、牧草地等8类。二是平原面积比重大，达4,971.4平方公里，占全市土地总面积的五分之一以上，远远高于全国占12%和四川占2.54%的水平；西北部山地面积占全市土地总面积的33.2%。三是土地垦殖指数高。成都市土地肥沃，土层深厚，气候温和，灌溉方便，可利用面积的比重可达94.2%；全市平均土地垦殖指数达38.22%，其中平原地区高达60%以上，远远高于全国10.4%和四川省11.5%的水平。

〔**气候资源**〕 成都市位于川西北高原向四川盆地过渡的交接地带，具有自己特有的气候资源：一是东西两部分之间气候不同。因为成都市东、西高低悬殊，热量随海拔高度急增而锐减，所以出现东暖西凉两种气候类型并存的格局，而且，在西部盆周山地，山上山下同一时间的气温可以相差好几度，甚至由下而上呈现出暖温带、温带、寒温带、亚寒带、寒带等多种气候类型。这种热量的垂直变化，为成都市发展农业特别是多种经营创造了条件。二是冬暖、春早、无霜期长。四季分明，热量丰富。年平均气温在16.4℃左右，≥10℃的年平均活动积温为4700～5300℃，全年无霜期大于337天，冬季最冷月（1月）平均气温为5℃左右，0℃以下天气很少，比同纬度的长江中下游地区高2～3℃，提前 个月入春。三是冬春雨少，夏秋多雨，雨量充沛，年平均降水量为1124.6毫米，而且降水的年际变化不大，最大年降水量与最小年降水量的比值为2∶1左右。四是光、热、水基本同季，气候资源的组合合理，很有利于生物繁衍。五是风速小，广大平原、丘陵地区风速只有1～1.5米/秒；晴天少，日照率只在24～32%之间，年平均日照时数为1042～1412小时，年平均太阳辐射总量为83.0～94.9千米/平方厘米。

〔**水资源**〕 成都市降水丰沛，年均水资源总量为304.72亿立方米，其中地下水31.58亿立方米，过境水184.17亿立方米，基本上能满足成都市人民生活和生产建设用水的需要。主要特点：一是河网密度大。成都市有岷江、沱江等12条干流及几十条支流，河流纵横，沟渠交错，河网密度高达1.22公里/平方公里；加上驰名中外的都江堰水利工程，库、塘、堰、渠星罗棋布，现有水利设施年实际供水能力达106亿立方米，有效灌溉面积达604.83万亩；全市水能资源理论蕴藏量为161.5万千瓦，这些为充分利用成都市丰富的水资源创造了良好条件。二是水质优良。成都市地处长江流域上游，河水主要由大气降水，地下潜流和融雪组成，在流入成都平原之前，河道主要在高山峡谷之间，受到的人为污染小，因此水质格外优良，绝大部分指标都符合国家地面水二级标准的要求。

〔**生物资源**〕 成都市地处亚热带湿润地区，地形地貌复杂，自然生态环境多样，因而生物资源十分丰富，据初步统计，仅动、植物资源就有11纲、200科、764属、3000余种。其中，种子植物2682种，特有和珍稀植物有银杏、珙桐、黄心树、香果树等；主要脊椎动物237种，国家重要保护的珍稀动物有大熊猫、小熊猫、金丝猴、牛羚等；中药材860多种，川芎、川郁金、乌梅、黄连等蜚声中外。

〔**矿产资源**〕 成都市矿产资源：一是种类繁多。目前已探明的有铁、钛、钒、铜、铅、锌、铝、金、银、锶、稀土等金属矿产以及钙芒硝、蛇纹石、石膏、方解石、石灰石、大理石、煤、天然气等非金属矿产资源60多种。二是分布相对集中。全市有大小矿产地400余处，多属矿产资源分布相对集中。煤炭探明储量1.46亿吨，主要集中在西部边沿山区的彭县、都江堰市、崇庆和大邑县，天然气探明储量16.77亿立方米，远景储量为42.21亿立方米，主要集中于蒲江、邛崃、大邑、都江堰和金堂一带；钙芒硝储量全国第一，高达98.62亿吨，主要集中于新津和双流县；多种金属矿产资源则相对集中于彭县。三是共生矿多。因而多数矿可以综合回收利用，一矿变多矿，提高矿产使用价值。

〔**旅游资源**〕 成都市是国务院首批公布的全国24座历史文化名城之一，历史悠久，名胜古迹蜚声中外，加上自然风光绮丽多姿，因而旅游资源得天独厚，并具有鲜明的成都特色：一是人文景观多。全市现有人文景观172处，具有类型多、规模大、分布广、价值高的特点。全市19个区（市）县，县县都有自己特有的人文景观。其中，尤以二王庙、文君井、武侯祠、杜甫草堂等历史名胜和文殊院、宝光寺等建筑古朴的古寺庙以及王建墓、东汉墓等历史价值极高的古陵墓等最具特色；观音寺的壁画、塑像和花置寺的摩岩造像等也有很高的艺术观赏价值；举世闻名的都江堰水利工程，更是具有极高的科学研究价值。二是自然景观全。成都市地形地貌复杂多样，山景、洞景、水景、生景、气景俱全。其中，山景具有高、险、奇、秀、幽的特色，如有“天下幽”的青城山、雄奇多姿的九峰山、奇峰挺拔的雾中山、景色秀美的玉垒山等；水景中有汹涌湍急的溪流、清澈明亮的水潭、飞珠溅玉的瀑布、秀美如画的湖泊、千姿百态的泉眼等等；十分迷人的成都生景中，有少见的桂花林、箭竹林、杜鹃林等植物群落和大熊猫、小熊猫、蝴蝶群等珍稀动物；丰富多彩的成都气景中，有壮观的日出、多变的云海、神奇的佛光和奇特的“神灯”等等。三是旅游资源分布相对集中。现已形成以成都市区为核心的、组合不同、风格各异的都江堰、青城山、宝光寺等8个国家、省、市级风景片区。四是成都旅游地理位置十分优越。成都正处在由剑门蜀道、九寨沟、成都、峨嵋山、长江三峡等旅游胜地组成的四川旅游环和由北京、西安、成都、昆明、桂林、广州等旅游中心组成的全国旅游环的联结点上，还是内地前往西藏的主要通道，这些都为开发利用丰富的成都旅游资源创造了良好的条件。

〔**劳动力资源**〕 1991年，成都市人口总数为927.33万人，占四川省总人数的8.53%，占全国总人数的0.8%。其特点：一是人口密度大。平均每平方公里为749人，特别是平原地区人口密度多在每平方公里1000人以上，比全国人口密度较高的长江三角洲和珠江三角洲的人口密度还高出约一倍。二是社会劳动者人数比重大。全市社会劳动者人数为684万人，占全国社会劳动者总数的0.93%，占全市总人数的73.7%，远高于全国57%和四川省58%的水平。平均每平方公里劳动力资源为514人，为全国平均57人的8倍多，为四川省平均96人的5倍多。三是具有大专以上教育程度的劳动者人数比重大。据第四次人口普查资料，成都市具有大专以上教育程度的人数的比重为3.19%，每千人中拥有大学文化程度人数为32人、高中93人、初中263人、小学403人。由此可见，成都市劳动力资源不仅数量众多，而且文化素质较高。

三、经济概况

（一）综合经济实力较强。1991年，成都市国民生产总值达到206亿元，国民收入155亿元，社会总产值450亿元，工农业总产值（按1990年不变价计算）381.15亿元，地方财政收入22.4亿元，全社会固定资产投资总额47.55亿元，社会商品零售总额112.38亿元，在我国西部城市中仅次于重庆市，居第2位。随着经济总量的增长，人民生活水平显著改善。1991年，居民人均生活费收入1924.71元，职工人均工资2395元，农村人均纯收入831元，都居西部城市首位。

——工业门类齐全，基础雄厚。成都市工业门类齐全，体系完整，初步形成了以电子、机械、冶金、化工、纺织、食品等支柱行业为主体、生产规模较大的综合性工业城市。1991年，全国工业40个行业大类中，成都有37个，占95%；在全国工业203个行业中类中，成都有183个，占90.6%，其中有不少行业在全国具有重要地位，在西部地区经济开发建设中亦居于举足轻重的地位。特别突出的有电子工业，是全国重要的电子工业基地之一；冶金工业中的无缝钢管生产，是国家定点的专业化无缝钢管生产基地，生产的石油工业用管、电站用管等产品畅销全国；化肥生产是全国合成氨和尿素生产的主要基地；国防军事工业，成都是全国“三线”建设和“三线”调整的重点地区。此外，食品工业、纺织工业、医药工业，其规模和水平在西部地区也具有明显的优势。

成都市工业基础雄厚。1991年末，全市有乡及乡以上工业企业5885个，其中独立核算工业企业4741个，居西部城市的第2位。在工业企业中，国营957个，集体4853个，其他75个；大型企业66个，中型企业105个，小型企业5714个。全市独立核算工业企业拥有固定资产原值134.14亿元，占用定额流动资金82.61亿元，有工业职工70.36万人，占全市职工总数的45.1%，占全市社会劳动者的12.7%。在工业产品中，有许多重点产品不仅在西部地区，而且在全国，都名列前茅，如飞机、雷达、各种电子元器件、电线电缆、无缝钢管、电视发射机、量具刃具、工程机械、机床、录相机、化纤、化肥等。1991年生产化学纤维1.18万吨，纱2.95万吨，布8717万米，丝织品1980万米，饮料酒16.16万吨，合成洗涤剂5.92万吨，电视机36.96万部，发电量37.93亿千瓦小时，钢137.19万吨，钢材136.25万吨，生铁13.34万吨，硫酸15.50万吨，化肥（折纯）31.82万吨，化学农药1106吨，金属切削机床1335台。

1991年，成都工业总产值（按1990年不变价计算）达312.29亿元，居西部城市第2位。在主要工业部门中，机械（含电子）、冶金、化学工业雄居主导地位，分别占工业总产值的35.23%、17.03%和13.94%，合计占66%。

——农业生产发达，是我国重要的粮油猪生产基地。成都位于成都平原腹心地带，地势平缓，土地肥沃，气候适宜，农业生产条件优越。1991年，农业总产值（按1990年不变价计算）达68.86亿元，占社会总产值的15.3%，居西部城市第2位，其中副业

4.8亿元，居第1位。在主要农副产品产量中，粮食总产量392.26万吨，蔬菜总产量227.3万吨，水果总产量13.89万吨，肉类总产量40.4万吨，生猪存栏数535.05万头，均居第2位，油料总产量18.46万吨，居第1位。人均粮食产量420公斤，人均蔬菜产量250公斤，分别居第2、1位。粮食亩产362公斤，油菜籽亩产128公斤，都名列榜首。

农业生产稳步发展的同时，乡镇企业也异军突起。1991年，乡镇企业总产值达142.65亿元，占农村社会总产值的75.08%，占全社会总产值的31.7%，属西部城市之冠。1991年，成都市工业总产值过亿元的乡镇已有38个。

农业生产条件明显改善。1991年，农业机械总动力为139.48万千瓦，农用汽车4517辆，农用化肥施用量(折纯)17.61万吨，分别比1979年增长3.5倍、23.5倍和1.3倍，为成都农业生产上新台阶打下了基础。

——流通功能强，是重要的贸易中心和金融中心。1991年，全社会商品零售总额达到112.38亿元，居西部城市第2位，城乡集市贸易成交额达到33.44亿元，居第1位，商业饮食业服务业机构数177707个，从业人员451218人，均居第1位。

成都市生产资料购销两旺。1991年，全市供销机构物资购进总额63.81亿元，销售总额67.6亿元，全市协进协出物资总额9.65亿元，其中协进物资6.19亿元，有力地支持了工农业生产的稳步发展。

国民经济的发展，也促进了金融保险事业的迅速成长。1991年，全市年末各项存款余额达183.47亿元，各项贷款余额169.4亿元，分别比1979年增长6.5倍和6.8倍。金融市场活跃，1991年发行各类证券比1990年增长1.1倍，上市转让的各类证券增长1.3倍。保险事业范围逐步扩大，1991年全市各类保险业务已扩展到79个种类，其中参加企业财产保险的企业5452户，占全部企业总数的80%以上，居民家庭财产保险205万户，占全市总户数的78%，参加人身保险的143万人次，占全市总人口的15.6%。在增加国内融资渠道的同时，更加注重外资侨资的引进，1991年，全市引进外地资金2.16亿元，实际利用外资781万美元。

——旅游事业蓬勃发展。成都丰富的旅游资源和独特的地理位置，促进了旅游事业的蓬勃发展。1991年，全市共接待外国人、华侨、港澳台胞13.95万人次，其中外国人5.33万人次，居西部城市第2位，仅次于西安；全年旅游外汇收入1.12亿元外汇人民币，亦居第2位。

(二)国民经济结构比较合理 解放前，成都是一个典型的农业主导型经济结构，农业和商业饮食业是当时国民经济的主要产业，工业十分落后，直到解放前夕，成都工业产值仅1亿元左右，占工农总产值的12.3%。解放后，经过"一五"、"二五"时期的大规模工业化投资，"三五"、"四五"的"三线"建设，"六五"、"七五"的改革开放，成都市国民经济结构逐步演进，经历了由农业向工业，由劳动密集型向资金密集型、技术密集型，由初级加工型向高度加工型，由内向型向外向型经济结构的转换过程。特别是党的十一届三中全会以后，这种转换的进程大大加快，经济结构水平迅速提高。目前，成都市产业结构发展已处于工业化发展的中期成熟阶段，正向工业化后期推进。

——产业结构逐步趋于协调。党的十一届三中全会以后，成都市产业结构变化的一个重要特点是，第一产业占国民生产总值的比重大幅度下降，第二产业比重相对稳定，第三产业比重迅速上升。1990年，三种产业占国民生产总值(按当年价计算)的比重分别为23.3%、44.2%和32.5%，同全国三种产业结构的28.41%、44.27%和27.24%相比，第一产业比重低于全国5.1个百分点，第二产业比重相等，第三产业比重则高于5.3个百分点。从就业结构看，1990年，成都三种产业占社会劳动者的比重分别为55.2%、25.2%和19.6%，同全国的60%、21.4%和18.6%相比，第一产业比重低于全国，第二、三产业比重则高于全国。因此，就产业结构的总体发展而言，成都略高于全国水平。

——部门结构基本合理。1990年，在社会总产值中，农业、工业、建筑业、交通运输邮电和商业饮食业五大物质生产部门所占比重分别为15.9%、66.2%、7.2%、4.4%和6.3%，其中建筑业、交通邮电和商、饮业比重上升较快，分别比1979年提高2.6倍、1.2倍和1.2倍；同西部地区的25.7%、54.74%、8.9%、3.7%、6.9%和全国的20.17%、62.9%、7.9%、3.4%、5.6%相比，工业、交通运输邮电和商业饮食业相对发达。

农轻重比例趋于协调。1990年，在工农业总产值中，农、轻、重比例为19.32：34.7：46，同1979年相比，农业比重大幅度下降，轻工业比重迅速上升，重工业比重变化不大；同西部地区的34.16：28.91：36.93和全国的24.30：27.4：38.3相比，农业比重较低，重工业比重较高。

——种植业相对发达，林、牧、副、渔业比重逐步提高。成都种植业一向比较发达。十一届三中全会以后,农村率先推行以家庭联产承包为主的责任制,大搞多种经营,农、林、牧、副、渔全面发展,农业内部结构发生了可喜变化。1990年种植业占农业总产值的比重由1979年的73.93%下降为56.5%,林、牧、副、渔比重由26.07%提高到43.5%。同期,西部地区种植业与林、牧、副、渔的比重为59.39%、40.61%。成都的林牧副渔业的发展水平略高于西部地区。

——轻、重工业同步发展。十一届三中全会以后,成都市贯彻"调整、改革、整顿、提高"的方针,通过调整,加快了轻工业的发展,改变了重工业过重的结构。1991年,轻、重工业的比例由1979年的40.9%:59.1%演变为44.37%:55.63%。在轻工业内部,以农产品为原料的工业占28.61%;在重工业内部,基础工业大大加强,加工工业正向高精尖方向推进,初步改变了一般加工工业发展过快,基础工业严重短缺的局面。

——各业兴旺、第三产业欣欣向荣。随着生产社会化程度的提高,人民生活水平的改善,第三产业在整个国民经济中的地位越来越重要,第三产业内部结构也迅速变化。在商业饮食业、交通运输邮电等传统第三产业继续发展的同时,一些新兴第三产业应运而生,特别是旅游业、金融保险业、信息咨询业等的迅速兴起和发展,第三产业内部出现了各业兴旺、欣欣向荣的新局面,改变了过去传统第三产业一统天下、结构比较单一的格局。1990年,商业饮食业产值占第三产业的比重为16.14%,比1985年的28.11%下降1.7倍,而交通运输邮电、金融保险业和教育文化广播事业比重则分别由1985年的17.9%、20.68%和8.28%提高到23.86%、25.52%和8.61%,金融保险业、交通运输邮电产值已超过商业饮食业,居第1、2位。同时,旅游业、房地产业、信息咨询业等也从无到有,从小到大,迅速崛起。

——出口商品结构发生变化。长期以来,成都市出口商品结构以农副产品等初级产品为主,层次较低。近几年,努力扩大机电产品和轻纺产品出口,加强了出口商品基地的建设,外贸商品结构发生了根本性变化。1990年农副产品等初级产品出口比重已由1985年的48.9%,下降为18.7%,工业制成品比重由51.1%上升为78.9%,优于全国出口商品中初级产品占总出口的比重25.5%、制成品占74.41%的水平。在工业制成品中,轻纺工业产品比重由1985年的25.1%上升为1990年的30%,机电产品由3.5%迅速上升为30%,已成为出口的支柱商品。

四、科学文化概况

成都是全国重要的科学文化中心。建国以后,特别是改革开放以来,成都的科技事业以及教育、卫生、文化等事业得到了很大发展。

(一) **科技力量**。1991年末,全市有各类专业技术人员41.65万人(其中,自然科技人员21.21万人)。每万人口拥有专业技术人员437人(其中,拥有自然科技人员229人);每万名职工拥有专业技术人员2580人(拥有自然科技人员1314人),在西南地区名列第一,在全国各大中城市中也名列前茅。全市有高中级专业技术人员近15万人,其中,有学部委员7名,国家级有突出贡献的中青年专家60名,成都市有突出贡献的中青年拔尖人才64名,博士导师170名。拥有一批高水平的学术带头人、技术带头人。

成都地区有各类科学研究和技术开发机构1204个,其中,中国科学院、国家有关部门属60个,高校属291个,省属126个,市及区(县)属93个,军队属13个,企业办236个,民办342个,其它非独立机构的43个。

成都在科技装备、科技信息交流等方面也有良好的条件。拥有国家规定的全部23种大型科研用精密仪器,其数量占四川省的二分之一;全市有公共图书馆16个、藏书643万册,出版图书2676种、总印数2.12亿册,出版报纸47种、总印数7.88亿份,出版杂志190种、总印数3222万册。

(二) **重点科技领域,科技成果**。成都市科学研究和技术开发涉及的领域众多,在国内外有较高水平和较大影响的领域有:光机电技术、微电子技术、光纤通信技术、计算机应用技术、核应用技术、生物工程技术、航空技术以及农业水利技术等。从事这些领域科研与开发的主要是中央和省属在蓉单位,相应的科研、开发、生产单位有170余个,科技人员6万余人,高中级科技人员2万余人,其中,造诣较深、取得显著成绩、在国内或国外科技界有较高知名度的专家、学者270余人。

改革开放的十多年间,特别是科技体制改革以后,成都市的科技成果迅速增加,"七五"期间,全市获各类各级科技成果奖超过1000项,其中,获国家级奖54项,获部、省级奖626项。研究开发出一大批高水平的成果,如动态光学观测与测量技术、齿轮整体误差测量技术、CMK—198雷达管设计制造、140MB/S数字彩色电视光纤传输系统、计算机选举系统、无规聚丙烯填充母料的研制与应用、黑曲糖化酶酶活化的提高与应用、细微加工技术研究、中国环流器一号研制、高通量工程试验堆、叶片余量精铸工艺研究与应用、四川省地方猪种资源研究、小麦绵阳11号的选育等，对成都市经济建设和社会发展起到了显著作用，也为四川省、西南地区以及全国做出了重要贡献。

（三）教育文化卫生事业。

〔教育事业〕 全市有高等院校19所（其中，国务院各部委属11所，省属8所），在校学生5.5万多人，研究生3480人。这些学校师资力量强、学科门类齐全，共设置各种专业384个（其中，国家级重点学科、专业15个），国家重点实验室5个，博士后科研流动站9个，硕士点292个。

全市有普通中学586所，职业中学65所，中等专业学校（含中师）51所，在校学生39万人；小学3480所，在校生65万人。另外，成都还有成人高校45所，成人中专42所，技工学校66所，特殊教育学校2所，幼儿园1953所。

〔卫生事业〕 1991年末，全市共有各级卫生机构1657个，其中，医院519个；有历史悠久、闻名中外的全国重点医学院校——华西医科大学；拥有病床31700张，平均每千人有病床4张；卫生技术人员49443人，平均每千人有卫生技术人员5.3人。全市基层卫生机构分布在19个区（市）、县。卫生防疫、妇幼保健等工作得到重视，各种慢性病、传染病得到有效防治。1990年被国务院命名为"全国十佳卫生城市"。

〔文化事业〕 1991年，全市有专业影剧场25个，文艺团体16个，文化馆、站467个，文物保护单位137处。有省、市电视台2座，电视人口覆盖率94.5%，有广播电台2座，广播人口覆盖率90.3%。随着经济的发展、人民生活水平的提高，城乡还建设了一大批综合性娱乐设施，丰富了群众的文化生活。

五、基础设施

党的十一届三中全会以来，成都市基础设施有了很大发展，为全市经济社会的发展创造了良好条件。

（一）交通运输

〔铁路〕 成都市是宝成、成昆、成渝三条主要铁路干线的交汇点，是西南铁路运输枢纽。宝成铁路已实现电气化运输，实际运力达1300万吨，近期扩能改造完成后，运力可提高到1600万吨。成渝铁路已实现电气化。成昆线第一期电气化改造工程即将动工。成都境内铁路887公里。成都火车站是全国八大客站之一，是西南的客运中心，日发车30列左右，日发送旅客5万人次。成都火车东站是西南最大的货运编组站，日编组能力达5013辆。1991年，成都地区旅客发送量1838万人次，货物发送量1608万吨。

为适应四川和成都的经济发展，国家已批准修建成（都）达（县）铁路。"八五"期间完工后将新增运输能力1500万吨。为增强成都枢纽的功能，正在修建成都客技站整备道6股，整备车18对/日。并规划修建成都铁路西环线和西货场。

〔航空〕 成都双流机场是西南航空枢纽，国家一级机场，可供国内主要大型飞机起降。1991年，旅客发送量96万人，货邮量2.26万吨，累计安全飞行48076小时。西南航空公司在蓉飞机14架，运力2112座，已开通国内外航线57条，可直达加德满都和香港等地。航班正常率（扣除天气因素）达97.3%，服务水平达到民航二级服务标准。四川省航空公司已开通省外航线12条、省内航线6条。从成都至沿海主要城市、直辖市、主要省会城市及省内主要城市均已通航。

〔公路〕 成都市公路交通运输发达，已形成以国、省公路干线为骨架，县、乡公路为主的公路运输网路。1991年全市有公路5287公里，其中国、省公路干线13条，计798公里，专用公路335公里，一、二级公路328公里，全市有民用汽车10万余辆。全年公路客运量12069万人，货运量9019万吨，其中交通系统客运量9015万人，货运量660万吨。

（二）邮电通信

成都市是西南地区邮电通信枢纽。10年来全市邮电通信事业得到了较快发展。

〔电信通信〕 成都电信局1991年业务总量13697.6万元，港澳电信业务27.75万张，国际电信业务20.83万张。

1991年底，市辖区基本上实现电子程控电话通信。引进程控电话交换机11.9万门，已投产7.99万门；长话电路3229条，长话交换机容量6030线，长途直拨有权用户17628户，国际直拨IDD用户1980户，市辖区市话用户56662户（不含小交换机用户电话）。全市14个区（市）县实现了市话自动化，市话用户1.83万户，10年平均增长11.46%。12个县（市）实现了长话自动拨号，各县（市）拥有长话电路平均达26.6条，已实现各县对成都为中心的电话自动转报网。1985年开通了无线寻呼用户16908户，无线移动电话用户1363户。目前成都市又开办了公众磁卡电话服务。全市已初步形成通信服务种类齐全、通信技术设备现代化的通信体系。邮电部批准成都市新建的长途电信枢纽工程已动工建设，建成后将进一步提高电信通信枢纽的服务功能。

〔邮政〕 成都邮政枢纽工程自1988年投产后，邮政业务机械化程度有较大提高，日处理占65%。目前全市有邮政局、所433处，邮路总长72343公里，其中机动车邮路增加到98.82%，有84%的行政村通邮。新业务发展迅速。邮政快件1991年达422.7万件，特快专递业务6.6万件，已发展到国内150个城市，国际62个国家和地区。1991年完成业务总量9113.91万元，是1979年的4.5倍。邮政业务在全国省会城市中居第七位。邮政储蓄1991年达2.9亿元。成都市是全国四大集邮市场之一。1991年底全市人均使用函件9件，每百人订报刊25.3份。

（三）电力设施

〔发电设备容量〕 1991年末，成都地区拥有发电设备696.69MW。其中，水力发电设备1091.19MW，占63.8%；火电发电设备394.5MW，占36.2%。

〔送变电设施〕 1991年末，成都地区拥有35KV以上送电线路2431Km；35KV以上变电设施容量243×10⁴MVA。

〔发电量〕 1991年成都地区发电量为598325万千瓦时（不含企业自备柴油发电机组发电量），比上年增长19.38%。其中，水电354204万千瓦时，占59.2%；火电244121万千瓦时，占40.8%。

〔用电情况〕 1991年，成都市的用电总量为485365万千瓦时，比上年增长9.89%，占全市能源总消耗量的24.06%。全年四川主网供给成都电网总电量为349419万千瓦时。日最高负荷为56.2万千瓦，日最高供电量为1128.1万千瓦时。日平均最高负荷为48.04万千瓦，最低负荷为30.61万千瓦。

（四）供水与供气。1991年末，成都城市自来水日供水量为65.3万吨，城市自来水干管总长588公里，全年售水总量为20370.44万吨，供水人口153.7万人，城市自来水普及率达到99.6%。

1991年，成都市城市天然气年供应总量为52479.25万立方米（包括工业和居民生活用气）；购进液化气1418.3吨。城市居民用气达到32.24万户。其中，天然气用户28.84万户，液化气用户2.86万户，气化率达到71.46%。

（五）仓储。成都市商业和物资系统设在市区和城乡结合部的仓容面积为72.14万平方米，其中，通用库42.24万平方米，简易库8.37万平方米，货场21.53万平方米。库区共有站台8个，专用线10条。另有总容量为2.65万吨的专用仓库6个。目前成都地区的仓储中心已初步形成，基本能满足当前商流、物流的需要。今后10年，规划新建、改扩建仓库29个，投资4.15亿元，建筑面积23.29万平方米。其中，重点建设一个国际物资集装箱货场，占地6万平方米；一个商品集装箱场库，占地12万平方米。这些项目建成后，完全可以满足成都地区商流、物流的需要。

（六）宾馆、饭店。1991年末，成都市区共有宾馆、饭店2311家（其中，涉外宾馆、饭店30家），拥有床位共195133个。全市共有星级宾馆、饭店9家。其中4星级3家，3星级1家，2星级2家，1星级3家。9家星级宾馆、饭店的外宾床位达5425个。成都的宾馆、饭店在近期内完全能满足接待外宾和大型会议的需要。

改革开放以来的成就

一、经济发展速度大大加快

党的十一届三中全会以后，成都市的社会经济建设进入了一个新的迅速发展时期。从1979年至1991年的12年中，全市的社会经济发生了巨大变化。这个时期，是成都市解放以来国民经济发展最好、最快、综合实力得到大大增强的时期。主要表现在以下几个方面：

1.国民经济发展速度大大高于前30年。1991年全市国民生产总值达到了206亿元，与1979年相比，年平均递增率为15.2%，而前30年的年递增率仅为7.7%。国民收入155亿元，与1979年相比，年平均递增率为13.9%，而前30年的年均递增率仅为6%。社会总产值450亿元，年平均递增率为15.07%，而前30年的年平递增率为8.8%。

2.农村经济全面发展，乡镇企业异军突起。改革首先从农村开始。12年来，家庭联产承包制逐步完善，使农村生产力得到极大解放，致使农村面貌大变，变化的主要特点：①生产发展持续稳定增长。12年农业总产值年平均递增率为4.9%，高于改革前的年递增率3.3%的速度。1991年农业总产值达到68.9亿元，粮食总产量由1979年的300.6万吨，增加到1991年的392.26万吨，年增率2.25%；油菜籽由1979年的12.2万吨，增加到1991年的20.77万吨，年平均递增率4.53%；生猪出栏数由1979年的292.1万头，增加到1991年的552.52万头。②农村经济得到全面发展，在农业内部，由以种植业为主转向多层次多种经营综合发展。整个农村经济已从单一的农业生产转向工业、建筑业、商业、运输业、及商、饮、服务业等的产业结构。农村社会总产值中，农业所占比重已由1980年的70%下降为1991年的40%以下。乡镇企业异军突起，1980年的产值仅7.67亿元，到1991年已达142.9亿元，为当年农业总产值的2.07倍，年平均递增率为34%，成为农村经济的主要支柱。乡镇企业总产值过亿元的乡镇已达38个。

3.工业发展速度快，实力大大加强。从1979年以来成都市的工业以年均递增12.45%的速度加速发展，1991年工业总产值达到311.6亿元，有独立核算工业企业4741个，其中：大中型骨干企业185个，实现工业总产值占全市工业总产值的57.2%。12年来，成都的工业得到迅速发展，形成了一批在全国有较强竞争力的机械、电子、冶金、化工、航空等优势产业，有37个工业门类，183个细类的综合工业体系，拥有成都无缝钢管厂、成都具量刃具总厂、锦江油咀油泵厂、红光电子管厂、四川化工总厂、四川第一棉纺织印染厂、四川制药厂等一批实力雄厚的大型骨干企业；有一批先后发展起来的以航空、电子为重点的军工科研生产基地和企业群。新开辟了龙泉驿市级工业区。

成都市工业发展变化具有以下特点：①轻重工业同时并重，工业内部比例关系逐步趋于协调。改革开放以来，成都市注重调整改善国民经济严重失调比例关系，通过调整和加快轻工业的发展，使重工业产值占全市工业总产值的比重逐年有所下降。但是由于成都市重工业中的机械、电子、冶金行业生产能力较强，潜力较大，经过改变产品方向、提高质量、发展适销对路新产品，重工业仍得到较快的发展，现已呈现轻重工业并举的局面。从1979年到1991年，轻工业产值平均每年递增13.2%，重工业平均每年递增12%，轻重工业比重由1979年的40.9%和59.1%发展为1991年的44.37%和55.63%。轻工业的发展，一方面增大对重工业产品的需求，给重工业发展开拓了市场，另一方面为全社会提供大量消费品，为人民生活水平的提高创造了物质条件，进而带来整个经济和社会各项事业的全面发展。②全民、集体、乡办工业竞相发展。12年来,全民工业有了新的发展,到1991年总产值达到178.09亿元,比1979年增长2.92倍,平均每年递增9.3%。集体工业也得到进一步巩固和发展,1991年集体工业产值达72.99亿元,比1979年增长5.6倍,平均每年递增15.4%。集体工业的发展速度超过了全民工业。同时还发展了全民与集体、全民与私营、集体与私人以及中外合营等经济联合体,这种联合体,从1980年的3户发展到1991年的112户,产值成倍增加。乡镇企业异军突起,发展迅猛。乡、村、联户和家庭个体多种形式兴办的企业,星罗棋布,遍及山川平原。1991年末,全市乡村工业(包括城镇合作个体工业)总产值达到142.9亿元,比1980年增长近13倍,12年平均速度为34%。不仅明显高于同期农业生产的发展速度,也高于全市工业的发展速度。乡村工业总产值占全市工业总产值的比重,已由1978年的5.53%上升到1991年的33%左右。③调整产品结构,提高产品质量,增加适销对路的产品。12年来,成都市为适应市场需求变化,在广泛认真调查研究产业结构和产品结构的基础上,开展调整产品结构的工作,提高产品质量,一大批适销对路的产品和名优产品问世,产量大幅度增长,有力推动了工业生产向深加工发展。1991年同1978年比较,轻工业发展较快的有:化纤、丝织品、机制纸及纸板、洗衣粉、肥皂、自行车、电池、彩电、电冰箱、洗衣机。重工业发展较快的产品有钢、钢材、原煤、烧碱、汽车、拖拉机、生铁、水泥、轴承、发电量、焦炭。12年来,成都市工业部门在开发和引进先进技术的同时,不断调整产品结构,注重提高产品质量和新品的研制开发,已取得突出成就。1979年—1991年,全市共获的国家金、银质奖127枚(金质25、银质102);1991年获6枚(金质1奖,银质5奖),12年里,全市共有市以上优质产品3052种,其中部级、省级1869项,市级1183项;1991年部、省、级186项。

4.固定资产投资逐年加大,投资结构逐步调整和改善,经济实力大大增强。近12年来,全市全社会固定资产投资总额达291.4亿元,其中全民所有制单位的固定资产投资总额达210.23亿元。在"七五"、"八五"期间的国家三线调迁中,成都以优越的地理位置和中心城市的综合服务配套功能,吸引了一大批三线单位。调迁进成都的三线单位总投资近30亿元左右。进一步增强了成都的经济技术实力。1991年与1978年相比,全部乡级以上工业企业数增加1133个。现在3个月的工业生产量就比1978年全年的总和还要多。在逐年加大固定资产投资的同时,重点建设项目完成较好,投资结构逐步得到了调整和改善。在投资的安排上,主要对农业、能源、交通、重要原材料、教育、城市基础设施等方面作了适度和必要的倾斜。对国家、省、市重点项目,从资金、物质和施工力量上都作了重点安排。

5.城乡市场繁荣。12年的改革开放,给成都市的商业流通带来巨大变化,增添了新的活力。目前的成都市场,已是多层次,多渠道,多种经营成分共同发展的商品市场。贸易中心,大商场、新商品、老字号、专业街、合作、个体商店比比皆是,各种商品品种齐全,农副土特产品丰富,各种不同类型的全国商品交易会也多次在成都召开,促进了成都与全国各地的交流。成都的大商业、大市场、大流通对成都的经济发展起了巨大的推动作用。12年来成都商业流通的变化有以下几个特点:①市场繁荣,商业流通量大。社会商品零售总额持续大幅度增长。1991年全市社会商品零售总额达112.38亿元,比1978年的16.18亿元,增加了6.95倍,12年间平均递增17.5%,一些主要商品的销售量,分别成倍,成十倍,甚至上百倍增长。市场上的商品,不仅品种多,规格齐,而且式样新颖、琳琅满目,呈现出一派繁荣兴旺的景象。12年来,成都的商业、服务设施也得到了极大地发展,商业网点数成倍增加,每万人拥有的商业网点数1991年已位居全国第一。②全民、集体、个体经济发展,社会商业购销活跃。12年来,全市商业部门已由单一的国合商业发展到有全民、集体、个体、合营等多种经济成分,多行业共同组成的社会商业。特别是作为国营经济必要和有益补充的集体和个体经济,获得了前所未有的发展,大大方便了城乡人民生活。1978年全市社会商品零售额中,全民、集体、个体分别占72%、27.8%和0.2%。到1991年,全市社会商品零售额中,全民、集体、合营、个体分别占40.5%,32.4%,1.2%,25.9%。③城乡集市贸易蓬勃发展,成交额迅猛增加。12年来,成都市的集市贸易得到大大发展。全市集市贸易场所从1978年的263个增加到1991年的552个,市场面积也由1978年的22.4万平方米,扩大到1991年的220.45万平方米。形成了一批以批发为主或专业批发的市场。如荷花池集贸市场,生产资料一条街,肉类批发市场,中药材批发市场等。12年来成都市的各类市场分布逐渐趋于合理,初步形成了大、中、小市场相结合,专业市场和综合市场相结合,批发市场和零售市场相结合的多层次市场网络,对繁荣经济,扩大流通起了积极作用。1979年集贸市场成交额仅2.55亿元,1991年达到33.44亿元,位居全国集贸市场成交额前列。

二、发展横向经济联合取得进展

〔**概况**〕 党的十一届三中全会以来，成都市乘改革开放的东风，采取“高层次、大跨度、全方位”和“借船出海、借地生财、借桥回家”的指导方针，积极开展横向经济联合与协作。1984年以来，在各部门的积极努力下，全市的横向联合工作取得了显著成绩。据不完全统计，全市与各地共签订经济技术协作项目2998个，总投资18.2亿元，引进资金9亿元，向外投资10亿元，横向经济联合项目新增产值47.8亿元，新增利税7亿元；物资协作总金额30.65亿元，协进汽柴油39.8万吨，钢材43.35万吨，木材8万立方米，粮食31亿公斤，为成都的经济建设做出了贡献。

〔**高层次出访，寻求联合**〕 为适应改革开放的需要，加快成都市外向型经济的发展，近年来，成都市委、市人大、市政府、市政协四大班子领导，频频率团赴各省、市、区及省内的川东、川南、川西、川北等地考察访问。自1990年市委书记吴希海和市长刁金祥一块出访广州、深圳、珠海等沿海城市之后，1991年刁金祥市长又率团前往东北的沈阳、哈尔滨、牡丹江等市进行考察访问。市领导的高层次出访，找到了加快成都经济发展的办法，充实和完善了与沿海、沿边等地区的合作方针、原则。市领导的出访，带动了各部门、各区县领导的出访，大大促进和加快了成都市外向型经济的形成和发展。

〔**参加区域组织，扩大联合**〕 成都市对参加区域组织十分重视，1986年与甘孜、阿坝、凉山、攀枝花、雅安、乐山、德阳、绵阳、广元、遂宁等市、地、州建立了川西经济协调会，广泛开展经济技术协作。1990年，正式加入了由广西、云南、四川、贵州、西藏、重庆、成都组成的五省区七方经济协调会。另外，还先后加入了西南经济区市长联席会及由昆明、青岛、杭州等市组成的十城市联席会；由常州、牡丹江、齐齐哈尔等市组成的16城市联席会等区域组织。通过一年一度的联席会和互访活动，加深了成都市与各省、区、市间的友谊和了解，加强了经济技术协作，促进了经济发展。

〔**利用驻蓉驻外办事处开展联合**〕 自1987年以来，成都市相继在北京、上海、广州、福州、深圳、珠海、海口、厦门建立了8个办事处，市里累计投资2500万元，正式下达干部编制43人。几年来，各办事处在积极发展成都与沿海地区的友好合作，开展横向经济联合与协作，收集传递信息，为窗口企业服务，接待来往人员，宣传成都，提高成都知名度等方面做了大量工作，取得了显著成绩。

目前，成都市已有外地驻蓉办事机构140多家，为开展横向联合架设桥梁。近年来，成都充分利用这些办事机构开展联合与协作，取得了明显成效。各办事处也积极为成都办实事，1991年各驻蓉办共为成都办了35件实事，有力地支援了成都市的经济建设。

〔**兴办窗口企业，推进联合**〕 近年来，成都市不少部门和企事业单位，按照市委、市府提出的“借船出海、借地生财、借桥回家”的方针，先后到沿海沿边城市兴办了210多家窗口企业，累计投资5亿多元。这些窗口企业在开拓市场，扩大出口创汇，引进资金、技术和管理经验，提供信息，促进成都对外开放，支持特区、沿海、沿边开放城市建设等方面都起到了积极作用。

〔**成立经济实体，发展联合**〕 为加强成都同外地的物资协作，解决油料、钢材等物资的不足，市领导多次出访新疆、石家庄、洛阳等石油部门和武汉钢铁公司，洽谈相互协作问题。在本着“优势互补，互相支持、共同发展”的原则上，先后与新疆、玉门、兰州、石家庄等石油部门联合建立了7个生产、经营石油的联营体，初步形成了成都石油协作基地群。1990年，成都市与武汉钢铁公司联合成立了“成都武蓉工贸联营总公司”。前几年还与川西片区联合建立了“成都川西经济技术发展公司”，市经协办成立了“成都经济技术开发总公司”。这些经济实体的建立，为发展横向经济联合打下了坚实的基础。

〔**建立友好市地，巩固联合**〕 为适应改革开放和不断扩大发展横向经济联合的需要，成都市自1985年起，先后与南宁、玉溪、曲靖、石家庄、乌鲁木齐、依犁、太原、无锡、福州、金昌、珠海、牡丹江等市地缔结了友好关系。在“平等协商、互惠互利、取长补短、共同发展”的原则上，广泛开展联合与协作，使联合建立在长期稳定的基础上。

〔**加强对口支援，长期联合**〕 1986年，四川省委、省政府确定成都市对口支援朱德元帅故乡仪陇县。6年来，按照“平等互利、友好合作、共达小康”的原则，全市共组织1000多人次赴仪陇，为仪陇办了190余件实事，落实项目23个，培训人才1061人次，代培大学生40人，招收农民协议工1466人，为仪陇在蓉建筑队安排施工任务7万平方米，优惠供应汽车、化肥、钢材等各类物资价值数千万元，还拆借资金1000余万元，无偿支援资金、汽车、树苗、良种等物资计100多万元，为朱德铜像工程集资200

多万元，使仪陇县于1989年越过温饱线。四川省委书记杨汝岱赞扬成都市对口支援仪陇是“全心全意，扎扎实实，卓有成效”。

三、积极利用外资、大力发展国际经济交流

〔**利用外资取得进展**〕　党的十一届三中全会以来，成都市的投资环境不断改善，利用外资规模逐步扩大，吸收了一定数量的国外资金，引进了先进技术和现代化的企业管理经验，对成都市的经济发展和城市建设起到了积极作用。

1979—1991年，全市累计利用外资金额达4.4117亿美元。其中：直接吸收投资1.99亿美元，借用国外贷款2.006亿美元，吸收外商其它投资4217万美元。批准兴办中外合资企业125家，批准兴办中外合作企业9家，批准兴办外商独资企业17家，借用国外贷款项目20个。成都市利用外资的主要特点：

一是吸收投资的方式由以“三来一补”为主逐步发展为以合资、合作为主。1988年以前，成都市直接吸收外商投资的主要方式是来料、来样、来件装配和补偿贸易方式，涉及的领域主要在服装行业、电子行业、轻工行业。服装行业的来样、来料加工对提高成都市服装的品质、增加花色品种，奠定了较扎实的基础，同时也培养了一批设计人员。在此期间，成都市还利用补偿贸易与来件装配相结合，建成了年产1800万只能力的磁头生产线，填补了西南地区的空白。利用补偿贸易和来料加工相结合的形式满足了成都化纤厂引进的玻璃纸生产线所需的原料，并引进了回收装置等生产所需的关键设备和关键备件。1979—1988年，10年间共签订“三来一补”合同93个，金额4173万美元，占同期利用外资总额的63.9%。

1989年以后，“三资企业”发展较快，与外商合资生产、合作生产成为全市利用外资的主要形式。到1991年底止，3年期间新批三资企业102家，其中：工业生产企业87家，协议金额4312万美元；服务行业企业11家，协议金额488.8万美元；交通企业1家，协议金额176.9万美元；种养殖企业3家，协议金额34.3万美元。在此期间兴办的三资企业主要有：年产500－1000万米提花系列产品及针织品的四川永顺兴纺织有限公司；年产外用药2400吨的成都恩威世享制药有限公司；年产高速卷烟纸和工业配套用纸4000吨的四川锦丰纸业有限公司；年产高尔夫球头、球具100万件的四川高乐精密铸造有限公司；年产竹品1000吨的四川金弘竹材有限公司；年产袜259万双的四川都润织造有限公司；年产彩印反绒皮革及皮革制品10万平方米的成都邦柯彩印皮纺制品有限公司；年产灭火剂6000吨的四川山崎消防有限公司。

二是利用国外贷款越来越成为成都市吸收外资的主要来源。成都市由于地处内陆，信息不灵，加之计划单列前，没有沟通与北京的直接关系，因此在使用国外贷款方面起步较晚。主要的贷款项目都是在1988年以后形成的。但这个资金渠道，一经开拓，就表现出迅速发展的趋势。1987年以前，每年贷款签约金额只有几百万美元，最高年份不到700万美元，1988年开始有突破性的进展，当年签约达到1.106亿美元。到1991年底，累计签约额为2.006亿美元，使用额为1.6774亿美元。在贷款中，来源于国际金融组织贷款1370万美元，占6.83%；政府混合贷款10695万美元，占53.3%；商业性贷款8000万美元，占39.8%。利用这些贷款兴建的主要项目有：成都自来水六厂日供水20万吨工程、成都电信局用奥地利政府贷款引进3万门程控交换机项目、776厂引进2400吨/年特种漆包线生产线项目、成都无缝钢管厂年产连铸坯31.5万吨和无缝钢管20万吨项目等。

三是利用外资规模由小到大，1991年取得突破性进展。1979—1988年，成都市外商投资企业只有49个，规模较小。市政府为解决招商引资问题，采取多种措施，于1990年批准成立了成都市外商投资管理服务中心，由市计委、经委、外经委、工商局、外管局、财政局组成联合办公议事机构，使外商“进一个门就能办一切事”。中心的成立方便了外商，提高了办事效率，开拓了利用外资工作的新局面。1989—1991年3年间，全市外资企业新增了102家，其中，仅1991年新批准企业就达71家，是以前6年的总和。

〔**对外贸易不断扩大**〕　成都市的对外贸易经历了三个阶段。

第一阶段为1987年以前。成都市外贸机构不承担出口创汇任务，主要工作是在国内收购出口产品，供口岸公司和省级外贸公司出口，与口岸公司形成出口货物的调拨供应关系。每年完成调拨、供货计划约1.3亿元人民币。每年出口什么，出口多少完全取决于口岸公司的订货情况。

第二阶段为3年承包经营出口阶段。1987—1989年，国家外贸体制实行承包经营出口，一定3年不变。成都市向省承包了出口创汇、出口收汇、上

缴中央外汇三项指标和包干外贸出口亏损补贴基数,同时取得了自营出口的进出口经营权。在3年承包期,经国家批准,成都市的红光集团、锦江电机厂、成都量具刃具厂、成都飞机公司、成都无线电一厂5家工业企业也取得了进出口权。在这一阶段,全市花大力气打基础,起好步,培养了一支自己的具有一定涉外能力和对外谈判经验的队伍,广交了朋友,赢得了一些客户。

第三阶段是1990年以后。随着成都市在国家计划中实行单列,外贸出口也取得了全面进出口经营权,直接接受国家计划,参加交易会谈判。在此期间,全市相继成立了轻工、化工、医保、纺织、五矿、粮油、土产、畜产品、丝绸等9个专业进出口公司和一个地方性进出口公司,成立了国际经济技术合作公司。对外贸易机构完善、门类齐全,广大外贸职工焕发出可喜的活力。1991年出口创汇完成1.2亿美元,结束了成都市外贸出口创汇长期徘徊在5000万美元左右的局面。

随着改革开放的进一步深化,成都市已在香港、比利时、德国等国家和地区设立了自己的推销点。可以预期,成都市的出口创汇将会有一个更快、更大的发展。

〔**开展国际交往**〕 1981年以来,成都市先后同法国的蒙彼利埃市、南斯拉夫的卢布尔雅那市、奥地利的林茨市、日本的甲府市、美国的菲尼克斯市、加拿大的温尼伯市等6个城市结为友好城市。美国于1985年在成都设置总领事馆。对外经济贸易、科技、文化交流日益频繁,为全市的经济和社会发展提供了有利条件,为推动成都市走向世界起了积极作用。

未来10年的奋斗目标

一、奋斗目标

未来十年，成都市的国民生产总值和工农业总产值要在1990年的基础上再翻一番多，人民生产从温饱到小康，城市的整体素质要提高到一个新的水平。1995年，按1990年不变价计算，全市国民生产总值达到293.1亿元，五年平均每年增长10%；工业总产值达到506.4亿元，平均每年增长14%；农业总产值达到81亿元，平均增长4.3%。到2000年，全年国民生产总值达到489.5亿元左右，“九五”平均每年增长10.8%；工农业总值达到1100亿元，平均每年增长12.8%，其中工业总产值达到1000亿元左右，平均每年增长14.3%；农业总产值100亿元，平均每年增长4.3%。

二、发展重点

今后十年，全市经济建设的重点，就是一个先导——科技教育，三个基础——农业、基础工业和基础设施，四个开发——科技开发、工业开发、农业开发、旅游开发，一个开拓——开拓国内外市场，加速发展大商业，搞活大流通，培育大市场。“四个开发”的主要内容是：

——工业开发。关键是搞好企业特别是大中型企业的技术改造，全面提高企业生产技术水平，加快龙泉工业区建设步伐。“八五”期间，全市全民所有制企业累计安排技术改造投资68亿元，技改项目240项。重点是围绕微电子技术的推广应用，基础电子元器件、机械基础件、通讯电缆、新材料、适销对路消费品等14类重点产品的系列开发。切实搞好技术引进的消化、吸收、创新，增强企业技术开发能力。“八五”末，力争全市机械工业主要产品生产技术的70%达到国际八十年代初水平，到2000年，电子工业主要产品生产技术力争达到国际八十年代末水平。在工业开发过程中，从保护成都平原地和调整工业布局出发，我们在龙泉驿区的贫脊地区新建了市级工业区，作为今后十年成都工业发展、调整工业布局的重要基地，主要为城市支柱产业和重点产品配套，以发展机械、电子、轻工、冶金、食品、建材等工业为主，力争1995年初具规模。到本世纪末，工业区新增工业总产值35亿元。

——农业开发。要把发挥农业自然优势与依靠科技紧紧结合起来，搞好以“三三工程”为主要内容的农业综合开发。建设“三田”(吨粮田、粮经丰收田、种养共生丰产田)、改造“三低”(低产田、低产土、低产片)、开发“三荒”(荒山、荒地、荒滩)是全市大规模改善农业生产条件，提高土地综合生产力的农业开发工程，是今后十年争取成都农业生产和农村经济上一个新台阶的重要措施。“八五”期间农业开发关键是抓好科技兴农，确保粮食增产，提高农业综合效益。农业开发的重点，一是要以粮食稳产高产为重点，以全面实施“三三工程”为主要内容，搞好农业综合开发；二是壮大和发展集体经济，完善农业生产社会化服务体系；三是进一步抓紧“菜篮子工程”；四是继续抓好“科技、教育兴农”。

——科技开发。重点是抓好国家已批准的成都高新技术产业开发区的建设，开发区规划面积24.6平方公里，起步区面积2.5平方公里，力争在1993年形成规模。“八五”期间，安排进区项目62个，总投入7.45亿元，建成投产后可创产值29亿元，利税6.3亿元，创汇1.4亿美元。“八五”末，区内高新技术企业产值达到20亿元，创利税4.6亿元，创汇1亿美元。使开发区成为发展高新技术产业的重要基地，成为向传统产业扩散高新技术的辐射源，成为对外开放的窗口，成为改革开放的试验区。科技开发的重点，一是大力抓好高新技术产业区的建设，推动高新技术产业的发展，重点发展新材料、机电一体化、生物技术、微电子与信息技术、核技术应用；二是通过技术改造、科技攻关和科技成果的推广，改造传统产业，到“八五”末，使科技进步对国民经济增长的贡献由“七五”末的36%达到40%，2000年达到50%以上；三是积极发展教育事业，提高全民素质。

——旅游开发。一是抓好旅游资源开发，重点是开发西岭雪山风景区、熊猫繁育研究基地、三国蜀汉遗址、浣花风景区等各具特色的历史名胜古迹和四季风光旅游片点，逐步形成成都旅游区；二是抓好旅游客源开发，以国内客源为基础，国际客源为重点，多形式、多层次、多渠道地拓宽旅游客源，发展旅游经济，提高成都在国内外的知名度；三是抓好旅游商品开发，重点抓好历史悠久、工艺精湛的银丝制品、漆器、瓷胎竹编、蜀绣、蜀锦等传统工艺品和川菜名小吃，扩大旅游创汇；四是抓好旅游设施建设，增强城市综合服务功能，提高服务质量，使更多的旅游企业上等升级，达到全国先进水平。

（王远让　喻正芳　蔡亦如　雷　霖
徐惠芳　蒋稳之　赖小冬　陈绍充
杨国民　周莉蓉　撰稿）

附录:

对外经济技术合作意向性项目

成都市在今后10年特别是"八五"期间与国外经济技术合作的意向性项目主要有:

(一)紫坪铺水库工程。项目内容。产品:电力、水源。生产规模:水库坝高159米,总库容10.82亿立方米,电站装机容量68万千瓦,年发电32.36亿千瓦小时,可保灌农田1086万亩,提供工业和生活用水8亿立方米,环保用水3.6亿立方米。项目性质:新建。总投资:5.24亿美元(含贷款利息)。合作方式:合资、合作或贷款均可。项目承建单位:成都市水电局。项目所在地:成都都江堰市。

(二)浮法玻璃生产线。项目主要内容。产品及生产规模:年产浮法玻璃273万重箱。销售方向:中国西南。项目性质:扩建或改造。总投资:5450万美元。合作方式:合资、合作经营或贷款均可。项目承办单位:成都玻璃厂。项目所在地:成都市区。

(三)五十铃J系列柴油发动机。项目主要内容。产品:发动机总成装配、试验;缸体、凸轮轴;黑色铸造。生产规模:第一期年产发动机总成7.2万台套,第二期年产10—15万台套。销售方向:外销20%。项目性质:新建、扩建。总投资:7500万美元。合作方式:合资、合作经营均可。项目承办单位:航空航天部成都发动机公司。项目所在地:成都市区。

(四)微波炉用配套件。项目主要内容。产品:磁控管系列产品及应用设备。生产规模:年产微波炉30万台。销售方向:外销40%。项目性质:改建。总投资:3000万美元。合作方式:要求外方年提供微波炉用配套件(包括变压器、定时器、电机、转盘、电容器等)各30万只。项目承办单位:国营国光电子管厂。项目所在地:成都市建设路。

(五)脂肪醇。项目主要内容。产品:脂肪醇、脂肪酸、甘油。生产规模:年产脂肪醇1万吨、脂肪酸5000吨、甘油1500吨。销售方向:50%外销。项目性质:扩建。总投资:2000万美元。合作方式:合资经营。项目承办单位:成都化肥厂。项目所在地:成都市青白江区。

(六)重型、精密、异型硬质合金刀具制造。项目主要内容。产品:优质碳化钨粉、可转位刀片,重型、精密、异型硬质合金刀具。生产规模:年产碳化钨粉180吨、可转面刀片330万片、硬质合金刀具11.57万件。销售方向:外销30%。项目性质:扩建。总投资:1500万美元。合作方式:合资、合作经营均可,要求外方提供技术及管理经验,并协助外销。项目所在地:成都市区。

(七)高档涂料白板纸。项目主要内容。产品及规模:年产1.5万吨高档涂料白板纸。销售方向:外销40%。项目性质:新建。总投资:1244万美元。合作方式:合作、合资经营均可。项目承办单位:四川都江造纸厂。项目所在地:成都都江堰市。

(八)膜片弹簧离合器和重型汽车离合器制造。项目主要内容。产品及规模:汽车离合器从动盘总成年产40万件;汽车离合器压板盖总成年产20万件。销售方向:外销30%。项目性质:扩建。总投资:1000万美元。合作方式:合资经营,外方投资2/3即660万美元。项目承办单位:四川离合器厂。项目所在地:成都市郫县。

(九)电缆附件。项目主要内容。产品:各型电缆附件。生产规模:年产10万套电缆中间接头和终端头;热收缩附件。销售方向:外销35%。项目性质:新建。总投资:800万美元。合作方式:合资经营或贷款均可,外方提供技术。项目承办单位:四川电缆厂。项目所在地:成都市区。

(十)2至5万升飞机压力加油车和运油车。项目主要内容。产品:2至5万升飞机压力加油车和运油车。生产规模:年产300辆。销售方向:外销40%。项目性质:改造。总投资:770万美元。合作方式:合资或合作经营,外方主要提供技术、设备和流动资金。项目承办单位:四川专用汽车制造厂。项目所在地:成都市区。

(十一)卫星应用天、伺、馈系统生产线。项目主要内容。产品:卫星应用天、伺、馈系统生产线。生产规模:年产1万套。项目性质:新建。总投资:509万美元。合作方式:合资经营,外方提供技术,并协助进入国际市场。项目承办单位:四川航天工业总公司长征机械厂。项目所在地:成都市龙泉驿区。

(十二)中、高档客车制造。项目主要内容。产品:中、高档客车。生产规模:年产1200辆。项目性质:改造。总投资:300万美元。合作方式:合资、合作经营均可,外方提供关键设备和技术,实现产品升级换代,进入国际市场。项目所在地:成都市区。

典型地区和典型企业

天府之国的一颗希望之星

——成都高新技术产业开发区

在誉为“天府之国”的成都平原上，一颗希望之星正在冉冉升起，这就是——成都高新技术产业开发区。

成都高新技术产业开发区是经国务院批准的国家级高新技术产业开发区。总体规划面积为21.6平方公里，新建区面积为6.15平方公里。位于成都市外南神仙树地区，海拔500米左右，地形平坦，地平自然标高为1.5米以下。这里气候适中，雨量充沛，冬无严寒，夏无酷暑，年平均气温为16.2℃。有识之士曾说：开发区是成都的“最佳座标”，这里距市中心4.5公里，距火车南站2.5公里，距双流机场6公里。

“八五”期间开发区将按照科技发展格局，重点在现代通信、生物工程、光机电一体化。新材料、核技术应用等高新技术领域，积极培育、孵化、嫁接、开发、生产高新技术产品。开发区参照国际惯例，创造一个对国内外企业家、投资者、高科技人才、大专院校、科研院所和其它经济组织具有强烈吸引力的投资环境。鼓励外商采用独资经营、合资经营、合作经营、三来一补等形式，兴办一切有利于解放科技生产力，有利于发展经济，有利于加快开发区建设的生产性项目和非生产性项目，尤其是高技术、高效益、高附加值、高创汇的工业项目，鼓励外商成片开发。

经过两年多的建设，在新建区6.15平方公里可供开发的2.5平方公里范围内，基础设施已形成一定的规模，为投资者提供了良好的投资硬环境。

——供水：现有直径300毫米上下管输入开发区，并另铺设一条直径600毫米主水管。

——排水：已铺设直径100毫米与直径1200毫米的雨水管道各一条，另有直径400～700毫米的两条管道接入城市污水管。

——燃气：现有Φ219毫米的天燃气中压管，可满足开发区的需要。

——供电：开发区已改造南石线，已可满足近期用电，大容量变电站正着手施工。

——通讯：1000门模块式电话可为用户提供国内、国际通讯服务，5万门程控电话设施即将投入使用。

——道路：40米宽的大件公路贯穿南北，一条铁路专用线东西横亘，4条25米和30米宽的区间道路已通车，40米宽的二环路和另外3条区间道路已开工。

——交通：45路和28路公共汽车与市内相连，交通方便。

——标准厂房：面积为6200平方米的创业服务中心，已接纳了26个单位、64个项目在楼内“孵化”。第一期、第二期标准厂房各15000平方米，将分别于9月底和年底竣工并提供使用。

为了进一步强化开发区投资环境，成都市人民政府在贯彻国务院关于国家级高新技术产业开发区优惠政策的基础上，广泛借鉴了沿海地区的有益经验，又制定了一系列更加优惠的政策文件，并明文规定：凡经济特区和沿海开放城市的优惠政策、经营模式、管理方式、灵活机制都可在开发区试行。这些政策性文件在国家制定的统一优惠政策的基础上，新增加了以下主要内容：

1.对出口业务好的企业，可授予自营出口权。

2.优先保证信贷资金的投入，对出口创汇企业优先提供外汇贷款。

3.企业贷款所需的自有资金的比例可降至10%以下。

4.经批准，企业可以发行债券和股票。

5.外商投资企业，经营期在十年以上的，从获利年度起免征企业所得税三年，第四至第六年减半征收。2000年前，免征地方所得税。

6.外商投资者从企业分得的利润，再投资于开发区，且经营期在5年以上的，可退还再投资部分已交税款的50%；汇出境外，免征汇出款所得税。

7.高新技术项目的固定资产投资方向调节税执行"零"税。

8.开发区采取土地使用权有偿划拨和有偿出让、转让为主的经营方式，投资者依法取得土地使用权在合同规定期限内可继承、转让、抵押、赠与、出租，可办企业，也可从事开发性房产经营和基础设施建设。允许外商从事土地成片开发。

9.外商投资企业，1996年前免交场地使用费。

10.外商在开发区投资兴办企业，可委托国内亲友担任代理人，并解决其城市户口。

11.留学回国人员，可在开发区选择适合自己的工作，按照"可进可出"的办法，简化出入境手续。其配偶、子女的工作可优先安排，户口随转入户。

12.留学人员开发引进项目给予奖励，并支持其自办、合办企业。

13.允许企业自行招聘大学生、研究生、留学生和归国专家。

成都高新技术产业开发区管理委员会是成都市政府派驻开发区的决策机构和办事机构，在开发区内行使统一领导、统一指挥、统一管理的职能，行使市一级的行政经济管理权。开发区坚持特事特办，高效率的原则，实行一站式管理，只要开发区管委会盖章认可的事，省市有关部门不再审查，一律放行。开发区管委会下设项目发展处、建设规划处、综合管理处、财务处、人事处、办公室、科技信用社、科力发展总公司和建设开发公司等机构，能独立优质高效地为国内外投资者办理一切进区投资手续，提供全方位的服务。

"八五"末，开发区的技工贸总收入将达到20亿元，利税4.6～5亿元，创节汇1亿美元，固定资产净值达8～10亿元。开发区将成为发展高新技术企业的基地，成为向传统产业扩散高新技术的辐射源，成为对外开放的窗口，成为深化改革的试验区和示范区，成为矗立在成都平原上的科学城——一颗璀灿的天府之国的希望之星！

（张建国 撰稿）

迅速起步的成都市龙泉驿市级工业区

一、概 况

龙泉驿区是成都市的7个城区之一，地处成都平原东郊。区府所在地龙泉镇距离市中心19公里。全区幅员面积555平方公里，辖5镇、17乡、173个村，总人口37万多人。是国家、省、市确定的"开发农业示范区"和省、市确定的"市级工业开发区"、"市级风景名胜区"。

为适应成都市经济发展战略和城市规划的需要，合理利用和保护成都平原优质耕地，增强成都市经济实力和发展后劲，保护成都历史文化名城，1990年7月中共成都市委和市人民政府正式决定新辟龙泉驿市级工业开发区作为成都市经济建设的重点，纳入市、区的"八五"计划和十年规划。工业开发区规划距成都市中心14.5至19公里的成渝公路两侧，以龙泉镇为依托进行建设。用地面积26平方公里，以机械、电子、轻工、冶金、建材、医药、食品加工、精细化工等行业为主。市、区产业结构调整的改、扩、迁项目，省内"三线"调迁项目、国家新布局的工业项目、中外合资、合作、独资项目以及龙泉驿区自身发展的项目，都将优先安排到工业区集中成片建设。计划到2000年，达到工业产值35亿元人民币、城区人口32万的规模，到2010年实现工业产值70亿元人民币，并形成城区人口50万的新兴工业城市，成为成都市发展工业的重要基地和工业经济支柱。

二、开发条件优越，基础设施配套

1.土地资源丰富。全区有83.38万亩土地，人均2.3亩，尚有占总面积12%的土地待开发利用。

2.农业基础坚实。建有粮食、水果、林业、生猪、蔬菜、轻工原料、渔业、禽畜、奶等9大商品生产基地。其中，水果、生猪是国家林业部定点的优质水果高产示范基地和瘦肉型猪生产基地；林业是国家林业部名优特经济林生产基地；粮食是四川省粮食生产基地；蔬菜是成都市的重要生产基地。全区有水果16万亩、500多个品种、1250万株，形成1亿公斤生产能力；粮食总产量达1.898亿公斤；蔬菜种植10多万亩，年产量15万多吨；生猪年出栏32万多头；

产鱼200多万公斤;禽畜商品量200多万头(只);牛奶产量205万公斤;森林覆盖率23%。

3. **具有四大优势**。一是紧靠大城市,具有依托其人才技术、资金集中、市场广阔、信息灵通、交通方便的优势;二是具有靠山不进山,近城不进城的地理优势,适宜经济发展战略布局;三是具有沿成渝高速公路发展经济带的优势。成渝高速公路贯通龙泉驿工业开发区,到成都仅需10分钟,重庆仅4个多小时。包括龙泉驿区在内的"一条线"、"金三角"和"两点一线"是四川省发展经济的重要地带;四是旅游优势。以花果、湖光、山色、文物为主体的龙泉花果山,独具韵味,名扬九洲。境内有自然景观400余处,文物古迹25处。人文自然景观点多面广,风格别致。一年一度的桃花会及物资交流会,吸引游客近百万人(次)。

4. **良好的基础条件及配套设施**。①水:多水源优水质,设施配套。属于都江堰水系的东风渠流经工业区。"八五"整治后,流量将从目前的$50m^3$/秒提高到$68m^3$/秒;地下水年资源量5千万m^3,可开采量年约2200万m^3;还有总库容量为1442万m^3的7座水库蓄水可供使用。理化指标均符合工业生产要求。目前有日供水2万吨水厂一座,新建了日供水1万吨的起步区供水工程。1992年动工兴建从成都至工业开发区日供10万吨水工程和一座工业用水厂、两座污水处理厂。②电:成都大电网供电。建有11万伏变电站一座和35千伏变电站2座。再建22万伏变电站一座和1×1.2万千瓦发电机组的热电厂一座。③路:成都至重庆、成都至昆明的两条铁路环绕龙泉驿区并有6个火车站,与纵横全境的4条国、省道公路沟通成网。新建的长8.2公里、宽50米的工业区一环路和4.44公里长、宽40米的生产区干道直接入网。构成物资集散快,疏解能力强的现代化交通网络。④气:有日输气能力1万立方米的天然气站一座。1992年动工建设从成都至龙泉工业区日供气40万立方米天然气工程,并计划开采龙泉山丰富的浅层天然气。⑤通讯:工业开发区的电话实现了国内国际电话直拨。架设光纤电缆19公里。规划电话普及率逐步达到12~15%,市话容量发展到4万门。⑥储运:有占地面积分别为26.1万平方米、8万平方米、中转能力60万吨、13万吨并有铁路专线的国家物资部西南储运公司的曙光仓库和四川省电力工业局供应公司的洪安仓库,物资储运集散方便。

三、开发政策优惠,服务高效优质

市政府颁发了《关于成都市龙泉驿工业区的若干规定》,对国内外企事业单位和实业界人士到工业区投资给予27条优惠政策。主要有:经批准成建制到工业区的单位,其人员户口准予入户,并按成都市城区户口管理,享受城区待遇;土地实行"统一规划,合理开发,成片征用",采用土地使用权出让、转让为主的经营方式,商业、工业、住宅用地年限分别为40、50、70年。投资者依法取得土地使用权的在合同规定的期限内,可继承、转让、抵押、赠与、出租,可兴办各种企业,也可从事房地产经营或基础设施建设;对"三线"调整企业,除享受国家、省、市有关税收优惠政策外,因调迁困难较大,原规定5年免税期满后,可再免征产品税、增值税2年;对新办的本市及外地国营、集体联营的企业,除享受国家、省、市有关税收优惠政策外,如有困难,可报税务机关批准,定期减免产品税、增值税和所得税;对台商、外商投资企业免征中外合资企业所得税、外国企业所得税附征的地方所得税5年;对领有《成都市高新技术及产业开发税收专业证》的企业、事业单位,从事国家(省、市科委)定期公布的高新技术产品目录内产品的研究、开发、生产、销售等业务,从销售之日起,免征产品税、增值税或营业税2年,免征所得税3年。

市政府还明确了工业区吸引外商投资的若干规定,并参照实行成都市高新技术开发区政策。

市政府成立了成都市龙泉驿工业区管委会,作为派出机构,行使对工业区的行政管理职能,并内设"三处两室一公司",建有服务中心和土地统征办公室,对引进单位实行"特事特办"、"新事新办",减少程序,简化手续,代办手续,提供高效优质服务。项目开工前的所有手续20天内即可办完。

四、起步迅速,初见成效

龙泉驿市级工业开发区按照"高标准、高起点、严要求"的原则,以起步建设为重点,大力加强基础建设和项目引进。已基本完成了3.17平方公里起步区的道路、通讯、供电、供排水设施建设,进一步完善了投资环境。已引进项目35个,计划占地4604亩,投资12.133亿元,投产后年产值可达20.836亿元,年创利税3.344亿元,迁入人口5万多人。其中建成投产、动工建设和即将动工的项目19个,占地3000余亩,投资5.4亿元,计划年产值12亿元,年创利税2.021亿元。已投产的4个项目产值达3530万元,税利451万元。投资813万元,年产值1250万元的第一家中外合资企业成都钢绳厂,从洽谈签约到建成投产仅用了189天,被中外人士称为"在国际上是少见的,国内是空前的"。

(陈孝伟 撰稿)

初具规模的成都市新都卫星城工业区

成都市新都卫星城工业区是中共成都市委、市政府批准建立的、以开发高新技术产品为主的工业区，位于新都县城桂湖镇南面。总规划面积15平方公里，起步区3平方公里。

新都卫星城工业区现在具有良好的投资环境。

——地理位置优越。工业区地处成都市区北大门，距市区仅15公里。新都地区气候温和，风景秀丽、物产丰富、历史悠久，素有“天府明珠”、“香城宝地”之称。

——交通运输发达。工业区西靠国道川陕公路(国家二级公路)，东接乐山至德阳大件公路(国家一级公路)。区内已形成以电子大道为主动脉的道路骨架，公路运输十分便利。宝成铁路经过工业区西部并设有新都火车站。该站日物资吞吐量为7000吨。另建有一条石油库铁路专用线。与工业区相邻的火车站有青白江站(8公里)、天回镇站(4公里)、成都北站(16公里)、成都东站(17公里)等，为工业区物资调运提供了得天独厚的条件。工业区距西南最大的航空港——双流机场28公里，具有高速公路相连，为国内外客商到新都观光旅游、洽谈贸易、投资建设提供了方便。

——水资源丰富。供水条件好。工业区位于成都平原都江堰老灌区，地下水量也很丰富，单井日涌水量为1100～1700立方米，水质好，水温稳定，适宜工业用水和民用水。桂湖镇建有自来水厂3座，日产水能力5万吨，现日供水能力还富余3万吨。

——供电供气设施较先进。工业区位于成都大电网和四川天然气南北环线输送管网的腹心区域，供电供气稳定可靠。两年前建成投入运行的桂湖110KV变电站，主变容量为63000KVA，能满足“八五”期间工业区建设需要。由于输电线路采用“兀”接，进一步保证了电源可靠度。桂湖镇建有天然气配气站一座，距工业区约1公里。输气管与青白江配气站连接，管道日输气能力为24万立方米，气压稳定，现尚余能力50%。目前输气管网已铺设到工业区内，为企业申请用气提供了有利条件。

——通讯设备现代化。全县已开通光缆通讯全国长途直拨电话1960路，并具有国际直拨性能。3000门数字程控电话扩容业已完成并实行等位拨号，电报电路进入全国网，已开办国际传真电报业务。

——地形地质条件适宜建厂。工业区内地势平坦，工程地质条件良好，基础承载力可取200—700KN/M^2，无地震活动。

——环境质量良好。工业区大气质量属优良级，达到国家二级标准。地表水属清洁级。地下水符合国家生活饮用水质标准。无噪声污染。

——城市配套设施较完善。新都县是四川省对外开放较早的旅游区之一，名胜古迹，人文景观丰富。有被称为长江流域“四大丛林”之一的宝光寺，明代著名学者、文学家杨慎故居升庵桂湖，建于唐代的古典人文园林东湖，年接待国内游客近300万人次，国外旅游者2万多人次。桂湖镇的文教卫生事业也较发达。镇内除中小学18所外，还有中专技校7所。教育设施完善，教育质量名列成都市各区县前茅。有医院和防保单位9个，医疗设施较先进，医护水平较高。与工业区相邻仅5公里的解放军成都军区总医院，设备先进，技术实力雄厚，是一所大型综合性医院。桂湖镇内建有电视台、图书馆、影剧院、文化馆、大型体育场、游乐场等文化体育设施。“七五”末期还完成了占地700余亩的桂湖公园一期工程，对外开放接待游人。此外，商业服务网点基本配套。

——农副产品丰富。新都县是四川省重要的粮、油、猪生产基地，种养殖水平较高。现已基本建成水果、鲜鱼、蔬菜、药材、小家禽、瘦肉型猪等12个商品生产基地，除满足本区需要和供应大城市外，还远销东北、华北、西北地区和支援外贸出口。

根据国家产业政策和省市生产力布局要求，工业区内资金投向的重点行业是机械制造、电子仪表、食品及农副产品精加工。重点开发电子元器件及材料、电子计算机、广播电视设备、光学仪器、汽车、拖拉机、起重机等行走机械、农用机械和通用机械制造及配套产品生产。鼓励开发填补国内空白或替代进口的新材料、新能源和新产品。规划“八五”末期工业区的工业总产值达到25～30亿元，创利税3—3.5亿元，出口创汇3000—4000万美元。

为了吸引更多的投资者到工业区兴办产品出口型和技术先进型企业，举办农业、能源、通讯、交通、旅游及其他项目，加快工业区的发展，成都市人民政府专门成立了新都卫星城工业区协调小组，由刘家忠副市长担任组长，组成人员为市政府有关部门负责人。新都县除认真贯彻国务院、省市统一制定的优惠政策外，还发挥作为省市综合体制改革试点县所具有的政策优势，先后制定了《对外开放和搞活经济中若干问题的决定》、《关于进一步扩大对外开放的若干政策》和《关于鼓励外商投资的规定》等一系列优惠政策，从各方面保证开发区形成良好的投资环境。一是从廉计费。降低土地征用费、城市配套费、农户拆迁安置费、自来水管网费、天然气管网费等收费标准；减收、缓收或免收旧城改造费和城市增容费。二是减税让利。对“开窗口”或联办项目的企业和科研单位，按审批权限减免流转税和所得税。对“三资”企业实行沿海特区的优惠税收政策。三是提高办事效率。对新办项目的选址定点的立项审批，工商登记、银行开户等，采取特事特办，从简从快办理手续。四是优质服务。政府职能部门为企业代办规划、土地征用等有关手续。通过拆借、融资等多种办法，协助企业解决生产建设资金不足的矛盾。为外来职工子女就近安排入学等。

工业区经过几年坚持不懈的努力，到1991年底止，已引进旭光电子管厂、永星无线电器材厂、红光电子管厂电器分厂和电工分厂、成都油缸厂、锦江轴承油嘴厂、金光仪器厂、城都铝箔厂以及航天工业部624研究所等10个三线调整单位。兴办华瑞电器有限公司等中外合资企业3个。项目计划总投资约7亿元，全部建成投产后，年创产值可达13亿元，实现税利2.3亿元，出口创汇2000万美元。至1991年底已累计完成投资4亿元，建成区面积1.2平方公里，6个企业建成投产或部分投产。1991年完成工业总产值1.9亿元，实现税利1720万元。新都卫星城工业区已成为四川省发展最快的工业区之一，其突飞猛进的建设速度被赞誉为“新都速度”。

（杨荣秘 撰稿）

天府明珠——都江堰市

四川都江堰市、位于“天府之国”的成都平原西北边缘，地跨东经103°25′42″至103°47′00″，北纬30°44′54″至31°22′09″；幅员面积1207.69平方公里，耕地45.9万亩。总人口54.3万。辖11镇17乡。属亚热带湿润气候区，年均降雨量1238毫米，年均气温15.2℃，四季分明，冬无严寒、夏无酷暑，是全国著名风景旅游胜地，历史文化名城，举世瞩目的都江堰水利枢纽；城市风貌集山、水、城、林、堰、桥浑然为一体，环境幽美、气候宜人，每年接待中外游人200—300万。

在改革开放方针的指引下，为促进经济发展和现代化建设的步伐，有利于活跃商品经济和吸引项目与投资，都江堰市在招商投资、引进技术、人才、资金诸方面，制定了明确的优惠政策，创造了优良的投资环境，简化了办事程序。

一、都江堰市资源丰富

——能源。境内岷江水系六大干渠穿境而过，水流量32.4亿立方米，水能蕴藏量130万千瓦，可开发量84万千瓦，现有市级小水电装机6万千瓦，年发电3.05亿千瓦小时(产值2410万元)，有10千伏和35千伏供电线路700公里的市本级电网和变电站7座，另有国家大电网110千伏和220千伏网路配合交叉供电，列为全国基本电气化试点单位，加上丰富的林业资源和煤炭，都江堰市还列为全国100家农村能源综合建设试点单位。

——矿产。境内有金属矿、贵金属矿、非金属矿20多个品种。已探明煤储量3249万吨，年产30万吨；石炭岩24413万吨，年产水泥能力20多万吨；石英沙储量探明320万吨，年产4万多吨；年产大理石、花岗石板材4万平方米。

——土特产。市内农林副产品十分丰富，粮油稳产高产；全市林木蓄积量280多万立方米，森林覆盖率达45.3%；被列为全国速生丰产林基地、三木药材基地，中华猕猴桃基地，红梅基地，茶叶基地，蚕桑基地，川芎基地，瘦肉型猪基地，熊胆、麝香、鹿茸等动物药用基地。

——旅游。都江堰为国家级文物保护单位；都江堰——青城山为全国重点风景名胜区、全市现有旅游景点27处，重点文物保护单位96处。此外，中国华西亚高山珍稀濒危植物园，虹口山区大熊猫、金丝猴等珍稀动物保护区具有相当的吸引力。

二、基础设施和市场条件优越

都江堰市仅距成都54公里，有国道公路和铁路相通，至成都飞机场60多公里，境内国、省、市、乡和专用公路84条482公里，已形成交叉网络；连接成都的光纤通讯线路和境内卫星地球站，开通了国际国内直拨自动电话。都江堰市背靠千里岷山，面对川西平原，衡通阿坝至青藏要冲，历来是商品重要集散地；金融机构健全活跃，结算方便；境内现有的"三资"企业经营效果甚佳，在成都市周围的区、县中商品出口额首屈一指。每年围绕旅游观光、盛夏避暑，各类物交会、订货会、学术讨论会，文化考察吸引着海内外各界人士；各类专业市场发育齐全，流通十分活跃，无论农产品、林产品、中药材、土产品、纺织品、旅游品、其他工业产品和房地产业都有很大的容纳量和广泛的交易主顾。

三、名优产品多，竞争能力强

都江堰市境内现有企业中的产品，如：机械产品的数控机床、木工机床、汽车前后桥；电子产品的磁性材料、低压电容、漆包线；建筑材料的大理石、花岗石；纺织产品的兔毛纱、绦毯、地毯、毛呢、被套、被褥、裘衣、绒面革、儿童服装；轻工产品的凸版纸、打字纸、电容纸、卷烟纸、民族水舀、酥油桶、民族搪瓷、工艺品的工艺陶瓷、玉雕制品、首饰、藤器；化工产品的轻质碳酸钙、磷酸二轻钙；饮料食品的中华猕猴桃系列、青城贡茶、雪芽、普耳茶、李冰贡酒、绞股蓝等。由于有优势的资源条件、雄厚的技术力量，长期形成的信誉关系，仅管规模大小不一，均多系名优特产，具备了很强的竞争能力，受到国际国内用户市场的广泛好评。

四、政策优惠

都江堰市作为天府之国的明珠城市，受到四川省人民政府和成都市人民政府的高度重视，被确定为《省综合经济体制改革试点市》和《省发展县级经济、先抓一条线》的几个重点市之一，并赋予了对外开放的广泛权力。为实现在"八五"期间新增加40亿元产值的生产能力，都江堰市政府确定了在该市青城桥工业开发区、蒲阳工业开发区、黄家河心旅游开发区、台桥投资区共10多平方公里面积内的土地实施征用、入股、出租、转让等形式，招商投资、引进开发。并相应制定了一系列优惠政策，如：外商投资的企业以及自建和购置的新建房屋，分别免征所得税、房产税5年；工商税纳税有困难也可免征或减征1—3年。外商投资企业所需借贷短期流动周转金，经金融机构审核后，确保贷放。外商投资额为500万美元以上、国内企业投资在1000万元(人民币)以上的，经开户银行或有关金融机构批准，可以发行股票和债券。海外人员为开发区引进外商兴办合资企业的，在项目投产后，可按开发区分得利润5%连续奖励5—10年，并可作为股金投入进行再分配等。

我们热诚欢迎国内外各界人士、商家、厂家到都江堰市投资办企业！我们将简化办事手续，提高办事效率，达到互惠互利的目的。

（贡健明　周安治 撰稿）

充满生机和活力的成都市双流县

双流县是成都市最近的郊县，位于成都市的东南面，与市的东、南、西三方接壤，县城距市区16公里，最近的乡距市3公里。幅员面积1103平方公里，平原面积占28.62%，丘陵占65.94%，低山占5.44%。五大河流(金马河、杨柳河、江安河、府河、鹿溪河)贯穿全境。年平均气温为摄氏16.3度，年内总降雨量为1183.2毫米，无霜期为240天。

全县人口85.5万人，耕地面积81.2万亩，行政区为两个区级镇，7个乡级镇和37个乡，自然资源丰富，农作物以盛产稻、麦、油菜籽闻名，全县人平粮食500多公斤，猪、禽、蛋生产居成都市各区、县之首，水果、成鱼、蔬菜、各种肉类生产满足供应，桑、蚕、丝生产形成一条龙。矿产资源有芒硝(储量80亿吨)、膨润土、页岩、优质矿泉水等。劳动力资源更为丰富。

双流县原是一个农业县，自党的十一届三中全会以来，经济有了较大的发展，农业由单一的以粮为主转换为粮、经并重，由于重视新技术的推广应用，相继建成十大商品基地(瘦肉型猪、肉鸡、禽蛋、肉兔、优质蜜、精养鱼、水果、海椒、茶叶、桑蚕),现已初具规模。1991年粮食产量创历史最高水平;肥猪出栏59.6万头,比1978年增长87.4%;水果产量达10544吨,比1978年增长15倍;禽蛋、各种肉类都比1978年增长数倍。工业由小到大,由少到多,1991年已建成多种成分的工业企业1.7万多个,其中村以上企业500多个,初步形成了小的工业带和产业群,固定资产达4亿多元,从业人员10万多人,工业产值达19.47亿元,利税1.5亿多元,产值过5亿元的乡1个,1亿元以上的乡8个,亿元企业3个,5000万元企业2个,1000万元的21个,外贸产品20多种,年创汇1000万美元以上,为全川区、县之首。工农业比重由1978年的24∶76变为1991年的76∶24。形成门类较齐全且具一定规模的工业体系,其中主导行业(按所占比重排列)有冶金、机械、食品、纺织、医药、化工、建材、电子电器等,新兴工业所占的比重有较大幅度的提高,先后开发出了洁尔阴、无氧铜杆、热缩导管、羽绒制品、二峨曲酒、饮料、农药等新产品,各种名优产品达80多种。还涌现了一大批懂管理、会经营的农民企业家,其中国家级1人,省级8人,市级17人。有上千的专业技术人才。

双流县具有得天独厚的地理条件,基础设施较完备,航空、铁路、公路交通四通八达。西南最大的民用航空港——成都双流机场就位于双流城关,距县城2公里,与全国各大中城市通航,还有直航香港的包机。成昆铁路贯穿县境,在县境内设有客货站3个,一个大型集装箱货场正在建设中。以国道川藏路、省道成仁路、德乐大件路为干线,双中路等县乡道为支线,构成了一个四通八达的公路网络,乡乡通柏油公路,村村通机耕道。电力来源于成都大电网,县境内建设有110千伏变电站2座,35千伏输变电站6座,电力来源可靠,供电质量高。全县有程控电话交换机3000门,开通了国际长途电话。1992年正在筹建1万门程控交换机和光缆通讯工程,将大大改善双流县的通讯状况。全县所有场镇都用自来水,其中城关、华阳两镇日供水量均在万吨以上,水源为地下水,水质较好。双流县的宾馆主要集中在县城,共有4个,其中星级宾馆2个,还有众多的饭店、招待所、舞厅。可供数万人旅游的大小公园、佛教圣地、山林水景点10多处;占地250余亩,以古建筑著名的棠湖公园就建在县城,各种文化生活丰富多彩。各类学校齐备,有职业大学1所,联办大专院校1所,中等专业学校两所,职业中学、完中、小学分布全县,各重点集镇都有重点中学。医疗卫生设施也较完备,各类医院都和成都大医院有密切联系。商业网点星罗棋布,在城关、华阳、籍田、文星等重点集镇都有较大的商场、大市场,各区乡都建有各类专业市场,其中较大的市场就有6处,双流大市场占地面积2万多平方米。

双流县有得天独厚的优越条件,更有艰苦创业的精神,进取争一流的思想,敢闯、敢试、敢干、会干的气质。改革开放以来,不但经济有了较大的发展,县力和人民生活有了较大的改善,更重要的是增强了全县人民的科技意识、开放的意识。现在全县已和全国各省市和地区200多个单位(包括科研单位、大专院校、大中型企业)建立了横向关系,和10多个外商企业建立了合作关系,在上海、厦门、深圳设立了3个县级办事处,在广州、海口和其他地区设立了10多个企业办事机构,成为全国有名的横向经济联合先进县。

双流县今后十年的奋斗目标是:在农业方面,加速科技开发。工业方面加速冶金、机械、纺织、化工的技术改造,提高产品的档次和质量,发展食品、医药、精细化工、电子电器和新型建筑材料。

目前双流县已在机场附近、机场路和德乐大件路的两侧开辟了5平方公里左右的县级工业区,在成都附近的中和镇、机投镇开辟了两个镇级工业区,交通方便,环境优美,基础良好,条件优越,欢迎前来联合,投资办厂。

(李永双 撰稿)

中国最大的无缝钢管生产基地

——成都无缝钢管厂

成都无缝钢管厂是国家定点的专业化无缝钢管生产基地,座落在历史文化名城——成都东郊,占地273万平方米,现有职工16700余人。1958年开始建设,1961年后各主要生产车间相继投产。设计能力为年产钢 26 万吨、钢管 20 万吨,1991 年在未增加主体设备的情况下,产钢 53 万吨,产管 42 万吨,实现了钢和管翻一番的目标。

建厂 30 多年来,特别党的十一届三中全会以来,企业走出了一条"以质量为中心、以科技为先导,以质量品种求效益,求发展"的质量科技效益型发展道路,取得了丰硕成果。

——品种增加质量稳定提高。由原设计的 4 个品种、80 多个钢种、2000 多个规格发展到 33 个品种、191 个钢种、7746 个规格。有 23 个品种、近 3000 个规格的产品按国际标准组织生产;1990 年,双标产值率达 73.29%;石油套管、石油管线管在国内首家获美国石油学会 API 会标使用权;船舶管获英国、德国等多个国家船级社认可;15 个产品获国家、部、省优质产品称号。自国家实行产品质量抽检制以来,我厂连续 5 年抽检 100%合格。

——立足高起点,注重高水平,积极推进技术进步。"六五"、"七五"期间,完成技改投资 5.7 亿元,投资在 100 万元以上的项目 43 项,设备装备水平迅速提高。近十年,工厂共获部、省科技进步奖 9 项,其中,以殷国茂厂长为首研制成功的 CSL 重载橡胶弹性安全联轴器,获国家发明二等奖。新开发的 P110 高强石油套管、抗硫石油套管等 10 多个品种填补了国家空白。今年 4 月 3 日,工厂立足国内,引进关键技术与美国联合设计、制造的具有八十年代末世界先进技术水平的高精度 Accu-Roll 轧机热试取得成功,圆管坯大型弧型连铸机不久也将实现热试,这两项技改工程的完成必将为工厂创建世界一流企业奠定坚实基础。

——提高素质、管理再上台阶。工厂先后荣获国家一级计量合格企业,国家节能一级企业,全国设备管理优秀单位,全国思想政治工作优秀企业等光荣称号。两次获冶金部质量管理奖。1991 年获全国"五一"劳动奖状,并被正式命名为"国家一级企业"。

——发展横向经济联合,参与国际经济竞争,取得良好效果。根据改革开放和企业发展的要求,积极发展横向经济联合,先后兼并了四川冶金机械厂、成都粉末冶金厂、成都耐火厂、成都铸钢厂、江油钢铁厂等濒临绝境的企业,逐步形成以成都无缝钢管厂为主体,以无缝钢管产品为龙头的企业集团。为了发展外向型经济,参与国际经济竞争,工厂联合德阳二重,重庆钢铁设计院与美国现代公司合资兴办了华美钢管工程公司和奥西工程公司,成立了以外贸经营为主的华冶实业公司和以金融为主的金通信托投资公司,为工厂进一步走向世界、参与国际经济角逐创造了条件。

——经济效益持续定增长。工厂已连续十年实现产量、产值、利税稳步增长。从 1980 年到 1990 年,累计实现利税 14.5 亿元,年平均递增 10%,累计上交国家利税 11.5 亿元,1991 年,工厂实现利税 2.45 亿元,超额完成全年奋斗目标。在生产发展的同时,企业留利不断增加,使企业进入自我积累、自我发展的良性循环,增强了企业发展后劲。

1990 年,冶金部戚元靖部长来厂视察,代表国家对成都无缝钢管厂提出了更高的要求,"两个文明一起抓,把钢管厂建成世界一流企业"。为此,工厂制定了"奋战十年,把钢管厂建设成世界一流企业"的宏伟目标。具体讲,就是要在十年内,在技术、产品质量、经营管理、售后服务、企业信誉等方面,赶上或超过日本的住友和德国的曼内斯曼。

进一步深化企业改革,扩大对外开放。从改革劳动用工,人事及分配制度入手,打破"一大三铁",转换企业经营机制,逐步建立能够适应社会主义市场经济的运行机制。进一步扩大对外开放,加强技术、经济和信息交流,引进国外的技术、资金,增加产品出口。通过参与国际市场的角逐来培育企业对国际市场的适应能力和应变能力。

继续以提高产品实物质量为中心,进一步深化全面质量管理。紧紧围绕"扩大品种、提高质量、降低消耗、提高效益"推进技术进步。强化新品开发,以石油管、高压锅炉管、石化管、耐磨管、复合管、机加工管、深冷工程用管、军工用管等专用管材为重点,满足国家经济发展的需要。力争在"九五"末,80%的产品实物质量达到国际先进水平,钢的合金比超过 43%,专用管材的比例达 67%,使钢管厂跻身世界一流企业之林。

(喻定平 撰稿)

国内最大的录像机生产企业

——国营锦江电机厂

国营锦江电机厂座落于成都市市区，始建于1954年，是我国“一五”期间156项重点建设项目之一，是机电行业专业研制生产电子整机产品的综合性大型骨干企业。厂区占地面积21万平方米，建筑面积13万平方米，现有职工6700人，其中工程技术人员1260名(含高级工程师200名)，拥有四个研究所，98个专业设计实验室，18个分厂、车间，固定资产原值1.3亿元。1991年实现工业总产值18839.9万元，销售收入21162.6万元，实现利税1005万元。

工厂80年代跃入全国电子行业百家大型骨干企业行列，是国家一级计量合格企业，机电部清洁工厂，先后获得机电部和四川省质量管理奖，通过军工产品质量保证体系评审，是国家首批机电产品出口基地企业和录像机定点生产企业，拥有外贸自营权，80年代累计出口创汇8400万美元。

工厂研制生产的主要产品，有测高、引导、三座标、航管、气象雷达以及地空导弹制导指令系统等；微波传输设备、卫星通讯小站、地面卫星接收站、石油电子仪表车、切管套丝机；彩色录像机、彩色监示器、黑白电视机等。其中两项产品获全国科学大会奖，714天气雷达等两项产品获国家优质产品银质奖，797航管雷达、32测高雷达获国家科技进步奖，套丝机、地面站、黑白电视机等系列产品分获部省优质产品称号。产品远销巴基斯坦、马来西亚、约旦、索马里、美国、日本、香港等国家和地区，年均创汇近千万美元，连年被评为机电部出口先进单位。

工厂自70年代中期起步研制生产录像机，1985年被国家确定为录像机定点生产企业，建立了全国唯一的录像机研究所，对录像技术的发展进行了较为全面的技术跟踪，通过引进日本日立公司录像机制造技术及设备，建成了我国投资及生产规模最大，起点较高，设备及技术最全的先进的彩色录像机生产线，其引进机型属国际80年代末、90年代初期水平。一期工程已形成年产录像机整机25万台，机芯21万台，磁鼓12万套的综合生产能力。工厂致力于录像机引进技术的消化吸收、国产化创新，先后选派数批技术人员、管理人员和生产骨干出国考察、培训、实习，经过生产经营实践的锻炼，培养了一批录像机科研开发、大生产技术研究的专业人员和生产技术骨干，形成了经销、服务体系，在国产化研究、课题攻关等方面居全国领先地位。为此，工厂被确定为“八五”录像机专项(一条龙)的龙头企业。通过二期工程技术改造，工厂将形成录像机整机150万台的年生产能力，建成全国录像机整机及系统开发中心和IC开发中心，形成规模经济和国产录像机新品的自主开发能力。

雷达产品是工厂的又一重点发展系列，其传统产品是国防装备的骨干雷达。近年，工厂运用高新技术对老产品进行更新换代改造，并积极开拓雷达产品的应用门类，先后开发出天气雷达，航管雷达，在国民经济建设中发挥了十分重要的作用；通过参与国内外竞标，工厂中标承担了数项具有国际90年代初先进水平的国家重点装备的研制任务。“八五”期间，工厂被确定为重点改造军工企业，通过雷达综合技术改造项目的实施，将迅速提高雷达产品的研制生产技术水平，增强在国际国内市场的竞争实力。

30余年来，工厂不断发展壮大，在科学管理、科技攻关、技术开发、技术改造与引进等方面打下了良好基础，为长远发展创造了较好的内外部条件和环境。科研生产基础设施健全，拥有各型电子仪器仪表4400余台(套)，机械电气设备2000余台(套)，形成了雷达产品多品种、中小批量生产能力，通信广播电视设备、石油电子等产品多品种、中小规模生产能力以及录像机等家电产品大规模生产能力。具有引进的精密注塑、冲压、数控线切割、电火花加工、三座标测量仪等先进设备，掌握了微米级超精密加工、装调和检测技术，具有较强的精密、大型模具设计制造能力，建立了CAD/CAM计算机工作站。

工厂在引进国外先进生产技术的同时，积极引进先进的管理技术，推行方针目标管理、全面质量管理和经济责任制承包，采用网络技术、价值工程、微机辅助管理、工作研究等现代化管理方法，质量管理和质量保证体系健全有效，具有源流管理特色，质量职能发挥正常，基础工作扎实，职工队伍素质不断提高。目前，工厂正积极推进内部改革，以劳动人事分配制度为突破口，打破“三铁一平”，调动职工积极性，逐步建立有效运行机制，使企业面向市场，立足竞争，提高效益，进入良性循环。

工厂属机电部、四川省和成都市重点发展的骨干企业，享受成都市高新技术产业开发区优惠政策，能源、运输予以重点保证，一条专用铁路线直通厂内，交通十分方便。工厂地处电子工业基地的成都市，机电行业及相关的工业企业门类齐全，配套能力强，与研究所、大专院校等科研部门联系紧密，有利于人才的配置、使用和高新技术的应用，为科研成果迅速转化为生产力创造了良好条件。

在“求实、创新、尽职、守信”的锦江精神激励下，通过“八五”的改造与发展，锦江电机厂将建成一个以录像机、摄录一体机和高技术雷达产品开发生产为主，经济效益和社会效益俱佳的综合性电子企业，为国家和人民作出更大贡献。

（杨　鸣　撰稿）

开发大事记

（1983年—1991年）

1983年

3月3日　国务院决定，撤销温江地区，将所属12县划归成都市管辖，实行市领导县体制。

1984年

1月11日　国务院批准成都市城市总体规划。对成都市的城市性质定为：省会，历史文化名城，重要的科学文化中心。

3月10日　中共四川省委、省政府确定成都市为综合体制改革试点城市，同时采取扩大成都市的经济管理权、下放在蓉省属企业、扩大市的财政超收分成比例等三条措施，为成都市的改革开放创造条件。后国家体改委确认成都市为全国综合体制改革试点城市之一。

9月30日　横贯市区东西、长8.6公里、宽50米、有六条绿化带的蜀都大道建成通车。

1986年

7月7日　世界贸易协会（总部设在美国纽约）下属分支机构——成都世界贸易中心会成立。

8月9日　扩建的长2800米、宽60米的成都双流机场跑道通过鉴定。该机场已成为大型飞机起降的一级机场。

9月22日　市政府发布《关于进一步推动横向经济联合的意见》，提出了横向联合的原则、目标、重点和优惠政策。

11月20日　美国驻成都总领事馆工程竣工。

11月26日　成都市资金市场开业。

12月12日　成都市劳务市场对社会开放。

1987年

2月16日　经国家体改委和中国人民银行批准，成都市列为全国金融体制改革试点城市。

2月24日　成都市政府与上海市政府建立长期、稳定的技术合作关系纪要在上海签署。

3月27日　成都农村资金市场成立。开业2小时融通资金4.5亿元。

4月10日　成都市钢材市场开业。

5月17日　龙泉驿区被四川省和成都市确定为“开发农业示范区”。

9月23日　市邮政局今起开办特快传递。从成都寄往美国、加拿大等国的邮件由10至15天缩短为3、4天，目前可达44个国家和地区，国内可达北京、上海、深圳等30个大中城市。

1988年

3月15日　市电信局引进的2000线用户电报和低速数据交换系统开通。至此，成都市可通过该系统与国内、国际进行电报和低速数据交换。

4月8日　“西南国际租赁有限公司”经经贸部批准在成都开业。该公司是目前为止在西部地区唯一的一家国际租赁公司。

4月10日　成都市在海口市设立的第一个贸易窗口——海南海成联合贸易发展公司开业。

4月20日　长18.38公里的成都市一环路扩建改造工程竣工并举行通车典礼。

5月30日　成都市进出口公司经国家经贸部批准成立。从此，成都市有了外贸经营自主权。

7月22日　市政府决定建立成都高新技术产业开发区，并报四川省政府批示。10月7日省政府批复同意。

7月26日　成都飞机公司向巴基斯坦出售20架F－7P飞机举行交接仪式。

9月5日　成都市红光电子管厂、锦江电机厂、成都量具刃具总厂获进出口自营权。

10月7日 建筑面积1.5万平方米、设备自动化、目前西南最大的邮政枢纽工程——成都邮政枢纽大楼竣工。

11月1日 经国务院批准，投资11.4亿元的成渝高级公路今起修建。新建的成渝公路将由现在的438公里缩短为340.2公里，成都至重庆只需5小时。预计1993年完工。

1989年

1月17日 总负重可达720吨平板拖车的德阳——乐山大件公路成都至德阳段共51公里建成通车。

2月11日 国务院批准成都市在国家计划中实行单列，并赋予相当于省一级经济管理权限。

5月28日 成都海外联谊会在成都成立。该会为海外侨胞和港、澳、台同胞在成都兴办各项事业提供咨询服务，并维护其合法权益。

1990年

2月20日 西南五省区六方经济协调会接纳成都市为正式成员，同时该会正式更名为五省区七方经济协调会。

3月5日 1990年四川省对外经贸洽谈会闭幕。成都市出口商品成交额达2656万美元。

3月17日 市委、市政府决定修建成都市二环路。二环路全长28.3公里，宽40米，与进出市区数十条道路连结。是集散交通的过境道路。

4月15日 成都市以计划单列市身份，首次参加在广州举行的第67届中国出口商品交易会。

6月27日 市长刁金祥在珠海召开港澳台客商座谈会，就如何增进相互了解和友谊、扩大经济技术合作交换意见。

7月3日 市委书记吴希海、市长刁金祥率领成都市赴沿海学习考察团，6月30日至7月3日在沿海7市和海南省学习考察。

8月3日 成都热电厂20万千瓦扩建工程并网发电。

8月7日—15日 成都出口商品洽谈会在澳门举行，成交额达1600万美元。这是成都市计划单列后首次单独在境外举办出口商品洽谈会。

8月18日 国务院批准修建达(县)成(都)铁路。

8月19日 成都市与海南省达成高科技开发区意向合作协议，形成高技术开发“基地”与“窗口”的“伙伴”关系。

9月24日 成都市外商投资管理服务中心成立。

9月26日 德阳至乐山大件公路成都至新津段通车。该段全长37.86公里，比原老川藏公路成新段短3.1公里。

10月8日 市政府发布《关于成都市龙泉驿工业区的若干规定》，提出了“成建制进入工业区的单位，其人员户口按成都市城区户口管理，相应享受城区待遇”等优惠政策。

10月11日 经国务院批准，成都市现行的东城区、西城区、金牛区调整为锦江区、青羊区、金牛区、武侯区、成华区。

11月10日 四川化工总厂20万吨合成氨装置竣工。该工程投资2.5亿元，第一次实现了大化肥成套装置的国产化。

11月17日 《成都市外商投资企业使用土地管理办法》公布实施。

11月21日 成都最大的台商独资企业四川金弘竹材有限公司在蓉开业。台湾20多家企业的负责人组成祝贺团，专程来蓉参加开业仪式。

11月20日 成都高新技术产业开发区总体规划出台。计划用5年时间在神仙树2.5平方公里内建起一座科学城。

12月16日 成都港澳台同胞联谊活动在深圳举行。市长刁金祥等出席。刁金祥在致词中欢迎港澳台同胞和华侨来蓉投资，参加成都的开发建设。

12月22日 成都市被评为全国十佳卫生城市之一。

12月26日 成都高新技术产业开发区创业服务中心“孵化”楼落成。

1991年

1月31日 29日至31日，中共成都市委召开七届十次全委(扩大)会议，审议通过《中共成都市委关于制定成都市国民经济和社会发展十年规划和“八五”计划的意见》。

3月6日 国务院批准成都高新技术产业开发区为国家级高新技术产业开发区。

3月18日 成都市在海南省第一个企业集团——海南成都企业集团(股份)有限公司在海口市开业。

3月28日 成都市证券公司成立举行开业典礼。成立当天发行短期融资券2000万元。

4月20日 江泽民总书记视察成都高新技术产业开发区。对开发区的规划、项目、措施表示满意，对开发区的建设发展寄予厚望。

4月26日　市十一届人大四次会议通过《成都市国民经济和社会发展十年规划和第八个五年计划纲要》。

4月28日　成都市在深圳召开"成都91深圳招商引资洽谈会"。会上签署了价值1740万美元和6490万元人民币的11个合作项目。

6月22日　成都市投资并承建的海南洋浦开发区三都一号公路正式交付使用。

7月3日　成都市政府发布《成都市关于鼓励外商在高新技术产业开发区投资的若干规定》、《成都市关于鼓励出国留学人员来高新技术产业开发区工作的暂行规定》、《成都高新技术产业开发区若干政策的暂行规定》。

8月13日—20日　成都市出口商品洽谈会在香港展览中心举行。港澳地区5300人参加了洽谈会，成交额达2100万美元。

10月2日　中国贸促会在美国洛杉矶举办的贸易展结束。成都分团成交额达1290万美元，居参展的19个省市前列。

10月12日　中国成都国际经济技术合作公司成立。

12月13日　由成都飞机工业公司生产的美国麦道飞机首架机头在成都举行交付仪式。

12月17日—24日　成都市出口商品(91澳门)洽谈会举行。出口产品成交额达2048万美元。港澳各界人士500人出席了开幕式。

12月31日　成都举行'92中国友好观光年开幕式。副市长舒銮逸在会上作了题为《热烈欢迎朋友们来成都旅游》的讲话。

(王远让　撰稿)

成都市城市建设新貌

成都火车北站

横贯全市东西，长8.6 公里，宽50米的蜀都大道．

成都市中心鸟瞰

（本页照片由陈德龙摄）

成都市人民南路

历史文化名城成都

历史名胜武侯祠

望江楼的迷离景色　　（陈德龙　摄）

二江环抱的蓉城戴上了“绿色项链”　（余昌远　摄）

田纪云副总理来区视察

迅速起步的成都龙泉驿市级工业区

成都龙泉驿市级工业区。该区依托的龙泉镇，经过近两年的改造建设，已初步形成为"工、贸、游"同步发展、经济繁荣、文化昌盛，有一定现代化规模的"卫星城"▼

工业开发区以项目引进为中心，以高效服务为宗旨，促进进区项目建设。图为进区项目动工建设场面。

集旅游观光考察于一体的风景区——中国华西亚高山植物园，拥有众多的稀有频危植物。

天府明珠——都江堰市

青城山上清宫

都江堰水利工程远眺

一年一度的清明放水节

JINDIAN

锦电卡拉OK录像机

J R—647 A

具有检索画面功能，可快速寻找所录节目及磁带上所有节目的开头部分。且有能以五倍速度正反图像检索、慢速动作、定格前进、特殊功能。

J R—849

锦电J R－849■适用于中国/香港地区广播节目■高品质(H Q)图像技术保证清晰的图像■D A－4磁头系统和自动磁头清洗系统■可以播放用N T S C方式录制的磁带（S P和E P）■可实行1年8个节目的预定录像■遥控器不但能控制两个录像机而且也能控制10种不同型式的电视机■O S D(荧光屏显示)机能■备有快速搜画及快速选歌功能■两个卡拉O K麦克风插座，可独立调节音量。

国 营 锦 江 电 机 厂

国营锦江电机厂是“一五”期间建成投产的大型雷达工业企业。主要产品有：雷达、卫星电视地面接收站、录像机、彩色和黑白电视机等。工厂从日本“日立”公司引进的录像机全套技术和生产线已建成投产，目前具有年产30万台录像机能力，成为中国最大的录像机生产基地。

青羊牌35厘米、44厘米全频道集成电路黑白电视机荣获1989年四川省、成都市优质产品称号。该机采用引进生产的全国产化D型三块集成电路，性能指标全部达到优质产品指标。

厂址：四川成都市建设北路三段
电话：332723—324　　电报：7840
电传：600044　J J E M F　C N
图文传真号：(028) 333895
邮政编码：610051

广　告

成都量具刃具总厂量具大楼

成　都
量具刃具总厂

成都量具刃具总厂是国家机械工具行业生产量具、刃具、精密量仪和硬质合金工具的大型骨干企业。先后获“国家二级企业”、“国家计量一级单位”、“国家设备管理优秀企业”、“国家首批安全达标企业”、“国家首批出口基地企业”、部、省质量管理奖和省市文明单位，荣膺全国“五一劳动奖状”。

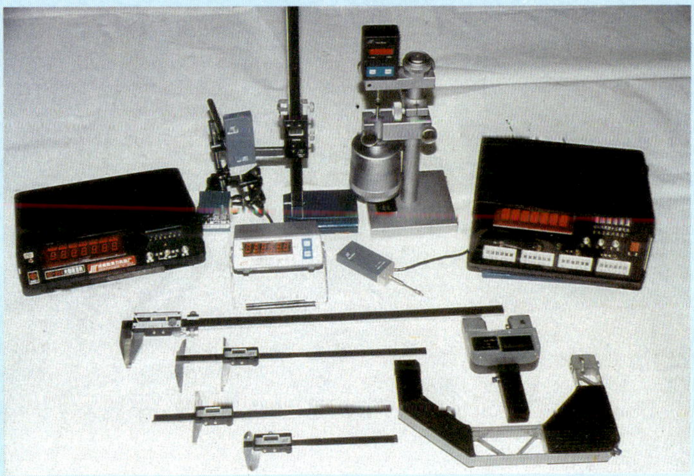

刘国定厂长

电子数显量具

TMG21、TSG工具系统及硬质合金刀具

厂址：四川省成都市二环路东一段14号
邮码：610056
电话：331923
电挂：0432
电传：60146 CMCTW CN
传真：028 －333941

总经理：吕根旭

团结进取的领导班子

造型别致的营业大楼

高雅气派的营业大厅

商场座落在成都市中心繁华商业区盐市口，并在火车北站设有分场。现有职工4000余人，营业面积近4万平方米，是西南地区最大的商业企业。商场装饰豪华，格调高雅，功能齐全，集参观购物休息娱乐于一体，是一个宁静和谐的购物中心。

地址：成都市盐市口　　邮政编码：610016　　电话：662249　665071　　电报挂号：0365

广　告

荷花池市场座落在成都火车北站旁，建筑面积65000多平方米，辖11个专业市场，上市商品上万种，吸引力和辐射力遍及各省、市、自治区，1991年总成交额6.5亿元，规模效益居我国西部地区之首。图为市场综合交易大楼外景。

成都荷花池市场

荷花池市场的工业品有服装、纺织品、小百货、塑料制品、食品、工艺花卉等，年成交额达5亿元。图为琳琅满目的服装市场一角。

荷花池中药材市场是西南地区中药材的主要集散地，也是中外著名药市之一，建筑面积万余平方米，上市品种有1000多种，年成交额4000多万元，许多品种远销亚美及港澳台地区。图为宽敞明亮经营繁忙的交易大厅。

全兴酒厂简介

四川成都全兴酒厂(国家二级企业)座落在“天府之国”的锦江河畔，是一个既有悠久酿造历史又具备现代科技力量的大型商业企业。史料记载，“全兴烧坊”建于清代乾隆1786年。

蜚声中外的全兴大曲是我国浓香型白酒中独具特色的佳酿，是川酒的卓越代表之一。早在1963年就跻身中国八大名酒之列。数次蝉联国家金奖。1989年第五届全国评酒会上，38°、52°、60°全兴大曲均名列前茅，再次荣登国家名酒金榜。

全兴酒厂拥有国优、部优、省优、市优的“全优”产品，远销欧美及东南亚广大地区、1988年荣获香港国际食品展“金钟奖”。

●厂　　址：中国成都牛王庙巷三十五号
●邮政编码：六一〇〇六一
●电　　话：四四四三五三　四四三二五七　四四二五九三
●电　　挂：四〇〇六

占地210亩、投资1.3亿元、年产全兴系列酒6000吨以上的全兴酒厂“八五”扩建工程。

中国名酒全兴大曲，具有窖香浓郁、醇和协调、绵甜甘洌、落口净爽的独特风格。

广　告

中外合资成都恩威世亨制药有限公司

自动灌装生产线一角

公司总经理 薛永新

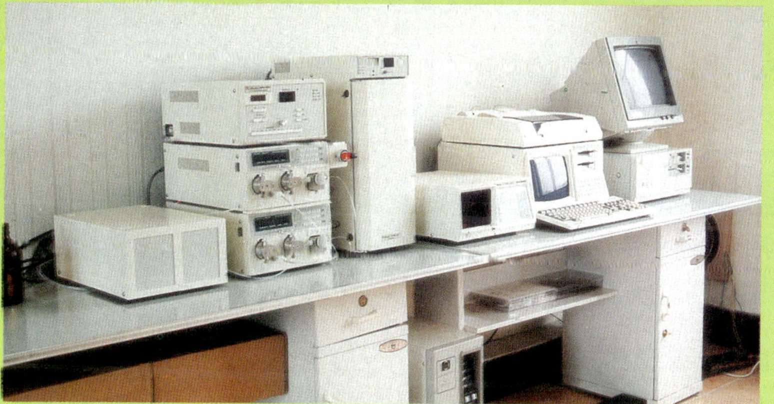

引进日本最先进的质测设备——高效液相色谱仪

公司产品：恩威牌“洁尔阴”

中外合资成都恩威世亨制药有限公司是由成都恩威化工公司与香港世亨洋行合资建设的一个现代化制药企业。公司主要产品“恩威”牌洁尔阴洗液，系纯中药复方制剂，是治疗多种妇科杂症、皮肤病和性器官疾病的特效药物。公司1991年产值1.53亿元，人均21.7万元；税利5782万元，人均8.2万元，均列全省乡镇企业首位。

地址：中国成都双流藏卫路139 号
电话：(08202)22630
电挂：2606
邮码：610200
传真：(08202)22449

成都市双流高频焊管厂

厂长　周德如

两个10吨电炉炼钢车间

年产 2 万吨的焊管车间

成都双流高频焊管厂是一个拥有1500多名职工、固定资产7500万元、年产值1.5 亿元的乡镇集体企业。以焊接钢管、热轧园钢、热轧螺纹钢、低碳钢丝、镀锌管、方钢、钢锭为主导产品，共46个规格型号，6 个优质获奖产品。在全国 500 家重点乡镇企业中排列第18位。到“八五”末期，产值可达4.5亿元，利税4800万元。

厂址：成都双流　　电话：22817　22917　　电报：3549

广　告

中外合资先进技术企业

川路塑胶有限公司

本公司实行科学的企业管理，国内首家管材商标使用“电脑打字”，拥有雄厚的技术力量，引进了具有国际先进水平的双螺杆挤出生产线、注塑机、模具和工艺配方等生产设备和技术，目前生产有BS 4514、GB 5836－86 系列的UPVC管材、管件，可供建筑给排水、化工、输液、农排、生活饮用、电气、通讯穿缆使用。

部优产品白色UPVC管材管件

董 事 长：黄亚孟
总 经 理：沈浦曾

地　　址：成都市西一环路抚琴小区67幢
邮政编码：610031
电　　话：768858　783487
图文传真：（028）784916
电报挂号：7298

广　告

勇于开拓的厂长赖成文

▲工厂绿树成荫，四季花香，享有“花园工厂”的美称，被评为全国“环境优美工厂”。

工厂主导产品——“裕农”牌尿素，1988年至今保持市优产品称号。

成都化肥厂现有职工1500余人，年产合成氨4万吨、碳酸氢铵10万吨、尿素4万吨，并组建了7个分厂，形成了以肥为主，多种经营的中型化工骨干企业。是化工部首批六好企业，四川省先进企业，省级文明单位和“化工学吉化先进单位”，并获部、省、市“质量管理奖”。主导产品碳铵获化工部优质产品称号。

成都化肥厂

产品一览

永星无线电器材厂

国营永星无线电器材厂是机电部直属重点企业，是国内最大的电子元器件厂之一。工厂先后从日本、美国、英国、瑞士引进三条生产线和部分关键设备，与瑞士、香港合办中外合资企业三个。产品性能和生产技术达国际八十年代中期水平。部分产品属国内独创。目前生产的主要产品有：金属膜、金属氧化膜及线绕电阻器、线绕电位器、玻璃釉电器、位固定和可变衰减器、薄膜电阻网络，混合集成电路等。

厂长：赖永久　厂址：四川新都电子路98号　邮编：610500　电话：372661

电挂：0893　电传：609006　YXRMF　CN　传真：（08232）372441

主产品多级油缸

联邦德国引进的350吨拔机

成都油缸厂

成都油缸厂是国内大型液压油缸的专业制造厂家之一，也是国家定点油缸技术科研基地。工厂占地面积10万M^2，固定资产3600万元

工厂采用“精密拉拔——强力珩磨”等世界上最新综合技术，各关键工序都装备有当代最新的先进设备，所有产品都按国际标准生产，产品无论大小、繁简、标准的或特种的都能适应各领域和部门对油缸的需求。

厂址：四川新都新成路
电话：372770（08232－372269）
电挂：0097
传真：08232　－372565
邮编：610500

广　告

重　庆　市

主　　编:陈之惠
副 主 编:马述林　伍源德
编写人员:胡际权　耿春潍　廖为好
胡继红　刘　旗　王　青
何　冰
工作人员:代惟殊　袁春如

重庆市分目录

典型地区和典型企业

市情综述

一、历史沿革

重庆有文字记载的历史已有3000多年。周朝时为巴国国都。公元316年，秦灭巴国，设巴郡，郡治在江州县即今重庆市。由于防卫的需要，张仪在此筑城，作为秦王朝统治川东地区的军事、政治据点。汉代，"江州城固而粮多"。三国蜀汉时期，江州仍为巴郡治所，都护李严屯军于此，筑大城。隋、唐、宋时期称渝州。北宋徽宗宁元年(公元1102年)改渝州为恭州。南宋孝宗淳熙16年(公元1189年)，升"潜藩"恭州为府，名重庆，距今已整整800年。

重庆城市因商而起。古代重庆因水运而商盛，商盛而城市兴。长江、嘉陵江水运，成为重庆商运的主体。明清时代，商业的发展和手工业的兴起，使重庆逐步成为中国西南地区的物资集散地和商品交换中心。1891年重庆被辟为商埠，并设立海关。航运业、商贸业、金融业和机器加工工业等日益兴盛，城市的经济功能由商业贸易中心向商业、工业、金融、交通等综合经济中心以及近代科学技术和信息中心转变，呈现出了日益近代化的趋势。1911年，重庆成立蜀军政府，废重庆府，以巴县为治名。1929年正式建市。

抗日战争时期，重庆由内迁而盛，救国而兴，成了闻名遐迩的名城。从区域性中心城市发展到全国性中心城市。东部沿海和华中地区工商业、金融业大量内迁重庆，市内工厂发展到1500多家，成为当时最大的工商业重地，城市规模迅速扩大，城市人口剧增。1939年国民政府西迁重庆，1940年定重庆为"陪都"，成为当时中国的政治中心。当时重庆工业结构以重工业为主，军工、机械、冶金、采矿等行业占了较大比重。城市建设得到了很大发展，机场、港口在重庆出现，电力、电话、电灯、自来水、公共汽车等公用事业，城市道路和各种服务业也不断发展。城市人口达到200万人，为当时全国的特大城市之一。抗日战争胜利后，国民政府还都南京，但重庆仍是西南地区的政治、经济、文化中心。1949年11月30日重庆获得解放。

建国初期，重庆是中共中央西南局和西南军政委员会所在地，1950年至1954年重庆为中央直辖市。1954年8月撤销西南大区建制后，重庆改为四川省辖市。鉴于重庆在长期的历史中形成的经济地位和作用，1954年至1958年国家对重庆采取单列计划的体制，重庆的经济稳定对全国经济的稳定发挥了重要的作用。从60年代中期开始，重庆成为我国三线建设的重点投资地区，重庆经济获得新的发展。1983年2月，中共中央、国务院决定在重庆进行经济体制综合改革，对重庆实行全面计划单列，并赋予省级经济管理权限。同时，实行市管县体制，将原永川地区8个县划归重庆。重庆现辖9区、1市、11县。全市国土面积2.31万平方公里，1991年末总人口1492.5万人，其中非农业人口373万人，建成区面积99平方公里，城市人口301万人。

二、自然地理条件

重庆位于四川盆地东南边缘，在东经105°17′——107°04′，北纬28°22′——30°26′之间，地理区位处于我国较为发达的东部和相对落后的西部地区的结合部。长江、嘉陵江横贯辖区。

(一)重庆处于中亚热带湿润季风气候区，光热同季，无霜期长、雨量充沛。全年平均日气温18.4℃，全年无霜期在327天以上，年均降水量在1000毫米以上。区内地形地貌多样，山地、丘陵、平坝兼有，为立体农业开发和生态农业的发展创造了条件。全市有土地3500多万亩，其中耕地1060万亩。

(二)重庆地区矿产资源丰富，矿种多，以非金

属矿为主。已发现矿种38种,全市主要矿产地252个,其中大中型矿床70个。探明储量的矿种有煤、天然气、锶矿、硫铁矿、岩盐、石膏、石灰岩、石英砂和重晶石等。煤炭保有储量19.07亿吨,开发程度较高,已建井利用的储量占探明储量的70%左右。以重庆为中心的川东天然气田,累计探明储量600多亿立方米,是全国最大的天然气田。锶矿探明储量96.2万吨,为特大型锶矿。

(三) 重庆地区的水资源和水能资源极为丰富。长江流经重庆段241公里,多年平均年径流量3500亿立方米,嘉陵江流经重庆153公里,多年平均径流量660亿立方米,两江水能理论蕴藏量679万千瓦,加上66条流域面积在100平方公里以上的中小河流,全市可供开发的水能资源共计300余万千瓦。丰富的水资源和水能资源为重庆工农业生产和经济发展提供了良好的条件。

(四) 重庆生物资源种类齐全,品种繁多。据统计,全市有维管植物2000种以上,其中树种1000种,乔木800种;有栽培植物2000多个品种,其中粮食作物460种,蔬菜370种,经济作物1200多种,水稻、油菜籽、桑蚕茧、茶叶、柑桔等农作物和经济作物在全国具有比较优势。全市有动物资源250种,其中饲养动物62种,生猪、羊是优势畜种。还有33种淡水鱼,其中人工饲养鱼10种。

(五) 重庆旅游资源丰富。重庆以"山城"、"江城"著称于世,市区处两江汇合处,房屋依山势构筑,鳞次栉比,入夜万家灯火,与水色天光相辉映,蔚为壮观。重庆是我国历史文化名城之一,名胜古迹甚多。缙云山及北温泉、南温泉为著名风景区。大足北山、宝顶山摩岩造像是中国唐宋石窟艺术之精华。合川钓鱼城为南宋守将抗击蒙古军入侵的古战场遗址。重庆是抗战时期的"陪都",至今仍留有多处遗址。红岩村、曾家岩50号等革命纪念地记录了毛泽东、周恩来、董必武等老一代无产阶级革命家的丰功伟绩。重庆是三峡旅游的始发地,乘船东下,可以饱览石宝寨、张飞庙、白帝城、昭君故里等历史遗迹和大、小三峡美丽的自然景观。

三、经济实力与结构布局

在长期的历史发展中,重庆凭借长江"黄金水道",依托西南地区丰富的资源和广阔的市场,逐步发展成为长江上游的经济中心。目前,重庆经济发展已有相当规模,拥有近700亿元的国民财产,其中工业固定资产和流动资产300多亿元,第三产业不动产200多亿元,城乡居民个人不动产和个人金融资产近200亿元。1991年,全市国民生产总值达到231亿元,创造国民收入186亿元,约占全国的1.5%,在全国大城市中居第5位。

目前,重庆的经济结构状况是:在国民生产总值中,第一产业占26%,第二产业占45.5%,第三产业占28.5%。全市从业人员在一、二、三产业中的分布比例为60%、22%、18%。1991年全市物资生产部门创造社会总产值537.9亿元,其中农业占18.5%,工业占66%,建筑业占7%,交通邮电占2.5%,商业占6%。

重庆生产力布局沿长江、嘉陵江展开。沿江平坝、丘陵地区是农副产品主产区,由重庆地形地貌决定,农作物按山地、丘陵、平坝呈立体分布,具有生态农业的特点。工业主要分布在长江和嘉陵江流域,母城和郊区以机械、轻纺为主,化学工业主要集中在东部沿江。经过长期的建设和发展,在长江重庆区段200多公里的范围内均分布有各类工厂,目前,正在进行三线企业向城郊区集结的调整,以进一步充实两江产业带。结合三陕工程的建设和三峡库区的综合开发,还将有一批高耗能、高耗水、大运量的大型工业项目布署在三峡库区,进而使三峡库区沿岸成为长江产业带的重要组成部分。

(一) 农业。重庆农村地域广阔,农村人口1120万人,农业在国民经济中的地位十分重要。重庆农用耕地的开发度较高,农、林、牧、副、渔全面发展。所辖12个县、市均为四川粮食主产区,1991年粮食产量598万吨,主要优势农产品产量是:油菜籽8.1万吨、蚕茧2.82万吨、柑桔12.56万吨。蔬菜产量360万吨,能做到淡季不淡,满足城市人民生活需要。1991年,全市农村社会总产值183亿元,其中农业占51%。农业内部结构以种植业和养殖业为主,在1991年的101亿农业总产值中,种植业占53%,养殖业(养猪为主)占38%,林、副、渔分别占2.5%、4.5%、2%。乡镇企业是农村经济的重要组成部分,1991年全市乡镇企业总产值为121亿元,从业人员128.35万人,占农村劳动力的21%。重庆农业和农村经济在全国占有突出地位,重庆是我国的粮食商品基地、肉猪商品基地、桑蚕茧商品基地、柑桔商品基地。在全国百名产粮大县中,重庆有合川、巴县、江津3个县;在全国百名产猪大县中,重庆有11个县,巴县、合川、江津分列一、二、三名,1991年出槽肥猪950万头,产肉63.6万吨;在全国百名财政收入大县中,重庆有巴县、长寿两县。

(二) 工业。重庆是我国重要的老工业基地。1991年末,全市有独立核算工业企业7169个(其中大中型企业 243 个),拥有固定资产原值 215 亿元,职工 133 万人。1991 年全市工业总产值 364.65 亿元,其中独立核算工业企业总产值 302 亿元,净产值 76 亿元.重化工业是重庆工业的主体。目前,重化工业的固定资产已达 150 亿元,占全部工业的 70%。以资源开发型产业为支撑,加工贸易型产业为主导,技术转换型产业为领航的产业结构体系已经形成,重化工业已进入成熟阶段。由市内资源和西南地区资源支撑发展起来的能源工业、冶金工业、化学工业和建材工业,有 1000 余个企业,拥有固定资产近 60 亿元,年创产值 60 多亿元。重庆是四川省重要的能源生产基地,原煤产量 1639 多万吨,占四川省的 25%左右;天然气产量(川东气田)35 亿立方米,占全国的 1/5,四川省的一半;发电量 64.4 亿千瓦小时。重庆是西南仅次于渡口的钢铁工业基地和全国最大的铝加工工业基地,年产钢 120 万吨,钢材 110 万吨,铝材 8.2 万吨。重庆冶金工业的优势主要表现在产品的质量、品种和规格方面,重庆钢铁公司以生产普通钢为主,能冶炼 120 个钢种,轧制约 1 万种规格品种的钢材。重庆特殊钢厂主要生产兵器、航空、航天、航海、原子能、化工、石油、汽车、电子等工业所需的各种特殊钢材与精密合金,成批生产的钢种有 560 多种,产品有板、棒、丝、带等品种规格,是全国高级、精密合金钢材的重点生产企业之一。西南铝加工厂是我国最大的铝、镁、钛综合加工企业,拥有一批被称为"国宝"的大型精密锻轧、压延设备和较强的技术队伍,产品共有 14 类 66 种合金,834 个品种、13630 个规格。重庆化学工业门类齐全,以天然气化工、煤化工为基础,以有机化工、化学医药、橡胶加工为主体,年产化肥 15.4 万吨,化学农药 5578 吨,化学医药 1.6 万吨,烧碱 7.3 万吨,合成橡胶 6600 吨。建材工业主要以水泥、卫生陶瓷和房屋装饰材料为主,年产水泥 200 万吨。

1. 机械、电子、仪表工业,是全市制造业的主体。现有近 2000 个企业,拥有 70 亿元固定资产,年产值达 110 亿元。重庆机械工业具有生产历史长、规模大、行业全、骨干企业多的特点,可以生产成套机电设备和自动化仪器仪表控制系统。重庆是全国三大重型汽车生产基地之一,红岩牌重型汽车年生产能力达 3000 辆,五十铃轻型汽车年产能力 3 万辆,长安微型汽车和奥托轿车生产能力 5 万辆,产品投放市场后,深受广大用户欢迎。嘉陵摩托车和重庆牌摩托车享誉国内外,年产 48 万辆,约占全国产量的一半。内河船舶也在全国占有一定地位。电子工业已有一定基础,以四川仪表总厂为核心的中国四联仪器仪表集团,是全国重要的仪器仪表生产基地。重庆军工企业,在完成国家军工科研生产任务的同时,80 年代在军转民、军民结合上闯出了新路,充分发挥其技术、人才、装备的优势,开发出了一批优质民品,民品产值已在 85%。以光电子器件及应用产品、机电一体化集成电路、光纤通信终端设备、数字微波通信机等高技术产品为代表的高技术产业已成为新兴产业的雏形,开始显示出产业技术领航作用。

2. 重庆轻纺工业有较好的基础。棉、丝、麻、毛纺均有,现有棉纺绽 45 万枚,织机 2 万台,是我国内地五大纺织工业基地之一。家电、制革、五金工具、化学日用品等轻工产品,在西南占有很大市场。食品工业以屠宰及肉类加工、粮油加工、酿酒、卷烟、罐头、糖果等为主体,近年来,重庆食品行业生产的优质名特食品和新型饮料,特别是天府可乐,国家已正式规定作为国家饮料,享有较高信誉。

3. 重庆有一批重点企业在全国占有重要地位。按销售额排序的全国 500 家最大工业企业中,重庆市有 11 家,分别是重庆钢铁公司、建设机床厂、嘉陵机器厂、长安机器制造厂、重庆汽车制造厂、重庆特殊钢厂、西南铝加工厂、四川汽车制造厂、四川维尼纶厂、重庆卷烟厂、四川仪表总厂。

四、科学技术水平

(一) 众多的科研院所。重庆有 336 个科研院所,有 35.5 万各类科技人员,其中自然科学技术人员 15.6 万人。中央部门在渝的科研机构 39 个,科技人员 3 万多。在渝高等院校有科研机构 70 个左右,近 4000 名科研人员。重庆的科研水平和技术开发能力在某些领域居全国领先地位。如机电部 24 所、26 所、44 所在大规模集成电路、声电、表面波器件、光电器件等方面的研究和应用产品开发方面为全国一流水平。重庆工业自动化研究所在自动化仪表数据采集处理系统、工业控制计算机系统、分散控制系统、工业控制实时软件系统、工业自动化成套系统设计等方面处于全国领先。重庆仪表材料研究所主要研制测温材料、耐腐蚀材料及磁性材料,是全国仪表材料行业的技术开发中心、测试基地和技术情报中心。中国农科院重庆柑桔研究所,是我国柑桔研究中心,在柑桔的基础理论和生产技术研究方面有较高水平。以重庆大学为代表的在渝高校,在光电精密机械、激光技术、现代通讯技术、自动控制系统、生物工程应用等领域都具有较强的研究开发能力。重庆科研服务系统也有较好基础,中国科技情报研究所重庆分所藏有图书、外国专刊文件、产品样本和概述标准等资料近千万件，并订有国外期刊7000余种，其完备程度仅次于北京。该所还利用计算机终端，通过国际通信卫星网络与欧洲最大联机检索系统ESA.IRS及美国最大的两个联机检索系统DIALOG和OBII相连，可以随时调用有关科技信息资料。重庆市科学技术情报服务中心，重庆市科技开发交流中心，重庆市科技器材公司，也可提供相关服务。属于国家科委管理的23种大型精密仪器，重庆市拥有17种394台(套)。

1991年，在全市范围内实施《依靠科技振兴重庆规划纲要》，全面推进科技进步。当年新上市级科技计划项目380项，其中工业项目255项，农业项目50项，社会发展项目75项。在这批项目中，有火炬计划项目20项，星火计划项目96项，重点推广成果项目42项。全年科研计划项目完成率在60%左右。1991年中国专利局受理重庆地区专利申请书507件，实际授予204件，已累计授予911件。此外，重庆的技术市场也十分活跃，全年新签技术合同1800个，完成技术交易额7000多万元。

（二）**大中型企业具有研究机构**。在重庆的243个大中型企业中，有厂办科研开发机构152个，从事技术开发的工程技术人员2万多人，其中工程师以上职称的占45%。完成科研项目400多项，申请专利34项，获准15项，一批成果转移到生产领域，当年实现新产品产值20亿元，出口新产品占10%以上。

（三）**重庆高新技术产业开发区**。它是国务院批准的27个高新技术开发区之一，也是全国进行综合改革试点的5个重点高新技术开发区之一，开发区内设有高科技开发园、工业园和高科技一条街。目前，已有253家企业进入开发区注册登记，科技人员近4000人，登记注册金额4000多万元。其中，已获准开办的三资项目7个，协议金额300万美元，正在申办的还有4个项目，协议金额500万美元。

五、商业流通和外经外贸

（一）**重庆商业迅速发展，贸易中心的功能日益发挥出来**。目前，重庆有各类商业机构15万个，从业人员35万人。拥有一批全国性的和区域性的批发市场，包括百货、纺织品、粮油、肉类、水果、五金交电、化工医药等消费品市场和金属材料、建材、机电产品、汽车、摩托车等生产资料市场，还有大型农贸市场和小商品市场。每年都举办3－5次全国性的和10次以上区域性的大中型的商品交易会，订货洽谈会。近年来，全市流进、流出的商品交换总值已接近600亿元，其中由商业、物资部门购进销出的约占50%，企业间直达供货的占20%，过境中转的占30%。1991年，全市社会商业商品纯购进96亿元，纯销售114亿元，全年社会商品零售总额达到125亿元，在全国大城市中居第五位。物资部门和工业供销机构当年的购销总值已接近100亿元。重庆商业、物资部门的购销活动遍及全国，商业流通设施等的服务范围已扩大到整个长江上游地区。

（二）**重庆作为我国西南地区唯一的内河港埠城市，外经外贸迅速发展，对外交往日益增多**。目前，重庆有经营外贸进出口业务的专门公司40余家，设有海关、商检、动植物检疫、外运、外轮代理等涉外机构，有权直接对外洽谈、报价、询价、成交、签约、发运、结汇，并在国家规定范围内发放出口产品配额及签发商品进口许可证，有权批准1000万美元以内的利用外资项目。为了进一步扩大对外开放，重庆市在南坪地区15平方公里和江北地区20平方公里的范围内设立了经济技术开发区，经过两年多的试验，现已形成了吸引外商投资的“小气候”。

目前，重庆已与世界上110多个国家和地区建立了经济贸易关系。1991年，外贸出口达到4.23亿美元，出口商品有3000多种，其中化工医药、丝绸、五金矿产、机电设备、金属材料等大类品种占全市出口总量的80%以上。主要出口国家和地区有日本、美国、德国、俄罗斯、东南亚和港澳，占全市出口总额的70%以上。1991年，全市进口总值1.66亿美元。

自1983年以来，重庆共批准利用外资项目388个，协议总额10.3亿美元，其中实际利用外资7.72亿美元。在上述这批利用外资项目中，三资项目、三来一补和租赁项目316个，协议总金额3.19亿美元；外国政府贷款、国际金融组织贷款和商业贷款项目72个，协议总金额7.1亿美元。到目前为止已批准的三资项目231个，生产型项目占80%。已获准在重庆经济技术开发区的三资企业项目24个，协议金额1772万美元。

1991年新签对外承包工程、劳务合作、海外经营项目20项，合同金额3429万美元，完成营业额1510万美元，外汇净收入178万美元。

六、投资环境

经过80年代的改革开放和“七五”期间的大规模投资建设，重庆在能源、交通、通信、城市基础设施等方面的建设有很大发展，金融、信息、服务以及配套政策等方面的软环境也相应得到改善。为进一步扩大对外开放，发展经济创造了良好的投资环境。

(一) **能源**。目前全市煤炭产量达1600多万吨,自给有余。川东地区天然气产量超过33亿立方米。"七五"以来,新增发电装机130万千瓦,目前,全市发电装机已达190万千瓦,年发电量约90亿度,输变电网正在全面改造之中,可以满足生产、生活用电。重庆是一次能源自给有余的大城市。

(二) **交通运输**。以重庆为枢纽的水、陆、空、管道立体综合运输网络已经基本形成。成渝铁路、川黔铁路电化改造后通过能力大大提高,即将开工的襄渝铁路南段电气化和重庆枢纽的改造,将进一步扩大重庆枢纽的通过能力。成渝高等级公路正在建设中,列入规划的210国道继续向南延伸,向东的重庆至长寿高等级公路也将在"八五"末开工建设,连接西南、华南的公路交通状况将会根本改观。长江"黄金水道"有较大发展,重庆港吞吐能力630万吨,江海联运大大促进了重庆和西南地区的出口货运。新建重庆江北机场,是按国际机场标准设计的,一期工程完成后已达一级机场的技术标准,导航系统主要设备是引进美国80年代的设备,通信、导航、机场技术装备等已达国内先进水平。可以起降波音747大型客机,目前已开通26条航线,还开通了直达香港的旅游包机。最近国家民航总局已批准立项建设滑行道和扩建5万平方米停机坪,并积极创造条件,争取国家批准开通国际航线。

(三) **通信**。重庆现有长话线路1700条,与国内70多个城市间有直达线路,可以和国内100个城市直拨通话,已开通世界主要城市的国际直拨电话。现有程控电话装机13万门,年底即可达到17万门,预计"八五"末期达到26万门。现已开通900兆赫移动通信(大哥大)72个信道,600个用户;450兆赫无线电话1000个用户。重庆现有邮路近600条,邮路总长1.2万公里左右,与国内大中城市之间有商包直投、邮政快件、特快专递等业务,并同世界上40多个国家和地区建立了邮政业务往来。

(四) **城市基础设施和公用系统**。"七五"以来,重庆市的城市基础设施有了很大改善,建成了市区连接机场的高等级公路和城市内环公路及向西、向南的出口通道。目前,全市已建成20层以上,面积在2万平方米以上的高层建筑20栋。主要有重庆商业大厦、工业品贸易中心、物资贸易中心、外经贸大楼、电子大厦、川东电力调度大楼、西南计算机公司、机电部第三设计院、西南经济协作大厦、重庆工商银行、农业银行、扬子江假日饭店、雾都宾馆、沙坪大酒店和重庆急救中心等。"八五"期间在建的还有15栋以商务、金融为主的高层建筑。在进行旧城改造的同时,已建成了南坪和江北新城区。城市日供水能力116万吨,排水设施相应配套,城区供电、供气(民用天然气)系统基本完善。以电车、汽车为主的城市公共交通,有车辆1400辆,出租汽车2200辆,营运网长度1662公里,全年客运量10亿人次左右。

(五) **金融机构及市场**。重庆是长江上游的金融中心,1983年实行经济体制综合改革后,重庆人民银行和各专业银行均升格为省级分行。现有人民银行和国家专业银行、保险公司7家、信托投资公司5家、证券公司2家,农村信用社815家,城市信用社22家。截止1991年底,全市各级各类金融机构已达2384个,其中银行机构1315个,非银行金融机构1069个,共有职工2万多人。目前,重庆地区年信贷总流量达到370亿元,货币收支流量近400亿元。在改革开放中,重庆金融市场开始发育,去年办理短期资金拆借业务1200笔,年末累计融资量49亿元,其中拆入30.7亿元,拆出18.3亿元。业务往来已涉及全国26个省、市,67个城市164家金融机构。重庆证券市场已开始组建,有中间机构8家,分支机构82家。目前主要经营国库券、企业债券等业务。到1991年底,已累计发行各种债券46.5亿元。1991年发行债券12.31亿元,转让债券金额达7.5亿元。外汇调剂市场公开业务活动日益活跃,1990年调剂金额1.8亿美元,1991年达到3亿美元,其中个人外汇调剂250万美元。自1980年恢复重庆人民保险公司以来,现已有21个区县设有支公司,有职工808人,并有兼职代办员1.6万人。开办了各类国内保险和涉外保险153种。1991年保险费收入达到2.73亿元,承保财产总额达595亿元。

(六) **投资软环境**。重庆投资环境有以下四个重要的因素,一是重庆市及其周围地区乃至长江上游地区的资源丰富,一次能源、矿产资源和生物资源等在全国大城市中得天独厚。二是四川和西南地区地域大,人口多,市场广阔。三是重庆地处内陆,劳动力多,成本中工资所占份额小,据测算大约比沿海地区低一半。四是重庆商贸、工业相对发达,生产流通配套条件好。以上四点是吸引外商投资的优越条件。为鼓励外商投资,重庆市人大常委会制定,并报省人大常委会批准的《重庆市鼓励外商投资办法》已实施。

七、社会发展和人民生活

(一) **教育**。重庆有普通高等院校19所,其中国家重点院校有重庆大学、重庆建筑工程学院、西南师范大学、西南政法大学、西南农业大学,还有3所军事院校。重庆的大专院校以工科为主,文理科比较薄弱。1991年底,在校学生4.68万人,毕业生1.39万人。全市有中等专业学校、技工学校166所,在校学生5.88万人。高中阶段各类职业技术学校102所,在校学生3.11万人。初中在校学生45.38万人,小学生在校学生113.07万人。小学学生入学率99.9%,小学毕业生升学率85.9%,小学生在校巩固率99.2%。1991年成人高等教育在校人数3.78万人,中等成人教育在校人数1.43万人,接受岗位培训职工51.16万人。参加系统性学习的农民43.52万人,参加短期实用技术培训的农民达192万人次。

（二）**文化**。1991年全市共有艺术表演团体25个,文化馆21个,公共图书馆20个,博物馆6个,出版各类图书1034种,17653万册。全市共有电影放映单位1341个,发行各种影片168部,放映电影23.14万场,观众达7839万人次。

（三）**旅游**。1991年国际旅游继续增长,全年接待外国人、华侨、港澳台同胞7.31万人,比上年增长16.8%,其中台湾同胞4.04万人。全年旅游外汇人民币收入11532万元,比上年增长45.9%。今年以来,由于开展'92中国友好观光年活动和三峡旅游热浪,国际旅游游客大幅度增加。

（四）**医疗**。1991年全市有医疗卫生机构2677个,床位数4.34万张,平均每千人拥有病床2.9张;全市有卫生技术人员5.5万人,其中医生2.57万人,平均每千人拥有卫生技术人员3.7人。

（五）**体育**。重庆有各种体育场地4000多个,但公共体育场馆只有21个,有专业体工队1个,业余体校160所。1991年重庆运动员在参加国际比赛中,获金牌2枚,银牌1枚。在参加全国单项比赛中,获金牌4枚,银牌6枚;在参加全国城运会的10个项目比赛中,有92名运动员取得决赛权,夺金牌3枚,银牌2枚。1991年全市新建体育场地23个,举办各种比赛194次。

（六）**人民生活**。1991年,全市职工平均收入2355元,当年每人平均生活费收入1740元,扣除物价因素后,实际增长4.8%。1991年农民人均纯收入731元,比上年增加43元,扣除物价因素后实际增长7.3%,农民人均现金收入748元,比上年增长13.4%。年末全市城乡居民储蓄余额88.18亿元,城、乡分别增长30.4%、33.1%。

（伍源德　胡际权　撰稿）

重庆市90年代发展设想

一、90年代的发展趋势和目标任务

1996—2005年的10年是跨世纪的10年。可以展望未来全国经济的发展趋势将是：其一，有计划商品经济新体制的初步建立将进一步解放生产力，全方位的对外开放将推进我国走向世界，全国的经济将会以更快的速度发展。其二，在推进沿海城市、地区开放和经济发展的同时，国家的战略重点逐步由东向西转移，西部地区全面开发提上重要的议事日程，西南和华南区域规划的实施将成为西部地区全面开发的重大战略步骤。其三，以上海浦东为"龙头"的长江流域的开放、开发，是实行我国"三沿战略"（沿海、沿江、沿边开放战略）的重要组成部分，长江流域的开放、开发以及长江产业带的形成，必将带动我国内陆腹地的经济起飞。其四，世界巨型工程三峡工程的建设将带动库区综合开发，以重庆为依托建立三峡经济特区，将成为中国内陆改革、开放、开发的试验区。

要把重庆建设成为贸易、工业、科技一体化的，第三产业繁荣，科技先进的开放型、多功能、现代化、国际化的中国内陆大都市，就必须开创经济发展的新格局：

第一，建成市场发达、服务设施配套、市场规划健全、功能完备的区域性第三产业中心和区域性市场体系新格局。

第二，形成经重庆国际航空港架设的空中走廊通向世界，经长江水道通往海外；经南向陆上通道连接北部湾，从而走向东南亚的对外开放新格局。

第三，建立起以高新技术产业为先导，重化工业为主体，第三产业发达的产业结构体系新格局。

第四，拓展沿江产业带，形成资源配置合理，优势突出，连接三峡库区和整个长江上游地区的生产力布局体系新格局。

二、90年代重庆经济的发展重点

"九五"和"十五"期间重庆经济的发展重点是：培育和发展高新技术产业，优先发展能源、交通、通信等基础产业，大力发展冶金、化工、建材和机械、电子等重化工业。建成服务全国的高新技术产业开发区，西南交通和通信枢纽，建成具有区际意义和全国意义的高新技术基地、交通运输设备生产基地、重大机电装备生产基地、综合化工生产基地、优质钢材和优质铝材生产基地、建筑材料生产基地、常规兵器和军工民品生产基地。重点发展的行业是：

（一）以光电子、微电子和机电一体化为重点的高新技术产业。发展方向是：逐步将电子技术渗透到传统工业中去，形成电子技术与传统技术相结合的"技术复合体"；培育和发展以微电子、光电子和机电一体产业为先导的高新技术产业。通过引进技术的消化、吸收和创新，开发数字微波通信设备、光通信设备、自动化通信系统设备、卫星通信设备等系列产品。利用现有四川仪表总厂、华渝电器总厂和兵器系统仪器仪表工业的基础和优势，以大型化、成套化、系列化、数字化、智能化为方向，发展智能式过程控制仪器仪表和自动化成套控制系统；加强机电一体化集成电路、声电器件、压电元件和光电器件的研究，并开发相关的高技术应用产品。

加快重庆高新技术产业开发区的建设和发展。扩大国外高技术的引入，吸引市内和毗邻地区科研单位和企业进入科学园和工业园，推动高技术产品开发，促进重庆高新技术产业的发展，使之为西南和华南地区的能源开发、交通建设、通信建设和重要原材料工业的发展，提供高技术及其成套化的微电子、光电子和机电一体化成套装置。

（二）能源工业。重庆是西南地区重要的能源生产和负荷中心，能源开发既要立足自身资源，又要依托毗邻地区的能源开发。

1.煤炭。重庆的煤炭开发,一是对现有松藻、永荣、南桐、中梁山、天府等五个重点煤矿进行改造扩建。二是继续进行地质勘探工作,扩大煤炭后备资源。三是从长远看,要开发利用毗邻重庆的贵州“三水”煤田(温水、习水、赤水),作为后备资源。

2.电 力。重庆是西南最大的电力负荷中心。电源的建设方面要开发市域内的水能和新建火电项目,电网方面将要规划建设50万伏输电干线和22万伏主网。拟建嘉陵江合川水利枢纽,装机50万千瓦;重庆珞璜电厂二期扩建工程1×60万千瓦机组;合川双槐树火电站一期120万千瓦机组。从长远看,规划从川西和三峡、乌江梯级电站等地向重庆送电。因此,长途输电干线建设必须及早进行,主要项目是:建设铜街子－自贡－重庆,乌江渡－重庆,三峡－重庆的50万伏输电干线。这三条输电干线建成后,与西南和华南区域大电网联结,组成以重庆－成都－昆明－贵阳四个负荷中心为结点的环形双回路50万伏输变电网络。

(三)**原材料工业**。1996年－2005年重庆原材料工业,要新建与扩建结合,在提高加工深度和质量方面下功夫,继续成为全国的重要原材料生产基地。

1.冶金工业。重庆钢铁公司和重庆特殊钢厂2000年形成普钢150万吨,特殊钢50万吨的生产能力。西南铝加工厂形成21万吨生产能力,新建10—20万吨电解铝厂,形成中国的铝材生产基地。

2.化学工业。在继续发挥现有的染料、涂料、医药、农药等精细化工和合成橡胶优势的同时,重点发展盐化工、磷化工和石油化工。规划的主要项目是:建设20万吨的制盐工程和10万吨氯碱工程;建设重庆炼油厂(一期250万吨)。

3.建材工业。改扩建重庆水泥厂,年产140万吨水泥,第一期工程70万吨;建设雷家山水泥厂,设计能力120万吨,为三峡工程定点供应大坝水泥,为库区内城市、工矿建设提供水泥。建设重庆平板玻璃厂500万重量箱。

(四)**机械加工工业**。机械工业是重庆的第一大产业,今后的发展方向是:

1.为三峡和西南、华南地区的能源开发、冶金、化工、建材等原材料工业的发展提供成套装备,替代进口。

2.以发展汽车、摩托车为重点,进行改造改组,使汽车、摩托车制造成为重庆的主导产业。规划改造和发展五十铃轻型系列车,组建轻型汽车集团,2000年达到10万辆的生产能力;发展长安微型车和奥托微型轿车,组建微型汽车集团,2000年达到15万辆的生产能力;进一步发展“红岩”和“铁马”重型汽车,2000年达到1万辆的生产能力;发展嘉陵牌和重庆牌两种摩托车,实现产品升级换代,2000年达到100万辆的生产能力。

(五)**交通通信**。重庆交通通信的发展,将同区域交通通信发展规划结合起来,抓好辖区内重要干线和对外出口通道的建设,以及联接区域大中城市的通信干线建设。

1.铁路。东通道,拟建设渝怀线(重庆至怀化),并为西南和四川新增一条向东的出口通道。川湘线全长460公里,投资概算60亿元,按一级干线设计,预留电气化,分期建设,争取2000年左右建成。结合襄渝线渝达段电气化,对重庆枢纽进行扩建改造。

2.公路。抓紧完成成都至重庆高等级公路,争取在1994年内建成通车。规划1994年开工重庆至长寿一级公路187公里,进而向涪陵、万县延伸至宜昌,形成三峡库区高等级公路干线。并与成渝高等级公路相接,构成横贯重庆境内东西的公路主骨架,这也是国家规划的中国东西方公路主骨架的组成部分。川黔路即国道210线重庆境内南段规划建设一级公路,“九五”期间开工,约140公里。

3.水运。建设以长江、嘉陵江为骨干的水运网。川江航道在三峡工程建成达到175米正常储水后,川江航道改善,万吨级船队可直航重庆港。进行綦江河梯级开发。港口建设将以朝天门码头为主体的客运中心,改造兰家沱码头、猫儿沱码头、九龙坡水陆联运码头,新建寸滩集装箱装卸码头、佛耳岩码头等六大货运骨干码头。

4.航空。为适应经济和社会发展的需要,要把重庆江北机场逐步建设成为西南国际空港。

5.通信。重庆将建成国内外畅通、灵敏、方便的通信网,成为区域性的通信枢纽。拟建设宁汉渝光缆通信工程汉渝段,西成渝光缆通信工程成渝段。新增市区程控电话,其中“八五”20万门,“九五”16万门。新增郊县微波网电话6万门;发展移动无线电话。新建第二长途电话楼。

(六)**商贸流通及市场体系**。以发展城市第三产业为重点,全面展开城市基础设施、大型商贸设施、批发市场以及其他公用设施的现代化建设;加快金融业、房地产业、信息咨询业、社会保险业等新型第三产业的发展;大力培育债券市场、技术市场、房地产市场,提高人流、物流、信息流、资金流的吞吐能力,建成区域性市场。

(伍源德　胡际权 撰稿)

典型地区和典型企业

重庆经济技术开发区

1983年,国务院决定在重庆进行城市经济体制综合改革试点时,重庆人就开始寻求重庆走向世界和参与国际经济循环的途径。1985年,重庆市人民政府决定建立重庆经济技术开发区,作为对外开放和吸引外资的重点地区。重庆经济技术开发区由长江南岸的南坪起步区15平方公里和嘉陵江北岸的金紫山片区20平方公里两部分组成。区内辟有高新技术工业园和专供台商投资的区域。截止1991年,市政府已在开发区内投入人民币15亿元进行开发建设,使区内的道路、供水、供电、供气、排水、排污、国际国内通讯、金融、保险、商检、仓储、医疗卫生、休闲游乐、生活服务等城市基础设施和服务设施基本配套完备,为投资者创造了一个理想的投资场所。

重庆经济技术开发区,背靠川、滇、黔、桂、藏五省区,与全国其他经济技术开发区相比,有丰富的自然资源、充足的能源,广阔的市场,雄厚的工业基础,强大的科技力量,素质良好的劳动力资源,众多的对外对台联系渠道。正是这些特殊优势,使开发区倍受海内外各界的注目。目前,开发区内的外商投资企业已发展到48家,投资总额达7318.7万美元,已初步显示出其发展潜力。

一、南坪片区

地处长江南岸的南坪片区,地形开阔,地势平缓,地质稳定,是1982年国务院批准的重庆市城市总体规划中确定的全市四个副中心之一,是重庆市的金融、贸易中心和电子工业生产、科研基地。目前,已形成了良好的投资环境。

(一) 交通。重庆经济技术开发区距重庆火车站3公里;距上桥铁路货场及九龙坡货运站(水陆联运码头)均为15公里;距朝天门码头6公里;距江北全天候机场28公里,有高等级公路与之连通,客商往来和物资集散都十分方便。

(二) 供电。开发区内建有南坪、金家岩、响水洞三个变电站,容量近40万千伏安,以及即将建设的丹桂变电站,完全可以满足开发区内的用电需要。

(三) 供水。黄桷渡水厂的日供水能力为10万吨,目前实际用水量6万吨,尚有很大富余,可为开发区提供充足的水源。目前供电管网已铺设到各功能区。

(四) 供气。开发区内除了现有日供气能力4万立方米的储配站提供气源外,正在规划建设第二气源,届时,开发区的供气将得到充分保障。

(五) 通迅。开发区内新增1万门程控电话交换机已开通,可承担国际国内直拨电话、电传、传真等通讯业务。

(六) 市政设施。目前,开发区内已建成道路25万平方米,南坪南北干道和川黔线17.3公里的二级公路已投入使用;南城大道改造及进入工业投资区腹地的道路延伸工程即将竣工。排水管线已铺设35660米,还将建设污水处理场。

(七) 商业和生活服务设施。在开发区内,第一贸易区,屹立着扬子江假日饭店、西南经济区协作大厦、工贸大厦、物资贸易中心、西南计算机大厦、重庆工商银行大厦等面积为19.4万平方米的高层建筑。大型游乐场——重庆青少年科普文化活动中心亦设在这一区域。目前,正在筹建面积达2.7万平方米的"重庆国际展览中心"。第二贸易区,区内建有1.2万平方米的南坪市场和1.4万平方米的南坪商业大楼以及风格独特、建筑面积达1.85万平方米的中心商场、商业步行街。已建成六个生活小区,共105万平方米,现正在开发建设第七生活小区,面积将达18万平方米。各生活小区学校、幼稚园及商业网点配套齐全。新建的第六人民医院各医疗科、室配置齐全,设备先进,现有病床300张。

(八) 土地。开发区备有通水、通电、通气、通路、通电讯、雨水污水分流并进行加工平整(即“七通一平”)的土地。投资者亦可直接投资从事开发经营成片土地,经营公用事业,建设通用工业厂房以及相配套的生产和生活服务设施等地面建筑物,并可从事转让或出租的经营活动。

(九)房产。开发区为客商备有现成的标准厂房可供出售、出租,亦可根据客商需要单独设计、建设非标准厂房,出售成套住宅、高级公寓、小别墅、写字间等。

二、金紫山片区

紧靠210国道的江北金紫山片区,系浅丘地形,地质结构稳定良好,承载能力强,是重庆城市发展北移战略的要地。该片区距市中心5公里,火车站6公里,朝天门码头10公里,江北机场18公里。有嘉陵江大桥、石门大桥分别与市中区、沙坪坝区连通。附近建有海关、民航、经贸等大厦和现代化的长途客运站。目前这个区域的电力、天然气、通讯、道路均已畅通,欢迎国内外客商包片或联合开发。

三、重庆经济技术开发区管理委员会

重庆经济技术开发区管理委员会在开发区范围内行使市级经济管理权,可审批1000万美元以下的生产性项目和500万美元以下的引进国外先进技术设备项目;实行特别简化的办事程序,投资者只需向管委会办公室一家提供可靠、完整的资料或委托重庆经济技术开发区投资服务公司,便能在30天左右办完设立企业的各种法定手续;高效、优质、热情地为客商服务;开发区内设立的外资企业都参照国际惯例管理。

四、重庆经济技术开发区投资服务公司

重庆经济技术开发区投资服务公司是专门为方便客商来开发区投资的咨询、服务机构,“高效、优质、热情”是公司的宗旨。目前该公司已聚集了一批出色的人才,一般项目在20天之内便可完成立项、可行性研究报告、合同、企业章程等文本资料的编制。并专为客商提供咨询、寻找合作伙伴,办理各种法定手续等服务。

五、重庆经济技术开发区招商局

重庆经济技术开发区招商局是开发区的对外联络、招商机场,以广交朋友、沟通情况、咨询服务为宗旨。为广泛地沟通开发区与海内外的联系,招商局在全国主要大城市及沿海经济特区设有办事处;聘请了一批在社会上有名望、经济上有实力的海外朋友作为代理人,专门为有意愿来重庆经济技术开发区投资的客商以及意欲了解重庆经济技术开发区的朋友,提供服务。

六、重庆经济技术开发区劳动管理中心

重庆经济技术开发区劳动管理中心主管开发区内的劳动力招聘、培训和劳动保险、劳动纠纷仲裁等专业。

七、重庆经济技术开发区建设开发总公司

重庆经济技术开发区建设开发总公司负责开发区内的基本建设和经营房地产业,还可根据客商的委托和要求,设计并修建非标准厂房、公寓、别墅等。该公司下属有园林绿化公司、装饰艺术工程公司、建筑材料公司。

八、重庆经济技术开发区工业公司

重庆经济技术开发区工业公司是开发区内的工业生产型公司。该公司实力雄厚,管理经验丰富,已与多家外商合作创办合资企业,是客商良好的合作伙伴。

九、重庆经济技术开发区商贸物资公司

重庆经济技术开发区商贸物资公司是开发区的贸易公司,该公司守合同、重信用,已在海内外同行中建立了良好的信誉。

重庆高新技术产业开发区

重庆高新技术产业开发区(以下简称开发区)是国务院批准的国家高新技术产业开发区,位于中国西南最大的经济中心城市——重庆市内的沙坪坝和南坪,总面积20平方公里。1991年9月,国家科委

和国家体改委又将重庆开发区列为全国五个综合改革试点开发区之一。

一、雄厚的技术力量

开发区内，有高等院校13所，国家级科研院所10个，省、市大中型企业150多家。区内有科技人员6万余名。

近年来，110多项高新技术成果均具有国内和国际先进水平，有3个国家重点实验室和23种557台(套)国家统管的大型精密仪器。

二、良好的投资环境

开发区有优越的地理条件。开发区距市中区仅3—10公里，沿长江和嘉陵江两岸布局，气候温和，雨量充足，水、陆、空交通方便，距朝天门航运码头3—8公里，距江北全天候国际机场20公里，成渝高速公路的起点也在开发区中心。开发区内水、电、气供应设施和社会福利设施完备。沙坪坝水厂(5万吨)和南坪水厂(10万吨)的主干道已经进入开发区，沙坪坝和南坪均设有天然气储气罐和加压站。新建的70万千瓦珞璜电厂线路直供南坪，并使沙坪坝的供电也得以保证。

重庆市电报、电话中心设在开发区内，安装了光纤通信，程控电话和载波机等先进的通讯设备，开发区内设有2万门程控电话。

开发区内商业服务发达，有扬子江假日饭店、西南经济协作大厦，沙坪大酒店、工业品贸易中心、计算机大厦、重庆工商银行大厦等，这些设施为从事高新技术开发的企业和人员提供了良好的服务环境。

三、建设发展规划

开发区的地域范围为20平方公里，由沙坪坝区(15平方公里)和南岸区(南坪5平方公里)两片组成，其中新建区为2平方公里。开发区重点建设“一街两园”：沙中路科技街、石桥铺高科技开发园和南坪高新技术工业园。

今后5—10年，开发区将重点发展微电子技术及信息技术、机电一体化、生物制品及生物生化制品，相应发展新材料、节能技术和环保装备等领域。同时还确定了87个重点开发产品。

四、高效、健全的管理和服务

目前开发区内已设有工商行政管理、税务、人才交流、金融、高技术创业中心服务机构，优质高效地办理进入开发区的一切手续。

五、开发区的优惠政策

开发区企业按照国际惯例经营管理，面向国内外市场，实行技工贸一体化经营，在税收、进出口等多方面享有优惠：

(一)在进出口货物关税方面，给予优惠。如企业为生产出口产品而进口的原材料、零部件免领进口许可证；用于高新技术开发，进口国内不能生产的仪器、设备，免征进口关税及产品税(增值税)或工商统一税等。

(二)开发区企业被认定之日起减按15%的税率征收所得税，新办企业免征所得税两年；若出口产品的产值达到当年总产值70%以上的年度，所得税减按10%征收等。

(三)开发区的“三资”高新技术企业在地方所得税、基本建设和土地使用权等方面有特殊优惠。允许外商在开发区内从事综合房地产开发。

重庆市市中区

市中区位于长江和嘉陵江的交汇处，三面环水，一面通陆，宛如半岛，形似拇指，全区面积14.5平方公里，人口密度约每平方公里5.4万人，是全市人口最密的地区。区内建筑物依山而建，鳞次栉比，高瓴连云，充分体现了山城的特色。

早在2000多年前，这里曾是巴国的国都，以后又做过历代封建王朝的州、郡、路、府治所，1929年建重庆市时即成为市政府所在地。抗日战争时期又成为国民政府迁驻地。解放后，中共中央西南局、西南军政委员会、西南军区机关均设于此，1953年各大行政区撤销后，一直是重庆市(党、政、军首脑机关所在地，拥有中共重庆市委、市人大、市政协、市政府及市级各部、委、办、局、大型公司、群团组织等近百个机构。可以说，市中区既是重庆市的母城和发源地，又是政治行政中心）。

市中区也是重庆市的金融中心，是全市资金运动最活跃、最频繁的地方。目前已形成了以人民银行为核心、以各专业银行为主体，以各种形式的金融组织为补充的多层次金融体系。随着沿海地区的“股票热”、“证券热”的冲击，各种证券交易所、股票市场首先在这里应运而生。而信托、保险业也开始走进人们的生活里。

市中区是重庆市的水陆客运交通枢纽，出入重庆的主要门户。位于朝天门的重庆港是长江上游最大的天然良港，这里是游览长江三峡的必经之地。区内的菜园坝火车站是成渝、川黔、襄渝铁路的中转站，改造后的重庆火车站将以一流的设备、优质的服务迎接南来北往的旅客。跨越嘉陵江和长江的两座大桥及两条架空载客索道使天堑变通途，把市中区与两江南北岸连成一片；设在上清寺的民航售票处可以买到通往国内外各地的机票，为人们旅游、出差提供了方便。区内的公共交通十分便捷，每天从这里发往各地的长途、短途客车在对外联系中起到重要作用。

市中区依托两江、水运便利，一向是西南地区的物产集散地和商业贸易中心。近几年，商业流通体制改革已初具成效，新近推出的商业经营“四放开”又注入了新的活力。目前已基本形成了多种经济形式、多种经营方式、多条流通渠道、少环节的流通格局。上万个商业网点分布在大街小巷。极大地方便了生产和生活。围绕解放碑的街区，是重庆最繁华的商业城，是重庆商业繁盛的缩影，这里有列入全国10大百货商店之一的重庆百货大楼，它拥有载人电梯、咖啡厅、自选商场、舞厅等现代化营业设施，经营的商品品种达2万多个，每天接待顾客10万人次。重庆百货大楼与周围的地下商场、华工公司、重庆市工业品贸易中心、重庆商业大厦群林市场等大中型企业构成了全市最大的百货市场。汇集于此的重庆饭店、重庆宾馆、合化楼、小滨楼、小洞天、冠生园名师众多、设施先进、服务一流，是重庆市实力最强的饮食服务业基地，以“好吃街”著名的八一路上有王鸭子、担担面、云南米线、山西刀削面、川北凉粉、过桥抄手等名特小吃，可大饱口福。而突出山城特色的火锅店则比比皆是，闻名全国。

市中区是重庆市2个没有农业的区级单位之一。区内工业以轻工业为主，机械、电子、印刷、服装、食品、塑料等工业在全市占有一定地位。

市中区也是人们娱乐、健身、休憩的良好去处。区内文化事业发达，有重庆人民广播电台、重庆经济台、重庆日报社、市图书馆、劳动人民文化宫、市博物馆、市川剧院、山城电影院、舞厅等多种文化设施，对丰富人们生活，建设精神文明起到积极的作用。区内的重庆体育场、市体育馆、区体育馆等体育场地为开展各种层次各种类型的体育比赛和群众性体育活动创造了良好的条件。金碧辉煌，雄伟壮观的重庆人民大礼堂是重庆独具特色的建筑，许多大型会议、演出都在这里举行。市少年宫是全市少年儿童非常向往的地方，是进行校外教育的重要场所。始建于北宋因五百阿罗汉塑像的罗汉寺而著名的佛教寺庙，吸引了众多的善男信女前来烧香拜佛。吃素养斋。以区文化为主要特色的佛图关公园别具风格。而引人入胜的是每当夜幕降临时，登上鹅岭公园或枇杷山公园俯瞰全区，只见山色朦朦江水盈盈，灯火耀如玉树琼花，真有天上人间，交相融通的感觉。

优越的地理位置，便利的内外交通，发达的金融、商贸业形成了本区经济发展的独特优势。为了进一步发挥中心城市中心区的核心作用和城市的整体功能，今后市中区将以发展高度繁荣的第三产业为目标，建设和完善学田湾市场、朝天门综合贸易市场、夫子池大商场、新华路商场、跃华大厦、菜园坝综合交易市场等。一批重大的商业设施把解放碑一带开辟为商业步行街区形成商贸中心，并且仍将是全市的金融中心、行政中心和交通枢纽。并结合旧城改造和功能调整，外迁朝天门一带的大型商业仓库改建为商品物资交易所，相应配套建设商业、服务业大厦，以增添下半城的吸引力，同时合理安排好解放碑地区的商业网点，扩大商品的吸引和辐射范围。

扩大流通、交通要先行。在本区现有交通设施的基础上，要新辟朝天门——沙坪坝的地下轻轨铁路，筹建菜园坝快速自动扶梯和“咽喉”地段的人行天桥，整治沿江沿岸，完善滨江公路；兴辟泊位，扩大重庆港的客货吞吐量，力争在本世纪末把市中区建设成为一个开放型、多层次、多种类、多功能的中心市场，成为重庆及西南地区经济发展的综合服务基地。

（胡继红　撰稿）

重庆市江北区

江北区位于重庆市中部，宛如一条缀满宝珠的玉带铺在嘉陵江、长江的北岸，幅员面积86.85平方公里，东与南岸区、南与市中区、西与江北县接壤。大部分地区海拔高度为250米左右，地形以浅丘为主。全区辖9街、1镇、3乡，常住人口34.39万人，其中农业人口4.85万人。

建国40多年，特别是党的十一届三中全会以来，全区人民在党的领导下，始终坚持党的“一个中心，两个基本点”的基本路线，励精图治、发奋图强，使江北区各方面都发生了巨大的变化。1980年至1991年的11年间，经济发展取得了可喜的成绩：

——工业生产持续增长，经济效益明显提高。工业总产值增长11.13倍，年均增长25.46%；利润总额增长15.77倍，年均增长29.22%。

——农村经济蓬勃发展，乡镇企业异军突起。全区乡镇企业现有1760多个，乡镇企业总产值增长19.07倍，年均增长31.35%；利润总额增长5.33倍，年均增长18.27%。

——城乡市场繁荣活跃，财政收入稳步上升。社会商品零售总额增长3.34倍，年均增长14.29%；集市贸易成交额增长20.54倍，年均增长32.20%；财政收入增长5.15倍，年均增长17.96%。

江北区历史悠久，文化灿烂，物华天宝，人杰地灵，特别是通过近几年来的努力。一个较理想的投资环境已经开始形成，主要表现在.

1.交通方便。交通运输，四通八达，有客运码头9个，绞车道40多条，公路干线总长80多公里，国道、区道、厂道、乡村公路等主次干线联结成网，汉渝公路219线、210线国道横贯区内，嘉陵江大桥、石门大桥、空中索道使本区与市中区、沙坪坝区联结成片，从观音桥闹市区乘车，只要15分钟可达重庆港轮船码头，10分钟可达火车站，20分钟可达江北国际机场。

2.完善的配套设施。邮电通讯十分发达，拥有程控电话、无线电话、全国直拨、国际直拨电话。设在区内的市外贸、商检、海关、民航、信息中心、劳动培训中心、新闻和金融机构等，为对外开放提供了便利条件。江北商场、渝北商业大厦、建新市场是本区市场群体的主干，观音桥农贸市场云集四方商贾，遍布全区的各类宾馆，饭店可为客商提供良好的服务。

3.充足的能源供应。随着重庆市能源建设步伐的加快，市珞璜电厂和江北燃气电厂等的陆续发电，电力供应有了充分保障。全区天然气各支管已基本铺设完成，天然气管线配量富足有余，城市居民气化率已达到82%以上。

4.齐全的工业门类。全区拥有各类型的工业企业330多个，其中大中型企业20多个，有冶金、机械、造船、汽车、化工、兵工、纺织、皮革、造纸、搪瓷、服装、日用品等26个工业门类，是全市工业门类齐全、技术力量雄厚、设备比较先进、配套能力较强的老工业区之一。这里是奥拓轿车和长安微型汽车的诞生地。

5.宝贵的发展机调，三峡工程的兴建、重庆市城市建设重心北移东下以及外资经济技术开发区的实施，已成为江北区千载难逢的发展机遇。江北区已列入重庆市母城区的一部分，成为城市重点建设区和市政府把金紫山地区规划为全市的经济开发区。按照规划，上段地区规划用地20平方公里，人口达15万人，将主要发展机械、轻工业和大专院校、科研机构，年储水量30万吨的梁沱水厂将建于该地区。中部地区规划用地25平方公里，人口达33万人，将大力发展无污染无噪音的电子、仪表等加工工业。下段地区为船舶修造和化工、医药生产基地，综合性的集装箱港口将建于该地区。

（肖通俊 撰稿）

永　川　市

当改革开放的东风劲吹神州大地的时候，在四川省东南部，长江上游北岸这片神奇而富有魅力的土地上，崛起了一座物丰境美的新兴城市，这就是素有天府之国“三江粮仓”之称的永川市。

永川，古为梁州属地，唐大历11年（公元776年）置县。因县治有三河汇流，形如篆文“永”而得县名。解放后，县城永昌镇较长时期为原江津专员公署、永川地区行政公署驻地。1992年3月经国务院批准撤县建市，定名为永川市。

在永川市1575平方公里的土地上，生活着100万勤劳智慧、勇于开拓、善于创新的人民。建国40多年来，永川人民辛勤耕耘在这片既古老又年轻的热土上，使之发生了翻天覆地的巨变。党的十一届三中全会以后，乘着改革开放的东风，永川人冲破盆地意识，发扬艰苦奋斗的精神，以经济建设为中心，工农业生产和各项社会事业迅速发展。

永川地理位置优越，交通、邮电、通讯事业发达。永川市地处重庆、泸州、内江、南充四市的“夹心地带”。成渝公路（包括在建的成渝高等级公路）、成渝铁路从西至东经城区横贯全境，各次客货列车在本市均有停点。长江从市境南端流过。流长达21.5公里。境内交通畅达，公路、铁路、水运航线交织成网，永川邮电通讯发达并日趋现代化，目前，城区全部使用自动程控电话，部分单位和企业用上了国内直拨电话、图文传真、用户电报等现代化通讯工具。1991年10月动工兴建的1万门数字程控交换机工程，将于1993年峻工，开通后可直通全国各地及20多个国家和地区。

永川物华天宝，土地丰饶，矿藏丰富。已探明煤储量1.9亿吨、铁储量3000多万吨、天然气5.2亿立方米，石英砂、石灰石、重晶石、粘土矿、钾盐、方解石、石膏、白云石等矿藏储量丰富。年产原煤200万吨左右，是全国采煤较多的地区之一；境内有80多口天然气井输送泸州和成渝等地，是全国天然气储量最丰富和开采量较大的地区之一。

农业生产稳步发展。永川市坚持科技兴农，积极调整农村产业结构，农业内部比例关系协调发展，农业综合开发的深度和广度均有新的突破。农业已成为全国、全省商品粮、瘦肉型商品猪、稻田养鱼、楠竹、柑桔、茶叶、蚕丝基地县。近年来，全市在开发利用冬水田发展再生稻、半旱式栽培和稻田养鱼方面成效显著，成为重庆农业“三绝”的“绝中绝”。再生稻分别荣获四川省及重庆市“丰产奖”一等奖，“丰收奖”一等奖。近年来，各级领导及有关专家、学者先后来永川考察再生稻，他们说：我们在永川看到了发展再生稻的希望。

稻田养鱼在永川县已有多年历史。近年来永川人积极探索、推广的“规范化稻田养鱼技术”，在重庆地区独具特色，有关领导、专家在该项目的验收鉴定意见中称：“该项目实行的工程技术与生物技术并重，把稻田工程技术、生物技术、管理技术有机融为一体的技术路线，在国内尚处领先地位，为稻田渔业特别是丘陵地区稻田渔业创出了新路”。通过做好农业“三绝”这篇粮增产、钱增收的大文章，促进了冬水田的开发利用，提高了复种指数和稻田产出率，使过去的冬水田一年一熟变为一年多熟。目前，永川全市常年推广再生稻35万亩左右，推广半旱式栽培34万亩左右，推广稻田养鱼25万亩，三项合计，每年新增粮食4000万公斤，新增成鱼250万公斤，新增产值820万元以上。

随着改革开放的深入，全市工业生产已形成以食品、煤炭、化工、丝绸、建材、机械为支柱产业的门类齐全的工业体系，正向企业集团化方向发展。主要产品有棉布、蚕丝、丝织品、糖、酒、原煤、生铁、电石、水泥、合成氨、氮肥、锻压设备、胱胺酸等。1985年以来，先后有27个产品获部、省、重庆市优质产品称号。全市现有各类工业企业5602家，其中，乡镇企业5362家、中外合资企业4家。

10多年改革开放，永川从抓食品原料基地建设入手，走加工增值富县的道路，到目前为止，全市食品工业发展到2534个，拥有酿酒、调味品、茶叶等10多个门类的300多个品种，1990年食品工业产值达到17012万元，年创税利1257万元。

永川的商业、对外贸易、金融业务繁荣活跃。全市有集市贸易市场61个，城区建有大型综合贸易市场11个，大型宾馆、餐厅12个。集市贸易年成交额达14511万元。改革开放，为永川产品跻身国际市场创造了良好的契机，在对外贸易中，除发展传统产品外，大力开发名、优、特、新产品。目前，全市创汇企业发展到30多家，出口产品的品种增至50多个。胱胺酸、生丝、绢丝、羽毛、羽绒制品、茶叶、柑桔、服装等远销美、英、法、意、日等30多个国家和地区。

科技力量雄厚、科教文卫成绩显著。全市境内有中央、省、重庆市属科研单位11个，各类学校1150所，其中大专院校3所、中等学校94所。文化体育设施良好，城内有文化娱乐场所、影剧院、灯光球场、足球田径场等30余处。新闻载体建设长足发展，办有市委机关报《永川报》。建立了永川人民广播电台、永川有线电视台。卫生保健事业发达。

市政建设日新月异。解放初期的永川县城面积仅有0.92平方公里。建国以来，特别是党的十一届三中全会以后，永川城区发生了巨大的变化。“七五”期间，城市面积扩展到8.03平方公里，“九五”期间，城区面积将扩大到24平方公里。街道整洁宽敞，环境幽雅清新，连续5年摘取重庆市“山城市容杯”桂冠。曾先后赢得省、重庆市“城市绿化先进县”荣誉称号。

昔日，勤劳坚毅的永川人民用智慧和汗水谱写了自己辉煌的历史。今朝，开拓创新的永川人民更有能力和信心描绘新纪元。市委、市政府坚定不移地贯彻党的基本路线；紧紧围绕经济建设这个中心，决心在“强化农业的基础地位和城市基础设施配套建设；重点突破乡镇企业；滚动开发化工工业和支农工业等12个系列产品，开发全方位、多功能的市场体系，开发四个工业区和三个经济区，富民升位”的战略构想下，大胆开放，加快经济和各项社会事业建设步伐，早日把永川建成经济繁荣、人民富裕、文明进步的现代化城市。

（李大全　蔡开森　撰稿）

巴　县

巴县位于四川东南部，幅员面积2551平方公里，辖10个区、2个区级镇、74个乡、10个乡级镇，总人口125万。是重庆市属的经济比较发达的近郊大县。

巴县曾三易其名：刘宋以前叫江州；齐、梁、西魏改为垫江；北周至今改名巴县，是古代巴族立国之地。从公元前11世纪初至公元1938年，巴县治所置于重庆，抗日战争爆发，国民政府迁都重庆后迁出重庆城区，几经变化，于1954年迁驻鱼洞镇至今。

巴县地理环境优越，水陆交通方便。东南西三面环绕重庆城区，县城鱼洞镇至重庆市中区21公里，至重庆火车站22公里，至重庆港23公里，至重庆江北机场45公里。长江流经县境80余公里，有客货码头9个；成渝、襄渝、川黔铁路横贯县境，有客货站8个；川黔、成渝公路分穿南北，与县内公路纵横交织成网，有66%的村通公路。

巴县资源丰富，名优产品甚多。已探明铁矿储量5300万吨，原煤储量2100万吨，石灰岩、耐火粘土、天然气等藏量丰富；水域面积35万亩，地表水径流量10余亿立方米，地下水径流年补给量1亿多立方米。白市驿板鸭闻名中外，木洞蜜枣、木洞桔饼全国评比名列前茅，还有闻名遐迩的巴山银芽茶、五布红橙、樵坪“贡米”等土特产品。

巴县山青水秀，英才辈出。有奇峰入云、古木参天的圣灯山；有风景秀丽、泉水宜人的东温泉；有待开发的青木溶洞和丰盛——羊鹿喀斯特地形风景区。著书“革命军”、“甘当马前卒“的邹容，毕生追随孙中山的杨沧白、何敬平，新中国第一位驻外女大使丁雪松，都出生于巴县。

巴县坚持改革开放，经济发展初具规模。改革开放以来，巴县作为四川省和重庆市的综合改革试点县，把改革放在各项工作的首位，坚持改革与发展相结合，始终把经济建设的难点作为改革的重点，城乡兼顾、综合配套，在进行农村第一步改革，深化农村第二步改革、企业改革、流通体制改革、财政金融体制改革以及扩大社会保障范围等方面取得了较为显著的成效。同时，正确制定和组织实施了“服务城市、繁荣农村”的经济发展方针和“以农业为基础，城镇工业和乡镇企业为主体，科技为先导，教育、交通为重点，促进城乡经济持续、稳定、协调发展”的经济发展战略，使全县经济得到飞速发展。1991年，全县社会总产值达40.8亿元，比1978年增长4.1倍；国民生产总值达18.3亿元，比1978年增长3.6倍；国民收入达16.1亿元，比1978年增长4.2倍；工农业总产值(不含市属以上企业工业产值)达27.1亿元，比1978年增长2.9倍，其中工业总产值达13.7亿元、农业总产值达13.4亿元，分别比1978年增长7.4倍和1.5倍；粮食总产量达74.4万吨，比1978年增长2.5倍；多种经营总产值达9.2亿元，比1978年增长2.8倍；乡镇企业总产值达18.9亿元，比1978年增长56.6倍；财政总收入达1.79亿元，比1978年增长4.4倍。工业已初步形成以食品、机械、纺织、化工、建材、冶金六大行业为支柱的、门类比较齐全的体系；农业已建成商品粮、瘦肉型猪、速生丰产林、柑桔、桑蚕茧、茶叶等全国及省的商品生产基地，正在建设精养鱼基地。巴县的社会总产值、国民生产总值、国民收入、工农业总产值、乡镇企业总产值、粮食总产量、生猪出栏数、财政总收入、农民人均纯收入等十多项重要经济指标在四川省25个百万人以上的大县中名列前茅。1989年猪肉产量居全国第一。

巴县重视市政建设和投资环境的改善。经过多年努力，县城鱼洞镇旧貌换新颜，先后建起了具有一定规模的、设施较为完备的电影院、剧场、文化馆、图书馆、有线电视台、广播电台、巴县中学、县人民医院、县中医院、体育馆、老年活动中心、少年宫、江滨公园、云篆山宾馆、集贸市场和百货、五交化、供销、糖酒、土产等综合商场，居民生活普遍改烧天然气，万门程控电话开通并已进入重庆市话网络，正在着手进行足球场、标准游泳池、县城公园和云篆山公园的建设。长期以来，巴县不断加强旧城改造和新区规划建设，狠抓绿化美化、市容市貌和环境卫生，已被四川省政府命名为全省第一个卫生县城。为了加快对外开放步伐，加速经济发展，巴县县委、县政府制定了“关于对外引进资金、项目实行奖励的暂行规定”、“鼓励台港澳同胞海外侨胞和外商来县投资的规定”、“县外单位来我县进行经济联合与协作的规定”等一系列优惠政策，同时，决定在鱼洞、白市驿、西彭三镇建立经济开发区，进一步加强市政公用基础设施建设，改善投资环境，简化工作程序，提高办事效率。巴县愿以最大限度的优惠政策，引进技术、资金和项目，热忱欢迎海内外朋友来巴县洽谈业务，开发资源，兴办企业，共谋发展。

（吴青丰　徐强　撰稿）

江　北　县

一、概　况

长江北岸，重庆近郊，华莹山下，银鹰落处，有一片幅员1944.23平方公里的土地：这就是素有重庆北大门之称的江北县。国道210、319线在此交汇，重庆机场，紧傍城东——天上地下，南来北往，十分方便。全县辖16个区(镇)，74个乡(镇)，人口103万，其中非农业人口10余万。

（一）纵观境内地形。由条状山与宽幅丘陵交互组成平行岭谷景观。山地占幅员面积的1/3，丘陵占2/3。长江、嘉陵江环绕南部边境滚滚东流，流经县境长度分别为41公里与34公里。

（二）自然资源丰富。矿藏品种多，储量大，其中煤炭2000万吨以上，硫铁矿300万吨以上，石膏矿10亿吨之多，天然气约50亿立方米，此外还有大量的页岩、条石、石灰石可供开发利用。境内还有古遗址、古建筑、古墓葬、古树、石刻、洞穴以及革命遗址、纪念性建筑物、风景区350多处。有名的统景风景区，集山、水、林、泉、洞于一体，史称“武陵仙境”。新近发现的恐龙化石，据有关专家鉴定，比“自贡恐龙”早2000多万年。

二、社会和经济发展

10年改革使江北县的各项经济指标实现翻番，1991年全县社会总产值达22.2亿元，国民生产总值9.31亿元，国民收入8.26亿元，工业总产值7.09亿元，社会商品零售总额4.12亿元，出口创汇165.9万美元，粮食总产量达46.89万吨，乡镇企业总产值9.42亿元，总收入8.1亿元，财政收入7410.3万元。这些都充分展示了其较强的经济实力。

（一）农业在实行联产承包责任制后出现了新的面貌。粮食生产突破徘徊局面，由改革前的30万吨左右增长到46多万吨。生猪、柑桔、蚕桑、蔬菜、榨菜、水果、水产、丰产林、花卉等已形成商品基地，颇具规模。全县现有农业机械总动力达12.73万千瓦，其中农用排灌动力机械3.07万千瓦；农村用电量2396万千瓦小时；水利设施已拥有库、塘、堰6500多处，蓄、引、提水能力达9000万立方米。1.7万个乡镇企业星罗棋布，十万大军意气风发，1991年实现利润 3511 万元。

(二)县属工业已形成了煤炭、机械、化工、轻工、建材、冶金、食品等为主的 30 多个行业在内的工业体系。1991 年完成工业产值 7.1 亿元(含村及村以下),其中乡及乡以上企业 570 多个,完成工业产值 4.54 亿元。水泥、活塞、火柴、化肥、生丝、电石、白酒等 26 种主要产品产量持续增长,行情看好。渝北大曲酒、静观醋、梅溪榨菜获得商业部优质产品奖,远近驰名,谓为食品工业的"三朵金花"。五十铃汽车活塞得到用户和国内专家一致好评,声誉斐然。

重庆长江活塞厂五十铃移地技改工程,已经市计委批准立项并列入重庆市 1992 年重点项目。目前,全县经重庆市批准立项的"三资企业"近 10 家。此外,重庆江北化肥厂 4 万吨/年尿素工程、红旗煤矿坑口电厂、重庆长江活塞厂第 5 条活塞线建成投产,初展雄姿。

(三)交通运输业迅速发展。公路已发展到 800 多公里,乡乡通公路。1991 年完成客运量 482 万人,货运量 39 万吨。目前县境内的江岸线上有大小码头 9 个,货场 9 个,可同时进出 110 条轮船,吞吐量 1000 万吨货物。1991 年完成邮电业务总量 433.2 万元,新增电话机 1500 部,县城两路镇已并入重庆市话网,万门程控电话正在加紧筹建。

明显的区位优势;投资环境的改善、开发引进吸引的增强;重庆"北移东下"发展战略的确定;"三峡工程"的即将上马;江北国际机场的改造;以及江北县资源的得天独厚,等等,构成了江北经济迎来更大发展的强大优势。

三、未来设想

(一)江北县未来时期的发展方针。将以市场为导向,科技开路,开发引进,协调发展,服务城市,富裕农村,依托重庆,建设江北。经县人大批准"八五"计划及十年规划的目标是:国民生产总值 1995 年达到 12.5 亿元,2000 年达到 17.5 亿元,10 年平均增长 7.1%;工农业总产值 1995 年达到 20 亿元,2000 年达到 30 亿元,十年平均增长 9%。

(二)近期努力的方向。(1)大力促进农业和农村经济的稳定发展,"决不放松粮食生产,积极发展多种经营,大力发展乡镇企业"。(2)开发开放范围由原来的龙溪镇延伸到"一线"、"两翼"。即国道 210 红双段沿线,县境东、西两翼,包括 10 多个区(镇)、乡(镇)。(3)大力组织房地产和旅游业开发,把县城建成花园城、旅游城、商贸城。(4)切实搞好"资金、技术、项目和人才"引进,大力创办"三资"企业。最近县委、县府出台了一系列优惠政策,新辟人和、两路等地的 2000 多亩土地为乡镇企业开发区。提出不论单位和个人,凡从县外引进各类生产项目,投产后可按实际投资额的 2－5‰或按该项目正式投产第一年利税总额 1－2%一次性给予酬金等优惠政策。

大好时光,大好机遇。面对激烈的竞争,百万江北人民只争朝夕,抓住时机,捷足先登!

(陈模德　龙　图　撰稿)

江　津　县

一、基本情况

在地处长江的要津,有一个美丽富饶的城市,这就是驰名中外的"柑桔之乡"——江津县。江津县幅员面积 3200 平方公里,总人口 144.41 万人。四周高山环抱,境内丘陵起伏,自古物产丰富,人杰地灵,素有蜀中巨邑之称。

江津建县已有 1500 多年历史。古为巴国地。公元 598 年,改江阳县为"江津县"。1983 年,永川地区与重庆市合并,江津县归重庆市辖。

二、自然资源

(一)水资源丰富。境内长江横贯东西 127 公里,占长江流域重庆段的 52.7%,大小溪河 37 条由北向南注入长江,其中流域面积在 100 平方公里以上的河流达 12 条,构成了纵横交错的网络水系。地表径流深度为 471 毫米,年地表径流量 15.025 亿立方米。由于境内河流处于山区向丘陵槽谷的过渡地带,水源位置高,水能资源十分丰富。含长江在内全县可供开发利用的水能资源量达 200 多万千瓦,目前仅开发了 2.6 万千瓦,潜力很大。

(二)全县生物资源和矿产资源也比较丰富。初步查明，各类植物1500余种，动物200多种，仅四面山就已发现野生动物207种，属国家级保护动物23种。矿产资源主要有7类18个品种。特别是建材原料尤为丰富，是重庆主要建材原料基地。具有较大经济价值的主要有天然气、石灰石、石膏、岩盐、石英砂、矿泉水、砂金等。

(三）旅游资源。江津丘陵起伏，紧靠长江，自然风光很秀丽。全县有名胜古迹52处。以四面山、骆崃山、黑石山、万里长江边上第一大佛、天下第一长联、聂帅旧居、陈独秀墓址最为著名。省级风景名胜区（正在申报国家级）四面山，是地球同一纬度保存最完好的亚热带常绿阔叶林区，自然风景很美丽。她以浩瀚的林海、壮美的瀑布，集幽、秀、雄、奇、险为一体，被誉为"蜀东一绝的绿色明珠"。

三、经济社会发展情况

经过40多年的建设，特别是10年改革，江津发生了巨大变化。形成了以农业为基础、工业为主体、市场为导向、横向联系互补的经济框架。1991年，全县国民生产总值达16.72亿元，国民收入14.78亿元，工农业总产值21.7亿元。

(一）农业。江津是农业的最佳适宜区之一，有农作物140多种。全县耕地面积112.5万亩，林地113万亩。粮食产量已达68.19万吨，跨入全国一百个产粮大县行列，是全国商品粮基地县；出槽肥猪119.18万头，居全国第三位，是全国瘦肉型猪基地；柑桔社会产量已突破1亿斤，是全国长江柑桔带十个重点县之一；乡镇企业总产值已达9.65亿元，有3个区产值突破1亿元。1991年农村社会总产值20.38亿元，农业总产值13.53亿元。

(二）工业。江津工业发展较快，正逐步以农业为主体向工业为主体县转变。初步形成了食品、建材、机械、化工、纺织、电力、皮革等14个行业的工业体系，其中食品、轻纺、建材、化工已具相当规模，成为地方工业的支柱。全县拥有固定资产原值4.78亿元，有县属以上工业企业180多个。已有玫瑰牌米花糖、江酒牌白酒、浪花牌油毡、天府花生、菲莹牌卫生巾等25个部、省、市名优产品；竹帘席、气动元件、烟用叶肥在国家"七五"星火博览会上分别获金、银奖；油毡、皮革制品、丝绸、茶叶、花生等10多个产品远销国外。1991年县属工业总产值81695万元。"七五"期间，境内市属以上企业投入基建、技改资金近24亿元。

(三）交通通信。江津交通地理位置优越，历来是川黔毗邻各县的物资集散地和长江上游的交通要冲，江河通航275公里，上接泸、宜，下通渝、沪，境内有五个国家级内河深水港；川黔、成渝铁路纵横境内135公里，公路通车里程875公里，长途汽车站8个，年货运周转量1.15亿吨公里，客运量800多万人次。电话容量已达6300余门，其中自动电话2400余门，可通全国700多个城市和地区；万门程控数字通信本地网正抓紧建设，1993年可完成，届时，江津的通信事业将有根本改变。

(四）文教体育。江津文化历史悠久。在历史上是川东传统的文化教育中心，曾经哺育了不少名人志士。现有各级各类学校1189所，教师1万多名，在校生20余万人。有科技人员2.13万人。县办电视台是全省第一家，全县电视覆盖率85%以上。有影剧院17座，县图书馆藏书25万余册。有各类协会、学会、研究会39个，科研所2个。有体育场5个，可接待省级比赛。

四、发展战略设想

江津作为长江上游重庆段的大县，在未来的发展中，要抓住长江流域经济的开放开发，特别是国家上三峡工程的大好时机，加快发展步伐，为"长江一线"经济发展作出贡献。

(一）发展的方针是：立足资源优势，加快开放开发，强化区域协作，依靠科技进步，优化经济结构，提高经济效益。

(二）经济发展的布局是：一线一区一结合"。即长江沿岸线，以工业和粮食生产为主体，为全县经济、科技、社会事业的中心地带；南部四面山区，以水能开发和旅游配套开发为主体；结合北部浅丘中间区域带，以粮食、多种经营为主，大力发展乡镇企业。

(三)重点行业的发展是：

1.食品工业。以优质农产品加工为主，重点发展名优特新产品。扩大米花糖生产能力，开发多品种高档酒、优质矿泉水，搞好柑桔和肉类产品的深度加工。

2.轻纺工业。扩大茧丝绸生产能力，建设年产1500吨丙纶高强丝项目和年产80万张出口革生产线项目，开发汽车篷布和装饰用布等。

建材工业。要为三峡库区建设做好配套服务，利用资源优势，发展高标号硅酸盐水泥，扩建日产1000吨窑外分解线，开发新型建材材料，新建年产500万重量箱平板玻璃生产线，开发年产3000吨铝型材料系列产品和年产5000立方米预制构件系列产品。

3.化学工业。完善年产4万吨尿素，3万吨合成氨项目和配套工程，开发年产5万吨复合肥生产线，新建年产2000吨草纤维植物薄膜生产线，建设年产工业盐30万吨及盐化工系列产品，开发兽用针剂药品、桉油醇等。

4.机械工业。重点发展为重庆汽车、摩托车产业配套的高质量、高标准零部件，开发玻璃升降器、气动元件和粉末冶金结构件等。

5.交通通信。交通重点为沟通成渝高速公路与川黔公路的连接线，建设江津长江公路大桥；抓好渝东公路改造，增强对黔北地区的联系；改造沿江几江、白沙、朱扬等客货码头，提高运输能力。通信主要是完善程控数字通信网，进入重庆本地大网。

6.能源。主要利用丰富的水能资源，发展以水电为主的能源工业，重点抓好头道河水系和綦河水系的梯级开发。为了减少三峡库区尾站的环境污染和泥沙淤积，争取建设装机190万千瓦的朱扬水电站。

7.旅游。重点搞好旅游产品的开发和旅游基础设施建设，加强四面山风景区的景点、景观建设，开辟空中旅游航道。

（何建平 彭远华 撰稿）

合　川　县

一、基本情况

合川县位于四川盆地东部，地处经济较发达的重庆与资源比较丰富的川北地区的结合部，是重庆资金技术集约发展的延伸带。总人口149万多人，幅员面积2339平方公里，其中，耕地122万亩，劳动力资源丰富，市场潜力大。地形以浅丘为主，土质肥沃，气候温和，无霜期长，雨量充沛，宜于农作物、林木生长，盛产水稻。森林以马尾松为主，面积78万平方公里。有黑故子、黄枝子、枳壳、使君子等“天府独产”药材。矿产资源煤、锶、盐较丰富，煤储量为2亿吨，已探明锶矿储量为100万吨，为目前全国最大矿藏之一，岩盐是川中盐盆的一部分，总储量320亿吨，还有铁、硫、石灰石、方解石、重晶石、石油、天然气等多种矿藏。水陆交通条件较好，嘉、涪、渠及支流在境内2000多公里，地处三江沿岸的乡（镇）40多个，水能储量76万千瓦，有过境襄渝铁路36公里，纵贯南北的成渝公路等交通干线和大小公路700多公里，沟通了城乡及重庆、武胜、南充、铜梁、潼南、永川、岳池、遂宁等市县。

（一）**农业**。合川地域开发较早，古为巴国别都，因此农村经济较发达，改革开放以来，出现了农副工协调发展的新局面。1991年农业总产值达到11.3亿元；粮、猪、茧、柑桔产量分别为79.25万吨、116.8万头、6878吨和1.9万吨，居省市前列，猪肉产量列全国之冠，“大红袍”红桔在国际上久负盛名。经过10多年发展，合川已初步建成粮、渔、蚕桑、瘦肉型猪、奶牛、白山羊、速生丰产林和长江柑桔带等优质农产品商品基地。乡镇企业发展迅速，1991年已发展到2.75万个，吸纳劳力11万多人，实现总产值13亿元。在乡镇企业中一半是工业，已形成建材、食品、机电、轻纺、缝纫、煤炭等主导行业和一批以骨干企业、重点产品为龙头或综合性开发经营型的集团企业。许多产品倍受外商亲睐，1991年出口交货额达5800万元，占全县50%以上。

（二）**工业**。经过80年代的迅速发展，合川农业县的面貌逐步改变，工业已上升到与农业平等的地位。1991年全县有工业企业8307个，职工4.7万人，固定资产6亿多元，实现总产值11.2亿元，基本形成食品、建材、轻纺、化工、机械、能源等主导产业和“拳头”产品。工业结构逐步趋于合理，产品质量稳定提高。梅花牌白厂丝、三花牌软缎被面、四川路山羊板皮、合川桃片、梅林牌小竹笋罐头、红碎茶和乌龙茶、嘉陵牌碳酸锶，合川峡砚、嘉陵牌农用运输车等独具特色，享誉中外。

（三）**商业**。三江环抱的合川，物产丰富，历史上一直是商旅云集之地。经过改革开放，逐步形成了多种经营形式、多种渠道并存和计划与市场相结合的对外开放的流通体制格局，商业网点和城乡市场建设得到加强，商品交易繁荣兴旺。社会商品零售总额已突破7亿大关，集市贸易成交额突破3亿元。

（四）**外经外贸**。随着对外开放的扩大，出口贸易迅速发展，出口产品主要有生丝、罐头、山羊板皮、茶叶、红桔、肠衣、猪鬃等，外贸收购总值已超过1亿元，边境贸易有所发展。利用外资、引进国外先进技术设备和兴办合资企业有了良好的开端。

（五）基础设施。在发展中，重点建设取得了明显成效。渭沱电站、二级车站的建成和盐矿的投产，为合川经济发展增添了新的活力，城镇基础设施建设加强，城镇面貌有较大改观，开通了县城和两个区的自动电话，实现了与全国各地的电话直拨。

（六）文化教育。合川文化也较发达，有幼儿园572所，有小学、普通中学、职业中学、成人技术学校共1277所，在校学生45万人，教职工近1万人，《合川报》发行量超过4万份，建立了县有线电视台，广播、电视有效覆盖率达58%。

（七）旅游。合川历史悠久，风景如画，是理想的旅游胜地。钓鱼城是世界闻名的古战场，以南宋末年抗击蒙古入侵著称。古圣寺有陶行知创立的育才学校和陶居"逸少斋"及纪念馆。二佛寺有龛窟218个，大小造佛1670尊，其中高16米的释迦牟尼坐像，曾被列为"川东第二"大佛。双龙湖湖岸线长66公里，拥有4个全岛，67个半岛，服务设施比较完备。嘉陵小三峡古称巴峡，两岸悬岩耸翠，幽深藏秀。龙多山海拔882米，峰峦叠翠，纵横如龙，故称龙多，有部分碑刻和石刻，为唐宋释道并重的宗教圣地。在县城及附近，还有文峰塔、八角亭、大钟楼、人民公园、刘文学墓园等景点可供游览观赏。

二、远景规划

经过治理整顿，合川经济已走上正常发展轨道，投资环境得到改善，对外开放的格局已经形成。此外，随着重庆被列为开放城市、重庆老工业基地改造规划的实施、合川花滩子水利枢纽工程的建设，一系列加快合川发展的优惠措施的出台，南屏经济技术开发区的建立，合川经济将得到迅速发展。

按照"八五"计划和十年规划，合川90年代发展的基本指导方针是：坚持党的基本路线，依靠科技教育，深化城乡改革，巩固提高农业，大力发展工业（特别是乡镇工业），积极改善交通运输、商品流通、邮电通信条件，实现裕县富民。按照这一指导方针，90年代要实现五大目标：第一，在大力提高经济效益的前提下，使国民生产总值达到28亿元（按1990年不变价），农业总产值达到16亿元，工业总产值达到25.2亿元；第二，人民生活从温饱达到小康；第三，科技教育和经济管理水平有较大提高；第四，初步形成适应县级商品经济发展的调节机制和运行机制，第五，精神文明建设达到新水平，民主和法制进一步健全。为此，要抓好以下几个重点：1.大力加强和发展农业；2.突出抓好结构调整和技术改造，全面提高工业整体素质和效益；3.加强基础设施建设，大力促进第三产业的发展；4.强化科技教育的战略地位，大力推进技术进步；5.进一步扩大对外开放；6.抓好经济体制改革；7.大力加强社会主义精神文明建设和民主法制建设。

（何　平　熊天福　撰稿）

中国四联仪器仪表集团公司

中国四联仪器仪表集团公司（四川仪表总厂）简称四联集团公司，是以国民经济所需的大、中型系统工程成套为龙头，以过程控制、光学电学测量、流程分析为重点，集仪器仪表、仪表元件、专用电路、仪表材料、工艺协作的生产、经营、科研、开发为一体的综合性仪表基地，具有成套提供自动控制系统的生产能力，为冶金、电力、化工、石油及轻工等各个工业部门的建设及技术改造提供服务。公司自1987年成立以来，现已成为国务院首批试点55家大型企业集团之一。1991年，直属单位共有职工1.6万人，专业技术人员占20%，固定资产3.4亿元，产值4.8亿元，销售收入4.5亿元，出口创汇415万美元。

1965年建成的四联集团公司主体厂——四川仪表总厂是全国500家大型企业之一。总厂下属23个分厂，按专业化分工组织生产，并设有仪表中专、仪表技校、普中三所学校及研究所、设计院等机构。1990年，四川仪表总厂被评为国家二级企业。

四联集团公司技术力量雄厚，成套能力强，有从美、英、德、日、意等国引进的多种先进产品和高新技术，以TDC－3000分散型控制系统、单回路调节器、S系列仪表、ST－3000智能变送器、气动、电动执行机构、智能记录仪、集成电路、紫外、红外、磁压分析仪器，铠装热电偶、腰轮流量计、贵、廉金属复合材料等高新技术为代表，有8大类，约1500多个品种和上万个规格的产品，主导产品达到国际80年代初、中期水平。其中400多种产品采用了国际标准，90

多个产品获部、市优质产品称号，ER181、182，ER101、102工业记录仪获国家质量金奖。

四联集团公司每年可生产自动化及电工仪器仪表200万台，成分分析仪及光学仪器4万台，仪表元件1.2亿件，集成电路250万块，仪表材料700吨，以满足冶金、石油、化工、机械电子、轻纺、大专院校、科研等领域的广泛需求。还能为大型高炉、20/30万千瓦火电厂、30万吨合成氨、500万吨炼油厂等大型工程项目提供成套仪表装置，包括成套设计、成套制造、成套供货、现场安装、技术培训，直至“承包交钥匙工程”。

四联集团公司的产品已出口世界16个国家和地区，有自控成套系统、光学仪器、ER工业记录仪、磁钢、宝石元件、集成电路等。四联集团公司还在北京、沈阳、济南、上海、武汉、重庆、西安、福州、广州、深圳等全国14个大城市设有经营维修服务机构，做到“四联在用户身边，用户在四联心中”。

以四川仪表总厂为核心的中国四联仪器仪表集团（简称四联仪表集团）现有成员44家。无论从经济、技术实力，还是企业集团的结构、功能，在我国仪器仪表行业均名列前茅。四联集团公司的发展方向是：立足西南、面向全国、走向世界。

（陈玉　曾素娥　撰稿）

西南铝加工厂

西南铝加工厂是中国有色金属工业总公司直属大型骨干铝加工企业。位于重庆西南，地处长江北岸，工厂铁路与成渝线接轨，水陆交通方便。工厂占地面积199万平方米，建筑面积80万平方米。现有职工1.2万人，其中专业技术人员2000多人，技术力量雄厚。工厂在1994年全面完成改扩建后，将形成综合生产能力21.3万吨/年。是我国60年代初为生产国防工业所需大规格、新品种铝及铝合金材而建设起来的铝加工企业。

为调整产品结构，满足国内外市场需要，工厂从1987年开始利用国外先进技术设备，对以军工为主的老生产线进行了大规模改造扩建，已建成具有当代世界水平的熔铸、压延、锻造、挤压、薄板、铝箔、焊管、板材深加工、型材深加工等九个生产分厂，形成生产能力16万吨/年。另有机修、动力、运输、计控等辅助分厂和手段齐全，设备先进的铝合金研究所、中心实验室及计算机中心。

工厂装备了300兆牛顿模锻水压机、125兆牛顿挤压水压机、2800毫米铝板热粗轧机、热精轧机，冷轧机等我国最大的铝加工设备。并从国外引进了1850毫米薄板轧机、板材拉矫机组、1700毫米铝箔轧机、涂层成形机组、35吨圆形炉、建筑型材、铝门窗、铝焊管、氧化上色生产线以及板材气垫式连续处理炉等先进设备。

工厂主要生产铝及铝合金板、带、箔、管、棒、型、自由锻件、模锻件、压铸件以及钛合金、镁合金、高温合金等。产品达17个大类，90多种合金、近900个品种，1.4万多个规格，除满足国内市场需要外，还出口美国、日本、香港、东南亚、中东等20多个国家和地区。产品质量达到当代世界或国内先进水平。

中国天府可乐集团

中国天府可乐企业集团是以驰名中外的天府可乐为龙头产品，由饮料生产、科研、包装、机械制造、香精香料和中药材生产基地共108个企事业单位组成的跨地区、跨部门、跨行业的全国性企业集团。集团核心——中国天府可乐集团公司系全国八大饮料厂之一，为集团总部所在地。集团公司自身有实力雄厚的科研机构——重庆市饮料研究所，又与重庆市内几家研究所和大学结成科研生产联合体，具有很强的新产品开发能力。自1983年以来，集团公司从美国、法国、意大利、德国引进七条生产线和部分软件，形成玻璃瓶、金属易拉罐、PET吹塑瓶、利乐纸包装，各种规格，档次齐全的系列产品，生产设备和工艺技术具有世界先进水平。尤其是运用微生物工程制造原浆的现代化生产车间是目前国内唯一的可乐型原浆生产基地。集团公司向遍布全国27个省市区的成员厂提供原浆就地灌装生产，形成全国最大的饮料企业集团。近年来，集团公司运用兼并、法人承包、法人租赁、参股、控股等方式建立了一批紧密型企业，并同日本两家公司合资建成"重庆天府可乐渝龙食品饮料有限公司"。天府可乐已稳步地走向世界。

国营长安机器制造厂

长安机器制造厂隶属中国兵器工业总公司，建厂于1962年，是国家大型综合机械加工制造骨干企业。现有职工1万多人，拥有大批优秀的工程技术和专业管理人员，经济技术实力雄厚，各种大型、高精度、专用设备3000余台(套)，生产规模宏大，质量保证体系健全，检测手段先进，年产3万辆长安牌微型汽车，3万支虎头牌猎枪和2000只石油钻头，三大主导民品饮誉国内外市场，远销五大洲18个国家和地区。工厂为中国机电产品出口重要基地，1988年晋升国家二级企业，1989年荣获机电部企业管理优秀单位称号，连续几年被原国家经委列为全国最佳经济效益大型企业，1991年荣获全国五一劳动奖状。工厂1991年被国务院有关部委授予"七五"期间企业技术进步奖。

1991年，工业总产值为7.1亿元，全员劳动生产率5.86万元/人，销售收入达7.51亿元，利税总额达1.1亿元，固定资产原值为2.3亿元。

工厂主要产品中：

一、长安牌微型汽车系列产品有：长安奥拓微型轿车、SC1010(单排座)、SC1010A(双排座)、SC1010X(厢式)等货车及各种专用车共14个品种。1984年面市以来，以造型美、车速快、噪音小、爬坡能力强、油耗低、使用轻便灵活而深受用户好评。1991年SC1010、SC1010X在上海市首届国产汽车评比活动中双双荣获第一名，1992年长安奥拓荣获中国新产品新技术博览会金奖。

二、虎头牌猎枪系列产品有：PH12－1(双管)HL12－102(唧筒式单管)、HL12－203CH、HL12－203DU(双管运动枪)，产品以质量优良、射击精度高、安全可靠，在国内外享有较高声誉。我国运动员使用HL12－203创多次射击世界纪录，该产品1991年荣获国家银质奖。

三、长安牌三牙轮钻头系列产品主要有26P1、$17\frac{1}{2}$P2、$17\frac{1}{2}$P3，用于石油、天然气、地质勘探等能源开发，产品使用获美国石油学会API证书。1982年$17\frac{1}{2}$P3钻头荣获国家银质奖。

长安机器制造厂愿同中外客商在互惠互利基础上开展广泛的贸易和技术合作，共建友谊桥梁。

重庆五洲实业公司

重庆五洲实业公司是隶属中国船舶工业总公司的大型企业，是军民结合、工贸结合、资产经营一体化的经济实体，国家机电产品出口基地企业。1988年和1989年曾名列中国500家最大工业企业。公司辖在重庆、万县和深圳的10家企业；创办了5家中外合资企业。拥有固定资产2.3亿元，职工6400余人，其中专业技术人员1800余人。年销售收入逾3.5亿元，年创利税约2000万元，出口创汇300万美元以上。

主要产品有：舰船精密导航仪器、计算机、陀螺仪、舰船特种机械、舰船减摇鳍装置、潜水装具、"阿里斯顿"系列电冰箱、"五洲"及"佳驰"系列自行车、小模数齿轮及摩托车传动齿轮、船舶螺旋桨、食品封装及提升设备、蓄电池生产专用设备、柴油机微机监控装置、复印机高压电源和电子音响器件等。该公司生产的舰船导航仪器，先后7次参加了运载火箭发射、南极考察、水下导弹发射和人造卫星发射等重大科学试验，圆满地完成了任务，受到中共中央、国务院、中央军委的表彰。有多种船用仪器随船出口亚非国家，深受外方好评。正在独立研制的挠性陀螺平台罗经属国内首创。有电罗经、平台罗经、方位水平仪、电冰箱、自行车、摩托车齿轮等产品多次荣获部、省、市优质产品称号。产品远销东南亚、南美洲等国家和地区。

国家三线建设调整项目华渝电气仪表总厂即将成为该公司重庆生产基地。该基地建设总投资1.5亿元，占地33公顷，建筑总面积16.5万平方米，其中生产用地7.8万平方米。设电子仪器、舰船制冷设备、冰箱、精密机械和齿轮5个专业厂及门类齐全的公用配套设施。新增年产5万台舰船及运动载体制冷设备能力。对产品结构的调整具有较强的适应性。公司将形成重庆生产基地、万县加工基地和深圳出口基地互为依托，各有侧重，前后方一体化的企业新格局。

重庆五洲实业公司是沐浴着改革、开放的和煦春风日渐成长壮大的。在世纪交替的未来岁月里，该公司将一如既往地遵循建设有中国特色社会主义的思想，依靠职工群众，加大改革力度，加快开放步伐，转换经营机制，推进技术进步，迎着改革开放的时代洪流阔步前进！

重庆中药总厂

这是1991年4月10日《人民日报》以《重庆出现国光现象》为题的报道要点："一批批在竞争中垮下来的企业纷纷向重庆国光集团靠拢，一群群在原单位寂寞无奈的人员在"国光"成了生产经营骨干。""国光现象发生的根源在于这个集团能在短期内优化各种生产要素，提高人的素质。"

重庆中药厂(原国光制药厂)原是一个名不见经传的小厂，从建厂至今，国家投入该厂的资金总共只有14万元。资金的不足，极大地制约了该厂的发展，在相当长的一段时间里，产值在200－300万元，利润在20－30万元之间徘徊，生产条件落后，加之地处远郊，不少职工人心思走。

改革开放，为重庆中药厂的崛起注入了强大的生机和活力，为重庆中药厂的发展带来了良好的机遇。于是，本着"扬长避短，优势互补，互助互利，共同发展"的原则，重庆中药厂于1988年底在重庆市医药局的指导下兼并了璧山县果品饮料厂，建起了重庆中药厂一分厂，向创建企业集团迈出了坚定的第一步。随着生产结构的重新调整，该厂投产仅4个月就创产值430万元，实现利润39万元，1990年底便还清了230万元的债务。

联合首战告捷后，他们紧紧抓住这一契机扩大联合，充分利用新闻媒介，在社会上广泛宣传该厂扩大联合的信息，在三个月内就有50多家企业向他们表示了愿意合作的意向。经考察论证，他们选择了5家具有特点，符合联合条件的区县小企业，又组建了5个分厂。在企业规模扩大的基础上，于1990年8月成立了重庆中药总厂，奠定了创建集团的基础。

随着联合的不断拓展，1991年4月，该厂在北京中山公园音乐大厅里召开了以重庆中药总厂为核心的重庆国光集团新闻发布会。中顾委委员李德生、王平及国家计经委；国家中医药管理局、中国药材总公司的主要负责人前来祝贺。至此，以国光牌中药系列产品为主导，跨地区、跨产业、跨行业，涉及中药生产、天然色素提取、日用化工、电子工业、食品、饮料、养殖、三废综合开发利用和卫生防疫产品生产共37个企业组成的重庆国光集团宣告成立。

现在，重庆国光集团已把眼光从省内转向沿海，从国内转向国外。目前，重庆国光集团正在海南筹办国光中药提取厂，国光力寿村。在海外，拟与马来西亚合资经营中马国光消毒剂公司、中马国光中成药产销公司。同时，与圭亚那、美国、加拿大、立陶宛等国达成了合作意向。

在创建重庆国光集团过程中，该厂还十分注重科技投入。首先，他们在主厂建立了技术开发部，设立了六个研究室和资料情报室等相关机构。同时，在每个分厂建立新产品研究室。从而，形成了以主体厂为中心的技术开发体系。并与四川中药研究所、成都中医院、重庆中医院等单位进行技术合作。一是采用其科研成果，二是共同开展科研，同时，还在全国各地聘请了上百名老中医、专家教授为技术顾问。

为加快改造步伐，他们多方筹集资金，动员、组织全厂上下大搞技术改造和技术革新，重点放在生产、包装机械化和节能降耗上，收到良好效果。仅虎骨麝香止痛膏生产线技改项目每年就可多增效益200多万元。同时，该厂还广泛采用先进生产工艺，对传统的制剂技术等项目进行了有效改造更新，彻底改变了传统中药粗、大、黑的面貌。

他们还注重用新工艺、新技术将传统品种进行剂型改革后，迅速将成果转化为生产能力。从1989年以来，重庆中药总厂就开发出国光洁霖、国光福寿乐、国光万应酊、国光天然植物色素、国光一擦灭消毒巾、国光洗消粉、绞股蓝系列美发美容品等50多个产品。其中“国光福寿乐”在中国首届旅游购物节和中国中医药博览会上分别获“天马优秀奖”和“神龙杯铜奖”，国光洁霖产品还被11届亚运会指定为中国运动员专用消毒剂。

重庆中药厂从小到大，由弱到强，自强不息求发展，创建国光集团的经验，引起各级领导部门的高度重视。前不久，国家中医药管理局、中国药材总公司领导到国光集团核心厂考察后，深有感触地发出如下感叹：“没想到在如此困难的时期，还能够发展这么多分厂；没想到条件如此简陋，竟能创造这么高的效益，没想到能汇集如此庞大的科研队伍；没想到科研机构如此健全；没想到企业领导班子如此团结。”他们认为，支持重庆中药总厂的发展是必要的，向重庆中药总厂投资是完全可以信赖的。故决定在“八五”期间，在该厂上总投资9000万元的改、扩建项目，以将重庆中药总厂建设成为全国第一流的中药生产厂家。

可以预计，国光雄风及其广阔的发展前景正吸引着众多的企业，正愈来愈引起人们的关注。

（蔡维强　撰稿）

重庆水泥厂

重庆水泥厂解放前原系四川水泥股份有限公司，建于1934年，是西南地区最早的水泥厂家。原全国政协副主席、全国工商联合会主席胡子昂老先生是公司创始人之一。

该厂是全国水泥生产重点企业之一，年产水泥能力为45～50万吨，厂内拥有三条湿法和一条带立式预热器的干法生产工艺线，技术力量雄厚，曾先后支援昆明、江油、渡口、渠江等水泥企业的建设，输送大批技术人员和工人。1984年派员赴伊拉克卡尔巴拉水泥厂参与生产管理。厂内检测设备齐全，经国家标准计量部门批准为重庆地区水泥质量检验中心。该厂一贯注重产品质量和企业信誉，生产的川牌矿渣硅酸盐水泥，油井水泥均为重庆市、四川省、及国家建材局（部级）的优质产品，150℃油井水泥曾用于川东石油部门打出的全国第一口超深油气井，并获首届全国科技大会科技奖。川牌水泥质量性能稳定，深受各届用户喜爱。

该厂位于重庆市南岸玛瑙溪，在长江的南侧，与市中区仅一江之隔，产品出厂有公路，水路发达，交通方便，热忱欢迎全国各地和国外客商惠顾。

中国石化总公司四川维尼纶厂

四川维尼纶厂是以天然气为主要原料，生产化工、化纤产品的大型联合企业。主要生产装置系70和80年代分别从德国、法国、英国、日本和美国引进的先进技术和成套设备，维尼纶纤维及辅助设施由国内配套，属我国六大化纤基地之一。

该厂累计投资达12.5亿元，形成固定资产10亿元；产品种类从建厂初期的3个发展到现在的43个；产品用途从民用扩大到工业和军工领域，畅销亚洲、欧洲、北美洲；主要产品年生产能力为：甲醇8.8万吨，甲醛1.8万吨，VAC8.2万吨，PVA4.1万吨，VAE1.5万吨，维纶短纤1.7万吨，维纶牵切纱0.3万吨，涤纶低弹丝0.5万吨。

该厂位于重庆市长江下游70公里的长江北岸，水陆交通十分便利。列入“八五”计划的渝长319国道途经该厂，为陆路运输提供了便利。该厂具有自备车队、船队、铁路专用线、机车、槽车；长江边有基建、通用、专用码头。厂区总面积300公顷,地势开阔、平坦。有已征预留发展地40公顷。

该厂现有训练有素的职工1万余人。其中各类技术干部3000余人。经过10多年的建设和生产实践,已形成一支生产、管理门类齐全水平较高的过硬队伍。

四川丰富的天然气资源为该厂的发展提供了可靠的原料来源,而企业本身的技术和管理优势为大宗产品如甲醇、甲醛、VAC、PVA、VAE等为产品的深度加工提供了可靠保证。种类齐全,富余量大的公用工程和三废处理系统,以及完善的辅助设施和民用设施为该厂的发展奠定了良好的基础。该厂经过10年的自强奋斗,经济效益不断提高,连续六年实现了产值、利税和劳动生产率同步增长。1991年工业总产值已达5.2亿元,利税1.5亿元。

在今后的10年中,该厂力争完成的建设项目有:250万吨/年重庆炼油厂,6万吨/年聚酯及抽丝工程,10万吨/年醋酸装置,10万吨/年甲醇装置,1万吨/年聚甲醛装置,1.5万吨/年1,4-丁二醇装置,0.12万吨/年PVA薄膜装置,0.3万吨/年高、低粘度PVA装置,0.6万吨/年锦纶帘子布装置,以及其它差别化纤维。

随着祖国西南经济中心城市——重庆改革开放步伐的加快,将为该厂扩大和发展与国内外各界人士的合作提供良好的契机。该厂将加速企业技术改造和发展步伐,把工厂建成具有中国特色的现代石化企业,为振兴重庆经济,支援国家“四化”建设,不断地作出新的更大的贡献。

四川重型汽车制造公司

四川重型汽车制造公司始建于1964年,是我国第一个按工艺和零部件两个专业化建设发展起来的重型汽车生产基地,现属中国重型汽车工业企业联营公司。

目前,该公司下属企业17家,其中全民所有制大中型企业6家,即四川汽车制造厂、重庆汽车发动机厂,綦江齿轮厂,重庆汽车配件制造厂,重庆红岩汽车弹簧厂,重庆油泵油嘴厂。集体所有制独立核算企业11家。至1991年底,公司占地面积245.92万平方米,职工18879人,拥有固定资产39733万元,主要科研、生产设备4527台。

公司主要开发和生产重型越野车、载重车、自卸车、半挂牵引列车、各式改装车底盘等4个系列近50个品种的汽车产品,以及与之配套的柴油内燃机、变速箱、各式齿轮及轴、气制动元件、转向器、转向节、转向杆臂、钢板弹簧、燃油喷射泵、喷油器总成和精密偶件;还生产船用、工程机械用柴油内燃机、液力变扭器、油气悬架、国内外重、中、轻、微型汽车零部件以及船用动力机组、柴油发电机组等。在6分厂分设的铸钢、铸铁、锻钢及有色铸件生产中心,同时服务于行业与社会。

80年代初,该公司引进了奥地利斯泰尔91系列重型汽车,美国康明斯柴油内燃机及PT燃油泵系,西德ZF变速箱及方向机、“WABCO”气制动元件等系列制造技术。

四川重型汽车制造公司设备精良,技术先进,是当今中国实力雄厚,具有较大规模的、配套完整的重型汽车科研、制造基地。该公司不仅在国内享有盛誉,与外国、外商的合作也在不断扩大。

四川陶瓷厂

四川陶瓷厂位于重庆市江津县油溪镇,靠近长江边,成渝铁路从厂区旁穿过,油溪火车站距厂办公大楼约500米。全厂占地面积400亩,其中生产占地310亩。

四川陶瓷厂是中央和地方共同投资建设的西南地区唯一的大型陶瓷企业。1991年底建成年产36万件卫生洁具生产线,1992年投入生产,建设投资6000万元。生产线的主要设备和技术由西德阿格罗布(AGOB)公司引进,技术先进,设备精良,并以天然气为燃料,生产座便器、妇洗器、洗面器等13种高中档卫生洁具。有白色、蓝色、玫瑰色、深绿色、米黄色、深红色六个色标,主要供宾馆需要,也受城市家庭欢迎,产品供不应求,深受国内外用户好评。

四川陶瓷厂现有职工450人,其中工程技术人员21人,工程技术人员中的多数由南京化工学院硅酸盐专业毕业,主要生产岗位的技术工人均赴西德培训过,这部分人已成为该厂技术骨干。现有原料、石膏、成型、烧成四个生产车间,动力、机修两个辅助车间。主要设备:西德2.1m×80m明焰隧道窑一条;洗面器、座便器立式浇注线两套;成型干燥设备一套,成型模型一套。国产5吨球磨机四台,2.5吨、0.5吨球磨机各两台。该厂还建有化验中心,检测手段先进可靠。

拟规划四川陶瓷厂成为西南地区建筑陶瓷基地,在现有基础上建设釉面砖、墙地砖生产能力400－500万m^2/年,卫生浴盆及洁具有关配套件800吨/年,使该厂年产值达到2亿元,年税利400万元。

（陈德荣　撰稿）

重庆啤酒厂

重庆啤酒厂始建于1958年,是轻工业部16家重点企业之一,也是西南地区最大的啤酒生产企业。

重庆啤酒厂与新建的重庆第二啤酒厂合并之后,实力进一步增强。啤酒生产能力13万吨/年,在全国14个中心城市中居第7位,产量占西南地区的27%,占四川省的45%左右。该厂(含原重庆第二啤酒厂)现有职工1600人,工程技术人员约占12%,固定资产原值2.2亿元,净值1.9亿元。1991年实际生产啤酒6万吨,创税利2500万元,在我市轻工行业居第2位。

重庆啤酒厂采用西德技术生产,主要原料大麦大部分由国外进口。该厂在注重提高产品质量的同时,努力开发新品种,现有产品品种4个,其中"重庆啤酒"获国家优质产品奖,"山城啤酒"获轻工业部优质产品奖,产品供不应求。原重庆第二啤酒厂达到年产5万吨生产能力之后,"山城"啤酒的产量将会进一步扩大,可以基本满足重庆地区市场的需要。

重庆啤酒厂在不断提高产品质量,挖潜改造,扩大生产能力的同时,积极走联合的道路。先后与省内外8家企业进行了联合,并成立了"山城啤酒企业集团",使联营厂的产量达到7万吨/年。

重庆市啤酒工业的发展具有较强的经济基础和广阔的市场潜力。"八五"和"九五"期间,该厂将不断提高产品质量,扩大产量,增加花色品种,规划啤酒生产能力由13万吨增加到18万吨。同时,要推行技术进步,采用先进的技术装备,先进的工艺技术和管理水平,使重庆的啤酒工业有一个较大的发展。

（何　冰　撰稿）

重庆特殊钢厂

重庆特殊钢厂是一个具有50多年历史的老企业,现有职工1.84万人,其中:工程技术人员1100人,固定资产净值3.9亿元人民币。建国后至今累计实现利税16.82亿元人民币,累计为国家上交利税14亿元人民币。

重庆特殊钢厂是我国特殊钢骨干企业,现已具备年产钢30万吨、钢材22万吨的能力。现有生产的钢种,包括碳素结构钢、碳素工具钢、弹簧钢、轴承钢、不锈钢和精密合金等837个牌号。主要产品有热轧材、锻材、冷拉材、热轧板、冷轧板、带材和丝材带,近7000个品种规格。

重庆特殊钢厂是一个特殊钢生产的专业厂家,共获得105项部、省、市一级的科技成果奖,特别是"火花塞易切钢"、"气阀用4CrqSiz冷拉材"荣获国家银质奖，汽车用弹簧扁钢质量达到国际先进水平，并出口日本及东南亚国家。率先开发的齿轮钢得到德国ZF公司认可，用该厂生产的齿轮钢组装先进车型用的ZF变速箱，已起到了替代进口的作用。近年来，这些汽车用钢的生产与研制、产量与质量在全国都处于领先地位。

为使重庆特殊钢厂的产品开拓市场，走向世界，增强企业的后备力与竞争能力，重庆特殊钢厂将走技术改造之路。"九五"、"十五"期间预计投资9亿元人民币进行技术改造。届时将形成70万吨特殊钢，60万吨特殊钢材的规模，成为全国汽车用钢生产基地、全国精密合金生产基地、高工用钢生产基地和军工用钢生产基地。全部装备达到国际水平，产品质量达到国际实物质量先进水平。"重特"将以优良的工艺、技术、装备及产品加入世界大型特殊钢之列。

重庆市医药工业

重庆市是全国医药重要生产基地之一，1990年已有医药工业企事业单位36个，职工1.7万人，房屋建筑面积100万平方米，生产设备1.3万台(套)，固定资产原值30亿元，净值1.9亿元，完成工业产值7.17亿元(按1980年不变价计算)，实现利税6832万元，化学原料总产量达到1.42万吨，医药制剂全国收载的11类剂型本市皆有生产、重庆医药工业不仅在西南地区具有举足轻重的地位，而且在全国医药工业总体经济格局中也有重要的影响。

一、优势和主要问题

(一) 门类齐全，配套性强，科技实力雄厚，主要技术指标先进。重庆医药从化学原料药到医药制剂，从中药饮片到中成药，从卫生材料到医疗器械，以及为医药行业提供生产装备及零备件的制药机械皆有生产，并与学校、科研和工程设计相配套，初步形成了综合完整的产业群体，化学原料药多数品种已达国际标准、万元产值综合能耗只有2074吨标煤，全系统科技人员占职工总数的19.5%，高于全国医药仅占8.5%的平均水平。

(二) 生产实力雄厚，在全国同行业中颇有地位。重庆化学原料药总产量在全国各大城市中居第一位，1990年末期重庆医药工业固定资产原值、净值、工业产值、实现利税，在全国各大城市中居第7位，在计划单列市中居第4位；出口产值1.86亿元，在全国各大城市中居第3位，在计划单列市中居第2位；出口产品产值率达24.57%，居全国各大城市的首位。

(三) 资源和原材料优势。化学医药生产供排水量大，重庆位于长江和嘉陵江汇合处，水资源十分丰富，四川是中药材主产区，品种繁多，蕴藏量大，发展中成药具有得天独厚的有利条件，重庆精细化工工业发达，医药生产共需化工原料4万吨，本市供应的产品即达2万吨。

(四) 投人产出比高，经济效益好。重庆医药工业"七五"期间总投资1.2亿元，建成投产后新增产值2.8亿元，利税0.74亿元，出口创汇2200万美元，即每投资一元钱，就可创造工业产值2.3元，实现利税0.62元，投资的经济效益十分理想。

二、发展设想

坚持以国家医药产业政策和行业发展规划为指南，以市场为导向，以国内外先进水平为目标，以经济效益为中心，立足现在基础，依靠科技进步，走以内涵为主扩大再生产的道路，突出抓好节能降耗，发展新品种，集中力量，确保重点，从适应性和战略性两个层次上调查产品品种和产品结构，推进企业组织结构的优化，促进重庆医药工业持续、稳定、协调发展。

三、发展规划重点

1.建立重庆化学原料药基地。化学原料药主要生产厂家有西南合成制药厂，西南制药一厂，西南制药二厂和重庆制药五厂，化学原料药的改造发展，将着重抓好江北寸滩化学合成药基地，本基地以西南合成制药厂，西南制药一厂为依托，主要建设内容：(1)西南合成制药厂限额以上技改项目，改造规模为雷尼替丁70吨/年，酮基布洛芬70吨/年，萘丁美酮40吨/年，总投资1.15亿元。(2)西南合成制药厂热电站，发电机组3000千瓦两套、锅炉35吨/时两台，投资3808万元。(3)西南制药一厂环保迁建一期工程和二期工程，总投资8967万元，上述在建工程总投资2.33亿元，全部工程建成后可新增化学原料药663吨/年，新增产值2.95亿元，利税6280万元，创外汇1020万美元。

在现有的基础上，重庆市在“九五”和“十五”期间争取国家支持下，将结合西南合成制药厂三峡搬迁工程和西南制药一厂环保搬迁工程，投资5亿元左右，在利用现有条件的基础上，建成西南最大的化学合成药基地，新增产值10亿元以上。

2.建立西南最大中成药基地。中成药生产厂家主要有重庆中药厂、桐君阁药厂和中药二厂。重庆市规划以重庆中药厂为基础，在江北龙溪镇建立一个中成药生产基地，主要发展以精制全浸膏(粉)为基质的新型中成药，总投资1亿元以上，并得到国家有关部门支持，预计1995年建成，届时，新增产值将达2.5亿元，利税3500万元。

3.发展重庆医药制剂工业，建立新的基地，医药制剂生产厂家主要有西南制药三厂、重庆葛兰素制药有限公司、重庆制药六厂、重庆制药七厂和重庆制药厂。西南制药三厂是西南地区最大的医药制剂生产企业之一，重庆葛兰素制药有限公司生产的气雾剂具有当代国际先进水平，医药制剂按GMP要求以重庆制药六厂为基础，在江北龙溪镇创建一个新的医药制剂基地。建设内容：(1)脂质体和针剂生产线，总投资2650万元，建成后新增产值2900万元，利税1250万元，创汇60万美元。(2)冻干粉针剂生产线，总投资2600万元，建成后新增产值5000万元，利税1100万元，创外汇50万美元。

（刘　旗　撰稿）

重庆百货大楼

位于重庆市解放碑商业中心的重庆百货大楼是一家有40年历史的国营商业企业。目前已成为西南最大的综合性百货零售企业，全国10大百货商店之一。现有建筑面积1.84万平方米，其中营业面积1.08万平方米，自有仓库面积4760平方米，下设10个经营部、一个旅馆部、一个集团服务部、一个贮运部。1991年完成销售额2.7亿元，利润实现1500万元，分别比上年增长13.1%和2.68%，流动资金利税率84.97%，销售利润率6.06%，人均创税利额1.81万元。以上各项经济指标全部达到国家二级企业标准，获得了企业的最高荣誉奖——全国五一劳动奖状。

在激烈的市场竞争中，重庆百货大楼树立起商品经济观念，坚持以销售为中心，以改革为动力，调动干部和职工的积极性，以质量为本，调整结构上档次，增强企业应变能力。该企业始终坚持社会主义经营方向，发挥了社会主义国营商业企业的主导作用，树立起良好的企业形象，在两个文明建设中社会效益、经济效益显著。十年改革发生了巨大变化。1988年至1991年获得“全国百货纺织品商业经营管理先进企业”、“全国商业计量先进单位”、“全国用户满意单位”、“省级先进企业”、“省文明单位”、“省物价管理先进单位”、“省文明单位”、“省安全达标企业”、市“特级信用企业”、市“首届企业管理优秀奖”、市“消费者信得过商业企业”等一系列国家、省、市级的先进企业称号。在商业部对全国前100名大中型百货商店1990年经济效益情况排序统计中，重庆百货大楼职工人数居54位，销售额居21位，利税额居20位。在国统计局公布的全国1990年经济效益最佳的26家百货商店中，重庆百货大楼名列第5位。

（一）**深化改革，完善机制**。自1982年改革开放以来，重庆百货大楼先行一步，作为全市第2批商业“四放开”(经营放开，价格放开，用工放开，分配放开)试点企业，积极探索改革用工制度，搬掉干部“铁交椅”和职工“铁饭碗”，搞活分配，提高职工劳动积极性，并已收到良好效果。为适应经营业务的发展，调整领导班子，加强经营管理力量，改革人事制度，引入竞争机制，以不断完善内部经营承包责任制为主体，完善内部以承包为特征的经营机制。随着重庆市改革的深入，1991年11月重庆百货大楼被正式列为全市8家模拟“三资”企业试点单位之一，加大了改革的力度，加快和深化了用工制度和内部分配的改革。

（二）**奋力开拓，扩大销售**。面对百家经商、对手林立，经营放开、竞争激烈的形势，该企业坚持面向市场，以变应变，本着“稳住零售、扩大批发，抓好集团”的原则，不断开发高精尖商品，求实、求新、求突破、抓特色、上档次。“七五”期间投资1250万元，在不增加原占地面积条件下，改扩建营业场所1万平方米，改善了购物环境，同时，企业开始突破“盆地意识”，加强研究制定企业发展、经营战略，变“以购促销”为“以销为主，以销促购”，实现了由“固定型经营到开拓型经营，由保本型经营到风险型经营”的转变，以利益均沾，风险共担，平等、互利、守信”的原则开辟了31个工商联营专柜，25个商商联销点，与28个省市地区1500多家企业建立了业务往来关系，与980多家企业建立了稳定的购销关系。1991年举办了“迎新年全国名优产品大联展”，全国17个省、49个市、地区、120家工厂的1200万元的名优产品荟萃该大楼，三天销售301万元。该企业特邀来自北京的李光曦、殷秀梅等五位歌唱家与职工同台演出“重百之春”文艺晚会，将企业文化与企业经营有机结合起来，促进了购销、扩大了社会知名度。该企业还大力发展集团批发业务，加强各经营部的批发工作。专为集团部配备2台送货车，实行送货上门制度。与此同时，随时捕捉市场信息，根据消费需求变化，随时调整经营结构，先后建立了精品鞋专柜、高档工艺品专柜、高档声像精品屋、精美小食品柜、化妆品精品亭、重新装修了黄金屋，综合经营部的真皮沙发、高档席梦思床家具在本市同行业中独占鳌头，1991年销售额为750万元，利润65万元，同比增长63%和44%。

（三）**转变观念，质量为本**。从1989年下半年起，市场由热转冷，经过认真观察，该企业认为要不断扩销增效，就必须从“放心”和“满意”上着眼，在销售工作中狠抓商品质量和服务质量，为此，专门成立了一个由总经理、党政工和有关职能部门负责人组成的全面质量管理领导小组，设立了办公室，配备了10名专职工作人员，赋予其解决问题的一定权力和手段。严格把好商品进货关、销售关，贮存关，加强商品售前、售中、售后的服务质量管理，对渠道不明、质量低劣、无商标产地、无合格证、不适销对路的商品坚决不进，对出售的商品制订了一系列制度，如《高档耐用商品试用制度》、《商品退换制度》、《高档耐用品售后服务规范》等，基本做到了售前、售中、售后对商品质量管理的制度化、规范化。1991年该企业开展了“消费者评十佳，找最差营业员活动”和“消费者有奖举报伪劣商品活动”，将广大营业员置于群众监督之下，将经营的2万多种商品全部“曝光”，取得了明显效果。针对皮鞋市场混乱，质量问题多的现象，专门到工厂实地考察，清除了质量不合格，不稳定的工厂联营专柜、实行皮鞋质量信用卡制度。对六楼租赁柜台全部撤销，净化了商场。

（四）**规范管理、加强约束**。企业不仅要有活力，还要有约束力。该企业从规范管理入手，强化了企业管理工作。

1.加强基础建设，实行等级、类级管理，提高员工素质。首先对班组进行了类级评定、评出一类组4个，二类组28个，三类组39个。对营业员进行了等级评定，一级7人，二级221人，三级531人，四级164人，实习营业员91人。对营业员进行了岗位适应性培训，“双基”教育。

2.加强了安全管理，坚持经常性的安全教育、检查制度和谁主管谁负责的责任制。

3.建立健全了经济合同管理制度和管理办法。

4.积极推行用工放开，制定有关方案，完善常规劳动人事管理。

重庆百货大楼创造出卓有特色的经营方法，摸索出了一条适合社会主义商品经济发展的新型商业企业发展的道路。几年来经济效益持续稳定增长，主要经济指标在全市同行业中处于领先地位。所经营的300多个大类，2.2万多个品种以“中高档、名、优、新”为主，以“服务优、质量好、品种全、价合理”吸引了消费者，占领了市场。该企业正以其成功的经营方针和营销组合策略由重庆走向西南，由西南走向全国。

（王 青 撰稿）

重庆果品批发市场

一

重庆果品批发交易市场始建于1987年3月，现已初具规模。市场占地面积2.4万平方米，背靠万吨果品冷库，与重庆铁路东站和粮食、商业铁路专用线相邻。场内有8幢货棚，80个货(仓)位，日堆放果品量240万公斤，建有回车场和一次可停放百辆汽车的停车场，还建有招待所、餐厅、茶座、小卖部和娱乐室，市场昼夜营业。

重庆果品批发市场是为探索果品流通体制改革，稳定市场供应，解决果农卖果难和消除铁路运输障碍，确保铁路运输通畅而修建的专业性批发市场。这个市场具有交易市场和铁路货场的双重功能，具有全方位开放、多功能服务、辐射面广、管理有序等特点。重庆果品批发市场的建立，增强了重庆与全国各果品产地和销地的经济联系，对促进果品大流通发挥了积极作用，业务关系由过去的几家发展到全国21个省、市、自治区。果品年到达量也由3万吨增加到11万吨，市场供应量及水果品种也相应增加。果品专业公司的经营服务量在全市销量中占60%，梨子、苹果、西瓜等占80%以上。保证了瓜果到达旺季时重庆铁路的通畅，带动了相关行业和地区经济的发展，经济效益大幅度提高。建场4年多来，果品批发市场成交额8亿多元，共创经营服务收入700多万元，向国家直接交税500多万元，解除了市财政对果品的补贴负担。该批发市场在参与大流通、大市场中，在组织果品规模流通和远距离集散中，其作用和成效受到生产者、经营者、消费者的肯定。商业部胡平部长1991年11月5日视察了该场后，为其题词："办好行业批发市场，活跃城乡物资交流。"

二

供销社果品公司对该市场的管理总的指导思想是活而不乱，管而有序，其基本作法是：坚持全方位开放。一是市场设施及其依附的万吨果品冷库、两条铁路专用线、两个汽车队向社会全方位开放。二是经营全方位开放，即地域不分东西，货物不分南北，经营者不分对象，只要愿意，均可进场交易。这既不同于工商部门办的市场不搞代销的作法，又有别于某些地区办批发市场搞统一代销的方法。

(一)**开展多功能服务**。该市场既是市场又是货场，开放程度高、客观要求服务配套，其服务内容有6类20多项，它包括运输服务，代购代销代贮、代运服务、信息咨询服务、邮电服务、生活服务、交易用具出租服务。

(二)**发挥批发市场、果品冷库、经营站综合功能**。对内，它们是果品公司的三个半独立核算部门。对外，三个部门联为一体，统称重庆果品贸易中心，共同承担起组织果品流通、繁荣市场、平抑价格、保障供应的任务。

(三)**实行四大管理**。一是运输管理，这个市场代行铁路货场职能。因此，加强运输管理，保证铁路通畅成为其主要管理职能。运输管理包括有关铁路货运中的提票、卸车、车皮运行、商品交接、损失索赔等管理；有关上百辆汽车运输中的三班作业上下货、进出场管理；有关近300名搬运工的人力管理。二是治安管理。三是交易管理。四是税收管理。实行两种办法。一是自行交易的由进场税管员直接收税；二是由市场代销的，则由市场按税务规定代扣税。

目前，正在为扩大重庆果品批发市场的服务功能及范围作积极准备。在市场区域内，将增加农副产品加工服务，贮存服务、逐步引进肉类、禽蛋、水产品及蔬菜，增加经营品种，办成以果品为主的农副产品综合批发市场。此外，还将完善设施，修建果品铁路专用线，让到渝的果品等车皮直接进入批发市场，减少短途搬运，减少商品损耗，降低到岸成本，更好地支持农业生产，并为满足城乡人民生活消费服务。

重庆果品批发市场经过初创阶段后，已进入一个新的发展时期。事实证明，随着我国市场体系的发育和大农业大流通的发展，果品批发市场必将在深化流通体制改革中，发挥出重要作用。

（王　青　撰稿）

开发大事记

（1978年—1991年）

1978年

1月25日　重庆、武汉、长沙、成都等13个城市之间开放微波长途电话。

4月30日　重庆市委根据省委指示，在一批厂矿企业进行计时工资加奖励和计件工资的试点，首先试点的有重庆钢铁公司等17个企业。

12月25日　重庆市人民热烈响应党的十一届三中全会号召，把工作的重点转移到社会主义现代化建设上来。

12月30日　重庆钢铁公司内部试行经济合同管理，以取代行政手段管理企业。

1979年

9月6日　重庆市决定对重庆塑料五厂和重庆家具一厂进行利润包干试点，暂实行“一年一定”。完成包干利润计划的超额利润部分，留给企业作为发展生产基金。

11月29日　重庆市决定改革行政性公司陈规，试组建本市第一家企业性公司——重庆钟表工业公司。

12月14日　我国第一座以天然气为原料生产维尼纶，年产量可达4.5万吨，副产品甲醇甲醛年产10万吨以上的四川维尼纶厂投料试车成功。

1980年

3月31日　重庆市银行试行企业化经营管理，实行利润留成，实施权、责、利三结合。

3月31日　四川省中药研究所卢天、黄良月与重庆饮料厂白峰等共同研究，制成可乐型饮料“天府可乐”。厂所双方签订长期协作，联合开发新产品协议书，形成重庆市第一个科研生产联合体。

7月1日　长江上游第一座大型公路桥——重庆长江大桥胜利竣工通车。

7月29日　四川省政府决定从1980年起，对重庆市实行“收支挂钩，增收分成”的财政管理体制。规定重庆市以上年的收入决算为基数，本年实际收入比上年增加的部分，重庆市留45%，上缴省55%，分成比例一定三年不变。

8月22日　经国务院批准，重庆海关正式成立。与此同时，成立了中国外轮代理公司重庆分公司，中国外轮理货公司重庆分公司。

9月26日　四川省第一个军民结合，以发展民用商品为对象的经济联合组织——嘉陵牌摩托车经济联合体在重庆正式成立。

10月8日　重庆市人民银行信托公司成立开业。

10月16日　重庆钢铁公司生产的5236吨首批出口钢材启运。

1981年

1月1日　重庆市扩大“以税代利，独立核算，自负盈亏”试点，在一轻、电子仪表两个行业的63户国营企业试行。

1月1日　重庆市第一个集市批发市场——沙坪坝区双巷子水果批发市场正式建立。

1月10日　重庆机床厂试制成功我国第一台YBA3132型半自动滚齿机，经国家鉴定，各项技术性能相当于国外同类先进水平。

6月9日　重庆市联运服务公司与成都、内江、自贡、南充、涪陵、万县、合川、乐山、合江等地联运服务部门签订联运服务协议，实行水陆联运。

7月6日　重庆市政府召开人口普查会议，为1982年第三次全国人口普查作准备。

7月13日　重庆市长江、嘉陵江洪水瀑涨，全市发生保险赔案477件，赔款金额达1454万元。

8月11日—13日 重庆市政府召开区县长会议，专题研究财贸企业推行经济责任制的问题。

8月16日 长航东风船厂设计制造的我国第一艘内河专用旅游船“神女”轮试航。

9月8日 重庆市政府召开重点工程建设会议，要求所有重点工程都要推行经济责任制，以保证重点工程如期投产发挥效益。

12月4日 我国最大的铝材氧化上色车间在西南铝加工厂建成，设计能力年产氧化上色铝材3200吨。

1982年

1月1日 中国第一条大型城市跨江客运索道——重庆嘉陵客运索道，开始试行载客过江。

1月6日—8日 重庆市科协第二次代表大会召开。

2月1日 重庆市企业管理协会成立。

2月2日—8日 重庆市委召开四届十次全委扩大会议，强调要用四项基本原则指导经济建设，全面超额完成1982年国民经济计划。

3月2日 从贵州省乌江渡经遵义到重庆綦江县的220千伏高压输电线路，正式与四川联网送电。

3月10日 重庆市人大举行九届二次会议，号召全市人民行动起来，狠狠打击严重破坏经济的犯罪分子。

3月11日 重庆市国库券推销委员会成立。

7月17日 重庆水轮机厂、重庆电机厂等制造的水轮发电机组首次远销南美。

8月5日 重庆地区建造成的第一艘钢质海船——辽丹8号在重庆造船厂下水。

8月30日 四川汽车制造厂试制成功CQ3026、6×418吨公路载重汽车，是当时国内最大吨位级载重汽车。

12月28日 重庆市第一个年产90万吨原煤的大型矿井——石壕煤矿竣工投产。

12月30日 重庆长途通讯枢纽站——大坪电信大楼落成，投资600万元。

1983年

1月10日 重庆市委和市政府制订《关于在重庆市进行经济体制综合改革试点的意见》上报中共四川省委、省政府，并下发市级各有关单位，要求立即行动起来，为开展经济体制综合改革试点工作认真进行准备。

1月10日 成渝铁路电气化技术改造工程全面铺开。

1月25日 重庆市政府经济体制改革办公室成立。8月30日改为重庆市经济体制改革委员会。

1月 国家计委批准从1984年起对重庆实行国家计划单列体制，重庆在国家计划中单列户头，赋予重庆市相当于省一级的计划管理权，重庆市的各项计划由国家计委和中央各部委直接下达到市。外贸计划从1983年起实行单列。

2月8日 中共中央、国务院批准四川省委、省政府《关于在重庆市进行经济体制综合改革试点意见的报告》，决定在重庆首先进行综合改革试点。目的是进一步搞活和开放我国西南的经济，探索军工生产和民用生产相结合的新路子，摸索如何组织好以大城市为中心的经济区的经验。

3月19日 重庆市的大中型国营企业，除重庆钟表工业公司、印制三厂仍照过去办法执行外，都实行利改税制度。

3月22日 财政部《关于对重庆市专项拨款单列户头的通知》正式下达。

3月26日 重庆市政府和天津市政府正式批准两市建立经济技术协作关系。

4月1日 经中共中央、国务院批准，永川地区合并于重庆，实行市带县体制。重庆市下辖9区、12县，总面积由9848平方公里增加到22341平方公里。

4月1日 经中国银行总行批准，中国银行重庆分行由原来属于中国银行成都分行的三级分行，升格为一级分行，并享有口岸管辖分行权限，实行受中国银行总行和重庆市人民政府双重领导，以总行为主的领导体制。

5月20日 四川省第一个由政府部门转成企业组织的公司——重庆船舶工业公司成立。

5月29日 应美国西雅图市市长查尔斯·罗耶的邀请，于汉卿市长率重庆市人民政府友好访问团赴美访问，与该市签署了两市建立友好城市关系协议书，并商谈了两市的经贸和科技合作交流问题。

5月 四川省财政厅对重庆市财政体制作相应改革，使重庆市建立起相当于省一级的完整的财政。

6月6日 国务院作出《关于重庆市城市总体规划的批复》，原则同意重庆市的总体规划。

8月1日 重庆市非工业企业实行利改税方案。

8月11日 重庆市政府发出《关于城乡个体经济几个问题的通知》，规定个体工商户可以从事工业、修理业、运输业、房屋修缮业、城乡贩运业、服务业,饮食业、商业等生产、经营活动。

1984 年

1月1日　重庆嘉陵机器厂引进日本——本田技术生产的嘉陵牌 CJ—50 型新型轻便摩托车投放市场。

1月6日　中国重庆国际经济技术合作公司董事会成立,正式开展对外经济技术合作业务。

1月20日　中国首台大功率中高速 GMC5259 型船用齿轮箱在四川齿轮箱厂制造成功。

5月20日　以建设机床厂(总装厂)为龙头的重庆牌摩托车经济联合体正式成立。

6月13日　西南计算机工业公司在重庆市成立。

6月20日　重庆雅马哈 CY80 型摩托车在建设机床厂投产。

7月21日　重庆市一批国营饮食店开始实行租赁经营。

7月　重庆市各企业全面试行厂长(经理)负责制。

8月6日　重庆市政府与法国图卢兹市政府访问团签订了《会谈纪要》和《1984－1985 年交流项目》等协议。

8月22日　重庆市政府批准成立本市首家中外合资型企业——庆铃汽车有限公司。

10月1日　中国第一家大型民办集体航运企业——民生轮船公司成立,孙越琦任公司董事长,卢国纪、卢国纹分别任总经理和副总经理。

10月15日　重庆国际信托投资公司成立。

10月　重庆市全面实施第二步利改税,由"税利并存"逐步过渡到完全"以税代利",税后利税留给企业安排使用。

11月4日　西南四省五方(云、贵、川、桂、渝)经济协调会联络处工作会议在渝召开。

11月5日　重庆自行车公司生产的"五洲牌"自行车被确定为全国自行车"五大龙头"产品之一。

11月15日　长安牌 SC110 微型汽车形成日产 20 辆以上的生产能力,首批出车。

12月15日　国务院批准重庆市等 13 个城市享有拟定本市需要的地方性法规草案的权限。

1985 年

2月12日　中国技术进口总公司西南公司成立。

4月1日　中国饮料行业最大的联合体,以重庆饮料厂为主体的重庆天府可乐饮料工业公司成立。

6月11日　重庆铁马重型汽车联合体在西南车辆制造厂举行首批铁马 SC2030 越野载重汽车出厂仪式。

12月19日—21日　长江沿岸中心城市经济协调会第一次会议在渝召开。

1986 年

3月27日　重庆市与加拿大多伦多市结为姊妹城。

4月7日　中共中央政治局委员、国务委员方毅视察重庆钢铁公司第五分厂。

4月26日　联邦德国财政部长格哈德·施托腾贝格一行 7 人来渝参观访问。

5月3日　重庆、涪陵、达县、万县、南充、遂宁、泸州、宜宾、内江、自贡 10 市、地一致同意成立横向经济联系会,逐步建立长期、稳定、全面的经济联系和睦邻友好合作关系,共谋振兴,共同繁荣。

5月6日　大型精密仪器分析测试技术联合体——重庆分析测试联合中心成立。

5月17日—20日　日本广岛市市长荒木武先生率领广岛市友好代表团来本市进行友好访问。

6月11日　重庆浦陵机器厂和美国布瑞格森·斯达顿公司合资兴办重庆第一家中美合资企业浦陵——布瑞格森·斯达顿汽油机有限公司,双方代表在重庆市正式签约。

8月26日　重庆民生轮船公司发展国际海运,两艘万吨级海轮首航汉堡——连云港、新加坡——香港。

9月24日　我国包装行业第一个股份企业集团——重庆包装印刷工贸联合公司正式成立。

9月26日　重庆市第一条高等级公路——川黔公路四公里到九龙坡区大山村路段改造工程竣工。

12月8日　重庆重型汽车联营公司成立。由中汽公司等 18 个重型汽车生产企业、科研单位组成。

12月9日　全国数额最大的企业债券——重钢债券向社会发行,陆续向全国发售,发行额 1 亿元。

1987 年

1月7日　重庆市第一家股份式企业——重庆中药股份有限公司正式成立。国务委员张劲夫、市长肖秧等参加了剪彩仪式。

2月28日 重庆市“七五”期间重点工程之一——重庆珞璜电厂工程正式开工。

5月25日 中国银行重庆分行在本市首次发行金融债券500万元，期限1年，年利率9%。

7月1日 中国西南地区首家开展外汇信托业务的专业机构——重庆信托咨询公司开业。

9月30日 中外合资的“金鹊”电子有限公司成立。

11月16日 我国第一个实行股份制的企业集团——中国嘉陵工业股份有限公司(集团)正式成立。国务委员张劲夫、重庆市委书记廖伯康参加了剪彩仪式。

11月30日 重庆五洲电冰箱厂生产的五洲—阿里斯顿电冰箱通过四星级鉴定。

12月2日—4日 西南五省区六方经济区市长联席会第二次会议在重庆举行。

12月10日 美国波音飞机公司授与西南铝加工厂锻件生产许可证和铜质证件，对该厂生产的锻件质量认可。

12月25日 成渝铁路电气化改造工程竣工，年运量由610万吨提高到1300万吨。

1988年

1月7日 中国四联仪器仪表集团公司在重庆成立。该公司以四川仪表总厂为主体，联合市内外63个仪表企业和研究所组成，是目前我国仪表行业规模最大的跨地区的多种所有制企业并存的企业集团。

1月15日 国内首家300波特低速数据通信网在重庆开通。

4月21日 重庆市政府决定成立重庆市证券公司，开始办理国库券转让业务。重庆是全国首批开放国库券转让市场的试点城市。

5月3日 重庆电冰箱厂首批将军牌电冰箱1500台返销日本。

9月8日 经重庆市政府批准重庆市投资咨询公司成立，开展对国内外投资评估和咨询业务。

11月1日 国家“七五”重点建设项目——重庆至成都高标准新公路正式开工兴建。

1989年

1月1日 重庆市政府新制定《重庆市鼓励外商投资的规定》，并从1月1日起施行。

1月16日 重庆百货集团公司成立。

2月19日 重庆市政府召开“星火计划”工作会议，指出新的战略目标，安排上千个开发项目，依靠科技振兴农业。

2月20日 重庆航天机电设计院研创成功“天龙1号”机器人投入使用。

2月25日 由中国旅行社重庆分社和香港渝丰国际有限公司合资建设和经营，并聘请美国假日酒店管理的扬子江假日饭店部分开业。

3月9日 重庆市产业政策研究课题初审评议通过。

4月4日 重庆市国土局和中央第一家制药合资企业——重庆葛兰素制药有限公司，举行用地合同签字仪式，这是我市贯彻执行土地法以来，由政府国土管理部门签署的第一个中外合资企业的土地使用合同。

4月20日 重庆市第十一届人民代表大会第二次会议开幕，市长孙同川作了《政府工作报告》。大会指导思想是：发扬民主，集思广议、深入贯彻治理整顿和深化改革的方针。

5月11日 我国第一家微型汽车联合体——“长安”车销售集团成立。

7月10日 重庆华蜀光电集团与美国TCI公司合资创办两企业协议签字。

8月20日 重庆市政府发布关于整顿城区市场秩序的通告。

9月1日 重庆市开始发行保值公债。全市发行数额为1.7亿元。

9月25日 重庆经济协作区第二届交易会在重庆工贸大厦、西南经济协作大厦开幕。

9月30日 “89重庆对外经济技术贸易洽谈会”在南坪工贸大厦召开。这是重庆市有史以来第一次举办大型对外经济技术贸易洽谈会。

10月27日 长江沿岸城市金融横向联系网络第4次会议在渝达成一项协议：决定共同成立“清理拖欠办公室”，有步骤地解开长江沿岸城市企业间的拖欠锁链。

11月4日 在秋季广交会上，重庆市外贸系统出口成交总额达1.4亿美元，进口总额5905万美元，在参加广交会的13个单列市中排名第一。

12月12日 重庆市第一条一级公路——国道210线红双段建成通车。

12月12日 重庆广播电视技术中心成立。

12月14日 重庆市科技顾问团成立。

12月21日 长江沿岸中心城市经济协调会第五次会议在渝召开，23个城市的代表参加了会议。

12月下旬 据统计重庆市1989年粮食总产量达

57.5亿公斤,结束五年徘徊局面,创历史新纪录。

12月25日 重庆市沙坪坝科技产业开发试验区“沙中路科技一条街”建成正式投入使用。

12月25日 重庆市政府提出实施“三大工程”,作为90年代重庆市农业上新台阶的战略目标:一是综合开发300万亩冬水田,二是改造200万亩坡耕地,三是形成相当规模的“菜篮子”工程。

1990年

1月30日 重庆市把1990年作为科技成果推广应用年,首批推出粮食生产13项、蔬菜生产6项、多种经营19项。

3月10日 为贯彻落实“科技兴渝”战略决策,重庆市政府成立“依靠科技振兴重庆”方案起草组。

4月6日 重庆牌摩托车销售集团成立。

8月21日 重庆海南高科技开发区合作协议在渝签订。

10月11日 国家计委正式批准重庆市建设长江二桥。

12月27日 规模宏大的重庆国际经济贸易发展中心在江北红旗河沟正式奠基,该中心占地36亩,建筑面积11万平方米。

1991年

1月7日 重庆市少年科普文化中心奠基。

1月16日 重庆市搞活商业企业政策,实行“经营放开、价格放开,用工放开,分配放开”的四放开政策,在全市逐步推行。

2月6日 中共重庆市六届七次全委(扩大)会议开幕,大会以贯彻党的十三届七中全会精神为主题。

3月23日 重庆高新技术产业开发区被国务院批准为国家高新技术产业开发区,享受特区待遇。

4月24日 重庆等6个老工业基地在第七次全国企业技术进步会议上被国家确定为“八五”期间的技术改造重点。

6月15日 沟通我国中南和西南两大区的主要通信干线,重庆——武汉微波通信工程建成并投入使用。

9月10日 川、滇、黔、桂、藏、渝、蓉五省区七方经济协调会第11次会议在重庆召开,会议达成联合协作项目160项。

9月17日 在深圳举行历时5天的“91重庆对外经济贸易洽谈会”圆满结束。重庆市150多个单位参加展览。累计成交额3304.4万美元,签订合资合作项目16个,协议总投资17684.6万美元,其中利用外资2736.4万元,外贸成交商品共11大类,118个品种。

10月19日 重庆市委、市政府决定:为进一步搞活大中型企业,推出两个层次试点方案:一是在35家国营工交企业进行经营、定价、分配、用工、技改“五自主”试点;二是在6家企业参照“三资企业管理办法”试点。

10月27日 重庆被国家批准为高新技术开发区重点试验区。

11月1日 西南地区第一家规范化的外汇调节市场——重庆外汇调节市场10月31日正式开业。

11月20日 我国内河最大的港口码头工程重庆港朝天门客运设施码头工程开工。

12月20日 重庆市人大常委会举行第23次会议,初步审议重庆市10年规划和“八五”计划纲要。

(胡际权 整理)

公司所在地—川仪大厦

中国四联仪器仪表集团公司

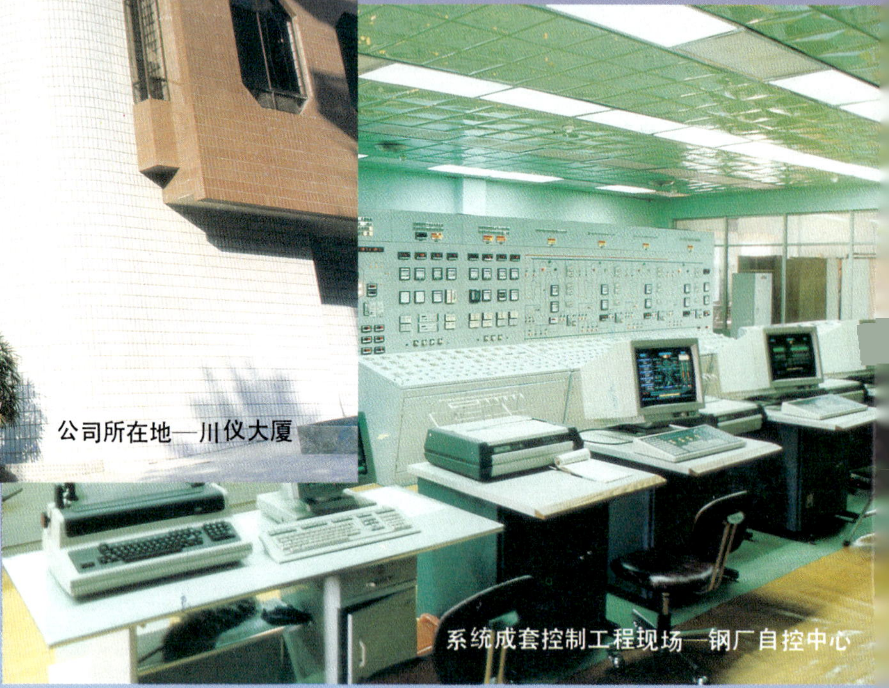

系统成套控制工程现场—钢厂自控中心

系统成套控制工程现场—热电厂自控室

总 经 理：万教明

地　　址：重庆市北碚

邮政编码：630700

电　话：（重庆北碚）

3992至3996

电　　报：0019

电　　传：62150

SICCB CN

传　　真：（08215）3997

1850毫米薄板轧机

西南铝加工厂

厂　　长：贺广瑗

地　　址：重庆市巴县西彭镇

邮政编码：631326

电　　话：812352　814998

电　　传：62151 SAFPCN

传　　真：810833

挤压型材

铝　箔

广　告

集团公司大楼

引进的易拉罐罐装生产线

重庆五洲实业公司
喜迎四方宾客 广交五洲朋友
重慶五洲實業公司
地 址：重庆市江北区建新北路39号
邮政编码：630020
电 话：752167（经营部）
五洲——阿里斯顿电冰箱荣
获首届全国轻工博览会金奖
公司大楼
广 告

重庆水泥厂
地　　址：重庆市南岸玛瑙溪
邮政编码：630060
电　　话：202162　203862
电　　报：重庆3136
广　告
水泥厂熟料车间

四川维尼纶厂
——西南地区最大的天然气化工化纤企业
涤纶长丝装置
厂区一角
地　址：重庆长寿
邮政编码：631254
电　话：重庆川维专线
电　传：62152 SVWPC CN
乙炔装置
广告

重庆特殊钢厂
冷拉材阀门钢
精密合金
国内唯一的合金钢小型连铸机
广　告

贵　　州　　省

主　　编：扈　伦
副 主 编：陶谋立
编写人员：王广成
工作人员：陶谋立　王广成

贵州省分目录

典型地区和典型企业

省 情 综 述

一、基本概况

（一）自然环境。贵州简称“黔”，位于中国西南地区南部，界于东经103°36′—109°35′，北纬24°37′—29°13′之间。东邻湖南，北连四川，南界广西，西接云南，是一个资源丰富、开发条件好的近海内陆省份。

贵州地势西高东低，平均海拔约1000米。岩溶地貌分布广泛，占全省土地总面积的70%以上。境内多山脉，主要有西部的乌蒙山，北部的大娄山，中部的苗岭，东部的武陵山。河流多发源于西部和中部，顺地势向北、东、南三面分流，河网密度为每平方公里17.1公里，流域面积在10平方公里以上的河流有984条。河流以乌江、苗岭为界，北属长江水系，南属珠江水系。

贵州属温暖湿润的亚热带季风气候区，具有四季分明，冬暖夏凉、光、热、水同季等特点。全省各地平均气温15℃左右，年平均日照时数1200—1400小时，年降水量850—1600毫米，常年相对湿度在70%以上，无霜期270天，农作物可一年两熟。

（二）行政区划。贵州全省设2个省辖市（贵阳市和六盘水市），3个自治州（黔东南、黔南、黔西南），4个地区（遵义、铜仁、安顺、毕节），7个地州辖市（遵义、都匀、铜仁、安顺、兴义、凯里、赤水），59个县，11个自治县，3个特区，6个市辖区。省会贵阳市。

1991年末全省总人口3314.63万人。

（三）自然资源。

1. 土地资源。贵州土地总面积17.61万平方公里，约占全国土地总面积的1.83%。其中，山地占87%，丘陵占10%，盆地和河谷平原占3%。土壤类型较多，黄壤面积最大，分布最广，其次是石灰土，分别占全省土地总面积的39.2%和24.8%。水稻土是主要耕作土，多分布于东部和中部地区。

2. 水资源。贵州的水资源，包括地表水、地下水和温泉。全省多年平均水资源总量为1216亿立方米，居全国第9位。其中，河川径流量1035亿立方米，深层地下水181亿立方米。河川径流年平均产水量每平方公里58.8万立方米，为全国平均水平的2.1倍。地下水系和岩溶泉，常年排泄量达270多亿立方米。

3. 生物资源。贵州生物资源丰富，种类多，分布广。在野生植物中，药用植物有3700种，资源量达196万吨。其中，可入药的真菌100余种，传统入药、民间用药和现阶段临床试验有效的常见药用真菌共约52种。天麻、杜仲、桔梗、天冬、银花、艾粉、吴萸、木瓜、牛膝、白芍、黄草等被称为“地道药材”，广泛分布于全省各地。其中，闻名遐迩的天麻、杜仲、黄连、黄草、吴萸为贵州“五大名药”。工业用野生植物有400种，贵州为鞣料植物五倍子的传统产地。可供食用的淀粉植物、油脂植物、维生素植物等种类共500余种。尤以刺梨、猕猴桃、余甘子为主的维生素植物和以木耳、香菇等多种真菌为主的蛋白质植物的质量最好，是贵州的优势资源之一。

贵州珍贵稀有植物种类较多，已列入国家珍稀濒危植物名录的有57种，占全国总数的16.1%。其中，属国家一级保护的植物有银杉、珙桐、秃杉、桫椤4种，占全国一级保护植物总数的50%。野生动物中，脊椎动物约有920种，占全国总种数的1/3。其中，淡水鱼类202种，两栖类63种，爬行类103种，鸟类421种，兽类131种。

分布在贵州的珍贵稀有动物有82种，其中，黑叶猴、黔金丝猴、华南虎、黑颈鹤、白鹳5种为国家一类保护动物。

贵州农作物品种，从亚热带到暖温带的作物品种几乎都有。粮食作物以水稻、玉米、小麦和薯类为主;经济作物以烤烟、油菜及麻类品种最多。烤烟、油菜已成为经济作物的重要支柱。主要森林种类中,用材林面积占森林面积的 80.9%,以杉、马尾松、其他针叶树及阔叶树为主。经济林主要有油桐、油茶、乌桕、漆树、核桃等。"大方生漆"、"六马桐油"为贵州名优土特产品。此外,天然牧草种类中,可作饲料的也有千余种。

4. 能源资源。贵州能源资源丰富集中,组合态势良好。煤田分布广、储量大、煤种齐全,具有数量和质量上的优势。目前,全省煤炭保有储量 490.3 亿吨(其中炼焦用煤 103.25 亿吨),居全国第 5 位,为江南各省区之冠。主要煤种有气煤、肥煤、焦煤、瘦煤、贫煤、无烟煤、褐煤等。贵州煤炭资源相对集中,主要分布于西半部。六盘水煤田储量占全省总储量的 28%,其中炼焦用煤占 81.1%,是贵州大型炼焦煤炭基地;织(金)纳(雍)煤田储量占全省总储量的 27.2%,是待开发的大型无烟煤基地。

全省水能理论蕴藏量为 1874.5 万千瓦,居全国第 6 位;平均每平方公里拥有理论蕴藏量 106 千瓦,居全国第 3 位;可开发量 1600 万千瓦,居全国第 6 位。贵州水能资源相对集中在乌江、南北盘江等干流上,水位落差集中的河段多,距负荷中心和交通要道较近,开发条件优越。

5. 矿产资源。贵州成矿地质条件好,矿产资源丰富。除煤炭资源外,全省已探明储量的矿种还有 73 种(金属矿 26 种,非金属矿 47 种),其中,居全国前 5 位的有 27 种。铝、磷、锰、锑等储量大,品质优良,为贵州的优势矿产资源。铝土矿保有储量 4.1 亿吨,居全国第 2 位,三氧化二铝含量在 70%左右,铝硅比大于 8 的矿石储量占总储量的 40%,以高铝、低铁、低硫矿石为主。其中猫场铝土矿保有储量 0.98 亿吨,远景储量可达 2 亿吨以上。磷矿保有储量 25.7 亿吨,居全国第 3 位,其中一级品富磷矿 4.4 亿吨,居全国首位。主要分布于开阳、瓮安、福泉、织金四县。其中开阳矿区储量占全省总储量的 12.1%,均为优质富磷矿;瓮(安)福(泉)矿区储量占 31.7%,矿石品位高,部分可露天开采;织金矿区储量占 53.5%,为含重稀土巨大型磷矿,稀土总量达 144.6 万吨,可综合开发利用。锰矿保有储量 8571 万吨,约占全国的 12%,集中分布于遵义和松桃。汞矿保有储量 3.35 万吨,居全国首位,主要分布于万山、铜仁、务川等地。黄金、锑、铅锌、冰州石等都具有很好的开发前景。

6. 旅游资源。贵州的旅游资源主要由地面自然风光、地下溶洞奇观和丰富多彩的民族风情所构成,具有浓厚的地方色彩和民族特色。

贵州的自然风光资源,在种类上有山脉、峡谷、石林;有溶洞、天生桥;有河流、瀑布、湖泊、温泉;还有森林及珍稀动植物等。在景源数量上,全省 80% 的市、县都有规模不等、形态各异的洞穴;数以千计的瀑布飞泉散布在几百条大小河流上,湖泊温泉星罗棋布;奇山怪石比比皆是,有代表性的各种自然风光资源就达 100 余处。不少自然风光还有明、清时代的古建筑与之交融,大多都保持着天然景观。黄果树瀑布、龙宫、织金洞、红枫湖、㵲阳河是国家重点旅游风景区。在著名的黄果树风景区,除早已闻名世界的黄果树大瀑布外,还有一连串的瀑布群,如陡坡瀑布、螺蛳滩瀑布、关脚峡多级瀑布等,整个瀑布群美妙多姿,雄伟壮观。座落在安顺市西南郊的龙宫,是一个串珠状地下岩溶洞湖,由龙门地下瀑布、天池、地下湖及云山石林所组成,山水林木相得益彰。被誉为"世界奇观"的织金洞,由石塔、石柱、石笋、石幔、石帘等组成,有 8 个景区,47 个洞厅,洞厅最高处 150 米,最宽跨度 175 米,是全国规模宏伟、自然造形奇特、洞穴堆积与结晶形态集中的著名溶洞之一。位于清镇、平坝两县之间的红枫湖,总面积达 110 平方公里,是由北湖、南湖、后湖三个湖区组成的风景秀丽的人工湖。蜚声遐迩的黔东㵲阳河风景区,景色秀丽迷人,人称五溪绝色。龙王峡、诸葛峡、西峡为㵲阳三峡。三峡的主水道全长 35 公里,既有长江三峡的雄奇险峻,又有漓江的柔娟奇巧,还有贵州岩溶地貌的诸般奇观。船行峡中,似有铁壁将合之感,奇险夺魄。

目前,贵州除上述 5 个国家重点旅游风景区和梵净山、茂兰 2 个国家级自然保护区外,还有六冲河(九洞天)、百里杜鹃、九龙洞、招堤、百花湖、马铃河峡谷等 16 个省级旅游风景区,其风光旖旎,各具风彩。

贵州风景旅游景点多在少数民族聚居地区。各民族以其悠久的民族文化,独特的生活习俗,丰富多彩的民族传统节日庆典,精巧的手工技艺和独具匠心的民族建筑所构成的浓郁古朴的民族风情与绚丽的自然风光结合在一起,蕴藏着一种诱人探幽猎奇的魅力,使贵州的旅游资源具有得天独厚的优势。

二、经济发展概况

党的十一届三中全会以后,经过 13 年的改革开放,贵州经济社会面貌发生了深刻的变化,经济实力进一步增强,人民生活有了明显的改善和提高。1991年,全省国民生产总值291.74亿元,比改革开放前的1978年增长2.1倍;国民收入239.54亿元,增长1.9倍;工农业总产值424.83亿元(1990年不变价),增长2倍;地方财政收入42.80亿元,增长2倍;社会商品零售总额105.42亿元,增长3.3倍;职工平均工资2120元,增长2.4倍;农民人均纯收入465.53元,增长2.7倍。1979年—1991年的13年间,全省国民生产总值平均每年递增9.2%,比改革开放前29年的年均递增率高3.7个百分点;国民收入年均递增8.4%,高3.1个百分点;工农业总产值年均递增8.7%,高2.6个百分点。地方财政收入、社会商品零售总额、职工平均工资、农民人均纯收入,都大大高于改革开放前29年的全省增长水平。

1979年以来,贵州的经济结构经过不断调整,有了进一步改善。首先从投资方面保证了农业、轻工业的优先增长,加快了能源、原材料工业和基础设施的建设,大力扶持集体经济和第三产业的发展。在第一、二、三产业之间,1991年与1978年相比,第一产业增长1.3倍,第二产业增长2.5倍,第三产业增长3.7倍。第三产业在国民生产总值中的比重,已由1978年的17.9%上升到24.1%,提高了6.2个百分点。第三产业落后于第一、二产业的状况有了明显改变。

(一)**农业**。随着农业生产条件的不断改善,农业生产已有较大发展,主要农产品产量大幅度增长。1991年,全省农业总产值164.6亿元(1990年不变价),比1978年增长1.1倍,平均每年递增6%,比前29年年均递增率高3.6个百分点。其中,种植业产值92.83亿元,比1978年增长73.9%;林业产值9.88亿元,增长72.8%;牧业产值43.45亿元,增长2倍;副业产值17.28亿元,增长3.6倍;渔业产值1.16亿元,增长4倍。在主要农产品中,粮食产量848.17万吨,比1978年增长32%;油菜籽产量57.62万吨,增长6.9倍;烤烟产量38.53万吨,增长3.8倍。畜牧业连续13年保持稳定增长,大牲畜年末数680.58万头,比1978年增长69%;生猪年末数1398.07万头,增长77.5%。目前,全省已逐步建立了粮食、烤烟、油菜、蔬菜、瓜果、生猪、商品牛、羊、家禽、林木等商品基地,农业生产正朝着商品化、专业化方向发展。

(二)**工业**。1991年,全省工业总产值260.23亿元(1990年不变价),比1978年增长2.6倍,平均每年递增10.3%。其中,轻工业总产值108.50亿元,比1978年增长2.9倍,年均递增11.1%;重工业产值151.73亿元,比1978年增长2.4倍,年均递增10.0%。到1991年底,全省独立核算工业企业达到5077个,比1978年增加1041个;从业人数达到95.58万人,为1978年的180.3%;拥有固定资产原值200.85亿元,比1978年增长1.8倍。全省工业已有有色金属、黑色金属、电力、煤炭、化学、机械、电子、建材、森工、食品、烟草、饮料、纺织、皮革、造纸等37个门类,200个行业。基本上形成了以自身资源和技术优势为主要特色的工业体系。

贵州的能源工业以煤炭工业和电力工业为主。煤炭工业,1991年全省有年产3万吨以上的国营矿井62处,年设计能力为1517万吨。盘江、水城、六枝三个统配煤矿拥有固定资产原值19.40亿元,从业人员8.84万人,共有矿井22处,设计能力1159万吨,选煤厂5座,年处理原煤能力560万吨。1991年,全省生产原煤3724万吨;调出省外煤炭902.1万吨。电力工业,现已建成清镇、水城、贵阳、遵义、都匀、凯里等火电发电厂和猫跳河梯级水电站、乌江渡水电站等骨干企业。目前,正在建设的大型电厂(站)有:天生桥水电站、东风水电站和盘县电厂。1991年,全省完成发电量116.03亿千瓦小时;输送省外9769万千瓦小时。

贵州的原材料工业主要有有色金属、黑色金属、化学、建材工业。有色金属工业已拥有一批骨干企业及专业配套齐全、技术力量雄厚的地质勘查、科研设计和基本建设队伍,工业企业达160个,已形成以铝、钛、汞为特色,包括硅、铅、锌、锑及稀有贵金属的生产体系。贵州铝厂为全国特大型铝工业联合企业,是目前国内最大的铝工业生产基地,铝锭产量居全国第一;电解铝和氧化铝生产能力为19万吨和40万吨,分别占全国电解铝和氧化铝生产能力的26.1%和11.8%。汞工业已有300余年的生产历史,贵州汞矿是全国最大的汞工业企业,年生产能力已达到1000吨以上。遵义钛厂是全国最大的海绵钛生产企业,年生产能力为2000吨,产量居全国之首,工业硅产量名列全国第2位。锑冶炼能力近1万吨,是贵州的重要出口创汇产品。黑色金属工业,已形成地勘、采矿、选矿、炼铁、炼钢、铁合金、金属加工、耐火材料等生产系列。已有水城钢铁公司、贵阳钢厂、遵义铁合金厂、贵州钢绳厂、贵阳耐火材料厂等一批重点骨干企业。水城钢铁公司为大型钢铁联合企业,已基本上形成了年产生铁100万吨,钢60万吨,钢材55万吨的综合生产能力,所产生铁在国际市场上享有声誉,钢材以线材和小型材为主。贵阳钢厂是目前全国最大的凿岩钎具的科研、生产和出口基地，特殊钢年生产能力已达到20万吨，五大系列凿岩钎具在全国独占鳌头。1991年，钎钢产量4985吨，钎钢出口量占全国钎钢出口量的70%。遵义铁合金厂是全国采、选、烧、冶综合配套的大型铁合金联合企业，年生产能力达到10万吨，占全国铁合金生产能力的11.1%，产品综合合格率达99.97%，超过国家标准。硅锰合金、低中炭锰铁、碳素锰铁和金属锰四大产品均为冶金部和省优产品。贵州钢绳厂是目前全国最大的生产各类钢丝绳的重点企业，产品均严格按国家标准和国际标准组织生产，1990年6%的产品达到国际标准和国外先进水平，多种规格的钢丝绳获得了英国劳埃德船级社和国家船检局的认可。

贵州黑色金属工业的主要产品有钢、生铁、钢材、焦炭、焦化副产品、电炉铁合金、钎子钢、高铝耐火砖、高铝熟料、特种耐火材料及各种规格的金属制品等。1991年，全省生产生铁81.30万吨，钢52.71万吨，钢材31.87万吨，铝9.11万吨，焦炭(机焦)67.86万吨，铁合金17.59万吨。化学工业，以煤化工和磷化工为主，有开阳磷矿、息峰磷矿，赤水天然气化肥厂、贵州化肥厂、剑江化肥厂、平坝化肥厂和贵州有机化工厂等一批重点企业。主要产品有化肥、磷矿石、合成氨、烧碱、硫酸、电石、冰醋酸、轮胎、橡胶制品、高锰酸钾、黄磷等200种。1991年末，全省化学工业拥有固定资产原值20.12亿元，从业人员7.9万人，已形成的年生产能力有磷矿石257万吨，化肥(折纯量)52万吨，基本化学工业、橡胶加工工业、精细化学工业也都具有一定的规模和能力。开阳磷矿已建成全国第一流矿山，贵州有机化工厂是生产多种基本有机原料及醋酸系列加工产品的大型企业。正在建设的瓮福磷矿一期规模为年产原矿250万吨(最终建设规模为年产原矿750万吨)，是目前正在建设的全国最大的磷化工基地；建设规模为年产80万吨重过磷酸的瓮福磷肥厂，前期准备工作正在加紧进行。1991年，全省生产磷矿石342.96万吨，化肥(折纯量)51.65万吨，合成氨44.03万吨，硫酸11.36万吨。建材工业，以水泥制造业为主体，除水城水泥厂、贵州水泥厂等一批中型企业外，全省各地、州、市和大多数县、乡都有小型水泥厂。1991年，全省建材工业企业已达到140个，其中水泥制造业企业79个。水城水泥厂生产的“乌蒙牌”525号普通硅酸盐水泥和贵州水泥厂生产的“乌江牌”普通硅酸盐水泥，分别获国家银质奖和省优质产品奖，在国际市场均享有盛誉。贵州的“晶墨玉”、“纹脂奶油”、“水桃红”等大理石和绿花岗石被列为国家珍品。近年来，全省一些新兴建材行业发展较快，已能生产加气混凝土、内外墙涂料、建筑瓷、马赛克、PVC高发泡墙纸、木地板、防水材料等五大类50余种新型建筑材料和装饰材料。1991年，全省生产水泥308.13万吨，平板玻璃41.50万重量箱。

贵州的机械电子工业拥有航天、航空、电子三大军工基地和精密光学仪器、磨料磨具、工业仪器仪表、低压电器、工业轴承、专用精密机床等企业集团和一批骨干企业，实力雄厚、设备精良、技术先进，具有较强的开发能力和引进能力。在民用机械工业中，不少行业的产品技术水平和产品产量在全国占有重要地位。新天精密光学仪器公司是全国三大光学仪器生产基地之一。第七砂轮厂、第六砂轮厂、第三砂轮厂已成为全国综合性磨料磨具的生产和出口基地。其中，第六砂轮厂是全国规模最大的超硬磨料磨具专业生产企业，已开发出的MBD12、SMD、SMD25、SMD30四个高品级人造金刚石系列产品，填补了国内空白。贵阳仪器仪表工业公司，是全国五大电工仪表生产基地之一。以贵州轴承工业公司为主体的轴承工业基地，产量居全国第4位。长征电器公司是全国五大低压电器生产基地之一，“七五”期间共开发新产品160个品种，其中达到国际先进水平的112个，有载分截开关、框架式开关、接触器等已被国家列为替代进口产品。以东方机床厂、险峰机床厂等骨干企业组成的机床工业基地生产的数控切割机床、轧辊磨床、导轨磨床，已达到80年代先进水平，填补了国内空白。由贵州工具厂、清平刃具厂、清化工具厂组成的量刃具工业基地，产品大量出口，被誉为“刃具之王”。贵州机械电子工业的主要产品有：歼教7P型飞机、涡喷13系列飞机发动机、舰炮雷达、重离子回旋加速器和同步辐射加速器的关键部件，高级人造金刚石、硅酸铝耐火纤维、厚薄膜混合集成电路、卫星通讯和卫星电视接收设备、大型精密机床、精密量具和刃具、轴承、磨料磨具、轿车关键零部件、电子原器件、仪器仪表、轻型载重汽车、汽车配件、微型汽车、内燃发电机组、彩色电视机、电冰箱、录像机、收录机等。

贵州的轻工业以食品、饮料酒、烟草、皮革业为主要特色，纺织业有棉纺、麻纺、毛纺、丝绢、印染和针织业。目前，饮料酒年生产能力已达22万吨，棉纺18.2万锭。皮革、造纸、塑料制品、饮料、罐头、屠宰及肉类加工、印刷、日用化工等行业也具有一定规模和能力。卷烟和饮料酒制造业是贵州轻工业的优势产业。全省有烟草加工业企业15个，饮料酒制造业企业132个。贵阳卷烟厂是全国20个最大的卷烟生产企业之一,年销售收入在18亿元以上。1991年,全省卷烟产量完成194万箱。贵州是中国名酒之乡,茅台酒自1915年巴拿马国际博览会获金奖以后,蜚声中外,被誉为国酒,几十年来,在全国历次评酒会上技冠群芳,独占鳌头,是贵州的拳头产品;董酒1965年跻身于全国八大名酒之列,一直保持良好销售势头,连续四届被评为全国名酒;湄潭窖酒获1988年莱比锡国际博览会金奖,以芳香、纯正、甘爽、余味无穷步入钓鱼台国宾馆、人民大会堂,列为天安门特制酒、宋庆龄基金会特制酒、国家驻外机构专用酒。以茅台酒为代表的贵州14种名酒已进入国际市场,销往26个国家和地区,深受海内外顾客青睐。1991年,全省生产饮料酒26.38万吨。

(三) **商业、饮食、服务业**。改革开放以来,贵州城乡市场繁荣兴旺,商业、饮食服务业蓬勃发展,形成了国营、集体、个体多种经济成份并存的商业、服务网络。到1991年底,全省有各种商业经营机构20.38万个,从业人员39.50万人。1991年,全省平均每一机构服务的人口数为:零售商业171人,饮食业1044人,服务业1235人;平均每一人员服务的人口数为:零售商业103人,饮食业599人,服务业635人。近年来,随着商业的发展和经营服务范围的不断扩大,商业服务设施的状况也逐步改观,全省已拥有一批较高档次的商场和营业服务设施。1991年,全省商业零售额完成77.22亿元,饮食业零售额3.80亿元。

(四) **金融、保险业**。1979年以来,贵州的金融保险事业得到了长足的发展。到1991年底,全省金融机构已发展到5805个,其中,银行机构2197个,非银行金融机构103个(保险公司96个,信托投资和证券公司7个),农村和城市信用社3505个。形成了以人民银行为领导,各专业银行(工商行、农行、中行、建行)为主体,多种金融机构在内的多层次、多形式、多种经济成份的金融体系。目前,贵州金融业务已扩展到信托投资、证券发行、外汇发放、同业拆借等10余项。1991年末,全省银行存款余额173.54亿元,贷款余额222.96亿元。资金市场和外汇调剂市场发展良好,1991年全省累计拆借资金62.46亿元,其中从省外拆入31.38亿元;调剂外汇2.3亿美元。在金融业发展的同时,贵州的保险事业也取得了新的进展。1991年末,全省为4278个企事业单位,70.89万户城乡家庭,297.11万人(次)提供了保险服务,承保资产总额478.57亿元。业务范围有财产、人身、涉外、农村四大类。近年来,由于积极拓宽服务领域,开发了新的险种,全省保险险种已增加到156种。1991年底,全省保险业务总收入2.64亿元,已结各种索赔案件15.71万件。

(五) **教育**。1991年底,全省普通高等学校已发展到24所(本科院校9所,专科学校15所),在校学生达到2.57万人;普通中等学校发展到1595所,在校学生达到100.23万人;普通中等专业学校发展到112所,在校学生达到5.35万人。从1979—1991年,全省用于教育的投资,累计(包括教育事业费)达到64.59亿元,新建、改建校舍467.1万平方米,教师住宅107.07万平方米。1991年,全省学龄儿童入学率已由1978年的89.4%提高到90.9%;基本普及初等教育的县已达到48个。在成人教育方面,1991年自学考试报考总人数达到7.51万人。

(六) **科技**。近几年来,贵州的科技事业发展较快,并在推动科技进步和经济发展中发挥了重要作用。全省各类自然科学研究和技术开发机构已由1978年的101个发展到1990年的393个。其中,独立科研机构114个;普通高等院校科研机构19个;大中型企业技术开发机构97个;集体、个体科研机构136个。各类专业技术人员21.75万人(全民单位),其中具有高级职称的8529人,占各类专业技术人员的3.9%;中级职称的38605人,占17.7%。全省已初步建立起一支实力比较雄厚的科技队伍,并且形成了全民、集体、个体办科技的良好格局。“七五”期间,全省共有1125项科研成果获省级科技进步奖,325项发明获国家专利。1991年,全省取得科研成果297项。其中,获省级科技进步奖230项;达到国际先进水平的35项;达到国内先进水平的97项。

(七) **医疗卫生**。1991年底,全省各类医疗卫生机构已发展到6908个,为1978年的110.1%。其中:医院3630个,门诊部(所)2674个;妇幼保健站89个;卫生防疫站104个。全省医院病床由1978年的3.75万张发展到5.40万张,平均每千人有医院病床数由1978年的1.40张增加到1.70张。专业卫生技术人员达到8.78万人,为1978年的151%。其中:医师(包括中、西医师)3.80万人;护师、护士1.85万人,平均每千人有专业卫生技术人员数由1978年的2.18人增加到2.64人。

(八) **外经外贸**。改革开放以来,贵州的对外贸易与对外经济技术合作发展很快。1991年,全省进出口总额2.43亿美元,比1978年增长13.8倍,平均每年递增23%。其中,出口总额1.87亿美元,比

1978年增长64.6倍,平均每年递增38%,农副产品占出口总额的比重已由1978年的93.3%下降到13.1%。为拓展对外贸易和开展对外经济技术交流,全省相应地进行了涉外机构的配套建设,成立了外汇管理局、中国银行贵阳分行、出口商品检验局和贵阳海关;成立了工贸结合的和地方综合经营的外贸公司,初步形成了对外经济贸易的组织体系,全省对外经济贸易机构已达到147个。1991年,在全省外出口总额中,农副产品占13.1%,工业制成品占68.7%,其中轻纺工业产品占26.4%,重化工业产品占73.6%。

截止到1991年底,全省累计利用外资项目142个,利用外资金额2.2亿美元;批准外商投资企业106个,其中合资经营企业83个,合作经营企业13个,外商独资企业10个。已建成投产企业45个。到1991年底,与贵州发生经济和贸易往来的国家和地区已发展到59个。此外,在加强与四川、云南、广西、西藏、重庆、成都五省(区)七方间联合的同时,进一步巩固和发展了与其他省、市(区)的横向经济联合,全年完成和正在执行的经济技术协作和联合项目295个,引进资金3亿元,实现物资协作总额10亿元。到1991年底,贵州已在沿海地区开设了100多个"窗口"。

三、基础设施

(一) **交通运输**。贵州交通运输业发展较快,基本上形成了由铁路、公路、水运、民航等运输方式组成的运输体系。1991年全社会货运量完成11666万吨,客运量完成53171万人,货物周转量231.27亿吨公里,旅客周转量86.04亿人公里。

1.铁路　贵州境内铁路由黔桂、川黔、贵昆、湘黔4条铁路干线和4条铁路支线,8条联络线以及沿干、支线修建的120余条厂矿企业专用线组成。干、支线延展长度为1535.1公里。全省铁路通车里程达1481公里,车站176个(含6个乘降所),铁路路网密度为每万平方公里84公里。湘黔、川黔、贵昆三线铁路干线(贵州境内)已实现了电气化,通车里程843.3公里,铁路电气化水平居全国之首。穿越贵州西部的南昆铁路干线已动工兴建。1991年,铁路运输能力年货运量1964万吨,客运量1218万人次;货物周转量完成192.73亿吨公里,旅客周转量56.63亿人公里。

2.公路　贵州的公路,主要有5条国道线和30条省级干线。1991年,全省通车里程31157公里,路网密度为每万平方公里1769公里。全年货物周转量完成35.10亿吨公里,旅客周转量29.16亿人公里。"七五"期间,全国高等级公路三大重点之一的贵阳至黄果树、贵阳至花溪的公路建成通车;建成习水马临至四川合江等一批较高等级公路。贵阳至遵义高等级公路也将动工兴建。1991年底,全省民用汽车拥有量101943辆,266889吨位、458386个客位。

3.水运　贵州主要河流有乌江、赤水河、清水江、都柳江、南北盘江、红水河等,其长度在50公里以上河流有93条,总长度为11270公里。北入长江,南下珠江,东到湖南沅水,是与华东、华南、华中等地联系的重要水道。全省内河通航里程已达到1773公里,1991年货物周转量完成3.44亿吨公里,旅客周转量2500万人公里。全省拥有民用运输船舶机动船681艘,净载重量8072吨,8341个客位,驳船273艘,净载重量34920吨,1070个客位。

4.民航　贵州现有一个民用机场,已开辟航线16条,每周有100个航班往返于北京、上海、武汉、广州、成都、昆明、厦门、桂林、重庆、深圳、海口等各大中城市。贵阳龙洞堡机场(4D级)国家已批准立项建设,"八五"期间可建成交付使用。

(二) **邮电通讯**。近几年来,贵州的邮电通讯事业发展很快,通讯状况已有很大改观。到1991年底,全省邮电局、所已发展到1339个。邮路达到553条,总长度为36543公里。其中:航空邮路8条,铁道邮路6条,汽车邮路272条,农村邮路432条。邮政除传统服务项目外,新增加了特快专递、邮政快件、邮政储蓄等服务项目。1988年,开通了430公里300路小同轴长途电缆线路;全省有微波中继站15个,在全国微波通讯网中处于重要地位,是全国微波通讯的五大中转枢纽之一。全省各地、州、市及部分县已进入全国长途电话自动网。全省市内电话机总容量84900门,其中程控电话机总容量12200门;用户交换机总容量87436门。贵阳市开通了无线电话寻呼系统,贵阳的国际直拨电话可通达169个国家和地区。全省已形成了一个以贵阳为中心,覆盖地、州、市、县、乡的省内邮电通讯网路。1991年,全省邮电业务总量完成15814万元。

此外,全省大容量微波工程即将竣工,地、州、市以上城市新建12.5万门程控电话工程和5700路长途程控电话工程也已开始实施。

(三) **供电供水**。到1991年底止,全省拥有电力装机容量272.74万千瓦,其中水电142.58万千瓦,火电130.16万千瓦,全年发电量116.03亿千瓦小时。目前,在建水电站有装机容量51万千瓦的东风水电站，装机容量208万千瓦的天生桥水电站；火电有装机容量25万千瓦的遵义电厂和装机容量60万千瓦的盘县电厂。"八五"期间，可新增装机容量200万千瓦，除满足本省需要外，将向广东、广西输送电力。全省现已形成22万伏输电线路网络，与云南、四川连接成西南电网。1991年已建成贵阳至天生桥50万伏超高压输电线路。天生桥至广州50万伏超高压输电线路正在建设中。

贵州雨量丰沛，水源充足，水质优良。河川径流量1035亿立方米，深层地下水181亿立方米，拥有水库23座，提水站4座，引水工程6处，全省水利工程年供水量53.92亿立方米。贵阳、安顺、遵义、六盘水等地、州、市已建有自来水厂13个，城市自来水综合生产能力日253.4万吨，供水总量45376万吨。全省城市人均自来水日生活用水量119升；自来水普及率达93.3%。近期内还将建设一批自来水厂，可以满足工农业生产和城市生活用水的需要。

（四）旅游和文化娱乐设施。随着对外开放的不断扩大，贵州加快了宾馆饭店的建设，各项接待服务设施正逐步完善。全省现有三星级饭店2家，二星级饭店2家，别墅式宾馆一家，还有一批经过改造已具备较全功能的涉外饭店，接待能力为年10万人次。贵州饭店和贵阳金筑大酒店是贵州的主要宾馆饭店，为中外合资企业。建筑面积分别为3.87万平方米和1.75万平方米，均为国际三星级水准，共设有客房585套，床位1109张。开设有高级中餐厅、西餐厅、酒吧、舞厅、按摩室、美容室、健身房、邮电通讯、机票订购等服务项目，到1991年底共接待中外宾客10.5万人次。

全省有公共图书馆85个，电影院、影剧院345座，博物馆4个，文物商店1个，新闻出版发行单位90家，广播电台6座，广播发射和转播台11座，电视台7座，电视发射和转播台893座。此外还有公园、文化宫、游乐活动中心、歌厅、舞厅、录像放映、运动场、体育馆等一批文化娱乐设施。

四、发展设想

在"八五"期间和90年代，按照全国生产力的总体布局，贵州经济发展的基本思路是：打好农业基础，发挥六大优势，加强基础设施建设，突出科技教育，深化体制改革，搞好外引内联。"根据这一思路，今后10年和"八五"期间，贵州产业发展的重点是：大力加强和发展农业；发挥水煤结合的能源优势，大力发展能源工业；发挥铝、磷、锰、钛等资源优势，大力发展原材料工业；发挥卷烟、酿酒业等优势，大力发展轻工业；发展军民结合的优势，大力发展机械电子工业；发挥就地取材的优势，大力发展磷化工、煤化工；发挥自然景观、民族风情的优势，大力发展旅游业；加强基础设施建设，大力发展第三产业。坚持以资源综合开发、加工增值为重点，进一步扩大对外开放，振兴贵州经济。在地区生产力布局上，坚持统筹规划、合理安排、突出重点、带动一般、优势互补、协调发展的原则，逐步实现全省范围内的资源合理开发利用，重点搞好乌江干流沿岸地区、攀西——六盘水和红水河开发区贵州境内地区国土资源的综合开发，推动全省经济的发展。

根据产业政策的要求，全省规划为5个经济开发区：

1. 黔中区，以贵阳市、安顺市为依托，包括22个县市。重点发展能源工业；以铝、磷为主的原材料工业；机械电子工业；以卷烟、酿酒、纺织为主的轻纺工业。

2. 黔东北区，以遵义、铜仁两市为依托，共有25个县市（特区），以发展化学工业、机械电子工业和轻纺工业为主，并利用该区酿酒业的优势大力发展名、优酒的生产。

3. 黔西北区，以六盘水市和毕节为依托，包括9个县（特区），重点发展能源工业，开发六盘水、织纳煤田，发展煤电联营和煤化工。

4. 黔东南区，以凯里市和都匀市为依托，共有22个县市，以发展水电能源工业、电子工业、化学工业、纺织工业和旅游业为主。

5. 黔西南区，以兴义市为依托，共有10个县，重点发展水电能源工业，以黄金为主的原材料工业和以制糖、饲料业为主的轻工业。

为加快贵州资源的开发和利用，尽快地把资源优势变成经济优势，使贵州经济更快发展，贵州竭诚欢迎港澳同胞、海外侨胞、外籍华人、外国财团、跨国公司和国内各地区、各企业、各界人士来贵州兴办各种企业。近期，贵州拟与国内外投资者进行经济合作的主要项目有：

1. 能源工业：开发建设乌江干流各梯级水电站及其他水电站；建设大型坑口路口电站和煤电联营项目；建设电力与耗能工业联营的项目；特需煤炭产品的开采和加工。

2. 有色金属工业：高效节能铝工业工艺及设备，大容量节能低耗钛工业技术及设备，大型铝土矿地下开采技术及设备，锌冶炼以及以有色金属为原料的深加工产品。

3. 黑色金属工业：铁矿、锰矿、硬线来料加工，生铁及生铁制品生产，钢及钢材生产，高铝钒土熟料及耐火制品生产、金属制品和凿岩钎具。

4. 化学工业：磷化工——磷矿开采、磷肥、黄磷、有机磷农药及中间体、精细磷化工制品；煤化工——炼焦工业、焦油精制及深加工、煤的气化及合成基本有机化工原料、电石——乙炔深加工，以煤为原料生产合成氨、氮肥；林产化工——五倍子加工工业；无机盐——磷酸盐、锰盐、锌盐、铝盐、铅盐和钡盐的生产及加工系列产品；橡胶制品业。

5. 建材工业：水泥、玻璃及深加工，建筑卫生陶瓷，各种新型建筑材料和装修装饰材料，大理石、绿花岗石开采与加工，高岭土、水晶、冰洲石的开采与深加工，辊道窑用瓷管，熔铸刚玉和锆刚玉生产技术，非烧结砖技术。

6. 医药工业：化学原料药、生物药品的开发，引进先进的生产工艺、设备及技术；以贵州中药资源为原料的药品提取和深加工；药用包装玻璃瓶、曲颈安瓿、节能高效窑炉设备及生产技术；助听器、听力计、微型电动手术器械、单边及三边心电图机、袖珍X射线机以及各种精密医疗器械的生产设备及技术。

7. 机械电子工业：基础件——各类轴承和大型、精密、高效、长寿命磨具，专用集成电路，特种元器件，片式元件，三级管芯片，接插件，敏感元器件，传感器，特种电机，磁性材料，工程液压件，标准紧固件，继电器，铝、钽电解电容器，导电橡胶板，陶瓷压电器件，印刷线路板，银锌电池，镉镍电池，太阳能电池，锌空电池。机床工具——数控、高精、重型金属切削机床，线切割机，数控轻型龙门镗铣床，多用磨床，特种刚玉，重负荷砂轮，薄片砂轮，超硬磨料及高速高效超硬磨料制品，出口用高级波刃立铣刀，石油机具。仪器仪表——电子仪器仪表，光学仪器，位移传感器及数显装置，井深测试仪，影视照像光学组件，数字测量仪器仪表。电工电器设备——大容量电力变压器，各型电机，特种电机，电力电缆，高低压成套控制装置，低压电器。工程机械及农用机械——大、中马力柴油机。液压挖掘机，小型拖拉机，花岗石、大理石加工机械，食品加工机械，烟草加工机械。通讯设备——卫星通讯设备、移动通讯设备、小型数控站系统、微波通讯设备、电子电话机、程控交换机。广播电视设备——双向电缆电视系统，数字电视机，袖珍电视机，激光唱机，卫星电视接收设备，录像机、高精录音机机芯。计算机及其应用——计算机硬件及软件开发，可编程序控制器，数控系统，专用微机，过程控制微机，薄型及超薄型计算器。其他电子设备——汽车电子，采矿及石油勘探电子、铁路电子、电力电子及医用电子设备，空中交通管制系统，表面安装设备，片式元件生产设备，其他电子专用设备。

8. 轻纺工业：日用化工、食品加工、矿泉饮料开发、日用玻璃、陶瓷、工业用陶瓷、皮革、塑料加工、制浆造纸、包装印刷、纺织印染、化纤、服装鞋帽、五金家电、工艺美术以及天然香料深加工技术，高效、连续、低耗、安全、卫生的食品加工设备及技术，新型先进的鞣革工艺及革制品表面处理技术，纺织印染设备及生产技术，制浆造纸新工艺，塑料加工设备及技术，五金家电生产设备及技术，粮油加工设备及技术。

9. 农业和林业：粮、油、果树、糖蔗、烤烟等新品种的开发以及木材综合利用，林化产品，优良种畜种禽、林产品综合开发，优质饲料，化肥、农药及适用农机具。

（王广成 撰搞）

附录

对外协作、引进外资的优惠政策

(一)税收。外商在贵州省投资兴力企业，主要享受下列优惠政策：

1. 外商投资兴办独资经营、合资经营和合作经营的生产性企业(除石油、天然气、稀有金属、贵重金属等资源开采项目外)，经营期在10年以上的，从开始获利的年度起，第1年和第2年免征企业所得税，第3年至第5年减半征收企业所得税。

2. 外商投资兴办农业、林业、牧业和设在经济不发达的边远地区的外商投资企业，依照(一)项规定减、免税期满后，按税收管理权限报经批准，还可以在以后10年内继续减征15%至30%的企业所得税。

3. 外商投资兴办产品出口企业，按(一)、(二)项规定减、免税期满后，凡当年企业出口产品产值达到70%以上的，可以按照现行税率减半征收企业所得税。对出口创汇高的，报经有关部门核准，还可给予更多的优惠。

4. 外商投资兴办先进技术企业，按(一)、(二)项规定减、免税期满后，可延长3年减半征收企业所得税。

5. 外商投资者将其从企业分得的利润直接再投资于该企业，增加注册资本或在我省再投资兴办、扩建企业，经营期限不少于5年的，经申请核准，退还其再投资部分已缴纳企业所得税款的40%；如将其分得利润在我省再投资兴办、扩建产品出口企业或先进技术企业，经营期不少于5年的，经申请核准，全部退还其再投资部分已缴纳的企业所得税款。

6. 外商投资兴办企业，免征地方所得税7年。投资于能源、原材料、交通、通讯和农业等开发性项目，兴办产品出口企业、先进技术企业和在少数民族地区、边远地区兴办企业，免征地方所得税10年。

7. 外商投资企业自建的房屋或购置的新建房屋，自建成或购置月份起，免征房产税1至3年。免征车船使用牌照税1至3年。

(二)外汇管理和资金筹集

1. 外商投资企业生产的产品，其性能、质量达到替代进口产品要求的，鼓励优先采用，进口审批部门应限制进口此类产品。外商投资企业销售本企业生产的替代进口产品时，允许收取外汇，全额留存。

2. 外商投资企业承接国内不能生产，而我省需要进口的产品订货，经省外汇管理局批准，可以部分或全部外汇结算。

3. 外商投资企业外汇收支平衡发生困难时，在外汇管理部门的监督和管理下，外商投资企业之间可以互相调剂外汇余缺；也可经外汇管理部门批准，由主管部门的自有外汇调剂解决或进入外汇市场进行调剂。

4. 外商投资企业外汇平衡存在暂时困难，可以在一定期限内，申请用人民币购置国内产品(国家规定统一经营的商品除外)出口，所获外汇全部归企业所有，以解决本企业的外汇收支平衡。

5. 外商投资企业申请借贷短期周转资金和其它必需的借贷资金，经用户银行审核后，优先给予贷款。

6. 中国银行贵阳分行、中国人民银行贵州省分行及其指定的其他银行，可以对外商投资企业开办现汇抵押业务，贷放人民币资金。抵押贷款可用于流动资金，也可用于固定资产投资。经报国家外汇管理局贵州分局备案，外商投资企业也可以直接向外国或港澳地区的银行或企业借入外汇资金。

(三) 场地使用费。外商在我省投资兴办企业，优先提供所需的场地，并享受下列优惠待遇：

1. 经营期在10年以上的企业，免缴场地使用费5年。免缴期满后，按每年每平方米2至3元计收。

2. 产品出口企业和先进技术企业依照前项规定免缴场地使用费期满后，按每年每平方米1至2元计收。

3. 在我省少数民族地区和边远贫困地区兴办企业，自行开发场地的，免缴场地使用费。

4. 因不可抗力或其他特殊情况，造成经济上严重损失，在免缴期满后，确实无法缴纳场地使用费的，经申请批准，可缓缴或减免场地使用费。

(四) 生产经营

1. 对外商投资企业，优先纳入固定资产投资计划；优先提供生产经营所需的资源、能源、建筑材料、生产原材料、通讯设施、专业人才和劳动力；优先安排施工、运输和交通设施；按归口渠道，以国营企业享受的同等价格，供应所需的物资。

2. 中外合资、合作经营企业生产的产品，外销确有困难的，我省可以照顾安排一定比例内销。

3. 依法维护和保障外商投资企业的生产经营自主权和其他正当权益。外商投资企业按照经过批准的合同、章程和协议，进行合法生产经营和管理活动，任何部门不得干涉；外商投资企业有权自主制定生产经营计划，收支预算；自行确定利润分配、出口产品销售价格；自主设置机构、人员编制、聘用或辞退员工；自行确定企业工资标准、形式和奖励、福利、津贴等制度。

4. 外商获得的利润、其他合法收入和清算后的资金，经税务机关确认，可以依法汇往境外。

5. 外商投资企业需要的工人、专业技术人员和经营管理人员（包括高级管理人员），由企业面向社会公开招聘，也可以从中方合营者推荐的人员中选聘。在本地区招聘职工不能满足需要时，可以跨地区招聘。

6. 对在我省的外商投资企业，除国家法律、法规和规章规定的外，一律不再摊派任何费用。

（五）海关和出入境管理

1. 外商投资企业为履行其产品出口合同，需要进口（包括国家限制进口）的机械设备、生产用的车辆、原材料、燃料、散件、零部件、元器件、配套件，不再报请审批，免领进口许可证，由海关实行监管，凭企业合同或者进出口合同验收。

2. 外国合营者作为投资的进口设备、物资，其中国家限制进口商品凭批准合同可直接申领进口货物许可证；一般设备和物资，免领进口货物许可证。海关凭批准合同和进口单证查验放行。

3. 中外合资经营企业在批准的合营合同规定的经营范围内，中外合作经营企业在该合作合同项目范围内，自行进口本企业生产所需的机器设备、零配件、原材料、燃料。其中，国家限制进口商品，须申领进口货物许可证（列入本企业年度计划的可半年申领一次）；非限制进口商品，免领进口货物许可证。

4. 外商投资者及其从我国境外聘请的技术和管理人员，因生产经营活动需要经常进出我国国境的，可申请办理一年多次出入境证件。外商投资企业的中方人员需要到我国境外洽谈贸易或考察，有关部门应及时办理审批手续。

华侨、港澳和台湾同胞在贵州省投资兴办企业，除适用上述鼓励外商投资优惠政策外，还享受下列优惠待遇：

1. 华侨、港澳和台湾投资者在我省境内的投资、购置的资产、工业产权、投资所得利润和其他合法权益受国家法律保护，并可以依法转让和继承。

2. 国家对华侨、港澳和台湾投资者的投资和其他资产不实行国有化。

国家根据社会公共利益的需要，对华侨、港澳和台湾同胞投资企业实行征收时，依照法律程序进行并给予相应的补偿。

3. 华侨、港澳和台湾同胞投资兴办企业，免征地方所得税10年。投资于能源、原材料、交通、通讯和农业等开发性项目，兴办产品出口企业，先进技术企业和在少数民族地区、边远地区兴办企业，免征地方所得税15年。

4. 华侨、港澳和台湾同胞投资企业自建的房屋或购置的新建房屋，自建成或购置月份起，免征房产税8年；免征车船使用牌照税8年。

5. 华侨、港澳和台湾同胞投资企业需进口用于生产出口的原材料、燃料、散件、零部件、元器件、配套件，免缴进口关税、工商统一税，免领进口许可证；对在其投资总额内进口本企业所需的机器设备、生产用车辆和办公设备，以及华侨、港澳和台湾同胞个人在企业工作期间运进自用的、合理数量的生活用品和交通工具，免缴进口关税、工商统一税，免领进口许可证。

华侨、港澳和台湾同胞投资企业生产的出口产品，除国家限制出口的外，免缴出口关税和工商统一税。

6. 华侨、港澳和台湾同胞投资企业可以向境内的金融机构借款，并可以本企业资产和权益抵押、担保。

7. 华侨、港澳和台湾同胞在我省投资可以委托境内的亲友为其代理人。代理人应当持有具有法律效力的委托书。

8. 利用亲友关系，为我省引进华侨、港澳或台湾同胞投资，举办合资、合作经营企业的个人，经有关部门确认，在项目合同批准并通过验资后，由我省合资、合作方给予适当奖励。

9. 华侨、港澳和台湾投资者可以在投资的企业中安排适当数量的亲属就业。在合资经营和合作经营企业中安排的人数，由合资或合作双方商定，其安排就业的亲属户口在农村的，可转为企业所在地的城镇户口。其标准为：投资额在10万至30万美元的，可批准3人以内；投资额在31万美元以上的，可批准5人以内。

外商和华侨、港澳和台湾同胞来我省投资兴办企业，除享受上述优惠待遇外，还可进行单项洽谈，商定更加具体的优惠条件。

典型地区和典型企业

在改革开放中前进的贵阳市

贵阳以位于贵山之阳而得名，是贵州省省会，简称筑。现辖云岩、南明两城区，花溪、乌当两郊区和白云工矿区，总人口167万人。1991年，全市国民生产总值完成48亿元，国民收入完成36亿元，实现国家税收近20亿元，经济实力日益增强，人民生活逐年改善，社会事业稳步发展。

一、地理特征

贵阳地处全省的几何中心，北纬26°11′—26°55′，东经106°27′—107°03′，南北长79公里，东西宽57公里，总面积2436平方公里，平均海拔1250米，年平均气温15.3℃，年平均降雨量1200毫米，全年无霜期270天，森林和灌木林覆盖率20%以上，野生植物资源2400多种，野生动物资源200多种，栽培植物800多种。

贵阳市境内矿产资源丰富，主要矿种有铅土、硫铁、煤、石英石、石灰石、白云石、重晶石和大理石等19种，以铝土矿最为有特色，已探明储量达4亿吨以上，品位多为Ⅰ、Ⅱ级。以贵阳为中心的黔中地区也是全国矿产资源和能源最富集的地区之一，不仅矿种多、储量大，而且易开发。磷矿已探明储量达20亿吨以上，煤炭已探明储量达100多亿吨，水能蕴藏量达740万千瓦，是全国重要的磷、煤和水能基地。这种矿产资源与能源相结合的优势，在国内也属少有，是进一步发展加工工业的重要条件。

市内气候温和，山水秀丽，是我国西部重要的旅游腹地。市内有被誉为贵州高原明珠的花溪、号称黔南第一山的黔灵山、独具秀色的甲秀楼、奇特的白龙洞钟乳石，以及百花湖、天河潭等，是旅游避暑的好地方。与贵阳邻近的黄果树瀑布、龙宫、织金洞、天星桥、舞阳河、茂兰等山光水色，正在成为国内新的旅游热点，迎接国内外来宾。

二、城市概貌

经过40多年的建设，特别是1986年国务院批准了贵阳市城市总体规划以后，贵阳市的面貌有了显著的变化，逐渐形成了中心区、小城镇和乡村三个层次的城镇格局。中心区先后改、扩和新建了延安路、北京路、遵义路、瑞金路、中华路、中山路和外环路等15条大街，布局以商业、机关和居民文化生活等公用事业为主，间有部分技术与劳动密集型工业企业。小城镇以冶金、机械电子、化工、食品、轻工、交通等工业小区和旅游、文化小区为主，有白云工矿区、小河工业区、花溪旅游区、龙洞堡文教区和贵阳新技术产业开发区等。乡村主要是村寨和乡镇企业。市内交通四通八达，连接四条国道和省际公路干线的西南环线公路已经修通，全市村村通公路。市内供水已先后修建了花溪水库，松柏山水库、阿哈水库等几十座中小型水库，改扩建或新建了河滨、南郊、中曹和东郊等7个水厂，日综合供水量近50万吨，加上部分厂矿自供水，城市供水普及率达90%以上，基本满足了生产和生活需要。城市排水经过多年的建设，已形成较为完善的体系，贵阳市环境优美、生态良好，是全国绿化先进城市，城周环绕绿化林带8000多公顷，建成区绿化覆盖率达30%，人均占有绿地16平方米。随着贵阳煤气工程在1995年全部建成投入使用，城市80%以上的居民将直接受益，届时将大大降低大气污染，城市生态环境将发生根本性改善。

三、社会发展

社会的稳定为经济发展提供了良好的社会环境。贵阳市社会稳定，人民安居乐业。正在实施的“科教兴市”战略，给经济建设增添了活力，全市70多个专业科研机构和设计院，60多个非独立科研机构，

10多所高等院校,10多万科技人员积极面向经济建设。中科院地球化学研究所,贵阳铝镁设计院,贵州科学院等科研机构,贵州大学、贵州农学院、贵阳医学院、贵州工学院等高等院校在全市的经济建设中发挥了重要作用。"七五"期间全市有300多项科研成果荣获国家、省、市科技进步奖。贵州大学在数理逻辑递归论方面的研究处于世界前沿,中科院地化所在地球化学和天体化学等方面的研究达到世界水平,第七砂轮厂刚玉冶炼倾倒炉及工艺达到世界先进水平。教育事业兴旺发达,全市有高等院校14所,中专学校42所,普通中小学600多所,并发展了成人教育和职业教育。有近3万人在校接受高等教育,近12万人在校接受中等教育,为科技事业和经济发展培养了后备大军。目前全市有公共图书馆5个,总藏书240多万册,出版报纸16种,总印数达1.5亿份,杂志58种共600多万册,电台两座,电视台二座,广播覆盖率100%,电视覆盖率91%。卫生事业进一步发展,已有医疗机构600多个,医院病床1万多张。

四、现代化工业

工业经过几次大的投入,特别是近10多年来的建设和调整,已形成了冶金、能源、食品、机械、电子、轻工、纺织、化工和军工等34个门类的比较完整的工业体系,拥有固定资产原值56亿元,生产企业1300多家,职工队伍30万人。1991年完成工业总产值80亿元,占全省的1/3左右。全年完成电解铝8万多吨,卷烟82万箱,原煤315万吨,发电10亿度,钢21万多吨,水泥近70万吨,轮胎60万条,彩电8万台,洗衣机10多万台,挖掘机543台、磨料10多万吨,饮料酒4万吨,内燃机68万千瓦。已建成的白云、小河等各具特色的工业区和贵阳卷烟厂、贵州铝厂、贵阳矿山机器厂等70多家大中型企业在整个工业发展中起着主导作用。利用得天独厚的矿产资源和能源相结合的优势,贵阳已成为全国最大的铝工业基地和磨料出口基地,磷化工正在迅速发展,钢铁工业已具一定规模。电解铝产量占全国的1/4,磨料出口量占全国的40%,钎钢产量占全国的80%,黄磷已打入国际市场。烟草工业在贵阳具有特殊位置,卷烟税收常年占全市地方财政收入的60%以上,是全市乃至全省财力的一大支柱。机械电子和军事工业实力雄厚,技术力量和装备为各行业之首,所生产的大型精密机床、工程机械、动力机械、光学仪器、轴承、磨料、电子、工具、机械基础件和航空航天工业产品等在国内具有重要影响,不少产品走俏国际市场,有的产品已处于国际领先地位。近年来,随着一批国防军工企业和科研部门的陆续迁入,贵阳正在成为我国西部机械电子工业的重要基地。化学工业的发展也具有相当优势和潜力,橡胶工业已成为全国重要生产基地之一,磷化工系列产品正逐步走向国内外市场。建材工业,纺织工业也具有一定规模。

五、城郊型农业

农业通过推行联产承包责任制等一系列改革,按照"服务城市、富裕农村、城乡一体、协调发展"的方针,针对农业人口只占总人口的1/3,大城市小郊区的特点,积极发展城郊型农业,把乡镇企业作为全市经济发展的战略重点来抓,形成了农、林、牧、副、渔全面发展,工、商、运、建、服务欣欣向荣的新格局。1991年全市农业总产值达4.27亿元,乡镇企业总产值7亿元。主要产品中,蔬菜达到23万吨,粮食12.83万吨,油菜烤烟等创历史最好水平。乡镇企业逐步从采掘、建材、冶炼、酿酒等劳动密集型行业向冶金、机械电子、化工、轻工等技术密集型行业方向发展,对促进农村经济乃至全市经济的发展,起到越来越重要的作用。

六、全省商品流通中心

商业通过10多年的改革与发展,已形成了多成份、多形式、多渠道、少环节、开放式、内外贸易齐全的商品流通体系。目前,贵阳市拥有百货大楼、华侨友谊公司等一批年销售额上亿元的大型企业和遍布全市的中小型企业以及个体商业户,建成了140多个城乡集贸市场,生产资料市场和其它生产要素市场也相继建立,实现了货畅其流。1991年全市社会商品零售额达到23亿元,占全省的1/5左右。外贸外经工作进一步发展,先后建立了一批出口生产基地,1991年全市出口收购总额达5.58亿元,贵阳海关进出口总额达8000多万元。利用外资工作进展迅速,1985年以来,全市先后建成投产的利用外资企业共58家,工业产值已达1.2亿元,对全市经济发展起到一定促进作用。

七、建筑业兴旺发达

建筑业经过不断发展和壮大,已形成能够承担土木建筑、设备安装、机械化施工、市政建设和矿山、冶金、水利、电力等各种专业和综合建设能力的建筑大军。拥有建筑安装企业300多家,固定资产原值近4亿元,职工10多万人,1991年完成产值10亿多元,是仅次于工业的第二大产业部门。党的十一届三中全会以后，特别是1984年建筑体制改革以来，贵阳形成了中央、省、市、区、乡建筑队伍竞相发展的局面，承担了国内10几个省市和世界上10多个国家的大型工程设计和建设。在筑中央企业和省企业如中建四局、铁五局、水电九局、七冶、省建总公司等装备精良，在全市建筑行业起着骨干作用。市、区、乡建筑业也不断发展壮大。先后承担了一大批国家重点大中型工程建设。其中市内工程主要有贵州饭店、通达饭店、省老干部活动中心、金顶山住宅小区、宅吉住宅小区等基础设施建设和贵阳新技术开发区、小河工业区、贵州铝厂等工程建设。省内外工程有闻名全国的天生桥水电站、大瑶山遂道、厦门彩色感光材料工程等大型工程建设。有近万名工程技术人员和工人先后在伊拉克、科威特等10多个国家承担数百项工程建设，现已具备独立承担国际总承包工程项目的能力。在承担的设计和施工项目中，有的已进入国内外一流水平，其中桥梁桁式组合拱设计属世界首创，贵州饭店岩土工程勘探获国家金奖。建筑业的兴旺直接推动了工业的发展，加快了城市化进程，也促进了全市经济社会的全面发展。

八、西南重要的交通、通信枢纽

贵阳地处川黔、湘黔、黔桂、贵昆四条铁路干线的交汇处，有16条航线直达北京、上海、广州、厦门等城市，公路四通八达，是祖国大西南重要的陆上与空中交通枢纽。1991年全市完成货运总量4000多万吨，旅客发送量3000多万人次。公路运输在全市运输中占主要地位，公路货运量占全市货运总量的95%以上，公路旅客发送量占全市旅客发送量的88%以上。进入80年代以来，贵阳市加紧了公路建设和改造，先后建成了一、二级公路近60公里，全市公路通车里程已达1200多公里，实现了村村通公路。公路运输有载重汽车6000多辆，开办了多种形式的运输业务，开通了与邻省直通零担运输；公路客运有大小客车2000多辆，营运长、短途线路近180条，可直达市郊所有乡镇和省内50个县城。铁路运输自1982年贵昆、湘黔、川黔三条铁路干线的电气化改造和贵阳铁路枢纽工程开工建设，到1990年全面竣工，以贵阳为中心的全省铁路运输面貌焕然一新。贵阳南站已成为祖国西南最大的编组站，日接发能力达153对列车，日编组能力达8000辆，年通过能力达2600万吨。以四条铁路干线为依托，市内先后建成了南环线，西环线等迂回铁路通道和矿区铁路，市境内有营运铁路11条，营运里程150公里。另外，还陆续修建了专用铁路线24条，把贵州铝厂、贵阳钢厂、贵阳发电厂、林东煤矿等工矿企业和粮食、物资仓库同铁路大动脉联接起来，有效地保证了经济建设的需要。航空运输自60年代磊庄机场扩建为二级永备机场以来，业务日趋拓展，航班逐渐增多，机型不断向大型化发展，可起降波音737等多种机型，年通航里程达到1万多公里，1991年旅客发送量达15万人，货运吞吐量近3000吨，具有很大的发展潜力。磊庄机场在市西南34公里处，是省内最大的民用航空站，也是国内航空干线的重要枢纽机场，有现代化的导航设施和安全服务体系，已连续18年实现了安全飞行。正在着手兴建的龙洞堡机场在市东14公里处，是一个现代化的大型机场，总投资3亿元以上，预计在“八五”期间建成，届时将成为贵州省联系全国，走向世界的重要窗口。

邮电通讯事业进一步拓展，1991年完成邮电通讯业务总量5000多万元，有邮局及代办所152个，邮政邮路54条，邮路总长近17000公里，拥有电话机总数43000多部，长话电路近700条，微波干线600多路，可直拨国内300个城市和世界近100个国家和地区，移动式通讯网正在迅速发展。

九、前景广阔的高新技术产业开发区

贵阳新技术产业开发区（以下简称贵阳开发区）是1988年10月由国家科委批准建立的省级开发区，位于贵阳市区东北9公里处，总面积11平方公里，是经国务院批准的贵阳市总体规划近期重点建设区域，与市区有二级公路相连。

贵阳开发区以军工企业和大中型企业为骨干，积极推进高等院校，科研机构和民办科研机构创办、领办、联办科技型企业，重点发展微电子与信息技术、光机电一体化技术，逐步开发精细化工、新材料、生物工程等技术，以开发、引进、生产、销售新技术产品为宗旨，是融技、工、贸为一体的综合性基地。开发区内已认定的新技术企业现有32家，其中有中国振华电子工业公司所属8个企业和新天精密光学仪器公司等，现有职工约7000人，其中科技人员1300人。贵阳开发区内有可供近期开发的土地和基础设施。现有日供量3000吨水厂一座，工业自备日供水达6800吨；有已铺设直径为600毫米的供水管道连接供水能力达10万吨的东郊水厂；开发区现有三江变电站和贵乌变电站两条电源线路，总容量达51500千伏安；已开通的程控电话可以直拨全国和世界各地；煤气工程到“八五”期末可向开发区供气3万户；开发区内三线调迁企业已建成厂房4.7万平方米，生活福利设施6.3万平方米。除建成区外，近期尚有可供开发建设土地约3平方公里。"八五"期间，贵阳开发区内的高新技术企业预计可达到50家，创办具备开发高新技术产品能力的科技型企业100家，高新技术产品达到200项以上。"八五"期末开发区总收入可达8.5亿元，从业人员1.5万人，其中具有大专以上水平的专业技术人员将达30%以上，同时培养了一批既掌握高新技术，又善于经营管理的企业家。

贵阳开发区企业实行"自筹资金、自愿组合、自主经营、自负盈亏、自我约束、自我发展"的运行机制，在税收、产品出口和利用外资发展高新技术等方面享有一系列配套的优惠政策。对属于"火炬"计划的高、新技术产品，可以减或免征产品税，增值税2—3年，减、免税期满后确有困难者，可再给予适当扶持，减按15%税率计征所得税；对当年出口产品产值达到总产值的1/3者可减按10%税率计征所得税；对进行技术开发、技术转让，技术承包、技术出口、技术咨询、技术培训等方面的收入免征所得税、暂免征收营业税。可以免购国家重点建设债券。对高新技术新产品，企业可自定试销价，经营国家没有统一定价的高、新技术产品，企业可以自行定价。对开发区内生产的出口新技术产品免征出口关税，出口产品创汇三年内全部留给企业。对利用外资的新技术企业，除比照国家的有关政策外，还享受与开发区其它企业同等的优惠政策。另外，在贷款、人才引进、折旧以及出国审批等方面也相应实行若干优惠政策。贵阳开发区发展前景广阔，欢迎国内外客商前来合作。

十、发展前景

90年代，是振兴贵阳，为下个世纪发展打基础的关键时期。贵阳市经济社会发展总的任务和奋斗目标，是在提高经济效益和优化经济结构的基础上，到2000年使国民生产总值(1980年不变价)达到58亿元以上，人均国民生产总值达到3000元以上，提前3至5年实现第二个经济翻番，人民生活达到"小康"，城市建设与经济发展协调，经济结构趋向合理，社会主义民主与法制进一步健全，促进经济与社会协调发展。

为此，市委市政府要求在"八五"期间加快改革步伐，加快技改投入，抓好基础设施建设，力争1993年工业产值达到100亿元，到"八五"期末达到120亿元，实现地方财政收入20亿元，引进外资在"七五"期间的基础上实现翻番。

(夏大中 撰稿)

中国新兴的铝工业基地

——记贵州铝厂

贵州铝厂地处贵州省贵阳市白云区，交通运输便利，厂区84公里的自营铁路接通川黔、湘黔、黔桂、贵昆四条铁路，通讯设施完备，程控电话与传真线路开通全国各省市自治区，隶属中国有色金属工业总公司。现有职工23000余人，各类专业技术人员4000余人，其中具有高级专业技术职称的245人，中级专业技术职称1846人。已完成固定资产投资25.98亿元，形成固定资产原值19.3亿元。1987年以来，历年被国务院经济社会发展研究中心评为中国500家最大工业企业之一。

贵州铝厂兴建于1958年，是采、选、冶配套齐备的全国特大型铝联合企业。一期电解铝和氧化铝拜尔法工程分别于1966年、1978年建成投产。1981年12月，全国唯一成套引进(包括阴极、阳极)集欧、美、日等7国先进电解设备之长，由电子计算机控制操作的8万吨二期电解铝工程建成投产。1988年，氧化铝二期烧结法工程又建成投产，成为全国以联合法生产氧化铝的两个厂家之一。由我国自行设计、施工建设的三期8万吨电解铝工程于1992年4月通电投产。目前，已基本形成年产铝土矿90万吨、石灰石矿65万吨、氧化铝40万吨、电解铝19万吨、碳素制品14.5万吨，以及与之相配套适应的科研、交通运输、动力、备件制作、辅修等设计生产能力。主要产品为氧化铝、铝锭、碳素制品三大系列28个品种，铝锭产量居全国之首，P1020铝锭在英国伦敦金属交易所注册，砂状氧化铝、高纯铝为国内独家生产。10种产品获省部优质产品称号，其中"华光牌"电工用铝锭，"乌玉牌"半石墨质阴极碳块分别获国家优质产品金奖和银奖。

一、"七五"期间成绩斐然。

产品产量大幅度提高，氧化铝产量比"六五"期间增长63.5%，电解铝产量增长22.37%，阴极制品产量增长41.6%。经济效益稳定提高，实现利税比"六五"期间增长5.4倍，其中实现利润比"六五"期间增长22.7倍。"七五"期间完成基本建设投资59080万元，完成技术改造投资1.86亿元。五年间共取得科技成果18项。其中12项获国家级和部级科技进步奖，取得直接经济效益24440万元，开发了砂状氧化铝、高炉炭块、聚氯化铝等8项新产品。

二、坚定不移地推进企业人事、劳动、工资制度改革，转换机制，增强活力。

在全厂实行三大类25种形式的承包经营责任制，在不断完善工资总额与上交利税浮动挂钩的基础上，从1990年4季度起着手进行打破"三铁一大"的工作。一是破"铁交椅"，形成"干部能上能下"的用人机制，按照精简、统一、高效的原则，撤销了5个县团级单位，合并两个职能处室，各二级厂矿撤销了74个科室，管理人员按占职工总数8～12%的比例严格控制，把压缩重点放在总厂、分厂、及车间一级非生产人员上，并严格定额控制总厂(处级)、分厂(科级)中层干部人数，全厂管理人员由改革前占职工总数的16.7%减少到12%，300余名干部充实到生产一线，46名处级干部、182名科级干部未被续聘。二是破"铁饭碗"，推行"职工能进能出"的用工机制。实行优化组合，推行上岗、试岗、待岗的"三岗制"，坚持合理流向，允许二、三线职工到一线参加组合和干部参加工人岗位组合，全厂一、二、三线职工比例分别由改革前的52.2%、38.7%和9%改变为55.6%、36.5%和7.8%，400余名职工待岗，执行待岗工资待遇，破了铁饭碗，增加了危机感。三是破"铁工资"，形成"工资能升能降"的分配机制。根据国家"在企业中继续完善工资总额同经济效益挂钩的办法，实行以岗位技能工资为主要形式的内部分配制度"的要求，进行了分配制度的改革，工资向苦脏累险岗位倾斜，并同经济效益升降挂钩同步，进行严格考核兑现。

三、始终不渝地加强企业管理，为转换经营机制，增强活力夯实基础。

从1990年起，推出以人为本，分三个阶段加强企业管理，转换经营机制的构思：一是从完善和落实责任制入手，加强各项管理基础工作；二是从健全制度入手，强化企业专业管理；三是在夯实基础的前提下，推进现代化管理。目前，管理规划已初见成效。并建立了生产、销售、回收货款一体化的经营管理体制，依靠销售指导生产，依靠市场发展生产。根据大型联合企业内部运行客观规律，改革管理体制，强化了炉修、汽修、热修、计控、汽车运输等专业化生产管理，改变了各分厂"小而全"、"大而全"的体制，提高了技术水平和生产效率。为提高企业整体素质，从总厂厂长到岗位工人，生产一线到后勤服务，制定并实施5078个岗位责任制，和计划、统计、成本、资金、劳动工资、物资采购、产品销售等111个管理制度，以及质量、安全、设备、道路交通等6个管理办法。从三大规程入手，狠抓现场管理。从任务、职权、组织、制度、要求、考核等9个方面加强生产调度指挥和组织协调工作，促进持续均衡稳定生产。

四、坚定不移地推进技术进步，为转换经营机制，增强活力，增强企业发展后劲提供有力保证。

企业始终坚持科技是第一生产力的观点，把技术改造、技术开发和技术攻关有机结合起来。一是围绕提质降耗和生产技术难关，开展技术攻关，仅1991年一年，九大攻关项目基本达到预期目标，碱耗、电耗分别比上年降低32.36%和0.47%，氧化铝回收率比上年提高3.27%；电解铝电流效率比计划提高0.91%。二是以全厂604台套大型主要设备为重点，结合设备大修进行技术改造。1991年投入技改资金2500万元，完成更新改造项目137项，提高了设备完好率，改善了设备技术状况，全年主要设备完好率和可开动率分别达96.2%和98.5%。三是组织"三结合"技术队伍，作好科研和新技术试验的推广应用工作。氧化铝旋流细筛分级技术的攻关应用，使氢氧化铝分级效率大幅度提高，成为国内外首创并列入国家级推广项目；电解自适宜控制技术的推广试验，使电解铝电流效率达到91.8%，比设计指标高出4.9%；精铝电解质成份试验推广应用后，每吨精铝可节约用电达1000千瓦小时，提高产能10%；氧化铝蒸发直接加热试验，提高了蒸发效率；热喷涂技术的推广应用获总公司表彰，为省内外用户修复各类高、精、尖零部件1000余件；微电子技术用于生产过程；高分子紧凝剂用于氧化铝生产等效果显著。四是根据市场需求开发新品。超前进行产品研制，大力培植拳头产品和紧俏产品，做到产品生产、开发、储备、研制一体化。1991年在扩大高纯铝、精铝、高炉碳块等高效益、高附加值新产品生产能力的同时，又开发出氢氧化铝微粉、微孔型高炉碳块、拟薄水铝石等三项新产品，受到国内外用户欢迎。

五、抓住企业转换经营机制的核心环节，积极投身市场，开拓市场经营。

企业主动适应社会主义商品经济发展规律，一是转变观念，树立社会主义商品经济意识，主动投入市场。在广州、珠海、海南、北京、成都等地设专、兼人收集市场信息，为工厂决策提供依据；在铁路运输一度紧张的情况下，组织专门车队和经济民警，为用户送货押货到指定地点；改变传统销售方式，主动上门推销；瞄准三个行业——电缆、电线、铝型材，挺进三个地区——广东、华东、东北地区，巩固了170多家老用户，开发了30多家新用户；通过开拓市场，1991年销售收入达8.65亿元，在克服前所未有的困难中创造了历史最好水平。二是靠产品质量开拓市场，提高产品竞争力和市场占有率。大力推行"一否、二严、三全、四不放过"的质量管理办法，1991年共否决5800余万元，严格质量管理制度，严格质量实物检验，质量管理全员参加，全过程贯彻全面管理，对质量事故查不出原因、找不出责任者、拿不出解决措施、落实不到具体人不放过。全厂铝锭按P—1020标准组织生产，按一级品出厂交货，1991年，铝锭、精铝、氢氧化铝一级以上品率连续4年保持100%，国优金奖产品电工用铝锭一级以上品 率居全国首位，产品远销德国、英国、日本、韩国、香港、台湾、东南亚等国家和地区。

通过不断深化企业内部改革，强化管理，推进技术进步，全厂职工团结拼搏，1991年，成品氧化铝和铝锭产量分别比上年增长14.38%和14.48%，工业总产值9.1亿元，比上年增长15.47%，上缴利税1.21亿元，比上年增长10.27%，劳动生产率增长14.38%。

（李　鸣　黄克涛 撰稿）

改革开放出效益　企业发展面貌新

——记贵州开阳磷矿矿务局

一、基本概况

贵州开阳磷矿矿务局始建于1958年，在当时被《人民日报》社论誉为"三阳开泰"，属国家三大磷矿之一。经过30多年的开发建设，现已建成一个汇磷硫为一体，集矿肥于一家的大型化肥原料和磷化工企业。现有职工1.15万人(其中集体1500人)，拥有各类专业技术人员1800余名。固定资产原值2.7亿元(不包括将要建成的10万吨/年重钙)，工业总产值按1990年不变价格计算为1.13亿元，近三年来年均利税2087.5万元，是一个自主经营、自负盈亏的独立经济实体。

通过"七五"期间技术改造与技术开发，开阳磷矿现已具有年产磷矿石220万吨，黄磷4000吨，硫酸4万吨(1992年4月30日投产)，普钙5万吨，重钙4万吨的生产能力。已成为贵州省的重要支柱产业和优势产业之一。产品质量居全国第一，与世界著名的摩洛哥、美国、独联体国家优质磷矿石质量相当，P_2O_5含量大于34%，MgO小于1%，R_2O_5小于3%。近几年来，受到国内外厂商普遍赞誉。目前正在开发的新产品主要有硫酸、普钙、磷酸、硫精矿、重钙、黄磷等磷化工系列产品。

目前，矿区内外已经形成四通八达的公路网，通往贵州省各主要城镇，且矿区中心有铁路可直通省内外，交通极为方便。有完善的通讯设施，程控电话可直拨国内外。同时，贵州电力资源丰富，有稳定可靠的电力供应保证。

矿务局从1989年起，间接从事对外贸易，1989年至1991年累计出口额已达632.5万美元。主要出口产品磷矿砂、磷矿粉和黄磷。目前正在开发价值较高的磷酸、重钙等出口产品。近几年来矿砂、矿粉、黄磷产品通过省外贸进出口公司和省化工进出口公司等外贸部门，已出口到日本、韩国、朝鲜、澳大利亚等国及台湾省。由于产品质量优越，服务良好，品种适应国际市场需求，所以国外来订货的厂商增多。特别是对矿务局黄磷产品，台湾客商急切希望企业直接开展进出口业务，减少中间周转环节，适应客户需要，以利进一步扩大贸易合作。现在该企业正在抓紧磷酸、重钙项目建设，其它产品正在进行开发，明后两年将产出合格产品打入国际市场。

二、自我完善、自我发展、自我约束

党的十一届三中全会以来，在部、省领导的关怀下，矿务局坚持“一个中心，两个基本点”的基本路线，坚持两个文明建设一起抓的方针，认真学习吉化经验，从改变矿山形象入手，在留住人上下功夫，加强企业基础工作，改善经营管理机制，深挖内部潜力，积极推进技术进步，走“自我完善、自我发展、自我约束”和“矿肥结合、矿化结合”的道路。通过三年国民经济调整、企业整顿和开展“三创”及企业升级活动，使矿山面貌发生了根本性的变化。1983 年企业整顿验收合格，1984 年建成“无泄漏矿山”，1985 年建成“清洁文明矿山”，1987 年被评为省预备级企业，1988 年评为省级先进企业，1989 年评为化工“六好”企业，同年跨入国家二级企业行列。1990 年以来获得“全国思想政治工作优秀企业”、“国家级科技进步一等奖”、“全国五一劳动奖状”、“七五期间国家级企业技术进步奖”和部、省“学吉化先进单位”等荣誉称号，矿务局局长彭氏辉还被评为贵州省首届优秀企业家和全国劳动模范。1983 年以来矿务局获国家、部、省授予的各种荣誉称号 60 多项，并取得以下几个方面成效。

(一) 抓管理，提高企业整体素质。改革开放以来，矿务局针对当时管理工作中存在的“两个较薄弱”(基础工作较薄弱，综合管理较薄弱)，“三个不先进”(管理组织不先进、管理方法不先进、管理手段不先进)，和“三个不适应”(不适应技术进步的需要，不适应企业自我发展的需要；不适应商品经济的需要)的较大差距，制定了《“七五”期间抓管理、上等级全面提高素质》的总体升级规划，明确提出了“一年打基础、两年创先进、三年上二级”的升级总目标，并将升级目标写进了同省政府签订的三年承包合同中。

在管理工作方面，矿务局以学吉化为主线，在“深、实”二字上下功夫，着重抓了以下几点：

一是进一步夯实管理基础工作。计量方面获得国家技术监督局颁发的“国家计量一级合格证书”，被评为“国家计量先进单位”。标准化工作全局共建立企业标准 865 个。其中基础标准 216 个、技术标准 317 个、管理标准 159 个、部门标准 36 个、业务人员标准 137 个。1991 年着重抓了标准的完善和贯彻实施，并结合纪念世界标准日，开展了“贯彻企业标准月”活动，1991 年 10 月被评为贵州省标准化工作先进单位。统计工作抓了表报和台帐的规范化和程序化工作，进行了分类管理，建立了定期的统计分析制度，按照国家达标标准，理顺了统计管理办法，建立了标准的统计格式，被评为全国及贵州省统计工作先进单位。微机信息管理被评为全省 6 家先进企业之一。班组建设工作制定了班组建设考核标准和升级达标标准，开展了班组达标升级竞赛活动，定期举办班组长及工管员学习班。召开了班组建设经验交流会，命名表彰了 19 个模范班组，其中两个被评为省化工系统模范班组，青菜冲矿四采区回采班被推荐评为化工部模范班组。

二是安全工作取得了较好效果。通过狠抓岗位危险行为认定，三级安全生产的确认和定置管理，使全局的安全工作由传统管理向现代化管理迈进了一步。现场安全管理由单一的文明生产内容，逐步向安全技术、均衡生产、定置管理、维护保养、合理消耗、遵章守纪等多角度、全方位的方面发展。主要指标千人死亡率为 0.11‰，比国家一级企业考核指标低 0.09 个千分点，比国家特级考核指标低 0.04 个千分点。获得了部、省授予的“‘七五’期间化学矿山安全生产先进单位”和“贵州省安全生产先进企业”称号。

三是进一步强化质量工作。结合开展“质量、品种、效益年”活动，按照“深化 QC，夯实内功，理顺职能，争创国奖”的质量管理工作目标，编制和发布了质量管理诊断评价标准，举行了 TQC 知识竞赛，安排了 3 次 TQC 知识统考，有 65 名企管、质管人员参加了省质协“新国际骨干学习研讨班”和中质协“质量管理技术咨询培训班”，QC 小组成果率达 51.5%。并请专家到局对申报国家质量管理奖进行咨询，明确了今后努力的方向。对深化全面质量管理活动起到了积极的推动作用。

四是逐步推进整体优化。针对企业管理整体优化方面的差距，在强化基础工作，加强专业管理的同时，注意加强横向联系，打破部门分割状况，用系统的观点加强各项工作的衔接协调，使综合管理和整体优化得到了加强。如在方针目标管理方面，矿务局制定了《方针目标管理暂行办法》，明确了基本方法和实施步骤。局和各二级单位的年度方针目标，都要提交职代会审议，通过后实行四级展开，即矿务局、各二级单位和局机关处室、采区(车间)和二级单位科室、班组。通过层层展开，使每一条对策措施都落实到人，形成全局的整体目标体系，促进了企业整体效益的提高。

(二) 抓发展，增强企业后劲。为了增强企业发展后劲，在生产经营决策上，矿务局把承包目标和企业中长期目标有机地结合起来，形成“建设两个基地，开发两类产品”的企业总体发展战略。围绕磷加工建设，在全局开展了第二次创业活动。1958年以来的30年，通过第一次艰苦创业，建设了优质的磷矿石基地，累计供矿1700万吨，为国民经济和化肥工业的发展作出了贡献。从1988年到本世纪末，通过第二次创业活动，建设起大型磷化工基地，为发展化肥工业，支援农业生产，振兴贵州经济，作出企业应有的贡献。在实施企业发展战略的过程中，本着艰苦创业、量力而行的精神，分为三步来进行，即：1992年以前，依托矿山、化工起步，矿山形成220万吨/年生产能力，建成4000吨/年黄磷厂和正在建设5万吨/年硫精矿选厂(原矿15万吨/年)以及4万吨/年重钙厂；1993－1995年，巩固矿山、发展加工，矿山达到200万吨/年生产能力，重钙厂生产规模扩大到10万吨/年，遵义硫铁矿生产规模扩大到10万吨/年硫精矿，黄磷开发1－2个下游产品；1996年以后全面发展建成磷矿石基地和磷化工基地。矿山形成300－400万吨/年生产能力，建成24万吨/年磷铵厂，硫铁矿生产规模扩大到20万吨/年硫精矿(原矿60万吨/年)，黄磷再扩大2－3个磷酸盐加工品种，形成完整的磷矿石系列产品和磷化工系列产品。

通过三年多的艰苦努力，企业发展战略已逐步变为现实。投资1865万元的4000吨/年黄磷厂已建成投产。累计生产黄磷近4000吨，结束了企业磷矿石单一产品的历史；重钙工程累计完成工作量近一亿元，4万吨/年硫酸车间于1992年4月30日一次点火试车成功，1992年上半年即可生产普钙，遵义硫铁矿完成工作量500多万元，1992年10月即可建成5万吨/年硫精矿选矿车间，并生产硫精矿1万吨，为增强矿务局对市场的适应能力和竞争应变能力创造了条件。

(三) 抓科技，推动企业技术进步。开阳磷矿是我国大型优质磷矿石生产基地之一，矿床属中厚偏薄(4－7米)倾斜偏缓(20－40度)小构造多，直接顶不连续不稳固，一直存在贫化损失大、效率低、生产不安全、开采难度大等问题。目前对于开采此类中厚缓倾斜、倾斜矿体国内外均无成熟的采矿方法，尚属世界采矿业攻关的课题。自80年代以来矿务局与国内中南工业大学、长沙矿山研究院、连云港矿山设计院等科研单位以及生产厂家进行技术合作，先后取得了8项成果(洪峰式采矿法、锚杆护顶分段空场法、串接孔槽凿岩新工艺、ZYQ－12C装载机无线电遥控系统、采矿试验切割上山锚杆机、树脂药卷、快硬膨胀水泥锚杆、矿井岩石顶板监测系统装置)并用于采矿生产中。

80年代中期矿务局与法国索法明公司合作进行国家采矿重点攻关项目“锚杆护顶分段空场法”采矿试验获得成功。本次攻关试验对于开采缓倾斜、倾斜中厚矿床取得了重大突破性进展；矿石贫化率由过去的12.99%下降到4.79%，损失率由过去的41.12%下降到28.99%，采场生产能力由过去的120吨/日提高到1008吨/日，矿石品位达到34.64%，采出矿石达到国家酸法制肥用矿二类标准。试验经专家鉴定：“该项成果达到国内先进水平并与国外矿业发达国家类似条件矿山技术水平相当”。这个成果不仅适用于开阳磷矿矿务局各矿段开采，而且对类似条件矿床也有一定指导意义。

该项技术成果成功地解决了开阳磷矿采矿方法长期存在的问题，把磷矿采矿技术推向80年代世界先进水平，并获得1990年国家“七五”技术进步一等奖和国家级企业技术进步奖，为矿务局现在进行的一期延深、二期改造、三期开发工程和硫铁矿建设提供了技术保证，对推动企业技术进步起到了重要的作用。为了消化吸收引进技术，使采试成果尽快推广，矿务局还开展了顶板监测装置的国产化研制工作，现已通过有关部门的阶段验收，认为样机已接近进口产品性能，改进后的传感器已在南延工程进行系统试验，现场工作已接近完成。

在新产品的系列开发上，矿务局黄磷分厂依靠自已的技术力量，开发了磷泥制酸项目。机电厂研制的冰浆冷饮机，在广州和郑州召开的全国新技术新产品的展销会及交流交易会上，分别获得“银质产品奖”和“优秀项目奖”。矿务局1992年将新增硫精矿、硫酸、普钙和磷酸4个品种。“八五”期间的产品系列中将增加重钙、树脂、复混肥、编织带、粒状炸药、磷渣水泥、氟硅酸纳过磷酸等新产品。

在技术开发的前期工作上。一期延深可行性研究报告已通过国家评审；二期改造已列为省化工技改和化工部化学矿山首批示范技改项目。同时，矿区规划、磷加工区规划、24万吨/年磷铵项目建议书，三期开发可行性研究报告等前期工作已全面展开，为矿务局“八五”、“九五”发展作了技术准备。

三、今后设想

随着企业发展战略的实施和两个基地的逐步形成，原来的管理模式已不适应企业发展的需要了，特别是在当前国家为搞好国营大中型企业对企业提出更高要求的新形势下，为理顺企业内部管理关系，深化内部改革，转换经营机制，使企业逐步成为自主经营、自负盈亏、面向市场的经济实体，更好地适应内部发展和外部变化的需要，企业今后的主要任务是：

（一）**在管理思想方面**。一是建立以人才为中心的管理，树立“以人为本，人才第一”的管理思想；二是深化全面质量管理，牢固树立“效益与质量同在，开磷与质量共存”的经营意识，进一步加强企业的质量观念、市场观念、竞争观念、效益观念和人才观念等。

（二）**在管理模式上**。要在单纯生产型向生产经营型转变的基础上，逐步实现第二次历史性转变，即从速度型向效益型的方向过渡。建立以市场开发、人才开发、技术开发和产品开发为中心、内向与外向相结合的开发效益型管理模式。

（三）**在管理组织方面**。根据企业发展战略需要和矿山生产经营特点，按照精简、统一、效能的原则，对机关处室和局属二级单位进行调整，突出人才、市场、技术、产品4个开发和综合管理，逐步向独立核算、自负盈亏的事业部制过渡。对社会服务系统，实行分块划片管理，逐步过渡为矿区“小社会”统筹，更好地承担起社会服务和部分“政府职能”，改变目前企业内部人、财、物资源严重浪费的不利局面，形成优势互补和内部生产要素的合理流动，提高局与二级单位的整体实力和管理水平、技术水平，提高企业的整体效益。

（四）**在内部改革上**。以推行岗位技能工资为契机，从调整内部组织结构和“三定”入手，推动劳动、人事和分配制度的改革。一是坚持和完善干部聘任制，实行“定比流动”制度，逐步打破干部职务终身制和“干部”、“工人”的身份限制；二是试行“全员劳动合同化管理”，逐步向“全员劳动合同制”过渡；三是推行岗位技能工资制，以职工的劳动技能、劳动责任、劳动强度、劳动条件和实际贡献为依据，合理拉开不同岗位的工资差别，使工资分配重心向一线岗位、苦脏累险岗位、技术复杂岗位和责任重大岗位倾斜，形成“上岗靠竞争，收入凭贡献”的竞争激励机制，调动广大职工学技术、学文化、钻业务、争贡献、奋发工作的积极性。同时还将进行劳动保险、住房制度、医疗制度等配套改革和股份制试点。并在遵义硫铁矿和重钙厂等新建单位或车间，一开始即采用新的“特殊体制”，实行新的劳动用工、干部人事和内部分配制度，运用新的管理模式和管理思想来管理、推动整个企业经营机制的转换，使企业沿着具有中国特色的社会主义道路不断前进！

（张定祥 撰稿）

在创业中扎根 在改革中腾飞

——记东方机床厂

一、内迁创业搞联合，多种经营成规模。

东方机床厂是1965年从山东济南第二机床厂内迁到贵州省都匀市的。内迁26年来，由于全厂职工发扬了不屈不挠、艰苦奋斗的精神，在艰苦条件和动乱的岁月里创业，又在改革开放和激烈的市场竞争中奋起。经过多次的改建和扩建，特别经过“六五”、“七五”期间的技术改造，把已经荒废的旧都匀钢铁厂，建设成为依山傍水、环境优美、绿树成荫，生产、生活福利设施齐全的可以生产龙门刨铣床、龙门铣镗床及大型专用铣床的主导厂，并成为国内引进开发大型数控火焰切割机的生产基地，也是机电部生产重型机床的骨干企业之一。

工厂占地面积30万平方米，建筑面积14万平方米；固定资产达5300万元；现有职工2200人，其中有高级职称70多人，工程技术人员占职工总数的15.6%；现有主要生产设备517台，其中重、大、精、稀设备74台，进口设备23台，可以生产8个系列50多个品种的产品。具有铸锻件毛坯和加工生产能力及检测手段。能对大型平面和精密导轨、精密齿轮、主轴和箱体加工、装配，并具有自行开发设计、制造大型精密通用或专用机床的丰富经验。现设有铸造分厂、切割机制造分厂和8个基本生产车间、2个辅助车间、20多个管理技术部门。铸造分厂可生产单件30多吨重的铸件；热处理车间可进行高中频淬火、离子氮化及气体渗碳等工艺；理化试验室可进行各类机械零件的机械物理性能试验和各类金属材料的化学分析；计量室拥有技术先进的长度、角度、齿形等精密测量设备，并可进行各种热工仪表的测试，已取得国家二级计量单位的证书。在完成“七五”技改计划的基础上，目前正在积极实施“八五”技改计划，以加速龙门铣镗床与加工中心的发展。

产品结构的调整，拓宽了市场。随着改革的深入，开始迈出了内引外联的第一步。1988年东方机床厂兼并了原都匀市农机厂，成立了东方机床厂平桥分厂，进而与江苏昆山市建筑机械厂形成紧密型联营实体，成立了东方机床厂昆山分厂，将厂科技管理优势与沿海信息、投资市场优势相结合，逐步形成跨行业、跨地区的群体企业优势，起到扬长避短优化作用。同时，为扩大经营和就业门路，开辟了一业为主、多种经营的渠道。1987年以来，先后开办了食品加工厂（方便面）、服装厂、儿童玩具厂、印刷厂等。目前又成立了多角化经营办公室，采用内部发行股票自筹资金的办法开展多种经营。不仅消化内部富余人员和解决子女就业，同时取得了较好的经济效益，做到自足有余，解除了企业和职工的后顾之忧。

二、团结奋进，政通人和。

1965年内迁后，由于抱着为建设三线的共同目标，在职工中自然形成了一种同舟共济、艰苦创业的思想基础，逐渐培育成企业独有的“人和”精神。从建厂伊始，就把建设三线和早日生产出重型机床作为第一奋斗目标，在条件极端困难和“文革”的干扰下，仅半年多就在贵州和西南地区生产出第一台龙门刨床。同时，全厂职工和家属斗志昂扬地投入了修筑厂房、厂区马路、职工宿舍及1500多米的沿河大坝的战斗。80年代初，国家进行经济调整，产品销售急剧下降，企业面临巨大困难，全厂职工识大局、顾大体，竭尽全力开拓市场，积极开发新产品，终于在1984年扭亏为盈，继而三年迈出三大步，产值、产量、利润大幅度增长，突破历史最高水平。

1985年11月签订了引进西德梅萨公司先进技术大型数控火焰切割机的合同，从图纸转化、零件加工到样机试制成功，不到两年时间就完成了试制任务，比原定时间提前了半年多。厂领导、工程技术人员和工人，夜以继日，全力以赴，受到德国专家赞赏，并顺利地通过了梅萨公司的验收和由机械部组织的鉴定，列入替代进口产品清单，接着在中科院光电技术研究所的协助下，实现了大型数控切割机的国产化。

1990年遇到了国家治理整顿和资金短缺、市场疲软等困难，全厂职工情绪稳定，继续发扬了团结奋进、勇于拼搏的精神，一面强化内部自我约束机制，开展增产节约、增收节支活动，一面加大产品结构调整步伐，开发市场所需新品种，赢得了1991年下半年生产经营全面回升和今年全面发展的大好局面。

三、改革和严管相结合，添活力增效益。

东方机床厂迁建26余年期间，虽也有过产品出口和任务饱满的历史，但是由于长期以来总难摆脱产品品种单一、经济效益低下的困境，加之，又地处贵州少数民族边远地区，生活条件差等原因，职工情绪波动，时常困扰着企业的正常生产和发展。改革开放以来，企业自主权得到扩大，给工厂带来了无限生机和活力。1984年工厂调整了领导班子，充实了“四化”人才，相继在企业领导体制、经营机制、人事劳动和分配等方面进行了深化改革。1987年首批与都匀市政府签订了“两包一挂”的承包经营合同；完善了内部经济责任制和双向考核制；实行了多种形式的内部承包制。尤其是从企业实际出发，结合内迁企业特点，在可能的条件下，制定了一系列的优惠政策。如对知识分子和内迁职工实行一年和二年一次的探亲制度；岗位工种、工龄补贴制度；向一线工人、科技人员及管理骨干倾斜的升级和奖励政策；开发多种经营、消化剩余劳动力和解决子女就业；按质定租、以职（职称、工龄）定补贴的房改制度等，对稳定一线职工、吸引和安定外地知识分子及内迁职工，并调动其积极性起到重大作用。随着改革的深化，在1986年以后，对破“三铁一大”有了进一步的突破，实行厂长负责制不久，对中层以上干部则实行了二年一届的聘用制，优胜劣汰；工程技术和管理人员也逐步实行了聘用制和用工合同制。内部分配方面，在完善和重新修订以责任制为中心的各项规章制度、实现标准化管理的基础上，早在1986年就开始实行了产酬、责酬、挂钩浮动分酬制。生产单位的生产任务和管理制度，从班组承包、指标包干、包产联利、经费包干的经济责任制开始到“一包五联”的承包制（即：由厂部核定车间人员任务，厂里包工资总额的50%，其余50%作为浮动，与奖金补贴等捆在一起，根据车间每月完成生产总量为核算依据，同时与完成质量、配套、成本、设备、安全五项指标和管理挂钩考核）。实践证明，不仅调动了车间对完成生产技术指标的积极性，也促进了车间加强各项专业管理的责任感。同时，在科室实行以加强专业管理和服务基层为目标的“包、保、挂”形式的承包制（即：包归口管理的技术或经济指标或分工职责任务，保基本职责和纵横协调服务，与工资、奖金、补贴挂钩考核），并根据部门的和个人的责任大小、业务繁简、工作环境等因素，制定科室和岗位系数，将管理、指标、任务、责任层层分解和落实到每个部门和个人岗位上，形成一个“金字塔”型的承包管理体制和保证体系，科学地调动了职工主动工作的自觉性和群体意识，使全厂上下紧紧围绕企业年度的方针目标立足自己的职能分工努力拼搏。

多年来的深化改革和企业自主权的逐步扩大，确实给企业注入了新的生机和活力，精神面貌和物质基础都发生了深刻的变化，各项技术经济指标连年超额完成，经济效益大幅度增长，产品品种、质量，新产品开发成绩显著，职工收入年年提高，集体福利事业大大增加，使职工思想情绪稳定、爱厂如家，成为贵州省的先进企业。1988年企业被评为首批“省级先进企业”，1990年晋升为“国家二级企业”；1986年被评为“全国绿化先进单位”，1989年贵州省委、省政府授予“文明单位”；其他专业管理，10年来，被国家、省、市级先后授予有62项之多的光荣称号。“七五”期间的发展情况如下：

项目 \ 时间	承包前最好水平 1986年	承包后					
		1987年	1988年	1989年	1990年	1991年	预计1992年
工业总产值（万元）	1372.2	1803.5	2953.5	3157.2	2417.5	3506.6	6000
利润（万元）	108.40	192.26	275.53	251.32	80.80	106.8	400
职工平均人数	2050	2053	2052	2055	2121	2205	
劳动生产率 万元/人	0.67	0.88	1.44	1.54	1.14	1.61	
职工收入增长率（%）	9.6	16.4	17.5	9.8	3.4	14.9	11.6

四、兴科技，调结构，实现稳定发展。

由于企业多年生产品种单一，经济效益不高，严重缺乏自我积累、自我发展的能力，因此，长期依赖国家，吃着国家的大锅饭，一遇到国家财力困难或国家经济的宏观政策调整，不是出现生产任务不足，就是出现产品销售困难，资金短缺，甚至出现亏损，不仅企业得不到发展，就连职工基本生活也难以保证。这种起起落落不死不活的状况长期困扰着企业的生存与发展，究其原因，根本在于品种单一，水平落后，不能适应市场需要。为改变企业的这种被动局面，新的领导班子决定树立“科技兴厂”的战略思想，走调整产品结构，大力开发新产品，从品种中求发展，从质量中求生存之路。经过“六五”后期和“七五”期间的努力，产品由建厂初期的只能生产6个品种规格发展成为生产包括龙门刨床、龙门铣镗床、轻型龙门铣床、龙门刨铣床、大型数控火焰切割机及各种大型专用机床等8大系列52个品种规格的产品，取得了突破性的进展。其中7个产品填补了国内空白，11个品种型号的产品获“省优产品”和部省科技成果奖；第一家获得龙门刨床贯彻国际标准部级验收证书；B2112B型龙门铣刨床创部优产品，成为省重型机床行业首获部优的厂家。新产品产值占每年总产值的50～80%以上，并成为市场上的畅销产品。如1984年新开发的XQ系列轻型铣床，在轻纺市场上享有很高的声誉，1988年仅此项产品就创产值1341万元，实现利润74.5万元，至今仍畅销不衰。（1992年已订货达30余台）。在开发新产品和更新换代的基础上，又向高科技领域攀登，1984年引进国际80年代水平的联邦德国梅萨公司的大型数控切割机，1991年又研制成功国内第一台数控龙门刨床。一跃成为能够开发制造具有当代国际先进水平产品的企业，实现了从劳动密集型向技术密集型的转变，保证了产量、质量指标稳定提高和经济效益的稳定增长。并能经得起社会上经济风浪颠波，就是在国家三年治理整顿、出现市场疲软、资金紧缩的时期，不仅没有重复出现亏损情况，在最困难的1990年还为国家创利80多万元，并很快赢得全面回升和全面发展的好势头。

五、两个文明一齐抓，厂风厂貌焕然一新。

东方机床厂始终坚持两个文明一齐抓的方针，在抓物质文明建设的同时，狠抓精神文明建设。党组织注意发挥政治优势，加强党组织的自身建设，干部、党员的思想建设。建立了厂级的民主生活制度，一年一度的评议干部制度；《党员考核卡》制度；基层支部"三会一课"考核制度等。把党员干部和党员均置于组织和群众的监督之下，做到了从严治党、严以律己。多年来，把"人和"精神引向深入，沿着更高的境界发展，广泛而持久地开展"知我东方、爱我东方、建我东方"活动，从而培育了"四有"职工队伍和"开拓、实干、团结、协作"的企业精神。几年来，随着企业效益的提高，把多年来职工生活中的老大难问题，(如食堂、买煤、买粮、买菜、宿舍、闭路电视等生活设施)逐步加以解决和改善，既方便了群众，又丰富业余文化生活。由于企业思想政治工作成绩显著，1988－1990年连续三年被评为省级"思想政治工作优秀企业"，1989年9月中央组织部授予"全国先进基层党组织"称号。

为培育"四有"职工队伍，在坚持经常地"四项基本原则"教育和加强思想政治工作的同时，大力开展了不同层次、不同形式的职工文化、技术业务培训。工厂建立起从子弟校、技工学校到电大的教育体系；举办各种类型的技术业务培训班，进行"双基教育"；现场管理优化知识教育；全面质量管理教育。对全厂主要技术工种(车工、造型工、木型工、行车工、焊工、镗工、钳工、刨工等)在广泛开展岗位技术练兵活动的基础上多次举办了比武大赛和参加省级比赛，1988年造型工获省行业比赛第三名；1990年车工获省同行业比赛第一、二名。涌现出一批青年技术能手，其中有二名破格评为工人技师，十多名评为工人助理技师。大大推动了青年学技术的热潮，加速职工技术业务素质提高的进程，为生产制造高技术产品和保证产品质量创造了良好的条件。

（曲敬明 撰稿）

黔北"汽车城"在改革中崛起

——记贵州航天汽车制造厂

贵州航天工业总公司是我国60年代生产力布局重大转移，集中力量建设后方基地时，经中央专委批准建设起来的一个专业齐全、配套完整，融科研、生产、开发、经营、服务为一体的综合性企业集团。该公司是国务院批准的55个试点集团之一，下属35个企事业单位，职工3万余人，其中具有高级专业技术职务的1350人，1970年建成投产以来，不断研制、生产高技术军用产品，为我军国防现代化建设作出了贡献。

改革开放以后，贵州航天工业总公司和全党全国一样，面临着指导思想的大转变。过去虽然提出"军民结合"的方针，只是零敲碎打地干过一星半点的民用产品。当改革的春风把商品经济、市场观念等一系列新的理论、新的观念一股脑儿吹进军工企业时，贵州航天工业总公司经历了军品指令性计划大幅度削减，甚至没有军品研制、生产任务的困难。困顿中他们清醒过来，意识到伸手和坐等是绝无出路的。

从事高科技开发、生产的贵州航天工业总公司所属企业，开始各自为战，找米下锅，初涉风起云涌的商品经济市场。但左冲右突也只生产了一些产值不高、利润微小的民品，不少企业举步维艰。经过几年的摸索，总公司领导感到，具有技术、设备、人才优势的航天工业企业，小打小闹没有希望，没有前途。只有在军民结合中学会商品经济的经营管理，真正实现企业转轨变型，才能在竞争中生存，在改革中发展。1984年，总公司总结经验教训，确立了"高起点、高速度、大批量、搞联合"的开发民品方针，提出开发轻型汽车、电冰箱、液力机械变速器等10大民品的方案，并制定了发展民品的9项政策和措施。从此，总公司走上了以支柱产品为龙头，发挥群体优势和规模经济发展的道路。集中力量上批量、上质量、上水平，努力调整产品结构，建立民品生产线，完善军品兼容生产线，开展横向经济联合，积极开展市场预测、市场销售、技术引进、技术改造和售后服务等工作，先后开发了电冰箱、医用电子加速器、液力机械变速器、金属拉拔设备、卫星地面接收站、井深 测试仪等300多项民用产品，并为国家重点工程如北京高能物理研究所的正负电子对撞机、中国科学院兰州近代物理研究所的重离子回旋加速器、中国科技大学同步辐射加速器、秦山核电站等工程,承接了关键部件的制造任务。至此,贵州航天工业总公司初步实现了从单纯军工型组织管理向军民结合型经营管理的转变;从一般性民品开发转变为高起点、高速度的开发;从主要围绕军品的技术改造转变为以民为主、军民兼容的技术改造;从自我封闭式生产转变为发展横向经济联合。增强了企业自我发展能力和应变能力,使企业跻身于国民经济建设的主战场,为国民经济发展服务。

然而,随着国防科技工业军转民步子的加快,三线军工企业多年来形成的单一品种、小批量、慢节奏、长周期的产品结构和管理方法,与民品生产所要求的多品种、大批量、高效率、快节奏的矛盾越来越明显。为此,总公司领导再一次提高认识,统一思想:决定发挥专业门类齐全、配套完整的整体优势,开发一个甚至几个技术密集程度高、协作加工覆盖面广的重大支柱产品,并以此为龙头,把所属各企业凝聚成一个经济技术紧密联系的现代化企业集团。

根据国务院重点发展汽车工业的政策,总公司开发轻型汽车的战略目标正式确定下来。

1985年3月29日,贵阳市省府礼堂前的广场上,一排锃亮的丰田汽车闪着耀眼的光芒。贵州航天工业总公司所属各厂紧密协作,利用进口散件组装成功的1.25吨双排座丰田轻型汽车,首批组装的150辆与市场见面。与此同时,总公司向贵州社会各界许下诺言:三、五年,要拿出自己制造的汽车!

当国内掀起进口汽车的狂潮时,贵州航天工业总公司开始了发展民族汽车工业的艰辛跋涉。

消化国外先进技术后,总公司所属2个研究所、19个工厂按照“高起点、高质量、高标准、国产化”的原则,在没有图纸资料的情况下,以日本丰田RY30—JDP型1.25吨平头式双排座客货两用车为样车,着手除发动机以外的驾驶室、变速箱、传动轴、后桥、车架、前轴、转向器等各大部件的自制和试验。

3年多时间,经过技术人员和工人们夜以继日的苦干,总公司终于成功地开发出1.25吨航天牌双排座客货两用轻型汽车,国产化率达到80%以上。1988年航天牌汽车通过省级鉴定后,相继又开发了GHT6470型轻型客车、救护车、警车、仪表车、工具车、运钞车、塔台指挥车等各种变型车辆。

然而,上汽车的高投入,对于三线军工厂来说是难以承受的。贵州航天工业总公司改革资金管理办法,在征得航空航天工业部、贵州省及有关银行支持下,抓住机遇迅速成立内部结算中心,对全公司资金实行集中管理、集中使用,统贷统借,加快周转,方便内部调剂余缺,缓解汽车开发中资金严重短缺的矛盾。总公司职工从自己私人积蓄中拿出3000多万元,支持上汽车。

黄天不负有心人。航天牌汽车问世后,不断获殊荣,跻身于国内汽车市场:1989年,获航空航天工业部科技进步二等奖,全国乘用车展览工艺优秀奖;1990年,获国家4部委第一届军转民高技术出口产品博览会银奖;1991年,全国记协、人民日报体育部等10家新闻单位联合主办首届“新闻杯”国产汽车(马拉松)大奖赛,航天牌GHT6470型面包车获外观质量第一名,航天牌GHT1030型双排座客货两用轻型汽车获性能第二名、可靠性第三名;1991年,在中国汽车工业总公司组织的行业检查中,航天牌汽车达到一等品水平。

至此,航天汽车以其造型美观、动力性能好、耗油低、噪声小、可靠性高、适宜于各种公路上行驶等特点以及良好的售后服务,赢得了用户的信赖,供不应求。

作为西南轻型汽车联营公司主要成员单位之一的贵州航天工业总公司,除生产航天牌汽车外,还承担了西南五十铃轻型汽车的后桥生产和部分整车总装。为使汽车产品上批量、上质量,该公司投资4173万元对驾驶室覆盖件、车架、前后桥、变速箱、总装、涂复等10条生产线就地进行了第一期技术改造,形成了1万辆轻型汽车的生产能力,并正在进行1.38亿元的第二期10条生产线的技术改造工作。尽管汽车产量每年均有较大幅度提高,但仍然满足不了市场对航天汽车的需求。

1985年,时代的契机来临。国务院作出调整搬迁,发挥作用的决策,决定将三线军工企业相对集中,将部分钻山太深、交通不便、生产和生活困难的企业迁往城市,使他们重振雄风,发挥最佳效益。在国务院批准121个“七五”期间的三线调整搬迁项目中,贵州航天工业总公司7个企业(4个项目)列入后,同时着手描绘一个新的军民结合基地的蓝图:搬迁要以汽车产品为龙头,重新组建各专业分厂,建设一个崭新的轻型汽车生产基地——贵州航天汽车制造厂,年产汽车3万辆以上!

遵义市东北角,距市中心4.5公里,距火车站1.5公里,紧临川黔铁路线和公路交通干线上,有一个叫茅草铺的地名。在这片占地1平方公里的土地上,根据国务院批准调迁项目和军转民重点技术改造项目而进行综合规划和设计的总投资为7亿元,

1988年5月25日奠基了。贵州航天工业总公司从此开始大跨度的飞跃。

如今,参观过这个贵州最大的汽车生产基地的人,无不为贵州航天军工企业的雄厚实力感到惊叹。

目前,航天汽车制造厂已具雏形:首期工程占地100万平方米,规划建筑面积32.7万平方米;工厂下设汽车总装、车身、车桥、变速箱传动轴、工模具、铸锻、动力等7个分厂和汽车研究所,建设有开卷、落料、冲压、焊接、内饰、总装、涂复、前后桥、变速箱、传动轴、铸造等生产线和模具中心、大机加工车间、精密加工车间、铸钢车间、热处理车间等。北区厂房拔地而起,全部进入设备安装阶段,建筑面积4.7万多平方米的总装厂房里,设计年总装能力为5万辆的生产线正在试运行装车;南区,已经竣工的2000多套职工住宅楼鳞次栉比,造型别致的幼儿园已迎来第一批小主人,小学的校园里有了朗朗的读书声,遵义航天中学、遵义航天工业学校已迁入新的校址开学……

经过几年的建设,贵州航天汽车制造厂不断发展、不断完善,万余职工队伍即将结集"汽车城"投产。

贵州航天汽车制造厂正在朝着新的目标努力:引进外资,股份制试点,加速提高我国汽车工业的水平,努力缩短中国汽车工业与世界发达国家汽车工业的发展距离,让航天汽车走向神州大地、走向世界。

(王贤学 李开俊 撰稿)

开发大事记

（1979年—1991年）

1979年

1月1日　水城钢铁厂年产65万吨生铁的二号高炉建成投产。

1月3日　贵定——大土的铁路复线建成通车，全长54公里。

1月13日　梵净山自然保护区正式建立。

3月6日　六盘水煤炭工业基地第一期工程基本建成，有21对矿井投入生产，总设计能力为年产原煤1000万吨。

5月1日　中共贵州省委召开工作会议，传达贯彻中央工作会议提出的对整个国民经济实行“调整、改革、巩固、提高”的方针，讨论和部署全省国民经济调整工作。

5月28日—6月7日　全省召开基本建设工作会议，会议讨论了全省基本建设战线贯彻国民经济调整方针的问题。

11月21日—12月2日　中共贵州省委举行四届四次全委会议（扩大）。会议通过了省委《关于集中力量抓经济工作的决定》和《关于搞好国民经济调整工作的决定》。

11月24日　年产30万吨合成氨、48万吨尿素的赤水天然气化肥厂建成投产。

12月26日　猫跳河五级电站建成，并网发电。至此，猫跳河六座梯级电站开发工程全部竣工。六座梯级电站总库容为8亿立方米，总装机容量为23.9万千瓦，年平均发电量9亿多千瓦小时。

12月30日　乌江渡电站第一台水轮发电机组发电，发电能力为21万千瓦。

1980年

4月29日　贵州第一座12万千伏安、22万伏高压枢纽变电站——鸡场变电站正式建成移交生产。

8月5日—6日　贵州省人民政府举行第三次会议，强调把发挥优势，扬长避短，保护竞争，促进联合，作为经济工作的指导方针。

9月14日—20日　贵州省社队企业工作会议召开。会议要求各地试办农林牧工商联合企业。

11月8日　中共贵州省委根据《西藏工作座谈会》精神，结合贵州实际，作出发展全省民族地区经济文化建设的决定。

1981年

1月29日　贵州省人民政府颁布关于加强地方基本建设管理，严格控制建设规模的若干规定。

2月23日—3月1日　贵州省第五届人民代表大会第三次会议举行。会议审议通过了省人民政府工作报告，1980年国民经济计划执行情况和1981年国民经济计划安排。

5月2日—10日　贵州省人民政府召开全省专员、州长、市长会议，贯彻全国工业交通会议精神，研究大力发展消费品生产问题。决定由地方财政拨款2000万元，重点发展卷烟、中级酒、纺织品、皮革、香料、洗衣机等16种消费品。

5月25日—30日　中共贵州省委召开州、市、地委书记会议，学习中发[1981]13号文件，分析了全省多种经营发展的历史和现状，制定了省委《关于发展农村多种经营的指示》。

7月14日　全省日用机电产品工作会议召开。会议确定择优发展缝纫机、洗衣机、电风扇、电视机、收音机、收录机和电度表等7种日用机电产品。

11月12日　遵（义）綦（江）22万伏输电线路工程提前完成，全长189公里。

11月21日　中共贵州省委、省人民政府联合发出《关于加强对外经济贸易工作统一领导和归口管理的决定》。

12月25日　乌江渡电站2号水轮发电机组

(装机容量21万千瓦)并网发电。

1982年

2月22日—3月1日 贵州省五届人大四次会议举行。会议审议通过了省人民政府工作报告、《贵州省1982年经济和社会发展计划要点》。

4月11日—17日 贵州省人民政府召开全省工交工作会议,贯彻全国工交工作会议精神,围绕提高经济效益,明确工交战线奋力爬坡的目标,要求努力改变全省工交生产的落后面貌。

6月12日 贵州省人民政府批准建立雷公山自然保护区。

8月3日—10日 贵州省人民政府召开全省林业工作会议,研究开发山区、建设山区林业的重要措施。

8月19日—26日 贵州省人民政府召开全省基本建设工作会议。会议强调加强规划工作,搞好城市建设。

8月20日 南盘江天生桥电站动工兴建,设计装机容量为252万千瓦。

11月9日 《贵州日报》报道,贵州铝厂8万吨电解铝引进工程已全部建成,并移交试生产。

11月19日 湘黔铁路电气化初步设计审查会在贵阳铁路分局举行。

11月21日 中共贵州省委四届八次全委会议举行。会议传达贯彻党的"十二大"精神,研究拟定贵州的发展战略目标和实现财政经济状况、社会风气、党风根本好转的措施。

12月25日—31日 贵州省五届人大五次会议举行。会议审议通过了《贵州省人民政府工作报告》、《贵州省1982年国民经济和社会发展计划完成情况和1983年计划安排要点》。

12月29日 农牧渔业部与贵州省商定,各拨款450万元在贵州联合建设草场,发展畜牧业。

1983年

3月3日 贵州省人民政府体制改革领导小组成立。

3月19日 中国振华电子工业公司红旗机械厂自行设计生产的全国最大的10米宇宙射电天文望远镜天线,在云南天文台安装使用。

3月27日 《人民日报》报道,乌江干流第一座大型水电站乌江渡电站已全部建成投产,总装机容量63万千瓦,年平均发电量33.5亿千瓦小时。电站大坝高165米,是我国已建成水电站的第一高坝。

4月12日—15日 贵州省人民政府召开全省工交工作会议,继续贯彻执行"调整、改革、整顿、提高"的方针,要求提高经济效益;把轻工业和日用消费品的生产搞上去。

4月21日—28日 贵州省六届人大第一次会议举行。会议审议通过了《贵州省人民政府工作报告》、《贵州省第六个五年计划》。

5月11日 中共贵州省委发出《关于当前农村工作若干问题的通知》,提出要进一步完善家庭联产承包责任制,有秩序地进行农村经济结构改革,体制改革和技术改革。

6月4日 《贵州日报》报道,从1980—1982年,贵州省共拨出8640万元,用于边远少数民族地区公路、教育、卫生、农田、水利和文化建设。

10月11日 农牧渔业部从新西兰引进技术和设备,在独山县建成的我国第一个现代化牧草种子繁殖场—贵州牧草种子繁殖场开业。

11月2日 贵州"东风16号"货轮9月13日自沿河启航开赴江苏南通,于今日返回,往返航程5134公里。

11月12日—14日 中共贵州省委召开工作会议,根据十二届二中全会和中央经济问题座谈会精神,提出1984年要提高经济效益,全面完成和超额完成国民经济计划,争取提前一年完成"六五"计划的主要指标。

11月20日 国际农业发展基金会给贵州省贷款1000万美元,用于1984年至1990年开发独山、荔波、三都、平塘、罗甸、望谟、册亨7个县的草山草坡资源,发展以牛马为主的放牧型畜牧业基地。

12月13日 《贵州日报》报道,全省已建成小水电站4000多座,装机容量31万千瓦,相当于解放初期全省发电设备容量的110倍。

12月17日—24日 中共贵州省委召开城市经济体制改革座谈会。会议着重讨论了改革城市经济管理体制,发挥城市组织经济活动的作用,促进城乡经济协调发展等问题。

1984年

1月20日—25日 中共贵州省委召开州、市、地委书记和专员、州长、市长及省直有关部门主要负责人会议。省委第一书记池必卿在会上指出,当前要从集中主要精力解决温饱问题转向解决富裕问题;从主要抓农业转向抓整个经济社会的全面发展;从单纯抓生产转向全面地抓生产、交换、分配、消费等各个环节;从对外闭关自守、对内小打小闹转向对外开放、放手发展商品生产和有计划地进行重点建设。

1月29日 中共贵州省委批转《贵州省城市经济体制改革座谈会纪要》,指出当前经济改革的任务是:搞好工业企业的改组联合;有计划、有步骤地调整企业隶属关系;改革经济管理体制;大力发展集体经济;抓好企业的经营管理,加快工业的发展步伐;充分发挥城市的作用,把城市规划、建设管理好。

4月19日—23日 四川、云南、贵州、广西、重庆四省(区)五方经济协调会议第一次会议在贵阳召开。会议讨论通过了《四省(区)五方经济协调会议若干原则》。会议经过双边和多边协商,在经济、技术、物资协作以及人才培训和交流等方面达成了200多项协议和意向性协议。

4月24日—30日 贵州省六届人大二次会议举行。会议审议通过了《贵州省人民政府工作报告》、《贵州省1983年国民经济和社会发展计划执行情况和1984年计划安排报告》。

4月29日 贵州省人民政府颁发《关于放宽国营工业企业若干政策的规定》。

5月18日 贵昆铁路电气化技术改造第一期工程贵阳至水城西段工程大部分土建任务已完成。第二期工程水城西至昆明段工程动工。

6月26日—7月1日 贵州省人民政府召开省政府全体会议(扩大),动员和部署全面开展经济改革工作。

7月6日—11日 贵州省六届人大常委会举行第八次会议。会议原则批准《贵州省提供优惠条件、引进资金、先进技术、人才的决定》。

7月21日 王朝文省长举行记者招待会,宣布贵州对外开放总的指导思想是:敞开大门,发挥优势,条件优惠,方式灵活。还公布了《贵州省提供优惠条件、引进外资、先进技术、人才的决定》。

7月28日 中国科学院综合考察委员会西南考察组对贵州工农业和能源、交通进行调查。中共贵州省委、省人民政府举行座谈会,听取了考察组对开发利用贵州资源的意见。

7月31日 中共贵州省委五届三次全委会议作出关于认真研究发展战略的决定。8月,省委书记办公会议决定组成贵州省经济社会发展战略规划小组。组织和领导有关省情、发展战略、长远规划的研究工作。10月,从省直有关部门、部分大专院校、科研单位抽调了近200名专家和业务骨干组成了贵州省经济社会发展战略规划小组办公室,分设省情、战略、规划等13个研究组;对省情、发展战略和长远规划进行了全面系统的研究;提出了《贵州省情的主要特点》、《贵州省经济社会发展战略规划的初步设想》和《贵州省国民经济和社会发展15年规划的初步设想(初稿)》。

8月29日—31日 中共贵州省委农村工作部、省科协受省委委托,邀请中国农学会、中国林学会和省内各方面的专家组成贵州山区农业发展综合考察团,对贵州中部、西北部、南部进行了两个月的综合考察。考察结束时召开了贵州农业综合发展方案论证会。

12月3日 我国第一台大型精密三坐标测量机—JSO5三坐标测量机在新天精密光学仪器公司研制成功。

1985年

1月26日 省煤田地勘公司113队在织金煤田肥田三号井田,探明优质无烟煤储量1.2亿吨的精查地质报告,经全国矿产储量委员会审查通过。

2月11日 中共贵州省委5日—11日在贵阳召开全省三级干部会议。省委书记、省长王朝文就积极稳妥地搞好经济体制改革,大力促进商品生产发展的问题,在会上讲话。

2月15日 中共贵州省委、省人民政府发出《关于继续改革农村经济管理体制,促进农村经济翻番的意见》。

2月24日 《贵州日报》报道,115地质队二分队地质组,1984年在福泉县高坪地区找到一个储量大,品位高的大型磷矿,获全国找矿一等奖。

3月11日 兴义县酒厂研制的低度白酒贵州醇,通过省级鉴定,填补了我省低度浓香型白酒的空白。

3月13日 贵州省人民政府邀请贵州籍在港澳和新加坡的人士、有关亲属及在贵州工作过、同贵州有经济往来的港澳朋友,11日—13日在深圳洽谈经济技术合作,共商开发和建设贵州事宜。

3月26日 中国有色金属工业总公司和贵州省人民政府联合开发贵州铝资源指挥部,邀请省内外专家、教授、学者,在贵州铝厂成立联合开发贵州铝资源专家顾问委员会。

4月8日 《贵州日报》报道,天生桥水电站的主体工程——坝基开挖、导流明渠和挡水墙开挖浇筑、引水隧洞开挖等项目全部开始施工。

4月24日 《贵州日报》报道,一种具有国际水平的传动装置——五百马力液力机械传动器,在我省国营长新机械厂研制成功,为我国机械工业填补了一项空白。

4月29日 遵义县团溪区引进省外技术，开发本地矿产高岭土，建成贵州省第一家绝热材料厂——团溪"双扶"绝热材料厂。

5月8日 贵州省水泥工业重点技术改造工程——6万吨干法旋窑，历时一年半，今日在遵义市水泥厂建成投产。

5月16日 《贵州日报》报道，贵州省茶叶品质评审委员会对省内各地名茶进行首届评比，都匀毛尖、羊艾毛峰、湄江茶和遵义毛峰被评为贵州省四大名茶。

5月17日 应贵州省有关单位邀请，全国37个新闻单位的42名科技编辑、记者来贵阳，对贵州省科学文化、土特名优产品和自然风光进行为期10天的考察采访。

5月30日 中共贵州省委、省政府在北京民族文化宫召开茶话会，传递信息，扩大交往，让更多的人认识贵州，为贵州的开发和发展献计献策。

6月4日 《贵州日报》报道，水电部水利水电建设总局、长江流域规划办公室和水电部贵阳勘探设计院的16位专家和科技工作者组成的查勘小组，对乌江干流进行为期半个月的实际查勘后认为，乌江是我国的一个水电富矿。

6月12日 贵州省资源开发展览在省科学文化会堂开幕。共设六个馆，展出900多个项目。

6月26日 湘、鄂、川、黔四省八地、州在铜仁举行经济技术协作会议，决定建立长期稳定的经济技术协作关系。

6月29日 由副省长刘玉林率领的贵州省经济技术协作代表团一行29人，16日—29日对上海市和江苏省进行考察，学习和商谈，共达成协议(包括意向性项目)104项。

7月9日 贵阳市第一个经营技术商品的贵阳市技术市场开业。

7月10日 中共黔西南自治州委、州政府在北京民族文化宫召开在京乡友支乡座谈会，宣布六条优惠条件，欢迎实业家投资开发黔西南。

7月14日 中共贵州省委、省政府10日—14日在贵阳召开地、州(市)委书记和专员、州长(市长)会议。会议提出，今年下半年要继续推进城乡经济体制改革，多渠道地解决农村剩余劳动力的出路问题。

7月22日 贵州省经济技术协作和贸易邀请会，经过八天洽谈，在贵阳闭幕。会上有26个省、市、自治区和两个公司与贵州省达成贸易协议，贸易额为1.2亿元；引进资金3亿多元；技术协作项目251项。

7月26日 《贵州日报》报道，C波段六米卫星电视接收站，由国营红旗机械厂、长江机器厂和永华仪器厂研制成功。

7月28日 险峰机床厂自行设计制造的D42—800型双支承辊锻机，通过鉴定，填补了我国双支承辊锻机系列中的一个空白。

7月29日 建于剑河县城中部的预应力混凝土悬臂桁架拱桥——剑河大桥竣工通车。大桥主孔跨度150米，全长241.1米，在目前国内同类桥型中跨度最大，在世界预应力混凝土桁式桥中跨径居第3位。

8月15日 遵义地委、行署邀请川黔两省一些经济专家，10日—15日在遵义市举行经济社会发展战略讨论会，共商开发，振兴黔北经济大计。

9月1日 由贵州省归侨、侨眷、港澳同胞、外籍华人眷属集资创办的贵州省华侨股份实业公司在贵阳开业。

9月3日 贵州省从日本东芝公司引进的华日牌彩电生产线在贵州电视机厂投产。

9月10日 贵州省中国旅行社与香港贵海有限公司在贵阳合资兴建、合作经营的30层楼的贵州饭店，举行奠基典礼。

9月11日 贵州省国际经济技术合作和贸易洽谈会，5日—11日在贵阳举行。参加洽谈会的有南斯拉夫、美国、英国、日本、法国、联邦德国、意大利、澳大利亚、瑞士、瑞典、西班牙、新加坡、新西兰和香港、澳门的客商144人，共引进资金5023万美元，达成进出口贸易额1099万美元。

9月18日 航空工业部贵阳液压附件厂，在国内首次试验成功建筑机械用柱塞式双联液压泵和柱塞式定量液压马达，质量达到国际同类先进产品水平。城乡环境保护部和航空工业部召开会议，确定批量生产。

9月22日—24日 由机械工业部仪器仪表局主持通过鉴定的国产第一台HT型解析测图仪在贵阳新天精密光学仪器公司研制成功。这是一种先进的航空摄影测量仪器。

10月8日 贵州省大型枢纽变电站之一的普定变电站建成通电，与清镇至普定的两条高压输电线路同时投入运行。

11月14日 与贵昆铁路电气化技术改造同步进行的贵阳枢纽站一期工程全部完成。

11月22日 中国科学院地球化学研究所和贵州第七砂轮厂合作，研制成功石材加工专用磨轮，填补了我国这项产品的空白。

11月20日—25日 中共贵州省五届五次全委扩大会，在贵阳举行。会议讨论并原则通过《中共贵州省委关于制定贵州省国民经济和社会发展第七个五年计划的建议》。

12月17日 全国"六五"期间重点工程，云贵高原上的第一条电气化铁路——贵昆铁路贵阳至水城西段建成，在贵阳站举行通车典礼。

1986年

3月6日 《贵州日报》报道，林业部确定"七五"期间在贵州省从江、榕江、天柱、剑河、三都5县(自治县)营造80万亩大面积速生丰产用材林基地，已拨款1000万元投入这项工程。

3月22日 由贵州省包装公司、省贵州新华书店和香港云利乳胶有限公司合资兴办的贵州新利海绵联合有限公司正式投产，填补了贵州省海绵生产的空白。

4月7日 黔东南自治州粮油公司与美国米糠工业公司达成合作开发黔东南自治州油料资源协议。

4月16日 以上海市委副书记吴邦国为团长、上海市顾委常委董家邦为副团长的上海市代表团，15日—16日来贵州省考察，并与贵州省签署经济技术合作商谈纪要。

4月20日 以广西自治区北海市市委书记王庆录为团长的代表团来贵州省考察，并与贵州省签署经济技术协作会谈纪要。

5月7日 贵州省六届人大四次会议4月28日召开。会议通过贵州省第七个五年计划报告的决议，批准王朝文省长作的《关于贵州省第七个五年计划的报告》，原则批准省政府制订的《贵州省国民经济发展第七个五年计划》。会议通过贵州省1986年国民经济和社会发展计划的决议和1985年财政决算和1986年财政预算的决议等。

5月24日 川滇黔桂渝四省区五方经济协调会第三次会议，历时5天在昆明结束。会议期间，贵州省代表团与兄弟省区签订各种横向经济协作项目107项。

5月26日 《贵州日报》报道，我国第1条从美国引进的全密封固体钽电容器生产线，最近在贵州省国营新云无线电器材厂建成投产。

6月3日 赤水县首批实现全国电气化县的骨干工程之一——装机为4400千瓦的两河口电站竣工正式运行。

8月6日 "七五"期间贵州省重点建设项目之一的1.2万门程控电话交换系统土建工程在贵阳正式动工。

8月7日 《贵州日报》报道，农牧渔业部最近确定，仁怀县为国家优质高粱基地县，为茅台酒提供主要原料。

8月15日 贵黄公路贵清段在清镇举行开工典礼。贵黄公路是贵州省"七五"期间10个重点建设项目之一，全长141公里，其中贵阳至清镇段为贵州省第1条1级公路，清镇至黄果树为2级公路。

10月1日 由国家投资2430万元的贵州铝厂阴极炭素制品扩建工程动工。该工程1988年建成投产后，可将贵州省这种产品的产量从1万吨提高到2万吨，成为我国最大的阴极炭素制品基地。

12月18日 《贵州日报》报道，中国烟草总公司不久前在西安全国卷烟销售会上宣布，我省"黄果树"、"花溪"香烟被列为全国名牌产品。

1987年

1月7日 国务院批准，将水城钢铁厂扩建和技术改造计划，列入"七五"国家扩建项目。

1月21日 贵州省贫困地区经济开发工作会议，19日—21日在贵阳举行。

2月28日 贵州省政府召开全省经济工作会议，提出今年的任务是：以搞活企业为中心，深化企业改革，开展增产节约，加强企业管理，全面提高经济效益和企业素质。

3月13日 安徽省经济协作代表团8日—13日对贵州省进行友好访问，两省就粮食与烟草协作事宜签署会谈纪要。

6月1日 以中共贵州省委常委、副省长张树魁为团长的贵州省经济代表团一行13人，5月15日—6月1日访问上海市、江苏省和浙江省，分别签署一批横向联合协议；贵州省有一批企业，分别加入华东地区的企业集团。

6月11日 湘黔铁路电气化贵阳至凯里段4条高压牵引输电线路竣工。

7月4日 南斯拉夫黑山共和国经济代表团，6月30日来贵州省参观访问，今日离筑去京。代表团与贵州省经济部门，初步达成一些经济技术协作项目。

7月23日 "七五"国家重点建设项目之一的湘黔铁路电气化改造工程贵阳至凯里段建成。

8月1日 上海大众汽车有限公司与航空部贵州管理局合作生产桑塔纳轿车零部件协议，在安顺正式签字。首批29项配件，将长期在贵州省13家军工企业生产。

8月19日　贵州省第一次在国外举办的中国贵州省出口商品展销会,12日—19日在新加坡举行。

9月3日　以贵州省顾委主任苏钢为顾问,副省长刘玉林为团长的贵州省经济代表团,7月13日—9月3日,先后对新疆、甘肃、青海(省、自治区)进行考察访问,并分别签署关于开展经济技术合作会谈纪要或协议书。

9月30日　西南地区目前最高的建筑——31层、106.4米的贵州饭店主体工程完工。

10月25日　贵州省代表团在1987年深圳中外经济技术合作洽谈会及国际金融与投资展览会上,与外商签约5项,达成协议书、意向书29项。

10月29日　中国科学院、云南科学院和贵州省旅游局组成的西南旅游资源考察组23日—29日,对贵州省东线(黔东南州)旅游资源进行考察。

11月5日　副省长刘玉林一行14人,10月30日—11月5日访问海南岛,与海南省筹备组负责人就发展贵州、海南经济合作交换意见,并签署商谈纪要。

11月17日—20日　国务院三线建设办公室、冶金部,在水钢召开水钢扩建方案论证会。论证结果:水城钢铁公司有条件扩建为年产钢240万吨—300万吨规模的大型钢铁联合企业。

11月26日　国家"七五"重点建设项目——贵州铝厂第三电解铝厂,正式开工兴建。

1988年

3月10日—13日　贵州省政府召开本届政府首次全体(扩大)会议,讨论进一步解放思想,深化改革,组织全省第二个经济翻番等问题。

4月20日　贵州省委、省政府决定建立毕节地区开发扶贫、生态建设试验区,安顺市深化改革、促进多种经济成份共同繁荣、加快发展试验区。

4月22日　云、贵、川、藏、桂、渝五省区六方经济协调会第五次会议,18日—22日在南宁市召开。

5月12日　贵州省第一条最长的三级公路马合公路,竣工通车(起自习水县马临乡,止于四川合江县长江边密溪沟码头,总长93公里,贵州省境内为72公里)。

5月11日—12日　召开的贵州省矿泉资源评价及开发利用综合研究成果评审会透露,贵州省已查明温泉点92个,其中达到地矿部饮用矿水水质标准的,具有开发前景的40个。

8月19日　川滇黔桂藏渝五省(区)六方联合组建中国大西南建设集团公司,在贵阳达成协议并签字。

10月14日　中共贵州省委8日—14日召开工作会议,部署治理经济环境、整顿经济秩序工作。

11月10日　贵州航天工业总公司研制开发的航天牌轻型载重汽车,投入批量生产。

12月20日　贵州省委、省政府召开地、州、市委书记和专员、州长、市长会议,分析经济形势,安排下一步经济工作。

12月22日　设计能力为年产原煤90万吨的水城矿务局那罗寨煤矿建成投产。

12月25日　我国第一条彩电显像管生产线在贵阳航空电器厂建成投产。

12月26日　湘黔线贵阳至玉屏铁路实现电气化。

12月27日　鲁布革电站第一台15万千瓦机组正式投入运行。

1989年

1月1日　中共贵州省委、省政府发出通知,就夺取1989年农业好收成,大力发展农业特别是粮食生产,增加农副产品有效供给提出10点意见。

1月27日　《贵州日报》报道,贵州凯里宇光电工厂生产出14厘米小屏幕便携式袖珍电视机。

3月6日　贵州省政府召开专员、州长、市长会议,贯彻落实贵州省七届人大二次会议通过的《政府工作报告》中提出的各项任务。

3月18日　利用世界银行贷款开发的我国特大磷矿山—贵州瓮福磷矿计划任务书获国务院批准。

4月12日　《贵州日报》报道,清镇发电厂三期工程,东风水电站、天生桥坝索水电站(含500千伏天广、天贵变电工程),湘黔线铁路电气化(含电铁供电工程)、贵昆线铁路电气化(含电铁供电工程)、川黔线铁路电气化(含电铁工程)、贵州铝厂二期扩建工程7个项目被列入国家重点建设计划。

5月22日—31日　贵州省轻纺工业产品展销会在香港展览中心举行,成交总额为3500万元,达成30项引进技术、资金、设备和合资办厂的意向性合同协议。

5月28日　西南五省(区)六方第四届物资协作会在贵阳结束,贵州总成交额为6589万元。

7月1日　中国有色金属总公司同贵州联合投资贵州铝厂新建8万吨电解铝工程的签字仪式在贵

阳举行。

8月9日—12日 川、滇、黔、桂、藏、渝五省(区)六方第五届商品交流会在贵阳举行，总成交额为4.5亿元，贵州成交1.5亿元。

9月2日—6日 贵州省委、省政府召开全省农业工作会议，总结交流当年农业生产情况，部署冬季和下一年农业生产任务，研究进一步发展农业特别是粮食生产的对策和措施，强调要确立科技兴农的战略思想。

10月18日 国家黄金管理局和北京有色冶金设计研究总院、长春黄金设计院对贵州安龙戈塘金矿进行审查，批准该矿列入国家建设计划。

10月30日 《贵州日报》报道，贵州有色地质一总队在万山特区南部发现储量为4000多吨的新汞矿床。

11月4日 川、黔、滇成立协调会，以水能和矿产资源开发为主，共建攀西六盘水开发区。

12月2日 经国务院批准，遵义铁合金厂8万吨锰硅矿扩建工程正式列入1989年国家新开工大中型建设项目。

12月28日 在北京召开的国家农业综合开发领导小组全体成员会议上，贵州被列为1990年第一批安排的农业综合开发重点地区之一。

1990年

1月15日—17日 贵州省人民政府在贵阳召开全省农业综合开发座谈会，提出把搞好农业综合开发作为振兴贵州农业的一项战略措施来抓。

2月26日 贵州省人民政府召开工作会议，布置落实省七届人大三次会议通过的政府工作报告中提出的各项任务，提出今年政府各项工作要点，并就上半年的工作进行部署。

3月10日 贵阳电信局国际直拨程控电话全面开通。

4月20日 国家计委、能源部批准贵州成立乌江水电开发公司，并给予自我滚动开发的相应对策。

6月5日—9日 西南五省(区)七方第四届经济体制改革座谈会在安顺召开，对治理整顿、深化改革面临的形势和出现的新情况、新问题进行分析，并提出针对性的意见和建议。

7月20日 《贵州日报》报道，113地质大队和贵州省地矿局提交的《毕节煤田煤炭资源远景调查报告》公布：毕节煤田煤炭总储量为162.3亿吨，硫铁矿石储量为238.8亿吨。

10月5日 贵州省人民政府发布“新天试验区开发工作若干规定”，对在这一区域内从事高、新技术产品的研制，开发、销售实行优惠。

10月30日 国务院委托国家计委审查批准了攀西——六盘水地区资源综合开发规划报告，并同意纳入“八五”计划和10年规划。

12月16日—18日 贵州省人民政府召开农业专家座谈会，就贵州“八五”时期农业生产的发展问题征求专家们的意见。

1991年

1月3日 贵州省政府发布《贵州省科技兴农人才奖奖励办法》。

贵州在云南从事边境贸易的国营商业企业——贵州高原商行在边境城市瑞丽正式开业。

1月9日 贵阳无线电四厂等单位共同研制开发的DL—9006机车信息记录重放系统仪，通过机械电子工业部的鉴定。

1月11日—28日 美国堪萨斯大学保罗·伊诺斯教授和丹尼尔·李赫曼博士到贵州，与中国专家合作研究罗甸县极庚地区三叠纪碳酸盐岩台地。

1月12日 能源部水电局天生桥分局采用无支衬液压升模板浇筑先进技术，完成1号调压井浇筑工程。

经国务院企业管理指导委员会评定，贵州风华机器厂获“国家一级企业”称号。

1月15日—19日 贵州省七届人大常委会第17次会议在贵阳举行，通过了《贵州省〈中华人民共和国城市规划法〉实施办法》、《贵州省乡镇集体矿山企业和个体采矿管理办法》。

1月17日 中共贵州省委召开党外人士座谈会，传达中共中央十三届七中全会精神，征求、听取对贵州省委《关于贵州省国民经济和社会发展十年规划和八五计划建议(征求意见稿)》的意见。

1月18日 刘玉林副省长邀请在筑部分大中型企业厂长(经理)座谈，共商开展“质量、品种、效益年”活动事宜。

1月21日 新天精密光学仪器公司承担的国家“七五”重点科技攻关项目——双球式密置滚动轴系制造技术研究通过部级技术鉴定。

1月25日 永光仪表压铸件厂两项研究成果(精密注塑成型工艺、超声波焊接新工艺)通过部级鉴定。

1月26日 中共贵州省第六届委员会第五次全体会议通过《中共贵州省委关于制定贵州省国民经济和社会发展十年规划和“八五”计划的建议》。

1月 贵州开阳磷矿矿务局矿锚杆护顶分段空场开矿法获国家科技进步一等奖。

2月5日—10日 国务院总理李鹏到贵州视察。

集电子、精密仪器及生物工程、新材料、新技术产品和食品加工业等行业的新兴工业区——贵阳新天新技术产业开发试验区在贵阳市乌当区新添寨镇正式成立。

2月6日—8日 鲁布格电站至兴义市的110千伏高压输变电工程通过省级验收正式投入生产。

2月10日 贵阳市政府、贵阳电视台投资700万元，新建190米高，覆盖面达贵阳地区及临近的清镇、平坝、修文、龙里等县的多功能电视发射塔试播成功。

2月25日 国家重点工程东风水电站150米高栏河大坝坝体正式开始浇筑。

2月26日—28日 贵州省教育工作会议在贵阳召开。会议提出：迅速发展职业技术教育和民族教育，建立起适合贵州经济发展的教育结构，是深化教育体制改革，兴黔富民的当务之急。

2月 由交通部重庆公路桥梁科研所设计的不对称石拱桥——印江车家河桥竣工并通过荷载试验。

3月6日—15日 贵州省七届人民代表大会第四次会议在贵阳举行。会议通过省长王朝文代表省人民政府作的《关于贵州省国民经济社会发展第八个五年计划和十年规划的报告》。

3月8日 贵州轻纺工业10年成就展览在省博物馆开展。

3月17日—18日 贵州省科技兴农现场会在黔西县召开。省委书记刘正威作题为《努力开创我省科技兴农的新局面》的讲话，要求今年科技兴农重点抓好六件事：1. 下大力抓好农业适用技术的普及工作；2. 下决心进行坡改梯；3. 抓好科技兴农的几个战役；4. 要在大力培养人才上下功夫；5. 健全和完善农业服务体系；6. 加强超前技术研究，搞好技术贮备。

3月18日—22日 全省企业工作会议在贵阳举行。会议就进一步增强国营大中型企业和重点企业活力，开展“质量、品种、效益年”活动等展开讨论。

3月23日 贵州省省委书记刘正威等在赤水天然气化肥厂现场办公时提出：以赤天化为基地建成贵州化工企业集团。

3月26日—31日 中央政治局委员、四川省委书记杨汝岱到贵州省考察访问时指出：携手开发大西南应加快步伐，积极创造条件，在力争生产力合理布局的基础上求得共同富裕。

3月31日 列入国家“八五”重点项目的川黔铁路南段电气化工程自动化通讯干线全部贯通。

4月1日 天生桥一级电站正式动工。

4月4日 国家黄金管理局重点开发的贵州戈塘金矿正式破土动工。

贵阳至西安航线正式通航。

4月10日 贵州省第二届中缅边境贸易展销会在云南省瑞丽举行。

4月17日—20日 全国电力企业管理工作会议在贵州安顺市召开。确定在全国电力行业进一步开展抓管理上等级的达标活动。

云马飞机制造厂研制开发的切条机、切丁机、双轴搅拌机、真空斩断机、真空充填机等5种肉食加工设备，通过航空航天部、商业部联合鉴定。

4月18日 贵阳航空液压件厂研制的轿车用球笼式等速万向节通过省级鉴定。

4月21日 贵阳市首项集资改造旧城工程在龙井路开工。

4月22日 贵州三力技术开发公司在北京人民大会堂贵州厅举行“祛斑美容腰带”新闻发布会。

4月23日—25日 首届云、贵、川、藏、桂五省区和成都、重庆集体经济协作网会在安顺召开。

4月 六枝矿务局凉水井煤矿利用矿井瓦斯和旧航空发动机发电试验成功通过省级鉴定。

贵州首批（1990年）贵州电力建设企业债券（个人部分）上市转让，价格随行就市。

5月2日—3日 世界银行官员瓦代尔先生到瓮福磷矿肥基地施工现场检查工程情况。

5月7日—9日 吉林省委书记何竹康率该省代表团到贵州考察访问，双方就党政工作，经济发展等方面进行商谈，共同签署了《贵州省吉林省关于进一步加强两省间横向经济联合与协作的会议纪要》。

5月16日 贵阳至黄果树高等级汽车专用公路通车典礼在贵黄公路金关站举行。

贵州红枫铁合金（集团）公司成立。

5月16日—24日 受国家计委委托，中国国际咨询公司组成专家组，对瓮福磷矿重钙项目进行调查、评估。

5月18日 贵州省通用机械厂建成连续铸造球墨铸铁管生产线并投入生产。

5月21日—25日 贵州省农村工作会议在贵阳召开。会议传达了全国农村经济工作会议精神，通过了《关于在我省贫困地区实行以工代赈建设基本农田的决定》。

5月22日—30日 世界银行卫生Ⅳ(农村卫生人力开发)项目技术援助团摩尔一行6人到贵州考察。

5月22日—29日 世界粮食计划署、国家林业部、农业部及贵州省、地项目单位组成三方审评团,到贵州织金、纳雍两县部分地方对“3356”项目进行考察审评。

5月22日 在日本东京举办的第三届国际酒、饮料酒博览会上,贵州遵义董酒厂生产的38°和59°董酒获金奖。

5月23日 水城变电站新扩建安装的12万千伏安变电器正式起动投入运行。

5月27日 贵州轮胎厂“内胎硫化微机群控与管理系统”通过省级鉴定。

6月3日 贵州铝厂与中国有色金属进出口公司贵州分公司组成工贸一体联合公司。

6月8日 深圳赛格电子集团公司租赁贵阳无线电四厂。

6月10日—12日 西南经济发展研讨会在贵阳召开,国家计委、中国社会科学院、西南五省区七方经协办等部门60多位专家、学者就如何加强和深化区域合作、启动西南经济区市场展开探讨。

6月14日 国家重点工程——鲁布革水电站第四台机组并网发电,至此该电站全部完工。

6月15日 西南石油地质局第八普查勘察大队第三钻井队施工现场贵州黔山一井,经对下寒武系九门冲灰岩显示段酸化,见油气显示,为贵州海相碳酸盐岩新领域找油找气提供了第一手资料。

6月24日—26日 化工部组织的国家一级企业考核组对赤大化的产品、物资消耗、经济效益、安全生产以及企业管理进行考核,认为该厂已达国家一级企业标准。

6月28日 中外合资贵阳金筑大酒店正式开业。

6月 国家计委正式批准贵州凯里木浆厂立项。

7月7日 贵州省畜牧兽医科研所完成贵州“七五”科技攻关项目——贵州半细毛羊优良种群选育研究通过省级鉴定。

7月8日—10日 国家黄金管理局组织国内有关方面专家莅筑,就长春黄金设计院提交的《贵州紫木凼金矿初步设计书》进行论证和审查。

7月25日 贵阳市型煤工程在贵阳市三桥开工。

7月26日 贵州省第一次国有资产管理工作会议在贵阳召开,决定正式成立省国有资产管理办公室,负责省内和省在外(包括国外)的全部国有资产的管理。

7月29日 国家重点工程——天生桥二级电站一号引水隧洞贯通。

7月30日—8月3日 贵州省县长会议在贵阳举行。省委书记刘正威,省长王朝文就加快县级商品经济发展问题作重要讲话。会议指出,县级经济发展的方向是发展社会主义有计划的商品经济,应坚持以公有制为基础,大力发展多种经济成份。

7月 国家能源部在盘江矿务局召开审查会议,原则通过《盘江矿区总体发展规划》,同意将盘江矿扩建为年产1000万吨原煤的煤炭基地。

8月4日 贵州苗岭矿泉水经中科院选定,参加中国在日本东京、南朝鲜汉城举行新技术产品展览会,今日启运东京。

8月5日 贵州省省长王朝文、省顾委副主任何仁仲带省属有关20个厅局领导,专家到贞丰县,就该县经济社会发展战略规划进行论证。

8月6日 贵州第一台综合采煤机组在盘江矿务局土城矿1536回采工作面试机开割成功。

8月8日 贵州凯里涤纶厂与香港大兴纤维(工程)有限公司共同投资的凯兴纺织有限公司在凯里开业。

8月10日 经国家旅游局星级饭店评审委员会考评,贵州饭店、金筑大酒店获“三星级饭店”称号。

8月11日 贵州险峰机床厂研制成功数控轧辊磨床通过省部级鉴定。

8月13日 贵州商品交易会开幕,七天成交总额超过13亿元。

8月18日 川黔铁路贵州段电气化改造工程全部完工。

8月20日 国家技术监督局公布一批经销不合格商品的商店和生产不合格产品的企业,贵州五交化公司交通电器商店和贵阳龙泉电线厂被通报。

8月27日—29日 贵州省人民政府召开扶贫开发工作会议,要求各地在巩固已有扶贫成绩的基础上实现:改善基本生产条件,建设基本农田,提高粮食产量,稳定解决温饱问题;发展多种经营,进行资源开发,建设区域性支柱产业,使贫困户有稳定的经济来源。

8月 贵州铝厂和贵阳铝镁设计研究院共同开发的铝电解生产新技术——大型预焙槽自适应氧化

铝浓度控制及新型风动下料装置，通过中国有色金属总公司鉴定。

遵义磷肥厂年产3万吨磷铵、4万吨硫酸建设工程在遵义市郊开工。

全密封液体钽电容器生产线在贵阳国营新云器材厂开工试生产。

茅台酒厂通过国家一级企业正式考核。

贵州航天工业总公司研制的“柴油发动机电控喷射系统电子控制器”通过省级鉴定。

9月5日—9日 西南五省区七方经济协调会第八次会议在重庆召开，就如何进一步共谋振兴西南经济的问题展开讨论。贵州分别同与会各方签定联合协作项目57项。由贵州建筑设计院设计、五省、区七方共同投资兴建的西南经济协作大厦亦落成开业。

9月7日—12日 全国县级计划工作交流会第四届年会在遵义县召开，主题是研究县级计划经济如何与市场调节相结合。

9月8日—12日 贵州在福建投资贸易洽谈会上共签订投资项目合同和协议20项，总投资8633.23万美元。

9月11日—21日 以全国政协常委陈荒煤为团长的全国政协委员考察团一行50人，在贵州视察三线建设情况，并就贵州军工企业的现状和未来的发展，与贵州省党政领导交换了意见。

9月14日—19日 贵州省人才交流服务中心和贵阳市人才资源开发服务中心在贵阳联合举办为百家企业引进技术人才交流会。

9月15日 贵州汽车配件厂与长春第一汽车制造厂联合制造的连续式无罐气体渗碳自动线正式投产。

9月17日 贵州商业系统第一家跨省区、跨行业的实体性紧密型产销合一的联合体——徐州“海鸥”洗涤用品(集团)贵州联合分公司开业。

9月26日—30日 中国煤炭城市发展联合促进会与北京市经济贸易技术开发联合公司在贵阳举行中、苏、蒙及东欧经贸洽谈订货会。宾主提供2200万美元出口商品订货单和签订87项协议书。

9月28日 贵阳至安顺的“黄果树号”直快旅游列车延伸至六枝，中途停靠新平坝、安顺两站。

10月5日—8日 世界银行官员、高级采矿工程师亨曲克斯先生一行到瓮福磷矿肥基地现场检查项目执行情况。

10月8日 川黔铁路贵州境内路段电器化接触网一次性送电成功。

10月9日 庆祝贵州境内贵昆、湘黔、川黔电气化铁路全面开通典礼在贵阳火车站举行。贵州省副省长、省铁路电气化领导小组组长刘玉林宣布：历经9年多的建设，国家“六五”、“七五”重点建设项目，贵州境内三条铁路电气化改造工程已如期完成。

10月15日 贵阳东站国际型集装箱货场正式开通使用，该场面积2万余平方米，可办理国际集装箱1.3万只。

10月20日—23日 全省兴办绿色工程现场会在遵义地区召开，省委书记刘正威指出：兴办绿色工程是全省一项战略任务。

10月22日—25日 全国水电建设工程施工质量工作会议在贵州鸭池河畔东风水电站工地召开。省水电九局被评为全国水电质量管理先进单位，局承建的东风电站地下厂房上部开挖及锚喷工程被评为全国水电优质工程。

10月29日 贵阳新天新技术产业开发试验区重要部分——中国振华电子工业公司贵阳基地首批5条生产线正式开工。

10月 国务院批准贵州《龙洞堡机场设计任务书》。机场设计指标为4D级，跑道长2800米，候机楼建筑面积14000平方米，工程总投资4.6亿元。

联合国世界粮食计划署评价团来黔考察新完工的联合国在安顺地区实施的“3146”(山、水、林、田、路综合治理)工程，认为工程达到预期目的。

一种用于制造海洋舰船、平台锚链的高品质新钢种——30铬锰钒在贵阳钢厂研制成功通过冶金部技术鉴定。

11月2日—7日 贵州省副省长张树魁率省计委，经委、财政、金融、电力等部门工作人员到毕节部分部门调查研究，就当地经济工作的突出问题进行商讨，对在建的地、县重点企业和基建技改项目的资金和管理等问题进行督促落实和协调。

11月3日—7日 陕西省政府特邀顾问张斌率陕西省考察团一行29人，到贵州考察高等级公路建设等问题。

11月8日—14日 第三次全国新技术、新产品展销会在广州举行，贵州参展团正式成交的技术贸易额达4670万元。

11月12日 贵州航空公司开航营运。

11月18日—23日 贵州省七届人大常委会第22次会议在贵阳召开。通过《关于批准“贵阳市实施〈中华人民共和国义务教育法〉办法”的决议》、《关于批准〈贵州省国民经济社会发展十年规划和第八个五年计划纲要〉的决议》。

11月19日 贵州省委书记刘正威考察安顺国合商业“四放开”(用工放开、经营放开、价格放开、分配放开)试点情况时指出:“四放开”对国合商业来说是生存之路、开拓之路、光明之路。

11月27日—12月4日 贵州省出口商品展销会在澳大利亚悉尼市举行,成交额达1530万美元。

能源部南方建设公司投资,委托贵州黔西南州承建的兴天公路兴永段动工。

遵义制漆厂建成贵州第一条现代化汽车喷漆生产线。

省商业科学研究所设计研制的万吨啤酒发酵过程控制系统通过省级鉴定。

12月3日 贵州省人民政府在北京举行介绍贵州名烟名酒座谈会。

超高压输电线路——天生桥至贵阳500千伏输电线路全线贯通。

12月19日—26日 中共中央总书记江泽民到贵州视察。先后赴遵义、安顺两地区和贵阳市的农村、机关、厂矿、部队、学校,与各族各界进行广泛接触。并在听取刘正威、王朝文代表省委、省人民政府作的工作汇报后,对贵州40年的建设,特别是十一届三中全会以来取得的成就以及今年受严重洪涝灾害后粮食和主要经济作物产量仍突破历史最高水平给予充分肯定。视察期间,江总书记还就国际国内形势和贵州的情况发表重要讲话,并同贵州农业战线上的7位先进模范和14位科技专家座谈,听取他们的建议和意见。

12月20日—21日 贵州省人民政府在贵阳召开全省林业工作会议,安排部署明年造林绿化工作,表彰今年造林绿化先进单位及个人。

12月26日 贵州电力兴筑建筑安装工程公司研制的P·V·C改性硬质塑料门窗在贵阳通过省级鉴定。

城市建设风貌

贵阳金筑大酒店 （王家茂 摄影）

贵阳海关大楼 （贵阳海关供稿）

贵州省工商银行大楼 （范代敏 摄影）

贵州饭店 王家茂 摄影

贵阳宅东住宅小区一景 （李青 摄影）

发展中的贵阳新技术产业开发区

◀ 贵阳电视塔高 190 米，可发射两套米波、3 套分米波电视节目和 1 套调频广播节目。在塔身 120 米处设有总建筑面积 330 平方米的塔楼，在此可俯瞰市区的风光山色。

贵阳新技术产业开发区位于市东 9 公里，是国家科委批准建立的省级开发区。是以开发引进、生产、销售高新技术产品为主，融技工贸为一体的综合性基地。▼

座落在火车站附近的通达饭店，内外装修现代化，是全市最新的代表性建筑之一。

（李青 摄影）

贵州交通运输业已基本形成铁路、公路、水运、民航等组成的运输体系。铁路电气化水平居全国之首。公路形成了以省会贵阳为中心的公路网。“七五”期间，全国高等级公路三大重点之一的贵阳至黄果树、贵阳至花溪的公路已建成通车。

（王光明 摄影）

西南地区最大的铁路编组站—贵阳南站

（王光明 摄影）

贵黄公路的起点贵阳艺专三层互通式立交桥

（邓望庐 摄影）

贵黄高等级公路 （刘秀鸾 摄影）

在较短时间内
贵州邮电通信
将有更大发展

贵阳邮政枢纽大楼

改革开放以来，贵州邮电通讯业有了很大发展：现已拥有程控电话等先进设备，通信水平极大提高，各种邮路、电路覆盖全省城乡，沟通国内外，通信业务日趋发展，在经办传统业务的基础上，陆续开办了许多新业务。目前一批通信设施正在抓紧实施。

2400路微波传输设备

载波设备测试

贵州清镇发电厂（装机65.6万千瓦）

贵　州
将作为南方
能源基地崛起

贵州电力职工培训中心新建成20万千瓦仿真机

乌江渡电站 3×21万千瓦水轮机组

贵州省电力工业局对贵州电力系统实行统一调度、统一经营、统一管理、统一规划，管辖发电、供电、施工、调度、试研、设计、修造、物资供应、教育、医疗等30余个企业单位，是一个大型电力联合企业。贵州省电力工业局还对地方电力工业实行行业管理。

局属贵州电力设计院和贵州电力第一工程公司、第二工程公司和送变电工程公司分别承担过大型火电厂、输变电工程的设计和施工。

国家已将贵州作为南方能源基地，加速贵州电力的开发。目前，黔桂界河上的天生桥电站（208 万千瓦）正由广西、贵州、广东、云南省（区）和国家能源投资公司合资建设。黔桂两省区界河上的龙滩电站（420万千瓦）在近期也将由广西、贵州、广东省（区）和国家能源投资公司合资开工建设。安顺火电厂一期工程（60万千瓦）、洪家渡水电站（54万千瓦）均列入“八五”计划开工建设。目前，都匀发电厂技改工程（30万千瓦）、凯里电厂技改工程（25万千瓦）、水城发电厂扩建工程（30万千瓦）均列入规划，正加紧前期工程，为尽早开工建设创造条件。

贵州兴义马岭河峡谷　（陈恩锡　摄影）

国家级风景名胜区一龙宫　（金德明　摄影）

国家级风景名胜区一织金洞　（金德明　摄影）

贵

旅游

十

近年

家和地区

州旅游。

兴的旅游

身着盛装的苗族少女 （吴仕忠 摄影）

国家级风景名胜区—㵲阳河 （王家茂 摄影）

州

资源

丰富

50多个国

游者到贵

展成为新

国家级风景名胜区—黄果树大瀑布 （王家茂 摄影）

国家级风景名胜区—红枫湖 （王家茂 摄影）

贵州航空工业总公司

贵州航空工业总公司引进日本富士重工业株式会社斯芭鲁——莱克斯轿车技术开发生产的“云雀牌”微型轿车具有车体流畅美观、小巧灵活、重量轻、省油、乘坐舒适、综合运行费用低的特点。1992年4月，经国家计委批准立项，列入国家“八五”轿车发展规划。6月通过了技术鉴定，并开始批量试生产，即将大量投入市场。

航天牌1030轻型载货汽车　（钱自勇　摄影）

贵州开阳磷矿矿务局

贵州航天汽车制造厂

贵州航天汽车制造厂北区一角　（钱自勇　摄影）

开阳磷矿沙坝土小屯坡露天采场　（章维屏　摄影）

5万吨/年硫酸车间

磷矿中心区一角

（章维屏　摄影）

贵州商贸

▲贵阳市百货大楼是以经营日用工业品为主的综合性批零兼营的大型商业企业，属全国三十家大型商业企业之一。经营商品品种达35000余种，年销售额在2亿元以上，税利1000多万元，被贵阳市工商银行评为“信用度特级（AAA）企业”。整个商场设施先进，服务功能齐全，集购物、游乐为一体。裙楼后部在建的二期工程，主塔楼高108米、计30层，最高层为旋转餐厅。

贵州省华侨友谊民族贸易公司成立于建国初期，担负着全省1100万少数民族特需商品及65个地（州）、市、县级民贸公司及贵阳市市场供应工作，同时向省外开展贵州省名优特新商品的批发业务。1989年被评为一级（AA）信用企业。新落成的民贸大厦，地处商贸繁华地段，建筑面积18189平方米，是一个拥有零售商场、餐厅、酒巴舞厅、音乐茶座、旅社，设施齐全新颖的综合性、多功能的大型设施。

贵州肉类联合加工厂，是一个具有猪、牛、羊屠宰分割、冷藏结冻、熟肉制品、生化制药、蛋白饲料等生产能力的综合性商办工业企业。主要产品有七大系列共160多个品种，内销25个省（市），外销德、美、荷、日、俄及中东、港澳等国家和地区。图为贵州肉联厂牛羊库铁路专用线。

云　　南　　省

主　　编:刘光维
副 主 编:晁维明
编写人员:黄巧谷　周志坚　王奉林
丁为锋　赖于民　徐天才
宗庆生　辛　龙　陈正渔
曹培生　李长顺　刘永庆
张立明　和之先
工作人员:黄巧谷　周志坚　王伊春

云南省分目录

典型地区和典型企业

省情综述

一、发展历史

云南历史悠久,禄丰腊玛古猿和元谋猿人的发现,证明云南是人类起源的重要地区之一;剑川海门口铜石出土,说明云南早在公元前1100多年,一些地区就开始使用青铜器。

古代典籍《尚书·禹贡》称云南为“梁州”之域,居住有“劳浸、靡莫之属”十多个大的部落。殷周时代为西南夷、百濮地。公元前286年左右,楚庄跻入滇,统一了滇池地区,建立了滇王国,将先进的楚国文化和生产技术带到了云南,对云南的社会经济和政治的发展,有巨大的推动作用,使光辉灿烂的古代“滇”文化成为伟大的中华民族文化的重要组成部分。

公元前221年,秦始皇统一中国,派人修通了由四川宜宾至云南曲靖的“五尺道”,汉朝时期,开道置郡,派官设吏,先后在云南设置了益州郡和永昌郡,使今云南的大部分地区直属中央王朝管辖。

三国时期,今云南省及黔西、川西南部分地区统称“南中”。蜀汉诸葛亮平定南中,使今云南成为蜀汉的一部分。诸葛亮大力推行“屯田”制和发展文化、奖励农桑的政策,形成了“纲纪粗定,夷汉粗安”的政治局面,西晋王朝第一次把云南作为中央直接统治的大行政区,设立了宁州。南北朝时期,中原正处于封建割据的政治局面,但在全国处于动乱形势中的云南,社会相对稳定,经济相对发展,内地汉族人民为了逃避战乱,不断迁来云南与当地少数民族融合,这种交流和变动对云南经济文化的发展,起了很大的促进作用。

隋唐时期,云南消除了割据势力,重新建立了置于中央政府直接统治之下的郡县制,唐朝授南诏国王皮罗阁为“云南王”,其辖境甚为辽阔。宋元时期,忽必烈亲率十万大军灭大理国,建立行省,迁治所,加强了中央集权,打击削弱了地方势力,促进了滇池地区封建经济的发展。明清时期,全面推行“土流兼治”、“府卫参设”的措施,加强了中央集权对云南的统治,并普遍实行“军屯”,“民屯”和“商屯”等恢复生产的措施。吴三桂领清兵进入云南后,在民族地区推行“改土归流”,巩固国家统一,推进边疆开发,云南的矿业开发得到发展。民国时期,由于长期军阀混战,内战爆发,帝国主义与官僚资本主义,封建势力进一步勾结,疯狂掠夺压榨人民,致使民族工商业日益凋敝,广大农村两极分化严重,半封建半殖民地的社会矛盾进一步加深,生产力发展受到严重阻碍。

新中国成立后,云南各族人民在中国共产党的领导下,坚持走社会主义道路,发扬自力更生,艰苦奋斗的革命精神,开展了大规模的经济建设。42年来,云南的经济建设取得了可喜的成绩,农业基础大大加强,现代化工业初具规模,交通运输发展迅速,市场繁荣活跃,人民生活得到很大改善,初步改变了贫穷落后的面貌。但是,由于历史的、社会的原因和地理环境条件的影响,云南的发展与国内其它省(区)相比,差距还很大,农业和工业生产水平还比较低,丰富的自然资源还没有得到充分利用;教育、科技和文化水平仍比较落后,人才缺乏,管理跟不上,交通不便,商品经济不发达等等。当前在深化改革,扩大对外开放的新形势下,云南各族人民决心把握机遇,充分发挥云南自然资源丰富的优势,加强与国内外的交流和合作。以更快的发展速度,加大经济建设的步伐,力争赶上国内先进省区的经济发展水平。

二、自然环境

〔**地理位置**〕云南省地处我国的西南边陲,位于北纬21°8′32″—29°15′8″和东经97°31′39″—106°11′47″之间。全境东西横跨864.9公里,南北纵跨990公里,北回归线横贯本省南部。总面积39.4万平方公里,占全国总面积的4.1%,居第七位。其东部与广西壮族自治区及贵州省为邻；北部与四川省相连；西北隅紧倚西藏自治区，处在“世界屋脊”青藏高原的东南面；西部与缅甸接壤；南部与老挝、越南两国毗邻。云南省是我国陆地边界线最长的一个省份，有8个地州、26个县(市)分别与缅甸、老挝、越南接壤，国境线长达4061公里，其中，与缅甸接壤的有19个县(市)，与老挝接壤的有2个县，与越南接壤的有7个县，从云南全省的位置看，北依广袤的亚洲大陆，南临辽阔的印度洋和太平洋，正好处在东南季风和西南季风控制之下，又受西藏高原影响，从而形成了复杂多样的自然地理环境。

〔**地形地貌**〕云南是一个高原山区省份，境内山高谷深，地形地貌复杂。全省山地面积约占84%，丘陵、高原占10%，山间盆地仅占6%。地形一般以元江谷地和云岭山脉南端的宽谷为界，分为东、西两部分。东部为滇中，滇东高原，系云贵高原的组成部分，地形波状起伏，平均海拔2000米左右，表现为起伏和缓的中低山和浑圆丘陵；西部为横断山脉纵谷区，高山深谷相间，相对高差大，地势险峻。中南面海拔一般1500—2200米左右。北面为3000—4000米左右；西、南面接近边境一线，地势渐趋平缓，河谷开阔，一般海拔800—1000米以下，个别地区降至500米以下，是云南主要的热带、南亚热带地区。全省地势从西北向东南倾斜，自北向南呈阶梯状逐级下降。全省海拔相差很大，最高点在滇藏交界的梅里雪山主峰卡格博峰，海拔6740米，最低点在与越南交界的河口县元江出口处，海拔76.4米，两地直线距离不足900公里，高低相差6600余米，为国内其它省区所少见。

〔**山脉河流**〕云南山脉众多。东部山脉大致向东北、西南方向展布，主要有乌蒙山、五莲峰、梁王山、拱王山、牛首山、六韶山等。均为高原面上的残余山地。西部有高黎贡山、怒山、云岭等，山势高而狭长。北段山高谷深，南段为横断山余脉，有点苍山、无量山、邦马山、大雪山、老别山、槟榔山等。全省海拔2500米以上的主要山峰有30座。

云南境内有大小河流600多条，主要的有180多条，分别属于伊落瓦底江、怒江、澜沧江、金沙江、红河和珠江6大水系。红河、珠江发源于省内，怒江、澜沧江、金沙江为过境河流。除金沙江和珠江外，其余均为国际河流。

云南由于受断层作用，多断陷落湖。全省有大小湖泊40多个，总面积1100平方公里，占全省总面积的0.28%；集水面积9000多平方公里，占全省总面积的2.34%。总蓄水量290亿立方米。主要湖泊有滇池、抚仙湖、阳宗海、星云湖、杞麓湖、洱海、泸沽湖、程海、异龙湖、大屯海、长桥海等。其中，滇池湖面与集水面积居各湖之冠，抚仙湖则以水深和蓄水量为最。除抚仙湖、阳宗海、程海、泸沽湖外，其余湖泊的平均深度均在20米以下。

〔**气候特征**〕由于云南所处纬度偏低，海拔偏高；北靠青藏高原，南面海洋，山地众多。因此，带来了鲜明的季风气候特色，基本上属于亚热带高原季风型，但有明显的区域差异性。全省气候类型多样，最突出的特点是：年温差小、日温差大、干湿季分明。全省平均气温，最热月(7月)在19—22℃之间，最冷月(1月)在6—8℃以上，年温差仅10—12℃，而日温差可达12—20℃。气温的垂直变化异常明显，全省垂直方向上1公里的变化，相当于全国水平方向上1400—2500公里的变化。一般高度每上升100米，温度平均递减0.6℃左右，“一山分四季，十里不同天”，显示了立体气候的特点。雨量充沛，全省大部分地区年降水量在1000毫米以上，但在季节和地域上的分配量极不均匀，85%的雨量集中在5—10月的雨季，15%的降水量在11月至次年4月的旱季。按气象台(站)的资料，年降水量最高为2700毫米，最少仅580毫米左右。云南无霜期长，南部边境全年无霜，偏南地区无霜期为300—330天，中部约为250天，比较寒冷的滇西北和滇东北地区也可达210—220天。光照条件好，全省年平均日照时数为2200小时，年太阳总辐射量在86.5—159.5千卡之间，在全国仅次于西藏、青海、内蒙等省区。

〔**行政区划**〕全省共有地区级单位17个(省辖市2个，行署7个，自治州8个)，县(市)级单位127个(地、州辖市9个，自治县28个，县86个，市辖区4个)，乡级单位1568个(镇357个，民族乡193个，乡1018个)，共有13329个行政村和35个街道办事处。

〔**人口与民族**〕据第四次人口普查资料，截止1990年7月1日0时，全省总人口为36972610人，与1982年7月1日0时第三次人口普查的32553817人相比，8年间共增加4418793人，增长13.57%，平均每年增加552349人，年平均增长率为1.60%。

总人口中男性为18995951人，占51.38%，女性为17976659人，占48.62%。

总人口中具有大学(指大专以上)文化程度的298466人，具有高中(含中专)文化程度的1514146人，具有初中文化程度的5100208人，具有小学文化程度的14014622人。即每10万人中具有大学文化程度的为807人，具有高中文化程度的为4095人，具有初中文化程度的为13795人，具有小学文化程度的为37905人。

总人口中，文盲、半文盲人口(15岁及15岁以上不识字或识字很少的人)为9405812人，占总人口的比例为25.44%。

全省出生率为23.55‰，死亡率为7.71‰，自然增长率为15.88‰。

全省居住在市、镇的总人口为5444007人，占全省总人口的14.72%，其中市的总人口为2326477人，占全省总人口的6.29%，镇的总人口为3117530人，占全省总人口的8.43%。

全省人口密度为每平方公里94人。

1991年人口出生率为21.8‰，死亡率8.1‰，自然增长率13.7‰，比上年下降1.98个千分点。全省年末总人口达3782.1万人。

云南是全国民族种类最多的省份，全省有民族52个，其中超过4000人的有26个。在4000人以上的26个民族中，人数超过100万的有汉、彝、白、哈尼、傣、壮共6个民族；人口10—100万的有：苗、傈僳、回、拉祜、佤、纳西、瑶、景颇、藏等9个民族；人口1万—10万的有：布朗、布依、普米、阿昌、怒、基诺、德昂、蒙古等8个民族；水、满、独龙3个民族则不足1万人。

全省少数民族人口总数为12363545人，超过全省总人口的三分之一。占全国少数民族人口的1/8强。

三、主要资源

特殊的地理位置，复杂的地形地貌，独特的气候类型，使云南成为得天独厚的资源宝地，享有"植物王国"、"动物王国"、"有色金属王国"、"香料之乡"、"药物宝库"、"天然花园"等盛誉，具有十分广阔的开发前景。在丰富的资源优势中，突出的有：

〔**矿产资源**〕云南地处特提斯——喜马拉雅构造域与澳太平洋构造域的交接部位，欧亚、印度及太平洋三大板块的汇聚地带，成矿地质环境优越，导至云南矿产资源种类多，存量及潜量大，配套组合好，尤以有色金属及稀有分散元素矿产在国内外享有盛名。云南矿产资源的特点是矿种齐全，分布面广，共生、伴生组份多，利用价值高。目前云南共发现有用矿产137种。已知矿产地2700余处，探明储量矿产86种，列入矿产储量表的有82种，累计资源货币价值大于5万亿元。云南保有储量的82种矿产中，有三分之一的矿种位居全国前列，其中居全国首位的有富磷矿、铅、锌、镉、铊、锶、富锰矿、高炉富铁矿及硅藻土9种；居全国第二位的有锡、镍、钴、富铜、锗、铟、锆、铂族金属(6种)矿产，钛砂矿、钾盐、岩盐等16种。有色金属矿产储量(不含铝土矿)约占全国总储量的15%，居全国第一。兰坪铅锌矿为世界十大铅锌矿之一，开采价值高。金、银、铂族等贵金属矿产均有良好的资源前景，可建成国家级黄金、白银生产基地，铂族金属矿产储量占国家总储量的25%。磷矿预测资源183亿吨，具有品位高，埋藏浅，适于露天开采等特点。

〔**植物资源**〕热带、亚热带、温带、寒带等植物类型在云南省都有分布，全国近3万种高等植物中，云南有1.8万种，占全国总数的一半以上。全省森林面积1.43亿亩，占全国的8.3%，森林覆盖率24.2%，比全国的12%高出一倍，森林蓄积量9.88亿立方米，占全国的9.6%，仅次于黑龙江、西藏、四川居全国第四位。全省树种超过万种，其中乔木达2700种以上，有不少是优良、珍贵用材树种，还有有利用价值的松脂、树脂林木18种。云南作为全国的四大林区之一，发展林业和林化产品大有可为。云南有热带、亚热带的高等植物1万种以上，橡胶、甘蔗、茶叶、胡椒、咖啡、南药、香料、热带水果、特种林木在全国占有十分重要的地位。

〔**动物资源**〕云南野生动物种类之多，堪称全国之冠。仅脊椎动物种数即达1600余种，占全国的55%，其中：淡水鱼类占全国的46%，两栖类占44%，爬行类占46%，鸟类占65%，哺乳类占55%。由于地形地貌和气候的特殊性，形成了寒带、热带动物在云南共有的奇异现象。珍稀保护动物较多，有蜂猴、滇金丝猴、野象、野牛、长臂猿、印支虎、犀鸟等37种国家一类保护动物，占全国的38%。二类保护动物有熊猴、猕猴、灰叶猴、穿山甲、麝、小熊猫、绿孔雀、蟒蛇等42种，占全国的46%。

〔**能源资源**〕云南省河网密布，有六大水系，是全国水系最多的省份。省内大小河流600多条，其中水能资源蕴藏量在1万千瓦以上的有300多条。云南水能资源的特点一是蕴藏量大，可开发的大型水电站站点多。全省水能资源理论蕴藏量10364万千瓦，年发电量9078.66亿千瓦小时，占全国的15.3%，仅次于西藏、四川居第三位；可开发电站的总装机容量为7116万千瓦，年发电量3944亿千瓦小时，占全国可开发量的20.5%，仅次于四川、居第二位，但按人均占有量计，则比居第一位的四川高一倍以上。全省装机1万千瓦以上的213座可开发电站中，大于25万千瓦的大型电站25座，总装机容量为6707.5万千瓦，占全省开发装机容量的88.1%。二是资源集中，开发目标单一，工程量小，淹没损失少，技术经济指标优越。云南水能资源主要集中在西部和北部，可开发的水电站中有85%的装机容量集中在金沙江、澜沧江、怒江的干流上，可建设大型和特大型电站的比例高。在这些干流上基本无较大的河谷盆地，对干流天然落差的利用，基本不受淹没条件的限制，电能效益高。

至1990年底止，云南已探明煤炭资源储量235.76亿吨，保有储量232.23亿吨，占全国总保有储量的2.4%，居第八位，在南方各省、区中，仅次于贵州，居第二位。煤种比较齐全，基本配套，资源中，褐煤154.52亿吨，占66.5%，居全国首位；无烟煤39.99亿吨，占17.2%，炼焦用煤33.45亿吨，占14.4%，动力煤4.27亿吨，占1.8%。云南煤炭资源分布很不平衡，几乎98.5%的储量集中于滇东。

地热作为一种新能源，已逐渐引起人们的重视。全省出露的各种温泉706处，居全国之冠，总流出量每秒达11838公升，折合年出水量3.6亿立方米，携出的热量相当于100多万吨标准煤的发热量。全省热流量仅次于西藏，居全国第二位。

云南的光能和风能资源也很丰富，目前开发利用程度虽然还很低，但其开发远景令人鼓舞。

〔**旅游资源**〕云南是中国著名的旅游胜地之一，旅游资源具有分布广、容量大、特色鲜明等特点。其内容包括：自然景观、名胜古迹、佛山寺庙、民族风情、革命遗迹等。尤以独特的高原风光，热带、亚热带的边疆风物和多姿多彩的民族风情蜚声海内外。目前主要的风景名胜50多处，其中列为国家级重点风景名胜区的有路南石林、大理、西双版纳、三江并流、昆明滇池、丽江玉龙雪山等6处。路南石林位于昆明市郊路南县，距昆明100余公里，是典型的岩溶地貌地区，群峰壁立，千嶂叠翠，奇峰危石，千姿百态，山水木石组成的奇妙景致层出不穷，蔚为壮观，被誉为“天下第一奇观”，已成为世界闻名的自然风光旅游胜地。大理是我国历史文化名城，大理风景区以苍山洱海为中心，包括剑川县石宝山、宾川鸡足山等景区。苍山气势雄伟，19峰嵯峨耸立，挺拔峻峭，主峰马龙峰海拔4100多米，山顶终年积雪。洱海面积250平方公里，为我国著名的高原淡水湖之一，湖水清碧、波光粼粼。尤以湖中月光与苍山积雪相映而引人入胜，素有“玉洱银苍”之誉。西双版纳傣族自治州与缅甸、老挝接界，有茂密的原始森林和热带雨林风光，以动植物资源繁多著称。橄榄坝为一天然公园，古老的傣族佛寺和幢幢竹楼掩映在茂密的乔木、果树、翠竹林中，群莺起舞，彩禽吟唱，江水清澈，稻田金黄，构成了诗情画意的热带风光。勐仑热带植物园，地处河谷热带雨林，不仅有当地各种植物，还引种了亚、非、拉地区的珍贵植物千余种，是西双版纳植物王国的缩影，且风景幽静清雅，为旅游者向往之处。

此外，云南主要的旅游景点还有：昆明及滇池周围地区的西山森林公园、大观楼、金殿、黑龙潭、筇竹寺、翠湖公园、圆通山、海埂公园、郑和公园以及武定狮山、通海秀山、建水燕子洞、弥勒白龙洞、泸西阿庐古洞、元谋土林、陆良彩色沙林、宜良九乡、澄江抚仙湖、江川星云湖、丽江泸沽湖等，都是很有特色的旅游景区。

（黄巧谷 撰稿）

改革开放以来经济社会发展情况

一、经济实力不断增强

解放前的云南，长期处于封闭落后的状态，原始公社制、奴隶制、封建领主制、封建地主制等多种社会经济形态并存，生产力水平极为低下。农业基本上是自给自足的自然经济。工业基础薄弱，现代工业极少。经济文化十分落后，人民生活极其贫困。1949年，全省国民生产总值仅8.93亿元(当年价，下同)，国民收入8.02亿元，社会总产值11.9亿元，工农业总产值10.25亿元，其中农业产值占80%以上。解放后，云南各族人民在党的领导下，开展了一系列重大的经济建设活动，解放了生产力，国民经济得到了较快的恢复和发展。1978年，全省国民生产总值69.05亿元，国民收入62.01亿元，社会总产值126.66亿元，工农业总产值95.45亿元，比1952年分别增长3.6倍、3.5倍、5.4倍和4.8倍。

党的十一届三中全会后的12年是云南经济发展最好的时期。在"改革开放"方针指引下，云南从边疆、民族、山区三位一体，社会、经济发展水平差异悬殊的实际出发，走出了一条以农业促轻工，依靠轻工增积累，加强能源、交通和重要原材料等基础产业建设的发展路子，开创了经济工作的新局面，经济效益显著提高，综合经济实力增强。1990年，全省国民生产总值395.99亿元，国民收入351.84亿元，社会总产值662.99亿元，工农业总产值556.98亿元，分别比1978年增长2.1倍、1.9倍、1.9倍和1.8倍。全社会商品零售总额165.31亿元，比1978年的33.78亿元增长3.9倍。全社会固定资产投资总额75.74亿元，比1978年的15.11亿元增长4倍。全省职工平均工资2130元，比1978年的608元增长2.5倍。农民人均纯收入489.75元，比1978年的130.6元增长2.75倍。

1991年，国民经济继续稳步增长，全省国民生产总值达432.86亿元，国民收入381.77亿元，比上年分别增长6.5%和6.9%。固定资产投资完成98.32亿元，比上年增长29.8%。进出口总额55049万美元，按可比口径计算，比上年增长22.3%，职工人均工资2328元，农民人均纯收入572.6元，分别比上年增长9%和6%。

农业基础加强，生产条件进一步改善。1991年与1978年相比，农村机械总动力由24.3亿瓦增至71.0亿瓦，增长近2倍；化肥施用量由113.2万吨增至250多万吨，增长1.2倍多，农村电量由5.8亿千瓦小时增至13.9亿千瓦小时，增长1.4倍，灌溉面积由90.4万公顷增至108.2万公顷，增长19.7%。主要农产品产量大幅度增长，粮食总产量由861万吨增至1093万吨，油料由5.5万吨增至17.16万吨，烤烟由12.3万吨增至58.2万吨，甘蔗由161万吨增至821万吨，茶叶由1.78万吨增至4.77万吨，水果由11.6万吨增至36.8万吨，天然橡胶由1.5万吨增至7.75万吨，肉类产量由29.2万吨增至81.3万吨，奶类由1.5万吨增至8.4万吨，水产品由1.12万吨增至4.94万吨，增幅一般均在1倍以上，高的超过4倍。按可比价格计算的农业总产值增长1倍，其中，种植业增长0.7倍，林牧业各增长1.3倍左右，副业和渔业各增长近4倍。

工业的增长速度更快一些。1991年，全省工业总产值完成393亿元，比1978年增长2.8倍，平均每年递增11%，在社会总产值和国民收入中，工业所占比重分别从1978年的43.8和32.9增至52.1和40.6，各增长8个左右百分点，主导地位的作用更见明显。主要工业产品，品种和产量迅速增加：原煤由1483万吨增至2194万吨，发电量由52.5亿千瓦小时增至140.8亿千瓦小时，钢由35.1万吨增至93.6万吨，十种有色金属由7.5万吨增至24.7万吨，水泥由131万吨增至565万吨，食糖由13.5万吨增至60万吨，卷烟由63.3万箱增至437.5万箱，机制纸及纸板由5.1万吨增至17.5万吨，磷矿石由277.3万吨增至506.9万吨，汽车由1084辆增至9582辆，农用化肥(折纯)由42.1万吨增至95.7万吨，电视机、电冰箱、洗衣机等从无到有，已初具规模。在这些主要工业产品中，除原煤、磷矿石等大运量品种，由于受运力制约，增长幅度较低外，其余品种增幅多在2倍左右，高的达7～8倍甚至更多。

二、经济结构日趋合理

12年来，云南在经济结构，产业结构的调整方面，也有了明显进展，一些重大比例，趋向合理。

首先是多种经济成分出现了竞相发展的好势头。在全民所有制经济持续发展和占优势的情况下，集体经济、个体经济和各类合营经济得到了更快的发展。以工业为例：在1990年全部工业产值中，全民所有制企业和集体所有制、个体所有制、各类合营(资)企业的比例为：76.7：20.0：2.7：0.6，与1985年的80.1：18.0：1.6：0.3相比，5年间全民所有制工业企业的产值比重下降了3.4个百分点，但仍占四分之三以上；集体所有制工业企业的产值比重上升了2个百分点，比重达到20%，具有举足轻重的影响；个体所有制工业企业和各种类型的合营、合资工业企业，虽然所占比重不大，仅3.3%，但发展势头不容忽视，5年间比重增长了1倍或将近1倍，成为云南经济中的一支重要生力军。乡镇企业从业人数由1978年的43.6万人增至1990年的150.8万人，总收入由3.6亿元增至80.5亿元。

农、轻、重三大产业的结构变化，进步明显。按当年价格计算的比例由1978年的41.9：25.0：33.1发展到1990年的38.0：32.5：29.5。收效快、效益好，与人民生活密切相关而又长期滞后的轻工业迅速发展，比重提高7.5个百分点。特别是烟糖茶等以农副产品加工为主的轻工业，得到了长足的发展，成为云南重要的经济和财政支柱，目前，云南卷烟和食糖的产量分别占全国的1/7和1/10，居全国第1位和第3位。80年代消费量激增的彩电、冰箱等新“三大件”生产，填补了空白。农业和重工业，虽然也有较快的发展，但比重均有不小的下降。轻重工业比例由43.0：57.0调整到52.5：47.5，呈较协调的稍偏轻结构。在农业内部，种植业和林牧副渔业的比例也发生了重大变化，从71.4：6.2：17.7：4.5：0.2发展到56.5：18.6：25.5：8.7：0.7。种植业下降了15个百分点，而林牧副渔各业比重均有较大增长，这符合云南农业资源状况和社会需要。云南是一个国民经济发育水平较低、农业经济比重甚高的省份，农业具有特殊重要的战略地位，调整产业结构，一个重要方面就是强化农业基础。而在农业中，云南丰富的资源优势主要表现在林牧副各业上，种植业的限制因素相对较多，优势不明显。12年来，长期受冷遇的林牧副业得到了较快的发展，促进了整个农业和农村经济的繁荣与兴旺。在农村社会总产值中，农村工业、建筑业、运输业、商业所占比重由1978年的19.3%增至1991年的25.9%。在种植业内部，粮经关系也进行了合理调整，粮经作物的播种面积比由1978年的93.4：6.6调整为1990年的87.5：12.5，保证了粮食产量的稳步增长和主要经济作物产量的大幅度增产，使这12年间农业总产值的年均增长速度超过前26年年均增速的40%以上。

能源交通等基础产业得到加强。为改善投资环境，增强云南经济发展后劲，实现经济的持续、稳定发展，云南在有限的地方资金中，挤出较大的数额，在国家支持下，兴建了一批能源、交通、通信和大中型水利等骨干工程，使基础设施滞后的状况得到较大改观，投资环境有较大改善。如能源工业，先后动工兴建鲁布革、小龙潭、漫湾等大型水(火)电站。仅“七五”期间，在建规模即超过300万千瓦，扭转了长期以来电力短缺的局面，并很快将有大量富裕电力输往省外，不仅保障了本省国民经济和社会发展的需求，而且使云南丰富的能源资源优势逐步转变为经济优势。交通方面，完成了贵(阳)——昆(明)铁路的电气化改造和昆明铁路枢纽改扩建工程，使运输能力得到较大提高，其中贵昆线的设计输送能力提高1.9倍。我国南方又一条重要干线南(宁)——昆(明)线以及广(通)——大(理)线、昆(阳)——玉(溪)线正在加紧建设。1979年至1990年的12年间，全省用于公路交通基本建设的资金达23.7亿元，比前30年的总和还多72%。公路通车里程增长35.2%，其中等级公路和高级、次高级路面里程均比1978年翻了近一番。

结构性效益显著，地方财政收入迅速增长。随着产业结构的调整，轻工产业的加速发展，经济效益明显提高，自我积累、自我发展能力逐步增强。1990年与1978年相比，每百元生产性积累增加国民收入由58.8元增至108.6元，增加近1倍。财政收入占国民收入的比重由19.0%增至22%。全省地方财政收入1991年超过90亿元，13年增长近7倍。

三、新产品开发成效显著

新产品开发是企业技术进步的重要内容。改革开放以来，云南省政府及有关部门，结合全省产业结构和产品结构方向，确定了围绕优势产业配套开发，围绕资源优势深加工开发，综合利用，跟踪高新技术，上档次、上水平，降低消耗，提高质量，提高效益的新产品开发方向，采取了一系列措施，制订了若干鼓励优惠政策，大力促进新产品开发工作，加快了全省企业技术进步的步伐。

（一）颁发了一系列鼓励新产品开发的政策文件，创造了企业技术开发的良好外部环境。全省先后发布了《云南省人民政府关于进一步推动国营工业企业技术进步的决定》，《云南省人民政府关于企业技术进步奖评比奖励的暂行办法》，《云南省重点新产品新技术开发推广计划管理办法》，《云南省重点新产品试产计划管理办法》，《云南省优秀新产品新技术奖评选奖励办法》等激励、扶持企业新产品开发的政策性文件，从资金、税收、物价、物资、分配等方面给予优惠，加快科技成果向生产力的转化，建立了行之有效的新产品开发管理及评审奖励制度，极大地调动了企业开发新产品的积极性。全省大中型工业企业中有46%建立了技术开发机构，技术开发人员已占职工总数的2.03%。

（二）新产品开发的投资强度逐年加强，建立了以企业为主体的新产品开发投资体系。据对全省21个行业和地区的不完全统计，“七五”期间我省企业新产品新技术开发投入资金5.2亿元，比“六五”期间增加26倍。1990年，全省大中型工业企业用于技术开发的资金达2.06亿元，为1987年的3倍。在资金构成中，企业自筹部分的比例从1987年的43%增加到1990年的64.4%。企业技术开发经费支出总额占当年产品销售收入的比例从1987年的0.65%增至1990年的0.89%。1991年，全省预算内企业按销售收入提取的技术开发费达1.2亿元。省经委、省财政厅于1989年建立了“云南省新产品新技术开发推广基金”，按照“有偿使用，风险补贴”的原则，共使用基金4184万元，支持新产品开发项目273项。从1991年起，每年从省财政预算内增加开发推广基金1000万元。随着改革开放的不断深入，全省逐步建立起了以企业自筹为主，多方筹集扶持的新产品开发资金体系。

（三）硕果累累。改革开放以来，全省新产品开发速度逐年加快、新产品开发不论从数量上、水平上都逐年提高。“七五”期间，全省共开发新产品3446个，其中形成批量、投入生产的2809个，投产率为81.52%。在这些项目中，达到国际同类产品水平的有110个，达到国内先进水平的220个，其余为发挥地方优势或填补省内空白的产品。这些项目投产后，新增产值20亿元，新增利税2亿元。1991年，在全省广泛深入开展了“质量品种效益年”活动，企业的新产品开发工作又有较快的发展，一年内，全省开发了新产品1059种，新花色、新规格2350种，新增产值9.8亿元，新增利税1.6亿元，创、节外汇4168万美元。新产品产值在工业总产值中的比重逐年增大。全省大中型工业企业1990年新产品产值率达3.64%，新产品销售收入占全省销售收入的2.79%，新产品实现利税占实现利税总额的1.27%。一批具有较高技术水平，效益显著的优秀新产品，对促进我省优势产业的发展，提高我省工业的生产技术水平，提高产品质量，增加市场有效供给，作用日益显著。几年来，全省已有4项产品荣获国家级优秀新产品光荣称号，有291项获省级优秀新产品称号。以这些优秀新产品为代表，形成了我省以名优烟、烟机、数控机床、微型计算机、精密加工中心、光学仪器、磷化工产品、轻型车、环路载波机，有色金属产品等近百个拳头产品。

90年代，根据我国社会主义现代化建设的第二步战略目标的要求，中央关于进一步深化改革，扩大对外开放的指示，面向东南亚，走向南亚、亚太的大气候正在逐步形成，云南经济建设的基本思路是：继续强化农业基础，全面发展农村经济；对基础设施实行投资倾斜政策，加强交通、能源、通信等建设；加快发展优势产业，在继续发挥烟、糖、茶产业优势的同时，积极开发和扩展磷化工、橡胶加工、钢铁和有色金属、机械、电子工业、林纸加工等产业；大力扶持流通、旅游等第三产业的发展；推进智力开发和科技进步，进一步解放思想，广开对外交往渠道，扩大对外开放。到2000年的主要奋斗目标是：国民生产总值（1990年价）达到820亿元，10年平均每年递增7.1%；人均1900元；工农业总产值1130亿元，平均每年增长6.7%，其中农业总产值平均每年增长4.5%，工业总产值平均每年增长8%；建成稳产高产农田2500万亩，粮食总产达到1400万吨，天然橡胶15万吨；森林覆盖率提高到30%左右，提高6个百分点，机制纸及纸板产量35万吨；发电装机容量增加到850万千瓦，增加了1.5倍，年发电量达到345亿千瓦小时；铁路通车里程增长近半倍，达到2390公里，公路通车里程增加四分之一，达到7万公里，其中一、二级公路通车里程增加4倍，达到1188公里，国际、国内航线由22条增加到34条；钢产量达到120万吨，有色金属40万吨，原煤4200万吨，化肥（纯量）200万吨，食糖100万吨，出口创汇总额7.2亿美元。

四、对外经济贸易和合作取得进展

（一）对外经济贸易。党的十一届三中全会以来，云南对外贸易有了很大的发展，出口创汇持续稳定增长。1978年，云南省的出口创汇额仅为6948万美元，至1991年，出口总额已达4.0亿美元，增长了近5倍，年递增率为15.7%。

为增强云南出口商品在国际上的竞争能力，扩大外贸出口，根据云南省的资源优势，省经贸系统"七五"期间安排了出口商品生产扶持、经贸自属生产企业技术改造，出口新产品开发及科研项目共计311个，年新增创汇能力10436万美元。通过设备引进和技术改造，许多出口商品和出口生产企业不断上质量、上档次、上管理、抓效益，促进了行业水平和出口创汇能力的提高。卷烟、机床、炼锡、茶叶、磷化工产品等数十种出口商品多次被评为国优、部优、省优产品。出口商品结构得到了进一步的调整和优化。"七五"期间，云南省工农业制成品出口创汇6.9亿美元，占出口总额的43.7%，比"六五"期间增长了17.1个百分点，初步改变了以农副土特产品和初级原料为主的出口商品结构。1991年，出口创汇上千万美元的有卷烟、锡、玉石首饰、黄磷、焊锡、茶叶、磷矿石、服装等8个品种；上百万美元的有望远镜、白芸豆、机床等47个品种。出口商品销往70余个国家和地区。

对外经济技术和劳务合作也取得了显著成绩，从开始经济技术和劳务合作的1984年到1991年，累计签订对外承包和劳务合作合同62项，合同总金额6854.61万美元，完成营业额4429.36万美元。云南对外承包工程大都集中在非洲、中东一些国家的土建工程。随着人才、技术实力的增强和对周边国家技术交往的增多，云南在巩固和扩大已有承包市场的同时，正着力开拓对东南亚国家中工业项目，成套项目工程的承包。

近几年，随着对外开放政策的落实，"沿边"开放政策的进一步放宽，云南对周边国家的边境贸易和经贸合作得到了迅猛的发展。1991年，边境贸易进出口总额超过2亿美元，其中出口额1.2亿美元，进口额0.8亿美元，分别比1985年增长了5倍和2.5倍。目前，云南与周边邻国特别是与缅甸、老挝的经贸合作关系已从过去的边民互市、小额贸易发展为包括地方贸易、转口贸易和工程承包、劳务合作以及合资办企业等多种形式。

（二）利用外资。云南利用外资起步较晚，80年代初期，主要是借用中国银行外汇贷款，1984年开始利用外资，至1990年，利用外资协议总金额3.5亿元。其中：外国政府贷款协议金额5472万美元；国际金融组织贷款签约12570.4万美元；国际商业贷款1750万美元；租赁7928万美元；补偿贸易协议金额1495万美元；外商直接投资的"三资"企业吸引投资协议金额5741万美元。

1991年，云南利用外资稳步增长，新签利用外资协议金额1.405亿美元，其中"三资"企业审批42项，直接吸引外商投资协议金额3746万美元；其余为外国政府贷款3项，利用外资协议总金1.03亿美元。

利用外资对我省的经济和发展起到了积极的作用，解决了一些项目建设资金不足的问题，加快了项目的建设速度，促进了我省产业结构的调整，提高了利用外资项目的技术水平、产品质量以及企业的管理水平。"八五"期间和今后十年我省将继续积极稳妥地利用外资，尽量争取国际金融和双边政府贷款，特别是条件比较优惠的贷款，同时，继续采取多种形式吸收外商投资，并按照国家产业政策正确引导外资投向，多举办一些出口创汇型，技术先进型和加快现有企业技术改造的项目，进一步改善我省投资的软硬环境，完善鼓励外商投资的法规和政策措施，注意加强和改进对利用外资的规划和指导，努力提高利用外资的效益。初步计划开展利用外资的项目110项，外资金额14亿美元，其中"八五"期间争取签约外资金额5亿美元。

（三）横向经济联合。中共十一届三中全会以后，云南的横向经济联合在党的改革开放方针指引下，经历了兴起、展开、发展和治理整顿深化提高四个阶段。

1980年～1984年，是云南省横向经济联合的起步阶段。1980年省正式设立联合协作管理机构，以物资协作起步，与省外建立了"计划外"的物资余缺调剂协作关系。在国家安排下与上海结成对口支援和协作对子。1982年举办了首届经济技术协作洽谈邀请会，将云南与外省的联合协作扩展到18个省市自治区，并与国家11个部委建立了平等互惠的横向经济联系。1983年省委、省政府作出云南向全国开放，昆明向全省开放的决定，明确提出要把发展与全国的经济技术合作作为振兴云南经济的一项战略措施来抓，极大地推进了正在全省广泛兴起的联合协作，1984年在全国经济技术协作和对口支援会上，云南派人出席会议并介绍了经验。

1984年在《中共中央关于经济体制改革的决

定》推动下，全省以物资协作为主要内容的横向经济联系，发展为经济、技术、人才、物资四位一体的合作，与省外的协作关系也从上海、天津等十多个省区拓展到全国大部分地区，特别是与西南各省区的合作进入到一个新的阶段，云南与四川、贵州、广西、重庆共同发起成立了区域经济合作组织“四省区五方经济协调会”。在协调会的带动下，由地州市和县一级参加的跨省和省内区域协作组织相继出现，先后成立了“川滇九地州市经济协作区”、“川滇黔十二地州市经济协作区”、“滇桂黔边区五地州经济协调会”、“甘、青、藏、滇、川少数民族毗邻协作区滇川藏协作片”、“川滇青藏毗邻经济技术协作区”、“攀西——六盘水开发区协调会”、“滇中六地州市经济协作区”、以及“西南经济区市长联席会”、“云南省十一城市市长联席会”等区域性合作组织。在全省横向经济联合与协作全面展开、蓬勃发展的同时，各地州市和部分县先后设置了直属政府的经济技术协作管理机构。

1986年，根据国务院颁发的《关于进一步推动横向经济联合若干问题的规定》，云南省政府制定了贯彻落实的20条实施办法，1988年2月又制定了12条补充规定。中央提出沿海发展战略之后，云南省进一步明确了东联沿海，开拓东南亚、南亚地区市场，实行双向推进的思路。随后又在昆明举办了规模较大的艺术节。艺术节中举办了经济技术协作洽谈会，接待了来自全国26个省市区的经协代表团，进一步扩宽了云南与全国的经济技术协作关系，联合协作深入发展。1988年底，在全国贯彻治理经济环境，整顿经济秩序的形势下，横向经济联合与协作的环境、工作方向、重点、方式以及手段的效能都发生了较大变化。经过一段时间的适应和摸索，经协工作逐步走上了为经济发展战略服务，为完成国民经济计划服务，为实现政府工作中心服务的轨道。经协项目主动接受产业政策指导，并开始逐步实行计划管理，项目的实施也越来越符合计划目标，联合协作项目数量虽有减少，但质量和履约率有较大提高，全省经协工作的运行更为有序，工作部门的职能有了新的发挥。

1990年6月，在省五次党代会上提出的90年代云南经济发展基本思路中，把发展同兄弟省市的横向经济联系列入战略措施之内，省委督办处把“积极发展与兄弟省市横向经济联系”列为定期督查的专题。1991年7月，省委五届二次全会提出云南经济进入一个主要依靠科学技术和提高劳动者素质发展生产力的阶段，同时提出云南开通与东南亚、南亚国际大市场通道的条件已趋成熟，对外开放面临一个难得的机遇，边境贸易和国际经济技术合作要有一个新的突破。当前，全省的联合协作正在认真贯彻省委的决策，按“务实求效”的原则进一步推进与全国各地的互补合作关系。

经过十多年的努力，云南与全国29个省市自治区建立了不同程度的横向经济联系，形成了8个跨越行政区划的区域合作组织。自1980年以来，全省共实施联合协作项目15996个，创造了近30亿元的产值，增收了近10亿元的税利，横向经济联合与协作已经成为全省经济发展战略中不可缺少的手段。

12年来全省共集引资金22.56亿元，其中从省外引资6.51亿元，主要用于支柱产业的扩改工程，为全省各地的重点建设项目弥补了资金缺口，加快了基础设施的建设，扩大了资源开发。从新疆、江苏、上海、浙江、吉林等地引进的资金主要用于磷化工和电铜、锌、铅、铝等有色金属生产业的扩改工程，提高了原材料工业的生产能力，云南以计划外原材料返还补偿，增加了参与沿海经济的程度，为发展多领域的互补合作铺路搭桥。

广泛的技术协作推动了企业技术进步，促进了产品结构调整。从发达地区引进先进技术和管理经验，加速了全省企业的技术改造，提高了机电、纺织、服装、皮革、制鞋、地毯、制糖和食品等行业的经济效益，转产和开发出一批具有市场竞争力的产品，使“飞人”缝纫机、“凤凰”自行车、“水仙”洗衣机、“长城”电梯等在云南联合生产，通过协作，我省企业开发和引进转换产品近5000个，使400多个达到国内较先进水平。

活跃的物资协作为保证工农业生产，顺利完成国民经济计划发挥了极为显著的作用。全省通过各级政府(部门)实施的物资协作总额达46亿美元，以有色金属、磷产品和木材等为主的输出物资，换回了大量紧缺原材料和紧俏商品，保证了大中企业的生产，改善了市场供应；通过协作每年从外省协进的杂交水稻和杂交玉米超过800万公斤，占全省需要量的70%；经十多年来的努力，云南与青海、甘肃和广东分别建立了磷盐、磷硫互换关系，与四川、广西等建立了稳定的良种调剂渠道。

多形式的企业联合促进了优势产业的发展。全省在工商行政管理部门登记注册的经济联合组织超过1200个，组建大型企业群体和企业集团29个，不少联合体形成了新的产业优势。

云南汽车厂和昆明化油器厂加入二汽集团后，提高了企业素质，成为二汽集团发展高原型汽车的骨干企业，在云南蔬菜联营公司与全国100多个城市建立联营关系，使云南的冬早蔬菜进入东北、华北和长江流域城市，广阔的市场及蔬菜种植业形成了全省新的优势产业。思茅地区与广东雀巢咖啡公司联合建立万余亩小粒咖啡生产基地，形成地区发展热带亚热带生物资源的产业优势。广泛的联合推动一大批乡镇企业和县办国营企业与国营大中企业的挂靠，走上为主导产业配套的专业化生产的轨道，促进了产业结构调整。企业联合还推动了科研单位、大专院校与企业的联合，加速科技成果转化为生产力，全省科研生产联合体发展到近400个，涉及20多个行业，促进了企业素质和新产品开发能力的提高。

"八五"计划期间是云南进一步贯彻改革开放，以很大投入加快基础建设，形成支柱产业群体，发展边境贸易，扩大与东南亚、南亚国家经济技术合作，推动和实现国民经济持续、稳定、协调发展的重要阶段，为全省横向经济联合与协作提供了更加广阔的舞台。全省将进一步改善联合协作的条件和环境，在计划管理、投资指标、税利和产品分配，以及收费标准等方面，制定促进联合协作的规定和办法，把同全国的经济技术合作推向一个新的水平。

五、基础设施日益完善

云南山多、山高、江河深切，地理、地形复杂，因此对以交通运输邮电业为主要内容的基础设施建设困难较大。"山间铃响马邦来"是云南运输业在历史上的真实写照。建国以来，特别是十一届三中全会以后，云南的交通运输邮电事业有了相当大的发展，但和全国相比，仍然较为落后，还远远不能适应经济发展和人民物质文化生活不断增长的需要，成为经济发展的薄弱环节。

〔**铁路**〕云南铁路位于全国西南路网的末端。以昆明铁路枢纽为中心，东以贵昆线与中南、华东铁路网沟通；北以成昆线和西北铁路各线衔接；南则有昆河窄轨铁路通达边境城镇河口，并可通往越南。到1990年共有营业铁路1695公里，其中：准轨994公里，米轨660公里，寸轨34公里。贵昆线完成电气化改造后，运力有了较大增加。1990年共完成货物发送量2566万吨，客运量1016万人次，客货换算周转量完成111亿吨公里。

为改变目前铁路建设严重滞后的局面，"八五"期间云南将投入较大的财力物力加速几条铁路线的建设。目前，南(宁)——昆(明)铁路已开工兴建。该线建成后，东经湘桂、黎湛、广茂铁路可达广州或湛江港，经南防铁路可达防城港，将成为西南地区一条主要的出海通道。对分流贵昆、湘黔、黔桂铁路，对云、贵两省磷、煤等原材料的外运，加快云南的改革开放都将具有重要意义。广(通)——大(理)铁路也已开工建设，它的建成将使云南广大的西部地区的交通状况大为改善，并使内地到东南亚周边国家之间的铁路接轨距离进一步缩短，将有利于边境贸易的进一步发展。此外，昆(明)——玉(溪)和中(谊村)——宝(兴)两条地方铁路也正在建设中。

〔**公路·水路**〕在云南，公路运输是主要的运输方式。改革开放以来，全省的公路建设有了较大发展。到1990年底，全省公路通车里程已达56536公里，在全国名列第三。其中一级公路41公里，二级公路195公里，三级公路6484公里，四级公路41524公里，有高级、次高级路面10298公里。1990年，全省通公路的乡镇达98.2%，通公路的行政村为72.5%。一个以昆明为中心，以国道为骨架，连接省、地(州)、县、乡的公路交通网已初步形成，四通八达的公路网使公路运输得到迅速发展。1990年，全省民用汽车保有量为150734辆，比1979年增长了1.7倍。完成公路货物运输量35656万吨，货物周转量166.1亿吨公里，客运量9475万人，旅客周转量65.8亿人公里，分别比1979年增长了11.4倍、7.7倍、2.2倍和2.9倍。为改变云南公路等级低，通过能力弱的状况，"八五"、"九五"期间，将改建和新建一批干线和专线公路，以适应云南经济不断发展的需要。

云南拥有6大水系、63条较大支流，河流总长达14200公里，其中金沙江、澜沧江、怒江、南盘江、红河五大河流在省内流长4700公里，还有大小湖泊40多个。全省68%的县有水运条件，但开发利用的程度很低。

1990年全省内河通航里程为1130公里，其中水深1米以上的718公里。全省民用运输船舶524艘，6904吨位，8237客位。

金沙江航道经过历年来不断的整治，已成为我省通往华东地区的一个重要通道，目前云南船队已可驶往江南各省。澜沧江——湄公河载货试航考察成功，中国船队首航万象，为开发国际航道迈出了重要的一步。这条水上航道的开通将有力的促进云南与东南亚各国的经济技术交流和合作。

〔**民航**〕民用航空的建设与发展对云南显得尤为重要。改革开放以来，云南的民用航空事业得到了迅速发展。1990年，省内共有民用机场6个，目前除有到国内各主要城市北京、上海、广州等地的16条航线，省内到西双版纳、芒市等地的2条航线以外，还有昆明——香港，昆明——曼谷，昆明——仰光等3条国际航线。1990年民航云南省局完成航空运输总周转量3600万吨公里，完成运输飞行5000小时，完成旅客发运量33.7万人次，完成货邮发运量4400余吨，分别比1979年增长了1.72倍和1.0倍。

作为主要航空港的昆明巫家坝机场，于1989年完成改扩建一期工程以后，更新了通讯导航、调度指挥、供电、供油等全套设备。扩建后的机场跑道长达3400米，可供波音747等大型飞机起降。目前，机场1.6万平方米的新候机大楼正在抓紧施工，即将投入使用，新的候机大楼，高峰小时可容纳旅客达1000余人。届时巫家坝机场的年进出港旅客人数将超过100万人次。

〔**邮电**〕1979年来，特别是“七五”期间，云南省邮电部门，积极利用外资，引进先进技术设备，加强技术改造，努力增加通信能力，使全省邮电通信工作进入了一个新的发展时期。

在电信通信方面，到1990年，有长途业务电路1841条，电路交换机容量达18.23万门，其中，市路交换机容量为10.97万门。全省有54个县以上的城市用上自动电话，有13个市、县进入全国长途自动电话网，昆明、玉溪两市可以直拨世界180多个国家和地区，有7个城市建立了无线寻呼系统。全省公众电报自动转报网已基本形成，85%的市、县电报都进入了自动交换网。

今后十年特别是“八五”期间，云南省的邮电通信部门将广泛采用国内外先进技术，大力发展自动电话通信。长途电话总容量将达到6500路，电话交换机总容量将达到100万门。使全省地(州)、市以上城市和95%的县可以使用自动电话，所有地州市以上城市和70%的县城可以直拨全国各地的长途电话，15个地州市所在城市和部分县城可以使用直拨世界各地的国际电话。电报、电话、报刊、信件的传递速度将大大加快，使云南省邮电通信面貌有较大改变，通信紧张状况将得到缓解。为全省国民经济发展，增进与周边国家的友好往来，提供较好的通信条件。为外商来云南投资，创造较好的投资环境。

〔**旅游设施**〕云南是一个旅游资源相当丰富的省份，改革开放以来，云南的旅游业得到了迅猛的发展。到目前为止，已有35个县市正式对外开放。随着旅游景点的不断开发完善，旅游服务设施也得到了迅速发展。到1990年，全省开放地区一共拥有主要涉外宾馆饭店27家，标准客房3240间。三星级以上饭店5座，2座已正式营业，3座正在加紧建设中；二星级饭店3座；一星级饭店6座。有一、二类旅行社14家，拥有英、日、法、德、俄、意、泰、缅等10多个语种的翻译、导游500多人。1990年接待外国旅游者人数达14.81万人，创汇7745万元外汇人民币。旅游业的发展还带动了相关产业的发展，现在全省主要从事或直接为旅游业服务的企业单位100多家。旅游客运企业6家，各种类型的高档汽车近300辆。经营旅游商品为主的旅游商店27家，中高档涉外定点餐馆20余家。

〔**城市建设**〕党的十一届三中全会以后，云南省恢复了中断多年的城市规划工作。到目前，全省11个市、114个县(镇)的总体规划工作已全部编制完成。十年来，城市数已从2个发展到11个。今后十年，设想由现在“一大十小”的格局，发展成为较为合理的“一大四中十一小”的城市群体结构，使之在社会经济发展中，起到建设一点，带动一片的作用。

近十多年来，城市基础设施得到了较大的发展。城市道路和公共交通有了很大的改善，到1990年底，全省11个城市道路总长534公里，铺装道路面积646万平方米，人均拥有道路3.14平方米。昆明市近两年相继建成的南过境干道、西站立交桥、近日公园地下通道等一批关键设施，大大缓解了昆明交通的拥挤状况。

城市供水也逐步得到解决。到1990年底，全省11个城市有自来水厂21座，日供水能力92.7万吨，全年供水总量26800万吨。为确保昆明市的供水，除1990年建成的供水能力为20万吨的昆明市第五自来水厂外，1988年开始的扩建松花坝水库工程，1992年竣工后，库容将从6500万立方米，增加到2.29亿立方米，将使昆明市的供水状况得到根本改变。

自1986年昆明市焦化制气厂第一期工程建成投产以后，云南便结束了没有民用煤气的历史。第一期工程设计能力为年产焦炭26万吨，供气19万立方米，待设计日供气16万立方米的工程竣工后，将使昆明市的煤气用户由现在的7万多户增加到13万户，使昆明市的城市居民气化率达到60%。

近十年来，云南省根据财力、物力的可能，调动各方面的力量兴建住宅，并逐步向商品化发展。到1990年，城市实有住宅居住面积1493万平方米，人均7.25平方米，比1978年的人均3.5平方米增加了一倍多。随着住宅商品化的推行，城市住宅建设将会在逐步走向良性循环的过程中得到进一步的发展，使城市居民的居住条件得到更大的改善。

六、社会事业蓬勃发展

〔**教育**〕建国以来,云南省的教育事业有了很大的发展。最近十年来恢复和新建了十多所大专院校,使全省拥有了包括全国现有13个类别中11类的各类高等院校26所。1990年在校学生人数4.35万人。已初步形成了一个门类专业齐全,各层次人才结构基本合理的高等教育体系,为云南经济的振兴培养了大量急需的人才。到1990年,全省有:中等专业学校138所,在校学生7.38万人;普通中学2030所,在校学生123.95万人;农业、职业中学228所,举办职业班的普通中学220所,在校学生123.94万人;小学53556所,其中一师一校23870所,在校学生446.86万人。另外还有盲聋哑学校和弱智儿童辅读学校7所。此外,还发展了颇具规模的成人教育体系,计有成人高校21所,成人中专141所,成人中学38所,成人初等学校2587所,在校学生数共达50多万人。教育的进一步发展和普及,为云南经济的不断发展打下了基础。

〔**科技**〕改革开放以来,云南的科学技术发展很快,新建和恢复了大批科研机构,取得了大批科研成果。据1990年统计,全省地州市以上政府部门属自然科学领域独立科研与技术开发机构共153个,职工17072人,其中科技人员11008人。同时多种形式的科研与技术开发机构也有较大发展。民办科技机构在改革开放的大潮中不断兴起,到1990年底已发展到107个,专兼职从业人员2731人。全省主要行业和学科都有了专门的科研机构,初步形成了基本适应云南经济建设的科研体系。其中生物、天文、冶金、地质、机械等领域,在国内外具有较大的影响。一批以矿业、生物资源开发为主的民办集体科技机构迅速成长,初步形成了新材料、生物技术、电子信息、机电、新能源等五个重点领域,逐步成为发展科技、经济的一支不可忽视的力量。

〔**文化**〕随着人民物质生活水平的不断提高,人们对文化生活的要求也在不断扩大。到1990年,全省有图书馆148个,博物馆20个,电影和影剧院礼堂889个,剧场音乐厅46个,图书出版社7家,电视发射台及转播台24座,广播电台12个,群众艺术馆19个,文化馆128个,文化站1477个。此外一批集饮食、娱乐、休闲为一体的综合性娱乐场所迅速兴起,满足了不同阶层人士对文化娱乐的需要。

〔**卫生**〕1990年底,全省共有各类卫生机构6671个,床位84530张,卫生技术人员101649人。另外,全省还有卫生防疫站150个,妇幼保健站144个,药品检验所132个。目前,全省已初步形成了一个较为完整的医疗、预防、保健、教育、科研的医疗卫生体系。

附录：

云南省对外经济技术合作部分意向性项目

项目编号	项目名称	建设规模	合作方式	建设单位及联系电话
1	广通——大理铁路	干线213公里	合资、合作	广——大铁路建设指挥部
2	昆玉铁路	地方铁路Ⅰ级57公里	合资、合作	昆玉铁路建设指挥部
3	安宁——楚雄公路	二级135公里	合资、合作	云南省交通厅
4	石林——河口公路	二级215公里、三级152公里	合资、合作	云南省交通厅
5	昭通机场	起降波音737	合资、合作	云南省民航局昭通地区
6	丽江机场	起降波音737	合资、合作	云南省民航局丽江地区
7	大朝山电站	装机126万KW年发电量68.77亿千瓦小时	合资、合作	云南省电力局
8	小湾电站	装机420万KW年发电量199.61亿千瓦小时	合资、合作	云南省电力局
9	曲靖电厂	60万KW	合资、合作	云南省电力局
10	阳宗海电厂	60万KW	合资、合作	云南省电力局
11	兰坪铅锌矿	采选2500吨/日 电锌6万吨/年	合资、合作	有色金属总公司云南省分公司
12	昆明钢铁公司	120万吨/年钢改扩建工程	合资、合作	昆明钢铁公司
13	云南氮肥厂	复合肥24万吨/年	合资、合作	云南氮肥厂
14	红河州磷肥厂	磷铵12万吨/年	合资、合作	红河州磷肥厂
15	蓝箭汽车厂	五十铃轻型车驾驶室10万台/年、整车6万辆/年	合资、合作	蓝箭汽车厂
16	思茅纸厂	商品漂白木浆5万吨/年	合资、合作	云南省轻工厅
17	宁蒗战河纸厂	商品漂白木浆1.5万吨/年	合资、合作	云南省轻工厅
18	滇西水泥厂	水泥32万吨/年	合资、合作	滇西水泥厂
19	云南电子音像设备厂	普及型录相机 10万台/年	合资、合作	云南电子音像设备厂
20	昆明卷烟厂	引进制丝生产线关键设备及卷接包设备、名优卷烟翻番	引进设备	昆明卷烟厂

续表

项目编号	项目名称	建设规模	合作方式	建设单位及联系电话
21	玉溪卷烟厂	引进烟丝膨胀设备及卷接包设备、名优烟翻番	引进设备	玉溪卷烟厂
22	昆明市六水厂	供水20万吨/日	合资、合作	昆明市建委
23	昆明市第二污水处理厂	日处理污水10万吨	合资、合作	昆明市建委
24	中高碳预应力钢丝加工	年产铜丝2000吨	合资、合作、补偿贸易	云南冶金汽修厂 云南省冶金工业总公司 电话:62041　萧钰
25	铜加工	电解铜15000吨/年,其中:紫杂铜加工电解铜5000吨/年	合作或来料加工	昆明冶炼厂 云南省冶金工业总公司 电话:62041　萧钰
26	锌材加工生产	年产锌板带材15000吨	引进技术、设备、产品补偿	云南会泽铅锌矿 云南省冶金工业总公司 电话:62041　萧钰
27	70万套钢丝子午胎生产	70万套/年	合资、补偿贸易	云南轮胎厂 电话:92398 联系人:刘伯媛
28	电解铝加工	年产电解铝1万吨	来料加工 补偿贸易	云南铝厂 云南省冶金工业总公司 电话:62041　萧钰
29	氯化法钛白粉生产	0.5～1.5万吨/年	合资、补偿贸易	云南化工厂 电话:99139 联系人:王永隆
30	饲料磷酸氢钙生产	2.5万吨/年	集资、补偿贸易	云南磷化学工业(集团)公司 海口磷矿 电话:90155 联系人:刘戎生
31	移动通讯机生产	3万台/年	合作、合资	云南无线电厂 联系人:付其中 电话:53319　传真:53298
32	立式、卧式加工中心数控数显镗床、铣床、仿型铣,三座标测量机,长圆刻线机,精密析测元件的生产	年产各类精密机床500台,三座标测量机40台	合资、补偿	昆明机床厂
33	立式及卧式加工中心,中高档数控铣床的生产	年产1200台	合资	昆明铣床厂
34	五华高新技术模具中心		合资、合作 补偿贸易	昆明市五华高新技术管理委员会 蔡宗坤　　电话:31023

续表

项目编号	项目名称	建设规模	合作方式	建设单位及联系电话
35	柴油机生产	年产 TC87 系列柴油机 5000 台	合资、合作	云南金马柴油机集团
36	紫胶二次产品开发生产	年产紫胶二次产品 200～300 吨	补偿贸易	云南省林业工业公司 联系人:陈复民 53362
37	脂松香,松节油的深度加工	10000 吨/年松香,松节油深度加工产品	补偿贸易	云南省林产工业公司
38	高级企口拼花地板生产	年生产拼花地板 40 万平方米	合资、合作、补偿贸易	昆明市前进木器厂 联系人:陆仁寿 电话:71713
39	柚木制品生产	年加工柚木 $3000M^3$,可生产加工地板条 10 万平方米/年,柚木门、窗框 6000 付/年及部分柚木家具制品	合资、补偿贸易、来样加工	云南省林产工业公司 联系人:陈复民 53362
40	淀粉加工	新建年产淀粉 4000 吨,薯渣饲料 1000 吨,淀粉鱼饲料 2000 吨	合资、合作、补偿贸易	富源县政府 省乡镇企业局 电话:28536
41	木瓜蛋白酶生产项目	年产蛋白酶 32 吨	合资、合作、补偿贸易	昆明市宜良汤池镇 联系人:李福
42	热带水果加工		合资、合作、补偿贸易	西双版纳州计委 联系人:张川
43	蔬菜加工、保鲜技术合作	5 万亩蔬菜基地	合资、合作	省种籽公司
44	花卉制种繁殖	建制种基地 1000 亩	合资	种子公司
45	扩大羊皮制革和羊皮服装生产	扩大生产 60 万张羊皮革、6 万件羊皮衣	合资、合作、补偿贸易	云南省陆良县皮革总厂 联系人:杨德才、刘茂生 电话:274
46	出口丝绸服装生产	年产真丝绸 120 万米及 20 万套真丝服装	合资、补偿	云南陆良县丝绸厂 联系人:卢水清 电话:陆良 396
47	引进静电涂硅泡生产设备		合资、合作	昆明灯泡厂 联系人:王智中 电话:72784
48	桐油精加工		合资、合作、补偿贸易	省供销社基建处 沈棟林 电话:3154
49	热带名贵香料、香精生产		合资、合作、补偿贸易	西双版纳州香料厂 联系人:刘强 德宏州香料厂 联系人:钏德宏
50	开发植物药新品种	年生产 1200 吨	合资、合作	云南植物药厂 联系人:范东武 电话:81447

续表

项目编号	项目名称	建设规模	合作方式	建设单位及联系电话
51	抗癌药威麦宁开发	年生产10吨	合资、合作	云南植物药厂 联系人:范东武 电话:81447
52	花岗石板材加工	花岗石板材5万 m^2/年	合资	华坪县乡镇企业局 联系人:陈建民 电话:21240
53	大理石开发加工	大理石板材5万 m^2/年	合资	德钦县乡镇企业局 联系人:龚秋
54	硅藻土助滤剂	年产5000吨	合资、合作、补偿贸易	腾冲助滤剂厂 联系人:陈安森 电话:腾冲县转
55	异形区域钢化玻璃生产线	年产12万米^2	合资、合作、补偿贸易	昆明平板玻璃厂 联系人:张丽薇 电话:82726
56	石棉制动制品	年产3000吨	合资、合作、补偿贸易	昆明石棉制品厂 联系人:陈焕良 电话:82017

（黄巧谷　赖于民　王奉林　丁为锋
周志坚　徐天才　撰稿）

典型地区和典型企业

云南省会——昆明市

一、基本情况

昆明,云南省省会、全省政治、经济、科技、文化、教育、信息中心、全国著名的历史文化名城,通向东南亚的重要门户。

昆明市现辖盘龙、五华2个城区、官渡、西山2个郊区和安宁、呈贡、富民、晋宁、宜良、路南、嵩明、禄劝8个县。其中路南为彝族自治县,禄劝为彝族、苗族自治县。全市共设77个乡、35个镇、23个街道办事处,其中民族乡10个。全市土地总面积15561平方公里,1991年年末总人口359.3万人,其中农业人口215万人,人口密度为231人/平方公里。

昆明市有较丰富的矿产资源和旅游资源。滇池周围地区探明磷矿石储量35亿多吨,预测资源总量超过80亿吨。储量大、品位高、加之埋藏浅,剥采比低,交通运输方便等优越条件,已成为我国磷化工业的重要基地。岩盐主要分布于禄劝、富民和安宁县,呈南北向分布,属晚侏罗统沉积型岩盐矿,探明储量138亿吨。铁矿资源总储量11304万吨,有中型矿床4处,小型矿床20处,主要分布于禄劝县金沙江南岸,以及安宁、晋宁两县境内。富民、禄劝及邻县武定一带,有风化壳型钛砂矿床。目前,已圈定的含钛性岩体24个,总面积123平方公里,岩体的钛砂矿层一般厚5～30米,品位40～150公斤/立方米,获储量(C+D)近400万吨,予计整个地区远景储量可超过1000万吨。此外,硫铁矿、石英砂岩等矿产也有良好的开发前景。

昆明地理环境和自然条件优越,气候温和宜人,地貌景观奇特,形成众多的风光园林,悠久的文化历史,又造就具有浓厚地方特色的古迹、文物和民情风俗,在极其丰富的旅游资源中,最为著名和最具特色的是路南石林和昆明滇池两个国家级风景名胜区。党的十一届三中全会以来,昆明的旅游业得到迅速发展,成为重要产业之一。1984年被国务院定为"发展中的旅游城市"。

二、改革开放以来的成就

新中国成立前,昆明城区面积7.8平方公里,人口26.7万,交通闭塞,经济文化不发达,市场设施简陋,人民生活贫困。解放后,在国家的扶持下,经过历年建设,城市面貌焕然一新。党的十一届三中全会以后,昆明经济社会进入发展最好的时期,提前实现了国民生产总值翻一番的战略目标,为九十年代昆明的进一步振兴和繁荣创造了重要的条件。

(一)经济实力明显增强,反映经济实力和经济水平的各项主要指标全面增长,并保持了较高的发展速度。 按1980年不变价格,1990年国民生产总值61.6亿元,比1979年增长2.7倍,平均年递增12.7%。国民收入48.2亿元,增长2.3倍,年递增11.6%。工农业总产值94.1亿元,增长2倍,年递增10.6%,财政收入21.1亿元,增长4.4倍,年增长16.6%。上述四项指标的增长速度均超过前28年平均增长7.8%、7.4%、8.8%和8.3%的水平,提前实现第一个翻番目标。

全社会固定资产投资80年代累计完成139.4亿元,其中基本建设投资61.43亿元,更新改造措施投资47.51亿元,新增固定资产116.27亿元。新建和改造了昆明三聚磷酸钠厂、焦化制气厂、昆明水泥厂、普坪村电厂、昆明钢铁厂、云南铝厂、昆明卷烟厂、第五自来水厂,南过境干道和万门程控电话等一批骨干工程。1991年,按1990年不变价计国民生产总值达到105亿元,增长8%,工农业总产值175.87亿元,增长11.1%。其中,农业总产值完成17.8亿元,增长6.1%,工业总产值完成158.07亿元,增长11.75%,财政收入完成23.6亿元,增长11.7%,财政支出16.78亿元,增长14.62%。

（二）改革开放给经济和社会发展注入了新的活力。12年来，昆明市的经济体制改革从农村到城市逐步展开，集体经济、私营和个体经济发展迅速，形成了以公有制为主体的多种经济成分并存的格局。农村家庭联产承包责任制不断深化和完善，各种服务体系得到了恢复和发展，集体经济实力有所增强，带动了农村商品经济的迅速发展。城市改革以增强企业活力为中心，推行各种形式的经营承包责任制。全市95%的国营大中型企业都进行了承包。对计划、价格、财政、金融体制进行了改革探索，初步建立了市场体系的雏形，生产资料、短期资金、技术、劳务和房地产市场开始出现。财政体制实行分级包干，调动了市、县生财和理财的积极性，出现了4个县，区财政收入超过亿元的可喜局面。对外经济技术交流与合作不断发展，先后从欧美、日本和香港10多个国家和地区引进技术120多项，新建和改造了一批工业项目，使企业的生产技术水平和工艺装备水平有较大提高。“三资”企业从无到有，不断发展。到1991年底，全市共批准开办“三资”企业41家，投资总规模8229.31美元。出口贸易发展较快，外贸收购调供出口“七五”比“六五”增长62.8%，按1980年不变价格计算，1990年昆明地区工业品出口产值达到5.26亿元。其中烟草行业1.19亿元，机电产品1.26亿元。

（三）形成较合理的产业结构。12年来昆明市紧密结合自己的实际情况，注重发挥优势产业，以优势产业和名、特、优及出口创汇产品为龙头，组织企业集团和企业群体，走技术改造、填平补缺、调整结构、提高效益的发展路子，形成了以“两烟”、机械、化工、轻纺、冶金、食品和建材等优势产业，包括14个门类，140多个行业，125种重点产品为主的生产格局。

（四）城市基础设施建设取得较大进展。按照国务院批准的《昆明市城市总体规划》，首先，加强了城市能源建设，改造昆明电网供电系统，建设昆明煤气工程，已完成的一期工程日产煤气17万立方米。二是发展城市交通。新建了高等级公路及立交桥，拓宽了街道和对外交通路段。三是引进先进技术及邮电通讯设施，新装3.7万门程控电话，开通了国际、国内长途电话直拨业务。四是完成第五自来水厂的建设和4个老水厂的改造，全市自来水日供能力由16万吨提高到41万吨。五是新建了16个居民住宅小区，增设了一批商业网点和中、小学校，城市建成区面积已由27平方公里扩大到33平方公里。六是绿化城市、美化环境，增建了一批公园和游览区，城市绿化覆盖率提高到18.7%，人均公共绿地面积3.4平方米，生态环境保护工作日益受到重视，已建成日处理5.5万吨污水处理厂，完成污染限期治理项目2000多项，颁布实施了《滇池保护条例》、《滇池综合整治大纲》，努力为春城人民创造一个清洁、优美的生活环境。

（五）科技和教育等项事业蓬勃发展。全市科技队伍逐步壮大，科研机构得到了完善和充实，技术市场活跃，科技成果显著。12年来，昆明地区获科技成果奖1538项，其中获国家重点大科技成果奖73项，省政府科技进步奖982项。农村科技网络得到加强，建立了4400余个科技示范户，推进了农业生产的发展。全市已有专业技术市场13个，技术交易机构259个，促进了科技成果向商品转化。“教育为本，科技兴昆”正在深入人心，取得了明显的成效。1982年以来，全市15周岁以上的文盲、半文盲，减少了10余万人，占总人口的比重也由21.3%下降到1990年的15.7%。基础教育得到加强，全市适龄儿童入学率达到98%以上，初中入学率上升到79.6%。卫生事业继续发展，医疗条件进一步改善，全市每千人拥有病床6.2张，医师3.3人。计划生育工作取得可喜成绩，12年来全市人口自然增长率控制在8‰以下。

三、昆明的地位、作用及发展设想

昆明市作为云南省的省会，全省唯一的一座特大城市，具有多功能综合型中心城市的作用。对全省经济发展社会进步至关重要。一些重要指标占全省比重如下表所示。

根据10年规划和“八五”计划，到本世纪末，按1990年不变价格计算，全市国民生产总值达205.9亿元，国民收入163.2亿元，工农业总产值321亿元。其中，工业总产值295亿元，乡镇企业总收入95亿元。按现行财政体制，财政收入达到43.6亿元。在保持经济持续稳定增长和优化结构的基础上，经济效益和技术水平有较大提高，今后十年间，资金利税率由31.3%提高到38%，工业全员劳动生产率年平均提高5%以上，万元国民生产总值耗能进一步降低，国营大中型企业主要产品的能耗，原材料单耗达到全国同行业平均先进水平，重点骨干企业的总体技术装备水平，机床、磷化工等行业达到国际先进水平。微电子、电子、卷烟、有色金属、日用轻工、日用化工等行业达到国内先进水平；引进丝束、凹印、BOPP薄膜等生产线，与卷烟生产配套，使之成为群体优势突出和效益较高的主导产业。机电工业以机电仪一体化，新产品开发和科技成果商品化为突破口，发展出口创汇和替代进口，开发全省优势资源所需的成套和关键设备等为重点，轻纺工业继续发挥全省生产基地和出口边贸加工基地的优势，更好地服务全省，扩大边贸和出口。加强磷盐化工产品的深度加工，重点建设300万吨磷精矿、18吨黄磷、120万吨重钙和磷酸、磷酸氢钙等磷化产品的生产基地及云化、电化厂的氯碱工程，使之成为既有资源优势又有经济规模的产业。冶金工业重点改造建设昆钢、云南铝厂、昆明市电锌厂、锌制品厂等，形成160万吨钢、134万吨钢材，18.3万吨有色金属，4.4万吨有色金属材的生产能力；积极发展第三产业，使之占国民生产总值的比重由目前的32%提高到40%左右。

（宗庆生 撰稿）

1990年昆明市主要指标占全省比重

项　目	单　位	昆明市	云南省	昆明占%
土地面积	万平方公里	1.56	39.4	4.03
年末总人口	万人	354.9	3730.6	9.5
年末职工人数	万人	83.1	291.9	28.5
社会总产值	亿元	193.0	663.0	29.1
国民收入	亿元	81.9	351.8	23.3
工农业总产值	亿元	95.1	300.6	31.6
工业总产值	亿元	87.5	204.6	42.8
农业总产值	亿元	7.6	96.0	7.9
粮食总产量	万吨	87.7	1061.2	8.3
乡镇企业总收入	亿元	23.0	80.5	28.6
铁路货运量	万吨	1007	2567	39.2
公路货运量	万吨	10411	35656	29.2
邮电业务总量	万元	4076	12737	32.0
社会商品零售总额	亿元	42.5	165.3	25.7
地方财政收入	亿元	21.1	77.4	27.3

滇东大门——曲靖地区

一、基本情况

曲靖地区位于东经102°42′—104°50′，北纬24°19′—27°3′，地处云贵高原腹部。为云南的东部大门，很早就是出入滇的主要通道，素有“入滇锁钥”之称，公元前三世纪后期，秦始皇就修了著名的“五尺道”至曲靖。地区首府曲靖市，西南距云南省会昆明市仅150余公里，东距贵州省会贵阳市400余公里，三市间有贵昆铁路和国道主干线公路相连。

全区南北长302公里，东西宽215公里，总面积3.38万平方公里，坝子（盆地）面积约占总面积的12.5%，比重高于全省平均一倍左右，云南第一大坝陆良坝即在该区陆良县。其余地区由于高原面保存比较完好，地形起伏不大，坡度较为平缓，有利于各行业的开发利用。区内气候以亚热带和温带为主，高原季风气候特征明显，“冬无严寒、夏无酷暑”，年平均气温多在13℃—15℃之间，年均日照在2000小时左右，降雨量1100余毫米。

地区辖曲靖市、宣威、富源、罗平、师宗、陆良、会泽、马龙和寻甸回族彝族自治县共1市8县，131个乡(镇)、8个民族乡,1991年末总人口531.6万人,是云南省人口最多的一个地州。少数民族人口约占7.6%。

曲靖开发较早,历史悠久,被誉为“天下第一”的“爨宝子碑”、“爨龙颜碑”,立碑已近1600年,“段氏与三十七部会照碑”也已逾千年,均属全国第一批重点文物保护单位。

区内矿产资源丰富,品种多,分布广。主要矿种有煤、磷、硫铁矿、硅藻土、重晶石、铅、锌、锗等30余种。其中煤炭探明储量80多亿吨,远景超过300亿吨,尤其是国内紧缺的焦煤,保有储量32亿多吨,占全省储量的40%以上。磷矿远景储量60多亿吨,硫铁矿探明储量3.5亿多吨,占全省83%,硅藻土7760万吨,占全省的100%,全国的39%。锗323吨,占全省的三分之一左右,水能250万千瓦。

曲靖是云南交通比较发达的一个地区,境内铁路、公路纵横交错。

铁路:现有贵昆铁路和昆柏、东川、羊场3条支线过境,总长462公里,全区8县1市有5个县市有铁路通过。铁路密度,平均每万平方公里为136.5公里,比全国平均(53.8)和全省平均(41.1)高2倍左右;平均每万人为0.87公里,也比全国平均(0.5)和全省平均(0.37)高1倍左右。目前,南方又一东西向干线,国家“八五”重点工程南(宁)昆(明)铁路正在加紧修建,予计“九五”中期可以建成,届时全区铁路通车里程将再增加136公里,铁路密度又有较大提高,区内除会泽县外的7县1市均可有铁路通过。

1991年末,全区公路通车里程达到9337公里,全区139个乡(镇)中有138个通公路,1647个行政村、办事处,有1253个通公路。

二、改革开放以来的成就

改革开放使古老而带有神奇色彩的爨乡发生了历史性的巨变,结束了长期封闭、落后的状况,国民经济从单一的农业经济逐步跨入农、工、商,一、二、三产业全面发展的新阶段,经济总量持续、迅速增长,经济实力大大提高,已成为云南重要的工农业生产基地。

1991年,全区国民生产总值56.5亿元,人均1063元;国民收入48.9亿元,人均921元;工农业总产值72.1亿元,比1978年增长1.7倍;地方财政收入增长7.9倍。

十一届三中全会以后,农村实行了家庭联产承包责任制,实现了土地所有权与经营权的分离;从实际出发,因地制宜调整农村产业结构,发展商品生产,极大的激发了农民的积极性,农业基本建设深入开展,农业生产得到较快发展,粮食、油料、烤烟等主要农作物产量均居全省各地州市之首。1991年,全区粮食总产量为175.1万吨,比1978年增长52.3万吨,增长42.6%,占全省总产量的16.0%;油料总产3.67万吨,比1978年增长3.14万吨,增长5.9倍,占全省总产的21.4%;曲靖是全国烤烟重点产区,烤烟产量约占全国总产的7%,生产的烟叶有80%左右调往全国29个省区市,供应110多个卷烟厂,调出量约占云南省调出量的60%,1991年总产15.5万吨,比1978年增10.6万吨,增长2.2吨,占全省总产的三分之二,比1978年增长12倍多;肉类产量16.4万吨,占全省总产的20.2%。

在城市经济体制改革中,曲靖地区始终抓住搞活企业这个中心环节,改变政府对企业统得过多,管得过死的状况,扩大企业经营自主权,实行任期目标责任制,厂长(经理)负责制、职代会制,大力推行多种形式的承包经营责任制,努力提高经济效益,10多年来,全区的工业有了长足的发展,初步形成了具有烟草、电力、煤炭、化工、冶金、机械、建材、汽车、纺织等行业的工业体系,尤其是电力和煤炭在全省占有极重要的地位,是目前云南名副其实的能源基地。1991年,全区工业总产值44.6亿元,比1978年增长2倍多。在主要工业产品产量中,原煤产量883万吨,占全省总产的40.8%,其中焦煤产量占全省的90%以上,年发电量53.9亿千瓦小时,占全省总量的38.6%;化肥(折纯)总产19.6万吨,占全省的20.9%。总装机容量32万多千瓦的我国第一座高水头、跨流域引水、梯级连续开发的以礼河电站位于该区会泽县,投产以来一直是云南电网的主力电厂;我国水电建设上第一个引进外资和单项工程进行国际指标投标的鲁布革电站,位于本区罗平县与贵州省兴义县交界的黄泥河上,电站总装机60万千瓦,1991年建成,施工中创造了洞径8.8米隧洞独头工作段全断面开挖月进尺373.5米的世界纪录。

行署领导深知曲靖地区是一个资源丰富、亟待开发的发展中地区,十分重视推进横向经济联合和技术协作的工作,在生产、流通、金融、科技等领域实行多层次、多形式的横向经济联合,并于1988年正式制定了《关于推进横向经济联合和技术协作的优惠规定》,有力的促进了区域的对外开放。1982年以来,全区共实施经济技术协作项目1455个,协进资金1.7亿多元、物资1.8亿多元,引进各类事业人才2204人,协作项目新增产值4亿多元,新增产品品种481个。

三、90 年代发展设想

初步设想，到本世纪末把曲靖地区建成农业基础比较稳固，工业居主导地位，商品经济比较繁荣，产业结构趋于合理，交通运输较为发达，科学技术明显进步，人口素质逐步提高，生态环境有较大改善，人民生活基本达到小康水平，全区经济及其在省内的比重进一步提高的滇东经济区。主要指标是：国民生产总值 95 亿元，国民收入 79 亿元，人均分别达到 1500 多元和 1300 元，年递增 8%左右；工农业总产值 112 亿元，其中工业总产值 66.5 亿，农业总产值 45.6 亿；粮食总产 217 万吨，烤烟总产 17.5 万吨，森林覆盖率达到 30%，提高 9 个百分点；工业要初步形成支柱产业群体，建成以能源、重化工和卷烟、机械、冶金、轻纺、建材为主体系的滇东工业基地，年产原煤 2500 万吨，电力装机 218 万千瓦，产卷烟 115 万箱，五十铃 N 系列整车 1.5 万辆，驾驶室 6 万套，化肥产量 120 万吨。

（辛　龙　陈正鱼 撰稿）

西南边陲——德宏傣族景颇族自治州

一、基本情况和特点

德宏傣族景颇族自治州，位于祖国西南边陲，云南省西部。州界的南、西直至北部均与缅甸相连，国境线长 503.8 公里，有 28 个渡口，64 条通道，其中有 9 条公路通到边境口岸，邻近缅甸密支那、八莫、腊戌、南坎、木姐、九谷等城镇。

全州辖 5 县 1 市（潞西、畹町、瑞丽、陇川、盈江、梁河）64 个乡镇，面积 11526 平方公里，人口 91.98 万人，主要聚居民族有傣族、景颇、傈僳、阿昌、德昂和汉族，散居民族有 20 余种，少数民族占总人口的 51.6%。建国前处于封建领主社会制度。景颇族、傈僳族、德昂族则属于原始公社向阶级社会过渡的社会形态和原始农业刀耕火种、轮歇休耕的生产阶段。

德宏州地处东经 97°31′—98°43′，北纬 23°50′—25°20′。海拔最高 3404 米，最低 210 米，山区面积占 85%，人口占一半。有 521 万亩森林以及 318 万亩荒山草地，土地肥沃，土层深厚，发展热作、热林、畜牧业的潜力大。州内还有锡、铅、锌、钨、银、金、玉石、玛瑙等矿产资源。

全州平均气温 18℃至 20℃，日照 2281 至 2453 小时，有轻霜 20 天左右。四季常绿，属典型的亚热带季风湿润气候，热区资源优势突出，适宜发展粮食、甘蔗、橡胶、茶叶、烟草、咖啡、南药、香料、亚热带水果和畜牧、水产等项生产。境内水资源丰富，有大盈江、瑞丽江（陇川江）、怒江等三江和芒市河、南宛河、户撒河、罗卜坝等 41 条大小河流。年平均产水量 136.3 亿立方米，江河入境水量 81.7 亿立方米，总水量 218 亿立方米。地下水径流量 42.7 亿立方米。水能理论蕴藏量 362.4 万千瓦，地热资源也很丰富，全州有温泉 50 个，其中水温在 40℃至 70℃的有 28 个，70℃以上的有 10 个，特别是瑞丽县棒蚌孔雀泉的水温高达 101℃。据勘探，瑞丽县地热异常面积有 16 平方公里，浅层水温在 147℃至 152℃之间，深层水温在 215℃以上。

二、改革开放以来的成就

1979 至 1991 年的 12 年间，全州各族人民，在州委、州人民政府的领导下，认真贯彻执行党中央、国务院改革开放的方针，进行了农村经济体制改革，合理调整农村产业结构，普遍实行家庭联产承包责任制，从本州实际出发，实行贸易导向发展战略，大力发展边境贸易，在建设具有中国特色的社会主义道路上迈出了坚实的一步，取得了经济建设和改革开放的巨大成就。

经济实力明显增强。国民生产总值由 1.6 亿元增加到 11.6 亿元；国民收入由 1.403 亿元增加到 9.5 亿元；财政收入由 0.16 亿元增至 1.46 亿元，城乡储蓄存款余额由 1165 万元增至 4.3 亿元。

农村经济全面发展。农业总产值由 2.3 亿元（按 90 年不变价计算）增加到 8.66 亿元，增长 2.76 倍，平均每年递增 11.68%。主要农产品产量连登新台阶，粮食连续 12 年增产，由 26.52 万吨增加到 42.91 万吨，增长 61%，平均每年增长 4.1%，人均占有粮食由 377.5 公斤增加到 463.7 公斤；甘蔗产量由 23.49 万吨增加到 191 万吨，增长 7.13 倍，平均每年递增 19%；油料、茶叶、橡胶、水果、肉类、水产品等农副产品也大幅度增长。乡镇企业异军突起，12

年间总收入增加47倍，平均每年递增38%，促进了农村商品经济的发展。

工业生产迅速发展。工业总产值由1.03亿元(按90年不变价计算，下同)增加到6.72亿元，增长5.52倍，平均每年递增16.9%。最为突出的是制糖业，12年的发展已成为德宏州工业的主体产业，地方财政收入的一大支柱。工业产品中的主要产品产量大幅度增加，食糖由1.79万吨增加到13.71万吨，增长6.66倍，平均每年递增18.49%；发电量由3597万千瓦小时增加到23542万千瓦小时，增长5.54倍；原煤由3.17万吨增加到6.39万吨，增长1.01倍；水泥由0.70万吨增加到10.76万吨，增长14.37倍，消费品工业也有新的发展。

固定资产投资规模扩大，经济后劲进一步增强。12年间，全社会固定资产投资共完成12.34亿元，超过了前29年的总和。全州共建成投产679个项目，其中，新建糖厂6座，并扩建了弄璋、景坎、瑞丽、芒市等大中型糖厂；新建槟榔江电站、梁河锡矿、芒市飞机场、芒市、畹町、瑞丽的三县市程控电话等重点项目，并相继投入使用。

对外开放取得了突破性进展。边境贸易进出口总额由0.034亿元增加到13.21亿元，增长387.5倍，年平均增长64.35%；其中，进口总额由0.028亿元增加到5.13亿元，增长182.26倍，年平均递增54.38%；出口总额由0.0062亿元增加到8.08亿元，增长1312.7倍，年平均增长81.91%。

城乡居民物质文化生活明显改善。1991年全民所有制职工平均工资2035元，农民纯收入640元，绝大多数人的温饱问题已基本解决，一部分居民正向小康生活水平迈进。

总之，在12年间，德宏州不论从农村到城镇，从山区到坝区，各族人民的经济生活和社会生活都呈现出前所未有的蓬勃生机。国民经济实力显著增强，社会面貌发生了深刻变化，社会主义制度和民族区域自治的优越性在边疆得到了充分体现，安定团结的政治局面不断巩固和发展。这12年取得的巨大成就，进一步奠定了完成"八五"计划和十年规划的物质基础，大大增强了全州各族人民实现第二步战略目标由温饱逐步走向小康的信心。

三、德宏州在全省的地位和作用

随着改革的深入，开放的扩大，德宏边疆民族经济得到了迅速发展，在全省的地位和作用，日见重要和突出。1990年德宏州人均国民生产总值和国民收入分别达1158元和956元；均居全省第四位；人均财政收入155元，居全省第五位。1990年全州按人均计算，生产粮食460多公斤，比全省平均水平高60%以上。全州收购粮食(贸易粮)达18万吨，州内销售仅5万多吨，多年来，一直是省内调出粮食最多的地州。甘蔗产量占全省总产量的24%，居全省第一位，食糖产量占全省的23%，酒精占全省的25.7%，均居全省首位。

优越的区位条件和改革开放的好政策，使德宏州成为我省开展边境贸易最重要的区域，1990年全州边境贸易进出口总额占全省总量的80%以上。1991年，田纪云副总理视察工作时，以"利国、富民、睦邻、安邦"八个字高度概括和充分肯定了德宏州发展边境贸易的成绩和经验，在当前进一步深化改革，扩大对外开放的大环境下，德宏州众多的陆地口岸优势，不仅对发展德宏州经济有重大意义，而且对发展云南经济建设，恢复重振西南丝绸之路，沟通我国与东南亚、南亚直至世界各地的经济交往，促进全国和西南经济建设都有着十分重要的作用。

四、发展前景及对外合作意向

遵照党的十三届七中全会精神，中共德宏州委、州人民政府制定了十年规划和"八五"计划，其基本路子是：以外促内，加快口岸建设，进一步发展边境经济贸易，加快农业和山区开发，大力发展工业，依靠教育和科技进步，两个文明一起抓，把德宏建设成为对东南亚、南亚开放的重要窗口，粮食、蔗糖和加工工业基地，以及具有民族特色的边疆旅游区。保持国民经济持续、稳定、协调发展，使国民生产总值在1990年基础上再翻一番，各族人民逐步达到小康水平。到本世纪末，全州总人口控制在110万人以内，社会总产值30亿元，十年平均递增6.27%；国民生产总值25亿元，十年平均递增9.2%；国民生产总值25亿元，十年平均递增9.2%；国民收入22亿元，十年平均递增9.88%；工农业总产值25.4亿元，十年平均递增6.4%；边境贸易进出口总额20.7亿元，十年平均递增6.85%。

为了充分发挥云南的区位优势，把握机遇，省人民政府1991年1月在德宏召开现场办公会议，确定了边境贸易作为云南对外开放的重要组成部分，重申和进一步明确了国家对边境贸易的政策。即：实行"自找货源、自寻销路、自行谈判、自求平衡、自负盈亏"的"五自"方针不变；对进口的部分商品，减免关税的政策不变；把沿边的27个县市(含德宏州6个县市)确定为边境贸易区的政策不变；确定了德宏州口岸级别。德宏州人民政府根据国务院和省政府的有关政策精神,也制定了相应的优惠办法。本着平等自愿、互利互惠的原则,德宏各族人民热诚欢迎先进发达地区和国外友人,以各种形式来开办独资、合资、合作企业及其他有关经济活动,共同开发边疆,共求发展。

(曹培生 撰稿)

昆明钢铁公司

昆明钢铁公司是云南省最大的钢铁联合企业,也是我国西南地区重要的钢铁生产基地之一。位于昆明市安宁县城南螳螂川畔,距昆明市区 32 公里。厂区占地面积 1929.22 万平方米。厂内建有专用铁路 107 公里,专用公路 53 公里,贯通各厂矿、车间,北与成昆铁路和昆安路相连,东接安海路并与昆明南环线毗邻,交通运输方便,产品具有一定的竞争力,市场范围较广。

昆钢是在解放前"中国电力制钢厂"和"云南钢铁厂"两个小厂的基础上发展起来的老企业,至今已有 53 年历史。解放前,两个小厂共产钢 3253 吨,生铁 10394 吨,钢材 2437 吨。

建国以来,几经改造扩建,昆钢已发展成为具有采矿、选矿、烧结、炼焦、炼铁、炼钢、开坯、轧材、耐火材料等主要生产系统,以及铁合金、机修、动力、运输、废钢铁回收加工、建材、建筑施工等辅助生产设施的联合企业,形成了年产钢 90 万吨、铁 80 万吨、钢材 70 万吨、焦炭 50 万吨的综合生产能力。固定资产净值 64632.5 万元。主要产品有:炼钢铁、铸造铁、圆钢、螺纹钢、线材、角钢、中板、热轧薄钢板、无缝钢管、焊接钢管、汽车弹簧扁钢、锻钢球、铸钢件、有色件、结构件、铁合金、焦炭、焦化副产品、各型耐火砖、水泥、红砖等。现生产的钢品种达 90 个,钢材品种 459 个,规格 2000 多种。昆钢现有职工 37905 人(含建筑安装施工队伍 3234 人),其中干部 7778 人,全公司共有各类专业技术人员 6251 人,其中高级技术职务 298 人,中级技术职务 1474 人,初级技术职务 4479 人。另有工人技师 344 人,助理技师 1162 人。

1978 年以前,昆钢是云南省有名的亏损大户,1967 年至 1977 年连续亏损,最高年亏损额达 4176 万元。党的十一届三中全会以后,昆钢开始转亏为盈。1979 年,云南省政府把昆钢列为全省首批扩大企业自主权试点单位,企业开始出现旺盛的生机。"六五"期间,昆钢认真贯彻调整、改革、整顿、提高的方针,被评为云南省整顿企业先进单位。进入"七五"以后,工厂继续依靠广大职工群众,坚持企业改革,加强基础管理,走挖潜增产与改扩建相结合的道路,精神文明建设和物质文明建设都取得了比较好的成绩。1988 年进入省级先进企业,1991 年晋升为国家二级企业。同年,据冶金部九项企业技术经济指标综合评价,昆钢在全国地方钢铁企业中居第二位。公司的整个生产经营活动以及改扩建工作进入了持续、稳定、健康发展的轨道。主要表现在:

1. 生产规模不断扩大。1979 年至 1991 年昆钢累计产钢 684.6 万吨,铁 625 万吨,钢材 547.8 万吨。1991 年生产钢 82.2 万吨、铁 76.3 万吨,钢材 64.6 万吨。与 1978 年比较,钢产量增加 50.5 万吨,铁产量增加 40.4 万吨,钢材产量增加 41.7 万吨,分别增长了 159.3%、112.5%和 182.1%。目前,钢产量在全国地方钢铁骨干企业中居第四位。

2. 产品质量逐步提高,品种不断增加。1978 年前昆钢还没有省(部)优产品,到 1991 年已创 20 个省(部)优产品,其中有 3 个是部优产品。按产量计算优质品率已达 83.6%,并有 19 个产品按国际一般水平标准或国际先进水平标准组织生产,双标率 70.4%。1979 年以来已开发 20 个品种 44 个规格的新产品。其中硅铁、小圆钢、盘圆、中板等产品销往日本、香港、缅甸、泰国。

3. 物质消耗显著下降。转炉吨钢钢铁料消耗由 1978 年的 1274 千克降至 1991 年的 1141 千克,下降了 133 千克;炼铁焦比由 1978 年的 826 千克/吨铁降至 1991 年的 639 千克/吨铁,下降了 187 千克/吨铁;吨钢综合能耗由 1978 年的 2659 千克标煤降至 1991 年的 1269 千克标煤,下降了 1390 千克标煤。昆钢 1978 年总能耗为 83.3 万吨标煤,而 1991 年钢材产量比 1978 年增长 182.1%,总能耗为 104.3 万吨标煤,只增加了 25.1%。先后被评为云南省、冶金部节能先进单位。

4. 经济效益大幅度提高。1979 年至 1991 年,昆钢共实现利润 7.85 亿元,利税 14.8 亿元,上交利税

10.4亿元,上交利税占实现利税的70.3%,净留利4.4亿元用于发展生产,占实现利税总额29.7%。“七五”期间上缴国家利税6.4亿元,占实现利税总额的76.9%,相当于为国家挣回了一个昆钢。

5.企业管理进步明显。昆钢以企业升级为纽带,强化基础管理,如期实现了“八八进(省)先,九〇达(国)二”的目标。近两年,先后荣获全国先进财会工作集体,国家一级计量先进单位,全国职工教育先进单位,全国专利工作先进单位,全国扶残助残先进集体,全国冶金系统安全生产先进单位,审计工作先进集体,抗震防灾先进集体等光荣称号,评为云南省承包经营先进单位,获云南省质量管理奖。

6.改扩建工程按计划展开,技术装备水平有所提高。根据对挖潜和改扩建的总体考虑,昆钢把每年有限的资金相对集中于公司,统筹安排,保证技改、填平补齐项目和改扩建工程项目按计划实施。“七五”期间,在改善原料条件、提高质量、增加产量、降低消耗、稳定提高成材率、改善环境等方面,投入技措改造资金2.18亿元,完成38个重大项目;在改扩建工程中投入2.9亿元,完成了鲁奎山铁矿、六千立方制氧机、活性石车间、四总降压站、煤粉喷吹等一批工程。三炼钢工程土建施工已基本完成,将全面进入设备安装阶段。新上项目的相继投入使用,有效地改善了昆钢工艺落后,设备陈旧的状况,促进了昆钢的进步和发展。

钢铁工业是云南省“八五”及以后重点扶持、加快发展的四大支柱产业之一。目前,云南的钢产量只能满足本省经济发展需求的60%,在质量和品种规格上也存在较大差距。1991年昆钢产钢82.2万吨,钢材64.6万吨,分别占全省总产量的90%和77%。云南省已决定,本省钢铁工业的发展依托昆钢进行。本着既抓当前,又着眼于长远,坚定不移地走挖潜与改扩建相结合之路的原则,计划“八五”末实现年产钢100万吨。根据国务院三线办和冶金部1987年召开的昆钢改扩建方案论证会的结论,到本世纪末,昆钢将形成年产钢200—250万吨的最终规模。

昆钢人将一如继往地发扬团结、求实、开拓、进取的企业精神,解放思想,努力拼搏,把计划蓝图变为现实,为富民兴滇、促进钢铁工业的发展,作出更大贡献。

(李长顺　撰稿)

改革中奋起的玉溪卷烟厂

一、为国家做出巨大贡献的企业

玉溪卷烟厂是我国目前最大、信誉最高、也是烟草界第一家跨入国家一级企业行列的卷烟企业。现有职工3700多人,工程技术人员185人,1991年末固定资产(净值)30907万元。有两条制丝和三条卷烟生产线,其设备技术水平均属于国际同行业80年代中、后期水平。卷烟生产的整个工艺流程基本实现了机械化、连续化和部分自动化,年卷烟生产能力百余万箱(标准箱,50000支)。目前生产的卷烟牌号11个。其中甲级烟8个,即:“红塔山”、“阿诗玛”、“恭贺新禧”、“玉溪”、“人和”、“新兴”(混合型)、“仙草”(混合型)、“紫云”(混合型)。乙级烟3个,即:“红梅”、“翡翠”、“宝石”。以上11个牌号中,1个获国优,4个获行优(部优),3个获省优产品称号。优质产品占总产量的96.8%。在1988年全国首批放开价格的13个名牌烟中,玉溪卷烟厂的产品占了4个,即:“红塔山”、“阿诗玛”、“恭贺新禧”、“玉溪”。这4个牌号1991年的产量为49.5万箱,占全国13种名牌烟总产量的41.25%。其中最享盛名的“红塔山”曾获得4次省优、3次部优和2次国优产品称号,1988年获国优银奖后,1991年又获国优金奖,产量增至31.4万箱,占全厂总产量的29.4%,是全国产销量最大的名牌烟,市场售价超过了“万宝路”和“健牌”等国外名烟。

从1979年到1991年玉溪卷烟厂实现税利以年均34.8%的速度递增,累计实现税利132.53亿元,是此前22年总和的15.1倍。1991年,共生产卷烟106万箱,虽然比1990年的113万箱压缩了6万多箱,但由于狠抓了经济效益,优化了产品结构,实现税利仍比1990年增长22.7%,达到39.4亿元(含名烟浮价收入),人均86万元。

玉溪卷烟厂始建于1958年,前身为1956年兴建的玉溪烟叶复烤厂。十一届三中全会以前,发展十分缓慢,到1978年还只是一个年产卷烟27万箱,税利不足1亿元,各项经济技术指标处于全国同行业中、下水平的企业。党的十一届三中全会以来，玉溪卷烟厂认真贯彻改革、开放方针，发扬奔花架求实效的务实精神，以解放生产力为重点，推行科技进步，实行全面改革，使企业面貌发生了深刻而巨大的变化。

二、积极引进和消化吸收国际一流的技术设备

生产工具是社会生产力发展的客观尺度。玉溪卷烟厂建厂20多年发展缓慢，效益差，很重要的一点是设备陈旧老化。70年代末，还沿用着国际上早已淘汰的三四十年代的卷烟设备。随着闭锁的国门逐渐打开，玉溪卷烟厂的领导到西方发达国家进行了仔细考察，经过认真研究和科学论证之后，认准了要借西方发达国家的先进技术设备和管理方法来发展自己。制定了“全面改造，择优引进，成龙配套，务求效益”的技术改造方针，对原有的老设备进行全面改造。从1981年起步，先后从英国、意大利、联邦德国、日本和荷兰等发达国家引进制丝、卷接、包装、滤嘴成型等卷烟专用设备100余台(套)，占总生产能力的90%。同时加快职工培训步伐，采取多渠道、多层次的办法，培养了大批各个层次的技术人员和管理人员，迅速提高了职工素质，使引进的技术设备能尽快尽好的被消化和吸收，充分发挥了引进设备的潜在效益。

三、建立稳固的原料生产基地，闯出了一条原料与加工一体化的路子

“巧妇难为无米之炊”，卷烟工业同其它轻工业一样，上受原料的来源与质量牵制，下受产品销售市场制约。玉溪卷烟厂遵循“自古不谋万世者，不足谋一事，不谋全局，不足谋一城”的经营思想，审时度势，果断决策，于1986年提出了玉溪地区烟草专卖局、玉溪烟草分公司、玉溪卷烟厂“三合一”体制改革方案，并得到了云南省政府和上级公司的批准，以“三合一”体制为依托，面向农业大胆投入扶持资金，平均每年向全区8县1市投入1亿元，兴建山地水利工程，开通烟区公路，扶持烟农改善生产条件，辅导烟农按科学规范化种植烤烟，广泛推广良种化，独垄稀植，营养袋假植育苗，封顶打叉控制留叶片等科学种烟方法。从选种、育苗、移栽、施肥、田间管理、成熟采收到烤房烘烤等方面为烟农提供了一系列技术服务，烤烟产量和质量大幅度提高。平均每亩单产由1986年以前的75公斤，提高到1991年的157公斤，优质烟叶从10%左右提高到了30%。从而使卷烟厂每年都有数量充足的优质烟叶做为储备，这些投资不但以1∶5的投入产出比例获得了显著效益，也为提高卷烟产量质量，扩大名优烟生产打下了坚实的原料基础，而且还取得了很好的社会效益，闯出了一条工农结合，原料与加工一体化的新路子，为社会主义商品经济的发展做出了贡献。

四、以经济承包责任制为主轴，大胆进行内部管理改革，充分发挥人的主观能动性

“天时不如地利，地利不如人和”，玉溪卷烟厂十分重视做好人的工作。一方面，尽力改善职工生活条件，提高职工福利待遇，不断增强企业凝聚力，另一方面尽力挖掘人的潜力，调动职工积极性，在同行业中率先进行分配制度改革，打破分配上的大锅饭，实行“单箱卷烟计件工资制”，运用企业有限的分配权，向传统的平均主义挑战。促使企业整体的市场观念、竞争观念、效益观念和发展观念大为增强，成为企业生产经营思想的主体。形成了一个“奖勤罚懒”的良好环境。同时，增强质量管理工作。重基础、建体系、达目标，奏好质量的设计、控制、改进“三步曲”。首先，在质量的设计上，坚持从烟叶原料抓起，不断提高烟叶品质。卷烟生产制定了科学、严密的《卷烟工艺规程》，使工艺管理逐步达到了标准化。其次，在质量控制上，把以往的产品终端检测变为生产流程的全面质量检测和控制。另外，在质量的改进方面，工厂始终奉行“消费者是上帝”的宗旨，通过各种方式经常听取消费者的意见和建议，把工厂与市场紧密连在一起。坚持搞好售后服务。以此在消费者心中树立了良好的产品形象，使自己的产品成为久销不衰的抢手货。赢得了市场信誉，也提高了经济效益。

五、以自身优势带动地方工业群体的崛起，改善社会经济环境，推动地方经济发展

玉溪卷烟厂发挥自己的综合优势，带动了一个以卷烟工业为龙头的工业群体，繁荣了地方经济。

为改变卷烟生产所需配套产品主要靠外省调入和国外进口的状况，几年来玉溪卷烟厂拿出了上千万人民币，以资助和技术协作的形式，扶持了本地区一批配套企业的发展，包括造纸、印刷、塑料、乳胶、织带、麻片、铸造、翻胎及烟机零件制造等行业的中、小型企业30多家，从业人员4000多人，这些企业挂靠玉溪卷烟厂，所生产的烟箱、卷烟带、条包纸、水松纸、乳胶、嘴棒、香精及烟机零配件等产品，不仅供给玉溪卷烟厂，还销往全国许多卷烟厂家。

玉溪卷烟厂还尽自己的力量，改善地方文教卫

生事业的条件。资助当地大专院校建盖教学楼和图书馆，资助当地医院购置先进的医疗仪器，受到人们的普遍赞扬，塑造了企业的良好形象，提高了企业的荣誉感。

六、益、誉双收，再求发展，走向世界，争创一流

玉溪卷烟厂成功地解决了企业内部管理改革，推进科技进步及原料生产等问题，加之企业领导科学的经营思想，使企业越办越强，仅用13年时间就将一个默默无闻的落后小厂发展成今天这个驰名中外的卷烟企业。玉溪卷烟厂于1988年晋升为国家二级企业后，1991年10月又晋升为国家一级企业。先后荣获了《全国先进集体》、中国烟草总公司《全面质量管理奖》、中国烟草总公司《质量管理奖》、《全国卫生先进单位》、《全国思想政治工作先进集体》等称号。1991年5月，由《中国企业报》、中国人民大学舆论研究所和《企业管理》杂志等单位联合举办的中外企业知名度社会调查活动排序产生的全国知名度最大的20家企业中，玉溪卷烟厂名列第二。尽管每年生产百余万箱卷烟产品，但在市场上仍然供不应求。产品畅销全国除台湾省外的30个省、市、自治区和东南亚部分国家和地区。产品信誉高，经济效益好，可谓"益誉满堂"。然而玉溪卷烟厂的领导和全体职工不就此停步，正在规划大玉烟的发展道路。准备进一步深化企业内部改革，借鉴宝钢的现代化管理经验，继续推进科技进步，为跨入国际一流企业奠定技术基础；继续优化产品结构，适应市场变化，使企业在广阔的市场经济中能运行自如，进一步增强企业活力；发挥资金优势，扩大企业外延，突破产业界线和地域界线，逐步形成跨地区、跨国度的一流国际性企业。玉烟的道路是一条光明的社会主义发展道路。

（刘永庆　张立明　撰稿）

在改革开放大潮中建设、发展起来的云南磷肥厂

云南磷化学工业（集团）公司云南磷肥厂（简称云磷），是国家在六十年代中期计划安排的重点建设项目，是我国第一座自行设计建设，采用湿法加工磷矿，以硫酸分解磷矿粉湿法生产磷酸，并用经浓缩后的磷酸分解矿粉生产三料过磷酸钙（又称重钙），再利用副产磷石膏制硫酸并联产水泥的综合利用的工业化示范装置。建设规模原设计能力为年产重钙、硫酸和普通硅酸盐水泥各10万吨，同时副产治理三废获得的冰晶石、氟硅酸钠、白碳黑、硫酸铵等多种产品。

通过20年的建设发展，重钙装置生产能力已达到15万吨/年。"八五"期间将扩大到38万吨/年重钙、30万吨/年水泥生产能力。目前工厂有职工3039人，其中专业技术人员373人。1991年7月与昆阳矿务局、昆阳磷肥厂组建成立了云南磷化学工业（集团）公司，云南磷肥厂为云南磷化学工业（集团）公司的主要成员单位，工厂现为国家二级企业。

云磷座落在风景秀丽，四季如春的滇池溢口螳螂川畔。滇池地区有十分丰富的磷矿石资源，已探明磷矿石储量35亿多吨，预测资源总量超过80亿吨。矿石品位高，杂质少，易露天开采，交通方便，铁路专用线直达矿区和厂区。得天独厚的磷资源优势，为云磷发展重钙及其他磷化工产品生产拓展了广阔的前景。云磷经历了曲折的建设道路。1964年开始筹建。经过9年，到1973年才正式开工建设。工程总概算19097万元。由于工厂的这套生产装置是国内首创的新技术开发项目，没有经验可借鉴，加之"文革"影响，时建时停，拖长了建设周期。1979年国民经济调整时期，因资金紧张和对重钙生产工艺意见不一，云磷被列为缓建项目。这时，已花去投资9994元。工厂面临着长期被闲置的危险。改革开放的春风，拓宽了人们的思路。工厂领导一方面邀请有关专家进一步论证工厂工艺路线的技术经济可行性、合理性，同时积极探寻采用集资或贷款的方法来解决建设资金。1981年中国国际信托公司表示愿意与云磷搞契约式合作，给予外资贷款恢复建设，条件是：一、贷款年利率15.75%；二、借美元，用人民币，归还本息时偿还外汇额度；三、在偿还贷款期间利润分成10%。这样的贷款条件，在当时来说是相当高的，即使是目前也不低。但用这种贷款可向国外引进工厂急需的技术和关键设备，有利于装置投产后就能形成生产能力。经过反复论证和利弊权衡，在国家计委、化工部、

云南省委和省政府的支持下,省化工厅与中国国际信托公司签订了契约式合资经营云磷的协议。并于1981年4季度恢复了建设。

云磷是全国化工行业第一家利用外资贷款建设的企业。为了用好这笔贷款,加速工程建设,尽快取得投资效果,工厂采取"分期建设、分项投资、逐步受益"的建设方针,并且根据重钙、硫酸、水泥三个车间的实际,选择了能最早出效益的重钙车间为主攻目标,集中力量,加快建设步伐。1982年11月重钙车间建成试车成功,打通了工艺流程、生产出了合格产品,结束了我国不能批量生产高浓度磷肥——重钙的历史。这一成功,被国家列为1982年工交战线十大成就之一。重钙产品获得了国家经委颁发的优秀新产品证书和"金龙"奖。随后,硫酸车间于1984年4月建成投产,并一次试车成功,源源不断地供应重钙生产。水泥装置也于1986年按设计建成。

重钙车间建成投产不久,工厂又面临产品滞销的考验。1984年下半年,国内磷肥滞销。云磷也不例外,厂内积压产品达2万多吨。售出货款1000多万元不能回收,生产占用资金达3000万元。面对困难,云磷认真分析了国内外化肥市场的供求行情,及时采取"以质量取胜,将产品打入国际市场,以外销促内销,以销售促生产"的对策。加强工厂管理,制定了生产外销产品的9条措施,从投料到包装,对各道工序严格把关。经过几个月的努力,连续把产品质量从二级品提高到特级品,提高了两个等级,达到了国际通用标准。1985年8月,首批大样220吨重钙出口日本,日本对大样各项指标分析测定后,评价是:"有效成分高,肥料外观好,粒子强度好。"并在《日中贸易新闻》刊登了一条震惊磷肥商界的消息:《中国首批高效磷肥出口日本》。随后,在广交会斯里兰卡购买2万吨重钙的国际招标中,云磷的产品以质优价廉战胜八家竞争对手而夺标。从此,云磷的重钙产品远销日本、原苏联、新加坡、泰国、马来西亚、斯里兰卡、朝鲜、缅甸、香港等国家及地区。

正确的决策和科学的管理,彻底扭转了因产品滞销而造成的被动局面。工厂面貌发生了巨大变化,产量逐年增长,效益一年比一年好。1990年云磷职工以"团结、奉献、创一流"的企业精神,在全国高浓度磷复肥行业中创了四个第一,即:折纯磷肥产量占全国高浓度磷复肥产量的30%,居全国第一;利税第一;出口创汇第一;在全国高浓度磷复肥行业中第一家超过设计铭力。1991年提前94天完成了国家下达的指令性计划。重钙产量、工业总产值、销售收入、实现利税、出口创汇五项主要经济指标,分别是1985年的3.9倍、5.3倍、12.9倍、38.3倍、33.6倍。全员劳动生产率从1985年的7161.9元/人·年,上升到1991年的3.4万元/人·年。主产品重钙的合格率达100%。一级品率全年大于90%。自1985年出口创汇以来,云磷为国家创汇4946万美元。连续五年被云南省评为出口创汇先进单位。1990年被评为化工部出口创汇先进单位。

云磷能取得这些成绩,一个重要原因是工厂重视技术进步,不断引进、消化、吸收国外先进技术和关键设备,努力提高技术水平。从总体上讲,云磷采用的工艺路线是合理的,但由于这套技术首次运用于工业化生产,在建设、生产实践中也暴露出了不少问题,特别是有的关键设备不能适应生产要求。因此,重钙装置在试生产的头两年,生产能力仅达到设计值的20—30%,产品质量也不能达到国际市场要求。为此,云磷遵循"汇天下之长,补己之短,量力而行"的原则,先后用外汇712万美元,从国外引进7条生产线的关键技术设备,按工厂近年来的创汇数额,仅1年可以回收其全部用汇额度,实现了以汇创汇的目标。

云磷的引进、消化、吸收、掌握先进技术的同时,勇于革新、深挖内部潜力,走内涵扩大再生产之路。通过挖潜改造,重钙生产能力由10万吨/年,提高到15万吨/年。目前,工厂正在进行第二次挖潜改造工作。重钙生产能力将由15万吨/年提高到20万吨/年。为填补我国不能生产硫酸钾的空白,工厂正在建设一套由日本引进技术和关键设备的年产1.2万吨硫酸钾、副产1.17万吨盐酸的装置,计划1992年3季度竣工投产。1991年6月,国家计委批准再扩建一套年产18万吨重钙,16.5万吨硫酸,20万吨水泥的生产装置。目前,正在进行可行性研究工作。日本、挪威、比利时、奥地利等国的有关公司应邀进行了技术交流。计划1995年建成投产。

云南磷化学工业(集团)公司云南磷肥厂是云南省100家重点骨干企业之一。也是目前我国唯一湿法生产高浓度磷肥——重过磷酸钙的工厂。所以,她的成功不仅对充分发挥云南资源优势,促进全省磷化学工业的发展。振兴云南的经济有重要意义。而且在为同类提供湿法重钙生产技术、培训人才等方面也显示出越来越重要的作用。云磷重钙生产技术已用于贵州开阳磷矿(10万吨/年),昆阳磷肥厂(4万吨/年),宜良县4万吨/年重钙等生产装置中。

云磷"八五"和十年发展目标的基本思路是:以湿法磷酸为基础,发展高浓度磷肥,开发精细磷酸盐新产品,发挥技术优势,依靠科技进步,走综合利用之路，集中力量完成磷石膏制硫酸联产水泥的工业装置攻关，努力提高经济效益，将云磷建设成为生产多种磷酸盐产品的综合型企业。

“八五”目标：产品12种以上。主要产品装置能力：年产重钙38万吨，硫酸36.5万吨，水泥30万吨，氟硅酸钠3000吨，饲料氢钙2000吨，聚氯化铝3000吨，硫酸钾1.2万吨联产盐酸1.17万吨，磷铵3万吨，适度规模的精细磷酸盐产品，年实现经济效益：工业总产值3.3亿元，销售收入4.2亿元，利税1.4亿元，出口创汇3000万美元。

（和之先 撰稿）

开发大事记

(1979年—1991年)

1979年

1月11日 省委召开全省县委书记会议，传达和学习党的十一届三中全会和中央工作会议精神，讨论如何把党的工作重点转移到社会主义现代化建设上来，研究加快发展云南省农业的政策措施。

3月16日 西洱河水电站部分建成发电。水电站座落在大理白族自治州首府大理市的郊区，由4个梯级电站组成，计划总装机容量25.5万千瓦。10月，一级电站第一台3.5万千瓦机组发电。12月，二级电站4×1.25万千瓦工程全部竣工。

5月29日 省委、省革委联合召开全省科技成果颁奖大会，对云南省解放后所取得的1666项科技成果进行奖励。

5月30日 宣威电厂两台高温高压5万千瓦机组全部竣工，全厂总装机容量20万千瓦。

1980年

1月20日 澜沧江流经西双版纳境内的158公里航道通过试航验收。

5月29日 省政府决定，将省外贸局驻广州办事处改为云南省驻广州办事处，省援外办公室改为省对外经济联络办公室。

7月8日 省政府召开全省地、州、市财贸办公室主任会议。会议根据全国长远规划会议精神，提出了解放思想，放宽政策、搞活经济的指导思想。

10月1日 我国第一台联合设计CTC102型双机采矿钻车在昆明风动机械厂试制成功。

11月 国家"六五"计划的重点工程之一——昆明三聚磷酸钠厂破土动工。

1981年

6月27日 省政府发出通知，要求尽快落实工交企业的经济责任制，抓好企业整顿，搞好工业改组以及挖潜和改造工作，抓紧工交生产，努力完成1981年增产增收计划。

7月14日 省政府发布《关于进一步恢复和发展城镇个体工商户的暂行规定》。指出云南经济比较落后，尤其需要重视个体经济的适当发展，并对发展个体经济的政策作出规定。

9月25日 国务院批准成立云南省财贸学院。

10月12日 中共云南省委召开全省县委书记会议，讨论发挥云南的优势，大力发展农村多种经营等问题。

11月3日 昆明——香港的直达航班开航。

11月25日 昆阳、玉溪、光明等磷肥厂矿生产的优质钙镁磷肥首次出口日本。

1982年

1月 国家"六五"计划重点工程之一——鲁布革水电站导流洞开工。

3月26日 云南天然气化工厂的硝酸、硝酸铵工程建成投产。设计能力为年产硝酸8万吨、硝酸铵11万吨。

5月11日—16日 云南省经济技术协作邀请会在昆明举行。参加会议的有国务院11个部委和18个省、市、区的代表106人。达成109项技术协作项目和35项经济联营项目协议或意向性协议。

6月19日—8月3日 省委、省政府组织全省各地、州、市、县及省级有关部门的主要领导干部180余人，分7批赴江苏、四川、湖北、广东、安徽、浙江、辽宁、吉林等省参观考察。

7月18日 云南省第一座现代化中长纤维纺织车间在云南纺织厂建成。

11月9日 云南省滇中和滇南电网并网成功，实现两大电网的统一调度和相互调节。

1983年

1月20日 开远小龙潭电厂第一期主体工程正式破土动工。设计总装机容量为60万千瓦。

4月27日 中国云南国际经济技术合作公司成立。

5月21日 云南省经济技术研究中心成立。

10月24日 云南省审计局成立。

11月8日 鲁布革水电站引水系统工程国际招标在北京开标,日本大成株式会社中标。这是我国水电工程中第一个国际承包合同。

1984年

2月5日 云南金沙江航运公司航船,从水富县港口直达上海,结束了"金沙自古不通舟"的历史,并成为我国最长的内河航运线。

3月12日—19日 省政府召开全省经济工作会议,传达贯彻全国经济工作会议精神,会议决定新增10个企业实行上缴利润递增包干和小型国营企业继续试行承包责任制,提出搞工商联营试点,扩大建筑施工承包制试点,深入进行供销社体制改革,改革用工制度,改革企业内部的工资分配办法,在国营农、林场试办家庭农场和家庭林场等改革措施。

4月1日 昆明三聚磷酸钠厂建成投入试生产。

4月21日 云南省最大的制酸设备——云南磷化肥厂硫酸车间建成,设计能力为年产硫酸12万吨。

5月24日 省政府发布《关于发展城乡集体企业若干政策问题的规定》。要求本着改革、放权、搞活、快上的精神,大力扶持和促进城乡集体企业的发展。

6月14日 云南省人民政府经济技术协作办公室成立。

11月30日 省政府批转省经委、省经济体制改革委员会的报告,同意选择省机械厅、轻工厅、纺织工业公司进行工业领导管理体制改革试点;试点部门的直属企业原则上全部下放所在市管理、扩大企业自主权;厅局改革管理职能,加强行业管理。

12月 云南地方政权建制工作完成。全省新增加玉溪、曲靖、楚雄、保山4个市;调整了昭通、大理两市的区划;嵩明、禄劝、宜良、路南4个县划归昆明市管辖。

1985年

1月22日 云南省引进第一台大规模集成电路大型电子计算机——M-240D,将在省电子计算中心安装并投入试运行。

2月14日—24日 中共中央总书记胡耀邦、中央军委副主席杨尚昆等中央领导同志视察了云南省的9个地州和26个县市。

3月2日 昆明植物研究所、昆明市轻工研究所与昆明香料厂联合研制的名贵香料——中国橡苔获得成功,填补了我国香料产品的一项空白。

3月20日 我国第一套年产2万吨粒状重钙的生产装置,在云南磷肥厂建成并通过鉴定。

3月22日 省政府在首都北京饭店举行对外经济技术合作项目发布会。公布了云南省对外商投资的优惠措施和拟与外商合作的110个项目。

3月28日 水利电力部和云南省人民政府关于合资建设漫湾水电站协议在昆明签订。

5月29日 省政府批转省计委、省经委《关于扩大昆明市经济管理权限的报告》,同意对昆明市除不实行计划单列外,赋予相当于省一级的一些主要经济管理权限。

5月30日 省政府印发《云南省矿产资源开发试行办法》,并发出通知,强调开发矿业是"富民兴滇"的一项战略决策。要求有关部门给予支持和指导,使全省矿业开发蓬勃健康地发展。

5月31日—6月11日 云南省国际经济技术合作及贸易洽谈会在香港举行、共签订各类合同276个,总金额达2.9亿美元。

6月12日 省政府颁发《关于增强国营大中型工交企业活力的若干具体规定》,包括全面推行厂长(经理)负责制,扩大生产计划自主权,实行工资总额同经济效益挂钩浮动等11项规定。

7月6日—12日 中共云南第四次代表大会在昆明举行。大会选举产生了中共云南省委第四届委员会,省顾问委员会和省纪律检查委员会,普朝柱任省委书记、李兴旺任顾委会主任、尹俊任省纪委书记。

8月7日—16日 云南六届人大第三次会议在昆明举行。会议选举李桂英为省人大常委会主任,选举决定和志强为省长。

9月16日 云南第一条彩色电视机生产线在云南电视机厂正式投产。

9月28日 小龙潭电厂——昆明马鞍山220千伏、152公里输电线路建成投产。至此,全省220千伏网架基本形成。

10月1日 西南最大的溶解乙炔站在昆明建成，年产乙炔气50万立方米。

12月6日 开远小龙潭电厂第一台10万千瓦机组并网发电。

12月16日 全国最大的合成洗涤剂原料生产基地——昆明三聚磷酸钠厂通过验收，并投入生产。

1986年

1月18日 经云南省政府和建设部批准成立的重庆建筑工程学院昆明分院破土兴建。9月建成并开始招生。

4月1日 省政府作出决定，采取完善的配套改革措施，为搞活大中型企业创造条件，并确定1986年重点搞活90个大中型重点企业。

4月2日 昆明——曼谷临时定期航班正式开航。

5月1日 云南第一个部、省合资建设的漫湾电站主体工程——导流洞、泄洪洞正式破土动工，该电站最终容量为150万千瓦。

5月20日—24日 西南四省（区）五方经济协调会第三次会议在昆明召开。

8月5日—9日 川滇黔桂渝四省五方第二届商品交流会在昆明举行，成交额达5.4亿元。

12月20日 省政府举行新闻发布会，宣布《云南省鼓励外商投资的若干政策规定》，内容包括降低费用、减免税收、保障外商的经营自主权和合法权益等。

1987年

1月10日 西双版纳傣族自治州第一座日榨甘蔗1000吨的大型糖厂在勐海县景真建成投产。

3月1日 云南省第六届人民代表大会第一次会议在昆明闭幕。会议通过了《云南省第七个五年计划》及其决议。

4月13日 由中国科学院、国家计委组织的西南国土资源综合考察队一行160人抵昆。云南省国土资源综合考察工作全面铺开。

4月16日 云南第一家精纺毛织厂——昆明毛纺厂正式投入生产。

8月4日 自动拨号天线移动电话系统及无线寻呼系统在昆明市正式开通。

11月7日 具有80年代世界先进技术水平的新型涤纶长丝专业生产厂——云南涤纶厂建成。

12月20日 漫湾水电站大江截流成功。

1988年

1月27日 云南省建筑总公司向省政府签订承包经营合同，成为云南省首家与省政府签订承包经营合同的大型企业集团。

1月21日 31日 云南出口商品展销会以及对外经济合作洽谈会在新加坡同时举行。

3月18日 云南蓝箭汽车制造厂等54个全民、集体所有制厂家组成云南省轻型汽车集团公司。

4月18日 西南五省（区）六方经济协调会第一次会议在南宁召开，决定共同投资修建南（宁）——昆（明）铁路。

4月29日 5月12日 省七届人大第一次会议召开，选举产生省人民政府领导班子。和志强任省长。

6月7日 能源部、国家能源投资公司、广东省和云南省合作开发云南能源资源，向广东送电协议在昆明签字。

7月18日 云南省第一家股份制金融企业——交通银行昆明支行恢复营业。

8月20日 由14个进出口公司联合举办的云南省进出口贸易洽谈会，在纽约中国贸易中心开幕。

9月24日—10月3日 云南省举办首届民族艺术节，国内外宾客上万人应邀参加。艺术节期间，经济技术合作方面总成交额达32亿元，引进资金6.58亿元。

12月27日 鲁布革水电站第一台15万千瓦机组建成发电。

1989年

6月19日—29日 云南省在澳门举行首次出口商品洽谈会，成交1500多万美元。

8月2日 国家重点建设项目之一——昆明巫家坝飞机场扩建完工，成为我国第四大国际航空港。

9月23日 云南省第一条一级公路——昆畹线碧安段竣工。

10月24日 云南省建成昌宁茶叶、元阳香蕉、禄劝和南华大白云豆4个国家级优质农产品基地县。

11月10日 景谷盆地石油试采研究试验基地炼出云南省自产的第一桶汽油。

12月18日 云南省第一条由地方修建的铁路

昆(阳)——玉(溪)铁路破土动工。

12月21日 金沙江下游第一港——云南绥江港工程竣工。

1990年

4月7日 昆明——西双版纳航班正式开通。

4月10日 昆明——芒市航线正式开通。

6月7日 昆明平板玻璃厂彩色浮法玻璃生产线通过验收,这是我国首次采用全电熔技术运用到浮法生产线。

6月17日 中老澜沧江——湄公河航道联合考察结束。

7月17日 贵昆铁路电气化全线开通。

10月15日 我国产量最大的螺旋藻中试基地在永胜县程海建成,这种藻类是发展养殖、食品、医药生产的一种新的植物蛋白源。

11月6日 联合国世界粮食计划署3893项目评估团,抵滇考察,并就援助曲靖地区山区农业综合发展的3893项目进行会谈。

12月29日 云南第一条高等级公路石(林)安(宁)公路全线通车。

1991年

1月1日 昆明钢铁公司扩建工程第三炼钢厂开工,1993年完工后,每年可增加66万吨钢的生产能力。

2月11日 云南天然气化工厂获得国家一级企业证书,成为我省第一个国家一级企业。

4月5日 省政府批准成立昆阳磷化学工业集团公司,这是目前全国最大的磷化学工业企业。

4月29日 能源部、国家能源投资公司、广东省人民政府和云南省人民政府达成合资开发澜沧江中下游梯级电站的原则协议。将合资建设的大朝山、小湾、糯扎渡3个大型水电站,总装机容量超过1000万千瓦。

6月14日 鲁布革电站最后一台机组并网发电。至此,该电站的4台15万千瓦机组全部投产。

7月9日 广(通)——大(理)铁路建设指挥部成立,滇西人民长期以来的夙愿可望变成现实。

8月15日 通往滇西八个地州市的主要交通干线,安宁至楚雄汽车二级专用公路正式开工。

11月1日 云南磷肥工业基地一期工程正式开工。

12月9日 沟通西南与华南沿海的钢铁大动脉,南(宁)——昆(明)铁路西段工程正式破土动工。国务院副总理邹家华为开工典礼剪彩。

(周志坚 整理)

与基偌族农民亲切交谈

（周重要　摄影）

江泽民总书记视察云南

视察橡胶园

（周重要 摄影）

云南景观

热带奇景—独树成林　（张华国　摄影）

著名的大理三塔　（王滇云　摄影）

出没在热带丛林的亚洲象　祁云

腾冲地热　（张华国　摄影）

独具神韵

所江黑龙潭　　（张华国　摄影）

天下奇观一路南石林　（张华国　摄影）

神奇雄伟的德钦太子雪山　（何方南　摄影）

蜚声海内外的云南小粒咖啡　张华国　摄影

靠科技·怒江坝再生稻喜获丰

闻名遐迩的云南烤烟　（王滇云　摄影）

中甸高原牧场　（张华国　摄影

山区人民的杰作—

（张华国 摄影）

丰收在望的胡椒 （张华国 摄影）

正在开割的橡胶园 （张华国 摄影）

茶园春早 （张国华 摄影）

张华国 摄影

国家一级企业——云南天然气化工厂　（邹联聪　摄影）

云南冶炼厂　（张金明　摄影）

国家一级企业——云南电子设备厂　（张华国　摄影）

昆明三聚磷酸钠厂　（王滇云　摄影）

滇南煤炭基地——小龙潭大型露天煤矿　（范志敏　摄影）

澜沧江上第一座大型水电站——装机150万千瓦的漫湾电站正在浇筑大坝 （何方南 摄影）

优质磷矿基地——昆阳磷矿 （张华国 摄影）

迅速发展的边境贸易　（范志敏　摄影）

傈僳族刀杆节——上刀杆　（张华国　摄影）

奕族火把节　（张华国　摄影）

傣族泼水节　（邵宇　摄影）

昆明一条街　（王滇云　摄影）

昆明西站立交桥　（何方南　范志敏　摄影）

贵阳—昆明电气化铁路 （范志敏 摄影）

云南高原上的第一条一级公路 （张金明 摄影）

横跨怒江的全国最长三跨度切面预应力连续箱桥梁，设计及施工工艺均达到世界先进水平。（袁万钟 摄影）

西藏自治区

主　　编:向　杨
副 主 编:徐　强　王殿元
编写人员:王殿元　徐　强　舒晨明
肖　锋　卢连连　田海燕
更堆达吉　洛桑次仁
於江霞　玉　珍　葛　白
土　登　王玉龙

西藏自治区分目录

典型地区和典型企业

区 情 综 述

一、发展历史

西藏自治区位于祖国的西南边疆，地处北纬26°50′—36°53′，东经78°25′—99°06′之间的广大地位。面积120多万平方公里，约占全国陆地面积的1/8。西藏南与缅甸、印度、不丹、锡金、尼泊尔等国毗邻，西与克什米尔地区接壤，北与新疆自治区和青海省交界，东与四川、云南两省相连。西藏国境线长达3840余公里，战略位置尤为重要，是祖国西南边陲的天然屏障。

西藏自治区首府设在拉萨市。全区共70个县，1个县级市，1个县级区，2个县级办事处和1个口岸办事处，分别由7个地区(市)管辖。西藏是一个以藏族为主体的少数民族聚居区，也是全国人口最少、人口密度最小的地区。1991年末统计，实际控制线人口共221.78万人，其中藏民族占95.5%，其他少数民族有门巴族、珞巴族、纳西族、蒙古族、怒族、壮族、夏尔巴人(族)、布衣族、傈僳族、僜人(族)等30多个。

西藏是青藏高原的主体。北起昆仑山，南至冈底斯山——念青唐古拉山为广袤的藏北高原；念青唐古拉山以南，是以雅鲁藏布江干支流为主的藏南谷地；在高原的东南侧，则排列着以横断山脉为主体的高山峡谷。高原的地势由西北向东南倾斜，海拔由平均5000米以上渐次递降到4000米左右。境内海拔7000米以上的高山有50余座，其中在8000米以上的有11座，因此，青藏高原素有地球“第三极”和“世界屋脊”之称。

青藏高原上的巨大山岭普遍发育着现代冰川，冰川融水是金沙江、雅鲁藏布江、怒江、澜沧江、印度河等主要大河的补给源泉。在高原面以下，交织着内外流水系，流域面积大于2000平方公里的河流有100多条，其中大于1万平方公里的有20多条。按河流的最终归宿划分，全区共分为四大水系，即太平洋水系、印度洋水系、藏北水系和藏南水系。藏北水系的河流多以内陆湖为最终归宿，是西藏湖泊分布最多的地区，湖泊面积大于1平方公里的近500个。

受特殊地理条件的影响，西藏的气候与我国其他地区迥然不同。气候不仅有经向和纬向的地带性变化，垂直方向的分布与变化也十分明显。其基本特点，一是光能资源丰富，太阳辐射强。由于海拔高，空气干燥，云量少，大气透明度高，日照时间长，全区年总辐射值多在6000－8000兆焦耳/平方米之间，其中直接辐射值年平均在3600－5800兆焦耳/平方米之间。二是热量资源普遍低于同纬度的我国东部地区。如羌塘高原基本上是常冬无夏，比东部平原平均低15－20℃。三是年温差小，日温差大。如拉萨市，多年平均的1月份温差为17℃，7月份为11.8℃，而年较差仅在15－20℃之间。四是灾害性天气频繁，其中对畜牧业威胁最大的是雪灾。一旦出现大范围强降雪，草场被积雪覆盖，牲畜饥寒交迫，往往大批死亡。

综上所述，西藏不仅地域辽阔，交通闭塞，人口分散，地理气候条件十分严酷，而且其他环境也与我国各省区不同，因此，是一个特殊的地理区和经济区。

藏民族与汉族及其他少数民族一样，具有悠久的历史和灿烂的文化。据藏汉文史记载，西藏高原在很早以前就有人类居住。和平解放以来，先后在林芝、定日、聂拉木、申扎、双湖、昌都等地发现和发掘出大量的地下遗物。遗物中既有头骨、颌骨、肢骨等新石器时期的人类遗骸，又有铲、锄、切割、投掷、砍砸、刮削器类等生产用具。还有环、珠、镯等装饰品及土陶制品。并发现有谷物、兽骨以及完整的村落遗址。遗物包括了旧石器时期、新石器时期和铜石并用时期等不同的历史阶段。这充分说明，早在四、五千年以前，就有藏民族的先民在高原上劳动生息。

众所周知，西藏是中华人民共和国神圣领土不可分割的一部分。13世纪初，蒙古族首领铁木真(成吉思汗)兼并群雄，统一诸部，于1206年建立了蒙古汗国。他即位以后，曾两次大举向金进攻，并发兵西征和攻打西夏，进行大规模的军事活动。并于1244年派员到藏，磋商西藏归顺蒙古事宜。1279年南宋灭亡。西藏地方即成为元朝中央政府的行政辖区，藏民族就成了多民族统一的祖国的一个重要成员。元朝灭亡以后，明朝统治者总结了元朝政府仅仅依重萨迦一派的教训，对凡在西藏具有地方实力的教派首领，采取均赐于加法王或王的名号的措施，起到了对西藏地方政府统治的重要作用。为加强政治、经济和文化的交流，密切藏汉之间的民族关系，朝廷还十分重视发展与西藏地方政府的交通，并开展茶马互市的商品交换活动。

公元1642年(明崇祯15年)，格鲁派(黄教)领袖五世达赖联合四世班禅，借助蒙古和硕特部固始汗的力量推翻了藏巴汗在西藏的统治地位，取而代之。从那个时候起，以达赖喇嘛为首的领导集团就成了西藏政教合一的统治者，这个制度，一直沿袭到西藏和平解放。

清朝时期，清政府对西藏的统治已进一步加强，藏族同祖国各民族的关系也日益密切。1652年(清顺治九年)，爱新觉罗福临入关做了皇帝以后，派人专程到西藏问候达赖和班禅，并在各大寺庙熬茶、发放布施。达赖、班禅也差人到京城朝贺、献土仪。是年，五世达赖又亲赴北京与皇帝会晤，受到了皇帝的欢迎和接待，并赏赐达赖黄金、白银、大缎、珠宝、玉器以及骏马等物品。达赖返藏时，顺治皇帝封他为“西天大善自在佛所领天下释教普通瓦赤喇怛喇达赖喇嘛”。从此以后，西藏地方政府的职能和组织要由清朝皇帝规定。

历代中央政府赐给西藏地方政府的印鉴、下达的圣旨、命令以及赏赐的物品，大都珍藏在西藏的各大寺庙内，其中以萨迦寺收藏最多。

长期以来，藏族人民在抗击外敌侵略，维护祖国统一方面，作出了巨大的牺牲。公元1791年(清乾隆五十六年)，尼泊尔廓尔喀人入侵西藏，达赖、班禅向清政府告急、求援，清政府立即派遣部队，由青海、西康分两路挺进西藏，在西藏地方政府和人民的积极配合下，迅速将侵略者驱逐出境。清政府的这次军事行动不但打击了侵略者，巩固了祖国边疆，而且使西藏人民体验到祖国大家庭的温暖和支持，从而更加巩固了西藏与祖国的关系。抗击廓尔喀人胜利的纪念碑至今仍矗立在拉萨市解放公园内。1904年，窥视西藏已久的英国侵略者经亚东、帕里一线向江孜进犯，江孜、日喀则等地先后征集了近2万人的军队，以低劣的武器装备，展开了闻名中外的江孜保卫战，战争持续3个月之久，沉重地打击了侵略者，保卫战虽然失败，但谱写了一首流芳百世的壮丽诗篇，死难者的英灵将永存于人们的记忆之中。江孜镇宗山上的抗英炮台遗址，是藏族人民不畏强暴、抗御外敌的历史佐证。

自1911年至1949年的近40年间，国家战火连绵，沧桑多变，但藏族人民始终对祖国满怀热爱之情。1930年，国民党政府派代表去西藏，西藏地方政府也派员赴南京，经中央政府批准，设立了西藏驻南京办事处。1933年，十三世达赖去世，西藏地方政府即向国民党中央政府作了报告。国民党南京政府派要员黄慕松赴藏致祭。黄受命抵拉萨后，追封十三世达赖为“护国弘化普慈圆觉大师”，并在拉萨设立了蒙藏委员会驻藏办事处。1938年，达赖“灵童”找到以后，根据西藏地方政府的请求，国民党政府又派吴忠信赴藏，主持十四世达赖的“坐床典礼”。这一期间，国内外的反动势力曾多次策划分裂活动，但由于受到国民党政府和西藏广大人民的坚决反对和抵制，中国始终保持着西藏的领土主权。

西藏人民和广大爱国人士更热爱中国共产党，热爱新中国。中华人民共和国刚刚宣布成立，班禅额尔德尼·却吉坚赞即致电毛泽东主席和朱德总司令，祝贺新中国诞生，表示拥护中央人民政府，并希望早日解放西藏。同时，又致电彭德怀，恳请中国人民解放军进军解放西藏。1950年1月30日，全国政协藏族代表天宝针对西藏亲帝国主义分子的叛国活动发表谈话：西藏是中华人民共和国的一部分，任何反动派阴谋侵略与出卖西藏，都将遭到西藏及全国人民的反对而彻底失败。1951年5月23日，《中央人民政府和西藏地方政府关于和平解放西藏办法的协议》17条在北京签字。“协议”规定：“西藏人民团结起来，驱逐帝国主义侵略势力出西藏，西藏人民回到中华人民共和国祖国大家庭中来”。“西藏地方政府积极协助人民解放军进入西藏，巩固西藏”等。根据十七条协议规定，西藏和平解放以后，西藏的现行政治制度不予变更。因此，三大领主仍然对广大农奴进行野蛮的政治统治和残酷的经济剥削。民主改革以后，西藏人民才真正获得新生。党中央和中央人民政府对西藏人民极为关怀，针对西藏实际，制定了一系列的民族政策和特殊方针，在经济建设和改善人民生活方面，给予人力、物力、财力和技术上的大力支援，使西藏发生了世所瞩目的巨变，体现了社会主义制度的无比优越性。近来，西方敌对势力以人权为幌子，肆无忌惮地支持境内外分裂主义势力搞“西藏独立”活动，干涉中国内政，破坏祖国统一，遭到了中国政府和中国人民的坚决反对。正如邓小平所说：“有人想把西藏从中国大家庭中分裂出去，把西藏拿过去，我看他们没有这个本事。”

在党中央关怀和领导下，西藏各族人民正在自强不息，奋力拼搏，一个团结、富裕、文明的社会主义新西藏必将在“世界屋脊”上发出熠熠光彩。

二、自然资源条件

(一) 土地资源。西藏地域辽阔，山峰纵横，水系如网，湖盆棋布，构成了千姿百态的地貌类型。由于自然环境多样，服从于气候与植被复杂三度空间的变化，发育形成了众多的土壤类型。受气候、地势和水源等条件限制，宜农地面积很少，草地、林地、石山、冰川等地类占绝大部分。

〔农耕地〕农耕地主要分布在雅鲁藏布江中游及其支流年楚河、拉萨河河谷阶地和东部三江流域，据西藏自治区土地管理局调查结果表明，全区耕地共有523.43万亩。旱地占全部耕地的99%，其中水浇地是耕地中的主要类型，体现了西藏干旱河谷灌溉农业的特点。水浇地主要分布在中南部气候温和、地形平缓、土层深厚、质地较好、灌溉条件较为充分的沿江阶地、河漫滩和低台地上，尤以拉萨河、年楚河、尼洋河中下游河段分布最多。不具灌溉条件的旱地多分布在地形部位较高的冲、洪积扇以上的山麓坡脚地和一些中间地带。旱地适于种植青稞、小麦、油菜籽、豌豆、蚕豆、土豆以及对有效积温要求不高的蔬菜等。水田则集中分布在藏东南亚热带气候的察隅、墨脱两县，以种植水稻为主，这里被誉为西藏的江南。随着“一江两河”(雅鲁藏布江及其支流年楚河、拉萨河)中部流域的大规模开发，这一地区的宜农荒地将得到较充分的利用，一部分缺乏灌溉条件、土壤瘠薄的低产田将逐步改造为稳产、高产田。

〔林地〕林地包括森林地、灌木林地、疏林地、未成林地、迹地、苗圃等。全区共10716万亩，森林资源位居30个省、区的第2位。林地结构及分布大体如下：

1. 森林地。森林地是西藏林地主要组成部分，面积9480万亩。其分布特点是西部少，东部多；北部少，南部多。若将巴青、桑日、措美各点连成一线，界线东南一侧则集中分布了全区90%以上的天然森林，而界线的另一侧，森林分布不到10%。在森林集中分布的藏东南，又以喜马拉雅山中段、东段南北坡和横断山脉最为集中，面积达6100多万亩，占全区森林面积的三分之二。

2. 灌木林。全区灌木林面积有5430万亩，仅次于天然森林。灌木林是林区农牧民燃料的主要来源，又是涵养水源、牧养牲畜、维持生态平衡的主要植被，有重要的经济价值和生态价值。为限制过度樵采，减少土壤侵蚀，自治区科委和农牧部门在农牧区大面积推广太阳能灶，发展新能源，取得了良好效益。

3. 无林地。全区无林地约2080万亩，其中：采伐迹地大约有20万亩，主要分布在林芝、米林、波密、昌都、工布江达、朗县、亚东等交通方便的林区；火烧迹地13万亩，分布在藏东南人口密集的林区；林中空地多为疏林草地，约990万亩，主要分布在藏东南林地边际。在“一江两河”中部流域，有分布集中、面积较多的宜林地，“八五”及后十年，这一地区将开展大规模的工程造林，造林计划和方案正在实施之中。

4. 草地和其他用地。经自治区土地部门详查，全区草地面积为12.31亿亩，其他用地大约是：水域面积8292万亩，交通用地33万亩，居民点及工矿用地50.5万亩，国防、名胜古迹、疗养区、自然保护区及其他特殊用地面积未经详查，尚不太清楚。

(二) 草场资源。西藏是我国的五大牧区之一，草场面积12.31亿亩。据有关部门测算，全区可利用草场的年产草量约在7000万吨以上，是发展草原畜牧业的物质基础。

特殊的高原生态环境，决定了草原植被以耐寒的高山型植被为主，其中很多植物兼具耐旱特性。在藏东南森林上限以上的高山地带及辽阔的高原内部，大多数灌木与草本具有特殊的形态和生理机能，如植株低矮，呈丛状、垫状或莲座状，根系发达；体被绒毛或具刺，叶片强烈缩小；生长期短和以营养繁殖的多年生植物居多。所有这些，都是植物对高原冷生环境适应的结果。西藏的天然草场具有以下特点：

——草原面积辽阔，类型多样。从温暖多雨的喜马拉雅山南翼到寒冷干旱的昆仑山麓，从藏东南森林茂密的热带雨林到藏西北的高荒大漠，跨越了热带、亚热带、温带、亚寒带和寒带等自然带。随着海拔、气候、土壤等条件的变化，形成了由一定牧草组成的草地类型。其中，高寒草甸面积3.8亿亩，高原草原类4.7亿亩，高寒荒漠1.3亿亩。

——牧草产量低，地区差异大。由于高寒干旱的气候特点，草原牧草生境严酷，致使牧草生长低而稀疏，单位面积产量很低。亩产青草25—50公斤的草场占草原总面积的45%。亩产在25公斤以下的占18.5%。产草量最高的是河湖滩沼泽化草甸的大嵩草草场，亩产在250—500公斤，由于这种草的植株较高，多在割晾青干后冬储起来，作为圈养饲草。但这类高产草场面积不大，在放牧中多作为冬青草场和抗灾保畜草场。牧草产量的地区性差异很大，在北纬30°以北至35°以南的广大地区，从东向西呈下降趋势，最西部的阿里地区，亩产仅及昌都地区的十分之一。因此，东部草场的载畜能力较强。

——牧草质量好，营养成分高。高原牧草以禾本科和莎草科为主。这种牧草叶量多，不易被牲畜消化吸收的纤维素、木质素少，适口性强，营养价值高。如对当雄县几个主要草场类型的牧草进行化验，粗蛋白质含量都在10%以上，其中部分草类的含量高达15.4%，可与紫花苜蓿相媲美。有关部门对莎草科、禾本科一些草类的营养成分与贵州省的70种主要禾本科牧草营养对比表明，这两科的粗蛋白含量均高于贵州省的禾本科牧草。后经比较，也高于内蒙古自治区牧草的营养。

部分地区在牧业经营上片面追求牲畜存栏量，牲畜的发展已超过草场的承载能力，使草场出现退化现象。今后应重点做到：一、实行以草定畜，以饲草可采食量的多少来确定合理的存栏头数。二、重视草场建设，积极推行草场承包责任制，提倡谁使用，谁建设。三、开发河滩地，在水热条件较好的台地、阶地，种草种树，增加饲草生产。四、农区和半农半牧区积极推行黄牛改良，提高牲畜生产性能。同时，充分利用秸秆、麸皮等副产品，增加饲料来源。五、调整畜群结构，增加适龄母畜比例，提高牲畜出栏率和商品率。

（三）森林资源。西藏是中国主要原始林区，森林面积大而集中。据1977年森林资源清查统计，包括麦克马洪线以南的我国境内，全区森林面积9480万亩，森林蓄积量14.3亿立方米。其中，控制线以内6.12亿立方米（详见表一）。林区分布，东起横断山脉的金沙江畔，西至吉隆县，南起喜马拉雅山的南坡谷地，北止高原腹地，经历了不同的自然带。树种繁多，隶属100余科，300余属，是我国木本植物最富集的地区之一。主要森林类型如下：

〔亚高山暗针叶林带〕亚高山暗针叶林是西藏森林资源中最重要的组成部分，分布范围最广，森林总面积和森林总蓄积量约分别占全区的48%和61%。主要分布在喜马拉雅山脉、念青唐古拉山脉和横断山脉的湿润亚高山地带。暗针叶林具有生长迅速，生长持续时间长的特点，树龄多在300—400年，且很少病腐。每亩蓄积量33—67立方米，在立地条件较好的地段，可达130—200立方米。树木高大、挺拔、密集，单位面积蓄积量和产材量都很高，因此，是西藏当前主要采伐、经营对象。

〔松林〕松林是西藏的又一重要森林类型，面积约1390万亩，蓄积量2.5亿立方米，分别占全区的14.7%和17.5%。松林树种繁多，类型复杂，为国内其他地区所少见。分布最广的是乔松、高山松，其次还有华山松、云南松、西藏长叶松、西藏白皮松等。其中西藏长叶松和西藏白皮松是国内仅见于吉隆和札达两县的特有树种，已被国家列为保护树种。

〔亚热带长绿阔叶林〕这种森林主要分布在喜马拉雅山南坡和横断山脉南段。区系组成复杂，主要由樟科、木兰科、五加科、壳斗科、山茶科等树种组成，其中有多种速生珍贵用材树种。林区内还生长有油脂、淀粉、纤维和药用植物以及孑遗植物，具有重要的经济价值和科学研究价值。因亚热带长绿阔叶林多分布在边远和交通极为不便的地区，尚没有开发利用。

〔低山热带森林〕低山热带森林分布在北纬29°以南的喜马拉雅山南坡和横断山脉下段的低山丘陵及峡谷下部，在热量较高、降水丰沛的察隅、墨脱及错那以南较为集中。它保存了完整的土地热带生态系统及大量生物种质，被喻为博大的“天然基因库”。在目前还不具备开发条件的情况下，要加强保护和研究。

〔落叶阔叶林〕落叶阔叶林分布较为零星，以山地亚热带和山地温带地区为多。其建群种系由杨、桦、桤木等多种阳性树种组成。其中桦木质材坚硬，纹理致密、洁白，是胶合板贴面材和家具用材；桤木有光泽，无特殊气味，是较好的家具用材和茶叶包装用材。

〔硬叶常绿栎林〕硬叶常绿栎林广泛分布在喜马拉雅山和念青唐古拉山脉海拔2600—3500米，降水量在500毫米以上的湿润温凉地区。组成树种以川滇高山栎最为广泛。其生态幅度变化很大，常形成乔木林、矮林和灌木林群落，对水土保持起重要作用。

〔落叶松林〕落叶松林在西藏的森林家族中居很次要地位，主要由西藏红杉、喜马拉雅红杉、大果红杉、怒江红杉等树种组成，在海拔2800—4000米的范围内零星分布。

出乎人们的预料，在西藏大多数树木生长速度十分惊人，常常有罕见的高产林分。据调查，全区平均森林年生长量每亩为0.294立方米，是云南省的

2倍，广东省的4.7倍，黑龙江省的3倍。由于生长迅速，生长持续时间长，因此，森林的生物生产能力之高也是国内其他地区少有的。全区平均，每亩林木蓄积量为14.8立方米，也高于云南、广东和黑龙江省。

在西藏，森林多分布在人烟稀少和交通闭塞的山区，人为破坏甚微，基本保持着原始森林的完整性，具有很高的研究价值。但多数森林已成为过熟林，腐朽现象严重，生长速度下降，有的树木在自行消亡。和平解放以后，自治区以八一镇为重点，建立了初具规模的木材生产基地，年生产能力达30万立方米，保证了全区经济建设和国防建设的木材供应，并支援了青海、甘肃、四川等省。针对森林资源开发所存在的问题，应进一步贯彻执行《森林法》和《西藏自治区森林保护条例》等有关法规，加强林政管理，合理生产，合法经营，使青山常在，永续利用。林中其他野生植物资源十分丰富，应加强开发应用的研究，以提高青山利用率和综合经济效益。

表一 **控制线以内西藏森林面积和蓄积量表**

地区	面积（万亩）	蓄积量（万立方米）	地区	面积（万亩）	蓄积量（万立方米）
林芝地区	2543.98	41153.8	左贡县	229.09	2272.76
林芝县	414.58	6483.33	芒康县	342.39	3300.02
米林县	294.80	4084.07	山南地区	117.15	1529.01
工布江达县	233.81	1293.45	加查县	14.44	133.83
墨脱县	394.82	7537.88	隆子县	30.41	308.27
波密县	414.35	8589.32	错那县	36.64	604.30
察隅县	707.02	11512.89	洛扎县	35.66	482.61
朗县	84.60	1652.86	日喀则地区	55.88	1172.56
昌都地区	1833.47	16758.50	吉隆县	14.22	361.82
丁青县	35.78	361.94	樟木口岸	2.99	107.36
类乌齐县	108.40	800.70	亚东县	14.45	447.17
昌都县	307.12	3158.59	定结县	4.35	59.17
江达县	124.35	1749.90	定日县	19.87	197.04
边坝县	179.35	1656.56	那曲地区	100.63	626.49
洛隆县	361.20	1839.95	索县	35.97	283.77
察雅县	27.15	220.80	比如县	30.37	74.84
贡觉县	44.98	399.23	嘉黎县	34.29	267.88
八宿县	73.66	998.05	全区合计	4651.11	61240.36

（四）水能资源。西藏的水能资源极为丰富，水能理论蕴藏量居全国首位，达20056万千瓦，其中可能开发的水能资源5659万千瓦，占理论蕴藏量的28%（水能资源状况详见表二）。

〔雅鲁藏布江流域〕雅鲁藏布江发源于喜马拉雅山北麓的杰马央宗冰川，在西藏境内全长2057公里，流域面积24万平方公里，水能理论蕴藏量11348万千瓦。其中从米林县到墨脱县的里冬桥之间，为世界著名的大河湾段，河湾长213公里，河湾两端直线距离39公里，而落差却达2190米，这一河段的水能蕴藏量极为丰富，具有建设大型水电站的良好前景。目前，西藏自治区在雅鲁藏布江干流上还没有建设水电站，在其一级支流上建设的电站也很少，电站装机都在1万千瓦以下。

〔澜沧江流域〕澜沧江在西藏境内的水能理论蕴藏量为904万千瓦，其中支流理论蕴藏量337万千瓦，支流理论蕴藏量在1万千瓦以上的达36条。澜沧江河流深切，山高谷深，两岸农田及居民比较稀少，建设电站的淹没损失小，宜于堤坝式开发。

〔怒江流域〕怒江上游属高原湖盆、宽谷地区，河谷海拔在4500米左右；中段为低山宽谷区，海拔也在3000米以上；其下段在伯舒拉岭与他念他翁山之间穿行，河谷深切，水流湍急，险滩很多。怒江在西藏的水能理论蕴藏量为2626万千瓦，其中干流1931万千瓦，它同澜沧江一样，流域内人烟稀少，无重要城镇和工矿区，建设电站无需搬迁。但交通极为不便，坝址狭窄，给设计和施工都带来很大困难，工程造价很高。

〔金沙江流域〕金沙江是西藏与四川省的天然分界线，在西藏境内长440公里。支流较多，水能资源也十分丰富，理论蕴藏量达517万千瓦，其中蕴藏量在1万千瓦以上的支流达12条，落差大多在1600米以上。金沙江流域在西藏境内工农业用电负荷都很小，"八五"及后十年没有大的开发项目，搞电站建设的可能性很小。

〔其他国际河流〕其他国际河流是指除雅鲁藏布江、澜沧江、怒江、吉太曲以外的流出国境的河流。流域总面积18.2万平方公里，水能理论蕴藏量约4602万千瓦，其中在1万千瓦以上的河流多达119条。由于这些外流河均分布在边境地区，远离城镇，交通不便，经济也很不发达，到目前为止，资源尚没开发利用。

综上所述，西藏自治区的水能资源虽然十分丰富，居全国之首，但开发利用程度极小，已开发利用资源只占可能开发量的0.3%。已经开发建设的小水电，多为径流式发电，每到冬春季节，大气降水和冰川融水减少，这一阶段为枯水期，机组不能满发，电站出力随之降低，供发电与用电负荷之间矛盾突出，这是水电站经济效益和社会效益不高的主要原因之一。

（五）矿产资源。西藏是一个包括华力西、印支、燕山和喜马拉雅运动在内的往往叠加在一起的多旋回构造体系。伴随这些运动，有岩浆的侵入和喷发活动，构成了复杂的地质背景，形成了多种内生矿床和外生矿床，地下资源十分丰富。截止到1991年底，全区已发现的矿种94种，矿产地1700余处。其中有30多个矿种探明有储量。据探明的储量分析，全区优势矿产有铬、铜、地热和盐湖类矿产等10个矿种。具有潜在优势的矿种有石膏、重晶石、菱镁矿、石墨、铁矿及建筑材料等。截止到1990年10月，全区矿种储量在国内居前10位的有17种，其中，铬铁矿、工艺水晶、刚玉居第1位；铜、火山灰居第2位；菱镁矿居第3位；硼、云母居第4位；砷、饰面用花岗岩、隐晶质石墨居第5位；石膏、瓷土居第6位；泥炭居第8位；重晶石、盐矿分别居第9位和第109位。

〔能源矿产〕全区已发现的能源矿产有煤、泥炭、石油、油页岩和地热5种，其中地热资源占有较大优势。

1. 煤资源。截止1991年，全区累计探明的煤炭储量为4749万吨，保有量4642万吨。煤的牌号较为齐全，多属高灰分、高硫低磷煤，煤质较差。因储量很少，工业价值和商业开采价值十分有限，全区只有瓦达和门士两个小矿开采。马查拉煤矿正在做前期工作，"八五"期间也将开工建设。

2. 石油资源。已发现的油气显示区位于藏北伦坡拉盆地，是陆相第三系含油盆地，面积约4000平方公里。盆地内有构造31个，地表油气显示40余处。据专家们分析，具有一定的远景，但因工作程度低，对油田规模尚不能作出评价。目前，藏北油气勘查工作已列入国家计划，地矿部中南石油地质局正在加紧工作之中。

3. 泥炭资源。西藏的泥炭资源较为丰富，已在尼木、当雄、岗巴、定结等县发现产地60余处，初步探明储量的5处，共813万吨。泥炭多产于河谷阶地，牛轭湖地带、湖盆边缘、山间盆地和山前坡地的现代沼泽堆积层中。多属低灰分、低硫分、高氮高钾高腐殖质高发热量的优质泥炭，埋藏浅，开采技术条件较好。当前，以当雄县开发利用较多。

4. 地热资源。西藏的地热资源居全国首位。全区已发现温泉、沸泉、间歇喷泉600余处，热泉水流量总计达25万升/秒。初步调查的350余处地热显示区，其天然热流总量达66万大卡/秒，约折合300万吨标准煤一年释放的热量。经过多年努力，已查明的羊八井热田浅层热储和羊易乡热田、那曲热田基岩热储，其总发电潜力达4.7万千瓦，地热资源开发已初具规模。其中羊八井地热试验电站的装机容量

表二 **西藏自治区水能资源理论蕴藏量统计表**

（根据理论蕴藏量1万千瓦以上河流统计）

序号	河流名称	流域面积（平方公里）	河口多年平均流量（秒立米）	干支流条数		水能资源理论蕴藏量（万千瓦）				备注
				干流	支流	干流	支流	合计	占全区（%）	
1	雅鲁藏布江	240,480	4,425	1	134	7911.60	3436.13	11347.73	56.50	
	其中：多雄藏布	19,698	125	1	5	41.48	35.73	77.21	0.39	
	年楚河	11,130	45.6	1	2	10.15	3.60	13.75	0.07	
	拉萨河	32,471	320	1	10	171.17	83.61	254.78	1.27	
	尼洋河	17,535	584	1	23	269.50	139.95	409.45	2.04	
	帕隆藏布	28,939	1,009	1	20	877.00	745.62	1622.62	8.10	
2	西南国际诸河			3	75	2621.47	943.21	3564.68	17.80	
	其中：澜沧江	77,200	664	1	36	666.83	237.06	903.89	4.50	
	怒　江	103,330	1,238	1	38	1930.74	695.25	2625.99	13.10	
3	金沙江	181,970	986	1	12	354.80	162.12	516.92	2.58	王大龙
4	西藏其他国际诸河			26	93	3149.52	1452.48	4602.00	23.00	站流量
	其中：察隅曲	18,533	832	1	25	606.50	382.64	989.14	4.93	
	丹龙曲	11,030	804	1	11	588.00	466.54	1054.54	5.26	
	西巴霞曲	26,664	930	1	19	1046.40	340.77	1387.17	6.90	
	鲍罗里河	11,117	411	1	8	158.40	123.29	282.19	1.41	
	朋　曲	25,307	156	1	12	257.27	40.96	298.23	1.49	
5	西藏内陆河			10	1	23.60	1.00	24.60	0.12	
	其中：扎加藏布	12,793	28,1	1		6.42		6.42	0.03	
	措勒藏布	12,840	28.2	1		5.58		5.58	0.03	
	全以总计			41	315	14060.99	5994.94	20,055.93	100.00	

已达到2.52万千瓦，是国内最大的地热电站，为拉萨电网供电做出了积极贡献。那曲地热电站一期工程装机1000千瓦，计划于1992年建成投产。

5. 黑色金属矿产——铬铁矿。铬铁矿主要分布于藏南铬铁矿带、藏北铬铁矿带和羌塘超基性岩带上。这三条矿带均属环球性阿尔卑斯型铬铁矿带的组成部分。铬铁矿系西藏自治区的优势矿种，全区已发现超基性岩体100余处，总面积7000多平方公里。探明D级以上储量525.6万吨。继藏北东风铬铁矿开发以后，国家正在建设罗布莎铬铁矿。矿山建成后，将达到原矿6万吨，成品矿5.5万吨的年生产能力，是国内最大的铬铁矿生产基地。

6. 有色金属及贵重金属矿产。全区已知的有色金属和贵重金属有铜、铅、锌、锡、锑、钼、钴、钨、金和铂族元素等17种。除铜、铅、锌、金等探明一定的储量外，其他矿种多为伴生元素，或因工作程度不深而无法单独计算储量。

已知的铜矿类型有斑岩型、接触交待型、热液型、脉型和沉积型5种。已探明D级以上储量830万吨，居全国第二位，系西藏自治区的优势矿种。其中藏东玉龙铜矿为大型矿床，并伴生有铁、硫、钼、钴、金、银、铼、钨、铂、锌等多种矿产。玉龙铜矿氧化富矿储量大，埋藏浅，利于露天开采。但因交通、能源等因素限制，目前尚不具备开发条件。

铅锌矿在西藏分布也比较广，已发现的矿床(点)有30余处，可分为接触交待型铅锌矿、热液交待多金属矿和脉状铅锌矿三种类型。其中甲玛赤康铜铅锌多金属矿位于拉萨市的墨竹工卡县境内，交通方便，开发条件较好，前期准备工作正在进行，预计"八五"后期可以开工建设。

金矿类型已发现有砂金和破碎带蚀变岩型金矿床。其中藏北B0235工程的前期准备工作也在积极进行之中，经详查评价，砂金矿床达大型规模。工程建成后，可年产黄金1万两。该工程已列入自治区"八五"计划。

除铬、铜以外，以硼为主的盐湖沉积矿产在国内也占有优势；石膏、菱镁矿、石炭岩、瓷土、硫等为西藏优势矿产；建筑材料、石墨、重晶石、锡矿等具有潜在优势。

三、旅游资源

西藏是一个美丽、独特而又神秘的地区。令人神往的神山圣湖，雄伟壮观的寺庙建筑，历史悠久的文化艺术，别具一格的民俗风情，珍奇的高原动植物，这些唯我独有的人文景观和自然景观，构成了西藏与世界其他任何地区迥异的旅游资源，她以强大的魅力吸引着国内外游客，是发展西藏旅游业的得天独厚的条件。随着社会局势的进一步稳定，旅游业正在大幅度回升，1991年，接待海外游客1.68万人次，比1990年增长51.8%，经营利润和创汇分别比1990年增长121%和53.8%。现将西藏几个重点旅游区和景点简要介绍于后：

(一)拉萨旅游区。拉萨市位于拉萨河中游河谷，海拔3647米，是世界上海拔最高的城市之一。拉萨，藏文意为"圣地"或者"佛地"，历史上曾称"逻娑"、"逻些"、"拉撒"，距今已有1300多年的历史，是我国最古老的城市之一。早在公元七世纪，松赞干布兼并附近部落，统一西藏后，就在拉萨建立了吐蕃王朝，从那时起，拉萨就成了西藏地方政府政治、经济和文化的中心。拉萨是西藏旅游景点最多的地方，寺庙主要有布达拉宫、大昭寺、哲蚌寺、色拉寺及罗布林卡等，这些古建筑宏伟壮丽，充分体现了藏族劳动人民的勤劳和智慧。布达拉宫是市中心的最大建筑，依红山叠砌，最高殿宇海拔3767米，整个建筑高110米，东西长400余米。据考，始建于吐蕃王朝松赞干布时期，后由五世达赖重建。布达拉宫殿宇巍峨，金顶辉煌，殿内绘画、雕刻难以数记，其艺术之高，风格之独特，令人叹为观止，被誉为世界屋脊上的一颗璀璨明珠。拉萨旅游区不但景点多而集中，而且自然环境很好。这里大气没有污染，空气清新。拉萨又是世界著名的"日光城"，但极端最高温度不超过30℃，夏无酷暑，冬不寒冷，盛夏季节是理想的避暑胜地。随着改革开放，国内外来拉萨旅游观光的人次逐年增加。

(二)泽当旅游区。这里的旅游景点也比较多，最为著名的是藏王墓群、雍布拉康和桑耶寺。藏王墓群位于泽当镇西南40公里的琼结县境内。因这一带是吐蕃的发祥地，故数代藏王的陵墓都建在这里。据史料记载，墓群共有墓29座，因年代久远，饱经风雨侵蚀，多数已经湮没。现在能看到的只有9座，墓中所葬何人亦难稽考。桑耶寺位于扎囊县境内的雅鲁藏布江北岸。始建于吐蕃王赤松德赞时期，后屡遭火焚。现在的规模基本上是七世达赖时期重建的。它融合了汉、藏以及印度的艺术风格，是西藏古代建筑中最有特色的建筑群，也是西藏第一座佛、法、僧三宝齐全的寺院。为方便游客，国家和自治区对桑耶寺景点进行投资改造，改善了交通条件。

(三)日喀则旅游区。日喀则在历史上称之为后藏，是历世班禅的驻地。旅游区以人文景观为主，主要景点有扎什伦布寺、绒布寺、萨迦寺、夏鲁寺、白居寺等。其中扎什伦布寺位于日喀则市中心，占地1.4万平方米，是格鲁派(黄教)在后藏的最大一座寺庙。寺内珍贵文物不胜枚举，除各种佛像、壁画、珠宝及佛经外，还有清代皇帝给班禅的金册、金印及封诰敕书等。寺内现存有世界上最大的镀金佛像——弥勒佛，佛身总高26.2米，佛像全身耗用紫铜11.5万公斤，黄金8000余两。身体各部设计合理，肢体匀称，形态自然，造像艺术之高，为世界上所罕有。全国人民代表大会常务委员会副委员长班禅额尔德尼·却吉坚赞大师圆寂以后，其法体就安放在寺内。扎什伦布寺是藏族劳动人民在建筑上的又一伟大创造，国内外游人慕名而来，必饱览后方归。其他寺庙在建筑艺术和建筑风格上各具特色，特别是萨迦寺，寺内珍藏有国内元朝以来从中央到地方的大批历史文物，有极高的研究价值，为中外专家、学者所瞩目。

(四)古格王国遗址。古格王国遗址位于札达县西约30公里处。遗址占地面积约18万平方米，是一个庞大的古堡式建筑群。整个建筑由山脚、山坡到山顶达300余米，计有房屋300余间，洞窟300余孔，另建有红庙、白庙、轮回庙及王宫殿、集会议事殿5

座。庙内壁画有一部分已被人盗取，余者仍清晰可辨。据考，古格王国始建于公元十世纪前后。当时，吐蕃王朝已经崩溃，西藏出现了许多政权割据的局面，古格王国则可能是势力较强的一个。古格王国为赤德尼玛衮所建，为便于统治，他将地盘分封给他的儿子，据说这个遗址是赤德尼玛衮第三个儿子德祖衮留下来的。古格王国遗址已被列为全国重点文物保护单位。

除上述所介绍的人文景观外，西藏还有诸多风景奇特的自然景观。如冈仁波齐峰（神山）、玛旁雍错（圣湖）、错高湖、纳木湖，以及正在开辟建设之中的珠穆朗玛峰自然保护区和藏北野生动物保护区，可供探险、旅游。

为适应旅游业发展需要，在国家的大力支持下，西藏先后在拉萨、山南、日喀则等风景区和北京、成都、西安建起19家国营和集体涉外饭店、宾馆。截止到1991年，已拥有客房2000余间，床位3600余张。这些饭店、宾馆规模不等，类型不同，等级不一，其中不少设施颇具民族风格和地方特色。以人为旅游为特色，以拉萨为中心向泽当、日喀则两地辐射的旅游网络已初具规模。

（王殿元 撰稿）

西藏在改革开放中不断前进

西藏经过和平解放、民主改革，结束了遭受帝国主义奴役和“政教合一”封建农奴制度残酷统治的历史。百万农奴获得翻身解放，成为新社会的主人，社会生产力得到极大地解放。从50年代初期，西藏在党中央的亲切关怀和全国的大力支持下，开始了大规模的经济建设，在中华民族大家庭的怀抱里，同兄弟民族一道，肩并肩地踏上了建设社会主义的康庄大道。西藏和平解放以来的40年，是社会进步和各项事业繁荣发展的40年，是社会生产力获得极大解放、国民经济持续、稳定增长的40年，是西藏人民当家作主，政治和经济生活发生深刻变化的40年。

中国共产党十一届三中全会吹响了我国全面改革开放的号角，为全国指明了建设有中国特色的社会主义的前进道路。西藏同全国一样，从此进入了一个新纪元，踏上了以经济建设为中心，坚持四项基本原则，坚持改革开放的光明之路。

十一届三中全会以来，党中央、国务院为西藏制定了一系列特殊政策和灵活措施，区党委和区人民政府带领全区各族人民，从西藏实际出发，贯彻党的基本路线，在农牧区实行以“两个长期不变”、“两个为主”为主要内容的改革，在城市进行了以企业改革为中心的经济体制改革，并大力推进对国内国外的开放，积极发展对外经济贸易，努力开展横向经济联合与协作，有力地促进了西藏经济社会的发展，人民群众的生活水平明显提高，全区呈现出政治稳定，社会稳定，经济繁荣，人民安居乐业的大好局面。

一、改革开放使西藏面貌发生了深刻变化

（一）经济建设蓬勃发展。从1980年至1991年的12年间，西藏社会总产值（当年价格）由9.7亿元增长到40.8亿元，增长3.2倍。其中：建筑业产值增长3.6倍，运输、邮电业产值增长3.5倍，商业产值增长14倍；工农业总产值（1990年不变价格）由17.01亿元增长到24.49亿元，增长44%，平均每年增长3.4%；国民收入（当年价格）由4.8亿元增长到20.48亿元，平均每年增长14.1%；国民生产总值（当年价格）由1985年的17.72亿元增长到1991年的25.35亿元，平均每年增长6.1%。地方财政收入由1980年亏损5573万元，到1988年扭亏为盈，当年盈余226万元。整个自治区的国民经济实力有了一定的增强。以农牧业为主体的落后的经济结构逐步得到调整，经济结构、产业结构不断趋向合理。在以农牧业为基础，重视发展现代农牧业的前提下，对发展现代工业，包括重工业、轻工业以及轻纺、民族手工业给予了极高的重视，能源、交通、邮电通信等基础产业和设施的建设也得到迅速发展。经过“六五”、“七五”的努力，经济结构调整初见成效，农牧业在整个国民经济中的比重由54.80%下降到43.54%。

〔农牧业〕1991年农牧业总产值（1990年不变价格）为20.46亿元，1980年为14.36亿元，平均每年增长3.27%。1991年主要农畜产品产量为：粮食58万吨，油菜籽1.85万吨，分别比1980年增长14.85%和71.77%；肉类9.1万吨，奶类17.7万吨，分别比1981年增长59.65%和33.08%；绵羊毛8064吨。牲畜年末存栏达到2316万头（只）。

在全社会的大力支持下，农牧业各项投入不断增加，以水为龙头的农田、草场基本建设大规模开展，农业机械化水平不断提高，生产条件不断改善，科学种田、科学养畜受到普遍重视和欢迎。全区大部分农田和许多草场得到了灌溉，耕地有效灌溉面积已达190万亩。良种种植面积占全部耕地面积的65%。平均每亩地施用农家肥400多公斤、化肥10公斤。农业机械总动力达到50万千瓦，其中，大中小型拖拉机11000台，平均每15户农民一台，农用汽

车 3000 多辆，机耕、机播面积分别达到 25%和 65%。农村小水电达到 296 座，装机容量 4.87 万千瓦，农村用电量为 1428 万千瓦小时。

在人口不断增长的情况下，农牧民人均占有水平不但没有降低，还有不同程度的提高。1990 年人均占有粮食 292.5 公斤，油菜籽 9 公斤，分别比 1980 年增长 6.6%和 52.5%。人均占有肉类 39.9 公斤，奶类 76.7 公斤，蔬菜 38.8 公斤，分别比 1980 年增长 54.7%、43%和 1.7 倍。人均占有牲畜 11.5 头(只)。1991 年农牧民人均纯收入为 455 元，比 1980 年增加 269 元，扣除物价上涨因素，仍有较大提高。

〔工业〕目前拥有轻工、电力、矿业、纺织、机械加工、建材、化工、森工、食品等十几个行业，国营企业 511 户，从业人员 2.51 万人，初具现代工业规模。1991 年与 1980 年相比，工业总产值(1990 年不变价格)由 2.7 亿元增加到 4.03 亿元，平均每年增长 3.7%。主要产品生产能力为:水泥 13 万吨，木材 20 万立方米，铬矿石 9 万吨，硼镁石 1 万吨，皮革 4 万张，呢绒 20 万米，毛线 200 吨，毛毯 3 万条。地毯 3 万平方米。能源工业在西藏的经济发展中占有重要位置。根据西藏实际，采取大力发展水电，稳妥开发地热，积极促进太阳能的利用，有计划、有步聚地更替油电，适当发展风力发电，多种能源互补，大中小结合，以中小型为主，因地制宜，开发与节能并重，建设与管理并重的方针，加快了能源建设.在对原有电力工业企业进行技术改造的同时，建成了一批新的中小型电力企业和风力发电站，并在广大农牧区进行了太阳能发电试验。羊八井地热电站总装机容量已达 25180 千瓦，成为我国最大的地热电站。目前全区共有电站 433 座，总装机 15 万千瓦。年发电量 3.45 亿千瓦小时，比 1980 年增长近一倍.全区 80%的县建起了水电站，46%的乡和 22%的村用上了电。

〔矿业〕在西藏开发建设中的地位越来越重要。根据国家总体部署和西藏社会经济发展的迫切需要，地矿工作重点开展了基础地质、矿产地质、能源地质和水文地质的科学研究工作。丰富的矿产资源为矿业的开发建设提供了广阔的前景，目前矿业已发展成为西藏的重要支柱产业之一。采矿业的产值已占全区工业总产值的 1/3 以上。铬矿是西藏占特殊优势的重要矿产资源，探明的储量约占全国的 2/3。正在建设之中的山南罗布莎铬铁矿是国内最大的铬矿石生产基地。

〔交通运输业〕西藏是全国唯一没有铁路的省区，80%以上的客货运输要靠公路运输来完成，公路运输已成为西藏经济发展的命脉。在改革开放的年代里，西藏的交通运输事业作为优先发展的基础行业，获得了突飞猛进的发展。现在全区拥有的公路干线，除 1954 年建成的举世闻名的川藏、青藏两条公路外，又陆续建成了中尼、新藏、滇藏等干线，现有干线公路 15 条，支线公路 315 条，总里程 21834 公里。全区 98.7%的县和 77%的乡通了公路，形成了以拉萨为中心，以青藏、川藏、新藏、中尼、滇藏等干线为骨架的公路运输网络。作为国家第六个五年计划期间的重点工程之一的青藏公路改建，从 1974 年至 1985 年历时 12 年，完成了全长 1937 公里的改建工程，在“世界屋脊”上建成了中国公路建设史上海拔最高、里程最长、投资 8.2 亿元的二级沥青公路。改建后的沥青公路发挥了明显的社会经济效益，承担着 80%以上的进藏物资的运输任务，基本扭转了进藏物资运输困难的局面。1984 年以后，西藏地方自己投资、自己设计施工，将拉萨到贡嘎机场的近百公里公路铺设了沥青路面，改善了连接空运的公路运输条件。公路交通条件的改善，促进了运输业的发展。全区拥有各种车辆 2.4 万台，初步形成了以自治区、地(市)、县专业车队为主，集体、个体运输为辅的多种经济成分，多层次的公路运输体系。

民航事业有了新的发展，自 1960 年正式开辟了拉萨至北京航线后，相继开通了拉萨至成都、西安、兰州、上海、广州等国内航班，并开办了至加德满都的国际包机服务。航线里程达 1 万多公里，每周有 14 个航班。1983 年后，波音 707 型飞机投入拉萨至成都航线运营，替代了原来的伊尔 18 型飞机。机场跑道进行了两次整修，新建客机坪 2 万多平方米，扩建候机楼 1000 多平方米。1985 年建成一座建筑面积 6000 多平方米的机场宾馆，日接待能力达到 300 人。现在乘坐直达班机，当天可以从拉萨到达北京、广州等地。航空事业的发展，大大缩小了西藏与内地的距离，减轻了进藏物资的运输压力，增强了与各民族及国际间的友好往来和经济、文化交流，促进了旅游业的发展。民航在西藏经济建设中发挥着重要作用。

〔邮电通信〕进入 80 年代，西藏邮电事业稳步走向现代化。从 1980 年至 1991 年，国家对西藏邮电建设投资 1 亿多元。全区现有邮电局(所)120 个，邮路总长 7.14 万公里，电报电路 144 条，长话电路 149 条，实现了县县通邮报，94%的乡可以送达邮件。市话交换机 1.3 万门，全区有 56 个县安装了市话，26 个县、市通长途电话。1987 年拉萨广播、电视上行站建成并投入使用，形成了西藏藏语文电视教育及电视广播网。建成了7座地面卫星通信站，拥有程控自动电话5120门，开通了国内、国际长途自动电话，拉萨的电报进入全国自动转报网，长途电话进入了国际、国内自动电话交换网。全区邮电业务总量达到2121万元，比1980年翻了一番。一个以拉萨为中心，拥有各种现代化通信手段，连接城乡和祖国各地的邮电通信网已经形成。

〔财政金融〕从1980年至1986年，中央对西藏实行了"划分收支、分级包干"和"划分税种，核定收支，分级包干"的财政管理体制，并对西藏的财政补助以1979年决算支出为基数，实行年递增10%的办法。根据国家财政管理体制的变化，西藏对地、县也实行了"划分收支，分级包干"的财政体制；对行政事业单位实行了"预算包干，超支不补，结余留用"的办法，调动了各方面当家理财的积极性。1987年，国务院决定取消对少数民族地区财政补助每年递增10%的政策，改为实行定额补助。并核定对西藏固定补助的数额为8.98亿元，在财政支出中，支援农牧业、教育科技、能源交通和扶持民族手工业支出的比例逐年增加。为贯彻对农牧民实行休养生息的方针，采取了减免农牧业税、提高农副产品价格的措施，使广大农牧民增加了收入，改善了生活，促进了农牧区经济的发展和社会的稳定。在西藏财政主要依靠中央补助的情况下，如何用好用活全国人民支援的财政资金，是一个十分重要的课题。近年来，在不影响财政资金正常调度，保证区内各项建设和事业资金需要的前提下，运用财政间歇资金，进行省区之间的资金融通，用活了资金。西藏地方财政收入在连续20年的亏损后，从1988年开始，实现了扭亏为盈，1991年，地方财政收入2500多万元。

随着工作重点转移到经济建设上来，西藏金融事业有了很大发展。金融体制发生了深刻变化，打破了人民银行长期独家经营的体制，各专业银行相继成立。金融系统及时调整工作方针，放宽信贷政策，加强信贷管理，对发展生产和商品流通给予大力支持，帮助西藏人民尽快富裕起来。12年中累计发放各种贷款200亿元。1990年全区各项贷款余额17.22亿元，存款余额21.26亿元。

〔固定资产投资〕规模不断扩大。1991年全社会固定资产投资完成9.7亿元，比1980年1.8亿元增长4.4倍，平均每年增长16.5%。12年累计投资59.32亿元，其中全民所有制基本建设累计投资48.89亿元，比"四五"，"五五"期间合计增长2.8倍。12年里，国家对西藏基本建设投资累计达到25.67亿元，占全民所有制基本建设投资的52.5%，这是国家为改变西藏基础产业和基础设施薄弱，实行的投资倾斜政策。

〔技术改造得到重视〕1991年全区完成技术改造投资2688万元，比1980年增长4.2倍。技术改造投资占整个固定资产投资的比例为2.8%。12年累计完成技术改造投资2.85亿元，技术改造速度加快，使西藏技术装备比较落后的状况得到了初步的改善。利用外资和技术对我区企业进行技术改造的技术引进工作也有了良好的开端，中德合资对拉萨皮革厂进行了技术改造，中尼合资开始新建世界屋脊洗毛厂。

（二）各项社会事业蒸蒸日上。在经济建设各条战线取得显著成就的同时，教育、科技、文化、艺术、广播、电影、电视、新闻、出版等各项事业，也在改革开放浪潮的推动下，获得了很大的发展。

〔教育〕西藏的教育事业得到了各级政府的重视。教育经费不断增加，从1979年的2192万元提高到现在的1.45亿元。政府还拨出专款进行各类学校的危房改造，兴建新的校舍，购置大量教学仪器和电化教育设备，教学条件和教育手段不断改善。目前，全区有各级各类学校2556所，在校生18.5万人，教职员工1.57万人。其中：小学2474所，在校学生15.75万人；普通中学63所，在校学生2.13万人；中等专业学校15所，在校学生0.42万人；高等学校4所，有西藏大学，西藏农牧学院，藏医学院和民族学院，在校学生0.2万人。适龄儿童入学率已提高到54.5%，15岁以上的文盲、半文盲已下降到44.4%。西藏大中专学校自成立以来，普通教育和成人教育并举，已培养、培训各类专业技术人才和干部35000多人，其中有大专毕业生近万名，中专毕业生18000多人，他们分布在全区各条战线上，有的已成为各级领导干部或专业技术骨干。大力培养民族干部，是党的民族政策的重要内容，民族教育取得了丰硕成果。现在全区少数民族干部总数为37000多人，已占干部总数的67%。

〔科学技术〕在党和政府的关怀下，科学技术得到迅速发展。西藏已从一个科技十分落后的地区，发展成为有一家科研能力和科技基础的地区。全区已建立农业、交通、畜牧兽医、太阳能、高原生物、地质、水利、气象等学科的科研机构69个，其中县级以上独立科研机构17个。拥有1万余人的科技队伍，其中藏族科技人员已占50%以上。西藏在基础研究、应用科学研究、实用技术推广和科学普及中重点放在农牧业、太阳能利用、地热开发、地方病、高原病防治等方面。同时，藏医藏药、天文历算的研究也得到了重视和发展。1980年以来，全区共完成900多个科研项目，其中获国家和部委、自治区奖励的成果347项，有21项获全国科技大会奖励，许多项目取得了显著的经济效益和社会效益。近年来，西藏科技界还广泛与国内、国际上开展学术交流和技术合作。先后和尼泊尔、日本、瑞典、丹麦、美国、加拿大、澳大利亚、英国等国家在太阳能、风能、地热、农牧、气象、冰川、泥石流等领域开展合作项目达20项。科技事业的发展，使科研成果转化为巨大的生产力，推动了西藏经济发展和社会进步。

〔文化艺术、新闻出版〕西藏古老的文化以其特有的风采展现于世，现代文化带着新时代的色彩渗入高原，为有着悠久历史的西藏文化融入了新的活力。西藏传统的民族文化是祖国灿烂文化的一个重要部分。为了保护、继承和发扬藏民族文化，西藏现已成立了社会科学院、民族研究所等8个机构，使中国的藏学专门研究机构达到20多个。出现了一批以藏族学者为主的藏学研究人才。这些机构已整理、翻译出版300多种、上百册的藏学古籍、名著和历史文献。近十年来，西藏出版长、短篇小说集、散文集、报告文学近40部，收入作品1000余篇，其中600多篇出自藏族作家之手。西藏的民间文学、戏剧、音乐、舞蹈的发掘、整理工作也有很大的进展。目前正在编辑出版以“十大集成”志为总题的各类汇编和专著文章，将对藏族文化进一步发展具有极大的作用。1980年以来，国家先后拨款对西藏1400多座寺庙等古建筑进行维修保护。1991年，国家拨款3700万元，专门对布达拉宫进行全面整修。全区有专业艺术表演团体10个，文艺宣传队15个，业余文艺演出队150多个，电影发行放映机构82个，放映队553个。具备现代化设施和多功能的群艺馆6座，县级文化馆25座，年发行各种影片200部，年译制藏语片25部。自治区藏剧团、歌舞团先后出访美国、前苏联、日本、英国、瑞典等国演出，赢得了世界各国观众的赞誉。

西藏的广播电视，在坚持四项基本原则，维护祖国统一，突出地方民族特点方面发挥了自己的优势。经过几十年的艰苦创业，如今全西藏有广播电台、发射台、转播台23座，有线广播站74个，已基本形成全区性广播网。广播节目有5套，自办栏目50多个。西藏的电视事业起步较晚，但发展十分迅速。1984年在拉萨建成第一个卫星地面站，使拉萨人民可以在家里收看中央电视台的节目。“七五”期间，中央和西藏投资5400万元修建西藏电视台，并在全区各地建设电视接收、转播台站。仅7年多的时间，全区就建起电视台、转播台、差转台167座，卫星地面接收站364座，电视人口覆盖率达到35%。拉萨地区可以收看7个频道的电视节目。办好藏语节目，让群众看好电视，听好广播，是西藏发展广播、电视事业的宗旨。西藏人民广播电台一直使用藏汉两种语言广播，西藏电视台一直致力于藏语电视节目的发展。目前，藏语新闻、教学节目，藏语电视片、电视剧、电影故事片逐渐增多，节目内容越来越丰富。至今，“早听广播，晚看电视”已成为人们日常生活不可缺少的重要内容。广播、电视给西藏人民的政治、经济、文化生活带来了无比的喜悦和光彩。

出版发行部门在“以藏文为主，通俗普及为主，立足西藏、面向全国，走向世界”的方针指引下，先后出版图书、课本1500多种，5000余万册。近几年来，在全国图书评比中，有40种图书获奖，其中《四部医典系列挂图全集》获1987年“中国图书奖”，《班禅额尔德尼传》（汉文版）获1990年全国图书优质品奖。出版部门在整理古籍，抢救藏族古代文化遗产，收集出版优秀藏文古典著作方面取得了突出成绩。全区现有西藏人民出版社、藏文古籍出版社和广播电视厅音像出版社、印刷厂20多个，新华书店67个。

（三）人民生活水平显著提高。改革开放以来，西藏广大人民收入连年增加，消费水平大幅度提高，生活更加美满幸福. 1991年农牧民人均纯收入为455元，扣除物价上涨因素，比1980年增长1.6倍，人均消费支出340元。城镇居民家庭人均生活费收入2111元，比1981年增长2.3倍，人均消费支出1350元。职工年平均货币工资收入3355元。人民币储蓄存款年年上升，1991年末，城乡居民储蓄存款为5.83亿元，比1981年增长6倍。

农牧民家庭已拥有数量可观的生产资料，平均每户拥有生产性固定资产原值6021元，牲畜75头（只）；每百户拥有汽车9台，大小拖拉机6台，机动脱粒机3台，马车12台。农牧民人均实物消耗量为：粮食183.6公斤，食用油3.6公斤，肉类14.7公斤，奶类50公斤。在保持传统饮食习惯的同时，饮食结构向多样化发展，增加了蔬菜、禽蛋、烟酒、糖果、糕点等副食品的消费。人民的住房条件有了新的改善，西藏实行改革开放政策以来，农牧民群众在基本生活水平提高的同时，许多人翻盖了新房。人均住房面积由1985年的8.3平方米增加到1990年的10.9平方米。西藏日喀则地区江孜县有5.67万人口，80%以上的群众住进了新房，人均住房面积达40平方米。城镇居民住房面积也有所增加，从1978年到1991年，全民所有制固定资产投资就建成住房300多万平方米，居民人均住房面积由1985年的5.3平方米增加到现在的14平方米。

藏族人民基本上保持着传统的民族生活方式。但随着社会的进步，经济条件的改善，生活水平的提高，传统的生活方式也注入了现代化的生活内容。高档耐用消费品已进入普通藏族家庭，据抽样调查统计，每百户农牧民有自行车40辆，收录机58台，手表61只；城镇每百户居民有自行车212辆，彩色电视机88台，收录机84台，洗衣机42台，电冰箱24台，照相机26架。西藏人民的精神生活也越来越丰富、充实。电视台、艺术馆、体育馆、文化馆、图书馆、卡拉OK歌舞厅、电化教育馆等等文化设施的大量建设，给群众开辟了更加广阔的生活天地，增添了多彩的乐趣。

卫生事业迅速发展，西藏人民的卫生保健条件有了很大提高。全区现有各类卫生机构1000多个，病床5140张，各类卫生专业人员9300名，初步形成了民族卫生医疗队伍和遍布全区城乡的医疗卫生网。1985年，全区实现了儿童免疫率达到85%的目标，农牧区传染病的发病率大幅度下降。西藏人民健康水平显著提高，人均寿命由解放初期的36岁提高到现在的64岁。

二、坚持扩大开放，加强了西藏与国内外的交流

西藏长期以来，是我国最封闭的地区。不仅在世界上，西藏对于外界是个迷，即使是在国内，许多人对西藏的了解也知之甚少。西藏是一块神奇的土地，她始终披着面纱，使外界难以看到她的真实面目，了解她的真实情景。改革开放的浪潮冲击着西藏高原，使其揭开面纱，冲破封闭的格局，扩大了与国内外各方面的交流。外界逐步了解、认识了西藏，也使西藏在与外界的交往中，加快了奔向现代化的步伐。

（一）商品经济日趋活跃，城乡市场初步繁荣。随着对外开放，搞活经济方针的落实，全区商品生产和流通发生了巨大变化，商品经济迅速发展，逐步取代了封闭的、自给自足的、单纯生产型的自然经济。人们的商品经济观念、商品意识增强，经营、开拓思想初步树立，与国内外加强联系，进行经济合作的愿望日趋强烈。

在发展商品经济的过程中，作为商品流通主渠道的国营商业按照商品经济规律的要求，进行了一系列改革，加强横向经济联系，强化商业企业经营机制，由封闭式转向开放式，并把工作重点放到农牧区。从1984年起，在商品流通领域进行了一系列重大改革：取消了农副产品的统购派购，实行了自主购销；调减了工业品计划管理和政策性亏损补贴品种，扩大了市场调节范围；调整了社会商业结构，积极支持发展集体、个体商业，鼓励群众参与流通；实行对外开放，欢迎外省、市的国营、集体和个体工商户来藏从事经营活动；将过去全区统收统支的核算体制改为分级经营、分级核算；放开了农副产品和大部分工业品价格。这些措施开创了西藏商品流通领域的新局面，有多种商业形式并存。

改革开放的十几年中，西藏的商品销售额达到55亿元，平均每年递增7%，经营品种达到1万多种。全区现有国营商业机构网点3062个，集体供销合作社880个，平均每万人有19个网点，国营商业从业人员有24000多人。个体工商户已发展到36600多个，从业人员44000多人，自有资金1.3亿元，其中外省市6600多户，从业人员8000余人，另外，还有不计其数的个人摊点。个体商业的发展，进一步疏通了商品流通渠道，促进了社会主义商品经济的发展。全区商业日趋活跃，从拉萨到各地、市、县所在地，店铺林立，国营、集体和个体商业并存，公平竞争，广大城乡市场货源充足，购销两旺，从内地的日用工业品、高档电器、时装，到各类副食、新鲜蔬菜水果、禽蛋鱼肉应有尽有，到处呈现出一派商业繁荣的喜人景象。西藏人民再也不用为有钱而买不到东西发愁了。

（二）横向经济联合促进了西藏经济的发展。实行改革开放政策以来，西藏横向经济联合工作广泛开展起来。目前，全区范围内的横联网络已初步建立，一个多层次、多渠道、多形式、全方位的横联格局已逐步形成，合作的领域和内容越来越广泛。横向经济联合已成为我区经济发展的重要组成部分。我区坚持"扬长避短、形式多样、互利互惠、共同发展"的原则，已同全国许多省、市、自治区发展了横向经济联合与协作关系，同四川、贵州、云南、广西、青海、山西、甘肃、河南、江苏、浙江、内蒙古、陕西、山东等省区签署了省际间的经济技术协作纪要或协议。

积极开展区域性协作，建立了区域经济网络。1986年，我区正式参加了西南五省区七方经济协调会区域协作组织，此后，还相继加入了全国五个少数民族自治区、西北九省区、川滇甘青藏毗邻协作区、西南经济区市长联席会等区域性经济协作组织。同时，商业、物资、工交、农业、旅游等产业主管部门、经济研究和综合部门，以及机电、生产资料、建材等经济组织，分别开展了全区域的对口活动，建立了协调组织。积极促进企业间的横向联系和发展，不断探索我区企业发展的新路子，变资源优势为商品优势。联

合加工资源，改变过去单纯出口原料的状况，在内地合资经营企业，通过参与消化吸收先进技术和管理。狠抓技术、管理和人才引进项目，有力地促进区内企业的技术改造和资源开发。利用区内资源优势，多渠道、多形式地开展物资协作，为我区协进了一批紧缺物资和商品，在一定程度上缓解了市场供需的矛盾。

自1984年以来，我区共洽谈和签订各类横向经济联合与协作项目近千项，实际完成约40%，1988年至1990年底共签订各类横向经济联合与协作项目340项，实施155项，新增利税7000多万元。我们与四川、青海、贵州等省联营，在我区和内地建立了一批联营企业，取得了初步成效。

（三）对外贸易发展良好，进出口总额逐年增加。1980年以来，全区进出口贸易总额达11亿多元，是1953年至1979年27年的2倍多。1991年实现外贸进出口总额3470万美元，其中出口1613万美元。

为实施全方位的开放，1986年利用"三资"和接受国际援助的工作开始起步。当年在香港举办了首届经贸洽谈展览会，对投资环境、引进外资的优惠政策作了大量宣传，并签订了15个经济技术合作项目意向书，取得很大成功。外商对西藏投资开发资源兴趣倍增，5年来，先后有香港、德国、意大利、瑞士、法国、奥地利等许多国家和地区的外商前来考察和洽谈。截止目前，利用外资达100多万美元，接受国外援助2400多万美元，推动了电力、农业、卫生、教育、加工等许多行业的发展，取得了较好的社会效益。

为实现对外贸易的全面发展，按照一业为主，多种经营、灵活多样的原则，积极扶持发展出口商品生产，建立稳定的生产基地，出口产品的生产已形成一定的规模，主要品种有：畜产品、药材、地毯等。邻国贸易不断发展，边贸数额逐年增加。西藏有21个边境县与周边国家相邻。目前，主要开放的口岸有：樟木、吉隆、普兰和日屋。

（四）旅游业已发展为西藏的重点行业。旅游业是西藏具有美好前景的产业部门，西藏素有"地球第三极"之称，具有独特的自然地理和人文景观，旅游资源十分丰富，发展旅游业的潜力很大。

1985年后，西藏43项重点工程的建成，使旅游基础设施迅速扩大。现在西藏已成立旅行社11家，相继建成拉萨饭店、西藏宾馆以及日喀则、泽当、那曲、阿里、江孜等涉外饭店、宾馆19家，拥有客房2000余间，床位3600张，年接待能力10万人次。所建旅游饭店等级不一，规模不等，都颇具民族风格和地方特色。对外开放的旅游线路和景点不断增加，已开辟的景区有60多个。从1980年至1991年，共接待海外来藏的旅游者15万人次，实现利润5440万元。

旅游业的发展，给西藏带来了新的信息，注入了生机，开阔了人们的视野，增进了西藏同外界的友好交往和经济文化交流，使国外进一步加深了对西藏的正确了解。为配合西藏加快改革开放的步伐，大力发展旅游业，全区增加投入，努力改善交通、道路、通信、住宿等基础设施；增辟新的旅游线路和景点，开展独具特色的丰富多彩的旅游项目；开拓旅游产品生产，带动相关行业的发展；加强对旅游业的管理，提高各项服务质量；加强对外宣传，吸引更多的海外游客，迎接西藏旅游业春天的到来。

三、国家大力扶持西藏的开发建设

党的十一届三中全会以来，国家先后召开了三次西藏工作座谈会，专门研究西藏问题，为西藏制定了一系列更加放宽的特殊政策和灵活措施，加快西藏的经济建设和各项事业的发展。

1. 对西藏实行了更加优惠的政策。西藏除享有"中华人民共和国民族区域自治法"所赋予的各项权利外，在农牧区实行"两个长期不变"的政策，即在保持土地、森林、草场等公有制的前提下，实行以家庭经营为主的多种经营方式，"土地归户使用，自主经营，长期不变"和"牲畜归户，私有私养，自主经营，长期不变"。农畜产品的销售以市场调节为主，工商企业主要发展个体和集体经济。在一段时期内，免征集体、个体生产的民族必需商品的工商税。从1980年开始，规定十年内对农牧民免征农牧业税，不下达农牧副产品派购任务，废除一切形式的摊派。这些政策使广大农牧民得以休养生息，加快了治穷致富的步伐，促进了农牧区经济的发展。在对外开放方面，实行了比其他地区更为优惠的办法，如外贸出口享受百分之百外汇留成的特殊优惠待遇，留成外汇的使用，在一定范围内不受国家规定的限制，允许西藏在内地转销一般性进口商品等等。教育方面，西藏实行了免费教育，对少数民族学生提高助学金标准。从1985年起，对重点中小学和边境地区中小学学生实行"三包"，即包吃、包穿、包住，费用全部由国家负担。西藏实行全民免费医疗，农牧民群众看病、吃药不收费。

2. 国家投以巨资，帮助西藏发展民族经济。从1952年至今，国家给西藏的财政补贴累计达157亿元，用于西藏重点建设项目的基建投资累计达63亿元，两项合计达220亿元。最近几年，国家对西藏的投资大幅度增长，1991年各项资金投入达到17亿元之多。国家的巨额投资，初步改变了西藏农牧业、能源、交通、邮电通信、教育等基础产业和基础设施的落后状况，为经济的较快发展奠定了重要的物质基础。

3. 国家动员各兄弟省、市(区)帮助对西藏的开发。从1973年到1987年，全国10多个省、市派出了2600多人组成的医疗队进藏工作，向藏族医务工作者传授医疗技术，深入工厂、农牧区为广大群众防治疾病，并加快了对少数民族医务人员的培训。70%的藏族医务人员在内地进修学习过，技术业务水平显著提高。为了帮助西藏发展教育，国家始终坚持从内地选派教师或分配大中专毕业生到西藏工作。仅1974年到1988年的14年间，各兄弟省市就为西藏选派了2544名中学教师和425名高校教师。同时还为西藏代培了1400多名师范大学生。到1991年，共有6000多名援藏教师和内地毕业的大中专生参加过西藏的教育工作。1987年，国家第二次援藏工作会议上确定了智力援藏、发展西藏教育的方针，国家拨款5300万元作为内地为西藏办学的经费。内地21个省、市为西藏培养学生，开办西藏中学或西藏班。目前，在内地学习的藏族学生有8800人，全部享受国家免费教育。1984年至1985年，内地9省、市抽调了技术水平较高的建筑队伍，援助西藏建设43项重点工程。这批援藏工程的建设，对促进西藏能源、交通、教育、文化、旅游、卫生、城建等方面的发展，起到了积极作用。

(徐　强　舒晨明 撰稿)

90年代西藏经济社会发展纲要

本世纪最后十年，是我国社会主义现代化建设历史进程中非常关键的时期，也是西藏在已经取得巨大成就的基础上，继续贯彻中央对西藏工作的一系列重要指示和党的十三届七中全会以及自治区第四次党代会精神，进一步巩固和发展安定团结的政治局面，大力促进经济发展和社会进步，建设团结、富裕、文明的社会主义新西藏的关键时期。

制订今后十年的奋斗目标，既要考虑本世纪内的问题，又要考虑为下世纪的经济发展准备后续力量。总的要求是，要使我区国民经济的整体素质有一个较大的提高。

——在不断提高经济效益和优化结构的基础上，国民生产总值10年年均增长5.8%；国民收入年均增长5.4%；工农业总产值年均增长5.2%，其中，农业总产值年均增长3.8%，工业总产值年均增长10.4%。

——稳步地解决人民群众的温饱问题，部分群众达到小康水平。生活质量要进一步改善，达到丰衣足食，居住条件逐步改善，在衣、食、住、用、行等方面的消费进一步充实，物质生活和精神生活水平都有一个较大的提高。

——发展教育事业，推动科技进步，改善经营管理，调整经济结构，搞好重点建设，为二十一世纪经济和社会的较快发展奠定物质技术基础。

——大力发展社会主义的商品经济，逐步建立以公有制为基础的计划经济与市场调节相结合的经济体制和运行机制。

——社会主义精神文明建设达到新水平，社会主义民主和法制建设进一步健全。

今后十年，西藏经济和社会发展的主要任务有以下几个方面：

一、要切实协调安排好国家帮助西藏建设的重点项目

为加快西藏的开发建设，1991年国务院召开专门会议，形成了《研究落实西藏开发建设有关问题的会议纪要》。《纪要》对西藏的重大经济开发问题作出了决定，确定了一批重点建设项目。这些项目的建成，必将为西藏二十一世纪初叶经济的全面发展奠定物质基础。今后十年国家帮助兴建的重点建设项目主要有：

——"一江两河"中部流域综合开发工程。指雅鲁藏布江、拉萨河和年楚河的中部流域河谷地带。包括18个县，人口76万，分别占自治区和三地市总人口的36%和66%；耕地总面积151万多亩，分别占自治区和三地市耕地面积的45.6%和69.1%。这一区域气候温和，人口相对密集，交通方便，是西藏的主要产粮区，为西藏政治、经济、文化比较发达的腹心地带。优先发展这一区域，对促进全西藏的经济社会发展具有十分重要的意义。国家从1991年开始，决定投资10亿元，用十年时间，把这一地区逐步建成商品粮、副食品、轻纺手工业生产和科技示范推广等四个基地。目前，这一综合开发项目开局良好，进展顺利。

——羊卓雍湖抽水蓄能电站。羊卓雍湖位于雅鲁藏布江南岸浪卡子县境内，湖面海拔4441米，面积638平方公里，蓄水量150多亿立方米，蕴藏着丰富的水能资源。羊卓雍湖抽水蓄能电站是能源部"八五"计划重点建设项目，投资8亿元，设计装机容量11.25万千瓦，1989年开工，计划1994年第一台机组建成发电。1997年电站全部建成后，将从根本上缓解拉萨市及周围地区电力供应紧张局面。

——整治和改建四条重要公路。公路运输是西藏的经济命脉。国家决定在"八五"期间，投资3.77

亿元,用3年时间完成对青藏公路347公里冻土段的整治任务;今后10年投资10亿元,整治和改建川藏公路;同时,要投入一定的资金整治那昌公路;改造中尼公路。1991年,四条公路的整治和改造工程都已全面展开。

——拉萨贡嘎机场扩建工程。包括一条4000米长的机场跑道和新建一座候机大楼,工程总投资2.68亿元。机场跑道已于1991年9月竣工,质量达到国家优良工程标准,为目前国内最长的跑道,可起降波音747等大型客机。

——邮电通信建设项目。国家决定"八五"期间投资1.65亿元,建设拉萨市邮政枢纽楼,新增程控自动电话1.1万门,建成47个县的54个VSAT卫星地面站及配套设施。

二、积极调整产业结构

西藏今后将重点加强农牧业,切实加强能源、交通、邮电通信、矿业基础设施和基础工业,积极发展轻纺、民族手工业、建筑业和第三产业。

——坚持以农牧业为基础的方针,改变农牧业基础脆弱的状况,增强发展后劲。大力发展农牧业,重点搞好粮、油、肉、奶生产,使粮食和畜产品产量上新的台阶。同时,继续引导和扶持农牧民发展多种经营和乡镇企业,搞活农牧区经济。为此,要进一步加强领导,稳定和完善现行农牧区政策,充分调动广大农牧民的生产积极性。大幅度增加对农牧业的投入,在各级财政增加投入的同时,要鼓励农牧民增加投入。今后十年,在农业基本建设上要着重办好几件大事:一是坚持以水为龙头、蓄、引、提结合的方针,加强对现有水利设施的管理和技术改造,同时新建一批骨干水利工程;二是以改造中低产田为主,同时,有步骤地开垦宜农荒地;三是改造和建设草场,建成一批投资少、效益好的草畜基地;四是大力开展植树造林,提高综合经济效益和生态效益。大力抓好科技、教育兴农,建立健全科技服务体系,提高科学种田和科学养畜水平。

——切实加强能源、交通、邮电通信、矿业等基础设施和基础工业的建设,尽可能增加投入,使基础设施与基础工业的面貌有较大改善。能源建设要坚持开发与节约并重的方针,大力发展水电,稳妥开发地热,积极推进太阳能的利用,适当发展风力发电,有计划、有步骤地更替油电。公路建设实行建养并重、养管并重的方针,建设以改善、提高现有公路为主,养护以国道、省道为主。总的目标是:治理青藏路冻土带,治理川藏路,改造中尼路,进一步改善拉贡路,打通墨脱路,加快边防公路建设,逐步形成以国营为骨干,集体为辅助,个体为补充的运输网络。要积极创造条件,发展区内航空事业。邮电通信实行"统筹规划,条块结合,分层负责,联合建设"的方针,坚持长期与近期、扩建与新建相结合的原则。通信建设以无线为主,无线和有线结合,大力发展卫星通信,到本世纪末,基本实现全区各县长话接续。矿产地质工作要为经济发展准备必要的矿产资源储备,矿业以开发铬、金、铜、铅、锌、硼等矿为主,积极稳妥地发展矿产品加工和盐、铬、硼为主要原料的化工工业。

——积极发展轻纺、民族手工业、建筑业和第三产业。利用我区丰富的农畜土特产品资源,大力发展毛纺、皮革、藏成药和食品工业等。不断调整产品结构,采用新技术、新工艺,更新老旧设备,增加花色品种,提高产品质量,搞好新产品研究开发,多创名优产品,扩大出口创汇。建筑业的发展一定要同我区经济建设和改善城乡居民的居住条件相适应。第三产业要重点发展为生产和生活服务的行业,以活跃市场,繁荣城乡经济,提高人民生活水平,缓解就业压力。

三、大力发展科技、教育事业

——认真贯彻"经济建设必须依靠科学技术,科学技术工作必须面向经济建设"的基本方针。要深化科技体制改革,加强科技管理和科研机构建设,增加对科技的投入,推动科技事业的全面发展。搞好科技队伍建设,特别要重视对藏族及其他少数民族科技人员的培养,不断提高科技队伍素质。

——科学研究要突出重点。要紧紧围绕解决国民经济各部门生产中的技术难题,特别是要为解决农牧业、能源、交通、原材料加工和民族手工业发展等方面的重大课题进行研究,提供科技保证和科技服务。

——加快科技成果向生产力转化。农牧业要抓好投入少、效益好、见效快的科技成果的推广应用,大面积提高种植业的单位面积产量和畜牧业的综合经济效益;企业要围绕提高产品质量,开发新品种,降低物质消耗,提高劳动生产率,保证安全生产等方面,用先进技术装备进行改造和更新,使企业的经济效益明显提高。

——重视和加强高原科学基础研究。在搞好实用科学研究、推广的同时,搞好高原医学、生物学、地质学、气象学的基础研究,增强科技发展后劲。

——努力加强社会科学研究。坚持以马列主义为指导，理论联系实际，着重研究建设团结，富裕、文明的社会主义新西藏中的重大理论问题和实践问题。

——继续深化教育改革，合理调整教育结构，努力提高教育质量和办学效益，逐步增加对教育的投入，千方百计地加快教育事业的发展。

——全面提高各级各类教育水平。重点加强基础教育，优先办好师范教育，大力发展职业技术教育，积极发展成人教育和电化教育，巩固提高高等教育，根据不同地区实施不同年限的义务教育，积极开展扫盲工作。中小学要狠抓教育质量，大中专教育要根据社会需要，调整教育结构，拓宽专业服务面。

——进一步改善知识分子的工作条件和生活条件，充分发挥他们在建设社会主义新西藏中的重要作用，努力做到人尽其才，才尽其用。在全区范围内形成尊重知识，爱护人才的良好社会风尚。

四、发展各项社会事业，促进经济与社会协调发展

——继续执行现行的计划生育政策。要加强对计划生育工作的领导和宣传，根据不同情况，实行分类指导，完善各种服务，提倡并鼓励农牧民自觉实行计划生育和优生优育，提高人口质量。平均人口的自然增长率，“八五”末力争控制在16.8‰以内，“九五”期间控制在16‰以内。

随着生产的发展，使部分群众生活达到小康水平。努力增加消费品的生产和供应，逐步改善城乡居民居住条件，使人民群众在衣、食、住、用、行等方面的消费进一步充实，消费结构趋于合理。积极发展文化、医疗保健、体育等事业，使人们的精神生活更加充实。同时，不断改善生活环境和劳动环境。各级政府对目前尚未解决温饱问题的农牧民，要采取科技扶贫和生产扶贫的办法，帮助他们发展生产和多种经营，尽快实现治穷致富。

——加强社会主义精神文明建设。坚持不懈地进行思想政治工作；进一步繁荣社会主义文化事业。

——努力搞好环境保护，防止和控制生态环境恶化。珍惜和合理利用土地、森林、草场和矿产资源，通过生物工程措施和环境地质监测，努力减少地震、洪涝、塌方、泥石流、土壤沙化等自然灾害对人民生命财产的危害，采取切实措施，保护野生动植物资源。大力植树造林，改善环境质量。

五、继续推进经济体制改革，不断完善和发展社会主义制度

今后10年，我区经济体制改革的方向是：坚持社会主义制度的自我完善和发展；坚持社会主义有计划的商品经济；坚持以社会主义公有制为主体的多种经济成分并存的所有制结构。积极探索我区在公有制基础上的计划经济与市场调节相结合的经济体制和运行机制。

——按照政企分开的原则，完善厂长（经理）负责制，建立国营企业管理体制，建立和完善企业具有自我积累、自我约束、自我发展能力的经营机制。探索公有制经济多种有效的实现形式。

——加强市场体系和市场组织的建设，建立起少数重要商品和劳务价格由国家管理，其他一般商品和劳务价格由市场调节的价格形成机制和价格管理制度。

——处理好国家、集体、个人三者的利益关系，处理好消费与积累的关系，使企业把更多的自有资金用于自身的技术改造，增强发展后劲。

——按照社会主义有计划商品经济的规律，改进计划管理，逐步实现由直接管理为主向间接管理为主的转变，建立和完善以价格、税收、利率、法规和行政手段等宏观调控办法，形成宏观经济调控体系。

六、进一步扩大对外开放

——努力增加出口货源，扩大对外贸易，调整出口商品结构，发展出口商品加工，由目前主要出口原料型的初级产品逐步向主要出口半成品，制成品转变。进一步扩大对外宣传，争取更多的国际援助，改善投资环境，吸引外商投资。积极引进先进技术，并做好技术的消化、吸收和创新。

——坚持“扬长避短，形式多样，互惠互利，共同发展”的原则。制定更加优惠的政策，鼓励区外各种经济组织和个人来藏投资，兴办、租赁或承包企业。横向经济联合与协作一方面要注重引进人才、技术、设备和管理，另一方面要有选择的与区外建立我区紧缺商品的长期供求关系。

——发展旅游业，扩大对外开放，增加外汇和财政收入，促进相关行业的发展。

以上提出的奋斗目标、指导方针和主要任务，是今后10年国民经济和社会发展的总体部署。“八五”时期，应着眼于控制总量，调整结构，提高效益，促进经济的良性循环。“九五”要在理顺基本经济关系的基础上，全面实现到本世纪末的各项目标和任务。

（徐 强 舒晨明 撰稿）

典型地区和典型企业

拉萨在改革开放中前进

拉萨市位于西藏高原中部，地跨东经89°8′—92°8′与北纬29°5′—31°2′之间，平均海拔3650米，行政区划总面积29538.9平方公里，辖7县1区，人口36.15万。是别具一格，既有浓郁佛教色彩又有现代文明的一座古老而又年轻的历史文化名城。

拉萨属内陆高原性气候。这里空气透明度高，阳光充足，降水量少，空气较为干燥，相对缺氧。年平均温度8.5℃，年降雨量一般在300—450毫米，年日照2550小时以上，素有"日光城"之称。

一、历史沿革

拉萨始建于吐蕃王朝初期，距今已有1300余年历史。自吐蕃王朝在这里主政开始，拉萨就是西藏的行政中心以及与中原和印度、尼泊尔等国进行政治、经济、文化交往的要塞。元朝初年，西藏正式归入中国版图后，西藏成为中华民族大家庭中的一员，拉萨便是中央政府在全西藏行使政权管理，进行经济、文化和外事活动的中心。

1951年中华人民共和国中央人民政府与西藏地方政府签订了和平解放西藏的《十七条协议》，西藏和平解放，拉萨回到人民手中，成为中华人民共和国西藏自治区的首府，也是全区政治、经济、文化、科技、教育的中心。和平解放后的40多年来，在国家和西藏自治区党政领导的关怀和支持下，西藏进行了大规模的建设，经济、文化和各项社会事业迅速发展，使拉萨发生了翻天覆地的变化。特别是中国共产党第十一届三中全会以来，拉萨各族人民按照党中央给予的一系列特殊政策和灵活措施，遵循邓小平同志倡导的建设有中国特色的社会主义的战略思想，从拉萨的实际出发，大胆的推进改革开放。使拉萨的建设迈出了新的步伐。

二、经济及社会发展的现状

旧西藏由于受政教合一的封建农奴主专制制度的长期统治，拉萨的生产力十分低下，生产方式原始落后，经济极其封闭萧条。农牧业生产纯粹靠大自然恩赐；除几家手工业作坊外，完全没有现代工业；没有一条象样的公路，物资运输全靠人背畜驮；教育被统治阶级垄断，人民被剥夺了受教育的权利；除"门孜康"有少数几个人从事天文历算外，别无科技可言。

解放后，废除了封建农奴制度，彻底砸烂了严重束缚生产力发展的桎梏，特别是改革开放以来，拉萨市经济和各项社会事业的发展取得了令人瞩目的成就。

〔**农牧业生产**〕党中央赋予西藏的一系列特殊政策和灵活措施，极大地调动了广大农牧民发展农牧业生产、繁荣农牧区经济的积极性。几年来通过对农牧业生产的大量投入和农牧业实用科学技术的运用与推广，大大提高了农牧业生产的效益，促进了农牧业生产的发展。1991年全市粮食总产达12.2万吨，比1980年增长47%，比1952年增长4.24倍。亩产从1952年的52公斤，提高到233公斤，增长了3.5倍。牲畜年末存栏头数达174万头(只)，比1980年增长15%，比1952年增长94%，农畜产品的商品率也在不断提高。农牧区第二、三产业逐步发展，封闭的自然经济格局已被打破。

〔**工业生产**〕现已初步形成了具有高原民族特色，以加工为主，包括电力、矿业、机械、建材、纺织、缝纫、服装、工艺美术、食品饮料、饲料加工等较为齐全的工业门类。到1991年全市已有工矿企业91个，职工总人数1.04万人，工业总产值1.24亿元。但由于多数企业建立时间不长，管理和技术水平较差，生产能力未能完全发挥。现有工业无论在规模和数量上，都远不能适应经济、社会发展和人民生活提高的需要，还需加速发展。

〔**交通运输及邮电通信**〕1954年川藏、青藏公路全线通车，把拉萨和祖国的西南、西北紧密连接起来。1956年5月，当雄机场建成通航，建起了拉萨——成都——北京的空中桥梁，1965年又新建了拉萨机场，经近几年的改造扩建，彻底改变了拉萨交通闭塞的局面。经过四十年的努力，现在的拉萨已是西藏的交通枢纽和物资集散中心。境内干支线公路交织成网，公路通车里程达2382公里，百分之百的乡已通车。空运除可直达成都、北京、广州外、还开办了到加德满都的国际包机服务。

在通信事业的发展中，国家从人力、财力、物力和技术上给了巨大的支援和帮助。目前，全市有邮电局所22处，邮电线路总长1070公里，运邮设施基本满足需要。1991年的业务总量是1961年的20多倍。卫星通信已经开通。1992年4月建成程控电话，标志着拉萨的邮电通信已进入现代化阶段。现在的拉萨国际、国内通信都十分方便。

〔**城乡市场和对外贸易**〕拉萨地域辽阔，人口居住分散，大力开拓城乡市场，搞活商品流通有特别重要的意义和作用。和平解放以后，商业坚持为生产服务、为农牧民生活服务的方向，取得了可喜的成绩。近十年来随着改革、开放、搞活方针的实施，一个多种经济形式、多种经营方式、多种渠道流通的商业经营机制已经形成。国营、集体、个体商业在竞争中共同发展。1991年全市有商业网点近万个，从业人员1.4万余人。在从业人员中：国营约占22%；集体为3%；个体近75%。城乡市场活跃，购销两旺。1991年全市社会商品零售总额达3.83亿元，比1980年增长2.4倍。

拉萨的城乡市场有巨大的潜力。特殊的生活环境和人群结构，构成了对商品结构的特殊需求，特别是少数民族特需商品，目前在品种、规格、数量上都不能满足。随着经济的发展，群众生活水平的不断提高，市场变化的加快，迫切要求进一步开拓城乡市场，搞活流通。

拉萨的外贸刚刚起步，许多业务还未开展。但本市不少农畜产品、土特产品、工艺美术产品以及地毯、矿产品等都享有国际盛誉，组织出口，发展外贸，前景十分广阔。

〔**旅游业**〕拉萨的旅游业虽然起步较晚，但发展很快。特殊的地形地貌、自然环境、民族风情、浓厚的宗教色彩，众多的名胜古迹，吸引着大批的中外游客。不少原始景点令游客目不暇接；藏族人民的朴实无华、热情好客，更使游客留连往返。近几年到拉萨的旅游者成倍增长。1991年共接待中外游客1.57万人次，创收4190万元。随着旅游业的迅速发展，进一步促进了对外交往和带动了相关行业的发展。

〔**教育卫生科研及文化事业**〕1991年拉萨辖区内已有大学2所，在校学生1098人；中等专业学校9所，在校学生2790人；普通中学16所，在校学生8000余人；小学492所，在校学生3.37万人。教育事业的发展，培养造就了一大批本民族的干部和专业技术人才。

——1991年全市已有医院、防疫站、妇幼保健院、药品检验、卫生技术学校、研究院(所)等各类医疗卫生机构236个，专业卫生技术人员2645人，病床1565张。市属各县(区)都有比较完善的医院，所有的乡基本上实现了有医有药。不仅能及时为群众治疗各种疾病，而且对危害严重的地方病、多发病进行了大面积的预防和控制。人民群众的身体素质明显提高，少数民族人口比1952年增加1.54倍。

——1991年，辖区内已有农牧、建筑、水电、交通、经济、医疗卫生等科研院所19个，在应用科学领域进行了大量的研究和推广工作，在生产建设中发挥了重要作用。

——1991年全市有专业文艺团体7个。图书、杂志、报纸出版印数1975万册(张)；广播、电视发射台3座，市属各县都建立了电视录像转播台和差转台。广播人口覆盖率达95%以上，电视人口覆盖率近60%。文化事业的发展，在社会主义精神文明建设中，发挥了巨大的作用。

〔**人民生活**〕随着经济和各项社会事业的发展，人民群众的生活水平不断提高。1991年全市农牧民人均纯收入470元，比1980年增长146%，不少农牧民住进了新房。城市居民生活费收入大幅度增加，1991年人均达2111元，彩电、自行车等耐用消费品拥有量在全国省会城市名列前茅。城乡居民储蓄余额达2.35亿元，比1980年增长近6倍。

三、城市建设

解放前的拉萨，除寺庙建筑雄伟、领主、贵族的宅院和八廓街周围有一些二、三层石木结构的楼房外，市区居民绝大多数住在低矮狭小、阴暗潮湿的土坯房内。城区建成面积不足3平方公里。街道狭窄、布局零乱、晴天扬灰、雨天泥泞，没有什么公共设施。解放后，党和人民政府为改变拉萨市的市容市貌和人民群众的居住条件，拨给大量资金，进行大规模的城市建设。经过长期努力和1964年、1984年的城市建设大会战，以及"七五"计划期间对老城区的重点改造，使拉萨的面貌焕然一新。如今的拉萨，高楼林立，街道整齐宽阔，绿树成荫，服务功能齐全。昔日的土坯房已被混合结构的高楼取代，城区建成面积已达40平方公里，是解放初期的13倍多。到1991年底，建成市区道路70条，水泥、油渣路面110万平方米；建成自来水厂2座，日供水4万余吨；下水主管道76公里；有城市公共汽车(包括私营)300多辆；市区绿地面积700余公顷，绿地覆盖率达18%以上。新建的拉萨假日酒店、西藏宾馆、日光宾馆、群艺馆、拉萨电影院、人民会堂、劳动人民文化宫、体育馆等一大批现代化建筑，与布达拉宫、哲蚌寺、色拉寺、大台寺雄伟的古建筑群体相映成辉，使拉萨成为一座既有民族宗教特色，又有现代文明的美丽城市。

四、发展远景

拉萨辖区内，动植物品种繁多，矿产资源丰富，广阔的地域面积和特殊的地形地貌，给拉萨的开发建设提供了丰富的地上地下资源，为今后的经济起飞，展示了广阔的天地和美好的前景。农牧区盛产的鹿茸、麝香、贝母、虫草、雪莲、沙棘……等高原名贵中药材，早已享誉全国，驰名中外。可供开采的矿产资源主要有：铅锌、硼镁石、硫磺、铝土、大理石等，这些矿藏不仅储量大，品质优良，而且开采方便。铁、金、银、铜等矿产也有一定储量。雅鲁藏布江、拉萨河、堆龙河、墨竹河及其支流，储有丰富的水能资源。所辖当雄、堆龙德庆、墨竹工卡等县有极其丰富的地热资源。目前全国最大的地热电站——拉萨羊八井地热电厂，位于当雄县羊八井乡，距拉萨仅有90公里。

拉萨旅游资源可观。众多的文物古迹和特殊的自然地貌，是发展旅游业的强大优势。据初步考察，辖区内可供开发的旅游景点有50多处，目前开发的不足20处，有60%的景点尚待开发。其发展前景十分广阔。

拉萨土地资源十分丰富，宜农、宜林、宜牧尚待开发的土地还有20余万亩。近郊可为国内外投资者提供的土地，占用费少，选择余地大。

根据拉萨市"八五"计划和十年规划，今后发展总的战略思想是：坚定不移地坚持党的"一个中心、两个基本点"的基本路线，在中央统一方针、政策的指导下，依照民族区域自治法的规定，紧密结合拉萨的实际，团结全市各族人民，继续深化改革，实行对内对外开放；以发展科技为先导，以提高经济效益为中心，以满足各族人民日益增长的物质文化生活为目的，本着突出重点；积极开发、循序渐进的方针，依据国家财力和国内外市场的需要，积极开发优势资源，发展外贸、旅游产品的生产，促进国民经济协调、持续、稳定增长。建设有本民族特色的社会主义精神文明和物质文明。努力使拉萨的经济有较快的发展，力争到本世纪末达到全国的中等水平。为二十一世纪的经济起飞做好必要的经济和技术准备。

依据上述战略思想，近期发展目标是：抓好全市农牧业生产，加快工矿企业结构调整和技术改造，搞活流通、发展对外贸易，加快民族手工业和乡镇企业发展。同时，充分利用中央投入的"一江两河"开发资金和边疆少数民族地区不发达资金，积极引进区外、国外合营、合作资金，引进人才和技术，搞好基地和开发区的建设。初步设想：拟建立当雄县肉食、畜产品生产基地，城关区和林周县蔬菜、副食生产基地，堆龙德庆县、曲水县粮食生产基地。建设拉萨东郊民族轻纺工艺产品开发区，拉萨西郊外贸出口产品开发区，拉萨河南旅游资源开发区，墨竹工卡县矿业开发区等四个开发区。

实现上述目标，大体分两个阶段进行，1993年到"八五"计划末期为第一阶段，着重抓好三大基地的建设。这一阶段的开发投资重点是：对于国计民生关系密切，而又投资少、见效快、周期短的项目。1996年—2000年为第二阶段，重点进行四个开发区的建设，要力争在2000年取得明显成效。

五、合资合营的投资方向及优惠政策

根据拉萨现有基础和发展远景的要求，拉萨市人民政府热诚欢迎国内外各界人士和团体组织来拉萨投资办企业，合作开发拉萨丰富的地上地下资源。近期主要投资方向和项目是：

(一) 畜牧业。以当雄县羊八井乡为基地，引进资金和技术建立肉类食品联合加工厂，畜产品综合加工厂，此地距拉萨90公里，交通方便，能源有保证。以林周县彭波地区为基地建立畜牧养殖场，距拉萨70公里，水源、能源有保障，交通方便。以拉萨东郊白定为基地发展蔬菜副食生产和加工，距拉萨10余公里，土质、水源条件极好，能源、交通方便。

(二) 采矿业。引进资金、设备和技术建立墨竹工卡县甲玛多金属矿采选场，此地距拉萨80公里，交通方便，能源有保证。

(三) 能源开发。拉萨河水电资源储量极大，距拉萨90余公里的墨竹工卡县直孔乡境内，可建装机容量十万千瓦的水电站一座。

(四) 渔业开发。引进资金、技术和设备，建立纳木湖捕渔场。纳木湖距拉萨240公里,距羊八井地热田150公里。从当雄县城到湖区有简易公路相通。渔资源蕴藏量30余万吨,在羊八井设厂加工、能源、用水以及交通等均有保证。

(五) **工贸开发**。引进资金、设备、技术和人才,分别在拉萨东郊和西郊建设"民族轻纺工艺产品开发区"和"外贸出口产品开发区",为国内外厂商在拉萨投资设厂、开发民族轻纺工艺产品和外贸出口产品提供基地。

(六) **旅游业**。引进资金、技术和人才,建设"拉萨河南旅游开发区",新建有吸引力,适宜对外开放,有民族特色的旅游设施,发展具有西藏传统文化特征的旅游纪念品的生产。

此外,凡有利于改造现有企业,生产进口替代产品和出口产品的项目;有利于技术进步适应国内外市场需要,提高产品质量,增加生产能力,提高经济效益的项目;建设农牧业生产和试验基地,改良农牧副产品的项目;新工艺、新流程、新技术和扩大生产的新设备、新材料、新产品等项目,都欢迎国内外厂商前来参与开发。

总之,凡有利于加强拉萨国民经济薄弱环节的项目都欢迎国内外厂商前来合作,形式可以多种多样,既可以采取中外合资、合作生产,也可以采取设备租赁、补偿贸易的方式。除矿业外,其他产业还可采取独资经营的方式。

拉萨市人民政府对前来拉萨投资、经商办企业、合作开发拉萨资源的国内外集团、公司、个人,国外藏胞、港、澳、台同胞(以下统称"客商"),除根据中央改革开放的方针,贯彻《国务院关于鼓励外商投资的规定》,执行西藏自治区人民政府关于贯彻《国务院关于进一步推动横向经济联合若干问题的规定的实施办法》、西藏自治区人民政府《对外投资的优惠条件》、《西藏对外经济技术合作的优惠政策》外,还将根据《中华人民共和国民族区域自治法》赋予的权利和中共中央(1992)2号文件的精神,采取更加灵活的措施,予以更多的优惠。

中央改革开放的政策和拉萨解放以来四十多年的建设成就,为"客商"来拉萨投资办厂创造了良好的外部条件和基础。目前,拉萨民族团结,政通人和,形势很好。但资金短缺,技术落后,人才不足是进一步发展拉萨经济的主要制约因素。拉萨市人民政府将坚定不移地贯彻改革开放的方针,积极为"客商"创造条件,引进国内外资金、技术和人才,以加快改革开放的步伐,促进国民经济的全面发展。

朋友,当您看到这篇短文的简单介绍后,您对拉萨可能有了一个大概的了解。如果您要进一步了解和认识拉萨,或者对前来拉萨投资办企业有兴趣,欢迎您来实地考察。质朴好客的藏族人民将敞开大门,热情欢迎您的到来。

(肖 锋 撰稿)

世界屋脊上的日喀则地区

日喀则(藏文意思是"土质最好的庄园")地区位于西藏自治区西南部,土地面积17.6万平方公里,平均海拔4000多米,是历代班禅的驻锡地。该地区南接印度、锡金、不丹,西连尼泊尔,边境线长1570公里,是祖国西南边疆的前哨和与南亚各国人民进行友好交流的前沿地区。辖18个县(市)、一个县级口岸。现有人口56万人,居西藏自治区各地市之首。地区行政公署所在地日喀则市,是西藏第二大城市,素有后藏首城之称,是全地区政治、经济、文化和信息传递的中心。

日喀则有举世闻名的世界第一高峰、有气象万千的冰峰林海、有水草丰茂的宽阔牧场,有碧海万顷的肥沃良田,有奔腾不息的滔滔江河,有历史悠久的古迹名胜,有别具一格的旅游胜地,也有国际贸易的通商口岸,是一个具有一定开发价值的藏民族聚居区。

一、经济发展概况

西藏民主改革以前,日喀则地区在"政教合一"的封建农权制度流治下,绝大部分财富集中在不足人口百分之五的三大领主手中,那时该地区的经济发展极为缓慢,生产力水平十分落后,人民群众生活极端贫困。直到二十世纪五十年代,全地区的工业、电力、交通、运输等还基本上处于空白状态。

从1959年民主改革至今,这里的经济建设发展很快。到1991年底,工农业总产值已达到5.62亿元

(按1990年不变价计算),是1959年的5.4倍。其发展过程、大体可分为三个阶段:

第一阶段,1959年到1965年的7年间,是日喀则地区经济稳定发展时期。这期间,通过民主改革,彻底埋葬了封建农奴制度,变封建农奴所有制为农牧民个体所有制,大大解放和发展了生产力。民主改革以后,在中央"稳定发展"方针的指导下,日喀则地区的农业、工业、交通运输都有了很大发展。到1965年,全地区工农业总产值达到7484万元,比1959年增长75.24%,平均每年递增8.3%。

第二阶段,1966年到1978年的13年,是日喀则地区经济起飞的奠基时期。这期间,经过农牧业和手工业社会主义改造,实现了生产资料的个体所有制到社会主义公有制的过渡。其间虽遭受"文革"的干扰,但由于广大干部、群众的坚决抵制,经济仍有不小的增长。到1978年底,工农业总产值达到1.32亿元,比1965年增长76.97%,平均每年递增4.48%。

第三阶段,1979年到1991年的13年;是日喀则地区经济起飞时期:这一期间,日喀则地区以经济建设为中心,坚持四项基本原则,坚持改革开放,在农牧区实行"两个长期不变"的政策,极大地调动了农牧民的生产积极性,进一步促进了生产力的发展。到1991年底,全地区工农业总产值比1978年增长75.84%,平均每年递增4.44%。

经过以上三个阶段,日喀则地区的经济开始出现"三个转变",即由单一型经济逐步向综合型经济转变,由封闭型经济逐步向开放型经济转变,由自给型经济逐步向商品型经济转变。这"三个转变"目前正在继续深化,它必将使日喀则地区的经济产生新的腾飞。

二、主要建设成就

改革开放以来,日喀则地区经济建设迅速发展,各项事业都取得了显著成绩。主要表现在七个方面:

(一)农牧业生产取得很大成就。1979年以来,日喀则地区粮油总产量以每年4.4%的速度递增,1991年粮油总产量达到26.1万吨,比1979年增长67%,牲畜年末存栏数由1979年的536.1万头(只)增加到1991年的547.8万头(只);农业总产值1991年达到5.4亿元,比1979年增长78%。

(二)工业生产稳步增长。改革开放给日喀则地区的工业企业注入了活力,经济效益明显提高。1991年工业总产值达到2172.6万元,是1979年的1.43倍,平均每年递增3.0%;主要产品产量发电量、原木、地毯等均在直线上升。

(三)能源、交通、邮电事业有了很大发展。1979年以前,日喀则地区的能源,交通、邮电事业很不发达,改革开放以后,日喀则地区狠抓基础设施的建设,成绩显著。到1991年底,全地区已建有电站68座,装机容量1.2万千瓦,年发电量达3278万度。全地区通车里程6350公里,汽车发展到2752辆。全地区有邮电局(所)25处,各县乡已全部通邮。

(四)商业、外贸、旅游业发生了很大变化。到1991年底,全地区国营商业服务网点315个,基层供销社289个。区内纯销售额6397万元,是1979年的1.43倍。边境互市贸易日趋活跃,外贸进出口总额逐年增加,达到517.4万元。旅游业从1987年起步以来,五年共接待游客8万余人次,营业收入2365万元,创汇286.5万美元。

(五)文教卫生事业发展很快。到1991年底,全地区已有各级各类学校737所,在校学生4.96万人,适龄儿童入学率、达到49.1%,为社会各行各业输送中专、初中毕业生10264人。全地区共有各类卫生机构247个、病床908张、各类卫生专业人员1218人,分别是1979年的1.4倍、1.73倍和2.72倍。

(六)群众生活水平得到很大提高。1991年,农牧民人均收入比1979年增长4.6倍,剔除物价上涨因素,仍有较大幅度增长。全地区城乡存款余额为7037万元,是1979年的9.4倍,其中农牧民存款2185万元,是1979年的11.8倍。

(七)城市建设成绩突出。日喀则市是西藏自治区西南部重镇,也是一个重要的公路交通枢纽和商品集散地。1979年以前,这里的城市建设进程缓慢,人口仅2.36万人,城区面积仅约3平方公里。公共设施落后,城市功能很差,只相当于祖国腹心地区的一个中型集镇。十三年来,特别是设市以来,在自治区大力支持下,投入了相当多的资金进行城市建设。截止1991年底,全市建成道路36公里,其中柏油路面8.3公里,并在主要干道下修砌了1.4万米长的排水管道;新建800立方米高位调节水池一个,铺设给水管道2万多米,给水普及率达到60%;大力兴建新城区,住宅面积新增45万平方米,在中央关怀下,新建了日喀则饭店和百货大楼,加上其他商店、邮电、银行、饮食等设施和占地2万平方米的农贸和小百货交易市场,公共服务网点日甄完善。日喀则地区行署和市人民政府对人民的卫生、教育和文化生活也十分重视和关心。新建了一家医院和地区人民医院门诊大楼,在联合国儿童基金会的资助下,投资修建了市妇幼保健院。新建中学1所，小学3所，群艺馆1个，对市内原公觉林卡进行大规模整修等。还新建了卫星地面接收站和电视台。所有这些，极大地改善了人民的物质和文化生活。

经过多年建设，目前日喀则城区面积已发展到9平方公里，人口已达到4万人。街道整洁，绿树成荫，部分市区以前破旧不堪的景象已荡然无存。随着改革开放的不断深入，其自身功能将不断增强，在四化建设中的辐射面将不断拓宽。

三、经济发展优势

回顾过去，日喀则地区的经济建设取得了令人鼓舞的成绩；展望未来，日喀则地区的经济有着诱人的光明前景。

（一）农牧业综合开发潜力巨大。农牧业既是日喀则地区的基础产业，也是优势产业。全地区现有耕地116.78万亩(统计面积)，约占全自治区的三分之一；粮食产量25万吨，年提供商品粮3.45万吨，均占全自治区的40%左右；油菜籽产量约占全区的40—50%。草场面积9906万亩，其中可利用草场6813万亩，1991年载畜量547.8万头(只)，约占全区的四分之一；河谷草甸草场面积大、水源足、草质优，宜发展人工割草草场；年可产羊毛1900多吨、奶4万吨、皮张约100多万张，除为区内提供大批商品外，发展外向型畜牧业具有较大的潜力。特别是“一江两河”中部流域六县(市)，人口密集、交通方便，且土壤肥沃、气候温和、阳光充足、水热同步，有利于发展农林牧以及农牧副产品加工，是自治区“一江两河”中部流域开发的重点，有良好的发展前景。

（二）边境贸易得天独厚。日喀则地区有9个边境县。全自治区27个边贸点日喀则就有17个，4个开放口岸中就有3个(吉隆、樟木、日屋)在日喀则地区。充分利用这一地利优势，大力发展同周边国家的邻国贸易、转口贸易等，对该地区的经济发展将会起到重要作用，并有助于同邻国文化、科技的友好交往。随着我国和周边国家睦邻友好关系的发展，边境贸易将更加活跃。

（三）旅游资源独具特色。日喀则地区具有发展山地旅游、登山探险、观光旅游和科学考察的极为优越的条件。世界上有12座海拔8000米以上的高峰，日喀则地区就占5座。珠穆朗玛峰、洛子峰、马卡鲁峰、卓奥友峰和希夏邦马峰并列于该地区的南部边缘，构成了世界上最雄奇壮观的极高山群，为世人称之为地球第三级；珠穆朗玛峰自然保护区的设立，更为该地区的旅游增添了新的色彩。

丰富的传统文化是日喀则地区又一大旅游优势。该地区共有大小寺庙200多座。宏伟的扎什伦布寺坐落在日喀则城西日光山南侧，寺内的弥勒佛是扎寺杰出的文物之一。这座高26.4米的镀金佛像是目前世界上最高最大的铜塑佛像。“第二敦煌”萨迦寺坐落在古老的萨迦县城，是国家重点文物保护单位，被称为“巨大的艺术宝库”，因其珍藏有国内外特别是国内元朝以来，从中央到地方的各种历史文物，故为中外学者所瞩目。

丰富多采的歌舞，源远流长的戏剧，脍炙人口的民歌，深有影响的文学，能歌善舞的藏族人民热情好客，构成了日喀则地区独特的人文风情。这一切都吸引着国内外游客和藏学工作者纷至沓来。

这几年，为适应日益发展的旅游业的需要，日喀则地区已兴建宾馆、饭店3座，开放旅游景点7个，为旅游的进一步振兴开辟了广阔的前景。

（四）民族手工业历史悠久、风格淳朴。日喀则地区有传统的民族手工业数百种，江孜地毯、日喀则藏鞋、铜器和仿古藏式家具、拉孜藏刀、吉隆木碗、竹编制品、在国内外久负盛名，在金、银制品中，有7种产品被评为部优产品。从事传统民族手工业生产的能工巧匠有数千名，其中藏毯艺人占全区的70%左右。民族手工业制品大部分原料基本有保证，市场广阔，很有发展前途。

（五）矿产资源丰富。据地矿部门提供的资料，全区有硼砂、铬铁、食盐、金、锂、铝、锌等矿藏40余种。其中大部分矿产品位高、储量大，易开采。若能合理组织开发，逐步进行精选加工，经济效益将十分可观。

（六）政策优惠环境宽松。1979年以来，中央和自治区制定的一系列特殊政策和灵活措施，为日喀则地区的经济发展创造了较为宽松的环境：一是享有《民族区域自治法》所赋予的特殊政策；二是在土地、税收、资金等方面有比内地更为优惠的政策；三是各兄弟省市及区内各地区的大力支持。所有这些，都为该地区挖掘自身潜力、发展经济提供了更为优越的条件。

日喀则地区具有较好的投资环境和优惠的政策，地区行署热切欢迎区内外、国内外朋友、港澳和台湾同胞来日喀则投资兴办企业，合作开发日喀则丰富的自然资源，加快日喀则地区经济发展。

（卢连连 撰稿）

西藏藏药厂

一、药厂概况

西藏自治区藏医院藏药制药厂位于西藏拉萨市娘热路，占地面积24787平方米。工厂为西藏自治区藏医院的下属单位，所生产的各种藏药主要供应自治区藏医院防病治病自用，部分供应区内各地区藏医院、外省藏医院、私人藏医诊所和国外病人使用。

目前，藏药制药厂有120多名职工，拥有800万元资金。现已能生产350个品种的藏成药，常年生产150个品种。工厂主要生产丸剂，还批量生产散剂、汤剂等，每年生产藏成药6.5万多公斤，产值达582.5万元。制药厂现有配药、粉碎、提取、制丸、包装等7个车间，基本实现了生产机械化和半机械化。

制药厂主要产品有：仁青然纳桑培（又名七十味珍珠）、常觉珍宝丸（又名常觉）、仁青丹地尼阿（又名二十五味珍珠丸）、仁青芒觉（又名芒觉珍珠丸）、仁青坐珠达西（又名三十五味坐台）、仁青玉宁尼阿（又名二十五味松石丸）、仁青球玛尼阿（又名二十五味珊瑚丸）等7种名贵藏成药。这7种名贵藏成药是藏药的重要组成部分，均采用传统配方和多种藏药材，其中含有许多珍贵藏药材，以现代科学方法与传统工艺相结合加工而成。除医治主要疾病外，还适用于治疗一些杂症，用途比较广泛，疗效显著。藏药享誉国内外，医治高血压病、心脏病、脑溢血、瘫痪病、胃溃疡、陈旧性胃病、癫痫病和一些慢性病有显著疗效。特别是7种名贵藏成药在治疗一些疑难病症方面经长期临床实践验证，有独特的疗效。藏医药为保护人类的健康作出了一定的贡献，驰名中外。但目前由于有些原料紧缺，藏药供不应求。如能增加原料和改善生产条件，发展潜力极大，将能为更多的患者带来福音。

藏成药“然纳桑培”（又名七十味珍珠丸），1980年和1988年先后两次荣获国家优质产品银奖。然纳桑培、常觉珍宝丸、仁青芒觉、仁青坐珠达西、仁青玉宁尼阿、仁青丹地尼阿、仁青球玛尼阿等七种名贵藏成药被选为1990年全国医药卫生科技成果展览会展出产品。其中：然纳桑培，常觉珍宝丸、仁青芒觉荣获优秀奖。常觉珍宝丸、仁青坐珠达西、仁青芒觉等藏药在治疗萎缩性胃炎中用现代手段临床随访研究，有效率达96.4%，荣获1988年卫生部科学技术进步三等奖。

然纳桑培、仁青坐珠达西、仁青玉宁尼阿曾荣获1980年西藏自治区优质产品奖。藏成药生产项目在1989年全国星火计划成果适用技术展览交易会上荣获金奖。1990年在北京举办的首届中国中医药文化博览会上藏药然纳桑培（七十味珍珠丸）获《神农杯》金奖，藏药常觉珍宝丸获《神农杯》铜奖。藏成药然纳桑培、常觉、坐台，1990年和1991年连续两次在广州举办的第二届、三届国际专利及新产品新技术展览会上获金奖。1991年在北京举办的国际传统医药展览会上“然纳桑培”又获荣誉奖。

二、发展简史

藏医、药具有2000多年的悠久历史和独特的理论，并以丰富的经验，在藏族人民中享有较高的威信。藏医药是藏族人民在生产劳动中同疾病作斗争创造出来的，并不断吸取祖国内地和外来医学经验，从实践上升为理论的民族医学。1963年以前，藏医院有个规模极小的藏药加工组，其生产条件十分落后，没有一件比较象样的制药设备。厂房设在一间只有50平方米的藏式旧房屋里，整个制药过程完全靠笨重的手工劳动。当时年产藏成药只有250—350公斤，生产的品种只有150种左右，只能维持藏医院用药。

为了迅速改变缺医少药或无医无药的状况，党和政府提出了“努力继承，大力发展藏医藏药”的口号，并在拉萨市人民政府及有关部门的重视和大力支持下，于1964年8月8日正式成立了拉萨市藏医院藏药制药厂。厂房由原来的50平方米扩大到了200平方米，制药工人由7人增加到20人，并设立了粉碎、制丸和制药三个组。要提高藏药产量，粉碎工序是关键。经过技术革新，用电动石碾子代替了古老的人工石臼粉碎药物，解放了劳动力，提高了工作效率。藏药年产量由原来的1000多公斤提高到1万多公斤。

十一届三中全会的春风吹遍了万里高原，藏医院制药厂也更加兴旺发展了。在区卫生厅、藏医院的领导下和区有关部门的大力支持下，厂房由1964年的200平方米扩大到1980年的1000平方米，并从内地引进了一些必要的技术设备，使藏药厂的产量又有了较大的提高。到1980年底，藏药年产量达到了6万多公斤。不仅满足了藏医院的用药，还可供应全区各地藏医院和个体藏医的部分用药。

1980年拉萨市藏医院归自治区卫生厅直属领导，工厂也随之改为自治区藏医院制药厂，并从1981年开始陆续从老藏药厂搬迁到新厂址。从1981年至1991年的10年是藏药厂发展变化的高峰阶段，厂房扩大了，设备增加了，生产工序和规模也有了很大的发展。传统的藏药不仅在区内深受藏族人民的欢迎，而且在国内外也有比较高的声誉。

三、技术结构

藏药作为藏医的传统名贵药品沿用至今，经历了10多个世纪。在使用和生产过程中不断改进、完善处方和生产工艺，并陆续发现新的用途。特别是以现代科学方法和传统工艺相结合的药材配方、配料、提取、包装等生产工艺，向人们展示了越来越浓厚的民族特色。

藏药制药厂技术力量雄厚，仪器设备齐全，现已成为全区藏药生产的重要基地。工厂还设立药物研究试验室。目前，正在开展对喜玛拉雅紫茉莉（根茎）的化学成分研究、藏药"八味珠砂丸"骨折愈合作用的研究、喜玛拉雅紫茉莉种子的抗生育有效成分研究、补血宝的工艺及质量的研究。

四、改革、开放以来的成就

党的十一届三中全会以来，西藏藏药制药厂认真贯彻执行党的卫生工作方针，坚持把社会效益放在第一位，进一步加强思想政治工作，重视医德、医风教育，深化医疗卫生工作改革，使藏药厂始终沿着社会主义道路向前发展。

目前，区藏药制药厂成为西藏的一个初具现代规模的藏药生产中心。职工中，具有藏医药高级技术职称的2名，中级职称的6名，技术工人已占全厂职工总数的70%。工厂总建筑面积从50平方米增加到6300平方米，藏药生产从年产1500多公斤增加到最高10万公斤。对药物剂型也进行了改革，除丸剂、散剂外，还生产补血糖浆、止咳糖浆和感冒冲剂。现代化的制药工具为藏药生产的标准化、工艺化、机械化创造了条件。生产的药品不但能独占全区藏医药市场，而且还供应四川、青海、云南、甘肃、内蒙等省、市、自治区，还有部分贵重药品远销国外。

五、发展前景

藏医藏药是藏族人民长期与疾病作斗争的结晶，它为藏族人民的繁衍昌盛作出了重要贡献。继承和发扬藏医药事业对在西藏建设有中国特色的社会主义卫生事业具有十分重要意义。为了使藏医藏药事业更好地适应改革开放新形势，近年来，藏药制药厂通过厂房的改造，逐步更新设备，加快藏药剂型改革，提高藏药质量，不断满足群众需求。同时，不断加强藏医药科研和学术交流，与有关单位合作，用藏药治疗肝炎、脑血栓引起的瘫痪，都收到了较好的效果。目前，藏药制药厂人员素质偏低，特别是缺乏藏药研究人员。因此，必须花大力气抓好人才培训工作。除国家医药管理局规定带徒名额外，根据藏药制药厂的实际情况，将给有实践经验和一技之长的老藏医药师傅配备有发展前途、基础又较好的人员，以在实践中言传身教的方式进行培养，充实自己的科研队伍。同时，继续加强藏药剂型改革。随着人们对药品多样化的要求，品种单一的传统藏药难以满足人们的需求，藏药剂型改革势在必行。

必须提高藏药质量，改进成药包装、装潢，打开生产供销渠道。拟将完成藏药针剂、糖浆、软膏、胶囊、水剂等高效、安全、方便的新剂型的研究，以及五种藏药针剂的研究和生产工作。对珍珠七十味及常觉二药进行高装的设计，为创名牌和批量出口作准备。计划在"八五"期间进一步更新设备，提高产品质量，加强藏医药与国内外的学术交流和技术合作，促进藏医藏药走向世界。

经费是发展藏医药的重要保证。缺少足够的经费作后盾，要继承和发扬传统藏医藏药事业就是一句空话。近年来，老藏医药专家相继去世，而年青一代接不上茬。加之藏药制药厂的条件还比较差，业务水平提高缓慢，培训机会又少，人员素质偏低。为此，制药厂希望得到国内外技术、管理、培训、资金等方面的支援与合作。

（更堆达吉　洛桑次仁　撰稿）

前进中的江孜地毯厂

西藏自治区江孜地毯厂，近年来在改革开放的洪流中，大刀阔斧，革弊除旧，抓住时机，调整战略，加强管理，内挖外引，成绩斐然，硕果累累，使江孜地毯——这一古老的民间工艺艺术品犹如古木逢春，又吐新绿。

一、企业概况

江孜地毯厂位于西藏日喀则地区江孜县城，是一个以生产出口卡垫、地毯为主的集体所有制企业。全厂占地面积 22011 平方米，用于生产和营业办公的建筑面积约 3600 平方米。设有洗毛、纺线、染色、织垫、剪花、设计等 6 个车间。现有职工 205 人，固定资产 98.5 万元，公共积累 125 万元，具有一定的技术实力和较高的工艺水平。机械设备，主要有纺线机、平剪机、剪沟机、织垫架等。水电供给系统设备齐全。

江孜地毯厂主要生产卡垫、地毯、挂毯、马垫、靠背、坐垫等毛织系列产品。生产能力年产各类产品 5000 平方米，产值 130 万元。花色品种 70 余个。产品销往北美、西欧、东南亚十余个国家和地区。工厂生产的挂毯适于大型会议室、宾馆、饭店及现代家庭装饰。产品规格大小齐全。图案具有民族特色，色调凝重，气势恢宏，有较强的浮雕感和较高的欣赏价值。工厂生产的布达拉宫挂毯，1984 年曾荣获中国工艺美术品百花奖。地毯系列产品，图案以花草为主。工厂生产的福寿三多等地毯以其古朴典雅、美观大方的艺术风格，在欧美市场倍受欢迎。卡垫系列产品，规格一般为 3×6 米，品种多样，最受欢迎的是二龙戏珠、龙凤呈祥、缠枝西蕃莲等传统产品。城廓式盘龙卡垫，1987 年曾获全国轻工业少数民族用品优质奖。这些产品染色凝重艳丽，图案编织清新高雅，均畅销区内外。靠背、坐垫、马垫等系列产品深受藏族人民喜爱。

二、发展简史

江孜的卡垫生产已有 600 多年的历史。远在西藏萨迦王朝之前，岗巴嘎西的岗绒和白朗汪丹的仲丝生产技术就传入江孜，这两种产品近似藏被和氆氇，没有严格的规格要求，图案也只是简单的几何图样。

由于江孜地处交通要道，它东去拉萨，南经亚东，可到锡金、印度，西经日喀则、萨迦可通尼泊尔，是旧时西藏对外通商的一条重要商道。游客商贾，多云集此地，络绎不绝，使之成为西藏古时的重要商埠，刺激了江孜卡垫生产的发展。元时，江孜城里已家家有织机，户户闻织声了。卡垫生产出现了空前的繁荣局面。

据史料记载：公元 1251 年，八思巴去京都朝见世祖忽必烈时，呈献的贡品中就有江孜卡垫。此后，江孜卡垫在京都颇受欢迎，博得了“蕃人精品”的美称。随着卡垫生产技术的不断改进，到明清时期，江孜已成为西藏卡垫生产的中心。十三世达赖土登加措把江孜几个最好的织垫匠师请到拉萨，令其为官家制作各种卡垫，使江孜卡垫生产工艺开始传入拉萨。江孜卡垫已不仅是西藏地方统治者向中央王朝朝贡的贡品之一，也是外商与当地群众购买的抢手货，使江孜卡垫更快的发展起来。民国年间，英国商人也曾在江孜开办卡垫编织小型工厂和小工艺学校。

西藏民主改革以后，江孜的卡垫生产得到进一步发展。先进的科学技术给这古老的民族手工业注入了新的生命力。1973 年，在党和政府的关怀与支持下，以老艺人为主，成立了江孜卡垫生产合作社。建厂伊始，一无资金，二无厂房，生产原料也较为缺乏。职工们发扬自力更生，艰苦奋斗的精神，以五把“它尺”起家，自己动手，就地取材，先后派出数百人次采集用做染料的大黄叶 2.4 万公斤，刨挖大黄根 4000 公斤，拉运白土 1.9 万公斤，酸性泥巴 6000 公斤，解决了染料问题。当年生产卡垫 1800 平方米，产值达 14 万元。1977 年改建为江孜地毯厂。1980 年，国家投资 40 万元，扶持江孜地毯厂新建厂房 2938 平方米，投资技术培训费 1.68 万元，扩大了企业生产能力。次年，产值达到 110 万元。1988 年，扩建了面积 556 平方米的挂毯车间和营业部。至此，形成了设计、生产、销售门类齐全和能生产各种地毯系列产品的综合性地毯企业。

三、技术结构

江孜地毯独树一帜，它结构紧密，制作技术精湛，色调典雅，图案丰满、生动逼真、古拙质朴、全料纯毛，手感强烈，经久耐用，色泽不退，富有鲜明的民族特色。既是当地民族喜爱铺用的生活品，又是民族工艺美术品。江孜地毯之所以具有这样的特色和优势，主要在于它的用料、染色及编织方法与众不同。主要工序为：选毛——洗毛——撕毛——刷毛——纺线——合股成球——染色——织垫——平剪——剪沟等。基本上是手工作业。

近年来，工厂对地毯生产技术和设备进行了一系列的改造和更新。原来织垫用的架子由小架换成了大架和半自动化铁架，这样可以在一个架子上同时编织两条卡垫，提高了工效。平剪工序也基本实现了自动化，还研制了脚踏纺线车、电动磨兰靛床、电动砸大黄根机等，提高了生产效率。染料上，利用天然矿石和天然植物染料，加进助剂，配制出各种染料近 100 种；随着国际地毯市场需求的变化，工厂已逐渐采用国际上通用的优质化学染料。图案设计，一方面对传统图案进行了积极改进，另一方面，又以西藏名胜山水为题材，设计出许多新的图案，还可按照市场和客户要求进行设计生产。

四、改革开放以来的成就

改革开放以来，特别是中央对西藏采取特殊政策以来，江孜地毯厂大刀阔斧，在用工、工资、生产、销售等方面进行了一系列改革，增强了竞争意识和市场观念，建立了严格的生产责任制，增强了企业自身发展活力。同时积极开展横向联营和经济技术交流。1978 年以来，该厂曾多次派技术员到天津地毯厂和北京地毯一厂学习染色、平剪及洗毯技术。1987 年又与美国中亚咨询公司建立了良好的经济合作关系，与英国、德国、加拿大、瑞士、奥地利等国的商人也有经济往来，拓宽了销售市场，提高了产品竞争力。通过以上改革措施，工厂的生产量和销售量近年来直线上升，取得了较好的经济效益。

1980 年至 1991 年的 12 年间，共生产卡垫、地毯、挂毯等系列产品 54569 平方米，其中 1991 年产量达 5000 平方米，比 1979 年的 3235 平方米增长了 55%；12 年总产值为 934.46 万元，其中 1991 年产值达 120 万元，比 1979 年的 28.61 万元增长了 319%；12 年职工年均收入 1662 元，其中 1991 年职工人均收入达到 3300 元，比 1979 年的 402 元增长了 720%。12 年共出口各类产品 42500 英尺，创汇 170 万元（人民币），出口额占全西藏地毯出口总额的 85%以上。同时，还办起了职工夜校，设立了职工养老基金，解除了职工后顾之忧，使职工精神面貌焕然一新。职工以厂为家，以厂为荣，苦学技术，严守纪律已蔚然成风。

五、企业发展前景

江孜地毯厂今后 10 年的战略目标和发展设想是：到 1995 年，年产地毯、卡垫等系列产品 1 万平方米，年产值达到 300 万元，其中 90%的产品出口创汇；到 2000 年，年产 1.5 万平方米，产值 450 万元，其中 95%以上产品出口创汇。为此，一是扩大生产规模，根据江孜县"八五"计划和十年规划的安排，以江孜地毯厂为龙头，组建江孜地毯生产经营总公司，采取国家、集体、家庭一齐上的方式，形成规模生产。二是引进人才、资金和技术，在互惠互利的原则下，与区内外、国内外企业开展横向联合。三是积极开发新产品，增添花色品种，进一步提高产品质量。四是力争参加各种展销会，积极开展拓销活动。

江孜地毯历史悠久，选材讲究，工艺精湛，品种齐全、质量上乘、驰名中外，欢迎各界客户选购。

（田海燕 撰稿）

开发大事记

（1979 年—1991 年）

1979年

1月19日 地矿部门宣布，西藏地质工作者在西藏高原找到了40多种矿产，其中探明储量的有铁、煤等23种。在藏南和藏北发现了几百个铬矿体。在昌都地区发现了一个储量为几百万吨的大型铜矿床。发现的地热田和地热显示区有100处左右。近二十年来，从全国各地调藏的地质工作者4000多名，还培养了1257名藏族地质人员。

5月5日 拉萨市藏医院收集整理出24种（套）藏医古籍的木刻原版3004块。其中有公元八世纪古代藏医学家宇妥·宁玛云登贡布等的巨著《居悉》（四部医典）等。

6—8月 中国科学院青藏高原综考队对西藏又成功地进行了一次科学考察。参加这次考察的有15个科研单位和大专院校的100多名科学工作者。考察以地学为主，包括古地磁、重力、古生物、第四纪地质地貌、地球化学、冰川湖泊、自然地理等。采集标本1万多件，取得多种数据1500多个，还发现了一批植物和古生物新品种。

7月21日 从中央国家机关和北京、湖北、湖南、天津、四川、云南、上海、江苏、山东、安徽、陕西、辽宁、山西、河北、河南、黑龙江、吉林、浙江、贵州等地抽调的援藏干部，已全部到达拉萨和各地区，走上新的工作岗位。

8月15日 昌都卡岩新石器时代遗址发掘工作结束。大量出土文物说明，早在四五千年前，西藏高原的居民就与黄河流域的人们有着密切关系。

9月1日 中尼两国在共同边界上联合建造的第二座友谊桥——热索桥建成。

11月20日 西安至拉萨航线通航。

12月19日 区党委召开扩大会议，第一书记任荣作西藏国民经济调整的报告。会议决定半农半牧区由“以农为主”改为“以牧为主”、“牧农结合”的方针，农区实行“以农为主，农牧副三结合”的方针。同时大力发展民族手工业和民间运输，加快区内商品流通。

1980年

1月3日 青海省格尔木至拉萨新航线正式通航。

5月15日—6月3日 区党委召开二届五次全委扩大会议，传达贯彻了五中全会精神和中央转发的《西藏工作座谈会纪要》。会议制定了实行休养生息、减轻农牧民负担，加快发展国民经济步伐的措施。

5月22日 由胡耀邦、万里、阿沛·阿旺晋美、杨静仁率领的中央工作组抵达拉萨。5月29日，胡耀邦向西藏自治区4500多名干部作了《为建设一个团结、富裕、文明的新西藏而奋斗》的重要讲话。

6月13日 区党委发出关于农村牧区若干经济政策的规定（试行草案），内容共10条。

12月6日 区党委和人民政府从西藏实际情况出发，决定关、停、并、转一批长期亏损的工业企业。

1981年

6月10日 西藏地质局第二地质大队探明的铬矿储量占全国总储量的一半。

10月5日—13日 自治区人民政府召开全区经济工作座谈会，会议分析了西藏经济形势，强调要抓好农牧区这个大头，提出了一些重要的政策和措施。

12月25日 羊八井地热试验电站正式发电，每日可向拉萨供电2000千瓦以上。

1982 年

4 月 17 日　区党委和人民政府作出关于延长免征农牧工商税期限的决定。

5 月 16 日　西藏第一次人口普查(全国是第三次)比全国提前一个半月,于 5 月 16 日在全区全面展开。普查结果为:控制区人口 1892393 人。

9 月 19 日　自治区人民政府发出通知,批转区农牧厅关于建设商品粮和商品畜产品基地的意见。商品粮基地县 10 个:江孜、白朗、日喀则、贡噶、乃东、琼结、达孜、曲水、堆龙德庆、波密;畜产品基地县 2 个:当雄和安多。

12 月 30 日　羊八井地热试验电站新建的一台 3000 千瓦发电机组投入运行,从而使这个电站的总装机达到 7000 千瓦。

1983 年

1 月 15 日　全区计划会议在拉萨市召开。会议提出了 1983 年国民经济和社会发展的主要指标和完成计划的主要措施。

4 月 23 日　国务院批准拉萨市的总体规划。规划要求,把拉萨市建设成为民族团结、文明整洁、繁荣富强和具有历史文化名城特色的社会主义城市。

4 月 24 日　经国务院批准,西藏筹建第一所综合性大学——西藏大学。校址设在拉萨市。

5 月 8 日　我区第一部研究民族手工艺编织品的专著《西藏冲丝》编写完成。

7 月 10 日　我国地质工作者在西藏盐湖第一次发现大面积嗜盐藻菌。这一发现,对开发我国高盐环境的藻菌资源,及开拓与其相关的地质生态学和盐矿微生物环境的研究,有重要意义。

9 月 20 日　自治区人民政府作出决定,停建缓建 22 个基建项目,压缩投资 1730 万元,以集中财力物力保证青藏公路改建等工程早日建成。

10 月 29 日　区党委和人民政府在拉萨召开对口支援西藏大会。阴法唐和赵维臣同志先后在会上讲了话。这次对口支援共落实项目 65 个,包括能源开发、公路建设、资源调查、农牧业资源规划、轻工、科研等。并落实了 10 个对口支援单位。

12 月 23 日　《藏医医学辞典》出版。全书共 2800 多个藏医名词,共 60 多万字。

1984 年

3 月 9 日　国产大型"运十"客机首次商载成功。

4 月 27 日　人民政府公布了发展农牧区经济的九项有关政策。

5 月 15 日　单嘎大桥建成通车。这是继曲水、岗嘎、加查三座大桥后,又一座跨越雅鲁藏布江的大桥。

7 月 1 日　拉萨饭店正式破土动工。

7 月 20 日—30 日　自治区四届人大二次会议在拉萨召开。会议通过了政府工作报告的决议、关于自治区 1994 年国民经济和社会发展计划草案的决议、关于自治区 1983 年财政决算和 1994 年财政预算草案报告的决议等。

8 月 19 日　中央书记处书记胡启立、国务院副总理田纪云、商业部部长刘毅、国家经委副主任赵维臣等到达拉萨,来西藏调查研究,指导工作。

10 月 30 日　中共中央、国务院发出通知,原则同意并转发了《胡启立、田纪云同志赴藏调查研究的报告》。

10 月 5 日　继羊八井地热田之后,在藏北那曲镇附近又发现一个面积 7—15 平方公里的热田。

11 月 19 日—29 日　区党委三届三次全委扩大会议在拉萨召开。会议讨论修改了《关于改革经济体制,加快经济发展的意见》。

12 月 1 日　一座南北主索跨径为 500 米的国内最大跨径吊线——达孜大桥,建成并正式通车。

12 月 21 日—23 日　电子工业部、解放军总参通信部和广播电视部在拉萨联合召开拉萨卫星通信地面站交验大会。拉萨卫星通信地面站正式交付使用。

1985 年

1 月 10 日—21 日　自治区人民政府在拉萨召开全区计划和财政会议,安排了 1985 年计划和财政预算指标。

1 月　区党委和人民政府制定《关于改革经济体制加快经济发展意见》,内容分 8 个部分。

3 月 16 日　自治区人民政府批转区经济计划委员会《关于计划体制改革的意见》。

3 月 26 日　自治区人民政府批转财政厅《关于对国营企业试行利改税第二步改革的报告》。

6 月 15 日—21 日　全区经济体制改革座谈会在拉萨召开。

6 月 28 日—7 月 2 日　自治区科协和经计委联合召开"七五"计划论证会。

6 月 29 日　拉萨至贡噶公路改造工程竣工通车。公路为二级和三级柏油路面。

7月20日　西藏第一所综合性大学——西藏大学建成，学校暂设15个专业。阿沛副委员长在大会上发表了祝贺讲话，班禅副委员长发来贺电。

7月24日　自治区四届人大三次会议胜利闭幕。会议通过了关于自治区人民政府工作报告的决议、关于西藏1985年国民经济和社会发展计划草案报告的决议、关于自治区1984年财政决算和1985年财政预算草案报告的决议等。

7月30日　世界上第一条海拔最高，通过560多公里冻土段的青藏公路柏油路面，全线铺通，大大改善了西藏至青海省的交通条件。

8月12日　43项工程中规模最大的工程——拉萨饭店的竣工交钥匙与落成典礼大会在拉萨举行。

9月1日　拉萨各族各界35000人在劳动人民文化宫广场举行盛大集会，热烈隆重庆祝西藏自治区成立20周年。中央代表团和自治区领导同志出席了大会。

1986年

1月　以西藏自治区主席多吉才让为团长的代表团在香港举行了贸易洽谈会。

3月5日—17日　全区计划、财政会议在拉萨召开。

4月14日—18日　自治区经济体制理论讨论会在拉萨召开。

8月1日　山南地区沃卡二级电站建成发电。

11月　西藏最大的水泥厂拉萨水泥厂扩建工程竣工投产。

12月　羊八井地热试验电站4号机组和快装机组于年底建成发电。

1987年

1月10日　自治区人民政府召开全区计划、财政会议，安排1987年计划和财政预算指标。自治区主席多吉才让作了题为《更新观念，转换职能，发展商品经济》的重要讲话。

5月　前西德总理科尔来西藏访问时，决定对中国西藏拉萨皮革厂援助，进行改造，援助资金为535万西德马克。

7月26日　自治区四届人大五次会议在拉萨召开。会议通过了1987年国民经济和社会发展计划草案报告的决议及自治区1986年财政决算和1987年预算草案报告的决议等。

9月上旬　国家计委委员吴奕良同志带领43项工程回访组，到拉萨、山南、日喀则等地听取对43项工程质量和使用情况的意见。

10月8日—20日　国家计委副秘书长兼办公厅主任马李胜同志一行8人到西藏考察指导工作。

12月15日　自治区人民政府召开全区计划、财政会议，安排1988年国民经济和社会发展计划及1988年财政预算指标。

1988年

6月15日—29日　中央政治局常委、中纪委书记乔石同志在西藏考察。乔石同志考察期间指出：西藏要稳定、要发展、要把各项工作推向前进，根本的一环是从发展生产力出发，扎扎实实地抓好经济建设工作。

7月20日　由自治区计划经济委员会主任向扬同志主编的大型综合工具书《西藏国土资源》由西藏人民出版社内部出版发行。

7月25日　自治区五届人大一次会议在拉萨隆重召开。会议通过了《政府工作报告》的决议、1988年国民经济和社会发展计划草案报告的决议及自治区1987年财政决算和1988年财政预算草案报告的决议等。

8月20日—24日　自治区计经委和经济社会发展研究中心举办研讨会，研究西藏经济和社会发展战略。

9月21日—23日　西南五省区六方经济协调的第五次会议二次联络工作会议在拉萨召开。

12月12日　联合国世界粮食计划署对拉萨河谷综合开发“3357”项目实地考察后，在罗马会议上正式通过“3357”项目为对中国西藏的援建项目。

1989年

1月8日　全区计划和财政会议在拉萨召开。

1月14日报载：　由西藏大学讲师扎西次仁同志编著的我国第一部兼容英语、藏语和汉语的《英藏汉对应词典》由民族出版社编辑出版。

5月1日　西藏教育电视节目正式开播。

5月21日报载：　由50多人组成的中国科学院青藏高原综考队于5月中旬进藏，对“一江两河”中部流域进行以农业为主的多方面科学考察。

6月30日　五省区六方经济协调会第六次会议在拉萨召开。会议决定按照“扬长避短、形式多样、互惠互利、共谋发展”的原则和“自力更生、多方联合、国家支持、共谋振兴”的方针，加速五省区六方经济发展。

7月28日 自治区五届人大二次会议在拉萨召开。会议通过了《政府工作报告》的决议、1989年国民经济和社会发展计划草案的决议及1988年财政决算和1989年财政预算草案报告的决议等。

8月9日 中共中央政治局委员、国务委员李铁映在拉萨视察期间,同自治区人民政府一起召开现场办公会,与西藏统战、民族、宗教人士和文物、古建筑专家进行座谈,共商维修布达拉宫事宜。

8月17日 能源部副部长史大祯同志带领工作组在拉萨考察期间表示:能源部要与自治区密切配合,加快西藏电力建设,尽快使西藏摆脱缺电局面,促进西藏的经济发展。

8月28日 羊卓雍湖抽水纯蓄能电站,经国务院批准复工建设,国家投资近6亿元,装机9万千瓦。这是西藏目前最大的电站。

9月20日 西南五省区六方第六届资金市场交易会在拉萨举行,成交额5.16亿元。

10月1日 西藏第一个啤酒厂——拉萨啤酒厂在国家大力支持下,一期工程建成投产。

10月26日 中国西藏珠峰自然保护区委员会主任樊万斌与美国高山研究所美籍华人苏君玮女士,在拉萨举行共同建立珠峰自然保护区协议签订仪式。

12月26日报载: 全国唯一不通公路的县墨脱县电视卫星地面站于12月2日正式开通。

12月25日—30日 1990年全区计划、财政会议在拉萨召开。

1990年

2月14日 《西藏自治区经济社会发展战略设想》经过十多次大的讨论修改,由自治区人民政府转发。

3月7日 比利时政府援建中国拉萨电话项目协议在布鲁塞尔举行。援助资金5400万比利时法郎,购买5000门S1240电话设备。

5月5日 我区横跨雅鲁藏布江的第四座公路大型桥梁——妥峡大桥胜利通车。自治区副主席江措为通车典礼剪彩。

5月21日 自治区五届人大三次会议在拉萨召开。自治区主席多吉才让向大会作了《政府工作报告》。

5月22日 李鹏总理主持召开会议,听取国务院赴藏慰问灾区工作组情况汇报。会议决定,从中央财政中拨给西藏、青海部分资金,帮助灾区搞好灾民救济和恢复重建工作。

6月24日 由国务院副秘书长安成信、中央统战部副秘书长张声祚率领的国务院赴藏考察组抵拉萨,考察指导工作。

7月20日 中共中央总书记、中央军委主席江泽民在结束了对青海格尔木的考察后,乘专机抵达拉萨,对西藏进行为期7天的考察。

8月7日 亚运会大型活动部在我区喜马拉雅山脉隆重举行采集亚运会火炬火种仪式。

8月 自治区人民政府成立了"一江两河"开发委员会。主任委员由马李胜兼任,副主任由龚达希、向扬、田福俊、洛桑丹增同志兼任。

8月23日 布达拉宫维修一期工程顺利通过验收。

9月20日 修建第十世班禅大师灵塔、祀殿的奠基仪式在日喀则市扎什伦布寺隆重举行。

10月23日报载: 素有"世界屋脊第三金桥"之称的黑昌公路,一期主体工程全部完工。

12月6日 西藏与贵州又达成一批经济合作项目。西藏自治区代表团团长、自治区计经委主任向扬代表西藏自治区人民政府,贵州省副省长张树魁代表贵州省政府,分别在合作协议上签了字。

12月20日 1991年全区计划、财政会议在拉萨召开。

1991年

1月16日 区党委举行四届二次全委扩大会议,学习贯彻党的十三届七中全会精神,审议《区党委关于制定国民经济、社会发展十年规划和"八五"计划的建议》等。

3月15日 自治区人民政府召开全区开展"质量、品种、效益年"动员会。会议号召,立即动员起来,把广泛深入开展"质量、品种、效益年"活动作为今年经济工作的一项中心任务。

3月30日 交通部批复自治区交通厅,用三年时间投资3.77亿元,对青藏公路一期工程进行整治。

4月27日 自治区五届人大四次会议在拉萨隆重开幕。会议审议批准《西藏自治区国民经济和社会发展十年规划和第八个五年计划纲要》,批准江村罗布主席关于《纲要》的报告等。

5月15日 国务院决定将西藏"一江两河"中部流域农业开发纳入国家"八五"和十年规划的重点项目,用10年时间,投资10亿元。

5月18日 以中央政治局委员、国务委员李铁映为团长的中央代表团,乘专机抵达拉萨,参加西藏和平解放四十周年大庆。

7月11日　邮电部批准在北京和西藏两地为西藏建设话路VSAT系统工程。工程完成后，将从根本上改变西藏通信落后的状况。

7月21日　自治区副主席江措同联合国开发计划署驻华代表处第一副代表戴维·陆武德在拉萨举行会谈。陆武德确定援助中国西藏815.6万美元，用于那曲地热电站建设。

8月16日　由国家级专家、学者和区内有关专家、学者参加的自治区"一江两河"地区综合开发学术研讨会在拉萨召开。

8月20日　国家计委最近决定：用10年时间投资10亿元，分期对川藏公路进行整治改造。

9月22日　拉萨贡嘎机场跑道工程和候机楼开工典礼大会在贡嘎机场隆重举行。自治区党政军领导江村罗布、张学忠、马李胜、耿全礼及成都空军后勤部部长王传富出席了会议。

10月29日　自治区党委工作会议在拉萨召开。江村罗布主持会议，张学忠传达了江泽民《在中央工作会议上的讲话》，丹增传达了李鹏《关于当前经济形势和进一步搞好国营大中型企业的问题》的讲话。

12月24日　全区1992年计划、财政会议在拉萨召开。

（王殿元　撰稿）

南捷。五世至九世

藏东南原始森林

藏东原始森林

珠穆朗玛峰雄踞万山之巅

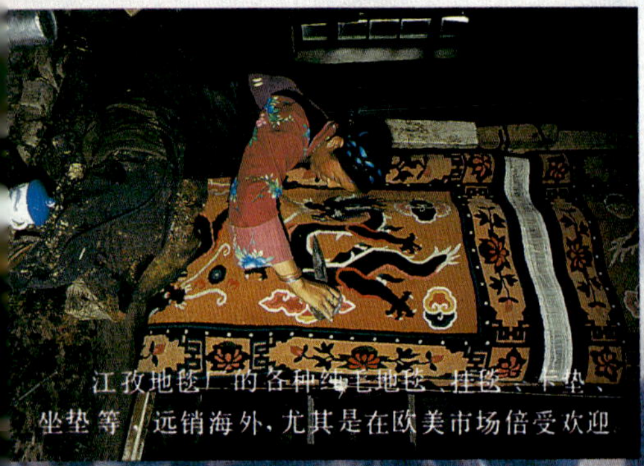

江孜地毯厂的各种纯毛地毯、挂毯、卡垫、坐垫等，远销海外，尤其是在欧美市场倍受欢迎。

西藏城乡市场日趋活跃。图为日喀则市集贸市场一角。

自治区藏医院藏药制药厂的然纳桑培（七十味珍珠）、常觉珍宝丸、仁青坐珠达西为名贵藏成药。

藏北放牧的牛羊群

西北地区

陕　西　省

主　　编:门虎生
副 主 编:孙怀玉　李耀轩　梁　兴
编写人员:刘　杰　孟　军　刘建武
冯天元　张光进
工作人员:刘　杰

陕西省分目录

典型地区和典型企业

省 情 综 述

一、发展历史

陕西省简称“陕”，始于西周初年。春秋战国时为秦国治地，故又简称为“秦”。政区历经变更，清朝时设陕西省，沿用至今。

陕西是人类文明的发祥地之一，距今约 110 多万年的“蓝田人”，就繁衍生息在关中平原的灞河上游。在陕西境内发现的距今约六七千年，标志“仰韶文化”特征的西安“半坡遗址”等遗存，是母系氏族公社的封落遗村。沣河流域一带发现的“客省庄第二期文化”遗存，又说明在距今四千年左右，西安附近的母亲氏族公社进入了典型的父系氏族公社时期。从公元前 11 世纪起，西周、秦、西汉、新莽、西晋、前赵、前秦、后秦、西魏、北周、隋、唐等 13 个王朝曾先后在陕西建都，历时一千一百多年。其间尚有大夏王赫连勃勃，建都于统万城(今陕西靖边县白城子)。此外，西汉末年的赤眉、绿林，唐末黄巢和明末李自成领导的农民起义军也曾在陕西建立过政权。隋、唐以前，陕西一直是全国政治、经济、文化中心。

古代陕西的经济也曾达到一定规模，从西安“半坡遗址”中可以看到，当时的“半坡人”除狩猎、捕鱼外，农业已占有很重要地位。已能制陶、捻线，用织成的粗糙布料做衣服。房屋结构也达到非常实用的程度。三千多年前活动于关中西部的周族部落，以长期经营农牧业兴旺起来。春秋战国时期，关中和汉中盆地已大片开辟为农田，水利灌溉事业有了相当的规模。到了汉唐，以京都长安为中心的关中地区经济更加发达，成为全国最富庶之地。手工业也有较高程度发展，西周的青铜器，秦始皇兵马俑坑出土的上万件实战兵器和铜车马，都说明当时金属冶炼、铸造和加工规模之大，技艺之精。西汉时的丝绸织造、造币、造船，唐代的丝绸、纺织印染、金银器制作、瓷器、唐三彩等，都达到了前所未有的高峰。秦阿房宫、大明宫等一大批金碧辉煌的宫殿群，和屹立于西安南郊的大、小雁塔等古建筑，是当时建筑水平的真实写照。汉、唐长安城的宏伟规模，设计布局及建筑技术，是中国城市建设史上的伟大创举，为当时世所罕见。

陕西还是灿烂的中国古代文化发源地之一。文人学士荟萃，人才辈出，被认为是黄帝族代表的“仰韶文化”，是新石器时代文化程度较高的一支文化体系，属于仰韶文化的遗址，在陕西已发现数十处。四千年前，周人以周原为活动中心后，已有了文字记事，我国最早的一部诗歌《诗经》中的幽风·七月篇，就是周人追述他们的祖先从事农事的诗。《尚书》中的不少篇章，是西周初年的政治文告。吕不韦在咸阳组织其门客写成的《吕氏春秋》，是我国最早的一部综述百家之言的集体著作。西汉和唐代的长安，是全国藏书最多的地方。西汉时长安用于收藏书籍的石渠、延阁、麒麟、兰台、天豫等阁，可以说是世界上早期的国家图书馆。唐代专门搜集、整理书籍的弘文馆、集贤殿书院等机构保存各类书籍多达 53900 余卷。伟大思想家、历史学家，龙门(今陕西韩城市)人司马迁的不朽名著《史记》，及《二十四史》中的许多篇章是在长安编写而成的。秦、汉时代，文学艺术有很大发展，到了唐代更达到了我国封建社会时期的高峰，而长安则汇集了最高的文学成就。李白、杜甫、韩愈、柳宗元、白居易等著名诗人、散文家都在长安创作了大量名篇。西安碑林至今保留着欧阳询、褚遂良、颜真卿、柳公权、怀素、李阳冰等许多书法大师的笔迹。长安当时还集中了全国最有成就的画家和画工。在陕西发掘出的秦始皇兵马俑、汉、唐石刻等，展现了当时高超的雕塑水平。

陕西作为西周、秦、西汉、隋、唐等王朝的政治、经济、文化中心，很早就已开始了国际交往。秦朝在秦始皇以前就同南亚各地有了来往，并通过南亚将秦国的名声传到西方，中国的英译 China，就是“秦”

字的译音。汉时通过海上交通，同日本、朝鲜、越南、苏门答腊、斯里兰卡等国家交往。汉中人张骞出使西域，开辟了横贯亚洲大陆，长达七千多公里的"丝绸之路"，增进了东、西方的交往。到了唐代，长安同东亚、南亚、中东、欧洲等许多国家和地区的交往就更加广泛和频繁。每年都有大批外宾从陆路和海路来长安留学、经商和从事佛教活动。据记载，仅公元630年—894年的两百多年间，日本派出遣唐使十多次，人数最多时达600人。公元629年，著名唐高僧玄奘法师从长安西去印度取经，历时16载，撰写的《大唐西域记》记载了南亚大陆各国的历史、地理、风土民情，为世所瞩目。

虽然在唐代以前，陕西曾是全国经济比较发达的地区，但自那以后，随着长期战乱的破坏，以及全国政治、经济、文化中心的东移，陕西逐渐衰落下来。在漫长的历史岁月里，勤劳、勇敢的陕西人民为了推翻反动统治，争取解放，前仆后继，英勇奋斗，进行了可歌可泣的斗争，直到1949年全国解放后，陕西才真正开始走上复兴的道路。

建国40多年来，陕西的经济建设大体上经历了三个大的发展阶段。一是50年代的重点建设时期，以国防军工、民用机械和纺织等工业为主，建成了76个大中型项目，使西安形成了一个新型工业城市的基本框架。二是从60年代中期开始的"三线"建设时期，以航天、航空、电子等军工机械加工工业和煤、电、路、粮等基础产业及设施为主，建成投产了129个大中型项目，经济布局逐步展开，形成了宝鸡、咸阳、汉中、铜川、韩城等一批新的工业基地。三是从1978年以来的改革、开放时期，从国外引进了彩色显像管、彩色电视机、电冰箱等生产线，并对原有生产要素进行了新的组合配置，出现了相对高速发展时期。

当历史的脚步踏入20世纪80年代，中国改革开放的大潮，给陕西带来了前所未有的发展机遇和严峻的挑战，改革开放10多年来，三秦人民的思想观念在变，三秦人民的形象在变，三秦大地的面貌在变，多年来封闭的大门打开了，对外开放出现了崭新的局面。1984年和1988年先后在西安举办了两届国际经济技术协作洽谈会。截止1991年底，全省共签定各种合营项目176项，金额达14.23亿多美元，技术引进483项，用汇4.6亿美元，已批准外资企业216家。与此同时，以开发当地资源和地方产品销售为重点的物资流通与横向联合，使陕西省各地、市与毗邻省、市先后建起了"陕甘宁"、"秦晋豫黄河三角地带"和"秦蜀鄂陇十方"等经济协作区，发挥各自优势，互通有无，强化了与邻省区有机联系。与沿海地区在技术、资金、设备、人才上的横向联合也逐步展开。开放格局的建立使陕西经济实力倍增，开始冲出潼关，走向海外。

二、自然环境

（一）地理位置。陕西地处我国腹地，位于东经105°29′至111°15′，北纬31°41′至39°35′之间。东隔黄河与山西相望，东南与湖北、河南接壤，南邻四川，西接甘肃，西北毗连宁夏，北界内蒙古，是一个内陆省份。

全省面积20.56万平方公里，约占全国面积的2.14%，地形南北狭长，兼跨温带，暖温带和亚热带三个温度带，地势南北高，中间低，形成了陕北黄土高原关中平原和陕南秦巴山区三个各具特色的自然经济区。全省设10个城市和地区，即西安市、宝鸡市、咸阳市、铜川市4个省辖市，渭南、汉中、安康、商洛、延安、榆林6个地区。共包括了全省107个县级行政单位。省会西安市是历史悠久的文明古都，是全省政治、经济、文化中心。

（二）自然资源。

〔植物资源〕陕西植物丰富，类型多样。据估算，省内种子植物约3000～5000种。1990年全省有林地836.3万公顷，森林覆盖率为24.1%。林木蓄积量3.21亿立方米。全省主要经济树种有50多种，其中温带、亚热带果树30多种。竹林面积约34万亩，草场面积353.5万公顷，其中人工草场23.9万公顷。纤维、油料、淀粉、中药材、化工原料等经济植物约700种。农作物主要有小麦、高粱等。陕西土特产品也较多，主要有生漆、桐油、核桃、柿子、柑桔、石榴、辣椒干、大枣、大蒜、茶叶、黄花、木耳等。

〔动物资源〕陕西南北不同的地域、气候、植物资源和自然条件，孕育了种类繁多的野生动物资源。据调查，全省有兽类140余种，占全国陆栖哺乳动物的30%。鸟类360余种，占全国30%。两栖爬行类60余种，占全国13%。还有著名珍稀动物朱鹮，"国宝"大熊猫，"活化石"金丝猴，国家一级保护动物羚牛等经济价值很高的野生动物。饲养动物种类也较多，其中秦川牛，关中驴、佳米驴、同州羊和陕南西乡牛为优良畜种。

〔矿产资源〕陕西是我国矿种较多的省区之一。目前已发现有用矿产134种。探明储量的85种，其中有24种位居全国前三名。从已探明的矿产储量看，能源资源充足，有色金属、贵金属有一定优势，非金属资源丰富。在能源资源中，煤炭全省保有储量达

1164.8亿吨，居全国第三位，其中陕北神府煤田为优质动力煤大煤田，在陕北靖边一带还勘探发现了大型天然气田。经过1200平方公里集中勘探，已获控制储量835亿立方米，而在此区域外，还有更大储气区域有待勘探。有关部门已初步证实，榆林地区是继四川莺歌海、塔里木气区之后的又一大气区，并有望成为全国第一位的大气区。

金属和非金属矿产资源也是陕西的优势矿产资源。闻名中外的金堆城钼矿，累计探明储量和产量在全国名列第三；金矿储量在全国名列第六，已成为全国具有良好金矿远景的四个省份之一；汞矿保有储量居全国第二位，其中旬阳汞矿是全国汞矿的重要接替矿山。锑、铅、磷、银等矿也较丰富，柞水银洞子矿规模大，富银富铅，居全国第二位；凤县、太白地区以铅锌为主的多金属矿床，远景储量在200万吨以上。非金属矿产位居全国前十名的有20种，钾长石居全国第一位，蓝石棉居全国第二位，大型优质石灰岩矿，水泥用黄土页岩，石膏等藏量可观，建筑石渣资源丰富。玻璃用石英岩储量以及玻璃、化肥用非金属矿产石云岩、石棉、重晶石、滑石等也都跻身全国前列。

〔水资源〕全省地表水资源420亿立方米，地下水资源补给量165亿立方米，可开发利用量52.3亿立方米。扣除重复量后，水资源总量为442亿立方米。

全省水能蕴藏量1275万千瓦，集中分布在黄河北干流和汉江及其支流。到1990年全省建成水电站装机总容量为106万千瓦，为可开发装机容量的8.3%。

〔土地资源〕陕西省土地总面积3.08亿亩，人均10.3亩，是全国人均土地面积较广的省区之一(居第九位)，按气候带从北到南，分布在中温带的3260万亩，分布在暖温带的有21446万亩，分布在北亚热带的有6126万亩。全省耕地概查面积为8282万亩(统计数字5400万亩)，占土地总面积的26.9%，省内90%以上的耕地地处亚热带和暖温带，水热条件较好，目前中低产田面积较大，复种指数平均仅有127%，通过增加农业投入，推广科学技术，耕地单产将会较大幅度提高。另外，占全省总面积60.4%的林地和草地(1.86亿亩，其中林地1.19亿亩)开发利用程度低，生产潜力也很大。

〔旅游资源〕陕西作为中华民族的发祥地和古代13个王朝都城所在地，境内文物古迹之丰富，居全国之首。近代陕西是中国革命的摇篮，中共中央在陕北战斗了13个春秋，革命文物也非常丰富。因此，以人文景观为主要特色形成了陕西独具风格的旅游资源优势。普查结果表明，陕西现有古遗址、古墓葬、石窟寺、石刻、近现代史迹，近现代代表建筑等各类文物点33000处，平均每6平方公里就有一处文物景点。文物景点的密度、数量、等级之高，在全国首屈一指。除了前述的著名古迹遗址外，近十年，秦兵马俑、耀州窑遗址、唐代华清池遗址、法门寺地宫和汉景帝阳陵大型从葬坑等重大考古发掘、发现继续丰富着陕西的文物宝库。新落成的陕西历史博物馆汇集了11万多件珍贵文物，展示了中华民族悠悠上下五千年的辉煌文明，具有极高的研究和观赏价值。

此外，陕西境内还有许多名山、大川、温泉等自然景观，也是旅游的理想场所，如驰名中外的西岳华山，以其险峻挺拔，冠于天下。位于宜川的黄河壶口瀑布，号称"天下奇观"。临潼的骊山和华清池风景区，不仅景色优美，而且是省内最负盛名的天然温泉。位于眉县、太白的秦岭主峰太白山，有"太白积雪六月天"的美景，历来为游人称道。在其脚下的汤峪温泉，因含有多种矿物质，而得"凤泉神泽"之名千年。

〔劳动力资源〕1991年末，全省总人口为3309.93万人，自然增长率为13.31‰。在总人口中，男性占52.1%，女性占47.9%。每万人口中拥有大专以上文化程度167.19人，高中、中专文化程度238.22人，初中文化程度2435.89人。陕西全省劳动力资源总数2125.9万人，占总人口的64.1%。

三、经济发展水平

经过建国后大规模的经济建设，特别是近十年改革开放，有力地促进了陕西社会生产力的发展，使全省国民经济实力大大增强，科学技术和各项社会事业也取得重大成就，人民生活水平显著提高。1991年国民生产总值达到430亿元，比上年增长7.9%，国民收入694.18亿元，增长8.8%。工农业总产值达684.8亿元，比上年增长11.8%。

〔**农业生产全面发展**〕1991年农业生产在克服旱涝灾害影响后仍取得好成绩。全年农业总产值达185.4亿元。主要农作物丰收，粮食生产大灾之年虽略有减产，但仍是历史上第三个丰收年，达到210亿斤；棉花产量增幅较大，油料、烤烟、蚕茧、茶叶、水果等产量又创历史最高水平。林、牧、副、渔业也都取得好成绩。已建成了一批粮、棉、油、蔬菜、烤烟等商品生产基地，农业生产条件不断得到改善。1991年末，全省拥有农业机械总动力72.5亿瓦特；全年化肥施用量(折纯)75.9万吨。农村经济全面发展，全年农村社会总产值达355.7亿元，乡镇企业全年总产值197亿元，已经成为全省经济建设的重要力量。

〔**工业生产持续增长**〕全省工业总产值1990年达508.81亿元，比1980年增长2.37倍，以年平均12.8%的速度递增。经过40年发展建设，陕西省已成为工业门类比较齐全经济基础较为雄厚的省份。陕西工业是以军工、民机、电子、纺织等加工工业为中心的产业结构，加工工业在全省有相当基础。在工业部门生产性和非生产性固定资产中，加工工业各部门分别占72%，其产值占工业总产值的85%左右。许多产业和产品，诸如飞机制造、航天技术、石油设备、电子机械、精密机床、仪器仪表、彩色显像管和新型纺织机等，均在全国名列前茅。近几年来，对工业结构进行了调整，能源，原材料等基础薄弱环节的生产得到加强，生产呈增长的势头。国家、省政府关于搞好国营大中型企业的一系列措施，使大中型企业增强了活力，全省334个大中型工业企业，1991年完成工业产值237.4亿元，比上年增长10.9%，新增产值占全省新增产值的52.4%，比上年提高9.3个百分点。1991年，全省1050户地方国营工业企业，实现工业总产值170.6亿元，比上年增长4.2%；产品销售收入达160.1亿元，增长12.8%；实现利税15.1亿元。是地方财政的主要来源。工业经济实力进一步增强，基础更加雄厚。

〔**科技教育领域成果丰硕**〕1991年共取得重大科技成果550项，其中国际首创(领先)17项，国际先进水平73项，国内首创(领先)174项，国内先进水平280项。1991年全省46.4%的乡镇实施了6年制义务教育，城市基本普及了初中教育，职业教育、成人教育和技术培训都有较快发展。

〔**全省城乡市场繁荣，人民生活水平不断提高**〕1991年社会商品零售额已达203.4亿元，比1952年增长32.08倍。1990年全省共有商业、饮食业、服务业网点29.5万个，从业人员101.5万人；全省有2133个城乡集市贸易市场，年成交额36.7亿元。解放前，陕西几乎没有出口贸易，1991年全省进出口总额8.14亿美元。城镇居民收入有所增加，据抽样调查，1991年全省城镇居民家庭人均生活费收入1368元；农民人均纯收入534元；贫困地区90%的人解决了温饱问题，其中30%的人过上了比较宽裕的生活。居民生活环境不断改善，消费内容日趋丰富，消费水平不断提高，1991年城乡居民储蓄存款达到263.3亿元，比1980年增长19.5倍。城镇就业人数继续增加，1991年安置待业人员16.2万人，年末全省职工总数为386.5万人。农民人均使用房屋面积由9.5平方米，提高到16.8平方米。城镇居民人均居住面积由5平方米提高到9平方米。

四、基础设施

（一）交通运输、邮电设施建设

〔铁路〕陕西省内四条铁路干线(陇海、宝成、阳安、襄渝)全部实现了电气化。在电气化铁路通车里程中，电力机车牵引所占比重居全国首位。全省中央铁路营业里程达2122公里，其中复线里程占15.5%，铁路正线延展里程已达2458公里。至1990年底，拥有铁路机车424台，铁路客车1122辆，装备水平大大提高。

〔公路〕1990年末，全省公路通车里程3.8万公里，其中有路面的2.64万里。随着西临高速公路、西安至三原一级路的建成通车，在通车里程中，高级、次高级公路达10317公里。高速公路的建成填补了西北地区没有高速公路的空白。公路运输工具的发展也十分迅速，公路运力以汽车为主，近年来，每年以10%的速度递增。至1990年底全省民用汽车保有量达14.02万辆。比“六五”末增长62%。其中货车9.58万辆，客车3.93万辆。为扩大服务范围，近年来，大型车、专用车发展较快。

〔民航〕1990年民航航线增加到46条，不重复通航里程达5.62万公里，正班通航9435班。目前省内有西安、榆林、延安三个航站，可同全国29个大中城市通航。1990年陕西民航拥有飞机19架。

〔内河航运〕1990年底，省境内通航的黄河，汉江、嘉陵江通航里程达到768公里，比“六五”末增加80公里。水运工具中全省共有民用机动船舶743艘、5810个吨位、4772个客位和11184千瓦。

〔站场建设加快，服务设施改善〕“七五”时期改扩建的西安火车站，新建的新丰编组站和扩建的宝鸡客运站投产，使输送能力大大提高。1990年末全省公路有四级以上站场157个，其中一级站场11个，占7%，二级站场84个，占53.5%。具有国家一级标准的西安咸阳机场已建成投运，此外，“七五”时期还新建了榆林机场和延安候机大楼，方便了中外旅客。

〔邮电通讯〕1990年末，全省共有邮电局、所1759个，比1985年增长6.7%，邮路总长度58962公里。长途自动交换机容量达3289路，其中程控交换机容量2600路，占长途自动交换机容量的79.1%；长途电话对端容量1198路；载波电话端机设备总容量31866路；微波通信线路长度1725公里，全省程控自动电话交换机总容量3.9万门。邮电网路发展较快，邮运汽车已达 302 辆，全省 34 个地(市)县进入长途自动网。全省电话机总数 1990 年已达 32.4 万部，电话普及率已达到 1%。

(二) 供电、供水条件改善，宾馆、饭店增加

〔供电、供水〕电力工业加速发展，供电情况明显好转。"七五"全省用于电力工业的基本建设和更新改造投资 30 多亿元，并积极采取多项措施，除一些小电厂小电站发展较快外，先后对秦岭发电厂、灞桥热电厂、渭河发电厂等大型电厂进行了扩建和改造，新建投产了安康水电站一号机组。1990 年发电量达到 149.74 亿千瓦小时。近年来新修和新建了一批供水工程，如西安黑河引水工程，洛川县城供水工程，以及一批乡镇和农村供水工程，为缓解城乡用水紧张状况做出了努力。1990 年全省下水管道普及率达 70.3%，人均日生活用水量 153.4 升，自来水普及率达到 92.3%。年末自来水生产能力达每天 208.8 万吨，全年供水总量达 65538 万吨。为保证生产和人民生活做出了贡献。

〔宾馆饭店〕为适应对外开放和发展旅游业的需要，陕西近年在宾馆，饭店等设施的建设上，有了长足的发展，截止 1990 年，全省涉外宾馆、饭店达 28 座，拥有客房 9444 间，床位 1.8 万张。星级水平也不断提高。

五、社会事业

〔**教育**〕陕西教育事业比较发达。小学、中学教育、职业技术教育、成人教育、师范教育均赶上或超过全国平均水平。高等教育事业更是名列前茅。全省现有普通高等院校 47 所，中等学校 3540 所，小学 37155 所，高等院校中，综合性大学 1 所、理工院校 17 所、农业院校 1 所、林业院校 1 所、医约院校 3 所、师范院校 10 所、语文院校 1 所、财经院校 4 所、政法院校 1 所、体育院校 1 所、艺术院校 2 所、短期职业大学 5 所，学科门类齐全，各种行业大都有与之对应的专业，还发展了许多现代化的新兴学科和边缘学科。并具备了教学、科研所必需的设计计算、测试、检验和生产能力，师资力量雄厚，学术水平较高。普通教育事业有了新的发展，1990 年全省小学在校学生 353.7 万名，学龄儿童入学率和在校巩固率分别达到 98.1%和 96.9%。依法实施六年义务教育的乡镇大大增加，大中城市基本普及了初中教育并开始实施九年义务教育。全省职业高中达 239 所，为就业提供了更多便利。幼儿教育也受到社会重视，1990 年幼儿园达 1283 所，班数达 21303 个。

〔**文化事业欣欣向荣**〕1990 年文化事业机构发展到 7992 个，其中艺术表演场所 112 个，艺术表演团体达到 119 个。文艺舞台上，戏曲、歌舞、儿童剧、话剧、音乐、曲艺、杂技、木偶、皮影等多种艺术形式活跃，1987 年和 1989 年先后举办了盛况空前的陕西首届艺术节和第二届艺术节，参赛剧目共计 70 台，演出近百场，观众达 10 万余人次。电影事业繁花纷呈，佳作迭出，西安电影制片厂五年累计生产各种故事片 40 部，先后荣获国际电影大奖 10 片次，政府奖 3 片次、金鸡、百花奖 9 片次，国内其它大奖 9 片次。陕西广播电视事业的飞速发展，也极大地丰富了人民群众的文化生活。"七五"期间，广播电视台由 1985 年的 4 座发展到 1990 年的 9 座，中短波发射及转播台由 10 座发展到 12 座。节目套数增加 7 套，平均每周播出时间增加 360 多个小时。为解决边远山区人民看电视问题、卫星地面接收站已发展到 727 座，电视人口覆盖率达到 74.5%。为宣传党的方针政策和建设精神文明，普及科学技术发挥了重要作用。

〔**卫生事业**〕陕西已初步形成一个科目比较齐全、布局比较合理的城乡三级医疗网。1990 年末，全省卫生机构发展到 6416 个，其中医院 2521 个，床位达到 7.8 万张，每千人平均拥有的医院床位数达 2.37 张，达到全国同期水平。专业卫生技术人员 1991 年达 11.8 万人，具有初、中、高级技术职称的人员构成有了较大变化。个体开业人员发展到 7163 人，方便了群众就医，对城乡医疗卫生事业起了补充作用。

〔**体育战线形势喜人**〕"七五"期间，体育场地增加，体育队伍壮大，运动技术水平有了新的突破，群众性体育活动朝着社会化的广阔领域发展。1990 年全省拥有各种运动场地 14002 个，初步建成以西安为中心的训练比赛网络，并能承担全国性以至国际性单项比赛。拥有一支涉及田径、举重、体操、射击等 20 多个运动项目的等级运动员 1518 人，等级裁判员 1101 人。体育竞技水平有了较大突破。仅 1986～1990 年间，全省体育健儿在射击、航模、自行车、摔跤、体操等项目比赛中，先后获金牌 231 枚，银牌 226 枚，铜牌 178 枚，5 人 5 次破(超、平)5 项世界纪录，8 人 8 次破 11 项亚洲纪录，9 人 10 次破 11 项全国纪录。特别是在第十一届亚运会上，在参加的 5 个项目角逐中，获 5 金 4 银 1 铜(牌)的好成绩。城乡群众性体育活动也得到进一步普及和发展，各级各系统举办运动会次数和人数有了大幅度上升，活动项目日益增多，形式丰富多彩。

〔**民政事业稳步发展**〕在城乡逐步建立起了基

础社会保障网络的雏形。在城市，建立起以老年人、残疾人、烈军属、困难户为重点服务对象的多种形式的福利设施和服务机构；在农村，建立以互助储金会、敬老院、福利企业、优待五保户统筹为主体的保障网络，使农村社会保障增强了活力。城镇、街道办事处建立了城镇社区服务设施1645个；10.3%的乡镇建立了农村社会保障网络，多种形式的社会保障基金会6459个；享受"五保"的城乡散居孤老、残、幼44432人。

改革开放带来的巨变和成就

党的十一届三中全会以来，陕西省紧紧围绕经济建设这个中心，坚持四项基本原则，坚持改革开放，国民经济迅速增长，经济实力明显增强，结构调整成效显著，科技队伍不断壮大，发明创造层出不穷，对外经济技术协作广泛，人民生活水平稳步提高，全省经济、技术和社会发展取得了一系列辉煌成就。

一、经济、技术、社会发展总体成就

（一）经济建设迅速发展

1.国民经济全面增长。1991年，全省国民生产总值达430亿元①，比1978年增长近2倍多②；国民收入达到342.2亿元，比1978年增长近4倍；社会总产值达到859.94亿元，比1978年增长2.3倍，其中，工农业总产值达到684.8亿元，是1978年的319.2%；全社会固定资产投资总额124.93亿元，是1978年的6倍；地方财政收入达到45.14亿元，是1978年的2.3倍。

2.农业迈出新步伐。十一届三中全会以后，陕西省农村经济全面发展。1991年，农村社会总产值达到355.7亿元，比1978年增长6倍多。具体有以下特点：

〔主要农产品产量连续跨越新台阶〕"六五"以来，陕西农村种植业的发展大致经历了三个阶段：第一阶段是1980—1984年，农业生产大幅度增长，农产品商品量不断增加，粮食产量跃上新台阶。1984年，粮食总产量达到1024万吨，是1980年的1.35倍，第一次突破1000万吨大关，结束了陕西省20多年吃调进粮的历史，粮食收购量占总产量的比重由1980年的12.0%上升到1984年的18.9%。第二阶段是1985—1988年，粮食总产量徘徊在950—980万吨左右，棉花产量徘徊在5万吨左右。第三阶段是1988年以来，粮食生产突破了4年徘徊不前的局面，创下了历史最高纪录，1991年粮食总产在1989、1990年连续创历史最高水平的基础上，夺得历史上第三个丰收年，总产量达到1047万吨；棉花生产得到较好地恢复和发展，达到9.0万吨，开始走出长达9年的生产低谷；油料总产量达到35.4万吨，比1978年增长近6.3倍；烤烟产量14.4万吨，增长10倍，其它农副产品产量也都有较大幅度增长。

〔乡镇企业迅猛发展〕1979年以来，陕西乡镇企业经历了稳步发展、高速发展、调整整顿、协调发展四个阶段。到1991年底，全省共有乡镇企业64.62万个，比1978年增长63倍；从业人员260.25万人，比1978年增加204.98%；从业人员占农村社会劳动力的比重由1978年的6.7%提高到1991年21.5%；实现税金5.42亿元，增长270多倍。乡镇企业主要产品产量，如砖、瓦、黄金、磷矿石、服装、中小农具、机制纸及纸板等，在全省处于举足轻重的位置。产品质量不断提高，名、优、新、特产品相继涌现。

〔农村经济效益有所提高〕1991年，平均每一农业劳动力的农业总产值为1775元，比1978年增长2.8倍；创造商品产值903元。增长6.1倍。

〔农业生产条件改善、后劲增强〕"六五"以来，陕西省为了加强农业的基础地位，改善农业生产条件，先后在农业投入、科技兴农、农田基建等方面采取了多种措施，收到了显著效果。1991年，全省农机总动力已达72.5亿瓦特，比1978年增长85%；农田有效灌溉面积1924.5万亩，增长5.8%；化肥施用量（实物量）342.4万吨，比1978年增长22倍；每亩耕地化肥施用量64.8公斤，增长2.4倍；农村用电量29.98亿千瓦小时，增长1.7倍。"七五"期间，陕西累计安排省级农业科技攻关项目263项，总投

① 总量价值指标均按当年价格计算，下同。
② 价值指标发展速度均按可比价格计算，下同。

资1311.4万元，星火计划累计安排示范项目1000余项，其中国家级77项，省级147项，总投资4.4亿元。1990年，全省实施了50个综合承包县，21个重大单项技术承包项目，科技承包人员2.2万名，承包种植业播种面积3700多万亩，建立各类科学示范综合点755个，单项示范辐射点2039个，示范田、指挥田、丰产田497万亩；全省农民已建立各类专业技术研究会、协会、学会2227个，会员达13.3万人，40%的县(市)建立了农技中心，50%的乡镇有独立的农技站，70%的村建立了农技小组，全省平均每15户设立了一个科技户，每名农业科技人员平均负责培训200人次。

〔农村商品基地初具规模、商业网点星罗棋布〕一是一大批商品生产基地相继建立。目前，全省已建立商品基地21大类，其中，粮食基地县16个，棉花基地县12个，油料基地县18个，烤烟基地县18个，奶山羊基地县18个，瘦肉型猪基地县12个，苹果基地县22个。目前，基地县的产量占全省总产量90%以上的有棉花、花生、烤烟、柑桔等，占80%以上的有油菜籽、葡萄、红枣、茶叶、蚕茧、奶山羊等。二是商品生产规模扩大，产值或产量成倍增长。1991年，农业商品产值达到80.0亿元，比1978年增长7.2倍，商品率达到47.1%，比1985年增长6个百分点。三是农业多种经营的支柱作用日益显著。1991年，全省以经济作物和林、牧、副、渔业为内容的多种经营产值(按1980年不变价计算)达到68.26亿元，比1978年增长6.3倍，占农业总产值的比重由21.3%上升到54.5%，连续6年超过粮食产值。四是农村集市贸易发展较快。到1991年，全省农村集市贸易点达1800个，当年成交额24.20亿元，增长4.8倍，集市贸易成交额占社会商品零售总额的比重由10%上升到13.9%；全省农村商业、饮食业、服务业网点16.06万个，从业人员33.07万人，全省平均每个村有零售商业网点4.9个。

3.工业阔步前进。十一届三中全会以来，陕西工业经济出现了蓬勃发展的崭新局面。

〔建设速度加快，经济实力迅速增强〕改革开放以来，陕西全社会固定资产投资额增加很快，1991年达到124.9亿元，比1978年增长5倍多，其中，全民所有制固定资产投资额达到85.4亿元，增长4倍。近几年，通过利用外资，引进成套技术，开展合作经营和补偿贸易等途径新建和改造了一批工业企业，如新建的陕西显像管厂；长岭机器厂和黄河机器制造厂引进的电冰箱生产线；远东机械制造公司和庆安宇航设备公司引进的空调器压缩机生产线；秦岭电器公司引进的各种家用电器电机生产线；宝成通用电子公司引进的空调器生产线；西安飞机制造公司引进的大型铝材挤压生产线和表面处理生产线；宝鸡医药玻璃厂、西安石油勘探仪器总厂、烽火无线电厂、西安仪表厂、西安造纸机械厂、汉江制药厂、宝鸡晶体管厂、西安电缆厂等均引进了生产线。此外，还通过重点建设，建成了一批大中型工业企业和技术改造项目，如秦岭发电厂的二、三期工程，金堆城钼业公司二期工程，陕西玻璃厂等。仅“七五”时期全省就建成重大项目40多个，为今后工业的发展打下了坚实的物质基础。到1991年末，全省独立核算工业企业拥有固定资产原值363.9亿元，比1978年增长2倍多；职工人数近200万人，增长1倍；平均每个职工占有固定资产18706元。

〔主要产品产量大幅度增长〕电冰箱、收录机、彩色显像管、微型计算机等产品从无到有，填补了省内空白。1991年与1978年相比，主要工业产品产量增长幅度为，原煤增长97.5%，发电量增长148.1%，钢增长108.6%，生铁增长228.4%，化肥增长289%，汽车增长411.3%。

〔技术水平得到提高〕十多年来，通过加快企业的技术改造和技术革新，引进国外的先进技术和设备，大大提高了陕西在自动化仪器仪表、微电子产品、精细化工、医药产品、新型建筑材料、新型纺织机械、高档耐用消费品等方面的生产技术水平，“七五”期间，全省每年开发的新产品就达1000多项。全省电子及通讯设备制造业、仪器仪表制造业和电气机械及器材制造业等高科技行业的产值比重已达到15.1%，比1985年提高了1.5个百分点。

〔实现利税增长，在国民经济中的地位进一步提高〕1978—1991年，全省全民所有制独立核算工业企业累计实现利税365.4亿元；1991年，工业总产值(含村及村以下工业)占工农业总产值的比重为73.3%，占社会总产值的比重为59.5%，工业净产值占国民收入比重的45.7%。

〔经济运行机制正在发生重大转换〕为了搞活企业，国家和省先后采取多项措施，从扩大企业经营自主权、普遍推行承包经营责任制，一直到目前的打破“三铁”、转换机制，使企业真正向自主经营、自负盈亏方向转变。企业集团健康发展，企业间的联合与兼并初步展开，以中心城市为依托的经济区网络正在形成，生产要素市场不断发育，社会主义市场体系逐步形成，特别是对计划、投资、财政、金融、外贸、价格、劳动工资等体制的改革，进一步加快了新的经济运行机制的建立。

（二）**科学技术不断进步**。改革开放以来，陕西省认真贯彻“经济建设必须依靠科学技术，科学技术必须面向经济建设”的指导方针，先后实施了星火计划、火炬计划以及科技兴陕的“51251 工程”计划，取得了一大批科技成果，促进了经济、技术、社会的协调发展。

〔科研机构众多，科研技术力量雄厚〕陕西有一批在全国居于领先地位的科研单位，如西安光机所，骊山微电子公司研究所、西北农业大学和陕西农业科学院、西安高压电瓷厂研究所、省科学技术情报所、黄土高原地质测验中心等。全省县及县以上全民所有制独立科学研究与开发机构共 338 个，其中，自然科学与开发机构 197 个，占 58.3%，科技情报和文献机构 14 个，社会与人文科学研究开发机构 5 个，县级研究与开发机构 122 个。另外，全省共有集体、个体科技机构 337 个。1991 年末，全省全民所有制单位共有自然科学技术人员 38.7 万人，比 1978 年增加 20 万人，平均每万名职工中有科技人员 1219.9 人，增加 445.1 人。其中，工程技术人员 9.69 万人，占 25.1%，增加 4.75 万人；农业技术人员 1.75 万人，增加 1.03 万人。全省地方全民所有制单位共有社会科学专业人员 12.1 万人，比 1978 年增加 8.32 万人。全省共有各类地方全民所有制专业技术人员 51.4 万人，比 1978 年增长 2 倍多；全省共有产品质量监督检测站 73 个，其中国家级检测中心 16 个。

〔科技成果及奖励情况〕十几年来，陕西省共取得科技研究成果 4788 项，是改革开放前 30 年的 1.47 倍，其中，属国际首创和国际领先水平的有 317 项，占 6.62%，属国内首创的有 633 项，占 13.22%，属国内先进水平的有 1899 项，占 39.66%。

“六五”、“七五”期间，全省共获得国家科技进步奖 199 项，获国家发明奖 77 项，获国家自然科学奖 13 项，获国家发明展览会奖 106 项，获陕西省人民政府科技进步奖励成果奖 1623 项。这些成果共取得经济效益 4 亿多元，有力地促进了陕西社会经济的发展。

〔专利成果累累〕从 1985 年国家实行专利制度以来，陕西省共提出专利申请量 4144 件，授权量 1725 件，占 41.63%。在总授权量中，属于发明专利有 81 件，实用新型专利 1540 件，外观设计专利 64 件，分别占 4.69%、89.28%、3.71%。专利工作正在不断地推动着科技与经济的结合，在“科技兴陕”过程中发挥着越来越重要的作用。

〔大中型企业技术开发活跃〕截止 1991 年底，全省共有 361 个大中型工业企业，其中，有技术开发机构的企业 223 个，占 66.77%。企业办技术开发机构的有 276 个，占 82.63%；从事技术开发的人员 32983 人，比 1987 年增长 31.35%，其中科学家、工程师 14981 人，全年用于技术开发的经费达 3.95 亿元。

技术开发有力地推动了产品生产。1991 年全省新产品产值达到 35.2 亿元，占全省工业总产值的比重由 1986 年的 4.3%提高到 16.5%；新产品实现利税 2.4 亿元，占工业利税总额的 11%。在开发新型纺织机械、彩电、冰箱等国产化基础上，又重点开发了烟草机、彩管设备、数控机床、录像机、通讯设备等国产化攻关项目，取得了新的成绩。

〔科技市场不断发育〕改革开放以来，陕西省为了进一步促进科学技术与生产力的结合与转化，明确提出了“教育奠基、科技兴陕”的建设方针，大胆改革科技管理体制，科技成果和专利技术不断问世，众多的集体、个体科技机构迅速诞生，从而，推动了陕西科技市场的形成。目前，全省（不含西安市）共建立技术贸易机构 68 个，从事技术贸易活动的人员 2000 多人，专职科技人员 573 人。仅 1990 年，召开技术交易会 112 次，展出技术项目 880 项，成交技术合同 226 项，成交金额 729.9 万元；转让技术 1564 项，实现金额 5389.8 万元，其中 64.9%的项目转让给工业企业，51.5%的项目转让给外省市。

（二）**社会事业蓬勃发展**

改革开放的春风，使三秦大地从城市到农村，从经济技术到社会发展，到处呈现出一派勃勃生机。

1.人民物质生活水平明显提高

与 1978 年相比，城乡居民消费水平由 154.6 元提高到 1991 年的 6421 元，增长近 3 倍。其中，农民消费水平由 116.9 元提高到 449.1 元，非农居民由 365.5 提高到 1453 元，分别增长 2.8 倍和 2.9 倍。农民人均纯收入（抽样调查）由 134 元提高到 1991 年的 534 元，增长近 3 倍；城镇居民家庭人均生活费收入（抽样调查）由 290 元提高到 1265 元，增长 3.4 倍；全部职工年平均工资由 654 元提高到 2042 元，增长 2 倍多。城镇居民人均住房面积由 1985 的 7.6 平方米提高到 9.10 平方米；城乡居民平均每人储蓄存款余额由 28.0 元提高到 625 元，增长 21 倍。1991 年与 1980 年比较每百户拥有电视机从 16 台增加到 112.8 台；每百户拥有录音机从 3.6 台增加到 71.4 台；每万人口中有大学生由 12.4 人增加到 29.0 人；每万人口拥有病床由 19.4 张增加到 26.1 张；每万人口拥有医生由 12.3 增加到 17.8 人；平均每万人口有商业、饮食业、服务业网点数由17.8个上升到86.2个。

2.各项社会事业蓬勃发展

〔教育事业稳步发展〕1991年,全省有普通高等学校47所,比1978年增加17所,在校学生9.54万人,在校研究生5716人。1978—1990年,全省普通高等学校毕业生达15.39万人,比改革开放以前30年培养的毕业生还多2万多人,1982—1990年毕业研究生1.25万人,相当于1949—1981年的60倍。1991年有中等专业学校107所,比1978年增加53所,在校学生6.03万人,增加1.47倍;学龄儿童入学率由95.66%上升到1991年的98.08%。

〔医疗条件进一步改善〕1991年,全省卫生机构共有6433个,医院床位8.5万张,医务人员14.49万人,其中,卫生技术人员11.82万人,比1978年增长66%,每千人口平均有卫生技术人员3.57人,增加39.5%,其中,每千人口平均拥有医生1.78人,增加44.7%。

〔体育事业发展较快〕体育机构和体育队伍不断发展壮大,体育场地设施得到扩大和改善,体坛战绩辉煌。1991年,全省有等级运动员1518人,体育运动场地14002个,分别比1981年增长63.2%和45.6%;全省共获奖牌242枚,其中,获金牌79枚,银牌94枚,铜牌69枚,分别比1982年增加53枚、79枚和49枚,有2人2次破2项世界纪录,2人2次破1项亚洲纪录,58人85次破61项省纪录。在第十一届亚运会上,共夺得5枚金牌、4枚银牌、1枚铜牌,是陕西在历届亚运会上参赛人数、项目、获金牌最多的一次。

〔文化事业繁荣〕1991年,全省文化艺术团体在全国和国际活动中共获得161项奖励;有艺术表演团体119个,文化馆126个,公共图书馆114个;电影放映单位4687个。1979—1988年,有12部影片获政府奖;1982—1988年有8部影片获电影金鸡奖、百花奖;1983—1988年有9部影片10次获国内其它电影奖。1991年共出版省、地、县级报纸3.7亿份,比1980年增长91.6%;出版各类杂志2480.8万册,图书1.8亿册,分别比1978年增长16.4倍和1.3倍。

二、经济结构调整日趋合理

建国以前,陕西产业结构极不合理,国民经济以农业为主,是一个半自给的农业经济省。1949年,全省社会总产值中,第一产业占73.2%,第二产业占11.1%,第三产业占15.7%,社会劳动者总人数中91.9%的人从事第一产业。新中国成立后,国家把陕西作为重点建设地区之一,通过"一五"时期的重点项目建设,六十年代中期以后的三线建设和部分沿海企业的内迁,使陕西的经济结构发生了很大变化。特别是1979年以来,陕西在"对外开放,对内搞活"方针指引下,加强了薄弱环节和重点项目建设,产业结构调整取得了很大成绩,已基本上形成了以第一产业为基础,第二产业为主导,第三产业全面发展的新的国民经济体系。

(一)产业结构日趋合理

——从国民生产总值构成看,1978年,全省第一、二、三产业的比重为30.4∶52.1∶17.5,是"山"型结构,与全国的产业结构大致相同。经过几年的调整,1991年,三次产业的比重为27.2∶43.1∶29.7,第一、第二产业在不断发展的基础上比重有所下降,第三产业比重迅速提高,增长速度明显高于全国平均水平,符合工业化过程中产业结构演变的一般规律。

——从社会总产值的构成看。1978年,全省农业、工业、建筑业、运输业、商业五大物质部门的比重是22.5∶59.8∶10.2∶2.5∶5.0,到1991年,则发展为21.5∶59.2∶9.6∶4.9∶4.8。

——从工农业总产值的构成看。1978年,农、轻、重三大产业的比重为:27.3∶32.4∶40.3,到1991年则为26.7∶30.9∶42.4。

——从社会劳动者就业构成看。1978年,三次产业的就业比重为71.3∶17.5∶11.2,到1991年则发展为64.0∶19.1∶16.9。从中可以看出,劳动力在三次产业中的就业构成与国民生产总值构成基本一致,说明改革开放以来,陕西产业结构发生了根本性变化,产业结构正在向合理化方向迈进。

(二)行业结构逐步协调

1.农村产业结构向综合性方向发展。从总体上看,改革开放以来,陕西农村产业结构正在由单一的传统农业向综合型的现代农业过渡,从以农业为主向农、工、建、商、运综合经营方向发展,从以种植业为主向农、林、牧、副、渔各业齐头并进方向发展。

——从农村社会总产值构成看,1979年,农村五大产业所占比重为,农业78.92%,农村工业11.34%,农村建筑业4.99%,农村运输业2.03%,农村商业和饮食业2.72%,到1991年,五大产业所占比重则分别为,农业51.74%,农村工业29.64%,农村建筑业6.73%,农村运输业6.46%,农村商业和饮食业5.43%,两相比较,农业下降27.18个百分点,农村工业上升18.31个百分点,农村建筑业上升1.74个百分点，农村运输业上升4.43个百分点，农村商业和饮食业上升2.71个百分点。当然，农业所占份额的下降，其它各业所占份额的上升，并不是以牺牲农业为代价的，相反，1978年以来农业产值上升幅度很大，1991年，农业产值达到185.37亿元，是1978年的5.1倍，农村社会总产值达到358.27亿元，是1978年的7.35倍，每一乡村劳动力创造的农村社会总产值由579元上升到2841元，每一乡村劳动力创造的农村经济纯收入相应地由231元上升到1174元。

——从农业总产值构成看。1978年，种植业产值占74.11%，林业占3.23%，牧业占11.44%，副业占11.18%，渔业占0.04%，1991年，种植业占63.18%，林业占5.69%，牧业占21.67%，副业占8.91%，渔业占0.55%，两相比较农业总产值中，种植业占份额下降10.93个百分点，降幅最大，副业下降2.27个百分点，林业上升2.46个百分点，牧业上升10.23个百分点，增幅最大，渔业上升0.51个百分点。同样，种植业和副业(统计口径有较大的变化)在农业总产值所占份额的下降，并不意味着这两业的萎缩，相反，改革开放以来，种植业和副业产值的增长速度并不低，1991年，种植业产值达117.11亿元，副业产值达16.52亿元，分别比1978年增长3.4倍和3倍，仅10年改革调整种植业所取得的成效，就相当于十一届三中全会以前29年的总和。

2. 工业行业结构。十一届三中全会以来，陕西工业发展迅速，行业体系比较齐全，基本上形成了以纺织业、机械工业、电子及通讯设备制造业、交通运输设备制造业、电器及器材制造业占绝对优势。1991年，前五大行业共有工业企业2573个，占全部工业企业数的20.4%；实现产值165.1亿元，占当年工业总产值的44.7%；拥有固定资产原值145.5亿元，占全部独立核算工业固定资产原值的41.3%；拥有职工86.1万人，占全部工业企业职工的44.2%；实现利税12.2亿元，占工业企业实现利税总额的31.1%。

——纺织业。1991年，全省有纺织企业472个，生产工业总产值50.3亿元，占全部工业总产值的13.6%，是陕西的第一大工业行业，也是陕西工业的支柱行业，拥有固定资产原值29.3亿元，职工22.8万人，实现利税5.7亿元。目前，已形成以棉纺织为中心的毛、麻、化纤、丝绸、针织、印染、纺织机械制造以及科研教育等比较完整的工业体系，拥有棉纺锭139.29万锭，毛纺锭51556锭，棉织布机31683台，化学纤维生产能力29511吨。1991年，主要产品产量为，纱15.46万吨，布7.29亿米，印染布2.78亿米，毛线2116吨，化纤2.1万吨。

——机械工业。陕西有机械工业企业1256个，占工业企业总数的10%；完成总产值40.8亿元，占全部工业总产值的11.05%；拥有固定资产50.5亿元，占全部工业的14.3%；职工31.6万人，实现利税1.5亿元，分别占全部工业的16.2%、3.8%。在机械工业中，锅炉及原动机、大型精密机床、锻压设备、大型鼓风机、新型纺织机械、造纸及印刷机械、石油及钻采设备、建筑机械、缝纫机、自行车、钟表制造、兵器机械、防化器材及引信、宇航设备及配套设备、船舶武器制造等在全国占有重要地位。

——电子及通信设备制造业。全省电子及通信设备制造业企业94个，其中大中型企业30多个，实现产值33.0亿元，占工业总产值的9%；拥有固定资产原值19.4亿元，职工人数7.1万人，实现利税3.4亿元。是陕西的第三大工业行业，也是近年来新兴的工业行业之一。有电子设备制造业、雷达制造业、广播电视设备制造业，电子计算机制造业，电子器件制造业，电子元件制造业，日用电子器具制造业等9个行业中类、17个行业小类，能生产各种雷达、导航、通信设备、卫星地面接收站系统、彩色及黑白电视机、收录机、电子元器件等上千种产品。

——交通运输设备制造业。包括铁路运输设备制造业、汽车制造业、摩托车制造业、船舶制造业、飞机制造业等7个行业中类和16个行业小类。现有企业328个，职工17.2万人，固定资产原值35.5亿元，实现利税3029万元，完成工业总产值24.6亿元，占全部工业总产值的6.7%。1991年主要产品：内燃机65.3万千瓦，汽车4862辆(其中重型汽车1000辆)，手扶拖拉机34400台。陕西目前已成为全国航空工业和三大重型汽车生产基地之一。

——电器及器材制造业。包括电机制造、输变电及控制设备、电工器材、日用电器、照明器材、电气化机械修理等7个行业中类、25个行业小类。目前有工业企业414个，完成产值16.4亿元，分别占全部工业的3.2%和4.4%；固定资产原值10.0亿元，职工7.4万人，实现利税1.3亿元。西安电力机械制造公司，是我国研制生产超高压输变电成套设备及其他电工设备的重要基地，能生产11万伏、22万伏、33万伏、50万伏高压、超高压交流和10万伏直流输变电成套设备，共有150万千瓦电站装机配套能力，产量占全国1/3，产品远销49个国家和地区，目前已从单机出口发展到成套承包。

3. 第三产业内部结构。改革开放以前，陕西第三产业非常薄弱。1978年,国民生产总值中第三产业占17.5%,仅比1949年提高了1.8个百分点,落后的第三产业严重制约着国民经济其它各部门的发展。1978年以来,陕西十分重视第三产业的发展,放宽经济政策,采取国家、集体、个人一齐上,调整投资结构和就业结构,第三产业迅速发展。到1991年,第三产业在国民生产总值中所占比重上升到29.6%,提高了12.1个百分点,是改革开放前29年增幅的6.7倍,年平均增长1个百分点;在社会劳动者总人数中,从业人员由121万人增加到277万人,增长1倍多;创造的国民生产总值由14.24亿元增加到127.27亿元,增长近8倍。

第三产业内部占主导地位的行业依次是:交通运输、邮电通讯业、金融保险业、综合技术和生产服务业,教育、文艺、广播电视事业和商业饮食、物供仓储业,前5个行业在第三产业中所占份额分别为27.4%、22.9%、20.8%、13.5%和8.8%,合计占第三产业的93.4%。改革开放以来,交通运输、邮电通讯业成绩显赫,仅"七五"期间,全省交通运输业和邮电业基本建设投资就达18.56亿元,比"六五"时期翻了一番。十几年来,先后修建了新的西安火车站,完成了陇海线郑州——宝鸡段电气化改造,包神铁路南段万水泉——神木大柳塔段运煤专线,西安——延安铁路,西安——临潼高速公路,西安——三原一级公路,咸阳国际机场,西安市引进开通了1.3万门程控交换设备和长途自动交换程控1000线等。这些重大项目的建设,为陕西经济的进一步发展奠定了良好基础。1991年,全省商业、饮食业、服务业机构达到30多万个,从业人员100多万人,分别比1980年增长4倍和2倍。

(三)地区结构不平衡状况有所改善

十一届三中全会以来,中共陕西省委、省人民政府适时地提出了"重点发展关中,积极开发陕南陕北"的建设方针,有力地推动了地区经济和全省经济的发展。

1.关中经济区。关中经济区包括西安市、宝鸡市、咸阳市、铜川市和渭南地区,土地面积5.5万平方公里,占全省的26.9%,人口1932.07万人,占全省总人口的58.99%。

近年来,关中地区经济发展迅速。1991年,关中经济区粮食总产量566.41万吨,占全省的64.49%,棉花总产量7.58万吨,占全省的97.43%,油料总产量16.74万公斤,占全省的50.13%;乡以上工业企业8312个,占全省的65.84%,实现工业总产值305.34亿元,占全省的82.69%;创造的国民生产总值247.29亿元,占全省国民生产总值的65.9%。目前,关中经济区已形成了以省会城市西安为中心,由宝鸡、咸阳、铜川、渭南、杨陵、韩城等中小城市构成的经济网络,这里工农业生产发达,交通方便,文物古迹荟萃,是全省经济的精华所在。

中心城市西安是全省的政治、经济、文化中心,全省一半以上的机械工业和纺织工业、三分之二的高等院校都集中在这里,电力机械、纺织以及航空工业等具有较大优势。1984年10月,国务院批准恢复西安计划单列城市,赋予相当于省一级经济管理权限。1990年,国务院批准西安高新技术产业开发区为国家级首批25个高新技术开发区。目前,开发区内基础设施建设已基本完成,电子城建设初具规模,外商投资不断增加,西安在振兴陕西中将发挥日益重要的带头作用。

宝鸡市是西北地区的铁路交通枢纽,是陕西的第二大工业城市,尤其有色金属、机械、电子、食品等工业发达。随着宝鸡——中卫铁路、西安——宝鸡一级公路的建设,宝鸡经济将有更大的发展。

咸阳已经形成了以棉毛纺纱、织布、针织、印染到纺织机械及配件制造一条龙的发达的纺织工业。近年来,陕西彩色显像管总厂等企业建成投产,咸阳又被陕西省确定为电子出口创汇区,电子工业将成为咸阳市的主要工业部门之一。咸阳市杨陵区是我国著名的农业城,已形成了以农林科研、教育为主的农业科研中心。

铜川市是陕西省的煤炭和建材工业基地。

渭南地区是全省主要的粮、棉、油产区,工业主要有电力、化工、建材、煤炭、有色金属采矿等,渭南经济开发区是全省的重点建设地区之一。开发区的建设,将对渭南改革开放产生十分重要的作用。

2.陕北经济区。陕北经济区包括榆林和延安两个地区。土地面积8万平方公里,占全省的39.1%,人口468.58万人,占全省总人口的14.31%。

改革开放以前,陕北革命老区经济发展缓慢,人民生活水平低,是全国18个集中连片的贫困地区之一。十一届三中全会以来,陕北经济全面发展。1991年,粮食总产量达到105.93万吨,油料总产量达到6.90万吨,乡以上工业企业1234个,占全省的10.23%,工业总产值18.67亿元,占全省的5.06%,国民生产总值32.72亿元,占全省国民生产总值的8.7%。

十几年来,陕北经济发展较快,主要是立足当地资源,因地制宜,区域开发,重点突破,不断调整产业结构。榆林、延安地区土地辽阔,山丘起伏,煤炭、石油、天然气储量丰富。"六五"到"七五"期间,相继发现了大型煤田和气田。神府煤田，是全国最大的优质动力煤田，探明储量877亿吨。以靖边、横山为中心的优质气田面积大，储层性能好，单井产量高。截止1991年底，经国家储委会批准的储量为804亿立方米。经过近几年的重点投资，陕北已基本上形成八大主导产业：农业方面以烟、果、羊、薯为支柱，工业方面以煤炭、石油、卷烟、毛纺为骨干，加之包头——神木铁路和西安——延安铁路的通车，发展乡镇企业等，使陕北地区的经济获得了全面发展。随着包头——神木铁路、神木——朔州铁路、延安——神木铁路的全线贯通，陕北煤炭资源和天然气资源的大规模开发利用将进入新的阶段，以煤炭、石油、天然气为主的电力、基础化工和高耗能工业将很快发展起来，陕北能源重化工基地也将从根本上摆脱贫穷落后面貌。

3.陕南经济区。陕南经济区包括汉中、安康、商洛三个地区。土地面积7万平方公里，占全省的34%，人口874.37万人，占全省总人口的26.7%。根据地理地形和经济发展情况，陕南可分为以汉中为中心的汉中盆地经济区和秦巴山区两部分。

1978年以前，除汉中盆地以外，陕南其它地区与陕北老区一样，也是全国集中连片的贫困地之一。改革开放十年，陕南经济发展成就斐然。1991年，粮食总产量达到309.55万吨，占全省的27.91%，油料总产量9.58万吨，占全省的28.7%；乡以上工业企业3079个，占全省的24.39%，实现工业总产值45.21亿元，占全省的12.24%；国民生产总值75.16亿元，占全省的20.1%。

陕南山峦重叠，雨量充沛，森林面积占全省的70%，林特产品繁多，是陕西的动植物基地和林特产品基地。"三线建设"时期，在这里建设了一批国防骨干企业。目前，飞机制造、医药、丝绸、水电、卷烟、饮料酒等已初具规模。今后，陕南将逐步发展成以汉中盆地为中心的粮油生产基地，以核桃、板栗、蘑菇、木耳、蚕茧等为主的林特产品基地；以勉县、略阳、宁强的金三角和以镇安、柞水铅锌矿、锑矿为中心的有色化工基地；以安康、石泉、旬阳为主的水电能源基地；以城固、南郑为中心的飞机制造基地和高新技术产业开发区。汉江工业走廊必将以新的姿态加入陕西经济发展行列。

三、开展经济技术协作与交流

改革开放以后，陕西打开了长期关闭的大门，对外开放进入了新的历史时期。

（一）经济技术协作取得进展。改革开放十多年，陕西大力开展外引内联，加强区域经济技术协作和联合，取得了丰硕的成果。1984至1988年，陕西先后举办了两届国际经济技术协作洽谈会，来自25个国家和地区的1250多位客商参加了洽谈会，共签订合同323项，金额达6亿多美元。与此同时，以开发当地物资资源和地方产品销售为重点的物资流通与横向联合，使陕西省各地市与毗邻省区先后建起了"陕甘宁"、"秦晋豫黄河三角地带"、"秦蜀鄂陇十方"、"陇海兰新带"等经济技术协作区，发挥各自优势，互通有无，强化了省区之间的联系，先后召开多次经济协作会。另外，还参加了与沿海地区在资金、技术、设备、人才上的横向联合，"走出去，请进来"，先后多次组织干部到沿海发达地区考察，派出上千名干部赴江苏、山东挂职学习，也聘请了上百名沿海地区的干部来陕西指导工作。

（二）企业集团发展较快。陕西企业集团从1984年起步以来，发展很快，在经济活动中显示出日益强大的生机和活力。截止1991年底，全省有企业集团59家，分布在全省的不同行业和地区。按行业分，机电行业32个，轻纺行业9个，建筑建材行业7个，商贸服务行业11个，其它行业2个；按地区分，西安市37个(其中部、省属21个)、宝鸡市8个，咸阳市5个，汉中市5个，渭南市4个。有些地市虽然未组成独立的企业集团，但参加了跨地区、跨行业的大型企业集团，另外，还有为数众多的企业参加了全国其它区域的企业集团。

这些企业集团从形成特点看，大致有以下几种类型：1.以项目成套为纽带，实现了资产经营一体化的企业集团，如西安电力机械制造公司；2.以资金为纽带，由一个骨干企业为主体形成的企业集团，如西北五棉集团；3.以资金为纽带，由几个企业投入一定资金，成立了新的组织机构形成的企业集团，如秦龙集团；4.以主导产品的生产技术协作为纽带形成的企业集团，如黄河电子企业集团；5.以技术开发为纽带，以科研单位为主体形成的企业集团，如陕西康纳高技术集团；6.以工程项目总承包为纽带而形成的企业集团，如陕西工程建设总承包集团。

在这些企业集团中，大约有27%具备了企业集团的基本特征，即由一个或几个大型骨干企业为核心，把几十个或上百个企业联结为一个有机整体，从而形成有紧密层、半紧密层和松散层的多层次的企业集团；有30%是由成员企业共同组建的联营公司，承担一定的组织经营任务，可称为联营集团，有43%是一种松散的企业联合体，有待于进一步完善和提高。

这些企业集团的核心企业及其主要成员企业大都是陕西的重点骨干企业，有着很强的经济实力。据对陕西企业集团联合会20家成员单位中14家的不完全统计，这14家企业的工业总产值为72.85亿元，占全省乡以上工业总产值的27.72%，上交利税为10.76亿元，占全省工业企业实现利税总额的30.65%，创汇2.44亿美元，占全省工业创汇的71.74%。

企业集团的迅速发展，为更好地发挥陕西大中型企业多和高等院校、科研单位多的优势找到了一条有效途径，有利于实现规模经济和专业化协作，推进产业结构，产品结构和企业结构的调整，有利于经济体制改革的不断深化。

（三）对外贸易形势喜人。党的十一届三中全会以来，陕西对外贸易认真贯彻"改革、开放、搞活"的方针，改革外贸管理体制，加快出口商品基地建设，出口产品结构逐步改善，出口创汇大幅度增长，对外贸易有力地促进了国民经济的发展。

——外贸体制改革成效显著。1978年以前，陕西省商品出口主要是通过外贸收购方式，由外贸部门组织货源，调拨给上海、天津等口岸成交出口，自营出口额少，比重低。1978年前的8年间，全省直接出口额仅为0.71亿美元，年均出口额不到1000万美元。十一届三中全会以后，外贸体制不断改革，外贸出口迅速发展。十多年间，外贸体制改革大体经历了三个阶段：第一阶段(1979—1983年)，基本上是恢复收购方式阶段，对外贸易开始起步。5年间，全省累计出口创汇1.49亿美元，比三中全会前8年增长1.1倍，年均增长35.5%。第二阶段(1984—1987年)，中央对地方自营出口权限下放，对外贸易进入自营出口阶段，促进了陕西对外贸易的进一步发展，4年累计出口创汇6.39亿美元，比前13年累计出口创汇额增长近2倍，年平均创汇1.60亿美元。第三阶段(1988年以来)，我国对外贸体制进行了重大改革，实行"自负盈亏，放开经营，推行外贸经营包干制"，同时陕西省政府结合实际情况，制定了一系列鼓励出口政策，与有关部门签订奖罚责任书，层层落实出口计划，使陕西对外贸易进入了迅速发展的新时期。仅1988年，全省出口创汇额就达3.60亿美元，比上年增长35.3%。

——出口基地建设加快，出口货源充实。近年来，陕西省为了适应外贸出口形势发展和国际市场的需要，相继建立了一批专供出口的厂矿(车间)和农副产品出口生产基地。据统计，目前，全省已有农副产品出口基地6个，机电产品出口基地7个，随着工农业生产的发展，出口基地的建设，陕西出口货源比较充裕，外贸收购总额逐年增加。1991年，外贸收购总额达到28.9亿元，比1978年增长近10倍。其中，工矿产品类收购总额23.2亿元，农副产品类收购总额5.7亿元，分别比1978年增长10倍和7.4倍。

——出口产品结构改善。过去，陕西出口商品结构不尽合理，出口商品主要是原材料和初级产品。1978年，外贸商品出口总额中，工矿产品占67.4%，其中，纺织品出口总额占工矿产品出口总额的96.1%，机械产品仅占1.9%；农副产品占32.6%，其中，土畜产类占75%，粮油食品类占25%，农副产品以辣椒干、猪鬃、皮张、生漆、桐油、核桃、棉纱等为主。随着工农业生产的发展和外贸体制的改革，出口商品结构逐步改善，突出地表现在两个方面：一是工矿产品比重增加，农副产品比重下降，二是初级产品比重下降。1991年，全省工矿产品出口额占出口总额的比重为85.8%，比1978年提高了18.4个百分点；农副产品比重为14.2%，比1978年下降了18.4个百分点。初级产品所占比重由1985年的70%以上下降到22.7%。

——出口创汇大幅度增长。1991年，全省外贸商品出口总额达到6亿多美元，比1979年增长近60倍。其中，纺织品类、轻工业品类、五金矿产类、机械产品类均增长数百倍以上；农副产品类增长28.2倍，其中，粮油食品类和土畜产类分别增长65倍和14.5倍。

（四）利用外资成绩显著。陕西省较大规模地利用外资发展三资企业是从1984年以后开始的。1985—1990年，全省通过对外借款、客商直接投资和外商其它投资等形式，吸收协议外资(合同外资)额14.23亿美元，实际利用额5.53亿美元。其中，外商直接投资3.75亿美元，占实际利用总额的67.8%。仅"七五"时期吸收协议外资金额就达9.4亿美元，实际利用5.3亿美元，分别比"六五"时期增长85.7%和16.7倍。

"七五"时期，陕西共批准立项三资企业115项，其中，合资企业78项，协议外资1.68亿美元，实际利用外资3.61亿美元，分别占"七五"协议外资额和实际利用外资额的78.4%和67.9%。

在批准立项的三资企业中，生产性项目64个，占项目总数的55.7%，主要分布于纺织、机械、电子、建材、轻工等行业。这些生产性项目投资情况比较好，其中被确认为先进技术型的企业有14家，出口创汇型的企业13家，并且已显示出先进技术和出口创汇的优势。非生产性项目51个，其中，宾馆项目41个，协议外资6.38亿美元，占非生产性项目协议外资金额的97.4%，其余是彩色扩印、汽车维修、娱乐、饮食服务、干洗等行业的项目，这些项目投资少、见效快，大部分已经开业。

1991年，实际使用外资1.6亿美元，比上年增长37.5%。其中，使用各种贷款0.6亿美元，增长1.3倍；吸收国外直接投资和其他投资0.5亿美元；年末实有“三资”企业216家，其中已建成投产（开业）的90家。三资企业在陕西经济发展中的作用越来越重要。

（五）旅游业进一步发展。十一届三中全会以后，对外开放促进了陕西旅游业的进一步发展，西安已成为全国七大旅游热点城市之一。1978－1991年，共接待旅游人数243.46万人，旅游外汇收入13.7亿元（外汇人民币，下同）。

陕西旅游业的发展从1978年到1988年一直呈上升趋势，1988年为最高峰，当年旅游人数达36.58万人，旅游外汇收入2.1亿元，1989年以后有所下降，1990年以后又转向回升，1990年旅游人数25.9万人，比上年增长22.2%，旅游外汇收入达到1.98亿元，接近1988年的高峰水平。1991年，国际旅游业进一步回升，全年共接待来陕旅游、参观、访问及从事各项交流活动的华侨、港澳台同胞、外国游客31万人，比上年增长19.8%，其中外国人23.8万人，增长54.5%；旅游外汇收入2.9亿元，比上年增长47.9%。

“七五”期间，陕西新增了一批旅游基础设施，旅游条件得到改善。新建扩建了法门寺博物馆、陕西历史博物馆、华清池汤浴遗址等一大批旅游景点；全省涉外宾馆、饭店由1985年的7座增至目前的28座，拥有客房9444间，床位1.8万张，西安（咸阳）国际机场正式投入运营，西安——三原一级公路、西安——临潼高速公路先后通车，又新开辟了一些航线，增加了航班，这些必将进一步促进陕西旅游业的发展。

附录：

陕西省对外经济技术合作项目

一、机械工业

1. **项目名称**：数控转塔刀架及动刀架
承办企业：省机械研究所
项目内容：引进数控刀架设计技术及进口设备，年产2000台。
合作方式：合作、合资
2. **项目名称**：数控机床
承办企业：秦川机床厂
项目内容：引进数控蜗杆砂轮磨齿机设计制造技术及进口加工设备，年产20台。
合作方式：合作、合资
3. **项目名称**：数控机床
承办企业：陕西机床厂
项目内容：引进数控高精度外圆磨床设计制造技术及进口加工设备，年产高精度筒式磨床800台。
合作方式：合作、合资
4. **项目名称**：集装箱
承办企业：陕西重型机械厂
项目内容：生产集装箱进口设备，年产1万个。
合作方式：合作、合资
5. **项目名称**：数控机床加工中心
承办企业：秦川机床厂
项目内容：引进立式加工中心技术，进口测试仪器，年产数控机床250台。
合作方式：合作、合资

二、电子工业

1. **项目名称**：KU波段卫星电视接收机
承办企业：陕西广播电视设备厂
项目内容：引进关键技术和设备，年产5万台。
合作方式：合资、补偿贸易
2. **项目名称**：自动络筒机喷气织机电子监控系统
承办企业：长岭机器厂
项目内容：引进关键技术、设备、仪器，年产4700套(台)。
合作方式：合资、补偿贸易
3. **项目名称**：无中心通讯系统
承办企业：烽火无线电厂
项目内容：引进关键设备、仪器，年产5000台。
合作方式：合资、补偿贸易
4. **项目名称**：印制电路连接器
承办企业：华达无线电器材厂
项目内容：引进关键设备、技术，年产300万只。
合作方式：合作、合资
5. **项目名称**：抗干扰滤波器
承办企业：南云无线电器材厂
项目内容：引进关键设备、技术、仪器，年产500万只。
合作方式：合资、补偿贸易
6. **项目名称**：VDMOS功率晶体管
承办企业：卫光电工厂
项目内容：引进关键技术、设备、仪器，年产2000万只。
合作方式：合资、补偿贸易

三、纺织工业

1. **项目名称**：粘胶短纤维生产线
承办企业：西北国棉一厂
项目内容：引进资金、设备、技术，年产短纤2万吨。
合作方式：合资
2. **项目名称**：锦纶6浸胶帘子布工程
承办企业：国营陕西第九棉纺织厂
项目内容：引进关键设备、资金，年产2500吨。
合作方式：合资、补偿贸易
3. **项目名称**：仿毛型涤纶长丝生产线
承办企业：西北国棉四厂
项目内容：引进设备、资金、技术，年产2000吨。
合作方式：合资
4. **项目名称**：牛仔布及服装生产线
承办企业：宝鸡市第一染织厂
项目内容：引进部分织机及配套准备设备，年产牛仔布100万米，服装30万件。
合作方式：合资、补偿贸易

5. **项目名称**:针织内外衣生产线
承办企业:宝鸡市第一针织厂
项目内容:引进设备、资金、技术,年产150万件。
合作方式:合资

四、轻工工业

1. **项目名称**:抽纱工艺品生产线
承办企业:陕西省渭南市服装厂
项目内容:年生产丝绵麻各种高档服装及工艺品20万套。
合作方式:合资
2. **项目名称**:汽车清洗剂及工业洗涤剂
承办企业:宝鸡应用化学厂
项目内容:引进生产技术和关键设备,年产清洗剂系列产品。
合作方式:合资
3. **项目名称**:日用炻器生产线
承办企业:铜川中国耀洲窑陈炉陶瓷厂
项目内容:年产1500万件。
合作方式:合资、补偿贸易
4. **项目名称**:地掷球生产线
承办企业:陕西韩城市体育器材厂
项目内容:地掷球3 5万只。
合作方式:合资、合作、补偿贸易
5. **项目名称**:铝箔生产线
承办企业:铜川市铝制品厂
项目内容:年产铝箔1000吨
合作方式:合资

五、石化工业

1. **项目名称**:氯碱工程
承办企业:红星化工厂
项目内容:引进5万吨烧碱、4万吨聚氯乙稀电解槽等关键设备、聚合条等关键设备。
合作方式:合资、补偿贸易
2. **项目名称**:尼龙66工程塑料
承办企业:红星化工厂
项目内容:引进技术和关键设备,年产500吨。
合作方式:合资
3. **项目名称**:甲胺深加工产品
承办企业:红星化工厂
项目内容:引进外资,年产500吨表现面活性剂二甲基十二烷基叔胺,3000吨油田粘土稳定剂。
合作方式:合资
4. **项目名称**:高压钢丝编织缠绕胶管技术改造
承办企业:西北橡胶厂
项目内容:引进技术与设备,年产120万米。
合作方式:合资、补偿贸易
5. **项目名称**:胶布制品技术改造
承办企业:西北橡胶厂
项目内容:引进资金、技术、设备,年产软油罐3200套,球生筏1500套。
合作方式:合资、补偿贸易
6. **项目名称**:靖边至西安天然气输气管线工程
承办企业:陕西省天然气管道筹建处
项目内容:引进技术资金,年产1万m^3。
合作方式:合资、合作

六、建材工业

1. **项目名称**:500万平方米复合铜板基布生产线
承办企业:陕西玻璃纤维总厂
项目内容:引进先进的设备、技术,年产500万平方米。
合作方式:合资、补偿贸易
2. **项目名称**:耐磨铸球与铸件生产线
承办企业:延河水泥机械厂
项目内容:引进设备和技术,年产6000吨。
合作方式:合资、补偿贸易
3. **项目名称**:湿法窑综合节能工程
承办企业:耀县水泥厂
项目内容:引进关键技术和设备。
合作方式:补偿贸易
4. **项目名称**:水泥包装机、辊压机
承办企业:耀县水泥厂
项目内容:引进设备、技术。
合作方式:补偿贸易
5. **项目名称**:榆林地区高岭土
承办企业:榆林地区工矿公司
项目内容:引进先进技术和设备,年产2万吨。
合作方式:补偿贸易
6. **项目名称**:铜川矿务局水泥厂
承办企业:铜川矿务局
项目内容:引进资金,年产30万吨。
合作方式:补偿贸易
7. **项目名称**:铜川矿务局金华山化工厂
承办企业:铜川矿务局多种经营总公司
项目内容:引进资金,年产1000吨。
合作方式:合资、补偿贸易
8. **项目名称**:高岭土细加工

承办企业:蒲白矿务局多种经营公司

项目内容:引进先进设备,年产 5000 吨。

合作方式:补偿贸易

七、医药、食品

1. **项目名称**:生产 D—异抗环血酸钠

承办企业:西安制药厂

项目内容:引进先进工艺、装配,年产 500 吨异 VC。

合作方式:合资

2. **项目名称**:生产新的制剂品种

承办企业:西安制药厂

项目内容:引进先进工艺、设备,年产各类药 25 亿片。

合作方式:合资

3. **项目名称**:安乃近、氨基比林生产

承办企业:西北第二合成药厂

项目内容:引进先进工艺、装备,年产安乃近 1000 吨,氨基比林 800 吨。

合作方式:合资、补偿贸易

4. **项目名称**:地平系列产品生产

承办企业:西北第二合成药厂

项目内容:引进生产技术和设备,年产 20 吨。

合作方式:合资、合作、补偿贸易

5. **项目名称**:年产 5 吨硫酸妥布霉素生产线

承办企业:陕西省黄河制药厂

项目内容:引进高单位菌种,发酵提炼技术及设备,建年产 5 吨硫酸妥布霉素生产线。

合作方式:合资、合作

6. **项目名称**:年产 40 吨交沙霉素生产线

承办企业:陕西省黄河制药厂

项目内容:引进高单位菌种,发酵提炼技术及设备,建年产 40 吨交沙霉素生产线。

合作方式:合资、合作

八、有色、冶金

1. **项目名称**:快淬 Nd－Fe－B 永磁粉制品

承办企业:西北有色金属研究院

项目内容:引进快淬制粉机,年产永磁粉制 200 吨。

合作方式:合资、合作、补偿贸易

2. **项目名称**:钼金属制品工程

承办企业:金堆城钼业公司

项目内容:引进关键设备,年产钼金属制品 150 吨。

合作方式:合资、补偿贸易

3. **项目名称**:NiTi 超导全金铸锭和棒材生产。

承办企业:西北有色金属研究院

项目内容:引进设备、测试仪器,年产 100－500 吨。

合作方式:贷款

4. **项目名称**:钛及钛合金准件技术改造

承办企业:宝鸡特种金属材料厂

项目内容:关键设备,年产标准紧固件 50 吨。

合作方式:合资、补偿贸易

5. **项目名称**:50 万吨炼钢及连铸扩建

承办企业:汉江钢铁厂

项目内容:引进转炉和连铸设备,年生产热轧中板 50 万吨。

合作方式:合资

6. **项目名称**:金属复合材料生产线

承办企业:陕西钢铁研究所

项目内容:引进固定相复合轧机,年产金属复合材料 800－1600 吨。

合作方式:合资

九、能源交通邮电

1. **项目名称**:**双进双出钢球磨煤机**

承办企业:西安电力机械厂

项目内容:引进全套磨机制造技术或关键技术。

合作方式:合资、合作

2. **项目名称**:反渗透装置

承办企业:西安电力机械厂

项目内容:引进反渗透装置工艺技术,RO 装置及测试仪器。

合作方式:合资、合作

3. **项目名称**:均匀粒度离子交换树脂生产线

承办企业:西安电力树脂厂

项目内容:引进全套生产工艺技术,年产树脂 7000 吨。

合作方式:合资、合作

4. **项目名称**:反渗透膜生产

承办企业:西安电力树脂厂

项目内容:引进全套生产工艺技术,年产 1000 吨。

合作方式:合资、合作

5. **项目名称**:薄膜按键与柔性线路制造

承办企业:陕西省通信设备厂

项目内容:建立一条生产线,年销售额 200 万美元,年产量 1 千万个。

合作方式:合资、独资

6. **项目名称**:华山黄甫峪公路及瓦庙沟索道
承办企业:华阴市华山公路索道建设筹建处
项目内容:引进资金、索道设备。
合作方式:合资
7. **项目名称**:公路客车
承办企业:陕西汉中客车厂
项目内容:引进资金、技术、关键设备。
合作方式:合作
8. **项目名称**:多功能公路养护机
承办企业:陕西公路机械厂
项目内容:引进资金、技术、关键设备。
合作方式:合资、合作、贷款
9. **项目名称**:35KV 农用变电站制造技术
承办企业:西安华山机械厂
项目内容:年产变电站设备 600 套。
合作方式:合资、合作
10. **项目名称**:全密封蓄电池
承办企业:西安庆华电器制造厂
项目内容:年产 6—12V 等 13 种 100 万只。
合作方式:合资、合作
11. **项目名称**:府谷县沙沟岔煤矿
承办企业:榆林地区煤炭局
项目内容:年产 30 万吨煤。
合作方式:合资、补偿贸易
12. **项目名称**:延安王瑶水库引水工程
承办企业:延安市政府
项目内容:日供水量 5 万吨。
合作方式:贷款
13. **项目名称**:西延铁路延安至子长段
承办企业:延安地区铁路建设办公室
项目内容:引进资金,设计运量近期 260 万远期 2000 万吨/年。
合作方式:贷款
14. **项目名称**:黄陵上翟庄 40 万千瓦火电厂
承办企业:黄陵县政府
项目内容:年供电 40 万千瓦。
合作方式:合资、合作
15. **项目名称**:黄陵南川二号煤矿
承办企业:黄陵县计划委员会
项目内容:引进资金,年产原煤 30 万吨。
合作方式:合资、补偿贸易
16. **项目名称**:国道 210 线延安城区段改建
承办企业:建安地区交通局
合作方式:贷款
17. **项目名称**:榆林火电厂扩建工程
承办企业:榆林火电厂
项目内容:引进资金、年供电 1.2 万千瓦。
合作方式:贷款
18. **项目名称**:榆林地区杨伙盘煤矿
承办企业:榆林地区杨伙盘煤矿筹建处
项目内容:引进资金,年产原煤 30 万吨。
合作方式:贷款、补偿贸易
19. **项目名称**:神木县榆家梁煤矿
承办企业:神木县榆家梁煤矿
项目内容:引进资金、年产原煤 60 万吨
合作方式:贷款、补偿贸易
20. **项目名称**:小型变压器生产线
承办企业:陕西富平县长富无线电厂
项目内容:小于 300W 的铁芯变压器,年产 100 万只小于 200W 的矽钢片电源变压器,年产 50 万只。
合作方式:合资
21. **项目名称**:煤矸石发电厂
承办企业:陕西韩城市发电厂筹建处
项目内容:煤矸石发电 50 万千瓦。
合作方式:合资、合作、补偿贸易
22. **项目名称**:煤矿建设
承办企业:陕西韩城市煤炭局
项目内容:年产煤炭 20 万吨。
合作方式:合资
23. **项目名称**:煤气化工
承办企业:陕西韩城市焦化厂
项目内容:煤气化工系列产品,年消耗煤气 4 万立方米。
合作方式:合资、合作、补偿贸易
24. **项目名称**:型煤生产线
承办企业:陕西韩城市型煤厂
项目内容:型煤,年产 50 万吨
合作方式:合资、合作
25. **项目名称**:铜川市煤气工程
承办企业:铜川市煤气厂
项目内容:日产煤气 10 万立方米,年产煤焦油 3000 吨。
合作方式:合资、补偿贸易
26. **项目名称**:原煤开采
承办企业:长武县亭南煤矿筹建处
项目内容:引进资金,主要设备及技术,年产 90 万吨原煤。
合作方式:合资、补偿贸易
27. **项目名称**:土地包片开发

承办企业:渭南经济开发区经济发展总公司

项目内容:0.6平方公里土地成片开发,需引进资金。

合作方式:承租

十、其它

1. **项目名称**:陕西省水产研究所夏阳温水养鳖场

承办企业:陕西省水产研究所

项目内容:年产商品鳖79651公斤。

合作方式:合资、补偿贸易

2. **项目名称**:地下矿泉热水综合利用

承办企业:宝鸡东方饭店

合作方式:合资、合作

3. **项目名称**:蜂蜜生产加工贸易出口基地

承办企业:宝鸡市农牧局

合作方式:合资

4. 项目名称:硫酸渣炼铁工程

承办企业:陕西华县金钢砂厂

项目内容:生铁,年产3万吨。

合作方式:合资

5. **项目名称**:精密陶瓷系列产品生产线

承办企业:陕西韩城市陶瓷厂

项目内容:精密高档系列产品,年产60万件。

合作方式:合资、合作、独资

6. **项目名称**:铸铁、铸钢系列产品生产线

承办企业:陕西韩城铸造中心

项目内容:铸铁、铸钢产品2万吨。

合作方式:合资、合作、独资

7. **项目名称**:高档实木家俱生产线

承办企业:渭南市木器厂

项目内容:年生产各种高档实木家俱3万件。

合作方式:合资

8. **项目名称**:唐都铝型材制品合资企业

承办企业:中国陕西国际经济技术合作公司

项目内容:生产铝型材制品。

合作方式:补偿贸易

典型地区和典型企业

关中平原陇海铁路沿线开发区

本区位于陕西省中部，包括西安、宝鸡、咸阳、渭南和铜川等五个地市的铁路沿线的广大地区，面积约4万多平方公里，人口1932.08。气候温和，地势平坦，土壤肥沃，农田水利基础设施较好，是省内粮棉油的主要产区，素有八百里秦川之美称。经过几十年的建设和发展，沿陇海铁路沿线形成了渭南、西安、咸阳、宝鸡串珠分布的城市发展格局。区内科技水平先进，工业基础雄厚，在全省和全国经济活动中占有重要位置。1990年底，全区有工业企业8436个，占全省的65.7%；其中大中型企业261个，占全省86%；工业固定资产原值达213亿元，占全省的83.6%；实现工业产值和利税分别占全省的86.6%和82.7%。初步形成了以机械、电子、纺织、军工等加工工业为主的门类齐全，综合配套能力强的工业体系。其中，飞机制造业在全国居首位，航天工业产品在全国居第二位，机械、电子、纺织等在全国也占有重要地位。区内交通运输方便，有陇海、西候、宝成、西户、咸铜、西延等铁路干支线，已形成以西安为中心的铁路、公路网、民航通向全国各地。随着国家对西部地区的加速开发和欧亚大陆桥的开通，关中平原陇海沿线地区将担负着承东启西和沟通我国对东西欧国际贸易和国际往来的重任，将成为西北地区重要的经济核心区和欧亚大陆桥的枢纽地段，并在全国的经济建设中处于更加重要的战略地位。沿陇海铁路沿线分布的西安、宝鸡、咸阳市、渭南地区这些中心城市也将发挥更加突出的作用。

一、充满生机的西安市

西安是陕西省省府所在地，不仅是陕西省政治、经济、科技、文化的中心，而且是联结我国东西部地区交通、通讯的枢纽。经过四十多年的发展与建设，特别是十一届三中全会以来，西安进入了前所未有的历史发展阶段。1984年11月国务院批准西安市为计划单列城市，在此之前还批准了城市建设的总体规划，作为内地城市的西安，在对外开放中，充分利用旅游业这个强大吸引力来促进对外开放；充分利用军转民这个契机来增强经济实力；抓住深化农村改革，调整农村产业结构的大好时机来繁荣农村经济；抓住科技体制、教育体制改革的时机，实行"星火计划"与"科技包县"相结合，实行"火炬计划"与创建新技术产业开发区相结合。这些改革措施有力地促进了西安的经济、社会的发展。西安未来经济力量的代表，乃是五大工业区，即电子城、飞机城、电工城、军工城和纺织城。它们的人才、信息、技术后盾是大学城。这种格局的形成，为西安在本世纪后十年实现经济腾飞奠定了基础。

（一）西安市的现状

——西安交通便利，已成为连接我国西北、西南的交通和通讯枢纽。

经过40多年的发展与建设，西安的铁路、公路航空运输和邮电通讯业有了较快的发展，已经建设成具有一定规模的现代化交通和通讯网络。以西安为中心的西安铁路分局，管辖着近1333多公里铁路线，拥有机车近700辆，新建的西安火车站主楼，总面积1.6万平方米，可同时容纳7000多名旅客。全市有公路干、支线265条、公路长度2729公里，拥有各类汽车近20万辆，通达省内各地、市和周围各省、区。

西安的航空运输，随着咸阳国际机场的投入使用，使西安通往全国各大城市的航线由原来的27条增加到46条，可起降大型的波音747飞机，并可直达香港，转接国际航线，航空的客货运量也仅次于广州、北京、上海、居全国前列，已经成为全国重要的航空港、西北最大的航空基地。

西安的邮电通讯，已有长途电话业务电路735路、408路长途电话自动交换设备，其中微波线路6

条，不仅拥有全国五大微波电路之一的干线和枢纽终端站，连通全国40个大中城市与世界上除两个国家以外的所有国家通话，并且用户可以直拨美、日、法等17个国家的长途电话。已经动土兴建的长安卫星地面通讯站建成后，西安程控电话可达10万门，另外还新建成5千门无线移动电话，电报线路已有92条，其中微波线路31条，是全国拥有"用户电报"和传真电报的城市之一，西安已成为全国六大通讯中心之一。

——西安是全国重要的科技基地

西安科技力量雄厚，科技人才荟萃，全市共有科研机构300多个，其中自然科学机构291个，全市千人以上的科研所就有16个。专业科研人员86393人，科学家与工程师41347人，科研人员之多，比例之高，均位于全国前列列第三位，西安不仅科研机构多，门类齐全，科研人员所占比例高，而且科研设备先进，科研队伍水平高，科研成果显著，在应用科学领域、航空、航天、飞机制造、电子、电工、光学、精密仪器、仪表制造及军工制造方面，都居全国重要和领先地位，较其它城市具有明显优势。

——加工工业具有较大优势

加工工业是西安市的支柱产业，在全市、全省乃至全国的经济活动中都占有重要的地位。近几年来，随着三线企业和军工企业的调整和脱险迁建，西安市加工工业占全省比重进一步提高，较其它地区，优势更加突出。一些重要产业如航空、航天、飞机制造、自动化仪器、仪表、纺织机械等是国家重要的生产基地，随着西安市的对外开放和对内搞活，加工工业的优势将得到充分的发挥。

——旅游资源得天独厚

西安是举世闻名的四大古都之一，有天然历史博物馆之美称，它以举世罕见、丰富多采的文物，灿烂多姿的历史文化，保存较好的名胜古迹，吸引着国内外的游客。

全市现有国家和省、市级文物保护单位98处，其中国家级文物13处。多数文物是国内仅有的中华瑰宝。主要的有远古的兰田猿人遗址，史前期的半坡遗址、西周丰、镐遗址、秦阿房宫遗址、汉长安城遗址和唐大明宫遗址；有未曾发掘的秦始皇陵、世界第八奇迹秦始皇兵马俑坑、举世无双的秦铜车马，临潼舍利塔精宝"全棺银椁"；有保存完整的西安古城墙，大雁塔、小雁塔、钟楼、鼓楼、兴教塔寺、清真寺；有中国历代石刻书法艺书宝库之称的西安碑林；有大兴善寺、草堂寺、香积寺等众多的名寺古刹；有华清池、曲江池、骊山、南五台、翠华山等著名的风景名胜。以上这些和西安附近的华山、太白山、乾陵、黄陵、茂陵等风景名胜结合起来构成了以西安为中心的旅游网络，使西安为国内外游客所向往，为国内外旅游的热点，为国家重要的旅游中心城市之一。

随着对外开放和旅游业发展的需要，西安市旅游业的发展已具有相当规模，全市拥有接待外宾的中、高级宾馆28座，客房9444间，床位1.8万张，1990年接待旅游人数25万多人，创汇1.98亿元。同时出租汽车、餐厅、饭馆、旅游服务团社等各种基础服务设施也日臻完善，并且，已形成了以唐三彩、秦兵马俑复制品、秦绣、剪纸等为主的旅游工艺品生产供应网点。

（二）加速改革开放的设想。要进一步扩大开放，加速改革的步伐，从西安市的实际出发，借鉴外地经验，走出有西安特色的对外开放的新路子。

以旅游为扩大开放的切入点。丰富的历史人文景观使西安市在国内国外享有盛名，旅游业的发展带来了大量的人流、物流、信息流。它可以使外部世界有机会了解西安、同时也给西安提供了加强对外交往的渠道。要充分利用这一优势，"旅游搭台，经贸唱戏"，广泛开展各种经贸活动。要进一步抓好旅游配套设施建设，特别是要建设较大规模的游乐中心，购物中心以及举办具有地方民俗特色的文化艺术活动，以吸引更多的游客，使旅游业真正成为带动第三产业发展的动力，成为扩大开放的先导。

以高新技术产业开发区为扩大对外开放，加速西安市经济发展的新起点。自1991年3月6日，国务院以国发(1991)12号文件批准西安高新技术产业开发区为国家级开发区以来，截止1991年底，开发区已完成各类建设投资3600万元，征地243万亩。仅半年多时间，就有74家企业、132个项目正式提出申请进入开发区，其中外资、合资16家。这些项目总投资5亿元。区内1991年实现技工贸总收入2.1亿元。开发区今后的发展重点为微电子科学和电子信息技术；光电子科学和光机电一体化技术；材料科学和新材料科学；医药学科学和生物医学工程；能源科学和新能源、高效节能技术；空间科学和航空航天技术；生命科学和生物工程技术；其它新技术、新产品。努力贯彻"发展高科技实现产业化"的指导思想，要把办好高新技术产业开发区作为全市经济跨上新台阶的新起点，通过高新技术产业开发区这一块阵地，加速吸引外资、大力发展新技术产业、并使开发区成为高科技产业发展的孵化器和辐射源，带动传统工业的技术改造和产品更新换代，逐步建成高科技外向型产业群体。

（三）更加大胆地引进利用外资，按照市场多元化战略，扩大对外经济贸易。在引进外资上，要采取多渠道，多形式地吸引外商来西安办三资企业、鼓励外商与企业合作，办三资企业分厂、车间、进行技术嫁接改造和新产品开发。要选择重点项目，实行各种优惠办法，以项目带政策，引进国际大财团、跨国公司投资办重大项目，促进全市经济结构的调整。在放手引进外资的同时，也要重视引进和利用沿海发达地区、兄弟省市的资金。要大胆放宽引进外资的政策，扩大区县审批利用外资的权限。

（四）以西部口岸为依托，积极发展西部边贸关系。在坚持全方位开放的同时，应把原来面向东南沿海的投入和面向美、日引进技术的战略适度向西倾斜，即在相同条件下，可先引进独联体（包括东欧）技术，在相同的条件下，优先在西北地区（主要侧重新疆边境地区）投资。为了使向西开放短期内能见到实效，应确定一些重点行业，先行一步，在产品和其它方面尽快向独联体市场需求靠拢。初步选择四个有一定实力、能力和吸引力的行业，即是轻纺、电子、建筑、旅游和饮食服务业先行开发西部市场。

二、西部工业重镇——宝鸡市

宝鸡市位于关中平原的西部，是西北地区的一座中等城市，也是陕西省的第二大工业城市。现辖十县两区。总土地面积 18196 平方公里，人口 332.26 万人，其中宝鸡市区面积 555 平方公里，人口 45.23 万人。1985 年经国务院批准列入对外开放城市。并被列为全国中等城市机构改革试点城市之一。

（一）宝鸡的现状和优势。宝鸡自然资源丰富，农业生产条件优越，区内气候宜人，光照充足，适宜于多种农作物的生长和林、牧、渔业生产的发展，盛产小麦、玉米、烤烟、辣椒、苹果、蔬菜、药材等多种农产品和土特产品。是陕西省重要的商品粮基地和多种经营生产基地。太白县的原始森林是陕西省的主要林区和木材生产区，太白、陇县、凤县的金矿储量大，占全省的 25%，且易于开采，陇县、千阳一带的煤炭储量约 80 亿吨，已开发的凤——太铅锌矿，探明储量居全国第四位，是全国少有的大型铅锌矿床，另外铜、汞、银、镉、镓、隐晶质石墨、红柱石、石灰石、大理石等矿产资源储量也相当可观，在全省占有较大比重。著名的太白山自然保护区有野生动物 500 多种，其中金丝猴、大熊猫、大鲵（俗称娃娃鱼）、鸳鸯等都是世界上少见的珍稀动物。宝鸡市的旅游资源也十分丰富，既有独居特色，风光秀丽的太白山水和第四纪冰川遗迹，又有古色古香的一台二庙三寺四墓五大遗址尤其是新石器时代的北首岭遗址，国家一级保护的周原遗址，雍城遗址，以及中外闻名的扶风法门寺。

宝鸡经过 40 多年的建设和发展，尤其是十一届三中全会以来，随着改革开放的不断深入，国民经济发展速度加快，经济实力增强，1990 年国民生产总值达到 47 亿元，国民收入 40 亿元，工农业总产值 85 亿元，其中工业总产值 68 亿元。宝鸡已成为西北地区仅次于西安和兰州的重要的工业城市，有一批在全国和全省占有重要地位的优势行业和产品。宝鸡的钛材产量居全国第一，钢桥梁、铁路道岔居全国第二，石油钻采设备、石油钢管在全国居有重要位置。叉车、化肥、灯光、电冰箱、洗衣机、摩托车、家用空调器、收录机、酒精等居全省第一。有八种产品获部、省优产品称号，有 40 多种产品远销世界 50 多个国家和地区。

装备工业是宝鸡的一大优势，主要包括机械制造业、电子及通讯设备制造业、交通运输设备制造业、电气机械及器材制造业和仪器仪表制造业等。年工业总产值 20 亿元，占全部工业总产值的 30%，尤以金属切削机床、通用设备、工业专用设备和铁路运输、汽车制造业以及雷达、通讯仪表制造业最为突出。秦川机床厂的磨齿机、陕西机床厂的多功能数控机床均达到国际先进水平，成为国家进口替代产品并打入国际市场；宝鸡叉车厂生产的 TCM 叉车以吨位全、机种多闻名全国。石油、化工等工业专用设备比较发达，宝鸡石油机械厂生产的石油钻采设备产量居西北之冠，钻井配件吊环获国家金质奖。宝鸡桥梁厂、宝鸡工程机械厂是生产铁路专用设备的主要厂家，生产的钢桥梁、铁路道岔、工程轨道车全国闻名。陕西汽车制造厂生产的 SX250 型越野车，马力大、性能好、质量高被评为部优产品，被国外汽车专家评誉为“中国军车之最”。宝鸡的电子及通讯制造业在全省占有十分重要的位置，这些企业设备精良、人才济济，技术先进，长岭机器厂生产的 791－A 型盲降雷达，质量可靠，性能稳定，荣获国家的金鸡奖。在高技术领域，红光机械厂生产的长征系列运载火箭发动机，多次发射各种卫星，成功率 100%，获国家金质奖。

宝鸡的轻工业在全省和西北占有较大比重，陕西电冰箱厂生产的“长岭——阿里斯顿”电冰箱，年生产能力 35 万台，获国家银质奖；双欧牌洗衣机、微电脑全自动洗衣机、宝花牌空调、凌云牌电子琴、烽火牌收录机等产品都分获国家金、银质奖。国家名酒西凤酒、太白酒、宝鸡牌啤酒也分别被评为国优和省优产品。宝鸡卷烟厂是西北地区最大的烟草加工企业,年产各种类型香烟50万箱,利税3.8亿元,为全国的利税大户之一,金丝猴系列香烟,被评为部优产品,畅销省内外。

原材料工业具有相当规模。太白金矿是陕西最大的黄金生产企业,生产能力年产2万两。风县银母寺铁矿,日采选矿石达200多吨。电石、硅铁、水泥、钢材等产品也具有一定规模。农用运输车、小型拖拉机、农用泵等农业机械也畅销省内外,具有一定影响。黑色金属和有色金属工业也是宝鸡的又一优势行业,年产值达5.8亿元,石油管材、钛锭和钛管产量高、质量好,获国内外的广泛好评。

宝鸡交通四通八达,基础设施日臻完善

铁路有陇海铁路横贯东西,是欧亚大陆桥的重要地段,宝成铁路和陇海铁路接轨沟通西南,随着宝鸡至郑州,宝鸡至兰州电气化铁路改造工程的全面完工,加上宝鸡通往宁夏中卫的铁路开始建设和宝鸡东货场改建为铁路货运一级编组站、宝鸡客运站扩建工程的完成,无疑宝鸡将为我国西部地区的一个重要的铁路交通枢纽城市。

公路主要由国道和省道干线公路组成,通车里程为3132.85公里,公路密度为17.2公里/百平方公里,主要以三、四级公路为主,占公路通车总里程的90%左右。宝鸡向东有通往西安的南线、北线和已开始建设的西宝中线一级公路,有宝天路,宝汉路和宝平路分别通往西线、南线和北线,把宝鸡和邻近省区紧密的联系起来,使宝鸡具有较强的向外辐射力。

邮电建设发展迅速。全市有邮电局所165处,市内电话交换机总容量1.9万余门,全市有60%以上的交换机已更新为自动交换设施。超60路载波设备,480路微波设备为长途通道,目前已成为继西安之后,全省第二个可直接与全国各大城市和美国、日本、西欧等130多个国家和地区通话的城市,全市99.8%的乡镇通了电话,部分乡镇的电话也实现了自动拨号。同时256路程控自动转报设备的使用,使电报传递进入了全国自动网,传递速度大大加快,通讯能力大为提高,对传递经济信息,促进本地区经济的发展都将起到重要作用。也使宝鸡在联结西南、西北、欧亚大陆桥方面起到更加突出的作用。

宝鸡还是西北地区重要的商贸中心和物资集散地。优越的地理位置,发达的交通网络,使宝鸡北连甘肃、宁夏,南通四川、湖北、东出连云港,西出阿拉山山口口岸,集四方之货,为八方之源,是联接甘、宁、川的经济纽带,在陇海——兰新经济带和关中经济区及通向欧亚国际贸易中都将起着重要的作用。1990年全市有商业管理机构和零售机构2.1万个,物资供销机构65个,城乡集贸市场202个。社会商品零售额20亿元,物资销售总值44亿元,集市贸易成交额5亿元,外贸出口总额高达2.9亿。随着改革开放的进一步深入,宝鸡市的经济将发挥优势,快马加鞭,以更大的勇气,更快的步伐向前迈进,在西北和全省的经济发展当中发挥更大的作用。

(二) **宝鸡的未来和发展**。到本世纪末为了把宝鸡建设成为我国西北重要的现代化工业城市,在坚持以内涵生产为主的同时,要积极引进国外先进技术。2000年前准备合资,合作开发的项目主要有:①宝鸡钢铁联合企业,年产生铁12万吨,炼钢10万吨,轧材8万吨;②叉车公司改造扩建,规模达到1万台;③宝鸡铅锌冶炼厂,年产铅1万吨,锌4万吨;④新建海棉钛厂,年产1万吨;⑤西凤酒厂扩建,年产能力由现在的0.7万吨达到1万吨;⑥宝鸡卷烟厂扩建,年产能力由现在的40万箱达到100万箱;⑦陕棉九厂新建锦纶帘子布生产线年产6500吨;⑧新建宝鸡第二发电厂,装机容量120万千瓦;⑨新建宝鸡烧碱厂,年产1万吨;⑩扩建宝鸡蓄电池厂,年产20—25万KVAH;⑪陕西汽车制造厂、陕西汽车齿轮厂改造扩建,年产整车能力2100台,重型变速箱8000台;宝鸡氮肥厂碳氨改产尿素,年产尿素11万吨。此外,国家石油部拟在宝鸡建成一座石油管道输送枢纽站,年储存能力为1000万吨。

当前,要紧紧抓住改革开放的大好时机,积极参予国际经济大循环,重点抓好现有拳头产品的生产和新产品的开发,以此为中心,建立系列化生产集团,形成生产基地。加快新产品的发展,要重点开发录相机、电视机监测器,轿车空调器、家用电器、程控交换机、真空开关管、中短微波电台及通讯设备、纺织机械及精密电子仪器、新型医疗器械、高精度数显数控机床、风冷柴油机、新型叉车、不锈钢压力容器及检测设备、航天工业设备、石油钻探设备、铁路电气维修设备等。使宝鸡成为跟踪国际新兴工业技术发展,产品具有国际市场竞争力的机械、电子有色金属工业城市。到2000年,宝鸡国民生产总值将达到100亿元,国民收入80亿元,工农业总产值150亿元,比1990年再翻一番,人民生活将达到小康水平,宝鸡人民将以崭新的面貌迎来21世纪。

三、新兴的工业城市——咸阳市

(一) **咸阳市的现状**。咸阳,古老又年轻的城市。地处陕西关中平原的中部,东邻西安,西接宝鸡,是陕西省陇海沿线又一主要城市。全市土地面积10213平方公里，辖三区11县，总人口435万，其中市镇人口184万。在党的方针路线的指引下，咸阳人民经过艰苦奋斗，改变了贫穷落后的面貌，取得了巨大的建设成就。1990年实现国民生产总值42亿元，国民收入36.7亿元，社会总产值103亿元，人均国民生产总值987元。1982年咸阳市区人均实现利税超过3千元，被国务院命名为全国14个中等明星城市之一，1984年又被国务院批准为全国30个甲类对外开放地区之一，1990年被评为全国卫生城市。如今的咸阳已成为陕西省的重要的城市之一，也是陕西省农副业生产和纺织、电子工业的重要基地及旅游胜地。

咸阳座落渭河之滨，依原傍水。北部黄土高原雄伟壮观，南部绿野千倾，地势平坦，是渭河冲积平原区，气候属大陆性季风气候，南北气候差异明显。年平均气温13℃，极端最高气温42℃，极端最低气温－24.9℃。年平均降雨量500－600毫米之间，年平均日照2200小时，无霜期平均213天。境内河流以泾河、渭河为主形成人字形水系。泾河从西北入境在咸阳市流经6县，流域面积占全市2/3，经东南流入渭河，平均流量60立方米/秒；渭河自西向东沿南界流经5县区，平均流量183立方米/秒，水资源丰富，是咸阳市和南部灌区的主要水源。

咸阳历史悠久，源远流长。秦王嬴政灭六国以后立咸阳为都，大兴土木，营建宫宛。其中最为壮观者就数“阿房宫”。东起临潼，西到咸阳，绵延百里，辉煌豪华之极，名扬华夏，绝无仅有。秦以后咸阳曾是11个王朝的京都属地，后毁于战火，现尚有遗迹，秦砖汉瓦，俯仰可见。古往今来，咸阳这块风水宝地为不少帝王将相名人所想往，使得咸阳以陵墓为主的旅游资源十分丰富，是陕西仅次于西安的第二个旅游热点城市，令国内外瞩目。全市有名胜古迹1585处，其中属国家级重点文物保护单位9处，省级文物保护单位77处，县级文物保护单位1499处。在咸阳这块宝地上有20多个皇帝葬在这里，其中西汉11个皇帝就有9个陵墓建在这里。咸阳原上古陵墓之多为世所罕见，500多座陵墓星罗棋布，形成天然的陵墓公园。特别是茂陵、昭陵和乾陵尤为壮观。茂陵位于兴平县，是汉武帝刘彻的陵墓，是西汉帝王陵墓中最大的一座，规模宏大，庄严肃穆，巍峨无比，令后人叹为观止。位于乾县的乾陵是唐高宗李治和中国第一个女皇帝武则天的夫妻合葬墓，它依山傍水，雄伟壮观，是至今未遭破坏保存最为完整的帝王陵墓。位于礼泉县北九稷山主峰的唐太宗李世民墓昭陵，占地30万亩，是关中十八陵中占地面积最大的一个，陪葬墓就有185座，置于陵墓北面的昭陵六骏，为中世纪罕见的石雕珍品。除此还有市博物馆的三千汉兵马俑、彬县唐代大佛石窟、三原县明代城隍庙、泾阳县明代崇文塔等都是古代艺术的结晶。此外还有一些现代革命的旧址和纪念地，这些都是咸阳发展旅游业的雄厚基础。目前咸阳有涉外宾馆、饭店6座，客房600多间，床位1000多张，旅游接待能力显著提高，旅游业发展初具规模。

咸阳煤炭资源丰富，现已探明煤炭储量80亿吨，主要分布在长武、彬县一带，是陕西的第二大煤田。到1990年底全市地方煤矿已发展到20余个，原煤产量达196万吨。全市现有电厂8座，年发电量8亿千瓦小时。北部地区已列入省能源基地，“八五”和未来10年内，该地区的能源开发将有较大进展。

咸阳是陕西重要的粮、棉、果产区。经过几十年的建设和发展，咸阳已成为陕西重要的粮仓和农副产品基地，农业经济获得突破性的进展，1990年全市农村社会总产值已达46.3亿元，其中农业总产值25亿元，粮食总产188.7万吨，棉花总产1.2万吨，油料总产3.3万吨，烤烟总产4.2万吨，大牲畜、猪、羊等畜牧产品也有大幅度的增长。随着区域经济的发展，全市果园面积迅速增加，现已发展到近70万亩，其中苹果面积51.5万亩，总产9万吨，淳化、礼泉的秦冠、红富士苹果，水分大，含糖量高，被农牧渔业部评为全国优质果品，享誉国内外。1990年全市蔬菜产量60多万吨，有2/3销往西安和甘肃一带。乡镇企业也发展迅速，成为农村经济的“半壁河山”，1990年乡镇企业发展到7万个，总收入22.5亿元。

咸阳市区西部的杨陵区，是闻名全国的农业科研中心，现有农业科研中心、西北农业大学、西北林学院、陕西省农业科学院、中国科学院西北水土保持研究所等11所农业科研和教学单位。有先进的科技仪器2.4万台，有五国语言译意风的具有国际水平的国内最大的农科会堂，有现代化的测试中心。有科技人员3000多人，其中中高级科技人员1600多人，多年来培养大中专毕业生5万多人，开展科研活动4000余次，科研成果1000多项，其中重大科研成果700项，有200多项获国家和省上的奖励，并和国外有着广泛的学术交流。杨陵已成为陕西乃至全国唯一的农业科研“硅谷”和闻名遐迩的“农科城”。

咸阳是陕西省重要的交通枢纽要道之一。是古代的丝绸之路和现代的欧亚大陆桥的必经之地，有陇海铁路东西横贯，咸铜、西候铁路从市区穿过，公路由西兰、咸宋、咸户、西包、西三一级公路、咸阳机场二级汽车专用公路及正在修建的西宝中线一级公路组成四通八达的交通网；咸阳国际机场已建成通航，可起降大型的波音747飞机，年旅客吞吐量可达160万人次，是西北最大的内陆港空港。

咸阳毗邻西安，在关中经济区占有重要位置，经过几十年的建设，咸阳工业已初具规模，形成了以纺织工业、电子工业为主导，兼有机械、冶金、电力、建材、煤炭、化工、食品、烟草、缝纫、造纸、医药、橡胶等工业在内的较为完整的工业体系。

纺织工业、全市现有企业85家，棉纱锭30万枚，毛纺锭1.8万枚，布机8400台。西北国棉一厂，西北国棉二厂化纤车间，西北国棉七厂，这些龙头企业，技术先进，产品优良。不少产品是国家名优产品，销往国内外。咸阳纺织业已形成了从纯棉加工、纺织、印染到化纤、毛纺织，从针棉织品到服装加工，从纺织器材、配件的供应到纺织机械的生产，从教学到科研，从生产到流通，成龙配套的完整体系。1990年纺织工业总产值14.6亿元，占全市工业总产值的24.2%。纺织工业已成为全市的骨干和支柱产业。

咸阳的电子工业后来居上，已成为咸阳工业的排头兵。近10年来，咸阳电子工业有了突飞猛进的发展。全市现有电子工业企业14户，1990年完成工业总产值13.4亿元，占全市工业总产值的22.2%。咸阳西郊的彩色显像管总厂是目前国内和亚洲最大的彩管厂，随着二期扩建工程的完成投产，可年产彩色显像管300万只，年产值将达15亿元以上。陕西广播设备厂是咸阳又一个大型的电子工业企业，1990年生产广播发射机200部，彩色电视机25.6万部，被国家评为第一名和优质产品。围绕着这两个骨干企业，一批配套的电子工业企业也相继开工兴建。为了加快改革开放的步伐，推动咸阳电子工业迈上新台阶，"八五"期间，咸阳市将把西部的电子工业区建成为电子出口工业区，组建和完善"彩虹"等4个电子企业集团，并组建海关、商检、外汇结算、通讯、进出口机构等一条龙的服务设施，届时电子出口工业区将成为咸阳市出口创汇的重要基地和对外开放的窗口。同时也可带动一些相关产业、企业的发展，促进咸阳国民经济的腾飞。

（二）**在改革开放中阔步前进**。改革开放，活跃了城乡市场，促进了市场繁荣，1990年咸阳社会商品零售总额19.5亿元，外贸出口供额货总额达1.6亿元。文卫事业蓬勃发展，新建的咸阳图书馆，藏书数十万册。新建的电视台，使全市各县区都能收看到陕西电视台的节目。北部山区的大骨节病、克山病得到有效控制，卫生医疗条件有了较大改善，新建的陕西中医学院附属医院新住院楼是陕西目前最大最高的住院部。1984年咸阳改为地级市后，城市建设发展迅速，现在市区交通便利，道路宽阔，城市基础设施日臻完善。城市、道路绿化美化越来越好，有园地绿地面积863公顷，春季绿树成荫，景色迷人，秋季果实累累，果香四溢，吸引不少中外游客。渭滨、古渡两个公园依水而建，水映亭栏，云帆舟影，一幅江南水乡的自然景观。三座大型的立交桥分布市区东、中、西部、沟通东、南、西、北。新建的仿古建筑嘉惠商场、咸阳商场、秦都饭店以及高层建筑凌云楼、市图书馆、彩虹宾馆、秦宝饭店，西北轻院大楼等把市区点缀得光彩夺目，充满了现代化城市的勃勃生机。在改革开放的大潮中，咸阳将抓住时机，抓住机遇，加快建设步伐，重点建设西部电子工业出口区，东郊石油化工区、北郊旅游区。新建东风路渭河大桥，人民路立交桥、扩建咸阳汽车站，实现市内通讯程控化，市县区公众传真电报网络化，使咸阳的国民经济得到更快的发展，争取以最短的时间最快的速度赶上和接近发达地区中等城市的发展水平。

四、迅速崛起的渭南市

（一）渭南地区的现状

1.地理位置。渭南地区位于关中平原东部，渭河下游，是陕西的东大门，潼关锁立，俯视中原，历史上为兵家必争之地，素有三秦要道，八省通衢之称；东隔黄河秦晋相望，东南与河南山水相邻，在全国经济布局中处于南北之中的能源带与东西间的陇海、兰新经济线的交汇点上；现辖3市8县，土地总面积1.3万平方公里，人口481万。

2.渭南开发历史悠久，源远流长。渭南紧靠黄河，是中华民族的发祥地之一，"大荔人"头骨化石，是距今约20万年前的原始人类化石；"禹门口洞穴堆积"是旧石器时代遗址。近年来考古发现的"仰韶文化"、和"龙山文化"遗址共有100多处，为世人瞩目。证明人类繁衍生息历史悠久。

3.山川秀丽，文物荟萃。渭河、洛河在古战场潼关汇入黄河滚滚东流，五岳之首的西岳华山，挺拔险峻，令多少文人墨客倾倒而留下千古绝唱，登临绝顶，既可观瑰丽的日出，又可将城廓绿野尽收眼底。数千年的灿烂历史，为这富庶的秦东大地留下了珍贵的文物古迹，比较闻名的有韩城市的司马迁祠墓、文庙、城隍庙、普照寺，蒲城县的桥陵、泰陵，大荔县的岱祠岑址、丰图义仓，澄城的东楼，华阴的岳庙、玉泉院，渭南市的下吉塔、慧照寺铜佛，白水的苍颉庙、杜康祠、合阳的尊金阁，富平的铁佛像等。经过开发和建设，现已形成华山风景名胜区，韩城司马迁祠墓、元明古建筑群旅游区，蒲城唐帝王陵墓区三点一线式的环形旅游格局。

4.优越的环境，丰富的资源。渭南地区属于暖温带半湿润半干旱季风气候区。区内日照充足，雨量充沛，温度适宜，有利于发展农业生产。地势以渭河为轴线，南北高，中间低，东西平坦开阔，呈“仰瓦状”，组成南北两山，两塬和中部平川五大类地貌类型。

5.水资源丰富。地表水以洛河、渭河和黄河过境水为主，是洛河和渭河，渭河和黄河汇水地带，地下水以渭河平原区地下水为主。全区水资源总量为20.06亿立方米，实际利用水量11.76亿立方米，黄河的客水量，渭北“380”岩溶水都有很大的开发潜力和价值。大荔矿泉水，日涌水量达5.6万立方米，质量高，水量大，医饮兼用，国内罕见。

6.生物资源丰富，种类繁多。全区有林地270.2万亩，草地236.1万亩，野生动植物2500多种，农作物87种，主要以小麦、玉米、棉花、花生、油菜、蔬菜、西瓜、豆类为主。有野生动物300余种，其中黑鹳、大天鹅、鸳鸯、青羊、豹、全鸡等为国家重点保护的珍贵动物。人工饲养的畜禽主要的有秦川牛、关中驴、关中奶山羊、来航鸡、洛克鸡、星杂288(鸡)等。

7.矿产资源种类多，储量大。全区已探明的矿藏有37种矿点175处，其中储量大、易开采的有煤、钼、黄金、白银、铝、铁、石灰石、石墨、粘土、大理石、石膏等20余种。素有“渭北黑腰带”之称的煤炭资源十分丰富，广泛的分布在北部的蒲白、澄合、韩城等地，煤炭探明储量50多亿吨，是省内重要的煤炭产地。全国闻名的金堆城钼矿，钼矿石储量10.9亿吨，储量居全国第一。潼关，华阴、华县的金矿，矿石保有储量325万吨，含金29.6万吨，占全省储量的26%，且矿体成脉状，埋藏浅，易开采，是国家重要的黄金生产基地。石灰石和大理石的储量也十分丰富，在全省占有较大比重。

8.交通发达，通讯便利，基础设施完备。渭南是西部地区通往华北、华中和东北地区的交通要道。区内过境铁路有陇海、西延、咸铜、西韩、南同蒲五条大动脉，总通车里程518.4公里，平均每百平方公里有铁路3.94公里，区内11个县市有铁路相连。渭南、韩城两市是直接与省外相连的重要交通枢纽，铁路密度属全国高密度区。公路主要有国道“310”、“318”和省级干线公路五条，总通车里程达4600多公里，平均每百平方公里有公路35.1公里，公路密度居全国之首。继西临高速公路、西三一级公路建成通车后，三铜一级公路，310国道拓宽也正在加紧建设；临渭高速公路(270公里)前期工作正在进行，黄河、渭河、洛河的航运也正在恢复和发展中。邮电通讯事业发展快，截止1990年底，邮电线路总长14847公里，长话电路448条，电报电路498条，市内电话机总容量11700门。全区有载波终端机130部，渭南已开通北京、上海、广州等各大城市的自动电话，新建的综合通讯大楼远期话机总容量为2.4万门，由国外引进的7000门存储程序控制数字电话交换机已投入使用，可直通国内国外长途电话，还可通过西安办理国际邮件特快传递业务。城市建设加快，社会文化事业蓬勃发展。自1983年国务院批准设置渭南、韩城、1989年批准设置华阴三城市以来，城市建设步伐加快，如今市内道路平坦宽阔，两旁绿树成荫，高楼耸立，上下水设施完备，现代化城市已初具雏形。全市现有科技机构50多个，有科技人员40919人。高等院校一所，在校学生1400多人。有电视差转台42座，电视覆盖率达93%。各级卫生机构550多个，床位7859张，医疗卫生条件大为改观。

9.渭南是全省重要的农产品生产基地。1990年全区农业总产值达273567万元，向国家提供的商品粮居全省第一位。也是全省棉、油、烟、果、畜的重要生产基地之一。大荔县是全国粮棉油肉百名生产大县之一。农业是全区经济的基础产业和主要的支柱。

10.工业基础雄厚，是全省和全国的能源、重化工基地。经过数十年的建设，尤其是近10年的建设，区内工业已形成拥有28个大行业的工业体系，其中，电力、煤炭、机械、冶金、化工、纺织、食品、建材八大行业已成为全区工业的重点和支柱。1990年全区工业总产值已达469789万元。

电力工业发展迅速。全区1990年火力发电装机145万千瓦，发电量91.96亿度。位于华阴市境内的秦岭火力发电厂，装机容量105万千瓦，是西北地区最大的火力发电厂，也是全国6个装机容量百万千瓦以上的大型电厂之一。渭南已成为西北最大的火电基地，并在全国电网中占有重要位置。

煤炭工业今非昔比。渭南是全省重要的煤炭生产基地，主要有韩城、蒲白、澄合三大矿务局。有地县煤矿10个和乡镇个体煤矿500多处。煤矿总设计能力1387万吨/年，现有生产能力为1100万吨/年，1990年原煤产量1072.64万吨，洗精煤71.6万吨，原煤产量居全省首位。

化学工业突飞猛进。已初步形成化学矿开采、化学配料、化肥、农药、有机化工、染料橡胶加工等多门类和多品种的化学工业生产体系。主要的企业有陕西省化肥厂、陕西省复合肥厂、渭南地区化工厂、渭南地区富平化工厂、渭南市染化厂等。主要产品有合成氨、化学原料、硫化碱、硫化氢、苯酚等。以渭南西部、华县杏林、韩城三个化学工业区为主的化工行业已成为全省化工原料和农用化肥的主要生产基地。

机械、电子工业较为先进。是全省机械工业的重要基地之一。有一些龙头企业在省内外享有较高声誉。以生产风力灭火机而闻名全国的西北林业机械厂;全国十大重型机械厂之一的富平县境内的陕西压延设备厂;全国生产大型推土机的三大定点厂之一的黄河工程机械厂;全国驰名的五个印刷机器骨干企业之一的陕西印刷机械厂;能够生产具有80年代先进水平的高塬并联电容器、特大密集形电容器的合阳县电容器厂。在这些龙头企业的带领下,区内机电工业在加工水平、品种、质量上都有了很大程度上的突破,已能生产一些先进的机械,仪器仪表和成套设备,并有相当一批产品形成了一定优势,在外省市享有一定声誉。

有色金属工业规模大,发展快。全区有色金属资源丰富,全省有色金属大中型原料生产企业大都部署在渭南。金堆城钼业公司,是全国最大的钼业生产和出口基地之一。潼关金矿现有采选金矿10万吨、产黄金3万两的规模能力,是全国重要的贵重金属采选、冶金联合生产企业之一。

除以上行业外,渭南地区纺织业已初具规模,发展势头看好。全区纺织业以陕棉十三厂、许庄纺织厂、渭南地区纺织厂等企业为龙头,利用原料产地的优势,产品远销国内外;渭南的大理石、白水的杜康酒、潼关的连皮酱笋、富平乳品厂的"宝塔"牌全脂甜奶粉等产品都是全省和国家的名优产品,产品畅销全国并出口国外许多地区。

(二)渭南地区未来的开发建设方向和重点。即充分利用外资内资和国外先进技术,在渭南发展有色金属和高耗能重化工业。2000年前,本区重点建设渭南市、华县两个经济开发区。

1.渭南经济开发区。渭南经济开发区位于渭南市的西郊,面积18平方公里。1988年8月9日陕西省人民政府批准设立,1989年4月1日开工建设。

开发区地势平坦,交通便利,资源丰富,农业发达,靠煤近水,电力充足,基础设施完备,条件优越,有利于大中型项目的建设。

开发现状。开发区建设二年来已完成固定资产投资2.3亿元,建成面积1.5平方公里。陕西渭河化肥厂正在加紧建设,还有7家企业(包括中外合资3家、外商独资2家)已签投资意向书,有的正在办理征地和进出口许可证手续。

开发区的优惠政策。开发区内的企业除享受国家、省、地、市规定的优惠政策外,还可享受开发区规定的更加优惠的待遇,建设单位在征、租用土地,交纳企业所得税和其它税种方面,银行贷款,科技人员待遇上都将得到优惠。

开发区规划。到本世纪末,开发区投资总额将达到68.5亿元,工业总产值40亿元。未来10年内,国家将在这里建设年产30万吨合成氨(52万吨尿素)的渭河化肥厂;年产24万吨电解铝的陕西铝厂;年产10万吨烧碱、8万吨聚氯乙烯、9万吨电石的红星化工厂;年产丙烯晴2.5万吨、聚丙烯酰胺1万吨、丙烯酸0.3万吨的渭河油田化学品厂;年产化工焦8万吨、煤气13立方米/H、焦油0.5万吨的渭南焦化厂。

2.华县开发区。扩建陕西省化肥厂。其规模为年产合成氨6万吨,尿素11万吨,为省复合肥料厂提供配套原料。以金堆城钼矿副产品硫精砂和凤县九子沟的磷矿、省化肥厂的合成氨为原料,在华县建设陕西省复合肥料厂,一期工程年产硫酸10万吨;磷铵6万吨;二期工程使硫酸年产量达20万吨,磷铵年产量达12万吨。该项目建成后,对支援省内农业生产有重大意义。

汉江沿岸工业开发地带

一、汉江沿岸工业开发地带的现状

本区位于陕西南部汉江、嘉陵江流域,包括汉中、安康两大盆地及邻近地区。东接湖北,西邻甘肃,北依秦岭,南靠巴山,汉江东西横贯而过。气候属北亚热带气候区,温暖湿润,夏无酷暑,冬无严寒,自然条件优越。山川秀丽,物产丰富,素有"小江南"之称,是陕西的"鱼米之乡"。

(一)富甲一方的汉中盆地。汉中盆地位于陕西省南部地区,居我国南北地理分界线的南侧,巴山秦岭南北相对而立东部和安康盆地遥相呼应,西接甘陇,全区总土地面积27246平方公里,辖1市10县,总人口358.91万人。

1. 气候条件优越,农业发达。区内气候兼有南北之特点,光照充足,雨量充沛,适宜于农作物生长,主要农作物既有南方的水稻油菜柑桔和茶叶,又有北方的小麦、玉米和大豆。水稻平均亩产926斤,远高于全国亩产700斤的水平。1990年全区粮食总产达到14.13亿公斤,油料总产6400万公斤。人均占有粮食393.7公斤,猪牛羊肉27.5公斤,均高于全国、全省平均水平,是陕西省重要的水稻生产基地。

动植物资源丰富。森林覆盖率达54.5%,草场面积800多亩,野生植物3000余种,野生药材1300余种。盛产天麻、杜仲、枣皮、黄连、党参、西洋参等名贵中药材和猕猴桃、油桐、柑桔、茶叶、木耳、生漆、香菇等林特产品。天麻、杜仲、枣皮、元胡、龙须草等产量居全国之首,是国家重要的生产基地。盆地内野生动物种类多、分布广、数量大。被国家列入一类保护的有朱鹮、大熊猫、金丝猴、羚羊等珍稀动物达42种,现洋县、佛坪等地已建立野生动物自然保护区。

成矿条件优越,矿产资源十分丰富。初步探明矿种达60多种,产地近百处,其中勉、略、宁"金三角"被列入全国五大黄金生产基地之一,石棉储量居国内第三位。石膏为亚洲第二大矿。铁、金、镍、磷、膨润土居全省首位。磷为西北的主要产地。

水资源、水能资源丰富。盆地拥有嘉陵江,汉江两大水系,区内10平方公里以上的支流多达528条,河道纵横,水域面积大,水资源丰富,是全国和全省的富水地区。水资源总量为219.75亿立方米,其中自产径流量144亿立方米,地下水为2.15亿立方米。人均,亩均占有水资源量分别为4000立方米和2800立方米,远远高于全国和全省的人均、亩均占有量。区内水能资源丰富,理论蕴藏量为260万千瓦,其中汉江水系170万千瓦,嘉陵江水系90万千瓦。全区可供开发利用的装机容量为87万千瓦,其中汉江水系59万千瓦,嘉陵江水系28万千瓦。目前开发量约为20万千瓦,占可供开发利用的装机容量的23%左右,水能资源开发潜力很大。

历史悠久,源远流长。汉中古时为汉蜀之地,汉王刘邦以此为根据地,开创霸业。蜀刘备占此而建立蜀汉政权。这里物华天宝,人杰地灵,西汉出使西域的张骞,发明造纸的蔡伦都诞生在这里,至今墓地犹存。西汉三杰的张良庙、韩信拜将坛、萧何月下追韩信处,都建有遗址,现都修葺一新、供人凭吊、发怀古之悠思。新民主主义革命时期,老一辈无产阶级革命家李先念,徐向前等在此进行过游击战争。无数历史风流人物给汉中秀丽的河山增加了光彩。区内文物古迹异常丰富。著名的石门和空前绝后的书法瑰宝"汉魏十三品",以及汉高祖刘邦的行宫遗址、诸葛亮的屯兵之地定军山、武侯祠、武侯墓、灵崖寺等名胜古迹遍布全区,与盆地内秀丽的自然景观,山光水色一起构成了既有古色古香,又有自然风光别具一格的旅游资源,吸引无数中外游客。

交通便利,天堑变通途。区内现有宝成、襄渝、阳安3条铁路干线,通车里程399.5公里,全部为电气化铁路。公路通车里程为6804公里,有22条国道、省道、地方干线公路和530条地方道路构成四通八达的公路交通网。航运和水运也正在恢复和发展中。邮电业发展较快,全区有长途电话业务电路125条,市内电话容量10100万门,用户交换机14418门,农村电话中继电话414路,149个乡镇装有电话交换机。全区有微波站5处,其中微波干线5处,微波支线1处,1990年邮电业务量达1407.5万元。随着交通邮电业的迅速发展,昔日跨越秦岭南下入川的蜀道已不再难。迅速发展的交通邮电事业已经把汉中的经济发展和省内外,国内外紧密的联系起来,汉中已经开始走向外面的世界。

工业加速发展。汉中的工业以军工和机械工业为主,经过多年建设,地方工业迅速崛起。1990年乡以上的工业企业发展到1479个,其中大中型企业30个,形成了以军工、机械、医药等行业为主体的工业体系。012系统是我国最大运输机"运八"飞机的生产基地,汉江、汉川机床厂和海红轴承厂是我国重要的精密机床和精密轴承的生产企业。"汉药"牌盐酸左旋咪唑、高精度数显转台、真空净油机、变压器、铸石托辊、70型脱粒机等数十种产品荣获省、部、国家优质产品称号,有的产品已达国际同类产品先进水平。1990年区内工业总产值达到41.44亿元。工业带动了全区经济和社会事业的迅速发展,一个欣欣向荣充满生机的新汉中正在走向国内外。

(二)巨变中的安康。安康位于陕西省南沿,川、陕、鄂3省接壤地带、现辖9县1市,总面积23391平方公里,人口284.34万人,安康市北距西安371公里。

全区河流948条,汉江流经区内7个县市,流长340公里,年平均流量为10657亿立方米,是区内的主干水系。其它流域面积较大的河流(1000平方公里以上)有10条,水量稳定,属长年流水的河流。

动植物资源种类繁多。安康的林种资源极为丰富,秦岭有1324种,巴山有823种,其中秦岭主脊的大面积松林，大巴山主峰化龙山的大面积古冷杉林都是全国稀有和特有的树种。全区现有森林面积1187万亩，森林覆盖率为33.7%。

动物种类多居全省首位。区内共有野生动物429种，占全省75.7%，占全国20.2%。其中主要鸟兽各48种；被列为国家保护的珍稀动物34种。

土特产品极为丰富。安康素有"漆、麻、耳、棓"之乡的称号，国家常年收购的土特产品和山货就多达600种。生漆产量、质量均为全国上乘、此外杜仲、黄连、厚朴等中草药产量均居全省之首，蚕桑、茶叶产量约占全省的85%和70%以上，发展多种经营潜力很大。

水能资源得天独厚。安康是全国和陕西省的水电能源基地。区内河流密度大，落差高，蕴藏能量大。全区水能理论蕴藏量469万千瓦，占全省37%，其中可开发利用的263万千瓦。已建成的石泉水电站装机13.5万千瓦，年均发电6.34亿千瓦小时；正在建设的安康电站，装机80万千瓦，年发电28亿千瓦小时，是国家重点建设工程之一。汉江干流其它梯级的开发也已纳入建设日程。地区的小水电也很发达。发电量已达4000多万千瓦小时，为经济发展提供了充足的动力。

矿产资源丰富。已发现的矿产资源有55种、74处，其中汞锑矿是全国特大型矿，砂金储量占全省87.5%，是全省最大的砂金生产基地。

立体交通已初具规模。铁路有"阳安"、"襄渝"两条电气化铁路在此交汇，境内连结本区7个县(市)、8大城镇，铁路通车里程343公里。公路有9条干线公路构成骨架，连接乡村支线公路，四通八达。空中有安康到西安的飞机直达航线203公里。水运现已通航560多公里。西康铁路(西安至安康)全长240.5公里，国家计委已批准了初步设计，即将动工修建。发达的交通网络对安康的改革开放和经济腾飞将起到巨大的促进作用。

城市建设旧貌换新颜。1983年"7.31"特大洪水以后，在国家的扶持下安康人民战天斗地，团结拼搏，在一片废墟上重建了家园。如今4244米的防洪大堤，雄伟壮观，屹立江边，可抵御百年一遇洪水。新建扩建城市道路3.94公里，排水工程自成体系，28万平方米的住宅已经建成，"三横三竖"为主体的城市道路已经形成，昔日破旧的城池已被挺拔的高楼，宽敞的道路所代替。一个现代化的中小城市已初具规模。

工业迈向新台阶，国民经济全面发展。改革开放十年来，地方工业迅速发展，初步形成了以丝绸、烟酒、茶叶、黄金、医药等为主的优势产业，1990年全区工业产值达8.62亿元。工业的发展带动了全区经济的发展，国民生产总值达21.65亿元，工农业总产值达23.15亿元，财政收入达1.4亿元，国民经济实力增强，已经具备了大规模经济开发的条件，随着国家对汉江梯级水电的开发和能源基地的建设加快，安康的工业和整个国民经济将有一个突飞猛跃的发展。安康将在陕西连接川、鄂和发展外省区经济协作方面发挥更加重要的作用。

二、汉江沿岸今后开发的方向和任务

今后要充分发挥自然条件优越和水资源、矿产资源、生物资源丰富的优势，以汉中、安康盆地为中心，以现有大中型工业企业为依托，合理布局生产力，建设汉江沿岸经济走廊，形成具有内引外联功能的陕南经济核心区，带动秦巴山区经济发展。

(一) 加速开发汉江水力资源，建设以安康为中心的水电基地。汉江在陕境内可建七个梯级电站。已建成石泉电站，装机13.5万千瓦，年发电量6.3亿度。正在建设安康电站，装机80万千瓦，年发电量28亿度。要抓紧搞好其余五个梯级电站建设前期工作。安康电站建成后继续建设旬阳、蜀河、喜河水电站，2000年前后建成投产。随着这七个梯级开发，对汉江防洪和改善航运条件以及农业灌溉将发挥重要作用。

(二) 积极开发黄金资源，建设汉中、安康黄金生产基地。本区黄金资源丰富，在全国占有一定地位。汉江、嘉陵江是我省砂金主产区，探明砂金储量居全国第二位，具有明显优势。勉县、略阳、宁强地区，人称"金三角"，岩金资源丰富，是陕、甘、川三角地带重要黄金产区之一。要加强本区黄金地质勘探工作和黄金生产建设，以"勉略宁"地区为重点，抓紧建设月河、阳平关砂金矿，作好煎茶岭、李家沟等金矿的开发建设工作，扩大岩金生产规模。2000年前，本区金矿储量达到70吨，黄金生产能力9万两，年产黄金7万两。

(三) 开发铁、锰、汞、磷、石棉、石膏矿产资源，建设陕南原材料工业基地。

1.汉中西部钢铁基地。充分利用区内铁矿资源富集和发展钢铁工业基础较好的优势，加强铁矿资源开发和钢铁工业建设，2000年前，本区矿山生产能力达到260万吨以上，要搞好现有厂矿的扩建、改造工程，重点建设汉江钢铁厂。同时，要加强镍、锰、铬等优势矿产资源开发利用的可行性论证，争取有利条件，积极进行开发。

2.汉中东部建材基地。重点开发西乡瓦刀子石膏矿、洋县蔡家沟石灰岩矿和汉中市利水沟玻璃石英岩矿。在输出矿产资源的同时,2000年前后,在汉中市建设年产玻璃纤维500吨的玻璃纤维厂。

3.充分利用化工类矿产资源优势,建设汉中化工区。为了满足农业生产需要,积极开发利用本区磷矿资源,发展磷肥生产。生产精矿20万吨;汉中磷肥厂形成年产磷铵12万吨,硫酸20万吨的能力。

4.开发旬阳汞锑矿,建设旬阳有色金属工业基地。旬阳汞资源丰富,其中,青铜沟、公馆汞储量7513吨,是国家重要后备资源基地,为了满足国内需求,维持我国汞金属在国际市场优势地位,拟加强旬阳汞矿开发建设工作。本世纪末,形成年采选汞锑10万矿石吨,冶炼产品金属汞250吨、锑1000吨的生产规模。建设成为具有全国意义的以汞为主的采、选、冶有色金属综合基地。

为实现上述开发目标,本区所实施以下几方面措施:

1.加快改革开放步伐,利用国际经济调整的机会,充分发挥当地优势,重点发展能源、交通、原材料等基础工业项目,发展具有国际市场竞争力的产品。

2.努力做好内联外引工作。积极引进国内外资金、技术和先进管理经验、鼓励外商兴办独资、合资或合作企业及对现有企业扩大股权、收购、参股、承包和租赁;继续开展多种形式多层次的横向经济联合,特别与川鄂等经济较发达地区的经济合作。

3.继续优化工业走廊开发区的投资环境

对城市开发、建设和管理实现高标准,努力为投资合作客商提供更加便捷、高效舒适的工作生活环境。要加强区内、区际综合交通网的建设,争取早日修通西安至安康铁路。公路建设要提高盆地向丘陵山区的辐射能力,重点疏浚汉中至白河段518公里的汉江航道,完善汉中、安康机场基础设施。

神府榆横国家级能源基地

神府榆横能源基地位于陕西省榆林地区北部,包括神木、府谷、榆林、横山4个市县、面积2.3万平方公里,人口113.06万。东与山西隔黄河相望,西连定、靖两县与宁夏、甘肃接壤,南接榆林地区南6县,北与内蒙山水相连。是国家以山西为中心的能源基地的重要组成部分。

一、区内基本情况

全区地跨暖、中温带,土地富源辽阔,区内人均土地面积27亩多,高于全省、全国人均水平。长城东西斜穿区内,海拔一般在900—1500米之间,开发区虽处于黄土高原,但经过多年建设与改造,特别是随着神府煤田近年来大规模的开发,区内面貌有了很大的改变。

交通邮电事业蓬勃发展。神府榆横地区历史上交通闭塞,通讯落后,运输主要靠“人背畜驮”。经过多年建设,尤其是改革开放的10年来,交通邮电事业得到了飞跃发展,面貌大为改观。1990年全区公路通车里程达11094公里,有西包、神府、榆佳等几条干线公路为骨干、县乡公路为脉络,沟通区内外,全区92%的乡镇通公路。随着榆神二级公路、包神府二级公路的建成,区内公路的等级和质量都大大提高。铁路建设正在加紧进行,包神铁路(榆林境内17公里)已建成通车,神朔铁路神木大柳塔到山西省朔县建设已全面铺开,结束了榆林无铁路的历史,榆林机场也建成通航可直飞西安。黄河水运也已恢复通航441公里。邮电事业发展也很快,已建成邮路4488公里,拥有长途电话交换机650门,市内电话交换机8200门,全部乡镇都通了电话,榆林、神木市内自动电话已开通使用,榆林5000门程控自动交换机已投入使用,长话业务电路达175条,长途半自动电话47条,神府榆横4个县的有线电报直接进入全省自动转报网,结束了人工转报的历史。

神府榆横开发区是榆林地区的工业密集区,经过多年建设,已形成了以毛纺、煤炭为主,建材、化工为辅的地方工业体系。形成年生产煤炭300万吨、毛线1300多吨、呢绒180多万米、毛毯35万条、地毯6万平方米、皮革13万多张的生产能力,还有水泥、平板玻璃、服装等。其中榆林地区毛纺厂生产的毛毯、呢绒、毛线三大定型产品,有11个品种,110多个花色。毛毯、地毯做工精细,色泽纯正,图案美观,远销独联体及东欧各国,被口岸列为免检产品,深受国内外用户的欢迎。1990年工业产值达4.82亿元,较1980年增加二倍以上。

二、主要优势

矿产资源。神府榆横地区矿产资源丰富，已探明的有煤炭、天然气、高岭土、铝土矿、石灰岩等 20 多种。其中煤炭、天然气和高岭土储量居全国首位。本区矿产最大优势为煤炭。截止目前煤炭探明储量达 2236 亿吨，普查远景储达 8600 亿吨，相当于 70 个大同矿区、160 个抚顺矿区，是世界少有的特大型优质动力煤田。具有质好(三高一低，煤块中灰硫磷含量特低，每公斤煤发热量高达 6900—7200 大卡)煤层厚、埋藏浅，易开采的特点。是目前世界七大煤田之一。整个煤田横跨陕蒙两省区、榆林地区煤炭储量占到煤田总储量 70%以上。其次为天然气，经勘探证实广泛分布于榆林地区北部八县范围内。天然气远景储量 3.69 万亿立方米，占全国储量的十分之一多，是国内最大的世界级油田。目前已发现的 3 个富集区：子洲富集区，控制储量 50 亿立方米；镇川富集区控制储量 35.2 亿立方米；靖边——横山一带是天然气的富集中心，在 1200 平方公里的钻探工程上控制到手的储量达 804 亿立方米。目前勘探和开发的前期工作正在加紧进行。以上三个富集区，两个都分布在境内，另外一个和区内也紧密相连，随着国家对天然气资源的加快开发，对推动本区化工工业的发展，能源基地的建设和区内经济的发展将起着不可估量的巨大的作用。另外高岭土也广泛分布于石炭二迭纪地层中，储量大，品质优，易开采。目前已探明府谷区高岭土可采量为 3.5 亿吨，远景储量达 10 亿吨以上，占我国探明储量的三分之二储量之大居国内之首，是生产高级日用陶瓷和国防、电子产品的必需原料。除以上外，区内还探明有铝土矿分布在府谷天桥一带，面积约 45 平方公里，预测储量为 0.5—1 亿吨，位于全省第一。石灰岩探明工业储量 1691 万吨。石英砂探明储量 217.5 万吨，主要分布在神木、府谷一带。

三、未来建设开发蓝图

紧紧抓住改革开放的机遇，充分利用本区煤炭、天然气丰富的资源优势，积极开展外引内联、加速煤炭天然气高岭土铝等资源的开发和电力建设，积极发展交通，搞好环境整治，把本区建设为煤、电、化工、铝、建材综合发展的工业综合开发区，形成具有全国意义的优质动力煤基地和火电基地。

(一) **加快煤炭资源的开发**。本世纪内，重点开发木神矿区，近期首先建设好 7 对骨干矿井，年产原煤 410 万吨。2000 年本区煤炭生产规模将达到 4000 万吨，外运 3200 万吨。下世纪初，开发规模进一步扩大，到 2020 年，神府煤田的煤炭生产规模达到 1 亿吨以上，开发顺序将从北部逐步向南部和西部延伸。

(二) **建设神府火电基地**。为了满足煤炭生产、耗能工业的发展和向外区输电的需要，应充分利用本区煤炭、水源、场地等有利条件，建设几个火电厂形成大型火电基地。近期重点建设、府谷阴塔电厂(装机 120 万千瓦)，段寨电厂(前期 120 万千瓦，后期达 480 万千瓦)，该区总装机可达 600 万千瓦左右。

(三) **搞好煤炭外运通道和矿区公路建设**。以铁路为骨干，形成铁路、公路、水运和其它运输方式相结合的外运综合运输网。

开发大事记

(1979年—1991年)

1979年

1月8日　中共陕西省委召开三级干部会议，讨论把全党工作重点转移到现代化建设上来。

4月11日　中共陕西省委召开工作会议，提出用3年时间完成调整陕西国民经济的任务。

5月23日　陕西彩色显像管总厂动工兴建。

10月1日　秦始皇兵马俑博物馆正式向游人开放。

11月10日　我国第一座设计能力为年产300万吨原煤的陕西韩城矿务局桑树坪煤矿建成投产。

11月20日　西安——拉萨航线正式通航。

11月22日　陕西省革委会召开旅游工作会议，讨论如何加快陕西旅游业的发展步伐。

1980年

1月5日　韩城——铜川——兴平33万伏超高压输电线路投入运行。

1月9日　彬县发现一个探明储量为91亿吨的大煤田。

1月25日　旬阳县发现特大型汞锑矿，品位高、矿体大而集中。

4月3日　中国科学院陕西天文台与有关单位协作，建成我国第一个高精度长波授时试验后，使我国授时技术进入世界先进行列。

7月9日　邓小平同志来陕西视察。

1981年

1月21日　中共陕西省委召开三级干部会议，讨论贯彻在经济上实行进一步调整，在政治上实现进一步安定的重大决策。

1982年

5月18日　陕西省举行首次科技交流会，提供可转让的科技成果452项，技术服务894项，生产技术难题招标180项，达成协议或鉴定合同60多项。

8月3日　西安飞机制造公司设计制造的“运七”飞机试飞成功，并投入生产。

8月15日　西安至香港定期直航包机开航。

9月23日　中共中央总书记胡耀邦同志陪同朝鲜金日成主席访问西安期间，对我省党政军负责干部作了重要讲话。

12月3日　陕西彩色显像管总厂全面建成。

12月21日　秦岭电厂经西安南郊变电站到庄头变电站的33万伏超高压送变电工程建成，并投入运行。

12月26日　榆林地区发现并探明储量780多亿吨的世界级优质煤田。

1983年

7月16日　陕西与日本京都府建立省府关系。

8月4日　中共中央总书记胡耀邦视察延安，并提出改变经济面貌10条建议。

9月20日　修复后的秦俑铜车马正式展出。

10月19日　陕西省台胞第一次代表会议在西安举行。

10月下旬　陕北黄河府谷港码头动工兴建。

12月6日　修葺一新的杨虎城将军故居——止园正式开放。

12月30日　襄渝铁路安康至四川达县段电气化工程建成正式通车。

1984年

1月23日　中共陕西省委召开农村工作会议，

讨论如何加快发展商品生产问题。

2月6日 西安郊区出土一幅罕见的唐代最完整的经咒佛教古绢画。

5月1日 西安海关成立，监管陕、甘、青、宁四省(区)。

5月20日 "运八"飞机试飞西藏成功。

6月上旬 全省农牧工作会议在泾阳召开，确定全省建立粮、棉、油菜、烤烟、果品、奶山羊、秦川牛、茶叶、蚕茧和羊毛、肉、绒10个商品生产基地。

6月26日 陕西省科技大会在西安召开。

9月7日 国家主席李先念来陕西视察。

10月14日 国务院批准西安市为计划单列城市，赋予相当于省一级的经济管理权限。

10月15日 安康县境内探明一大型重晶石矿。

12月1日 陕西省首届国际经济技术合作洽谈会在西安召开，签定合同116项，协议书38项，意向书36项，总金额11.2亿美元。

1985年

3月27日 秦岭电厂到三门峡五原变电站33万伏超高压输电线路全线架通。

6月15日—19日 中共中央总书记胡耀邦同志来陕西视察。

10月22日 胡耀邦同志视察商洛地区和潼关县。

11月20日 国务院副总理李鹏视察榆林神府煤田。

1986年

1月1日 新建的西安火车站主楼启用，建筑面积16000平方米。

1月2日 在爱尔兰首都都柏林举办的秦始皇兵马俑展览受到热烈欢迎，爱尔兰总理菲茨杰拉德出席开幕式并发表了热情讲话。

1月6日 西安电力整流器厂设计制造的TCR阀通过技术鉴定，填补了我国输电、工业电网大功率静补设备制造的空白。

1月27日 国务院批准西安市黑河引水工程，并决定1986年动工。

2月1日 陕西飞机制造公司"运八"飞机"三发"试飞获得成功，填补了我国多发、大吨位飞机单发停车起降飞行的空白。

3月26日 丹麦王国首相保罗·施吕特和夫人，来西安参观访问。

4月1日 我国唯一培养高级统计人才的高等学校——西安统计学院成立。

4月9日 兵器工业部和陕西省政府在西安举行部省经济合作协议签字仪式，确定把超微型汽车、摩托车等10个民品开发项目分别纳入部、省计划渠道，组织实施。

4月11日 西安邮电学院成立。

4月14日 临潼骊山西麓发现秦始皇先祖一座大型陵园。

5月2日 我省考古工作者经过十年辛勤工作，发掘出春秋时秦都雍城遗址秦公一号大墓，进行启椁。

5月22日 我省有41项科技成果在全国科学技术奖励大会上获奖。

5月24日 全国政协主席邓颖超来西安参观访问。

6月12日 总投资1.495亿元的西安啤酒饮料厂动工。

6月20日 长波授时台在临潼陕西天文台通过国家级技术鉴定。

6月22日 陕西省独立对外举办的第一次秦兵马俑展览，于本日至9月15日参加日本北海道岩见泽市21世纪博览会展出。

6月28日 陕西省"六五"科技攻关成果展览会在西安开幕，共展出科技成果980余项，新产品480余种。

6月30日 西安电子城举行奠基典礼，建成后，将成为微电子、计算机应用、航天及航空电子、软件等技术方面的科研、生产、教育三结合的新型电子工业基地。

7月3日 考古工作者在泾阳县河岸秦代郑国渠渠首地带发现该渠拦河大坝遗址。它是我国迄今发现的时代最早、规模最大和保存最完整的拦河坝。

7月4日 欧共体主席雅克·德洛尔来西安参观访问。

7月22日—31日 咸阳市和日本国京都府宇治市结为友好城市。

7月30日 西安电缆厂和日本古河电器工程株式会社共同投资兴建的我国第一个中外联营光纤光缆企业——西安光纤光缆公司，经国务院批准成立。

8月16日 西安电力机械制造公司等10个大中型工业企业与中国工商银行西安市分行土门办事处组成的企业与银河联合财团成立。

9月15日 西安市与法国波尔多市结为友好

城市。

9月17日　芬兰总理卡来维·索尔萨和夫人一行来西安访问。

9月21日—27日　瑞典林业专家诺仑先生率团参观米脂黄土高原治理所实验区，并确定了合作项目。

9月25日　西安——延安铁路秦家川至坡底段正式通车。

10月11日　西安市文化艺术大厦举行开工典礼。

10月16日　西安火车站城河大型隧道工程竣工。

10月25日　延长油矿永坪15万吨炼油厂建成投产。

10月26日　冰岛共和国总理斯坦格里米尔·赫尔曼松和夫人，在访问了深圳、桂林、杭州后，来西安参观访问。

10月27日　国家体改委、中国人民银行总行批准宝鸡市为全国金融改革的第13个试点城市。

11月1日　秦岭发电厂6号机组正式并网发电，至此，装机容量为105万千瓦的秦岭电厂全部建成。

11月2日　意大利总理克拉克西来西安访问。

11月7日　省政府批准正式成立周至县秦岭自然保护区。

11月17日　陕、甘、川三省毗邻地区12方经济联合会成立。

11月20日　西安市资金中心市场首次开盘。

11月28日　国家"七五"重点工程——陕西历史博物馆奠基。

12月6日　张学良将军纪念馆开馆。

12月7日　墨西哥合众国总理米格尔·德拉马德里·乌尔塔多和夫人，访问北京后来西安参观访问。

12月8日　国务院批准公布，榆林城为国家历史文化名城。

12月10日　陕西广播电视设备厂正式通过验收。

12月14日　关中地区六市一地区市长、专员联席会成立。

12月16日　西安——三原一级公路开工奠基典礼在桃园泾河桥头南岸举行。

12月18日　陇海——兰新铁路沿线经济研究促进会在西安成立。

12月20日　陕西省经济技术市场正式成立。

12月25日　西安——临潼高速公路举行开工奠基仪式。

本月经国务院批准，铜川市为对外开放城市。

1987年

1月8日　西安整流器研究所从美国通用电气公司引进的我国首条电力电子元件生产线建成投产。

3月3日　陕西省和航空部、纺织部密切配合，在陕西兴建全国大型纺织机械生产基地。

3月4日　西安与世界12个国家和香港地区国际长途直拨电话电路正式开通。

3月19日　加拿大总督让娜·索维在访问北京后来西安参观访问。

3月23日　澳大利亚澳中理事会代表团来西安参观访问。

3月31日　秦、晋、豫黄河南三角经济协作区在陕西渭南召开物资协作首次工作例会。

4月3日　法门寺地宫出土大批珍贵文物，其中有迄今世界仅存的4枚佛指舍利。

4月7日　瑞典首相英瓦尔·卡尔松来西安参观。

4月8日　陕西国际联机信息检索中心正式开机使用。

4月12日　陕、甘、川毗邻12方首届商品交易会在宝鸡开幕。

4月14日　国家计委决定将西安作为军工企业开发民品规划的试点城市。

4月15日　葡萄牙总理卡瓦科·席尔瓦来西安参观访问。

4月19日　西安飞机制造公司建成一条目前全国最先进的年产3000吨铝型材生产线。

4月23日　西安变压器电炉厂制造成功我国第一台高电压、大容量、新结构的自耦有载调压直降式9万千伏安、110千伏安整流器。

4月27日　临潼县建成我国第一个纤维素酶研究和生产试验基地。

5月9日　宝成通用电子公司建成年产10万台空调器生产线。

5月11日　联合国秘书长佩雷斯·德奎利亚尔和夫人一行到西安参观访问。

5月21日　陕西电冰箱厂年产20万台以上的电冰箱生产线建成投产。

本月经中央和国务院批准，礼泉县定为全国农村改革试验区。

6月5日 应日本东京电力公司和日本亚洲协会的邀请,张勃兴省长率经济友好考察团赴日访问。

6月18日 跨地区、跨部门的中国光电控制显示开发集团在西安正式成立。

7月13日 西安变压器厂制造的全国最大变压器,安全运抵黄河上游龙羊峡水电站工地。

7月26日 川鄂陕公路建成通车。

7月28日 宝(鸡)天(水)段1363改线工程建成通车。

7月30日 包括42家工商企业组成的西安民生商业集团成立。

7月31日 国营惠安化工厂建成全国最大的沼气工程。

中日合作兴建的全国最大规模的仿唐建筑"唐华宾馆"、"唐文化艺术陈列馆"、"唐歌舞餐厅",在西安大雁塔东侧建成营业。

8月17日 世界银行为陕西三(原)铜(川)高速公路建设贷款3500万美元。

8月20日 国家"七五"重点项目——陕西西安(咸阳)机场动工兴建。

8月22日 西(安)延(安)铁路复工建设。

8月31日 省政府决定将杨陵农科城列入省"七五"重点建设项目。

9月2日 在开展横向联合的基础上,全省已涌现出企业集团50个。

9月4日 省委书记、省长张勃兴会见基辛格博士。

9月13日 联邦德国国际工程公司专家摩斯布鲁博士一行5人,到汉中作为期3天的汉江考察。

9月15日 国家"七五"重点建设项目,陇海铁路罗敷至西安段电气化铁路牵引变电所工程动工兴建。

9月17日 包头——神木铁路进入铺轨阶段。

9月29日 西安——临潼高速公路破土动工。

9月30日 省政府决定兴建东雷二期抽黄灌溉工程。

10月5日 广播电视塔举行落成典礼。

10月18日 西安——铜川高速公路破土动工。

10月27日 国营华电材料厂建成一条具有国内先进水平的"彩电"覆铜板生产线。

11月9日 具有80年代国际先进水平,年产35万只彩电电子调谐生产线,在宝鸡凌云无线电厂建成投产。

11月11日 长庆油田地质工作者发现榆林、延安地区地下埋藏着一个气海,远景资源储量约856亿立方米。

11月19日 陕西又探明一个大型煤田——彬县煤田,煤炭总储量68亿吨。

11月24日 西安北关铁路公路大型立交桥——星火路立交桥通车。

11月31日 省旅游公司与香港汉贸集团合作建造经营的西安阿房宫宾馆在西安大差市破土动工。

12月7日 国家"七五"重点建设项目——卫星测控中心在西安建成并通过验收。

12月11日 "运八"飞机首次出口美国。

12月14日 国家"七五"重点工程——西安至宝鸡段铁路电气化工程最近动工兴建。

12月19日 西安黑河引水工程正式开工。

12月25日 目前我国最长的汽车总装线在西安建成投产。

12月26日 全省最大的金矿在潼关建成。侯(马)西(安)铁路正式竣工验收。

12月31日 省政府作出13条规定,鼓励外商在陕投资。

1988年

1月1日 陕西龙年国际旅游活动开幕式在西安隆重举行。

1月10日 黄河电子企业集团在西安成立。我国第一条喷气织机生产线在咸阳建成并批量生产。

1月11日 陕西彩色显像管总厂二期扩建工程在咸阳正式动工。

1月12日 西安世界贸易中心协会正式成立。

1月20日 挪威首相布伦特兰夫人到西安访问。

1月22日 宝鸡石油钢管厂建成全国第一条中径高频直缝焊管生产线。

1月23日 陕西省高等学校科技联合开发集团在西安成立。

2月20日 航空工业部西安航空发动机公司经国家经委批准为外贸出口基地。

3月2日 赞比亚共和国总统肯尼思·戴维·卡翁达和夫人来西安参观访问。

3月9日 全国新型百货企业联合会在西安成立。

3月14日 由西安仪表厂等43家企业、科研所和大专院校联合组成的西联自动化仪表集团公司成立。

3月24日 陕西省澳门出口商品洽谈会结束。

3月28日 交通部决定在西安建造国家公路陈列馆。

4月21日 希腊共和国总统赫里斯托斯·安·萨采塔斯抵西安访问。

4月24日 陕西双鸥电器集团公司成立。

5月8日 国务院确定铜川市黄堡镇的耀州窑遗址为全国重点文物保护单位。

6月14日 全国第一家医药企业集团在宝鸡成立。

7月6日 巴西总统若泽·萨尔内和夫人一行来西安访问。

7月16日—8月2日 侯宗宾省长率陕西友好代表团，赴意大利特拉维索省访问。

7月18日 陕西省建成以富平县为主的全国第一个奶山羊良种繁育基地。

8月5日 中国西部最大的高技术密集型工业城——西安电子城开工建设。

8月28日—30日 日本首相竹下登来西安参观访问。

9月8日 陇海铁路郑州至宝鸡电气化工程太(太要)西(西安东站)路段正式通车。

9月29日 陕西东雷一期抽黄工程建成，设计灌溉面积97万多亩。

11月15日 省委书记张勃兴在重点发展关中讨论会上说，关中要成为振兴陕西的基地。

渭北百万亩苹果基地建成。

11月21日 由中国新疆航空公司开辟的乌鲁木齐经西安到大连的定期航班正式通航。

12月3日 改建的中外合资钟楼饭店开业。

西北国家计量测试中心在西安建成。

国家"七五"重点建设项目——咸阳秦都110千伏变电站在咸阳建成，并投入运行。

12月28日 西安至宝鸡电气化铁路贯通。

1989年

4月3日 陕西省外商投资企业协会成立。

4月8日 包头至神木铁路全线通车。

7月8日 全省最长的公路大桥——华阴渭河大桥通过验收，大荔至华阴公路全线贯通。

9月9日 中共中央总书记江泽民来陕西视察。

9月27日 世界旅游日庆祝活动在西安举行。秦始皇兵马俑三号坑正式开放。

10月5日 省政府欢宴澳门总督文礼治。

10月12日 陕西省在第四届全国发明展览会上获金奖4枚、银奖8枚和铜奖35枚，名列前茅。

10月18日 中共中央政治局常委乔石来陕西考察。

11月19日 中国大地原点在陕西泾阳县建成。

10月22日 全国政协副主席康克清结束对陕西的考察。

11月24日 陕西在第66届秋季广交会上，成交额达1.59亿美元。

12月4日 陕西广播电视微波干线正式开通。

12月23日 装机80万千瓦的安康水电站下闸蓄水。

12月25日 陕西在1989年国家质量奖评比中获得8项国家级质量奖。

12月30日 西安至三原一级公路全线通车。咸阳国际机场首次试飞顺利通过。

1990年

1月1日 探明储量为2000亿吨的神府东胜煤田马家塔露天煤矿建成投产。

1月5日 陕西省第二批商品粮基地县——渭南、合阳、澄城、兴平、泾阳、礼泉、扶风、岐山、户县、临潼10县开始建设。

1月20日 西安新闻大厦主体工程封顶。

4月7日 西安至长春通航。

4月10日 西安至包头开通直达客运班车。

4月16日 我国第一所流动眼科医院——怡德流动眼科医院在西安成立。

5月1日 神府煤田探明一特大水源地，日采最可达18万立方米，为府谷阴塔120万千瓦筹建电厂提供了可靠的水源地。

5月9日 设计年产量420万吨原煤的黄陵一号煤井，开始矿区建设和掘进措施工程。

5月16日 西北五省(区)"汉唐丝绸之路文物展"在西安开幕。

5月29日 西安至三原一级公路通过国家验收，被评为优良工程。

6月10日 叙利亚共和国副总统穆罕默德·祖海尔·莫沙拉克和夫人一行来陕访问。

6月15日 西安——桂林——汕头航线开通。

7月10日 西安凯悦(阿房宫)饭店开业。

7月12日 定边引黄供水工程破土动工。

7月17日 由苏联部长会议第一副主席，中苏经济、贸易、科技合作委员会苏方主席马斯柳科夫率领的苏联政府代表团来陕西访问。

7月22日　东雷抽黄续建工程破土动工。

7月30日　三原至铜川一级公路全线开工。

8月8日　全省最大的饲料厂在杨陵投产，并通过省级技术鉴定和验收。

8月14日　汉景帝阳陵发现大型从葬俑坑。

8月21日　秦俑二号坑展厅大跨度屋架吊装成功。

8月30日　西安黑河引水工程一期一段建成通水。

9月5日　陕西省国际市场调研会在西安成立。

10月11日—17日　中共中央政治局常委李瑞环在陕西考察。

10月18日　伊朗总统顾问、前总理米尔·侯赛因·穆萨维一行来西安访问。

11月2日　从美国西方阿特拉斯公司引进的首条SKC3700数控测井仪在西安石油勘探仪器总厂建成。

11月17日　印度尼西亚总统苏哈托来陕西参观访问。

11月21日　国务院总理李鹏结束对陕西6天的视察。

11月22日　咸阳国际机场供电工程竣工。

11月28日　捷克和斯洛伐克联邦共和国总理瓦列什一行来陕访问。

11月30日　水利部机井灌溉节水节能试点项目、陕西省第一个万亩井灌工程在岐山县五丈原镇竣工。

12月6日　国家与陕、甘、青、宁四省（区）签订合资建设黄河李家峡水电站的原则协议。

12月11日　国家"七五"重点建设项目，安康水电站首台机组并网发电。

12月27日　国家"七五"重点建设项目，西安——临潼高速公路建成通车。

1991年

1月24日　省政府作出进一步完善省级大企业机制改革超前试点政策的补充规定。

1月24日　全省表彰横向经济联合先进单位。

1月　陕北靖边一带发现世界级天然气大气田，已获控制储量1000亿立方米。省政府成立陕北天然气开发利用领导小组。

2月2日　西北国棉一厂等18户大型企业与省财政厅签定了上缴财政承包合同，拉开了第二轮承包的序幕。

2月21日　省政府作出大力发展城镇集体工业的决定。

3月11日　汉中钢铁厂300立方米高炉建成出铁。

3月13日　《陕西之春》花布展销会隆重举行。

4月5日　西安交大逸夫科学馆建成。

4月10日　陕西省第二届技术成果交易洽谈会在西安隆重举行。

4月10日　陕西省1991年深化经济体制改革要点出台。

4月28日　宝鸡——太白光纤通信工程通过省、市邮电管理部门验收。

6月20日　总投资1.4亿元的国家级陕西历史博物馆正式对外开放。

6月29日　省政府批准西北五棉集团为"特企"试点。

7月15日　陕西"八五"重大能源建设项目渭河电厂60万千瓦机组二期工程在西安招标。

7月17日　西安重型机械研究所筹建的"国家重型机械产品质量监督检验中心"通过国家验收。

7月18日　省政府作出进一步搞活流通若干问题的决定。

8月12日　省政府批准建立咸阳电子出口工业区。

8月30日　西安（咸阳）国际机场专用公路建成通车。

9月6日　陕西渭河电厂新厂首台（60万千瓦）机组并网发电，一次获得成功。

9月30日　陕西省十年改革开放建设成就展览开幕。

10月23日　第六届全国发明展览会在西安隆重开幕。

11月3日　杨尚昆主席抵陕视察。

11月6日　由议长费利克斯·庞斯率领的西班牙众议院代表团抵西安参观访问。

11月9日　陕西彩色显像管总厂被国务院企业管理指导委员会批准为国家一级企业。

11月16日　澳门总督韦奇立抵西安访问。

11月28日　西安至延安铁路修通。

12月2日　西安万门市话程控交换机开通。

12月10日　陕西省"七五"期间重点建设项目之一，咸阳偏转线圈厂通过国家验收。

西　安　市

主　　编:曾建国
副 主 编:薛华峰
编写人员:薛华峰　楼关沐　张尚忠
刘正军

西 安 市 分 目 录

典型地区和典型企业

市 情 综 述

西安古称长安，是陕西省省会，计划单列省辖市，西北地区的经济、科技、文化、信息中心和全国重点旅游城市之一。全市面积9983平方公里(其中市区1066平方公里)；人口615.48万人(市区278.89万人)，非农业人口230.85万人。人口密度为616.5人/平方公里。现辖七区(碑林、新城、莲湖、未央、雁塔、灞桥、阎良)，六个县(长安县、蓝田县、临潼县、高陵县、周至县、户县)。

一、地理环境

西安位于东经107°40′—109°49′，北纬33°39′—34°35′，恰在我国腹地关中平原中部，南倚巍巍秦岭，北扼滔滔泾、渭，东通豫晋，西接陇原。属暖温带半湿润气候，年平均气温13.7℃，年平均降水量604毫米，年平均日照1801小时，无霜期约207天。西安的四周，东有灞河、浐河，西有沣河、滈河，南有镐河、潏河，北有泾河、渭河，素有"八水绕长安"之美称。依山带水，平原舒展，土地肥沃，山川壮丽，气候适宜，自然环境较为优越。自古就有"天府"、"陆海"的称誉。盛产小麦、玉米、棉花、蔬菜和瓜果等。加之东有函谷关，南有武关，西有散关，北有萧关，在古代的战争中进可攻，退可守，是战略要地，素有"关中自古帝王洲"之说。

二、历史发展

早在110万年前的远古时期，我们的祖先就在这块美丽富饶的土地上繁衍生息。在旧石器时期，"蓝田猿人"利用温暖湿润的气候，茂密的森林山川，众多的河流湖泊，广阔的草地和丰富的野生动、植物，进行狩猎采集。在距今约6000年以前的新石器时期。"半坡人"、"姜寨人"建立了聚落，以简单的原始工具伐木，开荒，种植粟类粮食，采集、狩猎和渔牧。约在3100多年前，即公元前1133年至1126年之间，周文王、周武王在沣河沿岸修筑了全国性的大城市——西周都城沣、镐京，从此揭开了西安作为我国千年帝王都的序幕。

西安先后有西周、秦、西汉、新莽、西晋、前赵、前秦、后秦、西魏、北周、隋、唐等12个王朝在这里建都，历时1220年，是我国六大古都中建都最早、时间最长、朝代最多的一个。沣、镐作为周的都城，早于古罗马建都660多年，早于，古希腊的雅典建都400多年，早于古埃及的开罗建都470多年。秦始皇时，以咸阳为中心，修筑了九条驰道，东通燕、齐，南向吴、楚，北达九原(今内蒙包头市)，废诸侯，行郡县，实行"书同文"、"车同轨"，统一度量衡、法律，成为中国第一个中央集权制政权的中心。特别是汉、唐时代的西安，不仅是我国的城市之最，繁荣之最，而且是国际交往频繁、闻名世界的大都市，与罗马一起并列为世界上东西方两个最有代表性的历史名城。汉武帝时开辟的国际大通道——举世闻名的"丝绸之路"，就是以西安为起点的。唐代以后，随着我国政治中心的东移，西安失去了全国都城的地位。从明洪武二年，即公元1369年改名为西安府起，除李自成农民起义军攻入后曾一度恢复为长安外，西安的名称一直沿用至今。公元1911年10月22日，西安各界响应"武昌起义"宣布独立，推翻了满清的封建统治。1921年后，陇海铁路通车西安，国民党政府把西安作为西北的政治、军事活动中心，西安的地位显得十分重要。1936年12月12日发生了震动全国的"西安事变"，促成了抗日民族统一战线的形成，成为扭转时局的枢纽。由此，西安更成为中外皆知的历史名城。1949年5月20日西安解放。建国后西安曾是陕甘宁边区直辖市，中央人民政府直辖市，1954年大区撤销，改为省辖市，1984年，国务院批准恢复计划单列，同时赋予相当于省一级的经济管理权限。

三、名胜古迹

西安是我国古老文化遗存较多的地区，特别是关于佛教艺术的传播，古“丝绸之路”的出发地等均是国际文化交流的见证。迄今为止，已发掘出了各个时代的古遗址、古陵墓 44 座，出土文物 12 万多件。全市有国家级文物重点保护单位13 处、省级 71 处、市级 14 处、县级 160 处。其中有 110 万年以前的蓝田猿人遗址，史前时期的半坡人遗址，规模宏大的周、秦、汉、隋、唐五朝古都遗址，被誉为“世界第八奇迹”的秦始皇陵兵马俑坑，举世无双的秦铜车马、金棺银椁，稀世珍宝释伽弁尼真身舍利宝帐，目前世界上规模最大，保存最完整的明代西安古城墙，闻名世界的千年古塔——大雁塔、小雁塔，巍峨壮观的钟楼、鼓楼，列入全国重点寺观的道教圣地——楼观台，佛教密宗发源地——大兴善寺，佛教真言大教圣地——青龙寺，佛教华严宗发源地——华严寺，佛教道场圣地——卧龙寺，回教礼拜寺——化觉巷清真大寺等十大寺院道观。中国历代名家书法绘画艺术的真迹和石刻艺术珍品荟萃的西安碑林，收藏有汉、魏、隋、唐、宋、元、明、清诸朝碑碣共计 2300 余件，放射着古代文化艺术的璀璨光辉。风光秀丽的南五台、翠华山、汤浴风景区、辋川溶洞以及著名的长安八景（华岳仙掌、骊山晚照、灞柳风雪、曲江流饮、雁塔晨钟、咸阳古渡、草堂烟雾、太白积雪）令人游趣横生，心旷神怡。沧海桑田，今在新丰镇东南的鸿门之上，已看不到昔日之盛况，可是当回首两千多年前在这里发生的“鸿门宴”故事时，当年叱咤风云的历史人物，似乎就在你的眼前浮现。在草木茂盛，松柏苍翠的骊山上，一座座古老的烽火台会向你诉说 2700 年前周幽王在这里演出的“褒姒一笑失天下”的故事。骊山脚下的“华清池”流传着唐明皇和杨贵妃的风流，唐代诗人白居易在《长恨歌》中写到：“春寒赐浴华清池，温泉水滑洗凝脂。侍儿扶起娇无力，始是新承恩泽时。云鬓花颜金步摇，芙蓉帐暖度春宵。春宵苦短日高起，从此君王不早朝”。

位于西安市东 36 公里处的秦始皇陵，是我国古代最早的一座宏大帝王陵墓。《史记·秦始皇本记》曰：“始皇初即位，穿治郦山，及并天下，天下徒送诣七十余万人，穿三泉……”至于墓中的陈设，《史记》上说：墓底见水，铸铜加固，上置棺椁；墓中建有宫殿及百官位次，放满珠玉珍宝，燃烧用人鱼膏（是一种四脚鱼，似人形）做的蜡烛，设有防备盗墓而能自动发射的弩机暗箭，灌注水银，如同江河大海围绕，机械转动，川流不息。上面象形日月天体，下面象形山川地理等等。现墓室尚未发掘，但可以想象，这里等待的将会是新的奇迹。

西安周围分布着汉十二陵、唐十八陵。这些陵墓，地面上有宏伟的建筑，陵前有大型石刻，还有一座座繁丽的地下宫殿，以及大量精美的随葬品。仅现在所能见到的陵前大量的石刻作品和已经出土的丰富多彩的古代工艺品以及墓室壁画等，足以令人赞叹不已。

四、自然资源

〔**气候资源**〕西安地处我国暖温带半湿润气候区。四季分明。平原地区年平均气温 13.2℃，冬季较寒冷，但不强烈，最冷月（1 月）平均气温－0.9℃；夏季炎热，最热月（7 月）平均气温 26.4℃；春季温暖，平均气温 14.5℃；秋季湿润，平均气温 13.2℃。季节性明显，水、热资源与农业生产季节配合较好。西安年总辐射量为 109.14 卡/平方厘米。年日照 1976.6 小时，≥0℃积温 4952.4℃，≥10℃积温 4351.4℃。年降水量 594.1 毫米。光、热、水资源在陕西及全国基本居中。气候年际变化大。年均气温历史最高达 14.8℃，最低为 12.4℃，相差 2.4℃；年降水量历史最多 840.6 毫米，最少仅 346.2 毫米，相差 494.4 毫米。平原与山区气候差异显著。山区随海拔的升高，年均气温逐渐降低，平均降水量则逐渐增加（有一定限度），气候的垂直分异明显，平原和低山丘陵区为暖温带气候，中山区为温带气候，高山区为寒温带气候。

〔**土地资源**〕西安土地总面积 99.83 万公顷。主要的自然土壤为褐土，及其熟化形成的塿土。北部以平川地为主，海拔在 344—791 米之间，总面积 43.7 万公顷，占全市土地总面积的 43.7%，地表主要由黄土和黄土状物质组成，土壤理化性质好，地热平坦开阔，具有灌溉条件，适宜农耕，是西安市粮棉主要产区。南部秦岭山地，海拔 500—3767.2 米之间，面积 56.2 万公顷，占全市土地总面积的 56.3%。经过长期的开发，土地利用构成中生产用地 70.2 万公顷，占土地总面积的 70.4%。耕地面积 34.5 万公顷，占生产用地的 49.1%，水田占总耕地的 3.3%，水浇地占耕地总数的 67.3%，旱地占总耕地的 29%。园地占生产用地的 1.1%，主要分布在河流两岸，低山丘陵和秦岭山前洪积扇一带，以栽种菜果为主。林地占生产用地的 45.5%，主要分布在秦岭山区。苇地和渔业用地，分别占生产用地的 0.1%。全市畜牧业所需的饲料、饲草，来源于农副产品,因而没有专门的牧业用地。非生产性用地达29.6万公顷,占土地总面积的29.6%,其中有10万公顷经改造即可利用的土地尚未得到广泛利用。在非生产性用地中城乡居民点用地占16.4%。工矿、交通用地占5.7%。在山区和原坡地带,有7.3万公顷荒山坡地需要加强水土保持,进行改造,尚有1.9万公顷坡耕地需退耕还林还牧。

〔**水资源**〕西安境内共有54条河流,呈不对称状,分列渭河南北,境内自产地表水多年平均径流量24.87亿立方米。川原地下水资源总补给量(扣除重复量)为14.47亿立方米,可开采量为13.80亿立方米,扣除地表水与地下水相互转化的重复量,全市实有水资源总量31.46亿立方米,西安过境客水多年平均径流量有78.5亿立方米。

目前城市供水主要依靠地下水源,以开采市区周围河流两岸冲积层的潜水为主。潜水分布,以渭河干支流河漫滩及一级阶地为极富水区,埋深一般在5米以内,阶前缘单位涌水量为20—40吨/时;二级阶地为富水区,埋深5—20米;黄土台原为地下水贫乏区,秦岭山坡地下水以泉水形式出露;涌水量一般为8.5—10吨/时。在潜水下部,还埋藏着丰富的承压水,厚度达20—80米,矿化度低,水质较好。地表水的分布由北向南递增,山区为川原区产流的7—10倍。地表水在时间分布上不均衡,7、8、9、10月四个月占全年总雨量的50%,而建成的调蓄水库容量仅占全市径流总量的6.4%,地表径流利用率不足20%,其利用大有潜力。目前,城市工业及生活用水比较紧张,市区地下水开采已达80%左右,市中心区已严重超采。为了缓解城市用水紧张状况,经国务院批准,黑河引水工程正在全力建设之中。该工程建成后,引水量可达80万吨/日,届时,西安的用水状况将得到缓解。2000年后,石头河及泾河将成为未来调水的水源地。

〔**生物资源**〕森林资源。1991年,全市有林地面积458万亩,活立木蓄积量2711万立方米,其中国有林地面积293万亩,活立木蓄积量2115万立方米。现有荒山、荒地及灌丛地127万亩。森林覆盖率30.25%。森林主要分布在秦岭北坡中段的中、高山地带,包括周至、户县、长安、蓝田及临潼等地,主要为次生林、亩均林木蓄积量4.77立方米。森林以水源涵养林和水土保持林带为主,占全市林地面积的73%左右,用材林占12%,薪炭林、经济林和特种用途林面积较小。中、幼林面积占63%,而木材蓄积量仅占45%,不能大量开发;成熟林、过熟林多分布在太白自然保护区内和高山峻岭,采伐、集材和运输困难,目前难以利用。

野生植物资源。西安地区共有野生植物138科,681属,2224种。其中有许多第三纪古老的残留植物,如水青树、连香树等被誉为“活化石”。太白山地区被称为我国种子植物的“基因库”之一,被列为国家重点保护的自然保护区。中草药资源十分丰富,已被利用的有党参、天麻、五味子等500—800种;野生园林绿化花卉植物资源有绣球花、丁香、白皮松等300—500种;饮料植物资源有各种山楂、野葡萄、猕猴桃、沙棘等约30种;化工原料有漆树、穿龙薯芋、各种栎树、五倍子等约15种。此外,古柏、巨大银杏树等已作为旅游观赏树,并视为至宝加以保护。

野生动物资源。西安地区有丰富的野生动物资源,包括兽、禽、鱼及两栖、爬行类和有益的昆虫类等。其中有国家保护的一级动物大熊猫、金丝猴和羚牛;二类保护动物斑羚、天鹅、金鸡等;三级保护动物黑鹳、豹、金猫等。目前三种一类保护动物的自然保护区均已建立。

〔**矿产资源**〕秦岭山区有大片的火成岩、变质岩分布,渭河盆地则发育了巨厚的新生代沉积层,为多种金属、非金属以及能源资源的集聚奠定了基础。现已查明各类矿产45种,其中探明储量的有26种;探明的各类矿床21个,可供开采的矿化点77处,可作为进一步勘探线索的情报点58处。主要金属矿有:铁、锰、铬、钛、铜、铅、锌、金、钼、钨、银等;主要非金属矿有:石墨、水泥灰岩、白云岩、长石——伟晶岩、大理石、造型用沙、建筑用砂砾石、粘土、脉石英以及矿泉水等;能源矿主要为热水矿,上述矿产资源主要分布在南部山区,其中有5种、7个矿产地的矿产资源已列入国家矿产储量平衡表。目前全市矿产资源的利用率很低,极需加强勘探和开发。另外,靠近西安的北山和渭北“黑腰带”广泛分布着石灰岩和丰富的煤炭资源,它们已成为西安重要的建材能源供应地。

〔**地热资源**〕西安地区地下热水资源分布广、质量高、水量大、用途多,开发利用的前景十分广阔。全市圈出热流值异常区域370平方公里,主要分布在:①市东南郊和城区,以大雁塔附近比较突出,井口水温可达63.9℃,属中、高温热水;②产灞河地区,以石家街最为突出,千米深度水温高达69℃,井口水温54℃;③长安县的双桥——韦曲——扬万坡一带;④秦岭北麓的地热带,西起周至马召镇,东至蓝田汤浴镇;⑤临潼骊山北麓地区,西起韩峪,东经华清池至新丰镇,其中华清池最为典型和出名，出露泉水中温度42.5℃，且年际变化小于0.6℃。地热水中含有锂、钡、锶、锰、溴、碘、氟、硅酸、硼酸等微量元素，具有较高的医疗价值，对医治各种慢性风湿病、皮肤病和神经系统疾病等，具有较好的疗效。

五、经济技术发展水平

经过40余年的社会主义建设，西安已成为我国内陆腹地的一个新兴的工业城市和商品流通中心。全市现有工业企业3451个，独立核算工业企业职工总数727582人，固定资产原值139.59亿元。1991年全市工农业总产值229.83亿元，国内生产总值119亿元，国民收入96.22亿元，财政收入14.13亿元，粮食总产量178.83万吨，乡镇企业总收入66.27亿元，外贸出口总额1.35亿美元，社会商品零售总额81.04亿元。

西安的农村经济已从单一的农业生产结构向多种经营的农村综合经济结构发展。1991年农村二、三产业的产值占农村社会总产值的比重由1980年的17.9%，上升到65.34%。乡镇企业11.44万个，其中产值在1000万元以上的15个。1991年全市乡镇企业总产值60.09亿元，农民人均纯收入707.45元。全市已建成周至、户县、临潼三个小麦基地县，总面积158万亩。雁塔、未央、灞桥三个蔬菜基地24.5万亩。已有40多个奶牛场，奶类自给率达85%以上。临潼、户县的瘦肉型猪基地、郊三区和高陵县的蛋禽基地、南部山区的小杂果、林特产品生产基地建设也已初具规模。

西安的工业已形成了门类比较齐全的生产体系，成为国家航空、航天、兵器、电力机械制造、仪器仪表、电子、纺织、钟表和缝纫机工业的重要基地。

电子及通讯设备制造业拥有44个企业，1991年总产值达16.79亿元，居西北地区首位。主要生产厂家有大型军工企业——国营黄河机器制造厂、全国微波接力通信系统生产成套设备的大型骨干企业——西安微波设备厂以及西安无线电一厂、延河无线电厂、邮电部第二实验厂等大中型企业。以三线军工企业迁建为主的西安电子工业城也将在"八五"期间全部建成，主要生产电视机、数字微波通讯设备、卫星地面接收站、集成电路等产品。90年代发展的重点是：结合电子工业城和高新技术产业开发区的建设，加快发展半导体材料和集成电路等电子元器件，满足彩电及电子整机国产化配套需要。以黄河厂为主体，重点开发集群无线调度电话、程控交换机、光纤光缆、卫星接收等先进通讯设备和技术；以骊山微电子公司为主体，开发电子计算机和应用软件及其外围配套设备，半导体制冷技术和电子医疗器械等。

交通运输设备制造业拥有163个企业，1991年产值达16.55亿元。西安飞机制造公司是我国科研、生产大、中型飞机的重要基地。铁道部西安车辆厂是我国唯一的铁路罐车设计、制造的大型企业，西安航空发动机公司、庆安宇航设备制造公司、远东机械制造公司、西安骊山汽车制造厂等一批大中型企业的工艺技术水平和综合生产能力都比较高，部分技术及工艺水平已达到国际先进水平。主要产品"运七"飞机、涡轮发动机、密封继电器、磁感应传感器、铁路罐车、摩托车等在国内享有较高声誉，部分产品还远销国际市场，特别是航空工业已成为我国重要的出口基地。

电器机械及器材制造业共有270多个企业，职工4.65万人，1991年产值达12.81亿元。主要企业西安电力机械制造公司是国家计划单列的实体型企业集团，集团紧密层拥有12个企业、13个研究所(室)和6个专业公司，职工3万余人，其中高级工程技术人员1200多名，具有研究、成套生产、测试销售的综合能力。西安电机总厂、西安电线总厂等大中型企业和专业研究所都具有较强的实力。主要产品SF6断路器、熔断器、避雷器、高压整流设备、工业电炉、微电机、节能电机、电线、电缆等产品著称全国，部分已进入国际市场。

仪器仪表制造业共有76个企业，1991年产值达7.29亿元。主要生产厂家有全国规模最大的自动化仪表生产企业——西安仪表厂、全国最大的石油勘探专用仪器大型生产企业——西安石油仪器勘探总厂以及著名的西北光学仪器厂、东风仪表厂、西安核仪器厂、西安衡器厂等技术设备先进的骨干企业和我国第一家自动化仪表合资企业：西仪横河控制系统有限公司等。工业自动化仪表、地质和石油勘探专业仪器、光学仪器、教学仪器、核子及核辐射测量仪器及衡器等六大类产品已形成相当规模生产能力。今后重点开发的新产品有电力、工业仪表、冶金矿用仪表、轻工仪表、采油仪表、"1151"变速器、I系列组合仪表、气动电动执行器、新型测量仪器等。

纺织工业是传统主导产业，共有154个企业，1991年产值达24.16亿元。拥有纱绽50多万枚，布机1万多台，丝织机400多台，年生产能力为针棉织品7000多万吨。印染布2.7亿米，已形成棉纺织、毛纺织、丝绸、印染、针织、复制等较为完整的科研生产体系，是我国重要的纺织工业基地。丝绸是西安主要的出口产品之一，今后重点开发的新产品是面料及服装加工业、装饰用纺织品及旅游纪念品，高档纯棉制品和新型印染后整理产品等。

机械及专用设备制造业共有528个企业，1991年产值达26.12亿元。陕西重型机器厂、西安冶金机械厂、秦川机械厂、昆仑机械厂、华山机械厂、煤矿机械厂、远东机械制造厂等都是全国著名的大型企业。远东机械厂生产的气流纺纱机属世界先进纺纱设备，陕西鼓风机厂是全国鼓风机行业的骨干厂。西安锅炉厂是西北最大的工业锅炉生产企业。目前在生产冶金、矿山、造纸、建材、钟表、食品、纺织等行业专用设备方面具有相当规模实力。

原材料、化学、医疗等工业共有389个企业，1991年产值达26.09亿元，其中化工企业166个，产值10.07亿元；医药企业35个，产值7.97亿元；电力工业11个，产值3.49亿元；塑料企业103个，产值1.6亿元。惠安化工厂是我国生产乙醇、丙酮等有机化工原料的大型企业；杨森公司是全国最大的中外合资制药企业；西安制药厂是大型综合性制药企业；化学试剂厂是全国七大化学试剂生产厂之一，西安化工厂是全国22个重点氯碱生产企业之一，庆华电器厂是我国最大的综合性爆破器材生产基地。目前西安的钢、钢材、电石、纯碱、烧碱、聚氯乙烯、精制棉、各种医用药、原料药等都已形成一定规模。从发展看，西安的原材料工业还很薄弱，今后要大力发展的是石油、天然气化工工业、半导体材料、钢材和有色金属深加工以及矿产资源的开采加工等。

西安的轻工业拥有缝纫机、自行车、钟表、日用化工、硅酸盐、造纸、印刷、包装.工艺美术、家具、金属制品、家电、塑料加工、皮革加工、轻工机械、各类食品等。其中工业缝纫机、“山丹丹”洗衣粉、骆驼牌搪瓷、造纸用网、ZA51型永久自行车、汉斯啤酒、西安啤酒等名优产品畅销国内，打入国际市场。今后重点发展的是食品、日化、造纸、电光源、包装、工艺美术、塑料加工、家用电器等八个行业。

西安的建筑业具有较强的产业优势，现有大中型建筑安装设计、施工单位20多个，职工24万人。1991年全民建筑企业完成产值10.15亿元，已形成一支拥有勘探、设计、施工、建筑材料生产、科研、教育等能力配套的城乡结合的建筑业体系。所承建的西安金花饭店、西安宾馆、陕西省体育馆等一批现代化高层建筑其质量和速度均受到好评。在援外项目中，陕西省第一建筑公司承建的北也门高级官员住宅及检阅台，获得该国赞誉；铁道部第一工程局在科威特承建的伊斯兰会议中心得到广泛好评；西安市第二建筑公司承建的中非电台、喀麦隆大使馆、竹藤编制厂等项工程因质量好、速度快获得中非总统授予的“二级共和国勋章”。中国建筑西北设计院承担的喀麦隆文化宫，获中建总公司优秀设计一等奖。西安建筑业已进入国内先进行列。

西安的商业贸易占有十分突出的地位。汉、唐时期，在古长安城中便设有专门的商业区。汉为“九市”，唐为“东、西两市”。据《长安志》：“市内货财二百二十行，四面立邸，四方珍奇皆所积集。”繁华的市场上分设有衣、绢、药、秤、鞦、辔等行，食店、蜡烛店、当铺和珠宝店、酒馆、旅馆、手工业作场等。随着商业的兴隆也出现了不少的巨商大贾，百万富翁。据说唐长安怀德坊有个叫邹凤帜的，其家巨富，金玉赀货不可胜计，常与朝贵交往。他曾对皇帝说，他要买终南山，山中每一棵树算一匹绢，“山树虽尽，而臣绢未竭”可见他的钱多得没法说。汉、唐时期西安与国外的商贸也比较发达，绵长的古丝绸之路正是以这里为起点悠悠延伸向世界的荒蛮和文明之处。唐以后由于政治、经济中心的南移和南方漕运的发达，长安商品流通中心的地位逐见衰微，但西安由于处于中国中、西部地带的结合部，作为西北联结西南和通向全国的枢纽，仍保持着西北地区最大的贸易中心和川北、晋南、豫西、鄂西、陇东以及陕西各地的物资集散地地位，并与全国各大城市都有十分密切的联系。

1991年全市社会商品零售额达81.04亿元，其中商业零售额57.46亿元，饮食业零售额3.79亿元，工业零售额5.09亿元，其它行业零售额0.89亿元，农民对非农居民零售额5.54亿元。全市现有商业、饮食业、服务业机构69235个，各种零售商业网点67351个，从业人员32.5万人，每千人拥有网点数10.94个。全市有年营业额千万元以上的大型综合和专业商业大楼80多个，西安民生百货大楼、西安唐城百货大厦等全省10大商业企业有8家在西安。近年来，在生产资料、劳务、人才、科技、金融、房地产等生产要素市场不断发展的同时，已建立起解放路、柏树林、东西五路等商业街30多条，康复路批发市场、炭市街水产品蔬菜市场、竹笆市家具市场、骡马市服装市场、大麦市街饮食街、书院门古文化街旅游商品市场等专业化市场正在逐步完善，各种集贸市场已达337个，成交额达20.15亿元。云集着来自两广的瓜果、四川的鲜菜、沿海的水产品、云、贵、川和东北的药材、西北的皮货，广州、上海的服装以及全国各地的家用电器、化妆品等。1991年全市仅鲜菜社会总销量达3.7亿公斤以上,已形成以本市郊县为中心的一线基地,以三原、华县、太白、汉中等县市为依托的二线基地和由川、滇、闽、粤等省为细菜调剂品种的三线基地的大生产、大流通、大市场新格局。

西安的出口商品已发展到300多种,商品远销世界50多个国家和地区。现有16个专业外贸公司和6个工贸公司,已在北京、上海、广州、深圳、福州、乌鲁木齐、香港等地设立了办事处或外贸窗口。

科学技术是西安的三大优势之一。全市现有科研和技术开发机构582个,各类专业技术人员33.26万人,其中科研人员123164人,居全国第二位,其中具有中级职称以上的11.64万人。在应用技术科学、航空、电子、电工、光学、航天、纺织、化学、中医药等学科方面居全国领先或重要地位,一批科研成果处于国际国内领先水平,我国人造卫星、氢弹、第一块集成电路、第一台微机等的研制都凝结着西安科技人员的心血。有各种实验、测试仪器近30万台,相当大部分仪器设备具有国际七八十年代水平。十年来全市共开发新产品4920种,已投产的占60%以上,使全市工业优质产品达1276种,其中获得国家奖的有60种。全市共有自负盈亏的技术贸易机构600多个,常设技术市场18个,1991年签订技术合同近2000项。

六、基础设施

〔**交通运输**〕西安是我国通往西南、西北的交通枢纽。现有公路干、支线265条,总里程2785公里,公路网密度居全国第四位。有国道5条,省道12条以西安为中心通向全省和全国各地。县道53条,乡道108条,全市所有乡、镇和86.5%的行政村都通了公路。全市有高等级公路3条:西安至临潼高速公路、西安至三原一级公路、西安到咸阳机场二级汽车专用公路均已建成通车。星火路立交桥、太华路立交桥已建成使用。1991年全市机动车保有量近12万辆,年客运量4626万人次,货运量6139万吨。

铁路运输有陇海干线和西安至余下、西安至铜川、西安至侯马、西安至延安四条铁路支线。郑州至宝鸡段电气化改造后,单向运力由2000万吨增至4000万吨。西安车站是西北地区客运吞吐量最大的火车站,每日到发旅客列车40多对,上下旅客6万多人,节假日期间多达近10万余人,1991年铁路客运量941万人次。西安西站为全国特等货运站,有货场站台7座,军用站台1座,货场28万平方米,1991年铁路货运量292万吨,西安东站是西安铁路枢纽的主要编组站,日改编车4510辆。随着欧亚大陆桥的开通,将极大地促进西安经济和进出口贸易的发展。今后十年内将计划建设西安至包头、西安至安康两条铁路,争取修建西安南环线。

西安机场是全国五大航空港之一。目前有两个民航运输机构,35条国内航线和香港定期包机航线。每周始发的航班181班,航线5.15万多公里,1991年民航客运量达66万人次,货运量1.04万吨。

目前联合运输已开辟了39条跨省、区的线路,可通达全国28个省、市、自治区的1800个站点。

〔**邮电通信**〕西安是全国六大电讯通信中心之一,我国西部最大的通讯枢纽,现市电话交换机总容量5.95万门,市内电话机18.2万部,长途电话交换机容量2500线,传呼电话已建立了3个网,有传呼机1.1万部。与国家5条微波干线联网,并新开了数据通讯业务,可直接从美国以及其它国家和地区的数据库调取所需资料。目前长途自动号通达全国700多个城镇和世界170多个国家和地区。全市邮路总长3.57万余公里,邮电服务网点208个,与56个国家和地区互通了国际特快专递业务,120多个国内城市互通了特快专递业务。

〔**能源供应**〕目前全市已有火电厂2座,小水电3座,总装机容量27万千瓦,总发电量20多亿度。有变电站56座,总容量205万千伏安;架设高低压输变电线路318条近8000公里,其中高压输电线路97条近1620公里,6—10千伏配网线路221条6000多公里。

西安的电力供应除市属几个电厂外,主要依靠西北电网统一计划供电。1991年供电47.01亿度,其中工业用电占69%,农业用电占10%。随着安康水电站20万机组、渭河发电厂120万机组的投运以及户县甘亭电厂、西郊热电厂的建设,西安的电力供应将得到进一步改观。

西安煤炭供应目前主要依靠渭北煤炭基地,远期将有陕北煤炭基地作后盾。

西安目前管道气化率已达10%,加上液化气,城市气化率已达33%左右。今后随着陕北大气田的开发、在发展天然气化工的同时,继续开拓液化石油气源,完善西郊现有煤气生产供应综合体系,大部分居民生活和工业窑炉用气将得到解决。到2000年,城市居民生活用气率将达到75%左右。

〔**城市建设**〕西安的城市建设保持了唐长安城

和明西安城开放辐射型的棋盘式布局特点，在保持了古都风貌的前提下，各项市政基础建设取得了较大进展。现市建成区总面积141平方公里，解放以来新建各种房屋5502万平方米，城市道路总里程已达560余公里，路旁遍植各种花草树木，绿树成荫，街景壮观。全市共有公共交通车辆883辆，营运线路56条，公共交通车站795个，营运路线总长729.3公里，年客运量4.05亿人次，每万人拥有公共交通车辆3.6辆。全市共有自来水厂5座，配水厂，加油站14处，日供水能力60.4万吨，各单位自备井612眼，日供水能力28万吨。经国务院批准的黑河引水工程一期一段已完工，日增供水量8万余吨，工程全部完工后可日增供水能力80万吨，届时西安的用水问题将得到根本好转。全市日污水排放量74.19万立方米，排洪总能力105万立方米。全市共有路灯线路760公里，各种路灯14080盏，使用一代光源的白炽灯、二代光源的汞灯、三代光源的高压钠灯分布于全市的小巷、大街和主要十字路口；各种组合式华灯、燕翅灯、海鸥半圆敞口灯、彩灯、霓虹灯等把古城的夜空装扮得光彩辉煌。全市拥有各种环卫机动车辆281辆，市区有公共厕所406座、各主要街道都设有痰盂、果皮箱。市区共有专职环卫职工2570人，还建立了5250人的市容卫生管理员、监督员、值勤员、检查员队伍。1984年，城区大气飘尘量已下降到每立方米0.8毫克，1991年大气总悬浮微粒年日均值500微克/立方米，城区环境噪声平均值58分贝。1984年和1990年两次被国家爱国卫生运动委员会授予西安市"全国卫生运动先进单位"称号。1991年全市城市园林绿化面积1346.01公顷，现有城市公园16个，占地310.29公顷。在唐兴庆宫遗址修建的兴庆宫公园，其池、榭、楼、亭均沿用和参照了原兴庆宫的布局和命名。园内雪松挺拔，古柏参天，垂柳依依，鸟语花香。西安动物园是全国8大动物园之一，有国宝大熊猫、金丝猴等珍禽异兽140多种，1600多只。现市区已基本达到：花成片，树成行，冬葱茏，夏荫凉，三季有花，四季常青。

全市现有旅游涉外饭店宾馆38家，客房8156间，床位15436张。未涉外饭店198家，床位近万张。座落在东郊长乐西路的金花饭店是由中美合作经营的高级豪华宾馆。钟楼饭店、协和大酒店、古都大酒店、喜来登大酒店等都是著名的涉外饭店。西京饭店、胜利饭店、小寨饭店等分别设有高、中、低档客房，价格低廉，是国内游客下榻和召开各种会议的好场所。西安饭庄是一座具有六十多年历史的老饭店，震惊中外的"西安事变"期间，周恩来、叶剑英等革命领袖曾多次在这里设宴招待东北军和西北军的爱国将领，并与许多爱国人士小酌谈心。鲁迅、柳青、老舍、杜鹏程等文化界名流也曾在这里相聚。该饭庄不仅能烹制包括驰名全陕西的十大名菜在内的700多种菜肴，而且能制作各种小吃，中西点心近200种。最拿手的是唐式风味菜点，风味小吃金线油塔、泡泡油糕、千层酥饼、柿子饼。这里经营的黄桂稠酒，就是杜甫"李白斗酒诗百篇，长安市上酒家眠。"诗中所指的酒。郭沫若饮了此酒后赞扬："不象酒，胜似酒"。1983年金日成访问西安时曾饮此酒，大加赞美，派商务参赞来饭庄观看生产过程，并将酒带回朝鲜。聚丰园饭店是西安市大型烹饪川味菜肴的饭店，主要川菜有200多个品种，光顾后大有"人在西安似到四川"之感。解放路饺子馆的宫廷饺子宴闻名全国，该店的饺子宴有108种，分蒸、炸、煎、煮4大类，味道有酸、甜、咸、海、麻、辣、怪7类；原料有珍贵的猴头、燕窝、海参、鱼翅和鸡、鸭、鱼、肉、清素等；形状有金鱼、飞天、百花、云朵、珍珠等40多种。该馆两次受到商业部嘉奖，被授于全国先进单位和陕西省六好企业的称号。被称为西安饮食"三绝"的饺子宴、牛羊肉泡馍和仿唐菜，现已冲出陕西，走向国内和世界。

〔**仓储**〕西安的北郊已建成了大面积的仓储区。

市商业系统仓储总面积达40多万平方米，包括3座大型肉食、水产品冷库，仓储能力达27000多吨。1个果品冷库，22个大中型通用和专用仓库。外贸商品综合库已达8600平方米，货场9000平方米。市供销社系统库房总面积32.25万平方米，货场28.19万平方米。全市粮食库容能力已达4.98亿公斤。各种蔬菜库3.8万平方米。市物资系统仓储总能力为：仓库总面积92.8786万平方米，露天货场35.6233万平方米，分别储存着金属材料、机电、化工、轻工、建材、木材、燃料等众多的物资，成为商品流通中一个十分重要的环节。

七、社会福利

〔**文化艺术**〕西安现有艺术表演团体29个，其中秦腔(包括木偶)剧团16个，话剧团3个，歌舞、歌剧团3个，乐团2个，曲艺团2个，杂技、豫剧团各1个，演职人员4000余人，其中编导200余人，演员1500余人，乐队700多人，舞美500多人。有各种剧场28个。在艺术表演团体中，西安的秦腔最为强大，不仅荟萃着秦腔艺术界的许多著名演员，而且同西北5省的各个秦腔团都有着密切联系。比较出名的有陕西省戏曲研究院、易俗社、西安市秦腔二团(三意社)、西安市秦一团(尚友社)、五一剧团等。西安市的歌舞、歌剧、乐团以及古典、民间、儿童表演团体有8个,在全国有一定影响。西安的京剧、话剧、杂技艺术实力也都比较雄厚。

全市有电影制片厂1个,电影发行管理机构12个,电影院42座,对外开放礼堂,俱乐部35个,对内放映的礼堂、俱乐部247个,电影放映站2个,放映队376个。西安电影制片厂年生产能力已达到故事片12部、科教片20本、电视剧10集、洗印和缩制拷贝1000万米的水平。西安现有2个广播电台和2个电视台,可以接收到4套广播节目和4个频道的彩色电视节目,西安南郊高达245米的陕西广播电视发射塔,可同时开播5个电视频道、4个调频广播。

西安是我国最早的甲骨文和纸张的发现地;在这里还产生了我国现存最早的一些著作,世界上最早的国家图书馆也都产生在西安。现在全市共有出版社17个,每年出版各种图书近千种,数千万册。出版发行的报纸60多种,其中20种公开对外发行,杂志近百种,其中有69种公开对外发行。全市藏书达100万册以上的大型图书馆有陕西省图书馆、陕西师范大学图书馆、西安交通大学图书馆和西北工业大学图书馆等。

〔**教育事业**〕建国以来,西安的教育事业得到了巨大发展,形成了高教、普教、师范、成人、中专、职业、中技、学前和特种教育等多种类、多门类、多层次的教育体系。1991年全市有高等学校41所、成人高等学校28所、中等专业学校45所、普通中学510所,农业、职业中学56所,技工学校63所,特珠教育学校5所,工读学校1所,全日制小学2342所,各类学校总计3324所,在校学生123.55万人。西安的小学星罗棋布。全市最大的小学华清小学,位于风景优美的临潼骊山下,全校36个班级2千多名在校学生,大雁塔小学设有38个班,近1400名在校学生。西安小学、实验小学、青年路小学也都比较有名。西安有庞大的中学教育网,有一批师资力量雄厚、教学设备优良的重点中学。西安的高等院校数量之多、学科之全,与北京、上海、武汉同居全国前列,是我国重要的高等教育基地。全市共有西安交通大学、西北大学等在内的5所综合性大学,有包括西北工业大学、西北电讯工程学院、西安公路学院等在内的理工科大学13所。西安还是全国著名的高等医科教学基地,西安医科大学和解放军第四军医大学在国内外学术界均有较高名望。全市共有文、体、管类高等学校9所以及空军工程学院、第二炮兵技术学院、西安陆军学院、政治学院、武装警察技术学院等一大批军事院校,为军队建设培养了成千上万的优秀人才。

〔**医疗卫生**〕1991年底,全市共有各级各类医疗卫生机构1559所,病床29981张,卫生技术人员39369人。其中"师"以上高级卫生技术职称的23539人。各级医院普遍装备有X光机、显微镜、心电图、B型超声仪器等医疗诊查设备。有10所医院有CT扫描检查设备;有9所医院可做体外循环心内直视手术、颅脑外科手术、半肝切除、肾移植等大型手术。1978年以来,获得各种医学科研成果奖648项。

全市有教学医院2所。综合医院102所。市中心医院是各科医疗技术比较全面的医院,其微爆破临床治疗膀胱结石,被评为1981年世界十大医学新成果之一。

全市有各级中医医疗机构14所,床位1523张,市中医医院以肝病、皮肤疮疡、肛肠、针灸为专长。

全市有口腔、精神病、儿童、结核病、传染病以及妇幼保健等专科医院12所,病床2492张。

全市有各类疗养院11所,疗养床位2682张,大部分位于风景秀丽的骊山脚下,以含有多种化学元素的矿泉水配合以物理、药物等综合手段治疗各种类风湿性疾病及各种皮肤病。

〔**体育运动**〕全市有体育馆、场131个,业余体校26所。"七五"期间,西安向省队输送优秀运动员315名,占全省优秀运动员总数的65%;向国家青少年棒球队输送11人。在第一届全国城市运动会上,西安团体总分列40个城市的第5位。1991年在陕西省第九届运动会上,西安获金牌75枚,银牌61枚,铜牌61枚,获奖牌数和团体总分均列第一名。西安女子足球队是全国建队最早的队。近年来接待了日本、德国、南斯拉夫等国的15批体育团组,6次派出人员赴日本访问或比赛。位于南门外的陕西体育馆是西北地区最大的现代化体育馆。名列全国第五位。位于市中心的西安市人民体育场,占地8.9公顷,是西安市的一个综合性体育训练和竞赛场所。

〔**社会福利**〕1991年全市有88个乡镇建立了敬老院。困难户救济3.42万户,优抚对象27.2万人,社会救济12.19万人次,社会福利企业419个,安置残疾人4801人,人口出生率15.73‰,死亡率5.21‰,自然增长率10.52‰。

(薛华锋 撰稿)

古城在改革的潮流中奋进

十一届三中全会以来,合着神州大地吹奏的改革号角,古城西安焕发出了勃勃生机。在农村改革取得巨大成就的基础上,继而在城市推行以搞活企业为中心的改革,为我市经济发展注入了新的生机和活力。13年来,通过进一步完善农村家庭联产承包责任制和建立统分结合的双层经营机制,使农业生产和农村商品经济迅速发展;通过下放管理权限和推行承包经营责任制,增强了企业自我改造和自我发展的能力;按照发展社会主义商品经济的要求改革金融、流通和价格机制,使中心城市的作用得以充分发挥,积极扩大对外开放,发展国际经贸与技术交流,对推动经济发展发挥了重要作用。这一系列的改革带来了我市国民经济和社会事业欣欣向荣、蓬勃兴旺的局面。

一、国民经济稳定协调发展,经济实力显著增强

在13年的改革历程中,由于认真贯彻执行党的十一届三中全会以来的路线、方针和政策,古城进入了有史以来发展的黄金时期。

(一)国民经济稳步增长,效益显著提高。1990年全市国民生产总值107.04亿元,首次跨入全国过百亿的城市行列;1991年达到118亿元,比1980年增长249.5%,年均增长12.9%。工农业总产值1991年达到235.20亿元,比1980年增长198.42%,年均递增13.2%。国民收入1991年达到95.6亿元,比1978年增长267%,年平均递增10.5%。在生产发展的同时,经济效益也迅速提高。1991年市财政收入达到14.15亿元,比1980年增长1.17倍,年平均递增7.3%。向国家上缴财政收入也比计划单列前增加了一倍,作出了应有的贡献。

(二)农业生产稳定发展,农村经济形势发生了深刻的变化。1991年,全市农业社会总产值80.38亿元,比1980年增长了664.4%,年均递增18.5%,粮食生产连续两年创历史最好水平。1991年,粮食总产量178.8万吨,棉花总产量0.97万吨,分别比1980年增长4.1%和11.86%。按照城郊型农业发展的特点,在保证粮食生产的前提下,大力发展多种经营和乡镇企业。1991年,全市乡镇企业总产值达63亿元,占农村社会总产值的78.36%。"菜篮子"工程形成了基地生产规模,先后建立了60多个副食品基地。蔬菜、瓜果产量成倍增长,肉、奶、蛋、鱼类产量大幅度增加,结束了西安吃鱼靠外调的历史,基本保证了城市的有效供给。

(三)工业生产持续增长,经济实力有所增强。由于扩大了企业自主权和实行承包经营责任制,使企业内部的运行机制发生了极大的变化,有力地调动了职工的生产积极性,企业活力有所增强。1991年,全市工业总产值按1990年不变价格计算完成207.53亿元,比1980年增长1.91倍,年平均增长10.2%。在产值增长的同时,我市工业产品的质量也不断提高。据不完全统计,仅"七五"期间,全市就有17个企业获国家质量管理奖,12个小组获国家优秀管理质量奖,10个企业获省质量管理奖,9个企业获市企业质量管理奖。13年来,全市工业企业共创市级以上优质产品1837项,有61种获国家金、银质奖。

经过13年改革,西安工业生产能力明显增强。仅"七五"期间,西安市工业企业完成基建和技改投资54.33亿元,投产和交付使用的项目1646个,新增固定资产38.36亿元。新增生产能力有:炼钢、铅加工、化肥、烧碱、医药、电视机、缝纫机、组合音响,长途电话、自动交换机、城市供气、供水等554项。到1991年底,全市工业企业3451个,产业职工72.76万人,企业拥有固定资产原值126.95亿元。已形成了以机械、电子、纺织和国防工业为主体,行业门类

齐全的工业生产体系。扩大了西安的生产能力，加强了经济发展的后劲，为实现第二步发展战略目标奠定了坚实的基础。

（四）第三产业蓬勃发展，旅游业迅速崛起。随着全市国民经济发展水平的迅速提高，第三产业产值比重和就业比重不断增大。1990年，第三产业国内生产总值39.32亿元，占同年国内生产总值38%；第三产业人数达59.14万人，所占比重为41.78%。社会零售商业、饮食业、服务业网点和从业人员分别达到6.1万个和29.65万人，全市每千人拥有网点达10.12个。如今，西安市城区的不少背街小巷逐渐发展成为别具特色的专业商品街。

改革开放给西安这座"天然历史博物馆"增添了无限魅力，旅游资源的开发、利用保护，使西安的旅游业得以极大发展。特别是以秦始皇陵为主体的骊山风景名胜区吸引了众多的中外游客，如今，秦始皇陵兵马俑三号坑已正式对外开放；以西安古城墙为主体的环城整修工程已基本完成，恢复了古城墙的历史风貌；以唐代大雁塔为主体的曲江风景区得到了进一步的开发；唐代艺术博物馆、书院门仿古文化街和气势宏伟的陕西历史博物馆已经对游人开放。今天的西安已成为世界旅游热点城市之一，1980年以来已接待了230多万国际旅游者，扩大了西安在国际上的影响。

（五）城市基础设施建设长足发展，中心城市综合服务功能增强。13年来，西安市从自己的实际出发，结合产业结构调整需要，按照城市发展总体规划，大力发展交通、通讯、城市供电、供水、煤气等基础设施建设。西安咸阳机场已经启用，成为内陆地区的国际航空港；西安火车站及站前立体工程、星火路和太华路立交桥、北大街、五路口过人天桥已相继建成使用；西安——三原一级公路、西安——临潼高速公路的建成和正式开工兴建的西——宝一级公路、西——铜一级公路结束了我市没有高等级公路的历史。城市道路保留了长安城和明城的棋盘式、开放式、环形放射式布局的风格。为了缓解西安市水源紧张状况，完成了西安四期给水工程和规模宏大的黑河引水一期工程。1991年城市供水总量达3.67亿吨，比上年增加了1878万吨。管道煤气从无到有，1991年末使用液化气和煤气人口总数达70.1万人。目前，黑河引水二期工程、东郊煤气工程、西郊热电厂等大型项目正在紧张的建设之中，预计建成之后，将从根本上缓解西安市的供水、供电、供气不足的矛盾。邮政通讯能力也有较大的增强，可与国内456个城市和国外180多个国家和地区直接拨号，以西安为中心的全省用户电报网已经形成，1991年，全市安装电话机17.98万部，通讯能力有明显提高。

（六）市场体系日臻成熟，中心城市的流通功能得以充分发挥。1991年，全社会零售商品总额完成81.04亿元，比1980年增长4.2倍，年平均递增15.98%。截止1991年底，全市商业网点69235个，比1980年增长6.6倍；各类集市贸易市场达337个，从事经营活动的达6万多人，交易额达20多亿元，占社会商品零售总额的25%。各类专业市场、集贸市场的辐射面和吸引力已遍及全省各个地区，成为西北地区的商品流通中心和物资集散地。占全市蔬菜批发量50%的胡家庙蔬菜市场，长盛不衰，日均销售蔬菜14万公斤。生产资料市场不断发展，已建成全国第一家煤炭市场和建筑面积达1.7万平方米的西安物资贸易中心，可同时接待上百个企业进驻展销。科技市场日益繁荣，1991年全市有自负盈亏的技术贸易机构600多个，签订技术合同3667项，合同金额2.1亿元。资金市场长足发展。劳务市场从无到有逐步扩大，为西安经济的发展作出了不可磨灭的贡献。

（七）金融改革为西安经济发展注人了活力。作为全国金融改革试点城市。西安自1981年以来，在金融领域进行大胆改革，取得了可喜成绩。截止1991年，西安地区有29家证券兼营机构，累计发行各类证券27.6亿元，初步形成了证券发行和流通的交易体系；其中1991年发行6.5亿元，比1981年增长42倍；证券投资相当于城镇居民储蓄存款增加额的37.42%和银行贷款增加额的20.78%。

二、改革管理体制，进一步发挥科技和军工优势

西安的科技与军工是支撑国民经济和社会事业发展的两大优势。十三年的改革，打破了原有的条块分割的管理体制，使这些优势得以较大程度的发挥。

（一）积极开展软科学研究，提高决策水平。现代科学技术，特别是软科学理论和方法是现代决策的重要工具，国民经济和社会事业发展起着越来越重要的作用。从1986年开始，我市通过改革科技管理体制，把软科学研究课题正式列入全市科技发展计划，并投入经费403万元，促进了软科学的研究工作。截止1991年底，全市共完成软科学研究课题439项，其中包括承担国家和国务院部门课题39项，省及市级课题174项。课题的范围涉及工业、农业、社会事业等13个应用领域，为这些领域的决策

提供了科学依据。有关部门采用这些研究成果后，都取得了较好的经济效益和社会效益。特别是治理城市交通、西安市轻工业科技发展战略研究与生产结合模式等方案已被综合经济部门采纳，成为宏观经济决策的重要依据。

（二）以改革促进科技发展，加速科技成果向生产力的转化。西安现有各类高等院校42所，其中工科院校19所，西安交通大学、西北工业大学、第四军医大学、西安电子科技大学、西北大学等9所为全国重点高等院校。拥有593个专业实验室和一大批先进的实验装置，是我国科学研究的重要基地，科技力量十分雄厚。十几年来，我们坚持科技为经济建设服务的原则进行改革，推动了科研同生产的结合，加速了科技成果的推广与应用。全市已有一批科研单位实行了经费自理，一批科研单位与生产单位开展了各种形式的联合协作，有的已经进入企业集团，有的组建了生产科研联合体，民办科研机构也得到了政府的扶持和帮助。同时，加速科技成果商品化的科技市场也有了很大发展。1991年，我市充分利用全国第六届发明展览会在西安市召开的有利时机，积极推荐和吸收市内外的科研成果，并向生产企业转让技术成果达1425项，完成了自1989年来承担的9项国家级火炬计划项目和科技专项贷款项目。这些项目都具有国际国内先进水平和广阔的市场潜力。其中一些项目已有了一定的生产规模和生产能力。截止1991年，已完成市级火炬计划项目35项，完成率为68.9%。已经形成年产值15000万元，新增利税3500万元，累计创汇1400万美元。投入产出比为1∶7以上。

（三）改革军工管理体制，大力支持军工企业“军转民”，提高民品的技术水平。军工企业具有得天独厚的技术和设备优势，在西安经济发展中具有举足轻重的地位。因此，将军工技术移植于民用产品，不仅可以提高产品的技术水平和质量，而且使支柱产品和高技术产品迅速增加。几年来，西安市政府在国家计委、国务院各部委的积极支持下，打破条块分割，改革军工管理体制，疏通渠道，协调各方面关系，帮助军工企业开发民用产品。近几年军工企业已开发出中频电源、数控机床、惯性测量系统、计算机控制系统、旋转压缩机、电能回收装置、医疗快速诊断仪等一批国内先进水平的高技术、高质量产品。在已投产的600多种高技术产品中，质量达到或接近世界先进水平的占50%以上，有力地推动了民用行业技术的进步，使“军转民”工作跨上了一个新台阶。

军工企业积极与科研单位、大专院校联合攻关，消化吸收引进技术和开发新产品，为企业技术改造提供了一批高水平的技术装备。一些军工企业瞄准市场，按照市场需要先后研制出新型纺织机械、石化设备、电站自动化控制系统、彩电生产线装备、大型精密仪器、制冷设备、精轧铝带材、医疗器械、汽车配件等一批替代进口产品，不仅国家节约了大量外汇，而且提高了技术水平和经济效益。

（四）加速建设以科技为主导的高新技术产业。在国家有关部门的大力支持下，西安市于1988年5月展开了以建设高新技术产业区为主要内容的科技体制改革。1991年3月国务院正式批准在西安市建立国家级高新技术产业开发区，赋予进入开发区的高新技术企业及科研教育机构同经济特区相同的政策。

位于西安南郊的高新技术开发区，面积为22.35平方公里。区内有高等院校22所，科研机构42家，大中型企业20个，各类专业技术人员46700人，是智力和技术高度密集的区域。重点发展信息技术、光纤及微波通讯、激光及光电子应用技术、生物技术、新型材料等高技术、高质量和附加值产品。开发区实行一系列特殊优惠政策，凡进入开发区的高新技术企业在税收、进出口、金融等方面均可享受优惠的政策。截止1992年2月，正式申请进入开发区新建区的单位132个，项目136个。据估算，这些项目总投资5.56亿元，投产后可年新增产值16.9亿元，实现利税4.1亿元，创汇5512万美元。高新技术开发区将成为西安对外开放的窗口和改革的试验区，将使西安潜在的科技优势不断转化为现实的生产力，促使整个西安经济的腾飞。

三、产业结构在改革中调整，宏观经济效益在发展中提高

产业结构反映了社会分工和各种资源的配置，对社会生产和国民经济的运行有着重要的影响。改革开放以来，通过对国民经济一系列的调整和改革，过去较薄弱的农业、轻工业发展速度明显加快，一些主要的比例关系有了明显改善。1991年，农、轻、重的比例为11.7%、40.8%、47.5%。第三产业落后的局面有所改善。1990年底第三产业从业人数达59.14万人，比1980年增长51.64%。产业之间的比例逐渐趋于协调，第一、第二、第三产业在国民生产总值中的比重由1980年13.3%、61.4%、25.3%，变为1990年的13.5%、48.5%、38.0%。

（一）农、林、牧和乡镇企业全面发展，农村产业结构趋于协调。在国家关于农村的一系列政策指导

下，根据西安地区实际情况，结合地域特点调整农业生产结构，现已形成具有西安特色的农村生产布局：近郊区主要发展蔬菜、副食品与城市工业扩散相配套的加工工业和第三产业。近郊平川区，主要发展粮食、禽蛋、农副产品加工业以及建筑建材业。山原结合部和山区，主要发展牧业、林业、药材及土特产品加工业。恢复和发展地方名优特产石榴、鲜桃、火晶柿子、银杏、猕猴桃、板栗、葡萄等。13年的改革实践使农村产业结构逐步向基地化、区域化发展。现已建成六十多个设施完善，配套成龙的商品粮、棉花、油料、蔬菜、养鱼等生产基地，普及了一系列的科学种田和先进的养殖技术。同时，大力发展乡镇企业，有力地促进了西安市农村生产整体水平的提高。1978年，全市农村社会总产值为9.89亿元，第一、二、三产业分别占72%、24.5%和3.5%，而1990年上述比重已变为34.7%、52%和13.3%，产业结构发生了可喜的变化。今天的西安农业已由过去以种植业为主的生产结构逐步转向多层次、多种经营、综合发展的方向。

（二）加速新产品开发，增强工业企业竞争力。开发新产品，调整工业产品结构，加速产品的更新换代是企业生存与发展的重要环节。经过13年的改革开放，我市逐步建立了计划经济和市场调节相结合的运行机制，企业已基本上被推向市场。激烈的市场竞争迫使企业加速新产品开发，以增强企业活力。为了支持企业调整产品结构，市政府在改革流通体制、进一步完善市场体系的同时，制定若干政策，狠抓新产品的开发工作，明确产品要向国家重点发展的农业、能源交通、原材料、机械电子等基础工业靠拢。同时排出产品发展序列，重点支持主导产品、重点企业和重点产品，从计划、资金、物资、技术上给予支持，这些政策措施有力地促进了新产品的开发工作，取得了较好的经济效益。从1980年到1991年十一年间，累计开发新产品5530项，其中投产项数3462项，实现产值70.9亿元，利税6.96亿元，创汇1.2亿美元。其中达到国际、国内先进水平的2214项，获国家和省市级优秀产品奖614项。

（三）调整企业组织结构，向规模经营要效益。13年的改革实践生动地证明过去那种"大而全，小而全"封闭式、庄园式的生产组织方式，浪费了大量的人力、物力，与社会化大生产的要求很不适应。改革以来，西安市以重点产品和生产重点产品的企业为主体，通过扩散产品，承包兼并等形式，开展专业化协作，推进企业组织结构的调整，带动企业的发展。1991年提出调整产品结构500项，完成610项，投产400项，使一部分停产、半停产和亏损企业恢复了生机，产生了较好的社会和经济效益。

四、发展横向联合，组建企业集团，拓展生产的深度和广度

有计划商品经济的迅速发展，客观上要求开展广泛的联合。经过改革，逐渐打破地域和隶属关系的限制，西安经济走上了联合发展的道路。

（一）扩大城市、区域间的交流与合作，开发建设原材料生产供应基地，为企业的横向联合创造条件。改革开放逐步打破了条块分割、地区分割的管理体制，为横向经济联合创造了有利条件。西安市政府领导亲自带队先后出访新疆、青海、山西、云南及省内地市，洽谈建立石油、羊毛、有色金属、煤炭等商品生产和销售的长期协作关系。通过对江苏、上海、山东、天津、厦门等经济比较发达地区的考察和联合，增强了改革开放意识，扩大了生产技术交流，促进了有计划商品经济的发展。几年来，市政府经协部门，与全国100多个城市建立了信息联系，参加了关中经济区市长联席会，西北五省省会城市经济技术协作联席会，陇海地带市长、专员联席会以及省内十地市经协办主任联席会等信息网络，为西安市经济发展提供了大量信息，也为建立跨地区的生产资料市场和消费品市场创造了条件。

据不完全统计，改革开放以来，西安市共签订了经济技术协作项目14009项，其中，经济协作3222项，技术协作10324项，协作资金总额6.733亿元（协进资金5.54亿元，协出资金总额3434万元）；人才交流5244人；物资协作总金额13.7亿元（协进物资总金额8.6亿元，协出物资总金额5.1亿元）。经济技术协作约新增产值22.2亿元，新增利税3.5亿元。

（二）技术协作不断发展，加速了科技成果向生产力转化。改革13年来，技术协作作为科技成果转化的桥梁获得了长足发展。为了充分发挥西安的科技优势，推动科研生产联合体的发展，西安市已经建立了一定规模的技术市场，加速了科技成果向生产力的转化，促进了西安工业产品结构的合理调整，增强了企业生存能力和竞争能力。截止1991年底，全市累计完成技术协作项目37740项，合同成交额达8.3亿元，创外汇500多万美元。通过技术的协作，不仅促进了西安市经济的发展，而且辐射到全省各兄弟城市及西北地区，对陇海兰新线一些地区和城市的经济发展作出了一定贡献。

（三）以大中型企业为主体，优质名牌产品为龙

头,推进企业集团的组建,带动全市经济发展。企业集团是改革开放的重要成果之一。西安市政府按照社会化大生产的要求,积极为大中型企业改革外部环境,发展以主导产品为龙头,以资产为联结纽带的企业集团。并在总结经验的基础上及时制定了《关于组建和发展企业集团12个问题的通知》,保证了全市企业集团的健康发展。到目前为止,全市已组建企业集团29个,加入这些集团的企业907个,核心紧密层占13%,约117个,职工62万人,固定资产原值28亿元,年工业总产值28.5亿元,实现利润2.5亿元。一些大型企业集团成立几年来,已显示出了强大的生命力。如中国标准缝纫机集团公司,是一个跨地区、跨行业的大型企业集团,拥有成员零件厂20个,协作系统配套单位50多家,每年为公司整批生产提供数千种零部件。在集团成立后的短短几年时间内,就使过去依赖进口零部件生产的高速平缝机的国产化率达98%,经济效益迅速提高。

五、扩大对内对外开放,促进西安经济建设的发展

13年改革开放使西安重新敞开了古老的大门,吸收国外先进技术和管理经验,提高经济管理水平,利用国外资金进行社会主义现代化建设;加强交流协作,让世界重新认识西安;扩大对外贸易,增强了出口创汇能力,在西安经济建设中发挥了重要作用。

(一)扩大引进技术规模、积极吸收利用外资。在对外开放中,西安努力改善投资环境,积极合理利用外资,扩大引进技术规模。并将外资引导到生产性技术项目和效益高的基础建设项目上来。1978年以来,全市利用外资累计达3.7亿美元,技术引进成交额累计达1.77亿美元,兴办"三资"企业170多个,使西安市电子、轻工、机械等13个行业、129个企业得到技术改造。这些项目的引进,不仅加快了全市企业技术改造的步伐,而且对全市产品结构的调整起到了积极作用。

(二)建立广泛的国内外合作关系,努力促进技术交流。13年来,西安市不断扩大对内对外交流,谋求广泛的经济协作关系。在国内先后与太原、南京、福州等省会城市结为友好城市;与天津市签署了《关于进一步发展经济技术协作的会谈纪要》;和省内榆林等市签订了相互支持的协议;加强了驻京、驻沪办事机构;在深圳、福州等沿海城市设立了办事处,建立了西安市对外开放的窗口。在国外,先后与美国的堪萨斯、英国的爱丁堡、法国的波城,伊朗的伊斯法罕、巴基斯坦的拉合尔等城市结为友好城市。与国外数十个城市,近百个社会团体进行了多项交流活动。广泛的协作关系,有力地促进了西安市经济技术交流,给西安的经济建设增强了后劲。

(三)进一步迈开了对外贸易的步伐。13年改革开放,使西安市对外贸易从无到有,尤其是自1987年国家正式批准西安市自营对外进出口贸易以来,当年全市外贸商品年收购总值大幅度增长,达17762万元,冲破了出口商品年收购总值长期徘徊在5000万元左右的沉闷局面。此后,四年累计创汇2.7亿美元。1991年,市属外贸出口总额达到1.35亿美元,年均增长54%以上。出口商品品种由1987年的109种发展到1991年的291种,其中200万元以上的26个品种,产品行销62个国家和地区。在出口商品中,工业制成品占出口总值的比重由1987年的70%上升到1989年的85.7%,高出全国平均水平。纺织电子等行业逐渐成为市出口创汇的支柱行业,增长势头迅猛。现已形成了一批以基地扩权企业为主体的出口骨干队伍。

"立志欲坚不欲锐,成功在久不在速"。回顾过去,党的十一届三中全会开辟的改革开放之路,焕发了西安经济的青春与活力;展望未来,全市人民将在党的领导下,再接再励,开拓进取,扎扎实实的做好各项工作,古老的都城一定会更加繁荣昌盛。

(刘正军 姚全利 撰稿)

典型地区和典型企业

西安高新技术产业开发区

西安高新技术产业开发区(以下简称西安开发区)位于西安市南郊,1991 年经国务院批准为国家级高新技术产业开发区。

西安开发区处于高等院校、科研机构密集区,东面毗邻机械工业集中区,南面紧邻电子、仪表工业集中区,西面与电力机械制造工业区为邻。开发区规划范围内智力和技术力量高度密集,集中有西安交通大学、西北工业大学、西北大学、西安电子科技大学、西安冶金建筑学院等 22 所高等院校;中科院、西安光学精密机械研究所、航空航天部、飞行器自动控制研究所、机电部、西安应用光学研究所,邮电部、第四研究所、第十研究所、中航公司、705 研究所等 42 个国家部委的大型研究机构;还集中有航空航天部西安延河无线电厂、机电部西安卫光电工厂、西京电子元器件工业公司、中国核仪器设备总公司西安电子仪器厂、铁道部西安信号三厂、邮电部西安微波设备厂等 20 个大型企业。区内集中的科学研究、工程技术及管理类专业技术人员 4.7 万人,其中具有中高级专业技术职称的有 2.74 万人。区内还拥有 13 个国家重点实验室和 200 多个大型专业实验、检测中心。在高新技术研究、开发和产业化方面具有较为厚实的基础和巨大的潜力。

西安开发区内不但智力和技术密集,投资环境也较为优越。区域内市政设施比较完备,道路和通讯畅通,唐代的大雁塔、小雁塔、兴善寺和荟萃华夏文化瑰宝的陕西历史博物馆也分布在其中,绿化和游乐场所布局合理,环境十分优雅。

西安开发区总规划面积为 22.35 平方公里,其中可连片开发的集中建设区为 3.2 平方公里。集中建设区分为东、西两块,西块 2.7 平方公里,东块 0.5 平方公里,集中建设区已于 1991 年 6 月正式动工,计划到 2000 年全部建成。

集中建设区规划总面积建筑 200 万平方米,除兴建厂房、配套用房外,还计划开辟国外与港、澳、台投资区、保税工厂区、外商别墅区、内资职工生活住宅区、同时用中、英文教学的学校、大型娱乐和体育运动场所等。目前已有 4 万平方米厂房完成主体工程,1 万多平方米住宅已完全建成。1992 年计划再开工 25 万平方米厂房与辅助用房及住宅建设。

西安开发区现已基本建成以研究、开发和批量生产经营卫星地面站;微波、程控通讯设备;稀土材料、功能陶瓷、光纤光缆、地震仪传输电缆、电炉专用柔性水冷电缆;各种新型电力电子器件;新型纺织机械与电测、电控设备;光机电一体化装备;光电子医疗器械;智能化仪器仪表;警用和矿用安全设备;计算机接口、计算机软件、中小规模集成电路与专用集成电路;数控数显机床及伺服电机等为主的三条科技街区。已开办了约 300 家多种所有制的科技型中小型企业,并已开发了 580 多种高科技产品,其中 23 项已获中国专利权,2 项获得美、日、韩国、澳大利亚等国专利权,3 项在国际博览会获金、银奖,2 项获国际博览会特别奖。在国际合作方面,已与美、日、港、台等国外公司办成 13 个中外合资企业。一些产品已出口到美、泰、新加坡、独联体和西欧等国家并与一些国外公司、商社、团体建立了较紧密的联系和良好合作关系。

到 1991 年底,已批准 58 个单位的 94 个项目进入开发区集中建设区实施,其中中外合资项目 16 个。这批项目完成后,每年可新增产值 14.5 亿元,利税 3.4 亿元,创汇 4000 万美元,节汇 8000 万美元。

为加快西安开发区的建设,省、市政府已决定把开发区作为超前改革试点区,并制定了实施办法和配套优惠政策。内容涉及基本建设、金融政策、外商投资、国内其它地区投资、税收、进出口管理、企业商务和技术人员进出国境简化审批办法、海关关税、人事管理、劳动工资、城市人口控制、企业管理等方面。

西安开发区建成后，将成为西安对外开放的“窗口”，成为西北地区发展高科技产业的基地。

西安电子城

西安电子城位于古城西安西南郊，环境优美，交通方便，水电充足，技术、智力高度密集，是一批以开发、研究和生产电子产品为主的企业和科研单位组成的新型工业区。经中央和省、市政府批准，1986年正式开工建设。

电子城包括新区建设和老区改造。其中新区建设采取统一规划、统一设计、统一建设、分区分期实施的原则。占地300多公顷，总建筑面积60万平方米，职工3万余人，工程技术人员占三分之一。迁建单位总投资及市政设施配套资金共6.5亿元。区内分为生产科研区、公园绿地及其它公用设施区等。

电子城新区建设按规划分为三个区：

第一区以半导体器件、集成电路等微电子工业为重点。包括877厂、618所、210所，总建筑面积19.4万平方米。其中877厂已建成投产，年生产能力为5000万只晶体管管芯，电子元器件3150万只，大功率三极管200万只，玻封二极管1000万只，电源5万台，年产值可达1亿元。

第二区以半导体材料为重点。包括39所、623所、205所和741厂，总建筑面积21.6万平方米。其中741厂是西北地区唯一的半导体材料生产厂家，产品有直拉、区熔硅单晶、各种硅片、硅外延片及高压硅堆、太阳能电池等，主要为机电部、航空航天部、国防军工及民用各电子企业配套服务。

第三区为西京电子元器件工业公司，以电子元件及接插件为重点。包括4310、4320、853、895厂，总建筑面积18万平方米。这四个企业均为我国电子元器件工业的大型骨干企业，产品门类齐全，技术力量雄厚。“七五”期间，公司先后从英国、日本、美国引进精密微调玻璃釉生产线，为彩电配套的高压聚集电位器和浆料生产线及高频同轴连接器等7条生产线。建成后，所生产的各种电阻电位器、接插元件、厚薄膜混合集成电器、电容器、滤波器、延迟线等电子元件产品，将广泛应用于国防重点工程、军事电子装备及民用电器配套等领域，工业总产值可达2亿元。

新区建成后，包括老区的西北工业大学、西安电子科技大学、西北大学、西安石油学院、西安导航所、西安计算技术研究所、西安光机所、西安机电信息研究所、东风仪表厂、化学试剂厂、西安高压陶瓷电容器厂、西安晶体管厂等，电子城将拥有100多个企事业单位。

建成后的西安电子城将集教学、科研、生产为一体，可以提供五个方面的技术、产品和服务。一是微电子及电力电子技术，包括各种集成电路、半导体器件、半导体材料、功率集成电路，各种薄、厚膜集成电路、微波集成电路等。二是计算机及软件技术。三是通讯及导航技术，包括卫星地面通讯及电视接收系统，数字微波通讯设备、程控交换机、光纤通讯系统，远程导航设备、GPS全球定位系统、微波着路系统等。四是光电技术及设备，包括光电制导系统、火拦系统、光电网络系统、光电测量系统、特种电视、激光测距系统、红外探测系统等。五是新兴元器件、设备技术，包括各种电子传感器，彩电及计算机用的各种电阻器及接插件，各种滤波器、延迟线，各种激光器、电子医疗设备，各种电子材料、化工材料等。

为了加快西安电子城的开发建设，省、市政府采取了一系列扶持政策，如鼓励创办各种民办企业，放宽政策减免各种税收，提供优惠贷款和简化进口有关手续，鼓励外资来合办或独办各类企业等。建成后的西安电子城将成为中国西部新兴技术及高技术最密集、门类齐全、规模最大、具有独特风格的工业科学园区，成为我国西部吸收国外“硅谷”的先进经验进行建设的现代化电子信息产业基地。

西安“飞机城”

西安“飞机城”位于西安市东北郊阎良区，距市区70公里，始建于50年代末期。经过30多年的发展，西安“飞机城”面积已达7平方公里，已建成拥有4.5万人、35个工业企业和一个大型飞机设计研究所、一个飞机试验研究中心的现代化飞机研制基地。其中，西安飞机制造公司是“飞机城”的最大企业，也是航空航天工业部所属技术实力雄厚的大中型军、民用飞机重要生产基地和骨干企业之一。创建30多年来，先后研制出轰六、运七、运八、运十四等飞机，受到了党和国家的高度重视。邓小平、李先念、薄一波、王任重、王震等党和国家领导人都曾亲临公司视察。党的十一届三中全会以来，西安飞机制造公司有了进一步发展，引进了国外新技术，采用了大量新工艺，补充配备了一批现代化的高效、程控、数控设备，新建和改造了热表处理、喷丸成型、金蜂胶接、理化测试、无损检验等13条生产线，使企业的工艺技术水平和综合生产能力都有了新的飞跃。近年来，该公司坚持航空为本、军民结合、军品第一、民品为主，走向世界的方针，先后完成100多项重大科研课题，其中获国家科学进步奖57项，国防科工委进步奖10项、部级89项。开发了45项民品，建立了十几条生产线，在沿海建立了14个联营企业，引进和更新改造各种设备500余台，生产能力日益增强。目前，已基本具备生产世界先进飞机的能力。研制生产的运七、运八飞机先后于1970年、1974年试飞成功，经国家批准定型后，投入批量生产。为了提高运七原型机性能，与香港HAECO公司合作，对运七原型机改进，改进后的运七—100型飞机，安全性、可靠性、舒适性、经济性和适航能力，都有较大提高，并已部分出口。

在对外开放中，西安飞机制造公司先后同加拿大航空公司、美国波音公司、法国宇航公司、欧洲空中客车公司、意大利航空公司签订了合同，并坚持“质量第一”的方针，经美国专家先后5次质量检查，对波音737垂直尾翼颁发了生产许可证。为加拿大航空公司生产的CL－215飞机组件享受免检，为国家和企业赢得了信誉，成为航空航天部的一个重要出口创汇基地。

目前，公司和有关单位与德国MBB公司、美国波音公司合作，共同研制新一代支线客机MPC－75、运十四、运十五。飞机城已形成了设计、制造、试飞一条龙的航空工业基地，是驰名中外的中国飞机城。

西安电力机械制造公司

西安电力机械制造公司(简称西电公司)位于西安市西郊，古代“丝绸之路”的起点就始于这里。西电公司是我国第一个五年计划期间，以国家重点建设的156项工程中的5项为基础，逐步建设发展起来的，是我国高压输变电成套设备和线缆、电材等产品的科研、生产基地。公司从1959年成立以来一直是机械工业部的重点、骨干企业，是全国500家大企业之一。经国家计委批准，从1988年元月份起，成为在国家计划中实行单列的企业集团。1990年被国家列为全国234家“双保”企业之一，同年经国务院批准成为国家机电产品出口基地企业。1991年12月国务院批准成为全国55家试点大型企业集团之一。

随着公司生产经营的发展，公司的组织规模也日益扩大。公司现拥有11个大中型生产厂、14个科研所(室)、6个专业公司、14个驻外经理部，还有机电学院、技校、职工医院等教育医疗单位，组成了统一的科研、生产、金融、外贸、成套工程、销售服务、文教卫生等紧密结合的经济实体企业集团。公司主要集中在古城西安西郊，素有“电工城”之称。占地面积约六平方公里，总建筑面积178万平方米，其中：厂房建筑面积56万平方米。1991年末，拥有固定资产原值8.3亿元，净值4.9亿元。

1991年年底，公司总共有职工3.2万人，其中工程技术人员3862人，具有中级以上职称的1689人，具有高级技术职称的453人，有近千人从事本专业工作20～30年，有1500多名科技人员接受了计算机应用技术、系统工程、输变电工程等新知识培训。有一批造诣较高的电工专家，在国内外电工行业有一定的影响，并与国际电工组织和著名的电器公司有着广泛的业务联系，是国际大电网会议的团体成员。

西电公司目前能批量生产的产品共有16个大类，55个小类，358个品种。大类产品有：电力变压器、特种变压器、互感器、电抗器、高压断路器、隔离开关、防爆开关、电力电容器、高压电瓷和套管、避雷器、大功率半导体器件和变流装置、工业用电炉、微型控制电机和分马力电机、通讯电缆、低压控制柜和配电屏、电工绝缘材料、电工机械等。

1991年实际完成工业总产值81454万元，其中：优质品产值27769万元，商品产值77362万元，销售收入73490万元，出口创汇2013万美元，全员劳动生产率25927元/人。公司所属十一个工厂中，高压开关厂、变压器厂、重型电炉厂、电缆厂、电力电容器厂、绝缘材料厂、电力整流器厂的规模和生产能力在全国同行业中均名列前三名；高压电器研究所、电瓷研究所、电力电容器研究所则是全国的行业所。西电公司技术力量雄厚，试验设备先进。

西电公司拥有国内第一流的输变电产品及其它电工产品制造专家和技术工人，具有丰富的专业知识和实践经验，可以在广泛的范围内满足国内外用户的要求。

为了加快新产品开发步伐，公司近年来十分重视加强对科研工作的管理，重视引进国外先进技术，公司先后开发了有载调压大型电力变压器、500千伏超高压电力变压器、电抗器、六氟化硫断路器及成套组合电器、新型磁吹避雷器、氧化锌避雷器、电容式电压互感器、高强度棒型绝缘子、静补装置、全塑市话、综合光缆等，1991年技术进步产品产值达48967万元。

西电公司产品设计先进，性能优良，产品畅销国内，远销世界各地，曾给亚、非、欧、北美等60多个国家和地区供应过各类电器产品及成套设备，树立了可靠的信誉。1991年为国家创汇2013万美元。

近年来，西电公司的72种产品共获得126项国家、部、省、市优质产品奖，其中获国优4项，部优29项，省优58项，市优35项。

根据公司"八五"规划，公司发展的重点是坚持改革开放，深化企业改革，加强技术进步和管理进步，提高企业经济素质，壮大西电集团，发展外向型经济。"八五"末核心层企业要达到的目标：出口创汇4000万美元；产品的技术水平，80%主导产品达到国家80年代初中期水平，20%主导产品达到当时的国际水平；计划创各级优质产品62项，高压交流输变电设备装机综合配套能力达到400万KW，全塑市话100万对公里；工业电炉500吨；中低压配电设备综合配套能力50万KW；电力电容器400万千乏；电力整流器100万KW；分马力电机50万台；绝缘材料8000吨。完成科技开发项目168项。基建投资14365万元，技术改造投资8200万元。重点抓好产品结构调整，努力提高产品质量和经济效益。争取在本世纪末跨入世界电工企业的先进行列。

国营黄河机器制造厂

国营黄河机器制造厂是国家第一个五年计划期间156项重点工程之一。1953年筹建，1958年正式投产。全厂占地85万平方米，固定资产1.8亿元，现有职工7600多人，其中专业技术人员2794名(高级职称163名，中级职称668名、高级技术工人1573名)，是国内著名的研制、生产雷达的整机厂，拥有各种机械加工设备1200多台，电子仪器设备2000多台。曾先后生产过40多种大型军事电子装备，为巩固国防屡建战功，多次受到国务院、中央军委和主管工业部门的嘉奖，党和国家领导人刘少奇、朱德、李先念、李鹏等同志曾先后来厂视察。1978年后企业认真贯彻执行中央"军民结合，保军转民"的战略方针，发扬"团结、拼搏、开拓、奉献"的黄河精神，大胆改革，转换机制，先后开发出多系列、多品种的高档家用电器和技术装备类产品。生产规模和经济效益飞速发展，1991年工业总产值10.55亿元，销售收入92000万元，利税总额5762万元，创汇2292万美元。

目前工厂已成为具有军品、民品两大类研制、生产体系的大型机械电子工业企业，机电出口基地企业，国家彩电生产基地企业，是集科研、生产、金融、经贸为一体的黄河电子企业集团(由全国164个单位组成)的主体厂。是西北地区最大的电子企业和彩电总装厂，1990年在全国500家最大工业企业中排名126位，在电子行业中名列第9位。

国营黄河机器制造厂是国家二级企业，一级计量单位，资信“AAA”级企业，曾先后获部企业管理优秀奖和质量管理奖以及中国10年最佳企业公关奖，并连续3年荣获全国思想政治工作优秀企业称号。

1983年以来，企业先后引进自行设计制造了四条彩色、黑白电视机兼容的生产线，共生产11cm到56cm等十个系列、多型号、多品种的电视机，单班年产量达60万台。9年来，黄河牌电视机已有近400万台行销国内外，先后有3个机型荣获国优银奖，5个机型获部优质产品奖，6个机型获全国首家免验证书，1991年9月黄河牌电视机获全国质量优，服务优最佳奖。

1987年，工厂博采日本、德国、意大利等国之技，充分发挥自身科技优势，自行设计、制造、安装、调试建成单班年产15万台电冰箱、冷藏柜生产线，先后生产出65L、170L、185L、201L、215L、270L等规格型号的电冰箱、冷藏柜近百万台，在全国设有300百多个维修网点。所生产的电冰箱属A级产品，获部优质产品奖、亚运会金杯奖、中国妇女儿童用品40年博览会金奖，并在1991年全国质量优、服务优展评中荣获优秀奖。

工厂发挥30多年研制和生产军用雷达的技术、设备和人才优势，开发了9个系列70多种型号的天线接收设备，可广泛运用于雷达、遥测、微波通讯、一点多址通信移动通信、卫星通信、卫星电视和卫星气象云图接收等领域。开发生产了脑立体定向仪、射频治疗仪、多用途手术冲洗机、便盆冲洗器等多种电子医疗器械，是国家电子医疗器械的定点生产厂家。另外还开发生产出占全国总销量70%的单柱液压篮球架，多门类的电子元器件和十余种石油机械产品。近年来，为配合主导产品的生产，提高设计、生产能力和产品质量、企业投资3000多万元建成CAD/CAM模具中心，引进具有80年代末期世界先进水平的精密热压模具，冷冲模具设计制造系统，形成年产千套大、中、小型模具的生产能力。还建成了亚洲规模最大、功能最全的塑料电镀生产线。

多品种、多系列的优质产品为黄河厂赢来了广泛的声誉和市场，近年来，黄河牌系列产品不仅畅销国内各省市、地区，而且远销东南亚、中东、原苏联及南美、西欧等国。

“八五”期间，企业将重点研制新式电子武器装备，发展现有主导产品，开发移动通信系列产品，扩大品种、研制新一代电视机。预计“八五”末期电视机达到年产100万台的规模，电冰箱达到年产20万台的规模。通信类产品将作为重点开发，生产项目，现已着手SKD生产，1993年将投入批量生产，计划1995年将建成单班年产三万台用户单元的生产规模，新增产值1.5亿元。

西北五棉实业有限公司

西北五棉实业有限公司位于西安市东郊纺织城，是经陕西省政府批准和省工商行政管理局注册登记，于1988年4月正式开业的西北第一家纺织企业集团。

该集团以西北第五棉纺织厂为主体，现有以资产经营一体化为纽带的紧密层企业13个；以中外合资、国内联营为纽带的半紧密层企业7个；以合同协议等契约为纽带的松散层企业8个。

紧密层企业有：西北第五棉纺厂、西北五棉集团二分厂、捷发服装厂、星火机械厂、西岳建筑工程公司、唐南公司、西北五棉海口办事处、西安市织带二厂、西北五棉生活服务公司、西北五棉劳动服务公司、经济技术开发总公司、新亚商场、蓝田苎麻纺织厂。

半紧密层企业有：秦港针织实业服务有限公司、深圳金丰制线实业有限公司、秦康制线实业有限公司、西亚织布厂、毛里求斯秦纺制衣有限公司、三亚市唐南信谊大酒店。

松散层企业有：四平秦吉棉织厂、廉江县棉织厂、铜川矿务局棉织厂、东明县棉织厂、巩县棉织厂、渭南棉花机械厂、西安市纺织科研所、陕西商检实业公司。这些企业的分布西起丝绸之路起点古城西安、咸阳、东至河南、山东、北起吉林、南至广东、海南，整个集团横跨11个行业、8个省区、3个国家和地区，目前集团正与澳大利亚、美国、加拿大等国洽谈合资办厂事宜。1989年集团工业产值2.15亿元，实现利税6500余万元，创汇3300多万美元。

集团以全民所有制为主，兼有集体所有制，中外合资等多种经济成分，组成跨行业、跨地区、跨国家的外向型经济实体。经营范围有纺织产品、纺织原料和印染、色织、针织、服装以及纺织机械、建筑、装璜、运输、商业、宾馆等多种项目。它是以纺织产品为龙头，集工、商、贸、技为一体，具有综合功能的集团公司。

西北五棉实业有限公司的主体和龙头企业——西北第五棉纺织厂是一个有职工9000多人，固定资产2亿元，13余万枚纱锭，1.4万枚线锭，1008头气流纺纱和2764台布机(其中特宽幅进口喷气织机和剑杆织机435台)的大型棉纺织厂，形成从44″到154″种不同幅宽、不同类型的布机系列，生产技术水平在国内居先进地位。目前，该厂年生产能力为棉纱16800吨，棉布12000万平方米。能够生产纯棉、涤棉、中长三大类织物30多个品种，出口产品占总产量的50%以上，远销五大洲30多个国家和地区，有11个品种被评为国家、纺织部和陕西省优质产品。年产值2亿元，利税5000余万元，出口创汇2700多万美元。在1989年曾获全国企业管理优秀奖——金马奖。

在西北国棉五厂生产区内有该厂与香港伟威公司合资的“秦联棉织实业股份有限公司”，公司1986年底正式投产后，成为全国目前唯一的纱布直接出口合资企业，年利税4000多万元，建厂一年半就收回了总投资。

西北五棉企业集团本着自愿结合、平等互利、利益均沾、风险共担的原则，加强横向联合与生产力优化组合，发展大纺织，增加深加工，提高出口创汇能力，在国际交往和竞争中提高自身的抗衡能力。集团系陕西省计划单列单位，并实行自营进出口等优惠政策，可直接与海外商界进行洽谈成交。集团的近期奋斗目标是：经过几年努力，使其成员不断壮大，逐步形成一个从纺织原料、纺织产品，到印染加工、服装、纺织机械等一整套优化组合的外向型大纺织联合体。

西安汉斯啤酒饮料总厂

西安汉斯啤酒饮料总厂是1986年经国家计委、轻工业部批准兴建的年产10万吨啤酒的现代化工厂，总投资1.49亿元，占地17万平方米，建筑面积7.8万平方米。工程分二期建设，一期工程1986年开工，1987年投料试车生产。在一年半的时间里用1亿元投资完成10万吨规模基础设施和公用工程以及5万吨啤酒专业工程，比国家规定的合理工期提前18个月，达到一次试车成功出产品，被轻工业部誉为“干出了西安的深圳速度”。该厂现有固定资产9500万元，职工930人，专业技术人员占22%，年产值6000余万元。

1988年投产以来，该厂以四创(质量创名牌、服务创一流、环境创优美、效益创最佳)为目标，狠抓三基工作(基层班子、基础工作、大练基本功)，培养五爱精神(爱祖国、爱我厂、爱本职、爱产品、爱科学)，以质量第一，信誉至上，科学管理，开拓创新为宗旨，发扬团结、拼创、求实、从严、奋进的工厂精神，取得了全面质量管理、标准化、二级计量、食品卫生、产品鉴定证书、能源计量6个验收合格证。

西安汉斯啤酒饮料总厂的主要生产设备，除麦芽设备外，均从国外引进。其中糖化、桶装线设备、酵母分离、硅藻土过滤机等从德国引进，二氧化碳回收装置从美国引进，灌装设备从保加利亚引进，酵母培养设备从丹麦引进。23个250立方米的露天锥形发酵罐采用碳钢内壁涂料新技术，是我国酿造业的一项重大改革，在国内尚属首家。生产工艺采用目前世界较先进的嘉士伯工艺，并聘请德国酿造专家汉斯和路神龙先生为技术顾问。整个生产线系统采用电脑联网控制。检测中心从德国、美国引进了先进的检测仪器，成为西北地区设备完善，仪器先进的啤酒饮料检测机构。全厂设备精良，工艺先进，布局合理，具有80年代国际先进水平。

工厂生产的12度淡黄色汉斯啤酒，口感柔和醇厚、清亮透明、泡沫洁白细腻、挂杯持久，有较好的酒花、麦芽香，具有典型的欧式风味。先后荣获西安市优质产品、陕西省优秀旅游产品，国家A级产品，中国文化名酒和首届中国轻工博览会金奖，首届中国食品博览会金奖等14块奖牌，产品畅销北京、天津、河北等20多个省、市、自治区，并打入泰国、缅甸等国际市场。为了发展汉斯系列产品，企业还先后研制开发了10度、8度低度啤酒，玉米啤酒，绞股兰神奇啤酒，并荣获国家科委新产品优秀奖。

“八五”期间，工厂拟投资4500万元，完成二期工程建设，使啤酒的年产量达到10万吨，扩建一条1.5万吨的饮料生产线，开发小食品，提高优质品率，创国家优质名牌，坚持优质高产、低耗、创汇的方针，重点抓新产品开发和节能综合利用，研制一批高附加值、低热值、保健型啤酒饮料，适应国际消费趋势，使产品打入国际市场，提高企业创汇能力。

西安化工厂

西安化工厂是全省氯碱化工的骨干企业，也是全国22个重点氯碱企业之一，直属西安市化工医药管理局，地处西安市西郊昆明路，公路四通八达，设有3条铁路专用线，交通十分方便。

西安化工厂1958年筹建，1960年投产。产品有烧碱、电石、聚氯乙烯、液氯、工业盐酸、次氯酸钠、溶解乙炔、氧气、高氮等10余种。主要产品年生产能力：烧碱6万吨、电石3万吨，聚氯乙烯3万吨(其中浮法聚氯乙烯1.8万吨)，产品销往全国26个省、市和地区，电石、聚氯乙烯远销巴基斯坦、日本及东南亚各国。

目前，企业有职工3000余人，其中具有各种专业职称的353名，具有高级职称的26名，技术力量雄厚。工厂占地面积36万平方米，建筑面积16万平方米，拥有固定资产1.1亿元，流动资金3000多万元，年销售额1.6亿元，年利润1000余万元，年上缴税利2000多万元。企业设有14个生产车间和一个聚氯乙烯分厂，集体性质的生产分厂2个。1987年以来，引进了德国布纳厂连续聚合法乳液聚氯乙烯生产线，对烧碱、悬浮聚氯乙烯生产线进行了较大的技术改造，使装备和技术水平达到全国先进水平。

工厂自1985年起实行厂长负责制，1987年被西安市列为超前配套改革单位，同年被陕西省评为“无泄漏工厂”和“二级计量企业”。1988年被陕西省人民政府命名为“省级先进企业”。1989年被化工部评为“国家二级节能企业”。1990年被化工部评为“清洁文明工厂”和“学吉化先进企业”，并分别获陕西省政府“企业管理优秀企业”称号和西安市政府“思想政治工作优秀企业”、“环境保护先进单位”。1991年获陕西省企业管理优秀奖，被评为西安市“十佳”企业之一。

长期以来，工厂坚持“以质量求生存，以质量求发展”的宗旨，为提高产品质量先后投入上亿元的资金，进行了大规模的技术改造，提高装备水平和产品质量。1990年设备新度系数达90.1%。1991年4月通过了省石化厅“国家设备管理一级企业”的予验收。卫生级乳液法聚氯乙烯树脂、疏松型悬浮法聚氯乙烯树脂、烧碱、工业盐酸、电石等产品先后被评省、市优质产品，溶解乙炔、液氯、盐酸、聚氯乙烯六型树脂先后被化工部评为优质产品，优质产品产值率达97.6%以上。

为适应经济发展的需要，经西安市计委、化工部和国家计委批准，工厂将引进挪威埃肯公司密闭电石炉扩大电石生产，并采用离子膜法扩建2万吨烧碱，电石工程已于1991年全面开工，1993年竣工投产后，可形成12万吨电石，8万吨烧碱，3万吨聚氯乙烯，2万吨固碱的生产能力，企业实力将得到进一步提高，可为市场提供更多的优质产品。

(张尚忠 撰稿)

开发大事记

(1979年—1991年)

1979年

1月3日至8日 市委召开常委(扩大)会议,传达学习中央工作会议精神和党的十一届三中全会文件,传达省委常委(扩大)会议精神,要求尽快把工作重点转移到社会主义四化建设上来。

2月中旬 省市领导深入基层研究解决公共交通存在的问题。

2月25日 市委决定党政分开,市革委会主要抓经济工作和城市管理工作。

6月7日至27日 市委工作会议,研究制定了《西安市国民经济调整、改革、整顿、提高的实施方案》。

1980年

2月10日 市政府同意一商局在民生百货商店扩大经营管理自主权试点。

3月20日 市政府转发长安县普遍推行联产联值责任制的调查材料。市政府在通知中指出,"联产联值责任制"是打破平均主义,改革吃"大锅饭"体制,实行"各尽所能,按劳分配"社会主义原则的一种重要尝试。

3月31日 市政府同意二商局在和平路蔬菜副食商场进行扩大企业自主权试点。

4月9日 市政府决定,进一步健全各级劳动服务公司,进一步做好城镇待业青年的安置工作。

5月17日 市政府发布《西安市地方国营企业亏损包干暂行办法》。

6月10日 市政府发布《西安市工商企业经济合同基本条款暂行规定》、《西安市农商企业经济合同基本条款暂行规定》、《西安市工商行政管理部门合同仲裁程序暂行规定》。

7月3日 市政府决定在我市实行"划分收支"、"分级包干"的财政管理体制。

7月17日 市政府发布《西安市城镇集体所有制企业暂行规定》。

7月19日 市政府批转《西安市关于将国家建成的住宅出售给私人的试行办法》。

8月16日 市机械、冶金、电子仪表三个工业局合并,设立西安市冶金机电工业局。

8月30日 市政府决定成立西安市工业产品展销馆。

9月20日 西安大学成立。

10月11日 西安市正式开通微波全自动长途拨号电话。

10月18日 法国总统德斯坦一行来我市访问。

10月24日 市政府召开第一次全体会议,讨论国务院关于改革行政和经济管理体制的指示,提出我市近期的改革实施方案。

11月13日 东郊兴庆住宅小区开始建设。

西安市第一机械化养鸡场正在加紧修建。

11月30日 按市政府要求,先后在西大街增设60多个商业服务网点,繁荣了市场,扩大了就业,方便了群众的生活。

12月16日 市人大审议《关于我市商业体制改革的意见》等。今年又有71000多名待业青年走上工作岗位。

1981年

1月3日 中央人民广播电台播送在我市秦始皇陵西侧又发掘出两辆比较大的铜车马的消息。这是在秦兵马俑坑之后又一重大考古发现。

1月8日 市政府命名本市104种产品为优质产品。

3月20日 市政府第二次全体会议讨论《西安

市城市总体规划》。

4月3日　《西安市大气保护奖惩暂行规定》、《西安市超标排放废水收费暂行规定》和《西安市控制和消除环境噪声、震动暂行规定》出台。

5月4日　日本奈良市友好代表团来我市访问。

5月10日　同日本京都市议会代表友好使节团一起，庆祝西安——京都结为友好城市七周年。

市政府召开多种经营工作会，要求近期内有新的发展。

6月1日　市少年宫在新城广场西南角破土兴建。

8月8日　市基建工作会结束，提出我市当前基建方针一是压缩规模，二是调整投资方向。

8月17日—27日　农业责任制座谈会，确定我市农村推行责任制的方针。

9月15日　市委决定抽调180名机关干部，分头到长安县和郊三区，宣传落实各种形式的联产责任制。

10月16日　发布《西安市基建用地拆迁安置办法》。

11月1日　日本奈良市议会访华友好代表团来访。

11月15日　市政府对蔬菜市场制定了管理办法，今起对蔬菜市场实行全面管理。

12月10日　召开劳动就业会议，要求发展集体经济，扩大劳动就业。

1982年

2月13日　市科技工作会，确定今后一段时间内工作重点，一是科技成果的推广应用，二是组织好科技攻关。

4月1日—21日　工交工作会议强调工业生产要把经济效益放在中心位置。

市委常委(扩大)会议决定，在今年内给全市人民办好十件事，包括吃菜、住房、用水、乘车、食品、厕所、看病、就业、修路、治安等。

7月11日　市政府决定设立“政府发言人”。

8月20日　市政府发布关于保护西安城墙的通告。

8月28日　西安易俗社隆重纪念成立七十周年，文化部和省市领导出席了大会。

9月22日　朝鲜劳动党总书记，国家主席金日成乘专列到达西安。

10月23日　市长和有关部门检查市容卫生，要求彻底改变街巷“五马横行”现象。五马横行指“马路工厂、马路商店、马路仓库、马路料场、马路搭建。”

11月5日　西安市访日友好代表团一行五人，今离西安。

12月9日　市政府对公用事业局提出四项要求，限期缓和乘车拥挤状况。

12月16日　召开城乡集体所有制工业会议，提出要继续清“左”，使集体所有制工业有一个大发展。

1983年

1月8日　召开《年内基本消灭市属国营工交企业亏损户》的会议，确定了1983年各工交局及所属亏损企业的包干指标。

2月21日—25日　召开扭亏增盈会议，制订了工交亏损企业，消灭亏损、扭亏增盈的措施。

3月5日　市政府批准在民生、解放路、韩森寨、东大街百货商店、北大街商场和钟楼食品店实行经营责任制。

4月1日　举行了西安环城公园建设工程开工典礼。

4月23日—28日　市工交会议，讨论提高经济效益，按需组织生产，抓紧企业全面整顿，推行技术进步和技术改造以及实行利改税等问题。

5月30日　市委、市政府邀请西安地区14所工科和综合高等学校70多位负责人、专家、学者、教授举行座谈会，共同讨论如何发挥西安科技优势，更好地为振兴西安经济服务的问题。

6月2日　成立“西安市中等教育结构改革领导小组”。

6月9日—15日　召开利税工作会议，讨论国营企业七月一日实行利改税工作，并作具体安排。

6月28日　召开蔬菜工作会议，要狠刹自由种植，自由销售的歪风，完善蔬菜专业队的责任制，改进和加强蔬菜市场管理。

7月6日　我市开始全面整顿市场秩序，取缔无证商贩。

7月12日　30余名专家、学者和知名人士集会讨论环城公园建设方案。

7月14日—17日　市计委、经委、科委组织专家、学者就西安市化学工业的发展方向进行研究论证。

7月26日　我市停建缓建一批技术改造工程。同时确定18项重点工程的具体负责人，建立领导责任制。

8月5日 西安地区科技交流大会召开。1000多项成果和新产品可资转让,大多数是近年来最新成果。

8月9日 召开发展集体和个体经济、安置城镇青年就业表彰大会。

9月12日—16日 市基建工作会,对计划内的30个项目实行停、缓、转,并清理出一批计划外项目和超面积建设项目。

10月1日 西安市人民广播电台正式播音。

10月8日至12日 市工交座谈会,讨论进一步搞好企业,全面整顿、提高企业素质的问题,同时落实今年底增收减亏指标和有关措施。

10月10日 我市30种新产品进京参加10月底国家经委主办的"全国新产品展览"。

10月12日 西安市访日友好代表团应邀赴日本香川、德岛、高知、爱媛四县和京都,奈良两市友好访问。

10月20日 西安市对临潼、蓝田、高陵、户县、周至等县实施管辖。

11月5日 西安市职工业余大学成立。

11月16日 西安市艺术学校成立。

11月20日 国务院批准西安市城市建设总体规划,要求西安在保持古都风貌的基础上,逐步建成以轻工、机械工业为主,科教、旅游业发达,经济繁荣,环境优美、文明整洁的社会主义现代化城市。

12月10日 西安市第一个年产能力72000吨家畜配合饲料的现代化饲料车间,在南郊市机械化养鸡场竣工试产。

12月14日 西安市热力公司筹建处成立。

12月27日 西安市建成日处理12万吨污水的一级处理系统,并正式验收投入使用。

我市搪瓷提环锅、山丹丹洗衣粉、安字甲种工业甘油等11种轻工产品名列全国第一。

在全省文明卫生城市检查评比中,西安市荣获奖旗和文明卫生城市流动红旗。

1984年

1月31日 庆祝西安奈良建立友好城市十周年。

3月1日 西安环城建设二期工程动工,主要是砌筑城河退水渠,维修城河城墙。计划年内还要继续完成南半城城河、城墙、环城林的收尾。

市长专线电话开始办公。

3月2日 省市党政军负责同志分六路出动,到数十个商店、商场、农贸市场、粮店、饭店、邮局、书店、银行和公共交通车站,督促治理脏乱、特别是治差工作和了解开展"三优一学"的情况。

3月12日 城乡百万军民参加植树活动。

对上年计划外经营性亏损和未完成国家税利计划的9家国营企业,市委市政府决定,职工全部缓调工资,如到9月底仍未扭转亏损局面或仍未完成上交税利计划,则取消这次调资资格。

3月13日 审定执行城市总体规划的实施意见。

3月26日 北半城河治理动工。西安市被评为全国植树先进市,受到中央绿化委员会表彰。

4月26日 市长在经济工作会上宣布,欢迎港澳同胞、海外侨胞和外国企业界来西安投资兴办工商业、旅游业、农林牧副渔业、市政建设和社会福利事业。

5月10日 庆祝西安京都两市结为友好城市十周年。

6月19日 将二商局集中统一管理的大部分肉食、饮食、服务业门店下放给各区管理。

7月9日 环城建设前期工程竣工。

8月9日 海燕牌HB35—4U型电视机在全国黑白电视机质量评比中获一等奖。

8月28日 市政府举行座谈会,欢迎省属第一批下放的45个企业。

9月8日 中日各界代表1000余人,在青龙寺遗址冒雨集会,庆贺中日友好先驱者惠果、宗海纪念堂落成。

10月13日 西安市"雁塔"牌水泥获国家"优质产品"称号。

10月15日 国务院批准西安市恢复计划单列并赋于相当于省一级经济管理权限。

10月27日 西安城市规划建设管理委员会成立。

12月16日—21日 举行西安市首次经济技术协作洽谈会,洽谈会期间,来自全国50多个城市和地区120多个单位,与我市共签订各种经济技术协作项目、协议、合同等518项。

1985年

1月5日—6日 召开第二次企业技术进步工作会议。确定后三年工作重点、决定下放技改项目审批权并对项目实行经济承包责任制。

1月28日 西安市经济体制改革委员会成立。

2月1日 西安电视台正式播出。

西安技术市场开业。

2月11日 召开第三产业座谈会，要求抓住旅游业这个“龙头”，使第三产业取得突破性的发展。

3月1日 西安市风景区建设考察团赴日本考察。

4月4日 市长会见日本四国西安友好樱之翼代表团。

4月15日 西安与英国爱丁堡市结为友好城市。

5月9日 中国人民对外友协西安分会成立。

5月20日 放开猪牛羊肉销售价格，同时对城镇居民给予适当肉食补贴。

6月6日 市委、市政府领导会见日本亚洲政经研究会访华团。

6月28日—7月4日 召开西安经济发展战略与体制改革讨论会，来自北京、上海、四川和国务院有关部门，科研单位，全国经济学团体等有名望的专家、学者120余人参加了讨论会。

7月2日 西安地区人才交流大会开幕。

7月4日 西安城河引水工程竣工放水。

8月15日 为期三天的科技工作会结束，会上奖励了29项优秀成果。

8月21日 召开西安地区经济技术联合经验交流会。

11月7日 西安市目前最大的排水工程——北郊污水总管工程完成。

市政府要求今冬明春把完善农业生产服务体系这件事抓好。

11月22日 市发展第三产业现场经验交流会结束。

12月31日 既有民族风格，又有现代化服务设施的西安火车站新建主楼正式投入使用。

1986年

1月1日 西安变压器电炉厂设计的我国第一套冶炼精炼成套设备在湖北省大冶钢厂安装调试成功。主要技术指标接近国际八十年代先进水平。

1月22日 户县被列为全国瘦肉型猪生产基地。

1月27日 国务院决定今年开始黑河引水工程。

1月31日 太华路天桥拓宽工程竣工。

2月1日 原电子工业部786厂（黄河机械厂）869厂（红华仪器厂）下放本市管理。

2月5日 北大街什字人行双天桥落成。

3月2日 西安市第一个集中供热设施——南大街供热站建成运行。

3月7日 市政府决定今年发行黑河引水10万吨啤酒、西安氮肥厂4万吨纯碱等工程开发项目集资券，并制定发行办法。

3月23日 西安——济南通航。

3月24日 秦陵兵马俑一号坑开始第二次发掘。

3月26日 丹麦首相及夫人访问西安。

4月1日 西安——兰州——西宁自办汽车邮路开通。

4月4日 西安机务段孟源——宝鸡铁路电气化改造重点工程动工。

4月9日 西安市科学技术咨询委员会成立。

4月10日 西安邮电学院成立。

4月13日 蓝田县兴建西北地区第一家萱麻纺织厂。

4月16日 世界粮食计划署官员就西安市开发低洼盐碱荒滩，发展淡水养殖项目进行评估工作。

4月22日—23日 西安市第一次“对外经济贸易工作会议”召开。

4月26日 西安、连云港、伊犁等十三个市倡议成立陇海——兰新经济研究促进会。

5月12日 陕西省决定从今年1月1日起，把西安市的各项财政收入从省上划出，在财政部预算中实行计划单列。

5月15日 市内电话局引进的万门程控电话交换机开通使用。

5月27日 田纪云副总理视察本市旅游网点，农贸市场和环城建设工程，并就环城工程的建设、管理、开发、利用等作了重要指示。

6月1日 西安市青少年宫举行开宫典礼，胡耀邦总书记为该宫题名，邓颖超等领导剪彩。

6月5日 西安仪表厂暨日本横河北辰电机株式会社联建的西仪横河控制系统有限公司正式开业。

6月12日 西安10万吨啤酒饮料总厂破土动工。

6月12日—15日 北京、上海、西安等7市在西安市开会，决定成立“国旅7城市旅游促进会”，共同发展旅游事业。

6月30日 西安电子城举行奠基典礼。

7月1日 西安市新增六万吨供水工程正式开始供水。“经济日报”西部版在市本创刊。

7月10日 市经济合作考察商谈团应邀赴英国爱丁堡市访问。

7月15日　西安市和日本三井不动产株式会社、乐乐港株式会社合作建造与经营的三唐工程(唐华宾馆、唐歌舞餐厅、唐文化艺术陈列宫)举行开工典礼。

7月16日—19日　召开城区改革工作会议,决定在城市建设和管理,商业服务和第三产业的开发管理,财税体制及城乡综合治理等四方面,再次向城区放权。

7月25日　国务院批准将我市列为全国法制建设试点城市之一。

7月30日　我国第一个中外联营光纤光缆企业,——由西安电缆厂和日本古河电气工业株式会社共同投资兴建的西古光纤光缆公司经国务院批准成立。

8月1日　北大街人行地下通道及钟楼盘道改造工程竣工放行。

8月6日　西安市被列为全国经济体制改革和法制建设双试点城市。

8月16日　解放路、东五路什字环形人行天桥工程动工。

9月4日　本市列为开展企业上等级工作试点城市。

9月5日　西安——郑州两条中同轴电缆载波工程通过部级竣工验收。

9月14日　西安和法国波城正式结为友好城市。

西安——银川恢复航班。

9月18日　市委、市政府决定在生产计划、固定资产投资、利用外资外汇、物资分配、经济技术协作、财政体制和资金使用、税收管理、金融管理、物价、城镇建设七个方面进一步向县(含阎良区)放权。

9月14日—23日　联合国副秘书长、芬兰总理、瑞典议会教育委员会、国际风湿病联盟主席、法国海军参谋长等先后访问本市。

9月29日　西安——临潼公路改建工程竣工。

10月7日　西安与太原缔结长期经济友好协作关系。

10月8日　“城市金融报”创刊。

10月11日　古都文化艺术大厦举行奠基仪式。

10月16日　西安火车站城河大型隧洞工程竣工。

10月24日　西安——杭州通航。

10月15日—26日　英国女王、冰岛总理、日本有关客人等访问本市。

11月2日　意大利总理访问本市。

11月15日　五万吨洗衣粉工程动工。

11月17日—25日　综合劳务市场首次开放。

11月19日　西安——青岛通航。

11月20日　西安资金中心市场首次开盘公布“关于国营小型商业企业实行集体租赁股份制的试行意见”(初稿)。

11月28日　三兆路拓宽改建工程竣工。

12月5日　西安火车站广场地下环北路地道工程动工。

12月7日　墨西哥总统访问本市。

12月13日　关中经济区市长、专员联席会议第一次会议在西安召开,宣告关中经济区成立。

12月15日　和香港协和集团合资兴建的西安协和大酒店试开业。

12月16日　西安——三原一级公路开工。

12月18日　陇海——兰新经济研究促进会成立,通过章程等,并决定秘书处设在西安市。

12月25日　西安——临潼高速公路奠基仪式。

12月27日　长安路南段拓建工程竣工。西郊草阳住宅小区六万平方米住宅交付使用。目前国内最大的环形人行天桥——解放路、东五路什字天桥建成放行。

1987年

1月1日　西安市十万吨啤酒工程一期主体工程于元旦前胜利完工。

1月5日　在新城区召开第三产业现场经验交流会。

1月10日—17日　首届乡镇企业产品展销会。

1月17日　西安市信托投资公司成立。

1月18日　西安市所属的192个乡镇已全部通了公路,成为乡乡通公路的城市。

1月20日　南郊新建的秦二世皇帝陵旅游点首期工程竣工。

本市第一个由农民集资修建的长延堡农贸市场在吴家坟建成开业。

2月16日　汉城路大环河桥拓宽工程开工。

2月25日　西安红旗手表厂制造的我国最大长三针石英电子塔钟,今起在南郊电子大楼商品博览会展出。

3月3日　西安市第一座铁路、公路大型立交桥——星火路立交桥在星火路与陇海铁路相交处动工建设。

3月4日　西安市开通国际长途直拨电话，用户可对美国、日本、法国等12个国家和香港地区进行长途直拨通话。

欧洲经济共同体奶业评估考察团抵达西安市、实地考察本市对乳品的需求和再制奶的销售等情况。

3月5日　西安市被评为全国绿化先进单位。

3月17日　西安——天津航线通航。

3月18日　西安——合肥民航航班正式开通。

3月20日　市科委决定将部分重点科技计划项目面向社会实行指标。

西安市金融体制改革领导小组成立。

3月22日　西安市开办卫星电视师专教育，首届招生报名开始。

3月24日　东五路拓宽工程动工。

3月26日　全国第一家由企业兴办的进出口公司——西安电力机械进出口公司今日成立。

3月29日　西安市决定从4月份开始进行金融体制改革。

本月内日本奈良西大和学院高校访华团、英国爱丁堡妇女代表团分别访问本市。日本、丹麦体操研究会访华团应邀来西安讲学。

4月8日　设在本市的陕西国际联机信息检索中心正式与国际情报系统联通并投入使用。

4月10日　西安——安阳通航。

4月14日　召开西安市军工企业开发民品规划试点工作会议，就如何发挥军工企业人才和设备优势，广泛开展协作，开发民品，特别是开发高技术民品的生产进行广泛地研究、讨论和规划。

4月18日　西北电讯工程学院科技市场开业。

由日本引进的黄河牌电冰箱生产线在黄河机械制造厂开通使用。

4月20日　经国家计委批准1988年起西电公司在全国计划中实行单列。

4月28日　10万吨啤酒主体工程竣工，安装施工全面铺开，生产准备加紧进行。

5月3日　中美合资建造的高级旅游宾馆——西安建国饭店在动物园南侧动工兴建。

5月6日　全国第一个集团——中国工商银行西北银行集团(简称西北银团)在本市成立。

5月14日　国务院决定用1000万元贴息贷款扶持蓝田县脱贫。蓝田县决定黑木耳、肉牛、肉羊、奶畜、林果基地等16个脱贫项目，年内可创产值1500多万元。

5月17日　朱雀大街北段拓宽改建工程开工。

5月21日　西安与南京市结为姐妹城市，本月内联合国秘书长，南斯拉夫客人等访问本市。

6月2日　西安市研制成功的控制汽车驾驶员酒后开车的电子装置通过鉴定。

6月15日　西安市举行大中型企业承包经营责任书签字仪式，市属30个企业的厂长(经理)在承包经营责任书上签字。

6月29日　西安城市信用社成立。

本月内，西安市友好访问团赴日访问归来，比利时客人访问西安。

7月21日　我市在国外开设的第一家合资企业——解放路饺子馆东京分店签订协议。

7月24日　西北五省(区)省会城市物资协作区决定在西安市设立常设信息联络站。

7月29日　陕西省第一个商业零售企业集团——西安民生商业集团成立。

8月13日　西安市第一家中型国营企业西安造纸厂实行个人经营承包。

8月15日　环北路火车站广场立体主地道主体工程竣工，东西引道工程今日开工。停修一年的西安——延安铁路复工修建。

9月7日　省内第一个跨地区百货文化批发企业联合体——陕西百货文化用品商业集团在西安市成立。

9月17日　西安市电信局正式开始对外办公。

9月18日　考古工作者在骊山发掘出保存基本完整的唐代华清宫宫殿遗址。

10月4日　秦都酒店在环城西路中段兴建，这是省内第一家由农民与港商合作兴建的高级豪华饭店。

10月13日　以西安市为起点的古"丝绸之路"本月初开始全程对中外游客开放。

10月16日　我市最大室内市场——大雁塔综合市场在西影路破土动工。我市第一家有价证券交易处开业。

11月7日　第六十二届广交会上，西安市工业品出口总额比上届增长5倍多。

11月9日　第一批台胞赴大陆旅游观光团的12名成员到达我市。

11月10日　星火路立交桥工程竣工。

11月12日　以袁正中市长为团长的西安市政府代表团离开西安前往日本京都参加世界历史都市会议。

12月12日　我市工业总产值突破100亿元。

考古工作者在临潼县韩峪乡发现规模恢宏的秦

东陵园区。

12月14日 西安——宝鸡铁路电气化工程动工。

12月16日 环北路火车站广场地下隧道工程竣工通车。

12月17日 全市今年粮食总产170万吨，提前3年完成“七五”计划指标。

12月19日 西安市最大的城市基础建设项目——黑河引水工程动工。

12月31日 市政府今年为我市人民所办十件实事基本完成。

1988年

1月11日 西北经济协作区第三次联席会议在西安开幕。

1月12日 西安城墙遗址保护研讨会闭幕。

西安世界贸易中心会成立。

1月29日 西安市被国家体改委列为深化综合配套改革试点城市。

2月3日 西安人民搪瓷厂和黄河机器制造厂最近被国务院机电产品出口办公室和经贸部批准为出口基地企业。

2月4日 西安市荣获1987年全省创建文明城市竞赛优胜城市称号。

2月20日 倪志福来市听取市工会工作汇报。

2月25日 中法西安黑河引水工程合同在巴黎签字。

3月2日 赞比亚总统，肯恩·戴维·卡翁达来西安访问。

3月9日 习仲勋同志应邀担任市环城建设委员会名誉主任。

3月11日 西飞公司生产的首架波音737—300飞机垂直机翼提前3个月通过验收并交付美方。

3月14日 中国西联自动化仪表集团成立。西安火车站东端地道开通。

3月15日 市人大常委会通过市徽图案。

3月16日 西安——洛阳、南昌、福州三条航班正式开通。

3月31日 西安国内旅行社成立。

4月上旬 市长接见日本第五次少年习字遣唐使友好访华团和奈良1988年连接丝绸之路自行车之旅访华团。

4月13日 西安火车站地下车场商场动工。

5月18日 为期10天的杭州、苏州、桂林、西安四旅游城市第二次市长座谈会闭幕。

6月4日 中心城市计划单列工作研讨会在西安举行。

6月27日 市政府召开全市房改工作会议。

7月14日 盐城市政府在西安设立办事处。

8月10日 建立市委、市政府领导同志定期同新闻界同志会见和对话制度。

8月18日 市政府决定撤销一批楼堂馆所建设项目。

市政府决定对西安化工厂等八家超前综合配套改革试点企业给予优惠待遇。

8月28日 日本竹下登首相来我市参观访问。

9月7日 西安火车站被铁道部晋升为特等站。

9月14日 单列市人大常委会主任座谈会第三次会议在我市召开。

10月5日 市政府与十三个区县举行经济目标责任管理签字仪式。

我省首家股票发行企业——西安市解放百货股份有限公司举行首次股票发行大会。

10月6日 国家重点项目西安——安康铁路开测。

10月10日—15日 首届中国酒文化节在西安举行，大会授于我市“中国酒文化古都”荣誉称号。

10月13日 芬兰总统诺·利伊维斯到本市访问。

10月15日 西安信息市场成立并举行首次信息发布会。

10月17日 市群众文化学会成立。

10月26日 黄河机器厂生产的黄河BCD—170型电冰箱通过市经委的投产鉴定。

10月27日 加拿大魁北克市友好代表团访问我市。

11月2日 市政府成立清理整顿公司领导小组。

11月3日 市长、市体改委副主任赴新加坡参加联合国开发计划署主办的“城市管理讲习班。”

11月4日—5日 国务院财税物价大检查工作组听取我市汇报。

11月7日 乌拉圭东岸共和国总统访问我市。

11月16日 “世界新闻摄影展览会”在西安市少年宫揭幕。

11月26日 西安科技城市信息社成立。

12月2日 本市与香港合资改建的钟楼饭店正式开业。

12月7日　西安市市徽揭幕仪式下午在市政府礼堂举行。

12月10日　在省第二次国际经济技术合作洽谈会上，本市成交项目引进外资近3000万美元。

12月15日　中国国际贸易学会1988年学术年鉴“中国外贸发展与改革”联合征文研讨会在本市召开。

12月17日　西安市编制出“国土开发整治综合规划”和11个专题规划，受到国家计委国土司的赞扬。

12月22日　印度总理拉吉夫·甘地抵本市参观访问。

12月26日　年产1000吨氯纶生产线在西安化工厂建成投产。

12月30日　市政府召开“抗洪救灾”表彰大会，国家防汛总指挥部授予蓝田县抗洪救灾指挥部“全国抗洪救灾先进集体”光荣称号。

12月31日　市政府召开新闻发布会，今年市政府关心群众生活方面计划办的10件事共包括32个项目，截止目前有25项按计划完成，7项正在加快实施。

1989年

1月2日　西安啤酒厂、西安啤酒饮料总厂生产的西安啤酒和汉斯啤酒在中国食品博览会上荣获金奖。

3月1日　市人大审议通过关于本市与联邦德国多特蒙德市结为友好城市。

3月14日　市委、市政府召开精神文明建设表彰大会。

4月1日　市政府决定减免对中小学、托儿所、幼儿园部分收费，并严格禁止社会各方面向这些教育单位摊派各种费用。

4月11日　市政府就大办沼气召开专门会议，对农村推广应用工作作出安排部署。

4月15日　市人大审议同意西安与美国堪萨斯市、伊朗伊斯法罕市结为友好城市。

5月23日　长安、高陵遭受冰雹、暴雨袭击，17万亩小麦受到损害。

5月27日　市第二届艺术节在新城剧场开幕。

6月10日　西安市48条公交线路在被迫停运5天之后，今天起全部陆续恢复运行，营运车辆达500部以上。

6月13日　市长举行招待会，邀请西安三资企业、技术引进企业外方人员进行座谈。向在动乱中坚守岗位的外国管理人员和专家表示慰问，并通报西安当前的形势，交换今后进一步合作的意见。

7月5日　本市全面超额完成夏粮收购任务。

7月8日　本市四期给水工程咸阳段水源工程今天竣工，每天将有3万多立方米的水输入本市。

7月20日　国务院表彰全国夏季粮油创高产活动达标单位，本市阎良区、高陵县、临潼县榜上有名。

8月5日　莲湖区寿星乐园在报恩寺街开园，面向社会为老年人服务。

8月12日　历时近十年的西郊煤气工程今天通过竣工验收，交付使用。

8月22日　关中经济区市长、专员联席会议第二次会议在本市召开。

9月9日　交通银行西安分行今日开业。

9月27日　1989年世界旅游日活动暨省第二届艺术节开幕式。

9月28日　市政府邀请在本市工作和访问的外国朋友、侨胞、港澳同胞等举行国庆招待会。

10月10日　西安解放百货大楼被商业部和中国财贸工会全国委员会评为全国商业先进企业。

10月14日　西安市新组建的市计划委员会今天成立，开始履行职责。

10月17日　“东方快车——丝绸之路2100周年”旅游团一行56人，抵达本市，来自美国、英国、法国、西班牙等十几个国家的朋友游览西安。

10月19日　市解放饭店被商业部正式命名为国家二级企业，跨入全国八大先进饭店行列。

10月20日　《宋庆龄同志生平展览》在青少年宫开幕，全国政协副主席，宋庆龄基金会主席康克清为开幕式剪彩。

10月29日　国家旅游局首批公布的113家星级饭店中，西安市一星级饭店西安书院宾馆，二星级饭店夏威夷酒店、陕西体育宾馆、三星级饭店西安宾馆、钟楼饭店、万年饭店等6家旅游涉外饭店榜上有名。

11月14日　西郊化工区昆明路改建工程完工。

11月27日　美中友协代表团一行十余人拜会市长。

11月30日　太白路北段道路拓宽工程全部完工。

12月6日　由建设部主持，国家环保局参加的对黑河引水工程环境影响评价报告评审会议日前结束。来自全国的十多位专家认为，兴建黑河引水工程具有较高的经济效益和社会效益,同时可取得良好的环境效益。

12月29日　我省第一条高等级公路,西(安)三(原)一级公路今日全线通车,西三公路全长34.64公里,路基宽23米,四车道上下分向行驶,车速每小时一百公里。

建筑面积达1万平方米的西安地下商场在西安火车站广场地下建成,今日正式开业。

1990年

1月10日　西安市自行设计施工,全部采用国产设备的邓家村污水处理工程竣工,通过国家部级总体验收。

1月27日　亚洲最大的精密锻造生产线在西安航空发动机公司建成。

2月6日　我国第一台功率电平稳式微波测碳仪在我市研制成功。

2月25日　西安衡器厂被国家计委和轻工部批准,确定为我国电子衡器显示仪表生产基地。

4月1日　西安——济南铁路邮路开通。

4月2日　西安——福州正式通航。

4月7日　西安——长春通航。

5月26日　西安第一条录像带生产线在本市投产。

6月23日　西郊热电厂动工建设。

8月15日　以西安旅游食品厂为主体,横跨甘肃、湖北、辽宁等省的西安太阳食品集团公司在本市成立。

8月16日　国内最大的压敏电阻生产线在西安无线电二厂通过市级鉴定。

8月29日　黑河引水工程一期一段通水庆典大会在曲江池水厂举行。

9月6日　西安市首家乡镇企业集团——造纸工业集团在未央区三桥镇成立。

10月17日　由国家和西安市共同投资的农业综合开发项目经国务院农业综合开发领导小组批准,开始实施。

12月6日　全国首届新产品新技术交流洽谈展示会上,西安市参展的28个项目全部获奖,其中,金奖4个,银奖9个,铜奖15个。

12月10日　太白路南段拓宽工程完工。

12月27日　国家计委批准的第一个高技术引进中外合资项目——西古光纤光缆有限公司今日通过国家验收,同时举行全面开工典礼。

12月28日　西(安)临(潼)高速公路正式通车。

1991年

1月21日　市政府原则同意《西安市关于利用陕北天然气资源发展天然气化工和城市气化的规划意见》并决定成立有关机构。

3月2日—4日　召开西安市企业工作会议,研究讨论增强企业活力,特别是大中型企业活力和发展城镇集体经济的政策和办法,开展"质量、品种、效益年"活动等。

3月5日—7日　召开西安市国土工作会议,国家计委国土司领导到会。

3月13日　市委书记程安东等到黄河机器厂现场办公,进一步落实搞活大中型企业措施。

3月14日　西安市引进外资领导小组成立。

3月4日—22日　西安市经济技术协作考察团赴福州、厦门考察。

3月15日—19日　全国广播电视节能工作会在我市召开。

3月21日—25日　召开西安市1991年技术改造工作会议。

4月25日　西安市十届五次人代会通过《西安市国民经济和社会发展十年规划和第八个五年计划纲要》。

4月27日—29日　西安物资贸易中心举办西安市物资交易会。

4月30日　省市政府领导在民生百货大楼现场联合办公,解决民生新营业大楼基建问题。

5月9日　市长崔林涛等到临潼现场办公,解决陕缝等三家大中型骨干企业一些久拖未决的问题。

6月14日　西安高新技术产业开发区正式奠基开工。

6月16日　北院门文化旅游一条街改造工程动迁。

6月18日　中国西安古文化艺术节新闻发布会在京举行。

6月20日　陕西省博物馆正式开馆。

7月21日　西安市邀请留学回国人员座谈,为振兴西安经济出谋献策。

7月22日　我国内地最大的高科技工业园区——西安电子城工程建设初具规模,一些科技生产单位已部分投产,形成生产能力。

7月23日　西安国内卫星通信地球站奠基开工。

8月9日—10日　西安市举行军工企业民品开发工作会议。

8月10日　西安市机电设备成套公司成立。

8月30日　西安——咸阳机场专用公路通车。

9月6日　西安工业品贸易中心营业大楼正式开业。

9月9日　西安古文化艺术节隆重开幕。

9月10日—14日　举办首届西安临潼石榴节。

9月16日　全封闭旋转式冰箱压缩机生产线在东方机械厂建成并投入大批量生产。

9月25日　蓝田县玉川、草坪、葛牌三乡今日通电，至此，我市农村实现乡乡通电。

9月26日　书院门古文化街主体工程竣工。

西安市农民独资兴建的龙首大酒店开业。

10月2日　举行92年中国友好观光年丝绸之路首游式。

10月7日　西安市高新技术产业开发区的14项优惠政策和规定近日完成并开始实施。

10月18日　起步于1988年5月的西安高新技术产业开发区，至今已建成桃园、兴庆、翠花路3个科技街区。

10月28日　西安物资贸易中心开业。

10月29日　第三次世界历史文化名城会议在西班牙开幕，张富春副市长代表西安市参加会议。

11月2日　第六届全国发展展览会闭馆。

11月6日　崔林涛市长等到西电公司座谈，共商搞好国营大中型企业，加速西电公司发展的问题。

11月14日　西安经贸代表团访问新西兰，澳大利亚。

11月24日　台湾工商投资贸易考察团抵达西安市。

12月1日　万门市话程控交换机正式开通。

12月9日　市政府常委会专题研究房改实施方案。

12月10日　西安航空港咸阳机场正式交付使用。

12月13日　西安——喀什空运线开通。

12月14日　西安高新技术产业开发区东区建设在蔡家湾开工。

西安市新城住宅合作社成立。

12月16日　西安市驻福州办事处成立。

12月20日　市政府召开黑河引水工程引水渠道和城市管网工程施工动员大会，省长白清才，市长崔林涛作了动员。

12月21日　国内最大的压敏电阻器生产线在西安无线电二厂建成投产。

12月24日　西安民生百货大楼成为西北地区首家年销售突破两亿元的商业零售单位。

市政府驻深圳办事处成立。

12月25日　西安至延安铁路全线贯通。

12月29日　西安市政府驻上海办事处成立。

（楼关沐　撰稿）

甘　　肃　　省

主　　编:张国杰
副 主 编:陈一为　冯维忠
编写人员:陈一为　祁永安　李　平
穆加成　武　毅　武德凯
冯维忠　高士森
工作人员:邵书琴　郑雅薇　李　芳
史　蕾　包东红　李晴云

甘 肃 省 分 目 录

典型地区和典型企业

省 情 综 述

甘肃省位于中国地理中心，地处青藏、内蒙古、黄土三大高原交汇处，介于北纬 32°31′～42°57′，东经 92°13′～108°46′之间，东邻陕西，西连新疆、青海，南靠四川，北与内蒙、宁夏自治区和蒙古人民共和国接壤，是我国东中部地区和远西北地区的结合部，是联结大西北的枢纽，古丝绸之路的必经之地，也是新亚欧大陆桥的重要通道。全省国土总面积 45.4 万平方公里，占全国面积的 4.7%，居第七位。

甘肃因古设甘州(张掖)、肃州(酒泉)而得名，简称"甘"。"甘州"始名于北魏，"肃州"始名于隋代。又因省境大部在陇山(六盘山别称)之西，古设陇西郡、陇右道，故又简称"陇"。

甘肃境内县的设置，迄今已达 2200 余年。建省最初由元世祖至元 18 年(公元 1281 年)设甘肃行中书省，约有 700 多年的历史。明代划归陕西。清代恢复甘肃省，当时辖甘肃、青海、宁夏、新疆四省及内蒙的巴彦淖尔盟。光绪 10 年(公元 1884 年)分出新疆省。1929 年宁夏、青海又设省。1954 年甘、宁合并为甘肃省，1958 年分设宁夏回族自治区，甘肃遂为现在的范围。

甘肃现有 7 个地区(庆阳、平凉、陇南、定西、武威、张掖、酒泉)，5 个直辖市(兰州、天水、白银、金昌、嘉峪关)，2 个民族自治州(临夏回族自治州、甘南藏族自治州)。共 86 个县(市、区)。截止 1990 年底，甘肃总人口 2254.66 万人，其中非农业人口 356.95 万人，占 15.83%；农业人口 1897.71 万人，占84.17%。人口密度为每平方公里 49.6 人。据第四次人口普查，现有民族 45 个，汉族人口占总人口的 91.70%，少数民族人口占 8.30%。超过千人以上的少数民族有 10 个，他们分别是回、藏、东乡、土、满、裕固、保安、蒙古、撒拉、哈萨克等。宗教现有：伊斯兰教、佛教、天主教、基督教、道教五种。

一、悠久而灿烂的古代文明

远古时期，位于黄河上游的甘肃，属于稀疏草原环境，气候温暖、湿润，自然生态环境适宜。是我国历史上经济开发，特别是农牧业和古代文化发展较早的地区之一，也是中华民族灿烂文化的重要发祥地。远在 20 万年前的旧石器时代，我们的祖先就在甘肃这块土地上生息和劳动，石制工具加工及狩猎经济已有相当程度的发展。距今约 4500 年前后，随着氏族公社制度的形成，甘肃东部出现了马家窑文化、齐家文化，这些都表明已进入到以农业经济为主的社会经济形态，随后铜、铅采矿、冶炼、及加工也达到一定水平。河西地区畜牧业是一种普遍的经济门类，游牧经济比较发达。

周朝(距今约 3000 年)甘肃东部已进入奴隶社会，农业经济、木工工艺、油漆工艺、彩绘工艺已达到相当高的水平。河西地区仍以游牧经济为主。春秋战国时期，秦国在甘肃东部沿黄河河套修筑长城，开始了甘肃境内最早最大的建筑工程。东部地区仍与我国中原地区联成一片，经营传统的农业，封建地主阶层也逐步形成。秦始皇时期，开始大规模地修筑长城，对保护甘肃东部社会经济的稳定发展发挥了重大作用。

汉朝初年(距今约 2000 年左右)于河西地区击退匈奴，建立了酒泉、张掖、敦煌、武威四郡，开拓了驰名中外的"丝绸之路"。"丝绸之路"在甘肃境内约 1600 公里，成为当时中西经济文化交流、贸易往来唯一的重要商旅通道。中国的蚕丝技术，炼钢技术、凿井技术及思想文化传向西方，对其经济社会发展起到不可低估的促进作用。西域物产、音乐、舞蹈的先后引进，也丰富了中国的经济、文化生活。同时实行"屯田"和"徙民实边"政策，使河西地区的灌溉农业至此开始，并发展到一定规模，超过了甘肃东部的经济发展水平。以后历代的统治者都将此作为一条安邦治国的成功经验反复采用。隋朝时，在张掖设市，招来新疆地区和西方各国商人。隋唐之际，特别是唐开元天宝年间，甘肃成为全国经济最富庶的地区之一。农业、纺织业及黄金生产、水利资源的开发利用等，在全国都具有重要的地位；敦煌成为中国向西开放的贸易都市，以敦煌莫高窟为代表的石窟艺术达到了前所未有的高峰；"丝绸之路"达到了古代国际贸易的鼎盛的时期，河西走廊成为丝绸之路重要的中转站和集散地，市场活跃、经济繁荣。

两宋时期，甘肃境内由于以党项族为首的少数民族割据，社会生产又回到半农半牧的经济形态，经济发展迟缓。元代甘肃社会经济生活受到严重破坏，经济基本没有向前发展。明代实行屯垦政策，既使对元代甘肃残破经济的恢复，也对清代中前期甘肃农业经济的发展奠定了基础。至清雍乾之际，甘肃屯田在全国占有重要地位，水利事业也得到了长足的发展。同时，金、银、铁、盐等采矿业具有一定规模，在全国处于重要地位。清末，甘肃在左宗棠治理下，于1876年在兰州建起了第一家毛纺厂，通用机械、采矿等初级工业也相继发展。

民国时期，随着政治动荡，甘肃经济萧条。人民生活困苦，1928年兰州成为甘肃省会。随着抗日战争的爆发，东部商贾向西部转移，甘肃玉门油矿开始出油，阿干、窑街煤矿都达到了一定规模。在第二次国内革命战争以后，随着陕甘宁革命根据地的建立，边区政府领导农民进行土改，组织群众发展生产，使陇东的农业经济也得到一定的发展，支持了抗日战争和人民解放战争。

二、翻天覆地40年

新中国的成立，翻开了甘肃社会经济发展崭新的一页，结束了广大劳动人民的苦难历史。在国家的大力支持下各项建设事业均得到突飞猛进的发展。由一个以农业生产为主体的、生活贫穷、生产落后的偏远省区，发展成为以有色金属、石油化工、能源、机械、建材等行业为支柱产业，农业、交通、社会服务各业全面发展并具甘肃自己发展特色的省份。社会生产力得到极大的解放，人民生活水平发生了翻天覆地的变化，各族人民安定团结，安居乐业。

从1949年到1952年，甘肃废除了旧的封建土地所有制，没收官僚资本，建立社会主义国营经济，使解放前几乎是一片空白的甘肃工业迅速增长，全民所有制企业发展到120户，工业总产值年均增长22.8%。农业增长率达到9.9%。国家在修整和恢复宝天铁路的同时，仅用了3年的时间，于1952年10月，建成天(水)兰(州)段铁路，沟通了甘肃与东部各省的铁路联系，为甘肃今后大规模经济建设提供了有力保证。

从"一五"开始，甘肃开始大规模的工业建设，全国156个大型项目有16个在甘肃建设。如兰炼、兰化、兰石、西固热电厂、永登水泥厂等，它们在国家经济发展中发挥了重要作用。五年内工业生产得到迅速发展；农业生产稳步提高。工农业总产值平均每年提高8.9%。各项事业的建设全面铺开。

从"三五"到"四五"期间，甘肃曾先后有一大批"三线"企业建设投产，一批沿海及东北企业迁居甘肃，为甘肃工业发展注入一定的活力。到党的十一届三中全会以前，甘肃形成了基本适应甘肃经济发展的工业经济格局，农业生产稳定增长，交通通讯、科学教育、文化、卫生进一步发展，城市基础设施建设及城镇网络逐步建立。人民生活水平较解放前有了天翻覆地的变化，劳动生产条件有所改善，生产力得到解放，劳动生产率逐步提高。

党的十一届三中全会的召开，使甘肃的经济和社会发展进入一个新的历史时期。由于贯彻执行中央提出的"调整、改革、整顿、提高"的方针，国民经济各部门走上稳步发展的轨道。首先在农村，实行以家庭联产责任承包为主体的改革，使广大农村突破了几十年来吃"大锅饭"的历史，极大地解放了农村生产力，生产效率有了显著的提高，农村经济结构有了较大调整、经济效益大幅度提高。80年代以后的10年，成为农村经济发展最快的10年，也是农民得到实惠最多的10年。农民生活水平大幅度提高，生产条件得到较大改善。粮食生产持续8年丰收，在1988、1989、1990年，连续三年刷新了粮食生产的历史最高纪录。1990年粮食人均已达304公斤，粮食亩产达到159公斤，农业商品率达到4.08%，林、牧、副、渔各业得到较快的发展，农业内部结构有了新的调整，多种经营畜牧产值比重明显上升，各类经济作物和畜产品产量都有大幅度增长，农业总产值56.5万元，农村贫困面从1980年的70%以上缩小到1990年的10%左右，农民人均纯收入达到403元/年，比1978年增加302元。科技兴农在农村已形成高潮并发挥积极作用。农村基本上解决了温饱问题。在工业方面，围绕产业结构调整，在加快能源、原材料、交通运输等基础产业建设的同时，针对不同企业的实际，进行了较大规模的更新改造、技术引进和消化吸收。建成了一批符合甘肃资源特点的工业企业，使甘肃工业形成了一个以有色冶金、石油化工、机械、电力为骨干的门类比较齐全的工业格局。1990年工业生产总值达到186.58亿元，1980～1990年工业生产总值年递增率在9%以上。在发展工业中形成了轻工业快于重工业，地方工业快于中央在甘工业，集体所有制企业快于全民所有制企业；工业生产技术水平有显著的提高；更新改造速度加快的特点。在其它方面：商品市场的发展异常繁荣和活跃，个体商业获得了较大发展。商品市场货源充足，品种繁多，供需平衡。科技文化事业进一步发展，社会基础福利建设事业欣欣向荣。

三、蕴藏开发潜力的区位条件和自然资源

（一）优越的区位条件。甘肃地域辽阔，自然条件复杂多样，景观独具特色。从南到北，纵跨北亚热带、暖温带、中温带。分属长江、黄河、内陆河三大流域。在景观上表现为：陇南北亚热带山地阔叶林景观，陇中、陇东黄土高原干旱草原景观，甘南高寒草甸草原景观，河西走廊干旱荒漠景观，祁连山区冰雪带与北温带针叶林复合景观。

甘肃独具特色的自然景观及丰富的自然资源，构成了甘肃快速发展的自然地理优势。复杂多样的自然环境，为甘肃发展多种经营提供了良好的条件。几千年来，自然条件的差异，首先在地域上创造了不同的分工和经营方式。祁连山冰雪、森林带、广博的荒漠，使河西地区灌溉农业发展的潜力成为现实；陇中、陇东地区深厚的黄土及干旱的气候条件，在充分利用地形等小气候的条件下，使旱作农业的发展成为可能；富饶的黄河、泾河、渭河两岸，使灌溉农业的发展异常迅速；甘南高原、祁连山麓及广阔的荒漠草原、戈壁，使甘肃成为全国五大牧区之一，成为甘肃畜牧业生产的巨大潜力；陇南及甘南东部地区由于特殊的地形条件及优越的气候条件使其成为甘肃的重要林业基地，同时，也为各种名贵药材及其它经济作物的生产提供了优越条件。富饶的黄河流经甘肃，哺育了这里的人民，为甘肃带来了丰富的水力资源。根据国家黄河上游梯级开发方案，从积石山至黑山峡河段的黄河干流已作为我国规划中的重要水电基地之一。是我国水力资源的“富矿”地带。

甘肃丰富的矿产资源，为发展相应的工业产业提供了优越的区位条件，在已找到的111种矿产中，有色金属、黑色金属、化工原料及建材等矿种，在全国或西北地区具有明显的比较优势。

甘肃在国民经济发展中具有十分重要的地位。它东联陕西，北联宁夏、内蒙，西接新疆和青海，南接四川，是西部与东部地区联接的重要通道。以兰州为中心的交通网络沟通了东、西部，陇海——兰新线现已成为贯通欧亚大陆桥的第二条通道。兰州已成为通往青海乃至今后铁路进藏的咽喉要道。西北交通通讯枢纽甘肃现已形成的城镇网络体系，对今后全省经济的合理发展奠定了良好的基础。

在国家生产力总体布局中，甘肃处于沿黄经济带和陇海——兰新二级发展轴线的复合部，是国家重要的能源、原材料生产基地，是以兰州为中心的黄河上游地区综合开发区的重要组成部分，是西北经济发展的重点地区。目前已在电力工业、石油化工、机械工业、有色冶金工业、建材工业等方面形成区位比较优势。与全省主导产业相联贯的产品加工业亦成为发展的重点。轻纺工业、食品工业及其它日用品工业生产已走上健康发展的道路。为配套经济的发展，金融、商业、旅游、科技服务等第三产业也逐步走上良性发展的轨道。

甘肃现已形成具有自己特色的工业生产、经营体系。其工业结构的特点是：以重工业的发展为主体，其中，原材料工业占全部重工业产值的55%以上，但原材料工业以初级产品为主体；大中型企业已形成甘肃工业的骨干，也是甘肃经济发展的重要依托，全省工业企业以劳动密集型企业为主体，技术密集程度低。新兴产业发展方兴未艾。在工业空间布局上，工业企业主要沿陇海——兰新铁路沿线展开，并主要集中于兰州、天水、白银、金昌及嘉峪关等五个城市。

（二）丰富而独具特色的自然资源。甘肃自然资源、条件类型多样，资源现状独具特色，具有一定的优势及进一步开发、利用的潜力。

1.土地资源数量大、耕地比重小、承载力低、开发潜力大。甘肃省实辖土地面积45.4万平方公里。山地、高原、河谷、戈壁等地型齐全，交错分布，山地丘陵占总面积的2/3以上，大部分地区海拔都超过1000米，相对高度差明显。根据土地的综合特点及自然和人为因素的相互影响，全省可以分为7个土地类型：河西暖温带极端干旱荒漠类型、河西温带干旱荒漠类型，祁连山、阿尔金山类型，甘南高原类型，黄土高原类型，陇南山地北部湿润、半湿润暖温带类型，陇南山地南部湿润北亚热带类型。主要土壤类型有：黄褐土、灰褐土、黑垆土、灰钙土、黄绵土、棕壤、高山草甸土、灌耕土、风沙土等35个类型。

土地利用现状：耕地统计数为5215.14万亩，占土地总面积的7.6%；人均面积2.3亩。林业用地5949.7万亩，占总土地面积的8.73%，森林覆盖率

为7.55；牧草地面积24090.1万亩，占总土地面积的35.34%；其它用地占42.94%。甘肃可供开发的后备土地资源约3030万亩，近期可垦殖为耕地面积约635.9万亩。

土地资源的特点：土地资源总量大，垦殖率低，难利用土地比重较大；山地丘陵面积大，平川地面积小，土地质量差，生产力水平低；水土资源空间分布不均，地区差异显著；土地资源开发尚具较大的潜力。

2.气候复杂多样，日照充足降水变率大。甘肃由于深居内陆，海拔高，相对高差大，太平洋气流对其影响相对减弱，因此全省地域气候差异显著，气候垂直变化剧烈。具有干旱少雨、日照充足、降水气温变率较大，大陆性气候明显等特点。按大的气候地带及类型，甘肃具有北亚热带、暖温带、中温带以及高寒地区四大气候地带，湿润、半湿润、半干旱、干旱等多种类型，存在水热条件由东南向西北递减的规律。

在降水方面，甘肃大部分地区，年平均降水量在50—800毫米之间。具有东南多西北少、高山多川谷地少、降水时间较集中等特点。多年平均降水深度为302毫米。

在光热条件方面，由于甘肃以干旱气候为特征，大部分地区全年日照超过2500小时。以河西地区的安西、敦煌一带的棉花产区为最高，超过3200小时，陇南地区南部则不足2000小时。甘肃除甘南高原和祁连山区外，≥10℃的积温均高于1000℃。河西地区在3000℃以上，陇南的武都、文县河谷川地最高可达4500℃。

在风力方面，甘肃以河西地区最为丰富。年有效风速在2000—6300小时之间，风能密度在50—200瓦/米之间。河西走廊北部有效风速在5000—6300小时之间，风能密度达到150—200瓦/米之间；其它地区风力相对较小，利用价值不大。

3.水资源总量较少，但水能资源丰富，开发潜力大。甘肃水资源数量较少，全省多年平均降水量约1368亿立方米，水资源总量为609亿立方米，其中入境水约为303.9亿立方米，自产水约为305亿立方米。水资源主要分属黄河、长江、内陆河三大流域。但水资源总量在地区分布上很不平衡，南部长江流域占全省总面积8.46%的流域面积，占有23.81%的水资源量，黄河流域及内陆河流域水资源总量则相对较少。目前，甘肃总供需水量约121.77亿立方米，年平均总需水量为130.02亿立方米，尚有部分不足。从地区平衡来说，陇南地区水资源总量相对丰富，但由于山大沟深，水资源利用难度较大，且水资源利用程度低。河西地区水少地多水资源利用程度相对较高，达到96.25%。

在水能方面，甘肃河网较为发育，地势高峻，蕴藏着丰富的水能资源。据1986年复核资料，甘肃193条河流水能理论蕴藏量为1724万千瓦，居全国第10位。可开发装机总容量为1051万千瓦。其中黄河干流积石峡至黑山峡段天然落差820米，可分10个梯级开发建设，总装机容量为418.8万千瓦，年发电量达到202.95亿度。目前已建成刘家峡、盐锅峡、八盘峡水电站，总装机容量为169.2万千瓦。黄河段水能的开发，具有分布集中，距用电负荷近，电站建设淹没损失小等优点。到1990年底，甘肃已建成水电站451座，装机容量221.66万千瓦，年发电量达106.77亿度。

4.生物资源丰富，种类繁多，有利于系列开发和综合利用。甘肃地域辽阔、地形复杂、气候类型多样，为种类繁多的生物提供生存的条件和物质基础。现在甘肃的部分生物资源，在区域经济发展中，已构成一定的经济优势。

甘肃草原类植物类型多样，分布面积较广。按照其形成过程可分为天然草场，人工草场和半人工草场三种，但天然草场面积比重占绝对优势。甘肃草场可利用面积达24090.1万亩，占土地总面积的35.34%。是我国重要的牧区之一。

甘肃乔灌类植物种类较多，达1000多种，其中优质用材树种达300余种。现在有林地面积约6403.95万亩，森林覆盖率达到7.55%，活立木蓄积量达19207万立方米。目前甘肃活立蓄积已改变了过去采伐量大于生长量的状态，使林业有了新的发展。甘肃主要林区分布在白龙江、洮河、小陇山、祁连山、子午岭、康南、关山等几大片。近年来"三北"防护林体系的建设，使林木在北防风沙，抵御"干热风"等自然灾害中发挥了重大作用。

甘肃具有丰富的中药材资源，是全国重要的中药材产区。据调查，可作为药用的动植物及矿物中药材有1080种，居全国第二位。目前经营的药材主要有450种，特别是当归、大黄、甘草、黄(红)芪、天麻等20多种大宗药材，是本省输出创汇的主要物产。

甘肃境内具有较丰富的动物资源，陆栖脊椎动物共有659种，其中两栖动物24种，爬行动物57种，鸟类441种，哺乳动物137种。属于国家保护类110余种。这些野生动物主要分布在陇南及天水等地。为了进一步保护现有物种和自然生态，甘肃现已公布的各类自然保护区已达到24处，保护面积3675万亩。甘肃现有鱼类资源100余种。近年来，人工饲养规模大增，水面利用率提高，1980 年与 1990 年相比较，全省渔类产量增长 17 倍。

5.矿产资源丰富，部分地区有色金属相关矿产资源组合，在全国占优势地位。甘肃境内山脉连绵起伏，地质历史时期由于地质活动异常频繁活跃，发育形成了丰富的矿产资源。有色金属、黑色金属、能源矿藏和其它非金属矿产具有一定的优势。截止 1989 年底，已找到 111 种有用矿种，发现矿产地 2432 处。已探明储量的矿种有 80 种，大、中型矿床 116 处。有 26 个矿种探明储量居全国前六位。其中，有色金属、黑色金属、建材、化工矿产占有重要地位。现已开发利用的矿产约有 60 种，其中 30 种具有明显的商品优势。按 12 种有色金属资源的优势度计算，甘肃为 0.782，仅次于云南省，位居全国第二。

甘肃矿产资源的主要特征是：矿种多，探明储量丰富，人均占有量高；有色金属矿产资源得天独厚，贵金属和非金属资源丰富，且储量分布高度集中，其中有色金属矿产组合，在全国占有重要地位；重要矿产伴生、共生矿床多，成分复杂，综合利用难度大。

6.旅游资源种类繁多，各具特色。甘肃历史悠久，自然风光独特，形成了丰富多彩的旅游资源。据初步调查，分布于甘肃各县市的旅游资源点约为 320 个，其中人文类 179 个，自然风景类 141 个。现已发现的各时代文物古迹 1000 多处，列为省级文物保护单位的 230 处，其中 12 处被列为国家重点文物保护单位。较为著名的旅游点、遗迹有：被誉为“东方艺术宝库”的敦煌莫高窟，武威雷台出土的东汉稀世珍品“马超龙雀”(铜奔马)，喇嘛教格鲁派六大宗主寺之一的夏河拉卜楞寺，道教圣地崆峒山，秦安大地湾马家窑史前文化遗迹，以及在河西地区的古关隘雄关长城等。这些旅游资源的特点是：资源丰富种类繁多，具有甘肃多民族文化历史及其独特自然风光的特征；以文物古迹为主，以自然景观为辅，拥有一批奇特且知名度很高的旅游资源。按地域旅游性质、及今后的发展甘肃可分为 10 个旅游区，它们分别是：敦煌旅游区、嘉(峪关)酒(泉)旅游区、张掖旅游区、武威旅游区、兰州旅游区、甘(南)临(夏)旅游区、天水旅游区、平(凉)庆(阳)旅游区、陇南旅游区和定西旅游区。

四、日新月异的社会经济

(一) 经济概貌。90 年代，甘肃经济进入一个崭新的阶段。经济发展取得了重大进步，国民经济适度增长，相对独立的国民经济体系进一步完善，产业结构和产品结构得到较大调整，社会总供需基本平衡，对外经济进一步扩大，城乡居民收入稳步增长，各项社会事业进一步发展，提前一年顺利完成了国民生产总值翻一番的目标，实现了经济发展第一步的战略目标。

到 1990 年，甘肃全年国民生产总值达 231 亿元；国民收入 194 亿元；社会总产值 505.10 亿元，其中工农业总产值为 381.75 亿元，社会商品零售总额达到 109.58 亿元；进出口贸易总额达到 2.02 亿元；财政收入达到 34.21 亿元，财政支出为 45.94 亿元；农民人均纯收入达到 403 元；城乡居民储蓄存款达到 100.58 亿元。

1.蒸蒸日上的农业和农村经济。自 1983 年以来，甘肃农业和农村经济取得了重大发展，农业生产连续 8 年获得丰收。到 1990 年，全省农业生产总值达到 56.5 亿元。粮食生产连续三年刷新了历史纪录，平均每年增产 40—50 万吨，1990 年达到 686.59 万吨，人均粮食占有量 304 公斤。经济作物生产也有较大幅度增长。农林牧副渔各业兴旺，农村经济活跃，农民人均纯收入达到 403 元，农村群众温饱问题基本得到解决。

随着农业生产条件的进一步改善，学科学、用科学、科技兴农的思想逐步深入人心。1990 年甘肃农村生产性固定资产原值达到 59.85 亿元，比 1985 年增长近 1 倍。农业机械化水平有了显著的提高，如大、中、小型拖拉机，农用汽车，排灌机械设备等机械逐步进入农家；农村水利设施的建设进一步扩大，有效灌溉面积，水平梯田、条田及机耕面积显著增加；农村生产、生活现代化水平逐步提高，农村生产、生活用电，化肥、农药、农用塑料薄膜施用量逐年递增，群众文化、科技活动异常活跃，各种服务配套设施进一步完善。农业技术人员达到 182 万人，为农村经济发挥了科技指导作用。粮食亩产量达到 159 公斤，但比 1990 年全国平均亩产少 103 公斤。因而，农业生产尚有一定潜力。

农村经济总收益明显增长。1990 年农村经济总收入达到 162.16 亿元。其中农业收入 94.39 万元，工业、建筑业、交通运输业，商业、饮食服务业及其它收入较以前有明显的提高，以农业收入为主体的结构正逐步调整。农村经济纯收入达 84.49 亿元，农村经济内部生产性积累进一步提高。目前，全省农村经济发展存在的主要问题是：农村经济基础薄弱，生产条件极不稳定，农民人均纯收入低。

2.飞速发展的工业经济。经过了 40 年的建设和发展，甘肃工业已形成了以能源、有色金属、石油化工、机械电子、轻纺食品、建材、国防军工为主体的工业经济体系，成为国家重要的能源和原材料生产基地。

1990年末，甘肃工业企业已有6697家。轻重工业总产值比为29∶71。工业企业职工人数86.02万人，其中从事采掘业人数占19.24%，从事原料加工业人数占80.76%。

主要工业产品有：有色冶金原材料，黑色冶金系列，电力、煤炭，以石油采钻设备为代表的机械，电机，以石油冶炼、化工为代表的石油系列，化肥及其它轻纺产品等几十个门类，数千种产品。产品种类、产量及质量较80年代初有较大提高，这些产品不仅在国家劳动地域分工中是国家配套产品的重要组成部分，而且是甘肃国民经济生产及人民生活中，必不可少的产品。80年代中后期，甘肃工业生产增长较快，地方工业实力有所增强，技术水平得到提高。1986～1990年甘肃地方工业平均每年增长16.19%，地方工业总产值占全部工业总产值的比重不断上升，1990年达到66.8%。县属工业已开始走出以小规模小产出为特征的工业格局，形成一定的生产规模和基础。甘肃全民所有制工业企业五年共完成基本建设和更新改造投资13.2亿元。一些主要产品的生产能力逐年扩大，并引进了一批先进的生产技术、关键设备和生产线，以“10条龙”产品为重点的技术开发取得较大进展，五年内共开发省级以上新产品2864项。其中140多项达到国际80年代水平，增强了工业生产的后劲。

甘肃工业的结构特点是：重工业特别是原材料工业占突出地位；全民所有制工业占有相当的比重；劳动力密集型企业多，资金和技术密集型企业少。大中型企业及石油化工、有色金属、电力、机械工业部门是甘肃工业的主体。重工业总产值占工业总产值的71%，甘肃170家大中型企业工业产值107.54亿元，占工业产值的62.89%；有色金属、石油化工、电力、机械工业的总产值，占工业总产值的47.65%。

甘肃工业企业布局的特点是：以大中城市为依托，以陇海——兰新铁路线及黄河沿线为轴线逐步展开，各个工业区各居特色。中部工业区是以兰州为中心的甘肃综合性工业生产基地，其它工业区则以其中心城市为依托，承担甘肃工业区域的分工职能。

3.丰富多彩的商品市场。随着1989年市场相对疲软的稳定恢复和商品结构的调整，1990年甘肃商品市场呈现出商品货源充裕、品种繁多、销售稳定增长的势头。1990年社会商品零售总额达到109.6亿元，比1985年增长87.4%。1990年甘肃社会商业、饮食业、服务业机构和人员分别达到17.46万家和49.60万人。其中从事商业人员26.97万人，饮食业6.29万人，服务业4.29万人。

改革开放使甘肃商品市场丰富多彩。各类大、中、小商品市场逐年递增，布局日渐合理，最大限度地向消费者服务。各类商品琳琅满目，品种繁多，商品供需基本平衡，并呈稳定增长趋势。在社会商品零售总额中，消费品零售占87.8%，农业生产资料零售额占12.2%。在消费品零售构成中，食品类零售额占比重最大，达到37.6%，衣着类及日用品类零售额均达到20%以上，其它则占有较小份额。

1990年，甘肃对外经济贸易取得较大进展。全年外贸收购总额10.04亿元，进出口贸易总额达到20214万美元，比1985年增长1倍多。其中直接出口额18567万美元，进口额达到1647万美元。

（二）逐步完善的基础设施。随着改革开放及全省社会经济的发展，基础设施等超前事业的发展倍受重视。交通运输、邮电通讯及城镇基础设施的发展，直接影响着甘肃社会经济的发展。

1.繁忙的交通运输。经过几十年的建设和发展，甘肃交通运输事业已形成一个以铁路为主干，公路为网络，民航、水运、管道运输相结合的交通运输体系。

(1)铁路。到1990年甘肃铁路营运里程达1884公里，总延长里程3525公里。形成以兰州为中心，陇海——兰新线横贯全省，北行包兰线、西通西宁的铁路大动脉。随着技术改造，各路段的运输通过能力逐步提高，现在正在进行的兰州——武威南电气化改造将于1992年建成交付使用，通过能力将由以前的450万吨达到1200万吨。目前电气化铁路的营业里程比例达39.4%，铁路已成为甘肃中长距离客运、货运的主要运输方式。

(2)公路。公路运输是甘肃发展最快的行业之一。现已建成国家级和省级公路干线76条，主要干线公路有：甘新公路（312国道）、红当公路、兰郎公路（213国道）、甘川公路（212国道）、甘青公路（109国道）、西兰公路（312国道）、宝平公路、定天公路、兰包公路（109国道）、酒格公路等。1990年甘肃各不同等级公路的通车里程达34708公里。现有民用汽车104930辆，其中载货车67848辆，载客车31463辆。完成客运量6625万人，客运周转量348802万人公里；完成公路货运量3225万吨，公路货运周转量221758万吨公里。公路运输现为甘肃中、短距离客货运输的主要方式，是必不可少的灵活的运输力量。

(3)民航。甘肃现有民用机场4个，开辟国内省际的航线18条，省内地方航线3条。航线里程为

2166公里，拥有飞机7架。初步形成了沟通全国主要大城市、省内主要经济区的航空网络。1990年完成客运量20万人，客运周转量22992万人公里。民航空运是甘肃迅速实现运输目的的重要方式。

(4)水运及管道。水运和管道运输，虽在甘肃占有较小比列，但仍是一支重要力量。甘肃现有机动船约145艘，通航里程219公里，主要从事刘家峡水库、碧口水库及兰州市区的旅游水运、捕鱼作业及短途货运。管道运输，甘肃仅有一条输油管道，全长164公里、管径273毫米，年输送能力300万吨，由庆阳马岭油田引出，至宁夏惠安堡并入干道。

2.现代化的邮电通讯。邮电通讯是各种信息快速有效传递的主要途径。1990年甘肃广大邮电部门职工，依靠技术进步，挖潜改造，发挥自己的主观能动性，使邮电生产持续、稳定发展。目前，甘肃邮电局、(所)总量达到1116处。其中分布在农村的有849处。邮路总长度为15.27万公里。长途电话1776路，电报电路364路。省内有西安——兰州和兰州——西宁、银川的微波线路482公里。甘肃邮电部门市话交换机总容量为1022万门，自动交换机容量达8.2万门。程控电话交换机容量占市话总容量的13.2%。同时，还拥有电话机68570部，可与国内各大中城市和国际上140多个国家和地区直拨。随着兰州市256路自动转报设备工程的建成，全省14个地州市和62个县(市)的长途电报、电话已直接进入了全国自动转报通信网。目前，兰州电信局已成为西北长途电话的交换中心，甘肃已成一个以兰州为中心，由明线、电缆、短波、微波等多种通信手段组成的，汇接全国的电信通信网。到1990年末，甘肃邮电业务总量完成10193万元，邮政快件625万件，特快传递1.93万件。

3.阔步向前的城市基础设施。城镇基础设施的建设，直接影响着城镇经济职能的发挥和人民生活水平的提高，对于甘肃的经济发展具有重要意义。

1990年来，甘肃共有13座城市，其中：省辖市5个，地辖县级市8个。城市建成区面积达到351平方公里，其中：兰州市163平方公里，白银市39平方公里，天水市24平方公里，金昌市29平方公里。城市人口245.91万人，其中兰州市119.46万人，天水市24万人，白银市20.49万人。人均居住面积7.3平方米/人，其中兰州市为6.87平方米/人。城市人口用水普及率44.11%；煤气普及率为11.07%，其中兰州市为24.6%；每万人拥有公共汽车1.69台，其中兰州市为3.03台；人均公共绿地面积16.23平方米。

甘肃城市日供水能力为235.3万吨，供水管道总长度1655公里，全年总供水量为66658万吨，其中生活用水12800万吨，占19.20%。在城市供水事业不断发展的同时，城市的排水设施也在不断完善，排水管道总长达1071公里。污水口处理能力为32.71万吨。

1990年甘肃城市实有铺装道路1206公里，面积为1601万平方米。使用燃气的城市9个，全年煤气供应总量为36360万立方米，其中：家庭用量为902万立方米。煤气家庭用户达到15316户，液化石油气用户为142595户。

(三) 蓬勃发展的社会事业

1.飞速发展的科技事业。1990年甘肃拥有各类专业科技人员31.24万人，其中，自然科学人员13.64万人，社会科学人员17.60万人。拥有科学研究机构116个，职工总数1.94万人，主要从事农、林、牧、渔、水利、工、文化教育及科研综合服务等方面的研究和应用工作。1990年获得省部级重大科技成果奖272项；大中型企业新产品工业总产值达到15.071亿元；科技成果推广应用率达75%。在泰国曼谷举办的“中国家用新技术及成果展览会”上，有10项“星火”科技项目获奖。在社会科学方面，有90项社会科研成果在1990年甘肃第二次社会科学优秀成果评奖活动中获奖。

越来越多的人认识到了科学技术是第一生产力的重要性。科技与生产的结合日益紧密，科技市场健康发展，科研生产联合体大量涌现。现在甘肃已形成从尖端到基础，从研究到推广，从自然科学到社会科学等多层次的科技主体网络。

2.不断进步的文化、教育事业。1990年文化事业继续保持良好的发展势头，甘肃的文化事业无论在文艺创作、表演还是音乐舞蹈和美术方面，都具有浓郁的地方和民族特色。现有电影放映单位2798个，职工6116人；艺术表演团体85家，职工4879人；群众艺术馆、文化馆99座，公共图书馆83座，博物馆40座；广播电台20座，广播发射台和转播台21座；电视台8座，电视发射台和转播台788座，广播人口覆盖率达61.8%。

在教育方面，1990年甘肃共有高等学校18所，中等学校1780所，小学校24200所。各类学校专业教师21.04万人。其中高等学校5855人，中等专业学校12100人，普通中学、小学及其它学校19.24万人。各类学校在校学生数351.04万人。其中高等学校在校学生数3.39万人，中等专业学校在校学生数4.97万人。学龄儿童入学率为94.4%。成人教育方面，成人技术培训学校在校学生16万人；成人中等专业学校在校学生2.9万人，成人高等学校本专科在校学生2万人。

目前，甘肃已形成能够培养不同层次、多种专业学科人才的教育体系，初步满足了社会各界的人才需求。现在教师队伍不断壮大，整体素质提高，教育设施及条件不断改善。特别是少数民族教育及成人教育得到较大的发展。

3.迅速发展的卫生事业。1990年以来，甘肃有各类医疗卫生机构4132个，医院病床4.6万张，各类卫生技术人员7.1万人。其中医生3.3万人，护师、护士1.6万人。农村村级医疗点2.1万个，乡村医生1.9万人，卫生员1.3万人。

广大医护人员，在预防、治疗、医学教育和妇幼保健、药材生产等方面，积极提供社会服务，保障人民生命的安全和身心健康。

4.多姿多彩的人民生活。随着改革的深入和工农业生产的发展，甘肃人民生活水平有了很大的提高，广大农民的温饱问题已基本解决，生活日用品市场繁荣，供需平衡，生产和生活条件逐步改善，社会福利事业日趋完善。

在农村，广大农民已基本解决温饱问题，消费水平进入较高的层次。1990年甘肃农民人均纯收入达到403元。农民收入的增加，使温饱户以上各层次的比重增大，贫困户(300元以下)的比重不断减少。农民人均生活消费382元。农村每万人拥有电视机达到541部，每万人拥有自行车1823辆，农村银行存款余额达到16.4亿元。

在城镇，职工收入稳定增长，生活丰富多彩。1990年，甘肃职工平均货币工资达2407元，随着收入水平的提高，城镇居民的消费结构和生活条件都有较大改善。非农业居民平均生活消费达1402元。居民居住条件有了改善，每万人拥有电视机3014部，城镇居民存款达到84.2亿元。1990年城市自来水普及率达到44.11%，每万人公共车辆占有率为1.71辆，每万人出租汽车占有率为1.88辆，城市绿地面积为3976公顷，人均公共绿地面积为16.23平方米，绿化覆盖率为11.3%。不少城市还建成了绿化广场、花坛、园林造型及城市雕塑等。

城镇就业率及城镇就业者负担人数基本稳定。1990年在积极扩大就业门路、拓宽就业渠道的前提下，甘肃共安排就业人员10.7万人，其中：全民所有制单位安排4.7万人，集体所有制单位安排3.1万人。使就业率达到95.1%。

社会保险事业也有较大的发展。1990年甘肃保险业务收入达到2.03亿元，比上年增长24.5%；承担风险总额达448亿元。有6555个企业、40.6万户家庭参加了财产保险，有287万人参加了各种人身保险。现在，甘肃已开办了四个大类中的100余项保险业务。

改革开放以来
甘肃经济发展的伟大成就

十一届三中全会以来，在改革开放方针的指引下，经过“六五”，特别是“七五”的建设，甘肃的现代化事业取得了巨大成就，综合经济实力有了明显的提高。以国民生产总值为代表的主要总量指标，1989年提前一年实现了第一个翻番，甘肃经济进入了新的成长阶段，为90年代的发展奠定了坚实基础。

一、改革给甘肃经济注入了活力

农村经济体制改革，推行了以家庭联产承包责任制为中心的经济责任制，并在此基础上改革农产品购销体制，提高农副产品价格，调整农村产业结构，发展多种经营，建立社会化服务体系，初步形成了以家庭联产承包责任制为主体，以社会化服务体系为纽带，家庭分散经营和集体统一经营相结合的双层经营机制。

以企业改革为核心的城市经济体制改革，推行了厂长(经理)负责制和承包经营责任制，促进经营权与所有权适当分开，促使企业由生产型向经营型转变，奠定了新的自主经营、自负盈亏、自我积累、自我发展的企业运行机制的雏型。同时，还进行了价格和商业体制改革，打破了由国家统一定价、统一分配、统负盈亏的旧体制，形成了以国营商业为主导，多种经济成分、多种经营方式、多渠道和少环节的商品流通新格局，市场调节逐步发挥积极作用，社会主义商品经济所必须的市场体系正在发育和形成。

生产关系的变革，极大地促进了生产力的发展。

从经济总量考察，随着经济模式和体制模式的转变，甘肃综合经济实力有了很大提高，经济建设和社会生活都出现了前所未有的蓬勃生机。一大批重点建设项目，如景泰电灌、靖远兴堡子川电灌、“三北”防护林、甘肃种鸡场、兰州第二热电厂、靖远电厂一期、厂坝铅锌矿一期、金川镍二期、白银铝厂一期、白银铅锌冶炼厂、酒钢连铸和一号高炉配套、白龙江金矿、靖远、窑街、华亭煤矿新矿井建设、兰化线性低密度聚乙烯、金昌磷肥厂普钙、805厂TDI、兰州重离子加速器、宝兰、兰武铁路电气化改造、兰西编组站、兰州、敦煌、嘉峪关机场的改扩建以及甘川公路七道梁隧道、兰州万门程控电话和兰州煤制气等项目已建成或部分建成，为甘肃经济的发展增添了新的后劲。1991年全省工农业总产值比1978年增长175.3%；国民收入增长191.69%；地方财政收入比1980年增长140.41%，都超额完成了计划目标。

(一)农业方面，出现了四个历史性的变化。一是粮食生产连续九年丰收，1990年人均占有粮食达到304公斤，彻底打破了甘肃农业发展“好三年、坏三年、平平常常又三年”的循环常规，进入了新的发展阶段；二是农业经济结构发生了变化，农林牧副渔和多种经营全面发展；三是乡镇企业异军突起，已经成为农村经济的重要支柱和农民收入的主要来源。1991年，乡镇企业总产值达到84.1亿元，占农村社会总产值的45.56%，极大地促进了农村商品经济的发展；四是实现了停止植被破坏的目标，人民生活有了极大提高。1991年农民人均纯收入达到456元，比1978年翻了两番多。

(二)工业方面，1991年甘肃工业总产值比1978年增长176.82%。工业规模逐步扩大，产业门类不断增加，形成了以能源、冶金、有色金属、石油、化工、机械、电子、轻纺、食品、建筑、建材、国防军工为主体的工业经济体系，成为我国西部重要的工业核心区和国家的能源原材料工业基地。从工业布局看，在全省范围内沿着铁路干线展开，以兰州、天水、白银、金昌、嘉峪关等城市为轴心，形成了重要的工业基地，其他地区也有一些重要分布。这样一个工业格局是40年来经过几次大的集中投入形成的。第一次发生在建国初期，国家“一五”计划中的156个重点项目，在甘肃有16项，拉开了甘肃现代化建设的序幕；第二次发生在“三五”以后，“三线”建设和东部企业整体西移，使得生产要素急剧集中，迅速建立了一批颇具规模和水平的精密仪器、机械、航天航空、冶金、电子以及军事工业等国家急需产业，提高了甘肃工业的整体水平；第三次发生在改革开放以后，特别是“七五”时期，敞开大门开发致富，进行了卓有成效的建设，同时“三线”企业在调整改造、保军转民以及同地方经济的融合上走出了新的路子。能源、原材料、交通运输等基础产业的步伐加快，使主导产业更趋丰满；围绕资源开发，关键产业和后续产业逐步形成，突破了传统的区域分工格局；一大批围绕农副产品加工，为大中型企业配套，为城乡人民生产、生活服务的城市集体经济和乡镇企业蓬勃发展，成为甘肃经济发展的生力军。

（三）流通方面，市场体系正在逐步形成。一是商业队伍不断壮大。零售商业平均每个网点服务的人口和平均每个零售人员服务的人数都有较大幅度的降低。二是生产要素市场崭露头角。现在商品经济发展所必须的生产资料市场、资金市场、技术市场、信息市场、房地产市场和证券市场都已经出现，有的已达到相当规模，技术交易、信息交流、资金融通日趋活跃，80％以上的生产资料靠市场来调节，为有计划的商品经济的发展初步奠定了市场基础。三是集贸市场发展迅速，统一的集贸市场网络已基本形成。“七五”期间，甘肃各类集贸市场发展到1451个，年成交额比1978年翻了几番，成为流通领域的重要组成部分。四是专业市场已初具规模。随着集市贸易的不断发展，过去单一的农副产品贸易市场逐渐向综合性贸易市场转化，并涌现出一大批具有相当规模、各具特色的专业市场。如秦安县的小百货市场、甘谷县的服装市场、张掖的蔬菜市场、临洮县的地毯市场、张家川和广河的皮毛市场、岷县的药材市场、庄浪县的草编市场等，都具有相当的规模。到专业市场交易的农民有时多达四、五万人，有些专业市场在西北及全国都有一定影响。

80年代甘肃经济的发展，显示了甘肃经济进入了新的成长阶段：一是国民经济主要总量指标提前一年实现了第一个翻番，基本解决了人民群众的温饱问题，开始向小康目标奋斗。二是经济进入稳定增长阶段。“七五”期间，初步改变了轻工业过轻、集体工业过弱、地方工业过小的不合理状况，无论是工业、还是农业，都没有出现大的波动，经济没有出现过冷过热。三是城市集体经济和地方工业的发展，改变了过去“孤岛式”的工业格局，沟通了地方经济与中央、省属大中型企业的联系，这对甘肃经济来讲，不仅是划时代的变革，而且具有十分深远的历史意义。四是乡镇企业的崛起，改变了农村经济发展的格局，不仅为广大农民提供了一条脱贫致富之路，而且把商品经济的思想意识和原则带到了农村，大大加快了农村经济由自然经济过渡到社会主义有计划的商品经济的进程。五是市场体系初步形成，标志着甘肃经济已经步入商品经济发展的轨道。

二、结构调整与技术进步成就斐然

改革开放以来，经过10多年的不断调整，甘肃经济结构发生了显著变化。

（一）生产力布局的调整。在围绕发挥资源优势、原材料优势，均衡发展的原则下，按照资源条件、经济发展水平、区域间的经济联系和自然地理条件等对生产力布局进行了新的调整，全省初步建成了10大生产基地。这10大生产基地是：(1)河西商品粮基地。1990年向国家提供商品粮83.4万吨，占全省63.5％。(2)畜牧业基地。建设了瘦肉型猪、奶肉牛、细毛羊、禽蛋等生产基地，形成了全省畜牧业商品生产的骨架和依托。“七五”期间共产肉172.4万吨，鲜奶35.6万吨，禽蛋36.6万吨，毛绒7.93万吨，较大地丰富了人民生活。(3)蔬菜瓜果生产基地。形成了享誉国内外的“拳头产品”花牛苹果、苹果梨、白兰瓜、大板瓜籽、无壳瓜籽等。河西已成为我国重要的西菜东运基地。(4)中药材生产基地。饮誉中外的当归、党参、黄芪、甘草、大黄、黄连、天麻等名贵药材的生产得到迅速发展，每年出口达2600多吨。(5)有色金属工业基地。以金川公司、白银公司为依托，完成了一批有色金属工程建设，1991年10种有色金属产量达到26.14万吨，居全国第三位，其中镍和铝的产量居全国第一位。(6)钢铁工业基地。以酒泉钢铁公司、兰钢集团为依托，建成一批重点项目，钢的生产能力达到75.5万吨，生铁133.3万吨，钢材70万吨。(7)化工生产基地。以兰炼、兰化、玉门油田、长庆油田为依托，建设了66个重点项目，大大提高了化工生产能力。(8)石油化工机械制造基地。以兰州石油化工机械集团公司为依托，形成了从2000米到8000米的钻机生产完整系列。目前，全国使用的钻机75％以上是这个公司提供的。(9)水泥生产基地。以永登、武山水泥厂为依托，加快技术改造，水泥年产量已达到350万吨。(10)毛纺工业基地。以兰州、天水为依托，提高了羊毛、驼毛、兔毛等综合开发和加工能力。目前，兰州三毛厂已成为远东最大的毛精纺企业。

甘肃还按照地域划分为河西、中部、陇东、陇南天水、临夏甘南五大经济区，分别确定发展重点，各打各的优势仗，各走各的致富路。河西经济区，包括酒泉、张掖、武威三个地区和嘉峪关、金昌两个省辖市，重点发展粮食、甜菜、油料、蔬菜、瓜果、乡镇企业、冶金和石油化学工业。中部经济区，包括兰州、白银和定西地区，在发展农业的同时，重点发展有色金属、电力、煤炭、石油化工、机械、建材、轻纺、商业等。陇南天水经济区，包括天水和陇南地区，重点发展粮食、林果、中药材和电工仪器仪表、大规模集成电路、有色金属、轻纺等。陇东经济区，包括庆阳和平凉两地区，重点发展粮食、养殖业、林业、食品、轻纺和能源工业。临夏甘南经济区，发展的重点是农业、畜牧业及畜牧产品加工业和民族工业。目前，各地区经济发展的差距正在逐步缩小。

甘肃还结合自己的实际，于1988年在黄河上游地区建立了连海、白银西区、金昌东区、西成铅锌矿带和宁卧庄高新技术产业开发区等五个经济开发试验小区。连海小区，主要以连城铝厂、兰州炭素厂、西北铁合金厂等大中型企业为依托，大力开发硅铁、炭素制品、电石等原材料工业产品和后续加工工业产品。白银西区，以区内白银公司及邻近的靖远煤矿、大峡电站、甘肃稀土公司等大中型企业为依托，重点发展铜、铝、锌、TDI等有色金属和化工原料的深加工产品，走以大带小，壮大小区实力的路子。金昌东区，以金川公司、八建公司等为依托，重点发展镍、稀贵金属及其它有色金属系列的深加工产品。1991年这个小区实现工业产值3.2亿元，创利税2500多万元。西成小区，重点围绕西成铅锌矿带、崖湾锑矿和小区内黄金资源进行开发利用，已建成了一批有色金属及深加工工业企业。宁卧庄小区，重点围绕区内科研院所和大专院校的人才、技术优势，大力发展高新技术产业，并重视区内高新技术及产品在全省的扩散和辐射。该小区于1991年3月经国务院批准成为国家级高新技术产业开发区，目前已初具规模。

甘肃五个试验小区经过近四年来的开发和建设，已经步入了一个健康、稳步发展的轨道。也为实施省委、省政府提出的"强化农业基础，以大带小，以城带小，整体推动全省经济发展"的战略积累了经验，探索了路子。截止1991年底，五个小区内共投入资金近11亿元，建成各类项目220多个，进入小区企业总数已逾450多家。1991年五个小区实现产值达5.5亿元，形成利税1.2亿元。

（二）农村经济结构的调整。甘肃农村经济结构的调整是从1981年开始起步的，"七五"期间取得了明显的成效，农村经济呈现出多种经营、多业并举、全面发展的好势头。

在种植业方面，适当调整了粮食作物的比重，增加了经济作物的比重，种植业内部结构开始向粮食、经济作物、饲料绿肥合理布局的方向发展。

在农业方面，适当调整了种植业的比重，扩大了牧业、副业的比重，通过多层次、多渠道、全方位的综合发展，开始形成农林牧副渔并举，畜牧业、副业的地位明显提高，农村经济全面发展的好势头。1991年，种植业在农业总产值中的比重下降到63.18%，畜牧业的比重上升到13.39%，副业的比重上升到9.85%。

在农村产业结构方面，由于实施了多种经营，全面发展，以商促工，以工促农等战略，农业总产值在农村社会总产值中的比重开始下降，农村工业、建筑业、运输业和商业的比重显著提高。1991年，农业总产值在农村社会总产值中的比重下降到60%以下，农村第二、三产业的比重提高到40%以上。特别值得一提的是，1991年农村乡镇企业总产值达到84.1亿元，占农村社会总产值的45.56%，标志着乡镇企业已经成为推动农村经济发展的主力军。

农村经济结构的调整，为农村剩余劳动力向非农产业转移提供了良好条件，加快了农民脱贫致富的步伐。1990年，甘肃农村中从事第二、三产业的劳动力达到137.68万人，在农村劳动力总数的比重中提高到16.77%，由此增加了农村收入20多亿元。农村剩余劳动力的合理有效转移，既是调整农村经济结构的结果，也是今后继续调整农村经济结构的基础条件。

（三）工业经济结构的调整。甘肃的工业经济结构主要是依据其独特的资源条件建立起来的。这种以能源、原材料工业为主导产业的工业结构，既是发挥甘肃资源优势的需要，也是甘肃经济发展的必然结果。调整甘肃工业结构，不是要摒弃能源、原材料工业的主导地位，而是要在坚持发挥甘肃资源优势的同时，加速发展短腿产业，增加集体工业与非公有制工业的比重，增强甘肃工业自我积累、自我发展的能力。

改革开放以来，甘肃工业结构的调整，围绕"增值战略"的实施，走出了一条以经济效益为中心，以科技进步为动力，以市场需求为导向，以骨干企业为依托，以拳头产品为龙头，突出重点，分层推进，滚动开发的道路。

1.把工业结构调整同经济体制改革结合起来。1979年，甘肃全民所有制工业占91.37%，集体所有制工业占8.19%，其它经济成分占0.44%。这样一种工业所有制结构基本上是建立在产品经济的基础上。改革开放以后,根据发展有计划商品经济的要求,在巩固和完善全民所有制为主体的工业经济的前提下,加快了集体、个体和各种联合体的发展,并且通过各种形式引进外资、初步形成了以公有制经济为主导、其他经济成分互为补充、相互促进、共同发展的工业经济新模式。

2.把工业结构调整落实在产品结构上。从产品结构调整入手,由产品起步,向产业发展,是一条投资少、周期短、见效快的滚动发展之路。80年代,甘肃增加了技术进步和新产品开发的投资比重,在轻工、纺织、机械电子、精细化工、新型材料等方面,不仅成功地开发了一批适销对路的新产品,而且出现了一批新的行业,填补了产业结构的缺陷。"七五"期间,甘肃开发省级以上新产品2827项,实现产值76.6亿元,实现利税12.1亿元。新产品产值占工业总产值的比重逐年提高,1990年达到10%,其中:电子、机械分别达到42.7%和29.9%。1989年,在轻纺市场疲软、产成品资金大量积压的情况下,兰州三毛厂加快产品结构调整步伐,一年多的时间里,开发140多项新产品,新产品产值率达到50%,各项经济技术指标都呈大幅度上升的势头,其产品在全国具有很高的知名度。兰州石油化工机器厂加快技术引进和技术改造步伐,建成了国内第一条最大的铸钢树脂砂造型生产线,开发出替代进口的海洋石油平台钻机,60DL沙漠钻机、加氢反应器等,产品性能和质量达到80年代先进水平,大大提高了在国际市场和国内市场的竞争力。

3.把工业结构的调整同投资结构的调整结合起来。产业结构是投资结构的产物,产业结构的调整必须由一定量的投入来启动。80年代,甘肃从调整投资结构起步,把投资结构调整与工业结构调整有机地结合起来,加强了交通、邮电、通讯等基础设施的建设,壮大了能源、原材料工业,促进了资源的深度加工和增值,不仅使产业结构趋向合理,而且大大增强了工业发展的后劲。特别是经过"七五"的建设,一批国家急需的、服务于全国经济和能够增加有效供给的基础工业项目建成投产,形成了新的生产能力。"七五"期间新增发电装机79.5万千瓦,原煤315万吨,原油加工量202万吨,10种有色金属13.7万吨,生铁40万吨,钢材45万吨,炭素制品3万吨,纯碱5万吨,化肥60万吨,TDI 2万吨,水泥73万吨,平板玻璃80万重量箱,日处理甜菜1500吨,棉纺6.5万锭,毛纺1.6万锭等。同时,宝兰、兰武铁路电气化改造和重要国道部分路段的升级改造,兰州万门程控和天水万门纵横制电话投入使用,有效地改善了甘肃经济的发展环境。

4.把工业结构调整同深度加工增值结合起来。改革开放以来,甘肃省围绕"加工增值",实施了统筹兼顾、突出重点、成龙配套开发的战略,以产品为"龙头",把技术开发、科研攻关、技术改造、技术引进、基本建设和利用外资融为一体,进行系列开发和深度加工,取得了较好的经济效益和社会效益。"七五"期间,新产品"10条龙"共有310项新产品投产,实现工业产值3.58亿元,出口创汇790万美元,替代进口1400万美元,初步形成了精细化工、稀土加工、亚麻开发等新产业的雏型。

5.把工业结构调整同扭补建设结合起来。甘肃经济有一个突出的特征,就是富裕和贫穷并存,资源上是富省,工业上是小省,农业上是弱省,财政上是贫省。由于自然和历史的原因,省内工业分布极不平衡,特别是县级工业十分薄弱。为了改变这种状况,增强县一级的财政自给能力和自我发展能力,甘肃从"六五"末期开始,进行了以财政扭补为主要内容的开发性建设。所谓财政扭补是指以资源优势为依托,以大力兴办县级工业为主要手段,培植县级财源,逐步减少和消除补贴,使财政补贴县能够实现自给,进而走上自我积累、自我发展的道路,"七五"期间,全省共建成扭补项目238项,累计投入资金3.59亿元,累计实现产值6.89亿元,实现利税1.31亿元。

几年来,通过调整,甘肃工业结构发生了可喜的变化。一是畸轻畸重的结构有所改变。1991年,在全省工业总产值中,轻工业所占比重由1978年的20.58%上升到28.64%,加工工业得到了一定的发展。二是单一的所有制结构被各种经济成分共存的新格局所替代。1991年,在全部工业总产值中,全民所有制工业比重由1978年的90.87%下降到78.48%,集体所有制工业比重由1978年的9.13%上升到20.68%,非公有制工业也得到了相应的发展。三是地方工业基础薄弱的状况有所改观。通过扭补建设和技术改造,一批高起点、高水平的地方骨干企业逐渐形成,为地方经济发展奠定了基础,地方工业产值的比重上升到58.45%。

(四)商品流通结构的调整。围绕建立统一的、开放的社会主义市场体系,80年代甘肃省在调整流通领域经济结构方面进行了许多有益的探索。消费品市场、生产资料市场以及资金、技术、劳务、信息、房地产等要素市场逐步建立和发展,第三产业取得了明显的进步,基本上形成了多种经济成分,多种经营方式、多渠道、少环节的商品流通新格局。在所有制结构方面看，单一的所有制格局开始被多种经济形式共存所替代。1991年，全民所有制商业比重下降到47.53%，集体商业比重下降到26.62%，合营和个体商业从无到有，比重达到17.69%。在流通产业结构方面，第三产业取得了很大发展，初步改变了第三产业十分薄弱的状况。第三产业实现的国民生产总值达到76亿元，在国民生产总值中的比值达到31.11%，比1980年提高了7.31个百分点。

甘肃第三产业发展较快的行业是运输邮电业、金融保险业、饮食服务业、外贸旅游业。运输邮电业，基础设施得到改善，已形成以兰州为枢纽的铁路、公路、航空运输和邮电通信网络。"七五"末，全省已拥有铁路干线6条，支线10条，专用线208条，省内通车里程3609公里；公路干线72条，通车里程达3.44万公里；民航省内线路里程2200公里；邮路总长度14.7万公里。旅游业，大力开发旅游资源，形成了以敦煌为龙头，以兰州为中心的现代化国际"丝绸之路"旅游线。1991年，接待外国及港澳游客6.4万人，旅游收入1064万元，旅游业正在成为甘肃经济发展的重要产业。

三、横向经济联合取得突破性进展

"七五"期间，甘肃省同全国其他省、市、区和中央一些部门的单位和企业共签订落实了3565个经济技术合作项目，引进资金11.33亿元，引进各类先进适用技术和传统工艺的技术合作项目2497项，开发新产品700多项，引进各类技术和管理人才及短期咨询、技术攻关的专家1.2万多人次，劳务输出530多万人次，协进协出物资10.4亿元，横向经济联合呈现出蓬勃发展的好势头，在国民经济中发挥着越来越重要的作用。

一是横向联合，已初步形成了开放型的产品开发机制和体系。许多经济、技术的联合，都是以新产品的开发为纽带结合在一起的。如兰州电力修造厂借别人的技术，成功地开发了替代进口的新产品——电除尘器，市场占有率达到41%以上。1988年，为20万千瓦机组配套的KFH型电除尘器荣获国家金奖。成为科研、设计、制造、试验、测试等具有综合功能的，全国最大的电除尘器生产厂家。二是横向联合促进企业集团发展，推动生产要素优化组合。改革开放后，甘肃建立了长风、兰钢、兰石等一批紧密型、半紧密型、松散型的企业集团，合理组织生产要素，形成集团优势，促进了规模经济的发展。三是横向经济联合促进了科技进步。如甘肃工业大学，坚持科研与生产相结合的方针，仅"七五"期间就承担了300多项科研项目，开发出的许多新产品投放市场后，显示了很强的竞争力。四是把横向经济联合与保军转民相结合，使一大批"三线"企业从自我封闭的圈子里跳了出来，进行第二次创业，闯出了新路。国营长风机器厂开发的电视机、洗衣机、电冰箱；兰新无线电厂开发的移动通讯设备；银光厂开发的TDI；兰州飞控总厂开发的塑编机械、人工心脏瓣膜、钕铁硼磁性材料等，不仅搞活了企业，而且以产品为主导，以企业为龙头，向外辐射，系列开发，带动了一大批地方工业、集体工业和乡镇工业，正在形成甘肃新的经济优势。

目前，甘肃的横向联合已经形成了全方位、多梯度、多层次、多渠道的经济技术协作新格局。在围绕产品开发、引进技术、提高质量、增加效益和提高产品竞争能力等方面，走上了联合发展和专业化协作的轨道。到"七五"末期，甘肃已同全国28个省、地、市、区和物资部、有色金属总公司、中国船舶工业总公司等建立了长期经济技术协作关系。联合的领域不断扩大，不仅有物资、工业、外贸、商业、金融、乡镇企业等方面的合作，还发展了科技、教育、农业、旅游、劳务等各个领域的合作。基本形成了物资、技术、资金、人才、信息五位一体的协作并融的四通八达的联合网络和交流网络。

横向经济联合正向区域化、组织化、紧密化、规范化方向发展。80年代，甘肃省参加的区域经济联合组织主要有："西北经济协作区"、"陕甘川毗邻3省12方经济协作区"、"陇海兰新经济带"、"临夏——海东经济开发区"、"黄河上游多民族经济开发区"、"沿黄河八省区经济协作带"、"丝路重镇经济技术协作联合会"等。省际联合由临时性、松散性、随意性转向固定化、长期化、专业化，并不断向深层次、高级化发展，形成了以技术合作为中心的经济联合多元结构。甘肃省在注重吸引资金的同时，根据经济发展的要求，重点抓了技术和人才交流与协作。"七五"期间引进的各类先进适用技术和传统工艺技术占经济技术合作项目总数的70%，形成了以技术合作为中心的资金引进、技术联合、物资协作、劳务合作、商品交流、新产品开发、联合出口、市场开拓等多元化、全方位、多领域、多形式的经济协作新局面。

四、对外开放范围不断扩大，外经外贸发展迅速

80年代，特别是"七五"期间，甘肃省对外开放迈出了坚实的步伐。对外经济贸易取得了较大的发

展，进出口贸易总额大幅度增长，利用外资规模明显扩大，技术引进、工程承包、劳务输出、对外援助和接受双边、多边援助都取得了积极成果。对外开放的领域和范围不断扩大，初步形成了依靠甘肃资源优势、能源优势和原材料优势全方位对外开放的新格局。

（一）对外贸易。“七五”期间，甘肃进出口贸易总额累计达到9.84亿美元，其中，出口7.19亿美元，进口2.65亿美元，年均增幅都保持在20%以上，为省内提供了大约3亿美元外汇，有力地支持了全省经济的发展。

1. 外贸出口。1990年，甘肃外贸出口总额达到1.86亿美元，主要成就表现在两个方面：一是出口商品品种不断增加，出口产品结构实现了由出口农副产品、原材料为主向出口工业制成品为主的转变。1990年，全省外贸出口商品品种增加到14大类340种，在工矿产品中工业制成品上升到69.1%，接近全国平均70%的水平，标志着甘肃外贸出口商品结构有了新的进展。二是对外销售能力增强，销售范围不断扩大。1990年，甘肃的出口商品已销往世界59个国家和地区，并在香港、中东、日本、美国、德国、新加坡等国家和地区设立了销售和维修服务机构。在贸易方式上，除采用一般传统贸易方式外，还开展了合作生产、“三来一补”、易货贸易等多种灵活方式扩大出口。尤其是甘肃在深圳开办的兰海、兰光、甘光等企业，充分利用当地信息和交通优势，积极开展进料加工、来件装配等创汇业务，1990年创汇额达到650万美元。

2. 外贸进口和用汇。“七五”期间，甘肃地方进口总额为2.65亿美元。外汇的使用坚持以经济建设的需要为主安排进口的原则，集中用于引进先进技术和关键设备，进口工农业生产建设的急需物资。技术引进4388万美元（不含外资部分），占进口用汇总额的16.6%；进口工农业生产建设急需重要物资2.01亿美元，占进口用汇总额的76%。外汇的合理安排和使用，不仅缓解了进口总需求与总供给的矛盾，而且对全省国民经济发展起到了积极的推动作用。

值得一提的是，“七五”期间，甘肃对独联体和东欧国家的贸易与合作有了一定的发展。贸易方式主要是易货贸易。与独联体易货贸易为276.2万瑞士法朗。甘肃进口苏联摩托车、钢琴、化肥、羊毛等，用日用品、服装鞋帽、电子产品、羽绒服、录像机、热水瓶等偿还。同时，与独联体和东欧国家开展经济技术合作项目40项，执行金额1.067亿瑞士法朗，主要是大中型企业技术改造和农业生产项目。

（二）利用外资。“七五”期间，甘肃利用外资项目81项，协议金额2.73亿美元，实际利用1.2亿美元，其中吸收外商直接投资51项，合同外资总额5264万美元，实际利用1688万美元。投资方式主要是合资经营、合作经营、独资、补偿贸易、来料加工等。利用外资工作的开展，促进了农业生产条件的改善；增强了工业企业的技术改造和消化吸收能力，提高了产品档次和企业管理水平，加快了技术进步的步伐；改善了出口商品结构，扩大了出口创汇能力；缓解了建设资金不足的矛盾，有力地推动了全省的经济建设。其中：引大入秦工程，即引大通河水入秦王川，使用世界银行贷款1.2亿美元，完工以后可以灌溉86万亩农田，安排移民8万人。对加速兰州地区经济发展具有十分重要的意义。甘肃光学仪器工业公司，使用“黑字环流”贷款600万美元，引进日本旭光学株式会社平视取景135全自动照相机技术和设备，开发出甘光——潘太克斯全自动照相机，深受市场欢迎，并已开始部分出口。兰州电机厂，利用亚洲开发银行贷款和日本“黑字环流”贷款等，引进了具有世界先进水平的德国西门子公司交流伺服电机和主轴电机制造技术。该项目是高技术密集型的机电一体化产品，目前已研制出达到西门子公司技术指标的样机，受到党和国家领导人的高度评价，被作为技术引进开发、吸收的先进典型向全国推广。

（三）引进技术。“七五”期间，贯彻了技术引进以现有企业的技术改造、改建、扩建为主，优先引进有助于提高出口产品质量与替代进口产品的技术和设备，加强能源、通讯、原材料基础工业建设的方针，基本上克服了盲目引进和不必要的重复引进，使全省技术引进工作走上了健康发展的轨道。甘肃共成交技术引进项目63项，成交额8102.2万美元。目前，技术引进已扩展到轻工、纺织、机械、电子、石化、冶金、能源、交通、通讯等15个行业。

技术引进促进了产业、产品结构调整。围绕产业结构和产品结构的调整，发挥资源优势和原材料优势，甘肃重点改造了能源、通讯、原材料工业，带动和促进了轻纺、机械、电子、建材等行业的稳定发展，以重促轻，加工增值，使甘肃工业结构从原材料型向着轻重工业相结合的方向发展。

技术引进促进了企业技术进步和新产品的开发。技术引进是推动企业技术进步，加快新产品开发的有效途径。“七五”期间，甘肃根据各个行业发展的不同要求，实行了不同的引进策略。机械行业技术引进的目标是打基础、上水平、引进软件技术较多，而且十分重视引进专利技术。兰州石油化工机器厂引进美国海洋石油钻机制造技术;甘肃光学仪器工业公司引进日本潘太克斯平视取景全自动照相机制造技术,兰州高压阀门厂引进美国高合金阀门制造技术,兰州电机厂引进德国西门子交流伺服电机和主轴电机制造技术,均在国内具有领先水平。特别是兰州电机厂引进交流伺服电机和主轴电机制造技术,其中技术软件达100万美元。电子工业,在技术引进中注重消化吸收和开拓国际市场,洗衣机及14吋彩色电视机、黑白电视机等已实现国产化,收录机国产化率达到98.6%,18吋彩电及电冰箱国产化率达到85%以上。轻纺工业,主要是增加轻工产品品种,提高产品档次。如兰州第一毛纺厂引进箭杆织机;兰州第三毛纺厂改造5000锭高档精纺呢绒生产线;白银针织厂引进针织园纬机;兰州棉纺厂引进涤弹染整和喷水织机等,提高了毛纺产品质量,增加了棉纺化纤产品的品种。"七五"技术引进项目全部投产后,可增加新产品近300种,目前已有70多种产品分别获得国家主管部门和省优质产品奖。

技术引进扩大了甘肃出口创汇能力,"七五"期间,甘肃通过技术引进,改造并扶持了一批出口产品生产企业,近30种产品年出口创汇额达到100万美元以上。同时,技术引进还改变了出口商品结构,含有先进技术,高附加值的机电产品出口比重逐年上升,由1985年的2.9%上升到11.64%。

(四)对外经济技术合作和交流。"七五"期间,甘肃对外经济技术合作和交流得到了较大发展。全省共执行对外承包工程70项,对外援助项目117项,实际执行合同额分别为1.6亿美元和1.86亿元人民币,派出劳务人员1373人次。承建和援建了津巴布韦内务部p2工程、津巴布韦国际技术培训中心、津巴布韦体育场、喀麦隆打井供水工程、新加坡麦克唐姆公司惠州26—1工程、伊拉克牛奶厂、利比亚护校、多哥糖厂、埃及TNT生产线,索马里贝纳迪尔医院扩建等。接受联合国和友好国家双边、多边援助项目59项,援助金额1.26亿美元,主要项目有皋兰西岔电灌工程,靖远兴堡子川电灌工程、酒泉地区甜菜中心、甘肃农业系统研究中心、敦煌莫高窟文物保护、甘肃喷滴灌示范项目等。同时,在海外投资兴办12家企业中,已开业的有7家,总投资198.7万美元,先后办成了日本陇江公司、美国陇山公司、香港陇港公司、德国陇汉公司、乍得中国大酒店、马达加斯加陇马装修公司、兰马有限责任公司、阿联酋陇迪公司、乌克兰合资童装厂等。

进入90年代以后,随着欧亚大陆桥的开通和改革开放步伐的加快,甘肃以其丰富的自然资源,巨大的开发潜力,良好的经济基础将吸引更多的投资和人才,经济发展的步伐将大大加快,预示着更加广阔的前景。

五、90年代甘肃经济发展的思路和建设重点

建国40多年来,特别是80年代全省社会和经济发展取得了显著成就,并于1988年提前实现了国民生产总值翻一番的伟大战略目标。但是由于各方面的原因,全省经济发展的总体水平仍比较低,与发达地区相比还有较大差距。面对90年代的严峻挑战,甘肃必须加大改革开放的步伐,抓住机遇,以使经济有更快地发展。

90年代甘肃经济发展的总体思路是:充分发挥资源优势,强化农业基础,以能源工业为先导,以原材料工业为重点,积极调整经济结构,大力推进技术进步,充分发挥大中型企业的主导和骨干作用,带动地方工业的发展,实行加工增值,搞活商品流通,以工支农,以重促轻,以大帮小,以城带乡,全面提高经济效益,实现全省经济的持续协调发展。

根据这一总体设想,到本世纪末力争全省经济建设在四个方面取得明显进展。一是大力调整产业结构,加强农业、基础工业和基础设施的建设,加快发展地方工业,适度发展加工工业,不断促进产业结构的合理化;二是用先进的技术装备改造传统产业和现有企业,重点抓好大中型企业的技术改造,提高经济效益;三是根据资源的优化配置和有效利用的原则,合理布局生产力,促进省内地区经济的合理分工和协调发展;四是地县工业有较大发展,达到全省财政收支基本平衡。

围绕全省经济社会发展的总体思路和目标,今后10年全省产业发展的重点是:

(一)大力改善农业生产基本条件,有计划地实施"22274"工程。也就是说,到本世纪末或再长一点时间,全省水地面积达到2000万亩,以梯田为主的基本农田面积达到2000万亩,科技承包面积达到2000万亩,同时抓好7个化肥厂和4个农药厂的改扩建。该工程的实施,将进一步强化农业基础,可望全省粮食稳定增产,农村经济全面发展。在水利建设方面,重点抓好景泰电力提灌二期和引大入秦等一批在建工程建设,并开发河西商品粮基地的黑河、疏勒河流域和中部地区的洮河流域,重点建设一批综合开发水利骨干工程。在化肥厂建设中,重点建设金昌12万吨磷二铵和兰化30万吨合成氨项目。

(二)适应经济发展需要,加快能源、交通建设。

煤炭，在继续开发靖远、窑街矿区的同时，加快华亭矿区和西大窑煤矿的开发。电力，实行以水电为主，相应发展火电的方针，计划建设黄河上游的黑山峡、大峡、小峡、乌金峡水电站和长江上游白龙江的麒麟寺、苗家坝等水电站，并根据煤炭资源的分布，扩建靖远电厂二期工程，新建平凉火电厂和张掖火电厂。石油，随着新疆吐哈油田和陕甘宁天然气的开发，计划扩建玉门炼油厂，并新建2万吨丙烯酸和甘肃天然气化工项目，发展石油化工基地。交通建设：公路，围绕以国道为主的东西通道和南北通道改造，提高等级标准和通过能力，重点安排一些建设项目。铁路，除加快对包兰线电气化、宝中铁路和兰新铁路复线建设外，急需建设宝兰铁路复线，以解决新亚欧大陆桥"卡脖子"段宝鸡到兰州的突出矛盾，并修建宁远堡至西大窑和平凉至长庆桥两条地方铁路。民航，重点改造兰州中川机场和敦煌机场，开辟国际、国内新航线，提高航班密度。

（三）继续发展原材料工业。重点是有色金属，以镍、铝、铅锌和稀土四大基地的建设为重点，除抓好金川二期工程、白银铝厂二期工程、厂坝铅锌矿二期工程、西北铅锌冶炼厂、崖湾锑矿等工程外，计划新上厂坝铅锌矿三期工程。黑色冶金，重点抓好酒泉钢铁公司、兰州钢厂和兰州炭素厂等企业的技术改造。化学工业，除继续进行现有老企业的技术改造外，计划建设兰州30万吨乙烯工程和甘肃20万吨纯碱厂。

（四）依托资源优势，发展加工工业。重点抓好现有企业的技术改造，并计划建设白银氨纶厂、景泰造纸厂、甘肃糖厂、白银铝制品厂、金昌化纤厂、聚氨脂轮胎和阿斯匹林制药厂等。

（五）为增强经济发展后劲，加快重点地区的建设。继续抓好黄河上游地区的连海、白银西区、金昌东区、西成铅锌矿带、兰州宁卧庄高新技术产业等五个经济开发试验小区和敦煌旅游经济开发试验小区。加快小区基础设施建设，改善小区的投资环境，加大小区改革开放的步伐，以使小区在全省经济发展战略中起到带动作用。

甘肃省幅员辽阔，资源丰富，尤其是水能、天然气、煤炭、有色金属、盐类、农牧业资源最为富集，开发条件优越，这是我国资源潜力和甘肃经济发展的希望所在。建国几十年来，在国家的大力扶持下，甘肃初步形成了以电力、有色金属冶炼、石油化工、机械电子、建材、毛纺为支柱的现代化的工业体系。我们坚信，90年代，随着改革开放的进一步深化，经过全省人民的艰苦努力，甘肃经济必将有较大发展，经济结构将得到进一步调整，集体经济和非公有制经济比重进一步增加，市场体系不断得到完善，企业活力和竞争能力得到加强。全省粮食将实现基本自给，主要原材料的生产能力和产品产量将有大幅度的提高，从而形成全国重要的能源基地、镍生产基地、硅铁生产基地、炭素制品生产基地、铅锌生产基地以及在全国占有重要地位的铝、铜、锑、稀土金属、稀贵金属、硫酸、塑料、电石、水泥、平板玻璃等原材料生产基地。

然而，由于历史的，自然的等诸多原因，目前甘肃经济还比较落后。为了加快甘肃资源开发，促进甘肃经济的发展，使甘肃经济每隔几年上一个新台阶，就必须抓住当前有利时机，进一步解放思想、大胆改革，采取更加灵活的开放政策，引进资金、技术和人才。因此，要不断扩大对外经济贸易，进一步加强国际间、省际间的经济技术交流与合作。同时，要以新欧亚大陆桥的开通为契机，加强同中亚和独联体各国的经济联系。充分利用能源、原材料优势，积极吸引外资。我们热烈欢迎国内外客商和投资单位到甘肃来兴办各类独资、合资和其他组织形式的企业，共同开发甘肃经济。

附录：

90年代甘肃省利用外资主要项目

1.河西疏勒河流域农业综合开发和移民安置项目

主要建设内容：新建昌马水库，改建渠道，旧总干渠，扩建赤金峡水库，衬砌干支渠800余公里，打机井1060眼，三座水电站总装机2.9万千瓦，开荒82万亩，移民安置20万人及灌区配套工程。

合作方式：国际援助或优惠贷款

2.黑河流域农业综合开发项目

主要建设内容：新建梨园堡水库、莺落峡水利枢纽工程，改建西总干渠85公里，张掖、临泽、高台三县排水工程，打机井700眼，开荒50万亩，移民安置15万人。

合作方式：国际援助或优惠贷款

3.甘肃中部临定电力提灌工程

主要建设内容：该工程是以洮河为水源，向定西调水的引水工程。设计提水流量9秒立方米，总干渠72公里，设泵站七级，建引水枢纽一座，干渠四条，总长195公里，电力配套设施等。

合作方式：国际援助或优惠贷款

4.洮河九甸峡水利枢纽工程

主要建设内容：该枢纽位于洮河中游，以灌溉、发电为主，兼有防洪、养殖等综合效益，水库总库容9.08亿立方米，水电站装机容量22.4万千瓦。

合作方式：合资经营或优惠贷款

5.引硫济金工程

主要建设内容：系从大通河支流硫磺沟引水至镍都金昌的跨区引水工程。工程包括一座低坝引水枢纽和8.8公里的隧洞等。一期引水4500万立方米，二期新增引水2.05亿立方米。

合作方式：国际援助或优惠贷款

6.临夏南阳渠工程

主要建设内容：建水库一座，电站一座，装机1000千瓦，总干渠长59公里，支渠289公里，灌区配套等。

合作方式：国际援助或优惠贷款

7.靖远矿务局红会一矿改扩建

主要建设内容：经过环节系统技术改造和采区建设，生产能力达到180万吨/年，净增75万吨。

合作方式：补偿贸易或其它

8.华亭矿区建设

主要建设内容：矿区规划建井总规模1459万吨，一期(1993－2000年)开发华亭、安新煤田，包括统配矿5对，建井总规模1015万吨。二期工程(2000－2020年)开发赤城煤田。

合作方式：补偿贸易

9.平凉火电厂

主要建设内容：新建120万千瓦(4×30万千瓦)火力发电厂，并留有扩建余地。

合作方式：合资经营

10.白龙江麒麟寺水电站

主要建设内容：包括混凝土重力坝、河床式电站厂房、溢流坝及水轮发电机组等，总装机最终达15万千瓦。

合作方式：合资经营

11.兰州黄河柴家峡水电站

主要建设内容：水电站装机容量9.6万千瓦(2.4×4)，年发电量4.94亿千瓦时。

合作方式：合资、贷款、提供关键设备

12.黄河兰州段航运开发工程

主要建设内容：开通黄河兰州段38.4公里，服务于兰州航运，减轻公路运输压力，供游客观光。

合作方式：合作经营

13.陇南磨沟铅锌矿扩建工程

主要建设内容：规划近期扩建日采选800吨，留有扩建余地，最终达到日采选1300吨的能力。

合作方式:合资或补偿贸易

14. 天水镁厂

主要建设内容:年产金属镁锭3500吨,分两期建设。

合作方式:全额引进外资、补偿贸易

15. 西北铝加工厂铝板带配套工程

主要建设内容:新建厂房,增加四重可逆热轧机等设备。

合作方式:补偿贸易、合资经营

16. 宝川铝业有限公司

主要建设内容:新建厂房和铝电解槽168台,年新增电解铝3万吨。

合作方式:合资或合作经营

17. 白银铝业有限公司

主要建设内容:在已形成的5万吨电解能力和10万吨整流能力及阳极系统的基础上扩建5万吨的电解能力和填平补齐阳极系统。

合作方式:合资、合作或补偿贸易

18. 酒泉钢铁公司中厚板轧钢工程

主要建设内容:建成50万吨/年的中厚板生产线,厂房、库房、设备等。

合作方式:引进部分技术、设备

19. 合资兴建"甘肃稀土金属有限公司"

主要建设内容:生产混合稀土金属400吨,富镧稀土金属200吨。

合作方式:合资经营

20. 陇南中药材加工

主要建设内容:利用陇南丰富的中药材资源,加工中药半成品及成品的深加工(饮片或提取)。

合作方式:合资经营或补偿贸易

21. 阿斯匹林生产线

主要建设内容:引进二氧化碳、水杨酸生产设备及其工艺、技术,年产2000吨阿斯匹林和2000吨水杨酸。

合作方式:合资经营,引进技术和设备

22. 盐锅峡化工厂5万吨离子膜烧碱

主要建设内容:年产烧碱5万吨,联产氯气、氢气、聚氯乙烯、盐酸、液化氯气等产品,配套相应的装置,设备及公用工程与服务设施。

合作方式:需引进部分技术、设备,补偿贸易

23. 华亭年产30万吨煤制甲醇工程

主要建设内容:年产30万吨甲醇厂一座,配套矿井一座。

合作方式:引进技术、设备,合资经营

24. 甘肃天然气化工工程

主要建设内容:土建、设备、输气管线,建甲醇、醋酸、合成氨、硝酸、硝铵、变压吸附装置、空分装置等。

合作方式:合资经营或外商独资经营

25. 兰州45万吨乙烯工程

主要建设内容:建成45万吨乙烯装置及其后加工装置,公用工程和辅助设施配套装置,民用工程、外包工程等。

合作方式:合资建设、利用外国政府贷款

典型地区和典型企业

金川有色金属公司

金川有色金属公司(简称金川公司),位于甘肃省河西走廊中部古丝绸之路上的金昌市,是我国的镍钴生产基地和铂族金属提炼中心,是采选冶配套的特大型有色冶金联合企业。金川公司以产镍为主,副产有铜、钴、铂族金属及化工产品等。镍产品行销全国28个省市自治区。镍和铂族金属的产量分别占全国的88%和90%以上,被誉为中国的镍都。

公司现有职工4.5万人,其中集体企业职工1.5万人;拥有各类技术人员6700多人,中高级技术工人近万人。公司由中国有色金属工业总公司领导,下属21个全民所有制厂矿单位、115个集体企业和101个商业网点。

金川公司始建于1959年底,1966－1969年一期工程陆续建成投产,原设计年产镍一万吨,到1983年首次突破了万吨大关,1985年产镍两万吨,实现了生产翻番。1991年,产镍2.5万吨,完成工业总产值13.7亿元(按1990年不变价),实现利税4.6亿元。据《管理世界》中国企业评价中心评价,1991年在中国500家最大经营规模工业企业中,金川公司名列第71位;在中国500家最佳经济效益工业企业排名中位于前列。公司自投产以来到1991年,已为国家生产镍29.6万吨,铜14.17万吨,钴2971吨,铂族金属10317公斤,工业总产值达89.22亿元,实现利税39.41亿元,是国家一期投资的3.15倍。

1978年,金川公司被列为全国矿产资源综合利用三大基地之一,方毅、宋健等领导同志先后主持了金川科技联合攻关工作。全国50多个单位的数百名专家、教授、学者同公司的科技人员一道,围绕矿山建设、综合利用、生产挖潜、环境保护等重大课题,进行了锲而不舍的努力。13年来,共进行了460项专题研究,取得128项重大成果,其中98项获省部级奖励,96项应用于生产,9项达到国际先进水平。依靠科技进步为企业增加的经济效益为12.5亿元,占同期实现利税总额的45%。1989年,金川资源综合利用项目获国家科技进步特等奖,同时被评为全国资源综合利用先进单位。1991年公司又荣获国家级企业技术进步奖。

金川公司在依靠科技进步的同时,在经营指导思想上实行了战略转移,即以过去的单纯生产型转向生产经营型,从粗放经营,转变为加强管理、提高质量、降低消耗、降低成本的集约化经营方式,建立了加强各项专业管理的机制和保证体系,使企业素质全面提高。1991年10月,经国务院企业管理指导委员会批准,金川公司正式进入国家一级企业。公司自1978年以来,在各项管理方面获得省部级以上荣誉称号203项。

企业管理的加强和企业整体素质的提高,使公司主要经济指标达到或超过了国家一级企业标准。镍的选矿和冶炼综合回收率分别达到83.53%和87%,产品质量大幅度提高。先后有1号电解镍、海绵铂、海绵钯、硫磺、电解钴、金锭、电铜、盐酸、二氯化钯等21种产品创省优或部优,1号电解镍和海绵铂获国家优质产品金质奖。能源和原材料消耗大幅度降低,万元产值能耗由1985年的9.54吨标煤下降到1991年的3.9吨标煤,万元产值物耗下降到2164元。

在党的改革开放政策指引下,金川公司在劳动、人事、工资、基建、科技、一厂两制、横向联合等方面出台了一系列改革措施,主要是完善了承包经营,把企业与职工利益联系起来,调动了职工的积极性;深化企业劳动工资制度改革,实行全额计件、半额计件、百分考核、浮动工资、活工资、结构工资等多种分配形式,职工收入同劳动贡献直接挂钩;引入竞争机制，深化劳动人事制度改革，精简机构、压缩机关工作人员；建立和发展了资金、材料、科技、引进、产品五种形式为纽带的横向经济联合关系，增强了企业的应变能力。

党和国家对镍都的建设十分重视。1966年以来，邓小平、李富春、薄一波、方毅、宋平、乔石、余秋里、袁宝华、宋健等领导同志曾先后到金川公司视察工作。1986年2月，国家计委批准金川建设二期工程，并列入“七五”和“八五”国家重点项目，1990年列入全国20个重点建设项目。目前，金川二期工程计划1993年建成，工程规模为年产镍2万吨，铜1万吨，硫酸22万吨，并相应回收铂、钯等贵金属。届时，金川公司将形成4万吨镍、2万吨铜、40万吨硫酸及相应回收铂族贵金属的综合生产能力。

金川二期工程标志着镍都的二次腾飞，它的建成将对带动西部经济，促进西部能源、原材料工业的发展，缩小西部与沿海的差距，维护西部多民族地区的社会安定，使我国工业布局更加合理，都具有深远的社会意义。

（金川公司 供稿）

白银有色金属公司

白银有色金属公司（简称白银公司），位于我国西部地区的新兴工业城市——甘肃省白银市。在兰州市东北部86公里处，包（头）兰（州）铁路和两条国家级公路横贯全境，距中川机场80余公里，交通极为便利。

近40年来，白银公司经过不断改造、扩建，生产规模、技术水平、经济效益有了显著的进步。1990年拥有固定资产原值11.66亿元，公司下属34个二级厂矿单位，职工近4万人。生产的产品有41个品种，主要有电解铜、电解铅、精馏锌、铜材、铅材、锌材、贵金属制品、硫精砂、硫酸、黄金、白银、精硒、镉、硫酸铜、氟化铝、冰晶石、黄药、松醇油、聚丙烯酰胺、碳化硅耐火材料等，其中有色金属加工材能生产164个合金牌号、525个品种、近万个规格。截止1991年底，共为国家生产铜、铅、锌、铝共118万吨，黄金18187公斤，白银61.72万公斤，硫酸、硫化铁矿、氟化盐和选矿药剂等化工产品3754万吨，累计实现利税总额38.6亿元。

白银公司是我国第一个五年计划期间的156个重点建设项目之一。从1954年9月28日正式建厂以来，经过不断开发建设，现已发展成为一个以有色金属地质、采矿、选矿、冶炼、加工、化工生产和科研为主体，包括动力运输、机械修造、建筑安装、综合利用以及文教卫生、生活福利设施配套齐全的特大型联合企业。在1990年中国500家最大经营规模工业企业中列为第87位。

白银旧称“白银厂”，矿藏丰富。早在14世纪中叶这里就有采炼金银的活动，据志书记载，繁盛时期“矿炉20座，矿工三、四千人”，有“日出斗金”之说。解放后，国家组织了大规模的地质勘探，确定了白银铜矿床的开采价值，于1956年进行了世界上规模最大的露天大爆破，揭开了白银人称之为“第一次创业”的全面建设的序幕。1959年10月至1960年，从采矿、选矿到冶炼的铜硫生产系统以及化工生产和辅助生产系统相继建成投产。60年代以后，又建成了铅锌采矿、选矿、冶炼生产系统，以及全国三大有色金属加工企业之一的西北铜加工厂，奠定了白银公司多种有色金属综合发展，采矿、选矿、冶炼、加工一体化的基本格局。

从80年代中期开始，国家为了充分发挥白银公司这个老企业的优势和作用，投入大量资金，引进和采用当今国内外的新技术、新工艺、新设备，又建成年产铝10万吨（一期5万吨）的白银铝厂、年产15万吨铅锌的西北铅锌冶炼厂，并开发了我国特大型铅锌矿床——位于甘肃陇南的西（和）成（县）铅锌矿带上的厂坝铅锌矿。同时对原有的铜硫生产系统、铅锌生产系统和化工生产系统进行了大规模的技术改造。从此白银公司又步履坚实地踏上了“第二次创业”的历程。数万名职工发扬白银人艰苦奋斗的创业精神，经过顽强拼搏，白银铝厂一期和厂坝铅锌矿一期已经建成投产，西北铅锌冶炼厂也将于1992年全部建成投入试生产。

为了适应我国有色金属工业的发展，加速科研成果向生产力的转化，白银公司设有3个科研院（所），其中西北矿冶研究院是我国西北地区最大的有色金属矿冶综合性应用研究机构。全公司拥有各类专业技术学科60种，共有专业技术人员6189人，其中有高级专业技术职务的479人，中级专业技术职务的1418人。近40年来，先后在生产、地质勘探、露天矿山开采、铜冶炼、化工生产、环保和综合利用等方面取得了一批重要的科研成果。1980年以来共获得国家、部、省级科技成果奖100多项，其中“白银炼铜法”是白银公司在兄弟院所大力支持下独创并应用于生产的一种熔池熔炼新技术，1981年获得国家发明二等奖，在此基础上试验成功的“白银熔池富氧炼铜”新技术，于1987年获得国家科技进步一等奖。

把科学技术融汇于生产经营的实践中，促进了产品质量的提高。目前白银公司的主要产品按国际标准和国外先进标准组织生产，已有38种产品分别获得省、部级以上优质产品称号(其中电解铜、硒、冰晶石、天线套管和铅板5种获得国优银质奖)，优质产品产值率达到90%以上。产品畅销全国29个省、市、自治区的3670多家用户，部分产品还远销美国、日本、澳大利亚、英国等国家和地区。

白银公司的发展前景十分广阔。到本世纪末，有色金属冶炼生产能力将达到35万吨，昔日以盛产铜而著称于世的“铜城”将发展成为名副其实的铜铝铅锌综合发展的“有色金属城”。

(白银公司 供稿)

兰 州 铝 厂

兰州铝厂是中国有色金属工业总公司的一家大型企业，位于甘肃省兰州市工业集中的西固区，占地面积56万平方米。始建于1958年，1966年复建投产，原设计生产能力为年产铝锭2.5万吨。从1971年开始，经过三次挖潜改造，现生产能力达到年产铝锭5万吨、阳极糊3万吨，固定资产原值17443万元，现有职工3605人，是中国500家最大经营规模工业企业之一。

兰州铝厂实行方针目标管理和承包经营责任制，坚持生产经营以质量为中心，企业管理以全面质量管理为中心，走质量效益型道路，加快科技进步，提高企业素质。生产上采用我国工艺操作最成熟的60KA侧插自焙阳极电解槽炼铝，并成功地进行了自焙阳极角部保温及小头配棒、电解槽阴极下部防渗层、炭粒焙烧——先灌电解质启动、铝电解生产集散式计算机控制系统等自焙阳极铝电解槽现代化技术试验。应用微机进行电解生产过程控制和企业管理。铝电解生产集散式计算机控制系统，吸取了“集中式计算机控制系统”和“单台集散式控制系统”的特点，这种技术适用于自焙侧插铝电解生产，属国内首创，在侧插槽铝电解生产工艺控制中处于国内领先地位。该厂引进美国烟气干法净化技术治理污染，集气效率达90.79%，氟化物、烟尘、沥青烟去除率分别达97.20%、98.47%和89.8%，均为国内同类槽集气效率、净化率最好水平。该厂采用高于国际标准和国家标准GB1196—88的内控标准组织生产。现能生产6大类、11个品种、39个规格的产品。主导产品重熔用铝锭、电工用铝锭、ZLD—102铸造铝合金锭、稀土铝合金锭均获中国有色金属工业总公司、甘肃省优质产品奖，其中重熔用铝锭又获国家优质产品银质奖。产品畅销全国，并已进入国际市场。

兰州铝厂坚持党的四项基本原则和改革开放的方针，以艰苦创业、开拓进取的精神和改革、创新、团结、求实的厂风，发展科技进步，坚持从严治厂，全心全意依靠工人阶级，两个文明建设成效显著。从复建投产至1991年底，共为国家提供铝锭81.6553万吨，实现利税58010万元，为祖国四化建设做出了重要贡献，多次受到国家、省、市、区委、政府及中国有色金属工业总公司、兰州有色金属公司的表彰，先后荣获全国先进集体、“五一”劳动奖状、全国思想政治工作优秀企业、甘肃省企业改革管理标兵、全国安全生产先进单位、国家一级企业等394项荣誉称号。

“八五”期间，兰州铝厂将继续深化改革，奋力拼搏，为建设有中国特色的社会主义企业而奋斗。

(兰州铝厂 供稿)

酒泉钢铁公司

酒泉钢铁公司位于河西走廊中部，万里长城西端的嘉峪关市，是西北地区最大的钢铁联合生产企业。

该公司始建于1958年。经过30多年的努力，目前已建成了采矿、选矿、烧结、焦化、炼铁、炼钢、轧钢等主要生产工序，并拥有适应生产需要与生产系统相配套的动力供应、铁路运输、机电加工和修理的生产辅助系统，以及完备的科研、文化教育、医疗卫生和生活福利设施。现有职工3.3万人，固定资产原值15亿元，净值11亿元。建成年产120万吨生铁、50万吨钢、45万吨钢材的生产规模。截止1991年底，累计生产铁837万吨，钢174万吨，钢材75万吨，实现利税3.4亿元。

酒泉钢铁公司拥有雄厚的科研队伍，专业技术干部达到3500人，建立了技术管理、科学研究等九个研究室和一个计算站。年平均完成科研项目40多项，有近60项获国家和部、省级奖励。“七五”期间，酒钢一号高炉炉顶压差发电系统获冶金部科技进步二等奖；球磨机实现二对一磨矿流程获省科技进步一等奖；配煤炼焦试验及焦炭性质研究获省科技进步二等奖；含钡铁烧结添加石灰技术获省新成果三等奖；提高普碳钢连铸坯质量及发展低合金钢品种的研究和JGDG450×3120型感辊式强磁选机获省科技进步一等奖。还有一些科技优秀成果受到部、省的表彰。

生产建设和技术改造的不断进行，使主要生产工序技术装备先进，在全国冶金系统处于中上水平。储量4.83亿吨的镜铁山矿，先后从美国、瑞典、加拿大、芬兰等国引进具有国际先进水平的高效采掘设备，建成了具有80年代世界先进水平的井下斜坡道工程，成为全国冶金系统中机械化程度最高的井下开采矿山。冶金厂区设有储料能力达100万吨的大型综合料场，是全国冶金系统机械化程度较高的综合料场之一。选矿设有强磁选工序，采用6台shp－3200毫米大型强磁机处理粉矿。烧结用强磁细精矿烧结，两台130平方米烧结机利用系数已超过设计水平。炼铁的两座高炉上料系统采用计算机可编程序控制。炼钢采用国内首家设计的R7.5米四坯四流全连铸工艺，轧钢采用的是具有国际80年代先进水平的无扭控冷高速线材轧机，轧制速度最高可达117米/秒。

主导产品质量可靠，销售市场广阔。该公司生产生铁、钢坯、线材、焦化产品等70余个品种，有11种产品获部、省优质产品称号，14种高速线材盘条质量达到国际标准，并获省优质新产品一等奖。为扩大销售服务，该公司在全国建立起500多个销售信息网点，产品销往国内800多个单位，并出口日本、泰国和香港等国家和地区。1991年开发的含硅碳素焊条钢、低碳拉丝钢和高碳钢也达到了国内先进水平。

长期以来，公司重视企业管理工作，先后获得“国家一级计量管理单位”、“省标准化管理一级企业”的称号，是省内本系统第一家质检机构认可合格单位，是甘肃省放开经营、配套改革的试点单位。30多年来，经过一代人的努力工作，培育出了“艰苦奋斗、勇于献身、坚韧不拔、开拓前进”的铁山精神。它博大精深的内涵已成为广大职工立志开发祖国西北，进行生产建设的精神支柱。

酒泉钢铁公司今后的发展有着得天独厚的条件和广阔的前景。随着西北吐哈油田的开发、欧亚大陆桥的贯通和经济发展对钢铁的需要，酒泉钢铁公司将依靠原料充足、装备先进、集中一大批具有各类专业知识、管理能力的人才以及经过多年实践锻炼的职工队伍的优势，不断扩大生产规模，增加产品品种。争取“八五”末期发展成年产120万吨生铁、100万吨钢、85万吨钢材的生产规模，为祖国经济发展作出更大的贡献。

（酒泉钢铁公司　供稿）

甘肃稀土公司

甘肃稀土公司是中国有色金属工业总公司直属的稀土企业，系国家一级企业。创建于1969年10月，初期为规模较大的铍冶炼厂，1975年转产氯化稀土，1981年10月改称现名。拥有职工2954人，其中各类专业技术人员占职工总数的15%；拥有固定资产原值11219万元。

1979年以前，企业连续亏损。党的十一届三中全会后，公司不断深化企业内部改革，加快技术改造步伐，自力更生，艰苦奋斗，走上全面振兴之路。10多年来，共完成科研、改造项目240多项，全面实现了“混合稀土——单一分离——稀土合金及应用材料”的第一个“稀土三部曲”建设规划。公司工艺技术达到国内外当代先进水平，拥有萃取法、化学法、离子交换法、溶盐电解法、还原——蒸馏法等多种完善的稀土生产技术及精密、先进的现代化产品检测设备，可进行稀土全分离、制备稀土抛光粉、稀土荧光粉等应用产品及混合与单一稀土金属，还可根据用户需要生产多种稀土化合物。主要产品有稀土氯化物、单一稀土氧化物、碳酸盐、硝酸盐、混合稀土金属、稀土抛光粉及氯碱等8大系列、48个品种、146个规格。主要产品氯化稀土年生产能力1.2万吨，单一稀土分组能力700吨/年，同时每年还可生产烧碱1.5万吨。有19种产品先后47次荣获国家、部、省优质产品奖(其中金质奖1项、银质奖5项)，产品销往国内30个省市的500多家用户及日本、美国、法国、奥地利等20多个国家和地区，年创汇能力达1000万美元以上，是中国有色金属工业总公司和甘肃省的创汇大户。

近年来，公司不断深化内部配套改革，形成了“经理负责为主体、党委保证监督、职工民主管理、统一协调”的领导体制，对干部实行聘任制、任期制和目标责任制三结合的制度，做到能上能下。在职工中推行“三岗”制，实行优化组合。推行“工资总额与经济效益挂钩”的全员经济承包责任制。充分发挥企业智囊团的作用，与科研单位加强经济技术协作，大力推行多种形式的横向联合，几年来共开展经济联合项目10多项，大大增强了企业应变能力。此外，公司还同四川省冕宁县合资兴办了一个规模较大的稀土矿山和选矿厂。1991年稀土生产总值达1.4亿元，创历史最好水平。

目前，公司的第二个“三部曲”已全面展开。“八五”期间公司将进一步深化改革，推动技术进步，以多品种、大批量质优价廉的稀土产品走向国内外市场。1992年氯化稀土年生产能力将达到1.8万吨，并将与欧洲最大的稀土金属厂商——奥地利特莱巴赫化学集团公司合资新建一个年产600吨的稀土金属厂，从而成为更大规模地采、选、冶、加工一条龙，建成吸引力大、辐射力强的大型稀土综合生产基地。

(甘肃稀土公司 供稿)

兰州炼油化工总厂

兰州炼油化工总厂(简称兰炼)是新中国成立后建成投产的我国第一座现代化大型炼油企业。经过30多年的挖潜改造，现已发展成为一个既有炼油化工，又有机械仪表制造、建筑安装和科研设计的特大型综合性企业。总厂下属21个生产分厂及科研、设计等辅助单位，共有全民所有制职工16000多人，集体所有制职工4600余人。企业生产区占地面积500公顷，固定资产原值11.6亿元，拥有炼油化工生产装置62套，目前已形成500万吨/年的原油一次加工能力及与之相适应的二、三次加工能力和系统配套能力。其中，催化裂化加工能力达到130万吨/年，润滑油生产能力达到40万吨/年，是目前国内最大的润滑油生产厂。炼油主体工艺技术已经达到国际70年代末水平，部分已经达到国际80年代水平。

兰炼始终把科技开发放在企业发展的重要位置，坚持走自主开发与联合开发、技术引进相结合的道路，开发研制了大量新产品。到目前为止，兰炼能生产各种牌号的汽油、煤油、柴油、润滑油、润滑脂、沥青、石蜡、油毡，各种裂化催化剂，多种牌号的润滑油添加剂以及聚丙烯等350种石油化工产品和系列烟气轮机、电液滑阀、特殊阀门、高压柱塞泵、加热炉回弯头、压力容器和气动单元组合系列仪表、石油钻采泥浆分析仪器、FC系列电子仪表等320种机械仪表产品，大部分产品按国际标准组织生产。在常年生产的150多种石化和机械仪表产品中，有13种获国优称号，27种获部优称号，59种获省优称号，是国内炼油企业中加工手段比较齐全、品种和国优产品最多的企业之一。其产品除供应国内各地外，还销往世界10多个国家和地区。企业先后荣获国家质量管理奖、全国企业管理优秀奖、全国设备管理优秀奖、全国思想政治工作优秀企业、全国“五一”劳动奖状等60多个国家级荣誉称号，在全国500家最大经营规模工业企业中名列第34位。

兰炼自投产以来，累计加工原油5726万吨，完成工业总产值234亿元，实现利税总额82亿元，为发展国民经济和国防建设做出了应有的贡献。“八五”期间，兰炼将根据“一油（高档润滑油）两剂（石油裂化催化剂、石油添加剂）一化（精细化工）”的发展战略，立足企业现有基础，依靠科技进步和管理现代化，狠抓内涵挖潜改造，继续深化企业内部改革，大力发展外向型经济，建设成为一个集约化、效益型的炼油——精细化工综合型企业，为国家做出更多更大的贡献。

（兰州炼油化工总厂　供稿）

长风电器集团公司

长风电器集团公司成立于1987年5月23日。它是在“甘肃省长风洗衣机联合开发公司”和“长风家用电器总公司”不断发展的基础上，按照“平等互惠、扬长避短、共同发展”的原则，以大型军工企业国营长风机器厂为依托，以名优特新的长风系列电子电器产品为龙头建立起来的。目前已发展成为集生产、科研、物资、金融、流通服务一体化的综合型企业集团，系国家一级企业。现有129个成员单位，分布在全国24个省、市、自治区。共有职工11.5万人，固定资产原值23亿元，流动资金7.2亿元。

长风集团成立后，得到了国家、部、省的大力支持，成为甘肃省第一个省级计划单列的企业集团。1987年8月，长风集团首批参加了全国工业公司（集团）联络网。目前正在为进入国家100家大型企业集团而积极创造条件。

长风集团的发展，大体经历了以生产技术协作、配套联合生产经营和推行资产联合为特征的三个阶段。

第一阶段：1984年，国营长风机器厂在保军转民的方针指引下，根据市场的变化和需要，为了迅速扩大企业新开发的优质产品——长风牌Ⅲ型洗衣机的生产能力，并尽快占领市场，以国营长风机器厂为依托，成立了由23家企业组成的，以生产协作为特征的松散型经济联合体——“甘肃省长风洗衣机联合开发公司”。开发公司成立后，第一年就使洗衣机产量翻一番，年产量达17万台，联合各方也都取得了明显的经济效益。

第二阶段：1985年，在洗衣机联合开发公司的基础上，成立了以产品开发、技术开发、信息开发为特征的“长风家用电器总公司”。联合生产的产品从长风牌系列洗衣机扩大到长风牌系列电视机产品。

第三阶段：随着长风家用电器总公司的发展，为了将单一的生产经营方式发展成为开发、生产、流通、服务一体化的联合群体，在1987年5月23日成立了由126个单位参加的军民结合、多项目、多领域、综合型企业集团——“长风电器集团公司”。从此，长风集团进入了高层次、全方位、多渠道联合开发的新阶段。

目前，长风电器集团公司已形成了年产洗衣机50万台、电视机30万台、电冰箱10万台的生产能力。与此同时还研制生产了大屏幕航班、车班、大气质量监测动态显示系统等民用投资类产品及其它家用电子电器产品，成为我国目前唯一能同时生产洗衣机、电视机、电冰箱三大系列数十个品种的企业集团。

长风电器集团公司在生产企业、商业企业及大专院校中采取以产品、技术转让、资金投入、联合开发等方式，积极发展股份制联营。先后成立了长风电器集团公司洗衣机一厂、长风电器集团公司注塑厂、长风电器集团公司连云港销售公司、长风电器集团公司兰州综合经理部等七个紧密型联合企业，并在深圳、海南开设窗口，参股经营了深圳华利电子有限公司和星星公司。在常州市合资组建长风电器集团公司特种制冷设备厂和长风电器集团公司常州经销部。目前，长风电器集团公司正意与北京清华大学联合开发高科技产品。

随着经济体制改革的不断深入，企业集团必将发挥其在经济发展中的推动和促进作用。长风集团为进一步巩固和发展联合的成果，增强自身的实力和竞争力，正在不断加强集团建设、完善运营机制。决心进一步转变观念，为把企业集团办得更好，为祖国四化建设和西部地区的经济繁荣做出新的贡献。

（长风电器集团公司 供稿）

兰州石油化工机器厂

兰州石油化工机器厂（简称兰石厂）是我国第一个五年计划期间156项重点建设项目中的两项——兰州石油机械厂和兰州炼油化工设备厂合并而成的大型骨干企业。位于甘肃省会兰州市。1953年开始筹建，1954年破土动工，1958年投产，1965年国家正式验收。现有职工11500余人，其中全民11338人，集体3000余人，工程技术与管理人员2500余人。拥有主要设备2070台，工厂占地面积140万平方米，建筑面积69.42万平方米。1991年末固定资产原值为36466万元，净值17497万元。1980年进入了省 级企业行列，1988年成为国家二级企业，1990年获国家计委颁发的国家级企业技术进步奖。

兰石厂有自已的科研、开发体系，并同一些科研机关、大专院校建立了广泛的合作关系。在近40年的生产实践中积累了较为丰富的石油钻采机械和炼油化工设备的设计、制造、管理经验。有完备的工艺设施，下属一个容器制造分厂，二个机械加工分厂以及铸钢、铸铁、精密铸造、锻造热处理、橡胶件等分厂，具有完善的试验、检测、计量手段。工厂的中心实验室为国家商检局认可的“进出口金属材料商品检验单位”，中心计量室为国家一级计量标准单位。

兰石厂是国内最大的石油钻采机械和炼油化工设备的生产基地。具有设计制造从2000米到8000米系列的陆地和海洋石油钻机、各类抽油机、成套炼油化工设备和橡胶、造纸、水泥等通用机械、城市煤气关键工程的工艺设备的能力。自投产以来，共为我国石油化学工业提供各类设备80余万吨，其中炼油化工设备22.58万吨，各类钻机1007台，抽油机10473台。1983年经机械部批准为扩大外贸自主权企业，1988年成立了兰石进出口公司，至今已有800余台抽油机销往美国、加拿大及东南亚各地，1991年出口创汇达652.4万美元。

兰石厂的主导产品均采用国际标准，石油钻采机械的设计制造于1983年在国内率先获得使用美国石油学会（API）会标许可证，压力容器制造于1984年在国内第一家取得了美国机械工程师协会ASME“U”和U2设计制造许可证书。铸锻件获得英国劳埃德船级社的“工厂认可”证书。

兰石厂近年来为完善钻机系列而设计制造的ZJ60D电驱动钻机、ZJ45D从式钻机、ZJ60LSB沙漠边缘钻机、惠州26—1修井模块等都标志着国产钻机又达到了一个新水平。兰石厂具有国内第一流的压力容器设计制造技术。国产第 台双层热套氨合成塔，尿素合成塔、双层套箍式加氢反应器、高压聚乙烯反应器、热壁加氢反应器等都是由兰石厂首先试制成功的。近几年，在低温容器设备制造方面也有了新的进展。1988年还完成了我国首次设计制造的航空发动机试验设备——空间排气冷却装置的全部制造任务，各项技术指标均达到或超过了设计要求，使我国成为世界上为数不多的、亚洲第一个拥有此类装置的国家。1989年该厂还按ASME规范标准要求生产了丙烯腈冷却器和反应器内件，以及煤制气吸收塔、圆盘式翻倒过滤机等国家重大技术装备的项目。目前，兰石厂生产的钻机、抽油机、高压容器、板式换热器等产品在结构、性能、制造质量方面已接近或达到国际80年代水平。

为了满足石油工业的发展，“六五”以来，该厂尽最大努力进行了技术改造。“六五”期间兰石厂引进了美国National公司6000米、8000米海洋钻机设计制造技术，同时还完成了国内最大的铸钢树脂砂造型工艺改造，达到了国内先进水平。“七五”期间改造的重点项目重容车间已经竣工，大型三辊卷板机、

4兆伏的直线加速器、200吨吊车和一批具有国际先进水平的焊接设备已安装调试完毕，即将投入使用。这些都大大增强了企业的后劲和实力。

（兰州石油化工机器厂 供稿）

兰州高新技术产业开发区

兰州高新技术产业开发区是1988年5月由甘肃省人民政府做出决定并报国家科委于1988年7月6日批准创建的，1991年3月6日国务院批准列为“国家高新技术产业开发区”。

兰州高新技术产业开发区位于兰州市城关区宁卧庄一带，距兰州车站只有二华里，交通十分方便，社会公共设施齐全。该开发区是一个智力、成果高度密集的区域，兰州大学等四所高等院校、中国科学院兰州分院的六个研究所、航天航空部510所、中国石油天然气公司西北地质研究所以及省属10多个科研单位都座落在开发区内。此外，区内还有五个国家级开放实验室、20多家图书馆。开发区的服务支撑体系正在不断健全。目前已设有开发区税务所、工商所、会计事务所、科技法律事务所，省人事局开发区办事处，科技信用社、建行开发区办事处，高科技创业服务中心等。

开发区创建以来，得到了各级领导和省、市有关部门的大力支持，党和国家领导人乔石、宋健、费孝通及省、市主要领导曾亲临开发区视察和指导。兰州高新技术产业开发区，重点发展核技术应用及其产品，包括核辐照处理和加工技术及其产品；新型材料，包括特殊工矿用润滑材料及密封材料、高性能复合材料、非晶态磁性材料、合金材料、高分子材料、薄膜工程及材料表面硬化、膜材料；生物、生化技术及中草药；真空低温、石化设备；精细化工，包括新型催化剂、高纯及专用试剂、新型助剂、涂料、颜料和微量元素的应用；电子、电力技术及其应用；机电一体化技术及其产品；新能源及其节能技术等。截止目前，已批准进入开发区的高新技术企业82家，其中合资企业6家。从业职工5146人（含兼职人员），其中科技人员2257人，占职工总数的43.8%。三年多来，已开发生产的高新技术产品166种，累计产值2.94亿元，累计总收入3亿元，其中产品销售收入和技术性收入1.78亿元，占总收入的59.6%。其产品除国内销售外，还出口日本、泰国、香港、台湾等国家和地区，已创汇206万美元。

兰州高新技术产业开发区，发展前景十分广阔。开发区的科技一条街（长830米、宽22米）正在加紧施工建设，总建筑面积2万平方米的设施，今年八、九月份可望建成。700亩产业基地即将开工拓建。它将在改革开放中，朝着新的目标发展。

（兰州高新技术产业开发区
办公室 供稿）

蓝星化学清洗集团公司

蓝星化学清洗集团公司（简称蓝星公司），成立于1984年，是化工部在兰州的直属企业，目前已发展成为国内最大的专业化清洗公司和膜科学应用的科研、生产、经营、服务一体化的联合企业。

经过几年的研究与实践，蓝星公司已相继设立了天然气、电力、油田、船舶、煤炭、轻纺、冶金、造纸、核工业、石油化工等几大专业化清洗公司，从而满足了社会各行业的要求。在全国各地拥有200多家分公司，北京、深圳、新疆设有办事处。在国际上，与日本、新加坡、美国、独联体、德国的几家公司签定了合作协议，已与日本的BC公司、美国的普照公司成立了合资公司。

蓝星公司开发和研制的化学清洗剂中的LAN—5、LAN—826酸洗缓蚀剂获得国家科委三等发明奖，并被国家科委列为全国重点推广项目。同时还积极研制和开发了民用清洗剂，现已投放市场的有金属油污清洗剂、煤焦油清洗剂、除锈剂、固体清洗剂、退漆剂、水质稳定剂等一系列清洗剂，均被国家科委列为全国重点推广项目。

蓝星公司在十分注重新产品开发和研制的同时，还积极引进国外先进的清洗技术。从德国引进了乌拉卡高压清洗装置，从日本引进了 Pig 管道清洗机、废弃物处理机，这些设备先后在新疆乌鲁木齐石化总厂、宁夏化工厂、丹东造纸厂得到使用，均取得了很大的成功，引起了强烈的反响。

采用蓝星系列清洗技术，对现役设备进行清洗，可使由于结垢严重而无法使用的锅炉等设备重新正常运行。中国有色总公司白银公司冶炼厂硫酸系统的四台换热器管间、管内均被堵塞.腐蚀很严重，总垢量达 2/3，大大影响了炉气的流通量，最后被迫停工。经该公司清洗后，平均每天增产硫酸 120 吨，为该厂节约了 160 万元的设备投资费用。

除现役设施、设备的清洗外，该公司还多次承担了我国重点工程建设中引进装置开车前的系统清洗，均获得成功。先后清洗了山西化肥厂 90 万吨/年复合肥、30 万吨/年合成氨装置；河南中原化肥厂 30 万吨/年合成氨、52 万吨/年尿素装置；扬子 45 万吨/年芳烃联合装置；兰化公司 8 万吨/年乙烯裂解装置等大型成套引进装置，缩短了建设工期，保证了安全正常运转，取得了巨大的经济效益和社会效益。

蓝星公司愿与国内外各行业竭诚合作，使化学清洗事业发挥出更大的潜力，为社会主义现代化作出新贡献。

（蓝星化学清洗集团公司　供稿）

开发大事记

（1979 年—1991 年）

1979 年

11 月 30 日—12 月 6 日 甘肃省五届人大第二次会议提出："解放思想，勇于实践，为打好四化建设的第一个战役而努力奋斗"。并决定将省革委会改为甘肃省人民政府。

1981 年

7 月 22 日 我国黄土高原上最长的一条公路——横贯陕、甘、宁三省、区的宜兰公路正式通车。

7 月 27 日 兰州石油化工机器厂的石油钻机出口美国，这是我国石油钻机成套设备第一次大批量进入国际市场。

1982 年

9 月 30 日 甘肃省第一台大型火力发电机组——连城电厂一期工程（20 万千瓦）并网发电，对全省的水电和火电起到了调峰作用。

11 月 28 日 天水——兰州干线电缆载波工程竣工，对改善甘肃通信落后的状况起到了重要作用。

12 月 10 日 中央财经领导小组决定，对甘肃省的中部定西干旱地区和河西灌溉农业区以及宁夏西（吉）海（原）固（原）贫困落后地区实行专项区域开发，成立了国务院"三西"建设领导小组，每年拨款 2 亿元（甘肃每年 1.6 亿元左右）对"三西"地区进行开发建设。从 1983 年至 1990 年国家共拨给甘肃省"三西"地区专项资金 13.26 亿元。大力开展了农田基本建设和扶贫开发，取得了显著的成效。

1983 年

5 月 5 日 我国大型有色金属基地——位于甘肃陇南地区、储量 380 万吨、日采选能力 1000 吨的厂坝铅锌矿建设全面铺开，矿山主体工程破石动工。

1984 年

4 月 30 日 陇海铁路——宝鸡至兰州段电气化工程全线建成通车，运输能力较以前提高 1—2 倍。

5 月 5 日—9 日 甘肃省委六届全委会议决定，组织专门力量，集中人员研究全省经济社会发展战略，成立了由省委、省政府领导挂帅的经济社会发展战略规划小组，聘请省内各界高级研究人员、专家、教授 50 名，组成专家小组，共同开展研究论证工作。规划小组根据国家的战略部署和甘肃实际，采取上下结合，传统手段与现代手段结合，领导、专家、实际工作者结合等方法，在地区规划、行业规划和专项规划的基础上，于 1984 年 11 月编制出了《1981—2000 年甘肃省经济社会发展战略规划》（草稿）。

1985 年

7 月 29 日—8 月 9 日 甘肃省对外经济技术合作贸易洽谈会在兰州召开。这是自改革开放以来甘肃省举办的规模最大的对外经济技术合作和贸易的洽谈盛会。此次会议共有 30 多个国家和地区的代表参加了经济技术合作和贸易洽谈，共签订协议书、意见书 107 项，正式成交 58 项。

8 月 7 日 甘肃省"三北"防护林一期工程完工，成林保存面积达 787 万亩。

8 月 10 日—19 日 国务院发展研究中心、中国经济体制改革研究会、国家计委经济研究中心、经济日报，以及宁夏、云南、陕西、青海、新疆、西藏、广西、贵州、四川、内蒙、甘肃 11 个省、区人民政府共同发起召开的——全国首次西部经济发展讨论会在兰州召开。

8 月 20 日—26 日 国务院三线办在兰州召开了一、三线经济技术合作洽谈会。全国共有 15 个省区的17个代表团和中央有关部门参加了会议。会议期间共签订正式合同和协议书、意向书820多个，总金额达8亿多元；其中，甘肃省同各代表团达成合作项目180多个，总金额6000多万元。

10月5日 甘肃省"六五"重点工程——河西堡纯碱厂建成投产，年产纯碱4万吨，结束了甘肃及西北地区不能生产纯碱的历史。

10月14日 兰州石油化工机器厂试制成功我国首台6000米超深钻机，达到国际先进水平。

1986年

3月17日 甘肃省"三北"防护林体系二期工程开始实施，规划人工造林保存面积1000万亩。

9月9日 国家"七五"重点建设项目——年产5万吨铅、10万吨锌的白银铅锌冶炼厂，年产5万吨铝的白银铝厂动工兴建。

9月13日 总投资10.45亿元，灌溉面积86万亩，由日本熊谷组中标兴建的大型水利工程——引大入秦灌溉工程的关键项目，全长15.7公里的国内最长引水隧洞工程——盘道岭隧洞工程开工建设。

11月29日 西北地区的又一条通信纽带——兰乌长途线路建成并交付使用。

1987年

3月10日 西北地区最大的枢纽变电站——海石湾330千伏变电站，第一台24万千伏安主变压器投入使用，并入西北电网。

4月20日—4月29日 甘肃省六届人大第五次会议审议通过了《甘肃省国民经济和社会发展第七个五年计划》。

12月5日 金昌化工总厂磷肥一期工程竣工投产，年产普钙40万吨。

12月6日 兰州市万门程控电话交换机投入使用，标志着甘肃省电话通讯进入了全国先进行列。

1988年

3月7日 国家"七五"重大技术装备研制项目——热壁加氢反应器在兰州石油化工机器厂研制成功，标志着我国石油炼制加氢装置依靠进口的历史已经结束。

4月25日 国家"七五"重点工程——金川有色金属公司二期工程全面开工，设计年产镍4万吨。

5月18日 甘肃省长话和电报电路进入全国自动网，使甘肃通信自动化程度登上了新的台阶。

7月11日—14日 "甘、宁、青三省、区黄河上游多民族经济开发区建设研讨会"在兰州召开。根据民盟中央提议，甘、宁、青三省区共同向国务院提交了《关于请求建立黄河上游多民族经济开发区的联合报告》，得到了国务院领导同志和国家计委的充分肯定。同年9月，根据民盟中央的建议，在原有三省区的范围内，加上内蒙的中、西部地区，统称黄河上游二省二区。开发区范围包括黄河干流从龙羊峡至托克托2000公里河段所流经的青海东部、甘肃中部、宁夏中部和北部、内蒙西部和中部地带以及青海柴达木、甘肃金昌和厂坝三个辐射点。总面积21万平方公里，总人口1600万人，其中少数民族人口250万人。

8月12日 甘肃省委、省政府发出通知，决定在黄河上游甘肃段建立连海、白银西区、金昌东区、西成铅锌矿带和宁卧庄高技术产业五个经济开发试验小区，以充分发挥这些地区能源、矿产资源以及大中型企业和科技力量等优势，加快开发步伐。到1991年，进入五个试验小区的企业已达到380多家，累计投入建设资金8亿多元，其中自筹资金占一半左右。开发建设项目达243项，已建成投产的有143项。1990年，五个小区工业产值达3.2亿多元。在有色、冶金、机械、电子、化工、建材等10多个行业共开发新产品330多种，不少产品达到了省优和部颁标准，并填补了省内空白。

11月5日 酒泉钢铁公司年产40万吨高速线材工程正式投产，至此，甘肃冶金工业建设跨上新的里程。

12月12日 我国第一台大型重离子研究装置——兰州重离子加速器胜利出束，标志着我国回旋加速器技术达到国际先进水平。

1989年

7月2日 特大型交通工程——甘川公路七道梁隧道建成通车，有力的促进了甘肃同西南各省区的经济交往。

8月8日 为减少兰州地区大气污染，节约能源，兰州煤制气工程全面开工建设。

9月14日 国家"七五"重点工程——靖远电厂一号20万千瓦机组并网发电，结束了甘肃省连续七年没有新机组投产的局面。

9月29日 兰州海关开关，加速促进了甘肃对外经济贸易的发展。

12月17日 甘肃省最大的现代化煤矿竖井——靖远矿务局魏家地150万吨矿井建成投产。

1990年

3月24日　国家“七五”重点项目——甲苯异氰酸脂(TDI)工程竣工投产，银光公司成为全国聚氨脂工业原料基地。

6月24日　龙羊峡水电站电力输送配套工程——330千伏海石湾至白银超高压输电线路投入运行。

7月24日　具有国际先进水平的炼油装置——硫化烷基酚钙装置在兰州炼油厂破土动工，建成后，将满足我国90年代汽油生产升级换代的需要。

9月16日　国家“七五”重点工程——白银铝厂年产5万吨一期工程试车成功。

10月1日　酒泉钢铁公司电厂扩建工程动工，为酒钢年产100万吨钢发展规划揭开序幕。

10月16日　景泰川电力提灌二期工程，100.57公里总干渠全线通水，灌溉面积达52万亩。

10月21日　国家重点工程——兰州至武威光纤通信工程竣工。

10月24日　集中供热，减轻污染的重大工程——兰州第二热电厂一期工程全面竣工，一号、二号20万千瓦机组并网发电。

11月8日　贯穿陕、甘、宁三省区、连接四大铁路干线，全长498.19公里宝中电气化铁路工程正式开工建设。

1991年

1月11日　109国道(北京——拉萨)甘肃段新建、改建工程全面竣工，车速平均提高50%。

3月17日　甘肃省七届人大第四次会议审议通过了《甘肃省国民经济和社会发展十年规划和“八五”计划纲要(草案)》。

3月19日　位于甘肃平凉地区的华亭煤矿矿区总体设计通过国家终审，列入国家“八五”重点建设项目，设计年产原煤达1459万吨，相当于目前全省原煤总产量。

3月27日　宁卧庄新技术产业开发试验区被国务院列为国家高新技术产业开发区。

9月2日—5日　甘肃对外经贸洽谈会在日本东京取得巨大成功，共签订合同104份，成交总额达8078.7万美元，开创了甘肃外贸史的新篇章。

9月28日　我国目前综合生产规模最大的种畜厂——甘肃种鸡厂通过国家验收，建成投产。

10月8日—11月20日　我国“七五”及“八五”科技重点攻关项目——薄板坯连铸在兰州钢厂试验成功，顺利生产出31炉合格薄板坯。

10月17日　国家“八五”重点建设项目——大峡水电站(装机容量30万千瓦)开工建设，标志着甘肃开发黄河“小三峡”的能源战略开始实施。

11月1日　国家“七五”重点项目，亚洲最大石墨电极基地——兰州碳素厂二期扩建工程建成投产，年产达7.2万吨。

11月12日　国家重点科技攻关项目——兰州石油化工机器厂生产的，我国首台沙漠边缘钻机通过鉴定，达到80年代初国际先进水平。

青 海 省

主　　编：施永祥
副 主 编：闫南京
编写人员：李东曲　尉书彬　解宗堂
向理平
工作人员：郝季秋　王精业　晁生林

青海省分目录

典型地区和典型企业

省情综述

一、基本情况

青海省位于中国西部，地处青藏高原，总面积72万多平方公里，在全国居第四位。周围与甘肃、四川、西藏、新疆相邻。境内有全国最大的咸水湖——青海湖，青海省由此而得名。目前设一市：西宁市；一专区：海东地区；六个自治州：海北、海南、黄南、玉树、果洛藏族自治州和海西蒙古族藏族自治州，另有二个县级市：格尔木和德令哈市。省会西宁市。

青海是一个多民族聚居地区。1990年末，全省总人口447.7万人中，除汉族以外，少数民族人口188.5万人，占总人口的42.1%。少数民族主要有：藏族、回族、土族、撒拉族、蒙古族。新中国成立后，先后建立了六个民族自治州和七个民族自治县，民族自治地区面积占全省总面积的98%，国家历来将青海按少数民族自治地区对待。

青海主体部分属青藏高原，地势自西向东倾斜，85%的地区海拔高度在3000米以上，相当一部分地区在4000－5000米之间。东北部湟水流域属黄土高原边缘，地势较低，一般海拔高度在3000米以下，是青海的主要农业区，经济发达、人口集中。西北部为著名的柴达木盆地。

青海境内多山，主要山脉有三条，北部是阿尔金山——祁连山，昆仑山及其支脉可可西里山、巴颜喀拉山、阿尼玛卿山由西向东横亘于中部，南部为唐古拉山。高山终年积雪，分布着众多冰川。山麓为森林草场，地下蕴藏着丰富的矿产资源。青海是长江、黄河、澜沧江的发源地，内陆河流中较大的有布哈河、巴音河、乌图美仁河、格尔木河、柴达木河等。多数河流水量丰沛，水流湍急，蕴藏着大量的水力资源。青海境内多湖泊。有淡水湖、咸水湖，还有众多的盐湖。察尔汗盐湖是世界最大的盐湖之一。淡水湖与咸水湖中盛产鱼类，盐湖中蕴藏着大量宝贵的盐类资源。青海湖西北角有中外闻名的鸟岛。

青海是典型的高原大陆性气候，干燥多风，冬季长而寒冷，夏季短而温凉。农业区一般年降水量400毫米左右，东南地区和北部祁连山区年降水量可以达到600毫米以上，柴达木盆地降水最少的年仅10多毫米。

二、丰富的自然资源

青海地大物博，资源丰富。1958年朱德委员长视察青海时，曾高度赞誉"青海是祖国一个十分可爱的地方"。青海的资源主要有：

（一）广阔的土地、草场资源和丰富的光热资源。青海地域辽阔，有着大片的宜农土地。目前全省有耕地面积近60万公顷，宜农荒地50多万公顷，其中近期可以开发利用的近15万公顷。由于青海人口少，土地资源相对来说是比较多的。农业区无霜期一般在150天左右，可以满足农作物生长需要，而且雨热同季，有利于农作物生长。柴达木盆地有大片绿洲，水源充足，可以发展绿洲农业。高原大陆性气候的特点是日照时间长，日光辐射强度大，昼夜温差显著，农作物光合作用旺盛，有利于干物质积累与蛋白质合成，因此，农作物果实硕大，籽粒丰富，是全国春作农业高产地区之一。

青海高原是全国四大牧区之一。全省有天然草场面积3858万公顷，其中可以利用的草场3345万公顷。青海草场属于高寒低草区，但牧草种类多，具有粗蛋白、粗脂肪、无氮浸出物高，粗纤维含量低的特点，营养丰富，适口性强，适于发展草原畜牧业。

青海境内多河流湖泊，宜渔水面也比较大。青海湖、扎陵湖等江河湖泊盛产裸鲤。还有很多淡水湖泊和水库水面可以发展人工养殖，全省宜渔水面达100万公顷。

青海还有一定数量的森林资源。主要分布在江河源头与边远山区。全省森林面积19万公顷,森林蓄积量3000万立方米。另外还有大片的灌木林。

(二)具有高原特色的农畜土特产品资源。青海蚕豆粒大色绿无虫蛀,是传统的出口商品。洋芋薯块大,淀粉含量高,适于制作薯条。菜籽油在西北市场通称青油,每年销往省外3万多吨。黄河沿岸的红星、红帅苹果蕉香浓郁,色泽红艳,酸甜适度,是水果中之上品。

青海是全国四大牧区之一。主要牲畜有牦牛、藏系绵羊、改良半细毛羊、马、骆驼等,各类牲畜存栏头数2220.6万头(只)。牦牛是青藏高原特有的动物,耐高寒,肉乳役兼用,被誉为“高原之舟”。藏系绵羊为毛肉兼用羊,肉质鲜嫩无腥膻味,可与新西兰羊肉相媲美;羊毛以韧性强,富有弹性而驰名中外,在国际市场通称为“西宁毛”,是织地毯的优质原料。青海自古产名马,大通马、河曲马均为著名良马。牛羊肉、绵羊毛和皮革是青海三大畜产品,年产牛羊肉达到10.8万吨,绵羊毛1.7万吨,各种皮张300多万张,畜产品加工、出口在全省经济生活中占有重要地位。

青海多名贵药材和土特产品。鹿茸、麝香、冬虫草和大黄,是青海四大名贵药材,产量多,质地优良,在国内外市场久负盛名。此外,贝母、甘草、党参、黄芪、麻黄、枸杞、藏茵陈等也很著名,在土特产品中主要有蕨菜、发菜、蕨麻、蜂蜜、沙棘等,其中蕨菜已成为出口日本的重要商品;发菜被誉为“山珍”;蕨麻则有“人参果”之称;沙棘由于维生素极为丰富而成为重要的饮料原料。青海还有大量的珍稀动物。其中有国家一级保护动物野牦牛、野骆驼、野驴、藏羚、盘羊、雪豹、白唇鹿、黑颈鹤等8种,二级保护动物20种,具有重大的科研价值与经济价值。

(三)水力资源蕴藏量大。青海水力资源位居西北各省区之首。理论出力在1万千瓦以上的干支流108条,初步规划500千瓦以上水电站站址172处(其中6处与外省共有),总装机容量约1800万千瓦。其中黄河上游龙羊峡以下至省境的276公里河段,可建设6座大型水电站和8座中型水电站,总装机容量1125万千瓦,年发电量360亿千瓦时。由于水量丰沛稳定,保证出力较高;工程地质条件好,淹没损失小,搬迁人口少;站址距铁路、公路干线近,交通方便;距用电负荷中心近,开发条件特别优越,平均单位千瓦造价仅2000元左右,比国内同类型电站造价一般低20%,被誉为水电“富矿中的富矿”,已列入国家重点开发地区之一。

(四)矿产资源丰富。目前已探明矿产119种,取得地质储量的97种,产地647处,其中大型矿床92处,中型矿床112处,有48种矿产储量名列全国前10位。占第1位的有:湖盐、钾盐、镁盐、锂盐、芒硝、石棉、冶金用石英岩、电石用石灰岩、玻璃用石英岩、化肥用蛇纹岩等10种;占第2位的有:硼、溴、压电水晶、铸石用玄武岩等4种;占第3位的有:铷、自然硫、天然碱、硅灰石、长石、石膏等6种。由于青海地域辽阔,随着地质勘查工作进一步开展,将有更多的矿产资源被发现。根据现有资源情况和开发条件,近期内具有开采价值的优势资源主要有:

石油天然气资源。已探明石油储量2亿多吨,属轻质油,天然气储量475亿立方米,甲烷含量在99%以上,是发展天然气化工的优质气源。

盐湖资源。柴达木盆地有世界闻名的大盐湖,盐类资源富集,在全国占有特殊重要地位。已探明钾盐储量3.8亿吨,占全国储量的97%以上;湖盐2900多亿吨,芒硝87亿吨,镁盐45.8亿吨,以及锂、硼、溴、铷、天然碱等,发展盐化工所需要的化工用石灰岩、硫等资源丰富,是理想的盐化工基地。

贵金属和有色金属资源。贵金属有岩金、砂金和伴生金,其中以砂金储量多,分布范围广,开采条件比较好。有色金属中铜的储量超过180万吨,铅储量200多万吨,锌250多万吨,此外还有镍、钴等。青海有多处多金属成矿带,找矿前景良好,是国家重点勘查地区之一。

非金属矿产资源。全省有24种非金属矿储量居全国前10位。已探明石棉储量5700多万吨,居全国第一位。茫崖的石棉以纤维长,可纺性强闻名于世。祁连石棉具有独特的湿纺性能,可与加拿大魁北克棉相媲美。石英岩、石灰岩、石膏、萤石、大理石等储量也很丰富,是发展建筑材料、耐火材料、化学工业的重要原料。

(五)具有青海特色的旅游资源。青海地处世界屋脊青藏高原,多名山大川,是世界闻名的长江、黄河、澜沧江的发源地,有险峻的雪山冰川,是世界探险者向往的地方,可进行探险旅游。有大片原始森林和大量野生动物,可供狩猎旅游。有广阔的草原、美丽的青海湖,举世闻名的鸟岛和龙羊峡水库,可开展高原风光旅游。青海各民族淳朴的风俗习惯和多姿多彩的民间艺术,作为民俗旅游很有吸引力。青海是古丝绸之路的重要通道,塔尔寺是藏传佛教格鲁派始祖宗喀巴的诞生地,青海是藏汉文化融汇之地,在开展古文化旅游方面有重大价值。青海夏季气候凉爽宜人,景色秀美,是避暑旅游的最佳去处。随着对外开放的扩大,这些旅游资源越来越受到人们的重视。

三、经济建设的巨大成就

青海地处内陆腹地，地理位置闭塞。新中国成立前，长期处于封建社会的桎梏之下，广大牧区还残存着奴隶制度，加上国民党反动派实行民族压迫和剥削，经济发展缓慢，长期停滞在以农牧业为主、手工劳动为主、自给自足为主的自然经济状态，社会生产力水平很低。1949 年全省社会总产值仅 1.7 亿元，其中工业总产值 1870 万元。仅有手工业作坊式的工业企业 15 个，发电装机容量 223 千瓦，产品 15 种，产量甚微。农业生产耕作粗放，水浇地很少，粮食总产量不足 30 万吨。畜牧业生产仍处于逐水草而居的游牧状态，在严酷的自然条件下生产很不稳定，牲畜存栏数 748 万头(只)，肉类总产量 2 万吨，羊毛产量 450 万公斤。人民生活极为贫困。

1949 年新中国成立以后，各族人民在中国共产党的领导下，胜利地进行了民主改革和社会主义改造，消灭了剥削阶级和剥削制度，解放了社会生产力。在少数民族自治地区实行民族区域自治，国家从财力、物力和技术方面大力支持和帮助各族人民的发展生产，繁荣经济，经过 40 多年的建设，一个社会主义的新青海正出现在青藏高原。尽管先后遭受了 1958 年“大跃进”和“文化大革命”两次大的挫折，国民经济仍然保持了比较高的发展速度，社会主义建设取得重大成就。1978 年同刚解放的 1949 年相比，社会总产值增长 15 倍，其中工业增长 71.5 倍，农牧业增长 2.2 倍，建筑业增长 900 多倍，交通运输和邮电业增长 600 多倍。现代工业、交通运输、邮电和建筑业在社会总产值中的比重由 1949 年的 11.7%提高到 70%以上，基本实现了社会主义工业化。社会生产方式从单纯的手工劳动开始转移到现代化大生产的轨道上来。短短 30 年，使青海经济跨越了几个世纪，发生了历史性的巨大变化。

1978 年党的十一届三中全会以后，青海同全国一样，从左的思想束缚下解放出来，从实际出发，实行改革开放，积极发挥资源优势，大力发展商品经济，使青海经济发展进入了一个新阶段，取得了新成就。从 1980 年到 1990 年的 10 年中，国内生产总值由 17.8 亿元增加到 66.3 亿元，按可比价格计算，基本实现了翻一番的目标，绝大多数地区基本解决了温饱问题。改革开放 10 多年来，农牧业生产稳定增长，农村经济全面发展；工业结构改善，依托资源优势的能源原材料工业生产大幅度增长；商品流通日趋活跃，城乡市场繁荣；外贸出口迅速扩大，出口商品结构改善；科技教育进一步发展，人民生活水平显著提高。

(一) 农牧业生产稳定增长，农村经济全面发展。解放以后，广大农村牧区先后进行了民主改革，走了社会主义道路。通过开垦荒地，兴修水利，推广农业技术，防治牲畜疫病，农牧业生产迅速发展，40 多年来，先后开发宜农荒地 20 多万公顷，使耕地面积增加了四分之一。兴修各种水利工程 3 万多处，扩大水浇地面积 13 万公顷，增加 2.6 倍。1991 年粮食总产量达到 114.6 万吨，增长 2.9 倍。同时，扩大利用天然草场，防治牲畜疫病，进行畜种改良，发展草原畜牧业。1991 年各类牲畜年末存栏头数达到 2263 万头(只)，增长 2 倍；绵羊毛产量 1.77 万吨，增长 2.9 倍；肉类总产量 15.7 万吨，增长 4.2 倍；年农业总产值达到 26.2 亿元(按 1990 年不变价计算)，增长 4.45 倍，平均每年增长 3.8%。

党的十一届三中全会以后，广大农村牧区深入进行改革，农村普遍推行了家庭联产承包责任制，牧区实行了牲畜作价归户、私有私养政策和草原承包责任制，进一步解放了生产力。国家先后 4 次大幅度调整农畜产品收购价格，进一步提高了农牧民生产积极性。通过多方面增加对农牧业的投入，大规模开展农田草原建设，积极推广农牧业科学技术，使农牧业生产水平逐步提高。同时，积极开展多种经营，发展乡镇企业，发展商品生产，有力地促进了农村经济的全面发展。

农业(种植业)扭转了过去片面强调以粮为纲的做法，吸取一度不切实际地大面积退农还牧，造成耕地面积锐减的教训，实行农业深度开发与广度开发相结合的方针，积极恢复撂荒地，兴修水利工程，进行农业综合开发，80 年代新增耕地面积 2.6 万公顷，新增和改善灌溉面积 3 万公顷。并积极调整农作物布局，在高寒地区发挥油菜生产优势，适当压缩粮食种植面积，努力提高单位面积产量，使农业生产连续 5 年获得丰收。1991 年粮食总产量达到 114.6 万吨，比 1978 年增长 27%，平均每年增长 1.9%，其中近 5 年平均每年增长 3.1%；油料总产量 13.2 万吨，比 1978 年增长 1.92 倍，平均每年增长 8.6%。农业现代化水平逐步提高。1991 年农业机械拥有量由 1978 年的 52.9 万千瓦增加到 130 万千瓦，增长 1.46 倍；农村用电量由 7400 万千瓦增加到 1.5 万千瓦，增长一倍；化肥施用量由 18 万标准吨增加到 26 万标准吨，增长 45%。

畜牧业生产开始进入稳定发展阶段。为了改变畜牧业生产完全靠天养畜，生产水平低而不稳的状况，从 70 年代中期以来，开始进行大规模的草原建设。开始主要是修建人畜饮水工程，开发利用无水缺水草原和防治草原虫鼠害，后来又发展到建设“四配套”防灾基地，即以提高防灾能力和畜牧业生产水平，配套建设围栏草场、人工草场、牲畜棚圈、牧民定居点。目前已建成草原水渠和输水管道4000公里，围栏草场84万公顷，人工草场11万公顷，有一半以上牧民结束游牧生活，实现了定居放牧，使草原畜牧业生产条件得到初步改善。同时大力发展养猪，进行畜种改良，防治牲畜疫病，使畜牧业生产连续4年增长。1991年大牲畜和羊年末存栏数达到2300万头(只)，畜牧业产值达到11.6亿元，比1978年增长55.8%，平均每年增长3.5%；肉类总产量15.7万吨，增长1.6倍；绵羊毛产量1.77万吨，增长12.5%。

在农牧业生产稳定发展的同时，林业、渔业和副业也得到很大发展。从1978年以来，以建设“三北”防护林体系为中心，大力开展植树造林活动，累计造林面积达到40万公顷，保存率达到70%，全省森林覆盖率由70年代的2.55%提高到2.65%。淡水养鱼事业也开始发展起来。农村家庭副业已成为农民收入的重要来源。三者的产值1991年比1978年分别增长1.9倍、51%和3倍。特别是随着乡镇企业的发展，农村工业、建筑业、运输业和商业服务业等非农产业迅速发展。1991年农村社会总产值达到32亿元(按当年价格计算)，其中非农产业产值达到6亿元，比1985年增长一半左右；在农村社会总产值中的比重达到20%左右。农业商品率由70年代的25%左右提高到42.5%。

(二)工业生产迅速发展，能源原材料工业大幅度增长。经过40多年的建设，工业企业从原来的15个增加到1470个，其中大中型企业49个，工业企业固定资产原值超过100亿元。1991年工业总产值达到62亿元(按1990年不变价格计算)，比1949年增长167.5倍，平均每年增长13.3%。工业产值在社会总产值中的比重超过50%，初步形成了以电力、煤炭、石油、冶金、化工、建材、机械和轻纺工业为主体的现代工业体系。

特别是在党的十一届三中全会以后，认真总结过去的经验教训，从青海实际出发，确定了“开发资源，振兴青海”的经济发展战略，大力开发资源，发挥资源优势，建成了一批具有较高技术水平的能源、原材料骨干企业，目前已经形成原油、电解铝、电解镁、铅锌精矿、优质钢和钢材、铁合金、原盐、钾肥、石棉等10大优势产品，青海正在成为国家重要的能源原材料工业基地。

〔电力工业〕目前已建成500千瓦以上火电厂与水电站46处，装机容量140万千瓦，年发电量70亿千瓦时，比1978年增长近10倍，每年输出省外的电力达到30亿千瓦时以上。黄河上游的龙羊峡水电站装机容量128万千瓦，是目前我国仅次于葛洲坝的第二大水电站。黄河上游另一座装机200万千瓦的李家峡水电站正在建设。青海正在成为西北地区重要的电力基地。

〔石油工业〕目前已进入边勘探边开发的阶段，正在建设包括采油、输油、炼油在内的石油三项工程，形成年产原油120万吨的生产能力，100万吨的格尔木炼油厂即将建成。1991年原油产量达到102万吨，比1978年增长6.5倍，每年输往省外的原油超过80万吨。青海已进入全国十大油田的行列。

〔冶金工业〕目前已建成一批全国有名的大中型骨干企业，西宁钢厂是全国十大特种钢厂之一，青海铝厂建设总规模为20万吨，是全国最大的铝厂，民和镁厂是全国最大的镁厂，锡铁山铅锌矿在全国也是名列前茅。从1990年开始，西宁钢厂和青海铝厂已双双进入全国500家大型企业行列。1991年钢年产量36万吨，钢材29.5万吨，比1978年分别增长96%和117%；新增硅铁生产能力20万吨，铅锌精矿金属量生产能力6万吨，铝和镁生产能力分别为10万吨和4000吨，在全国都处于重要地位，青海已成为全国重要的有色金属工业基地。

〔化学工业〕青海主要是盐化工。目前青海钾肥厂一期工程已经建成投产，这是全国最大的钾肥厂，加上一些小型钾肥企业，钾肥总的生产能力达到30万吨。此外，纯碱、烧碱、氯化镁制品、硫酸、氮磷化肥、硼砂、芒硝、铬盐、塑料工业等也开始发展起来。

〔建材工业〕主要是石棉和水泥。1991年石棉产量达到4.5万吨，比1978年增长97%，占全国产量的30%；茫崖石棉矿是全国最大的石棉企业，祁连石棉以其独特的湿纺性能而畅销全国。目前已有水泥生产企业29个，水泥产量达到58万吨，增长2.1倍，除满足省内需要外，开始销往省外和出口。青海还是重要的石膏产地，每年运销外地30万吨左右。

〔机械工业〕这是青海重要的支柱产业，全省现有机械工业248个，其中大中型企业和骨干企业27个，机械工业产值在工业总产值中的比重最高时曾达到三分之一，现在仍占四分之一左右。通过80年代的技术改造，使产品技术水平显著提高，目前，主要产品如数控机床、重型机床、200马力推土机，以及轴承、齿轮、量具刃具等都达到国内先进水平，柔性加工中心出口日本、美国受到很高赞誉。

〔轻纺工业〕采盐和畜产品加工工业是青海轻纺工业两大支柱产业，由于湖盐氯化钠含量高达98%以上，生产工艺简单，成本比海盐低40%，目前已畅销全国20多个省区，并开始出口，产量从1978年的39万吨增加到120万吨左右，成为全国第5大产盐省。畜产品加工工业主要有毛纺、制裘、制革、地毯、肉食品加工工业。全省现有毛纺锭3.2万锭，产品主要有毛线、毛毯、粗纺呢、精纺呢、工业用呢5大类，在省内外市场曾经走俏一时。以西宁毛为原料生产的高级手工地毯和藏毯在国际市场颇有声誉。目前牧区6个州27个县都建立了牛羊肉加工企业，是供应国内穆斯林群众和出口的重要肉食品加工基地。

（三）交通运输和邮电通信业建设取得重大成就。经过40多年的建设，青海交通闭塞、信息不灵的状况初步得到改变。青海解放以后，第一件大事就是修路，首先修建了举世闻名的青藏公路，后来又先后建成了兰青铁路和青藏铁路一期工程（西宁——格尔木），现在已成为青藏地区的交通大动脉。此外还先后新建和修复20余条干线公路和大量的支线与县乡公路。目前全省铁路运营里程1095公里，公路通车里程1.7万公里，比1978年分别增长1.2倍和22.4%。1991年建成西宁二级机场，使青海航空事业进入一个新的发展阶段。目前已形成以西宁为中心，包括铁路、公路与民用航空在内辐射全省，联结周边省区的全省交通运输网络。1991年公路货运量超过2000万吨，铁路货物发送量500万吨。客运事业也有很大发展。

邮政通信事业已经初具规模。目前全省有邮电局、所237处，邮路2.4万公里，长途电话电路584路，电报电路142路。1991年邮电业务总量6223万元，比1978年增长7.14倍。西宁市通往省内外的长途电话基本实现了自动拨号。城镇普遍开通了市内电话，全省平均每百人拥有电话机数量达到1.4部。广泛应用了传真、微波、光缆通信等先进技术。

（四）商品流通日趋活跃，对外贸易不断增长。改革开放10多年来，随着商品经济的发展，商品流通规模日益扩大，社会商品充裕，城乡市场繁荣。1991年全省社会商品零售总额达到34.1亿元，剔除价格因素后，比1978年增长3.45倍，平均每年增长12.2%。在主要消费品零售量中，人民生活必需品和家用电器等销售量大幅度增长，充分反映了人民生活的改善和消费趋向。另一方面，省内商品收购额也大幅度增长。1990年同1978年相比，国内纯购进总额增长2.7倍，平均每年增长11.6%，其中地方工业产品收购额增长12.2%。随着商业体制改革，在保持国营商业和供销社稳定发展的同时，积极发展集体和个体商业，形成以国营商业为主体、多种经济成分并存、多条流通渠道、多种经营方式的流通体制，1991年集体和个体商业零售额在社会零售总额中的比重从原来几乎等于零提高到23.5%，为市场注入了新的活力。国家在少数民族地区普遍设立了民族贸易公司，实行优惠政策，为保障民族地区的生产生活用品供应和农畜土特产品收购，促进商品经济的发展，发挥了重要作用。

青海外贸事业在1980年以前主要是进行出口商品收购和调拨，从1980年以后开始自营出口。1991年全省出口总额已从自营初期的几百万美元增加到7550万美元，其中“七五”计划期间增长2.2倍，平均每年增长26.2%。进口总额包括地方外贸企业进口和委托进口在内，达到1900万美元。出口市场趋向多元化，出口商品结构明显改善。目前我省已和50多个国家和地区建立了贸易关系。随着青海资源开发和工业的发展，出口商品已从自营初期的30多种增加到11个大类110个品种，逐步改变了过去以出口农畜土特产品为主的状况，工矿产品出口比重大幅度上升，在出口总额中的比重由自营初期的30%左右提高到65%以上。形成了具有青海特色，换汇率比较高的10大优势商品，即：硅铁、纯硅、有色金属精矿、纺织品、机械产品、牛肉、蚕豆、冬虫草、地毯、蜂蜜等，在国际市场畅销不衰，有着良好声誉。外贸企业改善经营管理，基本实现自负盈亏的要求。

（五）教育和科学技术事业不断发展。新中国成立以前，青海没有一所高等学校，没有一所科学研究机构，文盲充斥，教育落后，更无科学研究可言。新中国成立以后，十分重视发展教育和科学，在财力比较困难的情况下，每年都要拨出大量经费用于发展教育和科学事业。1990年地方财政用直接于教育和科学技术事业的经费达到2.3亿元，占当年财政支出的13.2%。

40多年来，全省先后建立了一批高等院校和大批小学、中学与中等专业学校，形成了比较完整的教育体系。1990年同1949年相比，小学由717所增加到3839所，在校学生由4万人增加到49万人，增长11倍；普通中学由3所增加到488所，在校学生由705人增加到21.77万人，增加300多倍；中等专业学校由5所增加到39所，在校学生由683人增加到1.1万人，增长15.5倍，另外还有农业中学、职业中学35所，在校学生7000多人；高等学校7所，在校学生达到6200人。80年代以来，教育事业的发展主要是提高教学质量，提高师资素质，加强基础教育和民族教育。积极推行9年义务教育，取得明显成绩，目前全省学龄儿童入学率已由1985年的79.2%提高到81.5%，有15个县（区）达到普及初等教育标准，少数民族教育迅速发展。目前全省已有专设的各类民族学校或附设民族班的学校1600所，其中大专2所，民族中专7所，民族中学643所，民族小学1466所，在校少数民族学生18万人。占全省在校学生总数的21.5%，比80年代初增长十几倍。

青海的科学研究事业是在解放以后才发展起来的。1950年成立了第一个科学研究单位——省农业试验场，以后逐步发展。全省现有独立的自然科学研究机构51个，其中中央直属部门所属2个，中国科学院所属2个，其余为地方研究机构，拥有专职科学研究人员近3000人。在长期的研究工作中取得了大量成果。到1978年全省先后有395项科技成果受奖，其中在全国科学大会获奖的重大科技成果90项，达到了国内外先进水平。在党的十一届三中全会以后，科技工作进一步受到重视，全面贯彻"经济建设必须依靠科学技术，科学技术工作必须面向经济建设"的方针，对经济和社会发展发挥了越来越大的作用。从1980年以来，全省共取得科研成果1372项，有643项成果获得省级和省级以上奖励。据不完全统计，其中214项科技成果创造的直接经济效益就达到7亿元。科学技术人员队伍逐步扩大，1990年共有各类专业技术人员10.8万人，比1980年的4.5万人增加6万多人，其中自然科学方面的科技人员达到4.9万人，他们在实用技术的开发推广，提高科学技术水平方面发挥了重要作用。社会科学研究逐步开展起来，全省现有社会科学研究机构10个，研究人员200人，在经济研究及其他社会科学研究方面取得了一批成果，对社会经济发展发挥了积极作用。

（六）**人民生活水平显著提高**。随着经济发展，城乡人民收入逐步增加。1991年职工平均工资达到2750元，比1978年增长2倍。根据抽样调查，1991年城镇居民人均生活费收入1325.14元，比1978年增长约3倍，扣除价格上涨因素后，增长70%；农牧民人均纯收入达到556元，比1978年增长4.4倍，扣除价格因素后增长1.75倍。随着居民收入的提高，储蓄存款大幅度增长。1990年城乡储蓄存款余额达到26.7亿元，比1978年增长15.5倍，城乡人均储蓄存款593.9元，这是人民收入增加，生活改善的一个重要标志。

城乡居民消费水平普遍提高。1990年城镇居民人均肉类消费量由1985年的23.4公斤增加到31.6公斤；人均食用植物油消费量由7.4公斤增加到9.8公斤；人均住房面积增加2平方米。每百户城镇居民家庭拥有电视机106台（其中彩电78台），洗衣机86台，电冰箱15台，收录机74架。农牧民消费水平也有很大提高，不仅吃、穿、住条件改善，一些以往城镇居民才拥有的耐用消费品也大量进入农牧民家庭。据抽样调查，目前每百户农牧民拥有电视机32台，自行车78辆，缝纫机48架。近几年通过多种方式开展"扶贫"，取得明显成效。全省贫困地区已有95%的农户越过贫困线，基本解决了温饱问题。

四、光辉的前景

根据《青海省国民经济和社会发展十年规划和"八五"计划纲要》，青海到本世纪末经济发展的主要目标是，努力实现社会主义现代化建设的第二步战略目标，在大力提高经济效益和优化经济结构的基础上，按可比价格计算，使国民生产总值比1980年翻两番，后10年每年平均增长7.3%，人民生活在解决温饱问题的基础上，向小康水平前进。

为了实现这一战略目标，要坚决贯彻党的基本路线，紧紧抓住经济建设这个中心，加快改革开放，加快资源开发，积极实施"开发资源，振兴青海"的经济发展战略，使国民经济登上新台阶。事实证明，开发资源是振兴青海希望之所在。为了加快资源开发，既要有开拓进取精神，又要从实际出发，真抓实干，按客观经济规律办事。这方面的基本设想是：

突出重点。根据青海资源情况和国家产业政策，资源开发和产业发展的重点：

一是加强农牧业资源开发，发展农畜土特产品加工工业。开发农牧业资源，发展农牧业，是整个资源开发的基础，也是整个国民经济和政治稳定、社会安定的基础，任何时候都必须放在首要地位，不能有丝毫放松。

二是开发水电资源和发展高耗电工业。青海水电资源居西北地区之首，特别是黄河上游由于开发条件特别优越，国家已列为重点开发地区之一。在加快水电资源开发的基础上，大力发展电炉钢、铁合金、电解铝、电解镁等高耗电工业，以实现国家将高耗能产业向西北地区转移的战略部署，这将给青海带来巨大的经济效益。

三是开发石油天然气资源和发展石油天然气化工，以及下游产品加工工业。经过30多年的地质勘探，青海石油天然气已进入大规模开发阶段，在此基础上发展石油天然气化工，并和盐化工结合起来，将带动一大片产业的发展，为青海经济发展带来新的希望。

四是开发盐湖资源和发展盐化工业。在重点开发原盐、氯化钾的同时，大力发展氯碱工业和钾、钠、镁、锂、锶、硼的系列产品，把青海建成全国最大的盐化工基地，对全国、对青海经济发展都将产生重大影响。

五是黄金和有色金属资源。根据地质和矿产储量预测，青海有可能成为全国黄金与有色金属储量最丰富的地区之一，这意味着财富，蕴涵着希望，因此，必须作为重点产业，大力发展。

六是开发非金属矿产资源，发展建材工业。青海有20多种非金属矿产储量在全国名列前10位，因此，开发利用非金属矿产资源具有广阔前景。

分层次推进。对国家和地方开发资源的重点项目，要根据项目进度分层次推进：首先是充分发挥已建成的资源开发项目的作用。这是现实的生产力，是我们前进的基础。其次是抓好在建工程建设，主要有李家峡水电站，装机容量200万千瓦；格尔木炼油厂，炼油能力100万吨；青海铝厂二期工程，新增电解铝生产能力10万吨；桥头电厂五期扩建工程，装机容量25万千瓦；以及地方项目中的煤炭、电石、纯碱、磷铵、电炉钢、有色金属冶炼等重点项目，保证按期建成投产，尽快发挥效益。第三是对已经列入国家和全省“八五”计划的项目，要抓紧工作，争取早日开工建设。主要有公伯峡水电站，装机容量150万千瓦；民和镁厂扩建，新增电解镁生产能力7000吨；茫崖石棉矿扩建，新增石棉生产能力3万吨；青海水泥厂扩建，新增水泥生产能力30万吨；青海钾肥厂二期工程，新增钾肥生产能力80万吨；青海化纤厂，腈纶生产能力1.4万吨；青海化肥厂，年产尿素30万吨；以及光明化工厂转产项目等。第四，还有一批项目争取列入国家“八五”计划，并为“九五”计划准备一批项目，如天然气开发三项工程，年产天然气10亿立方米及相应的化工产品；拉西瓦水电站，装机容量372万千瓦；尼那水电站和直岗拉卡水电站，装机容量分别为16万千瓦和15万千瓦；赛什塘铜矿，年产铜金属量1万吨，等等。要不失时机地做好前期工作，争取国家支持。

大中小结合。加快地方小型资源开发项目建设，在全省资源开发中占有十分重要的地位，小资源开发应当成为地方经济发展的重要支柱。在80年代，青海省经济发展步子不大的一个重要原因就是州县经济薄弱，乡镇企业不发达，很多地区至今还是一片空白。因此，要通过小资源开发把整个州县经济和乡镇企业带动起来。坚持以市场为导向，把经济效益放在首要地位，选择品位高、埋藏浅、易采易选的矿点，集中力量优先开发。做到开发一项、成功一项、受益一项。

实行适度区域倾斜。根据青海资源分布情况和开发条件，在项目布点上实行适度区域倾斜政策，把重点开发与地区协调发展结合起来，搞好地区布局。要重点开发“一线一河”，一线就是兰青铁路和青藏铁路沿线，一河就是黄河上游沿岸地区。这一线一河是青海矿产和水电资源集中的地区，开发条件比较好，应作为重点开发地区，采取灵活措施，增加投入，加快发展，增强辐射功能，以带动全省的资源开发和经济发展。

为了加快资源开发，要认真抓好以下几方面工作：

（一）加强基础工作，坚持按科学态度办事。开发资源必须尊重科学，鼓实劲而不是鼓虚劲。一是加强地质勘查工作。地质勘查是资源开发最重要的基础工作。要根据经济发展的战略部署和资源开发的需要来安排地质勘查工作，查明矿产资源储量，避免建设项目决策失误。二是重视资源开发项目的前期工作。要坚持严肃的科学态度，进行可行性研究和充分的经济技术论证。要加强工程咨询评估工作，对建设项目进行客观的、公正的、科学的评估，提高项目决策的科学性。三是认真落实建设条件，落实资金，以保证工程建设的顺利进行。

（二）加快交通通信建设。开发资源必须交通先行。交通运输是矿产资源开发中最重要的外部条件。要加快青藏铁路的扩能改造，建设西宁火车站场扩建工程，同时建议国家建设陇海铁路宝鸡——兰州段复线工程，使陇海全线成为复线，消除卡脖子区段，提高铁路运输能力。加强省内主要公路干线的改造和矿区公路、县乡公路建设，形成四通八达的公路运输网络。要积极发展航空事业，增加西宁至北京的航班，尽快开通西宁至上海、广州的航班，以加强与沿海开放地区的联系。要重视邮电通信建设，尽快建成甘、青光缆通信工程和西宁市话增容工程，建设微波线路通信工程和卫星通信上行站，改善州县和矿区与外界通信落后的状况。

（三）多渠道筹集建设资金，保证资源开发需要。根据投资体制改革后出现的投资主体多元化的新情况，采取优惠政策，改善投资环境，多渠道筹集建设资金。一是争取国家投资，充分利用国家实行产业倾斜与地区倾斜相结合的政策和扶持少数民族地区与贫困地区的政策，主动提出一批符合国家产业政策与生产力总体布局的资源开发项目和加工工业项目，争取国家支持。二是建立地方基本建设基金。通过建立复式预算制度，把财政经常性支出与建设性支出分开，以保证稳定的建设资金来源。三是用好用活信贷资金。提出一批经济效益好的项目争取国家贷款支持，及时收回到期贷款，加快资金周转，建立地方信贷建设基金。四是发行债券，筹集社会闲散资金。这是商品经济条件下普遍采取的融资方式，有利于集中社会资金，也有利于减轻银行压力，分散风险。五是发展横向联合，吸引省外资金，积极引进利用外资。为此，中共青海省委和青海省人民政府已经制定了二十二条优惠政策与特殊措施，要用足用好这些优惠政策和措施，诚心诚意地欢迎国内外企业家到青海投资办厂，合作办矿，开发资源。

（四）**依靠科学技术，推动资源开发**。要围绕资源开发中的科学技术问题安排科研项目，有计划地进行小试、中试与工业性试验，并把这些科技成果尽快应用到资源开发中去。要积极引进先进适用技术，做好消化吸收工作。对现有企业加强技术改造，开展资源的综合利用，提高资源开发的价值。新建企业要适当提高技术起点，尽量采用先进技术。要采取有效措施将科研单位、高等院校和企事业单位的科技人员适当分流，使他们积极投入资源开发和经济建设的主战场。既要重视科技攻关，更要重视成果推广，努力把科技成果转化为现实的生产力。对于把科技成果和先进技术应用于资源开发并取得成效的，要按照实际经济效益大小给予奖励，取得重大经济效益的给予重奖。

（五）**大力搞活流通，把资源优势转化为经济优势**。青海地理位置比较闭塞，交通不便，信息不灵，远离国内外市场。另一方面，由于商品经济不发达，人们的市场观念十分淡薄，这是经济发展缓慢，经济效益不高的一个重要原因。因此，在资源开发中必须树立强烈的商品经济意识和经济效益观念，及时掌握经济信息，重视市场供求变化，抓好流通、搞活流通，把资源优势转化为经济优势。要努力开拓销售渠道，提高产品质量，逐步发展深度加工，增强市场竞争能力。要重视培育生产资料市场，放宽政策，允许生产企业和商业、物资部门经营资源性产品，允许交叉经营，开展适度竞争，搞活生产资料市场。建立一批工贸结合、工商结合的企业，使生产与流通有机地结合起来。

（六）**扩大对外开放，促进资源开发**。在巩固和扩大传统的国际市场的同时，要利用沿边开放和第二条欧亚铁路开通的有利时机，实行全方位开发，积极向中亚、南亚、中东、独联体和东欧开拓新的市场，并多方面开展边境贸易，为资源产品寻找新的出路。中央决定对内陆省份的省会城市在吸收外商投资项目上实行沿海开放城市的有关政策，凡是符合国家产业政策并经国家批准的重大投资项目和高新技术项目，都可以享受经济技术开发区的优惠政策。这是加快内陆省区对外开放的重大政策措施，要用好用活这一政策，在利用外资上实现新的突破。把西宁市办成青海对外的窗口，发挥中心城市的枢纽作用和辐射作用，带动全省的经济发展。要提出一批符合国家产业政策的重大项目，经国家批准，引进利用外资，享受国家规定的优惠政策。要努力办好格尔木昆仑经济开发区，积极筹办西宁市桥头经济开发区，以及民和经济开发区和黄河上游水电开发区，采取更加特殊的优惠政策，更加灵活的措施，改善投资环境，吸引更多的外资以及省内外资金，加快资源开发步伐。同时，要大胆地走向沿海，走向世界，办厂开店，建立窗口，增加新的对外经济合作渠道，提供国内外市场信息，吸收先进技术。还可以划出一定范围的资源区，提出一批重大项目，向国外公开招标，合作开发。

附录：

对外合作项目

一、纺织、轻工

精纺生产线改造

项目内容：属改造项目，主要产品为高支、轻薄、高档型精纺产品，年产量240万米。拟引进前后纺、染整等关键设备。

现有条件：青海第三毛纺厂位于西宁市东川，北靠兰青铁路，南邻兰青公路，交通十分便利，厂内水、电、气等基础设施齐全，并有全套污水处理设备。

合作方式：合资经营　补偿贸易

投资估算：总投资：496万美元

经济效益：年销售收入：1213万美元；

年 利 润：206万美元；

投资回收期：5年。

粗纺呢绒生产线改造

项目内容：属技术改造项目。目前主要生产粗纺花呢、女式呢、拷花呢等产品。拟引进一条生产高档产品的粗纺呢绒生产线，年产粗纺呢绒80万米。

现有条件：青海第四毛纺厂隶属于青海毛纺织工业公司，可自行解决通讯、运输、水、电、气、原材料、环保等问题，具有良好的投资环境。

合作方式：合资经营　补偿贸易

投资估算：总投资：788万美元

经济效益：年销售收入：550万美元；

年 利 润：73万美元；

投资回收期：5—7年。

中高档呢绒时装

项目内容：通过引进技术和设备，年产中高档呢绒服装25万套，外销占80%。

现有条件：青海省西宁呢绒时装厂生产区占地面积8400平方米，有砖混结构生产车间4296平方米，交通、通讯便利，水、电、气供应充足，原材料利用青海产各种精、粗纺呢绒。

合作方式：合资经营　合作经营　补偿贸易

投资估算：总投资：63万美元

经济效益：年销售收入：148万美元；

年 利 润：12万美元；

投资回收期：5年。

牛绒分梳

项目内容：拟引进牛绒分梳设备，年产分梳绒60吨。

现有条件：青海第一毛纺厂内通讯、运输、水、电、气等基础设施齐全，原材料及中间产品满足需要。

合作方式：合资经营　合作经营　补偿贸易

投资估算：总投资：155万美元

经济效益：年销售收入：66万美元；

年 利 润：6万美元；

制革生产线改造

项目内容：引进先进制革工艺，年制牛皮革15万张，羊皮革20万张。

现有条件：青海第一制革厂有34年制革历史，是青海省规模最大的皮革加工企业。工厂占地3.9万平方米，各种进口、国产设备146台。

合作方式：合资经营　补偿贸易

投资估算：总投资：311万美元

经济效益：年销售收入：360—450万美元；

年 利 润：36—45万美元；

投资回收期：5—7年。

旱獭皮裘衣生产线

项目内容：属改造项目，拟引进先进加工技术，年产旱獭皮30万张，裘衣1万件，外销占80%。

现有条件：青海省西宁市皮毛厂位于西宁市交通主干道祁连路南侧，距西宁火车站仅一公里，交通通讯十分便利。现已完成原有20万张旱獭皮改造项目。厂内水、电、气等基础设施齐全，建有污水处理设施。青海省内每年可收购旱獭皮50—100万张，原料可保证供应。

合作方式:合资经营　补偿贸易
投资估算:总投资:100 万美元
经济效益:年销售收入:256 万美元;
年 利 润:100 万美元;
投资回收期:1 年。

牛羊肉罐头生产线

项目内容:引进多功能空、实罐生产线,形成年加工 5000 吨牛、羊和蔬菜等出口食品罐头的生产能力。产品主要销往中东、东南亚、独联体等国家。

现有条件:拟定厂址距铁路东站仅 500 米,现有建筑面积 200 平方米,略加改造即可用于生产。水、电、气设施齐备,该项目由青海省外贸冷冻厂负责。

合作方式:合资经营　合作经营　补偿贸易
投资估算:总投资:530 万美元
经济效益:年销售收入:900 万美元;
年 利 润:72—90 万美元;
投资回收期:7 年。

商标彩印及包装盒生产线

项目内容:引进多功能糊盒,彩色印刷关键设备,年印刷量 500 吨纸的彩印商标,广告画册及年制作 1000 吨礼品包装盒,主要供出口部门。

现有条件:现有建筑面积 1200 平方米,水、电、气及通讯设施齐全。该项目由中国包装进出口青海公司负责。

合作方式:合资经营　合作经营　补偿贸易
投资估算:总投资:84 万美元
经济效益:年销售收入:91.6 万美元;
年 利 润:13.7 万美元;
投资回收期:5 年。

二、机械、电子

液压电动工具制造技术

项目内容:拟引进技术和部分专用设备,测试设备,年产液压电锤,石材切割机,大功率角向磨光机,定扭矩冲击电扳手 24 万台。

现有条件:青海电动工具厂的原材料,中间产品均由省内、国内解决,通讯、运输、水、电、气等基础设施齐全。

合作方式:合资经营　合作经营　补偿贸易
投资估算:总投资:450 万美元
经济效益:年销售收入:3000 万美元;
年 利 润:200 万美元;
投资回收期:3 年。

重型凿岩机用钎杆

项目内容:属改造项目。主要产品为重型凿岩机用钎杆 Φ38X3050MM;Φ38X1500MM,年产量 200 吨。

现有条件:青海西宁钢厂已具备生产条件,从冶炼至冷轧 Φ38X13MM 中空管材本厂可以保证供应,加工和热处理等工艺已初步形成生产能力。通讯、运输、水、电、气等基础设施齐全。

合作方式:补偿贸易
投资估算:总投资:61.4 万美元
经济效益:
年 利 润:30 万美元;
投资回收期:2 年。

滚针轴承制造技术

项目内容:拟引进外圈滚针轴承制造技术和高精度无心磨床,滚针高速切断机,高速保持架冲孔机等设备。年产滚针 1.5 亿支;保持架 400 万件;轴承 600 万套。

现有条件:青海海山轴承厂是机电部定点专业生产滚针轴承的重点企业之一,占地面积 6.8 公顷,具备生产滚针轴承所需的厂房、设备、人员、原材料等条件。通讯、运输、水、电、气等基础设施齐全。

合作方式:合资经营　合作经营　补偿贸易
投资估算:总投资:370 万美元
经济效益:年销售收入:733 万美元;
年 利 润:82.4 万美元;
投资回收期:4 年。

数控螺杆磨床制造技术

项目内容:属改造项目,拟引进先进工艺和制造技术,合作生产螺杆转子精密数控机床。

现有条件:青海第二机床厂是机电部骨干企业,具有较高的技术、加工能力,工厂占地面积 19.78 万平方米。距市中心仅 2 公里,通讯、运输方便,水、电、气设施齐备。

合作方式:合作生产　补偿贸易

数控仪表车床制造技术

项目内容:属改造项目,拟引进先进工艺和制造技术,合作生产数控仪表车床系列产品。

现有条件:青海第二机床厂是机电部骨干企业。具有较高的技术、加工能力。工厂占地面积 19.78 万平方米。距市中心仅2公里。通讯、运输方便、水、电、气设施齐备。

合作方式:合作生产 补偿贸易

数控旋压机床制造技术

项目内容:拟引进先进的三旋轮数控强力旋压机床和数控普通旋压机床的设计和制造技术,并与客商合作生产。产品销售以国内市场为主,同时在国际市场上销售。

现有条件:青海重型机床厂是重型机床生产厂家,具备生产旋压机所需的厂房、设备、人员、原材料供应等条件。通讯、运输、水、电、气等基础设施齐全。

合作方式:合作生产 技术引进

经济效益:年销售收入:430.4—540.3万美元;

年 利 润:32—55万美元;

无心车床制造技术

项目内容:拟引进先进的无心车床设计、制造技术,并与客商合作生产。产品销售以国内市场为主,同时在国际市场上销售。

现有条件:青海重型机床厂是重型机床生产厂家,具备生产旋压机所需的厂房、设备、人员、原材料供应等条件。通讯、运输、水、电、气等基础设施齐全。

合作方式:合作生产 技术引进

经济效益:年销售收入:137.4—220万美元;

年 利 润:14—22万美元;

汽车用铝压铸件生产厂

项目内容:属新建项目,主要产品为汽车用铝压铸件。铸件主要供出口,拟引进全套设备、技术。

现有条件:青海铝厂现有铁路专线,光纤通讯线路。水、电、气及原材料均有保障。

合作方式:合资经营 合作经营

投资估算:总投资:1000万美元

经济效益:年销售收入:2000万美元;

年 利 润:250—300万美元;

投资回收期:4—5年。

三、冶金

铝硅合金生产线

项目内容:引进电热法生产铝硅合金的全套工艺技术,改进我厂9200千伏安硅铁炉,形成年产10000吨铸造铝合金的规模。

现有条件:中国有色金属工业总公司民和镁厂现已建成一台9200千伏安硅铁电炉,配套设施及基础设施齐全,需增加磨粉,制团,干燥精炼,稀释及烟气净化系统。

合作方式:补偿贸易

投资估算:总投资:1164万美元

经济效益:年销售收入:2015万美元;

年 利 润:366万美元;

投资回收期:3.2年。

元石山氧化镍矿开发冶炼镍铁

项目内容:属改造项目,拟引进部分冶炼技术和设备,年产炼钢用镍铁合金1500吨。

现有条件:青海轧钢厂现有水、电、气及氧化镍矿资源均能满足生产需要,厂区有铁路专用线。

合作方式:合资经营

投资估算:总投资:320万美元

经济效益:年销售收入:220万美元;

年 利 润:53万美元;

投资回收期:5年。

微 硅 回 收

项目内容:引进微硅加密技术和加密装置,每年可回收微硅5440吨。

现有条件:中国有色金属工业总公司民和镁厂现有硅电炉4台,年产硅10000吨,已建收尘装置。

合作方式:补偿贸易

投资估算:总投资:163万美元

经济效益:年销售收入:108万美元;

年 利 润:27万美元;

投资回收期:6年。

硅铁粒度加工设备

项目内容:属改造项目,主要产品:硅铁。年产量30000吨。因硅铁粒度加工依靠人工破碎,粒度不均匀,效率低,损耗大。拟引进硅铁粒度加工设备5台(套)。

现有条件:中国有色金属进出口公司青海分公司现有14家铁合金工厂,交通、通讯等条件十分便利,设备及基础设施精良,环保条件良好。

合作方式:合资经营 合作经营 补偿贸易

投资估算:需外方投资:50万美元

经济效益:投资回收期:2年。

钾光卤石炼镁扩建

项目内容:钾光卤石炼镁扩建2000吨,形成光卤石炼镁3000吨/年的能力，与现有4000吨菱镁矿电解镁工艺配套。拟引进氯压风机合氯气过滤机、无隔板槽、连续精炼技术及相关设备。

现有条件：中国有色金属工业总公司民和镁厂现已建成1000吨钾光卤石脱水炼镁试验车间，工艺流程已全部打通，辅助设施及基础设施齐全。

合作方式：补偿贸易

投资估算：总投资：1253万美元

经济效益：年销售收入：879万美元；

年 利 润：352万美元；

投资回收期：3.6年。

碳化硅加工设备

项目内容：属改造项目，主要产品：黑色碳化硅，年产量10000吨。拟引进6台(套)精加工设备和技术。

现有条件：工厂交通、通讯、水、电、气等基础设施齐全，原材料和中间产品充足，环保情况良好。该项目由中国有色金属进出口公司青海分公司负责。

合作方式：合资经营　合作经营　补偿贸易

投资估算：总投资：100万美元

经济效益：年销售收入：800万美元；

年 利 润：200万美元；

投资回收期：2年。

四、化工

1000吨/年聚苯硫醚

项目内容：属新建项目，主要产品为各种类型聚苯硫醚树脂，年产量1000吨，采用溶液缩聚法，需引进技术、资金。

现有条件：青海光明化工厂位于西宁市郊，铁路、公路交通运输十分方便，通讯、水、电、气等基础设施齐全，原材料供应有保障。

合作方式：合资经营　补偿贸易

投资估算：总投资：430.4万美元

经济效益：年销售收入：1100万美元；

年 利 润：348万美元；

投资回收期：3.5年。

金属钠生产线

项目内容：属改造项目，拟引进技术和设备，年产金属钠4500吨，氯气6750吨。

现有条件：青海电化厂是省属重点化工企业，位于西宁市东川地区，西有通往市区公路，铁路专用线距西宁东站1.5公里。通讯、运输、水、电、气等基础设施齐全，电力和盐湖资源丰富。

合作方式：补偿贸易

投资估算：总投资：190万美元

经济效益：年销售收入：742万美元；

年 利 润：147万美元；

投资回收期：1.3年。

2万吨聚氯乙烯

项目内容：属新建项目，拟引进先进技术和设备，采用悬浮和微悬浮本体聚合及后处理工艺，年产高型号和高聚合度聚氯乙烯2万吨。

现有条件：青海电化厂是省属重点化工企业，位于西宁市东川地区，西有通往市区公路，铁路专用线距西宁东站1.5公里。通讯、运输、水、电、气等基础设施齐全，电力和盐湖资源丰富。

合作方式：补偿贸易

投资估算：总投资：925万美元；

经济效益：年销售收入：2380万美元；

年 利 润：366万美元；

投资回收期：2.5年。

硫酸钾生产线

项目内容：属新建项目，年产硫酸钾5000吨。

现有条件：拟定厂址附近有丰富的光卤石和芒硝资源，生产所需水、电、煤由当地解决，交通运输方便。该项目由青海省格尔木市硫酸钾厂负责。

合作方式：合资经营

投资估算：总投资：145万美元

硫　化　碱

项目内容：属新建项目，年产硫化碱1万吨。

现有条件：拟定厂址附近有丰富的芒硝资源，生产所需水、电、煤由当地解决。该项目由青海省海西州盐化公司负责。

合作方式：合资经营　补偿贸易

投资估算：总投资：82万美元

经济效益：投资回收期：2年。

野麦畏农药生产

项目内容：属改造项目。拟引进先进技术和关键设备，年产野麦畏乳油(40%)500吨，阿畏达复合乳油500吨。

现有条件：青海电化厂是省属重点化工企业，位于西宁市东川地区，西有通往市区公路，铁路专用线距西宁东站1.5公里。通讯、运输、水、电、气等基础设施齐全,电力和盐湖资源丰富。

合作方式:合资经营

投资估算:总投资:200万美元

经济效益:年销售收入:310万美元;

年 利 润:54万美元;

投资回收期:3.6年。

元明粉一期工程

项目内容:属新建项目,年产元明粉5万吨。

现有条件:青海省海西州盐化公司拟定厂址附近有丰富的芒硝资源,生产所需水、电、气由当地解决。

合作方式:合资经营 补偿贸易

投资估算:总投资:440万美元

投资回收期:8年。

彩色感光材料用胶生产线

项目内容:属改造项目,拟引进80年代最先进的水力脱脂机主机一台及辅助配套设备等,年产彩色感光材料用胶90吨。

现有条件:青海骨胶厂始建于1956年,已建成投产的明胶生产线,后工序设备均从国外引进,完全具备生产彩色明胶的能力。厂区水、电、气完全满足供应。厂址距飞机场14公里,火车站1.5公里,交通方便。青海省有丰富的鲜骨资源,能提供优质原料。

合作方式:合资经营

投资估算:总投资:220万美元;

经济效益:年销售收入:238万美元;

年 利 润:100万美元;

投资回收期:4年。

五、电力

黄河尼那水电站

项目内容:属新建项目,拟引进4X4万KW贯流式水轮发电机组,年均发电7.31亿千瓦时。

现有条件:位于青海省贵德县城约20公里处的黄河上,利用黄河水量,多年平均流量205亿立方米,发电用水有保证。环保评价方案已通过评审。该项目由青海省电力公司负责。

合作方式:补偿贸易

投资估算:总投资:7598万美元;

经济效益:年销售收入:1547万美元;

年 利 润:1021万美元;

投资回收期:8年。

六、建材

高强石膏粉

项目内容:属改造项目,主要产品为高强石膏粉。年产量1万吨。拟引进高强石膏粉生产技术和设备,产品销往国内外市场。

现有条件:西宁石膏矿资源丰富,矿石品位高。生产厂区选在矿山附近,交通便利,电力充足,供水方便。

合作方式:合资经营 补偿贸易

投资估算:总投资:44万美元;

经济效益:年销售收入:66万美元;

年 利 润:20万美元;

投资回收期:3—5年。

典型地区和典型企业

海西蒙古族藏族自治州

海西蒙古族藏族自治州地处青海的西北部，土地面积31.89万平方公里，占全省面积的43%，全州31万人，其中少数民族占24.04%。直辖乌兰、都兰、天峻县、格尔木市、德令哈市，大柴旦、冷湖、茫崖3个行政委员会。自治州首府在德令哈市。

海西蒙古族藏族自治州资源丰富，有“聚宝盆”之称，是青海省经济开发和建设的重点地区。自1954年建政以来，海西地区经济建设发生了深刻变化，特别是党的十一届三中全会以来，乘改革开放之天时，靠丰富资源之优势，辛勤劳作，奋力开拓，把这方宝藏蕴蓄的热土，建设成了一颗璀璨夺目，熠熠闪光的高原明珠，已成为振兴青海经济的强有力基地之一。

一、丰富的资源

（一）矿产资源。目前全州已发现矿床、矿点380余处，已探明储量的55种，主要有石油、天然气、湖盐、芒硝、钾、硼、镁、锂、石棉、石灰石、煤、铅锌、天青石、冰洲石、溴、碘、自然硫等。其中湖盐、氯化钾、氯化镁、锂、石棉、化工石灰岩、硅灰石、溴、碘等9种矿藏储量属全国前列。硼、天然碱储量居全国第2位。

主要矿资源储量：湖盐2958余亿吨，氯化钾3.8亿吨，三氧化二硼1174万吨，石棉4454多万吨，铅锌368万吨，煤炭35亿吨，石油2亿吨，天然气475多亿立方米，石灰石储量15亿吨。这些矿藏储量大，品位高，易开采，是发展盐化工，石油化工和其它原材料工业的物质基础。

（二）土地资源与生物资源。全州可利用草场面积8000多万亩。已垦种土地60.83万亩，尚有宜农荒地400余万亩。天然林地745万亩，木材蓄积量141万立方米。野生动物有野牛、白唇鹿、藏羚羊等18种；飞禽有天鹅、黑颈鹤等17种；鱼有裸鲤、鲤鱼等4种；药用植物有罗布麻、雪莲等10种。

（三）水资源与水电资源

海西境内有大小河流70余条，除布哈河等九条河流入青海湖外，其余均流向盆地中心。地表径流量44.4亿立方米，地下水的动储量年28亿立方米，静储量3424亿立方米，最大可利用水量为40.75立方米。水能理论储量为120万千瓦，可开发利用的40万千瓦，装机容量可达36万千瓦。有大小湖泊96个，总面积2100平方公里，大部分为咸水湖。有冰川160条，面积1358平方公里。

（四）光能及风能资源。海西地区光能资源十分丰富。年日照时数为2969至3575小时，日照百分率为60～80%。风能资源也很丰富，东西部大风年日数为86至110天，年均风速5.1米/秒，自然风能时数为6664至4391小时，有效风能储量为1012小时至680小时。丰富的太阳能、风能为解决广大农村牧区能源问题提供了新的途径。

（五）旅游资源。海西的旅游资源主要有：冰峰林立，举世无双的万丈盐桥；清澈甘美，状如蘑菇、喷珠溅玉、充满神奇传说的纳赤清泉；形态怪异，氛围迷动的亚丹地貌。另外还有风光宜人，景色秀丽的柏树山、天峻山等自然景点和塔里他哈遗址、唐代吐蕃墓葬群等古迹，供游人猎奇览胜。

二、开拓奋进的38年

建州30多年来，特别是改革开放以来，富有开拓创业精神的海西各族人民，在中国共产党的领导下，坚持“改革开放搞活，强化农牧业基础，开发优势资源，富民富州富省”的方针，以改革为动力，充分发挥资源优势，加快兴州富民步伐，使海西经济社会事业迅速发展。80年代以来，随着青藏铁路一期工程建设(已通车格尔木)、青藏公路的扩建以及青海钾肥厂一期工程,锡铁山铅锌矿扩建,茫崖石棉矿扩建和石油“三项”工程(油田产能建设、输油管道工程、格尔木炼油厂)等国家重点建设项目的兴起,扩充了区域经济的主体,工业的总体水平有所提高,一个以国家大中型企业为主体,地方工业协作配套发展,以开发盐化、石化资源为支柱产业,配套衍生下游产业,从产品的初级开发逐步转向综合利用、深度开发,大幅度提高资源开发效益的经济发展态势正在形成。

(一)工业发展突飞猛进,资源开发频结硕果。工业生产已达到一定规模,在全省经济建设中发挥着越来越重要的作用。目前,全地区共有工业企业131家,其中大中型企业3家,全部职工2.36万余人。工业门类有:石油、石棉、煤炭、化工,采盐及盐加工、水泥;建材、有色金属采选、农机修理、汽车修理、粮油加工、电力、皮革制品等60多种。

1991年全地区工业产值8.79亿元,其中州属工业达到3.05亿元,占34.7%,工业企业经济效益显著。1991年实现利税3499万元,实现工业净产值3.7亿元,产品销售收入62255万元,增长23.84%;全员劳动生产率为3390元。近几年,涌现出了茫崖石棉矿、青海钾肥厂、茶卡盐厂,柯柯盐厂,格尔木水电厂,昆特依盐厂等一批年上缴税百万元以上的利税大户。格尔木果酒厂沙棘系列饮料,获中国食品博览会银质奖和铜质奖,柯柯盐厂和昆特依盐厂的产品曾获轻工部部优产品。

(二)绿洲农业逐步兴起,高原牧业欣欣向荣。建州30多年来,在国家的支持和帮助下,农牧业生产条件改善,兴办国营农牧场,垦荒造田,扩营绿洲,植树造林、兴修水利。已形成了德令哈、希里沟、诺木洪、香日德、格尔木等绿洲农业区。天峻、都兰、乌兰、德令哈市、唐古拉、尕斯乡等草原,水美草肥,牛羊成群。

1991年全地区农村社会总产值(现价)19670万元,各业比重,农业占94.52%,农村工业占3%,建筑业占0.5%,运输业占0.96%,商业饮食业占1.04%。

(三)基本建设发展迅速,基础设施日臻完善。基本建设成绩显著。1991年全地区完成基本建设投资70485万元(其中州属9758万元),当年新增固定资产54887万元(其中州属3800万元);州属固定资产投资1991年比1978年增长9.5倍。随着开发西部资源步伐的加快,国家在海西的重点建设工程逐年增多。目前主要的基本建设项目有:青海油田“三项”工程,青海钾肥厂、茫崖石棉矿、格尔木小甘沟水电站,海西州黑石山水库,海西州纯碱厂,都兰西台水库,格尔木地下水治理工程等。

经过30多年的建设,城镇、工矿、农村、牧区、交通运输、文教卫生事业面貌大变。格尔木市和德令哈市初具规模,6座县镇城建出现了新姿,1991年,全州公路通车里程为5955公里,所有城镇乡村都通了汽车,青藏铁路在境内全长600公里。格尔木市民用航空机场,主要航线有格尔木至西宁、兰州、西安和拉萨。海西地区已形成公路、铁路、航空三位一体的交通运输网络。所有乡镇均已通邮。

除边远几个乡没有通电话外,其余乡镇通了电话。

全州共有各类学校220所,在校生5.4万人,教职工5574人,学龄儿童入学率达到88.6%。已基本形成了县(市)镇中小学配套,乡镇有小学,州上有中专的教育网络。

全州有卫生机构110个,其中医院28所,病床1794张;卫生事业人员3179人。各市、县、行委都建有医院,乡镇有医疗机构。

商业贸易发展迅速。1991年全州共有商业机构1444个,其中国营商业机构325个,从业人员5781人,其中全民商业4536人。全年商品零售额2.8亿元。

二、格尔木资源开发实验区及优惠政策

为了更好地推进全省经济发展战略的实施,充分发挥海西资源优势,振兴青海经济,省人民政府于1990年9月通过了建立海西州格尔木资源开发实验区的决定,实验区于1990年10月正式建立。为了吸引更多的资金、技术、人才,加速实验区的开发建设,青海省人民政府批转了海西州为资源开发实验区制定的优惠政策。凡在实验区兴办企业和各类经济实体的国内外企业、事业单位和个人均在建设用地、税收、物资、生活待遇等方面享受一系列优惠政策。主要有:凡征用规划区内土地、草原、耕地者,补偿费按规定标准优惠30%;征用非规划区土地和荒地,无偿划拨;为开办生产性企业征用土地者,从取得使用权起免征城镇土地使用税40%;区内新建企业所征用土地,5年内减征使用税40%;联办企业实现利润后,以再分利润在实验区投资实现利润的,3年内免征所得税;新办生产性企业投产后,3年内所征所得税,可返还企业一部分;用自筹资金建的生产性项目,经申请批准后,可免征建筑税;企业开发国家级新产品,投产3年内免征产品税、增值税,经申

请批准,从获利年度起,3年内免征所得税,开发省级新产品,投产2年内免征产品税、增值税,经申请批准,从获利年度起,在2年内免征所得税;凡从省外引进生产性资金、提供各类经济信息、合理化建议、引进或转让科研成果、技术专利,解决生产关键问题,并取得显著经济效益者,予以重奖;凡在实验区领办、创办、兴办各类经济实体的人员,除按合同规定取酬外,还可从投产后实现的利润中提取30%奖励;凡自愿来实验区工作的具有中高级技术职称,并在实验区做出显著贡献者,除享受当地同级人员一切待遇外,还可在工资待遇、农转非问题上,视不同情况给予优惠照顾等。

四、经济发展前景

在加快改革开放的新形势下,海西州将在经济建设和社会发展的各个领域奋力开拓,进一步强化农牧业基础产业地位,以开发优势资源为依托,大力发展地方工业,以骨干产品为龙头,组建一批紧密性企业集团,充分发挥产品优势,形成一批各具特色的经济实体。因地制宜地上一批符合国家产业政策、技术起点高,市场容量大,产品销路广,效益好的资源开发新项目。适度超前发展能源工业,以适应经济不断发展的需要。努力培育市场机制,强化市场因素对经济运行的导向作用,为形成良好的经济运行机制创造条件,促进经济繁荣,带动社会基础事业地蓬勃发展,形成好的投资建设环境。

本世纪末,全州国民生产总值可望达到8.1亿元(不含中央、省属企业),增长速度9.07%;国民收入生产额达到7.2亿元,10年平均增长9.15%;州属工农业总产值达到7.6亿元,10年平均增长10.03%;全州社会商品零售总额6亿元,10年平均增长8.1%;地方财政收入18650万元,10年平均增长7.12%。“八五”期间州属全民所有制固定资产投资额6.6亿元,其中,基本建设投资4.84亿元;更新改造投资1.68亿元。

能源工业:“八五”期间电力工业新建和扩建一部分输电线路,完善区域小电网,进一步开发水能资源,不断提高发供电能力。到本世纪末,州属电力新增装机容量2.3万千瓦,年发电量达到1.4亿千瓦小时。计划兴建的主要项目有:乌兰都兰河电站,装机2×200千瓦;白水河一级水电站,装机2×320千瓦;巴音河二级电站,装机2×500千瓦;冷湖火电厂,装机2×3000千瓦,香日德河梯级开发,装机2×3000千瓦;格尔木小干沟泾流一级电站,装机9000千瓦。煤炭工业主要完成现有煤矿的扩建改造工程,提高机械化采煤程度,建好焦炭基地。近期计划兴建的煤矿主要项目有:天峻年产3万吨焦炭厂;旺尕秀年产机焦2万吨焦化厂;年产原煤60万吨石泉煤矿,同时,加快地方煤炭地质勘查工作。

采盐业及盐化工业:盐湖资源的开发将走多种经营、盐化结合、综合开发的发展道路,积极引进先进工艺和技术设备,不断提高资源利用率。根据市场需求,将进一步开发低钠盐,加维盐,加微量元素盐,调味盐等食用盐系列产品。充分利用丰富的卤水资源、光热资源,采用盐田摊晒工艺,分段结晶制取再生元明粉、片状氯化钾、低钠盐,硫酸钾等多种产品,使采盐业逐步走上盐田工艺道路。“八五”期间完成茶卡盐厂新增20万吨原盐,柯柯盐厂新增30万吨盐技改工程,提高原盐机械化生产能力。目前开发的盐湖中除石盐外,还有硫酸钠、硫酸钙、氯化镁、氯化钾等有益成分,其储量都具备一定规模开采的保证条件。自治州将通过经济联合和经济技术协作,广辟技术、人才、资金来源,加速盐湖资源的综合开发。近期计划兴建的项目有:格尔木地区有年产2万吨硫酸厂;5000吨高纯电熔镁砂厂;钾镁厂年产3万吨氯化钾车间;5000吨硫酸钾厂;3万吨氯化钾;1万吨氢氧化钾厂;2000吨轻质氧化镁厂;5000吨氯化钾厂。德令哈地区有2000吨硫化碱厂;1万吨无水氯化钙厂;德令哈纯碱厂8万吨二期工程;1000吨碳酸锶厂。冷湖地区有1万吨硫化碱厂;化工厂15000吨氯化钾车间;10万吨元明粉厂;500吨碳酸锂厂;柴旦地区有500吨氯化锂厂,1万吨氯化钾厂。全州总计18个项目,总投资21880万元。

采矿业:“八五”期间做好砂金、岩金、天青石,冰洲石以及铜、铅、锌等金属和非金属矿藏的地质详查工作。近期计划兴建的项目有:乌兰桃花石开发;都兰冰洲石开发;茫崖岩金开发;格尔木沙金开发;茫崖2万吨天青石选矿厂;柴旦膨润土开发;都兰大理石开发;德令哈石墨开发。

昔日,勤劳坚毅的海西人民发扬柴达木艰苦创业精神,用智慧和汗水拉开了柴达木开发的序幕。今朝开拓创新的海西人民更有能力和信心描绘新纪元,州委、州政府决心在“开发优势资源、富民富州富省”的战略思想指导下,坚定不移地贯彻党的基本路线,紧紧围绕经济建设这个中心,加快改革步伐,立足本地优势,强化内引外联,推动经济和各项社会事业的加速发展,建设经济繁荣,人民富裕、文明进步的新海西。

(李东曲 撰稿)

青海钾肥厂

青海钾肥厂坐落在举世闻名的柴达木盆地内的察尔汗盐湖上。察尔汗盐湖为特大型内陆湖泊化学沉积可溶性氯化物盐类为主的综合性矿床。主矿以钾、钠、镁为主，共生、伴生矿有硼、锂、碘、溴、铯、铷等及其他稀有、分散元素。盐湖位于柴达木盆地中东部，地理坐标位于东经93°42′～96°14′，北纬36°37′～37°12′之间；全矿区自东而西划分为霍布逊、察尔汗、达布逊和别勒滩4个连续区段。盐湖东西长168公里，南北宽20～40公里，总面积为5856平方公里。主矿段为察尔汗，现为钾、钠、镁主要生产区。矿区处于极干旱地区，多年平均降水量23毫米，多年平均蒸发量达3200毫米，年均日照时数3100，是天然晒盐场。湖区各种矿物总量为630多亿吨。累计已探明储量：氯化钠426亿吨，氯化钾1.5亿吨，氯化镁19.8亿吨，氯化锂84.3万吨，硼415万吨，碘8080吨，溴17.6万吨，氧化铷3.8万吨及铯等稀有、分散元素。盐湖区有敦格公路和青藏铁路通过矿区，交通运输条件优越。

对察尔汗盐湖资源开发利用始于1958年，随着经济建设不断发展，生产规模不断扩大。国家"六五"重点工程——青海钾肥厂一期20万吨氯化钾生产线已于1989年5月1日基本建成并投入试生产。

青海钾肥厂是我国目前最大一座钾肥生产厂。也是国家对察尔汗盐湖实行综合开发重要示范项目。工程建设于1975年立项筹建，1986年5月1日正式开工建设，1989年5月1日基本建成并投料试车成功。在工程建设中，广大干部、职工和科技工程人员充分发挥了主人翁精神，使工程进度不断加快，提前一年时间完成全部工程，为国家节约了大量建设基金。一期工程完成总投资50960万元，完成建筑面积15.78万平方米。青海钾肥厂一期工程建成后，形成一个拥有生产、科研、供销等完整体系的新型采选联合盐化工企业，下设第一选矿厂、第二选矿厂、动力厂(装机1.8万千瓦自备火电厂)、综合利用厂、工程处、技术处、供销处、科研处和二期建设办公室等30多个单位及职能处室。全厂现有职工3600多人，各类专业技术人员800多人，占全部职工人数29.6%，具有各类中级以上技术职称人员达128人。全厂拥有各种动力机械车辆及大中型工程机械达2300多台件，其中机动车辆317台。固定资产原值44800万元。一期工程主要概算经济效益指标：生产规模为年产20万吨氯化钾，工业总产值为12600万元(按1990年价核算)，实现利润总额4000万元。钾肥厂建成试产三年来，取得了良好社会效益和经济效益，到1991年生产能力已达年产15万吨氯化钾，实现工业产值9450万元，加上低钠盐、氯化镁等产品，工业总产值已达到11000多万元，实现利税3900多万元。

青海钾肥厂的建设受到党中央、国务院的高度重视，在中央各部、委和青海省人民政府及有关主管部门的大力支持下，工程提前一年顺利完成。在建设过程中，党和国家领导人亲临现场视察和指导工作。中共中央总书记江泽民同志在格尔木接见青藏兵站部官兵期间，专门听取了该厂党政领导的汇报，并作了重要指示。建设初期胡耀邦同志两次来盐湖视察了青海钾肥厂，并作了"加快一期建设，快上二期工程"的重要指示。近年来，乔石、李铁映、宋健等党和国家领导人也到厂进行视察、考察工作。青海钾肥厂现已被国务院、国家计委先后列为全国"双保"重点骨干企业。被中宣部列为全国16家对外宣传企业之一。一期工程顺利建成投产，对加快我国钾矿资源开发利用起到重要示范作用。使国内农用钾肥严重短缺局面得以缓解。为推动国民经济发展和保障农业生产将发挥重要作用。

我国是一个贫钾国。目前柴达木盆地探明钾矿资源量占全国钾矿资源总量的96%，而且是我国大型钾矿开发基地。矿区开采条件优越，利于大规模开发。

为了促进我国经济发展和农业生产对钾肥的需求，青海钾肥厂二期80万吨规模建设已列为国家"八五"重点建设项目，前期工作正在进行。格尔木市为青海省计划单列市、经济开发试验区。该市在认真贯彻执行对外开放、对内改革一系列方针和政策措施，制定了开发资源优惠政策。为盐湖进一步开发创造了有利条件，加快了水、电、交通和通讯等基础设施建设。已建成两座供水工程，电力装机总容量为6

万千瓦，青藏、敦格公路和青藏铁路横贯市区，通讯已开通国际、国内直拨电话业务。

随着察尔汗盐湖钾矿的开发，伴生的硼、锂、镁、碘、溴、铷和有色矿物，为综合开发提供了物质基础。

前进中的龙羊峡水电厂

龙羊峡水电厂位于黄河上游青海省共和县与贵南县交界的龙羊峡谷入口处，上距黄河源头1684公里，下至黄河入海口3776公里。是黄河上游青铜峡至龙羊峡河段梯级开发的第一级电站，故称“龙头”电站。龙羊峡电厂在目前全国已建水电厂中，大坝最高(在陆)、库容最大、水轮发电机组单机容量最大，故有三最美称。发电装机四台总容量128万千瓦，设计年发电量60亿千瓦小时。龙羊峡电厂的建成，对加快青海省乃至西北地区工农业生产的发展，都有重要的作用。

一、工程概况

龙羊峡地处海拔2600～2700米之间。多年平均气温5.8℃，昼夜温差大，冰冻期6个月，年降雨量在250～300毫米之间，年均6级以上大风80天。

龙羊峡水库总库容247亿立方米，有效库容193.5亿立方米。水库面积383平方公里，回水长度108公里。上游河段多年平均入库流量650立方米/秒。

龙羊峡水电厂拦河大坝为混凝土重力拱坝，坝顶高程2610米，相对坝高178米。主、副坝挡水前沿总长度1226米，其中主坝长396米。电站厂房为坝后封闭式厂房。

四台水轮发电机组单机容量32万千瓦，设计水头122米，最大水头148.5米，流量298立方米/秒，额定转速125转/分。

二、企业建设与发展

龙羊峡水电厂由西北电力勘测设计院设计，水电四局施工建设。勘测设计工作始于1956年，1976年初经国务院批准列入国家第六和第七个五年计划的重点工程项目。

1978年水电四局进入龙羊峡工地开工，1979年12月29日凿通导流洞并顺利完成截流。1982年6月主坝开始浇筑，1986年10月15日下闸蓄水。期间1981年9月黄河上游虽发生了200年未遇的特大洪水，上游围堰经受住了严峻考验。1987年10月4日第一台机组正式并网发电，其余三台机组至1989年6月先后投产发电。

龙羊峡水电厂投产时间短，设备新、人员年轻。企业的发展核心是保证设备的安全运行。投产初期，随着库水位的升高，特别是1989年汛期水库水位急剧上升，机组负荷增大，设备隐患相继暴露，严重影响着安全生产。为了保证设备的安全运行，电厂有针对性的开展技术攻关，先后对机组冷却系统进行改进，保证了机组的稳定运行。完成技术革新、技术改造69项。年年超额完成国家发电任务。到1991年底，全厂累计发电172.6亿千瓦时、创产值11.6亿元，产品税累计达1.72亿元。1989年到1991年连续被青海省命名为“上交利税贡献大户。”1991年荣获青海省总工会颁发的“最佳经济效益杯”。

三、综合效益

龙羊峡水电厂的投产具有巨大的综合效益。

(一) **发电**。龙羊峡水电厂是西北电网最大的骨干电厂。电厂投产后，有效地缓解了西北电网缺电的局面。除自身发电效益外，对西北电网的调峰、调频保证电网安全稳定运行，发挥着重要作用。并提高了下游的刘家峡、盐锅峡、八盘峡、青铜峡四座梯级水电站的出力。

(二) **防洪**。1989年汛期龙羊峡上游黄河河段出现建国以来最大的大洪水(流量为4820立方米/秒)，龙羊峡拦蓄洪水量达90亿立方米。削减洪峰流量一半，免除了下游可能发生的洪水灾害，并提高了下游水电站和城市的渡汛防洪标准。

(三) **灌溉和供水**。改善了青、甘、宁、内蒙古诸省、区的灌溉面积约1700万亩(远景约2800万亩)。使兰州、包头等重要工业城市的生活和工业用水都得到了改善。

(四) **防凌**。龙羊峡、刘家峡两电站水库联合运行，有效控制下泄冰凌流量，缓解下游宁夏、内蒙古两区河段凌汛危害。

(五) **旅游与渔业**。龙羊峡电厂与著名的青海湖、日月山、塔尔寺等旅游点相距不远，组成独具高原特色的旅游群点。自电厂投产以来，共接待中外游客12.5万人次。利用水库发展渔业初见成效。1990年始在龙羊峡水库投放虹鳟鱼试养取得成功。1991年在水面100平方米(网箱)，投放鱼苗1650公斤，产量达1.14万公斤。目前在总结经验的基础上，进一步扩大网箱养鱼面积。

龙羊峡水电厂以安全生产为中心，发扬“艰苦奋斗，无私奉献，科学务实，争创一流”的企业精神，改革经营管理机制，依靠科学进步，为青海乃至西北的现代化建设提供强大的电力继续前进。

(解宗堂 撰稿)

湖盐工业的一颗明珠

——青海省茶卡盐厂

青海省西部柴达木盆地东部的茶卡盐湖是我省主要钠盐湖之一，被誉为青海湖盐工业的一颗明珠——茶卡盐厂就建在盐湖之滨。

一、坚持不懈搞革新、生产连年上台阶

据《汉书》地理志记载，“早在2000多年前的西汉时期，茶卡出产的“青盐”就在中国西北部的广大地区享有很高的声誉”。“青盐”虽历史悠久，但在1949年以前，茶卡盐湖资源的开采一直处于原始状态。解放前夕年产量最高只有1000吨左右。50年代，这个厂在自然环境和生产条件比较差的情况下，为了发展盐业生产，广大职工发扬自力更生.艰苦奋斗的精神，依靠自已的聪明才智，自己动手，在湖内架桥梁、铺铁轨，采用机车牵引，湖内原盐运输初步实现了半机械、机械化，结束了过去人推、牛驮的落后运输方式，提高了运输效率，为了摆脱钻、扒、锹、勺挖的采盐“四大件”，提高采盐的生产率，发动群众，研制了适合茶卡盐湖特点的泵式采盐机。生产能力猛增到年产20多万吨。

在此基础上，于1976年又开始了采盐船的试制工作。经过不懈努力，1978年研制了C—1型绞吸式采盐船，使采盐、洗涤、装车等主要生产工序全部实现了机械化，产量提高了100多倍。C—1型绞吸式采盐船的研制填补了我国湖盐水采工艺技术的一项空白。1987年获得了青海湖盐水采工艺科技进步二等奖。

二、瞄准市场不放松，围绕效益搞改革

党的十一届三中全会以来，茶卡盐厂从更新观念入手，围绕市场需要改革生产经营机制，把工作的重点放在提高产品质量，不断开发新的产品。1980年建成了年产20万吨洗涤盐生产线，提高了产品质量，深受用户欢迎，产品畅销不衰。1989年在青海制盐行业质量评比中，产品质量名列第一。目前该厂新的产品有加碘盐、洗涤盐、中青盐、高低钠盐等，生产能力初具规模。

十年改革，给茶卡盐厂注入了新的活力，生产建设不断发展。目前生产、生活设施比较齐全，建筑面积达3.27万平方米，各类设备1602台(套)，固定资产原值5059.6万元，固定资产净值2200万元。年原盐生产能力70万吨，1991年工业总产值达6328.2万元，利税465万元，全员劳动生产率63854元。

为了适合生产发展的需要，建立和健全经营管理制度，建立了计算机管理网络，推行标准化管理。1987年被全国总工会授予先进集体称号。年年被青海省和海西州人民政府评为先进单位。1991年还获得了青海省计量、档案管理单位升级合格证书。

三、“八五”展宏图、奔向新起点

茶卡盐湖东西长15.8公里，宽9.2公里，面积105平方公里。盐层最深15米，平均厚度4米，可开采储量4.5亿吨，平均氯化钠含量84%，具有储量丰富，开采容易、食用价值高的特点。交通方便，青藏公路通过厂区，42公里铁路专用线与青藏铁路相通。现有职工近600人，各类工程技术人员占职工总数的10%，进一步开发茶卡盐湖资源的条件已基本成熟。根据青海省国民经济和社会发展规划，茶卡盐厂坚持以技术改造为中心，增加投入，完善船采船运的生产新工艺，增加运盐驳船，扩大原盐生产能力22万吨。“八五”末生产能力达到100万吨。使产品质量、产量和税利上一个新的台阶。

(尉书彬 撰稿)

开发大事记

（1979 年—1991 年）

1979 年

4 月 25 日 青藏铁路铺轨到柴达木盆地的锡铁山铅锌矿。

7 月 15 日 格尔木水电站全部建成，装机容量为 9000 千瓦。

7 月 28 日 青藏铁路铺轨到格尔木。

9 月 10 日 农垦部在西宁召开会议，成立中国牦牛科研协作会。

9 月 30 日 青海第二机床厂试制成功特高精密滚刀铲磨机床。

11 月 14 日 我国著名的喇嘛寺——塔尔寺，经过整修后重新开放。

12 月 27 日 龙羊峡水电站导流隧洞工程竣工。

1980 年

1 月 3 日 格尔木至拉萨航空线通航。

4 月 2 日 省人民政府颁布《关于水资源繁殖保护条例实施细则》。

4 月 21 日 柴达木西部油田跃 17 号喷油，日产原油 300 吨以上。

6 月 3 日 中共中央总书记胡耀邦，书记处书记、国务院副总理万里，从西藏返回北京途经格尔木时，在详细询问了青海情况后，对省委第一书记梁步庭等领导同志说：我们在西藏讲的六条，基本上符合青海的情况，可以参照研究执行。

6 月 16 日 日中友协顾问，日中文化交流协会常任理事西园寺公一先生和夫人一行 6 人，由中日友协副会长孙平化陪同，到青海参观访问。

7 月 26 日 格尔木市设立。

9 月 5 日 青海的“5082”长毛绒和“高原牌”燕麦敌二号粉剂两项产品，青海光明化工厂“201”产品和青海黎明化工厂“752”产品分别获国家银质奖章。

9 月 30 日 全国人大副委员长班禅额尔德尼·却吉坚赞到青海视察工作。

10 月 21 日—24 日 以约翰·霍尔为团长的澳大利亚新闻代表团，到青海进行友好访问。

1981 年

9 月 11 日 国务院就黄河上游防汛工作，向青海、甘肃、宁夏、内蒙古四省区发出紧急通知，要求青海省和龙羊峡工程局调集一切力量，千方百计加高加固围堰，为确保围堰安全而战斗。省委、省政府和省防汛指挥部对贯彻国务院指示作了部署，落实了措施，提出了具体要求。

9 月 12 日 电力部部长李鹏由北京乘飞机抵西宁，乘车前往龙羊峡水电站施工工地，亲临第一线指挥防汛工作。

9 月 8 日—14 日 黄河上游地区又连降几次中、大雨。9 月 11 日，黄河上游唐乃亥水文站的流量达到每秒 4900 立方米。龙羊峡围堰前的水位每天上升 2 米左右，出现了百年未遇的洪峰，9 月 13 日 20 时，流入龙羊峡的流量已达到每秒 5570 立方米，远远超过了设计和校核标准，入库流量比出库流量大。

9 月 19 日 凌晨，万余军民经过十昼夜的奋战，龙羊峡水电站工程上游施工围堰加高加固工程，围堰下游石坡脚和导流洞进水塔工程已全部就绪。18 时，中央防汛指挥部给龙羊峡水电站参加防汛斗争的全体同志发来贺电，祝贺战胜洪水。

9 月 26 日 中共中央、国务院、中央军委向青海、甘肃、宁夏、内蒙古四省（区）领导机关，各级防汛指挥部、水电、气象、电信部门，参加黄河防汛抢险的广大干部、群众和人民解放军指战员发出贺电，祝贺黄河上游防汛抢险斗争取得决定性胜利。

10 月 2 日 青海黎明化工厂生产的雄鸡牌一、

① 市 区 一 角

② 古 城 焰 火

③ 五 四 大 街

④ 西 宁 体 育 馆

⑤ 西 宁 机 场

龙羊峡电厂

① 1990年8月1日，乔石同志视察龙羊峡电厂，听取水电四局局长李玉民同志汇报。

② 大坝鸟瞰

③ 高压输电线路

④ 中央控制室

这里通往世界屋脊

青藏铁路

青藏古路 盐桥

特有的

日月山上日月亭

湟中多靶高原体育训练基地

青

玉树牧区帐房城

山光水色

循化孟达天池

祁连山及山间鹿场

塔尔寺驰名中外

塔尔寺距西宁市28公里，是中国著名的喇嘛教寺院和信仰喇嘛教的少数民族朝拜的圣地。寺院始建于公元1560年（明嘉靖39年），历经400余年，殿宇、经堂、佛塔、僧舍至今保存完整，成为中外闻名的古代建筑珍品。

塔尔寺

制作酥油花

酥油花作为寺内“三绝”之一而驰名中外

镏金屋顶

滚滚长江、滔滔黄河源于斯

长江源

黄河源

海西蒙古族藏族自治州

格尔木市郭里木德草原

自治州内柴达木盆地蕴藏着丰富的石油、天然气资源。

图为尕斯库勒油田钻探固井。

自治州内柴达木盆地的风蚀地貌

◀ 格尔木宾馆

茶卡盐厂（海西自治州）

珍珠盐

机械化上垛

结晶盐

原盐装包待运

青海钾肥厂　（海西自治州）

①采　船（王精业 摄）

②浮选车间

③产品待运

④钾肥原料——

光卤石

宁夏回族自治区

主　　编:唐康来
副 主 编:李锦平　李岳坤
编写人员:康国平　周宝衡　费永忠
闫　军　彭维克　刘加青
姚浚源　常　萍
工作人员:高云翔(摄影)　铁如初
冀晓翀

宁夏回族自治区分目录

典型地区和典型企业

区情综述

一、发展历史

宁夏历史悠久。据灵武县水洞沟旧石器文化遗址考古发现，在距今约三万年前后的第四纪更新世晚期，宁夏地区已有人类活动。距今三四千年前，宁夏地区分布着总称为“西戎”的许多游牧部落。春秋战国时期，秦国于今固原地区南部设置乌氏县，为宁夏有行政设置之始。

公元前221年，秦灭六国，之后派大将蒙恬率军北击匈奴，取河套地，开始在此筑长城，修渠开荒，屯垦戍边。秦在宁夏设北地郡，辖有乌氏、朝那、朐衍、富平等县。西汉武帝时期，先后又有大批移民携带着中原地区先进的耕作技术迁戍到宁夏河套地区屯垦，开始了宁夏历史上的第一次大规模开发。宁夏平原由以荒漠草原为基础的牧业经济，转变为以灌溉农业为中心并与草原牧业相结合的农牧经济，生产力水平大为提高。当时宁夏北部属北地郡，南部属安定郡。

南北朝时期，宁夏先后属前赵、后赵、前秦、后秦、大夏、北魏、北周等管辖。公元579年，北周将俘获的南朝将士和居民3万余人迁居灵州，使江南经济文化及风俗习惯传入宁夏，人们遂将宁夏同江南比美，始有“塞上江南”之美誉。

隋唐时期，西北的突厥、回纥、吐蕃、党项等民族强盛，宁夏成为西北最重要的边镇之一，受到高度重视，引黄灌区再次得到大规模开发，灌溉农业进一步向地势低洼的北部发展。南部地区以养马为中心的畜牧业也有了新发展。

公元11世纪初至13世纪初，聚居于今宁、甘、陕和内蒙古河套一带的党项族建立了“地方万余里”的封建王朝，国号大夏，定都兴庆府(今银川市)，与宋、辽(后期为金)鼎足而立，史称西夏。西夏创建了其独特的政治、军事、教育、法律制度和文字体系。以鞣皮、纺毛线、制毡毯、金属加工、兵器制造为代表的手工业也颇为发达。宁夏地区的北、中部作为西夏王朝的核心地区，在农牧业、商品流通等方面都得到了进一步发展。

公元1227年，成吉思汗率蒙古军攻克西夏国，而成吉思汗也因积劳成疾病死在六盘山下。元灭西夏后，设宁夏行中书省，成为“宁夏”地名的始称。元代，随着西征蒙古军的东归，开始有大批信仰伊斯兰教的中西亚各族人民及阿拉伯人、波斯人等迁入定居，与当地人民融合，逐渐形成回族聚居区。元世祖时，在水利专家郭守敬的主持下，先后修长400公里的唐徕渠，长250公里的汉延渠等12条干渠和68条支渠，灌田万余亩，使宁夏成为全国安定、富庶地区之一。当时黄河水运业较为发达，境内航程约800里。

明代设宁夏卫，与固原同为明朝北方军事重镇。灌溉农业和以畜养军马为主的畜牧业继续稳定发展。为加强边防，重修了东长城、北长城、西长城，以及固原内边，至今仍存。

清初全国统一，民族和睦。宁夏引黄灌区继汉、唐之后又一次得到了大规模开发和建设。新开挖大清渠、惠农渠、昌润渠等，将灌区扩大到原为低洼盐碱荒地的银北地区。据史料记载，当时直接由黄河开口引水的干渠有23条，长1000多公里，灌田200余万亩。

清末民初，宁夏为朔方道，仍属甘肃省管辖。1929年，宁夏建省，辖八县二旗。由于地方军阀的专制统治和频繁战争，宁夏经济处于长期停滞倒退的状态。1935年中国工农红军长征曾路过宁夏，毛泽东同志写下了《清平乐·六盘山》的壮丽诗篇。1936年红军西征时，解放了宁夏部分地区，使盐池县成为陕甘宁边区的组成部分。在同心、海原县，还曾成立过我党领导下的第一个民族自治政权——豫海县回民自治政府。1949年9月，宁夏全境解放，之后成立了宁夏省人民政府。1954年10月，原宁夏省建制撤消，将原属宁夏省的巴音浩特蒙古族自治区、鄂济纳自治旗和磴口县划归内蒙古自治区、其余划归甘肃省，1958年10月25日，根据中共中央的倡议，在原宁夏省银川专区、吴忠回族自治州和原甘肃省固原回族自治州及平凉专区隆德、泾源两县基础上，正式成立了宁夏回族自治区。

现宁夏辖银川、石嘴山两个地级市，银南、固原两个地区及所属16个县、2个县级市、6个市辖区。首府银川市。

1991年末全自治区总人口479.8万人，其中回族157.9万人，占32.9%。

二、自然环境

地理位置：宁夏回族自治区位于我国西北地区东麓、黄河中上游地区。东临陕西，北连内蒙古，南接甘肃。地理坐标为东经104°17′—107°39′，北纬35°14′—39°23′。在我国国土开发整治总体格局中，宁夏既是以山西为中心的能源重化工基地和黄河上游水利矿产资源开发区的组成部分，又属黄土高原综合治理区和"三西"重点扶贫地区的范围。宁夏区域轮廓南北长456公里，东西宽250公里，形似枣核。全区土地总面积5.18万平方公里，折合7770万亩，占全国国土面积的0.54%。

（一）土地资源。宁夏土地资源具有总面积小、人均占有量多、质量不一、开发潜力较大的特点。宁夏土地面积在全国31个省、市、自治区中居第26位，仅大于北京、上海、天津三个直辖市和台湾、海南省，而人均占有土地量却居全国第7位，人均耕地和草场也高于全国平均水平。土地利用现状为：耕地1994万亩（统计数1193.8万亩），园地40.9万亩，草场3900万亩。全区有各类荒地1067.3万亩，是我国8个宜农荒地超过1000万亩的省区之一，其中有宜种植业的荒地644万亩，而且多数土地平坦，集中连片，距离黄河较近，具有发展引黄扬黄灌溉的前景，进一步开发还有很大潜力。

（二）气候条件。宁夏全境由南向北分属温带半湿润区、半干旱区、干旱区，其基本特征是，冬寒长、夏热短、春暖快、秋凉早；干燥多风、蒸发强烈、太阳辐射强、日照长、温差大。宁夏中、北部地区，年太阳总辐射量140－145千卡/平方厘米，年日照时数3000小时左右，日照百分率65－70%。银川市是全国日照最长的城市，多年平均日照时数比素有"日光城"之称的拉萨还多100多小时。昼夜温差一般在13℃以上，十分有利于农作物有机质的积累。年平均气温中、北部8—9℃，南部5—7℃，无霜期中、北部150—195天，南部127—155天，多年平均降水量中、北部180—300毫米，南部300—650毫米，因降水少，农业生产对灌溉的依赖较大。

（三）水资源。宁夏本地水资源的特点是量少、质差、空间分布不均、年度变率大。但是，过境河流黄河流径宁夏中、北部，多年平均流量为1050立方米/秒，多年平均径流量325亿立方米，按黄委会规划，2000年前，分配给宁夏年用黄水量40亿立方米。这在很大程度上弥补了宁夏本地水资源的不足，对工农业生产具有重要意义。宁夏本区的地表径流量多年平均为8.98亿立方米，80%以上集中分布在南部固原地区。地下水资源为25.3亿立方米，83.5%分布于宁夏平原。扣除地表水与地下水的重复计算量，水资源总量仅10.5亿立方米。同时，咸苦水分布面积占总面积1/3以上。径流与降水的70—80%集中在汛期6－9月。宁夏水能资源较为丰富，全区水能蕴藏量约200万千瓦，绝大部分分布在黄河干流黑山峡至青铜峡段，即大柳树、沙坡头、青铜峡三个梯级。黄河支流的水能资源主要分布在泾源县的泾河流域。青铜峡水利枢纽工程已于1967年建成，总库容5.65亿立方米，装机容量27.2万千瓦，年发电11亿千瓦小时。沙坡头水利枢纽工程已列入"八五"计划，建成后总库容2600万立方米，装机12.48万千瓦。大柳树水利枢纽工程是黄河上游重大梯级开发工程之一，总库容110亿立方米，装机容量192万千瓦，年发电80.7亿千瓦小时。它对缓解黄河中上游地区工农业用水紧张的矛盾，对加快陕、蒙、宁等干旱地带农业发展和脱贫致富的步伐，改善其生态环境，具有重要的战略意义。

（四）矿产资源。宁夏已发现的矿产资源有50余种，其中探明储量的24种。

宁夏煤炭储量丰富，煤种齐全，煤质优良，开采条件优越，主要分布在贺兰山、宁东、香山、宁南四个含煤区。探明保有储量309.8亿吨，预测资源总量2026亿吨，分别位居全国各省（区、市）第六位和第五位。在十大类煤种中，除弱粘结煤外，其余九种宁夏均有储量，尤以不粘煤最丰，其储量占总探明储量的84.6%，集中分布在宁东含煤区，是优质的动力和化工用煤，具有低灰、低硫、低磷、高发热量、高化学活性等特点。贺兰山含煤区的汝箕沟矿区，是我国重要的无烟煤出口基地，所产无烟煤即"太西煤"具有"三低"（低灰、低硫、低磷）"六高"（高发热量、高比电阻率、高块煤率、高化学活性、高精煤回收率、高机械强度)的盛名,被国家定为标准无烟煤,为我国出口换汇率最高的煤种。宁夏的主要含煤区,地质构造简单,煤层厚、埋藏浅,地下水和有害气体少,交通和水电供应方便,且多分布于山地和荒地,矿区开发不占用农田。

宁夏的建筑材料非金属矿产,主要是石膏、石灰岩、石英砂岩等。石灰岩远景储量400亿吨以上,主要分布在贺兰山、天景山、青龙山、牛首山等地;石膏远景储量2000多亿吨,居全国前列,主要分布在同心、海原盆地;石英砂岩远景储量约1亿吨,主要分布在贺兰山和固原等地。

陕甘宁盆地天然气资源的勘探工作,近年来有突破性进展,截至1991年底已拿到800多亿立方米的储量。宁夏的灵盐台地是该气田的组成部分,银川市是距气田最近(约300公里)的大中城市,有利于发展天然气化工工业。宁夏的灵盐台地还是长庆油田的一部分,石油探明储量3668万吨。六盘山盆地、银川平原、韦州盆地等均有储油构造。

(五) **生物资源**。宁夏著名土特产品有红(枸杞)、黄(甘草)、蓝(贺兰石)、白(滩羊裘皮)、黑(发菜)五宝,除蓝宝贺兰石外,其余四宝均属生物资源。红宝枸杞色艳肉厚,滋补和药用价值很高,是我区重要的出口创汇产品。黄宝甘草资源丰富,每年约采挖200万公斤,主要分布在中部风沙干旱地区。白宝滩羊裘皮也是宁夏的特产,30天左右的羔羊皮称之为二毛皮,薄如厚纸,柔软丰匀,光泽如玉,深受国内外客商欢迎。黑宝发菜是一种高档食品,形似人发,因其谐音"发财",是吉祥的象征,颇受东南亚、港澳华侨欢迎。除此之外,宁夏平原还盛产大米、甜菜、水果等农林产品。由于光照强,温差大等特殊的气候条件,水稻米质精良,具有粒圆、色洁、油润、味香等特点,被誉为"珍珠米";甜菜含糖量高;水果糖分多、色彩鲜、味道香脆。

(六) **旅游资源**。宁夏自然条件多样,开发历史悠久,既是近代人民革命斗争的根据地之一,又是我国唯一的回族自治区,因而孕育和造就了比较丰富多采的旅游资源。在自然景观方面,有宁夏平原的"塞上江南"风光,有雄伟壮观的贺兰山、六盘山山地景观,有烟波浩渺的青铜峡水库和风光旖旎的平罗沙湖,有以"沙坡鸣钟"和治沙奇迹而著称国内外的沙坡头。在人文景观方面,有巍峨神奇被外国友人称为"东方金字塔"的西夏王陵,有灵武水洞沟旧石器时代晚期人类文化遗址,有我国古代石窟艺术瑰宝之一的须弥山石窟,有典型独特的穆斯林风情和多姿多彩的回族民俗,有遍布全境的寺塔庙宇和楼阁台观,尤以银川南关清真寺、同心大清真寺、银川海宝塔、青铜峡一百零八塔、中卫高庙等建筑独具特色。

三、经济发展概况

尽管宁夏开发历史较早,但由于历史上频繁的战乱、统治阶级实行的民族歧视政策,以及闭塞的交通环境,造成了生产力的停滞。到解放时,宁夏基本没有现代工业,不通铁路,是国内生产力最不发达、经济基础最薄弱的省区之一。新中国成立以后,在国家的大力支持下,宁夏开始有计划的社会主义建设。1958年宁夏回族自治区成立前后,国家在宁夏安排了包兰铁路、贺兰山矿区、青铜峡水利枢纽等重点项目。在60年代中后期的"三线建设"中,国家又从沿海搬迁或由沿海企业包建了大河机床厂、长城机床厂、吴忠仪表厂、西北轴承厂、西北煤机总厂、青铜峡铝厂、宁夏有色金属冶炼厂、银川橡胶厂等一批骨干企业,70年代初还开发了灵武盐池一带的石油资源,初步奠定了宁夏工业的基础。国民经济其它方面也有了较快发展。

党的十一届三中全会以后,宁夏经济进入了一个新的发展阶段。改革开放政策给各个领域都注入了强大活力。1991年国民生产总值67亿元,比1978年,增长2倍,年均增长8.7%,1991年国民收入50亿元,比1978年增长1.7倍,年均增长7.8%,社会商品零售总额由6.43亿元增长到33.56亿元,增长4.2倍,年均增13.5%,地方财政收入由3.16亿元增长到6.81亿元,增长1.2倍,年均增长6.6%。

13年来,宁夏资源开发和基础设施建设迈出了重大步伐。相继建成了流量25立方米/秒、灌地50万亩的固海扬水工程,合计新增灌溉面积67万亩,改造中低产田72万亩的世界银行贷款河套扩灌工程(银南部分)和河套农业综合开发项目(一期工程)。建成了年产30万吨合成氨、52万吨尿素的宁夏化工厂、年产电解铝5万吨的青铜峡铝厂二期工程、年加工原油75万吨的宁夏炼油厂、年产23万吨水泥的宁夏水泥厂、装机60万千瓦的大坝电厂和装机40万千瓦的大武口电厂、年采煤90万吨的石嘴山矿区三号井、日处理甜菜各为1500吨的平罗糖厂和青铜峡糖厂、年产呢绒120万米的宁夏第二毛纺厂、年产涤纶丝3500吨的银川涤纶厂等重点工业建设项目,并对原有企业普遍进行了技术改造。同时,还建成贺兰山沿山公路,中宁、石嘴山、青铜峡三座黄河桥,银川市万门程控电话,邮政枢纽和长途通信枢纽等工程。显著增强了自治区的经济实力,改善了投资环境。

改革开放以来的13年,是宁夏农业大发展的13年。全区粮食产量由1978年的11.70亿公斤提高到1991年的19.98亿公斤,人均占有粮食达到424公斤,由80年代前每年需要国家从区外大量调入粮食变为自给有余。油料由2568万公斤增加到7165万公斤,甜菜由2.36万吨增加到66.53万吨,猪牛羊肉总产量由1231万公斤增加到6500万公斤,鲜奶由372万公斤增加到5470万公斤,水产品由0.025万吨增加到1.2万吨。1991年全区农业总产值28.3亿元,比1978年增长1.2倍,年均增长6.1%,其中农、林、牧、副、渔产值分别占农业总产值的68.2%、6.3%、22.4%、1.4%、1.7%。

工业也有了较快发展,目前已初步形成具有自己特点的地方工业体系。现有煤炭、电力、石油、机械制造、仪器仪表、黑色和有色金属冶炼、化学、橡胶制品、建材、纺织、食品、轻工、医药等30多个门类1895个企业,其中大中型企业62个。工业固定资产原值81.27亿元,定额流动资金26.5亿元。1991年全区工业总产值78.55亿元,比1978年增长2倍,平均每年增长8.9%。在工业总产值中轻重工业比重为26.7∶73.3,是重工业比重较大的省区。主要工业产品产量同1978年相比大幅度增长,其中原煤由999万吨增长到1374万吨、发电量由16.51亿千瓦小时增长到63.1亿千瓦小时、电解铝由1.83万吨增长到6.51万吨、水泥由27.66万吨增长到97.43万吨、化肥由5.30万吨增长到29.13万吨(折纯)、轮胎由30万套增长到70万套,糖由0.25万吨增长到4.8万吨、机制纸及纸板由0.97万吨增长到6.94万吨、轴承由172万套增长到200万套、呢绒由21.9万米增长到107.5万米,铁合金、化学医药、化学纤维等从无到有,产量分别达到8.4万吨、102.2吨和3600吨。产品品种、质量等也有了明显改善和提高,西北轴承厂生产的30228/630石油钻机用轴承、西北煤机一厂生产的综采设备、长城机床厂生产的CK7815数控机床、银川橡胶厂生产的长城牌轮胎、银川毛纺厂生产的6502提花毛毯等先后获国家质量金、银奖,长城机器制造厂的铸件、宁光电工厂的滤波器、宁夏电机厂的Y型电机、银川电焊条厂的大桥牌电焊条等先后在全国行业检测评比中名列第一名。

改革开放以来的13年,也是宁夏人民生活水平提高最快的13年。全区城市居民人均纯收入由1978年的320元提高到1991年的1383元,农民人均纯收入由116元提高到608元。特别是长期贫困的南部山区(西海固地区),在国家和自治区的大力扶持下,面貌发生较大改观,约90%的群众已解决了温饱问题。

四、基础设施

(一) **电力设施**。宁夏能源丰富、电力充裕。截止1991年底,全区电力系统总装机容量为155.2万千瓦,其中火电128万千瓦,水电27.2万千瓦。1991年共发电63.11亿千瓦小时。全区人均发电量1340千瓦小时,为全国人均水平587千瓦小时的2.3倍,主要电源点有青铜峡水电厂和大坝、大武口、石嘴山、中宁四座火电厂,其中大坝电厂为目前西北地区最大的火力发电厂。区内已形成220千伏主网架,并通过青铜峡至甘肃靖远330千伏线路联结西北电网。通往最后两个无电乡的输电线路正在建设,预计近两年内宁夏将成为我国西部地区第一个消灭无电乡的省区。根据自治区的"八五"计划,近期还将再建设大坝电厂二期工程(2×30万千瓦)、沙坡头水利枢纽(12.5万千瓦)等工程,到"九五"末期,全区发电装机容量将增加到220万千瓦以上,可满足生产建设发展的需要。

(二) **交通设施**。十一届三中全会以来,宁夏交通设施建设步伐大大加快,综合运输网络正在逐步形成。1991年全社会货运量完成4107万吨,客运量完成3371万人次,货物周转量709847万吨公里,旅客周转量215703万人公里。

1.铁路。区内铁路干线有沟通西北和华北的包兰铁路、境内全长361公里,现有运输能力为货运1150万吨,客车3对,途经工农业生产比较发达、物产比较丰富的石嘴山、银川、青铜峡、中卫等8个市县,是宁夏交通运输的大动脉。还有铁路支线3条,即平(罗)——汝(箕沟)支线、甘(塘)——武(威)支线、银(川)——新(城)支线。铁路专用线67条。1991年全区铁路货运量共完成1467万吨,旅客运送量完成184万人次。国家重点工程宝鸡至中卫铁路正在紧张施工,预计1995年可通车。它南连陇海线、北接包兰线,是宁夏通往内地沿海的又一条大通道,同时它也是第二条欧亚大陆桥的组成部分,对改善宁夏对外交通状况将发挥重要作用。

2.公路。目前已形成以首府银川市为中心,以国道、省道为骨架,县乡道路通向所有乡镇的公路网络。全区公路通车里程达到8200公里,其中国道六条:北京——拉萨线、北京——银川线、银川——西安线、岐口——银川线、荣城——兰州线、上海——伊宁线,过境共907公里;省道七条:银川——平凉线、银川——巴音浩特线、中卫——迎水桥线、中卫——静宁线、隆德——秦安线、什字——华亭线、沿山线，共885公里；县乡道路5852公里；专用公路556公里。在穿越黄河的干线公路上建有叶盛、中宁、石嘴山、青铜峡四座黄河大桥。1991年底民用汽车拥有量33363辆，70760吨位，135230客位。

3.航空。宁夏现有民用机场一个，开辟国内航线2条，即银川——北京和银川——西安。"八五"期间计划建设银川新民航机场，前期工作正在抓紧进行，计划1993年开工，1995年底竣工营运。新机场将能起降目前国内航线上的各种主要机型，东西南北方向主要城市都将开辟航线。

（三）通信设施。近年来，宁夏通信设施建设加快，通信状况大大改观。首府银川市先后建成邮政、电信枢纽楼，全区各县（市）都新建了通信综合楼。区内有兰州至银川960路微波一级干线；二级微波干线已开通银川——大武口和银川——吴忠——灵武480路，计划1992年新建成10个微波站，延长微波线路248公里480路。"七五"期间，建成银川市13000门程控电话。目前银川市可与国内、国际主要城市进行直拨通话已进入长话自动网，通过国内、国际长途台，可直达国内265个市、县和国际50多个国家和地区，89%的市县实现了市话自动化。1988年以来，除传统邮政服务项目外，新增加了特快传递、邮政快件、礼仪电报、邮政储蓄等服务项目。1991年全区邮电业务总量达到5278万元，市话交换机总容量达到35800门，电话普及率达到1.3部/百人。

（四）供水和仓储设施。宁夏本区地表径流量多年平均为8.89亿立方米，地下水资源25.3亿立方米。黄河由南至北横贯宁夏中北部，2000年前国家分配宁夏每年可利用黄河水40亿立方米。全区现有机电井8572眼，水库194座，总库容为17.5亿立方米。到1991年底，银川、石嘴山、吴忠、青铜峡四个市自来水年供水总量分别为3635万吨、8082万吨、490万吨和8820万吨；水厂综合生产能力（包括各单位的自备水源）分别为27.50万吨/日、26.50万吨/日、1.4万吨/日和24.60万吨/日。"八五"期间计划新建银川新市区水厂（4万吨/日）、青铜峡市水厂（0.7万吨/日）、石嘴山黄河水厂（6万吨/日），进一步扩大供水能力，以适应经济发展的需要。

宁夏现有的仓储设施主要分布在银川市、石嘴山市、吴忠市、青铜峡市、固原县等城镇的铁路、公路附近；从行业来看，多集中于物资、商业、粮食、供销、外贸等部门和一些大的企业，其中商业、物资、粮食部门能力较大。到1991年，商业系统有库房建筑面积34.5万平方米，货场面积4.3万平方米，商品年储存量11.9万吨，年运输量达56.8万吨，铁路专用线3980米。物资系统有库房建筑面积14万平方米，货场面积147万平方米，铁路专用线9800米。粮食仓储能力11亿公斤。另外，有冷库9个，能力7000吨。这些基础设施，对于搞活流通，促进经济发展，提供了必要的条件。

（五）宾馆、饭店及文化娱乐设施。目前，自治区各方面条件较好的宾馆有宁夏宾馆和贺兰山宾馆绿楼。宁夏宾馆位于银川市老城区，是"中国旅游饭店协会"会员之一。其设备齐全，交通便利（距机场12公里，距火车站10公里），拥有300多间不同等级的客房，餐厅6座。中国庭院式建筑，空气清新、环境幽雅。贺兰山宾馆绿楼位于银川新市区，是自治区的省级国宾馆，距机场、火车站均不超过5公里；拥有高中档客房175间，会议厅14个，宴会厅、餐厅7个及冷饮厅、酒吧间、弹子房等设施。其它较好的宾馆、饭店还有银川宾馆、中卫宾馆、固原宾馆、青山宾馆、沙坡头山庄、银川饭店等。正在建设的宁夏旅游宾馆是一座涉外三星级宾馆，预计将于1993年完工。

文化娱乐设施多集中于银川、石嘴山、吴忠等几个主要城市。全区共有歌舞厅、卡拉OK厅约100多家，公园及大型游乐设施12个，其中位于银川市的宁夏群艺馆、展览馆、"不夜城"娱乐中心等是条件较完善的游乐场所；全区目前有各类放映单位662个，其中银川金凤凰电影中心以其大屏幕、立体声设备等在各放映单位独占鳌头。

截止1991年，全区共有图书馆20座、博物馆3座、科技馆1座、文化馆19个、广播电台8个、电视台4个，以及一批运动场、篮球馆等体育运动设施。

五、发展横向经济联合情况

宁夏回族自治区的横向经济联合与经济技术协作工作，是从1979年党中央确定经济发达省市同少数民族地区对口支援和开展经济技术协作的基础上逐步发展起来的。中共中央〔1979〕52号文件确定，国家"要组织内地省市实行对口支援"，并明确"上海支援宁夏"。1980年自治区成立了经济技术协作领导小组，下设办公室。1982年，在宁夏银川市召开了《全国经济发达省市同少数民族地区对口支援和经济技术协作工作座谈会》，国务院批转了这次座谈会议纪要，有力地推动了我区对口支援和经济技术协作工作的开展，之后，各地市县都相继成立了经协机构。1986年和1987年，自治区人民政府又先后制定了《进一步推动横向经济联合的实施办法》和《同外省、自治区、市发展横向经济联合的暂行优惠办法》两个行政法规,使我区的横向经济联合与协作工作进入蓬勃发展时期。横向联合与协作已成为我区经济发展,特别是市县中小企业以及乡镇企业发展的重要保障。据从1983年到现在的不完全统计,十年来共实施横向联合与协作项目近5000项,引进外地建设资金3.5亿元,协进、协出物资总金额约为6.8亿元,引进和培训以及交流各类专业人才约1.2万余人次。

通过横向经济协作和联合,促进了我区资源优势的发挥。宁夏有丰富的能源、矿产资源,但资金和技术短缺;沿海地区加工工业发达,但受能源、原材料的制约较大。经过各级经协部门的穿针引线,促成了一批双方联合发展原材料的项目。如浙江金华市投资150万元,帮助恢复宁夏钢铁厂焦化厂的生产;沈阳、天津各投资150万元扩建石嘴山铁合金厂;浙江省投资390万元恢复中卫铁厂34立方米高炉和石嘴山铁厂100立方米高炉生产;上海、江苏、福建三省投资5000万元与中国有色金属总公司、天津市合资扩建我区青铜峡铝厂5万吨电解铝工程;国家发放横向联合专项贷款500万元,从能源紧张的吉林搬迁2台1.25KVA矿热电炉扩建宁夏铁合金厂等。通过联合,建立原材料基地,既支援了兄弟省区的建设,也加快了我区经济建设的步伐。

通过经济技术协作,引进了我区急需的先进技术和管理经验,引进了一批名牌产品和科研成果,开发出一系列新产品,加快了我区企业技术改造和产业结构的调整。银川电焊条厂,原是一个城区集体小厂,通过引进名牌与天津电焊条厂、哈尔滨焊接研究所实行紧密型的横向经济联合,企业有了长足的发展,一跃成为自治区的一级企业,产值连续三年以40%的速度递增,产品质量在全国同行业评比中居第一名。1991年在全国电焊条行业大面积滑坡的情况下,该厂凭过硬的产品质量和销售服务工作创下了产值超千万,利税169万的好成绩,资金利税率、人均创利居全国同行业前三名。中宁县啤酒厂是我区最大的一家乡镇企业,由于种种原因投产后质量不过关,企业陷入困境。经自治区经协办牵线与北京双合盛五星啤酒厂达成技术合作协议,该厂成为五星啤酒厂宁夏分厂。在五星啤酒厂技术人员帮助下,该厂已走上正常生产的轨道。银川涤纶厂与丹东化纤工业公司进行技术协作,使工程提前投产,产量和经济效益不断提高,现已成为自治区利税大户。

按照中央〔1979〕52号文件精神,我区积极与上海开展多形式、多渠道、多层次的对口支援。我区先后派出区、地、市、县以上的代表团有数十次,上海市也先后组织由有关方面领导带队,包括各方面专家、教授和工程技术人员等共960多人次,对我区进行了实地考察、指导和咨询,为我区开发新产品、解决生产技术难题。我区与上海累计签订各类经济技术项目700多项,已实施的项目有500多项,均取得了较好的经济效益和社会效益。截止目前,我区已有100多家企业同上海同行业厂家建立了对口支援和协作关系。上海为我区代培大专以上学生700多名,帮助固原地区代培中专学生100多名,并派人到宁夏办培训班1100多人次。据不完全统计,近十年来,我区从上海共引进资金近2000万元,先进设备300多台(套)以及一大批工艺技术资料。1985年以来,我区南部贫困山区还先后向上海、川沙、南汇、宝山等4个区县十多家工厂输出各种行业的劳务人员475名;同时我区也向上海市经济建设提供了一些急需的物资和原材料。

横向联合还促进了商品流通的扩大。仅我区经协系统组织的各类物资和商品交易会、推销月就有70多次。对启动市场、搞活流通、协进我区工农业生产急需和短缺的材料,发挥了积极的作用。

六、开展国际竞争情况

(一)进出口贸易。党的十一届三中全会以后,宁夏对外贸易由过去收购调拨和委托进口的间接外贸体制,变为自营进出口的直接外贸体制,对外贸易迅速摆脱了多年徘徊的局面,越来越多的企业和产品走上了国际竞争舞台,对增加国家外汇收入,发展民族地区经济作出了贡献。从1978年到1991年,全区外贸进出口总额由2962万美元增加到10122万美元,年均增长9.9%,其中出口额由2271万美元增加到8865万美元,年均增长11%,出口额占国民生产总值的比重由1979年的2.7%提高到1991年的7%。

为了保证外贸出口的稳定增长,自治区依托农业、能源两大优势,建立了煤炭、铁合金、羊绒、枸杞等出口商品生产基地;并以产业关联效应高、出口创汇效益好的"拳头"产品如轴承、轮胎、机床等为龙头,大力发展"工贸"结合。在国际市场上享有盛名的优质无烟煤——"太西煤"1991年出口达61万吨,创汇3006万美元。铁合金、羊绒、枸杞、轴承、轮胎等产品创汇都超过了百万美元。

在对外贸易额持续增长的同时,进出口商品结构和市场结构也有了明显改善。改革开放前,宁夏出口商品以农畜产品、初级产品为主;进口商品则以原材料、医疗器械等为主;市场狭小,主要集中在港澳、日本、前苏联和东欧市场。经过外贸部门和生产企业共同努力,现在宁夏出口商品中工业产品比重已由过去不足30%提高到80%以上,在1991年出口额中,农产品、轻工产品、重工产品分别占18.9%、19.6%和61.5%;工业制成品比重也由过去不足30%提高到1991年的43%,初级产品由过去70%以上下降到57%;出口市场扩大到包括西欧、东南亚、中东等在内的39个国家和地区,在1991年出口额中,港澳占25.8%,法国占18.6%,比利时占13.7%,日本占12.5%,英国占7.1%,意大利占4.6%,德国占3.2%,朝鲜占2.4%,美国占1.9%,古巴占1.7%,新加坡占1.5%,荷兰占1.2%。在进口结构中,引进技术的比重逐步提高。13年来,全区有计划地引进国际先进技术近90项,用汇约1亿美元,有力地推动了企业技术改造和产品升级换代。在复杂多变的国际竞争中,自治区的外贸队伍得到了锻炼和提高。目前,全区共有外贸进出口公司11家,在职职工近1000人,获经贸部颁发的合格推销员证书的有107人。1991年外贸出口合同履约率达81%,超过了国家规定的标准。

(二) **利用外资**。改革开放以来,宁夏从自身实际出发,克服困难,以多种形式积极利用外资,有力地促进了经济社会发展。

"六五"期间,宁夏利用外资工作开始起步。1984年9月21日至30日,在银川举行了宁夏第一次国际经济技术合作洽谈会。前来参加洽谈会的有15个国家和地区的92家厂商,签订经济技术合同20项,成交额达1985万美元。1985年2月8日,自治区人民政府又在北京举行了伊斯兰国家驻华使节招待会。同年4月自治区派政府代表团,出访巴基斯坦、埃及、阿拉伯也门共和国、科威特、沙特阿拉伯以及阿拉伯联合酋长国等6国。1985年9月15日至25日,在银川举办了以伊斯兰国家为主要对象的伊斯兰国际经济技术合作洽谈会,来自20个国家和地区的共110名厂商、外宾到会。共签订合同和协议28项,总成交额达2300万美元。在此期间,先后成立了5家通过合资、补偿贸易以及租赁形式直接吸收外商投资的企业,争取和实施了一批国际组织和政府援助及贷款项目,如联合国粮食开发计划署援助8.5亿公斤粮食进行的西吉县防护林工程,援助中卫南山台子水利工程;意大利政府捐赠宁夏工学院项目,北方果树研究项目;沙特阿拉伯伊斯兰开发银行出资的宁夏伊斯兰经学院项目,同心县阿拉伯语学校项目等。

"七五"时期,宁夏利用外资工作取得了新的进展。这期间,利用国外间接投资,特别是各国政府间和世界银行中低息、中长期贷款有了较大幅度增长。其中最大的是利用世界银行贷款的宁夏河套引黄扩灌工程(银南部分),总投资达31000万元,包括利用世行贷款3700万美元,工程新增灌溉面积21万亩,改善和配套面积33万亩,并安置贫困地区移民5万多人。其它项目还有利用奥地利政府间贷款的宁夏发酵厂项目,总投资5000万元,其中奥地利政府间贷款498.22万美元;利用丹麦政府间贷款的泾河清真肉联厂项目,总投资1888万元,其中丹麦政府贷款165.6万美元;利用西班牙政府间贷款的灵武特种水泥厂项目,总投资4500万元,其中西班牙政府贷款450万美元;利用荷兰政府贷款的银川乳品饮料厂项目,总投资3700万元,其中荷兰政府贷款410万美元,等等。在吸引外商直接投资方面,也做了大量的工作,自治区人民政府制定了鼓励外商来宁投资的优惠政策,建立了外商投资项目库(即项目指南)。1986年、1990年、1991年,分别在香港、新加坡、深圳和银川举办了经贸洽谈会,穆斯林经贸洽谈会、中国宁夏黄河文化节等活动,扩大了与外界的联系,广泛宣传了宁夏,吸引了一批外商来宁投资,成立了一批技术先进、效益好的创汇型外商投资企业。如长河商标包装装潢印刷有限公司、宁夏夏贝合成革制品有限公司、宁夏氧化铁红厂与马来西亚永进工业集团公司合资开发经营反光型粉末道路标志材料项目、生产新型节能镇流器等电子器材的宁夏八达发展有限公司等。

截止1991年底,宁夏利用外资累计协议金额13096.53万美元,其中直接吸引外商投资1709.4万美元,间接利用外资6387.13万美元,接受援助5000万美元。建成和在建项目48项,其中直接20项,间接12项,受援16项。正在开展工作项目10项(直接、间接各5项)。实际利用外资10500.5万美元。项目中工、农业项目占全部项目的85%。

七、发展规划和重点建设项目

90年代,宁夏经济社会发展的基本思路和目标是:坚持党的"一个中心、两个基本点"的基本路线。充分发挥农业、能源两大优势,注意优化经济结构和布局,拓宽产业和产品门类,提高加工深度和附加值。通过大力发展科技教育事业,改善经营管理,推动国民经济由速度型向效益型、由物资投入主导型向科技进步主导型转变。到本世纪末,力争实现国民生产总值在1980年基础上翻两番半,使人民生活从温饱达到小康，民族团结和社会主义精神文明建设达到新的水平，并为下一世纪更大规模开发和逐步缩小与先进省区的差距创造条件。

根据宁夏“八五”计划和十年规划，目前在建的国家和自治区重点项目主要有：盐环定扬水工程（流量11立方米/秒，灌地31万亩）、宝中铁路（Ⅰ级电气化铁路500公里，其中宁夏境内298公里）、灵武矿区（采煤1160万吨/年、铁路支线70公里）、宁夏水泥厂改扩建（新增水泥21万吨/年）、银川化肥厂（新增合成氨4万吨、尿素5万吨/年）、西北轴承厂改造（新增轴承70.4万套/年）、银川——古窑子公路（一级公路49.6公里、黄河大桥1219.8米）、六盘山隧道（2385米）、宁夏旅游宾馆（三星级标准床位300张）等。

计划在“八五”期间建设的重点项目还有：大柳树水利枢纽工程（库容110亿立方米，装机192万千瓦，一期灌地500万亩）、沙坡头水利枢纽（总库容2600万立方米，装机12.48万千瓦，新增灌溉面积51万亩）、宁夏化工厂第二套生产装置（合成氨30万吨、尿素52万吨）、宁夏制浆造纸厂（中高档胶印书刊纸1.8万吨/年）、大坝电厂二期工程（2×30万千瓦）、青铜峡铝厂三期工程（电解铝10万吨/年）、包兰铁路电气化改造、银川新民航机场等。

根据邓小平同志1992年初视察南方的重要讲话精神，为了促进全区加快对外开放，调动各行各业扩大出口、引进外资、发展外向型经济的积极性，吸引更多的外国资本、技术和智力进入宁夏，自治区党委、政府决定，比照沿海开放区的做法和经验，实行更为开放、更为优惠的政策。目前，已在银川起步建设高新技术产业开发区。欢迎国内外厂商、各界人士前来我区投资办厂，合作发展各项事业。

（李锦平　李岳坤　刘加清
康国平　姚浚源　阎　军
彭维克　周保恒　撰稿）

附录：

宁夏回族自治区"八五"、"九五"期间对外经济技术合作部分项目

1. **灵武矿区** 优质动力和化工用不粘结煤，储量28.39亿吨，煤层厚，开采条件好。建设规模1160万吨/年，总投资30亿元。"八五"计划建设灵新矿240万吨/年，"九五"建设羊肠湾矿300万吨/年。

2. **大坝电厂二期** 有煤、水、路等优越条件，一期已建成2×30万千瓦机组。二期扩建2×30万千瓦机组，总投资11亿元，"八五"开始建设，"九五"初期建成。

3. **青铜峡铝厂三期工程** 充分利用煤电等资源优势，一二期已建成电解铝8.2万吨，三期再扩建10万吨，总投资7.2亿元，"八五"计划开始建设，"九五"计划建成。

4. **靖边——银川天然气输气管线** 全长300公里，年输气8－10亿立方米，沿线地势平坦，地质条件好。总投资2.5亿元，投资回收期8年，"八五"计划期内建设。

5. **宁夏化工厂扩建工程** 引进国外二手合成氨设备，以天然气为原料再建一套年产30万吨合成氨、52万吨尿素装置，投资7.4亿元，投资回收期7－8年，"八五"计划建设。

6. **宁夏石油天然气化工基地** 充分利用宁夏及附近的煤、电、油、气、盐，建设生产多种化工原料、化肥、合成纤维和合成树脂的化工基地。主要产品有聚氯乙烯12万吨，烧碱10万吨，甲醇30万吨，甲醛5万吨，聚甲醛1.5万吨，醋酸6万吨，聚乙炔醇4.5万吨。总投资37亿元，投资回收期8年。"八五"计划开始建设，"九五"计划续建。

7. **西北焦化厂** 利用石咀山焦煤储量丰富和有较强焦化生产技术力量的优势，建30万吨冶金焦、1.3万吨焦油、3500吨硫酸、3500吨粗苯、705吨元素硫，总投资8800万元，"九五"计划建设。

8. **宁夏纸浆造纸厂** 利用丰富的麦草资源和其它配料，采用先进工艺，年生产高中档书写纸及胶印书刊纸1.8万吨，总投资15673万元，投资回收期7.5年，"八五"计划建设。

9. **宁夏化纤织染厂** 将银川涤纶厂已形成年产3500吨民用丝进行前后配套和深加工，新建年产2000万米印染布的化纤织染厂，总投资6300万元，年产值1亿元，利税2500万元，"八五"计划开始建设。

10. **银川橡胶厂子午胎生产线** 该厂目前拥有生产机动车辆轮胎和航空轮胎123个品种、年生产能力80万套。为适应机动车辆对轮胎更新换代需求，建设30万套子午线轮胎生产线，总投资1.4亿元。建成后，予计销售收入1.43亿元，利税4,800万元，并有较好的社会效益，"八五"计划建设。

11. **黄河大柳树水利电力枢纽工程** 位于宁夏中卫县境内黄河黑山峡峡谷出口以上2公里处。大柳树水利枢纽总库容110亿立方米，下游有宜于发展灌溉的土地1920万亩，规划初期开发500万亩。电站装机192万千瓦，年发电74亿度，并能增加黄河上游龙羊峡、刘家峡等梯级电站保证出力80万千瓦，还有供水、防洪、防凌、航运等综合效益。予计该项目总投资38.4亿元，"八五"开工，"九五"继续建设。

12. **沙坡头水利枢纽工程** 位于宁夏中卫县境内。该工程可使现有47万亩农田的灌溉保证率显著提高，并可增加灌溉51万亩，电站装机12.48万千瓦，发电6.71亿千瓦小时，总投资2.8亿元，"八五"计划开始建设。

13. **六盘山速生丰产用材林基地** 六盘山区雨量充沛，气候湿润，光、热、水、气、土壤等都具备发展用材林的有利条件，并已具有较强的技术力量和成熟的管理经验。该区规划建设商品用材林基地18万亩，予计40年内可生成木材590万立方米。总投资1.5亿元，"八五"计划开始建设。

14. **银川新机场** 银川现有机场设施简陋，只能起降B－146以下机型，计划易地在黄河以东建设新机场（二级）。河东建设新机场各方面条件都很好，总投资2.92亿元，"八五"计划建设。

典型地区和典型企业

塞上古城展新姿

——银川市建设成就及展望

银川市是宁夏回族自治区的首府，是宁夏的政治、经济、文化中心和交通枢纽。它位于宁夏平原引黄灌区中部，东吮滔滔北去的黄河水，西枕巍峨矗立的贺兰山。相传美丽的百鸟之王——凤凰，曾飞来银川安家，人们视为祥瑞，遂称银川为"凤凰城"。

银川市现辖两县、三区，总面积3499平方公里。市区面积1277平方公里，建成区面积38.8平方公里，呈东西走向，分老城、新城、新市区三部分。1991年末全市总人口82.94万人，其中，市区人口49万人，回族14.9万人，占18%。银川属中温带大陆性气候，年均降水量200毫米，年均气温8.5℃，无霜期158天，平均海拔1110米。贺兰山突起于市区西部，主峰海拔3556米，它削弱了西北寒流、风沙的侵袭，成为银川的天然屏障。山中蕴藏着丰富的非金属矿产资源。现已探明的有磷矿石、硅石、白云石、水泥石灰岩、电石用大理岩等。

银川是一座历史悠久、具有民族风格的塞上古城，被国家列为62个历史文化名城之一。它始建于公元678年(唐高宗化凤三年)，至今已有1300多年历史。公元1038年，党项族首领元昊建立西夏国，银川为国都，时称兴庆府，历时189年。封建王朝历经更迭，兴庆府又曾改称中庆府、宁夏府城、宁夏城等，直到1944年才正式定名为银川市。悠久的历史给银川留下了众多的名胜古迹。沿贺兰山东麓的西夏王陵、滚钟口、拜寺口双塔、三关古长城组成的西夏王名胜区，是国务院公布的国家重点风景名胜区之一。规模宏大的西夏王陵区，东西约4公里，南北长10公里，随地势座落着9座西夏帝王陵园和近300座王公贵戚的陪葬墓。市区有东晋重建的海宝塔、西夏兴建的承天寺塔、明代的玉皇阁、清代的钟鼓楼等古建筑。还有为适应穆斯林宗教活动需要而建立的南关清真寺、带有浓郁的伊斯兰建筑风格和民族特色。近年来，银川以其独特的塞上古城风貌和回乡风情吸引着越来越多的国内外游客。

解放前夕，银川是一个建成面积仅3平方公里的小城镇，人口不足3万，经济萧条，文化落后，交通闭塞。1949年全市工业总产值仅264万元，农业总产值2439万元，社会商品零售总额621万元。中华人民共和国的建立，揭开了银川社会主义建设崭新的一页。1958年宁夏回族自治区的成立，为首府银川市的经济文化发展开辟了更加广阔的前景。特别是党的十一届三中全会以来，银川市各族人民贯彻改革开放政策，各行各业生机勃勃，欣欣向荣，社会经济各个领域发生了巨大的变化。1991年全市社会总产值达47亿元，比1978年增长2.6倍，平均每年递增10.4%；国民收入16.8亿元，比1978年增长3.3倍，平均每年递增9.7%；工业总产值为27.6亿元，比1978年增长3倍，平均每年递增11.1%；农业总产值6.8亿元，比1978年增长1.9倍，平均每年递增8.4%；社会商品零售总额为12.65亿元，比1978年增长5.7倍，平均每年递增15.7%；地方财政收入2.5亿元，比1978年增长2.3倍，平均每年递增9.7%。工业总产值、农业总产值、社会商品零售总额、地方财政收入分别占全自治区的36.9%、24%、37.7%、30.7%，银川市现已成为陕、甘、宁、蒙毗邻地区的主要中心城市。在经济发展的同时，城市基础设施、园林绿化、商业服务、科技文教等各项事业也有了明显改善。1991年，城镇居民人均生活费收入1533元，农民人均纯收入达到732元，城市人口电话普及率达到5%。

"天下黄河富宁夏"，全市粮食总产量46.6万吨，人均粮食占有量达到562公斤，蔬菜、奶牛、水产、水果等商品生产基地已初具规模，1991年肉类总产量1.4万吨，比1978年增长了5.5倍，蔬菜

23.8万吨，比1978年增长了42%，水产品0.8万吨，比1978年增长了101.6倍，水果0.7万吨，比1978年增长了1.5倍，牛奶2.7万吨，比1978年增长了107倍。乡镇企业从无到有，蓬勃发展，已成为农村经济的重要支柱，1991年乡镇企业总收入达4.5亿元，比1978年增长17.8倍。

建国前，银川市几乎没有现代工业，只有一些老手工作坊。解放后，银川市坚持自力更生，积极利用本地丰富的农畜产品及煤炭等资源优势，建设了一批毛纺、制革、化肥、农机等工业企业。60年代中后期，从沿海搬迁建设了一批骨干企业，奠定了银川市工业的基础。经过40多年的建设，银川市现已拥有500多家工业企业，涉及30多个行业。工业结构的特点主要是综合型，其中占比重较大的行业是机械、化工、食品、纺织、建材工业。重工业居主导地位，轻重工业比例为31.2∶66.8。主要产品有橡胶轮胎、化肥、水泥、机床、轴承、起重机、小型拖拉机、化学纤维、棉布、呢绒、变压器、胶带、电焊条、合成洗涤剂、机制纸、金属钠、碳化硅、柠檬酸等2000多种。

银川在历史上就是西北地区的商品集散地之一。解放以来，随着工农业生产的发展和人民生活的提高，银川商业有了较快发展。特别是近几年来，积极开辟多种流通渠道，打破了过去地区封闭式的流通格局，开放型的城乡流通网络已初步形成。通过多种资金渠道，新建、扩建了宁夏商业大厦、宁夏贸易大厦、东方大厦等20多个大中型零售商业企业和绿洲饭店、迎宾楼等30多家大中型饮食服务设施及一批集市农贸、批发市场。1991年建成工业品(银川商城)、粮食、土特产、生资建材、综合五个批发市场，进一步促进了城乡市场的繁荣和发展。1991年全市全民、集体、个体商业和饮食服务网点共有14327个，集贸市场31处。近几年培育、建立和发展了生产资料、资金、劳务、房地产市场，多层次的市场体系已开始形成，使城市流通功能和辐射力明显增强。

城市面貌日新月异，投资环境有了明显改善。在逐步改造和建设老城和新城的同时，逐步开发建设了面积为18平方公里的新市区。党的十一届三中全会以来，银川城市建设步伐进一步加快，陆续建成的具有现代风格和民族特色的鼓楼和玉皇阁建筑群、新火车站、南关清真寺、民族团结碑、银川商城、宾馆、影剧院等一批建筑物，使城市面貌焕然一新。城市各类房屋建筑面积由1949年的62万平方米增加到1294万平方米。各项城市基础设施进一步改善，1991年末道路总长度达195公里，排水管道总长度99公里；自来水日供水能力9.9万立方米，供水管网总长度280公里；公共汽车从1958年的3辆发展到目前的167辆，营运线路13条，总长度325公里；公园由解放前的一个发展到5个，总面积73公顷，城市园林绿地面积636公顷，人均公共绿地面积2.7平方米。银川还是宁夏的交通枢纽。包兰铁路横穿银川市区，直通北京、兰州。民用航空已开通银川——北京、西安——银川——太原——北京的航线。公路交通，已形成以包兰、银巴、银定等干线公路为骨架，连接内蒙、陕西、甘肃等地的公路网络。目前正在兴建的宝中铁路、银古一级公路和银川黄河大桥以及计划建设的包兰铁路电气化改造、民航新机场、银川至包头光缆干线、扩建银川程控市话2万门等，将进一步改善银川对外开放的条件。

近年来，银川市认真贯彻改革开放的方针，对外贸易有了较大的发展。市属外贸收购总值以20%以上的年均速度递增，出口商品五大类，50余个品种，特别是工业制成品的外贸收购量上升较快。产品远销日本、美国及东南亚等20多个国家和地区。机床、起重机、毛毯、地毯、芦笋罐头、卫生纸、服装、元明粉等已成为主要出口换汇产品。利用外资金额达2000多万美元，建成的外商投资企业15家，协议外商投资1115万美元，先后有香港、澳门、美国、意大利等国家和地区的客商来银投资。在发展对外贸易的同时，我市积极发展与国内各省市经济联合与协作，与国内140多个市、县建立了经济协作关系，同沈阳、乌海、宁波、包头、合肥、北京市宣武区等缔结为友好城市，联合成立并参加了“陇海、兰新经济带”、“全国少数民族自治区首府市市长联系会”、“沿黄河八省区经济带”、“西北五市经济技术联合会”等经济活动，加强了我市同这些地区的经济交往。

与过去相比，银川的确有了很大发展。但是从全国来看，银川市依然是一个发展中的年轻城市。“规模小、实力弱、条件好、潜力大”是银川市情的基本特点。银川市今后经济发展所面临的主要困难集中表现在：资金短缺，技术、管理水平落后。我们认为克服困难的重要措施之一，是必须坚持和不断扩大对外开放，进一步寻求和加强与国内外先进地区的联合协作，积极引进资金和技术，来加快银川的建设步伐。

党的十三届七中全会制定了90年代我国发展的宏伟蓝图，社会主义现代化建设已进入新的历史时期。今后10年，银川市经济和社会发展的指导思想是：以经济建设为中心，坚持改革开放，依托黄河之利，发挥能源之优势，利用中心城市有利条件，锐意进取，强工重农，发展社会生产力，壮大城市经济实力，逐步建设文明昌盛、具有民族特色的现代化城市。银川市经济社会发展总的奋斗目标是：努力超越全国城市中等水平，在全自治区率先步入小康，即到2000年，我市人均国民生产总值、人均国民收入与全国城市平均水平相比，由目前的85%左右争取达到平均水平以上。社会总产值年均递增8.5%；国民生产总值2000年达到49.5亿元，平均每年递增8.9%，人均国民生产总值达到4850元；农业总产值年均递增4.6%；外贸出口总额年均递增15.5%；社会商品零售总额年均递增11.7%；财政收入年均递增7%；职工人均货币工资年均收入和农民人均生产性纯收入年均递增6.9%和6%，2000年分别达到3500元和1250元；城市人均居住面积达到8平方米，城镇民用电炊及燃料气化率达到90%以上，城市集中采暖率达到50%，城市人口电话普及率达11%。实现上述奋斗目标，我市城乡经济实力将大力增强，人民生活水平将进一步提高。

银川市的农业条件好，发展潜力大，依靠农业开发促进加工业发展，是我市经济发展的一条战略思路。"八五"期间，我市农业发展和建设的重点是：按照"城郊型、基地化"的发展模式，巩固提高商品粮基地，配套和完善蔬菜、奶类、水产品、水果等副食品生产基地，稳步建设以糖料、芦笋等产品为主的轻工原料基地。继续大力发展乡镇企业，壮大农村集体经济实力。积极推进"科技兴农"，狠抓农民文化教育和技术培训，提高农民素质。

工业是我市经济的主体，大力提高我市的工业化水平是我市经济工作的中心任务。银川市的工业进一步发展具有许多有利条件。银川地处能源基地中心，距贺兰山煤田103公里，距宁东煤田108公里，且处于银北石嘴山和银南青铜峡两大电源点之间，市内建有220千伏变电所联结南北电源，丰富的能源资源是我市工业发展的坚实后盾。作为回族自治区首府，银川还是国家和自治区对外开放中加强同世界伊斯兰国家联系交流的重要窗口，充分利用这一特殊条件，可以更好地吸引外资和技术，并使清真食品工业有大的发展。"八五"期间，我市将坚持内涵与外延并举的方针，通过深入开展产业和产品结构调整，重点发展和建设化工、食品、机电、建材工业，使之成为具有较强实力和明显优势的支柱行业。围绕支柱行业，重点开发和发展十大产品系列。一是以金属钠为龙头，发展钠系列及其深加工产品；二是配合全区煤炭工业的发展，开发各类运输带、传动带、三角带及其相关的橡胶、橡塑系列产品；三是开发和发展煤化工系列产品；四是在进一步发挥农产品资源优势的基础上，发展具有清真特色的食品系列；五是发展传统和新型的发酵产品系列；六是利用能源和非金属矿产资源优势，开发磨具、磨料产品系列；七是为适应我区电力工业发展，开发为电力工业服务的电工电器产品系列；八是适时发展铁合金、电石等高耗能产品系列；九是开发新型建材系列产品；十是加快开发机制纸系列产品。

为了加快经济发展和对外开放步伐，提高产业技术结构，自治区和银川市人民政府决定在银川创建高新技术产业开发区。开发区位于银川新、老城和银新南、北路之间，交通便利，环境优美。区域面积5.2平方公里，可开发面积约4平方公里。

开发区将从宁夏的实际出发，实行高新技术开发与高起点传统产业开发并举，以引进区外、国外资金为主；科、工、贸相结合，重点发展外向型产品，以高科技产业开发为途径，建成有内陆特区性质的产业开发区。

为鼓励和吸引国内外资金、技术、人才，开发区充分利用和发挥自治区民族自治权，制定和执行优于沿海地区的、更加有吸引力的优惠配套政策。凡准许进区从事研究、开发、生产、经营高新技术及其产品或兴办高起点传统产业的独立核算企业，不论外方投资（含港、澳、台）或国内投资，均可享受相应的优惠政策。主要包括：减免一定期限、程度不同的所得税、产品税、增值税、营业税、工商统一税、房产税、土地使用税（费）、投资方向调节税，可以实行快速折旧，所减免的税收和增提的折旧额，可以免缴能源交通重点建设基金和国家预算调节基金；免购国家重点建设债券；免征奖金税和国家另有规定外的出口关税；企业发生年度经营亏损，在一定期限内可以结转次年利润抵补；以优惠价提供土地和标准厂房；内资企业出口额达到一定规模后，可享受外贸经营权。此外，还确定了对为开发区引进高新技术项目和外方投资项目的个人和单位实行奖励的政策。开发区于1992年现已破土动工，计划当年内将建成25000平方米标准厂房和附属设施，使基础设施满足开工生产的需要，实现当年建设，当年企业进区生产的目标。

我国第二个改革开放的春天已经来临，银川各族人民决心抓住机遇，加快步伐，使银川经济建设再跨上一个新的台阶。银川正处于展翅欲飞之际，我们热忱欢迎国内外企业界人士前来我市旅游、观光、通商、办厂、联合开发，为把银川建设成为文明昌盛的现代化城市而奋斗。

（原崇如 撰稿）

天下黄河富宁夏

——宁夏的水利事业

发源于青藏高原巴颜喀拉山北麓的黄河，以“掀起万丈狂澜”之势穿越青海、四川、甘肃三省山川，流程2400余公里而后进入宁夏回族自治区境内。进入宁夏境内的黄河，平缓而舒坦，两岸沃野无垠，形成了宁夏河套引黄灌区。

引黄灌区位于自治区东北部，面积2.7万平方公里。灌区包括11个县市和20个大型农林牧场。黄河在灌区流程397公里，年平均径流量325亿立方米。宁夏引黄灌区是我国大型的古老灌区之一。2000多年前，秦始皇统一六国后，发兵北击匈奴，取河套地，沿黄河设置郡县，移民开垦，拉开了开发黄河水资源的序幕。汉武帝两次向北地等郡大规模移民，宁夏平原开辟了规模浩大的引黄灌溉渠道工程，形成了以灌溉农田为中心，并以草原牧业相结合的农牧经济。之后，隋、唐、西夏、元、明、清历代开发黄河，整治河套，修筑灌渠，不断开拓引黄灌溉，形成了秦渠、汉渠、唐徕渠、美丽渠、太平渠等一系列引黄灌溉渠道。解放前，由于社会制度和科学技术水平的限制，渠道设施简陋，无排水系统，土壤盐渍化严重，加之过去这里水火不断，使田园荒芜，水利失修，民不聊生，1949年引黄灌溉面积只有192万亩。

宁夏引黄灌溉虽有悠久历史，但是水利事业的真正大发展是在新中国建立以后。建国四十多年来，国家投入水利建设资金9亿多元，形成固定资产7.2亿元，建成黄河青铜峡水利枢纽和一大批灌溉、排水、防洪、人畜饮水等水利工程。首先，改造、扩整旧有渠道，开挖修筑新渠道，扩大灌溉面积。先后对汉延渠、唐徕渠、惠农渠、七星渠、美丽渠等古老干渠进行改建和扩整，提高输水能力；新建了第一、第二农场渠、北干渠、高友渠、跃进渠、西干渠、东干渠等。引黄灌区先后改造和新建干渠15条，总长1470公里，引水能力每秒720立方米；其次，根据引黄灌区地下水位高、盐碱重的特点，开挖排水沟道，兴建电力排水站和排水机井，实行灌排并举，以排为主的方针，做到渠沟配套，能灌能排，使星罗棋布的所谓七十二连湖，除留作鱼池、苇塘外，已改造成阡陌相连的沃壤良田，地下水位下降，土壤盐渍化减轻。引黄灌区开挖整修干沟32条，总长790公里，排水能力每秒580立方米，建成电力排灌站170余座，排水机井8000余眼。再次，治理黄河，整治山洪。针对黄河主流流向和冲淘规律，采用修筑码头和防洪堤等办法，防止洪水淹滩，冲淘两岸农田；在沿贺兰山东麓，针对山洪来势猛，时间短，而洪量不大的特点，采用蓄洪滞流的办法，将洪水引到有蓄滞条件的洼地，形成滞洪区，削减洪峰。建成较大的滞洪区22个，蓄洪容量6700万立方米，从而有效的减轻以至免除山洪的危害。

为了更好开发利用黄河水资源，1958年在黄河上开工兴建了青铜峡水利枢纽工程，1960年拦河大坝建成，锁住了千古不驯的“黄龙”，结束了青铜峡灌区无坝引水的历史，改善了农业灌溉条件，促进了宁夏引黄灌区水利事业的发展。青铜峡水利枢纽除灌溉外，还有发电、防洪、防凌的综合效能。青铜峡水电站有8台机组，装机27.7万千瓦，年发电量10亿千瓦小时。

在兴修水利，发展灌溉的基础上，引黄灌区还开展了大规模的农田基本建设，基本实现了农田“园田化”和“机耕”“条田化”，不仅有利于灌溉、排水和机耕，还扩大了耕地面积。

为了进一步开发农业、扩大灌溉面积以及解决干旱地区的人畜饮水问题，70年代以后，在引黄灌区边缘兴建了固海、同心、南山台子、甘城子、扁担沟等大中型扬黄工程7处，扬水能力达每秒58立方米，开发灌溉面积100万亩。1988年由宁夏和陕西、甘肃三省（区）共同建设的盐环定扬黄水利工程，预计1993年建成使用，可以解决革命老区盐池、环县、定边和同心等地27万人和80万头羊畜的饮水问题，发展灌溉面积31万亩。

在引黄灌区大规模水利建设的同时，宁夏南部干旱山区的水利建设也有很大的发展。南部山区除六盘山附近小部分阴湿地区年降雨量在500毫米左右外，大部分地区年降雨量仅200～300毫米，且集中在七、八、九三个月内。解放后最初几年水利建设多是以打井、掏泉、截潜流、修塘坝等小型水利为主。1958年自治区成立以后，才开始兴建较大的水利工程。针对山区春寒夏旱秋雨多的特点，以蓄水灌溉为主，在大小河流上修建水库，把常年径流和洪水拦蓄起来，用于灌溉。现已在清水河、泾河、苦水河等大小河流上修建水库193座，总库容8.6亿立方米，其中在清水河流域修建的70余座水库，灌溉、拦泥效益都比较好。清水河每年流入黄河的泥沙较修库前减少60%～70%。其中长山头水库淤地效果尤为显著，已淤出耕地5万余亩。国营长山头机械化农场就在此兴建的。从70年代开始，又在山区缺少地面水而有地下水资源的地区打井，提取地下水，打井1800多眼。在水土保持方面，主要是培地埂、修梯田、打坝地，防止水土流失，变跑水跑土跑肥的“三跑田”为保水保土保肥的“三保田”。从1980年以后，南部山区人畜饮水工程建设速度快、效果好。修建引水工程121处。深机井532眼，屋顶接水6200处，水窖16.4万余个，解决了77.6万人，105万头羊畜的饮水问题，占需要解决总数的80%。兴修水利使自古以来靠天吃饭的南部山区已建成万亩以上灌区18个，有各类灌溉面积60余万亩，加上同心、固海等灌区的50万亩水浇地，南部山区灌溉面积已达100多万亩。这些地区广大回汉族群众多少年来梦寐以求的“蓄水灌田不靠天，无旱无涝保丰收”的美好愿望，已部分成为现实。

水利事业的发展，促进了宁夏整个国民经济的发展，特别是农业生产的持续稳定增长，到1991年，全区灌溉面积达602万亩，是1949年的3倍多，粮食产量已由1949年的3.19亿公斤增长到19.98亿公斤，增长5倍多。引黄灌区实现了旱涝保收，高产稳产，成为我国十大商品粮基地之一。

“天下黄河富宁夏”。所谓“富”主要是宁夏得益于黄河。宁夏唯黄河而存在，唯黄河而发展。今后十年，是实现我区国民经济发展第二步战略目标的关键时期，按照自治区党委、政府的“发展黄河经济”的战略决策和自治区“八五”计划和十年发展规划。今后水利发展的指导思想是：为我区国民经济和社会发展提供全面服务，除害兴利相结合，综合开发利用和保护水资源，重视防洪、灌溉、排水、水电、水土保持、人畜饮水等多目标开发建设；贯彻水法，依法治水，加强水政、水资源统一管理，实行计划用水，厉行节约用水。继续认真贯彻“巩固改造，适当发展，加强管理，注重效益”的水利方针。“八五”期间目标：加强现有水利工程管理，充分发挥效益，下决心解决工程老化问题，确保效益稳步增长。主要指标：

——开发新增灌溉面积60万亩。

——综合治理改造中低产田150万亩。

——治理水土流失面积2500平方公里，建设旱作基本农田125万亩。

——建成盐环定扬黄工程，开工建设黄河沙坡头水利枢纽，做好六盘山引水工程的前期工作，争取黄河大柳树水利枢纽国家立项建设。

——基本解决人畜饮水问题。

——完成泾源县农村初级电气化试点县的建设目标。

——走科技兴水的路子，大力推广现有水利科技成果。引黄灌区以提高渠系水的利用率为重点，减少输水损失10%，在南部山区井灌区建成低压输水管道区5万亩。

——形成水法规体系，水利执法体系和水管理体系，走依法治水的道路。

——继续推进水费改革，分步到位，达到按供水成本收费，使水费成为供水工程的主要经济支柱。

——大力发展水利综合经营，改善职工福利，多渠道筹集现金，改善职工住房条件。

十年发展设想是，新增灌溉面积120万亩，治理水土流失7000平方公里，建成旱作“三田”300万亩，为自治区本世纪末粮食总产达到23亿公斤提供保证，同时增强水利为全社会服务的功能，搞好水利固定资产的经营管理，提高自身的经济效益，增强水利的活力。

主要工程有：

1.引黄灌区的改造挖潜工程。干渠扩整加固及砌护，干沟清淤及治理，增建部分机井及电排站，治理贺兰山山洪，推广小畦灌溉和井渠结合等节水灌溉技术，推广井沟站联合运用，改造低产田等措施，提高灌区灌排效益。

2.整治黄河工程。整治的指导思想是，全面整治，综合治理，突出效益，突出险工段，突出社会力量，兼顾交通、航运、发电、旅游等，综合开发黄河资源。整治目标：全线加固堤防，抗御每秒6000立方米洪水；稳定每秒3000立方米左右的中水河槽，逐步形成永久性河槽，为航运提供条件；开发河滩地39万亩。上述目标分为三期实现：“八五”期间加固堤防控制河势，初步稳定中水河槽，相应开发部分河滩。“九五”期间稳定河槽，消除塌岸灾害，全面开发河滩，兼顾航运、旅游和沿河集镇建设，开发梯级水田建设。“九五”以后形成永久性河槽，综合开发黄河资源，提高综合效益。

3.河套灌区农业综合开发工程。从1989年至1991年，第一期工程已经完成85万亩任务，其中开荒27万亩，改造中低产田58万亩。二期工程从1992年开始实施，计划用3年时间，投资1.8亿元，完成开荒25万亩,改造中低产田55万亩的任务。河套灌区农业综合开发是国家提高农业综合生产能力的重要战略措施,将要长期进行下去。1995年以后,我区将继续实施第3期、第4期,每期3年。总规模综合开发145万亩,其中开荒41万亩,改造中低产田104万亩。

4.建设盐环定扬水工程。这是解决陕甘宁革命老区部分是人畜饮水兼顾灌溉,改变贫困面貌,改善生态环境的一项扶贫工程。工程设计扬水流量每秒11立方米。其中宁夏每秒7立方米。三省区共用总干渠94.7公里,泵站11座,装机5.7万千瓦,总投资2.49亿元,宁夏分摊1.73亿元。工程建成后解决27万人,80万头羊畜饮水,发展灌溉面积31万亩,其中宁夏20.4万亩,现已建成8座泵站,40公里干渠,预计1993年基本建成,1994年竣工。

5.黄河沙坡头水利枢纽工程。沙坡头枢纽是黄河干流规划开发的梯级之一,是以灌溉为主,结合发电的低水头水利枢纽。位于中卫县美丽渠口附近,距银川市180公里。兴建沙坡头枢纽工程,可以改善卫宁灌区引水条件,变无坝取水为有坝取水,扩大灌溉面积提高灌溉保证率。规划灌区灌溉面积125万亩,其中自流灌溉72万亩,扬水灌溉面积53万亩。沙坡头坝址控制流域面积25.4万平方公里,年径流量331亿立方米,总库容8000万立方米,发电水头7.05米,装机12.5万千瓦,年平均发电量6.7亿千瓦时。工程总投资3亿元。水利部于1991年已审查通过了该枢纽的可行性报告。自治区争取"八五"后期动工兴建。

6.红寺堡扬水工程。扬水水源取自黄河,灌区包括同心县和中宁县的部分地区,工程为九级扬水,建泵站12座,总扬程405米,总装机5.9万千瓦,设计流量15.4每秒立方米,规划发展灌溉面积46.2万亩,工程投资2亿元。

7.兴仁扬水工程。工程取水于黄河,为5级扬水,净扬程463米,干渠总长77公里,规划扬水流量每秒8立方米,灌溉面积20万亩。主要为兴仁以上的海原县、中卫县、同心县的六个乡解决灌溉水源,为脱贫致富创造条件。工程投资2.3亿元。

8.六盘山引水工程。是将宁夏六盘山东侧泾河部分水量截引到清水河川,以发展灌溉,解决人畜饮水困难和改善清水河水质。工程年引水量1.26亿立方米,干渠全长110公里,其中隧道、渡槽长90公里,可新增灌溉面积30万亩,解决6万多人的饮水问题,改良固原北川12万余亩盐碱地,提高现有10万亩水浇地的水质,工程总投资2.5亿元。

9.黄河大柳树水程枢纽工程。工程位于中卫县大柳树村,坝高163米,库容110亿立方米,装机190万千瓦,近期发展灌溉面积600万亩,其中宁夏300万亩,远景发展到1920万亩,其中宁夏640万亩。枢纽静态总投资41亿元。黄河大柳树水利枢纽开发建设,对于改变西北地区的面貌,加速少数民族地区的经济建设和贫困地区的人民尽快脱贫致富等具有深远意义。大柳树水利枢纽建成后,可使宁夏实现再造一个"河套"的宏伟规划,成为西北地区农林牧商品基地,宁夏河套灌区更加富饶美丽。

(夏春夷 撰稿)

奋进中的石炭井矿务局

石炭井矿务局位于宁夏回族自治区石嘴山市。矿区地跨宁夏、内蒙两省区,横亘百余里。从1958年开始建设至今已形成一个以煤为主,包括洗选加工、机械维修制造、地质勘探、工程设计、建筑安装、文教卫生、生活服务和多种经营集体经济在内的设施相应配套的综合发展的大型企业。是我国西北地区冶炼焦煤主要生产基地和驰名中外的优质无烟煤即太西煤生产、出口基地,全国500家大型企业之一。

石炭井矿务局局本部设在石嘴山市市政府所在地大武口区。矿务局正式成立于1960年1月,从1952年开始地质勘探,1958年开始矿区的设计与建设,到1961年后陆续投产。经过30多年的建设与发展,目前全局已有一、二、三、乌兰、白芨沟和羊齿矿六对生产矿井和一座大峰露天矿,原煤生产年设计能力560万吨,实际生产能力已突破700万吨。其中四个生产焦煤矿总设计能力为335万吨,三个无烟煤矿总设计能力为225万吨;有焦煤和无烟煤两座中心洗煤厂,年入洗原煤能力分别为300万吨和210万吨;有一座承担全局机电设备大修、零配件和部分机械制造任务的矿区总机修厂和承担全局土建、安装任务的工程处。

除以上生产和辅助生产单位外，矿区还拥有中心医院、职工大学、技工学校和27所中小学、以及较为完善的供电、供水、通讯、汽车运输、生活服务、矿山救护等单位；以及已经形成初具规模的多种经营、集体经济体系。

截止1991年底为止，全局有26个基层企事业单位，有30多个党、政、群职能部门。全部在册职工33000余人。

矿区所属生产矿井(厂)分布在宁夏石嘴山市和内蒙阿拉善左旗的辖区。现有三个开发区，三个区域位置自东向西为：石炭井矿区、呼鲁斯太矿区和汝箕沟矿区。其中石炭井矿区有：一、二、三矿；呼鲁斯太矿区有乌兰矿。上述两矿区生产焦煤和1/3焦煤；汝箕沟矿区有白芨沟矿、羊齿矿和大峰露天矿，均生产优质无烟煤。整个矿区东西长25公里，南北走向宽10至26公里，有效含煤面积约22万平方公里。

矿区煤炭资源丰富，品种齐全，质量优良，用途广泛。生产炼焦煤和优质无烟煤两大系列产品，共17个品种。

生产的炼焦煤，经筛选加工产品有焦煤混煤，1/3焦煤两种，煤质等级在12—21级之间，灰分(18.01～38%)之间，挥发分(23－30%)，发热量QF(5400－5800)卡克。经洗选加工后产品有洗精煤、洗中块和洗末煤。洗精煤灰分在(11.01－12.50%)之间。是冶金炼焦用的最好原料，中块和洗末煤用于火电厂发电和民用燃料煤。

生产的优质无烟煤又称太西煤，具有三低六高的特性。即低灰、低硫、低磷、高发热量、高比电阻、高机械强度、高化学活性、高块煤率和精煤回收率等。矿井生产品种有筛大块、中块、小块和筛末煤及混煤等；经过淘汰洗煤法洗选加工之后，更有效地提高和稳定了"太西煤"的特性。生产的品种有洗精大块、洗精中块、洗精小块、洗小粒、洗精末、洗混块和洗末煤等。筛选煤的质量等级在4—15级，灰分(7—10%)，洗选加工后的灰分在(4－6%)，挥发分在(7.5－9.5%)，发热量QF(7400－7800)卡克。在国内外素享盛誉，誉为"煤中之王"。经中国煤炭科学院确定，太西煤作为测定罗加指数的标准无烟煤，在国际市场上具有较强的竞争力。

矿区交通便利。有京兰铁路从贺兰山下穿过，由平罗站接轨的平(罗)汝(箕沟)支线横贯整个矿区，全长82公里。矿区内各矿厂之间，均有公路相通。从矿务局机关至石灰井矿区约38公里，至呼鲁斯太矿区约57公里，至汝箕沟矿区48公里，至平罗车站10公里，至石嘴山区约50公里，至宁夏首府银川市约80公里。矿区北有乌(达)——巴(音浩特)、南有石(嘴山)——大(武口)、大(武口)——平(罗)、银(川)——大(武口)公路与109国道相接，可达全国各地。

石炭井矿区整个发展的历史是一部艰苦卓绝的社会主义建设的创业史。据史料记载，石炭井矿务局所辖的煤炭资源，早在明末清初就被开采利用，解放前，这里人烟稀少，交通不便，经济落后，均为小窑开采，新中国成立后，石炭井矿区在党和国家的领导及统筹规划下，煤炭资源的开发利用进入了一个崭新的历史时期。从1958年起，由祖国的四面八方数以万计的建设者，响应党的号召，开发建设祖国大西北，在艰苦困难的条件下，以苦为荣，以煤为业，战风沙、斗严寒，食从素，住从简，经过30多年的建设与发展，使昔日荒凉的矿区发生了历史性的巨变。党的十一届三中全会以来，经过调整、整顿和改革，逐步解决长期积累下来的各种比例失调及安全设施和生活福利欠帐等问题，健全了各种行之有效的制度、方法。1985年企业对原煤炭部实行了投入产出总承包，从局到各矿坚持以改革统揽全局，解放思想，紧紧依靠科技和管理进步，促进矿区现代化建设，使企业的经济、政治和各项事业进入了一个富有生机和活力的时期。

从1958年矿区开发到1991年底，已累计生产原煤1.17亿吨，洗冶炼精煤2283.29万吨，洗无烟精煤384.79万吨，完成基建投资63434万元，形成固定资产原值93550万元。从1985年到1991年7年间的原煤总产量相当于1958年到1984年26年间原煤总产量的61%。

企业效益不断提高。在增支因素不断增加、市场疲软和铁路运输紧张严重制约着生产发展的情况中，通过认真开展"双增双节"活动，增强了企业自我消化能力。7年来积累自有流动资金5000多万元，年年完成盈亏包干任务。从建局以来到1991年底共向国家上缴税金16917.56万元，其中承包以来的7年中上缴税金5725.30万元，相当于过去26年总和的51.2%。1985年被自治区评为"经济效益先进单位"。

几年来，矿务局还先后荣获国务院和自治区的"全国民族团结先进集体"、"全国煤矿职工福利双达标"先进单位；于1991年获自治区的先进企业和中煤总公司"质量标准化矿务局"等30多项省部以上荣誉。

矿区多种经营集体经济有了长足的发展，三大主体的格局已基本形成。经过20多年的建设与发展,已有建材、冶金、化工、运输、印刷和养殖等20多种行业产品100多种。到1991年底实现工业产值8715万元,实现利税1200万元。

矿务局所属太西洗煤厂,是80年代初期筹备兴建起来的大型无烟煤洗选加工厂,于1986年9月建成投产。产品主要以生产多种精块、粒、末煤为主,是冶金工业高炉喷吹、铁矿烧结、碳素制品、人造石墨、碳化硅等最佳原料。同时,因它无烟、无嗅、无味、火力强,是民用最好的上乘燃料煤。生产的产品大部创优。其中精小块荣获国家"优质产品银质奖";精中块、精小块均获部优和自治区优质产品,精小粒获区优,精末煤被评为自治区"七五"技术进步优质新产品三等奖。太西煤是国内供不应求的畅销产品,销售10多个省市,20多个部局;部分产品还远销英、法、比利时、荷兰、挪威、日本和东南亚等10多个国家和地区。投产以来,累计入洗原煤533万吨,生产产品475万吨,出口近百万吨,实现利润1060多万元,上缴税金1150多万元,出口创汇5050多万元,投产4年回收全部7000万元基本建设投资。全厂现有职工1150人。该厂是矿务局的主要经济支柱和自治区的出口创汇骨干企业。投产以来,全厂职工发扬"智慧、拚搏、奉献"的太西精神,先后被国家授予环保先进单位、洗水闭路循环一级标准厂,授予市、自治区精神文明单位和自治区一级企业等20多项荣誉称号。

石炭井矿务局是宁夏和中国西北地区能源基地建设的重要组成部分,有着发展和建设的潜力。未来的五到十年将是矿区发展的一个关键时期。

"八五"和今后10年矿区发展和战略指导思想是:从石炭井矿区基本局情出发,解放思想,坚持改革,促进发展,从改革产品结构、产业结构入手,充分挖掘企业潜力,采用先进科学技术,强化科学管理,不断提高企业素质和经济效益,加快矿区现代化建设的步伐。

战略目标是,今后五到十年,各项指标分别要达到:原煤产量850万吨,力争突破千万吨;洗精煤产量310万吨和372万吨;采掘机械化程度达到75%和80%;原煤全员工效达到1.8吨/工和2吨/工;全局消灭瓦斯、煤尘、以及三人以上重大恶性事故;多种经营总产值达2亿元以上;职工住房和子女就业得到基本缓解。

看过去,成绩辉煌。望未来,任重道远。当前,挑战和机遇并存,困难和希望同在。在党的改革开放方针指引下,石炭井矿务局33000多名职工将以坚实的步伐和"艰苦奋斗、开拓创新、团结进取、求实奉献"的企业精神,为把矿区建设成为现代化的特大型煤炭企业而努力奋斗。

(赵鸿范 撰稿)

贺兰山下的一颗明珠

——宁夏化工厂

地处银川市西郊贺兰山下万绿丛中的宁夏化工厂,是中国石油化工总公司的直属企业,被宁夏各族人民亲切地称誉为"贺兰山下的一颗明珠"。

1988年建成的宁夏化工厂大化肥工程,是国家"七五"计划的重点建设项目,总投资8.9亿元。主要有年产30万吨合成氨和年产52万吨尿素两套生产装置。从1988年6月15日一次投料试车成功以后,以源源不断的优质化肥支援了宁夏、陕西、甘肃、青海、内蒙等省区的农业生产。这项工程的建成投产对于增强宁夏以至于整个西北地区农业发展后劲,壮大工业基础、繁荣经济、提高化工技术水平,具有重要意义。

一

宁夏化工厂合成氨装置属70年代末世界先进水平,工艺比较复杂,是我国引进的3套以炼油厂残渣油为原料的合成氨装置之一,日产合成氨1000吨。而我国70年代引进的13套大型合成氨装置都是用天然气或石脑油为原料的,工艺流程相对比较简单。

宁夏化工厂合成氨装置主要采用了下列先进技术:一是采用美国德士古公司的气化技术;二是日本宇部兴产珠式会社变换技术;三是采用德国林德公司低温净化技术;四是丹麦托普索公司氨合成技术。由于采用以上技术,使这套装置制气压力高、催化剂用量少、原料气纯度高、蒸汽综合利用，从而操作管理方便，节约能源、产品质量好，成本较低。

尿素装置采用荷兰斯塔米卡邦二氧化碳汽提法生产粒状尿素，日产 1740 吨。这套生产装置和国内同类型装置基本相同，但有以下三点改进：一是原料气 CO_2 脱氢，使装置更能安全稳定地进行生产；二是增加了水解设备，使排放的废水中尿素和氨的含量减少，减轻了污染；三是造粒部分增加晶种系统，以提高尿素颗粒的强度。

合成氨装置所需高低压氧气、氮气，由西德林德公司的全低压空气分离装置提供，每小时产氧量为 2.8 万立方米。

合成氨装置所需动力及热量由两台每小时蒸发量为 200 吨、压力为 10.5M 帕的高压锅炉提供。根据国家能源政策，经国家计委批准，将引进的两台高压烧油锅炉改造为烧煤锅炉。使这两台锅炉既可烧煤、也可烧油，也可油煤以任何比例混烧。为了处理锅炉煤烟气，不仅安装了高效电除尘设备，而且又从日本引进了烟气脱硫、脱硝(氧化氮)装置，并可将脱除的氧化硫加工成硫酸铵，每年可生产副产品硫酸铵 40000 吨。

宁夏化工厂有丰富的地下水资源供给。距厂区 7 公里的第一水源地，日采水量达 4.8 万立方米，水质优良。全厂有完善的供排水系统，可以保证生产生活用水。雨水、生活污水、生产污水三个排水系统排放，均可达到国家规定标准。

为了全厂维修安装工作的需要，设立了设备比较齐全的机修、仪修、电修设施。机修设备的安装总量达 13700 吨，分为铆焊、土木防腐、热处理、机加工、锻造等工段。电气车间管理着 110 千伏双回路进线、两台 16000 千伏安变压器、9000 千瓦、6000 千瓦和 600 千瓦三台发电机组，以及全厂的高低压电器。由于全厂主要靠日本横河仪表和 YS—80 仪表集中控制，自动化程度高，因而仪表成为全厂的神经系统。仪表车间配备有齐全的仪表标准间及仪修设施，保证全厂仪表处于完好灵敏状态。为了保证大件设备检修安装的需要，厂内配备有 80T、36T、16T、8T 的各类汽车吊及其它特种工程车辆。

宁夏化工厂距银川火车站 7.5 公里，有铁路专用线与包兰线相接，有自备内燃机 2 台，油罐车 175 节。厂区南、北均有公路干线通过，交通便利，可以基本满足原料、燃料进厂及各种成品出厂的需要。

随着大化肥工程配套工程的建设和完善，宁夏化工厂已形成了一个相对独立的、完整的化肥的生产、维修体系，可以承担大中型化肥厂的检修任务。

在距厂生产区 300 米处建有生活福利区，包括住宅、第一、二招待所(外宾招待所)、单身楼、中小学、幼儿园、医院、俱乐部等设施。经过十几年的绿化工作，基本上作到了春有花、夏有荫、秋有果、冬有青，被全国绿化委员会命名为“绿化先进单位”，被银川市命名为“花园式工厂”。从而形成了设施比较齐全、环境优美的居民生活小区，为职工提供了比较舒适的休息和生活环境。

二

按照合同的要求，从国外引进的合成氨装置共 13279 箱(件)、14307 吨，1981 年 6 月陆续到达现场。由于国民经济调整，宁夏化工厂大化肥工程作为待定项目，进行了引进设备的接运、检验、保管以及工程建设的前期准备工作。1983 年 10 月 21 日国家计委批复了设计任务书，批准了这项工程建设，并列为国家“七五”计划的重点建设项目。1985 年 5 月工程正式破土动工，建设全面铺开。

宁夏化工厂建设过程中，进行经历了基本建设管理体制的改革，资金管理和物资管理的改革，给工程建设带来了活力，但是由于经验不足、改革不配套、不完善，也遇到了一些困难。

这项工程根据国家要求，按合理工期组织建设，采取了投资包干责任制和工程招标承包制。经过各设计、施工、设备制造厂家、物资供应部门和建设单位职工的艰苦奋斗，协同作战，仅用 36 个月即基本完成工程建设任务，具备投料试车条件。1988 年 6 月 15 日化工投料一次成功，7 月 18 日打通流程，生产出了合格尿素，创造了同类装置试车的新水平，实现了工期短、投资省、质量高、效益好的工程建设目标。

宁夏化工厂大化肥工程建设全面推行了招标投标承包制，择优选定施工单位，从 1984 年 11 月至 1986 年底先后进行了 11 次分项工程招标，主要有 8 家施工企业中标，其中承担合成氨装置、尿素装置、脱硫脱硝装置安装工程的是我国的金牌施工企业——中国石油化工总公司第四建设公司，西北火电公司承担了两台高压锅炉和三台中压锅炉的安装工程，承担公用工程和建筑工程施工的是甘肃省建筑一公司、宁夏回族自治区建筑一、三公司、银川市政建设一公司等均为国家一级施工企业。中标工程量占建安工作量的 85%。这是当时在国家大型建设项目中实行招标承包制的少数几个单位之一，而且自始至终认真履行合同，取得了成功的经验，受到了国家计委的肯定。

在工程建设中，我们以改革统揽全局，调动各方面的积极性，做到了抓好投资控制，提高投资效益；抓好质量控制，保证施工质量；抓好进度控制，实现合理工期。尽管在建设过程中遇到了外汇汇率提高，原材料、设备、备件供应缺口大、拖期长、涨价高和各种费用大幅度增加的情况，但是，整个工程投资仍然控制在概算之内，而且节约投资3000多万元。工程建设进度基本上按照统筹控制计划均衡地实现了预定控制点，年年完成国家计划，缩短了建设工期。由于在工程建设中自始至终重视安全和质量，没有发生重大的质量事故，经中石化总公司和宁夏自治区联合组织的三次质量大检查，均评价工程质量良好。经过3年的试车、试生产的考验，也没有发现因施工质量而引起的重大问题的发生。

1989年转入试生产以后，从狠抓基础工作、基本功训练和基层建设入手，从严治厂，加强管理，年年超额完成国家生产计划和利税指标，一年一个台阶，生产形势一年比一年好，使这座新企业走上了正常发展的道路。

1989年国家计划试生产尿素10万吨，实际完成25万吨，实现利税5587万元，1990年国家计划试生产尿素35万吨，实际完成38.4万吨，实现利税15346万元；1991年国家计划试生产尿素35万吨，实际完成45万吨，实现利税16700万元。

经过几年的试生产，已取得了显著的经济效益和社会效益。预计到1992年底可归还工程建设贷款本息3.47亿元，到1997年争取还清全部贷款本息。同时，由于向宁夏、陕西、甘肃、青海、内蒙等省区提供159万吨优质尿素，缓解了西北地区尿素供应的紧张状况，为农业丰收作出了贡献。而且，大化肥技术装备先进，增强了宁夏地区的工业基础，提高了化工工业技术水平，带动了一些有关的加工工业的发展，成为宁夏改革开放的一个窗口。

宁夏化工厂有一支朝气蓬勃的年青的职工队伍。在全厂正式职工2406人中，30岁以下的青年人有1594人，占职工总数的66.25%。职工文化素质比较高，高中以上文化程度的有1843人，占职工总数的76.6%，其中有专业技术职称的有677人，占职工总数的28.14%，具有较雄厚的专业技术力量，并为今后的发展准备了人才条件。

三

当前我国化肥生产尚远远不能满足农业生产发展的需要，为了农业丰收，国家每年要拿出大量外汇进口化肥。近年来，陕甘宁盆地天然气田的发现，给宁夏化工工业的发展提供了新的机遇。对利用陕甘宁气田资源，发展宁夏天然气化工工业，国内有关部门的专家和宁夏地区的专家已经进行了多次探讨，提出了"全面规划、联合开发、化肥先行、分步实施"的方针，计划以宁夏化工厂为依托，先扩建一套以天然气原料的大化肥装置，使宁夏化工厂的合成氨生产能力达到60万吨，尿素生产能力达到100万吨，在此基础上进一步发展下游化工产品，最后形成以合成氨、甲醇、乙炔为主线的综合石油化工生产体系。这一设想如果实现，将使宁夏化工厂成为全国首屈一指的大化肥厂，成为我国西北地区又一个重要的化工基地。这颗明珠将发出更加绚丽的光彩。

（王寿彭 撰稿）

荒原崛起大电厂

——宁夏大坝电厂建设工程

为发挥宁夏的煤炭资源优势，促进宁夏回族自治区及西北地区国民经济的发展，同时适应高耗能工业向大西北的战略转移，1987年经国务院批准，由国家能源投资公司与自治区人民政府合资在宁夏青铜峡市大坝车站附近兴建一座规划总装机容量为240万千瓦的大型坑口电站——宁夏大坝发电厂。

宁夏大坝发电厂位于银川盆地西南缘，黄河西岸Ⅱ级阶地上。北距自治区首府银川市约67公里，东距青铜峡市市区约17公里，距正在兴建的宁夏灵武煤矿约79公里，距黄河取水口13公里(青铜峡水利枢纽大坝下游1公里处)，包兰铁路西侧。厂区向北4公里是厂用铁路专用线接轨站——大坝火车站。厂区西部约5公里是贯穿宁夏南北的沿山公路，南部约6公里是国道109线(北京至拉萨)，灰场位于电厂西南6公里的低凹盆地，占地3.6平方公里。煤、水、灰、路布局合理，具有建设大型火电厂的优越地理条件。

大坝发电厂建设工程将分期进行建设，主体设计由西北电力设计院承担。第一期工程安装两台30万千瓦国产机组。在国家计委、能源部、国家能源投资公司和宁夏回族自治区党委、政府以及西北电管局、自治区电力局的高度重视和大力支持下，工程于1988年4月25日正式破土动工，并为国家“七五”重点建设项目。

大坝发电厂一期工程设计核定概算投资为9.8亿元人民币，其中，自治区集资50%。自开工以来，来自祖国四面八方的十几家施工单位，相互支持，积极配合，形成了“重友谊、顾大局、讲效率”的“大坝精神”。塞外的风沙吹不灭建设者们的信心，严冬的寒流封不住建设者们的热情。他们精益求精把好质量关，争分夺秒抢进度，#1机组已于1990年12月24日投产发电，#2机组计划于1992年4月建成投产。一期工程的建成使宁夏大坝电厂成为西北地区单机容量最大的电厂之一，每年发电能力可达40亿千瓦小时。

一期工程的两台30万千瓦发电机组，每年燃煤180万吨，近期由银北地区石嘴山煤矿提供160万吨原煤，经包兰铁路和厂区专用铁路线运至电厂，另外20万吨原煤由灵武煤矿供给。从北京巴尔科尔·威尔科克斯有限公司(中外合资)引进美国技术制造的30万千瓦机组的中间再热自然循环汽包炉，以及上海、沈阳等地生产的电力设备成为大坝电厂一期工程中的“主角”，这标志着国产电力设备已达到较先进的水准。

宁夏作为国家“八五”计划和十年规划的重点煤炭开发地区，发展电力工业有着得天独厚的优势。大坝电厂二期扩建工程项目建议书国家计委已经批准，二期工程将于1993年开始兴建，到1995～1996年2×30万千瓦机组将相继投产；届时，大坝电厂将形成120万千瓦的生产能力。

宁夏大坝电厂建成投产以后，能就地进行煤电转化，摆脱铁路运输量的限制，有助于宁夏银北、灵武煤田的进一步开发和利用，适应电解铝、铁合金和电石、烧碱等高耗能企业扩建和布点的需要；对于黄河提水灌溉，改变少数民族地区及山区农业落后面貌，也有着不可低估的作用。它既可缓解宁夏电力不足的状况，又可向西北电网供电，为西北电网输入强大的电流，支援兄弟省区的经济建设，推动西北地区工农业生产的发展。

大坝发电厂的建设得到各级政府的大力支持。1991年6月17日，中共中央总书记江泽民同志到我厂视察工作。慰问一线职工，询问一期工程的建设情况，又挥毫为大坝发电厂题写了厂名。近几年来，国务委员兼国家科委主任宋键同志，以及能源部、国家计委、国家能源投资公司、宁夏回族自治区党委、政府、西北电管局、自治区电力局的领导分别来到电厂建设工地，了解工程建设进展情况，现场办公，帮助解决工程建设中遇到的问题。

目前，国家和地方政府正努力创造条件，加快工程进度，到1996年，一座百万千瓦的大型火电厂将在宁夏大地上崛起，一颗璀璨的明珠将闪烁在昔日的戈壁滩上，它将为我国西部地区现代化的建设增添新的光彩。

(赵杰锋 撰稿)

开发大事记

(1979年—1991年)

1979年

1月7日—21日 中共宁夏回族自治区委员会召开全委扩大会议，传达贯彻中共第十一届三中全会和中央工作会议精神，讨论确定了把工作着重点转移到社会主义现代化建设上来。

1月20日 中共宁夏回族自治区委员会上报《关于固原县实行"以牧为主、兴牧促农、农林牧全面发展"方针的请示报告》，第一次提出在宁夏南部山区改变"以粮为纲"的方针。

7月1日 根据中共中央、国务院《关于恢复内蒙古自治区行政区划的通知》，阿拉善左旗划归内蒙古自治区管辖。

1979年冬 在固原张易公社、贺兰县四十里店公社等地，开始试行包产到户责任制。

1980年

6月25日 国家电力重点工程项目之一的从大武口至银川全长175.5公里的220千伏高压输电线路架通。

7月4日 中共宁夏回族自治区委员会在地、市、县委书记会议上，作出了放宽经济政策、以利群众休养生息发展生产的5项决定，其中包括对南部山区各县及中卫、灵武两县的山区实行免征免购5年等。

8月8日 自治区重点建设项目石嘴山电厂第四期扩建工程的两台5万千瓦机组建成发电。

8月17日—19日 中共中央总书记胡耀邦来宁夏视察工作。

10月1日 经自治区人民政府批准，大河机床厂、银川毛纺厂试行"独立核算、国家征税、自负盈亏"。

11月8日 自治区下发《关于贯彻执行中央〈关于进一步加强和完善农业生产责任制的几个问题〉的通知》之后，联产承包责任制在全区农村迅速推广开来。

1981年

7月21日 黄土高原上最长的公路——宜川——兰州公路正式通车。这条公路横贯于宁夏南部山区，对促进六盘山区经济建设有重要作用。

8月5日 设计能力为精纺5000锭、年产120万米呢绒的自治区重点建设项目——宁夏第二毛纺厂投料试车。

9月22日 电力部部长李鹏同志来青铜峡水电厂视察防洪工作。

10月19日—28日 在意大利罗马举行的联合国世界粮食计划署会议上，批准了向中国提供两项粮食援助开发项目，其中一项是宁夏西吉县防护林建设工程。这项工程于1982年4月开始实施，1985年9月比原计划提前一年完成任务。四年内，共造林种草156.2万亩，其中造林79.2万亩，种草77万亩。在林草完成面积中，退耕地造林种草91.9万亩，荒山造林种草64.3万亩，超额完成造林种草面积23.5万亩。1982至1986年五年内，共接收世界粮食计划署拨粮98211吨。总价值2283.8万美元，国内投入配套资金3777.02万元人民币。

1982年

7月1日 第三次全国人口普查登记工作在自治区全面展开，至7月10日完成普查登记任务。

8月23日 设计能力为年产毛条2500吨的银川毛条厂建成。

8月25日 西安——银川航线正式通航。

9月20日 装机4×10万千瓦的国家重点建设项目大武口电厂动工兴建。1985年11月26日，1

号机组投入运行。1987年11月18日4台机组全部建成发电。

10月7日—14日 国家计委和国家民委在银川联合召开经济发达省、市同全国少数民族地区对口支援和经济技术协作座谈会。

10月 中央财经领导小组林乎加、李瑞山等同志到甘肃、宁夏考察后，报经国务院批准，成立国务院“三西”地区农业开发领导小组。国务院决定每年拿出2亿元，支持甘肃定西、河西走廊、宁夏西海固贫困地区（简称“三西”地区）进行扶贫开发建设。

1983年

3月9日 银川市24个国营工业企业开始实行经济承包责任制。

3月25日—4月3日 由中国科协组织的黄河黑山峡水电资源开发方式咨询考察团来宁夏对黄河黑山峡河段水电枢纽工程坝址等进行了考察。

5月25日 宁夏回族自治区重点建设项目——日处理甜菜1000吨的平罗糖厂正式动工兴建。该厂于1985年10月5日正式建成投产。

7月7日至19日 由水利水电部主持召开的黄河黑山峡河段开发方案审查会议在中卫县举行。

8月31日 中共宁夏回族自治区委员会发出通知，要求认真学习贯彻中共中央总书记胡耀邦同志视察西北地区的指示，大力种草种树，改变生态环境，促进农林牧业发展。

9月10日 自治区重点建设工程之一、设计生产能力为年入洗原煤210万吨的太西洗煤厂动工兴建，这项工程于1986年9月1日建成投产。

11月1日 生产优质无烟煤——“太西煤”的汝箕沟煤矿二期扩建工程竣工，生产能力由年产原煤60万吨提高到90万吨。

11月4日 国务院批准了银川市城市总体规划，确定银川市的发展要根据合理利用和有计划地改造旧城，逐步建设新市区的原则进行统一安排。

12月1日 设计能力年产原煤90万吨的中型现代化矿井——石嘴山三号井动工兴建（已于1991年12月2日建成）。

12月14日 设计能力为年产涤纶长丝1000吨的银川涤纶厂动工兴建（已于1985年11月25日建成投入试生产）。

12月22日 黄河上游又一座公路大桥——中宁黄河公路大桥动工兴建（该桥于1986年7月15日建成通车）。

1984年

5月11日 中共宁夏回族自治区委员会和自治区人民政府作出《关于进一步放宽经济政策搞活经济的暂行规定》。

6月4日—10日 西北地区经济技术协作联席会议在银川召开，会上宁夏与兄弟省区达成协议187项。

6月20日 自治区主席黑伯里在京举行中外记者招待会，宣布宁夏对外开放的7项优惠政策，欢迎外商对首批67个项目投资合作。

6月21日 自治区在京举行对外经济技术合作洽谈项目公布招待会，公布首批利用外资和技术引进的67个项目，27个驻华使馆代表及海外客商280余人出席招待会。

7月20日 万里、胡启立、李鹏等国家领导人来宁夏视察工作。

9月21日—30日 宁夏国际经济技术合作洽谈会在银川举行，来自10多个国家和地区的92家客商参加了洽谈会。会上，签订经济技术合同20项，投资成交总额1985万美元。

10月12日 位于南部山区彭阳县的设计能力年产煤炭21万吨的王洼煤矿动工兴建。该矿于1990年12月12日建成。

12月20日 西北第一家中美合资企业——宁加公司在银川正式开业。

1985年

1月6日—8日 宁夏举办首次经济技术信息市场。

1月8日 国家决定拨给宁夏价值5000多万元的粮食、棉花、棉布，用于支持南部山区修建县乡道路和农田水利工程。

4月3日 国家重点建设项目、总投资24180万元、规模为年产电解铝5万吨的青铜峡铝厂一期扩建工程正式开工（该工程于1987年8月建成投产）。

4月12日—5月25日 由黑伯理率领的宁夏穆斯林友好访问团，先后对巴基斯坦、埃及、北也门、科威特、沙特阿拉伯和阿联酋等六国进行了访问。

4月27日 经国务院同意，国家计委正式批准在宁夏青铜峡建设初期规模为两台30万千瓦机组的大坝电厂（该厂于1988年4月25日动工，1992年4月14日两台机组建成投入运行）。

5月16日 国家重点建设项目之一、从国外引进设备的年产30万吨合成氨52万吨尿素的宁夏化工厂大化肥工程动工兴建(该厂于1988年6月15日建成投料试车)。

8月9日 国务院由姚依林同志主持,李鹏、张劲夫、宋平等领导同志以及国务院有关部门负责同志参加,在北戴河听取了宁夏自治区主席黑伯理关于访问中东六个伊斯兰国家的情况汇报,和自治区党委副书记刘国范关于利用中东伊斯兰国家的外资加速宁夏经济发展问题的汇报。

9月15日—25日 宁夏伊斯兰国际经济技术合作洽谈会在银川举行,来自20个国家和地区的穆斯林兄弟、经济界人士、驻华外交官员、国家有关部委和兄弟省、市、自治区的来宾共500多人出席开幕式。

11月11日—13日 沙特阿拉伯贸易代表团一行16人来宁夏访问,双方就有关煤炭、电力、化工、轻工等方面进行合作以及活羊出口等贸易问题进行了洽谈。

11月12日 宁夏重要建设项目之一的宁、甘电网330千伏线路联网工程竣工并投入运行,结束了宁夏电网长期孤立运行状况,使陕、甘、宁、青4省区电网连成一体。

11月17日 自治区"六五"重点建设项目固海扬水工程竣工通水。这项工程为10级提水,扬程342米,流程142公里,使南部山区50万亩荒地变成良田。

11月29日 自治区党委和人民政府发出《贯彻中共中央关于科学技术体制改革方案的决定》的若干决定。

1986年

2月23日 世界伊斯兰发展银行工程师阿哈默德·穆罕默德·阿里·阿瓦德乘飞机到达银川,就拟予援建的宁夏伊斯兰经学院和同心县伊斯兰阿拉伯语学校实地进行考察和评估。

4月22日—30日 宁夏回族自治区五届人民代表大会第四次会议在银川召开,会议通过了关于自治区国民经济和社会发展第七个五年计划等各项决议。

5月25日 自治区党委和人民政府召开第一次全区城市经济体制改革会议。

7月8日—15日 交通部副部长王展意赴宁考察。考察后向交通部党组作了汇报。交通部决定,将宁夏青铜峡黄河大桥建设列入交通部"八五"计划,并对"老、少、边、穷"的宁夏回族自治区交通建设"开绿灯",给予大力的支持等。

8月9日—21日 宁夏首次在香港举办的综合性出口商品展览会,从8月9日—21日历时12天,展出商品500多种、3000余件。共接待港澳地区和14个国家1600多家客商,出口成交额达1082万美元。并就利用外资,引进技术的15个项目与客商进行了洽谈。

1987年

4月1日 由联合国世界粮食计划署援助的银川市"利用低洼盐碱地发展综合养鱼"项目(代号:中国2814项目 银川项目区)开工建设。(该项目于1990年3月31日全部完成。三年内,开挖鱼池10125亩。总投资1576万元,其中接收世界粮食计划署提供的援粮21921吨,折合人民币1350万元,国内配套资金226万元。该项目建成后,大大促进了银川水产业的发展)。

10月7日—13日 宁夏技术交易会在银川举行。会议成交200多个项目,投资金额近亿元,引进人才300多人。

12月 国家计委以计资(1987)2379号文正式批准陕甘宁盐环定扬黄工程开工建设(该工程是为解决陕甘宁革命老区人畜饮水、发展农业灌溉、改变生态环境的一项电力扬水工程。工程设计扬水流量11秒立方米〔其中宁夏7秒立方米〕,共用泵站11座。工程建成后,可解决受益地区27万人、79万头牲畜的饮水困难,发展灌溉31万亩。总投资24928万元。该工程于1988年7月正式开工建设,目前1—8泵站主体工程已基本完工,干渠和其它配套工程也正加紧进行。计划1993年建成投运)。

1988年

3月23日 宁夏利用世界银行无息贷款3700万美元,开发建设银南新灌区的协议,被世界银行华盛顿总部执董会批准。

5月7日 永宁东方皮件厂引进技术生产的ABS旅行箱,公文箱打入首都市场,并与北京市百货公司联合在京举行新闻发布会。

6月27日—30日 机电部副部长曾培炎一行来宁就我区机电行业"八五"规划进行部省对话。

7月19日—23日 全国人大常委会副委员长、民盟中央主席费孝通到宁夏视察。之后,民盟中央与甘、宁、青三省区人民政府一起,向中共中央提出了建立黄河上游多民族经济开发区的建议。

8月20日 自治区"七五"重点建设项目——

贺兰山沿山公路全线竣工。

8月25日 自治区重点建设工程——银川新火车站建成交付使用。

8月28日 中国统配煤矿总公司总经理于洪恩、副总经理兼国务院能源投资公司副总经理陈钝带领有关部门的负责同志专程来宁,同自治区领导共商灵武矿区开发方案。8月28日—29日,在灵武矿务局召开了灵武矿区开发规划会议。会议提出,灵武矿区要逐步建成现代化特大型矿区,远期规模达到年采煤3000～5000万吨,成为我国能源发展战略西移的重要基地。

9月9日 宁夏大坝电厂正式开工。该厂是由宁夏和国家能源投资公司合资建设(一期工程装机2×30万千瓦,1991年12月26日两台机组建成发电)。

9月13日 自治区重点建设项目——宁夏水泥厂建设工程通过国家验收,规模为年产普通水泥23万吨。

9月23日 银川各族各界群众隆重庆祝宁夏回族自治区成立30周年,中央代表团团长王震、副团长雷洁琼一行8人、兄弟省区领导人及自治区党政军和政协负责同志等出席大会。

10月26日 石嘴山黄河公路大桥建成通车。这是我区建成的第三座黄河大桥。

10月24日 石嘴山电厂五期扩建工程(2×5万千瓦)正式开工建设。(已于1991年6月建成投运第一台机组)。

1989年

1月24日 宁夏2000年发展战略研讨会在北京举行,白立忱主席、任启兴副主席到会听取专家意见。

8月30日 日处理黄金矿石50吨,年产黄金1930两的中卫金矿建成投产。

1990年

3月 在新加坡举行宁夏国际经济贸易洽谈会。前来洽谈的有新加坡、日本、意大利、美国、马来西亚、印度尼西亚、香港等国家和地区的商人。共签订经济技术合同、协议20项,成交额1133万美元。

5月7日 在甘肃省兰州市召开了有甘、宁、青、内蒙四省区主要领导同志、民盟中央领导、国家17个部委代表参加的黄河上游多民族经济开发区第一次协调会议。会议讨论了开发区"八五"总体发展纲要、有关政策性问题的意见等,并联合给国务院写了报告。

5月9日—17日 自治区党委书记黄璜带领有关部门负责同志对我区境内黄河进行 实地考察后指出:宁夏农业实质是黄河农业、宁夏经济实质是黄河经济。这些认识以后经过进一步系统深化,形成了"综合开发黄河资源、发展宁夏黄河经济"的战略构想。

7月 交通部钱永昌部长来我区视察交通工作。现场察看和听取银古一级公路、银川黄河大桥设计方案,并初步确定给宁夏"八五"重点公路工程建设资金补助额。

9月1日 列入国家"八五"计划的一级铁路干线——宝鸡至中卫电气化铁路正式进入施工阶段,宝中铁路全长498.19公里,(宁夏境内286.69公里)计划投资26亿元。

9月11日 国家计委以计建设[1990]1239号文件批复灵武矿区总体设计,同意统配矿建设总规模为1040万吨,其中:灵新煤矿240万吨/年,羊肠湾煤矿300万吨/年,枣泉煤矿500万吨/年。同意灵武铁路支线立交跨越包兰铁路后,在大坝车站接轨。

9月26日 自治区党委和人民政府在吴忠市召开全区实施"231工程"现场动员大会。会议决定在全区农村开展"两扫"即扫文盲、扫科盲,"三学"即学习文化知识、学习科学技术、学习经营管理,"一造就"即培养、造就新一代农民的"231工程"。今后十年,全区农村每年扫除青壮年文盲不少于5万人,参加实用技术和经营管理培训的人数不低于10万人。

1991年

4月15日 自治区党委召开六届七次全体会议,讨论并通过《中共宁夏回族自治区委员会关于制定国民经济和社会发展十年规划和"八五"计划的建议》。

4月18日 我区第一条高级公路——银(川)古(窑子)一级公路破土动工,自治区领导同志及4000余人参加义务劳动。

4月19日 自治区人民政府批转自治区计委、经委《关于"八五"期间重点企业"双倍增"计划实施办法》。决定选择一批符合国家和自治区产业政策、产品畅销、潜力较大的大中型企业和利税大户进行重点支持,给予必要的优惠政策,争取用较少的投入,在"八五"期间实现产值和利税双翻番。

4月29日 宁夏回族自治区第六届人民代表大会第四次会议批准了《宁夏回族自治区国民经济和社会发展十年规划和第八个五年计划纲要》。

发展的交通事业

1988年新建的银川火车站　高云翔 摄

——宁夏六盘山隧道，全长5240米

全线最高的桥——宁夏颉河 6 号桥，高53米

青铜峡黄河公路大桥

石炭井矿务局局长、高级工程师王福林为中国企业家协会理事，中国煤炭工业优秀局长。

优质无烟煤——
汇3000多万美元，洗

石炭井矿务局

大西煤产地之一——大峰露天煤矿

无烟煤深加工产品—

驰名中外，1991年出口31万吨，创
烟煤获国家银质奖

宁夏矿山机器厂生产的12平方米浮选机

前进中的

太西煤洗选加工、出口基地——太西洗煤厂

糊、电锻料、活性炭

美丽的凤凰城——银川市

在解放东街上，清代建筑鼓楼、现代城市小型园林宁园，与周围建筑浑然一体，形成银川市容的特有个性

银川是宁夏回族自治区的首府，曾为西夏王朝国都。改革开放以来，银川市面貌日新月异。

南门开辟了“小吃一条街”▶

大型城雕——民族团结碑

中国石化总公司宁夏化工厂
厂长：刘家志
产品源源不断运往各地
工厂生活区
1988年建成，主要装置和设备从国外引进，具有80年代初世界先进技术水平，年产合成氨30万吨、尿素52万吨。
生产装置区
广 告

独具特色的旅游景观

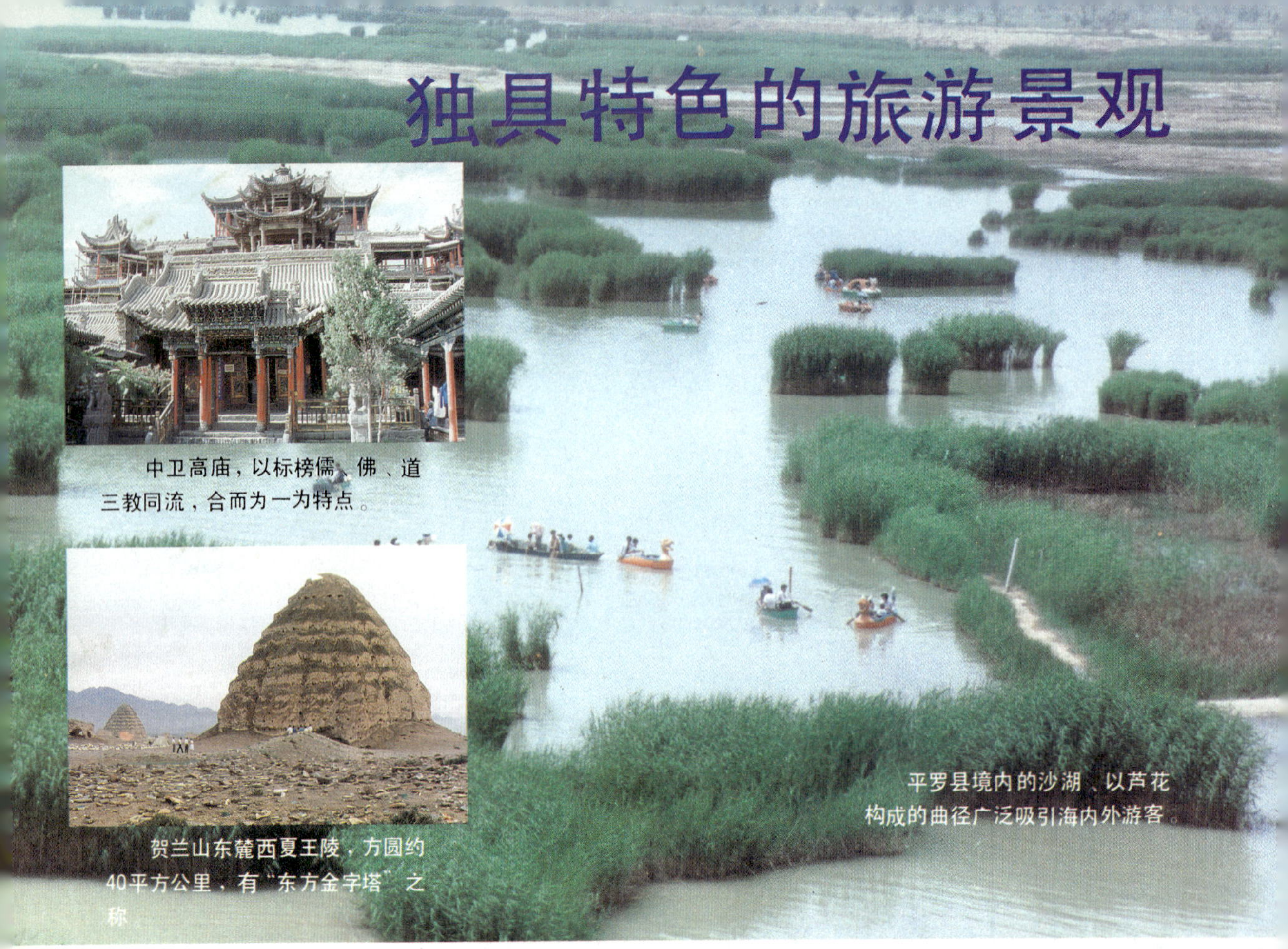

中卫高庙，以标榜儒、佛、道三教同流，合而为一为特点。

贺兰山东麓西夏王陵，方圆约40平方公里，有"东方金字塔"之称

平罗县境内的沙湖，以芦花构成的曲径广泛吸引海内外游客。

青铜峡古峡西坡，108 座实心佛塔构成古建筑中唯一呈三角形的大型塔群　　（高云翔　摄）

乘羊皮筏子渡黄河，可以观赏到古老的水车

腾格里沙漠南端，晴天时，顺沙坡下滑，嗡然有声，宛如钟鸣

（高云翔　摄）

努力扩大对外开放

'91中国宁夏黄河文化节期间，同外商洽谈贸易

80年代以来，宁夏初步打开对外开放的大门。最近，自治区决定实施一系列加快开放的政策措施，把对外开放推向一个新的阶段。

在深圳兴办的高新技术企业——广厦微型软件公司

来自阿拉伯世界的朋友参观宁夏伊斯兰文化中心模型

民族宗教工作

银川市内清真寺

穆斯林礼拜

宁夏是我国五大少数民族自治区之一。境内回族有157.9万人，占人口的32.9%。十一届三中全会以来，民族平等、宗教信仰自由政策得到认真贯彻，民族团结进入历史上最好时期。

世界伊斯兰发展银行援建的宁夏伊斯兰教经学院，建筑面积9816平方米。

新疆维吾尔自治区

主　　编：苏永光
副 主 编：刘彦群　李定之
编写人员：周从钊　蒋为民　李长生
刘彦群　何崇夫　姚书媛
杨伊波　施尚友　姚新民
李　红　裘品姬　陈佑明
程加复　王新槐　张克勤
关建新　李定之　高云飞

新疆维吾尔自治区分目录

典型地区和典型企业

区 情 综 述

新疆地处我国西北边陲,是我国一个面积最大的多民族的自治区,幅员辽阔,资源丰富,是祖国尚待开发的宝地,具有许多得天独厚的优势条件,各方面发展的潜力都很大。解放43年来,特别是党的十一届三中会全以来,新疆经济社会发展取得了巨大成就。加快新疆的开发建设,不仅能增强新疆经济实力,促进国家经济建设,而且对于维护祖国统一,增强民族团结,具有极其重要的战略意义。

一、地理环境与地缘优势

新疆位于祖国的西北边陲,它的东面和南面,与甘肃、青海、西藏相邻,国土面积166万平方公里,约占全国总面积的1/6,是我国面积最大的省区。

新疆的地形地貌可概括为:"三山夹两盆"。北部和东部有阿尔泰山脉,最高峰为友谊峰,海拔4374米。天山山脉横亘中部,最高的托木尔峰,海拔7443米。准噶尔盆地,位于阿尔泰和天山山系之间,面积30多万平方公里。南部昆仑山脉是西藏高原的一部分,中巴边界上的乔戈里峰最高,海拔8611米,是世界第二高峰。塔里木盆地,位于天山和昆仑山山系之间,面积53万平方公里。塔克拉玛干大沙漠位于盆地的中部,面积约32.4万平方公里,为我国最大的沙漠,也是世界第二大沙漠。在两大盆地的四周广布着大小不等的点片绿洲,天山把新疆分为南北两大部分,天山以南为南疆,天山以北为北疆。新疆河流水源的补给主要靠山地降水和高山冰雪融水。主要河流有:塔里木河,它由叶尔羌河、和田河、阿克苏河汇合而成,沿塔里木盆地北缘从西向东流,以罗布泊为最后归宿,全长2179公里,是我国最长的内陆河流。此外,流量较大的还有伊犁河、额尔齐斯河、玛纳斯河、乌伦古河、开都河等20多条。新疆的湖泊有100多个,大多位于河流的终点。较大的湖泊有博斯腾湖、布伦古海、塞里木湖、巴里坤湖等。新疆地处温带,但天山以北为寒温带,天山以南为暖温带,气候具有典型的干旱气候特征,年平均降水量仅为145毫米,为全国平均630毫米的23%,相对湿度低,冬季漫长,春秋短,日照长,温差大。

新疆是以维吾尔为主体民族的少数民族自治区。境内共有47个民族成分,其中维吾尔族是主体民族,哈萨克、回、蒙古、柯尔克孜、锡伯,塔吉克、乌孜别克、满、达斡尔、塔塔尔、俄罗斯,是新疆主要的少数民族。1991年全疆总人口为1554.57万人,其中少数民族970.36万人,占62.4%;汉族584.21万人,占37.6%。新疆是于1955年10月1日在省制基础上成立的维吾尔自治区,享受着《民族区域自治法》赋予的民族自治权利。

新疆的行政区划:目前全自治区下辖5个民族自治州、8个地区和2个直辖市。5个自治州是:伊犁哈萨克、昌吉回族、巴音郭楞蒙古、博尔塔拉蒙古、克孜勒苏柯尔克孜。8个地区是:哈密、吐鲁番、阿勒泰、伊犁、塔城、阿克苏、喀什、和田。2个市是:乌鲁木齐、克拉玛依。地州以下设县,全区现有85个县及县级市。

新疆地处欧亚大陆中心,与蒙古、俄罗斯、哈萨克斯坦、吉尔吉斯斯坦、塔吉克、阿富汗、巴基斯坦、印度八国接壤,边境线长5400公里,是古"丝绸之路"的重要通道和通向中亚、西亚、南亚乃至欧洲的捷径,也是东方文化与伊斯兰文化的交汇点。新疆在地理位置上,既有与内地及沿海地区运输距离长的不利因素,也有陆边向西开放的地缘优势。地缘优势:一是接壤国家之多,边境线之长,为全国之冠;二是对外通商历史悠久,"丝绸之路"举世闻名;三是各民族跨界而居,宗教信仰、文化传统和生活习惯相通,对外交流的社会人文条件得天独厚;四是对外交通和口岸建设较快,特别是亚欧第二大陆桥的贯通,为加快对外开放提供了较好的交通条件;五是新疆有陇海——兰新铁路沿线各省市的纵深支持与合作,"东联西出"潜力巨大;六是周边国家,特别是独联体中亚各国与新疆产业结构存在多方面互补性,有利于发展对外经济技术合作。因此,新疆的对西开放,在全国全方位开放的总格局中,战略地位十分重要。

二、自然资源有待进一步开发

新疆是我国正在开发的一块宝地。光、热、水、土、矿产、生物、旅游资源十分丰富,开发已有一定规模。丰富的自然资源,为新疆的大规模开发建设提供了重要物质基础。

(一)农牧业发展潜力很大。新疆的光、热、水、土资源丰富,为农牧业生产的大发展提供了重要基础条件。

新疆光能资源丰富,太阳年总辐射量130~150千卡/平方厘米,比华北、东北地区多15~20千卡;比长江中下游多30~50千卡,仅次于西藏居全国第二位。日照数平原地区全年为2700~3400小时,是我国日照数量最多的地区之一,远远超过长江流域的1200~2400小时,多于黄河流域的2200~2900小时,适宜于长日照植物的生长。由于内陆盆地的增温效应,平原地区≥10℃的积温为3500~4000℃,吐鲁番地区在5300℃以上,比我国北方大部分省区都高。昼夜温差大,在作物生长季节,特别是7-8月,一般日较差为12~16℃,最大者可达20℃。气温日差较大,特别有利于糖料和瓜果作物等经济作物的生长。新疆平原区的光热条件组合很好,但由于水、肥及耕作制度的制约,光能利用率低,目前只有0.9~1.57%,利用潜力很大。

新疆水资源比较稳定,地表水总径流量为884亿立方米,平原地下水总补给量为395亿立方米,可采量为252亿立方米。目前已开发利用的水量460亿立方米,仅为水资源量的41%,水的利用系数仅有0.4左右。根据有关部门预测,新疆的水资源在实施工程开发和科学利用的情况下,除保证工业生产、城乡居民生活和生态环境用水外,灌溉面积可发展到11000万亩以上。新疆现有耕地面积4600万亩,人均占有耕地面积2.96亩,为全国人均数的2倍多,还有可开垦宜农荒地7300万亩,占全国可垦荒面积的13.9%,为西北五省可垦荒地的70%。新疆是全国五大牧区之一,有可利用草地面积7.2亿亩,仅次于内蒙古、西藏,居全国第三位。

新疆温带农作物齐全。粮食作物以小麦、玉米、水稻为主,此外还有高粱、大麦、谷子、大豆、豌豆、蚕豆等。经济作物主要产品有棉花、油料、甜菜、麻类、烟叶、药材等,其中棉花以质优而闻名全国。长绒棉产量、质量均为全国之冠。甜菜、啤酒花在全国久负盛名。新疆素有"瓜果之乡"的美称,葡萄、哈密瓜、西瓜、苹果、香梨、杏、桃、石榴、樱桃、无花果、核桃、巴旦杏等优良品种达数百种之多。其中吐鲁番的无核白葡萄,鄯善的哈密瓜,库尔勒的香梨,库车的白杏,阿图什的无花果,喀什的樱桃、核桃、皮光桃,叶城的石榴、旗盘梨,和田的蜜桃,伊犁的苹果等等,都是佳品。此外,野生动植物种类繁多,其中仅药用植物就有100多种,如甘草、贝母、雪莲、党参、阿魏、肉苁蓉、红花、麻黄、枸杞等,产量也很可观。

丰富的农牧业自然资源,为新疆未来经济发展提供了条件。新疆可建成全国的粮食基地和棉花、糖料、瓜果等经济作物基地及以农牧产品为原料的纺织、食品工业和畜产品基地。

(二)矿产资源极为丰富,开发前景好

〔矿产资源的分布〕由于新疆各地条件的错综复杂,表现在矿产资源的分布与种类上,各大山系和盆地各有特征。

阿尔泰山系,以贵金属为主。"阿尔泰"在蒙语中为"金山"。稀有金属以铍、锂、钽、铯集中分布在这一地区,是我国稀有矿产资源的重要产区之一,在全国占有重要地位。

天山山系,除有丰富的煤炭资源外,黑色金属铁、锰的蕴藏量大,非金属矿点的蕴藏量也较大。

昆仑山、阿尔金山系,以产玉石、石棉、水晶、铅、锌为主,著名的和田玉,就产在这一地区。

镶嵌在三大山系的两个盆地,堪称为我国的两个聚宝盆。在我国最大的内陆盆地——塔里木盆地,蕴藏着石油、煤、石膏、盐等多种矿产,是一个有着广阔开发远景的宝盆。准噶尔盆地,经勘探证明,石油、煤的储量丰富。盆地东西两侧的山区,有铬铁矿、水晶、金等矿产点。铬铁矿在全国占居重要地位。铜、镍等也有相当的储量。

〔矿产资源品种〕新疆的矿产不但资源极为丰富,而且种类繁多,分布广泛,矿种组合条件好,在我国实现工业化过程中具有重要战略地位。目前已发现的矿藏有122种,其中燃料矿产5种,金属矿产44种,非金属矿产70种,地下水3种,矿种数占全国已知有用矿种的75.3%,仅次于四川列第二位。远景储量居全国首位的有7种,居西北首位的有12种。不少矿产具有实施开发的经济优势,特别是石油、天然气、煤炭、盐、芒硝、铬铁矿等多种矿产开发前景广阔,具有发展优势产业的良好条件。目前,实际探明储量居全国首位的有8种，即铍、云母、长石、陶土、蛇纹岩、钠硝石、膨润土和蛭石；居第三位的有铯、白云岩和铸石用辉绿岩3种；居第四位的有锂、铬、天然气、石棉、菱镁矿、自然硫6种；石油和煤居全国第五位；居全国前十名的还有油页岩、铋、芒硝、钽、锰、镍、砖瓦粘土、水泥用页岩、石盐、铌和钛共11种。部分矿产富矿比例大，如富铁矿和富铬矿分别占25.6%和58%，高于全国所占比例；富铜矿全国大于1%的占35%，新疆占89%；镍矿大于3%品位的特富矿占30%；蛭石平均品位为59%。

〔矿产分类情况〕

1.新疆的能源极为丰富。石油和天然气，在全国各省区中占有重要地位。准噶尔、塔里木、吐鲁番三大油气沉积盆地以及其它19个大小沉积盆地，成油地质条件好，沉积面积达92万平方公里，约占我国陆地沉积面积的1/4。建国43年来，国家对新疆石油及天然气资源进行了大规模的勘探，基本完成了三大盆地地面石油地质详查、重磁力普查和部分电法工作。全疆石油预测资源总量300亿吨以上，占全国总量787.5亿吨的35%。在准噶尔盆地现已发现的油田有：克拉玛依、独山子、齐古、车排子、红山嘴、百口泉、乌尔禾、风城、夏子街、火烧山等10余个油气田。去年总产量突破700万吨，居全国第4位。该盆地预测蕴藏量在90亿吨以上。在塔里木盆地自1989年春，石油大会战拉开序幕以来，塔里木先后发现了轮南、吉拉克、东河塘、桑塔等一批油田。现已投入开采的轮南油田日产原油1600吨，今年即可产油80—100万吨，同时业已掌握了“八五”末期建成500万吨油田的资源量。该盆地预测蕴藏量为184.5亿吨。在吐鲁番盆地，目前吐哈油田的100万吨原油生产能力正在抓紧建设。该盆地预测蕴藏量在20亿吨以上。现在，国家每年投入70亿元用于新疆的几大盆地的石油勘探开发，为把新疆建成全国的石油战略接替区作准备。

新疆的煤炭地层面积预计为30.7万平方公里，预测储量1.6万亿吨，约占全国总量的35.9%，居全国之冠。已探明的储量约170多亿吨，在全国名列第8位，在西北地区名列第2位，并且有如下特点：(1)成煤时代多，成煤盆地多，分布面积广。据有关资料统计，在全疆85个县市中，64个县市有成煤的地质构造。(2)煤层多，厚度大，资源集中，大型煤田多。已探明的一些煤田的煤层贮存情况看，有的含煤多达30层以上，总厚度超过100米，单位面积储量大，煤质好，低硫(含硫量在1%以下)、低灰(灰分在10%左右)。一些煤田埋藏较浅，易于露天开采；一些煤田离兰新铁路和主要公路干线较近，有水、电、路等设施，便于开发利用和外运。(3)煤的牌号齐全，有气煤、肥煤、瘦煤、焦煤、长焰、弱粘结煤、不粘结煤、牌号不明的煤等。以上这些特点，为建立各有特色的煤炭工业体系，提供了有利条件。

2.黑色金属及有色金属在全国占有一定的地位。铁矿，目前已发现矿床、床点600余处，已探明的储量居全国第5位，其中富矿占50%以上。锰矿已探明的储量，居全国第8位。铬矿已探明的储量，居全国第5位。铜矿床、矿点400多处。铅、锌、钨、镍等矿种矿点100处，其中有的矿床，已探明了一定的储量。上述矿种的特点是：分布广，矿点多，富矿多，伴生矿多，有利于综合开发利用。

3.贵金属及稀有金属矿产，位居全国前列。新疆的黄金资源比较丰富，已掌握的地质资料表明，全疆85个县市中，据不完全统计，其中59个县市有黄金资源，金矿点有270多处。铍、锂、钽、铌等稀有金属矿，已发现矿床数十处，是我国重要的稀有金属矿产地之一。

4.其它非金属矿产和建材矿产有：云母、石棉、石膏、膨润土、石墨等。其它特种非金属与宝石矿产有：水晶和各种宝石。水晶已发现产地160余处，宝石已发现70余个品种，驰名国内外的海兰宝石、芙蓉石、石榴石、质宝石、紫罗兰宝石等极为珍贵的高、中档宝石品种很多。

5.化工原料的矿产，在新疆以盐、芒硝、钠硝石等矿种最为丰富。盐的储量有17.5亿吨，居全国第8位；芒硝已探明的储量1.4亿吨，居全国第5位；钠硝石已探明的储量，居全国第1位；石灰岩，已探明的储量也很大，石英石、沙石料等建筑材料处处皆有。

〔矿产资源综合经济类型〕根据新疆矿产资源和经济效益两方面因素，可将矿产资源划分为5类：

1.经济优势矿产。这类矿产有石油、天然气、煤炭、石盐、芒硝、铬铁矿等，矿产保有储量的潜在价值为4530.09亿元，占全疆矿产资源潜在价值5230.13亿元(1987年新疆地质矿产局预测)的87.49%。

2.潜在优势矿产。主要有金、铜、镍、膨润土、稀有金属、蛭石、水泥用石灰岩等，矿产保有储量的潜在价值为313.17亿元，占全疆矿产资源潜在价值的5.99%。

3.比较优势矿产。这类矿产有白云母、铁矿、石棉、砖用粘土、陶土、长石和宝(玉)石，矿产保有储量的潜在价值为193.93亿元，占全疆矿产资源潜在价值总额的3.69%。

4.一般矿产。这类矿种数量较多,主要有油页岩、钴矿、钛矿、钼矿、银矿、重晶石、石膏等。这类矿产保有储量的潜在价值为144.67亿元,占全疆矿产资源潜在价值总额的2.77%。

5.劣势矿产。这类矿产有铝土矿、磷矿、硫铁矿及玻璃用硅质原料,已探明储量的潜在价值仅3.27亿元,占总量的0.06%。

总之,新疆是我国矿产资源最丰富的省区之一,矿产开发的前景好,可建成具有全国意义的石油和石油化工基地、煤炭和煤炭化工基地、盐和盐化工基地、有色和稀有金属基地。

三、旅游资源丰富多彩

新疆地域辽阔,境内地势起伏,各地气候差异显著,景观殊异;新疆又是举世闻名的"丝绸之路"与众多的文物古迹,以及多姿多采的民族风情和文化艺术,都吸引着越来越多的游客。

新疆境内的帕米尔、昆仑山、天山、阿尔泰山高耸蓝天,白雪皑皑,冰河纵横。塔里木、准噶尔盆地平坦开阔、瀚海无垠。众多的山间盆谷,地理环境更是千差万别:伊犁谷地降水丰沛,山清水秀,宛如塞上江南;吐鲁番盆地低于海平面,酷热奇旱,堪称火洲。世界第二高峰乔戈里峰(海拔8611米)与世界第二洼地吐鲁番艾丁湖(低于海拔154米),高差竟达8765米。新疆多险的高峰,海拔超过7000米以上的山峰有16座,目前对外开放的山峰已达11座,居全国首位。这里有被称为"死亡之海"的流动沙漠塔克拉玛干沙漠,有被称为"脱缰野马"的内陆河塔里木河,有全国著名的内陆淡水湖博斯腾湖与高山湖泊博格达天池;这里有我国唯一属于北冰洋水系的河流额尔齐斯河水系及全国最大的冰川乔戈里峰北坡的音苏盖提冰川。新疆高山、盆地的气候对比尤为强烈。火洲吐鲁番夏季赤日炎炎,热浪扑面,极端最高气温达49.6℃,而盆地北侧的博格达峰却银装素裹、冰顺晶莹。在新疆,冰峰与火洲共存,沙漠与绿洲为邻。新疆自然环境受人为影响破坏较少,保持了原始古朴的自然风貌,除了一般的旅游观光外,特别适宜开展探险、登山、滑雪等特种旅游。

新疆的沙漠瀚海奇观,形成了旅游资源独具的一大特色。大漠的海市蜃楼、幻景,神奇莫测的鸣沙,幻如魔境的沙漠日出和晚霞,使人兴叹赞绝。千姿百态的风沙造型地貌,分布于乌尔禾、哈密、奇台等地;被人称之为"魔鬼城"的风蚀城堡,分布于罗布泊北部和东北部被我国古书称之为"龙城"的"雅月"群等,已名声远扬。

新疆多样的风候类型,富有神奇的意味。全疆南北地跨纬度为15度,各地距水汽来源远近不等,加之地形之别,有明显的干湿之差。且在同一地区内又因地形之别具有鲜明的垂直气候带特征。新疆东西南北、山上山下自然景观和人文特色的迥然不同,可谓"一山有四季,十里四季中"的众多胜景。

新疆境内有野生动植物1000多种,不乏奇树异草、珍禽异兽。近年来新疆先后建立了20余个自然保护区,其中,国家级保护区有喀纳斯自然景观保护区、阿尔金山高原生态保护区和伊犁黑蜂资源保护区。此外,还有天池自然景观保护区、巴音布鲁克天鹅保护区、布尔津河狸保护区、托木尔峰保护区、巴旦杏保护区、卡拉麦里山有蹄类自然保护区、巩留云杉保护区、巩留野核桃保护区、小叶白腊保护区、胡杨保护区、四爪陆龟保护区等。保护区总面积达10.2万平方公里,占全疆面积的6.18%,已形成类型齐全、布局合理、代表性广泛的自然保护区网络。一般来说,自然保护区最具有大自然的原始风貌,环境幽静,均可辟出一部分作为风景名胜旅游区。

新疆是古"丝绸之路"的要冲,是东西文化荟萃交流之地。"丝绸之路"公元三、四世纪起开始,以长安为起点,经甘肃河西走廊进入新疆,穿绿洲,涉沙漠,翻崇岭,西行波斯,到达君士坦丁堡然后转达罗马等地,是世界最长的古老商路,当年仍为无数中外人士所瞻目。古代"丝绸之路"在新疆境内的路段,大致可分为南、中、北道三条主要干线,全长5000多公里,跨越全疆50多个县市以上地区,其两侧错落的古城、矗立的烽燧、云集的千佛洞、古墓葬、古建筑、屯田遗址等古迹多处,玉门关至楼兰古城一线依稀可见长城雄姿。目前,新疆有国家重点文物保护单位10处,它们是高昌古城、交河古城、相孜克里克千佛洞、克孜尔千佛洞、库车吐拉千佛洞、北庭古城;自治区级重点文物保护单位120处;各地、州、市、县也相应公布了一批文物保护单位;此外,过去调查过的文物点不下800处。目前,馆藏文化的数量也十分可观,仅自治区博物馆就有馆藏文物8万多件。这些珍贵的历史文化遗产,是新疆人文旅游资源的精华。

"丝绸之路"上曾走过许多名人。他们为促进中西经济、文化的交流,立下了卓越功勋。以丝路名人的各种专线旅游,如"张骞通西域路线游"、"唐僧取经"旅游、"法显和尚西行"旅游、"马可·波罗探险"旅游等等,更是许多中外旅游者所求的宿愿。

(陈哲夫 周从钊 蒋为民
李长生 撰稿)

新疆经济在改革开放中发展

一、经济建设规模逐步扩大，经济实力显著增强

党的十一届三中全会以来，为了迅速改变新疆贫穷落后的面貌，奠定自治区经济和社会发展的基础，新疆各级党委、政府和部门始终把集中必要的财力物力，进行大规模的经济建设摆在突出的地位。1980年至1991年，新疆全社会固定资产投资累计达625亿元，其中1991年为123.45亿元，比1980年增长5.1倍。全民所有制单位的基本建设投资，从1978年至1991年累计达392.52亿元，完成投资额相当于前29年的3.39倍。其中1991年全民所有制单位的基本建设投资达73.57亿元，比1978年增长4.58倍。更新改造投资由1980年的2.6亿元提高到1991年的18.13亿元，增长7.8倍。建设过程中，中央给予了极大的关怀和支持，基本建设和技术改造投资中有60%以上来自中央。

新疆投资建设注重长远经济发展效果，重点建设有序展开。从本地实际出发，主要围绕水利、交通运输、电力、石油及石油化工、轻纺工业等产业，进行了一系列大中型重点建设。1978年至1991年，自治区地方大中型建设项目总投资达177.14亿元，占基本建设总投资的45.13%，相当于前29年大中型项目总投资的7.48倍。近几年来，又有一批国家和自治区的大中型项目正在建设中，以塔里木盆地、吐鲁番——哈密盆地油气资源勘探开发为标志的石油及乌鲁木齐矿区、哈密矿区和玛纳斯电厂为标志的能源工业项目；以兰新铁路西段工程为标志的交通运输项目；以天山西部林场、黑孜水库为标志的农业水利项目；以乌鲁木齐石化四万吨聚酯工程和新疆独山子14万吨乙烯工程建设为标志的石油化工项目等。这批重点项目的建成必将成为新疆工业、农业和其他行业发展的重要支柱。同时，也标志着新疆经济正向产业优势化、投资规模化、行业联动化发展方向迈出了可喜的一步，这对新疆国民经济的进一步发展将起着举足轻重的作用。随着投资规模的不断扩大，重点建设的加强，有力地促进了新疆经济实力的迅速增强，保证了新疆国民经济持续、稳定、协调地发展。1991年，全自治区国民生产总值达291亿元(1990年不变价，下同)，比1978年增长2.7倍，平均每年增长10.6%；国民收入242亿元，比1978年增长2.5倍，平均年增长10%；财政收入24.3亿元，增长2.4倍，自给率由1978年的41.95%上升到48.1%。农业获得连续14年丰收，工业持续稳定增长。从1978年以来，农业总产值平均年增长9.5%，工业总产值平均年增长12.1%。从1986年起，基本实现进出疆商品价值平衡，进出疆物资的实物比例为1∶3。

经过40多年的开发建设，特别是党的十一届三中全会以来，新疆的产业结构已有明显的变化，已由单一的农牧业结构向农牧业——工业结构转变，已初步形成以农业为基础，工业为主导的多部门的国民经济体系。

二、工农业生产迅速发展，主要产品产量大幅度增长

(一) 农业夺得连续14年丰收，农业经济的基础地位不断巩固。十一届三中全会以来，党的一系列富民强国政策，极大地调动了广大农牧民劳动生产的积极性。在坚持不放松粮食生产的同时，充分发挥各地区自然资源优势，积极发展多种经济作物，并积极拓宽农村经济发展领域，农业经济取得了很大发展。1991年全自治区农业总产值达167.95亿元，比1978年增长2.3倍。主要农牧产品大幅度增加。粮食达672.52万吨，比1978年增长81.8%，平均年增

国民生产总值构成表

年份	国民生产总值	第一产业	第二产业	第三产业
1952	100	65.60	21.14	13.26
1978	100	36.26	46.42	17.32
1990	100	37.60	33.10	29.30

社会总产值部门构成表(以社会总产值为100) 单位:%

年份	农业	工业	建筑业	运输业	商业
1949	78.0	13.0	1.3	1.2	6.5
1978	28.9	46.8	12.7	7.1	4.5
1991	31.5	47.9	9.4	3.9	7.3

工农业总产值构成表 单位:%

年份	以工农业总产值为100				以工业总产值为100	
	农业总产值	工业总产值	轻工业总产值	重工业总产值	轻工业产值	重工业产值
1949	85.71	14.29	13.69	0.60	95.84	4.16
1978	38.21	61.79	25.72	36.07	41.62	58.38
1991	36.60	63.40	31.36	32.04	49.46	50.54

长4.7%;棉花63.95万吨,增长10.6倍,平均年增长20.8%;油料40.49万吨,增长2.9倍,平均年增长11.1%;甜菜256.85万吨,增长14.7倍,平均年增长23.6%。1990年全区人均占有粮食446.5公斤,居全国第6位;人均占有棉花31.4公斤,居全国第1位;人均占有油料26.1公斤,居全国第4位。农牧产品商品率已达60%以上。"七五"期间,全区累计外调和出口棉花1800多万担。在种植业发展的同时,畜牧业也有了较快的发展。牲畜年末总头数由1978年的2475.98万头增加到3496万头。新疆乡镇企业起步虽然晚,但发展速度较快,企业个数由1980年的121个,增加到1990年的14.4万个,从业人数达46.2万人,总收入25亿元,比1980年增长6.62倍。

在农业生产发展的同时,农业生产条件得到明显改善。全区共建成水库469座,总库容达58亿立方米;干、支、斗、农四级渠道28万多公里;渠系建筑物22万座;配套机电井2万余眼;中小水电站600多座。这些水利设施的建设,不仅使全区的灌溉面积由解放初期的1700万亩扩大到5300万亩,而且解决了农牧区610万人和1500万头牲畜的饮水问题。农业的现代化水平也有较大的提高。1991年,新疆农业机械总动力达56.01亿瓦特,比1978年增长2.35倍,机械率和机播率分别达到81.4%和74.7%;年化肥施用量(折纯量)达48.8万吨,比1978年增长2.82倍;农村用电量达12亿千瓦小时。

(二)工业经济持续稳定发展,工业结构日趋合理。全区工业已在解放初期十几个设备简陋的小厂矿的基础上,已建立起包括钢铁、石油、煤炭、电力、化工、建材、轻工、纺织等门类比较齐全的工业体系,有工业企业6300多个。工业行业中,以石油及石油化工、纺织、食品、能源、建材为五大支柱产业,其中石油及石油化工工业、纺织工业和食品工业三大优势产业初具规模,产值分别占工业总产值的23.2%、25.5%和14.6%。石油及石油加工工业在全国占有重要地位,纺织工业在全国有一定地位。工业布局有序展开,初步改变了过去工业大都集中在乌鲁木齐等几个城市的状况,在北疆和南疆各地相继建设了一批中小型工业企业,这对发挥各地经济优势,地区之间协作,提高初级产品的加工能力,以及最终实现优势资源转换,起到了积极的促进作用。

新疆各工业部门注重技术改造,积极采用先进技术和设备,不断提高工业企业技术水平,着重立足区内市场开发新产品,满足区内消费的需要,并根据国内、国外市场的需求开发适销对路产品,不断提高地产品的市场竞争能力。1983—1991年新疆技术改造投资累计完成79.52亿元,主要用于采用新技术和引进先进设备,使一批工业企业的技术面貌和经营状况发生了明显变化。全区共开发新产品3000多种,新产品产值率由1980年的1%提高到13%左右,已有50%左右的新产品达到国内先进水平。随着产品质量的提高和新产品的开发,大大提高了新疆工业产品的竞争能力,开拓了广阔市场,出口、出疆产品比重不断提高。在新疆外贸出口总值中,工矿产品出口的比重,由1981年的12.2%上升到1991年的45%左右。

1991年,全区工业总产值达到270亿元,比1978年增长3.4倍。主要工业产品产量比1978年有几倍甚至数十倍的增长,区内工业品自给率已接近60%,煤炭、原油、成品油、棉纱、棉布、原盐、机制糖等产品,除满足区内需要外,还有大量外调。近几年,每年约调出原油和成品油400万吨,原煤200多万吨,原盐100万吨。

三、基础设施不断加强,投资环境逐步改善

在中央和各有关部门的支持下,改革开放以来,新疆的基础设施和投资环境确实得到显著改善,对国内外资金的吸引力逐步增强。

〔**铁路运输开拓前进**〕目前新疆开通的铁路有:乌鲁木齐至北京、上海、成都、郑州、西安、嘉峪关及库尔勒、奎屯等直达客运列车。通往内地的铁路——兰新线全长1895公里,新疆境内线长766公里,全线实现了机械化,牵引全部内燃机车。兰新线自1963年开通始运以来,一直承担着我区进出疆物资和客运的主要任务,是加强我区同国内外交流的一条干线通道。1984年8月,南疆铁路正式通车库尔勒,即东起兰新线的吐鲁番,西至新疆库尔勒的南疆铁路。全线长467公里,并与兰新铁路干线形成T字形格局。兰新铁路西段(即北疆铁路)于1990年9月铺轨到国境线上的阿拉山口,与哈萨克斯坦的吐西铁路接轨,全长460公里,从此贯通了东起连云港西至荷兰鹿特丹的第二亚欧大陆桥,为沿边向西开放创造了方便条件。现正在修建的兰新铁路武威南至乌鲁木齐复线建成后,新疆东运能力可由目前的1100万吨提高到5000万吨。1991年全通铁路营运里程1800公里,铁路货物周转量达163.34亿吨公

1952年至1991年主要工业产品产量表

产品	单位	1952年	1978年	1991年	1991年与1952年比较增长	1991年与1978年比较增长
棉纱	万吨	0.05	2.80	13.58	270倍	3.85倍
棉布	万米	330	15610	27860	83倍	78%
呢绒	万米		189.37	1267.4		5.69倍
机制纸及纸板	万吨		1.99	10.17		4.11倍
原盐	万吨	2.22	51.51	150.17	67倍	1.92倍
糖	万吨		2.08	26.12		11.56倍
电视机	万台			10.83		
原煤	万吨	43.73	1079.0	2111.6	47倍	96%
原油	万吨	5.21	353.05	762.33	145倍	1.16倍
发电量	亿千瓦小时	0.05	21.17	78.04	1560倍	2.67倍
钢	万吨	0.07	8.46	40.57	579倍	3.8倍
合成氨	万吨		3.32	33.17		9倍

里,比 1978 年增长 1.41 倍;旅客周转量达 41.94 亿人公里,比 1978 年增长 2.06 倍。

〔**公路建设有了很大发展**〕现已形成了以乌鲁木齐为中心的四通八达的公路网。主要公路干线有:国道 312 线(星星峡——乌鲁木齐——伊宁)1486 公里,国道 314 线(乌鲁木齐——喀什——红其拉甫)1892 公里,国道 216 线(阿勒泰——五彩湾——乌鲁木齐——巴仑台)1011 公里,国道 217 线(阿勒泰——克拉玛依——奎屯——库车)1065 公里,国道 315 线(茫崖——和田——喀什)1725 公里,省道 2925 线(呼图壁——克拉玛依)223 公里等。通往国内相邻省区的公路有三条:由国道 312 线上的星星峡通往甘肃,由国道 315 线和 218 线上会合处茫崖通往青海,由国道 219 线(叶城——界山大板 692 公里)通往西藏的阿里地区。主要通往对国外贸易口岸的公路有:国道 314 线中的中巴公路国内段(喀什——红其拉甫)415 公里,省道 2957 线(喀什——吐尔尕特)166 公里,省道 2935 线(清水河——霍尔果斯)29 公里等。全疆现有公路通车里程 2.57 万公里,其中高级、次高级公路里程 2116 公里,等级路面里程达 20016 公里,基本实现了线型标准化,路面黑色化,桥梁永久化。新疆的汽车运输业不但承担着境内的客货运输、省际间的物资运输,而且还承担中苏、中巴两国的贸易物资运输。1991 年完成旅客周转量 68.05 亿人公里,比 1978 年增长 5.21 倍;货物周转量 129.07 亿吨公里,比 1978 年增长 3.03 倍。

〔**航空事业发展很快**〕民航机场现有 13 个,已开通乌鲁木齐至北京、上海、广州、成都、西安、大连、兰州、郑州、厦门、福州、杭州、哈尔滨、沈阳、敦煌等条国内航线和乌鲁木齐至喀什、和田、阿克苏、且末、库车、库尔勒、伊宁、阿勒泰、克拉玛依等条区内航线及北京——乌鲁木齐——莎迦——伊斯坦布尔、乌鲁木齐——阿拉木图两条国际航线。已基本形成了以乌鲁木齐为中心,联结全疆主要地州市和国内国外的航空运输网,通航里程达 5 万多公里。1991 年完成货物运输周转量 2100 万吨公里,比 1978 年增长 22.41 倍;旅客运输周转量 1209 亿人公里,比 1978 年增长 20.98 倍。

〔**口岸建设不断扩大**〕目前新疆对外交往的有 8 个陆陆口岸和 1 个机场口岸。8 个陆陆口岸是:(1)红其拉甫口岸。位于塔什库尔干塔吉克自治县境内,距县城 92 公里,距巴基斯坦北部地区首府吉尔吉特 270 公里。是古"丝绸之路"通往南亚的必经之路。从 1983 年 5 月 1 日起对中巴两国公民正式开放,1986 年 5 月 1 日正式对第三国开放。1990 年通过口岸的中外游客达 14000 多人次。(2)霍尔果斯口岸。位于伊犁河谷霍城县境内,距伊宁市 90 公里,距阿拉木图 390 公里,古"丝绸之路"北路正是通过这里进入中亚。该口岸自 1983 年 11 月恢复开放,是新疆地区的主要贸易口岸,年货运量在 15 万吨左右。1990 年该口岸旅客流量达 5.34 万人。(3)吐尔尕特口岸。在乌恰县境内,中苏边境又一贸易口岸,距阿图什市 170 公里,距喀什市 165 公里,距吉尔吉斯共和国首府比什克 540 公里,距乌兹别克共和国首府塔什干约 1100 公里。该口岸 1983 年 12 月重新恢复开放,目前吐尔尕特口岸已具备了承受进出口货物 10 万吨以上的吞吐能力。吐尔尕特口岸还利用其与红其拉甫口岸相近和公路运输条件便利的优势,开展一些转口贸易业务,使口岸的业务量逐步发展扩大。(4)阿拉山口口岸。位于博尔塔拉蒙古自治州境内,艾比湖北端,距博乐市 75 公里,与哈萨克斯坦共和国塔尔迪库尔干州相毗邻。1990 年 6 月 27 日批准开放口岸,目前是新疆唯一的铁路客货运输口岸,口岸车站建有 4800 平方米站房,并已铺设 26 股道。口岸还有换装站,是进行货物换装的场所。1991 年 6 月 15 日口岸开办临时货运,范围主要是新疆和哈萨克斯坦之间急需要用铁路运输的部分进出口货物。预计 1992 年可通货 180 万吨。(5)塔克什肯口岸。位于阿勒泰地区青河县境内,与蒙古科布多省相毗邻。1989 年 7 月 20 日批准开放,主要是阿勒泰地区同蒙古西部地区之间进行边境贸易的口岸。该口岸为双边季节性开放口岸,允许中蒙双方人员、边贸货物和交通工具通过口岸出入境。口岸距青河县城 90 公里,距阿勒泰市 380 公里,距蒙古科布多省布尔干县 40 公里。(6)老爷庙口岸。位于哈密地区巴里坤县境内,与蒙古戈壁阿勒泰省相邻,老爷庙历史上就是双方边民通商的交通要道。1991 年 4 月,中蒙两国政府同意开放老爷庙口岸,允许中蒙双方人员、边贸货物和交通运输工具通过口岸出入国境。老爷庙口岸距巴里坤县城 172 公里,距哈密 308 公里,路况较好,全年可以通行汽车。(7)乌拉斯台口岸。位于昌吉回族自治州奇台县境内,与蒙古科布多省相邻。1991 年 4 月,经中蒙两国政府同意开放乌拉斯台口岸。口岸性质与老爷庙相同。口岸距奇台县城 230 公里,全年可通行汽车。(8)位于福海县境内的红山咀口岸类似于以上两个口岸。(9)乌鲁木齐机场口岸。是我国五大门户机场之一,该机场自 1973 年对外开放后,一直是我国通往欧洲、西亚国际航线的备降机场,目前有北京——乌鲁木齐——沙迦——伊斯坦布尔的国际航班 CA943/CA944,每周星期四、五经乌鲁木齐出入境各一次。乘坐该航班的国际旅客，可直接在乌鲁木齐机场办理出入境手续。1991年7月28日，乌鲁木齐——阿拉木图国际航线也正式开通。每周两班，星期二为苏联航班(SV819/820)，星期五为中国航班(CA967/968)。

〔**通讯邮电网已初步建成**〕目前全区拥有电报电路347路，部分县市的电报进入自动交换网，县县都通了电报，并且开辟了移动通信传真等新业务。长途业务话路1321条，长途电话自动交换机容量572路。新疆已有19个市县进入全国自动交换网。15个地州市全部实现了市内电话自动化，全区市内电话自动交换机容量13.66万门，占93%。至1991年底，我区已与世界140多个国家和地区通邮。全区邮电场所达1317处；邮路达到503条，78121公里。全区城市拥有电话7.89万户，农村1.05万户，乌鲁木齐至地州市的平均长话电路上升到23.3路，自动和半自动长途业务话路占业务话路总数的34.4%。1991年11月15日经中苏两国政府批准，新疆乌鲁木齐市至哈萨克斯坦阿拉木图市、伊宁市至阿拉木图和霍尔果斯至潘菲洛夫市三条边境人工电话电路，正式开通。1990年开辟了长途电话直拨线路，乌鲁木齐长途通讯枢纽工程已建成使用，区内各地州市及大部分县都与乌鲁木齐开通了直达电话线路，在乌鲁木齐可以同全国的大部分重要城市直接通话，也能较方便地挂国际长途。

〔**新疆电力工业发展很快**〕基本上可以满足各项事业发展的需要。经过40多年的建设，特别是改革开放以来，水电、火电都有了很大发展。现在新疆已基本形成以火电为主，火水并举，大中小结合的电力工业体系。全区建成了220千伏的乌鲁木齐电网，110千伏的库尔勒、哈密、克拉玛依、伊犁、塔城等6个电网，以及和田、阿克苏、吐鲁番、博尔塔拉、阿勒泰等20多个35千伏电网及独立供电区。1991年全区拥有装机容量210万千瓦，比1978年增长1.94倍；发电量78.04亿千瓦小时，比1978年增长2.69倍，其中火电为63.37亿千瓦小时，水电14.67千瓦小时。电力工业装备和技术水平也显著提高。

〔**旅游基础设施已初具规模**〕现有旅游涉外宾馆饭店53家，其中旅游宾馆13家，即：乌鲁木齐友谊宾馆、华侨宾馆、昆仑宾馆、吐鲁番绿洲宾馆、吐鲁番宾馆、喀什色满宾馆、喀什噶尔宾馆、石河子宾馆、阿克苏宾馆、和田宾馆、塔什库尔干宾馆，共有标准床位3000多张，还有在乌鲁木齐的两家合资宾馆：乌鲁木齐假日酒店，768个床位；环球大酒店，800个床位。这两家合资宾馆的建立，可缓解旅游旺季乌鲁木齐接待外宾用房紧张的状况。

四、新疆对外经贸与横向经济联合发展较快

(一)外贸出口迅速发展，进口不断增长。1991年新疆维吾尔自治区进出口总额45933.4万美元，比1978年2346万美元增长18.58倍，比1990年41086万美元增长11.8%。

出口总额36317.6万美元，比1978年937万美元增长37.26倍，比1990年33591万美元净增长2726.6万美元，增长8.12%，占全自治区国民生产总值的6.62%。

出口商品结构也有明显改善。党的十一届三中全会以前，新疆出口商品仅有几十种，且绝大部分是农副产品。十多年来，为了加强出口商品在国际上的竞争能力，积极引进先进技术设备，陆续建立了一批出口商品生产基地和专厂、专车间，开发了一批新的加工制成品和新商品，如毛纺织、食品、彩电、农用机械、化工产品等。工业产品出口比重逐步增加，初步改善了自治区落后的出口商品结构。1991年新疆出口商品达259种，在出口总额中工矿产品占44.5%。出口商品金额在100万美元以上的有46种，金额31923.44万美元，占出口总额的87.89%。其中10000万美元以上的有棉花，1000至3000万美元的有棉纱、羊绒衫，500至999万美元的有白砂糖、啤酒花、番茄酱罐头、绵羊、肠衣、呢绒、碳酸里、甘草膏，100至499万美元的36种。

出口商品国际市场不断扩大。十多年来，自治区在继续巩固和扩大港澳地区、日本、东南亚、欧美国家市场的同时，积极开拓原苏联、西亚、南亚市场，实现国际市场多元化。目前，新疆出口市场有51个国家和地区。出口在1000万美元以上的国家和地区有日本、香港、原苏联、罗马尼亚、韩国、德国等。1991年向日本出口金额为10809.6万美元，占全自治区出口总额的29.8%，比1990年上升1.9个百分点。

随着外贸出口额的不断增长，外贸进口也相应增长。1991年，进口到货9615.8万美元，比1978年1409万美元增长5.8倍，比1990年7495万美元增长28.3%。在进口商品中，生产资料9125.39万美元，占94.9%；生活资料490.41万美元，占5.1%。进口的主要商品有：化肥4613.5万美元，占进口总额的48%；钢材1426.4万美元，占进口总额的14.8%；还有汽车零件、化工原料、彩电散件、西药等，占进口总额的37.2%。进口商品来自13个国家和地区市场，主要有原苏联、香港、美国、日本等国家

和地区。

新疆的边境贸易近两年发展较快，1991年地方及边境贸易进出口总额9435.7万美元，比1990年7138万美元增长32.19%。其中出口5025.7万美元，增长4.42%；进口4410.1万美元，增长23.91%。对周边国家地边贸易额占全区贸易总额的比重由1990年的17.1%上升到1991年的20.5%。从国别看，对原苏联各国贸易额为9112.9万美元，占地边贸总额的96.58%。出口的主要商品有：白砂糖、活畜(包括活羊、活牛、活马)、冻牛肉、客货两用汽车、小四轮拖拉机、服装、日用百货及文化用品等。进口商品主要有：化肥、钢材、棉花、化工原料、皮张等。

(二) 利用外资有了较大进展。利用外资，对加快新疆的经济建设具有重要的意义。在新疆的开发建设中，面临着资金不足和技术落后等问题。解决这些问题主要靠新疆自己的力量和国家的支援。同时，积极地利用外资也是十分必要的。截止1991年底，全自治区累计批准外商投资项目63个，其中合资企业35家，合作经营4家，外商独资企业8家，合作开发1家，补偿贸易15家，实际利用外资金额6982万美元。外商直接投资项目的资金来源，主要是港澳地区、美国、日本、台湾等。按行业划分，主要分布在冶金、轻工、食品加工、纺织、电子、农牧业、医药、建材、化工、旅游服务等。外商补偿贸易的项目主要来自香港地区和日本、澳大利亚、德国及原苏联等，以来料加工和国际租赁的形式引进国外先进技术设备。另外，利用国外贷款2.7亿美元，主要是引进技术和设备，用于石油化工、铁路、邮电通讯等项目建设。

在引进外资方面，1991年是近几年最多的一年。去年我区批准利用外资项目16个，其中批准外商投资企业10家，比1990年增加1倍，外国贷款、赠款及外商其他投资6个。实际利用外资(包括国外贷款)金额9361.6万美元，是近几年增加最多的一年。

新疆利用外资的实际效果是好的，已经开办的外商投资企业，大多数办得比较成功，有一些企业经济效益还相当好。例如：新疆与香港、日本合资经营的“新疆天山毛纺织品有限公司”，从1981年投产到1991年，工业总产值平均每年增长17%，累计实现利税3.4亿元，累计出口创汇1.3亿美元，借用的中国银行外汇贷款已于1985年全部还清，合资各方还把1985年以来分得的红利三次再投资扩大再生产，使注册资本由最初的800万美元增加到目前的2200万美元。该公司的产品，不仅畅销国内各省区，而且还打入美国、日本、澳大利亚、瑞士、加拿大、意大利、法国、原苏联、德国和港澳等国家和地区，出口产值占其总产值的50%以上，被评为全国十大最佳中外合资企业之一，并跻身于全国500家经济效益最好企业之一。又如，新疆医药公司和日本阿尔佩斯药品工业株式会社合资经营的“新疆天山制药工业有限公司”，自1987年6月正式投产以来，产品甘草甜味素在国外市场上极受欢迎，经济效益也很好。随着外商投资的增多，新疆外商投资企业出口创汇逐年增长，仅1989年就为3200万美元，约占新疆当年出口总值的10%左右，近两年大致也保持这个比例，成为发展新疆对外贸易的一支重要力量。

十多年来，新疆对外经济合作也有了一定的发展。由于自治区对外经济技术合作起步较晚，且受地理环境因素的制约，合作项目绝大部分是对原苏联进行的。截止1991年底，全自治区经批准立项的对外经济技术合作项目共73项。其中境外非贸易投资38项，工程承包14项，劳务输出18项，境外合资企业2项，技术出口1项。1991年对外签订承包工程和劳务合作合同14项，金额1056.7万美元；劳务合作6项，金额116.87万美元；境外合资企业2项，金额203.83万美元。承包工程项目，主要在吉尔吉斯斯坦。工程项目包括修建和装修旅游宾馆，安装针织厂的机器设备，修建船闸和种植蔬菜等项目。劳务合作，主要是在塔吉克、吉尔吉斯斯坦和乌孜别克三国，有中医劳务合作项目，宾馆工程设计等。

(三) 国际旅游事业逐步展开。新疆有丰富的旅游资源，地理环境独特多样，境内保存着许多几百年以至上千年以前的古城遗址和古代的建筑与文物，自古以来就有“歌舞之乡”、“瓜果之乡”的美称。新疆是闻名中外的“丝绸之路”通道的重要路段。但在现代，新疆的旅游事业起步较晚，1978年才正式开办。开办当年，仅仅接待了6个国家的80余名外国游客。党的十一届三中全会以后，新疆的旅游事业蓬勃发展。1991年自治区共接待来疆旅游、参观、访问以及从事各项交流活动的华桥、港澳台同胞、外国游客13.41万人，比1980年的3850人，增长31.82倍，比1990年的7.98万人，增长68%；旅游外汇收入2171万美元，比1980年的175万美元，增长11.4倍，比1990年的1212.28万美元，增长79%。

(四) 积极开发国内经济技术交流与合作。新疆的内联协作起步较晚，从1986年3月《国务院关于进一步推动横向经济联合若干问题规定》发布以后，我区的经济技术协作逐步展开。据不完全统计，截止1991年底全区先后与全国30个省、市、自治区和国家十几个部委开展了经济技术协作，协作项目5500个，协作金额达10.79亿元；通过协作渠道，还培训各种管理、技术人才1.1万人，请进各类专业技术人员8000多人次，引进各类设备4873台套，新增花色品种6192个，挂靠名优产品160个，协作项目新增产值21.06亿元，新增利税3.05亿元。物资协作总金额达30多亿元。

新疆通过与兄弟省区开展经济技术交流与合作，引进了大批资金、技术、人才及管理经验，对我区的优势资源的开发利用，调整产业结构和产品结构，提高企业的整体素质，起了积极的促进作用，一大批协作项目经济效益和社会效益也很明显。例如：(1)新疆棉纺生产能力"七五"期间从38.5万锭发展到86万锭，其中30万锭就是通过经济技术协作搞起来的。(2)与四川、天津、大连、舟山签约引资3950万元，开发15.8万亩棉花基地的联合项目；与浙江轻纺厅签订引资6000万元，建立24万亩棉花基地。(3)库尔勒棉纺织厂1984年投产以来连年亏损，1990年初请包头棉纺厂技术承包，原计划亏损300万元，到年底盈利349万元，企业面貌发生了质的变化。(4)巴音郭楞自治州属六个机械电子企业与兰州石油机械集团联营，共同为石油勘探开发服务，1989年完成产值1200万元，1990年又有较大幅度增长，既促进了塔里木石油开发，也带动了本州的经济发展，等等。

五、商业经济有长足发展

改革开放以来，新疆商品经济发展较快，城乡市场活跃繁荣。1991年全疆社会商品零售额137.11亿元，比1978年提高4.54倍，其中消费品零售额121.52亿元，农业生产资料15.59亿元，分别提高4.55倍和4.47倍。新疆加快了区内商品网点的建设，扩大商品经营范围，目前，全疆共有各种社会商业、饮食业、零售机构17.7万个，从业人数45.2万人，分别比1978年增长12.62倍和5.78倍，平均每万个城乡居民拥有零售网点由1978年的10.6个增加到1990年的115个。

在发挥国营商品主渠道作用的同时，新疆集体、个体商业经济异军突起，横向商业经济联合组织应运而生。全疆非全民所有制商业零售额占零售总额的比重由1978年的4.83%提高到1991年的43%，逐步形成了以国营商业为主，集体、个体商业协同、行业配套灵活经营的商业体系。

六、教育、科技等各项事业蓬勃发展，人民生活明显改善

十一届三中全会以后，新疆教育工作的地位不断提高，教育经费和教育投资逐年增加。1991年，全疆普通高等学校21所，在校生3.1万人，比1978年增长2倍；中等学校2280所，在校生121.1万人，比1978年增长44%。学龄儿童入学率97.5%。少数民族教育事业迅速发展，新疆高等学校中少数民族在校生占在校生人数的56.37%，比1978年增长2.55倍。

目前，新疆县以上部门全民所有制独立研究与开发机构119个，全区全民所有制单位拥有自然科学技术人员25万人。1979年至1991年，全疆共获得国家和自治区级重大科学技术成果3365项，占建国以来该成果总数的68.53%。科技兴农效果显著，实施农村"星火计划"，组织科技人员下乡，把科学技术送到农村，以及向乡镇企业转移技术成果，促进了农村经济的全面增长。

卫生、体育事业发展迅速。新疆卫生机构数由1978年的2581个增加到1991年的3937个，专业卫生技术人员由5.1万人增加到8.25万人，增长61.77%，平均每千人口医生数由1.4人增加到1.9人。少数民族卫生队伍迅速成长，少数民族专业卫生技术人员由1981年的1.55万人增加到1991年的2.7万人，已占卫生技术人员总数的32.73%。全疆卫生设施条件也不断改善，平均每万人口拥有医院床位数由1978年的31.8张增加到1991年的44张，增长38.36%。新疆体育事业进步很快，运动水平大幅度提高。

十一届三中全会以来，随着国民经济的发展，新疆各族人民生活发生了深刻的变化，基本解决了温饱问题，并有相当一部分居民向小康水平迈进。1991年，全疆农民平均家庭每人纯收入702.57元，比1978年增长4.89倍。城镇居民家庭平均每人每年可用于生活费收入1494.48元，比1978年增长3.68倍。职工年平均工资收入2455元。居民储蓄存款余额已达162.27亿元。城市家庭人均居住面积由5.42平方米上升为9.79平方米；农民家庭人均使用房屋面积由11平方米上升为18.1平方米。

（刘彦群　何崇夫　姚书媛　杨伊波
施尚友　姚新民　李　红　撰稿）

新疆国民经济发展前景

一、2000年经济发展主要任务与目标

本世纪最后10年，是新疆社会主义现代化建设进一步打基础的关键时期。到2000年新疆国民经济和社会的发展，于1991年5月25日自治区第七届人大四次会议批准的《新疆维吾尔自治区国民经济和社会发展十年规划》作了规定。

90年代新疆经济建设面临着诸多有利条件和机遇。新疆各民族紧密团结，安居乐业，为开发建设创造了稳定的社会环境，为振兴新疆经济凝聚了巨大的力量，国家采取“稳住东部地区，发展西部地区的方针，集中力量加强以塔里木为重点的西部地区的油田资源勘探和开发”，将带动全疆特别是南疆相关产业的发展，加快新疆经济发展的步伐；第二条亚欧大陆桥的全线贯通，将为我区扩大对外开放创造有利条件；国家大力发展农业和能源、交通、原材料工业的产业政策及生产力布局的调整，有利于加快我区资源潜在优势向现实经济优势的转化。

90年代自治区根据国家经济和社会发展的总体部署，国民经济和社会发展的指导方针是：坚定不移地贯彻党的“以经济建设为中心，坚持四项基本原则，坚持改革开放”的基本路线，坚决走建设有中国特色的社会主义道路，以农业为基础，以水土利用和石油开发为先导，按照深化改革，扩大开放，依靠科技，调整结构，重点建设，注重效益的基本思路和国家的产业政策，实行“优势资源转换战略”，实现国民经济持续、稳定、协调发展。

90年代的奋斗目标和主要任务是：要在大力提高经济效益和优化经济结构的前提下，实现自治区经济发展第二步战略目标，使国民生产总值到本世纪末比1980年翻两番半，达到280亿元(1980年不变价，下同)，10年年平均增长7.3%；工农业总产值达到420亿元，10年年平均增长7.6%，其中农业总产值增长5%，工业总产值增长8.9%；人民生活实现小康；国民经济的整体素质提高到一个新水平。要大力优化产业结构，重点加强农牧业、能源、交通邮电、重要原材料等基础产业和基础设施，提高发展和改组改造加工工业，稳步发展建筑业，积极发展第三产业。要以水土利用和石油开发为先导，初步建成不同规模的农牧业(粮、棉、糖、畜)基地、石油和石油化工基地、轻纺和食品工业基地，逐步建设黄金和有色金属工业、盐和盐化学工业、煤炭工业后备基地。要改善地区经济结构。要逐步把经济成长转到主要依靠科技进步和提高劳动者素质的轨道。要充分发挥我区的地缘、资源优势，进一步扩大对外开放和横向联合，促进我区对外开放新格局的形成。

新疆主要经济部门的发展目标是：

〔**农业**〕在粮食自给有余、小区平衡的前提下，大力发展棉花、甜菜生产，1995年产量分别达到725万吨、60万吨和300万吨；2000年分别达到800万吨、75万吨和500万吨。1995年牲畜年末存栏3700万头，肉类总产量35万吨，绵羊毛产量6万吨；2000年牲畜年末存栏4000万头，肉类总产量45万吨，绵羊毛产量7.4万吨。到2000年全疆森林覆盖率达到1.68%，水产品产量6万吨。

〔**水土资源开发**〕十年规划改造中低产田1000万亩、开荒800万亩。2000年耕地面积达到5000万亩，灌溉面积达到6700万亩。“八五”期间，改造中低产田500万亩，开荒400万亩。

〔**石油和石油化学工业**〕“八五”时期全疆新增探明石油储量15亿吨，“九五”时期新增探明石油储量20亿吨。1995年生产原油1500万吨，2000年生产原油3000万吨。陆续建成乌鲁木齐石化厂聚酯工程、独山子乙烯工程等一批现代化石油加工和石油化学工业企业。

〔**煤炭、电力工业**〕1995年全区煤炭产量为

2400万吨，2000年煤炭产量达到3000万吨。"八五"期间新增装机容量70万千瓦，1995年发电量达到95亿千瓦/小时，"九五"期间装机容量100万千瓦；2000年发电量达到145亿千瓦/小时。

〔**交通邮电**〕加快交通邮电建设，进一步完善以公路为主体、铁路为骨干、航空和管道相配合的综合交通运输网络，以光缆、数字微波和卫星通信为主要传输手段的长途干线通信网和以程控交换机为主体的电话网。1995年铁路货物东运交出量达到2100万吨，到2000年铁路东运交出量达到2500万吨。

〔**原材料工业**〕1995年钢产量达到50万吨，钢材43万吨，铝4万吨，黄金10万两，水泥400万吨，化肥(折100%)36万吨，纯碱8万吨，烧碱4.5万吨，木材35万立方米。到2000年钢产量60万吨，钢材52万吨，铝5万吨，黄金15万两，水泥500万吨，化肥(折100%)59万吨，纯碱8万吨，烧碱12万吨，木材39万立方米。

〔**轻纺工业**〕1995年棉纺能力达到120万锭，生产棉纱18万吨，布3.5亿米，呢绒1500万米，机制粮40万吨，罐头15万吨，机制纸13万吨，制革(折大张)150万张，塑料制品6万吨，原盐200万吨。到2000年棉纺能力达到150万锭，生产棉纱22万吨，布5亿米，呢绒2000万米，机制糖60万吨，罐头25万吨，机制纸17万吨，制革(折大张)220万张，塑料制品12万吨，原盐300—400万吨。

与此同时，新疆的机械电子工业、地质勘查和气象事业、建筑业等也都有相应的发展。

〔**商品流通**〕1995年社会商品零售总额达到190亿元，平均每年增长10.6%。到2000年，社会商品零售总额达到300亿元，十年年平均增长10.1%。

〔**科学技术和教育事业**〕我区科学技术发展要坚决贯彻"经济建设必须依靠科学技术，科学技术工作必须面向经济建设"的方针，力争到本世纪末综合科技能力达到全国同期中等水平；力争1995年全疆90%的地区普及初等教育。到2000年全疆九年制义务教育普及率达到87%，培养全日制中等专业毕业生16万人，职业高中毕业生34万人，技工学校毕业生10万人，培养本、专科专门人才6.6万人。

〔**对外经贸**〕外贸出口总额1995年达到5.8亿美元，到2000年达8.5亿美元。"八五"时期计划利用外资5亿美元，"九五"期间争取利用外资6亿美元。力争在2000年前引进国内资金5亿元以上，完成协作项目2000项以上。1995年全区接待游客达到17万人次，创汇3800万美元；2000年接待游客27万人次，创汇1亿美元。

〔**人口和人民生活**〕1995年，全区人口控制在1690万人以内；2000年总人口控制在1860万人以内，人口自然增长率控制在19.7‰以下。"八五"期间，扣除物价上涨因素，农牧民人均纯收入平均每年增长4%左右；自治区全民所有制职工平均工资每年增长2%。妥善解决城乡劳动就业问题。积极发展为生活服务的第三产业和健康的文化娱乐活动，丰富人民的物质和精神文化生活。

到2000年和"八五"期间，我区国民经济和社会发展的任务十分艰巨。全区各族人民满怀胜利信心，按照党中央、国务院的战略部署，在自治区党委和自治区人民政府的领导下，团结一致，同心协力，奋发图强，为胜利完成新疆十年规划和"八五"计划所规定的任务而努力奋斗！

附录一:

“八五”期间与国内外经济技术合作的意向性项目

当前,我们正处在社会主义现代化建设的关键时期。摆在新疆各族人民面前的紧迫任务,就是遵循邓小平同志关于建设有中国特色的社会主义的一系列重要论述,抓住当前有利时机,加快改革开放的步伐,加速新疆经济的发展。

不失时机地扩大对外开放,是振兴新疆经济的一项重要战略措施。要充分发挥新疆的地缘优势和资源优势,坚定不移地继续执行“全方位开放,向西倾斜”和“外引内联,东联西出”的方针,通过“外引内联”,努力吸引更多的国外和兄弟省市区的资金、技术、人才来我区共同开发建设,加快新疆资源开发的进程,并以国内、国际市场为导向,依据国家的产业政策,加速产业结构与产品结构的调整,促使我区的商品多样化、高档化,把“外引内联”、“东联西出”推向新阶段。

一、“八五”期间与国内经济技术合作的部分意向性项目

前不久,自治区人民政府经济技术协作办公室发布了近期第一批《新疆维吾尔自治区技术协作项目》,现将部分协作项目介绍如下:

主管部门:新疆阿克苏地区计委
单位名称:新疆阿克苏地区棉纺织厂

一、项目名称:新建三万锭棉纺织厂

二、基本情况:阿克苏地区是新疆的主要产棉区之一,1990年产棉8万吨,拟建棉纺织厂,规模为纺纱3.2万锭,布机480台,厂址选在阿克苏市,交通便利,生活方便,能源有保证。

三、协作的主要内容和要求:该项目总投资9263万元,1991年底已完成投资1634万元,需引进资金2000万元。

四、协作方法:合作经营,补偿贸易。

五、预计经济效益:税利1000万元以上。

六、互利条件:面议

单位地址:新疆阿克苏市西大街78号

联 系 人:贾立民 董 德

电　　话:23643 23692 22128

主管部门:哈密地区经协办
单位名称:哈密棉纺织厂

一、项目名称:续建哈密棉纺织厂

二、基本情况:该厂建在哈密市、铁路、公路交通方便,水、电、煤充足。该厂规模为3.2万纱锭,布机864台,年纺纱4740吨,织布2848万米,1988年破土动工,1991年7月2万锭开工。

三、协作的主要内容和要求:拟引进资金500万元,上后1万锭。

四、协作方法:合资联营,补偿贸易。

五、预计经济效益:年销售收入5500万元,利税1100万元,创汇500美元。

六、互利条件:

单位地址:哈密地区棉纺织厂

联 系 人:周济之

电　　话:33959

主管部门:吐鲁番地区计委
单位名称:吐鲁番地区棉纺织厂

一、项目名称:棉纺织厂

二、基本情况:该纺织厂1990年4月5日自治区计工字(90)14号批准三万锭棉纺织厂立项,建设规模3万锭棉纺织厂一次设计分期实施,总投资控制在8800万元以内,一期工程3万纱锭,总投资6000万元,已列入自治区“八五”计划。

三、协作的主要内容和要求:引进资金2000—3000万元,引进技术。

四、协作方法:提供棉花引进资金,补偿贸易。

五、预计经济效益:1500万元左右。

六、互利条件:面谈。

单位地址:吐鲁番地区棉纺厂筹建处

联 系 人:常尊贤

电　　话:

主管部门:自治区纺织局
单位名称:沙湾灯芯绒厂

一、项目名称:续建沙湾灯芯绒厂

二、基本情况:该厂总面积 22.89 万平方米,距沙湾火车站 1.5 公里。主要设备:10000 锭环锭,3200 头气流纺,3008 线锭,792 台幅度 56 宽幅有梭织机及一条灯芯绒染整线。工程 1988 年 7 月开工,项目总投资 1.2835 亿元,已完成投资 4166 万元。

三、协作的主要内容和要求:拟引进资金 1500 万元。

四、协作方法:合资联营、产品补偿、贷款方式均可。

五、预计经济效益:年实现利润 1701.6 万元。

六、互利条件:面议

单位地址:沙湾县

联 系 人:胡学玉

电　　话:3892

主管部门:新疆阿克苏地区经协办

单位名称:新疆阿克苏地区丝厂

一、项目名称:扩建年产丝织品 120 万米生产线(二期工程)

二、基本情况:该厂建于 1960 年,职工 2535 人,工程技术人员 34 人,工厂占地面积 11.46 万平方米,年产白丝 35 吨,丝织品 80 万米,白厂丝为自治区优质产品,该扩建项目总投资 500 万元,已投资 280 万元,土建已完工尚缺 220 万元。

三、协作的主要内容和要求:需引进资金 220 万元。

四、协作方法:

五、预计经济效益:年税利 360 万元,部分产品可出口。

六、互利条件:面议

单位地址:新疆阿克苏地区西大街 78 号

联 系 人:贾立民　董　德

电　　话:23643　23692　22128

主管部门:玛纳斯县计委

单位名称:玛纳斯县园艺场罐头厂

一、项目名称:联营葡萄饮料厂

二、基本情况:我县园艺场 1986 年以来,共引进雷司令、贵人香、法国兰等 20 余种酿酒葡萄品种,现已发展葡萄 1500 亩,1992 年亩产量可达 600—700 公斤,总产量达 1000 余吨,罐头厂现已有固定资产 140 万元,并拥有成套的葡萄榨汁设备,1991—1992 年共生产葡萄汁 100 多吨。

三、协作的主要内容和要求:1.引进资金、引进先进技术;2.联营扩建年产 2000 吨葡萄汁系列饮料厂;3.可供给对方葡萄浓缩汁,在对方(内地)联办葡萄饮料厂。

四、协作方法:联合建厂,利润分成。

五、预计经济效益:利润为 100—120 万元。

六、互利条件:供给对方葡萄原汁或浓缩汁

单位地址:玛纳斯县园艺场

联 系 人:魏新荣　李福才

电　　话:61612　61406

邮政编码:832200

主管部门:吐鲁番地区经委

单位名称:吐鲁番地区红星煤矿

一、项目名称:玻璃纤维增强纸袋

二、基本情况:该产品是国家有关部门推广的专利产品、具有强度高、透气好、价格低、可回收、广泛用于建材、化工、轻工包装用,生产该产品主要原料是我矿玻璃厂下脚料,动力有保证,(年产 400—800 万条)(总投资 80—110 万元)。

三、协作的主要内容和要求:1.引进资金;2.引进玻璃纤维纱生产技术。

四、协作方法:合资、合作、联合办厂均可。

五、预计经济效益:年产值 500 万元,利润 60 万元。

六、互利条件:面议

单位地址:吐鲁番市七泉湖镇

联 系 人:朱必长　满广文

电　　话:七泉湖邮电局转

主管部门:自治区畜牧厅

单位名称:富蕴牧工商联合企业皮革厂

一、项目名称:技术改造

二、基本情况:富蕴牧工商联合企业皮革厂由农业部投资建设,设计生产能力为年加工羊皮 15—18 万张。建筑面积 5500 平方米,现有固定资金 262 万元,流动资金 53 万元,产品有皮卡衣,皮手套等 10 余个品种,单班年生产 1 万件皮卡衣,1 万双皮手套。

三、协作的主要内容和要求:引进部分关键设备,管理技术人员,提高产品质量,增加花色品种,使产品具有出口创汇能力。

单位地址:乌市新华南路

联 系 人:畜牧厅外经处

电　　话:217430

主管部门:吐鲁番市经委

单位名称:棉短绒加工厂

一、项目名称:年产棉短绒1200吨

二、基本情况:我市有棉田8.4万亩,年产棉花12万担,可加工棉短绒1000—1200吨,1990年已安装14台脱绒机生产了短绒500吨左右,现需进一步扩大生产,增加投资800万元。

三、协作的主要内容和要求:要求区内外联合投资扩大生产。

四、协作方法:按股分红

五、预计经济效益:年创利润210万元

六、互利条件:面议

单位地址:市供销社棉麻公司

联 系 人:马跃福

电　　话:22610

主管部门:哈密地区乡镇企业处

单位名称:哈密乡镇金钢石厂

一、项目名称:人造金钢石系列产品开发

二、基本情况:由航天工业部湖南南方机械厂技术承包,提供设备已生产出人造金钢石,年产量40万克拉。

三、协作的主要内容和要求:拟引进资金200万元,分析设备若干台。

四、协作方法:投资入股,扩大再生产。

五、预计经济效益:年产200万克拉人造金刚石,达700—800万产值。

六、互利条件:投资分红

单位地址:哈密地区乡镇企业处

联 系 人:王明亮　拜克力

电　　话:32959　33912

主管部门:自治区化工局

单位名称:

一、项目名称:引进资金建米泉县4000吨/年冰醋酸厂。

二、基本情况:乌鲁木齐石化总厂8万吨/年聚酯工程建成后,年需冰醋酸4000吨,米泉县毗邻乌鲁木齐石化总厂,本项目是聚酯工程的配套项目,市场有保证,生产冰醋酸的原材料有保证,该项目规模:4000吨/年冰醋酸,1000吨/年醋酸乙烯,总投资1500万元。

三、协作的主要内容和要求:拟引进资金500—1000万元。

四、协作方法:入股,合营,补偿贸易均可。

五、预计经济效益:销售收入2200万元,利税440万元。

六、互利条件:面议

单位地址:乌市碾子沟

联 系 人:刘善余　井宝善

电　　话:511329

主管部门:自治区化工局

单位名称:伊宁县溶剂厂

一、项目名称:年产5000吨总溶剂技术改造。

二、基本情况:该厂于1988年开始建设,投资850万元建设年产2000吨总溶剂项目(主体部分按3000吨考虑)并于1990年投产,产品供不应求,生产原料后来有保证,且价格较低,现欲将生产规模扩大到5000吨/年,估算总投资800万元。

三、协作的主要内容和要求:引进资金400—600万元。

四、协作方法:合资、补偿贸易等均可

五、预计经济效益:新增产值1350万元,利税300万元。

六、互利条件:

单位地址:乌市碾子沟

联 系 人:刘善余　井宝善

电　　话:511329

主管部门:自治区化工局

单位名称:哈密腐植酸厂

一、项目名称:引进资金建年产1500吨黄腐酸抗旱剂生产厂。

二、基本情况:我区拥有丰富的风化煤资源,初步勘探估计有数亿吨。含总植酸40%左右。含黄腐酸10%以上,是加工生产腐植酸系列产品的良好原料。黄腐酸在全国属缺口较大产品,项目总投资600万元。

三、协作的主要内容和要求:引进资金400万元。

四、协作方法:

五、预计经济效益:新增产值1500万元,利税300万元。

六、互利条件:

单位地址:乌市碾子沟

联 系 人:刘善余　井宝善

电　　话:511329

主管部门:阿图什市乡镇企业局

单位名称:阿图什市金属冶炼厂

一、项目名称:铅、锌矿分离及冶炼技术

二、基本情况:阿图什市有极其丰富铅、锌资源

三、协作的主要内容和要求:寻求一种能否把铅、锌共生矿不经过分选,而在冶炼过程中同时冶炼回收的技术。

四、协作方法:联合办厂,技术引进

五、预计经济效益:

六、互利条件:联合办厂,利润分成。

单位地址:阿图什市吾斯塘路东1号

联 系 人:瓦衣提

电　　话:23510

主管部门:和田地区协作办

单位名称:

一、项目名称:联合开发硫璜矿

二、基本情况:和田地区皮山县玉里新发现一硫璜矿,据地质资料,硫璜矿石贮量570万吨,精硫90万吨,平均品位20%以上,有较高的工业价值。

三、协作的主要内容和要求:引进资金,技术,设备联合开矿或来我地独家开矿。

四、协作方法:补偿贸易

五、预计经济效益:

六、互利条件:

单位地址:和田地区经委综合大楼(和田市)

联 系 人:苏立中

电　　话:23306

邮政编码:848000

二、"八五"期间与国际经济技术合作的部分意向性项目

阿勒泰苇浆板生产

基本情况:地处阿勒泰市北屯镇,与纸厂相临,该地区年产苇子18—20万吨,完全满足项目需要。水、电、汽、煤均可满足项目需要,交通也很便利,西有口岸与哈萨克斯坦相通。

项目主要内容:引进成套生产设备,年产优质苇浆板5万吨。项目总投资6000万美元,其中,引进设备4800万美元。

合作方式:合资经营、合作经营、独资经营、补偿贸易。

项目主办单位:阿勒泰市纸浆厂筹建处

项目负责人:刘忠贵

联系地址:阿勒泰市北屯镇

联系电话:22077　23309

邮政编码:836000

联 系 人:张新民

盐湖化工厂无水硫酸钠生产

基本情况:该厂地处乌市盐湖,全民所有制中型企业,自治区轻工厅主管,1991年末职工人数1950人,固定资产原值5537.2万元,产品销售收入4055.4万元,税金259.2万元,利润1181.4万元,1991年主要产品产量无水Na_2SO_4 114929吨,原盐14.7万吨,粉碎加碘盐8434吨,粉洗盐11456吨。

项目主要内容:引进主要生产设备,年产无水Na_2SO_4 10万吨,项目总投资:7916万元,其中,引进设备用汇190万美元。

合作方式:合资经营、合作经营、独资经营、补偿贸易

项目主办单位:盐湖化工厂

项目负责人:朱全德

联系地址:乌鲁木齐市盐湖

联系电话:(0991)223689转

邮政编码:830077

联 系 人:朱泉德

阿勒泰罐头制品项目

基本情况:厂址选在阿勒泰北屯镇。该地区是我区畜牧基地之一。1988年牛、羊肉自售量3000—40000吨,水、电可满足建厂要求,交通也很便利。

项目主要内容:引进主要生产加工设备。年产牛羊肉罐头,鱼、禽类罐头、牛、羊脏器罐头等3000吨。项目总投资约3500万元,其中,引进设备用汇300万美元。

合作方式:合资经营、合作经营、独资经营、补偿贸易

项目主办单位:阿勒泰市计委

项目负责人:兰洪法

联系地址:阿勒泰市

邮政编码:836000

联 系 人:兰洪法

和静皮革厂系列产品

基本情况:厂址选在巴州和静县内,该县位于天山中南端,有各种牧畜81万头,占巴州的1/3,草场面积3575万亩,占全县面积61%,另外,该县水、

电、汽、煤均可满足建厂需要，有三条公路，一条铁路过境，交通很便利。

项目主要内容：引进皮革加工设备。生产规模为年处理4万张牛皮，30万张羊皮。年加工牛重革0.5万张，轻革3.5万张，羊革25万张，羊裘皮5万张，项目总投资为3280万元，其中，引进设备用汇300万美元。

合作方式：合资经营、合作经营、独资经营、补偿贸易

项目主办单位：巴州计委

项目负责人：顾秀芝

联系地址：巴州库尔勒市

联系电话：(0996)23983

邮政编码：841300

联 系 人：顾秀芝

宝石加工

基本情况：阿勒泰市珠宝公司是新建企业，厂区面积4000平方米，建筑面积900平方米，全厂职工68人，其中，管理人员6人，工程技术人员4人，目前，拥有固定资产53万元，定额流动资金135万元，现有产品品种有：宝石戒面、宝玉石项链、纯金戒指、18K金镶嵌戒指，各种手饰共200余种，1991年销售收入120万元，利税16万元。

项目主要内容：项目生产规模：年产宝石镶嵌首饰300套，宝石镶嵌戒指3万枚，宝石镶嵌耳环胸坠1万件，引进资金20万美元，引进美国铸磨机，宝石测试设备，总投资336万元，其中，固定资产投资136万元，流动资金200万元。

合作方式：合资经营

项目主办单位：阿勒泰市珠宝工艺公司

项目负责人：王振文

联系地址：阿勒泰市

联系电话：23483

邮政编码：836500

联 系 人：王振文

脱水蔬菜生产项目

基本情况：巴州阿瓦提农场是地方国营农业企业，经济效益好。是巴州规划中的蔬菜基地之一。农场总人口3000人，职工1000人。面积12万亩，固定资产1300万元，现有一座年产4000吨的蕃茄酱厂。

项目主要内容：拟建一座年产1000—1500吨脱水蔬菜厂，总投资300—500万美元，拟引进技术、设备、资金。

合作方式：合资、合作、补偿贸易

项目主办单位：新疆巴州农业局

联系电话：(0996)23163　24437

邮政编码：841000

联 系 人：赵光权

植物蛋白项目

基本情况：昌吉州榨油厂是我州重点国营粮食企业，建厂于1955年，自治区二级企业，距乌鲁木齐仅35公里且有一级公路相连，该厂占地面积3万余平方米，拥有固定资产450万元，流动资金500万元，年产值1200万元，利税120万元，全厂职工170余人，专业技术人员28人，年加工各种油料10000余吨。

该蛋白项目是从大豆植物中制取蛋白质。目前国际市场对该产品需要量大，缺口也很大，这种局面将延续到下个世纪，承办单位现拥有该项目所需部分设备，基础设施较全，该厂希望有合作伙伴共同生产该产品。

项目主要内容：规模为年产大豆蛋白750吨，拟引进技术和设备(用真空低温干燥法制取)总投资估算为460万美元(折人民币2410万元)。

合作方式：合资、合作、补偿贸易均可。

项目主办单位：新疆昌吉州榨油厂

联系地址：新疆昌吉州榨油厂

联系电话：(0994)42427

邮政编码：831100

联 系 人：张学文

大蒜系列产品

基本情况：吉木萨尔县是我区优质大蒜的主产区，每年可供应鲜蒜2万吨，该县目前有一脱水蒜片厂，占地5万平方米，建筑面积2450平方米，厂内水、电、汽设施齐全，其它辅助生产设备齐全，该厂拟引进国外先进设备新增生产蒜粉和大蒜油产品。

项目主要内容：扩建年处理2万吨大蒜项目，引进国外先进的关键设备。

合作方式：合资、合作、补偿贸易均可

联系地址：新疆昌吉州计划委员会引进办公室

联系电话：(0994)42787

邮政编码：831100

联 系 人：雷　毅

蕃茄深加工项目

基本情况：新疆华新蕃茄制品有限公司位于中

国新疆奎屯市，地处亚欧大陆桥中国西部最大的编组站和货物集散地，为中外合资经营中型企业。该公司占地面积11.5万平方米，固定资产投资为2740万元，公司现有职工70人，其中专业技术人员42人。公司主要设备有从意大利引进的日产144吨蕃茄酱生产线，年产蕃茄酱7000－8000吨，产品主要供外销，已远销意大利、美国、德国、日本、马来西亚等国。

项目主要内容：1.年产3000吨小包装蕃茄生产线（三片罐空罐，实罐生产线或埃卡erca包生产线）。2.年产2000吨（日产40－50吨）碎蕃茄生产线，包装规格为1－5kg。项目总投资第1项250万美元，第2项150万美元，合计400万美元。拟引进意大利设备与技术，埃卡包为法国设备与技术。

合作方式：合资经营、补偿贸易

项目主办单位：新疆华新蕃茄制品有限公司

项目负责人：刘 军、陶晓钟

联系地址：中国新疆奎屯市阿克苏路

联系电话：(0992)22233 22465

传 真：0992—23780

邮政编码：833200

联 系 人：陶晓钟

粗纺针织绒产品生产

基本情况：新疆有优良的细羊毛和山羊绒资源，这对进行原料深加工，增加有出口前途的粗针织绒纱及羊绒衫和毛衫生产是十分重要的。新疆自治区茶畜公司乌鲁木齐毛绒厂已具备拣毛、洗毛、碳化的羊毛羊绒初加工生产能力，为毛纺的深加工打下了良好的基础。具有大专以上学历和一定水平的技术人员占全厂职工的25%。

项目主要内容：在现有基础上建一个年产200吨粗纺针织绒纱60万件羊毛(羊绒)衫的企业。总投资480万美元，其中：主辅设备330万美元，厂房建筑120万美元，附属设备等30万美元。拟引进粗纺针织绒配套设备和香港、台湾、日本、意大利的针织及后整理设备。

合作方式：合资经营、合作经营均可

项目主办单位：新疆维吾尔自治区茶畜公司乌市绒毛厂

项目负责人：宋中跃

联系地址：乌鲁木齐市鲤鱼山路16号

联系电话：416358

邮政编码：830000

联 系 人：宋中跃

高档针织产品项目

基本情况：新疆呼图壁针织厂地处呼图壁县城，距乌鲁木齐70公里，乌伊公路和欧亚第二大陆桥贯穿县城，交通运输极为便利。该厂建于1982年，目前企业年产值达1000余万元，是自治区最大的乡镇企业之一。厂内水、电、汽等设施充分，原料有保障。

项目主要内容：规模为年产高档针织品250万件，项目总投资为1400万元人民币。

合作方式：合资、合作、补偿贸易均可。

项目主办单位：新疆呼图壁县针织厂

项目负责人：周殿沛

联系地址：新疆呼图壁县针织厂

联系电话：09043—52231

邮政编码：831100

桑椹子生产项目

基本情况：新疆中药厂是全国重点中成药生产厂家之一，也是新疆最大的中药生产厂家。技术力量雄厚。具有在中药行业比较先进的成套机械设备和完善的检测仪器，能生产中药片剂，胶囊、冲剂、针剂、丸剂和口服液等多种剂型，一百多个品种。产品除供应国内，部分还远销日本、东南亚、港澳、独联体等国家和地区。质量享有盛誉。

项目主要内容：利用新疆丰富的新鲜优质桑椹，科学提取浓缩原汁，可广泛用于保健饮料基料。拟引进资金50万美元，采用国内设备更新改造，形成年产桑椹子原汁3000吨能力。

合作方式：合资经营、合作经营

项目负责人：赵慎刚

通讯地址：新疆乌鲁木齐新疆中药厂（乌市河滩北路）

联系电话：442667、443683

电 挂：5977

邮政编码：830000

伊犁旅游宾馆建设

基本情况：伊犁哈萨克自治州是全国最大的民族自治州，管辖塔城、阿勒泰、伊犁三个地区和奎屯市，同独联体的哈萨克、吉尔吉斯、塔吉克、乌兹别克等国家接壤。霍尔果斯口岸就在该州的霍城县境内，离首府伊宁市只有60多公里。每天有直达旅客班车到哈萨克斯坦共和国境内。目前，独联体购物旅游团体陆续不断，霍城县境内的清水河镇将建成一个边民互市区，发展旅游事业，前景广阔。

项目主要内容：拟建300张床位，建筑面积为12000平方米的涉外宾馆一座，以接待各国旅游观光的客人。总投资为3000万元。

合作方式：合作经营、合资经营

项目主办单位：伊犁州外办

联系电话：24911—390

联 系 人：杨希林

农业水土综合开发项目

基本情况：巴州农业局下属十个国营农场，总人口3万人，职工1万人，面积150万亩，年产粮食5000万斤，果品6000吨，固定资产1亿元。1988年至1990年巴州开荒造田面积25.4万亩，其中开荒造田，配套面积19.5万亩，占开荒总面积的77%，在开荒造田中，10个国营农园场起着主导作用。

项目主要内容：拟引进外资及先进技术设备，新开发优质荒地10万亩，建设优质农产品、畜产品、林产品基地。总投资1200—1500万美元（可分期，分片实施），主要建设项目有，引水防渗渠50公里，干、支防渗渠100公里，梯级水电站三座，大型农业机械，加工厂等。

合作方式：合资、合作，提供长期低息贷款

项目主办单位：新疆巴州农业局

联系电话：(0996)23163、24437

邮政编码：841000

联 系 人：赵光权

畜牧业综合开发项目

基本情况：乌苏古尔图牧场，位于乌市以西352公里处。乌伊公路横贯场区，并相邻北疆铁路，交通便利。

项目主要内容：建设年产万吨配合饲料加工厂一座；万头繁殖母牛基地一个；年处理牛13000头、羊25000只的屠宰厂一座；包装分割牛肉1775吨，羊肉1237吨，附有库容为500吨冷库和骨、血粉生产车间，日处理牛奶90吨的乳品厂一座。投资总额为1120万美元。

合作方式：合资经营或合作经营

项目主办单位：新疆乌苏县古尔图牧场

联系单位：新疆维吾尔自治区畜牧厅外经办

联系地址：中国新疆乌鲁木齐市新华南路23号

联系电话：217430

电　　传：79190 WLBTH CN

电报挂号：3964

邮政编码：830001

联 系 人：汤慧敏

可溶性地膜厂生产项目

基本情况：引进先进的可溶性地膜生产成套设备，以马铃薯为原料生产可溶性地膜，以解决现用地膜污染和保证地膜覆盖技术的发展。新疆生产可溶性地膜的马铃薯种植面积大，产量高，品质好。种植面积曾达到54.29万亩，总产量26万吨，平均单产1.53吨，若地膜生产规模大，还可扩大种植面积以保证原料的供应。

项目主要内容：引进先进的可溶性地膜生产成套设备和先进的生产技术，生产可溶性地膜。

合作方式：合资经营

项目主办单位：新疆农业厅

项目负责人：周　彪　陈箭飞

联系地址：乌鲁木齐市胜利路171号

联系电话：267029

传　　真：268286

邮政编码：830001

联 系 人：郭　华

附录二：

新疆维吾尔自治区进一步扩大开放鼓励投资的优惠政策

为了加快新疆的开发建设、扩大同国内外的贸易和经济技术合作，最近国务院批准进一步开放新疆伊宁、博乐、塔城三个边境城市（含边境经济合作区），并赋予一些新的特殊优惠政策和措施；自治区首府乌鲁木齐市（含经济技术开发区），享受沿海开放城市的有关政策。自治区人民政府批准进一步开放奎屯市、石河子市（含经济技术开发区），作为新疆对外开放试验区，并比照实行乌鲁木齐市的有关政策措施。对上述开放城市及其经济技术开发区（以下简称开发区）、边境经济合作区（以下简称合作区），新疆维吾尔自治区人民政府于1992年6月8日公布施行进一步扩大开放、鼓励投资的优惠政策措施。该优惠政策主要包括下列内容：

一、放宽外贸经营权

开发区和合作区内的外商投资企业，在批准的经营范围内，享有与独联体及周边国家的易货贸易经营权。出口经营范围内的商品，易货所得商品，不受经营范围限制，允许自行销售。以生产出口产品为主的内联企业，可给予与独联体及周边国家易货贸易委托代理权；其生产出口规模达到一定额度的，可协助申请给予与独联体及周边国家进出口经营权。

开放城市内的生产性外商投资企业和内联企业，出口规模达到一定额度，可给予与独联体及周边国家易货贸易委托代理权。

二、关税优惠

开发区和合作区内的外商投资企业和内联企业进口供建设区内基础设施的机械设备和其他基建物资，免征关税和代征税。对开发区内的外商投资企业和内联企业自用的机器设备、建筑材料、合理数量的车辆、办公用品、旅游饮食业的餐料，以及利用外资养殖出口产品所需进口的饲料等物资，免征进口关税和代征税；出口开发区内生产的产品，免征出口关税。开发区和合作区内的外商投资企业和内联企业对独联体及周边国家易货所得商品，减半征收进口关税和代征税，并可自行销售。

开放城市内的内联企业，为发展出口农产品而进口的种子、种苗、种畜、饲料和相关的技术装备，为加工出口产品和进行企业技术改造而进口的机器设备和其他物料，免征关税和代征税；边境开放城市内允许独联体及周边国家投资商用生产资料或其他物资作为投资资本，除对本企业自用的全免关税外，其他物资减半征收关税和代征税，并可自行销售；外商投资企业进口设备器材、建筑材料、车辆、办公用品，以及外国企业常驻机构、投资的外商和国外技职人员进口自用的办公用品、交通工具和安家物品等，免征进口关税和工商统一税；外商投资企业和内联企业进口专为生产出口产品所实际耗用的原材料、零部件、原器件、包装材料等，海关按保税货物管理，免领进口许可证，免征进口关税和代征税。外商投资企业出口本企业产品，除国家限制出口的品种外，免征出口关税。

三、税收优惠

开发区和合作区内的生产性外商投资企业，所得税税率为15%。经营期在10年以上的，从开始获利年度起，前两年免征所得税，第三年至第五年减按10%的税率缴纳企业所得税，纳税后由当地财政部门列支全部返还。从第六年起继续按应纳税额减征30%企业所得税。

开放城市内的生产性外商投资企业所得税税率为24%，在两年免征所得税后，第三年至第五年减按12%的税率缴纳企业所得税，纳税后由当地财政部门列支全部返还。从第六年起继续按应纳税额减征30%企业所得税。

从事能源、交通等基础设施建设项目的外商投资企业，所得税税率为15%，经营期在15年以上的，从开始获利年度起，前五年免征，第六年至第十年减按10%的税率缴纳企业所得税，纳税后由当地财政部门列支全部返还。

外商投资举办的产品出口型企业，凡当年出口产品产值达到当年企业产品产值50%以上的，减半征收企业所得税；先进技术型企业在“两年免三年减半”后，可继续延长5年减半征收企业所得税。

外商从企业分得的利润再投资于该企业，或者在新疆境内举办其他外商投资企业，经营期不少于5

年的，全部退还其再投资部分已缴纳的企业所得税税款。外商从企业分得的利润汇出境外时，免征汇出额的所得税。

非生产性的外商投资企业，在经营期限内，减半征收地方所得税；生产性外商投资企业，免征地方所得税；企业开办初期出现亏损，纳税有困难的，经税务机关批准，可减、免工商统一税，予以弥补。

开发区和合作区内的生产性内联企业所得税税率减按15％。开放城市内的生产性内联企业所得税税率减按24％。对上述内联企业的新增产品，免征产品税、增殖税、资源税3年，免征所得税5年。上述内联企业用分得的利润再投资形成新的生产能力，在减、免税期满后，可继续给予免征所得税2年。对开发区和合作区内的生产性内联企业，免征投资方向调节税。

四、土地使用优惠

开放城市、开发区和合作区内的外商投资企业和内联企业用地，可以由政府根据有关规定划拨，也可采取自愿选择、政府出让的方式取得土地使用权。鼓励外商和内联企业在开发区和合作区内投资成片开发土地，土地出让金给予最大限度优惠。

开放城市、开发区和合作区内的外商投资企业和内联企业所取得的土地使用权期限最长为70年；期满后需继续使用的，经批准可以延长使用期限。开发后的土地、房产、厂房和其他设施，在批准期限内，可以自用或用以合资合作，也可以依法转让、出租、抵押、继承、从事经营活动。

外商投资企业和内联企业在建设期间一律免缴土地使用费（税）。开发区和合作区内工业用地免缴土地使用费（税）10年，商业用地免缴土地使用费（税）5年。开放城市内外商投资生产性企业用地免缴土地使用费（税）5年，商业用地免缴土地使用费（税）3年。

外商投资企业和内联企业举办高新技术产业、医疗卫生及文化教育等公益事业和农业、牧业、林业、基础设施、资源开发项目，所使用的土地按最优惠价征用，并免征土地使用费（税）。

五、外汇管理

开放城市、开发区和合作区内外商投资企业生产的产品，除国家有特殊规定者外，其内销部分经外汇管理部门批准可用外币计价结算。

外商投资企业的生产用汇，新疆外汇调剂中心优先安排调剂。外商获得的合法利润，以及合营期满或者中止时所分得的资金以及其他资金，可按合同规定的货币汇往国外；利润汇出确有困难时，可购买调剂外汇解决。

外商投资企业外方将所得人民币利润转为本企业或新疆境内其他企业的增资或新投资，可享受以外汇投资的同样待遇。

开放城市、开发区和合作区内的内联企业可享受外商投资企业外汇管理的有关政策。

六、扩大投资范围

外商和内联企业可以在开放城市、开发区和合作区内投资兴办第三产业，经批准可以从事包括商业贸易、运输、房地产、信息咨询、旅游等服务业，以及设立保税仓库、保税工厂和兴办金融业。鼓励外商和内联企业投资兴办农牧业、能源、交通、水利等基础产业和工业，特别是适合独联体及周边国家需要的加工工业。

七、企业自主权

外商投资企业和内联企业依法享有经营管理自主权。企业有权自行决定生产、销售和财务计划，决定产品和提供服务的价格（国家有特殊规定的除外），决定利润分配方案。

外商投资企业和内联企业可根据生产经营需要，自行确定机构设置和人员编制。企业需要的职工，可自主录用。外商投资企业和内联企业招聘、招收、辞退或者开除职工，应报当地劳动人事部门备案；由董事会或联合管理机构聘任的中方高级管理人员，在聘任期内，未经董事会或联合管理机构同意，其他任何单位无权调动。企业职工的工资标准、工资形式、奖励、津贴等分配制度，由企业自行确定。

八、简化出入境人员手续

开放城市内的外商投资企业和内联企业业务人员出国从事商贸活动，由企业所在市人民政府审批。因企业业务需要经常出入国境的中、外方人员，可申办定期（一般为一年）多次出入境手续。

九、简化项目审批手续

凡属新疆维吾尔自治区及开放城市审批权限内的外商和内联投资项目，由审批机关实行联合会审、全程服务（从项目申请至项目成立等全部投资程序），自收到符合规定的全部申请文件之日起15天内予以批复，逾期未作批复即视为批准而自行生效。限额以上项目，在12天内上报国家有关部门审批。

十、下放经贸管理权

授予乌鲁木齐市和伊宁、塔城、博乐3个边境开放城市相当于自治区（省）级经贸管理权限。

外商和内联企业在新疆境内其他地区投资，凡属符合国家及自治区产业政策的重大项目、高新技术项目、产品以出口为主的项目，以及对投资地经济发展有重大推动作用的项目，享受经济技术开发区的有关优惠政策。

香港、澳门、台湾同胞和华侨的公司、企业及其他经济组织或个人在新疆境内投资，同样享受上述有关优惠政策。

（刘彦群　裘品姬 编写）

典型地区和典型企业

乌鲁木齐市

乌鲁木齐是新疆维吾尔自治区首府，海拔680—920米，总面积11444平方公里。是联结天山南北、沟通新疆与内地的交通枢纽，也是我国向西开放的通衢要道。

乌鲁木齐市辖7区1县及6个国营农垦团场。1991年末总人口133.65万人，其中非农业人口109.23万人，市区人口117.55万人。乌鲁木齐是多民族聚居的城市，汉族占73.16%，维吾尔族占12.3%，回族占9.87%，哈萨克族占3%，其他少数民族占1.67%。

乌鲁木齐属中温带半干旱大陆性气候，春秋两季较短，冬夏两季较长，每年的8月至10月下旬，瓜果飘香，是旅游的黄金季节，气温一般在20℃至30℃之间，昼夜温差较大，素有“早穿皮袄午披纱，晚上围着火炉吃西瓜”之说；而10月下旬至翌年3月初是隆冬季节，一般气温在－10℃至－20℃之间。

乌鲁木齐资源丰富。地表水年径流量9.29亿立方米，还有丰富的地下水，已建成中小型水库10座，总蓄水能力为1.42亿立方米。全市有耕地97.51万亩，占可开发土地的5.3%，天然草场963.4万亩，森林面积145.25万亩。

农作物和经济作物主要有小麦、水稻、大麦、荞麦、玉米、高粱、糜子、豆类、马铃薯、油料、甜菜、蔬菜、瓜果、啤酒花等。乔木林木92种、野生草原植物300余种，其中药用动植物有马鹿、阿魏、雪莲、贝母、党参、甘草、麻黄、红花、枸杞等。

矿藏有铁、锰、铜、砂石、粘土矿、油页岩、磷、菱铁、石油等，其中食盐储量1000多万吨，芒硝储量1.1亿吨，而煤 的储量最为丰富，近100亿吨，煤质优良，所以，乌鲁木齐又有“煤海上的城”之称。

“乌鲁木齐”据考证多认为是准噶尔蒙古语“优美的牧场”之意。自古就是众多游牧民族聚居的地方。公元一世纪以后，汉朝政权开辟了“丝绸之路”的新北道，乌鲁木齐成为古“丝绸之路”的重镇。

目前乌鲁木齐已经形成以冶金、机械电子、煤炭、电力、石油化工、建材、纺织、食品、皮革等门类比较完整的工业体系。1991年，全市共有工业企业1028个，工业总产值74.77亿元，工业产品上千种，主要有钢、生铁、原煤、汽柴油、水泥、化肥、棉布、联合收割机、拖拉机、塑料、瓷器、盐、服装、纸张、彩电、自行车、食品、药品、啤酒和少数民族特需用品等。农牧业生产以蔬菜和其他副食品为主，建设了蔬菜瓜果、牛奶蛋禽、肉食水产三大副食品基地，除部分冬菜外，基本上满足了城市的需要。1991年，全市农业总产值达2.81亿元。乌鲁木齐城乡市场繁荣兴旺，购销两旺，有商业、饮食、服务网点两万多个，社会商品零售总额达28.24亿元，农贸市场发展到100多个。中外合资企业由1980年的天山毛纺织品有限公司一家发展到目前的21家。外贸出口产品主要有棉纺织品、羊毛衫、地毯、机械、大蒜、啤酒花、甘草膏、鹿茸、阿胶、珠宝、玉雕等，远销日、美、独联体、巴基斯坦、香港等十几个国家和地区。

乌鲁木齐的城市建设发展迅速，60年代前后，一批具有民族风格的建筑物昆仑宾馆、野营地迎宾馆、自治区博物馆、展览馆等，70年代建成了乌鲁木齐机场候机大楼及相应的配套工程，1985年又建成了一批具有时代色彩的建筑物，如新疆人民会堂、乌鲁木齐邮政枢纽工程、乌鲁木齐中桥立交桥、青少年宫、自治区科技馆、华侨宾馆、迎宾馆贵宾楼等，近年来建成的中山路商业一条街、友好商场、环球大酒店、假日酒店等更为乌鲁木齐增添了光彩。全市有涉外饭店13家，标准客房3000多间。邮电服务机构遍布乌鲁木齐城乡，国内和国际长途电话直拨，以及电报、传真、电传、卫星电视等现代化通讯手段，使乌鲁木齐能与世界的大部分地区和全国各地进行信息传递。乌鲁木齐的客货汽车通往全疆各地，客运列车可直达嘉峪关、兰州、西安、郑州、上海、北京、成都等地，南疆铁路通达库尔勒，北疆铁路已与土西铁路接轨并将于1992年10月开办国际联运。乌鲁木齐国际机场是全国五大门户机场之一，目前已开通了至北京、上海、广州、成都、哈尔滨、兰州、西安、杭州、大连、厦门、深圳、沈阳等多条国内干线和10条区内航线，国际航线可通沙迦、伊斯坦布尔和阿拉木图。

目前，乌鲁木齐市地区拥有高等院校11所，在校生近2万名，普通中学190多所，技工学校26所，公开出版的报刊达40余种，用汉、维吾尔、哈萨克、蒙古四种文字发行。各类卫生、医学、科研教育机构681个，病床1.2万多张，卫生技术人员1.68万人。乌鲁木齐居民的平均寿命由解放前的35岁提高到现在的71.5岁。随着经济、文化建设事业的发展，各族人民的物质和文化生活水平将不断提高。

乌鲁木齐是一座美丽的城市，早在1978年，国务院就宣布开放乌鲁木齐市，1985年6月15日，乌鲁木齐又被正式列为甲类开放城市。乌鲁木齐不但有边城八景之称的“鉴湖泛月”、“翠馆鸣禽”、“阅微草堂”、“塔映斜阳”、“长桥饮马”、“香妃出浴”、“抱冰把雪”、“影虹垂钓”的秀美景色，在博格达峰腰际，更有那传说中的瑶池仙境——天池，瑶波粼粼、松涛阵阵，珍禽异兽尽藏其中。青葱南山，有茫茫草原；菊花台下，绿草茵茵，风吹草低，牛羊时现。陕西大寺、南大寺、塔塔尔大寺是市区伊斯兰建筑艺术的精华。市郊还有著名的水磨沟、燕儿窝风景区。

作为新疆维吾尔自治区的首府城市，乌鲁木齐越来越受到海内外有识之士的关注。特别是新疆石油的开发，第二条亚欧大陆桥的建成，以及国家产业政策的向西倾斜，使乌鲁木齐具备了更加重要的战略地位。1985年10月国务院关于乌鲁木齐城市总体规划的批复中指出，要努力把乌鲁木齐建设成为生产发展、经济繁荣、生活方便、环境优美，各民族人民亲密团结的现代化城市，在开发建设新疆的伟大事业中发挥中心城市的作用。为了实现这一目标，乌鲁木齐市第五次党代会提出了在不断提高经济效益的前提下，全市工农业总产值到本世纪末要比1980年翻两番半，力争翻三番的战略目标。

（陈佑明 撰稿）

喀 什 地 区

喀什地区位于我国西部边陲，新疆维吾尔自治区的西南部。东临塔克拉玛干大沙漠，西南部与塔吉克斯坦共和国、阿富汗、巴基斯坦、印度四国接壤。边境线长达970多公里。

全区辖1市、11个县（其中1个自治县）134个乡。总面积为16.2万平方公里。喀什地区是一个以维吾尔族为主的地区，计有维、汉、塔吉克、回、乌兹别克、哈、满、锡、塔塔尔、俄罗斯、达斡尔汗等17个民族。现有总人口290万人，维吾尔族占90%以上。

喀什地区属暖温带大陆性气候，年降雨量为60毫米左右。全年日照时间达2700－3000小时，无霜期长达210天左右。昼夜温差大，平均日较差为1.25－1.6℃。这样有利于植物光合作用的积累，非常适宜棉花、瓜果等经济作物的生长。

喀什地区历史悠久，早在西汉时即为西域36国的疏勒、蒲犁（今塔什库尔干县）、莎车、依耐（今英吉沙县）、子合（今叶城县）、西叶（今泽普县）、巴楚等国驻地。公元前119年西汉博望侯张骞第二次通西域时曾进驻疏勒，这里始为汉朝所管辖。东汉大将班超在这里任西域都护30余年，使西域全境统一于汉朝。历史上的“丝绸之路”，不论南路或北路，喀什都是必经之地，成为“丝绸之路”上的重镇，素有“绢都丝道”之称，是中国历史上对外贸易的重要中转站，也是东西方经济文化的交汇点。喀什是维吾尔文化的主要发祥地，古代维吾尔族著名学者、突厥语大辞典的作者麻赫穆德·喀什噶里和古代维吾尔历史家、作者玉素甫·阿吉夫就诞生在这里。悠久的历史、造就了灿烂的文化遗产和众多的名胜古迹，也形成了历史上新疆南部的政治、经济、文化中心。1984年2月国务院批准其所辖的喀什市为国家二类开放城市，1986年12月20日决定将喀什市定为全国的历史文化名城。

喀什地区地域辽阔，水土资源充裕，物产丰富。西南部的冰峰雪岭，犹如取之不尽的“固体水库”。冰雪融化后顺着山势奔腾而下，汇成两大水系，（即叶尔羌河水系和喀什噶尔河水系）和五条主要河流（即叶尔羌河、提孜那甫河、克孜河、盖孜河、库山河）。年径流量达118.47亿立方米，地下水储量48.3亿立方米。水能蕴藏量为760万千瓦，易开发利用的为122万千瓦(目前只开发利用6万多千瓦)。全区现有耕地面积588.27万亩，可垦荒地1400万亩；有草场3171.1万亩，其中优等草场106万亩；天然林215万亩，人工林230万亩。农业在全区占居重要位置，粮食作物以小麦、玉米为主，还有水稻、高粱、豆类等。经济作物以棉花为主，占全疆棉花产量的近1/3，成为喀什地区经济的支柱产业。喀什地区是久负盛名的"瓜果之乡"，盛产西瓜、甜瓜、杏、桃、梨、苹果、石榴、葡萄、核桃、樱桃、酸梅、无花果等。喀什独有的"伽师瓜"誉满国内外。名贵果种巴旦杏、阿月浑子也为喀什所独有。野生植物有罗布麻、芦苇、甘草、当归、党参、肉苁蓉和雪莲，其中甘草200多万亩，为目前全国最大的一片野生甘草资源带，年产甘草4000多吨。野生动物有黄羊、野牛、野猪、狐狸、旱獭、雪鸡、雪豹及世界稀有的大头羊和种类多的飞禽等。地下矿产资源丰富，已探明的就有石油、煤、铅、锌、铁、铜、钒、钛、金、银、宝石、锂辉石、水晶石、大理石、石英、石膏、石灰石、云母、硫磺等36种矿种，其中尤以铁、石灰石、石油的储量最为丰富。已开采的柯克牙油气田，已探明品质较高的石油储量为3000余万吨，天燃气为250亿立方米。目前国家正在引进外资和设备。加速喀什地区石油的勘探和开发。喀什地区还有著名的塔什库尔干大尾羊、叶城半粗毛羊，这些都为发展毛纺和皮革工业提供了丰富的原料。

喀什地区的交通、邮电工业也较为发达，已形成了以喀什市为中心，通往全区各县城镇的交通、邮电网。通往自治区首府乌鲁木齐公路(即国巴314线)的柏油路面已全部完成。以喀什地区为起点的新藏公路目前正在拓宽和改建，通往巴基斯坦的中巴公路已完成二级沥青路面建设，于1989年8月全线通车，国道315线从东向西横贯喀什地区全境，从喀什到吉尔吉斯斯坦共和国的公路运输繁忙。扩建后的喀什机场，已能起落大型客机。60路卫星地面站的建成，使喀什市已进入全国直拨电话网。

喀什地区具有发展外贸和旅游业的优越条件，其境内有两个对外开放口岸，1986年5月国务院决定通往巴基斯坦的红其拉甫口岸对第三国开放，将来产品的销售可通过巴基斯坦转口到西亚、中东和西欧。距喀什市160多公里的原对苏贸易的吐尔尕特口岸已恢复通商多年。可通过此口岸与吉尔吉斯斯坦共和国及其他独联体国家广泛开展贸易往来。喀什地区旅游资源十分丰富，有很多文物古迹，如喀什市的阿怕和加麻扎(俗称香妃墓)、艾提尕尔涛克寺、艾斯克河尔古城遗址、玉素甫·哈斯阿吉甫麻扎、班超城、九龙泉、耿公台、三仙洞；疏附县的罕诺依古城、麻赫穆德·喀什噶里麻扎；莎车县的巴依都埃土墩；叶城县的锡良提古城遗址；巴楚县的脱库孜沙来古城遗址等。还有独特的高原和沙漠自然景色，号称"冰山之父"的慕士塔格峰、公格尔九别峰和世界第二高峰——乔戈里峰就耸立在该地区的西南部，每年都有大批世界旅游登山者慕名而至。

改革开放以来，喀什地区的国民经济得到了迅速发展，经济实力进一步增强，1991年全地区国民生产总值达32亿元，国民收入达27亿元，分别比1980年增长1.9倍和2.08倍。农业生产正在由传统农业向现代农业大踏步迈进，粮食总产达115.50万吨，比1980年增长85.7%，棉花总产达18.26万吨，比1980年增长6.38倍。工业已由过去单纯的民族手工业发展成为具有纺织、石油化工、农机、煤炭、建材、化工、丝绸、电力、造纸、陶瓷、皮革、服装、食品加工等现代产业。民族手工业得到了进一步发展，具富有民族特色的曲曼花绢、热瓦甫乐器、仿古土陶在全国旅游纪念品会和少数民族工艺品会议上被评为优秀产品，在中亚和西亚地区也享有一定声誉。随着经济的发展，各族人民的生活水平也有了较大提高，1991年农村人均收入达680元，比1980年增长了8.4倍。全区绝大部分农户初步解决了温饱问题，开始进入以"富裕"为主要目标的新阶段。

(程加复　王新槐　撰稿)

戈壁明珠——石河子

石河子市是新疆维吾尔自治区直辖的开放城市，是新疆生产建设兵团农八师师部所在地。石河子垦区是兵团开发最早、规模最大的重点垦区，地处天山北麓中段，准噶尔盆地南缘，东距自治区首府——乌鲁木齐市150公里，西至边陲重镇——伊宁市549公里，南靠天山，北至浩瀚的古尔班通古特大沙漠，总面积7529平方公里，总人口53.37万人，拥有18个国营农场、1个石河子乡和307个工交建企业。现已成为新疆重要的轻纺工业基地之一，被誉为“戈壁滩上的明珠”。

石河子垦区具有典型的大陆性气候特点，光热资源充足，决定了甜菜、瓜果含糖量高，蕃茄、辣椒色浓鲜艳，棉花纤维品质优良，是国家有名的棉、糖生产基地。垦区水资源丰富，总量达16.08亿立方米，其中地表水10.58亿立方米，地下水5.5亿立方米，同时水能资源也具有很大的开发潜力。

石河子矿产已发现矿种13个，其中煤炭贮量7亿吨，盐和芒硝贮量1.5亿吨，石灰石贮量841万吨，在莫索湾一带还发现了丰富的石油贮量。同时还有一定贮量的铁、铜、银、金、蛇纹岩、耐火粘土、蛭石等矿藏。

经过40多年的艰苦创业，石河子国民经济不仅形成为工农结合、城乡结合、农工商一体化的农垦经济体系，而且建成了以轻纺工业为主，包括棉纺、毛纺、针织、织染、印刷、造纸、制糖、食品、粮油加工、发电、采煤、建材、机械、化工等现代工业体系。

1980年以后，在国家和自治区的大力支持下，垦区生产建设取得了重大进展，综合经济实力大为增强。1991年农业总产值达到7.71亿元，与1980年相比，年均递增8.8%；工业总产值达18.45亿元，年均递增9.2%；社会商品零售总额达6.26亿元，增长2.4倍；出口总额达2.28亿元，增长8.5倍；人均收入也从1980年的362元提高到1990年的1195元，年均递增83.3元。

农业连续获得十年丰收，农、林、牧、副、渔全面发展，1991年与1980年相比，主要农产品产量大幅度增长。粮食产量达21.83万吨，增长32%；棉花5.69万吨，增长2.87倍；甜菜29.56万吨，增长97%；肉类总产量8117吨，增长24.3%，水产总量1562吨，增长5.08倍。农业机械化作业可达97%，其中：小麦已实现生产全过程机械化。

工业生产具有较强的生产能力。1991年，垦区有工业企业304个，实现轻工工业产值15.12亿元，重工业产值3.33亿元。主要工业产品产量1991年与1980年相比，发电量达3.96亿千瓦小时，增长2.1倍；原煤48.21万吨，增长35%；棉纱2.26万锭，增长11.66倍；棉花6226.1万米，增长49%；呢绒285.9万米，增长1.44倍；机制纸及纸板2.02万吨，增长2.25倍；主要工业产品多达500余种。已发展成为自治区北疆地区仅次于乌鲁木齐、克拉玛依的第三大工业城市。

座落在石河子市内的八一毛纺厂、八一糖厂、八一棉纺厂是国家和自治区较为有名的大型工业企业。石河子生产的蕃茄酱、双胶纸、凸板纸都是重要的出口产品。石河子造纸厂生产的30号特号油光纸，八一糖厂生产的食用酒精、八一毛纺厂生产的纯毛贡花呢、八一棉纺厂生产的白云莲细布等均为自治区优质产品。八一毛纺厂生产的“博云”牌精纺纯羊毛V领开背心被国家纺织工业部评为优质产品。

商业市场繁荣，城乡集市贸易活跃，出口创汇能力增强。目前垦区商业、饮食、零售服务网点7185个，比1978年增加5.4倍，从业人员达1.6万人，增加了3.4倍。出口产品收购总值大幅度增加，成为自治区重要的棉花、甜菜、外贸出口基地。其中棉花出口量占全自治区棉花出口量的25.8%，毛纺占29.74%，制糖占30%，乳制品占59.79%，饮食占16.22%。轻纺食品工业创汇占自治区的1/7。

文化、教育、卫生、科技等事业发展较快。现有高等院校2所，中等学校6所，技术学校2所，普通中学117所，各类成人教育也有很大发展。并拥有艺术表演团体2个，广播电台、电视台各一座，差转台15座，广播、电视覆盖率分别为83%和91%。图书馆、文化馆各一个。各种卫生机构278个，其中医院33个。平均每千人有病床9张，卫生技术人员115人，拥有率大大高于国家标准和全国平均水平。

城市基础设施初具规模。城市建成面积22.9平方公里，比建市前的9.2平方公里扩大1.5倍。人均居住面积7.5平方米，比1978年增长57.6%。新建、改建、拓宽道路总长100公里。城市规划呈南北向的方格网结构，功能分区明确，布局整齐合理，绿化覆盖率达40.6%，被评为“全国绿化先进单位”。自来水、煤气已逐渐普及，供气、供热开始发展。

石河子进一步发展经济的优势是：(1)具有地域优势和一定的自然资源组合优势。石河子垦区地处新疆乌鲁木齐至克拉玛依重要工业枢纽地带和综合经济开发带的腹心，丰富的光、热、水和土地资源，有利于以农副产品为原料的加工工业和轻纺工业的发展。(2)具有向西开放的地理优势和交通优势。垦区位于第二条亚欧大陆桥中段，交通发达便利，对外交流条件得天独厚。石河子市是我国第一批对外开放的城市之一，享有外商投资企业进口物资实行免征关税等优惠条件，并先后与江苏无锡市、天津南开区结为姐妹市区，在对外开放中将起到东进西出和西进东出中转站作用。(3)在工业规模和经济实力方面具有优势，特别是轻纺产业优势明显。工业门类比较齐全，棉纺、毛纺、制糖、造纸成为四大龙头产品生产系列，已有20多种工业产品打入国际市场。(4)农业在规模化、机械化方面具有优势。农业资源比较好，生产水平较高，水利灌溉、农业机械、良种繁育、加工供应、植物保护、物资供应及科学技术等综合服务网络已经形成，已具备建设棉、糖、畜产品商品生产基地、城市副食品生产基地和出口创汇基地的条件。(5)具有较强的科技优势。目前拥有各类专业技术人员27702人，平均每万人职工中有755人，高于自治区689人的水平。在各类专业技术人员中，有高级职称的652人，占2.4%；中级职称的3187人，占11.6%，均高于全国平均水平。

到2000年石河子垦区主要奋斗目标是：按可比价格计算，国民生产总值达到14亿元，年均递增8.2%；国民收入12.5亿元，年均递增7.9%，工农业总产值25亿元，年均递增7.4%。随着改革开放的深化，这颗“戈壁明珠”将更加璀璨夺目。

(张克勤 撰稿)

新疆天山毛纺织品有限公司

新疆天山毛纺织品有限公司是1980年6月23日经国家批准的第一批中外合资企业，也是新疆的第一家中外合资企业，由新疆乌鲁木齐毛纺织厂与香港天山毛纺织有限公司(香港半岛针织有限公司，日本东洋纺丝工业株式会社)、香港国际棉业有限公司合资经营，先后从日本、意大利等国引进了成套的粗梳毛纺、针织、洗烫设备和经营管理办法，以新疆山羊绒和细羊毛为原料专门生产羊绒纱、羊绒衫、羊毛纱、羊毛衫等产品。该公司于1981年10月正式开业。现注册资本2200万美元，中方占64%，外方占36%，合营期限15年。1991年平均职工数2792人。

开业十多年来，合资各方真诚合作，在不断拓宽国际市场、提高产品竞争能力和出口创汇率等方面都进行了认真的尝试和探索，并且取得了明显的成效。注册资本由800万美元增至2200万美元，增长2.75倍；工业总产值由1420.8万元增至14332万元，增长9.1倍；各种毛纱年产量由261.05吨增至641.75吨，增长1.46倍；各种毛衫产量由49.17万件增至171.82万件，增长2.49倍；销售领域由2个国家和国内4个省区扩展到15个国家和地区及国内的29个省、市、自治区，年销售总额由2687.75万元增至2.62亿元，增长8.7倍，在国内外市场上赢得良好的信誉；其产品在欧美市场的占有率逐年增加，年出口创汇由248.6万美元增至1583.7万美元，增长5.4倍(其中1989年竟达2358.7万美元)；年实现税利由83.8万元增至5433.7万元，增长63.84倍；直属企业在原来毛纺厂、针织一厂、针织二厂的基础上又增建了针织三厂和香港分公司。公司累计创税利34030万元，为全部投资的3.48倍，累计创汇13239万美元，为注册资本的6.02倍。公司1987年经自治区经贸厅批准为新疆第一家出口型企业，1988年被批准为“自治区一级企业”和“采用国际标准先进企业”，荣获全国“雪原杯”羊毛衫设计大奖赛团体总分第一名，被国际羊毛局检测批准成为西北地区首家挂纯羊毛标志地企业。1987年至1989年连续三年被评为全国十大最佳合资企业，分别排名为第二、四、一位。1989年被评为全国先进基层党组织，全国出口创汇先进企业和全国500家最佳经济效益企业之一，名列纺织行业第六名。羊毛衫、羊绒衫在全国评比中多次获奖，1991年在香港时装节上获金奖。最近被西班牙国际贸易领导者协会推选为1992年度纺织界国际质量金奖获得者。

“天毛”的成功经验及具体做法表现在：

博采众长，以严治厂，加强科学管理

在对引进设备、技术、管理办法的消化吸收方面，坚持“博采众长，为我所用”的原则，对外来经验，一是拿来，二是改造、三是发展，对国内成功经验，凡是能同企业实际结合的就立即采用。经过消化吸收逐步形成了有自身特点的管理制度、经营方式、技术政策、用工制度和分配原则。在管理体制上，公司确立了董事会领导下的总经理负责制和“四全”(全面计划管理、全面质量管理、全面劳动工资管理、全面经济核算)“两保证”(政治思想保证、生活福利保证)控制系统及“以企业升级为动力，以班组建设为基础，以质量控制为准则，全面推进标准化”的管理战略。在标准化管理方面，公司确立了“以系统理论为指导，以功能分析为基础，以法制思想为核心，以质量控制为准则”的现代管理观念。在劳动管理方面，公司确立了“严密组织、严明纪律、严格要求、严肃考核”的四严目标。在技术、质量管理方面，“以产品创优为龙头、以增加花色品种为目标，运用先进技术设备，组织专题攻关，优化操作、工艺、加快产品更新换代，始终保持技术领先地位”。奉行“产品质量是生产出来的，不是检验出来的”信条，推行“上道工序对下道工序负责，供应对生产负责，生产对销售负责，销售对用户负责”的管理办法。十多年来共创优质产品42个，其中毛纱6个，毛衫36个，产品的一等品率和出口合格率一直稳定在99.5%以上。1991年羊绒衫出口合格率达到99.83%，羊毛衫一等品率达99.71%。质量稳定提高率在80%以上。在机构设置上，他们本着“机构少，人员精、指挥灵，经营活”的原则。确立了宝塔式索链型的经营管理体制。公司设正、副经理3人、下设8部2室和3个针织厂与香港分公司。现全公司脱产管理干部和专业技术人员共261人，占职工总数约9.35%。在干部使用上实行聘任制，按照“四化”要求和德才兼备的原则，既看文凭，更重水平。实行逐级聘任，废除终身制。在用工制度上，采用固定工、合同制工、临时工同时并存的用工制度，和关键岗位固定工，重要岗位合同制工，普通岗位临时工的用工办法。在分配制度上采用结构工资形式，干部执行职务工资，工人执行岗位工资，总的标准比本地区同行业高30%左右。在奖金分配上，实行“指标考核，评定记分，活分活值，与经济效益挂钩”和“月预发、季定奖，年总评”的办法。

调整产品结构，拓展内外市场，多创外汇。

外汇收支平衡，是合资企业生存发展的关键。公司始终紧紧抓住产品质量、交货时间、价格这三个竞争热点，采用自营出口和外贸代理“两条腿”走路的方针，多地区、多层次、多渠道地积极拓展外销市场。制定了“以质取胜，以新领先，主动灵活，严守信誉”的经营方针，以“小批量、多品种、深加工、快翻新”的竞争态势，狠抓产品的创新创优，在做工“精”和外观“美”上狠下功夫。使产品成了纽约、洛杉矶、东京等大城市高级时装店的重要商品，并且同美国羊绒店、亚历山大、意大利友谊、世界洋行、日本帝国、西友、东洋纺丝瑞士洋行、香港达思、达森等建立了长期的客户关系，并且得到了日本帝国和瑞典洋行客户的赞赏。出口创汇平均每年以20%的速度增长，1991年出口产品产值占生产总值的52.29%。在国内市场上每年以800个以上的款式花色投放市场，通过遍布全国的40多个专业销售网点和300多家大中型商场扩大了天山牌羊毛衫的声誉。“TSE”高级羊绒衫已跻身于世界名牌行列。

加强横向联合，促进经济发展。

为了不断壮大公司经济技术实力，促进新疆经济发展。按照公司“坚持平等互利、量力而行的原则，建立南（疆）绒北（疆）毛基地，进行跨地区横向经济联合，扩散部分产品，开展技术协作，实现供、产、销最佳经济运行”的横联战略。在工业联营方面，采取提供贴息贷款和为贫困地区提供资金、技术、管理、联合办毛纺厂、针织厂等办法，密切了同地、县、市的联系，先后在区内伊犁、新源、木垒、石河子和区外的甘肃酒泉联合办厂，1988年就同北京、天津、成都、重庆、青岛、西安、武汉等地建立了《天山牌》羊毛衫联营经销部。在以提高技术管理素质、进行专题科技攻关的联合中，已同西北纺织学院、新疆财经学院进行了定向培养、提高企业管理和人员素质的合作。1991年全员劳动生产率按1990年不变价为51371.61元。

“天毛”从开业到现在，已经跨越了三个阶段：(1)消化吸收引进的设备、技术和管理经验，开拓了国内外市场，赢得了信誉；(2)经济效益不断增长，成为技术先进型的出口企业和新疆的创汇骨干企业；(3)扩大了生产经营规模，壮大了经济实力，迎来了向集团化企业发展、全面腾飞的新局面。“天毛”随着改革开放搞活方针的深入实施，必将不断壮大，展翅腾飞。

（袁品姬 撰稿）

乌鲁木齐石油化工总厂

乌鲁木齐石油化工总厂位于新疆北疆克拉玛依油田、东疆油田和正在开发的南疆塔里木油田三角形地带的中点，在新疆维吾尔自治区首府乌鲁木齐市东北郊23公里处，占地面积约16平方公里，有铁路专用线从厂区延伸与贯通亚欧的兰新线相接，厂内设有编组站，公路四通八达，十分便利。

1990年，经由国务院发展研究中心、中国企业评价中心、国家统计局和《管理世界》杂志等单位组织进行的中国大中型企业评价，被列为中国500家最大经营规模工业企业的第99位、新疆50家最大经营规模工业企业的第2位，是目前新疆最大的石油化工联合企业。全厂现有职工近1万人，其中有各类专业技术人员近2400余人。

乌鲁木齐石化总厂现有固定资产10亿元，正在兴建的聚酯工程1994年建成后，将使固定资产达到25－30亿元。总厂的第一期工程——年加工能力250万吨的炼油工程，1975年开工，1977年陆续建成投产；第二期工程——年产30万吨合成氨、52万吨尿素和1700万条塑料编织袋的大化肥工程，1981年开工，1985年建成投产；第三期工程——年产4.2万吨的聚酯抽丝工程，1990年开工，将于1994年建成投产。总厂目前除炼油厂、化肥厂、塑料厂、化纤厂等主要生产单位外，还设有为生产服务的检修工程公司、热电厂、集水站等单位以及与生产、生活配套的科研、设计、供销、运输、文教卫生、厂容绿化和生活服务等机构。

乌鲁木齐石油化工总厂的工艺技术装备水平整体上达到了国际80年代先进水平。炼油催化裂化装置采用了具有80年代水平的集中分散型生产过程自动控制系统；合成氨装置全套从日本、西德引进；尿素装置从国外引进专利，由国内生产配套，是目前亚洲仅有的以渣油为原料的五套大化肥装置之一，具有80年代世界最先进的工艺技术水平；塑料编织袋生产线全套设备从奥地利引进，工艺自动化水平较高。在生产过程中，总厂全面采用自动化工艺流程控制；在经营管理、科研、设计的各个方面，计算机得到了广泛的推广运用。目前，石化总厂的主要产品有32种，有多种型号的航空喷气燃料油、汽油、轻柴油，还有石脑油、聚丙烯、液氨、尿素、苯、甲苯、混合二甲苯、塑料编织袋等石油化工产品，其中，1＃喷气燃料油获国家优质产品银质奖；0＃、－10＃、－20＃、－35＃柴油和70＃、90＃汽油及尿素等被评为部优、省优产品，1991年，优质产品产量率为89.74％，优质产品产值率为93.18％，产品稳定率和产品出厂合格率均为100％，1991年，合成氨、尿素产量都达到和超过了设计生产能力，产品畅销国内10多个省市和地区。截止1991年，乌鲁木齐石化总厂共加工原油1224.28万吨，实现工业总产值69.96亿元，上缴利税17.52亿元(1990年不变价)。

近些年来，乌鲁木齐石化总厂通过对炼油催化装置的再生器和沉降器进行全面改造，对焦化装置进行加大处理量和节能的改造，对化肥合成塔进行大的工艺改造，使全厂的工艺装备水平得到了进一步的提高。在大力推进科技体制改革的同时，石化总厂先后建立了科研所、设计院、设备研究中心、计算机中心等专业科技单位。1983年至1991年，取得多项科研成果，其中12项获部级科技进步奖，10项获省级科技进步奖，3项参加国家发明展览会，13项成果批准为国家专利，17项参加省级发明与新技术展览会，2项获中国石化总公司优秀计算机软件及应用成果奖。通过鉴定的科研成果已全部用于生产，个别项目还在全国推广应用，其中“石油产品流程自动测定仪”填补了国内油品分析自动化的空白。

乌鲁木齐石化总厂通过横向联合，先后与外省区30多家石油公司和企业建立了销售、集资联营关系。1985年以来，乌鲁木齐石化总厂先后获得“企业整顿合格单位”、“全国计划生育先进单位”、“全国工业普查先进企业”、“全国环境优美工厂”等称号，计量管理评为“国家一级企业”，物资管理评为“中国石化总公司一级企业”，环保工作评为“全国工业污染源调查先进企业”，能源管理评为“自治区一级企业”，设备管理评为“自治区设备管理优秀单位”。1989年，石化总厂获“自治区一级企业”称号，1991年总厂进入“国家二级企业”，所属炼油厂、化肥厂也分别进入“国家二级企业”。

“八五”期间，乌鲁木齐石化总厂制定了“完善炼油、开足化肥、建成聚酯、再上乙烯”的奋斗目标，第三期聚酯抽丝装置1994年建成投产后，可生产聚酯切片和涤纶长、短纤维，其产品不仅可以满足新疆纺织工业的需要，改变新疆轻纺工业的产品结构，还可销往国内其它省区，并开拓印度、东欧和西欧市场。

（关建新 撰稿）

开发大事记

（1979年—1991年）

1979年

2月3日　新疆荒地资源综合考察队经过3年多考察，发现塔里木北部荒地面积共有1.38亿亩，其中宜农荒地7340万亩，草地1688万亩，原始胡杨林360万亩，地表水年平均径流量174亿立方米，地下水59.6亿立方米。塔里木盆地北部地区已列入全国未来重点垦区之一。

6月7日　乌鲁木齐至且末通航，全程741公里。

10月23日　国家和自治区重点工程之一的哈密——雅满苏110千伏输变电线路工程全线竣工。

11月25日　南疆铁路铺轨到库尔勒西站。

12月1日　自治区和乌鲁木齐市有关部门与香港和日本方面签订合同，确定在乌鲁木齐合资经营一个毛纺织品有限公司。

12月8日　新疆煤田地质勘探人员最近在南疆铁路沿线探明了柯尔碱、南山、塔什店、俄霍布拉克4个煤田，总储量44.6亿吨。

12月27日　新疆荒地资源综合考察队，已探明新疆塔里木盆地南部有近3亿亩荒地资源，其中叶尔羌河流域有适于农牧业生产的荒地资源300多万亩。

1980年

1月12日　新疆南部的塔里木盆地，石油职工连续打出了3口高产油气井。

4月7日　自治区人民政府批准我区建立5个大自然保护区，它们是：阿勒泰山自然景观综合保护区、布尔津河河狸保护区、天池自然景观保护区、巴音布鲁克天鹅保护区和托木尔峰高山自然保护区。

5月2日　新疆东部的大戈壁滩上发现了一个大型富铁矿和六个中型铁矿。其中新发现的磁海大铁矿位于红柳河西面，已探明储量约1.2亿吨。

6月30日　新疆石油管理局克拉玛依炼油厂自已设计的年处理30万吨原油的新常压装置，一次试车成功。

7月23日　新疆新建的第一座利用地下热能治疗疾病的地热医院已开始接纳各族病人。

8月2日　北京和自治区达成协议联合经营农牧业基地。北京将在新疆投资联合经营农牧业基地，为北京提供急需的啤酒花、羊毛和皮革等原料。

8月8日　天津市经济协作代表团同新疆人民政府代表团达成一项协议，决定共同投资合办一个年产5万—10万平方米京式地毯厂。

9月26日　新疆地质局与其他单位合作，先后找到黑色金属、有色金属、稀有金属以及煤、石油和其它非金属矿已达107种，总计3000多个矿点。

10月9日　新疆钢铁公司新建成一座年产5万吨线材车间，现已投入试生产。

11月5日　在南疆仅次于铁门关水电站的喀什一级水电站，开始试运行发电。

11月20日　新疆第一座坎儿井式水电站托乎拉克水电站建成。

1981年

3月5日　为加速石油勘探，促进四化建设，新疆第一台200万次 GYBER170—720大型计算机最近在乌鲁木齐正式投入使用。

5月20日　在塔城县境内的塔尔巴哈山区发现38万亩野玫瑰。

5月28日　中外合资兴办的天山毛纺织品厂工程一年建成，开始试生产。

7月27日　新疆开始生产电视机。地产雪莲牌12英寸黑白电视机，已在新疆无线电一厂开始生产。

8月27日　新疆电视台新疆电视中心投入使用。

9月1日　新疆大化肥建设工程全面开工。这套装置包括30万吨合成氨和配套52万吨尿素装置。

10月20日 南疆铁路全线开办临时客货运输业务。这条铁路东起吐鲁番，西抵库尔勒，总长476公里。

11月1日 全长293.4公里的克拉玛依——乌鲁木齐大口径输油管道复线第一期工程，已经胜利完工，今日起投入使用。

11月3日 新疆首次向孟加拉国出口生铁。

1982年

5月16日 昆仑山深处的木孜塔格峰北麓，新发现了一片长400公里，宽20至50公里，方圆达1万多平方公里的大草原。

5月18日 新疆最大的一座综合体育训练馆在乌鲁木齐建成。

5月28日 新疆若羌——且末——民丰公路干线建成通车，这条干线全长600多公里。

6月1日 庆祝恢复新疆生产建设兵团大会在乌鲁木齐隆重举行。

7月3日 新疆天山毛纺织品有限公司生产的高档羊绒衫首次打入国际市场。第一批产品已启程出口，销往美国纽约。

7月5日 石河子八一毛纺织厂从意大利引进的3360纱锭半自动设备正式投产。

7月6日 新疆地产驼鸟牌自行车问世，填补了自治区自行车生产的空白。

7月17日 新疆地质局在塔里木盆地西北边缘首次发现原生矿金钢石。

9月30日 自治区目前最大的饭店——新疆饭店竣工。

10月16日 我国目前一座最长的公路隧道——天山公路三号隧道，最近胜利掘通。这座隧道全长1897米，净宽7.5米，在海拔3200米高处，横穿海拔3800米高的铁力买堤冰达坂，整个洞体全部用混凝土覆盖而成。

10月25日 新疆塔里木河上第一座公路桥，阿拉尔塔里木河大桥最近竣工通行。

11月9日 乌鲁木齐卫星通讯地面站胜利竣工。

11月27日 国家和自治区重点建设项目之一，红雁池电厂5万千瓦六号机组建成投产发电。

1983年

1月4日 自治区第一批工交基建企业的全面整顿工作，经过8个多月的努力，取得了良好的效果。第一批整顿的工业、交通、基本建设企业共141个。这些企业生产稳步上升，经济效益明显提高。去年工业总产值可比1981年增长12%，上交税利增长13%，亏损户由19户减到11户，亏损额下降了23%，上交利润比1981年增长30%。

2月21日 自治区畜牧科学院畜牧研究所同乌鲁木齐种畜场签订提高新疆褐牛繁殖率的技术承包合同，取得显著效果。

3月10日 自治区去年种子工作取得“五突破”：生产良种、精选种子、供应良种、种子提纯复壮更新面积和推广新品种面积，都比1981年大幅度增长。

3月16日 生产建设兵团研制出大批地膜植棉机械，填补我国农业机械一项空白。

4月9日 新疆已建成一座机械化金矿——右图金矿，从而结束了新疆靠人工采金的历史。

4月14日 石河子建成一座年产15万标准箱的平板玻璃厂，填补了自治区平板玻璃生产的空白。

6月10日 自治区最大的一座生物防治病虫害专用冷库，6月上旬在伊犁河谷落成。

7月21日 新疆地质矿产局十大队提出评勘报告，布雅煤矿可开采储煤量超亿吨，这是目前已探明的喀什、克孜勒苏、和田煤矿中储量最大的一座中型煤矿。

8月6日 自治区与江苏、上海、浙江、山东、天津、北京等六个省市达成的第一批经济技术协作项目131项，已在8月3日开始举行的自治区经济技术协作会议上就协作内容、方式及实施办法逐项落实，开始按计划实施。

8月15日 自治区活羊首次空运出口，一架波音707货机，装载着1050只新疆羔羊，从乌鲁木齐直飞阿拉伯联合酋长国。

8月29日 新疆水泥厂在进行重点工程建设的同时，进行水泥生产的科技攻关，在扩建的三号窑上采取水泥生产烧煤窑外分解最新工艺获得成功，成为我国此类工艺配套的第一条水泥生产线，它标志着我国窑外分解技术又上了一层楼。

9月15日—16日 自治区经济技术协作邀请会历时12天，自治区与19个省、市、区和轻工部初步议定了279个经济联合、技术协作和智力开发项目。

9月25日 天山独库公路竣工，验收质量优良，于今日正式交付使用。

10月1日 自治区县级土壤普查工作历时4年零10个月，于今日胜利完成，经检查验收，全部符合要求。

10月29日 乌鲁木齐石油化工总厂炼油工程建成后，经过试生产情况良好。

12月27日 乌鲁木齐玻璃器皿厂于12月27日正

式投产。经过1个多月的试产，现已能设计生产茶具、酒具、奶瓶、果盘、花瓶等22个品种。这个厂的建成投产，填补了新疆玻璃制品的某些空白。

1984年

1月4日 自治区在水利管理工作中实行计划用水，按方收费，收到明显效果。全疆实行计划用水，按方收费的农田有2600多万亩，占农田灌溉总面积的65%。这些农田去年节约的水量达到30多亿立方米。

2月5日 自治区农牧区改水工作成绩显著。目前全区农村牧区已修建自来水设备756座(处)，农牧区有276万人喝上了自来水，还打机井2万多口，改良了大量的涝坝和渠道，使全区三分之一左右的农牧民改善了饮水条件。

3月14日 中国科学院新疆物理所二室在微型计算机应用方面达到国内先进水平。二室承包的上海焦化厂微机控制系统从5月开始进入工业运行以来，经济效益显著；协助北京第二光学仪器厂设计的等离子光谱自动分析计算机系统部分也已完成总体设计和组装调试任务。

3月26日 自治区第一座玻璃仪器厂——天山玻璃仪器厂正式投产，生产烧瓶、试管、温度计等上百种产品。

3月31日 自治区第一条一级公路——乌鲁木齐西部干线今日动工，揭开了我区公路建设史上的新的一页。西部干线一级公路，全长13.6公里，路面宽17米，昼夜可通过一万辆车次。

4月22日 自治区最大的成衣车间——奎屯针织厂成衣车间建成投产，设计能力为年产各种针织品450万件。

4月23日 新疆八一钢铁厂42孔焦炉续建工程和烧结矿鼓风带冷工程动工兴建。

4月30日 目前自治区最长的一条高压线路——乌鲁木齐、奇台高压输变电线路于今日并网输电，这条线路全长230公里。

5月3日 自治区第一座彩色电视大楼今天在新疆无线电一厂破土动工。

6月17日 全国支援新疆科技协作项目落实172项，中央有关部门和20个省市的近300个单位正在为开发新疆紧张工作。

6月23日 中国科学院、国家地质矿产部和自治区人民政府最近在北京联合召开会议，提出了加速新疆矿产资源综合研究的课题计划任务书。

6月28日 乌鲁木齐市技术开发交流中心正式成立。它是自治区第一个为经济建设和教学、科研单位之间进行技术协作和人才交流牵线搭桥的新机构。

7月1日 自治区科技人员利用太阳能发电接收彩色电视节目，今日在乌鲁木齐的葛家沟获得成功。这在我国还是第一次。

7月5日 乌鲁木齐科技咨询服务中心今日成立。

8月7日 南疆铁路正式通过国家验收，可交付使用。

8月23日 自治区第一个实行教学、科研、生产三结合的同行业技术联合攻关组织——乌鲁木齐地区黑白花奶牛选育提高研究方面获得了一系列重大成果。

8月25日 新疆六区草田轮作试验研究获得成果。这项成果的研究，为我国获得了第一份完整、系统的草田轮作试验资料。

福海日产二十吨鱼类罐头厂建成，已成功试产“五香”、“清燕”等五个品种鱼、牛肉、牛杂玻璃瓶装罐头，填补了我区罐头生产的一项空白。

9月12日 乌鲁木齐石油化工总厂大化肥装置区5000吨贮量的大型氨罐于最近建成。

10月14日 中国科学院为开发建设新疆服务的重点科研项目《新疆资源开发与生产布局的研究》已逐项落实。中国科学院和自治区及内地有关单位，组织起一支拥有250多名科研人员的协作队伍，开始这项工作。

10月29日 由自治区农业区划委员会、自治区科委组织的和田河流域农业资源综合科学考察队横穿塔克拉玛干，完成了科学考察任务。

11月1日 保持哈密瓜特有风味的瓜汁瓜酱由新疆五家渠食品工业研究所研制成功。

11月20日 自治区建立了人才开发交流协作网。

12月4日 乌鲁木齐至乌苏段铁路勘测工作完成。

12月5日 乌鲁木齐火车站新候车楼投入使用。

12月25日 自治区召开首次细毛羊基地评比会议，总结了经验，提出了改革措施。

1985年

1月1日 经国务院批准，新疆航空公司成立。

1月15日 自治区主席司马义·艾买提率领经济考察团15日至26日到香港访问。考察团在港期间，公布了新疆对外经济技术合作项目103个；并广泛接触了工商界、金融界、新闻界人士、介绍新疆的地理、资源和各方面的情况，进一步增强了港澳各界对新疆的了解。

1月24日 自治区人民政府决定，对自治区机械工业、建筑业和基本建设管理体制进行重大改革：将机械工业厅直属的工业企业全部下放到所在的城市和地区，与企业有关的部分事业单位也一起下放；建筑业和基本建设全面推行建设投资包干责任制，推行工程招标承包制，建立工程承包公司，改革建设投资办法、建材供应方式和设备供应办法。

3月4日 国家计委、科委批准《加速查明新疆矿产资源的地质、地球物理、地球化学综合研究》项目，定名为“305”项目。

3月5日 乌鲁木齐地区首次人才交流大会开幕。

4月7日 乌鲁木齐至广州直达民航班机通航。

4月10日 自治区及乌鲁木齐市第一家经营以技术为商品的科技商店开业。

4月11日 中国科学院新疆物理研究所与北京第二光学仪器厂协作研制的“750型 ICP 光量计”在北京通过鉴定，填补了我国一项空白。

4月27日 乌鲁木齐市天山百货大楼试办的新疆第一家自选商场开业。

5月1日 由自治区和铁道部集资合营，新疆主持修建的兰新铁路乌鲁木齐——乌苏段破土动工。

5月8日 新疆无线电一厂年产7至10万台彩色电视机的生产线正式投产。

5月27日 新疆对外经济技术合作项目发布会在北京举行。

6月24日 塔里木河、开都河、和田河中下游流域农业资源考察成果通过鉴定。这三项成果为开发建设南疆提供了科学依据。

6月27日 红雁池发电厂5万千瓦的7号机组正式并网发电。7号机组一年可供电2.5亿度。

7月25日 自治区经济技术信息协会成立。

8月1日 自治区物资交易会在乌鲁木齐开幕，投放交易会的物资有1万多种，成交2000多万元。

8月6日 新疆地质矿产局第一区调大队完成昆仑山主峰穆孜塔格峰一带海拔5000米以上地区的地质普查。

8月8日 乌鲁木齐石油化工总厂大化肥工程全部建成，试产成功。

8月13日 自治区首次在香港举办的出口商品展览会开幕。展览会历时15天，接待观众12万多人次，出口成交额达5000万美元，并签订了一批合同和意向书。

8月20日 自治区对外经济技术合作和贸易洽谈会在乌鲁木齐开幕。洽谈会历时17天，共签署合同7份，协议书14份，意向书106份，累计引进外资1.6亿美元。

9月1日 自治区第一座现代化双层互通式立交桥——乌鲁木齐人民路立交桥建成通车。

9月4日 新疆与巴基斯坦开始直接通邮。

9月24日 自治区第一条一级公路——乌鲁木齐西郊干线一级公路建成通车。

9月28日 自治区同日本、香港以补偿贸易形式合作筹建的昌吉棉纺织厂建成投产。

10月12日 自治区“七五”规划大型重点项目之一的黑孜水库首期工程破土动工。

10月14日 自治区农村最大的防氟饮水工程在乌苏县车排子地区竣工。

10月15日 自治区第一个化纤工厂——新疆涤纶纤维厂破土动工。

12月12日 自治区第一座5千瓦硅充太阳能发电站在阜康种羊场建成使用。这是国家经委下达、电子工业部安排的新技术推广项目，是目前我国自行设计的最大的太阳能实验电站。

12月28日 自治区1985年与28个省、市、自治区及中央13个部委建立了协作关系，并签订协作项目954个。在已完成并取得成效的项目中，新增产值1.5亿元，新增税利3300万元。

1986年

1月8日 国家经济委员会正式批准上海市和新疆维吾尔自治区建立对口支援市、区关系。

1月15日 自治区人民政府决定，为进一步放宽牧区政策，减轻牧民负担，加速自治区畜牧业生产的发展，自1986年起免征牧业税。

3月5日 乌鲁木齐市电信局通过新建的卫星地面站，开通了乌鲁木齐——北京，乌鲁木齐——广州的全自动和半自动卫星话路。这种通信方式为新疆首次使用。

4月30日 经国家计委和自治区计委同意，新疆的新源、尼勒克、塔城、额敏四个县列为首批国家建设的优质细毛羊商品生产基地。

5月1日 自治区“七五”期间的战略工程玛纳斯火力发电厂破土动工。

5月5日 新疆航空公司先后从苏联引进4架TU——154M 型喷气客机，开辟了乌鲁木齐——北京、乌鲁木齐——上海、乌鲁木齐——广州航线，本日又正式开通了乌鲁木齐——成都航线。

6月22日　新疆第三建筑工程公司通过中国建筑总公司与埃及签订了一项建筑承包合同，开创了自治区建筑业对外承包的先例。

6月23日　西北地区最大的造纸厂博斯腾湖造纸厂正式开工建设。

7月10日　乌鲁木齐铁路局机车全部实现内燃机化，成为全国第一个实现机车内燃机化的铁路局。

8月4日　新疆钢铁公司42孔大型机械化焦炉燃炉建成。这个焦炉每年可生产全焦26万吨，焦油12950吨。

8月29日　新疆维吾尔自治区与前苏联东方外贸公司最近在阿拉木图举行了贸易谈判，并签订了边境贸易。

10月4日　北疆铁路铺轨到石河子。

11月9日　乌鲁木齐石油化工总厂化肥工程通过国家级竣工验收。这项工程投产后，每年可生产尿素52万吨，可基本满足目前新疆农牧业生产对氮肥的要求。

11月12日　全国第一个5千瓦太阳能实验站——阜康太阳能实验站通过鉴定。这是目前国内最大的太阳能实验站。

12月2日　自治区哈密市、库尔勒市、阿克苏市、阿图什市和昌吉市列为对外国人开放的城市。

12月31日　1986年，自治区横向经济联合发展较快。据11个地、州、市和生产兵团的统计，有700多项经济技术协作项目投产见效。占签订协议项目总数的70%，引进资金3296万元，新增产值2.6亿元，新增税利4200万元，开发新产品、增加花色品种1272种。

1987年

1月7日　自治区西亚研究会成立。研究会拥有高中级研究人员90余人，将积极开展对西亚各国的研究。

1月27日　自治区地质工作者在哈图山发现锶铝石，为我国增加了一个新的矿种。

2月5日　新疆第一个金融市场在石河子成立。

2月14日　鄯善葡萄开发公司与香港翘进有限公司、法国得利公司合资经营的新疆联合果品有限公司开业。

3月18日　新疆天山锅炉厂以技术输出等多种形式同江苏、浙江、北京等14个省市的22家企业进行经济技术合作。

4月1日　乌鲁木齐——成都的114次直达快车正式开通。

4月3日　国家地质矿产部30多个石油勘探队进军塔里木，加快塔里木北部油气勘探。

4月17日　西部资源环境研究开发中心在兰州成立。

4月24日　新疆汽车工业联营集团成立。

4月30日　北京——乌鲁木齐——沙迦——伊斯坦布尔航线开通。

5月1日　中日新疆新产业开发共同研究会在北京成立。

5月5日　乌鲁木齐——成都通航。

5月26日　新疆石油管理局克拉玛依——独山子泵站改造工程竣工。这项工程的完成，提高了原油的输通能力。

6月6日　具有80年代世界先进水平的程控数字电信交换设备在乌鲁木齐市入网运行。

6月13日　自治区国际报话已通达100多个国家和地区，全区县以上邮电局均能管理国际报话业务。

7月19日　为开发塔里木腹地油田的需要，一座承载力为100吨的箱式舟桥在塔里木河上架起。

7月22日　乌鲁木齐中心资金市场开业。这是自治区第一家跨系统、跨地区、多功能的资金市场。

7月24日　新疆物资贸易集团在乌鲁木齐成立。

7月24日　中国科学院塔克拉玛干沙漠综合科学考察队在乌鲁木齐成立。

7月25日　新疆昆仑毛纺有限公司工厂竣工。

9月2日　乌鲁木齐——敦煌航线正式开通。

9月25日　兰新铁路西延工程乌鲁木齐——乌苏段，提前铺轨到乌苏。

10月25日　自治区重点建设项目——新疆最大高炉310立方米高炉在八一钢铁厂点火投产。

11月26日　自治区首次在澳门举行出口商品洽谈会。这个会历时8天，总成交额为700万美元。

12月31日　联合国世界粮食计划署援建的阿勒泰地区开发建设60万亩饲草饲料基地的“2817”工程准备工作就绪。世界粮食计划署驻北京代表批准于1988年1月1日正式开工。

1988年

1月5日　为推动新疆扩大对外开放，国务院给自治区下达9项优惠政策。

2月1日　新疆拖拉机企业集团成立。

3月16日　乌鲁木齐——北京——广州——乌鲁木齐和乌鲁木齐——广州——北京——乌鲁木齐航线开通。

3月17日　新疆企业租赁市场正式成立。

3月22日 乌鲁木齐——北京——哈尔滨民航客机开航。

3月31日 新疆有色金属公司和加拿大银河公司签订合同，在奇台县金山沟勘探金矿。这是我国第一个对外技术合作开发黄金的项目。

4月14日 为发展自治区优势产业，新疆棉纺织工业公司、新疆糖业开发公司先后成立。

4月24日 经国务院批准，新疆可与前苏联中亚地区直接开展科技合作。

5月2日 乌鲁木齐——杭州客机通航。

5月5日 在150多名区内外专家一系列研究成果的基础上，自治区提出2000年科技发展战略。

6月17日 自治区第一条年产能力为1万立方米的胶合板生产线在乌鲁木齐木材厂试产成功。

7月8日 国务院同自治区人民政府签订协议书。由国家投资5.4亿元建设新疆棉花、甜菜基地。基地将于1995年前建成。这期间，开荒800万亩，改造低产田800万亩，使棉花、甜菜总产分别达到50—60万吨和460—560万吨。

8月18日 自治区驻香港机构——新疆开发有限公司正式开业，同时举行了新疆对外经济技术合作项目发布会，公布了93个合作项目。

8月22日 新疆在国内举办的第一家羊毛拍卖会在乌鲁木齐举行。

9月15日 新疆对外经贸洽谈会开幕。洽谈会共签订合作项目合同7项，协议18项，意向书43项，进出口贸易成交额3300万美元，展销馆零售460万元。

10月1日 中巴公路国内段改建工程竣工通车。

11月17日 自治区重点建设项目——玛纳斯发电厂1号机组并网发电，装机容量为10万千瓦。

11月22日 乌鲁木齐——西安——大连民航直达航线正式开通。

12月6日 总投资达10亿元的乌鲁木齐石油化工总厂聚酯工程建设项目签字仪式在北京举行，提供贷款、设备和技术合作的法国、日本代表同中国建设单位代表在技术合同上签字。

1989年

1月18日 国务院决定，成立由有关部门负责人参加的协调领导小组，对新疆塔里木盆地的油气勘探进行统筹规划，以期在短期内在这一地区找到较大型油气田。

2月3日 新疆旅游公司成立。

3月23日 新疆14万吨乙烯工程经国家计委批准立项。

4月10日 塔里木石油勘探开发指挥部在库尔勒市成立。

5月9日 为改革农村教育，自治区开始实施“燎原计划”，首批在18个县的20个乡试点。

5月11日 中国美利奴羊(新疆军垦型)繁育体系建成。

6月28日 中国国际工程咨询公司、中国石油天然气总公司计划部和自治区计委共同召开专家评价会议，评审通过了新疆14万吨乙烯工程可行性研究报告。

7月11日 自治区开辟的第一条国际航线——中国乌鲁木齐至前苏联阿拉木图通航。

8月23日 乌鲁木齐市长途直拨电话开通，可直拨国内460多个城市，国外30多个国家和地区。

9月24日 玛纳斯电厂2号机组(装机容量10万千瓦)并网发电。

10月1日 自治区人民政府决定，自今日起，各主要产畜区全面放开活畜收购市场，实行多渠道流通。

10月31日 塔里木盆地腹部油气勘探实现重大突破，“塔中井”获高产油气流，中途试测日产原油576立方米，天然气36万立方米。

12月17日 乌鲁木齐石化总厂万吨聚丙烯装置试车成功。

1990年

1月22日 乌鲁木齐石油化工总厂聚酯一期工程中外设计条件总协议和工艺技术协议由中、法、日三方在乌鲁木齐签字。

2月18日 全区支援油田开发建设会议在阿克苏召开。塔里木油气勘探进入拿面积拿储量阶段。

4月7日 乌鲁木齐——郑州——福州航线和沈阳——北京——乌鲁木齐航线开航。

5月1日 新疆首次敷设的乌鲁木齐至吐鲁番光缆投入试运行。

5月10日 乌鲁木齐——西安——厦门通航。

6月27日 国务院批准开放阿拉山口口岸。

8月20日—26日 自治区举办首届中国新疆吐鲁番葡萄节。

8月28日 自治区最大的中外合资企业——新疆绿洲长绒棉纺织有限公司正式投产。

9月1日 兰新铁路西段全线建成通车。

9月7日 乌鲁木齐石油化工总厂聚酯工程动工兴建。

9月12日 中苏铁路在阿拉山口接轨，一座新的亚欧大陆桥诞生。

10月13日 自治区"八五"引进外资数额最大(总投资10.49亿元,世界银行贷款约1.25亿美元)的重点项目——塔里木农业灌溉及环境保护第一期工程经世界银行专家审查,通过了终审评估。

11月16日—30日 以铁木尔·达瓦买提为团长、金云辉为副团长的自治区政府代表团应邀访问前苏联哈萨克加盟共和国和乌兹别克加盟共和国。通过谈判与两个加盟共和国签署了发展经济、科学技术和文化合作的协议。

12月25日 塔里木油田生产的原油开始运往内地。

12月31日 国家重点科技攻关项目——加速查明新疆矿产资源综合研究项目(即国家305项目)全部超额完成了经国家批准的"项目总体设计"和计划任务,实现了攻关目标,达到了攻关目的。

1991年

1月6日 地质矿产部6000勘探者苦战5年,塔北油气勘探结硕果,发现6个储量丰富的油气田,勘探开发前景十分广阔。

2月2日 我国西部石油勘探又获重大突破,吐鲁番——哈密盆地发现大油田。已找到10个油气构造带,15口探井获工业油气或良好显示。

2月4日 新疆发现25个重要成矿带。天山南北、准噶尔盆地和阿尔泰山地区,已展示出丰富的矿产资源远景。

2月19日 第一条穿越"死亡之海"的公路——塔克拉玛干沙漠公路开工,建成后将使塔里木原油外运路程缩短三分之二。

2月26日 自治区党委书记宋汉良同志在经济技术协作会上指出,新疆开发建设有三个有利机遇:一是国家制定的政策带来的机遇;二是第二座亚欧大陆桥开通后向西开放的外部环境机遇;三是新疆石油成为全国重点开发区的机遇。

4月17日 "加速查明新疆矿产资源综合研究"(简称国家"305"项目)获得巨大成功。共获得黄金206吨,铜镍250万吨,铅锌280万吨,锡6万吨,汞1000吨,硅灰石300万吨的科研预测储量。

5月6日 自治区决定以石油开发作为"八五"期间全区经济发展的先导。加快塔里木开发,扩大吐哈盆地,深化准噶尔勘探,争取石油储量、产量上大台阶。

5月11日 新疆十四万吨乙烯装置合同在京草签。

5月23日 自治区七届人大四次会议审查并通过了《新疆维吾尔自治区国民经济和社会发展十年规划和第八个五年计划纲要(草案)》。

5月31日 新疆同四川联合建立棉花基地。四川省将投资1500万元,联合开发6万亩棉田。

6月2日 塔里木盆地吉拉克地区发现大规模油田。

6月5日 天津与新疆生产建设兵团联合开发建设棉花生产基地。天津市将投资1250万元。开发建设5万亩棉花基地。

6月9日 乌鲁木齐石化总厂二阶段工程合同签字仪式在京举行。邹家华、王恩茂出席。

6月11日 新疆乙烯工程聚丙烯装置合同在京草签。

6月15日 新疆"八五"三大重点项目之一,新疆纯碱厂在哈密动工。

6月20日—30日 国务委员陈俊生在新疆视察工作。指出发展新疆经济的关键在于水资源开发利用。

6月26日 新疆从西班牙引进1.5亿美元的化工设备。

7月1日 新疆七一第二棉纺织厂出口专纺车间投产。

7月5日 李鹏总理和竹下登前首相倡议,中日联合勘探塔里木西南地区协议书在京签字。根据协议,在今后四年半时间内,中日联合组队,日方出资80亿日元,对这片面积为3.2万平方公里土地进行勘探。

同日 中蒙边界口岸首开仪式分别在塔克什肯和布尔干举行。

7月20日 中苏铁路阿拉山口——德鲁日巴通道临时货运今日开通。

7月22日 自治区"八五"有色金属工业重点工程,新疆阜康镍冶炼厂破土动工。

7月25日 "八五"期间我国铁路建设的一大项目,部分兰新复线即将兴建。

7月26日 中国新疆政府代表团与苏乌兹别克共和国正式签署三个经贸、科技、文化长期合作协议。

7月30日 自治区在乌苏召开首次发展县级工业座谈会。宋汉良、铁木尔·达瓦买提、金云辉、王友三作了重要讲话。

8月8日 中澳绵羊研究项目在京签字。澳大利亚政府将向新疆提供约合2700万元人民币的科研援助。

8月13日　新疆乙烯先建工程铺开。

同日　阿拉山口中苏过境公路中国段竣工。

8月16日—24日　王震副主席在新疆视察工作。

8月20日　乌鲁木齐市新增8000门程控电话。

8月20日—26日　第二届吐鲁番葡萄节在吐鲁番举行。

8月25日　中国石油天然气总公司总经理王涛提出今后塔里木的勘探方针，一手抓500万吨产能，一手寻找主力油田。

9月4日　英国向我提供1.7亿美元银团贷款，建设独山子乙烯工程。

9月6日　由世界银行贷款1.25亿美元的"新疆塔里木农业灌溉排水与环境保护第一期工程"项目的信贷，已获得世界银行执行董事会的批准。

10月6日　塔额盆地传喜讯，"七五"重点工程阿克苏水库建成，"八五"重点工程喀浪古尔水库动工。

10月16日　中国银行乌鲁木齐市分行向独山子乙烯工程转贷1.6亿美元。

10月18日—21日　自治区党委召开党委(扩大)会议，研究贯彻中央工作会议精神，进一步搞好国营大中型企业。

10月18日　新疆负责安装的第一套国产蕃茄酱生产线，在苏吉尔吉斯竣工投产。

10月23日　自治区提出振兴县级经济发展战略，贸易兴边，棉花启动，矿业开发。

10月24日　吐哈油田石油正式外运。

10月26日　新疆涤纶纤维厂二期引进工程破土动工。

10月29日　乌鲁木齐——兰州——温州航线开通。

11月6日　新疆首次对苏出口大批量活畜。

11月15日　新疆最大利用外资进行农业综合开发项目，塔里木农业灌排环保首期工程实施。

11月20日　鄯善油田形成50万吨生产能力。

11月26日　运八试飞阿拉伯联合酋长国，活羊空运出口。

12月5日　216国道改建工程贯通通车。

12月7日　自治区人民政府出台进一步增强国营大中型企业活力的政策和措施。

12月17日　中国银行乌鲁木齐分行向塔里木油田提供7亿美元外汇贷款。

12月19日—24日　自治区党委举行全委(扩大)会议，研究进一步搞好全区农业和农村工作。

12月28日　自治区能源建设重点项目，大山口水电站首台机组并网发电。

12月30日　新疆维吾尔自治区人民政府与哈萨克共和国签署经贸合作意向书。

(李定之　高云飞 编写)

乌鲁木齐市

市区一瞥

国际通讯枢纽

国际机场

石油化工总厂

新疆地毯

南山牧区

新疆玉雕

新疆天山毛纺织品有限公司的新颖时装

淡绿剔透似翡翠
浑圆紫红赛玛瑙
As Crystal as Light-Green Ja
As Purple as Agate Balls

天 池

新疆迎宾馆客房

独具风姿的旅游资源

▲柏孜克里千佛洞

◀吐鲁番宾馆

内蒙古自治区

主　　编:乌日途
副 主 编:宋玉和　田永明
编写人员:田永明　付子奇　刘瑞祥
马恩惠　尹洪山　张玉秀
薛永昌　莘延彬　薄文忠
吕开田　张德平
工作人员:宋玉和　田永明

内蒙古自治区分目录

典型地区和典型企业

区 情 综 述

一、发展历史

内蒙古地区早在几十万年前就开始有了人类劳动、生活的足迹。呼和浩特东北郊的"大窑文化"和伊克昭盟乌审旗的"河套(鄂尔多斯)文化",就属于旧石器时代的古人类遗迹,新石器时代的文化遗迹,几乎遍布自治区的各个盟市。

几千年来的文明史表明,内蒙古地区是我国历代北方游牧民族劳动、生息的摇篮,同时也是内地汉族及其他兄弟民族长期居住、活动的场所。几千年来,内蒙古地区的民族变迁、政权更迭纷繁不断,有时安定、统一,有时分立割据、各自为政,北方民族统治者与中原王朝之间,北方各族人民与内地各族人民之间的社会交往和政治、经济、文化联系,却持续不断地得到发展,日趋紧密。经过从匈奴到蒙古的历代游牧民族,从商周到明清的汉族及各族人民的辛勤劳动,内蒙古地区的畜牧业、农业、商业及各种手工业的技术、经验,以及思想文化等各个方面,都得到了全面发展和不断提高。从古至今生活在内蒙古地区的各族劳动人民,为开发祖国的这块富饶广阔的土地,共同作出了伟大的贡献。

1947 年 5 月 11 日,内蒙古自治区政府宣告成立。在祖国大地上诞生了有史以来由中国共产党领导的第一个民族区域自治地方。

自治区成立初期,只管辖呼伦贝尔、纳文慕仁、兴安、锡林郭勒、察哈尔五个盟,面积约 54 万平方公里。东北全境解放后,于 1949 年将辽北省的哲里木盟和热河省的昭乌达盟划归自治区。1952 年察哈尔省建制撤销前,又将蒙汉民族杂居的多伦、宝昌、化德三县划入自治区。1954 年撤销绥远省建制,将原绥远并入自治区,原乌兰察布、伊克昭两个自治区改为盟,归绥市改称呼和浩特市,呼和浩特、包头两市直属自治区。1956 年初撤销热河省建制时,将赤峰等六个旗县划入昭乌达盟,并将乌丹县并入翁牛特旗。同年,甘肃省所辖的巴彦浩特蒙古族自治州和额济纳自治旗划入自治区,设巴彦淖尔盟。从此,形成了现有这样的土地总面积为 118.3 万平方公里的区域。呼和浩特定为自治区首府。

统一区域自治的实现,结束了几百年来内蒙古地区被分割统治的局面,结束了这个地区长期以来民族纷争的历史。这是在全国、在内蒙古地区出现的一个有历史意义的变化。

40 年代末到 60 年代初期,内蒙古自治区在实行民族区域自治、贯彻执行党的民族政策和其他各项方针政策、正确处理民族关系、加强民族团结等各方面,都取得比较成功的经验,在国内外产生了良好的影响,被党和国家领导人赞誉为模范自治区。

到 1991 年为止,内蒙古自治区行政总面积 118.3 万平方公里,总人口 2183.9 万人。

二、自然环境

内蒙古自治区位于祖国北部边疆。地处北纬 37°24′—53°20′、东经 97°12′—126°04′。南北跨距 1700 公里,东西直线长 2400 余公里。地形由东北向西南斜伸,呈狭长弧形,东北与辽、吉、黑三省接壤,西与甘肃省为邻,南靠冀、晋、陕、宁四省(区),北部、东北部分别与蒙古、俄罗斯联邦交界。国境线长 4200 公里,战略地位十分重要。内蒙古地域辽阔,自然条件复杂多样,具有鲜明的地区特点。

(一)土地。内蒙古自治区总土地面积 118.3 万平方公里,占全国总土地面积的 12.3%。是我国土地面积在 100 万平方公里以上的三省区之一,仅次于新疆、西藏。区内有全国著名的草原、森林和沙漠。土地类型多样,具有农林牧工各业发展的广阔区域。全区有草原面积 8666.7 万公顷,占全国草场总面积的 27.2%,森林 1664.6 万公顷,森林覆盖率

14.1%，占全国森林总面积13.4%。据1985年内蒙古自治区土地资源概查，全区耕地约有683万公顷，占全国耕地面积的7.2%。

内蒙古自治区人均占有土地5.5公顷，是全国人均土地数的6倍，是世界人均土地数的2倍。土地利用的主要特征体现为农、林、牧三大区域的土地利用结构。

土地资源的结构和特点是：土地类型多样，地区间土地生产力差异显著，总体上是自东向西土地生产力呈递减趋势；大部分土地基质沙性大，是产生沙化和水土流失的重要原因之一；现有土地中山地、丘陵及高平原是主体，约占全区总土地面积的70%以上，沙地占20%，平原只占8.5%。复杂的土地利用结构和较大的地域差异是内蒙古自治区土地利用的主要特征。

土地利用的状况是：东部的大兴安岭是林业生产的主要地区，森林资源集中，自然更新力强，林业发展的潜力大；内蒙古高原、鄂尔多斯高原、阿拉善高原是以畜牧业为主的地区，自东向西草场产草量下降，东部高原草原畜牧业表现出明显的发展优势；河套平原、西辽河平原、嫩江右岸和阴山山地丘陵区是农业区，尤以河套、西辽河、嫩江右岸为最，是内蒙古自治区粮、油、糖的集中产区。

内蒙古土地开发的潜力与相邻省比较，是黑龙江省的2.4倍，是辽宁省的7.9倍。只要在土地开发利用上靠政策、靠科学、靠投入，提高经营管理水平，有效地改善生产条件，潜力就会大大发挥出来。从全区第二次土壤普查结果看，在现有683万公顷耕地中，中低产田就有511万公顷，约占总耕地的75%。因此，内蒙古的种植业只要在合理配置土地资源的前提下，重点抓好中低产田改造，并在有条件的地区有计划地适度开垦一些宜农耕地，不仅粮食单产会大幅度提高，也能实现全区粮食稳定自给。

由于内蒙古土地的地域差异明显，各业各地区土地开发的潜力也不尽相同。如东部四盟市生态条件就优于中西部各地，农牧林各业综合开发的潜力很大；中部以锡盟、乌盟为主的高原牧业区和半农半牧区，就比较适宜牧业的集约化和农牧结合生产，但不利于林业发展；西部巴盟、伊盟、阿盟除河套平原（包括伊盟黄河南岸、土默川）外，绝大部分地区生态条件极差，沙漠、戈壁、盐沼裸地占较大比重，近期开发潜力不大。

（二）气候。内蒙古自治区大部分地区属温带大陆性季风气候。冬季严寒漫长，春季多风少雨，夏季温热短促，秋季气温剧降，昼夜温差大，日照充足，由此构成了内蒙古自治区的主要气候特征。大兴安岭北段地区年平均气温在0℃以下，阿拉善盟年平均气温在8℃以上，多数地区年平均气温为0—8℃。

由于内蒙古自治区距海洋较远，年降水量一般50—450毫米，自东向西南递减。阿拉善盟西部年降水量为40—100毫米，其中额济纳旗只有37.4毫米，为全区降水量最少的站点。呼伦贝尔盟东北部年降水量为450—480毫米，其中鄂伦春自治旗达486毫米，为全区降水量最多的站点。中西部地区除阴山南部局部地区降水在400毫米左右外，一般降水量不足300毫米。自东向西由湿润、半湿润逐步过渡到半干旱、干旱区。而蒸发量则自西向东由3000毫米递减到1000毫米。全区日照时数普遍在2600小时以上，长者达3400小时，是我国日照时数最长的地区之一。

（三）水资源。内蒙古自治区境内分布着大小干支河流1000多条和近1000个大小湖泊。地表水资源为671亿立方米。除黄河过境水外，境内地表水自产水资源为371亿立方米，地下水资源为300亿立方米，扣除两者之间重复计算的水量150多亿立方米后，全区水资源总量为518亿立方米。如按矿化度低于2克/升的水资源量计算，则全区水资源总量约为509亿立方米/年。从总量上看，内蒙古的水资源还是可观的。但从土地面积与占有水资源的百分比看，内蒙古显然属于水资源量不足地区，每公顷土地占有水量仅相当于全国平均数的1/12。内蒙古受季风环流和地理位置影响，降水总的分布趋势是东部多于西部，南部多于北部，山地多于平原。仅东部嫩江、额尔古纳河、西辽河流域就占了全区总水量的80%，而这三个流域面积只占全区土地面积的37%。区内主要河流有额尔古纳河、嫩江、西辽河、滦河、永定河、黄河六个外流水系和乌拉盖河、塔布河、额济纳河、黄旗海、岱海等几个内流水系，河川径流量约400亿立方米（不包括黄河过境水）。

从水资源供需平衡分析结果看，全区各主要工农牧业生产集中的地区均属缺水区。在P＝50%的情况下，全区缺水21.8亿立方米，其中西辽河流域缺水12.5亿立方米，黄河流域缺水7.9亿立方米，内陆河流域缺水1.1亿立方米。因此，节约用水将是全区一个十分重要的长远政策。只要这项政策能够被全社会所公认，特别是农牧业灌溉用水能得到改善，地下水开采量能得到控制及采取相应补源措施等，全区水资源总量是可以满足工农牧业发展需要的。

（四）森林与草原。内蒙古的森林资源在国内占有重要地位，是我国重要的林业生产基地之一。有林地面积1665万公顷，居全国第二位。人均占有林地约0.9公顷，接近世界人均数，是我国人均数的5倍。林木蓄积量为9.7亿立方米。还有1470万公顷的宜林荒山荒地可供造林，这些资源主要集中在大兴安岭林区。

近几年来，大兴安岭林管局摒弃以原木生产为中心的传统观念，以营林为基础，以更新造林为重点，采育结合，综合利用，全区树木年生长达到1300多万立方米，超过年消耗量8.3%。

在内蒙古辽阔的土地上，闻名遐迩的草场资源所占面积最大。为发展畜牧业提供了极好的条件。人均占有草场4公顷，超过全国和世界水平。天然草场总的产草量为1300多亿公斤，适宜载畜量为7000万只绵羊单位。草场类型分为森林草原——干草原——荒漠草原。适宜饲养牛、马、羊、骆驼等各类大小家畜。从现在牧业发展的状况看，仍有着很大潜力。关键是需要进一步提高牧业生产的管理水平，加强草原基本建设，应用科学技术促进畜牧业生产的发展。这样，草原畜牧业的经济效益才会得到真正发挥。但不容忽视的问题是，至今不少地区对草场的利用多，建设少，抵御自然灾害的能力较差。

（五）矿产资源。内蒙古不但有草丰林茂的天然草原和森林资源，而且还有种类齐全、配套程度较高、储量规模可观的地下矿产资源。内蒙古自治区的矿产资源就其开发的经济意义而言，大体可分为三类：

第一类，是世界稀有而内蒙古特有的资源。主要是稀土资源。蕴藏量达1亿多吨，占世界工业储量的80%，居世界第一。现已发现的矿产地主要分布在白云鄂博和扎鲁特旗“801”两个矿区中。稀土氧化物储量占全国总储量的97%，是世界其它地区已探明储量的4倍。且这些储量的绝大部分集中在内蒙古中部地区的白云鄂博铁矿。稀土矿床中的稀土，以轻稀土为主，综合利用价值高。当前全世界的稀土氧化物年消耗量约3万吨，而白云鄂博每年开采铁矿时，顺采的稀土氧化物就达45万吨，若按10%的回收率计，提取的稀土氧化物即可满足目前全世界的年需要量。可见，内蒙古的稀土资源是得天独厚的。

第二类，是国内很少而内蒙古较多的资源。主要有铌、铬、硫铁、天然碱、蛭石等矿产资源。这些资源就目前来看在国内具有明显的优势。如铌金属保有储量188.8万吨，居全国第一位。主要集中在白云鄂博铁矿，目前已具备了回收能力；铬铁矿主要分布在锡林郭勒盟北部和巴彦卓尔盟北部。保存储量175万吨，居全国第三位。构成工业矿床的产地有8处，主要储量集中在锡林郭勒盟的赫格敖拉矿区，约占内蒙古总储量的72%；硫铁矿已探明储量的产地有15处，其中大中型矿床有6处，小型矿床有5处，伴生矿床有4处。保有硫铁矿石量5亿吨，占全国储量的10%。主要分布在巴彦淖尔盟狼山、查尔泰山一带。是我国重要的硫铁矿产地；天然碱经过勘查的矿产地有31处，主要矿区有锡林郭勒盟的查干诺尔等。保有储量约2061万吨，占全国天然碱储量的36%，居全国第一位。

第三类，是能源（主要是煤炭、石油）、建材、化工、有色金属资源。这些资源在全国总量虽然较多，但就地理分布而言，内蒙古的这些资源比较接近我国的主要缺能地区和经济发达消费区，在经济地理上占优势。从发展前途看，有相当大的级差效益。而且这些资源的绝大部分数量巨大，地质构造简单，品质优良，品种齐全，开发条件好，转化能力强。有些矿产储量名列国内前茅。如煤，几乎遍布全区，预计远景储量在1.3亿万吨左右，截止1991年底全区累计探明表内储量2016.4亿吨，现保有储量2009.0亿吨。全区已探明储量的煤田（井田、矿区）有240多处，大都煤层深厚，多适宜露天开采。其中探明储量超过10亿吨的大煤田有11处，100亿吨以上的有5处，远景超100亿吨的煤田有13处。近期国内已开采和正在开采的“五大露天煤矿”内蒙古自治区就有4处（霍林河、伊敏河、元宝山、准格尔）。无论探明储量还是远景储量均居全国第二位。在全区的探明总储量中，动力煤占97%，炼焦用煤占2.6%。东部地区多褐煤，炼焦煤、优质动力煤和无烟煤主要集中在西部。石油，远景储量可达20亿吨。可望出油的盆地有8个，约37万平方公里，居全国第一位。目前，二连盆地已探明石油储量1亿吨，鄂尔多斯盆地探明天然气储量11亿立方米。石油、天然气资源的开发对全区经济发展将产生重要的作用；建材资源，已探明储量并具有转化能力的矿种有10多种，如石灰岩、硅砂、萤石、石膏、石墨、大理石、花岗岩等。石灰岩的远景储量约在2300亿吨以上，现已勘查的矿区有20多处，部分矿区的石灰岩质量相当好，可达到电石灰岩指标或做饰面大理石使用。硅砂，是内蒙古自治区重要的优势建材矿产。哲盟通辽一带的硅砂是全国闻名的优质铸型用砂和玻璃用砂。伊盟的硅砂是华北地区唯一不用洗选即可使用的铸型用砂和玻璃用砂。目前硅砂探明的矿床有13处之多，远景储量数百亿吨。萤石，是内蒙古传统的出口换汇矿产，过去勘查的矿床以中小型居多，成为地方的重要财源。70年代末在锡林郭勒盟西北部发现了巨大萤石成矿区。到目前为止,全区萤石保有矿石量2372.3万吨,居全国第三。石膏,蕴藏量居全国第一,探明保有储量34亿吨,一级品居一半以上。有条件建成我国最大的石膏生产基地。石墨,内蒙古是我国三大石墨矿出口基地之一,主要是晶质石墨,其片度大,品位高,在国际市场上有一定声誉,近年来,出口数量呈递增趋势。其它建材矿产,如沸石、珍珠岩、浮石、大理石、花岗岩等,均可满足内蒙古经济建设的需要,并有部分已用于出口;化工资源,具有矿床规模大,产地集中,矿石品位富,矿种齐全,伴生矿产多等特点。已探明的化工资源除已提到的硫铁、天然碱外,还有磷矿、钾盐、蛇纹石、池盐、芒硝、溴、砷等12种。这些矿产遍布内蒙古各地,既适应于国家大规模开采,也适应于地方小规模利用。有色金属,亦是内蒙古的优势矿产。我国5条重要的有色金属成矿带有2条经过内蒙古,即大兴安岭和内蒙古地轴北缘成矿带。目前发现的重要有色金属矿物分布在这两条成矿带内。探明储量的有铜、铅、锌、锡等10种。内蒙古有色金属矿的特点是:矿床规模大,产地集中。如铜的储量主要集中在炭窑口、霍格气、白乃庙、吴努克头山4个矿区,约占内蒙古总储量的92%。铅、锌储量主要集中在狼山地区,分别占内蒙古总储量的65%和76%,便于统筹规划和大规模开采。且这些矿伴生元素多,其伴生的金属有金、银、钼、钨、铋等数十种,综合利用前景广阔。

上述三类矿产资源,只反映了内蒙古自治区矿产资源现状及地下资源的部分,并非全部资源的总量。由于内蒙古地质工作程度低于内地,至今1/20万区域地质调查尚有11.3万平方公里还未完成;1/5万区域地质调查仅刚刚开始,这与找矿关系很大;地面和空中物化探工作有待进一步深入。随着地质工作的深入展开和新技术、新方法的不断出现,内蒙古一定能够进一步发现一些新的矿产地,增加新的储量。

从矿产开发的外部条件看,内蒙古大部分矿产地,交通条件、能源均可基本解决,同时多数矿产又属于国家建设所必须的原材料,产品市场广阔。但资金、技术是制约内蒙古矿产开发的主要问题。需要在扩大对外开放,开展横向经济协作方面寻找解决的办法。

三、经济概况

内蒙古自治区从1978年至1988年的改革开放10年内,全区社会总产值、国民收入、工农业总产值,达到413.0、191.2、316.2亿元,分别比改革前的1978年增长1.2倍、1.3倍和1.3倍,平均每年递增8.3%、8.8%和8.8%,明显快于前26年(1953—1978年)平均递增6.6%、5.7%和5.8%的速度;国民生产总值比1978年增长了1.4倍;对外经济交流进一步扩大,全区外贸进出口总额较1978年增长23倍;基本建设取得显著成绩,10年累计完成基建投资额192亿元,新增固定资产153亿元,分别比前29年(1950—1978年)的总和还多20.6%和33.2%;城乡人民收入大幅度提高,城镇居民人均生活费收入和农牧民人均纯收入,分别比改革前的1978年增长了2.0倍和3.2倍,扣除物价上涨因素后,实际收入仍分别增长0.8倍和2.2倍;全区地方财政收入也由1978年的6.9亿元增为24.1亿元。到1991年全区社会总产值增长到573.2亿元,国民收入达到258.7亿元,工农业总产值达到479.1亿元。年末牲畜头数达到了(包括猪)0.4亿头只,粮食产量达到958.5万吨。人均粮食产量达400公斤以上,在数量上实现了低水平的粮食自给。

14年间,工业生产以较高的速度增长,产业结构趋于合理,经济效益明显提高。

到1991年轻重工业产值的比例为43:57,工农业产值的比例为67:33,农、轻、重比例为33:29:38。这个比例是符合内蒙古自治区资源状况和经济条件,是比较协调的比例关系。

随着国民生产总值的大幅度增长,构成国民生产总值的三次产业结构也日趋合理。第一、二、三产业的构成已由1978年的38%、41%、21%,变为1991年的39%、36%和25%。改革14年间国民生产总值三次产业经过发展和调整,第一产业的比重比1978年上升了1个百分点;第二产业的比重下降了5个百分点;第三产业的比重上升了4个百分点。

四、基础设施

(一)能源。内蒙古能源工业主要是以煤炭工业和电力工业为主。到1991年全区共有煤炭企业385个,不包括城镇个体和村及村办企业。煤炭工业原煤产量已达到0.49亿吨,完成工业总产值10.2亿元;占全部工业产值的6.8%。以火电为主的电力工业,到1991年已拥有企业123个,500千瓦以上发电厂78座,总装机容量为367.5万千瓦。发电量达到189.1亿千瓦小时,其中,火力发电量为188.2亿千瓦小时,占全区总发电量的99.6%。石油工业从1988年开始,开采能力首次达到10万吨,结束了内蒙古不产石油的历史。1991年生产原油100万吨。

初步形成了几个大的能源基地：

1.呼和浩特～准格尔煤电基地。本区主要是以准格尔煤田的丰富煤炭为建设条件。准格尔煤田保有储量259亿吨，埋深2000米以内，预测储量为1053亿吨。准格尔煤田的开发除了作为精洗煤供东北、华北和出口外，由于外运能力的限制就地转化成电对外输送。水源以黄河水源为主，辅以地下水，能满足需要。为配合准格尔煤田的建设将要建设的大型电厂有呼和浩特西郊电厂、托克托电厂、丰镇电厂、岱海电厂、薛家湾电厂等大型火电站。目前已建电力装机规模为48万千瓦，远期建设规模达到1400万千瓦，将成为国家现代化的大型能源电力基地，主要向东北、华北供电，同时将是连接西北、华北、东北三大电网的枢纽，并为内蒙古中部地区的经济起飞提供主要的电力。

2.包头～东胜煤电基地。该电力基地的建设主要靠东胜煤田的开发提供资源条件。目前勘探成果表明，东胜煤田保有储量805亿吨，其深部在2000米之内有预测储量6690亿吨。取用黄河水源，配合东胜煤田的开发，已建设包头一电厂、包头二电厂等规模为100万千瓦的电厂，正在建设的有达拉特旗电厂、伊金霍洛电厂等大型火电厂，组成该区的电力基地的主体部分，装机总规模可达980万千瓦。这个电力基地除了就近为内蒙古中西部地区发展冶金、化工、建材工业及农牧业用电外，还可以作为向华北供电的主要火电基地之一。

3.乌海煤炭电力基地。该电力基地的范围大致包括阿拉善盟、巴彦淖尔盟和乌海市，电力建设的资源条件主要依靠乌海煤田的开发提供煤炭发电。乌海地区煤炭保有储量约50亿吨。乌海市紧靠黄河，水源条件好，可就近建设海渤湾、乌达等大型坑口电站，目前建成电厂规模为10万千瓦。远期建设规模可达到270万千瓦。该电力基地除了主要为乌海化工、建材工业的发展提供电源外，又是巴彦淖尔盟河套地区发展农业用电和阿拉善盟东部地区发展化工、畜牧业用电的主要电源，同时可起到连接西北、华北两大电网的枢纽作用。

4.哲里木盟煤炭电力基地。哲里木盟北部的霍林河、金宝屯两煤田探明储量约134亿多吨。水源地取霍林河水及地下水。未来主要围绕开发这里的褐煤而建设科尔沁右翼中旗、霍林河矿、通辽市、乌兰浩特市大型火力发电厂。现有电厂规模为60万千瓦，远期将形成一个总规模为540～600万千瓦的电力基地，该基地的电力主要往吉林省输送。同时为乌兰浩特、通辽等城市的工业发展提供电力保证。

5.赤峰市煤炭电力基地。赤峰市已探明煤炭总储量22.9亿吨。主要可开发的是元宝山露天矿和平庄矿区，丰富的煤炭为该区建设火电基地提供了条件。现已建成90万千瓦元宝山电厂，为今后的扩建工作打下了基础。根据本区的煤炭储量，电力发展规模可发展到210万千瓦。元宝山电力基地距辽宁省较近，加速元宝山煤电建设，能尽快缓减辽宁南部地区电力紧张的矛盾，并为赤峰市的发展提供充足的电力。

6.呼伦贝尔盟煤炭电力基地。呼伦贝尔盟煤炭目前探明保有储量307亿吨，占内蒙古保有储量的16%，预测储量888亿吨，水源有保证。为建设火电基地提供了条件。未来主要新建扩建以伊敏矿、海拉尔、扎赉诺尔矿区的电厂，总的建设规模可达到500—600万千瓦。该基地的电力主要送往黑龙江、吉林省地区，并可为呼伦贝尔盟开发丰富的资源提供充足的电力。在未来建设中，要注意解决煤电同步开发的问题，以增加综合经济效益。

7.二连盆地石油开采基地。二连盆地阿尔善油田(简称二连油田)是内蒙古自治区境内首次开发的油田，目前探明石油贮量约1亿吨，在“七五”期末，二连油田已建成原油生产能力100万吨的油田工程和361公里阿尔善—赛汗塔拉输油管线两项工程。

到本世纪末之前，二连盆地石油储量可以使油田原油生产能力达到200万吨，并扩建呼和浩特炼油厂，使处理能力达到200万吨/年。

(二) 交通运输网

1.公路。内蒙古自治区近年来不断增强交通运输基础建设，在投资、物资等方面实行倾斜政策，使交通运输基础设施有了新的进展。1991年用于交通运输业基本建设总投资为6.0亿元。随着投资的增加，提高了公路等级和整体技术状况。全年新建有路面公路194公里，新建永久式桥梁2644延米/66座，到1991年，全区公路通车里程已达4.3万公里。其中，晴雨通车里程达10648公里，比上年增长2.4%。公路桥梁达到102914延米/3960座。

2.铁路。到1991年，自治区境内中央铁路正线延展里程达到5595.5公里。主要铁路线有：

——滨洲线。南起哈尔滨，北止满洲里，全长945公里，内蒙古境内长569公里，是一条重要的国际干线。现有运输能力为700万吨/年，承担呼伦贝尔盟煤炭、木材、矿建等大宗货物和外贸物资的运输。1992年可完成复线建设，运量达到2000万吨/年，远期实现内燃化，使输送能力达到5000万吨。

——京包线。东起北京丰台，西至包头车站。内蒙古境内 394 公里，运输设计能力为 1083 万吨，实际已达 1347 万吨。为了提高京包线的运输能力，目前大包复线已改造完成，运力达 1800 多万吨，如实现大包复线电气化，运力将达到 3000～4000 万吨。

——包兰线。包头—兰州东，全长 990 公里，内蒙古境内 410 公里，现有输送能力 1600 万吨。目前正进行内燃化改造，完成后能力可达到 2300 万吨。

——京通线。北京—通辽，全长 804 公里，内蒙古境内 446 公里。该线 1981 年投产，以运输出关煤炭为主。现有能力 1200 万吨，现正在改造，改造后能力 1500 万吨，运煤能力 1200 万吨。

——集二线。南起集宁、北至二连市，全长 338 公里，现有能力 350 万吨/年，2000 年前完成内燃化改造运力达到 800 万吨。

——通霍线。南起通辽市，北止霍林郭勒市，全长 417 公里，现有运力 300 万吨。随着霍林河煤田逐步扩建，煤炭外运量增加，2000 年前进行配套加强，使能力达到 2000 万吨。

——包神线。包神线北起包头万水泉车站，经东胜至陕西省神木县大柳塔，全长 177 公里，以运东胜神府地区优质动力煤为主。运输能力初期 500 万吨。2000 年前加强配套可达 1000 万吨左右。该线对内蒙古东胜煤田开发和伊克昭盟经济发展将起重要作用。

——集通线。集通线西起集二线贲红站，东至通辽，全长 945 公里。该线横贯内蒙古腹部，是我国最长的一条在建地方铁路，也是连接内蒙古西部铁路的主要干线，对振兴内蒙古经济有重要作用。该线的建设既可为繁忙的沈山线分流内蒙古西部煤炭运往东北的任务，又可为加强东北与西北的联系开辟一条较近便的通道。集通线 1990 年开工兴建，"八五"建成。初期运输能力 700 万吨，本世纪末达到 1700 万吨。

——丰准线。丰准线西起准格尔煤矿的薛家湾，至京包线的丰镇站接轨，正线长 215 公里，电气化线路，近期运输能力为 500 万吨，远期运输能力达到 4000 万吨。丰准线是准格尔煤田建设的配套工程，建设目的是解决准格尔煤炭的外运问题，目前正在建设。

3. 航空。1991 年，全区运营航线 35 条，航线总里程为 21431 公里，主要航空线路有：

呼和浩特～锡林浩特航线，每周三班。

呼和浩特经北京～赤峰，每周二班。

呼和浩特经北京～通辽～海拉尔航线，每周三班。

北京～包头线，每周六班。

太原～包头线，每周一班。

呼和浩特经北京～通辽线，每周三班。

呼和浩特经北京～石家庄、南京、上海线，每周三班。

呼和浩特经北京、石家庄、广州线，每周三班。

正在开辟经北京到西安、杭州、桂林、兰州、哈尔滨、沈阳、成都、昆明等航线。

（三）通讯设施。全区现有长途业务电路 1369 条；长途载波端机设备容量 5804 路；市话交换机总容量 153070 门；乡镇通邮通电面分别达 99%和 95%以上。构成了以呼和浩特为中心的，连接区内外四通八达的通信网络。

（四）口岸建设。内蒙古地处祖国北部边疆，有着 4200 多公里的边境线。有 6 个盟、18 个旗市分布在边境地区。其中：与俄罗斯的边境线长达 1010 公里（水界 900 多公里、陆界 90 多公里），分布着满洲里（铁路、公路）口岸，黑山头、室韦（水运）口岸，以及胡列也吐一个临时过货点；与蒙古的边境线长达 3193 公里，有 6 个盟、15 个旗市与蒙古 6 个省 26 个县接壤，现有 1 个二连（铁路、公路）口岸，3 个边境口岸，（即新巴尔虎右旗的阿日哈沙特、东乌珠穆沁旗的珠恩嘎达布其、乌拉特中旗的甘其毛道口岸）2 个临时过货点（阿拉善盟额济纳旗的策克、呼伦贝尔盟新巴尔虎左旗的额布都格）。还新开辟 1 个航空口岸（呼和浩特白塔机场为对外开放的航空口岸）。已形成内蒙古全区陆、水、空全方位对外开放的格局。主要口岸情况如下：

——满洲里（铁路、公路）口岸。满洲里铁路口岸，年换装能力达 450 万吨；1989 年经国务院批准开通的满洲里至后贝加尔连接赤塔的公路口岸，年吞吐能力在 20 万吨以上。满洲里口岸居全国陆路口岸之首，是我国东北和内蒙古地区通往俄罗斯和东欧各国的交通枢纽，素有"欧亚第一大陆桥"之称。

铁路有宽准轨道通往俄罗斯，进口货物在满洲里车站换装，出口货物在俄罗斯后贝加尔换装。满洲里车站是客货一等编组站，每昼夜换装进口重车 150～200 辆。年进出口货运量达 300 多万吨，最高峰年达 400 多万吨。北京至莫斯科的国际列车每周对开一次，由满洲里铁路口岸出入境旅客每年有 90 多个国家和地区约十余万人次。满洲里口岸同 70 多个国家和地区建立了邮件转换业务，年传递量达 7 万余件。北京至莫斯科的国际电话从满洲里通过，设有载波机务站。同时开通了满洲里市至俄罗斯后贝加尔斯克区及赤塔州的专线电话通讯。国家驻满洲里涉外机构齐备，一关（海关），五检（边检、卫检、食检、动植检、商检）俱全，涉外工作经验丰富，检查检验手段较先进。口岸基础 设施正在逐步完善，国际客运站、公路联检楼、转运货场、石油库等大型工程项目陆续投入使用，为扩大“北开南联”提供了条件。

——二连浩特（铁路、公路）口岸。二连浩特铁路口岸年换装能力达350万吨；1989年经国务院批准开通了二连浩特至蒙古国扎门乌德市的公路口岸，年货运设计能力达10万吨以上。二连浩特地处我国北部边陲，距中蒙边境线4.5公里，是我国通往蒙古唯一的铁路口岸。它的地理位置十分重要，距北京830公里，距蒙古首都乌兰巴托860公里。以二连为终点的集二线，是我国通往乌兰巴托、莫斯科以及东欧各国的国际联运干线中的捷径线，比滨洲线至莫斯科近1141公里，通过京包、京山线同天津港连接起来，是最为理想的“大陆桥”。

二连浩特站1956年成为铁路换装站，经过1984年至1987年改扩建，宽准轨纵列式排列，占地2.7平方公里。分为六个车场，即客车场、准轨到发场、准轨调车场、宽轨到发场、宽轨调车场和换装场。年换装能力290—350万吨。1990年进出口货运量达112万吨，最高峰年货运量曾达到192万吨；1984年以来，年发送旅客达4—5万人次。

二连浩特检查检验及涉外机构齐备，进出口旅客和货物运输畅通无阻。

内蒙古自治区口岸建设情况见附表。

内蒙古自治区口岸建设情况

口岸名称	运输方式	口岸分类	年过货能力	对应国家口岸	检验机构设置
满洲里	铁路	国家Ⅰ类口岸	400万吨	俄罗斯 后贝加尔	设有海关、边检、卫检动植检、商检等机构
	公路	地方Ⅰ类口岸	20万吨		
二　连	铁路	国家Ⅰ类口岸	350万吨	蒙古　扎门乌德	同上
	公路	地方Ⅰ类口岸	10万吨		
黑山头	水路	地方Ⅰ类口岸	10万吨	俄罗斯 旧粗鲁海图	设有海关、边检、卫检动植检、港监，商检等机构
室　韦	水路	地方Ⅰ类口岸	10万吨	俄罗斯　奥洛契	
阿日哈沙特	公路	边境口岸	5万吨	蒙古　哈比日嘎	由满洲里代管
珠恩嘎达布朗	公路	边境口岸	5万吨	蒙古　毕其格图	由二连代管
甘其毛道	公路	边境口岸	5万吨	蒙古　嘎顺苏海图	由呼和浩特代管
呼和浩特	空运	国家Ⅰ类口岸	客货运输	蒙古　乌兰巴托	设有海关、边检、卫检动植检、商检等机构
胡列也吐	水路	临时过货点	2万吨	俄罗斯　凯拉斯堆	由满洲里代管
策　克	公路	临时过货点	2万吨	蒙古　西伯库伦	由呼和浩特代管
额布都格	水路	临时过货点	5万吨	蒙古　白音胡硕	由满洲里代管

改革开放以来的几项突出成就

一、技术改造取得显著进展

长期以来内蒙古自治区经济的发展主要是依靠资金和劳动力的投入，技术进步对经济增长的作用很小。据有关部门测算，1980年以前的15年内，技术进步年平均增长速度为1%，技术进步对工农业总产值增长的贡献为12.5%，资金和劳动力对工农业总产值增长的贡献高达87.5%，其中资金为34.2%，劳动力为53.3%。由此可以看出，这个时期生产要素的大量投入是自治区经济增长的首要因素。1980年以后，随着改革开放的深入发展，自治区对经济发展战略进行了逐步调整，技术进步对经济增长的推动作用不断增强。在1980年以后的10年中，自治区用于企业技术改造的投资达40多亿元，完成更新改造的项目5200多个，其中80%以上是用于增产节约，增加品种，提高质量。1990年，自治区工业企业又投资技术改造15亿元，1991年投资22.5亿元，技术进步的速度越来越快。工业生产领域随着彩电生产线的引进、投产，电脑染色、稀土染色技术的采用，浮法玻璃生产线的投产，及大型载重汽车的试生产等，标志着内蒙古自治区工业生产技术达到了新水平。

二、农牧业生产条件不断改善

在农牧业生产方面，农业电气化发展很快。目前绝大多数农村牧区都已通电；耕地、播种、灌溉、收割、剪毛、挤奶等都不同程度使用机械作业，全区机耕地比重达到30%以上，机电灌溉面积达到13%以上。种植业方面，全区大力推广模式化栽培技术和高产攻关活动，为农业技术推广工作开拓了新局面。草原建设方面普遍推广林、机、电、水等配套的草库伦建设，因地制宜地建设灌木草场，围封育草、改良草场，飞播牧草等科学技术，使畜牧业走向建设养畜之路。

三、横向经济联合不断发展

内蒙古自治区横向经济联合起步较早，1981年10月在呼和浩特召开第一次华北地区经济技术协作会议，按照国务院在会议报告的批复中关于开展经济技术协作“可先在内蒙古试点”的指示精神开始已经有10年时间。

从1981年以来的10年统计，全区从兄弟省市引进建设资金12亿元，相当于同期自治区财政用于固定资产投资额的30%。完成经济技术协作项目4065项，这些协作项目新增产值20亿元，新增利税4.5亿元。在全部引进资金中，有9亿多元用于电力、煤炭、有色金属、非金属、轻工、化工、建材、森工等能源和基础原材料的开发。例如通过补偿贸易、合资经营、合作生产等方式，新建两台10万千瓦机组，可年增发电能力12亿度；新建扩建的60多个煤矿年增加原煤生产能力280万吨；增加生铁、硅铁、铜、铅、锌生产能力共20万吨；增加石墨开采加工能力1.2万吨；增加电石生产能力4万吨；增加森林采伐能力35万立方米。10年来，全区引进资金100—3000万元的项目197项，这些项目总投资额12亿元，其中引进资金6.7亿元，占总投资额的55.8%，已经陆续建成投产的这些项目，开始在自治区经济建设中发挥作用。

(一)通过经济协作，加快了一些企业的技术改造和产品结构调整。10年来，全区共完成以推动企业技术改造、产品结构调整、提高产品质量、增加花色品种为内容的协作项目2491项；引进各种专业技术人才10000多人；引进设备2500台；引进名、优、新产品商标或联牌生产的产品1000多种，通过横向联合培训区内短缺技术人员20000多人；引进改造企业资金近3亿元。从而使一些企业面貌改观，活力增强。

（二）组建企业联合体和企业集团优化了生产要素。截至1991年初，全区有2400多个企业（包括部分乡镇企业）参加组成了近500个企业联合体。在此基础上，全区以大中型骨干企业为依托，以国民经济中的重要产品为龙头组建了稀土、电视机、拖拉机、卡盘、机电、羊绒、地毯、工程建筑等14个企业集团或总厂，打破了“大而全”“小而全”企业组织结构，开拓了代表新生产力的企业发展之路。以包头钢铁稀土公司为依托有4省、区13家企业，科研单位参加组成的国内最大的稀土集团——北方稀土集团，把稀土的采选、冶炼、加工和应用研究融为一体，已见成效。再如呼和浩特机床附件总厂，通过在山东、呼和浩特市、乌海市等地联办和兼并企业等，没用国家多少投入，就使荣获国优、部优、区优的“环球牌”卡盘生产能力由1986年的17万台，迅速达到24万台，固定资产由2900万元扩大到5165万元，利税由227万元增加到802万元，出口创汇136万美元增加到301万美元，已经成为全国最大的卡盘专业生产厂家。

（三）通过物资协作增加了供给促进了销售。全区10年来协进协出物资总金额15亿元，其中协进金额8.1亿元，协出金额6.9亿元。协进的主要物资有：钢材6.5万吨、汽油2.4万吨、柴油2万吨、沥青1.2万吨、水泥16万吨、玻璃87万标箱、化肥10万吨、高压聚乙烯2000吨、汽车350辆，补充了计划的缺口，支持了工农牧业生产。协出的主要物资有：煤炭227万吨、焦炭120万吨、木材94万立方米、钢材3.1万吨以及大量羊毛、皮张等，支持了兄弟省市的建设，活跃了流通。

四、对外经济交流日益扩大

（一）对外经济贸易的规模不断扩大。经过多年的发展，内蒙古自治区已经形成了融管理和经营为一体，进出结合，多层次、多渠道、多形式经营的对外经济贸易体系。自治区对外经济贸易厅及十二个盟市设立的经贸处（委、局），归口管理全区及各地区的对外经济贸易工作。为了广开渠道，沟通同国内外的联系，自治区经贸厅先后在北京、天津、秦皇岛、大连、广州、深圳、海口设立了口岸办事处，在香港和美国分别设立了内蒙古兴源有限公司，在日本大阪设立了公司代表处。随着对外经济贸易工作的进展，各类有对外经营权的企业应运而生。目前，全区共有37个直接经营对外经贸业务的企业。这些企业经营范围广泛，包括土畜产、粮油、食品、五金矿产、化工、纺织品、轻工工艺、机械设备、医药保健品、冶金、有色金属、电子、仓储运输、包装装璜、广告、展览等门类。此外还有为外贸出口提供货源的37个盟市专业公司、37个旗县外贸公司、5个旗县外贸收购站和35个外贸自属加工企业。全区经贸系统固定职工已达17000多人。

（二）业务范围不断扩大，出口创汇额逐年增长。1979年以前，内蒙古自治区的对外贸易，除对原苏联、东欧及蒙古等国家和地区的政府间协定贸易和活牛、鸡蛋、密瓜、土豆、带皮山羊肉五个商品由我区自营出口外，其余商品全部调给天津、北京、大连、广州等大口岸出口。1980年以后，我区逐步开展自营出口业务，到1985年全面实行了自营出口，业务范围不断扩大，出口创汇额逐年增长。到目前，我区已同60多个国家和地区的1300多家客户建立了贸易往来和经济技术合作关系，有300多种商品进入国际市场，并发展了一批质量较好、创汇额较高的名牌、拳头商品，主要有山羊绒、稀土、饲料、地毯、麻黄素、碲石、活牛、活羊、煤炭、荞麦等，其中，年出口创汇额在百万美元至千万美元之间的有38个品种，在千万美元以上的有6个品种。1979年到1991年全区出口创汇额累计15.5亿美元，平均每年递增30%以上。

（三）出口商品结构逐步优化。1986年以前，我区的出口商品一直是以农副土畜产品为主，1986年以后，在发挥传统土畜产品优势的基础上，注意调整出口商品结构，比较快地发展了矿产、机电、轻纺、服装加工等新商品，使产品结构逐步优化。到1991年，全区出口商品中，工矿产品占21.8%，轻纺产品占31.38%。

（四）利用外资和经济技术合作取得了较大进展。1979年到1991年，共批准利用外资和经济技术合作项目288项，合同总金额5.9亿美元。

我区利用外资和经济技术合作有这样一些特点：

第一、其形式由原来较单一的补偿贸易，逐步发展成外商直接投资、合资合作经营、三来一补、国外贷款和赠款、技术引进或出口、国际租赁等多种形式。近一二年，我区开辟了国外承包工程、劳务输出等。1988年到1991年，同俄罗斯、蒙古签订了92个经济技术合作项目合同，主要项目有采伐过火林、民用建筑、蔬菜种植等，总金额达1.7亿瑞士法郎。在执行合同中，共派出劳务及技术人员8300余人次，实现营业额3000万瑞士法郎。

第二、合作渠道进一步畅通，合作对象不断增加。由刚开始的日本、港澳等少数几个国家和地区，扩大到美国、俄罗斯、欧洲等13个国家和地区。近年来,台湾资金也已投入我区。

第三、项目和金额逐年增加。1979年到1988年的十年中,前五年共签订15个合同,协议金额4041万美元,而后五年共签订183个合同,金额达22416万美元。两个五年对比,合同数后五年是前五年的13倍,金额后五年是前五年的6.5倍。

(五)地方易货和边境贸易发展迅速,进出口额连年上升。内蒙古自治区对原苏联、蒙古的边境、易货贸易起步于1948年。50年代,对原苏联的边境、易货贸易曾活跃了一个时期,后来因为某些客观原因逐步萧条乃至中断。1983年,我区与原苏联恢复了边境、易货贸易关系。1985年,我区又与蒙古建立了边境、易货贸易关系。依仗丰富的自然资源和得天独厚的地理条件,依靠国家改革、开放政策和开展边贸的"六自"方针,在总结以往经验的基础上,近年来我区对原苏联、蒙古的边境、易货贸易迅速地发展起来。

90年代区域开发目标与任务

今后10年，内蒙古自治区国民生产总值年均增长速度确保7%以上，力争8%；人均国民生产总值(按1980年不变价格计算)提高到1500元左右，达到或超过全国平均水平；农业总产值年均增长4—5%，工业总产值年均增长9.5—10.5%。到2000年，主要工农业产品产量力争达到：粮食100亿公斤，牧业年度牲畜总头数(包括生猪)6000万头(只)，原煤、原油、发电量均在1990年的基础上增长一倍以上，铝15万吨，化肥43万吨(折纯)，呢绒1825万米，食糖30万吨，机制纸及纸板30万吨。在不断优化经济结构和提高经济效益的基础上，财政自给率达到80%。"八五"期间，基本实现近期三项奋斗目标。人均粮食产量稳定在400公斤左右，财政收入达到55亿元，财政自给率达到75%左右；人均国民生产总值(按1980年不变价格计算)达到1080元。具体措施如下：

一、加速国土综合开发，国土开发划分为东部、中部、西部三个区域

(一) 东部国土综合开发区。东部国土综合开发区行政辖区包括呼伦贝尔盟、兴安盟、哲里木盟和赤峰市。总土地面积45.5万平方公里。

主要优势资源有大兴安岭森林资源，呼伦贝尔草原和伊敏煤田、宝日希勒煤田、大雁煤田、霍林郭勒煤田等储量巨大的煤炭资源，三者均具有国内优势。随着这些资源的进一步开发，对支援东部经济区乃至全国对木材、畜产品、煤电的需求，起着重要作用。该区水资源是全区最丰富的区域。

本区农业结构以林业、农业种植业占主导地位；工业结构以煤电、森工、畜产品加工为主导，建材、轻纺、冶金等为支柱产业。

除了工业已有一定基础外，铁路以京通线和滨洲线为主干道，与支线铁路、公路初步结成了网络。城镇格局以赤峰、通辽、牙克石、海拉尔、满洲里等中小城市为龙头，以中小集镇为基础的城镇布局体系初步形成。

东部国土开发区已经是我国东北经济区重要的能源基地和全国的林业基地、畜牧业基地。今后这一地区的建设任务，一方面积极配合国家对能源的大规模开发。利用煤炭发展电力，支援东北三省的经济建设。另一方面积极开展与俄罗斯、蒙古的经济往来和东北三省进行经济合作。以丰富的资源换取技术和资金。建设一个具有能源为先导，森林工业、畜产品加工业、有色金属、建筑材料等为主体的工业体系和发达的农牧林业体系。

今后地区建设布局：计划以海拉尔—牙克石为本区主要的国土开发核心圈，充分利用周围腹地丰富的煤炭、森林，发展能源工业、森林采伐、木材加工，以赤峰、通辽、乌兰浩特为次级国土开发核心圈，重点发展能源、有色金属冶炼、食品、肉类、皮毛加工等轻纺型为主的工业。以满洲里这一口岸城市和扎兰屯、通辽、乌兰浩特为依托，实施对俄罗斯、蒙古和东北三省的开放与经济协作战略，引进资金和技术，扩大出口。

农业建设。重点建设西辽河平原粮油糖基地和嫩江右岸粮食基地；林业建设以大兴安岭营林建设和"三北"防护林二期工程建设为重点，开展建设布局；畜牧业要建成呼伦贝尔草原奶牛肉牛基地和科尔沁草原肉牛基地。

(二) 中部国土综合开发区。中部国土综合开发区辖呼和浩特市、包头市、乌兰察布盟、锡林郭勒盟和伊克昭盟准格尔旗、东胜市、达拉特旗和伊金霍洛旗。土地总面积32.4万平方公里。

本区在经济发展中占有重要位置的自然资源有以东胜、准格尔、胜利等储量在100—1000亿吨之间的特大煤田；白云鄂博铁、稀土矿产资源、锡林郭勒

草原。这些资源的开发对全国经济发展都具有重要影响。本区水资源主要以黄河过境水为主。

经济结构以工业经济占主导地位。工业部门结构以冶金、机械制造、纺织、食品加工业为主导产业。农业种植业和草原畜牧业是基础产业。

本区以呼和浩特、包头两个大中城市构成中心城市群。二连浩特是对蒙古、俄罗斯及东欧各国的重要陆地口岸,是对外开放的窗口。集宁是开展对华北京津地区经济往来的门户。京包铁路、集二铁路、集通铁路是交通运输网的主干道,与铁路支线、公路、航空形成了四通八达的运输网络。邮电通讯网建设是全区最好的区域,呼和浩特有设备齐全的先进通讯网。

建设任务与布局:资源开发以煤炭、铁矿、稀土、石油、化工、建材矿产及草场资源的合理利用为重点。实施资源综合开发。在本区经济中形成以煤电开发为先导,冶金机械制造,石油化学工业为主要生产系列,带动轻纺、食品加工、电子工业等支持产业的发展。

今后建设布局的重点是:加强包头钢铁、稀土冶炼、重型机械制造和呼和浩特石油化学工业、毛纺工业、电子工业的重点产业发展。建成全区最大的国土开发核心圈。能源建设本世纪以准格尔煤田和东胜煤田开发为主,下世纪初,胜利煤田、白彦花煤田要进行大规模开发。交通运输以新建集通铁路、丰准铁路为重点,打通内蒙古中西部和东部区的经济往来通道。

农业种植业建设。重点是土默川平原和伊盟达拉特、准格尔沿河商品粮基地建设,以稳定的农业保证本区经济大规模发展的需要。建设锡林郭勒草原毛肉兼用羊生产基地。

(三) 西部国土综合开发区。西部国土综合开发区辖区包括乌海市、巴彦淖尔盟、阿拉善盟和伊克昭盟西部的杭锦旗、乌审旗、鄂托克旗和鄂托克前旗,土地总面积33.7万平方公里。

西部地区自然资源丰富。其中在全国和自治区经济发展具有一定作用的资源有四种:以乌海焦煤(储量48亿吨)和古拉本无烟煤(储量约6亿吨)为重点的能源矿产;以乌海市石灰石(远景200亿吨)和鄂托克前旗石膏(探明33亿吨)为主的建材矿产;以吉兰太湖盐(探明1亿吨)为主的化工矿产;以狼山炭窑口等硫铁、铜、铅、锌有色金属矿产。这四种资源储量巨大,开发条件好,形成综合配套资源优势,是发展能源工业和高耗能工业的理想地区。

以乌海市为中心的周围地区,是荒漠草原区,土地辽阔,廉价易得;黄河流经市区,有充足的工业水源。发展工业不存在与农牧业争地矛盾。河套平原又可提供丰富廉价的农牧业产品。

和东部区与中部区比较,本区地广人稀、干旱,植被稀疏,大部分地区生态条件较差,经济发展水平较低。乌海市、临河市是本区两个较大的经济中心。包兰铁路是本区的主要运输通道。有部分铁路支线和等级较低的公路与之形成了初步网络。邮电设施较落后。

今后建设任务与布局:工业生产的任务是,开发丰富的自然资源,发展4个重工产业系列:能源工业以煤电为先导,提供炼焦精煤、冶金焦炭,并建成衔接华北与西北电网的重要电力基地;化学工业,建设烧碱、电石、聚氯乙烯等基本化工原料的生产系列;建材工业,发展高标号硅酸盐水泥、玻璃、石膏轻质材料、新型墙体材料等建材生产系列;有色冶金工业,发展铜、铅、锌冶炼工业和硫铁矿采选工业。

农牧业发展以河套平原为主建设粮油糖生产基地,以鄂尔多斯高原西部和巴盟北部牧区建设肉绒山羊基地,建设阿拉善盟额济纳旗为重点的骆驼基地。

二、建设两个高新技术开发区

(一) 包头稀土高技术开发区。稀土高技术开发区的开发主要是利用包头地区的稀土资源以及经过三十年的建设,形成的稀土工业基地和拥有国内最大的稀土专业研究机构,从事稀土科研生产的技术人员占全国三分之一的人才技术优势,以科研为先导,开发稀土功能材料为主导,狠抓项目起步,依托科研成果,因地制宜,突出重点,加速使稀土高技术走向产业化、商品化、国际化的进程。

发展模式上按照"就地发展、统一规划、分散经营、集中管理"的原则。要在大青山以南和贯穿市区的京包、包兰铁路线以北约120平方公里的区域内,借助市区现有的基础设施条件,利用现有的工业、技术条件,靠政策导向,形成自我发展的能力,逐步建成跨市三区的带状稀土高技术开发区。同时分别建立以包头稀土院、五二研究所、包头钢铁学院为中心的科研中试区、功能材料科研实验区、科研教学区。开辟三块产业区,即依托包钢、二〇二厂和东河区稀土企业为中心的产业群或集团。以包头稀土院为中心企业提供系列服务的"孵化器"和"苗圃"。在市中心阿尔丁广场周围空地建设开发区的核心区。同时也提出建立相应的管理机构,并向国家、自治区争取在税收、筹资、土地征用、产品价格、对外贸易等方面的优惠政策。为开发区的起步创造一个比较宽松的环境。

开发区的目标为:从1990年开始,到2000年为期限,把稀土高技术开发区建成一个科研、生产协调发展,并具有商品经济竞争环境的中心。通过"技、工、贸"一体化,使开发区成为科研、教学、生产实现有机联系的结合点,作为科技体制改革的实验区。把开发区逐步建设成为全国最大的稀土科研、生产、应用和引进、吸收高技术,以及稀土高技术和产品出口贸易基地。同时成为检验测试中心、信息情报中心和人才培训中心,成为我国稀土高技术及其产业的"辐射源"。

到2000年时,稀土工业生产技术中,有70%达到20世纪80年代的世界水平,20%达到20世纪90年代世界先进水平;20～30%的高技术产品能够出口创汇。部分重点领域的科研水平达到当时的世界先进水平。

规划发展的重点内容,近期目标为:部分高纯单一稀土产品的制备工艺、永磁材料及永磁机械的科研水平达到国际水平,其余的大部分科研项目要达到国内先进水平。

规划的远期目标为:到2000年,在包头形成高纯稀土——功能材料——器件整机——稀土应用配套开发与产业化体系。并初步实现国际化,建成国内以稀土高技术密集为地方特色的"稀土谷"。

(二)呼和浩特市如意高新技术开发区。开发区范围在呼市东郊如意和村以东、哈拉沁沟以西,铁路以南,讨号板村以北总面积194.6公顷(合2919亩),其中:机场路以北23.1公顷(合346.7亩);机场路以南171.5公顷(合2572.5亩)。这里开发条件较好。一是交通便利,市区至机场的道路横穿该区(距市区1.7公里,距机场6公里),北部临近京包铁路和京包公路。二是临近市区,大部分基础设施可以依托原有城市,可以节省初期开发费用,便于上马。三是今年即将敷设的市区至白塔机场的通信光缆经过该区。

开发区为便于分期开发建设,采取了灵活的规模结构。

对于工业项目的选择要求发挥本地区的优势,发展有特色的产品,诸如电子、信息、新能源、新材料、自动化、生物工程等方面的项目,开发区内禁止上有三害污染的工业项目。

开发区计划从1992年开始建设。

三、进一步扩大对外经济交流

今后10年发展规划的设想是:

现汇贸易出口:以1990年出口计划2.3亿美元为基数,平均每年递增8%,到1995年达到3.4亿美元,到2000年达到5亿美元。

三资企业出口:以1990年出口计划700万美元为基数,"八五"期间平均每年递增22.4%,到1995年达到1925万美元。"九五"期间平均每年递增13.9%,到2000年达到3700万美元。

出口商品结构:到1995年,在出口总额中,农副产品下降到42%,轻纺产品上升到33%,重工业产品上升到25%。到2000年,在出口总额中,农副产品下降到40%,轻纺产品上升到35%,重工业产品保持25%。

现汇贸易出口商品收购:以1990年调整后的收购计划13.6亿元人民币为基数,"八五"期间平均每年递增13%,到1995年达到25.1亿元。"九五"期间平均每年递增10.2%,到2000年达到40.2亿元。

边境及易货贸易进出口额:以1990年计划2.5亿瑞士法郎为基数,"八五"期间平均每年递增15%,到1995年达到5.0亿瑞士法郎。"九五"期间平均每年递增10%,到2000年达到8.1亿瑞士法郎。

利用外资:全区吸收外商直接投资"八五"期间为1亿美元,平均每年2000万美元;"九五"期间为1.1亿美元,平均每年2200万美元。争取和使用外国政府及国际金融组织贷款"八五"期间为4亿美元,平均每年8000万美元;"九五"期间为5亿美元,平均每年为1亿美元。

国际经济技术合作:"八五"期间,对外签约1.5亿美元,平均每年3000万美元。"九五"期间,对外签约2亿美元,平均每年4000万美元。

对俄、蒙的劳务输出和承包工程:以1991年计划3000万瑞士法郎为基数,"八五"期间每年增长10%,五年协议、合同总额为1.8亿瑞士法郎,营业额为9000万瑞士法郎。"九五"期间,协议、合同总额为2亿瑞士法郎,营业额为1亿瑞士法郎。

(田永明 撰稿)

附录：

内蒙古自治区鼓励外商投资条例

（1991年6月29日内蒙古自治区第七届人大常委会第二十一次会议通过）

第一章 总 则

第一条 为了鼓励外商投资，扩大对外开放，促进自治区经济建设，根据《中华人民共和国民族区域自治法》和其他有关法律、法规，结合自治区实际，制订本条例。

第二条 本条例适用于外国的公司、企业和其他经济组织或者个人（以下简称外国投资者），在自治区境内举办中外合资经营企业、中外合作经营企业、外资企业（以下简称外商投资企业）和兴办的其他公益事业。

第三条 对外商投资企业，除执行国家有关优惠规定外，同时按本条例给予优惠。

对外商投资企业中的产品出口企业，先进技术企业、能源、交通、基础设施建设、资源开发和原材料生产企业，农业、牧业、林业、渔业企业，给予特别优惠。

第四条 自治区依法保护外国投资者的投资、应分得的利润及其他合法权益。

外商投资企业必须遵守中华人民共和国法律、法规和自治区地方性法规。

第五条 自治区设立外商投资领导小组，主管外商投资工作。外商投资领导小组下设办公室，负责组织外商投资企业的审批、管理、协调、咨询、服务等事宜。

第二章 税收优惠

第六条 对生产性外商投资企业，经营期在十年以上的，从开始获利年度起，第一年、第二年免征企业所得税，第三年至第五年减半征收企业所得税。外商投资企业实际经营期不满十年的，应当补缴已免征、减征的企业所得税税款。

外商投资企业享受前款减免企业所得税期满后，经企业申请，税务机关批准，在以后十年内，可以继续减征应纳税额15%至30%的企业所得税。

第七条 产品出口企业所得税期满后，出口产品产值达到当年企业产品产值70%以上的，减半征收企业所得税，出口产品产值达不到当年企业产品产值70%的，由企业申请，经税务机关批准，可以适当减征企业所得税。

先进技术企业减免企业的所得税期满后，可以延长三年减半缴纳企业所得税。

能源、交通、港口、码头或者国家鼓励的其他项目的外商投资企业，可以按15%的税率征收企业所得税。

第八条 外商投资企业的出口产品，除国家另有规定外，免征工商统一税。

外商投资企业在开办五年内或者因其他特殊情况，按规定纳税有困难的，经自治区税务机关批准，可以适当减免工商统一税。

外商投资企业为生产出口产品进口所需物资，免领进口许可证，免征关税和工商统一税。

第九条 外商投资企业中的外国投资者，将所分得的利润直接用于本企业再投资，增加注册资本，或者作为资本投资开办其他企业，经营期不少于五年的，由投资者申请，经税务机关批准，退还其再投资部分已缴纳的企业所得税的40%税款；对产品出口企业、先进技术企业中的外国投资者，与前者采取相同方式的全部退还其再投资部分已缴纳的企业所得税税款。但是，凡再投资不满五年撤出的，应当缴回已退的全部税款。

第十条 外商投资企业，从开始获利年度起，十年内免征地方所得税。生产性外商投资企业在享受免征地方所得税期满后，由企业申请，经税务机关批准，可以继续减免地方所得税。

对产品出口企业，先进技术企业，能源、交通、基础设施建设、资源开发、原材料生产企业以及农业、牧业、林业、渔业企业，免征地方所得税。

第十一条 外商投资企业在批准的经营期限内，一律免征房产税，非从事运输业者免征车船使用牌照税。

外商投资企业中的外籍人员的工资、薪金所得，减半征收个人所得税。

第三章 土地使用优惠

第十二条 外商投资企业在批准的建设期内，免缴土地使用费。

外国投资者利用企业现有场地办企业的，从开业年度起五年内免缴土地使用费。

对产品出口企业，先进技术企业，能源、交通、基础设施建设、资源开发、原材料生产的企业，外商投资额100万美元以上的生产性企业，农业、牧业、林业、渔业企业及在旗县和苏木、乡镇举办的企业，从开业年度起，免缴土地使用费七年至十五年。

第十三条 外国投资者兴办教育、科研、卫生及其它社会公益事业的，免缴土地使用费。

第四章 其他优惠

第十四条 外商投资企业在生产和流通中需要借贷的短期周转资金和其他必需的信贷资金，经有关银行审核批准，优先贷放。

外商投资企业可以用现汇、固定资产或者国家规定的其他财产向银行抵押，申请人民币贷款。

第十五条 外商投资企业在外汇管理部门监督下，可以相互调剂外汇余缺，可以在外汇调剂市场调剂外汇余缺，可以向国外借贷。

生产性外商投资企业为解决当年外汇收支平衡，经对外经济贸易主管部门批准，可以购买不属于配额、许可证管理的国内商品出口。

第十六条 外商投资企业在国内销售的产品，除国家统一定价的以外，其余产品由企业自行定价。

内销产品属于替代进口产品的，视其为出口，由企业申请，经有关部门批准，可以全部或者部分收取外汇，并可适当减免工商统一税。

第十七条 外商投资企业发生年度亏损，可以用下一年度的所得进行弥补；下一年度所得仍不足的，可以逐年提取直到补足，但延长期最多不得超过五年。

第十八条 生产性外商投资企业的固定资产折旧率，经有关部门批准，可以适当提高。

第十九条 外商投资企业及兴办的公益事业所需水、电、气和通讯设施等，按需要保证供应，免购电力、建筑债券，免缴增容费。

第二十条 对产品出口企业，先进技术企业，能源、交通、基础设施建设和原材料生产的企业，减半征收城市基础设施配套费。

第二十一条 外商投资企业运输产品，应向有关运输部门报送计划，运输部门给予优惠安排。

第二十二条 外商投资企业，经自治区对外经济贸易主管部门批准，可以用本企业的产品以易货贸易方式，从前苏联、蒙古和东欧各国换取本企业生产所需要的原材料、技术和设备。

第二十三条 外商投资企业所需国内物资，可以向当地物资部门申报计划，物资部门应优先供给；也可以在国内市场自行采购。

第二十四条 外商投资企业及兴办的公益事业的基本建设工程，按自治区重点项目优先安排，工程所需材料由当地物资部门优先供应。

第二十五条 外商投资企业除应按国家规定提取中方职工劳动保险金、养老保险金、福利基金和住房补助基金外，免缴国家提取的用于对职工的各项生活补贴。企业提取的住房补助金全额留给企业，用于解决职工住房问题。

外商投资企业的外籍人员在自治区境内生活、住房费用可用人民币支付。

第五章 保障企业合法权益

第二十六条 各级人民政府和有关主管部门，对外商投资企业申报的需要批复和解决的事宜，应从收到全部申报文件之日起三十日内批准或者做出答复。

第二十七条 各级人民政府和主管部门要切实保障外商投资企业的合法权益，支持企业按照国际惯例和合同、章程的规定，自主生产经营。

第二十八条 外商投资企业职工工资，由董事会自行确定。

第二十九条 中外合资经营企业、中外合作经营企业中的董事长、副董事长，不得随意调换，如需调换，必须经合营双方协商同意或者经董事会同意，并报自治区对外经济贸易主管部门备案。

第三十条 外商投资企业根据生产经营的需要，自行确定机构设置和人员编制，自行聘用、辞退职工。招聘职工，劳动人事部门应当优先办理有关手续，并免缴劳务管理费和人才交流费。

第三十一条 除国家和自治区规定由外商投资企业交纳的费用以外，任何部门不得收取其他费用。对不合法的收费和摊派，外商投资企业有权拒绝。

第六章 附 则

第三十二条 在本条例颁布前举办的外商投资企业，享受的优惠待遇高于本条例的，在批准的经营期内可以继续享受原待遇；享受的优惠待遇低于本条例的，可以按本条例执行。

第三十三条　华侨及香港、澳门、台湾的公司、企业和其他经济组织或者个人在自治区境内投资办企业和兴办其他公益事业，除国家另有规定外，参照本条例执行。

第三十四条　本条例实施中的具体问题，由自治区外商投资领导小组办公室负责解释。

第三十五条　本条例自公布之日起施行。

典型地区和典型企业

呼伦贝尔盟

——经济改革试验区

呼伦贝尔盟东临黑龙江省，南邻内蒙古兴安盟，西部、西南部同蒙古毗邻，北部与俄罗斯接壤。国境线总长1685.8公里，土地总面积25.3万平方公里，人口259.9万，辖4市、9旗(县)。

一、资源优势

呼伦贝尔盟人均占有土地10.3公顷，全盟适于开垦、质量较高的一、二、三类宜农土地约233.3万公顷，占土地总面积的10%。天然草场面积0.1亿公顷(包括林间草场)，占全盟土地总面积的39.9%。呼伦贝尔草原位于大兴安岭以西，分布于牧业四旗。跨森林草原、草甸草原和干旱草原三个地带，多为天然草场。是国家、自治区重要畜牧业基地。

呼伦贝尔盟森林面积1586.7万公顷，占全盟土地总面积的62.6%。森林覆盖率38.3%。森林活立木总蓄积量8.9亿立方米，占自治区的93.6%，占全国的9.3%。是我国重要木材生产基地。

呼伦贝尔盟目前已发现各类矿产40余种，矿点370多处。其中57处矿点已探明储量合计309.2亿吨，占内蒙古自治区的14.8%；主要矿产有煤、金、银、钼、铜、铅、锌、铁、水泥灰岩、芒硝、天然碱和玛瑙等。砂金探明储量32.9吨，占自治区黄金储量的41%，集中分布于额尔古纳河流域。白银储量也十分可观，仅新巴尔虎右旗额仁陶力盖、白音甲乌拉等地探明的储量就已达到3546.6吨，占全区白银探明储量的61%。煤炭探明储量306.7亿吨，远景预测储量850亿吨。探明储量是黑龙江、吉林、辽宁三省总和的1.8倍。集中分布于海拉尔盆地。煤质牌号主要为褐煤、长焰煤。有建设大型露天煤矿的优越条件，是支援东北重工业发展的重要能源基地。

有色金属矿产是呼伦贝尔盟的优势矿产。成矿地质条件好，分布集中，建设条件优越，资源远景储量大。全盟有铜、铅、锌、钼、银等矿床13处，矿点3处，目前探明储量372万吨，占全区同类金属储量的23%。其中：铜136.5万吨，铅+锌208.6万吨，钼26.9万吨。主要矿床有：新巴尔虎右旗乌奴格吐山铜钼矿，总计探明铜钼D级储量152万吨，表外储量113万吨。矿体厚度大、延伸稳定，有利于集中开采。铜矿石平均品位0.46%；钼矿石平均品位0.059%。矿床水文地质条件简单，矿石宜选冶，适于露天开采。且外部建设条件好，额尔古纳左旗得耳布尔铅锌矿，探明储量49.9万吨，新巴尔虎右旗白音甲乌拉——查干布拉格银铅锌多金属矿，铅+锌104万吨以上。银1880吨，铜近4.5万吨。矿体延伸稳定，矿石品位高，易选冶，外部建设条件好。

呼伦贝尔盟国土面积的70%尚属地质空白区，潜在资源优势是巨大的。

呼伦贝尔盟动植物资源丰富。天然芦苇面积达8万公顷，多集中连片，被誉为呼伦贝尔盟的“第二森林”；野生浆果资源以越桔和笃斯为主，主要分布在大兴安岭林区，面积占森林覆盖面积的45%，估计年产量2000万公斤；药用植物近200种，主要有黄芪、防风、桔梗、龙胆草等；同时盛产白蘑、猴头蘑、木耳等；渔业资源有鱼类72种，主要有鲤鱼、鲫鱼、狗鱼、白鲢、白鱼等，主要分布在呼伦湖水域，是内蒙古主要渔业生产基地。

呼伦贝尔盟共有大小河流3000余条。年水资源总量364亿立方米，其中地表水271亿立方米，地下水93亿立方米，人均占有量约1.2万立方米，高于全国平均水平。各河流水能资源的理论蕴藏量为225万千瓦，可开发水利资源的装机容量为150万千瓦。

二、经济发展与基础设施建设

呼伦贝尔盟的经济自党的十一届三中全会以

来,经济实力迅速增长。尤其是1988年国务院批准呼伦贝尔盟为经济体制改革试验区后的五年,是呼伦贝尔盟历史上增长最快的时期。

按当年价计算,呼伦贝尔盟的国民生产总值从“六五”末期1985年的22.6亿元增长到1990年的44.4亿元,年平均递增速度为9.2%,人民的富裕程度已超过全国平均水平。

基础设施不断加强。全盟现有铁路线6条,通车总长度1685.5公里,路网密度为每百平方公里0.7公里,低于东北地区而高于全国平均水平。滨洲线铁路东起哈尔滨,西至满洲里,全长945公里,是连接俄罗斯和东欧的重要国际联运干线,也是全盟铁路网的骨干。该线在呼伦贝尔盟境内为569公里,年货物发送能力700万吨,占盟内铁路总运量的53.7%。近年来,因运量趋于饱和,滨洲铁路复线工程正加紧进行。其中富拉尔基——海拉尔段1992年底即可竣工。

呼伦贝尔的公路已形成以海拉尔、扎兰屯、牙克石三个城市和农区的阿荣旗为枢纽,以通辽——海拉尔、扎兰屯——尼尔基、海拉尔——拉布大林、海拉尔——阿木古郎等内蒙古自治区干线公路为骨架的公路交通网。公路总长度6083公里,路网密度每百平方公里2.4公里。正在建设中的“301”国道,呼伦贝尔境 内长621.8公里,其中牙克石—满洲里段全长296公里,1992年即将全线竣工通车,它是内地通往边境满洲里市的一条重要公路,对于开展同俄罗斯西伯利亚地区的贸易,进行经济技术文化交流将产生积极的作用。呼伦贝尔盟的民航事业尚处在发展阶段。1984年10月,海拉尔——通辽——北京——呼和浩特航线开航。为适应呼伦贝尔盟试验区经济建设需要,1988年对海拉尔东山机场进行了改造,改造后的海拉尔机场,可以起降BAE146和波音737客机,经北京与全国各条航线相连。

呼伦贝尔盟有邮电局(所、代办处)200个,邮路164条,总长度(单程)6365公里,长话电路91条,电报电路46条,构成以海拉尔为中心局的辐射式电路网,并有对呼和浩特、哈尔滨、齐齐哈尔等地的直达电报、电话电路。海拉尔市万门程控电话局正在建设中。

产业结构:目前,呼伦贝尔盟由传统单一的农牧业自然经济发展成为以农牧业为基础,以工业为主导,建筑、交通、邮电、商业等各业发展的多元经济结构。1991年农、工、建、交、商五业的比重分别占社会总产值的28.6%、50%、9.2%、5.4%、6.8%。

具有地区特色的主体产业初具规模,产业布局的区域性十分明显。1991年仅森工、食品、煤炭三个行业的产值就占全部工业总产值的60%。主体产业所占份额巨大,这些支柱产业的布局区域性也十分明显。森林工业主要集中于牙克石市,食品工业主要分布在牧业四旗和海拉尔市周围,煤炭工业集中在扎赉诺尔、伊敏、大雁和宝日希勒矿区。

产业结构层次偏低,第一产业生产条件差,第二产业加工深度浅,第三产业不发达。按1991年现价计算,第一、二、三产业的比例为34∶43∶23。结构状况好于内蒙古自治区平均水平,略差于全国平均水平。

三、横向经济联合

呼伦贝尔盟横向经济联合从1984年真正破题,在改革中发展壮大,在困难中稳步前进。“七五”期间共引进资金20677.8万元,是“六五”时期的1.6倍;实现协作项目550项,是“六五”时期的1.8倍;引进技术234项,是“六五”时期的1.1倍。

四、资源开发与经济协作意向

按照呼伦贝尔盟经济发展战略和产业发展方向的总体布局,本着通过横向联合与协作着力发展产业关联度大、推动力强的关键性项目,形成“一业起,百业兴”的良性滚动效应的目标,我们有意就下列项目与兄弟地区与国家联手建设:

1. 计划招标开发草场66.7万公顷(1000万亩);
2. 开发新巴尔虎右旗乌奴格吐山铜钼矿;
3. 建设海拉尔炼铁厂;
4. 建设陈旗“六一”硫铁矿;
5. 开发牙克石萤石资源;
6. 海拉尔国营毛皮厂产品换代;
7. 建设满洲里木材转运站木材加工车间;
8. 新建牙克石市中药厂;
9. 海拉尔市制鞋厂开发新式旅游鞋;
10. 输出乳制品技术;
11. 输出人工牛体牛黄技术;
12. 建立健全乳品、皮革、饮料、药材、服装等企业集团;
13. 鄂伦春旗塔屏山水电站;
14. 扎兰屯亚麻厂和亚麻原料厂;
15. 鄂伦春旗大杨树糖厂;
16. 新巴尔虎右旗甲乌拉100吨/日处理铅锌银矿采选厂。

(薄文忠　吕开田　张德平　撰稿)

乌 海 市

——经济改革试验区

乌海市是内蒙古自治区西部新兴的工业城市。东邻伊克昭盟，西邻阿拉善盟，北望富饶的河套平原，南与宁夏回族自治区重要的高耗能工业基地石嘴山市毗邻。是自治区直辖市之一，市辖海勃湾、乌达、海南三个县级行政区。总面积约2350平方公里，现有人口32.0万。

改革开放以来，经济发展迅速，特别是1988年1月，经国务院批准乌海市为自治区经济体制改革试验区，在试验区各项优惠政策的推动下，乌海市经济由此进入了大规模开发阶段。

一、资源优势

素有"乌金之海"美称的乌海市有丰富的矿产资源。现已探明矿藏达30余种，其中炼焦煤、水泥灰岩、电石灰岩、耐火粘土等均因储量大、品位高而远近驰名。土、水及旅游资源也有很大的开发价值。临近地区储量丰富的天然碱、盐、无烟煤、石膏矿等为乌海提供了良好的资源配置条件，形成了明显资源互补综合开发优势。

煤炭现已探明储量42亿吨。除1亿吨弱粘结煤外，其余全部为炼焦用煤，占自治区炼焦用煤总储量的82.6%，是自治区重要的炼焦煤基地。

石灰岩远景储量达200亿吨，探明储量8亿多吨。石灰岩质量好，品种齐全。

乌海市水资源充足，黄河流经市区全长75.5公里，年径流量为321亿立方米。探明全市地下水总储量93.1亿立方米，年补给量约0.3亿立方米。据地质部门测算，每昼夜每公里黄河可补给地下水1万吨。

全市总面积2350平方公里，山地丘陵面积1325平方公里，占总面积的56.4%。河套平原面积1025平方公里，占总面积43.6%。宜农地200平方公里，现已开垦38.5平方公里。除各项工、农、林、牧业用地外，还有可开发土地约1094平方公里。

二、工业发展已初具规模

乌海市是新兴的工业城市，以煤炭、建材、化工为主体兼有电力、冶金、机械、轻纺等工业。固定资产原值达14亿多元。1991年实现工业总产值12.7亿元。

（一）**煤炭工业**。现有以乌达矿务局和海勃湾矿务局两大国营统配煤矿为主的煤炭企业百余家。年生产能力1182万吨，1991年原煤产量806万吨，洗精煤产量83.8万吨，焦炭产量33万吨。商品煤除供应包钢和内蒙西部各发电厂外，远销东北、华北和华南各省。由于存在着"以运定产"的问题，生产能力与实际产量有较大差距。

（二）**电力工业**。全市发电装机容量达13.6万千瓦，1991年发电6.8亿千瓦小时，输电网络以110千瓦为主网架，现有输电线路21条，变电站13座，变压器容量16万千伏安。海勃湾电厂一期工程2×10万千瓦即将开始建设，总规模为140万千瓦。

（三）**化学工业**。全市共有化工企业24家，其中，乌海市化工厂是自治区的大型化工重点企业。主要产品生产能力：烧碱2.1万吨，纯碱5万吨，小苏打1.8万吨，电石4.8万吨，石灰氮1万吨，双氰氨1000吨，硫尿1000吨，黄磷3000吨，草酸3000吨，元明粉1万吨，硫化碱1.5万吨，聚氯乙烯6000吨。

（四）**建材工业**。乌海市是自治区建材生产基地。主要企业有内蒙古西卓子山水泥厂（国家大型水泥企业），海勃湾玻璃厂，乌海市建陶厂、乌海市建筑材料厂等。主要产品年生产能力：水泥66万吨，玻璃135.5万重箱，铺地锦砖8万平方米，紫砂红地砖7万平方米，耐火材料7000吨，砖2亿块。

（五）**冶金工业**。主要厂家有内蒙古千里山钢铁厂、内蒙古第二铸锻厂，乌海市通用机械厂等。主要产品年生产能力为，铸造生铁8万吨，铸锻件1500吨，铸铁管1万吨，硅铁8100吨，机焦33万吨。

（六）**机械工业**。重点企业有内蒙古电梯厂、内蒙古第一通用机械厂、内蒙古第二通用机械厂、内蒙古工具厂和乌海市电机厂。主要产品年生产能力：电梯200部、摩托车前叉减震器系列15万套、四爪卡盘1.5万台，刀具40万套，潜水泵3500台，潜水电机7万千瓦。

（七）**轻工业**。乌海市轻工业比重太轻，在"优化主体，强化两翼"的指导思想下，下大力气抓了企业的挖潜改造和企业管理。1991年轻工业的增长速度比重工业快了3倍。主要行业有酿酒、乳制品、食品、造纸、日用陶瓷、日用玻璃、塑料制品、皮毛制品、地毯、家俱、服装、鞋帽、日用五金和工艺美术品等。

三、城市功能日臻完善

乌海农业是城郊型农业，以林菜为主多种经营。全市耕地面积3220公顷，种植面积3150公顷。农业人口近1.5万人。育林面积6000公顷，现已基本控制了风沙对城市的侵蚀。

种植业以蔬菜为主，蔬菜产量达8000多万公斤，基本满足了当地需求。近几年根据气候条件，推广种植葡萄、棉花。葡萄种植面积333.3公顷，总产量300万公斤，成为自治区重要葡萄产区。

养殖业坚持因地制宜发展鸡、兔、鱼、羊、猪、奶牛等养殖，全市肉类产量达140万公斤，鲜蛋67万公斤。满足市场需求。

乌海市城市基础设施齐备，投资环境正在改善，商业服务体系健全，全市商品零售总额达4亿元。金融机构调控手段齐全，信息系统基本形成，全市信息机构配备先进传输接收工具，进入全国信息网，具备及时采集、传输、反馈信息的功能。

建筑施工队伍力量较强。全市建筑企业40家，资产7000多万元，内蒙古第四建筑公司和乌海市建筑公司施工力量强，具有较强的竞争力，多次参加国家重点建设工程。

交通通讯便利。以包兰铁路、北京至拉萨的109国道、北京至乌鲁木齐的110国道为骨干，构成铁路、公路联运网络。市内铁路专用线17条，公路专用线18条，公路密度高于全国平均水平。目前，正在抓紧做黄河航运和飞机场建设的前期工作。邮电通讯发展迅速，服务机构遍布全市。电话装机容量12170门，已进入全国长途电话自动交换网，市区开通了无线寻呼业务。

四、经济改革试验及发展设想

乌海市作为改革试验区，积极探索经济发展的路子，创造有自己特色的经济模式。研究制定了一系列与此相配套的规划、实施方案和政策，先后出台了《关于对外开放优惠政策的规定》、《关于增强国营大中型企业活力的若干规定》、《关于发展街道乡镇企业的若干规定》、《关于加快农业综合开发的规定》、《关于加快集贸市场建设的决定》等。并制定了科技兴市规划，产业结构调整方案，农业综合开发规划，旅游事业发展规划等。并积极开展了技术引进和重点建设项目的前期准备工作。建立了对外协作和技术引进项目库。

对外开放方面，出现了前所未有的发展势头。乌海市与银川、无锡、淄博等城市结为友好城市。筹建了驻呼和浩特、北京、珠海市办事处。与香港、法国、独联体和蒙古等国家和地区达成30多项合资和经贸技术合作协议。

乌海经济发展总体战略是：以能源、化工、建材工业为主体，以轻工和种养业为两翼，走全面开放，综合发展，多种经营，加工增值的路子，大力发展社会主义商品经济。根据这一战略思想，发展的具体方向是以煤炭综合利用为中心，以电力工业为突破口，以重化工、建材、冶金为重点，实行煤——电、煤——电——化、电——高耗能工业联合开发、加工、转化达到资源优化配置，相关带动机械工业、农业、轻工业和第三产业的发展。使乌海市成为自治区西部具有较强辐射功能的中心城市，建立起开放式、多层次、强关联、高效益的经济综合体。

“八五”末期国民总产值在1980年的基础上翻两番，到2000年再翻一番，人民生活水平提前达到小康。

（张玉秀　薛永昌 撰稿）

赤 峰 市

——资源开发区

赤峰市是内蒙古自治区直辖市，实行市管县体制，辖三区、二县、七旗，总土地面积9万多平方公里，人口420万，市人民政府设在红山区。赤峰市改革开放十三年来，国民经济迅速发展，整体经济实力显著增强，1978年到1991年，全市国民生产总值（按1990年不变价格计算，下同）由15亿元增加到45亿元，增长2倍，年平均增长8.8%；工农业总产值由23亿元增加到66亿元，增长1.8倍，年平均增长8.4%；地方财政收入由0.6亿元增加到4.5亿元，增长6.1倍，年平均增长16.2%。

产业结构趋向合理：改革开放以来，赤峰市产业结构得到了较大调整，第三产业发展很快。1978年到1991年，第一产业平均每年增长6.3%，第二产业平均每年增长11.1%，第三产业平均每年增长11.2%；三次产业比例（以国内生产总值为100）由58：25：17调整为43：34：23；工农比例（以工农业总产值为100）由34：66调整为41：59。经济结构发生了深刻变化，由过去的全民所有制的一统天下，发展成以全民为主体，集体、个体、合资企业全面发展的新格局。

基础设施建设日新月异：赤峰市是连接东北、华北的咽喉要地，自古有"旱码头"之称。京通铁路贯通自治区东西，叶赤铁路由南向北，在赤峰接轨；通往北京、沈阳、大连、锦州的列车朝发夕至；目前正在修建的集通铁路，从赤峰市北五旗县穿过，1994年将正式通车。赤峰民航机场经过扩建后，目前已有通往北京、呼和浩特、沈阳等地的民航班机定期在这里起降。公路运输纵横交错，旅客运输、大型货物运输、联合运输、零担货运全面发展，市内有通往北京、天津、沈阳、锦州等地的豪华班车；全市镜内实现了乡乡通车，通车里程达到8776公里。邮电通讯事业发展很快，1991年全市邮电局（所）达到259处，邮路总长度6179公里，长途电话电路478条，电报电路52路，市内电话总容量达2.7万门，已有9个旗县区实现了长途电话自动拨号，正在建设的1.6万门市区程控电话工程和数字微波进入国家长话大网工程，将于年内投入使用。

不断扩大的对外往来：改革开放以来，赤峰市对外贸易和横向经济联合工作取得了突破性进展。先后同日本稻泽市，国内的株洲市、武汉市、海口市、烟台市、牡丹江市等地区建立了友好城市关系。对外贸易迅速发展，1991年，全市出口商品收购额达2.0亿元，是1978年的9.4倍；出口产品已发展到12大类，100多个品种，大宗骨干出口商品有活牛、牛肉、玉米、荞麦、地毯、羊绒、羊绒衫等20多个品种。远销美国、英国、法国、德国、加拿大、科威特、原苏联、丹麦、香港等30多个国家和地区。进出口渠道不断拓宽，已与天津、大连、秦皇岛、广州、青岛、海口、营口、满洲里、绥芬河、二连浩特等口岸建立了出口业务往来关系。对外经济技术合作领域不断扩大，仅"七五"时期，我市与日本、西班牙、芬兰、德国、法国、美国、奥地利、意大利、瑞士、捷克、香港、台湾等十多个国家和地区签订引进先进技术和设备合同28项，总额达700多万美元。主要形式有：现汇贸易、单机引进、生产线引进、补偿贸易、租赁、合资经营等。

本世纪末经济社会发展的主要奋斗目标：今后十年，赤峰市的经济社会发展要加快改革、扩大对外开放，最大限度地发挥资源和政策优势，实现经济超常规发展，跳跃式前进，力争每隔几年使全市国民经济跨上一个新台阶。到"八五"期末，力争使按不变价格计算的国民生产总值在1980年的基础上翻两番，提前五年实现第二步战略目标；到本世纪末，力争使按不变价格计算的国民生产总值在1980年的基础上翻三番，全市国民经济整体素质大大提高，人民生活达到小康水平。

资源开发与经济协作的方向和重点：今后10年，赤峰市将立足于本地区丰富的地上地下资源，同国内外发展广泛的经济技术协作。经济协作与开发的方向是：农畜产品深加工、能源工业、冶金工业、有色金属矿开发、建材工业、皮毛皮革、纺织、食品、化工、制药、机械、电子等行业。近期协作重点有铅、锌、锡、铜的采选、冶炼、深加工、钢铁工业的采、选、烧结、冶炼、轧材，皮毛皮革深加工，毛纺、羊毛衫、针织品、服装加工，医药、化工，食品饮料，工艺美术等方面的项目60多个。主要是：新建赤峰有色金属冶炼厂（年产电锌2.1万吨），白音诺尔铅锌矿增建1000

吨/日采选工程，乌兰达坝铜锌矿、黄岗梁铁矿、安乐锡矿、广兴坑口电厂、天山水泥厂扩建、“黑金钢”花岗岩、电工陶瓷、制革、大型服装生产线、高档涂料生产、糠醛生产、果胶、密胺树脂、甜菜粕蛋白饲料等项目。

资源开发区内的典型企业

1.赤峰第一制酒厂

内蒙古赤峰第一制酒厂是内蒙古自治区酿酒行业的骨干企业、优质白酒专业生产厂家，属国家中型企业。位于赤峰市红山区。该厂已有100余年的历史。具有年生产3500吨各种白酒的能力。产品分为优质酒、白酒、黄酒、勾兑酒四大类近30个品种。其中3个国优、5个区优。拥有固定资产1200万元。

1991年底，赤峰第一制酒厂经过十年的改革和发展，已经从青年期走向成熟期。内蒙古自治区先进企业，“蝉联两届国优，获中国博览会金奖”、“深受消费者欢迎的产品奖”、“全国低度白酒大赛特等奖”等众多种荣誉，已经把赤峰第一制酒厂送上中国酒的更高座次。内蒙古人、赤峰人都翘首期盼着一个年产万吨的大厂与中国南方酒比试一下高低。满足广大消费者的高层次需求。

企业发展设想及合作意向，普通白酒、露酒、黄酒要限制生产，普通白酒的年产量不超过1200吨，白酒的工作重点是加强管理，降低消耗，提高出酒率，露酒、黄酒要试制新口味，新品种。

陈曲系列酒要继续扩大生产，“八五”期间产量要达到5000吨，在“八五”期间研制投放市场一种能在下届白酒评比中上“金牌”、“国家名酒”的产品，参与中国酒的大竞争大角逐。

“八五”期间，在进一步巩固已有的出口产品的同时，开展多项贸易合作，抓住时机，扩大出口创汇，跻身国际市场，争取在利用外资、发展合资、合作生产“三来一补”方面有重大突破。还要通过扩大开放、横向联合、对口帮带向大企业集团、大专院校、科技部门扶靠等多种方式推进企业技术进步，吸引国内外客商到第一制酒厂投资、联营、联销。

2.赤峰羊绒衫厂

赤峰羊绒衫厂，是内蒙古自治区最早从事羊绒衫出口生产业务的厂家，现已发展成为具有从山羊原绒的洗分、梳纺到成衫加工全系列配套设备，年生产能力25万件，拥有固定资产1400万元，职工1100人的外向型现代化国营毛纺织企业，其拳头产品“雪原”牌系列羊绒衫远销欧、亚、美38个国家和地区。

“雪原”牌羊绒衫系列产品，多次荣获区优、部优及自治区地方名牌产品称号：“雪原”牌高档羊绒系列时装，1990年参加东欧时装节荣获一个最佳设计奖，两个最佳表演奖；1989年、1990年参加香港中国时装节，计有3个系列12套37件羊绒系列套装获最佳设计奖；1988年，在以我厂商标命名的全国首届雪原杯羊毛衫设计质量大奖赛中，“雪原”牌羊绒衫荣获两个设计一等奖，3个最佳设计奖。

“雪原”系列产品全部技术及质量指标均采用国家国际标准，内控标准较国家标准和国际标准更为严格，“质量第一，信誉至上，审时度势，面向全球”是工厂一贯的办厂宗旨。自1978年从事出口业务以来，从未因产品质量或履行合同而发生任何质量索赔事故，在国内外客户中赢得了卓著的信誉。

（尹洪山 撰稿）

伊克昭盟

——资源开发区

伊克昭盟位于内蒙古自治区西南部，南同陕西省榆林地区接壤，西、北、东三面黄河环绕，总面积87428平方公里。现辖有7旗一市，盟首府设在东胜市。1991年全盟人口121.7万人。

一、经济发展水平

改革开放以来，伊克昭盟经济稳步发展，综合经济实力显著增强。1978年与1991年相比(按可比价格计算，下同)，全盟国民生产总值由7.3亿元增加到17.9亿元，年平均增长7.2%，人均国民生产总值由715元增加到1474元；社会总产值由11.3亿元增加到37.5亿元，年平均增长9.6%；国民收入由5.7亿元增加到17.7亿元，年平均增长9.1%，人均国民收入由567元增加到1457元；财政收入由

0.2亿元增加到1.5亿元,年平均增长17.8%,财政自给率由24.9%提高到44.9%。

交通运输条件明显改善,邮电通信事业得到长足发展。改革开放十三年来,国家先后在伊克昭盟建成了连通呼和浩特、包头市的2座黄河公路大桥,建成了包(头)——神(木)铁路、包(头)——府(谷)和呼(和浩特)——薛(家湾)二级公路等骨干工程,修建了准格尔、东胜煤田的矿区公路,并正在建设丰(镇)——准(格尔旗)电气化铁路,基本形成了铁路纵贯南北、公路四通八达的交通运输网。1991年底,全盟公路通车里程达3086公里,其中等级公路1126公里,黑色路面704公里,全盟先后在4个旗市实现了自动电话,东胜市长话直拨进网工程也已开通,基层邮电通讯设施也得到较大改善,邮电业务点量由327.6万元增加到1105.3万元,增长2.3倍,年平均增长9.8%。

经济结构渐趋合理,产业结构发生较大变化。国民生产总值中第一产业所占比重大幅度下降,第三产业明显上升,1978年与1991年比较,三次产业产值之比由50∶33∶17调整为40∶41∶19;工农业总产值中工业所占比重明显上升,工农业产值之比由1978年的41∶59调整为1991年的58∶42;工业内部,重点进行了毛纺工业和煤炭、化工、建材等原材料工业的建设,轻重工业基本保持了并驾齐驱的均衡发展。

经济技术合作日益广泛,对外开放不断扩大。全盟先后从国外和盟外其他省区累计引进资金近3亿元,达到协作项目190多项,协进协出物资总额累计1.5亿元。跨地区的经济联合取得很大进展,组建起以毛纺、化工、煤炭、药材、建材产品为媒介的企业联合组织12个。

二、资源优势

伊克昭盟地域辽阔,北部黄河冲积平原区,面积约4000平方公里,地势平坦,水源、热量条件优越,目前尚有7万公顷宜耕地未开发,发展种植业和养殖业前景相当可观。东部丘陵沟壑区,面积约1.7万平方公里,属宜林宜牧地区,适宜发展松柏、果树等价值高的经济林。西部波状高原区,面积约2.5万平方公里,属典型的半荒漠草原,具有发展畜牧业,建立畜产品基地的条件。南部库布齐、毛乌素沙区,面积约4.2万平方公里,地表固定或半固定沙丘,沙丘与草甸相间,地下水赋存条件较好,适宜植树种草,发展林牧业。

伊克昭盟煤炭资源分布最广、储量最大、迄今已探明储量1050亿吨。东部准格尔煤田,面积约2000多平方公里,累计探明储量259亿吨,保有储量259亿吨,另有可靠预测储量109亿吨。中部东胜煤田,面积约12860平方公里,累计探明储量781亿吨,保有储量781亿吨。西部卓子山煤田,含煤面积约400平方公里,探明储量9亿吨。煤炭资源不仅储量大,分布广,而且煤质优良,普遍具有高发热量、低灰、低硫、低磷的特点,部分矿区的煤被誉为"天然精煤",煤种主要有不粘结煤、弱粘结煤,长焰煤,其中不粘结煤所占比重较大。煤层稳定,地质构造和水文条件简单,适于露天开采,化工原料非金属矿产主要有天然碱、芒硝、食盐等,其中天然碱产地19处,矿石储量1639万吨,其中矿中伴生纯碱储量1369万吨;芒硝产地21处,储量69.9亿吨;保有储量69.8亿吨;建材原料非金属矿产主要有石膏、石灰岩、石英砂、耐火粘土等,其中石膏产地9处,储量34.9亿吨;石灰岩产地3处,储量3.1亿吨;石英砂产地6处,原砂总储量4220万吨。

伊克昭盟畜产品资源丰富,"阿尔巴斯白山羊"不仅产绒量高,所产绒毛被誉为"纤维宝石"闻名于世,"鄂尔多斯细毛羊"以产毛量高、毛长毛细、光泽好而著称,以其为原料制做的毛纺织品驰名中外,滩羊裘皮制品以板质柔韧、花穗优美、价值高而享有盛誉。全盟现有牲畜630万头(只),年产肉类5300万公斤,山羊绒近50万公斤,羊毛635万公斤,羊皮145万张,牛皮8000张。

伊克昭盟具有丰富的药材资源,可入药的植、动、矿物药材有387种,甘草、麻黄草、银柴胡、远志、冬花等品种居于全国地道药材之列,其中甘草、麻黄划为大宗优势品种,闻名中外的"梁外甘草"就产于本盟。全盟年产甘草360万公斤,麻黄草1000万公斤。

三、地区开发设想

90年代伊克昭盟将进入大开发、大建设、大发展时期,伊克昭盟盟委和行政公署确立了"维护大局稳定,坚持改革开放,发挥资源优势,依靠科技教育,提高经济效益,努力富民兴盟"的战略思想,制定了经济发展规模和产业发展重点。

2000年,全盟农牧业总产值达到7亿元,年平均增长4.8%,粮食产量达到82万吨,做到自给有余,年中牲畜达到725万头(只),植被覆盖率达到60%以上,林木覆盖率达到16%。

大力发展煤炭、电力、建材工业,积极改造现有毛纺、化学工业,有计划地新建一批重点项目,以技术进步和改善管理为手段，以提高产品质量和经济效益为重点，全面提高企业素质，促进工业经济持续、稳定高效发展。本世纪末，全盟工业产值达到36亿元，其中地方工业产值达到12亿元，年平均增长21.9%。

煤炭工业除国家安排的大型矿井外，主要建设项目有：东胜煤田南部续建后补连露天矿，东胜煤田北部新建碾盘梁、范家村、宋家渠煤矿，改造酸刺沟、唐公沟、罕台川煤矿；准格尔煤田新建唐公塔煤矿，改扩建纳林沟、城坡煤矿；棋盘井矿区续建库里大沙图煤矿，改造棋盘井煤矿，新建年产20万吨精焦厂。本世纪末原煤产量达到5000万吨。

电力工业，全力配合国家建设达拉特大电厂、准格尔坑口电厂、伊金霍洛风冷发电厂和万家寨水电站，地方新建棋盘井电厂和乌审旗无定河流域水电站。本世纪末，发电装机容量达到103.5万千瓦，年发电量48亿度。

毛纺工业主要建设项目有：续建伊华毛纺厂、伊柏特羊毛衫厂，改造第一毛纺厂、毛针织厂、羊绒衫厂羊绒坯布车间，新建纺织服装加工厂。本世纪末毛纺工业产值达到2.5亿元。

化学工业争取建设一些高耗能煤化工深加工项目，新建准格尔旗电石厂，达拉特旗元明粉厂，改造巴拉贡化工厂、乌审旗第一、第二化工厂和榆树湾硫磺厂，扩建准格尔旗化工厂。本世纪末化学工业产值达到1.2亿元。

交通运输业的发展要适应资源开发的需要。2000年前主要建设项目有：分期建设109国道薛家湾至东胜市察汗淖三级油路，新建阿拉腾席热镇至松定霍洛三级油路，扩建东胜至成陵二级油路。

（马恩惠　撰稿）

巴彦淖尔盟

——资源开发区

巴彦淖尔盟东与钢城包头相连，西以煤都乌海为邻，南临黄河水道，北同蒙古交界，国境线长达369公里，境内自然资源丰富，有著称全国的河套平原和狼山——渣尔泰山多金属成矿带以及辽阔的乌拉特草原，巴彦淖尔意为“众多的湖泊”，境内大小“海子”共399多处，水面面积达5万公顷，以面积3万公顷的乌梁素海为最大，被誉为“塞上明珠”，盛产鲤、鲫、雅罗等鱼，包（头）——兰（州）铁路，包（头）——银（川）公路横穿盟境东西，交通便利，巴彦淖尔素有“膏壤殖谷”之称，是一块水草丰美，物产富足的宝地。

一、经济发展

党的十一届三中全会以来，全盟150多万各族人民，在盟委和盟公署的领导下，经济建设取得了令人瞩目的成就，1991年国民生产总值达26.5亿元（1990年不变价，下同），比1978年增长9.9倍，平均每年增长13%，人均国民生产总值1695元。工农业总产值达34.7亿元，比1978年增长5.4倍，年均递增9.2%。

（一）农牧业是巴彦淖尔盟的主体经济。全盟现有耕地53.6万公顷，人均0.3公顷，水浇地占耕地面积的96.6%，耕地主要集中在河套平原，1989年实现了在1978年的基础上农业总产值翻番，跨入全国十一个翻番地区的先进行列。1985年实施“农牧结合”战略，农村牧区发展横向联合，互相促进，优势互补，确保农业生产连年稳定增长，畜牧业登上了一个新台阶，粮食产量平均每年增长5000万公斤。“七五”期间，畜牧业产值年均递增4.1%，副业产值翻了一番，1991年畜牧业和副业产值分别达4.9亿元和6624万元，比1978年增长2.2倍和26%。林业生产也呈持续稳定发展趋势，农业内部的产业结构以及种植业内部结构都得到合理调整，综合经济效益明显提高。农村中非农产业产值已占到农业总产值的1/3。1991年乡镇企业产值达3.9亿元。“科技兴农”战略不断推动农牧业生产向深度和广度发展。

农牧业生产重点推广地膜覆盖、规范化栽培、粮粮套种、粮草间作轮作、配方施肥、农机具革新、秸杆青贮、羔羊快速育肥等适用技术，加快传统农业的改造，在农业总产值增长中科技进步因素由1978年的12%提高到1991年的37%。近几年，重点抓了农牧业生产投入，改善生产条件，改造中低产田和高产攻关田、吨粮田建设取得显著成果，1991年全盟吨粮田达0.6万公顷，在占粮食种植面积2.5%的耕地上，产出了占粮食总产量8%的粮食。1989年开始实施的世界银行贷款、地方投资配套兴建河套灌区灌排配套工程，将使16.3万公顷农田得到改造，开垦盐碱荒地扩大灌溉面积4.7万公顷，总工程将于1995年完成。1990年盟行署规划了九大商品生产基地，除建设高标准的商品粮、糖生产基地外，还要建设油料生产基地、畜牧业防灾基地、二狼山白绒山羊生产出口基地、河套蜜瓜生产基地、苹果梨生产基地、速生丰产林基地及枸杞啤酒花生产基地。最近，国家又把磴口县列为"八五"第一批棉花生产基地。1991年，全盟农业产值21.8亿元，比1978年增长2.8倍；粮食总产量105.8万吨，比1978年增长1.4倍，人均粮食678公斤，农牧民人均年纯收入838元。

农牧业生产的发展，推动以农畜产加工为主的轻纺工业迅速崛起，截止1991年，全盟轻纺工业企业发展到5538家，产值达6.7亿元，比1978年增长3.2倍。基本形成了食品、皮毛、毛纺、制革、造纸、服装、饲料等具有地方特点的轻纺工业体系。

（二）社会基础设施建设发展迅速。"七五"期间，公路建设累计投资达1.1亿元，相当于"六五"期间的2.5倍。新建成了临（河）——磴（口）二级公路和临（河）——陕（坝）汽车专用线，通车里程达3147公里。新建磴口——乌海220千伏输变电工程和乌拉山——临河220千伏输变电工程，大大缓解了工农业和居民用电紧张局面。市话交换机总容量达9400门，农话交换机总容量达5800门，全盟118个乡镇苏木全部通了电话。城镇公用设施不断健全完善。广播电视覆盖率达到90%以上。

（三）对外经济技术合作不断加强，并逐步向高层次发展。"七五"期间，全盟引进资金累计3019.9万元，开展技术协作项目175项，人才协作1635人次，各类联合体共创产值2.1亿元。1991年，引进资金2779.0万元，技术27项，人才68人（次），进行经济协作项目25个，技术协作项目36个，投资总额8217.6万元。1991年国务院批准在乌拉特中旗甘毛道设立二级边境贸易口岸，对蒙古贸易展现了良好的发展势头。除了开展易货贸易外，还开始向蒙古提供日用品生产设备、技术培训人才以及劳务。

二、地区开发设想

今后十年巴彦淖尔盟地区开发与经济建设主要任务和目标是：到本世纪末，国民生产总值在1980年的基础上翻三番，平均每年增长12%，2000年达到79亿元，人均4413元。农业总产值达40亿元，平均每年增长6.5%；工业总产值达49亿元，平均每年增长25%左右。优先发展能源、原材料工业、交通和城镇基础设施建设，大力开发狼山——渣尔泰山多金属矿产，建设成我国北方最大的有色金属重化工业基地。基本形成铁路、公路、航运、航空等立体交通运输网。大大提高电话普及率和邮电通信现代化水平。对外贸易和外向型经济要有突破性发展，出口商品收购总值平均每年增长20%，兴办"三资"企业，形成对外开放新格局。

巴彦淖尔盟资源丰富，开发潜力较大，以硫铁、铅、锌、铜矿为主的矿产资源在内蒙古自治区占有重要地位，已探明储量硫铁矿为5.6亿吨，铅171.1万吨，锌820.5万吨，均居全区之首，铜金属量132.3万吨，位列全区第二。霍各乞铜矿为全国六大铜矿之一。铁、猛、铬铁矿储量也居全区第二，且水文地质条件简单，矿体厚、埋藏浅、矿点集中，利于统一规划适于集团开发。建设大型矿山联合企业，开发矿产，发展原材料工业是振兴巴彦淖尔盟经济社会的战略措施。《巴彦淖尔盟国民经济、社会发展十年规划和第八个五年计划大纲》规划扩建霍各乞铜矿，建设东升庙金属采选矿厂，开发甲生盘铅、锌、硫铁矿，新建有色金属冶炼厂等项目，并大力发展化学工业，特别是无机盐加工、油脂化工、煤化工以及以农副产品为原料的精细化工产品。

农牧林水产业也有巨大的开发潜力。河套灌区有约27万公顷可耕地待开发利用，广阔的乌拉特草原改造和山地丘陵地带的开发以及乌兰布和沙漠百万亩宜林宜农沙荒地利用，兴办沙区产业都展示了诱人的前景，给广大科技工作者和国内外企业家、实业家、银行家提供了联合协作、共同开发的基础和信息。最近，盟行署公布了《关于鼓励引进和投资开发的若干优惠办法》提出凡来巴盟地区办企业，搞开发的国内外客户，将本着"优惠待人、让利在先、互利互惠、共同发展"的原则，一律给予优惠。在设计、征地、施工、建材供应等方面优先安排，并按国际惯例，提供"三通一平"，项目投产后，在水、电、燃料供应方面给予优惠，并负责提供劳动力。成片开发荒地、荒山、滩畔，建设以当地农副产品为主要原料的加工开发区，按当地土地使用权出让地价款标准减收70%，视情况也可以全部免收；经自治区政府确认属于世界先进技术、高新科技、出口创汇产品、更新换代产品和新产品开发项目，按当地土地使用权出让地价，在合同规定出让年限内减收30%的年限出让金。从事机场、公路、铁路、电站、煤矿、水利等基础设施建设和发展文化、教育、科研、医疗卫生事业的项目，投资在100万美元以上，或1000万元人民币，投资年限在7年以上的按当地土地使用权出让地价款标准减收70%；开发荒山荒地、草地、水面和滩畔用于发展农、林、牧、渔业生产的，投资在100万美元以上，1000万元以上人民币，投资年限在15年或15年以上的按当地土地使用权出让地价款标准减收70%出让金或免收；凡经批准在旗县市划定的经济开发区内兴办企业，一律免征土地出让金，投资3年内免征地方所得税，还可以视情况减免产品税、增值税和营业税；凡以当地农副产品或矿产资源为原料进行深层次和多层次利用加工、又办在农牧区乡镇、苏木及远离城郊的投资在50万美元以上，500万元人民币以上企业，投产十年内免收土地使用费和所得税。同时，实行让利在先，凡来巴盟地区举办的企业(国家银行和保险公司除外)从事生产、经营所得和其它所得，均按15%税率征收企业所得税，另按应纳税额附征2%的地方所得税。凡盟外客户用先进技术帮助、扶持盟内企业创名优产品，达到国优、部优、区优、并取得显著经济效益的，由企业分别按其所创利润的8%给予一次性奖励。受奖者一律免征一切费税，对外商投资企业也有一系列优惠条款。

1991年，巴彦淖尔盟经济技术协作办公室公布了全盟50多个发展横向经济联合的项目，热忱欢迎海内外人士来巴彦淖尔盟投资办企业，开发资源，发展经济。主要项目有：

1. 补偿贸易或合资经营，新建东升庙铜、铅、锌、硫铁多金属采选矿。

2. 联合开采甲生盘铅、锌、硫铁矿。

3. 合资经营新建有色金属冶炼厂。

4. 合资经营扩建临河硫酸厂。

5. 合资或补偿贸易开发大佘太硫铁矿。

6. 合资或补偿贸易扩建同和太石墨矿。

7. 合资或补偿贸易新建霍各乞铜矿铜材加工厂。

8. 合资或补偿贸易开发磴口白瓷矿。

9. 联合经营、补偿贸易新建巴音呼都褐煤综合加工企业。

10. 补偿贸易或合资经营扩建小佘太铁矿。

11. 联营、补偿贸易开发白水泥生产。

12. 联营、补偿贸易开发高效能电池。

13. 合资经营扩大齿轮生产。

14. 临河糖厂开发新产品。

15. 合资、合作经营或补偿贸易生产羊绒坯布。

16. 合资、合作经营或补偿贸易新建临河市精纺织厂。

17. 合资经营、联合办厂建设乌拉特中旗种、养、加综合农牧场。

18. 合资独资经营开发乌兰布和沙漠。

三、开发区内的典型企业有

1. 临河面粉厂

临河面粉厂建于1958年，1985年引进意大利高尔菲特公司日处理小麦250吨的面粉成套设备，1991年又新建了日班产5吨挂面车间，并对原食品车间进行了综合技术改造。目前有固定资产1852万元，职工人数400人，流动资金1000万元，年完成产值4287万元，利润1123万元，生产面粉54141吨。

工厂可生产面粉、挂面、面包、小食品、面袋五个系列近20个品种。面粉有雪花粉、国际特一粉、特二粉、精粉、标准粉，其中雪花粉荣获自治区优质产品奖和全国"七五"星火计划成果博览会金奖，畅销18个省、市、自治区，并远销日本、蒙古。雪花粉挂面、小麦胚芽、玫胚香酥片荣获全国"七五"星火计划成果博览会银奖。

2. 内蒙古河套酒厂

内蒙古河套酒厂原名杭锦后旗制酒厂，建于1952年。1982年，开发了新产品——河套白酒，在自治区质量评比中获奖，深受广大用户欢迎，产品供不应求，1985年，请了国内酿酒专家熊子书开发研制新产品，生产陈缸酒，在市场上十分畅销，产品打入包头、呼市等地市场，并获得了区优产品称号，在首届自治区一轻产品质量大赛上荣获特等奖。

1991年投资285万元。进行改造扩建，新增生产能力2000吨，使白酒年生产能力达到8000吨，产品以浓、清两种香型为主，兼有凤型和其它香型，有高、中、低三个档次，十个花色品种，拥有陈缸、河套凤液、河套二锅头三种区优产品，在首届自治区一轻产品质量大赛上，"河套二锅头"、"河套凤液"并列一等奖，在全国优质保健食品评选活动中，"花粉。酒荣获优质保健食品奖，在中国国际诗酒节大会上，"河套老窖。以其上乘的质量，精美的包装在100多个厂家的竞选中，荣获金爵奖，并颁发了荣誉证书。

目前，内蒙古河套酒厂拥有固定资产原值1008万元，净值786.7万元，流动资金占用额287万元，年生产白酒4972吨，实现工业总产值2501.9万元，利税1089万元，全部职工年末人数927人。

(付子奇 撰稿)

乌兰察布盟

——资源开发区

乌兰察布盟位于内蒙古自治区中部，辖2市5旗8县。行政公署所在地为集宁市。党的十一届三中全会以来，在这块84692平方公里的土地上，329万质朴善良、勤劳智慧的各族人民，乘改革开放之良机，利用资源、地缘、交通等优势，辛勤劳作，奋力开拓，把这块宝藏蕴蓄的热土建设得更加昌盛。整个乌兰察布大地，农牧业甚丰，工业发展加快，商贸繁华，文化多彩，犹如一颗璀璨的明珠在内蒙古草原上熠熠闪光。

一、地区开发现状

（一）**交通便利**。境内京包铁路横贯东西，集二铁路纵穿南北，是通往蒙古和独联体国家的国际干线，集通铁路为东北与西北的桥梁，还有沟通"准格尔煤田"的丰准铁路。国道109公路、110公路、208公路、209公路贯穿境内，里程571公里；有省道13条，1444公里；旗县公路31条，1659公里；乡镇苏木公路81条，2009公里。以集宁市为中心，与周围各旗县市和乡（镇）村公路相连。形成铁路公路立体交叉、四通八达的交通运输网络，具有接受大城市辐射和反辐射的优越的地理交通位置。

（二）**通讯、能源等基础设施比较完善**。集宁市电报电路进入全电报自动网，传真和纵横制电话与全区全国各大中城市联网直拨。有8个旗县市已实现电话自动拨号。全盟15个旗县市全部实现电报电传化，其中武川、四子王、清水河、和林4个旗县进入自治区（国家）自动转报网。有14个旗县实现对集宁长途半自动接续并全部开通了至呼和浩特市的长途直达电话。乌兰察布盟处于内蒙古西部电网的东端，担负着集宁市等12个旗县市的供电任务。拥有220千伏变电站两座，110千伏变电站8座，35千伏变电站3座，供电总负荷46509千瓦。

（三）**乌盟农畜产品种类多，开发的经济价值大，创汇能力强**。粮食作物主要有：小麦、大麦、莜麦、马铃薯、荞麦。经济作物主要有：油菜籽、胡麻。1991年粮食总产量102.5万吨，油料总产量7.9万吨，马铃薯总产量23.8万吨；乌盟是内蒙古自治区畜牧业生产基地，草原面积为564.5万公顷。1991年末有大小牲畜471万头（只），年产皮张198.3万张，羊毛10855吨，山羊绒141吨。

（四）**乌盟境内蕴藏着丰富的矿产资源**。已发现80多个矿种，950多处，还有伴生矿286处，其中已探明储量的33种，产地80多处。有居亚洲之首的特大型萤石矿，居全区第2位的黄金矿，现已开发利用25种。

（五）**乌盟外贸条件优越**。集宁市每周对开四次国际列车，是与独联体、东欧特别是蒙古的外贸有着较长的历史，向独联体、蒙古、东欧扩大开放具有地缘、交通上的优势和较强的经济互补性。物资仓储、转运的基础建设初具规模，具有较强的吞吐能力。乌盟与毗邻地区有着良好的经济协作基础，乌盟是晋、冀、蒙经济协作区的成员之一，与各成员地区有着密切的经济技术协作往来。

自改革开放以来，乌盟坚持稳定农业、积极发展地方工业和乡镇企业，活跃商业外贸的发展方向，实施"一体两翼"的发展战略，抓好农牧业主体经济，发展矿产采选、加工业和农畜产品加工业，以改革为动力，以科技为先导，以开发资源为突破口，坚持内涵与外延并举，充分发挥本地优势，开发出口创汇产品，全面提高经济效益，加快兴盟富民步伐，使乌盟经济及各项社会事业迅速发展。1990－1991两年粮食连续夺得丰收；畜牧业连续7年丰收，牲畜总头数一创再创历史最好水平；乡镇企业连续6年平均递增23%；工业生产已经如期实现了第一个翻番。1991年全盟国民生产总值24.7亿元，社会总产值43.4亿元，其中农业占40.0%，工业占37.1%，建筑业占9.5%，运输业占5.4%，商业占8.0%。工农业总产值33.8亿元，为1978年的2倍；1991年地方财政收入1.9亿元，城镇居民人均收入977元；农民人均收入480元；牧民人均收入890元。

二、地区开发目标与战略措施

为实施盟委提出的"超常规运行、跳跃式发展"的战略，加快经济发展的步伐，90年代乌盟经济发展的总目标是：国民生产总值年平均增长速度力争达到保9争11的目标，"八五"期末农牧民人均收入达到全区中等水平，本世纪末力争实现财政自给，人民生活向小康过渡。实现上述目标，必须加大改革力度，扩大对内对外开放，按照区党委提出的建立“两带一区”，形成“前沿突破，腹地开花，大开大联，带动全局”的总体思路，努力把乌盟经济搞上去。乌盟作为沿边开发区一个重要组成部分，一定要把握机遇，以“大改革、大开放、大发展、大经济、大眼光、大动作”的思维定势，扭住经济建设这个中心不放，对内要紧紧把握好四个总体战，大打十个攻坚战，对外要全方位开放，六路出击，坚决实现五个方面的大突破。

四个总体战就是：改善农牧业生产条件和生态环境的总体战；科教兴农兴牧兴工的总体战；增加农牧民收入，增强集体和地方财力的总体战；转变职能，转换管理机制，搞好城乡配套改革的总体战。围绕这四个方面，要集中力量打好十个攻坚战：

——打好以种草种树和小流域治理基本建设工程为重点的改善生态环境的攻坚战。“八五”期间全盟累计造林33.3万公顷(500万亩)，新增人工种草33.3万公顷(500万亩)。

——打好以兴水为中心的“三亩田”和牧区五配套小草库伦基本建设工程为重点的改善农牧业生产条件的攻坚战。力争在1994年全盟实现人均一亩水浇地，二亩旱作稳产高产田，达到粮食稳定增长。牧区遇到大灾实现饲草料自给。

——打好以增大科技含量为重点的建设33.3万公顷(500万亩)高产攻关田，主攻单产、稳增总产的攻坚战。33.3万顷(500万亩)高产攻关田总产要达到8亿公斤，确保在全盟总面积三分之一的高产攻关田上，拿下全盟三分之二的产量。

——打好以牲畜总头数突破千万大关和增大牲畜个体效益为重点的发展畜牧业养殖业的攻坚战。到1995年牧业年度，全盟牲畜总头数达到920万头(只)，力争突破1000万头(只)，年均递增6%，其中生猪要有一个大的发展，饲养量达到200万头。

——打好以发展乡镇企业、庭院经济、第三产业和村级集体经济、区域经济为重点的增加农牧民收入，壮大集体经济实力，增强地方财力的攻坚战。

——打好以农(牧)科教结合为手段，以培养实用人才为重点的提高农牧区干部群众科技文化素质的攻坚战。

——打好以“三开三引”为重点的企业技术改造，开发新项目、新产品，调整产品结构和转换企业经营机制，加快工业发展步伐的攻坚战。“八五”期间，全盟重点抓好40个技改和新开发项目。

——打好以国合商业“四放开”和粮油购销体制为重点的深化流通体制改革的攻坚战。

——打好以实现农工商、牧工商一体化，产供销一条龙为目标，以商品生产基地为依托，以集贸市场为纽带，以搞好产前、产中、产后服务为重点的建设社会化综合服务体系和培育市场的攻坚战。

——打好以优化社会政治环境为目的，以精兵简政、消肿减肥为重点的综合配套改革的攻坚战。

在扩大对外开放上，充分发挥乌盟的地缘、交通和资源三大优势，加快实施全方位开放战略，逐步组织实施六路出击，力争实现五个方面的大突破。六路出击，就是要增强外向型意识，借船出海，借港出口，积极动作。一是向北出击，尽快打通二连浩特通向蒙古、独联体东欧的市场通道；二是向东出击，打通京津地区通向日本市场的通道；三是向南出击，打通广州、深圳、珠海通向港澳地区、东南亚市场的通道；四是向东北出击，打通集通铁路、满洲里通向独联体、远东市场的通道；五是向东部沿海出击，打通大连、青岛、烟台通向韩国市场的通道；六是向东南沿海出击，打通经常州、上海、无锡通向五大洲市场的通道。通过这六路出击，力争把乌盟的经济发展与发达地区、发达国家紧密联系起来，参于国际市场和国际经济大循环，逐步形成“南北双向开放，内外双重推进，多口联合，以外促内，内外结合，兴盟富民”的新格局。力争实现五个方面的大突破，一是从地缘优势上突破，发展与蒙古、独联体、东欧的贸易。坚持地方贸易、国家贸易、边境贸易、民间贸易一齐上，多边贸易、双边贸易、转口贸易一齐上，经济贸易、技术贸易、旅游贸易一齐上，灵活多样，全方位进军。二是从抓住时机上突破，发展与蒙古、独联体、东欧的经济技术合作，以独资、合资、补偿贸易方式，到独联体、蒙古发展商饮服务业、纺织业、服装加工业、建筑业、种植业和房地产业，同时要利用独联体和东欧国家在能源、原材料工业方面的技术优势，开发乌盟的矿产资源。三是从交通优势上突破，逐步形成以集宁市为中心的国际性贸易中心，为各路商客提供采购、包装、投资、储运、信息等项服务；以丰镇市、清水河、和林、凉城、武川、化德、商都为窗口，发展与京、津、张、大、呼、包、准等周边地区的横向联合和经济合作，采取联合办厂、开发资源、产品和技术、联合销售、补偿贸易以及加入区内外企业集团等各种方式，利用一切可以利用及条件，吸收一切可以应用的先进管理经验和科学技术，引进各种为我所用的科技人才、经贸人才和管理人才，提高乌盟企业总体素质，形成主动接受大中城市辐射，南北对调、东西搭桥、横跨联营，发展外向型经济的态势。四是从资源优势上突破，立足乌盟农畜土特产品和矿产资源的优势，选准项目，建立商品生产基地，组建企业集团，尽快形成产品优势，扩大出口，挤进国际市场。五是从劳力资源上突破，大力发展劳务输出，进入蒙古、独联体和东欧办实体，搞商务，让劳力优势变为经济优势。

抓住机遇，加快对内对外开放步伐，实施以开放驱动全局的战略。把决策迅速转化为改革开放的新成果，关键是充分发挥乌盟自然资源优势，找准外经与外贸的结合点，以开放促进开发，以开发促进发展。当务之急，要做好以下五项工作：一是下大力狠抓以基地为依托的优质低耗高产高效的创汇农业。二是在全盟工业系统组建集宁市的皮件、兴和县的石墨制品、丰镇市的墨玉加工三个集团公司，其它如毛皮、矿产品、粮食、肉食等，也都要组建集团公司，形成较大规模的生产能力，使产品向多样化、高档次发展，以此带动和促进整个外向型经济的发展。三是以先进骨干企业为龙头，围绕名优产品，实行多种形式的联合，逐步形成各具特色的外向型生产体系。如以达茂为主的稀土基地；以兴和、武川、丰镇为主的石墨、墨玉和膨润土基地；以四子王、化德为主的萤石生产基地以及清水河的陶瓷和建材业基地等。四是加快集宁市对外开放的步伐，把集宁建成一个具有开发新产业、新技术、新产品、新市场的新型开放城市，以集宁为中心，带动全盟的开放，加快全盟经济的步伐。五是放宽政策，调动各方面的积极性开发旅游资源，努力把乌盟的旅游业发展为创汇、创收的重要产业。要积极开发凉城温泉、武川县大黑门、兴和县苏木山等旅游点，并加强已开放的四个旅游点的建设，吸引国内外资金增加旅游项目，提高接待能力，吸引更多的国内外游客，促进全盟旅游事业的发展。通过上述五个方面的工作，力争在1992年、1993年两年实现"二三五"目标，即出口创汇二亿元，引进外资三亿元，兴办"三资"企业50个。要充分用好国内国外两个资源，开发国内国外两个市场，发挥国内国外两个运作的本领，实行进口与出口结合，外经与外贸结合，民间与官方结合，文化交流旅游与经贸结合，经贸发展与全盟经济发展结合，形成"出口——引进——再出口"，逐步实现"外经外贸发展促进全盟经济发展，全盟经济发展带动外经外贸发展"的大循环，进而推动兴盟富民目标的实现。

三、开发区内的典型企业：

集宁市皮件厂

集宁市皮件厂系由上海支边迁蒙的老企业。1984年皮件厂生产的山羊皮服装在全国皮革服装质量评比中被评为一类产品第二名，绵羊皮服装被评为一类产品第三名，同年，山羊皮服装被评为全国轻工业优质产品。1985年集宁市皮件厂经自治区批准，进行全面技术改造，总投资525万元，引进法国、意大利及国产先进制革、皮件生产设备200多台套，生产能力年产绵、山羊皮60－80万张，皮卡衣5－8万件，皮手套20万付，以及不同数量的各类皮革小商品。

1985年以来，经过全厂职工的共同努力，皮件厂主产品"熊猫"牌系列皮革服装20多次被评为行业、轻工部、内蒙古自治区优质名牌产品。1989年北京首届国际博览会，"熊猫"牌皮革系列服装获银质奖，同年皮件厂被轻工部授予推动企业技术进步金龙腾飞奖。1989年自治区首届"雪原杯"时装设计与时装表演大奖赛中，获皮革系列服装特别设计奖。

集宁市皮件厂由于受本地区经济发展条件影响，资金十分紧缺，目前积极寻求拥有先进技术、拥有雄厚资金或原料的伙伴，无论国内外厂家，只要有诚意，工厂将热烈欢迎，携手合作，共创未来。

（刘瑞祥 撰稿）

锡林郭勒盟

——资源开发区

锡林郭勒盟位于内蒙古自治区中部，北与蒙古交界，边境线长1096公里，总面积20.2万平方公里。总人口89.1万人，其中蒙古族25.5万人。锡林浩特市是锡林郭勒盟政治、经济、交通、文化中心。

一、资源优势与经济发展

锡林郭勒盟草原举世闻名，草场面积19.7万平方公里，牧草品种繁多，质量优良。全盟矿产资源极为丰富，天然赋存条件良好，目前已发现各类矿产50余种，矿床和矿化点有280多处，已探明储量的矿产有33余种。探明煤炭储量718亿吨，居全区第二位，其中乌兰图嘎煤矿212亿吨，白音华煤矿141亿吨。石油探明可采储量6656万吨，金属矿床铁累计探明储量36903万吨，非金属矿床萤石探明储量

150.5万吨，天然碱4500万吨，其中查干淖尔碱矿1933.9万吨，芒硝2000万吨(其中锡林浩特市巴彦诺尔详查储量964万吨，属中型矿)，盐2797.5万吨，其次还有银、锰、钼、浮石、云母、石膏、石灰石、珍珠岩、蛇纹岩、玛瑙石等。

畜产品资源相当丰富，年产肉类6.6万吨，其中牛肉2.5万吨，羊肉3.3万吨；绵羊毛1.2万吨，山羊绒400吨；皮张220万张，其中牛皮16万，绵羊皮170万，山羊皮20万张。

到1991年全盟工农牧业总产值为91480.4万元(80年不变价，下同)，比1978年的29475.5万元增长3.1倍，平均每年递增9.1%；财政收入实现11300万元，比1978年的1793.1万元增长6.3倍，平均每年递增15.2%。全盟牧民人均收入1344元，农民人均收入634元，比1978年的262元、169元分别增长5.1、3.2倍。

粮食产量实现1.8亿公斤。牲畜头数登上了1000万头只台阶。原煤由1978年的41.6万吨增长到1991年的88.1万吨；原油实现100万吨；萤石产量达到4.4万吨。先后建成了锡～张公路锡盟段307公里；锡～赛公路361公里；锡～阿(阿尔善油田)公路115公里三条主要干线。发电机组容量2.4万千瓦，输电线路780公里，形成了三个供电区：第一，太旗、白旗、兰旗、多伦并入华北电网；第二，黄旗、西苏、二连、东苏并入呼包电网；第三，锡市、阿旗、西乌旗并入以锡市为中心的小型电网。

改革开放以来，经济结构发生了可喜的变化。1978年三大产业比重为57∶22∶21，到1990年三大产业比重58∶19∶23。

根据国家的产业政策和锡盟的资源状况，在加快农牧业发展的同时，重点开发能源、石油、盐碱等项目，形成以煤电联产的集团项目；以查干淖尔碱矿为中心的碱化工集团项目；以额吉淖尔盐场为中心的盐化工集团项目；以锡盟牛羊革联合企业为中心的皮革服装企业集团项目；以西乌旗、锡市乳品企业为中心的乳品企业集团项目，以此带动第三产业的发展。

经济、技术合作情况及协作意向：

十年来，锡盟横向经济联合深入地发展。截止1991年引进资金5177.5万元(全部是区外资金，其中1991年引进1930万元)，引进技术项目197个，并且接待了日本、美国、法国、瑞士、意大利、荷兰、香港等国家、地区、国内省市经济技术合作团组174批。通过频繁的往来，提高了知名度，拓宽了联合协作领域和渠道。

依据盟委、公署的十年规划纲要，提出如下经济技术联合意向：

畜牧业重点发展一批肉羊、肉牛、细毛羊、绒山羊、奶牛等生产项目；

种植业重点开发太旗、多伦、乌拉盖等地商品粮基地和油料基地；

畜产品行业重点改造锡市地区的皮革行业，兴建锡盟羊绒衫厂和4800锭毛纺厂，提高产品的知名度，打开国际市场；

采掘加工业重点开发煤、盐、碱、硝、金、银、铜、锡、铁等和一些非金属矿，并进行一定程度的洗选加工，加强能源工业和化工工业；

有计划地开发利用动物资源，如裘皮服装、风味食品、生物制药和土特产加工。

二、经济发展设想

到本世纪末锡盟国民生产总值平均递增11%，达到15亿元(80年不变价)，工农牧业总产值年平均递增9.6%，达到46亿元(90年不变价，下同)，其中农牧业平均递增3.4%，达到14亿元，工业年平均递增15.5%，达到32亿元。全盟社会劳动生产率年平均提高6%；独立核算工业企业资金利税率提高到18%；财政收入年平均提高到9.5%，达到2.5亿元；财政自给率达到65%以上。农牧民生活达到小康水平，牧民人均纯收入达到2500元，农民人均纯收入达到1200元。

重点发展方向：

农牧业：根据我盟农牧业发展方针，稳得住、上得去，畜牧业进一步提高繁成率、周转率和母畜比重，加快畜种改良从而提高经济效益。严格控制数量，做到以草定畜、增草增畜。加强东、西乌旗、锡林浩特及阿旗北部的乌珠穆沁肉羊为主体的肉羊基地建设；南部旗县的细毛羊基地建设和小三养基地建设；东、西、苏三旗在保留一定规模肉羊的基础上，重点抓好绵羊改良，逐步使这一地区向毛肉产区转化；以兰、白、东苏、阿四旗南部重点发展优质肉用牛的繁育和改良；城镇郊区、工矿区和交通沿线地区重点发展高产奶牛。

种植业到本世纪末粮食达到3亿公斤，抓好农区2万公顷水浇地、5万公顷基本田和乌拉盖、多伦县黑风河、上都河灌区等粮食基地建设。

工业：重点发展能源工业、原材料工业和畜产品工业。

兰旗电厂本世纪末120万千瓦机组投产；

西乌旗白音花120万千瓦坑口电站第一期工程

60万千瓦投产；

锡林郭勒盟乌兰图嘎煤矿实现年产1000万吨，远期规模5000万吨/年；

西乌旗白音花煤矿实现年产500万吨，远期规模1000万吨/年；

加速锡林浩特楚吉兰、西乌旗哈达图、东苏旗芒莱、东乌旗乌尼特、阿旗玛尼图，多伦煤矿的扩建工作，争取本世纪末全盟原煤生产实现1700万吨；

配合兰旗电厂用煤兴建锡林浩特——兰旗铁路，全长205公里(前期可行性研究工作已做完)；

抓好锡市20万吨稠油化工试验厂的建设；

大力发展城镇的集中供热；加快热电联产步伐；

加强锡市铜矿、铬矿、毕励图铜矿、萤石粉矿，东乌旗钨矿、小坝梁铜矿，太旗、阿旗钨矿，西苏旗铁矿，西乌旗铅锌矿等矿的建设，围绕集通铁路的开通大力开展沿线矿产品开发；

加快锡盟水泥厂、西乌旗水泥厂、兰旗玻璃厂、盟砖瓦厂新扩建工作，同时加快新型建筑材料的开发，向装饰豪华、保温方面发展；

大力开发盐、碱、硝化工，抓好万吨氯碱厂的筹建工作，充分利用乌兰图嘎的褐煤发展煤化工；

毛纺企业向纵深方面发展，抓好锡盟羊绒衫厂4800锭精纺厂的新建工作，提高现有企业的质量，增加花色品种；

肉类加工行业要加快集散地和交通沿线的东苏旗、黄旗、多伦县、锡林浩特市商品次序库的建设，重点开发新产品，形成以锡林浩特市为中心的肉类加工体系，扩大区内外制成品的销售市场；

乳品行业要加快锡市、西乌旗、兰旗、阿旗、白旗乳品厂的扩建工作；

皮革行业要加强现有企业特别是畜产品加工业的技术改造设施建设，重点加强锡市制革行业的技术改造工作。

对外贸易要落实沿边战略的思想，发展外向形经济，按照自治区“北开南联、双向推进”的方针，充分利用锡盟的口岸优势，重点加强商品基地建设，扩大同蒙古、独联体的边境贸易和易货贸易，建立稳定的国外市场，增加对外贸易的进出口额、劳务输出和技术合作。

(莘延彬 撰稿)

开发大事记

（1978年—1991年）

1978年

10月29日　内蒙古白云鄂博铁矿第一期工程竣工。

1979年

5月4日　内蒙古伊克昭盟在库布其沙漠西部的大白柠条集中分布区，成功地进行了面积3.8万公顷柠条的飞机超低容量喷雾灭虫生产性科学实验。

7月1日　党中央、国务院决定恢复内蒙古自治区1969年7月前的原行政区划。将现属辽宁省的昭乌达盟，吉林省的哲里木盟和科尔沁右翼前旗、突泉县，黑龙江省的呼伦贝尔盟和鄂伦春自治旗、莫力达瓦达斡尔族自治旗，甘肃省的额济纳旗、阿拉善右旗，宁夏回族自治区的阿拉善左旗，从7月1日起划归内蒙古自治区。

7月　内蒙古西部额济纳旗的戈壁滩上开始修建规模较大的永久性的草原水利工程。控制下游沿河1000多平方公里土地用水，对于加快蒙古族聚居的边疆地区的经济建设，将发挥重要作用。这项分水枢纽工程位于额济纳河中游。

1980年

2月　内蒙古自治区新发现了一个大煤田，已探明储量146亿吨，远景储量超过360亿吨。这个煤田位于鄂尔多斯高原东缘准格尔旗境内。

4月　内蒙古农牧学院副教授林维申试验成功一种适应于北方高寒地区的无梁柱蔬菜温室。内蒙古自治区人民政府为了表彰林维申为内蒙古解决吃菜困难所作的贡献，授予他农业劳动模范称号。

5月1日　由呼和浩特直达海拉尔的旅客快车通车。全程2476公里。93个停车站。

12月　内蒙古鄂托克旗西部发现一大型石膏矿。储量可达10亿吨以上。

1981年

8月　内蒙古网围栏生产服务公司组织生产的一种牧业机具新产品——网围栏，填补了我国牧机产品的一项空白，其质量已接近国际水平。

9月5日　联合国环境署沙漠化防治讲习班全体成员抵内蒙古自治区考察参观。

10月1日　由内蒙古自治区纺织工业公司与日本三井物产株式会社合建的东胜羊绒衫厂正式投产。它是目前世界上最大的山羊绒分梳企业，23个单项工程的总建筑面积为1.9万多平方米，年产无毛绒500吨、羊绒衫30万件。

10月18日　以内蒙古自治区人民政府主席孔飞为团长、国家民委副主任江平为副团长的中国少数民族畜牧业考察团乘飞机离开北京，前往澳大利亚进行为期两周的考察访问。

1982年

2月　包头市东风钢铁厂试验“二流程高炉转炉提铌联动”成功。这一科研成果，对白云鄂博资源的综合利用开辟了新的途径。

4月　内蒙古第一毛纺织厂把稀土应用在纯毛绒线染色技术上获得成功。此项技术在我国是首创，它为稀土在毛纺工业上的应用开拓了新的领域。

10月　锡林浩特——宝昌沥清公路建成，全长307公里。

12月26日　内蒙古自治区西部最大的火力发电厂——包头第一热电厂，扩建的第二台10万千瓦发电机组，投入试运行。

12月　东北内蒙古煤炭工业联合公司经国务院批准正式成立。它将负责统一领导和统一管理东北三省和内蒙古东部地区统配煤矿的生产、地质勘探、科研等。

12月　内蒙古阿拉善盟的戈壁沙漠发现了15个便于开发利用的自流水盆地和古河道富水地带。为这一带广大的沙漠地区的林牧农业布局，提供了主要水文地质科学依据。

1983年

2月　内蒙古自治区第一座太阳能牛舍在锡林郭勒盟黑城子种畜场建成。这座牛舍建筑面积达1000平方米，可容200头肉牛。

5月　内蒙古自治区开始进行国土资源综合考察。这项工作首先从呼伦贝尔盟着手进行。

1984年

3月1日　内蒙古草场资源遥感技术应用试验获得成功。

3月9日　内蒙古自治区学者包旭日干同日本学者合作试验山羊体外受精卵移植成功。接受移植的母山羊生下一只体重2.3公斤的山羊羔。这是世界上用体外受精法生下的第二例家畜，受到科学界的重视。

7月　我国第一个研究荒漠的机构——内蒙古阿拉善荒漠研究中心成立。

8月8日　内蒙古自治区规模宏大的彩色电视中心破土动工。

9月1日　国家重点工程年产300万吨的现代化露天煤矿——霍林河矿区南露天矿，今天正式投产。

9月　中共中央总书记胡耀邦考察集二线。提出“南有深圳，北有二连”。

9月　内蒙古自治区培养的第一个大畜新品种——内蒙古草原红牛，正式命名。

10月23日　我国少数民族地区第一条彩色电视生产线在呼和浩特正式建成。

10月　年产100万吨原煤的伊敏河矿区——露天矿一采区，今天移交投产。这是继霍林河南露天矿建成之后，我国又一个现代化露天煤矿。

11月8日　内蒙古第一座有色金属矿山——赤峰梧桐花铅锌矿基本建设工程竣工，通过验收并正式投入生产。

12月15日　内蒙古自治区党委和人民政府召开新闻发布会，宣布了关于修建集宁至通辽的地方铁路的决定。

12月　著名科学家钱学森应约为内蒙古设计草业系统工程。

1985年

1月　内蒙古伊克昭盟草原建设成绩显著，在最近全国的草原建设会议上，荣获专区级一等奖（全国共两名），国家农牧渔业部给他们颁发了奖状和奖金。

5月　包钢稀土三厂研究用钕化合物溶盐电解制取钕铁合金新工艺获得成功，为我国生产第三代永磁材料可提供大量廉价原料。

6月4日　呼和浩特市与香港第一个合资经营企业——“昭君酒家”举行奠基典礼。

6月13日　通辽发电总厂第一台20万千瓦机组开始试运转。

6月20日　国家重点项目之一的华北地区联网工程呼（呼和浩特）——丰（丰镇）——大（大同）22万伏高压输电线路工程竣工并验收完毕。

7月18日　由内蒙古二机厂和美国特雷克斯公司合作生产的33－70型36吨自卸载重汽车在湖北大冶铁矿通过鉴定。这是目前我国生产的最大的载重汽车。

8月5日　中国投资银行内蒙古自治区分行在呼和浩特正式成立。

8月6日　全国第一个草地资源保护地——内蒙古锡林郭勒草原自然保护区建成。

9月25日　内蒙古自治区第一架自产超轻型飞机——“蜜峰五号”试验机在呼和浩特白塔机场进行超低空（2米）、高空（320米）巡航试飞成功。

9月29日　内蒙古锡林郭勒盟苏尼特右旗和北京市昌平县联合开设的一个新型旅游点——北京十三陵草原宫正式开业。

12月28日　中国第一台60万千瓦汽轮发电机组在元宝山发电厂建成投产。国务院副总理李鹏发出贺电。

1986年

4月13日　以上海市市长江泽民为团长的上海市经济技术贸易代表团一行19人来我区友好访问。上海与内蒙古自治区正式建立横向经济技术协作关系。

4月26日　以迪布里吉斯先生为组长的世界粮食计划署中国2814项目评估组和该署驻华代表处的专家、官员一行5人抵达呼和浩特市，对呼和浩特市开发低洼盐碱荒地发展淡水养殖项目进行实地评估考察。

6月27日　中国北方稀土联合集团在包头成

立。

7月1日　国家和自治区"七五"期间重点项目——丰镇电厂工程破土动工。

7月8日　呼和浩特卫星通信地球站正式开通使用。

7月15日　应奥地利共和国斯蒂利亚州长约瑟夫克瑞尼博士的邀请，内蒙古自治区政府主席布赫一行赴奥地利进行为期16天的访问。

7月17日　德意志民主共和国煤炭考察小组西坡尔博士一行3人，对我区呼伦贝尔盟宝日希勒煤田、锡林郭勒盟胜利煤田的褐煤开发和综合利用前景进行考察。

9月20日　包神铁路黄河大桥正式剪彩通车。

10月13日　在法国召开的人与生物圈计划国际协调理事会，一致同意接纳包括我区"锡林郭勒草原自然保护区"在内的我国5个自然保护区加入国际生物圈保护区网。

1987年

3月9日　日本北海道大学副教授思田信一郎先生一行3人，在我区进行参观访问和学术交流。

3月20日　自治区主席布赫会见并宴请了来我区参观访问的芬兰驻华大使里斯托·于瓦里宁和夫人一行。

4月5日　自治区主席布赫会见并宴请了加拿大驻华大使葛汉和夫人一行。

4月25日　民航内蒙古区局从英国航空公司引进的BAE－146喷气式客机飞抵呼和浩特白塔机场。

4月　全国广播电视系统最长的微波电路内蒙古自治区微波干线一期工程如期完成。全自治区12个盟市的微波站，同时收听和收看到内蒙古彩电中心微波机房试传的广播电视信号。

4月　内蒙古大学白培光、梁光侠副教授等6名同志研制的超导材料获得成功。该材料零电阻温度为93K，较变宽度为1.3K。

5月21日　内蒙古科技情报所国际联机检索终端正式开业。

5月23日　大兴安岭发生特大火灾，大火直接威胁着我区满归林业局施业区和永安山、乌玛原始林区，自治区主席布赫召开政府紧急办公会议，就大兴安岭林区火灾，研究布署了紧急措施。

1988年

1月18日　呼盟、乌海市被国务院批准为经济体制改革试验区。

3月1日　内蒙古农牧学院推出新科研成果——牛胚胎性别早期判定，解决了世界上许多生物学家长期以来希望解决的重大课题。

4月14日　呼伦贝尔盟1000万亩优质草牧场向国内外实行招标和租赁经营。

4月27日　自治区党委、政府召开了呼盟、乌海市经济体制改革试验区工作汇报会。

6月1日　呼伦贝尔盟建成黑山头、室韦两个对苏(前苏联)贸易口岸。

6月25日　自治区地矿局首先建成国内最大区域性地形数据库。

7月1日　由华能精煤公司和内蒙古、陕西集资兴建的包神铁路已铺轨101公里到达东胜市，该线全长170公里，贯通后将解决东胜、神府煤炭的外运问题。

7月3日　国家和自治区的重点建设项目——内蒙古炼油厂和内蒙古化肥厂，经正式批准，拟在呼和浩特兴建。

7月21日　全国第一条中型非白氮饲料砖生产线在通辽市建成投产。

9月25日　黄河上建成的第44座公路大桥——乌海黄河公路大桥交付使用。使110国道的华北段与西北段紧紧地连在一起，对加速开发祖国的大西北和建设乌海试验区极为重要。

10月3日　国家"七五"期间重点建设工程，全国五大露天煤矿之一的霍林河矿区一号露天1000万吨规模二期工程已正式破土动工。

1989年

4月2日　自治区东四盟市农业开发战略开始实施。经国务院批准，被正式列入国家重点农业开发计划。

4月13日　甘肃、青海、宁夏、内蒙古四省区将联合开发黄河上游多民族经济区。

4月23日　自治区包钢选矿厂已成为我国最大的稀土精矿厂家。该厂稀土精矿生产量占全国产量的90%以上。

6月10日　经自治区批准，包头市建立以能源、原材料生产为重点的经济开发区。

6月11日　全国100个农村电气化试点县(旗)之一，自治区唯一的发展小水电农村电气化试点旗——克什克腾旗的建设已初具规模。

6月15日　我国第一胎"试管牛"在内蒙古大学实验动物研究中心诞生。

6月17日 自治区重要的商品粮生产基地河套灌区引进世界银行提供的6600万美元贷款，进行该灌区的排灌配套工程。

6月18日 由英、法、美、意大利、西班牙、澳大利亚6个国家的14家公司参加的内蒙古自治区首届国际畜牧业农业机械设备展览会，在呼和浩特内蒙古国际贸易大厦展览厅开幕。

9月13日 朱熔基率上海市政府代表团访问我区。

9月30日 国家"七五"重点建设项目之一——丰镇电厂的一号20万千瓦机组正式并网发电。

10月9日 贯穿我区伊克昭盟的重要运煤干线——包神铁路通车典礼在陕西省大柳塔火车站举行。李鹏总理亲临剪彩，李铁映、邹家华等中央领导同志出席，自治区领导王群、布赫同志也参加了典礼。

12月 阿尔善——赛汉塔拉100万吨输油管道建成，全长361公里。

1990年

1月1日 神府东胜煤田马家塔露天煤矿建成投产。它是我国目前最大的煤田，而且是世界八大煤田之一。

1月2日 国家重点工程通辽电厂二期工程3号20万千瓦机组通过验收正式投产。

1月3日 我区呼和浩特卷烟厂进入中国500家大企业行列。

1月4日 我区探明一处长江以北最大最富的铅锌矿床。

1月5日 通辽市被农业部确定为农机化综合试点，这是内蒙古唯一进入全国农机化综合试点的单位。

2月20日 自治区隆重召开支援准格尔项目建设动员大会。准格尔煤田一期工程被国家列为1989年第二批按合理工期组织建设的国家十项新开工重点项目之一。

4月7日 我区自然条件和地理条件最差的一个旗——额济纳旗，建成全区最大的自流灌溉草原区。

4月9日 国务院、中央军委批准锡林浩特机场迁建工程。

5月9日 国家重点工程项目——丰镇电厂一期工程的第二台20万千瓦机组工程已全面铺开。

5月13日 呼和浩特炼油厂工程建设已全面铺开。

5月15日 全区旗县级综合改革试点现场会议在乌盟察右前旗召开，察右前旗介绍了综合配套改革的基本做法和主要经验。

5月14日 中共中央政治局常委乔石在我区呼和浩特市、包头市和乌兰察布盟、巴彦淖尔盟、伊克昭盟进行了考察。

5月24日 年产500万吨原煤的元宝山大型露天煤矿，经国家计委批准，前期工程已全面铺开。

5月27日 我区已有7万户牧民用上风力发电机，装机容量为7150千瓦，居全国首位。

5月31日 呼和浩特至乌兰巴托首次开行国际直通客车。

6月22日 全国最长的地方铁路——我区的集通铁路，已经国家计委批准，全线破土动工。

7月7日 内蒙古自治区人民政府和北京市人民政府在华北地区第七次省、市长联席会上正式签订《联合开展地方贸易、边境贸易协议》。

7月10日 蒙古人民共和国驻中国呼和浩特总领事馆正式恢复设立。

8月13日 锡林浩特——赛汉塔拉沥青公路建成，全长362公里。

8月14日 农业部和我区联合兴建的畜牧业建设最大工程——伊盟引黄灌溉种草养畜综合发展项目大见成效。

8月 国家科委和内蒙古自治区政府批准包头市建立"稀土高新技术开发区"。

9月24日 经国家地质矿产鉴定，我区鄂伦春自治旗境内的神泉山矿泉水被列为中国矿泉水的珍品，并进入世界名矿泉水之列，被选为世界性体育大赛指定饮料。

9月26日 自治区主席布赫圆满结束对苏联俄罗斯联邦共和国、赤塔州和布里亚特自治共和国的访问，回到呼和浩特。

9月23日 中共中央总书记、中央军委主席江泽民考察我区呼伦贝尔盟、伊克昭盟、巴彦淖尔盟和包头市、呼和浩特市。

10月21日 我区风能开发利用居全国之冠，边远地区8万多户农牧民用上风力发电机和提水机，装机总容量在8500千瓦，年发电量1280万千瓦时。

10月22日 我国牧草种子资源数据库在呼和浩特建成运行。

10月24日 我区中西部地区试种旱稻获得成功。

10月26日 我区7个旗县市进入1989年全

国粮油百强行烈。

10月26日 具有500万千瓦优越条件的大型电厂——达拉特电厂项目建议书已由国家计委批复,即将兴建。

1991年

1月14日 李鹏总理就呼伦贝尔盟改革试验区及计划单列等问题做重要批示。

7月10日 神府东胜煤综合开发利用布局论证会在京举行,基本结论是:应就近在包头市建立生产综合体。

7月18日 我区同蒙古开放四对公路边境口岸,即二连浩特——扎门乌德、阿日哈沙特——哈比日嘎、珠恩嘎达布其——毕其格图、甘其毛道——嘎顺苏海图。

8月15日 1991年自治区那达慕大会在呼和浩特亚洲最大的赛马场之一——内蒙古赛马场开幕。党和国家领导人乔石、陈丕显、王丙乾,中央各部委和兄弟省市自治区的领导,国内外宾客及我区各族群众1.3万多人参加了开幕式。这次那达慕大会是我区成立40多年来规模最大的一次盛会。

8月16日 1991年中国内蒙古经济贸易交易会隆重开幕。

8月23日 我区与前苏联赤塔州签署交流合作协议。双方一致同意在满洲里——后贝尔斯克之间建立中苏(前苏联)联合互市贸易区和开辟两地之间直通航线、开通公路等合作协议项目。

8月26日 自治区主席布赫会见国际著名能源、核技术专家布朗教授。

8月29日 应自治区政府邀请,中国银行总行及港澳中银集团代表前来我区考察访问。

8月30日 国家主席杨尚昆参观蒙交会展馆,并题写了"发展经济,繁荣内蒙"八个大字。

12月 国家计委批准元宝山电厂三期工程(120万千瓦)设计任务书。

(田永明 撰稿)

二连口岸火车站。

全国最大的陆地口岸——满洲里铁路、公路口岸国门。

呼和浩特航空口岸停机坪。

锡林郭勒草原

大兴安岭库都尔林业局贮木场

内蒙古资源优势与开发

赛马

大兴安岭林区

我国五大露天矿之一，年产1000万吨原煤的霍林河煤田。

开发中的白云鄂博铁、稀土矿。

现有装机90万千瓦的元宝山火电基地

呼伦贝尔盟政治、经济、文化中心，盟公署所在地——海拉尔市。

呼伦贝尔盟改革试验区

在建规模为500万吨的全国五大露天矿之一——伊敏河露天矿。

全长945公里的滨洲铁路复线，是呼盟与东北地区，以及与俄罗斯往来的重要通道。

发展中的经济改革试验区——乌海市

街头小景

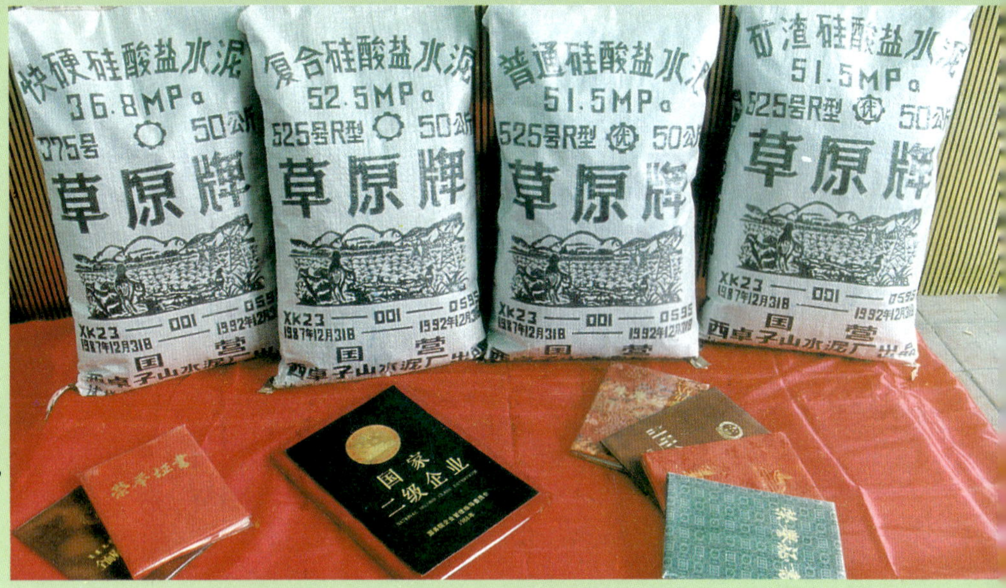

国家二级企业——西卓子山水泥厂生产的"草原牌"水泥行销全国。

乌海市化工厂是内蒙古自治区最大的综合加工盐、碱、硝的现代化企业。

赤峰资源开发区

全国出口羊绒衫的重点企业
——赤峰市羊绒衫厂

所产“雪原牌”羊绒衫，设计美妙、款式新颖、手感滑爽软糯、色彩绚丽豪华，曾先后被评为内蒙古自治区优质产品、行业优良产品和地方名牌产品，远销亚洲、西欧、东欧、美洲等38个国家和地区。

厂　　长：许廷良

厂　　址：内蒙古自治区赤峰市哈达街南段一号

邮政编码：024000

电　　话：22613　24895

电　　挂：5904

广　告

鄂尔多斯资源开发区

开发中的东胜煤田马家塔露天矿

东胜精煤集装外运

在国内外享有盛誉的阿尔巴斯白山羊

巴彦淖尔
资源开发区

开发建设中的霍各乞铜矿探明储量：铜13万吨，铅101 万吨，锌88万吨。

临河面粉厂1985年引进日处理250 吨面粉的成套设备。该厂雪花粉荣获国家“七五”星火计划成果博览会金奖。

内蒙古河套酒厂，所产“河套老窖”荣获1991年“中国国际诗酒节”金爵奖。

集宁轴承厂为机电部重点企业，乌盟的国营中型骨干企业，经过1986—1990年第一期技术改造，目前生产“0”、“1”、“2”、“7”四大类型轴承，规格达100 余种。产品质量达到国家标准，并创省优产品称号，行销全国，并于1986年进入国际市场，远销欧、美、印等12个国家和地区。

乌兰察布资源开发区

广　告

集宁市皮件厂生产的女式皮套装

商都牧机厂是机械电子工业部生产风力机械的重点企业，为国内研制、生产风力机械最早的厂家。产品有风力发电机、风力提水机、牧机、农机。产品行销国内24个省、市、自治区，占全国保有量的1/2，并出口瑞典、蒙古、泰国、印度尼西亚、马来西亚等国。

1991年，100 瓦风力发电机同时荣获农业部和机械电子工业部优质产品称号。

厂长：杨　彬
厂址：内蒙古商都县城关镇
电话：31231　　电报：6593

政策法规

国务院批转
全国民族贸易和民族用品生产工作会议纪要的通知

（1981年7月14日）

国务院同意《全国民族贸易和民族用品生产工作会议纪要》，现发给你们，请参照执行。

发展民族贸易和民族用品生产，对发展少数民族地区经济，改善少数民族人民的生活，增强民族团结，有着重要的意义。解放以来，民族贸易和民族用品生产工作，总的说来，取得了很大成绩。但是，长期以来，在“左”的思想影响下，不少地区和部门忽视了这项工作，给少数民族的生产和生活造成了一定困难。国务院要求各省、市、自治区和国务院有关部门加强对这项工作的领导，采取有力的措施，切实改变这种状况。并请省、市、自治区的负责同志主持，组织有关部门参加，研究制订发展规划，共同抓好这件事情。

会议纪要中提到的有关政策和措施，例如减免税收和降低贷款利率，在国家拨给民族地区补助款中每年划出一定比例作为扶持资金，解决民族用品生产经营赔钱问题，以及专项安排一些商品和原材料等，有关部门和地区都要尽快提出具体办法，认真贯彻落实。

附件：

全国民族贸易和民族用品生产工作会议纪要

受国务院委托，国家民委、商业部、全国供销合作总社、轻工业部、纺织工业部、外贸部、财政部、医药总局、物资总局、物价总局、人民银行总行等11个部门，于5月20日至6月1日，联合召开了全国民族贸易和民族用品生产工作会议。参加会议的有25个省、市、自治区的代表380人，其中少数民族代表72人。有4个自治区的副主席、6个省的副省长，以及各有关省、区民委、计委、经委、财办等部门的负责同志参加了会议。

这次会议，学习了陈云同志关于民贸工作的指示，根据党的十一届三中全会的路线方针和中央关于西藏、新疆工作的指示精神，研究了进一步发展民族贸易和民族用品生产问题。现将会议情况纪要如下：

一、统一思想认识，明确方针任务

新中国成立以来，根据党中央和国务院的指示，各级商业、供销、医药、外贸和轻纺工业部门，在当地党政部门直接领导下，在财政、银行、物资、物价等有关部门的密切配合下，大力发展民族贸易，发展民族用品生产，取得了很大成绩。

但是，民族贸易和民族用品生产和其他工作一样，31年来走了一条曲折的道路。解放初期和整个第一个五年计划期间，由于从上到下认识到各民族的繁荣，是我国社会主义民族政策的根本出发点，在扶助少数民族发展生产、繁荣经济方面做了极大努力，民族贸易和民族用品生产有了很大发展。后来，在“左”的思想影响下，特别是林彪、“四人帮”的长期干扰破坏，不少同志对民族贸易和民族用品生产工作的性质、特点、方针和任务存在许多糊涂观念，因而重视不够，工作开展不力。1972年国务院重申了党的民族政策，恢复了对边远山区、边远牧区民贸企业的自有资金、利润留成、价格补贴三项照顾，补充了部分自有流动资金，并建立了11个民族用品生产基地，调整了生产布局，民族贸易和民族用品生产有所开展。但因“四人帮”还在台上，许多问题没有得到根本解决。

粉碎“四人帮”以后，尤其是党的十一届三中全会以来，党中央正确地解决了西藏和新疆工作中的问题，各地在落实民族政策方面做了许多工作。在政治上，平反纠正了历次运动中的冤假错案，进行了民族政策的再教育，注意了民族干部的培养和使用，推进了民族自治地方少数民族人民当家作主的政策；在经济上，结合民族地区的特点，推行了各种形式的生产责任制，放宽经济政策，休养生息，使农牧业生产得到较快发展，人民生活有了显著改善。从而改善了民族关系，加强了民族团结。在民族贸易和民族用品生产方面，这几年也有了较快恢复，产量、花色品种不断增加，商品供应逐步好转。

大家认为，要做好民族贸易和民族用品生产工作，关键是要照顾少数民族特点，继续肃清“左”的思想影响，提高对这项工作重要性的认识。在这次会议上，明确了民族贸易和民族用品生产工作的方针任务：从民族地区实际情况出发，继续放宽政策，促进生产发展，照顾少数民族需要，保障商品供应，改善人民生活，增强民族团结。

二、认真执行政策，努力做好工作

我们党根据民族地区的具体情况，为民族贸易和民族用品生产工作制订了一系列行之有效的政策，主要是：(一)扶持和发展民族地区的经济政策；(二)尊重少数民族风俗习惯的商品生产和供应政策；(三)培养、使用和选拔民族职工的干部政策；(四)坚持民族贸易的“三项照顾”政策。各级商业、供销、医药、外贸、轻纺工业和财政、银行、物资、物价等部门，要根据这些政策，努力为生产服务，为人民生活服务，把各项工作做好。

(一)加强农副土特产品和中药材的收购，促进多种经营发展。

少数民族地区，地域辽阔，资源丰富，适宜发展多种经营。要根据因地制宜的原则，充分发挥本地区的优势，全面规划，合理布局，有计划地发展商品基地，并注意保护好资源。商业、供销、医药、外贸部门要加强收购工作，对群众需要出售的农副土特产品和药材，只要运得出，有销路，都要尽量收购起来，积极推销出去，以销促购，以购促产。

要根据国发〔1980〕279号《国务院转发全国粮食会议汇报提纲的通知》精神，减免征购任务，解决群众口粮问题。要继续对边远山区、牧区收购某些农副产品、中药材实行运费补贴政策。当地有条件进行初加工的，尽可能在当地发展加工工业，节约运力、运费。还可采取产区、销区联营等办法，进一步把民族地区经济搞活，促进生产发展，增加群众收入。

收购、外调农副产品和中药材，要兼顾国家、集体、个人三方面的利益，正确处理中央和地方的关系。属于群众生活需要的品种，在确定收购指标时，群众的自用部分要适当留足。外调时，必须注意先保大城市大工业现有生产能力的需要。对一地或少数地方生产全国都需要的中药材,要照顾全国药用的需要。市场紧缺的品种,完成调拨计划后的剩余部分,由地方自行处理。今后再增加工业生产能力,要尽可能考虑在少数民族产区发展。

(二)大力发展民族用品生产,搞好商品供应。

继续贯彻国务院关于在少数民族地区发展民族用品生产的方针,就地生产,就地供应。近几年民族地区发展起来的民族用品生产企业,来之不易,要坚决搞好,不要轻易停产、转产。对于一些技术性较强,民族地区目前还没有条件生产的民族用品,应当继续发挥沿海老产区的作用。为解决民族丝绸有些品种长期供应不足的矛盾,如烂花乔其绒、金丝立绒和交织提花绸等,除传统产区进一步挖掘潜力外,拟在新疆、四川等地的丝绸厂扩大生产能力。

加强对民族特需用品生产的计划管理,把它分别纳入国家和地方计划之内。所需原材料,纳入各级物资分配部门的计划,按时、按质、按量保证供应。属于中央有关部门管理的金、银、人造丝、厂丝、棉纱、皮毛、玻璃、钢材和铜、铝、锡、铅、锌及其加工材等,根据需要和可能,继续专项安排下达。对于一地生产供应多地的产品,如民族礼帽等少数品种,所需原材料,中央有关部门要给予特殊照顾,专拨指标安排。当前供应比较紧缺的木材、皮张等,除了按计划供应当地以外,对少数民族特殊需要部分,适当增加指标,由有关部门联合下达。计划内的计划外增拨的原材料,都要保证用于民族用品生产,任何部门和个人不准克扣和挪用。

商品分配要适当照顾少数民族地区,使民族地区的市场供应状况更好一些。对某些供应不足的商品,凡是内地市场与民族地区需要有矛盾的,要优先供应民族地区;凡是出口和民族地区需要有矛盾的,外贸要照顾民族地区的实际需要。各有关部门在安排计划商品以及京、津、沪、江、浙、鲁等主要产区在分配三类工业品时,要适当增加对少数民族地区的分配比例。自行车、缝纫机、手表等全国供应偏紧的商品,要在正常分配计划之外给民族地区以照顾,单列指标,专项安排。专项照顾边境县的商品,仍照现行办法继续执行。少数民族生活必需的茶叶、丝绸等商品,以及民族药等,商业、供销、医药、外贸部门,要设法优先安排,保证供应。

各级民贸企业,要结合民族地区的特点,根据上级确定的经营范围,制定和完善经营商品目录和必备商品目录,进一步把民族地区的市场供应搞好。

(三)坚持实行“三项照顾”政策。

这项政策,体现了党对民族地区的关怀,对发展民族地区的生产和商品流通,稳定市场物价和改善人民生活,起到了积极作用。财政实行“分灶吃饭”体制以后,仍应继续执行。对已批准实行“三项照顾”县(旗)的民贸企业,要按照有关规定执行,不能随意变更。对应补充的自有资金,必须由各省、自治区财政根据商品资金定额,逐年予以安排解决。主要工业品最高限价和主要农副产品最低保护价,取消了的要恢复。对“三项照顾”地区的医药部门,不要因为管理体制的变更而取消照顾。对要求增加实行照顾的地区,由各省、自治区按规定的条件,根据需要与可能掌握审批,报送有关部备案。

(四)大力培养和使用民族干部。

希望各级党政领导部门督促各级商业、供销、医药、外贸和轻、纺工业等部门,认真执行党的干部政策,注意选拔、使用和培养少数民族干部,切实克服忽视这一工作的缺点,并加强职工教育,以适应工作需要。

各民族的干部都要加强学习,学习政治,学习政策,学习业务。汉族干部要同当地少数民族干部互相学习,互相帮助,同心同德,为发展民族贸易和民族用品生产,促进少数民族地区生产的发展和经济繁荣做出应有贡献。

(五)加强领导。

民族贸易和民族用品生产是一项重要的经济工作，也是一项重要的政治任务，必须高度重视，切实加强领导。建议少数民族聚居省、区各级政府，把这项工作列入议事日程，定期听取汇报，协调各方面的关系，审议有关重大问题，组织贯彻执行。

国务院各有关部门也要建立和健全相应的专管机构，配备一定力量，加强管理和指导。

为适应工作需要，希望各地加强民族贸易和民族用品生产的经营管理机构。机构的设置，要根据民族特点、地区特点和具体情况而有所不同，不能"一刀切"。

三、需要研究解决的几个问题

（一）关于扶持资金问题。少数民族地区多种经营和中药材扶持资金短缺，发展缓慢；工业生产条件差，工艺技术落后，急需改造提高；民族贸易网点和仓库严重不足，欠帐太多，矛盾越来越突出。根据现行体制，应以地方为主，统筹安排解决。我们建议：从国家特殊资助民族地区的各项补助款，如"民族地区机动金"、"定额补助款"、"支援不发达地区发展资金"、"边境事业补助费"等项目中，划出一定比例的金额，用于发展多种经营、中药材以及民族用品生产和民贸网点、设施建设的需要。由各省、自治区统筹规划，从 1982 年开始列入计划。同时，中央有关部门在可能的范围内，也要在资金、物资方面给予照顾和支持。

（二）关于民族用品生产、经营赔钱问题。由于原材料提价，有些品种生产和经营利润过小，有的发生亏损。工商企业都要加强经营管理，努力降低生产成本和流通费用，提高经济效果，减少经营亏损。同时采取以下措施：

第一，减少中转环节，区别不同商品，实行厂店或厂批直接挂钩的办法，以减少流通费用；

第二，工业生产或商业经营有利润的品种，可以通过工商企业互相让利的办法解决；

第三，因亏损纳税有困难的，可由省、市、自治区财税部门根据税收管理体制的规定，给予减免工商税照顾；

第四，采取以上措施仍不能解决问题的，考虑到这些产品多系集体企业生产，生产分散，手工操作比重大，为了鼓励生产和经营积极性，在保证物价基本稳定的前提下，按照物价管理权限，经过批准，可以分期分批适当调整产品的出厂价格和销售价格。如果有些品种的价格目前不宜调整，经省、市、自治区人民政府研究决定，由各级财政给予补贴。

（三）关于减征所得税和低息贷款问题。对"三项照顾"地区，基层供销社的所得税实行定期减征；生产民族用品的手工业企业的所得税，可按照国发〔1981〕75 号《国务院关于抓紧今年工交生产，努力增产增收，保证完成国家计划的通知》精神，再适当放宽给以照顾，以促进其发展。"三项照顾"县（旗）的商业、医药、供销社和少数民族聚居省、区生产民族用品的企业自有资金不足，经营困难，拟由人民银行和农业银行给予低息贷款照顾。商业、供销、医药、外贸企业的各项资金，各地主管行政部门要按规定，督促企业管好用好，任何单位和部门不得抽调挪用。

（四）关于吉林、辽宁两省要求恢复与朝鲜的地方边境小额贸易问题。两省认为，贸易金额不大，需要的东西有限，相互调剂余缺，对双方边民都有好处。从照顾朝鲜族特殊需要考虑，拟同意其恢复。

此外，西藏自治区建议，允许他们在完成出口调拨计划以后，自营一部分出口业务，参加对外贸易，也可予以同意。

（五）关于封山育林与靠山吃山的矛盾问题。少数民族地区反映，有些地区林业部门对封山育林无区别对待，把群众靠挖采山货、土产、药材的生产生活出路堵死了，致使市场上锄把、车杠、犁弯、粪桶等小杂木制品供应紧张，群众收入减少，反映强烈。我们意见，在维护森林法、严格保护好森林资源的前提下，根据民族地区的实际情况，对一些枝丫材、树桩、中药材等，应适当放宽限制，以照顾少数民族的经济利益。具体办法，由各省、自治区人民政府根据实际情况研究确定。

（六）关于商业、供销人员和网点问题。少数民族地区地广人稀，居住分散，交通不便，需要增加人员，增加网点。特别是少数民族职工少，对开展业务不利，需要认真解决这个问题。一方面，请劳动部门在招工指标上给一点照顾，并允许从农村招收一些少数民族职工，使少数民族职工占职工总人数的比例与当地少数民族所占总人口比例相适应；另一方面，组织少数民族发展集体所有制商业，或采取代购代销形式，增加商业网点。

国务院批转关于经济发达省、市同少数民族地区对口支援和经济技术协作工作座谈会纪要的通知

(1983年1月11日)

国务院同意《经济发达省、市同少数民族地区对口支援和经济技术协作工作座谈会纪要》。现转发给你们,请参照执行。这一工作的归口领导,今后应由国家经委、国家计委、国家民委共同负责,并由国家经委牵头。

附件:

经济发达省、市同少数民族地区对口支援和经济技术协作工作座谈会纪要

为了加强经济发达省、市同少数民族地区的对口支援和经济技术协作工作,在党的十二大精神的指引下,国家计委、国家民委于1982年10月7日到14日,在宁夏银川召开了座谈会。出席会议的有北京、天津、上海、江苏、河北、山东、内蒙古、宁夏、新疆、甘肃、青海、广西、云南、贵州、西藏和四川、吉林、广东、湖南等十九个省、市、自治区的计委、协作办、民委主管这项工作的负责同志,以及国家经委、铁道部、国家物资局的代表。在座谈会上,各地汇报了工作情况,总结交流了经验,进一步提高了认识,提出了改进工作的建议。与会同志一致认为,这次座谈会的召开,对于搞好经济发达省、市同少数民族地区的对口支援和经济技术协作,必将起到积极的推动作用。

(一)

为了增强民族团结,巩固边防,加速少数民族地区的经济文化建设,1979年党中央确定:北京支援内蒙古,河北支援贵州,江苏支援广西、新疆,山东支援青海,天津支援甘肃,上海支援云南、宁夏,全国支援西藏。三年来,在党中央的正确方针指引下,对口支援和经济技术协作逐步地开展起来。据八个受援的省、区的不完全统计,1980年到1982年,确定开展的对口支援和经济技术协作项目有1178项,其中已经完成的有381项,正在进行的有663项。通过三年的实践,这一工作已经取得了比较显著的成效,在少数民族地区更为突出。

一、推动重点企业的改造、整顿，改善了经营管理，提高了经济效益。

二、帮助解决技术难关，不断提高了产品质量，增加了花色品种。

三、培训人才，促进了智力开发。

四、帮助少数民族地区进行了资源考察和研究，提出了合理的开发利用方案，并通过合资联营、补偿贸易等方式，共同开发矿产资源，发展农、林、畜产品加工工业，推动了少数民族地区的经济建设。

五、在物资上互通有无，解决了生产上的部分紧缺需要。

对口支援和经济技术协作的开展，也帮助了经济发达省、市的生产建设。

事实说明，经济发达省、市同少数民族地区开展对口支援和经济技术协作，对于加速少数民族地区的经济文化建设，促进经济发达省、市经济的发展，是一条投资少、见效快、收益大的重要途径。

但是，当前在思想认识上、组织领导上，以及经济管理体制和政策的某些方面，还不适应这一工作的发展要求。各地和各部门的工作发展也不平衡。有的地方和部门领导重视，工作进行得较好；有的地方和部门重视不够，工作较差。国家对少数民族地区的对口支援和经济技术协作的组织领导，需要进一步加强。

（二）

与会同志认为，应当在总结经验的基础上，使经济发达省、市同少数民族地区的对口支援和经济技术协作工作继续深入广泛地开展下去。

一、要进一步提高认识。

根据少数民族的特点和需要，坚持不懈地帮助各少数民族地区加速经济和文化的发展，以促进全国各民族的共同繁荣，是我们必须遵循的重要政策。当前少数民族地区的经济发展水平还很落后，人均工农业总产值和全员劳动生产率大大落后于先进地区和全国的平均水平，有的贫困地区甚至依靠国家救济过生活。为了加速少数民族地区的经济发展，需要加强对少数民族地区的对口支援和经济技术协作，把经济发达省、市的技术、经济优势同少数民族地区的资源优势和生产潜力结合起来，以取长补短，达到各民族的共同发展和共同繁荣。这不仅有利于促进国民经济的发展，而且有利于加强民族团结和巩固边防。

二、进一步明确工作的方向和任务。

根据党的十二大提出的战略目标和方针，应该从本地区的实际情况出发，有计划、有重点、有步骤地开展这项工作。

第一，根据十二大提出的“今后必须有计划地推进大规模的技术改造”的要求，应当把技术支援和技术协作放在重要地位，以便把少数民族地区的生产潜力充分挖掘出来，获得比较大的经济效益。为此，要对现有企业的技术改造进行全面规划，并制订出与此相适应的技术支援和经济技术协作计划，确定需要支援的重点行业和重点项目，把技术支援和协作同技术改造结合起来。各有关受援省、区要同支援省、市协商，提出1983年至1985年技术支援的规划和项目，报国家经委、国家计委、国家民委备案。

第二，在国家计划指导下，根据量力而行的原则，发挥经济发达地区的科学技术、经营管理、设备、资金等方面的优势，采取合资联营、补偿贸易等办法，共同开发少数民族地区的矿产资源和发展经济作物生产等。

第三，在国家计划指导下，在设备、材料、原料、燃料等方面，互通有无，调剂余缺，解决工农业生产和人民生活中紧缺物资的需要。

第四，进一步加强智力开发。要通过多种方式和途径，帮助培养生产技术、教学和医务人员。

第五，选定受援项目和受援单位，在省、区内，应注意照顾少数民族聚居的贫困地区和边境地区的需要，积极扶持这类地区发展粗加工工业，使之收到较多的实惠。凡辖有民族自治地方的省、区，也可以学习四川等地的作法，在本省、区内开展对口支援和经济技术协作，帮助把少数民族地区的经济建设搞上去。

三、正确处理支援同互利的关系。

经济发达地区对少数民族地区进行对口支援，是国家赋予经济发达地区的重要任务，经济发达地区必须积极地承担。经济发达地区同少数民族地区的经济技术协作，要按照加强民族团结、支援后进地区的精神，在项目的安排和收益的分配方面，对少数民族地区应给予照顾。对受援的少数民族地区来说，也应照顾到支援一方的利益，做到互惠互利。

（三）

为了进一步推动这项工作的进行，要解决好以下两个方面的问题：

关于加强组织领导方面，与会同志建议，这一工作的归口领导，应由国家经委、国家计委和国家民委负责，国家经委牵头。同时，一致要求国务院有关经济部门和文教、卫生、科技部门，积极组织设在经济发达省、市的企业、事业单位和院校积极承担对口支援的任务。

有关省、市、区也应进一步加强对口支援和经济技术协作管理工作的领导。

关于现行体制和政策方面，建议对现行经济管理体制的某些方面给予松动，适当放宽某些经济政策：

1.对少数民族地区生产的以下几种统配产品和部管产品，国家在确定上调任务和分配上，要适当放宽：对羊毛在确定上调任务时要适当给予照顾；对有色金属在分配数量上要适当照顾；对产品归国家分配的企业生产的平板玻璃，除继续留给企业3%外，再留2%给企业所在地的省、区支配。

2.少数民族地区在同经济发达省、市联合开发资源、兴办企业时，可使用一部分国家对少数民族地区和不发达地区的银行贷款，但需列入国家计划。

3.经济发达省、市同少数民族地区创办的联合企业生产的统配产品和部管产品的分配，按国内合资建设暂行办法的规定办理，但对少数民族地区的调出比例可适当予以照顾。

4.为了调动经济发达省、市对少数民族地区进行技术支援、技术协作的积极性，在取得有偿转让技术收入的分配上，可比照财政部、国家科委(81)财企字第300号《关于有偿转让技术财务处理问题的规定》适当予以放宽，即：支援方每年收入在十万元以下，全部收入留给企业，超过部分，上缴财政50%，企业单位留用50%。对联合投资进行建设的企业所实现的利润分配，仍按国家计委、国家经委、财政部、中国人民银行、中国人民建设银行1982年联合颁发的《关于国内合资建设的暂行办法》办理。

5.经济发达省、市同少数民族地区联合建设项目的投资计划指标，应包括在少数民族地区自筹资金计划指标内，但可给予适当照顾。

6.交通运输是影响少数民族地区经济发展的关键之一，要加强少数民族地区的交通建设。铁道部对少数民族地区的协作物资，给予从优安排，保证运输。

7.对到少数民族地区进行支援人员的工资待遇和生活补贴，可根据具体情况给予适当照顾。对于作出较大贡献的单位和个人，应给予表彰和适当物质奖励。在国家确定具体办法之前，各省、市、区之间可暂按已经达成的协议执行。

国务院批转劳动人事部、国家民族事务委员会关于加强边远地区科技队伍建设若干政策问题的报告的通知

(1983年4月18日)

国务院同意劳动人事部、国家民委《关于加强边远地区科技队伍建设若干政策问题的报告》,现发给你们,请遵照执行。

边远地区经济文化建设的发展,对我国整个现代化事业有着特别重要的作用。加强科技队伍的建设是边远地区的一项战略任务。当前,要进一步落实对知识分子的政策,采取特殊的灵活的政策措施,充分发挥当地现有科技人员的作用,并鼓励沿海内地科技人员支援边疆,重点加强同开发当地资源优势有关的技术力量,加快边远地区建设的步伐。对于科技人员从沿海内地去边远地区服务,和按照规定从边远地区返回沿海内地的,有关省、市应予积极支持。边远省、自治区,国务院有关部委,可按照这个文件,制定具体办法,组织实施。

劳动人事部、国家民族事务委员会关于加强边远地区科技队伍建设若干政策问题的报告

遵照国务院领导同志的指示,我们会同有关部门,对边远地区科技队伍建设的若干政策问题,进行了调查研究。

边远地区包括西藏的全部,新疆、青海、内蒙、宁夏、甘肃、云南、广西、贵州、四川、黑龙江、吉林等省,自治区内的边疆国境地区、少数民族自治地区、高原地区及生活特别艰苦的地区,共六百多个县、市。这些地区现有自然科学技术人员51万人。他们为发展边远地区经济文化事业,作出了积极的贡献,是边远地区现代化建设中的一支重要力量。

总结边远地区科技队伍建设的经验,从长远看,要努力造就一支以本地少数民族和汉族人员为主要成员的科技队伍,担负起建设边远地区的重任。就近期来说,要使科技队伍的数量和水平,逐步适应本地区建设发展的需要。当前,要稳定现有科技队伍,重点加强同开发当地资源优势有关的技术力量;狠抓基础教育,提高少数民族科技人员的水平。

为实现上述目标,必须在边远地区进一步落实党的知识分子政策,重视知识、尊重知识分子,充分发挥他们的专长和作用,管理使用好科技队伍。同时,有必要采取适合边远地区的特殊的灵活的政策措施,适当提高当地科技人员的待遇,鼓励沿海内地科技人员前往支援,并逐

步解决现有科技人员的实际困难。为此，提出以下建议：

一、边远地区急需科技人员，允许他们到沿海内地通过招聘、聘请、借调、邀请讲学、咨询服务、技术协作等方式加以解决。沿海内地有关省、市和中央有关部门应予积极支持，并开展对口支援。前往支援的人员，可以不转户口粮食关系，待遇和工作期限由双方商定。

二、鼓励大学毕业生和中专毕业生支援边远地区建设。国家在制订毕业生分配计划时，对边远地区的需要，应予照顾。对从边远地区招收的毕业生，除原属内地支援边远地区的职工子女，根据实际情况酌情考虑外，原则上应当返回原地区工作。内地有条件的大专院校要尽可能多办边疆班，采取定向招生、定向分配的办法。对分配到边远地区工作的大中专毕业生，自报到之日起，即按转正定级的工资待遇。对去西藏、青海高原地区的毕业生，工资还可向上浮动一级，连续工作满八年后，不再取消这一级工资。愿继续留下不走的，工资还可提高一些。上述大中专毕业生，凡到农林第一线的，可同时享受有关文件规定的工资福利待遇。国家每年规定一定数量的师范、卫生及某些边远地区急需专业的毕业生，到边远地区短期工作，由沿海内地有关省市、中央有关部门根据国家计划安排，从分配来的毕业生中抽调，对口支援。他们在边远地区工作三至五年后返回原单位，在此期间，不转户口粮食关系，享受当地规定的工资福利待遇。

三、允许边远省、自治区根据当地经济文化事业发展的需要，对科技人员实行各种津贴、浮动工资和奖励。属于地方财政支付的，中央有关部门不要干预。

四、在边远地区，鼓励科技人员实行各种形式的劳动合同制和技术承包制。科技人员在保证完成本职工作的前提下，可以兼职和从事业余科技工作，提供技术服务、管理服务、文化教育服务，允许取得适当的报酬。

五、今后，从沿海内地省市、中央部门分配、调往西藏、青海高原地区的大中专毕业生、科技人员（不包括按协议支援的人），工作满八年后，除自愿留下者外，可以调回沿海、内地。按国家计划分配的大中专毕业生，可由其父母或配偶所在地区安排工作；其他人员由原工作地区或部门负责安排。对现已在西藏、青海高原地区工作满20年，要求回沿海内地的科技人员，可以有计划地将他们分期分批调回原派出单位或地区，也可以调回原籍或配偶、子女所在地区工作。每年调回人数，由西藏、青海根据本地需要和实际可能，同有关省市联系解决。接受单位和地区应积极配合。

对其余十个省、自治区内的边远地区，由各省、自治区参照上述精神，作出相应规定，在本省、自治区范围内安排科技人员轮换。

六、50年代支援边远地区（不包括西藏、青海高原地区）年满55岁的科技人员，可先回内地落户。其中，确有专长、内地工作需要并有接受单位的，可以调回内地工作；体弱多病，身体不能适应边远地区工作的，可提前退休、离休。

七、过去从沿海内地省市、中央部门支援边远地区的科技人员，达到退休、离休年龄时，允许他们回到原籍或配偶、子女所在地。除京、津、沪从严控制外，其它地区应准予落户并给以方便。在边远地区工作累计满20年以上，退休、离休后继续留在边远地区的，退休金标准提高10%，但其退休费总额不得超过本人的标准工资。

八、大力宣传、表彰支援边远地区的模范、先进科技工作者。对成绩卓著的，授予荣誉称号、发给证书和必要的物质奖励。

以上报告妥否，请批示。

国务院办公厅转发劳动人事部关于落实西藏离休退休人员跨省安置问题的请示的通知

（1983年5月3日）

劳动人事部《关于落实西藏离休退休人员跨省安置问题的请示》，已经国务院批准，现发给你们，请遵照执行。

关于落实西藏离休退休人员跨省安置问题的请示

为了贯彻执行中发〔1980〕61号文件和中央对西藏工作的指示精神，进一步做好西藏离休退休人员的跨省安置工作，现将有关情况和意见报告如下：

一、西藏离休退休人员跨省安置工作的进展情况

1982年1月，中央组织部召开了西藏第二次内调工作会议，这次会后，西藏自治区曾派人到18个省、市进行磋商落实，但由于各种原因和多方困难，安置工作无甚进展，为此，西藏自治区人民政府于同年9月给国务院写了《关于建议召开西藏离休退休人员跨省安置工作会议的请示》，我们于11月上旬听取了西藏自治区有关部门的汇报，并经部领导同志研究，认为西藏离休退休人员回内地安置是内调工作的一部分，中央已有原则规定，当前主要是如何贯彻落实的问题。

二、西藏自治区提出需要报请中央研究解决的几个问题

1.安置去向问题，这批离休退休人员特别是一些老干部，长期在高山缺氧地区艰苦奋斗，辛勤工作，体质普遍较差，患有各种高山性疾病，一般都要求安置到医疗、交通等条件较方便的城镇，予以适当照顾，他们的具体意见是：凡单身在藏的，允许到配偶所在地安置；夫妇同时离休退休，或一方留藏继续工作，另一方确定离休退休的，对其要求到夫妇任何一方原籍、子女工作居住地或原调出单位所在地区的，可允许任选一方；对到北京、上海、天津从严掌握，个别确有困难的，请予照顾。

2. 尽早落实住房问题。这些离休退休人员，大部分在内地无房或住房很困难，需要接受地区协助解决，尽快落实。其住房面积和造价标准，按当地同级在职干部和群众的水平确定，并请接受地区列入统筹建房计划。

3. 明确退休工人的接受管理部门问题。按国务院〔1978〕104 号文关于工人退休、退职的暂行办法第九条的规定，“工人的退休费，退职生活费，企业单位，由企业行政支付”，但易地安置无接受管理部门；“党政机关、群众团体和事业单位，由退休、退职工人居住地方的县级民政部门另列预算支付”，现在，民政部门由于地方财政逐级包干，无力支付退休生活费，也不再接受，因此，急需明确。

4. 拨交经费问题，为了保证离休退休人员按时领取和报销有关费用，所需一切经费，均由西藏自治区拨交接受安置地区掌握支付，并每年结算一次。

5. 接受安置时间的期限问题，不少老同志年迈体衰，难于继续在西藏生活，有的早已在内地疗养治病，等待离休退休。这批离休退休人员的安置，希望最迟在 1984 年大体安置下来。

三、我们的意见

我们认为西藏自治区根据中央、国务院的有关规定，提出关于离休退休人员跨省安置的意见，基本上是合理的，应该予以支持和帮助，我们原则同意西藏上述意见，并建议：

1. 关于西藏离休退休人员回内地安置随带子女和安置手续以及物资运输等具体问题，可参照内调工作的有关规定执行。

2. 关于西藏退休工人回内地的接受部门，属企业单位的，由接受地区劳动部门负责，怎样管理由各地人民政府自行确定；属党政机关、群众团体和事业单位的，仍按国务院〔1978〕104 号文件的规定，由接受地区县级民政部门负责，所需费用均由西藏自治区逐年拨付、结算。

3. 今后解决西藏离休退休人员回内地安置问题，一般都按此文精神办理。

以上报告已征得中央组织部老干部局同意，如无不妥，请予批转。

国务院、中央军委批转国防科工委、教育部关于解决国防科技工业三线和边远艰苦地区教育工作若干问题的报告的通知

（1983 年 10 月 12 日）

国务院、中央军委同意国防科工委、教育部《关于解决国防科技工业三线和边远艰苦地区教育工作若干问题的报告》，现发给你们，望遵照执行。

国防科工委、教育部关于解决国防科技工业三线和边远艰苦地区教育工作若干问题的报告

根据中央军委领导同志关于国防高等院校对国防科技工业三线和边远艰苦地区实行定向招生、定向分配等方面的意见，我们进行了商谈，议定以下各点：

一、国防科技工业各基地、各研究院（所）、各企业应努力办好（或与地方合办）职工子弟中小学（指招收本单位职工子弟或以本单位职工子弟为主的）切实提高教育质量

国防科工委已要求各国防工业部、各基地从现在起，切实加强对职工子弟中小学的领导，增配师资力量，充实教学设备，努力提高教育质量。同时，要办好托儿所、幼儿园，切实抓好学前的德、智、体、美全面发展教育。

教育部同意请各省、自治区、直辖市教育行政部门进一步对国防科技工业各单位职工子弟中小学在教学业务方面给予指导，在教育工作上给予协助，在分配师范院校毕业生和教材根应等方面给予支持。

大力提倡基地、研究院（所）、企业自办（或与地方合办）中等专业学校和技工学校，招收初中毕业生入学，为职工子女就业打好基础。研究院（所）和企业办中等专业学校，由各国防工业部批准；科研试验基地办中专，由国防科工委批准。同时分别报教育部备案。每年招生计划，分别由各国防工业部和国防科工委汇总后报教育部、国家计委列入国家招生计划。

二、切实整顿好现有的职工大学，加强领导，根据需要和可能，条件具备时，可逐步改为工业专科学校

目前，国防科技工业系统共有厂办职工大学75所，具有一定的师资力量和物质基础。对这些职工大学在逐个进行整顿和考核后，分期分批改为工业专科学校。工业专科学校，学制二年至三年。各工业专科学校的设置，由各国防工业部分别审批(各科研试验基地举办专科学校，由国防科工委审批)，并报教育部备案。(注解：根据1985年11月25日国家教育委员会《关于新建普通高等学校有关问题的通知》中的规定，已改为统一由国家教育委员会负责审批)每年招生计划，由各国防工业部和国防科工委汇总后，报教育部、国家计委列入国家招生计划，从全国统考中招收学生。

三、现有国防高等院校、中等专业学校实行部分定向招生、定向分配

(一)一般国防高等院校(包括第二项所讲的工业专科学校)，应在保证质量的前提下，以招收定向的学生为主，以利实行定向分配。

(二)重点国防高等院校的主要任务，是培养高质量的本科生、研究生，满足重点科研、试验、生产单位的需要。这些院校实行部分定向招生、定向分配。

(三)国防工业中等专业学校，同样实行部分定向招生、定向分配为主。

(四)定向是指国防高等院校和中等专业学校面向国防科技工业三线和边远艰苦地区的基地、研究院(所)、企业招收学生。招生对象，包括企事业单位的职工及其子女，以及所在县的社会青年。定向的地区和单位，由各国防工业部分别与教育部和有关省、自治区、直辖市教育部门商定。

(五)定向招收的学生，参加全国统一考试，按照国家规定的标准录取新生，保证招生质量。少数学生，必要时，年龄可放宽二至三岁，但要符合体格检查标准。

为此，各基地、研究院(所)、企业，应从今年起，办好文化补习班，补习高中的文化基础知识，为明年参加全国统一高考作好准备。应把这项工作作为当前重点工作努力抓好。

为搞好定向招生工作，要教育广大干部以身作则，遵纪守法，坚决反对和抵制招生中徇私舞弊、“走后门”等不正之风。

此报告建议请国务院、中央军委批准后，转发各省、自治区、直辖市人民政府和各有关部门。

国务院、中央军委批转国务院科技领导小组办公室等部门关于稳定和加强国防科技工业三线艰苦地区科技队伍的若干政策问题的报告的通知

（1984年6月11日）

国务院、中央军委同意国务院科技领导小组办公室、国防科工委、劳动人事部、财政部《关于稳定和加强国防科技工业三线艰苦地区科技队伍的若干政策问题的报告》，现转发给你们，望遵照执行。

建设现代化的国防，研制、试验和生产先进的武器装备，必须依靠广大科技人员的积极性、主动性和创造性。三线地区国防科技工业战线的科技人员，他们奋战在戈壁草原、深山峡谷，不畏艰险，辛勤劳动，同干部、工人一道，为建设三线，改善我国的战略布局，加速武器装备的发展，作出了贡献。经过二、三十年的锻炼，这支队伍具有较高的科技水平和较丰富的实践经验，是我国国防科技工业的宝贵财富。为了巩固和建设三线，稳定三线科技队伍，对三线艰苦地区国防科技人员制定若干特殊政策，适当提高他们的生活待遇，改善他们的工作条件，解除他们的后顾之忧，使他们集中精力、专心致志地从事国防科技事业，是完全符合党和人民的根本利益的。国防科技工业各部门、各单位，要进一步提高对科技人员在现代化建设中的地位和作用的认识，重视知识、尊重科学、尊重人才，认真落实知识分子政策，加强对科技人员的领导和管理，不断提高他们的政治觉悟和科学技术水平。对他们在政治上要充分信任，工作上要大胆使用，业务上要培养提高，生活上要关心照顾，使他们的工作条件和生活切实得到改善。

国防科技工业各部门和有关省、自治区、直辖市人民政府，要按照本文件的精神，结合本部门、本地区的实际情况，制定具体的实施办法，尽快落实。

关于稳定和加强国防科技工业三线艰苦地区科技队伍的若干政策问题的报告

根据国务院、中央军委领导同志的指示精神，国防科工委组织核、航空、电子、兵器、航天工业部、船舶工业总公司，并会同全国总工会、国防工会，对三线艰苦地区国防科技工业科技队伍建设方面的若干政策问题，进行了调查研究。

建设和巩固三线战略后方是中央的重大决策。经过20多年的建设，三线地区的国防科技工业已具备相当规模，成为研制和生产各种武器装备的重要基地。广大科技人员在三线建设

中和工人、干部一道,艰苦创业,辛勤劳动,为改善我国的战略布局,促进国防科技工业的发展,加速实现国防现代化,做出了重大贡献。

由于三线的大多数科研、生产单位,地处深山峡谷、崇山峻岭、荒原戈壁、高寒、高原地区,工作条件艰苦,生活困难,科技人员的许多实际问题,如夫妻两地分居、子女升学就业、离退休安置等,未能得到妥善解决,加之一些单位管理不善,致使人心浮动,外流严重,补充困难。为改变这种状况,稳定和加强三线艰苦地区国防科技工业科技队伍建设,经与国务院有关部委商量,建议采取如下政策:

(一)各主管部门要加强对科技队伍的领导,进一步落实党的知识分子政策,切实加强思想政治工作,教育广大科技人员发扬艰苦奋斗的光荣传统,扎根三线,努力工作,为加强国防、保卫祖国做出更大的贡献。

(二)国家对三线艰苦地区的科技队伍,应采取稳定、巩固、充实、提高的方针。各地区、各部门不得直接到三线艰苦地区国防科研,生产单位招聘科技人员。

各国防科研、生产单位实行定员、定编后,确有富余的科技人员,首先在本部门和国防科技工业系统内进行调整。同时,要积极地、有计划地输送一部分到国家重点建设单位或其他急需人才的部门,做到人尽其才。

(三)号召和鼓励大学和中专毕业生到三线艰苦地区参加国防科技工业建设。国家在制定大学和中专毕业生分配计划时,应多分配一些大学、中专毕业生到三线艰苦地区的国防科研、生产第一线去,同时有计划地调出一部分科技骨干,以逐步改善三线艰苦地区科技队伍的年龄和专业结构,对分配到三线艰苦地区工作的大学和中专毕业生,自报到之日起,即按转正定级的工资待遇。对去三线艰苦地区三类区(高寒、高原、沙漠戈壁、深山峡谷地区)的企事业单位(名单附后)的毕业生,工资可向上浮动一级。对已在三类区这些单位工作的科技人员,工资也向上浮动一级。实行向上浮动一级的科技人员不能同时享受地区性的事业津贴,地区性事业津贴超过浮动工资级差的部分可暂保留。离开三类区时即取消这一级浮动工资。

(四)三线地区急需的科技人员,除组织上有计划地调配补充外,经国防工业部门批准,允许到一、二线和大中城市通过招聘、聘请、借调、邀请讲学、咨询服务、技术协作等多种方式加以解决。前往支援的科技人员,可以不转户口、粮油关系,待遇和工作期限,由对口支援的双方商定。

(五)各单位要采取有效措施,组织好科技人员的业务技术学习和进修,提高他们的科学技术的和业务水平。对工程师及相当这一职称以上的科技人员,按照《科学技术干部管理工作试行条例》(中办发〔1981〕16号文件)的规定,每三年安排三个月至半年的进修时间,使他们通过自修、进修、学术交流、调查研究、专题考察等活动,更新知识,提高科技业务水平,各部门要认真组织好技术交流和情报工作,使科技人员能及时了解和掌握国内外先进科技动向。各单位都要建立和充实科技图书馆和阅览室。

(六)三线艰苦地区科技人员离退休后,原则上应就地安置。对就地安置的退休人员,在三类区工作累计满20年的,退休金标准提高10%;在一类区(无城镇依托、交通不便的偏僻地区)、二类区(远离城镇和交通干线的穷困山区)工作累计满20年的,退休金标准提高5%。但提高后的退休金总额,不得超过本人的原标准工资。对享有事业津贴费的科技人员,离退休后,事业津贴费可同地区生活补贴一样,对离休的,包含在原工资内发给;对退休的,作为计算退休费的基数。

对从一、二线和大中城市到三线艰苦地区二、三类区工作的科技人员离退休后,可在单位所在地区交通、医疗等条件比较方便的中小城市安置。对在三类区工作的科技人员,离退休后就地就近安置确有困难的,可到本人、配偶原籍或配偶、子女工作所在地安置。有条件的单位,对六级以上的离退休科技人员,也可在比较适宜的城市修建居住点予以安置。

(七)根据 1980 年公安部、粮食部、国家人事局《关于解决部分专业技术干部的农村家属迁往城镇由国家供应粮食问题的规定》的精神,在三线艰苦地区工作的年满 35 周岁的工程师,以及相当这一职称以上、享受探亲假的科技人员,可以分期分批解决夫妻两地分居问题,家属(指配偶,15 周岁以下和 15 周岁以上但不超过 18 周岁在中学读书的子女)是农村户口的,可转为城镇户口;凡符合"农转非"条件而不办"农转非"的科技人员,除按规定每年享受一次探亲(指探配偶)假外,其配偶每年可到科技人员所在单位探亲一次,往返路费由科技人员所在单位报销。

(八)通过各种渠道解决科技人员的待业子女的就业问题,本单位有招工指标时,对在三线艰苦地区工作的科技人员身边无子女参加工作的,经考核符合招工条件,可适当照顾,招一名子女就业。

(九)大力宣传、表彰三线艰苦地区国防科研、生产单位的先进科技工作者。对成绩卓著的,授予荣誉称号,发给证书。

(十)三线艰苦地区的范围和企事业单位的类别划分,另有文件规定。本文所指的科技人员,包括具有大学、中专学历或具有职称现在从事自然科学和社会科工作的国家技术业务干部。

(十一)上述规定,从 1984 年 7 月 1 日起执行;所需费用,从各企事业单位或各部门的有关经费和利润留成中解决。

以上报告,如无不妥,请批转各省、自治区、直辖市人民政府和有关部委执行。

国务院、中央军委批转国防科工委等部门关于解决三线艰苦地区国防科技工业离休退休人员安置和职工夫妻长期两地分居问题的报告的通知

（1984 年 6 月 11 日）

国务院、中央军委同意国防科工委、劳动人事部、公安部、商业部、财政部《关于解决三线艰苦地区国防科技工业离休退休人员安置和职工夫妻长期两地分居问题的报告》，现转发给你们，望遵照执行。

对三线艰苦地区国防科技工业的离休、退休人员和夫妻长期两地分居的职工，给予适当照顾和妥善安置，对稳定三线职工队伍，巩固和加强三线建设，具有重要意义。希望国防科技工业各部门和各省、自治区、直辖市人民政府、国务院有关部委要通力合作，积极创造条件，有计划、有步骤、分期分批地解决好这个问题。

三线艰苦地区的民用工业，凡符合文件中"农转非"规定条件的，也可以比照办理。由各省、自治区、直辖市人民政府从严掌握，提出企业名单，制定具体实施方案，报劳动人事部、公安部、商业部备案。

关于解决三线艰苦地区国防科技工业离休退休人员安置和职工夫妻长期两地分居问题的报告

根据国务院、中央军委领导同志的指示精神，国防科工委组织核、航空、兵器、航天、电子工业部、船舶工业总公司，并会同全国总工会、国防工会等部门，对三线艰苦地区国防科技工业企事业单位离休、退休人员的安置和职工夫妻长期两地分居的问题进行了调查研究。国防科技工业在三线艰苦地区的科技人员、干部和工人，有相当一部分是 60 年代初期，响应党的号召，从一、二线和大中城市到三线地区去的。20 多年来，他们长期工作在深山峡谷、荒原戈壁，艰苦创业，为改善我国的战略布局，加速国防科技工业的发展，作出了贡献。现在，一部分同志因年老体弱，或积劳成疾，逐渐到了离休、退休年龄，希望组织上给予妥善安置。有一部分同志由于夫妻两地分居，特别是家属"农转非"的问题长期得不到解决，加重了职工的负担，影响了职工队伍的稳定。因此，对三线艰苦地区国防科技工业的职工，给予适当照顾，并制定解决离休、退休人员安置和夫妻长期两地分居的办法，是当前巩固三线建设，稳定三线队伍，激

励更多的中青年同志去三线艰苦地区工作，亟待解决的重要问题。经与中央、国务院有关部委研究，提出以下解决办法：

一、关于离休、退休人员的安置问题

（一）三线艰苦地区的离休、退休人员，原则上应就地安置。对就地安置的离休、退休人员，实行以下办法：

（1）凡在三线艰苦地区三类区（高寒、高原、沙漠戈壁、深山峡谷地区）工作累计满20年的职工，退休金标准提高10%；在一类区（无城镇依托、交通不便的偏僻地区）、二类区（远离城镇和交通干线的穷困山区）工作累计满20年的职工，退休金标准提高5%。但提高后的退休金总额，不得超过本人的原标准工资。

（2）享有艰苦地区事业津贴的职工，事业津贴费可同地区生活补贴费一样，对离休的，包括在原工资内发给；对退休的，作为计算退休费的基数。

（3）当地政府和所在单位，要帮助他们解决就地安置中的实际困难，关心他们的身体健康和物质文化生活，并在住房、看病等方面给予妥善解决。

（二）对从一、二线和大中城市到三线艰苦地区工作的职工，按实际情况，分别采取以下安置办法：

（1）在二、三类区工作的离休、退休干部，和在这类地区工作满20年的退休工人，可在所在地区交通、医疗等条件比较方便的中小城市安置。

（2）在三类区工作的离休、退休人员，就地就近安置确有困难的，可到本人、配偶原籍或配偶、子女工作所在地安置。

（3）有条件的单位，对离休老干部和技术六级以上的退休科技人员，可在比较适宜的城市，修建居住点，予以安置。

（4）凡作易地安置的，有关省、自治区、直辖市公安机关应凭县级以上组织、人事或民政部门同意安置的证明，准予落户。其中，要求到北京、上海、天津安置的，按有关规定从严控制。

二、关于解决职工夫妻长期两地分居的问题

（一）凡从一、二线和大中城市到三线艰苦地区工作的夫妻长期两地分居的职工，本人享受探亲假，并具备下列条件之一者，可以解决夫妻两地分居问题，家属（指配偶，15周岁以下和15周岁以上但不超过18周岁在中学读书的子女）是农业户口的，可到职工所在地区转为城镇户口。

（1）根据1980年公安部、粮食部、国家人事局《关于解决部分专业技术干部的农村家属迁往城镇由国家供应粮食问题的规定》的精神，年满35周岁以上的工程师，以及相当这一职称以上的专业技术干部；

（2）年满40周岁、工龄满20年，在三线艰苦地区工作满8年以上的其它干部和工人；

（3）经部（包括部级总公司）和省、自治区、直辖市以上领导部门批准的在科研、生产和专业工作上有特殊贡献或授予荣誉称号者。

（二）入户审批权限和手续。凡符合“农转非”条件者，由职工所在单位报省、自治区、直辖市国防科工办，由国防科工办会同省、自治区、直辖市有关部门审批后，持批准的证明，向迁入

地区公安和粮食部门办理户口和粮食供应手续。此项"农转非"指标，不占公安机关正常审批的控制比例。

经国家批准多销的粮食，可以相应增加商业部门粮食企业的亏损指标和补贴。

(三)凡符合"农转非"条件而不办理"农转非"的，职工本人除按规定每年享受一次探亲(指探配偶)假外，其配偶每年可到职工所在单位探亲一次，往返路费由职工所在单位报销。

(四)对环境特别艰苦、条件很差、无法解决职工夫妻两地分居问题的单位，只要工作可以离得开，又有单位接收的，经过批准，可以分期分批地将夫妻长期两地分居的职工，调到其配偶所在地区安排工作。

(五)凡不属于上述解决范围的其他干部和工人，解决夫妻长期两地分居问题，应按照所在地区有关规定办理。

为了集中而又分期分批解决家属"农转非"的问题，建议在报告批准后，请核、航空、兵器、航天、电子工业部和船舶工业总公司作出计划，先将今后三年内解决"农转非"的准确数字上报国务院有关部门。经审批后，由国务院有关部门下达专项指标。

三、上述规定，从1984年7月1日起执行；所需费用，从各企事业单位或各部门的有关经费和利润留成中解决

以上报告，如无不当，请批转有关部门和省、自治区、直辖市人民政府执行。

中华人民共和国民族区域自治法

（1984年5月31日第六届全国人民代表大会
第二次会议通过 1984年10月1日起施行）

序 言

中华人民共和国是全国各族人民共同缔造的统一的多民族国家。民族区域自治是中国共产党运用马克思列宁主义解决我国民族问题的基本政策，是国家的一项重要政治制度。

民族区域自治是在国家统一领导下，各少数民族聚居的地方实行区域自治，设立自治机关，行使自治权。实行民族区域自治，体现了国家充分尊重和保障各少数民族管理本民族内部事务权利的精神，体现了国家坚持实行各民族平等、团结和共同繁荣的原则。

实行民族区域自治，对发挥各族人民当家作主的积极性，发展平等、团结、互助的社会主义民族关系，巩固国家的统一，促进民族自治地方和全国社会主义建设事业的发展，都起了巨大的作用。今后，民族区域自治制度将在国家的社会主义现代化建设进程中发挥更大的作用。

实践证明，坚持实行民族区域自治，必须切实保障民族自治地方根据本地实际情况贯彻执行国家的法律和政策；必须大量培养少数民族的各级干部、各种专业人才和技术工人；民族自治地方必须发扬自力更生、艰苦奋斗精神，努力发展本地方的社会主义建设事业，为国家建设作出贡献；国家根据国民经济和社会发展计划，努力帮助民族自治地方加速经济和文化的发展。在维护民族团结的斗争中，要反对大民族主义，主要是大汉族主义，也要反对地方民族主义。

民族自治地方的各族人民和全国人民一道，在中国共产党的领导下，在马克思列宁主义、毛泽东思想的指引下，坚持人民民主专政，坚持社会主义道路，集中力量进行社会主义现代化建设，加速民族自治地方经济、文化的发展，建设团结、繁荣的民族自治地方，为各民族的共同繁荣，把祖国建设成为高度文明、高度民主的社会主义国家而努力奋斗。

中华人民共和国民族区域自治法是实施宪法规定的民族区域自治制度的基本法律。

第一章 总 则

第一条 中华人民共和国民族区域自治法，根据中华人民共和国宪法制定。

第二条 各少数民族聚居的地方实行区域自治。

民族自治地方分为自治区、自治州、自治县。

各民族自治地方都是中华人民共和国不可分离的部分。

第三条 民族自治地方设立自治机关，自治机关是国家的一级地方政权机关。

民族自治地方的自治机关实行民主集中制的原则。

第四条 民族自治地方的自治机关行使宪法第三章第五节规定的地方国家机关的职权，同时依照宪法和本法以及其他法律规定的权限行使自治权，根据本地方的实际情况贯彻执行国家的法律、政策。

自治州的自治机关行使下设区、县的市的地方国家机关的职权，同时行使自治权。

第五条 民族自治地方的自治机关必须维护国家的统一，保证宪法和法律在本地方的遵守和执行。

第六条 民族自治地方的自治机关领导各族人民集中力量进行社会主义现代化建设。

民族自治地方的自治机关根据本地方的情况，在不违背宪法和法律的原则下，有权采取特殊政策和灵活措施，加速民族自治地方经济、文化建设事业的发展。

民族自治地方的自治机关在国家计划的指导下，从实际出发，不断提高劳动生产率和经济效益，发展社会生产力，逐步提高各民族人民的物质生活水平。民族自治地方的自治机关继承和发扬民族文化的优良传统，建设具有民族特点的社会主义精神文明，不断提高各民族人民的社会主义觉悟和科学文化水平。

第七条 民族自治地方的自治机关要把国家的整体利益放在首位，积极完成上级国家机关交给的各项任务。

第八条 上级国家机关保障民族自治地方的自治机关行使自治权，并且依据民族自治地方的特点和需要，努力帮助民族自治地方加速发展社会主义建设事业。

第九条 上级国家机关和民族自治地方的自治机关维护和发展各民族的平等、团结、互助的社会主义民族关系。禁止对任何民族的歧视和压迫，禁止破坏民族团结和制造民族分裂的行为。

第十条 民族自治地方的自治机关保障本地方各民族都有使用和发展自己的语言文字的自由，都有保持或者改革自己的风俗习惯的自由。

第十一条 民族自治地方的自治机关保障各民族公民有宗教信仰自由。

任何国家机关、社会团体和个人不得强制公民信仰宗教或者不信仰宗教，不得歧视信仰宗教的公民和不信仰宗教的公民。

国家保护正常的宗教活动。任何人不得利用宗教进行破坏社会秩序、损害公民身体健康、妨碍国家教育制度的活动。

宗教团体和宗教事务不受外国势力的支配。

第二章 民族自治地方的建立和自治机关的组成

第十二条 少数民族聚居的地方，根据当地民族关系、经济发展等条件，并参酌历史情况，可以建立以一个或者几个少数民族聚居区为基础的自治地方。

民族自治地方内其他少数民族聚居的地方，建立相应的自治地方或者民族乡。

民族自治地方依据本地方的实际情况，可以包括一部分汉族或者其他民族的居民区和城镇。

第十三条 民族自治地方的名称，除特殊情况外，按照地方名称、民族名称、行政地位的顺序组成。

第十四条 民族自治地方的建立、区域界线的划分、名称的组成，由上级国家机关会同有关地方的国家机关，和有关民族的代表充分协商拟定，按照法律规定的程序报请批准。

民族自治地方的区域界线一经确定，不得轻易变动；需要变动的时候，由上级国家机关的有关部门和民族自治地方的自治机关充分协商拟定，报国务院批准。

第十五条 民族自治地方的自治机关是自治区、自治州、自治县的人民代表大会和人民政府。

民族自治地方的人民政府对本级人民代表大会和上一级国家行政机关负责并报告工作，在本级人民代表大会闭会期间，对本级人民代表大会常务委员会负责并报告工作。各民族自治地方的人民政府都是国务院统一领导下的国家行政机关，都服从国务院。

民族自治地方的自治机关的组织和工作，根据宪法和法律，由民族自治地方的自治条例或者单行条例规定。

第十六条 民族自治地方的人民代表大会中，除实行区域自治的民族的代表外，其他居住在本行政区域内的民族也应当有适当名额的代表。

民族自治地方的人民代表大会中，实行区域自治的民族和其他少数民族代表的名额和比例，根据法律规定的原则，由省、自治区的人民代表大会常务委员会决定，并报全国人民代表大会常务委员会备案。

民族自治地方的人民代表大会常务委员会中应当有实行区域自治的民族的公民担任主任或者副主任。

第十七条 自治区主席、自治州州长、自治县县长由实行区域自治的民族的公民担任。自治区、自治州、自治县的人民政府的其他组成人员，要尽量配备实行区域自治的民族和其他少数民族的人员。

民族自治地方的人民政府实行自治区主席、自治州州长、自治县县长负责制。自治区主任、自治州州长、自治县县长，分别主持本级人民政府的工作。

第十八条 民族自治地方的自治机关所属工作部门的干部中，要尽量配备实行区域自治的民族和其他少数民族的人员。

第三章 自治机关的自治权

第十九条 民族自治地方的人民代表大会有权依照当地民族的政治、经济和文化的特点，制定自治条例和单行条例。自治区的自治条例和单行条例，报全国人民代表大会常务委员会批准后生效。自治州、自治县的自治条例和单行条例，报省或者自治区的人民代表大会常务委员会批准后生效，并报全国人民代表大会常务委员会备案。

第二十条 上级国家机关的决议、决定、命令和指示，如有不适合民族自治地方实际情况的，自治机关可以报经该上级国家机关批准，变通执行或者停止执行。

第二十一条 民族自治地方的自治机关在执行职务的时候，依照本民族自治地方自治条例的规定，使用当地通用的一种或者几种语言文字；同时使用几种通用的语言文字执行职务的，可以以实行区域自治的民族的语言文字为主。

第二十二条 民族自治地方的自治机关根据社会主义建设的需要，采取各种措施从当地民族中大量培养各级干部、各种科学技术、经营管理等专业人才和技术工人，充分发挥他们的作用，并且注意在少数民族妇女中培养各级干部和各种专业技术人才。

民族自治地方的自治机关可以采取特殊措施，优待、鼓励各种专业人员参加自治地方各项建设工作。

第二十三条 民族自治地方的企业、事业单位在招收人员的时候，要优先招收少数民族人员；并且可以从农村和牧区少数民族人口中招收。自治州、自治县从农村和牧区少数民族人口中招收人员，须报省或者自治区人民政府批准。

第二十四条 民族自治地方的自治机关依照国家的军事制度和当地的实际需要，经国务院批准，可以组织本地方维护社会治安的公安部队。

第二十五条 民族自治地方的自治机关在国家计划的指导下，自主地安排和管理地方性的经济建设事业。

第二十六条 民族自治地方的自治机关在国家计划的指导下，根据本地方的特点和需要，制定经济建设的方针、政策和计划。

第二十七条 民族自治地方的自治机关在坚持社会主义原则的前提下，根据法律规定和本地方经济发展的特点，合理调整生产关系，改革经济管理体制。

民族自治地方的自治机关根据法律规定，确定本地方内草场和森林的所有权和使用权。

第二十八条 民族自治地方的自治机关依照法律规定，管理和保护本地方的自然资源。

民族自治地方的自治机关保护、建设草原和森林，组织和鼓励植树种草。禁止任何组织或者个人利用任何手段破坏草原和森林。

民族自治地方的自治机关根据法律规定和国家的统一规划，对可以由本地方开发的自然资源，优先合理开发利用。

第二十九条 民族自治地方的自治机关在国家计划的指导下，根据本地方的财力、物力和其他具体条件，自主地安排地方基本建设项目。

第三十条 民族自治地方的自治机关自主地管理隶属于本地方的企业、事业。

第三十一条 民族自治地方的自治机关自主地安排利用完成国家计划收购、上调任务以外的工农业产品和其他土特产品。

第三十二条 民族自治地方依照国家规定，可以开展对外经济贸易活动，经国务院批准，可以开辟对外贸易口岸。

与外国接壤的民族自治地方经国务院批准，开展边境贸易。

民族自治地方的自治机关在对外经济贸易活动中，在外汇留成等方面享受国家的优待。

第三十三条 民族自治地方的财政是一级财政，是国家财政的组成部分。

民族自治地方的自治机关有管理地方财政的自治权。凡是依照国家财政体制属于民族自治地方的财政收入，都应当由民族自治地方的自治机关自主地安排使用。

民族自治地方的财政收入和财政支出的项目，由国务院按照优待民族自治地方的原则规定。

民族自治地方依照国家财政体制的规定，财政收入多于财政支出的，定额上缴上级财政，上缴数额可以一定几年不变；收入不敷支出的，由上级财政机关补助。

民族自治地方的财政预算支出，按照国家规定，设机动资金，预备费在预算中所占比例高于一般地区。

民族自治地方的自治机关在执行财政预算过程中，自行安排使用收入的超收和支出的节余资金。

第三十四条 民族自治地方的自治机关对本地方的各项开支标准、定员、定额，根据国家规定的原则，结合本地方的实际情况，可以制定补充规定和具体办法。自治区制定的补充规定的具体办法，报国务院备案；自治州、自治县制定的补充规定的具体办法，须报省或者自治区人民政府批准。

第三十五条 民族自治地方的自治机关在执行国家税法的时候，除应由国家统一审批的减免税收项目以外，对属于地方财政收入的某些需要从税收上加以照顾和鼓励的，可以实行减税或者免税。自治州、自治县决定减税或者免税，须报省或者自治区人民政府批准。

第三十六条 民族自治地方的自治机关根据国家的教育方针，依照法律规定，决定本地方的教育规划，各级各类学校的设置、学制、办学形式、教学内容、教学用语和招生办法。

第三十七条 民族自治地方的自治机关自主地发展民族教育，扫除文盲，举办各类学校，普及初等义务教育，发展中等教育；举办民族师范学校、民族中等专业学校、民族职业学校和民族学院，培养各少数民族专业人才。

民族自治地方的自治机关可以为少数民族牧区和经济困难、居住分散的少数民族山区，设立以寄宿为主和助学金为主的公办民族小学和民族中学。

招收少数民族学生为主的学校，有条件的应当采用少数民族文字的课本，并用少数民族语言讲课；小学高年级或者中学设汉文课程，推广全国通用的普通话。

第三十八条 民族自治地方的自治机关自主地发展具有民族形式和民族特点的文学、艺术、新闻、出版、广播、电影、电视等民族文化事业。

民族自治地方的自治机关收集、整理、翻译和出版民族书籍，保护民族的名胜古迹、珍贵文物和其它重要历史文化遗产。

第三十九条 民族自治地方的自治机关自主地决定本地方的科学技术发展规划，普及科学技术知识。

第四十条 民族自治地方的自治机关，自主地决定本地方的医疗卫生事业的发展规划，发展现代医药和民族传统医药。

民族自治地方的自治机关加强地方病防治和妇幼卫生保健，改善卫生条件。

第四十一条 民族自治地方的自治机关自主地发展体育事业，开展民族传统体育活动，增强各族人民的体质。

第四十二条 民族自治地方的自治机关积极开展和其他地方的教育、科学技术、文化艺术、卫生、体育等方面的交流和协作。

自治区、自治州的自治机关依照国家规定，可以和国外进行教育、科学技术、文化艺术、卫生、体育等方面的交流。

第四十三条 民族自治地方的自治机关根据法律规定，制定管理流动人口的办法。

第四十四条 民族自治地方的自治机关根据法律规定，结合本地方的实际情况，制定实行计划生育的办法。

第四十五条 民族自治地方的自治机关保护和改善生活环境和生态环境，防治污染和其他公害。

第四章 民族自治地方的人民法院和人民检察院

第四十六条 民族自治地方的人民法院和人民检察院对本级人民代表大会及其常务委员会负责。民族自治地方的人民检察院并对上级人民检察院负责。

民族自治地方人民法院的审判工作，受最高人民法院和上级人民法院监督。民族自治地方的人民检察院的工作，受最高人民检察院和上级人民检察院领导。

民族自治地方的人民法院和人民检察院的领导成员和工作人员中，应当有实行区域自治的民族的人员。

第四十七条 民族自治地方的人民法院和人民检察院应当用当地通用的语言检察和审

理案件。保障各民族公民都有使用本民族语言文字进行诉讼的权利。对于不通晓当地通用的语言文字的诉讼参与人,应当为他们翻译。法律文书应当根据实际需要,使用当地通用的一种或者几种文字。

第五章 民族自治地方内的民族关系

第四十八条 民族自治地方的自治机关保障本地方内各民族都享有平等权利。

民族自治地方的自治机关团结各民族的干部和群众,充分调动他们的积极性,共同建设民族自治地方。

第四十九条 民族自治地方的自治机关教育和鼓励各民族的干部互相学习语言文字。汉族干部要学习当地少数民族的语言文字,少数民族干部在学习、使用本民族语言文字的同时,也要学习全国通用的普通话和汉文。

民族自治地方的国家工作人员,能够熟练使用两种以上当地通用的语言文字的,应当予以奖励。

第五十条 民族自治地方的自治机关帮助聚居在本地方的其他少数民族,建立相应的自治地方或者民族乡。

民族自治地方的自治机关帮助本地方各民族发展经济、教育、科学、文化、卫生、体育事业。

民族自治地方的自治机关照顾本地方散居民族的特点和需要。

第五十一条 民族自治地方的自治机关在处理涉及本地方各民族的特殊问题的时候,必须与他们的代表充分协商,尊重他们的意见。

第五十二条 民族自治地方的自治机关保障本地方内各民族公民都享有宪法规定的公民权利,并且教育他们履行公民应尽的义务。

第五十三条 民族自治地方的自治机关提倡爱祖国、爱人民、爱劳动、爱科学、爱社会主义的公德,对本地方内各民族公民进行爱国主义、共产主义和民族政策的教育。教育各民族的干部和群众互相信任,互相学习,互相帮助,互相尊重语言文字、风俗习惯和宗教信仰,共同维护国家的统一和各民族的团结。

第六章 上级国家机关的领导和帮助

第五十四条 上级国家机关有关民族自治地方的决议、决定、命令和指示,应当适合民族自治地方的实际情况。

第五十五条 上级国家机关从财政、物资和技术等方面,帮助各民族自治地方加速发展经济建设和文化建设事业。

上级国家机关在制定国民经济和社会发展计划的时候,应当照顾民族自治地方的特点和需要。

第五十六条 国家设立各项专用资金,扶助民族自治地方发展经济文化建设事业。

国家设立的各项专用资金和临时性的民族补助专款,任何部门不得扣减、截留、挪用,不得用以顶替民族自治地方的正常的预算收入。

第五十七条 上级国家机关根据国家的民族贸易政策,对民族自治地方的商业、供销和医药企业,给予照顾。

第五十八条 上级国家机关合理核定或者调整民族自治地方的财政收入和支出的基数。

第五十九条 上级国家机关在分配生产资料和生活资料的时候，应当照顾民族自治地方的需要。

上级国家机关在制定民族自治地方的工、农业产品和其他土特产品的收购、上调计划的时候，应当照顾民族自治地方和生产者的利益，确定合理的上调基数或者购留比例。

第六十条 上级国家机关在投资、贷款、税收以及生产、供应、运输、销售等方面，扶持民族自治地方合理利用本地资源发展地方工业，发展交通、能源，发展和改进少数民族特需商品和传统手工业品的生产。

第六十一条 上级国家机关应当组织和支持经济发达地区与民族自治地方开展经济、技术协作，帮助和促进民族自治地方提高经营管理水平和生产技术水平。

第六十二条 国家在民族自治地方开发资源、进行建设的时候，应当照顾民族自治地方的利益，作出有利于民族自治地方经济建设的安排，照顾当地少数民族的生产和生活。

上级国家机关隶属的在民族自治地方的企业事业单位，在招收人员的时候，应当优先招收当地少数民族人员。

上级国家机关隶属的在民族自治地方的企业事业单位，要尊重当地自治机关的自治权，接受当地自治机关的监督。

第六十三条 上级国家机关非经民族自治地方自治机关同意，不得改变民族自治地方所属企业的隶属关系。

第六十四条 上级国家机关帮助民族自治地方从当地民族中大量培养各级干部、各种专业人才和技术工人；根据民族自治地方的需要，采取多种形式调派适当数量的教师、医生、科学技术和经营管理人员，参加民族自治地方的工作，对他们的生活待遇给予适当照顾。

第六十五条 上级国家机关帮助民族自治地方加速发展教育事业，提高当地各民族人民的科学文化水平。

国家举办民族学院，在高等学校举办民族班、民族预科，专门招收少数民族学生，并且可以采取定向招生、定向分配的办法。高等学校和中等专业学校招收新生的时候，对少数民族考生适当放宽录取标准和条件。

第六十六条 上级国家机关应当对各民族的干部和群众加强民族政策的教育，经常检查民族政策和有关法律的遵守和执行。

第七章 附 则

第六十七条 本法由全国人民代表大会通过，自 1984 年 10 月 1 日起施行。

国务院办公厅转发商业部关于进一步发展少数民族地区商业若干问题的报告的通知

（1985 年 7 月 1 日）

国务院同意商业部《关于进一步发展少数民族地区商业若干问题的报告》，现转发给你们，请结合本地情况，认真贯彻执行。

附件：

商业部关于进一步发展少数民族地区商业若干问题的报告

遵照中央、国务院领导同志指示，我们认真研究了如何进一步搞好少数民族地区商业工作问题，并征求了有关部门的意见。现报告如下：

建国以来，党和政府对少数民族地区商业的发展是很重视的，先后制定了一系列符合少数民族地区实际情况的政策和措施，对于促进少数民族地区经济的发展起了重要的作用。但是，由于历史的原因和长期以来“左”的思想影响，少数民族地区的商业仍然比较落后，需要继续给予必要的支援，实行特殊优惠政策。为此，建议采取如下措施：

1. 对“三项照顾”县（旗）的商业（含供销社，下同）企业继续实行减税、免税

考虑到少数民族地区的困难，从 1985 年 1 月 1 日起，对商业设施建设再免征建筑税三年，但对搞“楼、堂、馆、所”建设仍要照章征税。对基层供销社的所得税，继续按照财政部〔81〕财税字第 279 号通知第二条规定执行。对国营商业，按照《国营企业第二步利改税试行办法》规定精神，继续实行定期减免所得税的照顾。对能源交通建设基金，在不减少上缴中央分配任务的前提下，由省、自治区人民政府酌情减免。对产品税、增值税、营业税，按照国家规定的税收管理体制减免。对奖金税，可由省、自治区人民政府作出规定，但要照顾到左邻右舍。

2. 对少数主要工业品和农牧土特产品继续实行价格补贴

对少数民族生活必需的少数日用工业品（如食盐、煤油等）的销售价格和少数主要农牧土

特产品的收购价格,可分别酌情实行最高限价和最低限价(保护价),价差损失作为政策性亏损,由省、自治区财政部门给予补贴,或在企业应上缴的所得税款中抵扣。具体办法,由各有关省、自治区人民政府研究确定,并报财政部、商业部、国家物价局备案。

3. 对自有资金不足的尽可能给予照顾

对自有流动资金不足、经营困难的民族贸易企业,各地可视财力状况,尽可能给予照顾。

4. 对民族贸易企业继续给予低息贷款

中国人民银行为贯彻国务院国发〔1981〕113号文件,于1981年7月通知各地对"三项照顾"县(旗)的商业、中药材(或医药)公司、供销社给予低息贷款照顾。今后继续执行这一政策。

5. 对部分供应偏紧的商品继续实行专项安排

商品计划管理体制改革后,为保证少数民族地区的需要,对名牌自行车、缝纫机和手表等商品,继续实行由商业部专项安排调拨供应的办法。

6. 进一步帮助少数民族地区搞好商业网点设施建设

这几年,为解决少数民族地区商业网点少、设施简陋等问题,各地已经采取了一些措施,但是问题没有根本解决。有些少数民族地区商业网点少、设施简陋问题仍很突出,请各地根据需要和可能,在安排商业建设时统筹考虑,予以照顾。

7. 大力加强少数民族地区商业职工培训

各地要充分利用各级学校,采取多种形式培训商业职工,提高职工文化水平和经营管理水平,并有计划地分配一些商业专科学校的毕业生到少数民族地区商业部门工作。

8. 大力发展集体、个体商业

少数民族地区地域辽阔,居住分散,只靠为数不多的国营商业网点,难以满足人民群众的需要。要积极发展集体、个体商业和运销专业户。要鼓励经济比较发达地区的商业人员到少数民族地区从事商业活动,扩大经济技术交流。

9. 大力发展少数民族用品的生产

我国五十多个少数民族,各有自己的特殊需要。尊重少数民族的风俗习惯,尽量满足少数民族生产、生活上的特殊需要,是党和政府的一贯政策,要继续贯彻执行。一是对生产少数民族特需用品所需的金、银、铜、铝、锌、锡、生铁、钢材、木材、玻璃、牛皮、羊皮、厂丝和人造丝等原材料,要纳入各级原材料供应计划,专项安排供应。二是在生产方面要坚持"两条腿走路"的方针,既要继续发挥传统产区的作用,定点、定量组织少数民族特需用品的生产;又要积极发挥少数民族聚居省、自治区生产基地的作用,凡能在这些基地生产的品种,尽量在这些基地生产,传统产区应给予支持和指导。三是对少数民族聚居区生产少数民族用品的企业,继续给予低息贷款照顾。四是对少数民族地区生产民族特需商品按规定纳税有困难的企业,经过税务机关批准,可给予定期减免所得税的照顾。

10. 统一认识，加强领导

少数民族地区的商业工作，政策性很强。发展少数民族地区的商业，对促进这些地区商品经济的发展，改善人民生活，增强民族团结，加速“四化”建设，具有十分重要的意义。因此，要切实加强领导，认真抓好。建议少数民族地区的各级领导要把这项工作列入议事日程，经常督促检查，及时解决存在的问题。希望国务院有关部门对民族地区的商业工作，继续给予关心和支持。

以上报告如无不当，请批转各地区和有关部门贯彻执行。

国务院关于加强贫困地区经济开发工作的通知

（1987年10月30日）

全国农村贫困地区的脱贫致富工作，经过一系列调整和改革，已经初步完成了从单纯救济向经济开发的根本转变，开始进入一个新的发展阶段。经济开发作为一项将最终解决中国贫困地区农民温饱问题，进而改变贫穷落后面貌的伟大历史性事业，不仅得到了全国上下的高度重视，受到了贫困地区广大干部群众的热烈拥护，而且得到了国家各级机关、群众团体、人民解放军、民主党派、科研教育单位、工商企业等社会各界以及发达地区的广泛支持。目前，贫困地区的经济开发已经起步，进展较快，效果明显，形势很好。

现在最主要的问题是，工作发展不平衡，扶贫没有完全落实到户，解决温饱不够稳定。因此，当前工作的关键不是再提出什么新的口号，而是以实事求是的精神和高度负责的态度，按照已经明确的方针和目标，深入调查，总结经验，研究问题，狠抓落实。在坚持改革的基础上，千方百计提高开发资金的使用效益，扎扎实实地实现“七五”期间解决贫困地区大多数群众温饱问题的目标，加快低收入人口脱贫致富的步伐，为逐步改变贫困地区经济、文化落后面貌创造条件，这就是经济开发全部工作的基本出发点。

一、明确工作重点，扶贫落实到户

解决群众的温饱问题，是贫困地区光荣而又艰巨的任务。实现这一任务的考核标准是，现在的贫困户能否在经济开发的过程中得到有效扶持，从而在1990年前解决温饱问题。

目前有三种情况值得注意：一是空喊三年五年解决温饱，没有扶贫到户的具体规划和措施；二是要求过高过急，脱离了现实财力、物力的可能；三是不论穷富一起扶持，又犯了平均主义的毛病。这些，都不利于集中力量解决贫困户的温饱问题。为此，提出以下要求：

（一）摸清底数，明确对象。每个贫困县都要组织干部逐乡、逐村、逐户调查，尽快彻底分清谁是没有解决温饱的贫困户，谁是五保户和救济户。贫困户尤其是贫困户中食不果腹、衣不蔽体、房不避风雨的“三不户”，是当前经济开发中扶持的重点。五保户和没有生产能力的救济户的生活问题属于农村社会保障范围，主要依靠现在行之有效的乡村五保办法和正常的救济以及组织力所能及的生产去解决。

要为贫困户建立档案，县建簿、乡造册、户立卡，限期解决温饱，按期检查验收。

（二）先易后难，分批解决。要优先扶持有志气、肯努力的贫困户，先温饱、先脱贫，树立榜样，增强信心，带动其他贫困户，分年分批解决问题。

（三）分解目标，落实责任。各个贫困县都要将解决群众温饱问题的整体目标分解为分年分批扶贫的具体任务，层层落实到县、乡、村主要领导干部身上，并把扶贫任务完成的好坏，作为工作述职、政绩考核、职务升降的重要内容和依据。

二、发展商品经济，强化社会服务体系

贫困地区的经济开发主要是利用本地资源优势，发展商品经济。目前，多数地区解决温饱问题是从自给性的种养业起步的，但从长远看，只扶持小农经济的自给性生产，不把解决温饱问题与发展商品经济结合起来，不改变单一畸形的产业结构，就不可能稳定地解决温饱问题，从根本上脱贫致富。

发展商品经济，优化产业结构，就是要背靠资源，面向市场，改造传统产业，开发新兴产业，为贫困户提供就业机会，增加更多的收入。当前贫困地区产业政策的重点是：

（一）用先进的技术和物质手段改造传统的种养业，尽可能提高粮食自给率，支持多种经营的发展。提高粮食自给率的途径主要是：逐步改善生产条件，抓好农田基本建设，使贫困户有一定数量的旱涝保收田；国家和地方要专项增加贫困地区的化肥、地膜等物质投入，推广良种、良法，提高单产；在粮食紧缺的情况下，要适当控制养殖业和酿造业中大量消耗粮食的项目，大力发展食草畜禽和以果品为原料的酿造业。

（二）积极发展乡镇企业和各种家庭工副业，特别是要把发达地区劳力密集、收益相对较低的产业逐步移植到贫困地区，抓紧组织剩余劳力向第二、第三产业转移。国家和地方要有计划地为贫困地区搞好能源、交通等基础设施建设，支持乡村工业、商品流通的发展。要利用贫困地区廉价劳务的优势，继续搞好以工代赈。用中低档工业品以工代赈的工作，今年开始试点，明年要逐步展开。

（三）有领导地组织劳务输出。劳务输出是投资少、见效快，既能治穷致富，又能开发智力的重要产业，要高度重视，大力发展。

就一个区域来说，无论发展什么产业，都要因地制宜、发挥优势，相对集中、连片发展，逐步形成有一定规模的商品生产基地。要以产品加工为龙头，系列开发，综合利用，创造自己的主导产业和有竞争力的拳头产品。

组织千家万户发展商品生产，必须搞活流通，强化服务，建立、健全社会化服务体系。要提倡多方来办系列化综合服务。农村供销社以及商业、粮食、外贸等部门，过去是以产后服务为重点，现在要结合农村经济体制改革，扩大服务领域，增加产前、产中的服务。农业、畜牧、林业、水利、农机、渔业、科技等部门的农村服务组织，过去以技术服务为重点，现在要增加产前和产后服务，并允许他们逐步办成服务型的经济实体，充分发挥行业服务的作用。同时，要大力支持和鼓励农村能人、专业户、联户兴办各种服务型经济组织，聘请民间能人参加，建立各种行业协会。随着经济体制改革的深入发展，要逐步将政府组织生产的某些职能转移给服务组织和行业协会，使他们成为联系千家万户，发展商品经济的主要力量。

三、因地制宜，兴办乡村扶贫经济实体

扶贫到户不完全是把扶贫资金直接分配到户，对那些素质低、缺乏经营能力的贫困户，主要是依靠能人兴办扶贫经济实体，工作到户、服务到户、效益到户、解决温饱到户。

兴办扶贫经济实体是群众的创造。目前,已经发展起来的扶贫经济实体,大多是龙头企业,不仅直接安排了一批贫困户劳力就业,而且带动了周围大批贫困户发展商品生产。这种“扶持一个点,安排一批人,带动一大片”的做法,突破了就贫困户解决贫困户问题的传统做法,提高了资金的使用效益和还款能力,改变了完全依靠乡村干部和行政手段送钱分物的老办法,闯出了依靠经济组织扶贫的新路子。从现在起,还没有扶贫经济实体的地方要试办,已经办起来的地方,要总结经验,逐步发展。

(一)扶贫经济实体,必须以扶贫为使命,以办龙头企业为重点,具有安置一批贫困户就业,带动一批贫困户发展生产的双重功能。

(二)扶贫经济实体,国家企业事业单位可以办,集体可以办,农村能人和城市下乡的科技人员也可以办。谁有条件办,谁办得好就支持谁。

(三)无论谁办扶贫经济实体,开发什么项目,扶持多少钱,安置多少人,带动多少户等,都要有明确的规定,都要经过严格考核和审查。

(四)对扶贫经济实体的资金扶持要采取多种形式,可以直接扶持,可以由贫困户带资入股,也可以采取其它形式。

(五)各地要根据实际情况,参照民政部门办福利工厂的作法,制定扶持扶贫经济实体发展的优惠政策和管理办法。

四、扶贫项目要公开招标,实行承包开发

为了提高扶贫资金的使用效益,要把竞争机制引入贫困地区的经济开发。今后凡是适合承包开发的扶贫项目都要公开招标。项目招标既要对内,也要对外,小型项目可以承包给当地的技术专长、有经营能力、敢于承担风险的人去办;资金数额较大,技术和管理水平要求较高,当地没有能力开发的项目,以及经济效益不好的现有企业,要欢迎发达地区、大中城市、工商企业、科研单位、大中专院校,以及社会上的工程技术人员到贫困地区承包开发。通过这种形式,突破就贫困地区解决贫困地区问题的小圈子,把外部的先进技术、企业管理经验、产品销售渠道一起带入贫困地区,深化已有的对口支援、横向联系,把贫困地区开发与发达地区的发展结合起来。

招标要由省、地、县分别不同情况具体组织。承包项目的形式可以灵活多样,可以由承包单位和承包人独立经营,也可以联营,或采取其它形式。对外发包,一般是贫困地区出资金、资源、场地、劳务,承包单位出技术、设备,并可直接经营管理,也可以出钱兴办合资或独资企业。产品的处理权以及其它具体事项由双方协商解决。无论对内对外发包,都要明确开发什么产品,投资数量,经济效益,解决多少贫困户的问题,并签订承包合同,办理公证手续。各地应制订相应的有吸引力的优惠政策。

此外,各省(区)还可以拿出一点扶贫资金,直接交给省(区)内外的发达地区和大中城市的先进企业,到指定的贫困县进行经济开发的试验,以总结经验,探索新的投资方式。

五、资金要按使用效益分配

扶贫资金使用效益好坏是衡量经济开发成功与否的重要标志。目前,资金投放量并不算少,但统筹安排、配合使用不够,经济效益仍有待于进一步提高。

(一)省、地、县都要弄清来自各个渠道的扶贫资金究竟有多少,然后根据“统一规划、统筹

安排，渠道不乱、用途不变，相对集中、重点使用”的原则，把中央和地方用于贫困地区的各种扶贫资金捆起来使用，使各方面的扶贫资金有机结合，形成整体效益。

（二）对扶贫资金的使用效益要有明确的评价标准：一是扶持的贫困户能不能按期解决温饱问题；二是信贷资金和其它有偿资金能不能如期归还。各地可以根据不同情况作出具体规定。

（三）严格按经济效益分配使用资金。明年，国家对省仍暂时按贫困人口分配扶贫资金，但省对县要打破按人口分钱吃大锅饭的作法，哪个县项目选得准，资金管得好，经济效益高，就多给扶贫资金；反之则少给扶贫资金；对那些胡乱花钱、不讲效益的县，要追究责任，加强领导，否则暂停使用扶贫资金。今年底，各省、自治区要组织有领导干部和专业人员参加的资金使用评审小组，进行一次普遍检查，根据检查情况拟定明年扶贫资金分配方案。国务院贫困地区经济开发领导小组办公室要组织专家评审组重点抽查。今后，定期检查要成为一项制度。

（四）各项扶贫资金都要做到资金、计划单列，适时投放，加速周转。银行、财政等投资部门要通力合作，简化手续，力争所有年度扶贫开发资金在春耕生产前下达到县。各县经济开发部门和项目管理单位，要协助投资部门积极回收贷款和其它有偿资金。

六、功夫要花在项目的准备和管理上

项目准备和管理是当前经济开发中的一个薄弱环节。主要问题是缺乏总体规划，项目准备不足，论证不够，甚至不懂得怎么搞项目，提不出符合标准的项目，或随意变动项目，或管理不善，严重影响资金的适时投放和经济效益。为此，要求做到：

（一）各贫困县要根据国家计委和国务院贫困地区经济开发领导小组联合召开的贫困地区 2000 年科技、经济、社会发展规划会议的精神，集中力量，认真搞好长远和中近期开发规划。凡经反复论证具有科学性和可行性的开发规划，不要因为县级领导班子换届或个别领导人的更替而随意变动。

（二）各贫困县要把开发规划分解成具体开发项目，普遍建立项目库，并注意根据情况变化，筛选、增减、调整项目，搞好项目储备。要做到项目等资金，不要资金等项目。

（三）各级经济开发领导部门要及时组织银行、财政等投资部门和其他业务部门共同搞好项目评估论证，改变目前论证不充分、审批不及时或互相扯皮的状况。各业务部门要对批准实施的项目实行归口管理，提供配套服务，保证项目顺利执行，取得预期效果。

七、把智力开发摆到重要的位置

贫困地区经济开发归根到底是人的智力开发。从长远看，发展基础教育是提高贫困地区劳动者素质的重要出路。但在目前情况下，提高素质的主要办法是，转变观念，放宽政策，把现有一切可以有所作为的人才发掘出来，带领群众脱贫致富，同时以在乡知识青年为重点，开展大规模的农民技术培训。

（一）大量启用农村乡土人才。启用乡土人才要解决两个问题，一是改变陈旧观念，把农村能人作为人才的一个重要组成部分；二是肃清各种“左”的影响，为乡土人才脱颖而出创造良好的环境和条件。各级工商、银行、税务等有关部门要积极支持带领群众脱贫致富的农村能人，真正放宽政策。

（二）稳定本地 人才，吸引外地人才。要制定政策，采取措施，尽快解决贫困地区人才大量外流问题。在充分发挥当地人才作用的同时，要广泛吸引一切可以到贫困地区来的国家机关、大中专院校、科研单位以及社会上有专门才能、专业知识的人，到贫困地区来承包开发项目，领办乡镇企业，兴办各种扶贫经济实体。无论是外地来的还是本地的知识分子，一律按其在经济开发中的贡献确定报酬和各种优惠待遇。

（三）以在乡知识青年为重点，认真办好农村职业技术教育和成人教育，有计划地开展对农民的专业技术培训。要根据项目开发的需要，采取多种形式，尽快使每个贫困户有一个劳动力掌握一到两门实用技术。在乡初中、高中毕业生年轻有文化，而且有要求改变贫困落后面貌的强烈愿望，是贫困地区发展的希望所在，要把他们作为当前智力开发的主要对象，使他们迅速成长为经济开发的带头人。当地中小学也要根据自己的条件和可能，为农民脱贫致富做出贡献。

各级财政部门要督促落实从支援不发达地区发展资金中拿出的、相当于专项贴息贷款百分之五的技术培训费。

（四）轮训干部，提高各级干部对经济开发的领导水平。从今年起到明年上半年，国务院贫困地区经济开发领导小组要把全国三百多个重点贫困县的两千名干部普遍轮训一遍。其他贫困县以及所有贫困县的基层干部，由省、地、县分别安排培训。

八、把科学技术作为经济开发的支柱

依靠科学技术进步，开辟脱贫致富门路，要把发展以科技为支柱的商品经济摆上突出地位。

（一）要结合“星火计划”和“丰收计划”的实施，认真组织力量抓好现有科学技术成果的推广和应用。一是要结合提炼当地的先进经验，比如粮食、畜牧、林果业等方面的高产经验，积极示范，大力推广。二是利用技术市场积极从外地引进最迫切需要的科技成果，提高生产水平，取得更大的经济效益。

（二）采取多种形式，充分发挥科研单位、大中专院校、群众团体和民主党派智力扶贫的作用，帮助制定和完善经济开发规划，进行咨询指导，参与各项经济技术决策，建立技术试验、示范基地。在有条件的地方，可以聘请技术专家担任贫困县的经济开发顾问。

（三）科技扶贫既要提倡有偿服务，也要强调发扬扶贫济困的精神。对那些为贫困地区发展做出贡献的科技人员要给予表彰和奖励。为使更多的科技人员投身这项事业，各省（区）和国务院有关部门要制定必要的鼓励政策。

九、贫困县要把带领群众解决温饱、脱贫致富作为全部工作的中心任务

县一级领导是搞好贫困地区经济开发工作的关键，因此，各贫困县要把带领群众解决温饱、脱贫致富作为全部工作的中心任务，要真正摆上议事日程。一个贫困县的工作重点是否转移到经济建设上，主要看这一条。所以，县的主要负责同志要亲自抓，全力以赴，不能仅仅交给某个业务部门或几个人去办。

加强对经济开发工作的领导，各省（区）要为贫困县配备坚强的领导班子，并保持相对的稳定；省、地、县都要选拔得力干部，健全和充实经济开发办事机构。对勇于开拓进取、扶贫政绩突出的干部，要支持、要保护、要表彰奖励。

贫困县各级干部以及各机关、各部门派到贫困地区去的干部，都要深入下去，帮助群众树

立自力更生、艰苦创业、治穷致富的精神，帮助加强农村基层领导班子的建设。要提倡先富帮后富，富户带穷户。要因地制宜地帮助贫困户找到脱贫的门路和办法，把工作做到实处。

贫困县要做到经济开发和计划生育两手抓，尽快改变某些地区人口增长超过粮食增长和经济发展的非正常状况。

十、国家机关各部门要为贫困地区经济开发做出更大贡献

贫困地区经济开发是一项综合治理工程。中央和地方各部门，都要把贫困地区的经济开发纳入工作计划，在各自的业务范围内，尽可能给予更多的支持。对阻碍贫困地区发展的几个突出问题，如人畜饮水、库区移民、农电、公路、地方病、智力开发等问题，各有关部门要尽快专门研究，采取有力的措施，协同地方，认真解决。

今后，各部门在制定指导全局发展的统一政策时，要充分考虑贫困地区的特殊情况，切忌采取穷富一刀切的办法。

国家机关各部门有重点地帮助一片贫困地区脱贫致富，是一项有力措施。现在，已有一些部门派出了调查组、工作团，分片联系、帮助贫困地区，做了大量工作，创造了许多好经验。各省、自治区厅局开展对口支援、包干扶贫也做出了很大成绩。对此，要充分肯定，继续发扬，坚持下去。各级领导机关每年要进行一次总结检查，对在扶贫工作中作出贡献的部门、单位和个人要给予表彰鼓励。

国务院批转国家民委、国务院贫困地区经济开发领导小组关于少数民族地区扶贫工作有关政策问题请示的通知

（1988 年 8 月 28 日）

国务院同意国家民委、国务院贫困地区经济开发领导小组《关于少数民族地区扶贫工作有关政策问题的请示》，现转发给你们，请遵照执行。

搞好少数民族地区扶贫工作，不仅有助于这些地区的群众尽快脱贫致富，促进社会经济发展，而且有利于进一步加强民族团结，维护安定团结的政治局面。各级人民政府和有关部门要切实抓紧抓好对少数民族的扶贫工作，贯彻落实适应这些地区实际的特殊政策措施，早日解决这些少数民族地区群众的温饱问题。

关于少数民族地区扶贫工作有关政策问题的请示

我国少数民族贫困地区有着与一般地区不同的特殊性。为从这些地区的实际出发搞好扶贫工作，顺利实现党中央、国务院关于在“七五”末期基本解决贫困地区群众温饱问题的战略目标，国家民委和国务院贫困地区经济开发领导小组于去年 11 月报请国务院领导同志批准，拟在今年三季度召开全国少数民族地区扶贫工作会议。为筹备好这次会议，我们从去年下半年开始，集中力量对 11 个省、自治区约 100 个少数民族贫困县进行了调查研究。现将情况和需要研究解决的有关政策问题报告如下：

一、少数民族贫困地区现状及进一步开发的意见

在国家重点扶持的 331 个贫困县中，有少数民族贫困县 141 个，占 42.6%，主要分布在内蒙古、新疆、宁夏、广西、贵州、云南、青海等 14 个省区。自从党中央、国务院 1984 年发出《关于帮助贫困地区尽快改变面貌的通知》以来，少数民族地区党委、人民政府对扶贫工作十分重视，制定了一系列扶贫优惠政策和措施，初步摸索出一些解决群众温饱问题的途径和门路，扶贫工作取得了一定成效。但由于历史、自然、社会等原因，这些地区的贫困问题仍相当严重。除国家重点扶持的少数民族贫困县外，省、区（包括西藏在内）重点扶持的少数民族贫困县以及未列入贫困县中的贫困乡村，也有相当数量的少数民族群众温饱问题没有解决。少数民族地

区不仅贫困面大，而且贫困程度较一般地区更为严重。正如国务院领导同志指出的那样，目前全国扶贫工作进入攻坚阶段，其主战场在少数民族地区。

少数民族地区之所以长期贫困，其原因是多方面的。

一是自然条件恶劣。这141个少数民族贫困县，大约有二分之一的人口分布在南方石山区，其余分布在高寒、干旱、荒漠地区，生产、生活条件十分恶劣，个别地区连基本的生存条件都成问题。加之旱、水、雪、风、雹等自然灾害频繁，地方病和传染病流行等原因，少数民族群众生产生活极不稳定，长期在低水平下徘徊。

二是少数民族地区社会发育不平衡所遗留下来的问题仍然比较明显，对群众生产、生活产生了不容忽视的滞后作用。不少地方仍是刀耕火种、游牧为主、靠天吃饭，生产力水平低下，商品经济很不发达。劳动力素质普遍较差，教育落后，文盲半文盲比例大大高于内地，有些少数民族文盲率高达60%以上。

三是地理环境封闭。少数民族贫困县大都地处各省、区的边缘，距中心城市遥远，信息闭塞，给发展商品经济和扶贫工作带来很大困难。

四是经济基础薄弱。由于对少数民族地区的特殊性缺乏足够重视，《民族区域自治法》没有得到很好地贯彻实施，特别是保障自治地方经济权益的条款没有得到落实。少数民族地区的资源优势没有得到充分发挥，经济基础仍然非常薄弱，发展十分缓慢，发展速度长期低于全国平均水平。

少数民族贫困地区群众温饱问题不尽快解决，极易转化为民族问题。加之有些少数民族是临国境而居，还会影响到边防巩固和国际声誉。因而，这项扶贫工作不但是一个解决群众温饱的经济问题，而且是一个关系国家安定、各民族团结进步和共同繁荣的政治问题。为此，建议：

(一)少数民族所在地区的各级政府要继续重视对少数民族的扶贫工作，把解决少数民族群众的温饱问题摆到重要的议事日程抓紧、抓好。对原有的行之有效的扶贫措施要继续执行，不完善的要尽快完善，并根据目前的新情况，认真制定新的特殊措施。要带领并教育广大少数民族干部群众，发扬自力更生、艰苦创业精神，克服单纯依赖国家救济的观念，努力发展生产，搞好这些地区的经济开发工作，尽快使大多数少数民族群众脱贫致富。

(二)要提高资金使用效益。近几年来，国家为扶持少数民族贫困地区投入了不少资金，要研究对这些扶贫资金进行更加有效的使用方法。可通过采取建立温饱基金等方式，把各条渠道的扶贫资金集中起来，实行渠道不变、统筹规划、合力投资、有效监督。扶贫资金可由贫困户、联户或扶贫经济组织进行承贷承还，要切实保证带动贫困户按期解决温饱问题。

(三)特别注意优生优育，控制人口增长。要把计划生育当做整个贫困地区经济开发工作的重要内容，放在与资金物资分配、扶贫目标管理责任制同等重要的位置上，自觉地把扶贫开发工作和计划生育结合起来，逐步改变“越贫越生、越生越贫”的恶性循环状况。同时，要采取各种有效途径重视智力开发，提高人口素质。如继续减免贫困户子女学杂费和贫困户的教育经费摊派，办好寄宿制学校，在贫困地区招收大中专学生应确定适当的比例定向分配等。

(四)中央有关部门要继续对少数民族贫困地区进行重点扶持。按照国务院领导同志在全国民族团结进步表彰大会上讲的“国家各项扶贫的优惠措施，要把少数民族和民族自治地方作为扶持的重点”精神，各项扶贫政策措施应向这些地区倾斜。对少数民族贫困地区的银行贷款规模和化肥、柴油、农膜等农用生产资料的安排可优先予以照顾；国家新增加的农业投资、教育资金、以工代赈、温饱工程等扶贫资金和物资，少数民族贫困地区的分配比例应明显高于其他地区。信贷部门对解决群众温饱确有效益的农林牧开发项目，应视其生产周期在还款期限、自有资金比例等方面放宽贷款条件，尽量简化贷款手续，保证贷款资金随扶贫项目实施的进度及时到位，对季节性强的农、林、牧生产项目，当年贷款资金要在年初春耕前到县。

（五）省、自治区应下放给贫困县的农、林、牧场及其他工业企业，都要下放。不宜下放的企业，其产品和利润应有相应比例留给地方，企业职工应主要从当地招收。对此，有关各省、区应制定出具体办法，切实予以解决。

（六）要切实落实多年来行之有效的党的民族贸易政策，对民族贸易企业继续实行低息、低税，对民贸企业经营的农副产品和少数民族生产生活必需的一些工业品继续实行价格补贴。在有条件的地方，要利用地处边境的优势，大力发展多种形式的边境贸易，以货易货，互通有无，繁荣市场，发展经济。

二、需要解决的几个特殊政策问题

为了促进打好少数民族地区扶贫攻坚战，早日解决少数民族地区群众的温饱问题，目前需要解决以下几个特殊政策问题：

（一）大力发展优势产业。在国家统一的产业政策指导下，可根据当地特殊情况，因地制宜制定实施细则和具体措施，大力发展当地优势产业，积极兴办适宜于在这些地区发展的各类中小企业。各级政府和有关部门在资金、物资、技术、管理等方面应继续给予扶持帮助，以促进其开发当地资源。若根据当地的特点和优势，确有必要对国家产业政策作某些补充时，可经所在省、自治区人民政府审查后报国务院审批。

（二）切实放开农副产品销售。党中央、国务院早在1984年《关于帮助贫困地区尽快改变面貌的通知》里指出，贫困地区要放开农副产品销售。几年来未得到完全落实。建议重申落实党中央、国务院这项政策，少数民族贫困地区除国有矿山和国营农、林、牧场计划内产品、少数民族贫困县的合同订购粮食、棉花外，要坚持放开其他各种农、林、牧、矿等产品销售；少数民族贫困地区的粮食，可以1988年末实际完成的定购数为基数，一定四年不变，超基数的产品放开销售。

（三）减轻负担，增强内部活力。少数民族贫困地区由于承受各种负担的能力十分脆弱，必须尽量减轻各种负担，增强其自我发展能力。(1)继续减免贫困户的农牧业税；(2)对没有偿还能力的贫困户所欠农贷可延长还款期限三至四年，并停止逾期罚息或实行停息挂帐；(3)贫困户免购国库券，尽量减少贫困县购买国库券任务。(4)核定贫困县上交税收基数，超收全留。以1988年末上交省、自治区和中央的税收为基数，从1989年起到本期财政管理体制结束内，超基数部分全部留县。

（四）设立“少数民族贫困地区温饱基金”。141个少数民族贫困县由于经济基础差，自我发展能力很弱，需要国家强化资金投入。为此，在保持141个少数民族贫困县已有各项扶贫资金渠道不变和数额不减的基础上，建议设立“少数民族地区温饱基金”，集中用于每年解决一、二十个少数民族贫困县的群众温饱问题。每年的基金由下列方面的资金组成：(1)从中央财政每年分配给各省、自治区的支援经济不发达地区发展资金专款中调剂一部分。(2)从国家现在组织发达地区到贫困地区大跨度联合开发的扶贫专项贷款中调剂一部分。(3)141个少数民族贫困县所在省、自治区、地、州、盟，也应从地方财力中挤出一部分资金。此项基金由国家民委会同有关部门共同按项目进行管理，其使用不能撒胡椒面，要切实帮助少数民族贫困县搞些开发项目，搞些能增强自身活力的事业，决不能把钱挪作他用。

以上意见如无不妥，请转发各省、自治区、直辖市和国务院有关部门贯彻执行。

开发建设晋陕蒙接壤地区水土保持规定

(1988 年 10 月 1 日国家计委、水利部第一号令发布)

第一条 为加强山西、陕西、内蒙古(以下简称晋陕蒙)接壤地区开发建设中的水土保持工作,促进该地区经济建设的发展,保护生态环境,制定本规定。

第二条 本规定所称晋陕蒙接壤地区,指山西省河曲县、保德县、偏关县,陕西省神木县、府谷县、榆林县,内蒙古自治区准格尔旗、伊金霍洛旗、达拉特旗和东胜市。

在该地区进行采矿、筑路、修建电厂、烧制砖瓦等生产建设活动的单位和个人,必须遵守本规定。

第三条 资源开发和生产建设必须兼顾国土整治和水土保持,执行“防治并重,治管结合,因地制宜,全面规划,综合治理,除害兴利”的水土保持工作方针。

第四条 防治水土流失,实行“谁开发谁保护”、“谁造成水土流失谁治理”的原则。

第五条 加强晋陕蒙接壤地区的国土规划和水土保持规划工作。国土规划,应当将防治水土流失作为重要内容。水土保持规划,应当以市、县、旗和流域为单位编制,具体规定规划区内水土流失的综合治理措施,确定各个阶段的防治目标和实施步骤,并对各工矿企业(含交通、建设企业,下同)提出防治水土流失的要求。

工矿企业的生产建设总体规划,应当与当地的国土规划和水土保持规划相协调,并有切实可行的防治水土流失的方案和具体措施。

第六条 工矿企业进行基本建设,必须重视水土保持,防治水土流失。建设项目涉及水土保持的,其可行性研究报告、设计任务书、初步设计等文件,应当有水土保持的内容和要求,并附有当地水土保持部门的书面意见。评审上述文件时,应当有水土保持部门参加。凡可行性研究报告中没有水土流失预测、评价的,或者设计任务书、初步设计等文件中没有具体水土流失防治措施的,有关审批部门不得批准。

第七条 工矿企业生产建设总体规划和设计文件确定的各项水土保持工程和措施,必须纳入工矿企业的生产建设计划,并保证实施。因情况发生变化,水土保持的工程和设施确需改变时,必须事先征得水土保持部门的同意。

建设工程竣工验收时,应当同时验收水土保持工程和设施,并有水土保持部门参加。

第八条 工矿企业在生产建设活动中,应当按照水土保持技术规范的要求,因地制宜,因害设防,采取有效的工程措施和生物措施,防治水土流失。

工矿企业在生产建设中产生的岩土、矸石、废渣等废弃物,应当结合土地复垦加以利用,不得向河道、水库、行洪滩地、道路、农田倾倒;不利用的,应当按照规划和设计文件的要求储放,并相应采取有效的水土流失防治措施。对露天采矿场和土建工程开挖面等无植被地段,应当在生产建设中采取有效的水土流失防治措施。

第九条 为防治水土流失兴建各类工程，由开发建设的单位和个人按照“谁开发谁保护”、“谁造成水土流失谁治理”的原则承担防治费用。有条件的，有关各方可以集资联合兴建，并由联合的各方按照协议合理分担费用。上述工程建成后，投资者享有经营管理权和收益权。

区域性的水土保持综合治理工作，应当与当地工矿企业的生产建设相结合，促进水土保持和生产建设事业共同发展。

第十条 基本建设过程中造成的水土流失，其防治费用由建设单位从基本建设投资中列支。生产过程中造成的水土流失，其防治费用由企业从更新改造资金或者生产发展基金中列支。

第十一条 各类小型矿山企业和个体户采矿应当提高技术水平，提高矿产资源回收率。禁止乱挖滥采，破坏矿产资源和水土保持。有关机关颁发采矿许可证，应当征求当地水土保持部门的意见。

水土保持部门应当会同小型矿山企业的主管部门和其他有关部门，统筹安排、确定小型工矿企业和个体户采矿后排弃岩土、矸石、废渣的场地。所需费用由排弃岩土、矸石、废渣的小型矿山企业和个体户按其排弃数量负担。

第十二条 水土保持部门应当加强对工矿企业水土保持工作的监督检查和技术服务工作。水土保持工作人员可持专门证件进入工矿企业和各采矿点进行现场检查，被检查单位必须如实报告情况，提供必要的工作条件。

工矿企业中负责水土保持工作的机构或者人员，在水土保持业务上受当地水土保持部门的指导，并定期向水土保持部门报告本单位责任区范围内的水土流失情况和水土保持工作的开展情况。

水土保持部门应当及时通报本辖区内的水土流失情况和水土保持工作的开展情况。

第十三条 晋陕蒙三省(区)根据实际需要可以成立水土保持协调机构。协调机构由三省(区)人民政府委派有关部门负责人员组成，定期召开会议，研究、协调晋陕蒙接壤地区水土保持工作中的重大问题。

第十四条 违反本规定，有下列行为之一的，县级以上地方人民政府的水土保持部门除责令其限期纠正、采取补救措施外，可以并处警告、罚款；对有关责任人员，可以由其所在单位或者上级主管机关给予行政处分：

(一)不按照国土规划、水土保持规划、设计文件或者水土保持技术规范的要求采取水土流失防治措施的；

(二)未经水土保持部门同意或者不在其指定的地点排弃岩土、矸石、废渣，或者排弃岩土、矸石、废渣后不按照规定要求采取水土流失防治措施的；

(三)未经水土保持部门同意，擅自拆除水土流失防治工程、设施或者改变其用途的；

(四)拒绝水土保持部门的监督检查或者在被检查时弄虚作假的；

(五)违反本规定第十一条第二款的规定，拒不负担水土流失防治费用的。

对无证开采矿产资源，或者乱挖滥采、破坏矿产资源的，由有关机关按照《矿产资源法》的规定，给予吊销采矿许可证等行政处罚。

第十五条 罚款的幅度，由晋陕蒙接壤地区水土保持协调机构拟订，报三省(区)人民政府批准。

第十六条 对违反本规定，造成严重的水土流失后果，并在水土保持部门给予本规定第

14 条所列的行政处罚后仍拒绝承担治理义务的，由水土保持部门报请该工矿企业主管部门所在的人民政府批准，责令其停业治理。

第十七条 有下列行为之一，尚不够刑事处罚，应当给予治安管理处罚的，依照《治安管理处罚条例》有关规定处罚；构成犯罪的，依照《刑法》有关规定追究刑事责任：

（一）破坏水土保持工程或者设施的；

（二）拒绝、阻碍水土保持工作人员依法执行职务的。

第十八条 当事人对行政处罚决定不服的，可以在接到处罚通知之日起 15 日内，向作出处罚决定的机关的上一级机关申请复议；对复议决定不服的，可以在接到复议决定之日起 15 日内向人民法院起诉。当事人在规定的期限内不申请复议或者不向人民法院起诉又不履行处罚决定的，由作出处罚决定的机关申请人民法院强制执行。对治安管理处罚不服的，按照《治安管理处罚条例》的规定办理。

第十九条 违反本规定，造成严重水土流失后果的单位和个人，有责任对直接遭受损失者赔偿损失。

赔偿责任的纠纷，可以根据当事人的请求，由县级以上水土保持部门处理；当事人对处理决定不服的，可以在接到通知之日起 15 日内，向人民法院起诉。当事人也可以直接向人民法院起诉。

第二十条 本规定自发布之日起施行。

附　　录

西部省区主要社会经济指标(1991年)

表一

	人口(万人)	国民生产总值(亿元)	人均国民生产总值(元)	国民收入(亿元)	人均国民收入(元)	社会总产值(1990年)(亿元)	工农业总产值(亿元)	工业产值(亿元)
四川省	10897	1284.35	1179	1064.51	980	2273.36	2114.3	1434.2
贵州省	3315	289.36	873	239.54	736	440.23	412.1	246.8
云南省	3782	432.86	1145	381.77	1011	663.57	616.6	393.6
西藏自治区	226	30.53	1351	25.94	1179	34.44	24.3	3.4
广西自治区	4324	453.04	1048	383.79	896	722.56	699.6	421.5
陕西省	3363	430.85	1281	343.52	1037	757.12	694.2	508.8
甘肃省	2285	255.78	1119	225.84	1002	505.09	422.7	314.4
青海省	454	72.58	1599	52.87	1159	109.71	85.8	60.5
宁夏自治区	480	67.43	1405	51.88	1099	116.62	100.1	73.1
新疆自治区	1555	311.72	2005	252.44	1658	458.65	442.6	280.6
内蒙古自治区	2184	320.83	1469	263.33	1202	535.19	464	299.9
合计	32865	3949.33		3285.43		6615.54	6076.3	4036.8
全国	115823	19854.6		16117	1401	43803	36405	28248.0
占全国比重	28.38%	19.89%		20.38%		15.1%	16.69%	14.29%

	按轻重工业分类		按经济类型分类(亿元)				农业产值(亿元)	居民消费水平(元)	农民家庭平均每人纯收入(元)
	轻工业产值(亿元)	重工业产值(亿元)	全民所有制	集体所有制	城乡个体工业	其它经济类型工业			
四川省	666.8	767.4	898.21	411.63	111.63	12.68	680.1	616	590.21
贵州省	104.1	142.7	188.64	33.08	10.90	5.14	165.3	445	465.53
云南省	203.9	189.8	300.45	80.68	10.41	2.09	222.9	628	572.58
西藏自治区	1.0	2.4	2.87	0.40	0.13		20.9	735	706.67
广西自治区	227.1	194.4	300.07	87.45	25.41	8.54	278.2	576	657.74
陕西省	214.4	294.4	348.64	114.40	37.59	8.17	185.4	614	533.96
甘肃省	85.4	229.0	245.51	55.63	12.90	0.42	108.4	552	446.42
青海省	17.7	42.9	50.78	8.28	1.42	0.03	25.2	786	555.56
宁夏自治区	19.5	53.6	57.70	11.77	2.79	0.84	27.0	634	589.98
新疆自治区	138.8	141.8	220.71	52.52	4.30	3.33	162.0	904	703.17
内蒙古自治区	119.8	180.1	232.12	52.20	12.84	2.74	164.1	703	617.99
合计	1798.5	2238.5					2039.5		
全国	13800.9	14447.1	14954.58				8157	803	708.55
占全国比重	13.03%	15.49%					25.0%		

西部省区主要社会经济指标(1991 年)

	全社会固定资产投资	社会商品零售总额	物价指数 (1991,上年=100)		独立核算企业主要经济指标				
			零售物价总指数	居民生活费用价格指数	全员劳动生产率(元/人·年)	每百元资金实现利税(元)	每百元销售收入实现利税(元)	工业净产值率(%)	流动资金周转天数(天)
四川省	291.48	621.8	102.3	103.0	22368	10.32	10.20	27.45	140
贵州省	52.40	105.4	103.3	104.4	23399	15.16	18.03	34.97	152
云南省	106.98	187.8	103.7	103.1	31694	29.64	27.71	40.35	112
西藏自治区	14.72	15.1			13277	5.87	14.60	40.49	171
广西自治区	89.65	236.3	102.5	102.8	28458	14.71	13.18	29.03	110
陕西省	118.64	203.4	105.8	106.6	22146	8.49	10.14	29.41	173
甘肃省	65.16	120.9	104.6	104.9	24113	9.95	12.58	31.62	149
青海省	23.94	34.1	106.3	107.6	12384	5.14	9.25	30.28	191
宁夏自治区	25.50	33.6	105.7	106.3	23278	6.49	9.43	29.03	164
新疆自治区	109.73	137.1	108.0	108.6	27870	6.92	10.90	29.44	144
内蒙古自治区	90.72	163.2	104.5	104.6	18438	7.16	9.85	30.76	154
合计	988.92	1858.6							
全国	5508.80	9415.6	102.9	103.4	28704	11.88	10.84	26.78	119
占全国比重	18%	20%							

西部省区主要产品产量(1991年)

表二

	粮食产量(万吨)	棉花产量(万吨)	油料产量(万吨)	猪牛羊肉类产量(万吨)	钢产量(万吨)	原油产量(万吨)	原煤产量(亿吨)	发电量(亿千瓦小时)
四川省	4330.7	14.6	175.6	433.4	540.00	13.78	0.69	379.58
贵州省	885.5	0.1	61.8	78.2	52.71		0.37	116.03
云南省	1093.0	0.1	17.2	81.3	93.62		0.22	140.85
西藏自治区	58.0		1.8	9.1			0.00	3.45
广西自治区	1341.0	0.1	24.1	101.5	59.14	13.00	0.10	135.55
陕西省	1047.0	9.0	35.4	50.3	50.67	85.06	0.33	164.31
甘肃省	657.6	1.2	32.5	41.5	85.46	161.81	0.15	188.05
青海省	114.6		13.2	15.5	36.28	102.00	0.03	59.81
宁夏自治区	198.2		7.2	6.6	3.78	23.02	0.14	63.11
新疆自治区	670.6	63.9	40.5	29.8	40.57	783.00	0.21	78.34
内蒙古自治区	958.5		71.8	56.6	269.37	100.06	0.49	189.04
合计	11354.7	89	481.1	903.8	1231.55	1281.73	2.73	1518.12
全国	43529.3	567.5	1638.3	2723.8	7099.97	14099.2	10.87	6775.47
占全国比重	26%	16%	29%	33%	17%	9%	25%	22%

西部省区交通邮电主要指标(1991年)

表三

	铁路营运里程(公里)	公路通车里程(公里)	货运量(万吨)	货物周转量(亿吨公里)	邮电业务量(万元)	电话机拥有量(万部)	民用汽车拥有量(万辆)
四川省	2876.6	98122	55607	664.2	79591.2	647295	342008
贵州省	1419.4	31588	14971	237.1	15814.0	146391	101943
云南省	1625.2	58123	30400	233.2	26266.8	200572	167501
西藏自治区		21842	540	6.3	2120.7	16214	24821
广西自治区	1665.8	36660	18267	399.1	33253.7	244204	132645
陕西省	1826.1	38193	13124	410.9	37812.5	352472	150067
甘肃省	2219.4	34776	13294	416.9	20849.3	207881	115292
青海省	1094.7	16769	2964	51.5	62234	64314	43195
宁夏自治区	428.5	8200	3739	72.1	5278.5	58935	33363
新疆自治区	1342.5	25697	11716	223.8	21445.0	204649	145434
内蒙古自治区	5081.5	43396	25315	610.6	25096.3	329689	141239
合计	19579.7	413366	189937	3325.7	273751.4	2472616	1397508
全国	53414.8	1041136	970170	27355.4	2043832	14989787	6061149
占全国比重	37%	40%	20%	12%	13%	16%	23%

西部省区主要矿产探明储量(1989年)

表四

	铁矿 矿石 (亿吨)	铁矿 富矿 (亿吨)	煤矿 (亿吨)	石油 (剩余可采量) (亿吨)	天然气 (地质储量) (亿立米)	铜矿 (万吨)
四川省	65.12	0.64	96.95	0.0007	2380	179.4
贵州省	4.48	0.13	491.21	——	——	2.4
云南省	21.40	2.95	222.73	0.01(滇、黔、桂)	14(滇、黔、桂)	720.5
西藏自治区	3.24	0.26	0.48	——	——	885.9
广西自治区	2.67	0.04	22.11	——	——	32.9
陕西省	6.45	——	1580.91	0.58	30	46.9
甘肃省	8.41	0.08	86.91	0.08	——	418.5
青海省	2.47	0.43	43.40	0.3	288	176.1
宁夏自治区	0.01	——	304.48	——	——	0.04
新疆自治区	6.74	0.89	474.96	2.2	381	86.0
内蒙古自治区	15.72	0.1	1982.17	0.2	——	335.5
合计	136.71	5.52	5306.3	3.37	3093	2884
全国	497.9	11.83	9014.53	21.9	5596	6092
占全国比重	27.5%	46.7%	58.9%	15.4%	55.3%	47.3%

	铅矿 (万吨)	锌矿 (万吨)	铝土矿 (万吨)	磷矿 (亿吨)	硫铁矿 (亿吨)	硫铁矿 (伴生矿) (亿吨)	钾盐 (万吨)
四川省	294.7	693.6	4647.7	13.0	6.5	0.1	9.0
贵州省	27.6	61.8	1655.0	25.7	3.7	0.2	
云南省	500.5	1681.3	22221.0	28.1	4.3	—	1206
西藏自治区	5.6		—	—	—	—	
广西自治区	131.1	542.5	14556.9	0.4	1.0	0.1	
陕西省	130.8		449.0	5.7	0.1	0.25	5.0
甘肃省	223.5	197.4	—	0.4	0.1	0.25	
青海省	175.2	221.9	—	5.1	0.2	0.2	25859
宁夏自治区		742.7		0.1	—	—	
新疆自治区	37.51	30.7	52	0.8	—	—	
内蒙古自治区	310.9	1180.5	15.5	1.9	5.0	—	
合计	1837.4	5628.7	43597	81.2	20.9	1.1	27079
全国	3228.9	8047.5	122405	151.6	41.9	3.1	27242
占全国比重	56.9%	69.9%	35.6%	53.6%	49.9%	35.9%	99.4%

西部地区土地、水资源指标

表五

	土地面积（万平方公里）	耕地（万亩）	林地（万公顷）	草地（万公顷）	城乡居民工矿用地（万公顷）	道路用地（万公顷）	河渠（万公顷）	湖泊水库（万公顷）	沙地（万公顷）	冰川及永久积雪（万公顷）
四川省	56.55	9448.4	1948	1771	83	73	120	17	4	27
贵州省	17.62	2781.3	663	663	9	18	23	2		
云南省	38.36	4268.1	1752	1306	31	28	79	16	0.7	0.6
西藏自治区	120.42	333.4	1167	4702	0.8	2	26	253	37	205
广西自治区	23.64	3893.9	970	604	34	15	47	19	19	
陕西省	20.58	5299.5	562	636	47	23	37	2	58	
甘肃省	40.56	5214.6	353	997	30	27	48	3	219	16
青海省	71.72	866.4	172	3236	8	8	83	134	193	49
宁夏自治区	5.18	1193.8	15	236	9	6	9	1	32	11
新疆自治区	166.31	4630.2	310	1439	39	35	107	71	4245	222
内蒙古自治区	114.33	7448.6	1649	6370	35	71	73	65	1139	
合计	675.27	45378.2	9561	21960	325.8	306	652	583	5946.7	530.6
全国	953.39	143509.4	19222	26792	1107	781	1592	1188	6002	531
占全国比重	70.8%	31.6%	49.7%	82%	29.4%	39.2%	41%	49%	99.1%	99.9%

	裸地（万公顷）	石山（万公顷）	戈壁（万公顷）	沼泽（万公顷）	其它（万公顷）	待开发土地资源（万亩）	平均年降水量（亿立米）	地表水平均年资源量（亿立米）	地下水平均年资源量（亿立米）
四川省	64	197		5	38	5750	5889	3131	801
贵州省	10	90			2	3400	2094	1035	258
云南省	57	92	0.2	0.3	2	12651	4824	2221	738
西藏自治区	4	3941	1267	138	260	2050	7332	4482	1094
广西自治区	40	107		0.1	137	890	3621	1880	397
陕西省	31	7		0.07	5	634	1371	420	165
甘肃省	162	574	891	3	126	3146	1297	273	132
青海省	54	1479	758	61	812	803	2064	623	258
宁夏自治区	10	26	13	0.1	4	1014	157	8.5	16.2
新疆自治区	94	4804	3498	37	1346	32093	2429	793	579
内蒙古自治区	17	341	968	25	83	15345	3183	371	248
合计	543	11658	7395	269.6	2875	77776	34261	15237.5	4832
全国	886	11814	7395	320	3170	110984	61889	27115.2	8287.7
占全国比重	61.3%	98.7%	100%	84.2%	90.7%	70.1%	55.4%	56.2%	58.3%

注：社会、经济指标，耕地为统计数；土地、水资源为国土调查数；待开发土地摘自国家计委、国家土地局发布的《全国待开发土地资源调查成果》

（京）新登字 053 号
（京）工商广临字 127 号

责任编辑 蔺红英
装帧设计 刘玉琪 吴寿松 赵子宽

中国西部地区开发年鉴
（1979—1992）
刘 江 主编
*
改革出版社出版
（北京东城安德里北街 23 号）
新华书店北京发行所发行
北京二二〇七工厂印刷
*
787×1092 毫米 16 开本 正文 35.25 印张 彩图 9.75 印张 字数 1200 千字
1992 年 12 月第 1 版 1992 年 12 月第 1 次印刷
印数：5000 册
ISBN7－80072－379－8/F・216
定价：50 元